全國高等院校古籍整理研究工作委員會直接資助項目
四川省社會科學“十二五”規劃2014年度一般項目
（項目批準號：SC14B040）

周必大全集

王蓉貴 （日）白井順◎點校

（二）

四川大學出版社

廬陵周益國文忠公集卷五五

平園續稿卷一五

序　雜説〔一〕

沈氏論語解序

揚子曰：「聖人之言遠如天，賢人之言近如地。」《易》更三聖，《詩》、《書》、《禮》、《樂》、《春秋》皆刪定筆削於夫子之手，此聖言也。孟、荀、揚、韓，發明經訓，羽翼治道，此賢言也。兼是二者，其惟《論語》乎！蓋齊家治國，立身行道，夫子平居形諸言者，如三辰著明，有目咸睹，莫知所以明；如四時運行，無物不遂，莫知所以行，非天乎？門弟子或求益，或質疑，往往指事而請〔二〕，譬之山川有定體，高深猶可度，草木有定形，名物或可辨，非地乎？是誠五經之錧鎋〔三〕，六藝之喉衿。學者如欲時習聖賢之言，捨此何以哉？吳興沈文炳字堯文，家世儒者，少有聲國學，養親不仕，惟留意於是書，其子數抱遺編求予一言。《易》不云乎：「仁者見之謂之仁，知者見之謂之知。」亦資道以盡吾之分而已，其視作無益而攻異端者蓋相萬也。嘉泰壬戌臘月〔四〕。

吴康肅公芾湖山集并奏議序

才氣可以任事，而以學術本之，未有不爲名臣者也。龍圖閣直學士天台吴康肅公以進士起家，受知高廟。爰及孝宗，在内爲御史，歷吏户禮刑少常伯〔五〕、給事中，又嘗典治内史，在外則五爲帥守，處劇繁以平易，其才氣何待言？至於履正奉公，仁民愛物，如嗜飲食，發爲詩文，身簪紱而心丘壑，此則學術之力也。其子嘉興太守洪哀公遺文，號《湖山集》二十五卷、長短句三卷，別集一卷、奏議八卷，遠來謁序。予與公同朝久，知公熟。公雖志在功名，而議論專以恤民爲主，復躬行之，自非才氣、學術兩皆有餘，何以臻此？當乾道庚寅，公帥豫章，胡忠簡公邦衡以泉守，予以閩憲俱入奏事，過焉，燕集款甚。將別，各爲二詞以送，備載集中。自是力請奉祠，繼以掛冠，享林下之樂者十有六年。其詩詞益多，意遠而辭達，使人讀之蕭然有出塵之想。予嘗評公侍從如嚴、徐，彈壓如趙、張，循良如龔、黄，止足如廣、受，凡西漢名臣殆可兼之。然尚有一説，始紹興甲子六月，以秘書省正字輪對，奏：「江浙昔號粒米狼戾，雖歉歲斗值二百，今歲豐反倍之。蓋由州縣重征税，監官覬美賞，巡攔利掊

〔一〕雜説：日本藏宋刻本、明澹生堂鈔本作「齋説堂庵説字説附」。
〔二〕請：傅校本作「語」。
〔三〕錧：原作「管」，據日本藏宋刻本、明澹生堂鈔本、四庫本改。
〔四〕月：明澹生堂鈔本、四庫本作「日」。
〔五〕吏：原無，據明澹生堂鈔本、四庫本、《湖山集》卷前序補。

取。若斸其算，價自平矣。」高宗大喜，七月有旨從之。仁人之言，其利溥如此〔一〕。當路忌其直諒，是月出倅括蒼。予爲祕書少監，得此事於日曆。厥後上用公執法主計，豈徒然哉？敕局編類紹興寬恤詔令〔二〕，載之七十一卷之首〔三〕，例曰臣僚奏請，當時士大夫固未知出於公；今奏議復不載，予故特書之，以彰高宗愛民用人之美意，且明儒術可富天下之大端云。嘉泰三年五月日，具位周某序。

黄簡肅公中奏議序

子路問事君，夫子曰：「勿欺也，而犯之。」大凡誠動於中乃形於言〔四〕，一或欺焉，雖復犯顔敢諫，不足觀矣〔五〕。端明殿學士簡肅黄公負正心誠意之學，初奉廷對，後爲王邸教官，晚領儒官，貳祕書，歷工、禮、兵部長貳，兼給事中，見於職守〔六〕，發爲議論，始終不叛所學。故其出使也，虜欲渝盟，他人曰否，公則先事言之。其議禮也，他人未免從權，公獨據經守正。當路或不悅，而高廟深知之，擢寘侍從，尤爲孝宗眷禮。故事近臣去國，除職縱高，鮮有過舊班者。公以權尚書奉祠，乃加真學士以寵之。得謝之後，遣使持親札訪天下利害、朝政闕失，進職祕殿，加賜金繒，公亦有犯無隱，畢陳所藴。易簀之際，猶手疏大事以聞，事君不欺，蓋優爲之。既葬，朱待制熹誌公出處甚詳。嗣子湖北提點刑獄瀚復俾某序公奏議。念昔接武禁塗，目擊正論。暨登二府，恭聞孝宗評普安舊僚，謂公莊重誠實，語不輕發，當暑未常揮扇，其恭如此；他日枚舉二三名臣，又以公爲首。併追書之以補家傳。嘉泰四年正月。

晁氏二圖序

紹興己未〔七〕，予年十有四，侍伯父辰陽使君寓贑之壽量寺，其西偏則晁公諱端規字夢規，與弟端矩字夢矩〔八〕、端準字夢準居焉。他日夢規兄弟去，予得其屋爲書室。見夢規大書滿壁，皆勸世語，尚記兩句云：「緊緊勒回意馬，勤勤把定心猿。」末云：「敢告諸人，速生警懼。」今六十有六年，其孫公定自筠寄公《推本省身圖》，述一真所稟至一氣所成。又有《大學知歸》〔九〕，上篇列道、德、教、治、刑〔一〇〕，下篇始於容而極於仁，各爲序、論、解，累數萬言。出入經傳，間引釋老，大要以修身、齊家、治人

〔一〕仁人之言其利溥如此：四庫本、《湖山集》卷首序作「仁言之利，其溥如此」。
〔二〕紹興：原脱「紹」字，據日本藏宋刻本、明澹生堂鈔本、四庫本及《湖山集》卷首序補。
〔三〕七十一：原脱「七」字，據日本藏宋刻本、明澹生堂鈔本、四庫本及《湖山集》卷首序補。
〔四〕中：日本藏宋刻本、明澹生堂鈔本、四庫本作「内」。
〔五〕矣：日本藏宋刻本、明澹生堂鈔本、四庫本作「已」。
〔六〕於：傳校本作「效」。
〔七〕己未：原作「乙未」，據日本藏宋刻本、明澹生堂鈔本、四庫本改。
〔八〕字：原無，據傳校本補。下句同。
〔九〕「歸」下，日本藏宋刻本有「圖」字。
〔一〇〕德：原無，據日本藏宋刻本、明澹生堂鈔本、四庫本補。

爲序〔一〕。至於朝聞夕死之道，晚蓋有得，非空言也。惟晁氏自文元公博學篤行，兼通儒釋，致位禁林；有子執政，爲本朝大家，嘗著《法藏碎金》行於世，年八十四，考終不亂，史氏極稱美之。夢規殆傳家學歟！嘉泰甲子二月辛丑，平園老叟周某序〔二〕。

劉諫議諫稿序

故諫議大夫劉公諱度，字汝一，吳興人。自爲布衣，修潔博習，葉左丞夢得、汪翰林藻皆以賢良方正薦。旋第進士，入爲學官、館職。紹興三十一年夏，汪中丞澈薦充御史，遷右正言。明年汪貳大政，引嫌徙軍器監。孝宗即位，復自宗正擢諫大夫。前後上九十餘疏，其子瑞金宰深之裒成上下卷，以予嘗同僚，請爲之序。恭惟祖宗專任臺諫，寄以耳目，政事得失、臣下臧否，雖均許議論〔三〕，然諫臣因治體而及人才，臺臣主彈劾而及時政，其分職固不同。元豐七年春，神宗手詔曰：「近歲修復官政，群司各有職守。右諫議大夫趙彥若侵越御史論事，降一官，左遷秘書監。」今公奏議心平氣和，理正辭直，薄物細故，未嘗屑屑。至於大小之臣罹於過失，必隨事以言，知設官之本意。或謂漢孔光上有問，據經對，不強諫爭，懼彰主過，削其稿，自後世觀之，光果忠耶？善乎蘇軾草《諫官制》曰：「進則詭詞，退則焚稿，衰世之事，朕無取焉。」然則深之廣父書，予序其書，所以彰主聖也。嘉泰四年月日。

龍雲先生文集序

廬陵郡自歐陽文忠公以文章續韓文公正傳，遂爲本朝儒宗，繼之者龍雲劉公也。公諱弇，字偉明，居安福縣之龍雲鄉。文忠薨於潁，公方冠，不及從之游。然斯文未喪，何害爲韓門籍、湜也。先是汴京及麻沙刻公集二十五卷，紹興初，予故人會昌尉羅良弼徧求別本，手自編纂，增至三十二卷，凡六百三十餘篇。惟公昔既不壽〔四〕，今復無嗣，其姪孫上高尉希高抱遺編而永歎〔五〕。嘉泰三年，賢守豫章胡元衡平一表鄭公之鄉里，訪襄陽之耆舊，欲廣其書，激勵後學。予亟屬羅尉之子泌繕寫定本，授矦刻之。頃嘗與鄉人論公之文，如《南郊賦》氣格近先漢，已爲泰陵簡擢；詩、書、序、記往往祖述韓、柳，間或似之；銘、誌、豐腴，規摹文忠，讀者可以自得。至於才學出處，具載李彥弼誌銘、羅氏跋語，皆月旦評之不可易者也。嘉泰四年五月日。

〔一〕序：日本藏宋刻本、明澹生堂鈔本、四庫本作「本」。
〔二〕序：日本藏宋刻本、明澹生堂鈔本、四庫本作「書」。
〔三〕議論：明澹生堂鈔本、四庫本作「論議」。
〔四〕昔：原無，據日本藏宋刻本、明澹生堂鈔本、四庫本、傅校本補。
〔五〕希高：日本藏宋刻本、明澹生堂鈔本、四庫本作「希卨」。

文苑英華序

臣伏睹太宗皇帝丁時太平，以文化成天下〔一〕。既得諸國圖籍，聚名士於朝，詔修三大書：曰《太平御覽》，曰《册府元龜》，曰《文苑英華》，各一千卷。今二書閩、蜀已刊〔二〕，惟《文苑英華》士大夫家絶無而僅有，蓋所集止唐文章，如南北朝間存一二。是時印本絶少，雖韓、柳、元、白之文尚未甚傳，其他如陳子昂、張説、九齡、李翺等諸名士文集世尤罕見，故修書官於宗元、居易、權德輿、李商隱、顧雲、羅隱輩或全卷取入。當真宗朝，姚鉉銓擇十一，號《唐文粹》，由簡故精，所以盛行。近歲唐文摹印浸多，不假《英華》而傳，況卷帙浩繁，人力難及，其不行於世則宜。臣事孝宗皇帝，間聞聖諭欲刻江鈿《文海》。臣奏其去取差謬不足觀，帝乃詔館職裒集《皇朝文鑑》。臣因及《英華》雖秘閣有本，然舛誤不可讀。俄聞傳旨取入，遂經乙覽。時御前置校正書籍一二十員，皆書生稍習文墨者，月給餐錢，滿數歲補進武校尉。既得此爲課程，往往妄加塗注，繕寫裝飾，付之秘閣，後世將遂爲定本。臣過計有三不可：國初文集雖寫本，然讐校頗精，後來淺學改易，浸失本旨。今乃盡以印本易舊書，是非相亂，一也。凡廟諱未祧止當闕筆〔三〕，而校正者於賦中以商易殷，以洪易弘，或值押韻，全韻隨之，至於唐諱及本朝諱存改不定，二也。原缺一句或數句，或頗用古語，乃以不知爲知，擅自增損，使前代遺文幸存者轉增疵纇，三也。頃嘗屬荆帥范仲藝、均倅丁介稍加校正；晚幸退休，徧求别本，與士友詳議，疑則闕之。凡經、史、子、集、傳注、《通典》、《通鑑》、及《藝文類聚》、《初學記》，下至樂府、釋老、小説之類，無不參用。惟是原修書時歷年頗多，非出一手，叢脞重複，首尾衡決，一詩或析爲二，二詩或合爲一，姓氏差誤，先後顛倒，不可勝計。其間賦多用「員來」，非讀《秦誓》正義，安知今之云字乃員之省文？以堯非對舜榮〔四〕，非讀《本草注》〔五〕，安知其爲莒蒲？又如切磋之磋，馳驅之驅〔六〕，掛帆之帆，仙裝之裝，《廣韻》各有側音〔七〕，而流俗改切磋爲效課〔八〕，以駐易驅，以席易帆，以仗易裝，今皆正之，詳注逐篇之下，不復徧舉。始雕於嘉泰改元春，至四年秋訖工，蓋欲流傳斯世，廣熙陵右文之盛，彰阜陵好善之優，成老臣發端之志。深懼來者莫知其由，故列興國至雍熙

〔一〕「文」下原有「明」字，據明澹生堂鈔本、四庫本、《文苑英華》卷首《事始》、《文獻通考》卷二四八删。

〔二〕刊：原作「刻」，據日本藏宋刻本、明澹生堂鈔本、四庫本、《文苑英華》卷首《事始》、《文獻通考》卷二四八改。

〔三〕止：原作「之前」，據日本藏宋刻本、四庫本、《文苑英華》卷首《事始》、《文獻通考》卷二四八删改。

〔四〕榮：原作「英」，據日本藏宋刻本、四庫本、《文苑英華》卷首《事始》、《文獻通考》卷二四八改。

〔五〕讀：原無，據四庫本、《文獻通考》卷二四八、《古今事文類聚》别集卷二補。

〔六〕馳驅：原作「驅馳」，據日本藏宋刻本、明澹生堂鈔本、四庫本、《文獻通考》卷二四八乙。

〔七〕音：原作「聲」，據日本藏宋刻本、明澹生堂鈔本、四庫本、《文獻通考》卷二四八改。

〔八〕效課：原作「郊課」，原刻校云：「翰苑本注一作『効』。」據日本藏宋刻本、明澹生堂鈔本、四庫本、《文獻通考》卷二四八改。

成書歲月，而述證誤本末如此。闕疑尚多，謹俟來哲。七月七日，具位臣周某謹記〔一〕。

送行序〔二〕

送曾公薦赴省試序

漢制，太常擇民十八以上者補博士弟子，郡國二千石謹察好學、敬長上、肅政教、順鄉里、出入不悖者，常與計偕〔三〕。永和曾生公薦年十有四，已能修飭好學〔四〕，晝夜勤苦，遂與儒先同上南宮，視漢人年又少，未易量也。昔余與子中兄同乃祖季高兄弟四人俱試秋闈，其後伯雲、仲峻、叔瞻相繼下世，惟予兄弟及季高華髮相對，今殆五十年矣。因生録示舉業求余一言，既太息題其後，又將屈指計日，俟太常籍奏之報，舉酒明秀樓爲季高賀。慶元乙卯十二月旦，前進士周某。

送曾明發序

《書》曰：「非知之艱，行之惟艱。」以孔子之聖，猶謙其辭曰：「躬行君子，未之有得。」是以孟子「非苟知之，亦允蹈之」〔五〕，此聖賢事也。近世士大夫乃謂人患不知，若真知無不能行。捨孔、孟不信，而惑謝顯道、張子韶一時之説，以謂錦繡蒙陷穽，人惟不知，乃墮其中，苟知其然，將遠而去之。嗟乎！以此勸中人以下，使之勿習過惡入於坎窞可也；若曰孳孳爲善，要當以升高爲喻。顏淵曰：「仰之彌高。」又曰：「既竭吾才，如有所立，卓爾。」人之進道必志於此，陷穽云乎哉？寧都曾君明發字見卓，數携贄求予一言。余聞諸揚子：「見善明，用心剛。」夫見善不明而徒剛焉，亦流於惡而已矣。既明於善，然後苦其卓，入道之序也。君之邑宰傅子淵仕學兼優，不崇空言，嘗試以予説諗其何如。慶元丙辰八月二十二日。

送黄伯庸疇若序

嘗觀唐三百年間，文章鉅公如韓、柳、劉、白及名世諸賢，詩文兩極其至〔六〕，學者不當置論。其餘專以詩名者殆數百家〔七〕，求之他文，間或弗稱。兼是二美，斯固難矣。又讀班史，傳循吏纔七八人，皆良二千石，蓋事任尊重則名實相應。令，卑官也，功德未孚於人，況地有劇易，才有長短，故薛公治平陽則不足，尹賞治粟邑則有餘，换縣乃皆大治，才之全者亦豈易哉？豐城黄

〔一〕具位：《文苑英華》卷首《事始》、《宋會要輯稿》崇儒五之一作「少傅、觀文殿大學士致仕、益國公、食邑一萬五千六百户、食實封五千八百户」。
〔二〕送行序：原無，據日本藏宋刻本、明澹生堂鈔本補。
〔三〕與：原作「以」，據日本藏宋刻本、明澹生堂鈔本、四庫本改。
〔四〕學：日本藏宋刻本作「書」。
〔五〕「孟子」下原校云：「疑有缺文。」按此處并無缺文，「非苟」二句見《法言·君子》。
〔六〕至：日本藏宋刻本、明澹生堂鈔本、四庫本作「摯」。
〔七〕名：日本藏宋刻本作「鳴」。

君伯庸爲廬陵宰，初示予古律詩二百篇，用意高遠，屬辭清新，摹寫物象，莫能遁形。繼出雜文一編，持論正大，古賦恢閎，碑志詳雅，四六温醇，是可争文士之衡矣。他日請予評之。予曰：「邑附郡城，地廣人殷，姑置是事，遲君政成。」已而見其持己以清，撫民以仁，聽訟以平，决事以明，租庸孔時，百廢具興，桁楊無繫，弦歌有聲，然後知君又可附循吏之名矣。三載考績，治行轉聞，召節預頒，趣覲朝廷。於是鄉校之英，旄倪之氓，攀轅臥轍，霧集雲蒸，跬步莫前，矧容嚴程！或曉之曰：「挽留賢令，士民之情也；欒與賢者，天子之誠也。君方以墨妙筆精而爲華國之文，推學道愛人而策濟時之勳，奈何因德惠之可懷而滯鳧舄之朝京乎？」衆始退聽，車乃遄征。平園老叟周某聞而嘉之而筆之，非特紀實贈行，亦所以償夙心也。嘉泰元年十一月七日。

蕭人傑如寄齋說
齋說〔一〕

泰和蕭人傑即所居作如寄齋，取蘇文忠公「吾生如寄耳」之句以自警，丐余爲之說。蘇公博極羣書，無不用之事，而波瀾浩渺，千變萬化，複語絶少，獨此一句不啻八九用之。《訪張天驥寄子由》〔二〕、《過淮》〔三〕、《和王晉卿》、《次劉景文韻》、《送芝上人王敏仲》、末年《游鬱孤臺》諸詩，皆不易一字，其他「人生如寄何不樂」之類尚未論也。此理本出莊周記孔、顔之問答，以爲世人直爲物逆旅耳，解之者曰：「不能坐忘自得，而爲哀樂所寄也。」魏文帝、晉謝安輩始形於書，詠於樂府，至公然後表而出之。其從宦每以仁義爲歸宿〔四〕，遷謫則遊於逍遥之墟，食於苟簡之田，立於不貸之圃，平生所得，情見乎辭，哀樂且不能寄，奚暇問重複耶？坐忘自得，庶幾乎顔氏子矣。蕭君其以是寘坐右，有好事者示之，毋但寄傲南窗而已。慶元二年八月二十八日。

張德清悦齋說

邵武張瑩中字德清，有志問學，名齋曰悦，屢求説於予，老病久不報也〔五〕。至是其鄉人廬陵簿李子貴賢代歸，因告之曰：人必有羨於外，斯有以悦於内，自然之理也。今夫口同嗜味，耳同嗜聲，目同嗜色，三者必有物然後口與耳目悦而好焉。若心之所同則不然，理與義而已。二者非外也，吾心亦内也。故孟子云：「理義之悦我心，猶芻豢之悦我口。」至於荀卿又加詳焉，其言曰：「耳目鼻口形各有所接〔六〕，不相能也。心居中虚，乃治五官，是謂天君。」其所以開導後人無餘蘊矣。今子布衣疏食，皇皇四方，就有道而正焉，豈適爲口耳之好哉？是必義理之心油

〔一〕齋說：原無，據日本藏宋刻本、明澹生堂鈔本補。
〔二〕寄：原脱，據日本藏宋刻本、明澹生堂鈔本、傅校本補。
〔三〕過淮：原作「淮上」，據日本藏宋刻本、明澹生堂鈔本、傅校本改。
〔四〕宦：原作「官」，據日本藏宋刻本、明澹生堂鈔本、傅校本改。
〔五〕不：日本藏宋刻本作「未」。
〔六〕鼻口：原作「口鼻」，據日本藏宋刻本、明澹生堂鈔本、四庫本、《荀子·天論》乙。

然於中〔一〕，可謂知所悅矣。既以孟子發其端〔二〕，又因荀卿辨其名，復以孔子之訓廣之。夫學而時習固自可悅，然必切磋琢磨乃極其至，故繼之曰：「有朋自遠方來，不亦樂乎！」蓋知不如好，好不如樂，此淺深之辨也。人能推義理之心，常正其天君，使好惡喜怒哀樂之情皆得其正，則所謂顏氏之樂也，內可勉而進，彼紂朱懷金何足道哉〔三〕？

習齋說

永新歐陽邦基字壽卿，才贍學富，爲善如饑渴嗜飲食。其子宗闢齋家塾，請予命名。予曰：「《論語》首言『學而時習之』，實二十篇之樞要，宜以習名。」併申其說。夫天命之謂性，有時移於習，故伊尹言「太甲之初，習與性成」，吾夫子亦云「性相近也，習相遠也」，學者可不謹其所習乎！蓋習有是非，習是則勝非，習非亦勝是，顧朋友講習何如爾。嘉泰三年八月二十七日。

周伯熊勤齋說〔四〕

天運故健，日月行故明，水以常流故不竭，人勤四體故無疾，自然之理也。上而爲君，下而爲臣，克勤於邦，克勤無怠，微而庶民，勤則不匱，皆是物也。宗人伯熊字武伯，南城人，進士登科，佐邑安福，屢求齋名。請名曰勤，而告之曰：「子欲學乎？業精於勤，願以韓文公爲師。子欲仕乎？能勤有繼，願以郤成子爲法。志苟立焉，推而上之，功崇業廣，古人不難至也。」

慶元四年五月七日。

堂庵說〔五〕

茶陵學林堂說

茶陵軍雖衡之附庸，然地大多秀民，登科者相望。紹熙間譚君世選鏁廳第進士，鄉人稱之。猶子知言思繼其美，築學林堂，讀書著文，曾不少怠。其友谷若霖遠來訪予〔六〕，力求一言。孟子曰：「修其天爵而人爵從之。」惟能以仁義忠信樂善不倦相與切磋，則公卿大夫且將馴致，况一第乎？不如是，不可謂之益友。慶元丁巳七月。

楊光祖筠溪說

《禮器》論禮曰：「如竹箭之有筠。」《正義》以爲青之見於外者。《聘義》論玉亦曰：「孚尹旁達，信也。」《正義》以孚尹

〔一〕義理：原作「理義」，據日本藏宋刻本乙。
〔二〕「既」字上，明澹生堂鈔本有「子」字。
〔三〕原刻文後校云：「按：《習齋說》之前，知聖道齋本有空簡九行，恐此處原有佚篇，記以俟補。」
〔四〕「周」字上，日本藏宋刻本、明澹生堂鈔本有「書」字。
〔五〕堂庵說：原無，據明澹生堂鈔本補。
〔六〕來：原無，據日本藏宋刻本、傅校本補。

爲浮筠，言其采色也。夫有諸中必形諸外，故江逌《竹賦》云「含虚中以象道」，兹非本乎？曰「有筠曰孚尹」，兹非文乎？譬之於禮，忠信禮之本，義理禮之文。無本不立，無文不行。二者兼備，則貫四時而不易葉也宜矣。同年楊謹仲，清江名儒，其孫光祖兄弟修身嗜學，力守家法，華宗待制廷秀既大書「筠溪」以賁攸居，予復推其義以勉之。嘉泰二年五月十日。

錢氏岵瞻庵説

待制錢公葬江陰之由里山，其子廷玉等即塋築庵，求名於平園老叟周某，爲題曰「岵瞻」，致不死其親之意。《爾雅》山多草木爲岵，無曰屺。《説文》亦然。獨《毛傳》相反，《正義》疑傳寫之誤云。嘉泰壬戌三月朔。

書贈茶陵谷若霖

紹興初，叔父静江府君令衡之安仁，與邑人谷槩世平善。予年六七歲，侍重親在焉，尚能記當時事。今六十五年矣[二]，而世平之孫若霖數自茶陵訪予廬陵。予問越在鄰邑之意，其説有二：祖娶茶陵陳氏。陳氏有孫弁字令升，力學好義，葺城南書院，榜其堂曰帶經，招延名勝，以中表之故而館我，一也。邑儒譚君世選字勤之，紹熙間鏁廳第進士，有姪知言尤向學，年方踰冠，築學林堂，讀書其中，復以我爲友，二也。予自念帥湘中者三年，既不獲一至安仁訪童子之舊游，又無由登覽二堂，察大邑之風俗，衰老懷舊，安能忘情？因君乞言，爲別書以遺之。慶元二年十月十八日，平園老叟周某序。

書示臨川陳撝

臨川陳生以《易》卦推人休咎，來求一言。予於《易》固未能學，而休咎又非所問，案間偶有《正易心法》及《易索》兩書，遂以畀之。《心法》出於麻衣道者，其傳則希夷先生也，讀之可以求天理。《易索》，吉之泰和名士張汝明作，讀之可以知人事。二者苟盡心焉，於休咎乎何有？慶元己未六月辛未，平園老叟周某序。

書示永豐彭肅

永豐析吉水爲邑，壤地褊小，徒以歐陽文忠公故鄉，且先塋在焉，故士之力學好修者衆，文獻不絶。近歲曾幼度、羅永年又以詩文爲諸生倡，殆欲家屈、宋而人賈、馬也。幼度門人鄧傳之字師孟，勤身勵志，間復從師友於四方，然用意深切，故辭多刻苦。永年有子曰煒，字晦之，天才雋甚[三]，父子自爲知己，出語輒驚人，然有時乎悲傷。予嘗憂其不壽，已而果然。今二子之友彭肅寬伯携文過我，學術開廣，詞調清婉，進修不已，致遠之器

[二] 年：明澹生堂鈔本作「歲」。
[三] 天：傳校本作「文」。

也。昔七子賦詩可觀鄭志，予雖無趙孟之識，亦庶幾億則屢中云。嘉泰元年正月甲戌。

書贈安福劉儼子思

往年楊廷秀歎劉儼子思才名，二十年獨遺場屋〔一〕，今又十五年，未遇如初。予安能知，盍問諸嚴君平乎？不然，讀房千里《骰子選格序》，爲一餉之歡，洗積年之滯可也。嘉泰壬戌閏臘十日。

書曾無疑匹紙

蘇文忠公素慕白樂天之爲人，蓋二公文章皆以辭達爲主，其忠厚樂施，剛直盡言，與人有情，於物無著，亦略相似。樂天爲忠州刺史，作《東坡種花》二詩，又有《步東坡詩》云：「朝上東坡步，夕上東坡步。東坡何所愛？愛此新成樹。」文忠公中年謫黄州，偶因築室，遂號東坡居士，嘗賦八詩，其屬意有自來矣。後爲從官，羨樂天口之不置〔二〕，如云「定似香山老居士，世緣終淺道根深」，又云「我似樂天君記取」，又云「出處依稀似樂天」〔三〕，其他形於詩者尚多，惜乎閑居二十年之志迄莫能遂。黄門公不云乎：「子瞻之仕，其出入進退猶可考也。後之君子其必有以處之矣。」慶元己未三月三日，友人曾無疑出示匹紙，爲書此說〔四〕

書匹紙贈安福劉澈

紹熙辛亥十一月，某赴官湖南，道由安成，劉偉子才投贈十詩，有味其言。後十餘年當嘉泰壬戌季春〔五〕，子才之子澈携以相示，又出子才雜詩一卷，皆待制楊公跋語，是足增喬嶽之重矣。澈也復以長書及二詩衒袖爲贄，予受而讀之，既歎且喜。歎者何也？感歲月之邁，惜子才之老也。喜者何也？劉氏三世俱以文鳴，其興殆未艾也。會得匹紙，爲書頃所作《西溪後序》并子才十詩，又録二跋以遺澈。餘紙甚長，歸示鄉人，必將贄先德而傳後學，毋以羅、趙在前遂不顧也。二十日，平園老叟周某記。

書匹紙贈許玠介之

高宗初元，首用襄邑許崧老爲尚書右丞，文章議論不待贊也。今曾姪孫玠學有家法，自衡州携詩相過，格律高深，詞語清麗，予手之不能置。求一言以爲別。予素不能詩，矧敢塗澤無鹽，效顰西子乎？適有匹紙，輒書其樂府四篇於卷首。繼此得佳

〔一〕獨遺：四庫本作「躓」。
〔二〕美：原作「美」，據明澹生堂鈔本、四庫本改。
〔三〕云：原無，據明澹生堂鈔本、四庫本、傳校本補。
〔四〕原刻文後校云：「案：此首又見於卷十一，以次第考之，彼係誤重，删彼存此。」
〔五〕餘年：原倒，據四庫本乙。

句，請續於後，軸滿復以相示，更當刮目待阿蒙耳。嘉泰壬戌三月二十四日。

字說〔一〕

李爗縣尉字說〔二〕

同門壻崑山李君初名國才，字良佐，未冠補太學生，學問日益新而試輒不利。歲在丙戌，夢人告以火運即發，因授火傍三字，覺而更名爲爗〔三〕，自是試必占榜。今調宜興尉，而字猶良佐也，以書請予更之。按《說文解字》，爗訓盛，且引「爗爗震電」之詩。夫震雷之電，盛則過常，故詩以爲異。然於今文從火，從日，𠌶，皆有光明華煥之義，宜捨盛避異，字君曰道明。蓋東晉荀闓、蔡謨、諸葛恢所同字也，當時號中興三明，爲之語曰：「京都三明各姓名，蔡氏儒雅荀葛清。」君馳聲上庠數十年，非儒雅而何？一行作吏，又以清聞，則於道光明，視三子爲無愧矣。紹熙五年閏十月周某書。

趙汝橙縣尉字說

皇諸孫汝橙字茂實，謂予：「花木無不結實，於名爲泛，願更其字。」予曰：「橙，佳果也，雜見《淮南子》、《說文》、《東觀漢記》、《晉令》、《風俗通》、《博物志》、《廣志》、《異苑》、《風土記》、《上林》、《蜀都》、《揚都》諸賦中，所美者色味香而已〔四〕。至於形容其器質〔五〕，韓孟爲優，《城南聯句》云「鵠穀攢瓌橙」，蓋珍之也，譬諸人則國之寶也。唐朝蘇瓌有子名頲，字廷碩，父子皆賢。請合二美，易字廷瓌，斯不泛矣，又有以勉君。昔者汴京植橙，禁中號爲珍異，仁宗召宗室及侍臣同觀於慈聖閣。宋祁詩云：「帝憐秋實茂，天許本根强。」又曰：「不隨江北化，思助廟中嘗。」末云：「榮觀聳麟族，賦筆助荷囊。」厥後，英宗眷禮侍讀學士劉敞，以其在告，遣使賜新橙五十，備載史傳。君年方英妙，當周以宗强之時，悉心問學，自取科第。他日進修不已，爲國寶臣，或預榮觀，或拜珍賜，廷瓌之義庶有合哉！嘉泰二年三月二十四日。

蕭光字說

龍泉蕭光字煥之，求字說於予。孟子曰：「充實而有光輝之謂大。」充實，內也；光輝，外也。有諸內乃形諸外，若本朝司馬溫公名光字君實是已。揚子亦云：「晦斯光。」夫惟侍坐君子言可聽也〔六〕，禮可觀也，自晦其光〔七〕，而光彌明〔八〕，唐杜如晦

〔一〕字說：原無，據明澹生堂鈔本補。
〔二〕四庫本無此篇。
〔三〕爗：原作「燁」，按二字同，今據明澹生堂鈔本改與前後一致。
〔四〕色味香：明澹生堂鈔本、四庫本作「色香味」。
〔五〕器：四庫本作「氣」。
〔六〕坐：四庫本作「立」。
〔七〕其：明澹生堂鈔本、四庫本作「而」。
〔八〕而：明澹生堂鈔本、四庫本作「其」。

字克明是已。既名光矣，煥何加焉[一]？字曰晦之，意義乃全。詳説反約，古人皆然。咨爾蕭君，味孟子、揚子之言，思温公、杜公之賢，奉以周旋，其永無愆。嘉泰三年八月二十六日。

姪孫顒字説

彦思姪三子：長頵字晉臣，慕陳頵也；次顓字稷臣，謂魯顓臾也。季顒乞字，字以圭臣，能勿誨乎？《卷阿》之詩曰：「顒顒昂昂，如圭如璋。」大凡爲人，必以禮義切磋之，使貌温而氣盛，如玉之圭璋，然後有威儀焉，有聲譽焉，此所爲吉士也[二]。不然，表裏碔砆，人將汝疵，顒其念哉！嘉泰三年正旦，八叔翁書於明農堂。

名訓[三]

田炳名訓

郴州别乘田君貢甫之子阿章生九年而未名，今歲冬至，天子初郊，貢甫格當任子，將以名聞。其群從兄弟名皆從火，有請於予，予名之曰炳，字以伯視。揚子不云乎：「知其道者其如視，忽眇綿作炳。」夫視大必自細，視遠必自近，舉目於此，炳然於彼，推而至於先知，皆是道也。童而習之，常視毋誑，及其長也，克明顯光，然後可以世濟其美，無負國家賞延之恩矣。炳乎勉旃！慶元三年。

[一] 加：原作「如」，據明澹生堂鈔本、四庫本、傅校本改。
[二] 爲：明澹生堂鈔本、四庫本、傅校本作「謂」。
[三] 名訓：原無，據明澹生堂鈔本補。

廬陵周益國文忠公集卷五六

平園續稿卷一六

啟 親書附

回潭州朱元晦啓 甲寅

推轂吴京，開藩楚甸，先聲久播，美化即成。惟朝廷急於用人，而郡國艱於謀帥。雖宸心加意乎簡擢，顧物理有時而乘除。積弊在前，必得賢牧齊其政；庸夫之後，正須真儒變其風。自昔所同，於今尤著〔一〕。共惟某官奮百世之下，得六經之傳。聰明天分之高，道義躬行之至。宜論唐、虞於廣厦，乃煩羊、杜於征南。坐使湖湘，立成鄒、魯。某三年佁儗，萬事摧頹。賦陶令之歸，幸諧素志；推謝侯之去，可卜輿情。已荷匿瑕，更勤削牘。佩交承之厚德，激愧感之深悰。

回隆興趙子固鞏啓 甲寅

兩辭鄉部之麾，自知非據；一用皇華之使，咸謂當仁。事殊棨戟之遥臨，人喜湖山之自得。共惟某官行推多士，才過萬夫。治聲久著於蜀門，政術尤高於江右。我思用趙，振馬服之威名；無以易堯，契高皇之善任。已寓文謨之直，即聯禁闥之班。俯眷衰疲，曲貽緘翰。珠簾畫棟，莫陪坐上之賓；藤杖芒鞵，方受部中之賜。其爲欣感，未易名言。

轉少傅致仕謝宰執啓 甲寅

引年遂請，已荷曲成；增秩示恩，益彰洪施。衰悰易感，厚德難名。欽惟國家，度越載籍；粤從選調，爰暨大僚。皆於休致之時，被以陞遷之渥。既昭邦典，仍篤士風。如某者，初無一日之長，幸際四朝之盛。凉凉踽踽，常恐蹈於鄉原；暖暖姝姝，敢自安於私説？宛其老矣，曷不歸哉？人譏九棘之龐眉，心慊四明之狂客。奏章上徹，俞旨下頒。冠掛虎門，岸角巾於東路；車垂夏篆，策徒步於南岡。永全麋鹿之生，實出夔龍之造。兹蓋恭遇某官股肱任重，甄冶功高。推冕旒優老之仁，爲簪笏抽身之勸。是令朽邁，不失光榮。勇退急流，雖前修之或愧；倒行暮日，庶後悔之能逃。銘佩在中，敷陳奚究？

回金陵張定叟尚書啓 乙卯

加職西清，擁麾東府。寬顧憂於南面，愴威略於北方。惟今秣陵，視昔洛宅。眷懷先正，開濟中興。早歲鈞樞，贊高廟定都之策；暮年藩翰，宣壽皇復古之威。成功豈在於他門，濟美必

〔一〕於：明澹生堂鈔本作「厥」。

谿於賢嗣。蕭相運關中之粟，已振饑羸；夷吾撫江左之憂，更覿勛業。事樞之執，晷刻以須。某甫遂休官，豈應爲佞？敬酬來貺，聊述輿言。晤語方遥，傾依彌切。

回洪帥單虞卿侍郎啓 己未

臨遣近臣，保釐方面。古之督府，今乃潛藩。德化俶敷，顧憂頓釋。共惟某官儒猷粹美，政術通明。論思早正於貳卿〔二〕，豈弟備彰於六郡。西江勝概，聊寨雲雨之簾；南省清班，即曳星辰之履。豈應宅牧，遂緩賜環。某幸與農疇，共棲宇蔭。辱華箋之甚寵，視朽質以增慚。欣感交懷，喻言曷究！

回隆興帥張伯子尚書啓 庚申六月

內聯禁直，外領帥藩。竊觀鼎族名世之英，嘗東阜陵登畿之眷。迨今選授，抑有端由。蓋烜赫舊都，潛邸節旄之故在；而岧嶢新閣，淳熙雲漢之昭垂。兼而畀之，榮則深矣。共惟某官端方全德，博洽名儒。家傳忠義之規，世濟直清之美。再登朝路，倍結宸知。惟糾繩司國論之是非，惟封駁繫政幾之得失。凡有志一時之士，皆假塗二者之間。望愈隆而人愈推，功每進而寵每避〔三〕。既儀八座，實邇四鄰。復屢控於封章，竟斜飛於征鎮。外有五長，雖上法於周官；入爲三公，恐難稽於漢制。某暌違久矣，芘賴在茲。設榻東湖，豈君侯之有靳；迷津南浦，歎病叟之無緣。因酬誨賜之慇懃，不覺感悰之忉怛。

回潭帥趙待制不迹啓 辛酉

東浙名藩，疊書課最；南荆鉅鎮，申畀帥連。湘水波澄，岳山勢重。共惟某官世傳令德，躬禀異才。詞章賀、白之儔，譽望閒、平之亞。自結冕旒之眷獎，徧更麾節之劇繁。人云挾山超海之難，公乃破竹折枝之易。謻門候對，已優踐於禁塗；省坐論思，即冠班於常伯。某攖痾衡宇，引領高牙。昔者分携，已越一星之久；今茲掩惡，尚煩五政之餘。過勤盛禮之施，殊愧前緘之簡。其爲欣感，未易敷云。

回豫章韓帥子及啓 以下壬戌

祥開鵲印，命荷熊旗。十國爲連，群州承楷。均藉帡幪，諒深懽慶〔三〕。共惟某官姿凝瑚璉之器，家襲鼎彝之勳。漢內史之居官，以經術潤飾吏事〔四〕；周司徒之敷典，篤世忠服勞王家。垂踐中臺，力祈外閫〔五〕。惟徽皇定尉安之府，肇自政和；而忠獻登齋戒之壇，適當皇祐〔六〕。方上聖遹追於前烈，宜後賢復踵於先

〔一〕正：傅校本作「益」。
〔二〕功：原作「公」，據傅校本改。
〔三〕均藉帡幪，諒深懽慶：原缺，據傅校本補。
〔四〕飾：四庫本、傅校本作「色」。
〔五〕力祈：四庫本作「即膺」。
〔六〕皇祐：四庫本作「星變」。

獻。榮戢一臨，軍民交賀。相尊等耳，聊冠武階；公衮歸兮，即儀文陛。某昔叨事契，今齒部民。姓名未洗於丹書，㦸翰羞塵於玉帳。詎期厚禮，首及陳人。南浦飛雲，目極滕王之閣；東湖設榻，夢遊孺子之亭。欣愧兼深，喻言徒費。

謝陳提刑讜生日詩啓

解九夏之齋，自慼誤投於世網；校中元之籍，長生敢擬於仙曹！未瞻使者之繡衣，先拜美人之錦段。妙甚唐賢之律，申之史克之言。何臺治之俶臨，爲部民而加禮。歌明月之章於赤壁，諒因歲日之俱同；穆清風之誦於東方，敬祝牡鸞之遄返。其爲感詠，交集襟悰。

謝許監丞知新生日詩啓 與予同歲，渠長一月

庚威雌甲辰，敢攀壽隽；公瑾小一月，適契吾宗。過軫高情，曲形盛禮。賦兩詩而寵甚，及二丙以欣然。憶元豐壬戌之明年，有潞公丙午之盛集。今幸密鄰於几杖，阻陪高會於笑談。頌詠攸深，敷宣罔既。綸與其子檢法皆丙子生，來詩及二丙。

謝權守鄭通判臨生日詩啓

解九夏之齋，自慼誤投於世網；校中元之籍，長生敢擬於仙曹！荷邦君意重於岱嵩，推家學文成於黼黻。併勤饋遺，疊致頌言。贈我金錯刀，增光篋笥；報之青玉案，徒愧碔砆。悚感交懷，喻言奚究！

回陳正仲提刑賀冬啓

登望闕之臺，黃雲徧覆；按屬城之獄，緑草羅生。盛哉穰簡之祥，時乃平反之報。共惟某官螭陛良史，虎觀鴻儒。曼倩繡衣，時當剛長；晉卿愛日，坐轉冬溫。即遄四牡之歸，丕應一陽之復。憶去歲茲辰之禮，密近天顏；詠明年此會之詩，定陪郊祀。方圖馳問，已辱摛辭。感與頌并，意非言盡。

又謝生日詩啓 以下癸亥

益州刺部，固多中和宣布之歌；魯泮獻囚，繼有耆艾熾昌之頌。蓋仁愛素孚於郡國，則懽謡交著於士夫。敢期德性之好謙，反爲部民而致禱。寵之唐律，薰以班香。靈均初度之嘉，走無是也；魏野中元之句，公則過之。在愧感以俱深，豈叙陳之能既？

謝吴運使時顯生日詩啓

繼萊國而生，已愧中元之句；憶宣城之舊，更驚四紀之年。會華節之遄歸，摛雅詞而下屬。雖洛陽耆德，不稱儗倫；然履道燕居，幸同休退。願歌赤壁，共揖清風。在欣感以交懷，非叙

陳之能既。答其用寇萊公、文潞公事。運使蓋己卯宣城所解進士，今致仕而歸。

復少傅謝諸府啓

疵瑕久積，灼然復玷之難；造化密庸，倏若轉圜之易。倍極輪困之感，孰窺坱圠之垠。伏念某資禀凡庸，仕塵顯美。居不思於特立，動或蹈於妄行。言路糾繩，殆盈百讁；宸衷涵覆，止削一階。未蓋前愆，已仍舊貫。兹蓋伏遇某官道高邃古，勳在皇家。心同稷、契之忠，時際唐、虞之盛。好善優於天下，何區區樂克之强；若己納之溝中，每切切商衡之任〔一〕。助聖明之篤舊，開老退之圖新。遂使里居，獲刊罪籍。班過九棘，阻瞻槐位之尊；身託一枝，自幸林巢之穩。其爲佩荷〔二〕，罔既敷云。

回衢州章茂獻侍郎賀復官啓

挂冠久矣，麗丹筆以獻新〔三〕；出綍粲然，指青氈而復舊。恩固繇於舜、禹，助亦假於嚴、徐。兹蓋伏遇某官念氣類之同，篤鄉鄰之好。獻可替否，每效論思之言；嘘枯吹生，更推奬與之惠。致冒雲霄之澤，免貽田野之羞。方欲馳辭，已勤貽問。紆丈二之組，望之將涖於左馮；率三千之臣，召伯行登於右相。因酬嘉貺，併致忱言。

賀陳正仲提刑除職啓 癸亥夏〔四〕

策勳劇部，加職清厢。計前日之班資，合徑參於羲畫；重公朝之名器，猶假寵於文謨。綸綍光華，紳綏悦懌。共惟某官學高游、夏，文麗淵、雲。當直上於禁塗，尚斜飛於廉使。吏民改觀，欣康侯晝接之蕃；旒冕注懷，伫宣室夜前之席。某素叨眷誼，倍極懽悰。手牘亟馳，衷誠莫寫。

又回賀綸審察啓

子能仕而教之忠，每慚古訓；賢在上而引其類，首辱衷言〔五〕。未嘗學禮於孔庭，乃許觀奇於漢閣。此蓋伏遇某官昔聯中憲，持論挺然；今領外臺，揚清鋭甚。既嘘枯於屬吏，亦借潤於陳人。恐傷公舉之明，尚闕私書之謝。先勤慶問，倍激感悰。尚惟高明，有以矜亮。

〔一〕每：原作「美」，據明澹生堂鈔本、傅校本改。四庫本作「益」。
〔二〕荷：四庫本作「服」。
〔三〕獻新：明澹生堂鈔本、四庫本作「歃新」。
〔四〕癸亥夏：原無，據明澹生堂鈔本、四庫本補。
〔五〕衷：原作「裹」，據四庫本、傅校本改。

賀陳勉仲拜右相啓

庭揚大號，國拜中臺。名世之生五百年，時方際可；大學之興一甲子，今乃得賢。共惟某官德業兼隆，文章獨步〔一〕。伊尹樂堯、舜之道，素蘊蓄於胸中；韓愈視遷、雄之才，亶推尊於海内。周旋二府，啓沃九重。甄治無心，器方圓而各遂；權衡有信，物輕重而皆平〔二〕。玆顓面以正朝，益同心而輔政。方且恢四維而厚士俗，闢數路以收人才。稷、契、皋、夔，固將踵武；蕭、曹、丙、魏，豈必希踪？二十四考之方書，前後數公之罕及。某雖還初服，尚託大鈞。願偕沃壤之甿，共樂熙臺之化。其爲忻幸，罔罄敷陳。

與楊廷秀閣學 二十首

回甲寅賀冬啓〔三〕

朝登度雪之臺，黄雲入望；閑領遊帷之觀，白日自長。雖節令之衆同，在安榮而己獨。共惟某官道符剛長，性察物成。詞章添繡線之華，聲譽振黄鐘之響。時逢小至，慶集大來。某特辱摛詞，更勤致饋。仲尼百榼，醺酣無底之清〔四〕；德裕萬羊，厭飫有期之産。中心積感，多語奚殫！度雪臺，在楊秘監園中。遊帷觀，即玉隆宫，楊所領祠。無底清，所送酒名。

賀覃恩轉中大夫啓 甲寅

聖主卜大横之兆，名卿夢中穗之禾。汲黯嘗居是官，以諫諍而外補。神宗尤重此秩，待疑丞之初除。公比德以何慚，上登庸其可必。屬抱疴之未愈，欲請閒而不遑。輒以懽悰，寓之折簡；尚需召驛，別展慶儀。仰惟高明，俯賜鑑察。

回賀入新第啓 甲寅

市近囂塵，賴景公而更宅；書兼草隸，荷外監之屬辭。矧玆蓬户之居，時乃棘闈之址。當年附驥，七十子之同升；半世營巢，三十年而始有。念衆雋迨今而無幾，幸兩翁相望以非遥。儻因黄堂念蓋公之時，就爲雪舟訪安道之計。殺雞爲黍，當停荷蓧之藝；鳴鹿而歌，共話楊侯之舉。其爲感幸〔五〕，罔既敷宣。

回乙卯賀年啓

正次於王，新天子一元之歲；未加於卯，外秘書三合之年。方興運之鼎新，宜真賢之泰内。而況多文爲富，直道而行。博古通今，重漢廷之經席；危言讜論，發晉殿之酒樽。在故事以雖

〔一〕文：明澹生堂鈔本、四庫本、傅校本作「詞」。
〔二〕以上兩「而」字，明澹生堂鈔本、四庫本作「以」。
〔三〕原刻題爲「《回甲寅賀冬啓》以下二十首並與楊廷秀閣學」，今據明澹生堂鈔本、四庫本改。
〔四〕醺：原作「醮」，據傅校本改。
〔五〕其爲感幸：明澹生堂鈔本、四庫本作「其如感應」。

聞，捨明公其孰稱？即頒銀信，遂度玉墀。微摯攸陳，切幸鄉風之舉；盍簪莫預，遥思櫪馬之喧。惟是勤拳，莫容殫叙。

回乙卯賀冬啓

景占圭表〔一〕，應一丈三尺於牽牛；注就章編，推六日七分於大象。翕爾履新之慶，萃於博古之儒。共惟某官温厚足以破嚴凝，剛方足以祛邪枉。聲名遠播，符廣莫之雄風；壽祉丕延，同舒長之化日。當蕓茘挺生之際，是絲綸誕布之時。拾遺班北極之天，方膺異寵；冢宰相圜壇之陛，更祝後年。某甫治書郵，遽勤誨牘。浥盤中之金露，醉德孔多；餽天上之白羊，屬饜何幸。未酬盛禮，姑致感悰。尚冀台慈，俯垂鑑察。

賀除待制啓 丙辰

懇辭嚴召，商賚殊褒。旌東觀之儒先，拜西清之閣老。共惟某官冰霜其操，金玉厥躬。貫日忠言，規模稷、禼；凌雲藻思，步驟《莊》、《騷》。上自兩宫，下通四海，莫不哀窮而悼屈，謂宜捷出以横翔。雖越冷熱撰而上征，是名異數；然歷大少蓬而次對，誰可同僚〔二〕？豈持槖之無人，獨起家爲有耀。詔札密封於泥紫，服章光映於鞓紅。朝廷鄉黨三備達尊，已壯吾邦之觀；官職聲名俱歸詩客，更追乃祖之風。某心馳賀厦之成，迹歎出門而礙。念棘闈之宿契，懷柏悦之深情〔三〕，手牘所陳，心聲莫寫。

遠迎啓 丙辰

恭聞騎氣，將遂攸關，父老懽迎，吏民距躍。蓋一佛出世，覩共快於争先；豈二人同心，馬宜奔而敢後？正以衣冠之挂，難干簪槖之新。在隱顯以差殊，非禮文之簡怠。高明所昭，悃愊何逃？仰冀薰慈，特加孚察。

回丙辰賀年啓〔四〕

歷紀火龍，班高金馬。齊耆英於温洛，信古來稀；聯法從於甘泉，從今以始〔五〕。共惟某官道偕時泰，年與德升。妙論粲花，春頓生於坐上；仁風偃草，冰潛泮於池中〔六〕。衆人望公如西臺〔七〕，四時待公如玉燭〔八〕。必也重高門之地，豈其遺青笠之心？某占詞未成，飛翰何速！膠牙藍尾，深思常侍之同；新曆舊符，竊起東坡之歎。其爲感咏，莫既敷陳。

回丙辰賀冬啓

南溪測景，符周圭晝景之長；東魯縱心，測羲《易》天心之復。當兢辰而考古，宜受祉以及今。共惟某官無心如迎送之雲，觀化應舒長之日。名參禁路，諒懷憶昨之班；使總郊壇，預卜來年之慶。神人所相，福禄其綏。某已屏冠裳，莫陪簪履。

〔一〕圭：原作「奎」，據明澹生堂鈔本、四庫本、傅校本改。
〔二〕僚：明澹生堂鈔本、傅校本作「條」。
〔三〕悦：傅校本作「棁」。
〔四〕賀：明澹生堂鈔本、四庫本無。
〔五〕以：四庫本作「伊」。
〔六〕潛：原作「漸」，據明澹生堂鈔本、四庫本、傅校本改。
〔七〕西：原作「熙」，據明澹生堂鈔本、四庫本改。
〔八〕如：明澹生堂鈔本、四庫本作「爲」。

沐緘書之腆縟，愧禮度之愆忘。欣頌交深，指陳曷喻！

回丁巳賀年啓

頒正朔以示庶邦，甫窺堯曆；即嘉平而數新歲，已涉商正。贊慶宜先，馳辭敢後？共惟某官事隨時並，德與年增。漏水滴徐，重繹泰亨之象；篆盤香永，賸哦元會之詩。柳條況洩於召音，花塢難牽於野興。綵旗簇仗，行趨濟濟之朝；白獸發樽，聳聽堯堯之論。某鋭欲勤東道之主，深恐致北山之移。徒紓頌詠之情，莫寫依歸之志。

回丁巳賀冬啓

元后肇禋，已受釐於宣室；叢祠均逸，盍扈駕於甘泉。瞻南極之景長，慶西清之福備。恭惟某官仁心夙著，剛德時亨。律回嶰谷之陰，人愛晉卿之日。天時已至，韶節相催〔二〕。某佇聽先聲〔三〕，將臨近郭。刺繡五紋之弱，誰能閑驗於女工；風流二老之强，但願叨陪於賓燕。其爲欣頌，罔究叙陳。

回戊午賀年啓

彩勝金幡，曾共漢朝之元會；蒼顏白髮，今齊絳老之疑年。瞻室邇而人遥，殆形留而神往。敢期箋記，亟治書郵。共惟某官德逐歲新，名隨日起。春風和氣，坐銷客子之塵心；御柳宮花，難狀詞人之妙語。佇傃深嚴之直，參裁寬大之書。某久矣遊從，兹焉間闊。郊關相望，莫陪真率於耆英；酒醖前陳，乃幸屬饜於盛德。其爲感愧，罔既敷陳。

回己未賀年啓

一元歲之始，漢頒寬大之書；五福壽爲先，魯獻熾昌之頌。當國家之圖舊，緊年德之加新。共惟某官膏雨蘇枯，仁風解凍。徑三三而成趣，時逢花柳之春；卦八八而終篇，繇應乾坤之泰。即遄驛召，遂押庭班。某衰疾龍鍾，緘書猶豫。十漿先饋，敢爲列子之驚；六鷁退飛，竊鄙於陵之顧。其爲欣荷，罔究願言。

餽歲小啓　己未〔三〕

芳歲將除，椒觴載舉。盍簪喧馬，恨阻勝游。對酒愛鵝，首蒙厚禮。不腆牲餼，往塵庖厨〔四〕。物雖微而誠在焉，施已豐而報何有？尚祈容德，未審若何。

賀致仕啓　己未十一月

掛冠神虎，錫馬康侯。職在紫青，榮陞四等；秩參黄散，優進一階。詔紼光華，縉紳歆豔。共惟某官直方如伯起，清約如公權。準易有執戟深湛之思，爲文無盈川輕薄之體。具古今之全美，震華夷之盛名。延登可期，勇退何果！風月三千首，重繼翰林；休閑二十年，定追洛社。蓋意新者寧拘齒宿，而德邵者常

〔一〕韶：明澹生堂鈔本、四庫本作「召」。
〔二〕佇：四庫本作「拱」。
〔三〕己未：原無，據明澹生堂鈔本、四庫本補。
〔四〕往：四庫本作「用」。

在年高。優哉游哉，休矣美矣！見故人而一笑，時揮鶴禁之金；通大道以三盃，日飲螺岡之酒。某游從最舊，出處頗齊。前進士同稱，猶記曲江之宴；故將軍相過〔一〕，任從醉尉之呵。願言俾壽之昌，永作斯文之重。

賀己未冬啓

子月四時之首，周得天正；黃鍾六氣之元，漢爲律本。惟昔重陽剛之復，玆今〔二〕宜賢德之亨。共惟某官道與時行，福同晝永。浩養激葭灰之動，文衡量圭景之長。砌下蓂生，記蓬山之舊長；隴頭梅放，兆鼎實之終調。戲藏陰壑之冰，閑蹠晴窗之日。甫也懷兩院，寄五更三點之篇〔三〕；牧之勉阿宜，祝十紙一箱之讀。某未作南溪之泛，先勤北海之尊。數九九而哦詩，自憐午瘦；辦多多而有酒，驟覺冬肥。欣感交懷，敷陳罔既。

賀庚申年啓

百二十日而爲春，喜重添於閏月；億萬斯年而啓運，慶五值於初元。阻陪後閣之賓，遥致先盃之讓〔四〕。共惟某官氣調玉燭，膏潤青陽。聿來嗤嗤之祺，胥樂熙熙之衆。柳催槐泛，記絲光日彩於東宮；珮解簪抽，想名號風儀於西洛。顧夙契時中之道，盍起趨泰內之朝。亦惟舊人共政之圖，歸趁新年太平之賀。某居慚老伴，每辱先施。出丙入丁，幸附壽星之次；乞漿得酒，載欣申歲之臨。頌咏攸深，指陳曷喻！

賀郊恩進開國侯用子封通奉大夫啓　甲子

文帝席前，爵賜通侯之貴；魯公拜後，階陞三品之崇。亶惟國家之榮〔五〕，何但鄉閭之慶。某幽憂所萃，贊喜弗先。徒深羨慕於再三，姑述悃誠之萬一。

又賀增秩晉爵啓

共審秩漢皂衣，執周穀璧。彰前旒之念舊，煥疊組以俱新。行下蒲輪，立登槐位。某杜門衰疾，賀厦邈綿。敬布懽悰，仰祈炳鑑。

謝臨慰啓　甲子

內助云亡，外姻未至。首紆緹騎，遐顧素帷。既陳德人一束之芻，復枉子舍三株之樹。屬攖纏於拙恙，阻摧謝於高閎。救民有喪，公不愧《谷風》之什；刺人無禮，走奚逃「相鼠」之譏？姑候痊平之時，自歸皋緩之罪。謹令賤息，先布忱言，仰惟台慈，頫賜澄察。

〔一〕將軍：明澹生堂鈔本、四庫本作「相國」。
〔二〕玆今：原作「今玆」，據明澹生堂鈔本、四庫本乙。
〔三〕寄：四庫本作「吟」。
〔四〕讓：明澹生堂鈔本、四庫本作「上」。
〔五〕國家：明澹生堂鈔本、四庫本作「家國」。

回蕭郎中親書〔一〕 壬戌〔二〕

渝川螺水，密聞雞犬之聲；樞筦鳳池，憶送夔龍之集。緊夙隆於雅契，盍肇講於嘉姻。玆承親家國史大著郎中長令似監倉承事，業茂清修，稱玉笥神仙之裔；而某長孫女十七娘，性存柔順，知《召南》法度之循。敢緣聲氣之同，妄意琴瑟之好。遠勤厚禮，有華用雁之儀；何幸衰宗，將竊乘龍之喜〔三〕。不腆回幣，具如別緘。

與胡季解求親書 壬戌

託契先公，嘗遞禁林之宿；依仁大族，久陪鄉社之遊。將爲徼福之圖，輒致求婚之請。伏承親家通判左藏第三小娘子，婦儀夙著，有采蘋南澗之恭；而某姪承事郎、新監隆興府苗米倉某，家訓粗遵，無坦腹東床之傲。飾行人而聽命，資薄幣以馳誠。劉、范世姻，庶益堅於永好；崔、盧門户，尚何假於他求。不腆之儀，別緘具載。

〔一〕親書：傅校本作「婚啓」。下篇同。
〔二〕壬戌：原無，據明澹生堂鈔本、四庫本補。
〔三〕喜：四庫本作「寵」。

廬陵周益國文忠公集卷五七

平園續稿卷一七

狀

謝贛守 以下俱謝賀生日狀

老逢初度，彌追感於親庭；誼篤鄰居，乃寵貽於樂府。粲然新句，賁此衰蹤。調周《雅》之清風，永懷何已；歌楚人之《白雪》，寡和固宜。

謝寄居通判 丁巳

老而不死，方永慨於劬勞；愛之欲生，乃曲形於褒借。穆清風而作誦，祈黄耇之維祺。粲群玉於西崑，病眸空拭；鏘大鏞於東序，俗耳彌驚。愧感交懷，敷宣罔既。

謝路鈐路分 丁巳

生我劬勞，方切蓼莪之感；錫公純嘏，過勤黄髮之祈。高誼重於丘山，正聲諧於金石。穆清風之誦，固知鴻筆之有餘；投明月之珠，所愧衰踪之弗稱。但深銘佩，莫究叙陳。

謝憲司提幹檢法贛州路分將官教授五人共詩一首 壬戌

特紆厚意，遠記賤生。合六律以諧聲，粲多儀而設醴。自慚朽邁，曷稱吹噓！惟傳存盥獻之規，且禮著往來之訓。紅羅不腆，聊資碧線之抽；緑綺甚華，殊乏南金之報。其爲感荷，罔既敷陳。

謝邵英德之綱生日詩[一] 以沉香并英石爲壽賦詩

分奇芬於海上，已薰班氏之香；列遠岫於窗前[二]，更咏謝公之句。有華二美，來壽一夫。惟愧感之交懷，豈叙陳之能既？

謝李賀州絪生日詩 以下俱癸亥

老矣無能，豈初生之尚記；粲然有接，何舊好之彌隆。形妙語於篇章，列多儀於香幣。三復頌言之美，載深悚感之懷。

[一] 生日詩：原無，據明澹生堂鈔本、四庫本補。下同。
[二] 前：明澹生堂鈔本、四庫本作「間」。

謝贛州齊簽判天覺生日詩 癸亥〔一〕

月宿南斗，偶類韓公之生；穆如清風，過勤吉甫之作。顧乘除之何有，視碩好以多慚。循正則之名，方悲初度；致敬恭之幣，姑藉未將。感悚交懷，宣敷罔既。

謝贛州趙路分主管提幹檢法教授生日詩 癸亥〔二〕

竊以負之六射，悵永感於頹齡；作者七人，辱聯成於傑句。嘉果饋羞而侑酒，妙香庭燎以祈年。爲禮既豐，寄情良厚。降非正則，方慚初度之名；實在敬恭〔三〕，聊假未將之幣。其爲悚荷，罔既敷宣。

謝鄭通判臨生日詩 癸亥〔四〕

靈均初度之名，久玆永感；魏野中元之句，富矣嘉言。正深饋鯉之悲，乃屈屠龍之筆。海沂康矣，盍歌別駕之功；吉甫穆然，反辱清風之誦。中弸積愧，倒置多慚。

謝黃經略王南劍鄭通判徐提幹生日詩 癸亥〔五〕

揆嘉名於初度，每感劬勞；生上相於中元，敢睎賢哲！荷高情之繾綣，形善頌以殷勤。歌明月之章，已窺藻思；穆清風之誦，更滌煩襟。欣感交懷，敷陳奚既！

致仕謝守倅寄居 乙卯

特勤枉駕，俯慶垂車。俶掛衣冠，阻趨棨戟。餘官作「屏著」。其爲愧感，罔既敷宣。

謝楊守門送上塚 丙辰春

竊以岳牧下車，將禮神而夙駕；州民上冢，乃飛蓋於晨門。佩謙德之加隆，激懦衷而增愧。

〔一〕癸亥：原無，據明澹生堂鈔本、四庫本補。
〔二〕癸亥：原無，據明澹生堂鈔本補。
〔三〕敬恭：明澹生堂鈔本作「恭欽」。
〔四〕癸亥：原無，據明澹生堂鈔本補。
〔五〕癸亥：原無，據明澹生堂鈔本補。

謝趙守門送上塚 丙辰[二]

歲時掃墓，是爲野老之常；車騎塞塗，乃屈邦君之重。不遑拜辱[三]，但劇懷慚。

慶禮賜粟帛謝太守 己未

特枉前驅，敬宣上賜。昭二聖交歡之慶，示九重優老之恩。榮幸良深，敷陳罔既。

復少傅謝監司 癸亥正月

某祇奉新綸，寵還舊秩。赦過宥罪，仰自聖君之仁；噓枯吹生，外由膚使之助。緘書先暨，感臆增深。

益國夫人喪奉謝守倅狀 甲子

自頃悼亡，逌茲送往。疊勤芻奠，仍製薤歌。前驅遠出於郊關，厚禮倍光於阡陌。永言感愴，難盡敷云。

黄侍郎艾遠迎 丙辰秋 以下俱遠迎狀

茲承厭直禁嚴，出臨征鎮。接壤喜瞻於法從，齊民諒偃於德風。屬此病衰，阻於廷謁。先勤告至，倍極馳情。

趙守

茲審九重臨遣，千騎鼎來。屬得謝以里居，阻争先於郊勞。其爲企詠，難盡名言。

孫侍郎逢吉

茲審榮剖竹符，暫歸梓里。屬緣老病，不獲攀迎。先辱惠書，第深懷感。

監司

茲承使節，行按屬城。方掛朝冠，阻干賓謁。其爲企詠，徒劇襟悰。

同前

茲承肅持使節，行按列城。屬當退屏之時，阻快争先之睹。其爲愧悵，罔既敷宣。

[二] 丙辰：原無，據明澹生堂鈔本補。
[三] 不：傅校本作「未」。

張憲行郡

茲審奉詔按刑，揚帆及境。既阻争先之睹，首勤告至之文。愧感良深，喻言奚究！

同前

恭聞使艦，行按列城。屬以抱痾，阻於納謁。先勤告至，第切感悰。

同前

茲審衣繡祥刑〔二〕，揚舲按部。屬緣拙恙，阻造行臺。愧企良深，敷宣罔既。

葉憲

茲審某官肅振使華，按行封部。屬養痾於私第，阻納謁於公門。愧企兼懷，敷宣罔既。

葉憲改江東

茲審某官寵膺新節，榮歷舊封。雖快睹之未遑，喜先聲之已至。其爲欣企，罔罄敷云。

新贛州張舍人貴謨

茲審某官榮擁使旌，經從鄰壤。雖不遑於迎謁，尚有幸於披承。先辱緘封，倍深感臆。

前廣州趙帥時逢

茲審力辭閫寄，歸奉内祠。屬以卧痾，阻於造謁。先勤惠翰，倍切感悰。

林侍郎大中被召

茲審顯膺召節，已及近郊。屬以卧痾，阻於造謁。其爲瞻企，未易敷陳。

胡侍郎紘〔三〕　壬戌秋

茲審報政番禺，領祠廬阜。望鳳姿而在邇，想鷁首以馳情。先辱惠音，倍深懷感。

〔二〕祥：明澹生堂鈔本、四庫本作「詳」。
〔三〕紘：原無，據明澹生堂鈔本、四庫本補。

謝太守楊秘書方初到 丙辰 以下並謝訪及狀

竊以棨戟初臨，身驟棲於德宇；衣冠已掛，迹久掃於公門。敢期貴老之仁，不責致恭之禮。枉旌旗於嚴尹，實慚杜甫之才；置薤水於漢陽，空效任棠之意。其爲感愧，罔既敷宣。

太守初到任〔一〕

竊以簞壺塡道，俶褰刺史之帷；輜蓋及門，首訪野人之室。荷撝謙之有甚，念往拜之無從。愧悚交懷，敷宣罔既。

賀禮尚 丙辰春

恭審賨龜獻兆，銀菟分符。條教一新，士民胥悅。屬攖痾而掃軌，阻挾刺以登門。欣頌攸深，名言曷既？

又 丙辰春

玆承涓選剛辰，肇開盛府。自惟野老，燕賀廈以末由；誰謂邦君，雁及門而至再。深諗執謙之德，難逃失禮之譏。感與愧并，意非言盡。

楊守任滿訪及狀 丙辰

初聞解組，便合曳裾。正慚膂力之愆，反辱高軒之過。其爲感激，未易敷云。

趙守除廣東憲

玆承榮解舊麾，光膺新節。特勤寵顧，倍激感悰。

皇子誕生謝守倅訪及

恭以元子誕生，普天賴慶。先勤寵顧，倍激懽悰。

俞漕

玆承升華內閣，易節外臺。寄委益隆，士民交慶。特勤寵顧，倍激懽悰。

〔一〕 原刻題下校云：「案院本以此首爲前題之文，而佚去前首，並缺此題，今校正。」

趙守謝批考

兹承已書上考，行践中臺。阻慶黄堂，特勤皂蓋。其爲欣感，豈易敷云！

鄭倅權州謝雨

竊以一雨隨車，方謡甘澤；雙旌枉駕，更誦清風。佩謙德之有加，激感悰而無斁。

倅交印

兹審涓辰洗印，浹境均懽。已掛朝冠，阻趨公屏。其爲欣愧，交集襟悰。

同前

兹審涓辰惟吉，洗印云初。坐阻造門，首勤迂趾。永言欣感，交集襟悰。

倅交割

兹承榮解印章，寵臨蓬蓽。感執謙之過厚，愧修慶之末由。

同前

兹承貳政成功，四民交慶。阻修漫刺，特辱冰銜。愧感交懷，敷宣罔既。

路鈐交印

兹承撰良洗印，擁騎過門。屬以抱痾，阻於展慶。其爲欣感，罔既敷宣。

同前〔二〕

兹承榮解印章，言歸殿陛。冰銜寵逮，感臆良深。

同前

兹承俶解印章，將趨環衛。賁存斯厚，欣感交懷。

倅權郡

兹審譽高半刺，榮領左符。坐阻造門，首勤飛蓋。其爲欣

〔二〕明澹生堂鈔本、四庫本作「路鈐交割」。

愧，交集襟悰。

同前

茲承就領郡章，阻干賓贄。特勤寵顧，但極感悰。

同前

茲承榮綰州符，益隆德政。阻干賓謁，但極懽悰。

同前

茲承已合左符，尚分半刺。特勤寵顧，倍激懽悰。

太守謝送生日

竊以弧矢四方，尚缺生申之慶〔一〕；弓刀千騎，坐勤訪戴之謙。愧荷交深〔二〕，名言奚既！

同前

竊以神嵩生甫，大昴儲蕭〔三〕。豈惟藩翰之良，時乃邦家之慶。阻奉千齡之酒，先勤七寶之茶。更屈顧臨，彌增感頌。

丁守謝諸司薦

茲審諸臺列薦，總計明揚。方遲召節之頒，先枉使旌之過。其爲欣感，交集襟悰。

趙守轉官

茲承策勳螺浦，增秩潁川。未展慶儀，先勤盛禮。其爲欣感，未易敷云。

趙守除利路憲

茲審蓍龜習吉，符節交輝。阻慶賓筵，第深愜志。

趙守子過省月望

茲承鯉庭得雋，龍節增華。適當既望之辰，過沐先施之禮。其爲欣感，罔既敷宣。

〔一〕尚缺：傅校本作「睹快」。
〔二〕深：四庫本作「懷」。
〔三〕儲：四庫本作「降」。

郊赦守倅

吉土肇禋，溥天賴慶。首勤寵顧，同激懽悰。

丁守被召

欣聞嚴召，阻綴賀賓。首辱顧存，倍深悚感。

湯倅轉奉議郎

兹審議郎博士，已陟朝班。除書德音，即裁帝制。禮勤左顧，感極下懷

楊待制

一掛朝衣，久停賓謁。杜門幽屏，垣短難於自踰；擁騎光臨，鞭長有所不及。倍感眷存之意，賸裝愧慄之懷。

楊閣學

兹審璇宫鳴玉，榮趨學士之班〔一〕；寶帶兼金，寵厚儒臣之禮。賀厦未容於亟往，御風已辱於來游。快睹争先，雖有披雲之幸；殿奔敢後〔二〕，寧無策馬之慚？

贛守張舍人訪及

時屈隼旟，阻瞻鷁首。雖抱樂且有儀之喜，實慚來而不往之非。其在感藏，曷勝言喻！

黄漕

兹承榮持使節，俶拜除書。特枉芳銜，阻干賓謁。其爲愧感，未易敷陳。

黄經畧得祠

兹承穆卜辰良，俶均祠逸。禮勤左顧，感極中藏。

彭常德轉官

兹審奉十行之詔，冠六品之階。言念衰疲，阻修慶謁。先勤寵顧，第激懽悰。

〔一〕趨：明澹生堂鈔本、四庫本作「超」。
〔二〕敢：四庫本作「恐」。

又轉朝議大夫

兹承榮遷元士，特枉芳銜。屬以抱痾，阻於造謁。其爲欣感，未易敷陳。

又轉中散大夫

兹審詔班宸扆[一]，階正卿聯。屬以卧痾，阻於修慶。特勤榮問，倍激懽悰。

廣州胡侍郎紘

曲荷台慈，俯臨陋巷。倒屣喜瞻於芝宇，曳裾阻詣於蘭舟。愧感交懷，敷宣罔既。

正月望

竊以鶉火中星，蠶膏泛粥。牙旗穿市，雖暫輟於鰲頭；御宴傳柑，行進陪於班首。曲荷顧存之厚，就伸頌詠之私。

三月旦

竊以告朔惟時，宜民介祉。屬養痾於私室，阻修慶於公門。頌詠良深，敷宣罔既。

三月三日 是日初送新火

竊以月紀季春，燧始鑽而首暨；日逢上巳，水未禊而先臨。念賓謁之無階，宜感悰之有甚。

四月旦

竊以節紀天祺，氣迎夏令。當公儀之疊講，乃私禮之交修。其在感藏，若爲鋪叙。

同前

竊以清和應候，適當告朔之辰；豈弟宜民，丕受對時之祉。末由趨慶，第切馳情。

望日

竊以日臨甲子，月滿望舒。推豈弟以宜民，對清和而介祉。禮勤左顧，感極中藏。

〔一〕 班：明澹生堂鈔本、四庫本作「頒」。

五月旦

竊以日永公堂，喜來登於農黍；風薰廣殿，期歸和於帝琴。念慶謁之無從，辱顧存而有愧。

同前

竊以日永慶霄，律中蕤賓之朔；風薰樂土，福歸慈惠之師。屬以抱痾，阻以修謁。其爲頌詠，罔既敷陳。

六月旦

竊以律應林鐘，慶歸良牧。屬緣老病，阻造公門。頌詠殊深，敷宣罔既。

七月旦

新秋俶届，阻瞻召伯之棠；舊好彌隆，特枉魯侯之駕。敬佩謙勤之意，交深感怍之懷。

八月旦

竊以蟾宮生魄，熊軾停驂。屬此負茲，阻於倒屣。仰銜眷念，俯極感慚。

十月旦

竊以良月應時，真賢受祉。屬緣老病，阻造公門。頌詠徒深，敷宣罔既。

十一月旦

竊以開藩浹月，肇新視朔之儀；飛蓋凌晨，遠紹顧廬之誼。莫遑造請，徒極感慚〔一〕。

十二月旦

竊以商正奮若，秦臘嘉平。黃冠正賴於蜡賓，皂蓋特勤於熊軾。其爲感愧，罔罄敷云。

十二月望

竊以嘉平既望，春意將回。阻講慶儀，第深善頌。

〔一〕極：明澹生堂鈔本、四庫本作「劇」。

太守年節

竊以月正元日，春王三朝。瑞先舜牧之班，珍奉漢京之貢。阻陪掾史，祗造厢營。但深欣頌之懷，莫究願言之素。

同前

竊以象測璿璣，斗柄肇回於蒼陸；氣調玉燭，春風初入於東郊。慶良牧之履端，對昌辰而受祉。阻干賓謁，徒致頌言。

路鈴倅寄居

竊以歲時肇始，品物咸新。宜集殊禧，式符交泰。屬緣掃軌，莫獲造門。頌詠良深，敷陳罔既。

太守冬至

竊以衛兵森戟，盛陳亞歲之儀；野服黃冠，莫玷初筵之客。方展公函之慶，已勤都騎之臨。愧感交并，名言難盡。

同前

竊以衛兵畫戟，有嚴亞歲之儀；野服黃冠，莫玷初筵之客。遥致錫還之祝，允符來復之占。謡頌所同，敷陳奚究！

同前

竊以黃雲在望，何勞魯觀之登；白日初長，已著晉卿之愛。諒丕膺於祉福，即歸踐於禁嚴。屬此杜門，阻於扣閣，徒深頌詠，莫究願言。

同前

竊以潛陽復筦，踐小至之昌期；陰德及氓，膺大來之多祉。况績閲素高於朝宁〔二〕，而考功屢奏於民庸，願承天地之心，即上星辰之履。阻陪賓席，但激懽悰。

守倅賀冬

比逢國故，兹值陽新。阻修亞歲之儀，但祝自天之祐。頌言斯至，宣述奚周！

倅冬至

竊以潛陽復筦，愛景延圭。豈弟久孚，祺祥允集。屬養痾於

〔二〕宁：明澹生堂鈔本作「著」。

私室，阻挾刺於公門。頌詠攸深，敷陳罔既。

同前

竊以潛陽復筦，欣逢小至之辰；荒徑荷鋤，阻致大來之慶。其爲欣頌，罔既敷陳〔一〕。

同前

竊以愛日踐長，吉人介祉。禮勤左顧，感極中藏。

同前〔二〕

維時亞歲，儲祉吉人。過沐顧存，良深感頌。

趙參議

竊以潛陽復筦，欣逢小至之辰；衰疾負兹〔三〕，阻致大來之慶。先勤華翰，備諗撝謙。願承天地之心，永受子孫之養。其爲欣頌，罔既敷陳。

回太守賀臘雪

竊以春元將届，頒銀信於嚴宸；臘雪先飛，留金穰之大惠。未展黃堂之慶，乃勤皂蓋之臨。愧感交懷，敷宣罔既。

同前

兹以臘雪應期，豐年兆瑞。臨存甚寵，欣感交懷。

同前

兹以嘉平紀月，微密應期。阻造梁園，首臨袁户。其爲欣感，未易敷云。

謝太守立春〔四〕

竊以下寬大之書，初行春令；底循良之績，即慶璽書。過辱顧存，第深頌感。

同前

竊以芳春甫届，瑞雪先飄。諒和氣之素充，致嘉祥之併集。

〔一〕陳：四庫本作「宣」。
〔二〕明澹生堂鈔本、四庫本無此篇。
〔三〕衰疾負兹：傅校本作「荒控荷鋤」。
〔四〕「春」下，明澹生堂鈔本、四庫本有「日」字。

特勤迂顧，倍切欣榮。

謝楊守方移厨〔一〕 以下俱謝移廚狀　一

竊以白屋始開，許携於嘉醞〔二〕；黄童争看，共掃於漁磯。永言眷待之殊，倍切感慚之至〔三〕。

同前

玆者特飾行厨，首陪式燕。設一宿之醴，良愧穆生；合五侯之鯖，更慚樓護。不遑往拜，徒切歸仁。

同前

竊以秩衛武之初筵，儀方抑抑；設穆生之甘酒，禮過區區。枉竹裡之行厨，轉茅簷之冬日。其爲愧感，罔究名言。

謝上元

特枉行厨，許陪坐席。焕華燈於俎豆，加餘惠於輿臺。念往拜之不遑，第懷慚而無已。

丁守

玆承驛召鼎來，未陪偉餞。隼旟狎至，先啓華筵。愧感交懷，敷宣奚既！

趙守

特勤車騎，光賁草茅。醴設穆生，厚甚元王之意；饌携嚴尹，缺然杜老之歡。感愧交深，敷宣曷既！

十月

竊以冬日破寒，已賴晉卿之可愛；行厨治具，更勤蜀尹之交歡。所愧西都之賓，莫酬東道之主。寸心易感，尺牘難周。

謝趙守相過賞花

花開紅紫，已賴春風；轂駐朱丹，特勤都騎。無杜老交歡之萬一，辱淮陰肯過之再三。感愧兼懷，敷陳曷喻！

〔一〕明澹生堂鈔本此篇前有「謝太宋移厨」篇，有目無文。
〔二〕嘉：傅校本作「家」。
〔三〕慚：原作「欣」，據明澹生堂鈔本、四庫本、傅校本改。

答趙守投謝狀

野蔌山肴，期摻思人之袂；繡衣金節，坐勤銜袖之書。愧感交懷，名言莫盡。

趙守

茲承已拜使華，未伸餞禮；先勤治具，益厚交情。感愧於中，敷陳奚既！

鄭倅權郡

竊以居類少陵，鋤江頭之草徑；禮加嚴尹，簇竹裡之行厨。有華白板之扉，無愧黃樓之會。永言謙施，倍激感悰。

權守

託枌榆之社，未展必恭；近萸菊之辰，先勤致敬。有華車從，預戒食期。雖盛禮之難當，顧清談之願聽。惟慚飯顆，莫稱侯鯖。坐深愧感之懷，仰冀融明之照。

權守開樂

久辱鄭莊之眷，置驛馬以請賓；今歌衛武之詩，設鼓鐘而飲酒。愧匪有名之士，輒當初秋之筵。禮遇茲隆，感慚交集。

謝移厨後訪及

竊以枉駕肆筵，已慚盛禮；飛綏三顧，尤佩勞謙。阻修下客之恭，但積中心之感。

同前

疊枉旌幢，寵臨蓬蓽。既屬饜於盛德，仍敬佩於勞謙。往拜不遑，懷慚滋甚。

同前

竊以獻南岳之嘲，正慚鼻祖；置長安之驛，幸際耳孫。既莫稱於百遵，復屢勤於千騎。茲爲悚感，豈易敷云！

楊守方任滿訪別 以下俱謝訪別狀

竊以黃霸再臨，人徯八年之久；仲尼既用，政成期月之間。

何紞鼓之興歌，已驪駒之趣駕。自愧垂車之老，阻陪卧轍之甿。悵恨於中，諭言曷究！

王倅淹任滿

茲承監州底績，解印還朝。屬此屏居，阻於祇餞。過勤別刺，倍極感悰。

張憲垓行郡

特枉使車，寵貽別刺。屬養痾於蓬户，阻祇餞於津亭。愧悚交懷，敷宣罔既。

彭守漢老赴常德

茲承之藩卜吉，擁騎告行。方事藥囊，莫陪祖帳。其爲感愧，罔既敷陳。

斛倅僖赴調

茲承入朝天闕，訪別草廬。久抱微痾，阻陪偉餞。其爲悚感，罔既敷陳。

趙憲善鐻赴利路

茲承邛郲叱馭，欲繼昔賢；驪駒在門，莫留去轍。載披別刺，祇動離情。

梁守京奉祠

聯事熊湘，嘗託子孫之契；持麾螺浦，幸依父母之邦。承歸奉於真祠，阻追參於偉餞。其爲悵戀，罔罄敷宣。

湯倅璹任滿

竊以邦國不空，功成別駕；驪駒在路，歌動諸生。坐深賀下之情，行聽留中之詔。特勤訾從，倍激感悰。

胡侍郎紘經從

瞻烏在岸，禮已闕於將迎；浴鳳於池，勢方殊於隱顯。三復冰銜之辱，載深芒背之慚。

廬陵周益國文忠公集卷五八

平園續稿卷一八

記一

賞心樓記 一名東樓

「二水中分白鷺洲」，李翰林《金陵詩》也。今白鷺、賞心二亭連延城上。元豐中，蘇翰林賦長短句送王勝之，仍題柱云：「江山之勝，傾想平生。」名遂傳於天下。廬陵亦有白鷺洲，青原臺直其首，郡治也；堆勝樓當其腹，驛舍也。登臨勝槩，雖亞金陵，然非閑人所能至，盍求之於造物之無盡藏乎？乃市民居，創小樓，介於二者之間，借其名曰「賞心」，且少陵《江樓詩》也。衡不盈三丈，縱又去其一，惟費省，故成速，蓋洲之項領也。目力所及，視青原、堆勝十得八九，而無厲禁，可以日涉。《詩》不云乎：「於胥樂兮。」願與鄉人共之，安知來者無二翰林之才爲余賦之也？慶元元年二月日。

蜀錦堂記

予以紹熙甲寅十一月遷新第，蓋本郡貢院舊基也。東偏買園數畝，地勢坦夷，名之曰「平」。種海棠數百株，蟠根老幹，强徙以來。中爲堂叁間，南向，重簷承霤，東西兩榮，弗陋弗奢。明年，花開如錦繡，予與十餘客縱目其上，皆問何以名堂，予曰：「未也，客試名之。」或曰：「公昔以布衣舉送此地，今官一品而居之，非錦衣晝行乎？」予謝曰：「此安陽韓忠獻故事[一]，君毋戲我。」客又曰：「公嘗以天子命兩帥鄉部，縱避忠獻，豈不如朱買臣？」則又謝曰：「予惟不才，不敢以引綬爲榮。四年之中再命而屢辭，賴聖恩從欲，許以銷印，亦非買臣比也。」衆客於是合辭曰：「公胙蜀土，於今三朝，花滿錦城，分派兹圃，儻不欲自比前人，盍以蜀錦爲名？上因寓公，下指花耳。公意何如？」予謝曰：「客既合辭，予則無辭。」乃不果辭。慶元乙卯三月望。

安福縣重修鳳林橋記

「造舟爲梁」，文王初爲西伯創物之知也，人到於今賴之。漢儒著《爾雅》，乃曰：「天子造舟，諸侯維舟，大夫方舟，士特舟，庶人乘泭。」是說也，謂辨尊卑可也，河橋何與焉？郭璞既誤以爲周公之言，孫炎又從而爲之辭，其失《詩·雅》之旨遠矣。吉之郡邑大率瀕江，浮航於水，加板其上，聯屬綿亘以達於岸。人之往來，其道如砥，視招招舟子爭濟於風濤之中，險易勞逸蓋相萬也。安福壯縣，江西、湖南之要津，水出瀘溪，匯於鳳

[一] 「獻」下，四庫本有「公」字。

林，其廣三百尺。是橋不知起何時，姑以近事考之。元豐縣令上官公穎、崇寧縣令上官合增修於二十年之間，邑士歐陽安稷名橋曰「上官」者，從其姓也。紹興庚申，令韓邦光復修之，鄉先生王公庭珪名之曰「鳳林」者，因其地也。淳熙丁酉，令徐輝又修之，邑人劉浚易名「濟川」，則諂矣。夫一橋在北門，纔百餘年四修而四壞，何也？吏惰財殫，葺不以時，或葺矣弗良於工，故易壞也。慶元改元，令施廣厚，適逢其壞，而尉陳章復能奮身任責，相與掄材選工，舉大舫二十而新之，冶鐵爲綆，紉竹爲筰，圖惟悠久之計。士民咸出力相其役。起於季冬，成於仲春。會太守楊侯方新至，助錢十萬，仍歲留征商送州之餘爲後日營繕之備。章，吾故人子也，請記其事，於今累月，行授代去矣，安得不爲一言？夫利涉之功，微公家不能成。雖成必壞者，物理之常也。郡邑無終窮，守令有更易。坐視弗恤，其壞也速；未壞亟葺，其費也省。今令尉幸舉職，二千石又設儲跱，其慮周矣。徒法不能以自行，顧嗣音者何如耳。因爲辨漢儒之失，揭鳳林之舊，使後之人知公家之利非一族所得私。若濟巨川，非一令所當擬，必也即渡名橋，隨壞隨葺，乃百世不易之道也。二年三月十五日。

廣德軍重修譙門記

天子五門，諸侯三之，禮也。《綿》之詩曰：「乃立皋門，皋門有伉。乃立應門，應門將將。」是時古公居岐，爲商諸侯，故鄭氏《箋》云：「諸侯之宮，外曰皋門，朝曰應門，內有路門，天子加以庫、雉。」其義昭然。先儒釋《爾雅》，亦引《周禮》注，天子、諸侯同此三名。惟毛氏因《戴記·明堂位》言魯以庫門爲天子之皋門，雉門爲天子之應門，遂謂天子郭門爲皋，正門爲應，而侯門當名庫、雉，與鄭矛盾。孔穎達無所折衷，既言鄭以皋、應，自是諸侯正法，又云名之曰庫、雉，制之如皋、應，制二兼四，特褒周公，以傳毛氏。予謂《詩經》聖人所刪，《記》出漢儒之手，古公非王也，於《箋》有取焉。或曰：「魯史書雉門，何也？」曰：「《禮》，天子諸侯臺門。天子外闕兩觀，諸侯內闕一觀。春秋之際，諸侯僭王，大夫僭諸侯，兩觀猶僭，庫、雉可知。經因災以示貶耳。」「《書》亦言應門，何也？」曰：「在周爲王門，在岐爲侯門。鄭氏固謂天子諸侯之所同，復何疑焉？本朝帥藩督府參用周制，其門三重，餘二而已。儀門之外，譙樓巍然，以高爲貴，殆皋門之遺制歟！」按唐節度使入境，州縣築節樓，迎以鼓角，今遂以是名門。其數則節鎮十有二，列郡用十，著於甲令，視漏刻以警昏昕，蓋一邦之耳目也。廣德爲軍，名隷江東，實鄰浙西，素號樂土。熙寧戊申，守臣朱壽昌大修譙門，紫微南豐曾公爲之記，六十年而燬。紹興甲子，魏侯安行始再營之，距慶元丁巳復五十四年，支傾補漏，不可以久。會承議郎曾侯槖被命分符，有絕人之才，百廢具興(二)，謂萬乘行在吳中，郡乃近輔，華麗岧嶢(三)，當應古義。適歲豐人和，鬻材僦工，興役於暮春，落成於季夏，輪奐之美，與創始均。其

(二) 興：明澹生堂鈔本、四庫本、傅校本作「舉」。
(三) 岧嶢：明澹生堂鈔本、四庫本作「嶕嶢」，義同。

外兩亭，東以宣詔，西以頒春。其内兩樓，左曰架閣，右曰甲仗。前後映帶，粲然一新，觀者嘆服。侯以予與其世父原伯先君仲躬同朝相善也，不遠二千里請記其事。惟南豐古文在前，屢謝不敢，而請益勤，姑爲考衆説之同異而識其歲月如此。明年戊午三月。

萬安縣新學記

學所以明人倫，人倫不可一日廢，學校其可一日廢乎？雖然，此王政也，故凡君國子民，教學爲先。而世治則制度在上，虞、夏、商、周皆立大小學於都畿，諸侯之國亦必天子命之教然後爲學者是也。世亂則學校不修，禮失則或求之野，故仕王朝者多有不悦學之説，以及其大小列國，如鄭而青衿不至，反朝夕游於鄉之校者是也。或疑《論語》一書，如帝王曆數之授受，邦國政事之得失，大而道德性命之要，小而衣服寢食之節〔一〕，罔不及之，獨於學校略無問答，抑嘗深求其故乎？司馬遷曰：「孔子以《詩》、《書》、《禮》、《樂》教弟子蓋三千焉，身通六藝者七十有二人，如顔濁鄒之徒頗受業者甚衆。故當是時或問爲邦，或問爲政，以至祭祀朝覲、征伐盟會、治民折獄之類，講習之已熟，切磋之已至，往往隨其才器，各底於成，舉而措之事業，斯無難者。」是則傳道育材不在乎辟雍泮水，而在乎杏壇之上、洙泗之間也久矣，又何問焉？宋興，藝祖方四征不庭，已數幸國學，欽崇先聖〔三〕，親爲之贊，列聖繼志。首善始京師，繇内及外，至於慶曆，學校遂徧天下。蓋祀先聖先師於學古也，後世郡國廟事而已。復古之制，且及於邑，則起本朝，若守與令敢不敬承？吉之萬安自熙寧五年爲縣，今將百三十載，而學凡三徙，士不以爲然。慶元戊午夏四月，知縣事、宣教郎玉牒師逌實來，政知後先，首闢龍頭書院，遂議新學，相方視址，捐直與民，得地二十餘畝。以明年三月壬子僝工，盡十月而殿宇學舍皆成。經史之閣，左右生之齋，内之庫帑庖湢，外之門闥垣墻，邃深爽塏，幾亞郡學。費緡錢以萬計，皆士人所樂輸，而官以餘財助之，且爲經畫悠久贍給之計，纖悉無遺。往來者但視其成，而不知其所以成也。諸生請記其事。某惟夫子教人非可以一言而盡，其論行藏亦豈一端而止？然必學成乃許以仕，故説漆雕開之對，而惡夫賊費宰之佞，豈嘗使人以政學也哉？粤自王道衰而異端作，霸者之後有楊墨，楊墨之後有縱横，有申韓，有黄老，有諸儒之專門。至漢、唐以來，又設科目以取士。士方拘牽時文，或不得一意於學。今國家開設學校，惟周孔之教是明，惟堯舜文武之道是適。爲士者雖藉舉業爲入仕之階，然平居父詔其子，兄詔其弟，自洒掃應對而充乎孝弟忠信，由聞見卓約而極乎高明光大。藴諸中者既不爲淫辭詖行所汩，則行諸外者亦何適而不可？故施之試程非駁雜之辭，進爲師儒得模範之正，臨民則爲良吏，立朝則爲名臣，舉不出乎素學，於以副治世化民成俗之德意。此則賢令承流宣化孜孜徙學之本心也，可不勉歟！若夫江山之勝，棟宇之備，與夫竹木工役之多寡，宣勞協力之名氏，令也能文，自詳記於碑

〔一〕衣服寢食：明澹生堂鈔本、四庫本作「寢食衣服」。
〔三〕先：原作「將」，據傳校本改。

陰，此不復云。六年庚申五月旦。

墨池閣記

唐坰字林夫，翰林侍讀學士彥猷諱詢之子，錢塘人。熙寧四年上書合時宰意，用臺薦驟得御史裏行。明年二月擢諫官〔一〕，八月復越班論時宰，謫筦庫廣州〔二〕，徙監吉州泰和縣鹽酒稅。自公退食，學書於官廨池上。後數年，山谷黃公爲令，賦絶句云：「攀檻朱雲頭欲白，不知流落向何州。空餘前日學書地，小閣紅蕖取意秋。」至元祐中，蘇文忠公守杭，林夫適赴武昌，公得其父舊詩次韻送行，有「聞道黄門有父風」之句，謂父子皆善書也。今令朝奉郎卓洵涖事三載，每葺縣庠，增置博士弟子員通四十人，教養課試一視侯。頖左序東偏接林夫廢廨，故沼尚存，乃闢其地創閣三間，爲諸生遊息之所，用漢張芝故事，榜曰「墨池」，著其學書之美，託予爲之記〔三〕。夫書雖一藝，古人猶不苟如此，推而上之，進德修業豈止收翰墨之功而已？或謂林夫進鋭退速，亦可取乎？予曰：「吾夫子有言：『不得中行而與之，必也狂狷乎。』林夫少年時雖異乎中行，要非碌碌之士，故陳襄述古薦之於經筵，而山谷追美於已去之後，蘇公復以詩贈別，至卓令又表而出之。學者其知所擇哉！」山谷以元豐三年庚申宰泰和〔四〕，辛酉歲方上，絶句題十一月己卯，蓋壬戌年是月二日也。又明年十二月移德平鎮而去，迨慶元庚申兩甲子矣。三月庚辰，周某書。

贛州贛縣重修學記

皇朝立學徧郡縣，縣有附庸、有支邑。人之言曰：支邑距城近者百里，遠則倍蓰，賦租征榷間得移用。學校之修既已非艱，而其士又以城闕爲遠，故庠聲序音自振於一邦。附庸則不然，賦租征榷守皆統之，士方萃於郡庠，爲令者因得藉口，學校名存實否，人亦不責備也。慶元三年冬，奉議郎司馬蘧來爲贛宰〔五〕，深闢其説，謂郡庠教養率限以員，今十室必有忠信，而曰野無遺賢〔六〕，誣其下也。上臺戒横斂，州家不苛取，邑之財用有定名，或漁於吏，或費於侈，而曰力不及於學，誣其上也。民之師帥當如是乎？於是節用度，核隱欺，首葺大成殿，次飾講堂齋舍，凡重門修廊，下至庖湢之所，器用所須，無一不備。舊廩歲輸米二百斛〔七〕，緡錢僅以百計。經營三載，括六鄉閒田之所入，益錢至三倍。既有養士之費，則請於州，選補生員，寢食於學，月書季考，一守成規，春秋奠獻如式，文風郁然，遂爲外邑之表。代更有日，書來請記。予聞記有二説，不贊聖人之道則勉諸

〔一〕二：四庫本作「三」。
〔二〕謫：明澹生堂鈔本、四庫本作「責」。
〔三〕託：明澹生堂鈔本、四庫本作「請」。
〔四〕宰：明澹生堂鈔本、四庫本、傅校本作「得」。
〔五〕蘧：明澹生堂鈔本作「邁」，疑是。
〔六〕野：明澹生堂鈔本、四庫本、傅校本作「同」。
〔七〕輸：原無，據明澹生堂鈔本、四庫本、傅校本補。

生以學。昔在皇祐，賢令大理寺丞王希肇正廟學，太山孫復碑紀其實，謂夫子道被萬世，非假稱述。逮嘉祐中，著作佐郎錢顗尤號賢令，學政益修，每以上之教化、士之講習告諸人，臨川胡掾大書碑陰。即而讀之，思過半矣，予尚何言？姑舉司馬君之説附先賢之後，使來者知温國冑緒爲政如此，非俗吏所能爲也。尚嗣音，俾勿壞。六年十月旦。

梅州重修學記

南海屬郡潮爲大，潮之屬邑程鄉爲大。五季僞劉升其地曰敬州，國朝避今祧廟諱，以梅易敬。熙寧癸丑嘗歸潮，後十年復初，紹興丁巳如熙寧〔一〕，纔五年又復〔二〕，甲子適周矣。雖曰僻在嶺表，而自唐元和末韓文公守潮，首置鄉校，謂刺史縣令不躬爲之師，命趙德督生徒，程鄉秀民固在其中。至元符初垂三百年，劉忠定公又謫於梅，每謂語不妄然後可入於誠，諄諄誨學者。蓋天以兩賢嘉惠兹土舊矣〔三〕，故其士醇，其民樸，葺學校以教之，尤不可已。異時二千石自四遐相易而至，土風未遽知，政事未易修，凡所設施多在累月之後。幸無移徙牽制，安意營職，亦不過期月〔四〕，已迫合符，正使心乎教養，而爲之也難。今劉侯則不然。侯，潮人也。梅治程鄉，猶本郡也。初仕即尉此，習知其風俗，周知其財用；況大父、伯父再世登科，故崇儒之心切，而爲政之力易。下車以慶元五年之仲冬，越明年閏春之朔即增飾學宫，新十哲像，徧繢從祀，凡齋舍職事位下至庖湢之屬〔五〕，悉加於舊，廣學田，增生員，別創小學四齋，絃誦之聲日聞。前守陳自修始以忠定公配享文公，至是各爲之祠，以瞻以儀。厥仲夏告朔，合僚佐衿佩二百人慶其成。於是教授林陶、掾曹姚得明、程鄉令李昌齡歌詩三章，章十句，以美之。一章頌侯來之榮也〔六〕，二章樂庠序之新也，三章欲人才之興也。其歌曰：「孰不爲邦，孰守其鄉？如被錦衣，晝行輝煌。侯曰上恩，曷敢弭忘？何以報之，俾民向方。言葺泮宫，於鄉有光。」載歌曰：「宣聖南面，珠旒衮章。十哲侑坐，羣賢繢廊。六齋分列，小學峙傍。談經議道，春祠秋嘗。我侯戾止，率由典常。」又歌曰：「誾誾諸生，振鷺來翔。詩書禮樂，游息修藏。勉爾行業，爲時俊良。毋毁於隨，毋嬉以荒。三歲大比，用賓於王。」歌既闋，僉曰：「允哉！」伻來視予，嘉其有美而有勸也，併紀歲月遺之。他日與計偕者依《鹿鳴》歌是詩傳而上聞，非此邦之盛舉歟〔七〕！侯名涣，字伯順，今官朝散郎。十月日，具位周某記〔八〕。

〔一〕如熙寧：原無，據明澹生堂鈔本補。
〔二〕五：明澹生堂鈔本、四庫本作「三」。
〔三〕嘉：明澹生堂鈔本、四庫本、傅校本作「加」。
〔四〕月：明澹生堂鈔本、傅校本作「歲」。
〔五〕至：原無，據明澹生堂鈔本補。
〔六〕來之：原作「之來」，據明澹生堂鈔本乙。
〔七〕舉：明澹生堂鈔本、四庫本作「事」。
〔八〕原刻文末校云：按知聖道齋本於「越明年閏」之下註：此處有脱簡，下接「之興也」云云，今從翰院本校補。

梅州貢院記

《易》曰：「隨時之義大矣哉！」時未可爲，不爲可也；時既可爲，不爲可乎？降漢迄唐，因郡國大小定貢士多寡。本朝接五代之亂，鄉舉寂寥，士試州治，未有闈棘糊名之制。由廣而東，去國滋遠，厥初合一路纔貢一士，涵養二百餘年，人才始衆。梅之置州，適後他邦。在法，士不滿百，併試傍郡，貢院之不設，時也。連舉大比，至數百人，預薦者五。或即郡庠，或寓驛亭，始苟簡成之，終勞費葺之。今太守朝散郎劉涣節用儲財，肇新試闈，亦時也。相攸度基，廣十有二丈，深三十有七丈。市竹木於龍川，擇梓匠於汀贛。爲廳堂各五間，其崇二丈五尺，廊屋十四間，内外門各五間，彌封謄録、東西厨屋總十間。隔街有溪，限以編户，厚償其直，撤而達之，洞視山川之秀。溪中有百花洲，創佳致亭於其上。興工以慶元六年六月壬辰，訖事以十一月丁巳。匠以工計者五千有奇，雜役則募閒民，用磚十萬，蓋瓦倍之，錢以緡計者數千，米以斛計者累百。越十二月朔，行鄉飲酒禮發焉。程鄉令李昌齡，予里人也，以書道本末，且曰：「州惟一邑，向也百役所仰。今侯甫修學校，又爲是舉，成規定於心，餘羡出於州，科調毫釐不及其屬〔一〕。願紀其實，以彰其美。」恭聞太宗皇帝端拱元年放進士三十八人，有古成之者預焉。雖家廣之增城，後徙於梅，其四世孫革遂登紹聖進士第。元符三年藍奎繼擢丙科。政和二年則有劉中，紹興十五年復有羅振。四鄰望之，指爲士鄉。又況戊申策士維揚，而潮人禮部尚書王大寶臚傳第二，於梅本同州；丁丑奏號南省，而惠人秘書郎張宋卿名冠淡墨，於梅爲同路。兩賢學問既過人，而立朝持論並爲當世所稱。《詩》不云乎：「高山仰止，景行行止。」諸生他日取巍科，繼前修，尚毋忘二千石作成之德。明年正月旦，具位周某記。

〔一〕不：明澹生堂鈔本作「弗」，四庫本作「勿」。

廬陵周益國文忠公集卷五九

平園續稿卷一九

記　二

泰和縣仰山二王行祠記〔一〕

聖人成民切矣，既撫之以仁，又惠之以政〔二〕，尚慮天降之災，人爲或弗能給，則致力於上下神祇，《周禮》太祝掌六祈是也。至《小祝》復載其目曰：「祈福祥、順豐年、逆時雨、寧風旱、弭災兵、遠罪疾。」凡民之所願欲，尚有出於此者乎？自釋教盛於中國，故又即佛廬而致禱焉。蓋神能變化無方，佛能攝受有情，其爲道雖不同，精誠可格則均。若乃聰明正直、廣大慈悲兼而有之，惟袁州孚惠廟二王爲然。王兄弟皆龍也，自晉永嘉宅仰山之獺潭。至唐會昌三年蓋五百餘載，有僧號小釋迦名惠寂者，來自柳州，卜庵此山。二王欽其道行，施山爲寺而徙廟堵田。今寺以太平興國爲名，其上廟基存焉。治平元年，郡人李觀嘗爲記刻石。神之歸心釋氏固已昭然，而巫祝恃牲牢以爲利，流膏割鮮，神或厭之。迨元祐六年，住山佛印禪師了元卜於神曰：「血祭乎？蔬食乎？」神曰：「蔬食哉！」厥後謁廟者遂以伊蒲塞爲饌。張丞相商英適漕本路，又爲之記。功利及物，逐日以新，自士庶達於郡邑，或繪事於家，或塑像僧舍，或祔享別廟，祈求者不絶。吉州泰和縣進士劉千齡謂非設行祠不足以揭虔妥靈，乃即縣西北五里登科岡背陰面陽創正殿三間。鄉人爭附益之，夾以廊廡各十二楹，前爲門三，後爲寢室七；至於崇釋教，祀徐璠，與夫樂樓、享亭，下曁厨庫，罔不具備。始事於慶元丁巳之正月，落成於戊午之十月，嚴翼輪奂，觀者起敬。知縣事卓洵頻歲請禱，曰雨曰暘，其應如響。千齡介予故人曾寅亮謁文記之。惟皇上帝，分命山川之神各主一方，捍災禦患，載於經傳，不可誣矣〔三〕。然諸侯所祭不過境内，今二王以神龍有截之威，合大雄無邊之力，自袁州偏於江西，自江西放乎嶺表，咸被其賜而祭享之，夫豈泛泛神祠加惠一方者所可比哉？按唐藍谷神名在祀典，而依悟真精舍，詩人美之曰：「若歲有水旱，詔使修蘋蘩。以地清净故，獻奠無葷羶。」願借是詩代享神迎送之詞。至於封爵之崇，事實之衆，圖志具在，此不復云。六年十一月五日。

袁州宜春臺孚惠新祠記

袁恃孚惠二王爲司命，郡以宜春臺爲勝境，壯亭榭於林木之表，山川城郭，俯視無遺。輟燕遊以奉神，敝則改爲者，太守徇邦人之志也。按仰山距城七十里而遠，二王既敬釋氏，遜山與

〔一〕記：傅校本作「碑」。
〔二〕以：明澹生堂鈔本、傅校本作「有」。
〔三〕矣：明澹生堂鈔本、四庫本作「已」。

寺，徙廟堵田，距城三十里而近，人猶患不得朝夕致敬也。故凡水旱疾疫，迎神臺上，以便祈禳，已事乃歸，其來久矣。建炎中，劇盜、金虜繼至，守奉像設而駐師焉。賊薄城，若有禦之者，最後望見一神，黃衣白馬，往來雉堞間，駭異而走。紹興初，始即臺立行祠。淳熙甲午，易亭爲殿，又移慈濟院於臺西，奉惠寂禪師即神所敬者。初，寂歸老韶州，將謝世，神往訣別，問：「豈無見屬乎？」寂曰：「吾師靈祐禪師於正月八日逝於潙山[一]，宜就是日普設僧供。」神敬諾。自後，及期則肸蠁幽贊，緇素咸聚，歲以爲常。既遷城中，齋會滋盛，遠人四集，凌虛創閣以待有衆。慶元己未九月丁未，融風爲災，一夕俱燼。士民讙曰：「此飛簷架空之咎也！」爭輦土石，培展臺基，首營正殿五間，後列潙、仰二禪師暨王之父子，又爲堂以識參請，設亭以備拜享，別造齋閣於新址。總用錢八百餘萬，郡守李訦捐金穀倡之，闔境爭趨和之。武經郎趙伯涛、鄉貢進士袁簡及孟公震掌其事，兵馬監押趙善濟董其役。揆日於是年十月，明年四月訖工，因故人潘侃來求記。予聞静者爲性，動者爲情。性無有不善，情則隨物應焉。大而天地，明而爲人，寂滅者佛，變化者神，雖曰殊途，然而仁民愛物之性，善善惡惡之情，未嘗不均。今二王既弭災捍患，加惠斯民，民亦秉彝好德，思媚神靈。故是役也，富者輸財，壯者効勤，自求多福，用潰於成，得非道一而已，如吾儒所云者乎？咨爾袁人，治情以禮，養性以仁，以稱天地神佛之心，以還比屋可封之淳。豈惟袁人，四方其訓之！五月旦。

[一] 於：明澹生堂鈔本、四庫本作「以」。

廬陵縣重修縣學記

聽訟理財，根柢於縣令，綱領於郡守，人舉知之。至於化民成俗，守猶不敢專任，况令乎？此後世之通患而非古也。三代盛時，黨有庠，遂有序，州有長，縣有正，德行道藝，以時書之。當春秋世，其制已廢，吾夫子憂之，平居每語其高弟曰：「君子學道則愛人，小人學道則易使也。」其後言偃宰武城，果用絃歌而治。夫君子學道固也，小人亦與焉，非縣令化民成俗之要歟！更秦涉漢，古制滋亡，董仲舒獨能知之，其言曰：「王者治天下，以教化爲大務。立太學教於國，設庠序化於邑。」又曰：「縣令，民之師帥，所謂教訓之官，以德善化民者。」夫論庠序教訓而及於邑，自夫子而後，仲舒一人而已，惜乎時君莫之能行也。迨本朝仁宗慶曆中，始詔諸縣皆立學。高宗中興，申命於紹興十四年之春。三代盛舉，一旦遂復。廬陵分治郡城，多士所聚，而縣庠介於官寺通衢之間，無地可展。知縣事羅烈雖竭力應詔，然規模未備，春秋僅嘗釋奠，後率附於州將六十年。今令宣教郎豫章黃疇若懾勇懷强，容困抑姦，待人以忠，行己以潔，得子路治蒲之政。百里既安，歲事仍豐，首創祭器，躬率諸生行上丁禮，次嚴像設，葺殿廡，新棨戟，甃階渠，高其閈閎，增舊三尺。起嘉泰改元正月壬戌，告成於四月己丑，凡用工三千，靡金錢三十萬。學租舊六百斛，養士不盈四十，益以禪居院詭户田一

頃，爲祖六十斛，然後歲計不乏。而又精於學問〔一〕，勤於教導，禮文師範，兩得其宜。於是職事許陵等求文爲之記。按唐循吏《韋景駿傳》，神龍中嘗令肥鄉，後爲趙州長史，道出舊治，民爭奉酒食迎犒，有小兒亦在中。景駿曰：「兒曹未生而吾去邑，何故來？」對曰：「耆老言學廬館舍皆公所治，意公古人，幸親見之。」屬聞，公府交薦。黄君即仕於朝，他日持節典藩，道或由此，父老子弟必將迎勞如景駿。僕雖耄矣，儻見之乎？是月甲午。

分寧縣學山谷祠堂記〔二〕

嘉泰元年秋，奉議郎臨江徐筠孟堅宰分寧朞年矣，專以儒術飾吏事，每詣校官，必進諸生以學術〔三〕。顧視山谷先生祠宇在講堂之左，陋隘朽敝，亟廣而新之，傳像家廟惟肖，釋奠服食則擇族老能文者曰嵤主祀事，屬予識其成。參考圖牒，自唐貞元十五年，分武寧八鄉以名兹邑，西有幕阜山，其高千丈，廣袤百二十里，修水北來，東南經縣治，凡六百餘里，下入彭蠡，此山川之最勝者也。黄氏本金華人，先生六世祖瞻嘗爲邑宰，厥後奉親卜居，没則就葬。歷三世家修水上，宦學有聲，而先生出焉。此世家之可考者也。夫惟山川炳靈，世美交濟，故其孝友之行追配古人，瓌偉之文妙絶當世，又得眉山蘇文忠公而師之，陳、張、晁、秦而友之，是宜光顯於朝，共振斯道。乃或不然，初坐眉山唱酬，棲遲縣鎮；後被史禍，竄謫西川；晚以非辜長流嶺南，遂隕其命。中間翺翔館殿纔六年耳，右史之拜，復爲韓川沮止。其生不遇如此，蓋人定勝天也。高宗中興，恨不同時，追贈直龍圖閣，擢從弟叔敖爲八坐，寘甥徐俯於西府，皆以先生之故。宸奎天縱，至下取其筆法，戒石刻銘，徧於守令之庭。李、杜已遠，遂主詩社，身後光榮，乃至於此，非天定勝人耶！昔孔子在魯，魯人指爲東家丘，歷聘諸侯，伐木削迹，無所不有。孰知後世郡邑通祀，南面巍然，一履之微，猶藏武庫。聖人尚爾，先生其奚憾！予既書其大略，又系以辭，使遇祀事而歌焉。其詞曰：

嗟先生之致身，何艱難而險阻。猗先生之没世，乃發揚而普詡。歸高山與景行，極幽遐而争睹。微岌岌乎當時，詎煌煌以終古？久配祭其鄉社，俶奉嘗於新宇。釀修水以爲醪，釣鯵魚而實俎〔四〕。擷白芽於雙井，粲浮甌之花乳。尚來燕以來寧，永範模乎故土。九月十日。

玉和堂記

春爲青陽，夏爲朱明，秋爲白藏，冬爲元英，四氣和謂之玉燭，此格言也。今夫佳花美木在天壤間，氣和而後生。人皆知春時爲然，不知和氣所鍾，無時無花也。老叟既闢敝廬東爲平園，園西北隅隙地坦然，乃距北垣五十弓餘二肘爲堂三間，南置唐虞二典閣，背爲流盃亭，其深四丈二尺，博三丈七尺，崇二丈有

〔一〕學問：明澹生堂鈔本、四庫本、傅校本作「問學」。
〔二〕分寧：傅校本作「分宜」。下同。
〔三〕術：明澹生堂鈔本、四庫本無。
〔四〕鯵：字書無此字，疑當作「鰷」，「鰷」與「鯈」同，四庫本正作「鯈」。

奇。敞扉而涼，塞向而燠，可以納四時之和氣。散植紅梅、辛夷、桃、李、梨、杏、海棠、荼蘼、紫荊、丁香，冠以牡丹、芍藥，此春景也。前後兩沼，碧蓮叢生，東則紅芰彌望，榴花、萱草雜寘其間，此夏景也。巖桂拒霜，橘、柚、蘭、菊盛於秋，江梅、瑞香、山茶、水仙盛於冬，時花略備矣。至如佛桑、躑躅、山丹、素馨、茉莉之屬，或盆或檻，榮則列之，悴則徹之，而種植未歇也。始造於慶元庚申七月戊辰，八月丁未與客落其成。恭惟聖主在上，衆賢和於朝，萬物和於野，遂使皤然一叟得佚老於和氣之內，故榜其堂曰「玉和」，志幸會云。時嘉泰元年也。

敬齋記

紹興庚午秋，予與永新周正寬平一同預貢籍，知其素慕王文正公之賢，植三槐於庭，築堂臨之。厥後終於迪功郎、監衡嶽廟，蓄德積善，敷遺嗣人。其子尤字才卿，即堂之陰架屋十楹，廣二十尺，榜曰「敬齋」，取《小雅》「必恭敬止」之義。自爲說數百言，大畧謂：「人之事天地、事鬼神、事父兄罔不莊敬。及處閑燕，或尊臨卑，貴待賤，未免安肆。尤實懼焉〔一〕，願參前以自警。」夫惟存心如此，義方之訓可知。嘉泰辛酉，仲子圭復以妙齡舉於鄉，父子過予，敘宗盟，陳世契，且求一言。予告之曰：「六經辭雖多而旨甚要，故《中庸》『禮儀三百，威儀三千』，而漢儒所記以《曲禮》爲篇首〔二〕，以『毋不敬』爲首句，此所謂禮之本也。本立則禮無不行。亦猶《詩》三百，而夫子蔽以『思無邪』之一語也，尚何隱顯高下之別哉！」請歸而刻之石。臘月庚寅〔三〕。

泰和縣龍洲書院記

西昌下臨贛江，陳霸先入援梁室，駐蹕有龍躍之瑞，事見《南史》。本朝開基之明年，南唐知制誥徐鍇作《白鶴觀記》，謂「江水北湊而東匯，龍洲南峙而重復」，以是名洲，蓋亦久矣。又有天柱一峰屹然其外，勝概殆冠茲邑。初即縣治之東築光華館以待過客，已而遷驛快閣，遂爲榷酤之地。今宰宣教郎趙汝謨決科爲政，綽有父風，至而嘆曰：「天地之氣，聚爲山川，山川之秀，人實鍾之。況父老相傳：『洲過邑，廷魁出。』豈以麴糵之故易絃歌之樂耶？」乃起嘉泰元年七月撤而新之，疊石爲基，創屋二十楹，列左右生齋，曰褒然，曰卓爾。自堂及門，端正顯敞，下逮庖湢，各得其所。閱兩月，工以訖告，遂倣潭之嶽麓、衡之石鼓、南康軍之白鹿，榜曰「龍洲書院」。擇春秋補試前列者十人居之，而主以庠長。於是縣學長諭貢士陳暕、周有德、學賓陸本謁予以記。或曰：「縣有學矣，此非贅乎？」予曰：「三代盛時，自王畿達於六鄉六遂，爲學者二，爲序十二，爲庠三百。諸侯三鄉三遂，庠序當半之，家塾猶未論也。泰和，子男邦也。略考圖籍，浮屠之居百區，老子之宮亦十五區，而額存屋廢

〔一〕實：傅校本作「獨」。
〔二〕篇首：明澹生堂鈔本、四庫本作「首篇」。
〔三〕臘月庚寅：原無，據明澹生堂鈔本、四庫本、傅校本補。

者不與焉。昔歐陽文忠公著《本論》，謂三代之民不從事田畝則從事禮樂，不在其家則在庠序。是以王者之政明，聖人之教行，雖有佛老，無自而入。今也，昔之庠序皆轉而爲寺觀，何不疑於彼而反疑於此也？幸賢令爲之主盟，使諸生得藏修游息於斯〔二〕。未仕則由六經而探賾聖人之教，既仕則推所蘊以發明王者之政。復古之功權輿於兹，豈但科舉得江山之助而已？」二年六月既望。

吉州通判廳記

郡丞，秦官，惟掌兵馬。自漢迄唐，其名不常，曰別駕，曰司馬，曰治中，曰長史，雖均號上佐，其實從事之長耳。故緹油屏軾下與主簿同賜，而州牧或得辟置。間以處王子及近臣之左降若起廢者〔三〕，其於政事罕嘗與聞，邦國不空之謡，宜其寥寥也。藝祖皇帝創業之四年，繼五代擾攘，藩鎮跋扈，兵强民弱，治少亂多之後，首置諸州通判，不動聲色於朝廷之上，而興利除害，功徧天下。是冬又詔：「凡公事，非守倅僉議連書勿行。」規模宏遠，豈歷代明君賢臣思慮所能及，嗚呼盛哉！吉，大州也。其爲貳則在唐顔魯公以讁至，本朝向文簡公以德選，其他名賢，炳炳相望。嘉泰二年五月，朝請大夫開封鄭臨實來，適二千石缺，併綰郡組。其家世之盛，仕學之優，施於有政，見識明敏。初升廳事，則支傾圬朽，懼將壓焉，竹木瓦甓率儲庭下。君問緩故，則曰：「卜未利也。」君曰：「覆壓之不虞，陰陽之是拘，其可乎？」是月庚申，亟僝工蕆事，七月乙巳落成〔三〕。拓《題名記》示某曰：「公大父秦國公以宣和七年春居是官，嘗行州事，踰四考乃得代，士民懷德，因請家焉。舊廳載新，是宜爲記。」某追思始能言，侍親於祖父母之側，今七十有五年，兼燕楚之城社，致桑梓之恭敬，安敢以老誖荒唐爲解？抑嘗讀《衛詩》美文公營宫室曰：「得其時制，百姓説之。」今君思一日之葺，破拘攣之議，得其時也。用成材，仍舊貫，加顯敞焉。其東故有風月軒，又闢西偏以相映帶，得其制也。自是入儀天朝，遺後人以安，俾之交修郡政，惠此千里，抑稱藝祖設官之美意，其本立矣。因土木之工而記歲月，某請事其末云。是年十月五日。

汀洲長汀縣社壇記

《載芟》春祈社稷，《良耜》秋報也。由都城達於郡邑，古今一揆，故壇壝有制，牲幣有數，蠲蕘備物，酌獻以時，守令躬行，具存成憲。粤自釋老教行，神祠亦增，雕墻峻宇，殆徧城郭。一遇水旱，官吏奔走祈禳之不暇。於是五土五稷之壇誕寘遐僻寂寞之地，頹垣敗壁，蒲博所聚，荒蓁蔓草，牛羊踐焉，二仲時至，昉加薙葺，例委行事於掾佐〔四〕。牲瘠酒酸，簠簋弗虔，姑應有司之文，過是蕪廢如初。承議郎天台謝周卿來治長汀，首致

〔二〕游息：原作「息游」，據明澹生堂鈔本、四庫本乙。
〔三〕及：原脱，據明澹生堂鈔本、四庫本補。
〔三〕乙巳：原作「己巳」，按是月甲辰朔，無己巳，今據明澹生堂鈔本、四庫本改。
〔四〕佐：原作「作」，據明澹生堂鈔本、傅校本改。

志焉。自邑徂壇，崎嶇沮洳，往來病之，乃爲相攸，以直易迂，甃爲通衢，二里而近。繚以長垣，總四十有三丈。東爲社壇，崇三尺五寸，廣丈有八尺，附風師壇於其傍。西爲稷壇，制與社等，雷雨二壇對峙其側。前闢門屋三間，後創齋廬亦如之。庀工以嘉泰二年閏臘之望，閲月告成，不遠千里以記爲請。予聞子路使子羔爲費宰，曰「有民人焉，有社稷焉」，是固然矣，繼以「何必讀書，然後爲學」，夫子亟黜其言。今君自大父以儒登科，繼以臨民有聲，肆其先公，克紹世美，致位二府。君復傳父祖之學，爲長於斯，推仁心，濟敏政，治人事神，蓋兩得之。故書以告後之人，毋俾或壞。三年三月辛巳〔二〕。

終慕堂記

元祐名相忠肅劉公之曾孫諱荀，字子卿，博學篤志，切問近思。平居隆師親友，著書累數萬言；從宦則考古證今，見諸行事。故小試理財，錢流地上，出守邊城，南北形勝盡在目中，而於立朝事君講之尤詳。向使得位與時，庶續先烈；仕止二千石，士大夫共惜之。其子新長林簿無愧既葬君清江之新城，復取「大孝終身慕父母」之語揭名塚舍之堂，屢求一言。或疑《孟子》章指爲舜事親設，非追遠也。予謂不然。《祭義》因文王事死如事生，反覆論孝子之祭，而其末曰「立愛自親始」，又曰「孝以事親，順以聽命」，是則人子慕親何間存殁？故經云：「生事愛敬，死事哀戚，生民之本盡矣，死生之義備矣，孝子之事親終矣。」嘉泰三年三月。

〔二〕辛巳：原作「辛丑」，按嘉泰三年三月庚午朔，無辛丑日，今據明澹生堂鈔本、四庫本改。

廬陵周益國文忠公集卷六〇

平園續稿卷二〇

記

碑[一]

吉州録参廳題名記[二]

諸州録事参軍於令爲從八品，掌郡獄及軍資市令之政，實曹掾之首。富沙陳希黯以名公之子繼登儒科，來官廬陵，謂職有崇卑，題名不可無記。乃起高宗中興，距今七十有八年，得姓名二十七人，求予一言，將刻之石。夫才有能否，其時之事，聲實顯晦，後乃見之，希黯用志亦遠矣。予聞曹参在齊，治道清静，比其去，猶以「毋擾獄市」屬後人。督郵有司也，清静何居？予請著其説。假令罪在甲乙，枝蔓丙丁，擾也；科抑賈區，强之貳價，亦擾也。惟毋縱故犯，毋妄取舍，使吏杜奸貪，人安其業，始可與言齊相之意矣。嘉泰三年四月望。

敬思亭記

嘉泰三年三月乙酉，登仕郎泰和蕭知節母夫人詹氏以疾終，享年六十六，卜十月丙午葬本縣高行鄉龍角之原。知節泣而請曰：「先人諱遵，不幸早世。吾母素知書，既嫠，力教知節以學，劬躬立門户，輕財重義，撫育宗族。凡知節得出入公卿之門，皆母之教也[三]。今罔極之恩不可報矣，築亭冢舍，取《祭義》『生則敬養，死則敬享，思終身弗辱』之訓榜曰『敬思』，願賜語以寵綏之。」予聞夫子論要道至德一本於敬，是以孝子之祭，其立、其進、其薦、其徹悉以敬爲主，反是則爲固、爲疏、爲不愛、爲敖、爲忘本，可謂詳矣。及子張乃一言以蔽之曰「祭思敬」，蓋平居得於夫子者如此，予尚何云？九月辛巳。

筠州樂善書院記

舜命夔典樂，首教冑子。周大司樂治學政，專合國之子弟。是時公卿大夫多出宗姓，崇德象賢，率於此乎取之。本朝至道元年，以近屬繁衍，初置學官，於是教授之名立。迨咸平迄祥符，南宫北宅復置侍教，十歲已上併令肄業。治平初，增小學教授十有二員。此命名分職大略也。舊制七歲入小學，能誦《孝經》、《論語》，升大學，又能誦兩經，善書札，宗正以聞。熙寧、元祐并敕諸院立小學，八歲至年十四者歲檢舉焉。自是厥後，其制益詳。此進德修業次序也。南渡以來，杭、越首置諸王宫大小學教授，西外、南外并立宗學，人知爲善之樂，以蕩陵德者鮮矣。今

[一] 記碑：明澹生堂鈔本、四庫本作「記三，碑附」。
[二] 「記」下，傅校本有「碑」字。
[三] 之：明澹生堂鈔本、四庫本、傅校本無。

高安郡守王淹，文正公旦六世諸孫也。追惟文正被遇章聖，偏歷要近，與聞育才之本末，思原德意，不墜先烈，乃與貳車玉牒希宰議即郡庠之側創樂善書院。外設重門，東西兩廡，廡各三齋，中爲講堂三間，列直舍於後，廩庖器用備焉。庀工嘉泰三年之季夏，訖工於孟冬。先下尊屬司選宗子幼而未命者，以二十人爲額。既望，教官總其課程[三]，率郡僚延處六齋[二]。別立一齋待不率教者。市田千畝，用足歲計。屬某記之。嘗聞《關雎》基王者之化，其應見於《麟趾》。雖繫周公，實美文王。其在《大雅》曰：「肆成人有德，小子有造。古之人無斁，譽髦斯士。」是又盛言文王遐不作人，一視親疏，可以傳無窮、施罔極也。恭惟祖宗作成宗英，越二百年，聖皇在御，推廣家法，公族振振，髦士峨峨，將同符於文王。筠州復能助宣聖化，無愧民之師帥。是皆宜書，故樂爲之記。明年正月既望。

杜氏潛光堂記

《大畜》之《彖》曰：「剛健篤實輝光，日新其德。」《洛誥》曰：「惟公德明，光於上下。」蓋德有大小[三]，光亦隨之，其積在身，其發在人。士固有幽潛如韓退之所云者，故四明理掾杜君諱褒字伯稱是也。世居越之上虞，以篤行著。君苦心嗜學，銳意事功。紹興末北征，條要務謁府帥湯岐公、後帥史魏公，二公大奇之[四]，交薦於朝，再命以官。嘗尉崇安，力變不舉子之俗，治獄至無一夫之冤，遇大利害密禆其長罷行之，陰德不可計。妻張氏，處爲孝女，嫁爲孝婦，相與力教諸子，思恭既擢第，餘皆蹈義向方，見推鄉評。厥後合葬考妣於縣之葛仙鄉[五]，寶謨閣待制陸務觀各爲之銘[六]。思恭復即塋築堂，務觀以「潛光」名之，求記於予。往者杜正獻公越人也，歐陽子誌其墓，曰：春秋諸侯歷秦漢千有餘歲，不絕世譜，而唐盛時公卿家法，杜氏獨存。今務觀謂君本同譜牒，中間失其世次爲可惜也。雖然，《左氏》叙陳敬仲「光遠而自他有耀」，又曰「非此其身，在其子孫」。惟君德充而實浮，不耀其彰。幸哉有子，亹亹乎儒猷，孜孜乎吏方[七]。是宜立身揚名，顯前人之光。何待退之而後發，亦豈必遠耀於他邦乎！玆爲肯堂也大矣。嘉泰四年二月望。

筠州判官廳記

國家以民之休戚、政之臧否寄二千石，其設官有亞有旅。亞者，倅也。位逼未免於嫌，意不盡者多矣。掾曹，旅也。分職以治，各司其局而已。若乃事無不預而非逼，職未嘗分而情通，惟

〔一〕 率：明澹生堂鈔本、四庫本、傅校本作「帥」。
〔二〕 程：原無，據明澹生堂鈔本、四庫本、傅校本補。
〔三〕 大小：明澹生堂鈔本、四庫本作「小大」。
〔四〕 二公：原脱，據明澹生堂鈔本、四庫本補。
〔五〕 仙：原作「山」，據明澹生堂鈔本、四庫本改。
〔六〕 各爲之銘：四庫本作「爲銘」。
〔七〕 吏：四庫本作「義」。

幕職爲然。筠州判官玉牒彦璋南夫弟兄競爽〔一〕，同取科第，以嘉泰壬戌七月實來，持身正，涖事明，一郡嘉賴。官廨在麗譙內，蓋尚書郎趙不遯茂中營造於紹興之庚午。踰五十年，敝當改爲，前政周景南經始而不克，至是太守王淹伯奮既給竹木，又出羨錢四十五萬，米百斛，俾南夫易而新之。相其地形，深纔十餘丈，博則加倍。乃列堂與廳，并南向。廳爲三間，其後分東西兩齋，榜曰「壺天」者，禮部侍郎倪思正甫吏隱時所題也。堂爲五間，深明雅潔，不侈不陋。介於二者有古薌堂，茂中爲叢桂設也。稍東面西有尚絅堂，南夫所創也。九月庀工，閱月而成。予愛李觀元賓記常州判官袁師德廳，謂前軒翬飛，竹欄鳳食，蓋由郡守韋公遇袁以善，袁報韋以誠，遂躋登茲。今筠守甚賢，捐費不吝，幕下又賢，居之也安，善遇誠報，賓主兩得，惠政加乎千里豈有既乎？姑狥其請爲之記。四年甲子二月望。

台州仙居縣學記

孔堂高弟猶分四科，性與天道未嘗輕言，世之學者乃欲德行、言語、政事、文學兼而有之，其不可得而聞者每求於議論之間。往往名是實非，言出而躬不逮，此今昔通患也。古靈先生陳公諱襄〔二〕，字述古，福州侯官人。時方以雕篆爲學，獨與陳烈、周希孟、鄭穆倡道海濱，鄉人化之，號四先生。皇祐中，令台州之仙居，篤意學校。首爲文勸人讀書，次諭以禮義之俗；又擇明經之士朝夕講說，詢問大義，間習程試。高不躐等，卑不流俗，示之以方，期造於道，而進取亦在其中。士民懷之，奉祠今百五十餘年。嘉泰辛酉夏，通直郎四明林岳來治茲邑，歆慕前哲，凡庠序堂廡門觀舉新之。厥初祠宇庫下，遷寘中門之右，極其嚴潔，刻公遺文二十五卷，得《謝雨詩》於斷碑，增寘集中。學有射圃，淪棄榛莽，亦加薙葺。別市民居創觀德亭。總爲錢二千四百緡，皆出節用。籍贓田十八畝，輟務場餘財月萬錢以贍給生員，請尉簿嘉禾錢撫專主教導。於是學職林宓、呂咸、陳穎不遠二千里，以記爲請。夫教人必以聖人爲師。古靈，學夫子者也。林君，希古靈者也。學者誠能各因其材，孜孜弗怠，尊所聞而行所知，豈特無負賢令，亦將無負先聖，可不勉歟！按《國史》古靈傳，惟載其宰河陽，典數郡，所至必務學校，而令仙居則略之，是尤不可以不書也。四年甲子四月望。

廣昌縣學記

盱江析臨川而爲軍，廣昌又析南豐而爲邑，其地極江西界，接於閩疆，秀民爲多。初立學在縣獄之右，紹興十七年令承敷徙寘縣南〔三〕，郡丞劉嶸爲之記。後五十餘年，當嘉泰二年四月，奉議郎曹進之來爲宰，謁先聖殿，上漏旁穿，兩廡欹側，且非其

〔一〕璋：原作「章」，據明澹生堂鈔本、四庫本、《古今事文類聚外集》卷一二改。
〔二〕襄：原作「慶」，原刻校云：「別本作『襄』。」按明澹生堂鈔本、四庫本、傅校本同，據改。
〔三〕承：原作「丞」，據明澹生堂鈔本、四庫本改。按此縣令姓承名敷，雍正《江西通志》卷五二有小傳。

地。邑士胡巖老請改築於縣治之東止戈亭舊基，諸生相攸，僉謀爲允。於是進士揭英之、子儼、子儀三人輸財効力主其事，而黄作舟、作礪首捐錢四十萬爲之助，士胥和之。庀工癸亥之夏，甲子春新學成。培卑爲高，以避水潦〔一〕，雙溪夾流，匯爲大江，面對羣峰，宛如圖畫〔二〕，高明堅壯，他邑鮮儷。進之，予門生也，求記勤甚。予聞有學校之教，有學校之文。昔夫子折衷六藝，自虞至周，凡學校之教之文散於《詩》、《書》、《禮》、《樂》之中，故《論語》不復問答，惟告門弟子曰「入則孝，出則弟，謹而信，汎愛衆，而親仁」，教在其中矣；「行有餘力，則以學文」，文在其中矣。本朝開設學校，復帝王之盛。雖碩儒名卿布於中外，而士之月書季考惟在舉業，故時文無慮三變。始因唐舊，專用詞賦；或曰雕篆無益也，於是經義行焉；專門一律，又以爲病，而《大學》、《中庸》之説出。時論愈高，行之愈難，爲師儒者既用此爲去取，士亦以此應之，殆非國家孜孜求賢之本意也。上方會其有極，歸其有極，士當是訓是行，一變而至於道，以副教育，則所謂文將不勝其用矣，於科舉乎何有？進之，衡州耒陽人，淳熙辛丑登科。既視事，金芝産廨中，嘉禾生於野，爲政亦可知矣。四年五月日。

撫州學記

晉、唐以來，撫守多名臣，至本朝則儒宗鉅公相繼而至〔三〕，學校之盛固不待言。歲久或敝，敝又圖新，理也。雖然，郡守主盟爲易，教官任責也難。慶元二年，豫章胡君元衡來臨師席，文風既振，復懷永圖，乃大議葺治。適學糧贏錢百二十萬，太守陳侯研首捐千緡，常平使者王君容及後守曾侯楷各助十之三，漕憲繼之，總錢又百三十萬，米不在焉。以六月甲寅興工，明年八月訖事。凡大成殿、御書閣、講堂、倉廩皆飾其舊，内外門墻、廊廡及正録職事之位、東西序之六齋、文昌之軒、庖湢之所，悉鼎新之。或請記其成，太守曰：「教官力也。」弗許。教官曰：「此二千石功也，當書。」會入官上庠，亦復不果。今數年矣，先日學正鄉貢進士嚴滋以書遺某：「前不求文，教官謙也。歲月雖久，公論故存，敢敬以請。」昔孟子論傳道之序，由堯、舜至湯、文皆五百餘歲，由文王至孔子適當其期，故曰：「文王既没，文不在茲乎？」蓋自任也。惜乎無時無位，不得見諸行事，退修六藝，以傳萬世。今學者幸居學校，讀六藝之書，旦旦而來，望數仞之墻，盍興及肩之嘆？既升其堂，盍想聞金石絲竹之音？「仰之彌高，鑽之彌堅，瞻之在前，忽焉在後」，又當希顔子若孔子之卓〔四〕。夫如是晝而思之，夜復思之，則於道也其庶矣乎。墨池文祥，姑存故事足矣。嘉泰四年六月。

〔一〕潦：原作「淹」，據明澹生堂鈔本、四庫本改。
〔二〕圖畫：明澹生堂鈔本、四庫本作「畫圖」。
〔三〕至：原作「生」，據傅校本改。
〔四〕若：原作「苦」，據明澹生堂鈔本、四庫本改。

廬陵縣學三忠堂記

文章天下之公器，萬世不可得而私也；節義天下之大閑，萬世不可得而踰也。吉爲江西上郡，自皇朝逮今二百餘年〔一〕，兼是二者得三公焉。曰歐陽公修，以六經粹然之文，崇雅黜浮，儒術復明，遂以忠言直道輔佐三朝。士大夫翕然尊之，天子從而謚之曰文忠，莫不以爲然。南渡搶攘，右相杜充擁衆臣虜，金陵守陳邦光就降，惟通判楊邦乂戟手罵賊，視死如歸。國勢凜凜，士大夫復翕然尊之，天子從而褒贈之，賜謚曰忠襄，則又莫不以爲然。時宰議和，衆論詾詾，惟一編修官胡銓毅然上書，乞斬相檜參虜〔二〕，使三綱五常賴以不墜。士大夫復翕然尊之，厥後天子從而褒贈，賜以忠簡之謚，則又莫不以爲然。是之謂三忠。雖然，此邦非無宰相，如劉沆冲之在朝嘗力薦文忠，留寘翰苑，又引富文忠公弼共政，今姓名著在勳臣之令，而謚則未聞。子瑾、孫簡〔三〕，俱爲待制，迄不能請，矧被遇之從臣乎？夫然後知節以壹惠，天子猶不敢專，亦必士大夫翕然尊之乃可得耳。廬陵宰趙汝廈即縣庠立三忠祠，歲時率諸生祀焉。巍巍堂堂，衮服有章。揭日月而行天〔四〕，學者固仰其煒煌。若夫百世之下聞清風而興起，得無慕休烈揚顯光者耶！汝廈用意遠矣。嘉泰四年八月日。

永豐縣旌忠廟碑

高宗皇帝中興之三年歲在己酉，金虜分道入寇，江浙大擾。十一月，隆祐皇太后自洪上贛，護衛將杜彥、楊皐當時誤以世雄奏，乃其字也。道叛，屠撫之崇仁縣，遂犯吉之永豐。知縣事、左承議郎宗室訓之字誨道，素懷忠憤，有爲國捐軀之志。至是率尉修職郎陳自仁拒戰境上，分民兵爲三，一繞賊後，一據地利，誘以羸卒，賊遇伏而敗。他盜蟻附鴟張，尉死之。侯力不支，轉鬥入邨，罵賊遇害，年四十四。賊視防守營柵，歎服而去，邑免焚蕩，士民獲全不可計。人德侯，奉其柩葬太和縣盧源鄉，又附祠城隍，水旱疾疫禱焉。明年，詔贈朝散郎，加直秘閣，官其後兩人；自仁亦贈通直郎，官一子，同立傳《國史》。久之，二孫彥橚、彥權皆踐世科，歷内外任使。慶元五年，彥橚以九江郡丞銜檄省謁祠墓，始從父老歐陽昌等得侯死所，即邑東藥師院隙地創廟三間，設侯及夫人喻氏像，尉與享焉。廊廡門閾，嚴潔相稱。以九月興工，六年二月邑官致祭落其成。郡守趙善鑛既助工費，復上其事於漕。漕雷濚下樂安丞吳魯卿、新淦主簿梁季安繼來核實，俱謂侯節義顯著，禱祈輒驗，實有功於民。嘉泰元年，太常

〔一〕餘年：原倒，據明澹生堂鈔本、四庫本乙。
〔二〕參虜：原無，據明澹生堂鈔本、四庫本、傅校本補。
〔三〕簡：明澹生堂鈔本、四庫本作「僩」。
〔四〕天：明澹生堂鈔本、四庫本無。

擬賜廟額旌忠，六月壬寅制曰可。彥㦗等請文刻麗牲之碑，乃爲作《迎送詞歌》，以祝焉。其詞曰：忠死爲神仙兮，前言孔彰。我侯兵解兮，上征帝傍。民懷德惠兮，姓名愈芳。天子有命兮，典祀舊疆。新宮翼翼兮，像設堂堂。帝意若曰：民不忘汝汝豈忘，往其廟食從巫陽。春秋致享禮有常，牲牢潔肥奠椒觴。坎坎伐鼓舞洋洋，神具醉止欣樂康。時節謁帝奏祺祥，雨暘以時豐稻粱，厲鬼驅除絶寇攘。恩江湯湯兮，與神之績彌遠而彌長。三年二月辛丑。

在法，神有功者初賜廟額，次加侯爵，此碑稱侯，張本也。初侯之亡，安撫使朱丞相勝非檄太和土官泗州文學蕭環集民兵來邑定亂[一]，環因收恤侯家，葬侯盧源，以其子世崧娶侯長女。後七年喻夫人卒，遂合葬焉。侯之孫間來展墓，環姪孫登仕郎知節實爲東道主，廟成復爲刻碑，蓋其家素尚義云。某題。

[一] 蕭環：明澹生堂鈔本、四庫本作「蕭瓌」，下同。

廬陵周益國文忠公集卷六一

平園續稿卷二一

神道碑一

資政殿大學士左太中大夫參知政事贈太師張忠定公燾神道碑 乾道二年

乾道二年四月旦，資政殿大學士、左太中大夫致仕張公燾於饒州德興縣之里第。是歲十二月甲申，葬本縣鑄印臺先塋之側。其子既類行實聞於朝，謂某嘗以文學掾事公於昇，謁銘詩揭墓道，義不得辭。按張氏世家德興，唐宰相文瓘之後，子孫散居縣之諸鄉，衣冠不絕，國朝多以進士入官。公曾祖諱潛，通直郎致仕，贈太子少保。妣壽安縣君葉氏，贈清河郡夫人。始居吳園，長沙王芮故里也。祖諱磬[一]，袁州萬載縣主簿，贈太子少師。妣長興縣君程氏，贈通義郡夫人。父諱根，元豐五年進士，將改京秩，以近大禮，亟欲升朝推恩祖父母，遂致其仕，歸養四親，年方三十一。久之，近臣交薦，賜對再仕，終秘閣修撰、淮南轉運副使。文行俱高，世號吳園先生。公貴，贈太師。妣南華郡君黃氏，尚書右丞履之女，贈秦國夫人。公諱燾，字子公，幼莊重嗜書。右丞喜曰：「是兒骨聳神清，他日必貴。」將命以官，會燾諸舅承先志，奏補太廟齋郎[二]。公猶丱角，學愈力，入成均，升上舍。政和八年廷試，問五運六氣。公對數千言，極論陰陽消長、天人精祲與夫財成輔相之道。天子嘉之，親擢第三，授文林郎、辟雍學錄。宣和元年，遷太學博士。三年連[三]丁內外艱。服除，再爲博士，充南省檢點試卷官。北虜入寇，靖康改元之正月，李綱以執政爲親征行營使守禦京城，辟兼機幕，遷秘書省正字。四月解嚴，特改宣教郎，自列綱妻弟，求補外。時權要親戚多在朝，嫉之，坐以越職言事送吏部。明年，高宗登極，改元建炎，例復行營及宣撫司官屬之責降者，以公通判常州，改湖州，賜緋衣銀魚。二年，詔班巡社法於東南，聽民自備器械、結隊伍。公條不便者十六事，卒罷之。三年，苗傅等謀逆臨安，公適攝郡丞，募兵三千入援。乘輿反正，論勤王功，特轉一官。四月大赦，求直言。公上疏曰：「陛下踐位於傾危中，繼遭叛逆，號令不能動人心，政事不能壓人望，卑詞厚禮，祈還二聖，未有以動感敵情，豈胸中之誠未修乎？」又言：「賢不肖雜進，大臣惟親舊是用。虜方陵犯，乃欲議和；淮寇縱橫，乃欲實粟。京師疏繆如此，而侍從不言，臺諫不論，其職安在？」又言：「巡幸所至，未免營繕；越棲會稽，似不如是。」疏入不報，請主管台州崇道觀。紹興二年春，駕自越回臨安，宰相呂頤浩薦公，召對論三事。其一曰：「天下之病極矣，醫國者未見治效。願定國

[一] 諱：原脱，據傳校本補。
[二] 郎：原脱，據四庫本補。
[三] 連：原無，據傳校本補。

事，以某事爲本，某事爲末，某事可因，某事可革。規模既立，以次行之。」其二曰：「昔之致禍由縉紳以僥倖相師，世俗以侈靡相夸，官府賄賂公行，將帥偃蹇自肆，州縣誅求無藝，百僚偷惰廢弛，今皆有之。」其三曰：「陛下欲整軍，而求一樞臣不可得；欲理財賦，登銓曹，而吏、户部長貳每難其人。古不借賢於異代，在陛下加之意而已。」除尚書司封員外郎。再輪對，論及聖學〔二〕，上有取法唐太宗之語。公曰：「陛下誠欲取法，必用賢納諫〔三〕，今所謂房、杜、王、魏，誰乎？且太宗英武，百戰百勝，乃者手詔明言扞夷狄、援中原，而實圖退避之計，何也？」又請早定國論，詞甚剴切。於是寘修政司講求治要，命宰相提舉，自公發之。五月，詔在内職事官，在外監司守令及曾任郡守郎官以上者各述所見。公因極言時事，乞復置御營司，分諸將爲六軍，令大臣大將爲使副，各典一軍，以收兵權；舉淮南之地分置征鎮，使自戰自守；又乞躬行實德以率百官。皆他人未嘗言者。六月，擢起居舍人，奏：「欲知敵情，莫如厚設爵賞，廣募間探，事皆預備，毋蹈往昔維揚之失。」尋詔都督府各沿江諸將如公言〔三〕。是秋，上欲用舊相朱勝非代秦右相檜〔四〕，先以侍讀召〔五〕，而給事中程瑀、中書舍人胡世將執不可；劉一止爲左史〔六〕，公爲右史，次當書行，亦謂不可；又命左司林待聘、右司樓炤攝承，皆辭。六人并以宮觀罷。五年宗祀赦，復直顯謨閣，積階左朝散郎。六年秋，再以起居郎召。入謝，上曰：「久不見卿，殊渴嘉言。」公力論風俗久壞，必盡掃而更張之。又言二史職廢，乞用唐制，群臣奏對，史官侍傍，事必記，言必書。一日，宰執更互留身，公曰：「公事公言。今五六執政人各進說，殆非同寅協恭之義。」暫權給事中，改兼外制。七年二月，真拜中書舍人，賜服金紫。公感激上知，政事闕失盡言無隱。金陵宮室未備，置修内司，命宦者王鑑領之。鑑請聖祖殿基營私第〔七〕，部曲多占民居，其使臣儲毅託名御莊，冒占腴田，大爲奸利。會有訴者，按驗得實，止鐫毅官。公曰：「此與宣和間李彦西城所公田何異？毅不足道，鑑實使之。」上爲逐鑑，仍罷御莊。言者論司農少卿樊賓、屯田員外郎王弗提領營田擾民無益，以其事歸帥漕，而召賓、弗還朝。公繳奏，二人皆罷。都督府修造建康城，期會迫促，又以軍儲不足，夏税正絹每匹折錢八緡。公言行宮甫畢，不宜復興大役，民力已困，折變何以堪之？詔罷築城，而折帛減二千，至今以爲例。張丞相浚兄滉自蜀來，既除職與郡，又賜出身。公與張公同年相善，勸其力辭，張公迫母命難之。公即繳奏，竟寢。觀望者乃指公論他事異同，罷爲提舉台州崇道觀。公不以兵部尚書呂祉代劉光世統軍合肥爲然，至是酈瓊殺祉，率全軍數萬人北去〔八〕。上記公言，加集英殿修撰。八年四月，召拜兵部侍郎。公奏：「臣屢言規模先定，乃可爲國。遷都，大事也，期年之間方進臨安，復退還浙。輔弼，重任也，一

〔一〕論：原脱，據傳校本補。
〔二〕「納」上，四庫本有「必」字。
〔三〕各：傳校本作「及」。
〔四〕舊：原作「右」，據傳校本改。四庫本作「故」。
〔五〕召：原作「詔」，據傳校本改。
〔六〕止：原作「正」，據四庫本改。
〔七〕請：四庫本作「侵」。
〔八〕北：四庫本作「以」。

紀之間下命相之制者十有四，進退執政無慮二十餘人。規模安在？」〔一〕上曰：「非不欲立規模，正緣宰輔數易耳。」六月兼權吏部尚書，十一月又兼史館修撰。去冬，虜廢劉豫，使來議和，秦丞相再相主之，朝論藉藉。公請詢可否於衆，上乃令侍從臺諫即日條奏。公上疏數百言，大概謂天方佑宋，當自治以需天時，屈膝事人，非臣所知。又率侍從極陳失計，嘗面折中丞勾龍如淵曰：「達觀其所舉，君昔薦七人，後皆北面張邦昌。今囁嚅附會，墮虜計中，他日必背君親矣。」監察御史施廷臣擢侍御史，太府寺丞莫將賜出身，超拜起居郎，皆上書迎合者〔二〕。翻黃下吏部，公執奏曰：「故事遷除未有如此之驟。」力詆兩人，引疾卧家。秦素厚公，命樓炤問疾，許直翰苑。公曰：「今日進退在我，遷官則在他人，某惟有去耳。」秦語人曰：「張子公守正，官職不能動也。」徽猷閣待制黎確贈官，前參政李回退復職官〔三〕，公謂確等事僞楚而爲之用，并乞追奪。其攝銓曹，遇事不苟如此。是冬和議成，復河南、陝西境土。九年正月，上以祖宗陵寢久淪異域，詔公同光山軍節度使、開府儀同三司、判大宗正事士㒟修奉灑掃，賜銀絹有差。以二月己巳陛辭，自武昌、信陽入蔡、潁，五月丙戌至永安軍，戊子朝謁諸陵，庚寅修奉畢，辛卯由鄭歷汴、宋、宿、泗、淮南以歸。六月入對，公奏：「頻年陵下石澗涸竭〔三〕，使至而水流如故。」上驚異。久之，又陳使事十餘條。如謂劉豫初廢，人情汹汹，而我斥堠不明，坐失機會。謂酈瓊部伍皆西陲勁兵，今在河南，尚可收用。新疆賦租已蠲，而使命絡繹，推恩支費猶用兵興時例〔四〕，願加裁損，非甚不得已勿遣使，以寛民力。上悉嘉納。七月，除權吏部尚書，首論官冗，半年間授宮觀嶽廟九百餘員，坐縻廪禄，虚理資考。方議革銓選之弊，會四川制置使胡世將升川陝宣撫副使，成都謀帥，上語宰相：「張某高明練達，和正有守，可寬西顧，但朕惜其去耳。」臺評朝論亦謂當留，公力請行。九月，除寶文閣學士、知成都府，特製金帶以賜。初加佩魚，宰相以官制爲言而止。公奏：「蜀困征徭，臣當宣布德意，寬一路之民。」上曰：「豈惟本路，凡四川寬恤，悉以付卿。」又奏：「主和者，撻懶也。今爲其姪兀朮所戕，勢必渝平。乞道京洛關陝，謁世將於河池，共議邊計。」至則謂世將：「諸軍今戍陝西，饋餉雖寬，如緩急何？宜斂兵備蜀口。」仍丐錢五百萬緡爲儲偫，世將皆奏行之。公以十年春至益，與世將尺牘交馳，講畫素定。是夏，虜果叛盟窺蜀，吴璘及楊政〔五〕、郭浩大破之，俘獲萬計。其後公除西府，蜀人唐文若草制云：「保蜀之功，蓍龜先見。」蓋謂此也。十一年，詔世將納契丹降人。公曰：「蜀地狹，安能容？且不鑑前朝常勝軍乎？」世將奏寢其事。蜀自用兵，和預買匹布折估錢二引，民已病之，至是轉運司迫餉軍增至三道，成都一路總七十四萬一千有奇〔六〕。公言：「昨降度牒二千，稱提前引，數適相當，願以此代輸。」從之。初公開府，適承歲旱，大發積粟以賑饑民，撫存黎、雅番

〔一〕上：原作「尚」，據四庫本改。
〔二〕官：四庫本作「名」。
〔三〕涸：原作「渴」，據傳校本改。
〔四〕恩：原作「命」，據傳校本改。
〔五〕政：原刻校云：「別本作『武』。」
〔六〕一千：四庫本作「七千」。

部，禁戢貪吏，開修渠堰，蠲落江田税，決遣獄訟，修文翁舊學，時與諸生講論經旨，葺諸葛武侯廟、杜少陵草堂，新張乖崖祠，政無不舉，蜀人大悦。屢請代，不聽，十三年冬始命提舉江州太平觀。時舊人往往以異同得罪，公家居絶口不言世事，取吳園先生遺編數百卷手自抄定。又追先志，斥俸餘爲義莊贍宗族，自號雲山老人。二十五年冬，秦丞相薨，舊人在者皆起。上首以公帥鄉部，兼行宮留守司公事。明年二月至金陵，積歲負内庫錢帛鉅萬，公悉奏免。池有義子與父争訟，守昏繆，繫父連年不決。公請移廷尉，黜其守。居二年，政成化洽，進端明殿學士，考課累轉左中奉大夫。二十九年夏，召赴行在。公奏：「虜主遷都，和好難保。惟陛下儆戒無虞，自反求治。」上喜曰：「久不聞卿議論，良沃朕心。」是夕，公腹疾暴作，亟請休致。上大驚，用前執政禮除公提舉萬壽觀，兼侍讀。公再移疾，給寬假還鄉。數月疾平，連有旨趣覲。公奏：「兩郡王名分宜早定。」上曰：「朕懷此久矣，人所難言，開春當議典禮。」公頓首謝。時風俗侈靡，財用匱乏。公勸上止北貨之貿易，省非時之賜予，罷土木，減冗吏，躬行節儉，民自富足。上嘉奬再三。公遂言：「甲庫萃工巧以蕩上心，酤良醖以奪官課，教坊員數日增，俸給賜賚耗蠹不貲。」上曰：「卿可謂責難於君。」明日罷甲庫諸局，以酒庫歸有司，減樂工數百人，正除吏部尚書，侍讀如故。虜使施宜生來賀三十年正旦，命公館伴。宜生閩人，公以首丘桑梓語動之，宜生雅敬公，頗漏虜情。公乞早爲之備。會疾復作，力求納禄，詞極哀切。上命湯丞相思退留公。公請不已，轉左中大夫，加資政殿學士致仕，特給真俸。公方去，即降詔立皇子云。明年冬，起公再帥江東。完顏亮已深入，人情凶懼，公不敢辭。亮死，虜復求和，詔沿江帥守條具進討恢復計。人人馳志幽燕，公獨乞持重養威，觀釁而動。已而，諸將追躡果無功。尋以張忠獻公代公，命公奏事。公言：「前日邊遽，義當强起，今憊不能支矣。」復提舉江州太平興國宫。三十二年六月，孝宗受禪，御札召公，道除同知樞密院事。公懇辭，又遣子埏入辭。上命中使賫手筆趣朝〔一〕，許乘車至宫門，給扶登殿，問爲治之要。公曰：「内治乃可外攘。今天下弊事至衆，中外望治，願如祖宗及太上紹興二年五月手詔，命百執事赴都省給札條具。」上大喜，御批略云〔二〕：「覽肅所奏，犂然有契於衷。其令侍從臺諫集都堂，賜以筆札，取當今弊事悉意以聞，退各於其聽治之所，盡率其屬，諭以朕意，極言毋隱。」於是士大夫平日欲言不能自達者纖悉聞矣。上皆親閲，標識急務，付公看詳，公請擇可行行之。覃恩轉左太中大夫。隆興元年三月，遷參知政事，公以老病不拜〔三〕。臺諫交章留公，上還公奏，且命宰相諭旨云：「朕不敢煩公以政，姑爲朝廷重可也。」公辭益堅。上亦察其實病，遂除資政大學士、提舉萬壽觀、兼侍讀，恩數視政府。公援紹興末例謁告將理，上乃許之。及家，固求致仕，詔從其請。後二年而薨，享年七十五，贈宣奉大夫，謚忠定，爵自德興縣男累封鄱陽郡開國公，食邑通三

〔一〕筆：四庫本作「札」。
〔二〕批：四庫本作「札」。
〔三〕病：傳校本作「疾」。

千五百户〔一〕，食實封三百户，後以子遇恩累贈太師。娶程氏，同郡徽猷閣待制鄰之女，先卒，追封秦國夫人。二男：朝議大夫、荆湖北路提點刑獄公事垓，朝議大夫、廣南西路提點刑獄公事埏，分符持節，皆有家法。一女，適鄒忠公浩之子處州太守栩。孫男十九人：鑄，朝散郎、兩浙轉運司幹辦公事，賜緋魚袋；鎮，通直郎、荆湖北路安撫司幹辦公事；鉅〔二〕，儒林郎、福州録事參軍；鐩，承事郎；鎰〔三〕，承事郎、新差監鄂州在城鹽税務；鍔、鋐、錠，將仕郎；鉉、鎡、鏞、錧、錆、錞、錤、鍵、鏜、錡，未仕。孫女十四人：長適周簡惠公葵之孫奉議郎、沿河制置司幹辦公事大辯；次適王恭簡公剛中之孫承奉郎元老；次適嗣秀王伯圭之孫宣義郎、新添差淮西提舉茶鹽司幹辦公事希德；次適陳文恭公康伯之孫通直郎、僉書福州軍事判官廳公事景祖；餘尚幼。曾孫一人，濤，脩職郎、除南昌府新建縣主簿〔四〕。元孫一人，㯽。公外和内剛，臨事有仁者之勇。在蜀四年，尤著惠愛，百姓皆繪像以祀，後帥李璆贊云：「公昔在蜀，千載一人。公今去蜀，千載其身。願公再來，以慰斯民。」蓋實録也。得謝復出，以至大用，奉賚往往積而不支。平生清修簡静，無所嗜好，頗喜大書，得顔魯公筆法，望而知其爲端人正士。顯仁皇后神主，公所題也。有外制二十卷、奏議三十卷、雜著二十卷，藏於家。某竊惟公歷事四朝，始末可考。早官成均，學術行誼，人已推之。欽廟初政，即以議論氣節有聲館閣。被遇高宗，出入侍從越三十年，知無不言而上不疑，誼形於色而下不忌。世論名臣，推以爲冠。小人雖間有不悦，終不敢妄有指議。孝宗首從人望，召置二府，將盡行平昔之言，而公老且病矣，退休於家，以壽考終。歷觀五十年間，士大夫進退成敗殆非一端，蓋時有險易，道有屈伸，或榮於前而辱於後，或譽於上而毁於下，求其常負重望始終全節如公者鮮矣，宜有銘詩，以信後世。銘曰：

忠則不欺，公則不私。明則不疑，正則不欹。堂堂張公，具美在兹。學識卓然，氣節隨之。時有難易，心忘險夷。遇事極言，見義勇爲。如璧如珪，表裏無疵。如蓍如龜，計策無遺。獨立近班，國之表儀。久任兩鎮，民之父師。紹興季年，大政方咨。公曰憊矣，祈哀以辭。孝宗纂承，元老來思。美疢益侵，壯猷莫施。位豈不高，人嘆辰遲。壽豈不遐，人望期頤。四朝遺直，千載清規。相彼先塋，山川逶迤。公所自卜，是袝是宜。斲石刻辭，以永厥垂〔五〕。

〔一〕三千：傅校本作「二千」。
〔二〕鉅：原刻校云：「別本作『鈺』。」按四庫本亦作「鈺」。
〔三〕鎰：原刻校云：「別本作『鑑』。」按四庫本亦作「鑑」。
〔四〕除南昌：原作「隆興」，據四庫本改。
〔五〕原刻文末校云：「案院本及知聖道齋本，此篇原列在二十四卷陳居仁碑之後，陳碑作於慶元三年，後此三十一年，不當反列於前。今校正。」

龍圖閣學士左通奉大夫致仕贈少師謚忠簡張公闡神道碑 紹熙五年

紹興元年二月丙戌，詔以多難未弭，人才爲急，其復秘書省，置官屬。當是時，高宗方馬上治天下，乃肇復文館，收召名勝，儲以待用，君子是以知中興之必可冀也。時范丞相宗尹實當國，而秦丞相檜初拜參知政事。逮十年春，秦雖專國政〔一〕，然以與聞初議，猶未敢盡非其人。維永嘉張忠簡公以端醇修潔，用給事中林待聘薦召對，召試入省。凡五年，同僚或自臺察驟用，或由著作爲左右史，其下亦不失尚書郎，而相國兄梓、子熺又相繼爲之長，他人附麗不暇，公獨介然其間。秦知公久次，喜論事，一日微諷公，謂當入臺。公迎拒之，坐是報罷，閑廢十有五年，了無愠色。秦薨，公亦不求知於人。二十九年，始以御史臺薦爲檢法官，班序更出正字下，恂恂百僚底，人爲公太息。會對便殿，論事骾挺，擢吏部員外郎。壽皇初開建王府，高選講讀官，朝論舉屬公，遂改禮部郎中兼贊讀，而直講則史丞相浩也。三十二年六月己巳，王爲皇太子，升少宗正兼右諭德。俄内禪，擢貳冬卿。未幾直講大用，公雍容從臣之末，泊如也。隆興初元，落權字〔二〕，歲中進長本部。上方鋭意恢復，而在廷議論不一〔三〕，公每陳正心誠意、修政事、攘夷狄之説，上亦虚懷聽納，每事咨訪，使公少卑之，執政可立致。會江淮都督府結局，和議已成，公堅求去，上不能奪。自壯至老，大節蓋如此，可謂始終全德矣。公諱闡，字大猷，温州永嘉縣人。曾祖恭，祖積，父贈中奉大夫忱，皆積善樂施〔四〕。公幼夢人大書「闡」字曰：「以是名爾。」中奉異之，力勉公學。未冠，由舍選貢京師，中宣和六年進士第，調嚴州兵曹掾，兼治右獄。州將欲戮土豪，付公鞫之。公謂罪不至死，卒請如律，人嘉其有守。建炎登極，循修職郎。丁父憂。紹興改元免喪，以從政郎爲處州州學教授〔五〕。參政李公回帥江西，辟置幕中。四年，參政席公益帥湖南，又辟公幹辦公事。洞庭群盗熾張，公晝策造戰船、訓水軍，賊勢以衰。諸司交薦，改秩吏部，引歲月失通理沮之。公求監南嶽廟以歸，連教授鄂州、台州。既賜對，首言金人歸我關中，願固守以蔽巴蜀，圖中原。次論監司郡守舉官之弊，又乞嚴禁遏糴，濟江浙水患，皆契上意。命試學士院，遂除秘書省正字。輪對論三事：其一「請廣人才，任將相，練士卒，則徽宗梓宫可還，母后淵聖可歸，毋專屈己和戎，使權不在我」。二曰：「臣比自温歷處、婺，浹旬再值雨雹，麥秀者偃，桑萌者落，盍恐懼修省以召和氣。」其三論官冗，曰：「兵火後縣不滿千户，設官乃十餘人，州不滿萬户，而官至百餘人，場務及兵官率十員，無學校而設教官〔六〕，無軍士而置將領，駐泊鈐轄之屬及員外置者不在焉。昔漢光武併省四百餘縣，吏員十置其一。唐憲宗用李吉甫言，省冗員八百、吏

〔一〕政：明澹生堂鈔本、四庫本作「柄」。
〔二〕字：原作「守」，據明澹生堂鈔本、四庫本改。
〔三〕廷：傅校本作「朝」。
〔四〕善：四庫本作「德」。
〔五〕處州州學：原作「處州學」，據明澹生堂鈔本、四庫本補。
〔六〕設：明澹生堂鈔本、四庫本作「置」。

千四百。漢、唐中興，宜以爲法。」上獎諭曰：「非卿不聞此。」公在職滿歲，改左宣教郎。十二年，遷校書郎，兼益王府教授。公自以儲才之地無力可陳，惟國家大利害可因事納忠。時諸大將恃功邀爵賞，有過則姑息，又兵布於外而禁衞單寡，公上疏極論之。厥後稍進退諸將，召諸道兵補三衙闕額，往往符公言。明年，以秘書郎兼國史院檢討官，請通好高麗、西夏，詗北虜之勢，明詔大臣，廣求人才。上皆嘉納。又明年，駕幸秘書新省，例遷一官，自是免去。踰年，主管台州崇道觀。秩滿，添差通判泉州。代還，改衢州，未上省罷。二十五年冬，上躬覽萬機，起提舉兩浙路市舶。居二年乃爲臺屬，升郎闈，入王府，稍嚮於用。三十一年四月，御批雨傷蠶麥，盜賊間發，令侍從臺諫條具消弭之術。公適輪對，謂：「講和以來，竭民力奉驕虜，人不堪命。强遣中原歸正人，怨恨日深。監司郡守不按發貪贓〔一〕，州縣被害。放積欠有名無實〔二〕，二稅先期追擾，商賈苦於重征。能革數弊，災異消，盜賊弭矣。」又言：「完顏亮積粟聚兵，意在南寇，乞守要害，防海道，巴蜀淮襄不可無良將，督視不可無大帥。」上曰：「卿言深中時病，惟遣歸正人，誓書所載，卿未知爾。」已而，亮果遣使持嫚書來，朝廷始爲戰守備，略如公策。八月，遷將作監。是冬，虜騎臨江，公因轉對，請增沿江戍兵，大修諸郡之備，濟師京西、淮東，牽制虜軍。明年夏，進宗正少卿。壽皇登極，擢權工部侍郎，兼侍講，賜服金紫，以隨龍恩遷七官，遂轉左通議大夫。入謝言：「將以敗爲捷，冒受爵秩。諸州厢禁軍因覃霈鼓譟希厚賞，不可不正其罪。」上爲次第施行。虜亮死，新主復求和，朝廷議再遣使，詔略曰：「敵人索舊禮，從之則不忍屈，不從邊患未已。納中原歸正之人，東南力不能給，否則絕向化之心。宰執侍從臺諫，其詳議以聞。」公言選將練兵，名分可正，江淮授田，遺民可招，亹亹數百言。是冬，給札侍從臺諫條具時務〔三〕。公上十事：一曰强國勢，二曰革苟且，三曰重臺諫，四曰明賞罰，五曰信號令，六曰抑奔競，七曰嚴軍政，八曰戢貪吏，九曰節財用，十曰禁科歛。當是時，應詔數十人，惟公與國子司業王十朋指陳實事，斥言權倖，無所回隱。明日，上召兩人對内殿，大加稱賞，賜酒饌〔四〕，面授御書各一軸。隆興元年正月，真拜工部侍郎〔五〕。公奏：「臣去冬乞守禦兩淮，陛下謂立春行之，夏秋當畢備〔六〕，今其時矣。」面陳三策：移都督府於維揚，增修淮上城郭，優恤山水寨民兵及死事之家以勸來者。上曰：「今江淮事盡付張浚，朕倚之爲長城。」會督府請受蕭琦等降，上召問公〔七〕，公疾不能入，奏請受其降。俄報王師復收靈壁〔八〕、虹縣，公慮大將李顯忠、邵宏淵深入無援，奏乞益兵殿後。已而王師果失利，衆論歸罪於戰〔九〕。公奏：「陛下出師受

〔一〕發：原作「法」，據傅校本改。
〔二〕放：原作「於」，據明澹生堂鈔本、四庫本改。
〔三〕「其詳」至「臺諫」凡三十六字原脱，據明澹生堂鈔本、四庫本補。其中「給札」原作「給禮」，據《宋史》卷三八一《張闡傳》改。
〔四〕饌：明澹生堂鈔本作「者」，四庫本作「食」。
〔五〕真：原作「徵」，據明澹生堂鈔本、四庫本改。
〔六〕當：原無，據明澹生堂鈔本、四庫本補。
〔七〕召：原作「詔」，據明澹生堂鈔本、四庫本、傅校本改。
〔八〕復：原無，據明澹生堂鈔本、四庫本補。
〔九〕「論」下，明澹生堂鈔本、四庫本有「遂」字。

降是也，諸將違節度且無援而敗，當矯前失，安可遽沮鋭氣？」上命益出御前器甲付諸軍〔一〕，親札勞張公，軍聲復振。時數易臺諫，公力言之。會太白晝見，詔近臣條闕政。公謂：「比年災異數見。去秋七月，温、台颶風壞廬舍以萬計，二浙飛蝗蔽野。今歲夏秋雨淫水溢，米值翔湧，太陽薄蝕，星緯復爾，當思應以實不以文。乃者言路輕易，出令不謹，君子未進，小人未退，給札條弊政而無所更革，臧否監司守臣而無所升黜。文具如此，致變固宜。至如近則荆襄江淮守禦缺然，遠則蜀道連歲出師凋瘵已甚。陛下方馳騁毬馬，日引狼子野心之人周旋禁籞，垂象安得不再三示儆耶？」疏入，上召公以擊毬非朕所好，邊陲未靖，朕欲便習鞍馬耳。公因言：「真宗、仁宗增置諫員，今纔一二人，非所以廣聰明。」上曰：「臺諫好名，如某人但欲得直聲而去。」公曰：「唐德宗疑姜公輔爲賣直，陸贄切諫，願陛下深以爲鑑。」上再三嘉奬〔二〕。虜復求成，上與公議。公曰：「彼欲和，畏我耶？愛我耶？直款我耳！」力陳六害不可許。上曰：「朕意亦然，姑隨宜應之。」上又記公賣直之語，謂：「胡銓亦及此，朕非拒諫者，辨是非耳。」公曰：「聖度當如天，奈何與臣下争名？」上忻然曰：「卿言是也。」頃之，除權工部尚書，兼侍讀。十一月，宰執奏：「今秋金國副元帥紇石列志寧以書論通好，朝廷遣使臣盧仲賢報之。所論三大事，正國書、歲幣如數〔三〕，皆定不疑，惟唐、鄧、海、泗未決，將遣王之望、龍大淵通問，而衆言紛紛不已。乞以當和與否、遣使與否、禮數後先、疆土取與，大詢侍從臺諫，擇其善者從之。」詔於後省限一日集議。於是吏部尚書凌景夏、户部尚書韓仲通、權吏部侍郎余時言、刑部侍郎路彬同一議〔四〕，禮部侍郎黄中、兵部侍郎金安節同一議，侍御史周操、右正言陳良翰爲一議，給事中錢周材、起居舍人馬騏爲一議，起居郎胡銓、監察御史尹穡、閻安中各自言之，其説人人不同。公獨謂：「不與四州乃可通和〔五〕，議論先定乃可遣使。今彼爲客，我爲主。我以仁義撫天下，彼以殘酷虐吾民。觀虜勢已衰，何必先示以弱〔六〕？」朝論韙之。初，上用真宗故事，命經筵官二員遞宿學士院，朝夕宣召，商搉古今，咨訪政事。公入對尤數，知無不言。屢引病丐閑〔七〕，上曰：「朕所以知外事皆賴尚書，相從久，忍言去耶？」二年四月，公請益力。上不得已，除顯謨閣直學士、提舉江州太平興國宫。陛辭，上問所欲言，公奏：「許和則忘祖宗之讐，棄四郡失中原之心，遣歸正人傷忠義之氣。惟陛下毋忘老臣平昔之言。」其指時事尤諄切。上曰：「卿姑暫還鄉，秋涼復召卿矣。」加賜金犀帶，特許佩魚。公既退，賦詩云：「八請犯天顔，今朝出漢關。渾如倦飛鳥，日暮傍巢還。」到家踰月而病，以龍圖閣學士、左通政大夫致仕，七月二十六日薨。訃聞，特贈端明殿學士，恩數視簽書樞密院，賻銀絹二百匹兩。享年七十有四。乾道元年十一月十四日，葬本縣建

〔一〕出：原無，據明澹生堂鈔本、四庫本補。
〔二〕嘉：原作「加」，據明澹生堂鈔本、四庫本改。
〔三〕正：原作「止」，據明澹生堂鈔本、四庫本改。
〔四〕「刑部」下「侍郎」：原脱，據明澹生堂鈔本、四庫本、傅校本補。
〔五〕州：原作「川」，據明澹生堂鈔本、四庫本、《宋史・張闡傳》改。
〔六〕必：原作「不」，據明澹生堂鈔本、四庫本改。
〔七〕病丐：明澹生堂鈔本、四庫本、傅校本作「疾乞」。

牙鄉瞿溪之原中奉公墓側。初，公素樂其山水，將歸老焉，葬從公志也。淳熙十年，特賜謚忠簡，累贈少師。娶盧氏，先公八年卒，贈越國夫人。四子：伯桂，國學生，早死；仲梓，朝奉大夫、新知通州；叔椿，朝散大夫、江西轉運判官；季樗，朝請郎、主管建寧府武夷山沖佑觀。一女，嫁奉議郎、兩浙轉運司主管文字盧珉。孫炳〔一〕，承議郎、新權通判平江府；燁，宣義郎、充兩浙西路安撫司幹辦公事；煥，通仕郎；燧，承奉郎、新監建康府户部大軍庫門〔二〕；熺，文林郎、新福州羅源縣主簿，餘未命名。孫女二人，迪功郎新監行在省倉中界吴瑾、從事郎新臨江軍判官潘檜其壻也。曾孫垓，修職郎、新福州長溪縣主簿〔三〕，次尚幼。公莊重出於天性，誠信濟以學力。在王邸讀《資治通鑑》，至修身治國必反復誦説，壽皇每嘉納之，暇日賜札和詩，恩意綢繆。人謂公必輔初政，而公歸志浩然，善類迄今以爲恨。平生行事悉筆於册，五十餘年不少廢。文體粹然，詩尤清遠，鄉人子弟多求公紀其父兄行實。諸子類成文集若干卷、《藩邸聖德事迹》十卷、《經筵講議故事》若干篇、奏議若干卷，並藏於家。公之爲臺法也，某與館職，間遇公朝士之家，公徑趨下坐，客頗不安。予謂公郎秘書越二十年，乃館中先進，當序齒如例，衆以爲允。公初貳冬官，某忝起居郎，追班從駕，密踵公武，情好孚洽。今轉運君以書來諗云：「先君道同志合惟王公十朋、胡忠簡公銓。王公嘗爲行狀，許志墓而不果，胡公亦下世，成遺志者惟執事耳。」某不敢辭，乃爲銘曰：

煌煌精金，百煉不變。矯矯勁松，歲寒乃見。有美張公，積善自躬。正直靖共，一其初終。紹興盛際，公在館閣。尊厥德性，恥要人爵。龍躍於淵，翼之天飛。政路砥如，公背而馳。上知公誠，士服公識。信道而行，何狥何激？官非不崇，壽非不隆。用有未盡，人思無窮。三溪釣徒，公昔自謂。樂哉斯丘，尚愜公志。

〔一〕炳：明澹生堂鈔本、四庫本作「焕」。
〔二〕監：原脱，據明澹生堂鈔本補。
〔三〕新：原無，據明澹生堂鈔本、四庫本、傅校本補。

廬陵周益國文忠公集卷六二

平園續稿卷二二

神道碑

資政殿大學士贈銀青光祿大夫范公成大神道碑 慶元元年

吳郡范氏自文正公起孤童，事仁宗皇帝，當慶曆癸未入參大政，後百三十有六年，公復參孝宗皇帝政事。雖譜牒不通〔一〕，俱望高平，派南陽之順陽，蓋鴟夷子苗裔也，今爲郡之吳縣人。公諱成大，字至能。曾祖澤，贈太子少保，妣昌元郡夫人夏氏。祖師尹，贈太子少傅，妣咸安郡夫人陸氏、咸寧郡夫人蔣氏。考雩，終左奉議郎、秘書郎，贈少師。母秦國夫人蔡氏，莆陽忠惠公之孫，而潞忠烈公外孫也。公在懷抱，已識屏間字，少師力教之。年十二，徧讀經史，十四能文詞。是歲秦國薨，明年少師薨，公煢然哀慕，十年不出，竭力嫁二妹，無科舉意。欲買山無貲，取唐人「只在此山中」之語，自號此山居士。又慕元魯山爲人，一字幼元。友生御史王公彥光勉之曰：「子之先君期爾祿仕，志可違乎？」因課以舉業，遂中紹興二十四年進士第，調徽州司户參軍。歷三守：李植、潘莘、洪文惠公。李御下嚴，獨霽威待公，會遷提點坑冶，辟公幹辦公事，不就。潘格郊赦不弛諸軍糧欠，衆言紛紛，將校告急於公，公徑爲免符白守行之，乃定。洪公博洽精明，每以訟牒付公，必問一牒幾人，姓名云何。公由此究心，熟吏事。洪公喜，日與公商榷古今。常曰：「吾視君齒必致兩府地，其自愛。」用舉主陞從仕郎。三十二年，入監行在太平惠民和劑局。堂吏匄藥不獲，以朝旨下所隸大府，蒐細故杖吏逞憾。公白户部侍郎汪公應辰〔二〕，杖大府吏，已能大其官矣。壽皇受禪，命宰臣編類高宗聖政。隆興元年四月，以公爲檢討官，又兼敕令所，近世局務無修書者〔三〕，人以公爲宜。詔百官條時弊，公舉十事，極論文具非所以爲國，執政奇其才。二年四月〔四〕，除樞密院編修官。居數月，自以銓格改左宣教郎。時館職定員，有詔公與王衢候闕召試。十二月，鄭升之不試先除，牽聯併除公秘書省正字。公不可，必試策而後就。乾道元年三月升校書郎，六月兼國史院編修官，十一月遷著作佐郎，二年二月除尚書吏部員外郎。言者以不先攝爲超遷，宰相曰：「著廷間擢左右史，顧不可爲郎耶？」九月言者罷，乃主管台州崇道觀。三年十二月起知處州，陛對論力之所及有三：一曰日力，寸陰是也；二曰國力，資用是也；三曰人力，思慮知術所及者是也。三者有限，今盡以虛文耗之。公前應詔上封事及試策反復論此，至是

〔一〕雖：明澹生堂鈔本、四庫本作「維」。
〔二〕白：原作「曰」，據明澹生堂鈔本、四庫本改。
〔三〕無修書者：傅校本作「兼修書省」。
〔四〕二年四月：原作「四年二月」，據明澹生堂鈔本、傅校本改。

方見上，力以爲言。上曰：「卿能激昂如此，朕當行之。」四年八月至郡，松陽民爭役〔一〕，公曉之曰：「吾聞東陽縣有率錢助役者，前婺守吴侯義之，爲易鄉名，揭碑褒勸。爾與之鄰，獨無愧乎？」民既感謝，則推廣其制，諭鄉人視貧富輸金買田，擇信義之家掌其事，儲歲入助當役者，命曰義役，許自第名次，有司勿預。數月間，人皆樂從，一縣二十五都悉以辦告，甲乙相推，遠至二十年，諸邑爭效之。處多山田，梁天監中詹、南二司馬作通濟堰於松陽、遂昌之間，激溪水四十里外，溉田二十萬畝。溪遠田高，堰壞已五十年。公尋故迹，議伐大木横壅溪流，度水與田平，即循溪疊石岸，引水行其中，置四十九閘以節啓閉，上源用足乃及其中，次及其下，而堰可復。議定，官爲傭工運石，命其傍食利户各發丁壯，分畫界至。以五年正月同日興工，四月而成，水大至如初議。適公被召，躬往勞之〔二〕。父老懽呼曰：「堰成，公忍去我耶？」公曰：「吾能經始，安能保其無壞？」爲立詹南廟，作堰規刻石廟中，盡給左右山林爲修堰備，至今蒙其利。公入對，因及義役。上大喜，頒其法諸路。公曰：「此可助法，非以爲法，顧守令行之何如耳。」初，上命宰相陳正獻公擇文士掌内制，正獻薦知遂寧府張震及公〔三〕，至是上曰：「卿文學詞翰宜直禁林。」公懲前遷郎致謗，懇辭，退復告執政。會上目疾，不御朝久之。内殿奏事，上首及公除目，正獻道公意。上曰：「不專在内制，正要士人宿直備顧問。」乃除禮部員外郎，兼崇政殿説書，上令更加清職，遂兼國史院編修官。會從兄成象爲工部郎官，公援故事乞班其下，從之。内直數宣對，嘗諭公：「朕治心養性，以求知道。」公曰：「知道莫如堯、舜、禹、湯、文、武、周、孔。其静而聖，存心養性是也；動而王，治天下國家是也。漢、唐之君功業固有之，道統則無傳焉。」上嘉奬數四。十二月，擢起居舍人兼侍講，直前謝，上曰：「卿宏深博約，因有此除〔四〕。」又兼實録院檢討官。公奏：「獄案淹延，當貸者多瘐死，乞嚴程限。」於是自三省至大理皆定經由之日。公先嘗論二浙丁錢，至是詔遞減之。乾道令以絹計贓，估價頗輕，論罪過重。公奏：「承平時絹匹不及千錢，而估價過倍。紹興三年遞增五分，爲錢三千足。今絹益貴，當倍時值。」上驚曰：「是陷民深文也。」遂增爲四千，而刑輕矣。後又奏：「勤政而不省其成否，治具雖多，何益？古者君臣相戒，既曰率作興事，又曰屢省乃成，二《典》之治，如斯而已。」上喜曰：「卿言切治道。」已退，復招公曰：「爲朕尋繹經傳與此論協者條上。」公即摘取《書》、《易》、《左傳》、《國語》、《孟》、《荀》等書上之。初，大臣與上謀移侍衛馬軍屯金陵，示將進取，先遣使請祖宗陵寢河南故地；又隆興再講和，名體雖正，失定受書之禮，上常悔之。六年五月，遷公起居郎，假資政殿大學士、左太中大夫、醴泉觀使、兼侍講〔五〕、丹陽郡開國公，充金國祈請國信使，爲二事也。上語公曰：「朕以卿氣宇不羣，親加選擇，聞外議洶洶，官屬皆憚行，有諸？」公曰：「無故遣泛使近於求釁，不戮則

〔一〕陽：原作「楊」，據明澹生堂鈔本、傅校本改。
〔二〕之：明澹生堂鈔本、四庫本、傅校本作「工」。
〔三〕震：傅校本作「振」。
〔四〕因：明澹生堂鈔本、四庫本作「故」。
〔五〕講：明澹生堂鈔本、四庫本作「讀」。

執，臣已立後，仍區處家事爲不還計，心甚安之。」上曰：「朕不敗盟發兵，何至害卿？嚙雪餐氈，理或有之(一)，不欲明言，恐負卿耳。」國書專求陵寢，而命公自及受書事。公乞并載書中，朝廷不從，公遂行。虜遣吏部郎中田彦臯、侍御史完顏德温迓客。彦臯文儒，深敬慕公，至求巾幘效之。抵燕山，公知虜法嚴，附請不可達，密草奏，具言他日北使至，欲令親王受書，其詞云云，懷之入覲。初跪進國書，陳詞慷慨，虜君臣方傾聽，公隨奏曰：「兩朝既爲叔姪，而受書之禮未稱，昨嘗附完顏仲、李若川等口陳，久未得報，臣有奏劄在此。」搢笏出而執之。金主大駭，厲聲謂其宣徽副使韓鋼曰：「有請當語館伴，此豈獻書啓處耶？自來使者未嘗敢爾。」連呼綽起，鋼惶恐，以笏來綽公。公不爲動，再奏云：「奏不達，歸必死，寧死於此。」金主欲起，左右掖之坐，又厲聲云：「教拜了去。」鋼復以笏抑公拜，公跪如故。金主曰：「何不拜？」公曰：「此奏得達，當下殿百拜以謝。」金主乃令納館伴處，公即袖下殿，望殿上臣僚往來紛然。後聞太子欲殺公，其兄越王不可而止。頃之，引見如常儀。既歸，館伴果宣旨取奏去。是日，鋼押宴，謂公早來殿上甚忠勤，皇帝嘉歎，云可以激勵兩國臣子。後數日朝辭，金主令其臣傳諭云：「盟好已固(二)，汝國乃以帛書密與夏國任德敬結約，此何理也？」公答以界外奸細僞爲之。俄館伴持蜀中蠟書來，指印文示公。公曰：「御寶可僞，況印乎？」德敬者，夏王外祖，號任令公，再世用事，欲篡其國，事敗族誅，而四川宣撫司嘗與通問(三)，爲夏人所獲，致之虜廷云。十月公還，金主答書有曰：「抑聞附請之辭，欲變受書之禮，出於率易，要以必從。」上於是知公竭節盡忠，獎勞之餘，有「終始保全」語，除中書舍人、同修國史及實録院同修撰，賜紫章服。副使以下皆遷兩官，惟公不預，蓋大臣不樂公嘗言其輕信西夏也。上勵精政事，患風俗委靡，書崔寔《政論》賜輔臣。公講《禮記》「天子不合圍，諸侯不掩羣」，上曰：「此成湯祝網意也。」公遂奏：「德莫大於好生，陛下得之矣。乃者御書《政論》，意在飭紀綱，振積弊，而近日大理議刑遞加一等，此非以嚴致平，乃酷也。」上大喜，曰：「卿知言，聞臨安已觀望行事矣。」講退，侍講張君栻謂公深得納約自牖之義，右史莫君濟曰：「當書之記注。」後數日，公進故事，復申其説。自公使北，狂生上書迎合恢復事，補官十餘人。公奏：「倖門不可開，繼此臣必繳奏。」上曰：「誠然。書已滿屋，朕皆弗省。」公每事正救，大率類此。七年，以知閤門事、兼樞密都承旨張説簽書院事，公當制，知空言不可回，明日袖詞頭納上前，且曰：「閤門官日日引班，一旦驟寘二府，正如州郡以典謁吏爲倅貳，觀聽謂何？」明日説罷。後月餘，公求去。上曰：「卿言引班事甚當，朕方聽言納諫，乃欲去耶？」公自是數有繳奏。會召宋貺(四)，公又論之，章不下，尋除集英殿修撰、知静江府、廣西經略安撫使。明年春，説竟拜簽樞。九年，公始赴鎮。廣西荒遠窘匱，承平時仰湖南北及封樁錢七十餘萬緡

(一) 理：明澹生堂鈔本、四庫本無。
(二) 固：傅校本作「定」。
(三) 川：原作「州」，據明澹生堂鈔本、四庫本改。
(四) 貺：原作「説」，據明澹生堂鈔本、四庫本改。

裨歲計〔一〕，此外惟恃鹽貨，其法屢變，大要官般爲便〔二〕。建炎後，中原士族富家避地輻輳，嘗一行客販。其後客皆北歸，鄰道歲給亦停，稍許折苗招糴，旋以病民而罷。諸郡專藉運鹽之利，漕司取十六，以其四充郡計，已復盡取之，於是屬州有增價抑配之弊。詔復行鈔鹽，漕司拘鈔錢均給所部，而錢不時至，守令束手無措，極邊如邕州至經年無吏俸，禁軍逃亡不補。公入境曰：「利害有大於此乎？」日夜討論，連奏疏數千言，大略謂法久或弊，救之在人。誠能裁漕司强取之數以寬郡縣，則科抑可禁，不在改法。上亟從之。後二年〔三〕，廣州一鹽商上書，乞復客販。吏部侍郎詹君儀之以爲然，宰相入其説，請下詔示必行，大出朝廷錢銀助之。人多以爲非，屢下有司議，皆謂公前疏不可易，久之卒如其舊。交趾間進馴象，紹興二十六年有大僚爲帥，自詣驛禮其使。至是遣尹子思來，公曰：「吾經略諸蠻，陪臣安得亢禮？」受其庭參而犒之，遂爲定制。舊法馬以四尺三寸爲限，詔加至四寸以上。公謂互市四十年，不宜驟改，論奏再三，仍條馬政革弊事，皆報可。有沿邊巡檢常恭者誘南丹酋莫延葚開路市馬，直達帥司，自以爲功。張説猶在樞庭，引恭見上，詔委李宗彦措置馬事。公奏：「南丹越宜州已非法，今併捨帥司，邊防壞矣。」疏恭罪惡，密遣人擒以歸〔四〕。會説去位，流恭江州。公以溪洞猺人出没不時，請選官團結省民毋得外交，寇至勿俟官兵，徑禦之。次及熟猺在省地者亦爲保伍，明開博易之路，毋得私易。又遣人深入蠻境，諭以約束，自是無敢犯法。興安縣界盜傷人，公密設方略掩捕〔五〕。適中秋，同諸司泛舟賞月，命取大卮酌酒置案間。提刑鄭丙問故，公笑曰：「欲飲至爾。」俄岸上讙譟，乃將官沙世堅執賊首來，即以卮酒飲之，諸司駭服。瘴鄉多旅柩，公擇城北坑冶故墟爲家瘞之，揭名氏於傍，微者別爲二大塚。凡仕族落南，使自言給歸資，至今以爲法。淳熙元年十月，除敷文閣待制、四川制置使、知成都府，稍鑿夔峽山路以避湍險，人以爲便。會復置宣撫使，以命樞臣，改公成都路制置使。未幾，廢宣撫司，公復專四路之寄。初及境，言〔六〕：「吐蕃、南詔昔爲唐患，今幸瓜分，西南無警二百年。近者，雅州碉門蠻入寇，敗官軍。乾道九年，吐蕃、青羌兩犯黎州，而奴兒結蕃列等尤桀黠，輕視中國。臣當内教將兵，外修堡寨，仍講明寨丁，教閲團結之法，使人自爲戰，三者非財不可。」上手札獎勵，賜度牒錢四十萬緡。公日夜閲士，製器甲，督邊郡，次第行之。時摘兵赴帥司，按其精粗。以黎爲要地，奏置路分都監，增五寨，籍少壯五千爲戰兵。經理歲餘，凡吐蕃擾邊徑路十有八，悉築堡置戍。奴兒結借諸部兵二千扣安静寨，公發飛山軍千人赴之，料其三日必遁，戒勿與爭，已而果然。有白水寨將王文才私娶蠻女，常導之寇邊。公重賞檄羣蠻，使相疑貳。俄蕃牙擒文才以獻，公命即黎州教場斬之，兵威大振，於是專意恤民矣。初，蜀之財用止以贍蜀，自屯大兵，始竭民力，公私俱困。公略計成都在城建

〔一〕南：原脱，據明澹生堂鈔本、傅校本補。
〔二〕「般」下原刻校云：「『般』字別本缺。」
〔三〕二：四庫本、傅校本作「數」。
〔四〕以：原無，據明澹生堂鈔本、四庫本、傅校本補。
〔五〕「捕」下，四庫本有「之」字。
〔六〕「言」上，傅校本有「疏」字。

炎三年酒税歲纔四萬緡有奇，後增十倍，縣鎮酒税、場店民户買撲課利總十五萬有奇，後累至四十萬，他郡可知，即具以聞。詔歲減四十八萬緡。公隨額重輕，躬爲裁定，蜀人呼舞，即寺觀爲感恩祝聖道場。公復言和糴之害〔一〕。凡西兵十萬，歲用米一百四十七萬斛，兑買省計及營田之外闕五十二萬斛，括興元、階、成、西和、鳳、文、龍等州民户家業而均科之，每石予錢引四道有半，其二分折茶，實給三引，耗費斛面不與焉。詔與總領李蘩議。蘩密計本所饋遺乾没歲約百萬，隱而不言，獨奏乞朝廷降本招糴。執政怒，詔公劾蘩違制不同議。公遣人語蘩，蘩感懼，始出羨數。是歲遂以此錢所在招糴。其後上疑歲歉或妨闕〔二〕，公謂：「脱不得已，權科一年，歲豐如故，不猶愈於常擾民乎？」上曰：「善。」令每歲降旨揮，而科糴遂止。文州蕃部間擾邊，公奏：「乞預爲文告，崛强者討擊之，善良者撫摩之，使知畏慕，不可專示弱啓侮。」上以公深知事體，即日施行。蜀用陝西舊法，料簡强壯民丁三萬寓之於農，號曰義士，以待緩急。歲久，監司郡守多雜役之，都統司又令守關隘烽燧，且乞與大軍更成。公力言其不可，詔遵舊法。諸路提刑歲候朝命疎决〔三〕，詔到率以秋，公請五月舉行。解試取士以四月五日，鎖院後十日引試，公請避盛暑遞先一月。皆著爲令。高宗慶壽，赦舉引年致仕而才力不衰者。公奏名士樊漢廣年五十九，孫松壽六十六，先已納禄，尤宜旌異。詔令赴闕，二人俱不至，遂除職賜服〔四〕，蜀士歸心焉。凡人才可用者，公悉羅致幕下，用其所長，不以小節拘之。其傑然者則露章以薦，往往光顯於朝，或至二府。三年春，公大病求歸。上令先進敷文閣直學士，明日乃下詔命。公列上兵民十五事，上曰：「范某已病，尚爲國遠慮，可趣其來。」公疾愈而行，送客數百里不忍别。後公謝病吴門，往來者伺候謁舍或經月，必一見乃去，其得士心如此。十一月入對，除權禮部尚書，賜上方珍劑。五年正月知貢舉，開院，侍御史奉詔啓封，吏承例牒拆號官而不云何官，御史疑薄己，有後言。公尋兼直學士院。四月以中大夫參知政事，又權監修國史、日曆。纔兩月，前御史亟論公，公即出門。明日宣押奏事，引咎而已。上曰：「朕不忘卿，數月訊至卿家矣。」除資政殿學士、知婺州。公請以本官奉祠，詔如所乞，提舉臨安府洞霄宫。九月，果有使來傳詔撫問，密賜累珠、金鼎、金合，實香其中。六年二月〔五〕，魏王薨於明州，起公代之，兼沿海制置使。公未復職，遇闕，依前執政例，中使郊勞，賜銀合茶藥，仍許服毬文帶，特御後殿引見，賜茶。上曰：「蜀人思卿如慈親，故付卿以海道。」公奏：「張津、伯圭、魏王皆國懿親，時節奉海物於兩宫。臣外朝臣也，不敢效尤。」上命停貢而罷進奉局。又乞權閣魏王移用諸司錢數萬緡，寬民力。詔除之。七年二月〔六〕，除端明殿學士。三月改帥江東，

〔一〕 復：原刻校云：「别本作『後』。」按四庫本亦作「後」。
〔二〕 妨：原作「防」，據明澹生堂鈔本、四庫本改。
〔三〕 刑：原作「點」，據明澹生堂鈔本、四庫本、傅校本改。 候：明澹生堂鈔本、四庫本作「侯」。
〔四〕 遂除：原作「進」，據明澹生堂鈔本、四庫本、傅校本改補。
〔五〕 六年：據《宋史》卷二四六《宗室傳》三，魏王愷卒於淳熙七年二月，「六」當爲「七」之誤。
〔六〕 七年：《宋會要輯稿》職官六二之三繫此事於八年，「七」當爲「八」之誤。

兼行宫留守，奏事畢，陛辭，詔明日辭選德殿。近例賜宰執酒止傳觴，至是特設几開宴，酒三行，命侍行過西小軒，曰：「此朕清坐處也。」再坐，上曰：「勸卿一盃，且有以爲侑。」公飲訖，二内侍奉縑素來，上有「石湖」二大字，御墨尚溼。公拜賜，奉觴進酒謝〔一〕。上爲滿飲〔二〕，復袖御書蘇軾詩一軸以賜，自未至酉乃罷。石湖在平江盤門西南十里，蓋太湖之派，范蠡所從入五湖者。始吴夫差築姑蘇前後臺，相距半里，爲城三重，宴遊忘歸。其前有溪，今號越來溪，勾踐由此攻吴。瀕溪築城，與吴人夾水相持，遺址儼然。公隨高下爲亭觀。植花竹蓮芰，湖山勝絶，繪圖以傳，至是携宸奎過家刻之。四月開府金陵，適歲旱，公招徠商賈，損閣夏税〔三〕，請於上，得軍儲二十萬石賑饑民。苗額二十萬斛〔四〕，是年蠲三之二，而五邑受粟總四萬五千四百餘户，無流徙者。盜發柴溝，去城二十里，又劫江賊徐五稱静江大將軍，公皆設策捕獲。在鎮二年，以餘財代輸下户秋苗及丁錢一年。九年〔五〕，公以積勤寖苦頭眩，自夏徂秋五上章求閒。上不得已，進資政殿學士，再領洞霄。里居七年〔六〕，十六年十一月起知福州〔七〕，引疾固辭。詔令奏事，又辭。上先遣醫官張廣卿傳旨灼艾，既對，勞公曰：「卿南至桂廣，北使幽燕，西入巴蜀，東薄鄞海，可謂賢勞，宜其多疾。」袖丹砂以賜。時皇太子參决庶務，公得見東宫，坐論治道移時，太子諭公：「不敢暇逸，日惟讀書作字。」公曰：「石湖已拜宸翰，有壽櫟堂，願得寶書。」太子欣然曰：「是莊子櫟社事耶？」公既出關，上復賜藥甚厚〔八〕，至家，又遣使賜御書蘇軾詩二首〔九〕，太子亦送「壽櫟堂」三大字。俄壽皇内禪，公行至婺州，以腹疾力請奉祠，從之。壽康皇帝初政，特詔求言。公疏乞述重華以廣孝治，執仁術以守家法，堅國本以定規模〔一〇〕，節經費以蘇民力，精覘諜以應事機，審選任以求將材，修堡障以固西南，議鹽筴以安二廣，嚴錢禁以榷官會，廣屯田以實邊儲，皆當世要務。紹熙三年〔一一〕，加資政殿大學士、知太平州，公辭數四，優詔不允。下車踰月，幼女將有行而逝，公追悼切至，遂請納禄，復得洞霄而歸。先以石湖稍遠不能日涉，即城居之南別營一圃，閱杜光庭《神仙傳》記胡六子自崑山風海至范老村遇陶朱公事，大喜曰：「此吾里吾宗故事，不可失也。」題曰「范村」。刻兩朝賜書於堂上，榜曰「重奎」。其北又葺古桃花塢，往來其間。四年九月，公疾病，語門人曰：「吾本不待年告老，今不濟矣，亟爲我剡奏。」詔下，而公以是月五日薨。積官至通議大夫，爵自吴縣開國男，累封吴郡公，食邑三千二百户，實封一百户。享年六十有八。遺奏聞，贈銀青光禄大

〔一〕酒：明澹生堂鈔本、四庫本無，疑是。
〔二〕爲：原無，據明澹生堂鈔本、四庫本補。
〔三〕閣：原作「各」，據明澹生堂鈔本、四庫本改。
〔四〕二十：明澹生堂鈔本、四庫本作「十七」。
〔五〕九年：據《石湖居士詩集》卷二六詩題「癸卯孟夏晦得疾」等，「九」當爲「十」之誤。
〔六〕七年：明澹生堂鈔本作「元年」，按當爲「六年」之誤。
〔七〕十六年：據下文「時太子參决庶務」、「俄壽皇内禪」等語，當爲「十五年」之誤。
〔八〕藥：原脱，據明澹生堂鈔本、四庫本、傳校本補。
〔九〕軾：明澹生堂鈔本、四庫本、傳校本作「轍」。
〔一〇〕本：明澹生堂鈔本、四庫本、傳校本作「體」。
〔一一〕紹熙：原作「紹興」，據明澹生堂鈔本、四庫本改。

夫。自公曾祖葬吳縣至德鄉上沙之赤山，少師嘗戒子姪：「他日葬我毋遠先塋。」後葬稍南小丘。公嘗營壽藏百步間，以十二月十三日歸窆。妻和義郡夫人魏氏，前公幾月薨，至是祔焉。夫人承直郎信臣女，紹興參知政事敏肅公之猶子。敏肅知公深，一見以遠大期之。二子：華，承務郎；玆，承奉郎。女：長適從事郎、新監行在車輅院張蒙；次封孺人，即没於當塗者。公天性孝友，事少師、工部如嚴師；愛二弟，教而撫之，待成績尤至，今爲朝請郎、通判建康府，成己前卒。郊恩官羣從弟姪五人。歷典名藩，所至禮賢下士，仁民愛物，凡可興利除害，不顧難易必爲之。樂善不厭，於同僚舊交喜道其所長，不欲聞人過。去思遺愛，所在歌舞之。公天資俊明，輔以博學，文章贍麗清逸，自成一家。尤工詩，大篇短章傳播四方。初傚王筠一官一集，後自裒次爲《石湖集》一百三十六卷，別著《吳郡志》五十卷〔一〕，使北有《攬轡録》，入粤有《驂鸞録》、《桂海虞衡志》，出蜀有《吳船録》，各一卷。公蔡氏所自出，故書法兼真行草之妙，人争藏之。壽皇尤愛賞，相與極論古今翰墨，數被賜予。因虜使爲館伴王侍郎秬詳言公奉使時事，益簡上心，以公羸疾，賜藥無虚歲，至口授導引修養秘訣，親厚非羣臣比。輔政既日淺，每出鎮輒以病免，故雖大用而未盡，議者惜焉。某與公齊年，御史王公予外舅也，以是與公善。壬辰春，自春官去朝，過平江遊城西諸山。公訪余靈巖，同宿石湖，望夜小舟共載湖心，風露浩然，嘗有六十掛冠之約。其後或同朝，或相遇於外，每以未踐言爲恨。今公云亡，二子以主管吏部架閣文字龔頤正行狀來請銘，其敢以老詩辭？銘曰：

應龍將翔，滃以雲霧。聖君勃興，賚以丞輔。伊昔重華，治謹厥與。洵美范公，心期致主。皇初好文，公筆燕許。皇念典學，公業馬褚。皇資專對，公節騫武。皇命征鎮，公猶方虎。他人偏長，公力交舉。經營四方，不遑啓處。袞職有闕，帝命公補。纔六浹旬，誰實公沮？豈無藩維，每以疾阻。時非不逢，施迄未普。刻銘幽墟，尚詔終古〔二〕。

中散大夫賜紫金魚袋周公樞神道碑 慶元二年

公諱樞，字仲應，姓周氏。世爲濟南臨邑人，自公高祖徙家縣之曲堤。曾祖登，大理寺丞，贈通議大夫。祖點，治平四年進士，終左朝議大夫，贈通議大夫。父淵，右通直郎，贈金紫光禄大夫。公少穎悟，長以經術入太學，常與太常丞吳棫同舍。棫以憂去，舉篋鑰付公曰：「有用，任君啓之。」比吳免喪，封識如故。母趙氏，濮安懿王之姪孫，以郊恩奏公承節郎。連丁内外艱，躬負土營葬。服除，試換迪功郎，調單州刑曹，數與守爭疑獄。靖康二年，州募僚屬奉表勸進康王〔三〕，往往移疾，公獨請

〔一〕郡：原作「門」，據四庫本改。
〔二〕原刻文末校云：「案：篇內又乞權閣魏王移用諸司錢，別本校改作捐閣，謂上文言魏王薨於明州，捐閣猶捐館，恐非，古無捐閣之語。且奏乞權閣此錢，以寬民力，詔竟除之，於文義非有舛誤，不可改也。今仍知聖道齋本。舊本此篇列爲第二十一卷《張忠簡碑》之後。」
〔三〕奉：原作「奏」，據明澹生堂鈔本、四庫本、傅校本改。

行。建炎初，檄趣淮浙綱運，展轉兵間。至山陽，值劇賊攻城，郡就委公守禦，卒以無虞。士民德之，請公行郡事。公引劍誓不可，乃止。覃恩循修職郎，改太平州獄掾〔一〕，疏理繫囚，時其藥餌〔二〕，三年無病死者。以從政郎監臨安府都税院〔三〕，府尹才之，命攝錢塘縣。時北邊罷兵，營繕日興，錢塘當治郊壇籍田，秘書省不勞而辦，賞循承直郎。諸司交薦，紹興十六年改右宣教郎、知常州宜興丞。久之易宰平江之常熟，治劇沛然有餘力。十九年郊恩，賜緋魚袋，轉通直郎、知紹興府上虞縣。積勞遷朝奉郎，俄監鎮江府榷貨務都茶場〔四〕，累賞轉朝請大夫，通判建康，府帥方侍郎滋、史侍郎正志舉府事委公。轉運韓尚書元吉、趙少卿彦端選公權知廣德軍〔五〕，乾道三年也。最後葉丞相衡總領財賦，以公名聞，召赴都堂審察，擢知撫州，與奏事稱旨。會臣僚言郡守年七十者與宮觀，三省類十一人姓名以進。詔特留三人，公與李衡、柳楹也。侍御史李處全又薦公風力可治煩，於是改知吉州，七年賜服金紫。吉大州，事十倍他郡，公處之整暇。適二漕不咸，甲將以治辦薦公，乙怒，反加捃摭。公乃求主管台州崇道觀而去〔六〕。起爲沿海制置司參議官，參政范公成大守四明〔七〕，雅器公，軍事多咨焉。秩滿，主管武夷山沖佑觀，遂致其事〔八〕。疊遇德壽宮慶壽恩，轉中散大夫。公之守吉也〔九〕，某自禮部侍郎奉祠歸里。公年七十有五，每燕集達旦無倦色，予猶未五十，莫能陪也。其後十五年，公年九十，携其兒孫訪予於相府，飲食笑語如初。寓居秀州海鹽縣，既歸，值夏秋暑甚，得瘧痢疾，整衣危坐而逝，實淳熙十四年十一月四日。公詳練通敏，外和而内有守，不可干以私。善筆札，喜談論。隆親急，故無不得其懽心。娶安陽王氏，封宜人，供備庫使、知恩州、贈少師諱復之孫，朝請大夫、開封府司刑曹事諱覲之季女，而某先妣秦國夫人同堂妹也。勤儉有容德，歸公五十四年，内助爲多，先八年卒。公因卜地於縣之永安湖西石帆山葬焉，至是乃同穴，蓋明年二月六日也。二子：迪功郎、湖州司理參軍大年，前卒；季子從事郎、徽州歙縣主簿億年，廉謹世其家。二女：長適張調，再適文林郎、福州録事參軍俞世昌；次適鄉貢進士木曇。孫男六人：升南、革孚、頤正、師中、鼎新、兑吉。女六人。曾孫男四人，女二人。億年數來請銘，不得而辭。銘曰：

儒雅禔其身，公勤達於政。不以才能加諸人，不以嗜慾伐其性。一謙有終吉，五福考終命。二者於公，信而有證矣。

〔一〕「改」上，明澹生堂鈔本有「又」字。
〔二〕其：原作「日」，據明澹生堂鈔本、傅校本改。四庫本作「具」。
〔三〕監：原脱，據明澹生堂鈔本、四庫本補。
〔四〕府：原無，據明澹生堂鈔本、四庫本、傅校本補。
〔五〕選：原作「遷」，據明澹生堂鈔本、四庫本改。
〔六〕台：原作「臺」，據明澹生堂鈔本、四庫本改。
〔七〕大：原作「太」，據四庫本改。
〔八〕事：明澹生堂鈔本、四庫本作「仕」。
〔九〕守：傅校本作「居」。

廬陵周益國文忠公集卷六三

平園續稿卷二三

神道碑

中大夫贈特進蔡公仲神道碑　慶元二年

仁宗朝，蔡忠惠公昌言直道，文章政事廷臣鮮出其右。當是時，由侍從登二府者，非歷言路則入翰林，非尹開封則領三司，四者公徧爲之。垂大用，而仁宗上仙，犒軍賚予，修奉昭陵，横費錯出，公處之益閒暇，中外歎服。會間言請去，未幾即世，士大夫至今以爲恨。其葬也，惟幼子旻在，仕至宣義郎、開封府工曹，贈少傅。先娶賈氏，翰林侍講學士黯之女，追封吳國夫人。再娶潞國文忠烈公之女，追封越國夫人。是生三子：長直龍圖閣佃；次徽猷待制伷。季特進也，諱伸，字仲道。三歲而孤，鞠於文氏。稍長，與待制從龍圖受業，名聲日昭，時號三蔡。釋褐將仕郎、辟雍正，出爲京東提舉學事司幹當公事，入太學、辟雍，皆爲博士。銓法改宣德郎，調知濰州北海縣，徙江淮發運司幹當公事，通判徐州。禁卒謀夜半舉火作亂，公微聞之，部分他營密爲之備，仍戒譙樓故緩更籌，戊夜方擊三鼓，卒舉火則黎明。既愆期，衆無應者，相率逃去，追捕，盡擒之。微公，一郡殆矣。會北虜陷汴都，康王開大元帥府。公上謁軍門，遂留幕下。王即位，巡淮甸及南渡，公皆從行焉，爲頓遞官，數被嘉獎。命爲張循王神武右軍參贊軍事，出奇應變，與有戰功〔一〕。戚方、張守忠轉掠江浙間，公招以書，皆來降，蓋公嘗挺身入賊壘〔二〕，開心見誠，人故信之。知楚州趙立，公倅徐時部曲也，自詭專治兵〔三〕，以郡印遜公。朝廷命公通判州事，公力辭，改通判真州〔四〕。冬大雪，火焚千餘家，老穉啼號填道。公處以官舍寺觀，又發常平米賑給，守不可，公自任責，上書待罪。詔釋之。擢知滁州，真民挽留，曰：「非吾父，吾屬死矣。」至滁幾年，秦丞相當國，知公與舊相趙忠簡公、副樞王敏節公厚，罷郡，主管台州崇道觀〔五〕。紹興九年，北虜歸我河南，起知徐州。公受命亟行，虜尋渝盟，改知德安府，又改知和州，再求祠以歸。久之，爲浙東安撫使司參謀官，秩滿，復提舉崇道觀。公負文武器略，善騎射，力挽二石弓，見謂時才，而事機不契。退居常州，浮湛里閭，四奉外祠，未始以窮達介意。喜爲歌詩，字畫得家法。性通音律，每與賓客飲，酒酣慷慨，浩歌長嘯，遂至於老。輕財重義，濟人之急，家無餘貲。遇大禮，官伯氏二孫載、咸，報教育之德，人益賢之。二十六年十月庚寅以疾卒。明年正月壬辰，葬武進縣懷德南鄉潭墅之原，享年六十有九。積官左中大

〔一〕與有戰功：四庫本作「與敵戰多勝」。
〔二〕身：原無，據明澹生堂鈔本、四庫本補。
〔三〕詭：原作「請」，據傅校本改。
〔四〕改：原作「政」，據明澹生堂鈔本、傅校本改。
〔五〕台：原作「臺」，據明澹生堂鈔本、四庫本改。下同。

夫，賜服金紫，爵建寧縣開國男，食邑三百户，累贈特進。娶刑部侍郎商守拙之女，追封濟南郡夫人。四子：長湍，承事郎、通判鎮江府，後公二十年卒；次洸，試户部尚書，又後四年卒；次流，從事郎、監潭州南嶽廟；次淏，承直郎、新貴州軍事推官。六女，武翼郎、知楚州辛堅之，從政郎、徽州黟縣令祖嗣昌，通直郎、知明州奉化縣向士邁，朝奉大夫、知潮州潘淵明，承議郎、主管台州崇道觀張克成，進士劉澂〔一〕，其壻也。孫九人：戡，今爲中大夫、充右文殿修撰、知隆興府；戩，朝議大夫〔二〕、通判潭州；幾，承議郎、知臨安府富陽縣；箴，承事郎；戢，奉議郎、新兩浙轉運司幹辦公事；戫、戎未仕；武，藏早卒。曾孫十人：康，文林郎、監建康府提領户部贍軍酒庫；庸，承事郎、新監淮西總領所惠民局；唐，承事郎、新監鎮江府大軍倉；廉，將仕郎；庚〔三〕、廌、庾，餘未名。按蔡氏世家興化軍之仙遊縣，自公曾祖刑部侍郎琇而上隱居不耀。忠惠公拔起田間，未冠擢甲科。其弟高亦登景祐進士第〔四〕，不幸早世，歐陽文忠公銘而悲之。逮崇寧二年，龍圖廷試第一，宰相京舊通譜牒，請降第二。大觀三年、政和五年，待制與公相繼登科，自以家世名儒，而龍圖及從元祐諸公遊，耻附宗衮，常遠絶之。因星變疏宰相非其人，坐謫監當〔五〕。其後秦丞相與公有同舍同年之好，復不肯曲意干進。秦薨而公亦病矣。高宗一日與知臨安府榮薿歷數霸府舊人，問公安在。薿以病亟奏〔六〕，上嗟惜久之。其三世隱顯本末如此。蓋忠惠公蓄德熹後，施及諸孫。暨公善積慶餘，克有良子，歷官八座，被遇孝宗，追謚曾門，振宣幽光。再傳至右文，優踐四科〔七〕，出入三朝，由户部侍郎分鎮江西，蔡氏之興殆未艾也。公既没四十年，而墓道之碑未刻，右文君以予周行舊交，使來請銘，乃爲銘曰：

天之於人，報施可必。凡後之昌，繇身之詘。惟忠惠公，當用而抑。肆其三孫，競爽鼎立。季也允文，而又武力。曾是國器，胡寧家食？遺子若孫，嗇取豐積。勿替引之，永世無斁〔八〕。

龍圖閣學士宣奉大夫贈特進程公大昌神道碑〔九〕

慶元二年

故吏部尚書程公以龍圖閣學士就第，踰年而卒，其子準等持兵部侍郎楊公大法所狀行實屬予以銘〔一〇〕。予與公同年進士，數嘗同僚，厚我莫如公，知公莫如我，其何敢辭？恭惟孝宗皇帝聖

〔一〕澂：傅校本作「澈」。
〔二〕議：明澹生堂鈔本、四庫本作「奉」。
〔三〕庚：原脱，據傅校本補。
〔四〕登：明澹生堂鈔本、四庫本作「中」。
〔五〕謫：明澹生堂鈔本、四庫本作「責」。
〔六〕「以」下，明澹生堂鈔本、四庫本有「公」字。
〔七〕四科：四庫本作「崇秩」。
〔八〕原文後校云：案：院本、知聖道齋本是篇第二十二卷下注「紹興二十年」。考碑文，公卒於紹興二十六年，既没四十年，而墓道之碑未刻，方來請銘，以年推之，則當爲慶元二年作，紹興誤。
〔九〕「宣奉大夫」下，傅校本有「新安郡開國公」六字。
〔一〇〕予：明澹生堂鈔本、四庫本、傅校本作「某」。

學高妙，勵精政事，尤有知人之明。惟公歷兩省六曹，以該洽直諒見知，相與論道，統平政體，在廷少比。公亦忘身徇國，思爲朝廷植悠久之計。其在外則心乎愛民，長慮却顧，未嘗便文自營，士大夫皆以不大用爲恨。及事壽康皇帝，興念舊僚，疊加恩禮，而左右乏裹言，公亦老矣，無意仕進，得謝於家，盡發所藴，著書立言，啓迪後生。蓋其自幼至老，機祥卜祝無所信，玩好技藝無所嗜，唯通經評史，考古驗今，一事未詳，一理未窮，弗措也。其始終大概如此。若乃爵里議論，則可一二數矣。公諱大昌，字泰之。按程氏其先出自重黎，周有休父封於程，地在關中，子孫散居西北。有開府儀同三司靈洗者，效節蕭梁，著功於陳，封忠壯公。《南史》以程安爲新海寧人，即今徽州休寧也。厥後或北歸，或遂留，故公爲休寧人也。曾祖晟，娶洪氏。祖士彦，娶金氏。父眎，累贈正奉大夫。妣淑人陳氏，世積善尚義，孜孜教子。至公穎悟殊常兒，十歲能爲文。紹興癸亥重立太學，年甫冠矣，一試即預選〔一〕，學官爭爲延譽。二十一年，登進士第一，以左迪功郎主吳縣簿〔二〕。丁正奉憂。服除，獻文於朝，宰府奇之。二十六年，除太平州教授，明年召爲太學正。三十年詔館職必試乃除，初召朱熙載等，再召劉儀鳳等，皆辭。上命宰職擇人，不許辭。以公應詔，仍諭上旨，遂除秘書省正字，改左宣教郎。三十二年六月，孝宗受禪，擢著作佐郎。初政鋭意事功，命令四出〔三〕，貴近或預密議，公因輪對及之。尋命百官條弊事，公又極言：「漢石顯知元帝信己，先請夜開宮門之詔。他日故投夜還，稱詔啓關。或言顯矯制，帝笑以前詔示之。自是顯真矯制，人不復言。國朝命令必由三省，防此弊也。請自今被御前直降文書，皆申省審奏乃得行，以合祖宗之規，以防石顯之奸。」又論：「去歲完顏亮入寇，無一士死守，而兵將至今策勳未已。惟李寶捷膠西，虞允文戰采石，實屠亮之階，今寶罷兵，允文守夔，此公論所爲不平也。」上韙其言。三皇子就傅，遴擇宮僚，九月以公爲尚書駕部員外郎，兼恭王府贊讀，又兼兵部郎官。隆興元年，兼慶王府直講。十二月丁母憂。乾道二年春服闋，召爲考功員外郎，六月復兼恭邸贊讀，八月遷國子司業。三年十二月，兼權禮部侍郎，一時文柄舉屬公。其成就人才不可計，凡今老師宿儒多公門生也。五年正月，兼權直學士院，宣對於選德殿。上曰：「朕治道不進，如何？」公知上志在恢復，迎合者多，即奏：「陛下勤儉過古帝王，北虜自通和知尊中國，不可謂無效。但當求賢納諫，使政事日修，則大有爲之業在其中，不必用迎合之言，求奇策以幸速成。」又言：「淮上築城太多，緩急何人可守？臣謂設險莫如練卒，練卒則在選將。」上深然之。後數日再召對，上曰：「卿前言朕儉是也，獨病風俗太奢，用度不足，今早與大臣議立法以止之。」公奏：「居室衣服、吉凶之禮，皆由著令，要在上之人持久以化之耳。」上又問：「卿更有何事爲朕言之？」公曰：「事有大小，有先後。今四方獄案必經聖覽，大臣因是亦困省閱〔四〕，何暇議大事、急先務乎？往陛下嘗增

〔一〕預：原作「與」，據明澹生堂鈔本、四庫本、傅校本改。
〔二〕以：原無，據傅校本補。
〔三〕令：原作「諭」，據明澹生堂鈔本、四庫本、傅校本改。
〔四〕閱：原作「日」，據傅校本改。

左右司爲四員，若漸復減員，分以委之，中書之務清矣。」後數年，迄如公言。八月除直龍圖閣、江東轉運副使，蓋公求試民事，故以鄉部寵之。公引嫌改浙東提點刑獄。越帥多大僚，適歲豐，酒税溢額，漕臣不敢問，乘公攝帥，遣其屬挾朝命括羡財，且將增額。公力拒之，曰：「某寧罪去，不可增也。」越人迄今德公。七年，復徙江東運副，詔勿引嫌。公猶不自安，踰年乞祠，就徙江西路。公曰：「可以興利除害，行吾志矣。」九年歲歉，出錢十餘萬緡代輸贛、吉、臨江、南安四郡五等夏税折帛，遏饑民爲盜之原；又遷吉安造船場於臺治，以省費革弊，凡吉舊欠皆捐之。清江縣有破坑、桐塘兩堰〔一〕，堤江四十里，護田千三十七頃〔二〕，民居陸地又三百頃。堰壞四十年，歲罹水患，公力復其舊。又奏漕臣遇代，積累欠數病州縣，乞行蠲削。淳熙元年冬詔可〔三〕，凡乾道七年、八年諸路欠税賦丁役及他錢物併除之。由公一言，上恩及天下矣。歲滿再任，進告不下，宰執問其故，上曰：「程大昌職事修舉，自合加職。」乃陞秘閣修撰。二年四月，召爲秘書少監，九月兼權中書舍人。六合塔僧以鎮潮爲功，求内降給賜所置田産，仍免科徭。公奏：「二税外和預買折帛正額〔四〕、額外科借皆科也，保正長、身丁雜役皆徭也。僧寺既違法置田，復移科徭於民，奈何許之？况自紹興二十二年修塔之後，潮果不齧岸乎？」御前置忠鋭、忠武軍，以浙西路鈐轄李師古兼統制，帶御器械戚世明兼訓練，援例增請給。公執不可，其命俱寢。俄兼崇政殿説書。三年四月除權刑部侍郎，升侍講，五月兼國子祭酒。公言：「辟以止辟，未聞縱有罪爲仁也。今四方讞獄例擬貸死，臣謂有司當守法，人主察其可貸則貸之，如此則法伸於下，仁歸乎上矣。」上以爲然。舊法，宰執初除、轉廳，皆有給賜，減半〔五〕。其後太尉、使相、三少而上往往取旨視樞密使，都官用例，寖失法意。公請自侍從而執政、自執政而相則爲初除，法當全與；餘爲轉廳，皆減其半，遂爲定制。上知公持正不避怨〔六〕，滋欲用之。四年八月兼給事中。江陵統制官辛逢原縱部曲毆百姓，守帥辛棄疾謂曲在軍人，坐徙豫章。公極論不可。上曰：「朕治軍民一體，逢原已削兩官，降本軍副將矣。」康與之在紹興時以談諧進，後坐事長流廣南，至是有與爲地，刊除舊犯，還其資歷，公封還敕黄。上喜曰：「待還擢卿，其益盡心，無避忌。」十月落權字。五年正月同知禮部貢舉，御製《原道辨》，尋易名《三教論》，獨公與聞之。六月進吏部右選侍郎，兼同修國史。舊小使臣注令尉若監鎮兼煙火者，驗老病而已，公以其親民，面令讀律，且詰其大旨，不通者輒罷遣。八月兼權吏部尚書。六年夏，正除權吏部尚書。公遇事啓請，知無不言。如論軍中强壯子弟及西北伉健之人不可輕聽離軍；禁衛不以膂力進，今率三年輒補外官，用違所長，宜留寘三衙。又欲酌紹興舊制，

〔一〕桐塘：原刻校云：「《宋史》本傳落『塘』字。」
〔二〕千三十七頃：原刻校云：「案：護田千三十七頃，『三』字下，疑當有『百』字，别本作三千七百頃，與此異。考《宋史》程大昌本傳云：以捍江護田幾二千頃。若如别本爲頃，且四千矣。碑與史大不符，存疑俟考。」
〔三〕元年冬：原作「九年各」，據傳校本改。
〔四〕和預：原作「給予」，據明澹生堂鈔本、四庫本改。
〔五〕「減半」上疑脱「轉廳」二字。
〔六〕持正：明澹生堂鈔本、四庫本作「特立」。

命諸軍挽强轉資，稍示勸誘。又請究歸正僞冒，裁減添差，以寬州郡。面奏堂白累萬餘言。會舉行中外更迭之制，公力請郡，是冬除敷文閣直學士、知泉州。陛辭，上諭曰：「凡有見，悉奏來。」自南渡後，泉爲台、信、建昌、邵武四郡代輸銀二萬四千兩，諸縣并緣苛斂預借。公條便民事，具言本末，有司持之未下。明年首爲民代輸一年，且乞禁絶後日預借，又蠲前歲秋苗之未輸者。八年春，汀賊沈師作亂〔一〕，詔并剿其徒。公請罪止渠魁，赦其脅從，仍許徒衆相糾，可使亡命解散，不然數州擄亂，是堅其附賊也。宰相然公言，奏行之。是冬，沈師獨與死黨竄伏漳州山谷間，距城百餘里。州有左翼軍戍將蕭統領者卷甲赴之，逮夜力疲，搏賊不勝，死焉。閩中大震，漕檄左翼統制裴師武出兵〔二〕。師武置司在泉，謂帥符未下，不敢擅興。公手書趣之，曰：「事急矣，有如帥責，君可持吾書自解。」又取前得釋脅從之旨，散榜以間其黨。師武至漳，群情頓安，捕獲諜者十餘曹，皆櫝藏兵器，謀刻日縱火爲賊内應。微公先事從權趣師武行，漳且屠矣。太守劉正義〔三〕、郡人今左司郎中鄭公顯馳書謝公曰：「城邑獲全，公之賜也。」終更，提舉江州太平興國宫。十三年秋，起知建寧府，十四年復提舉南京鴻慶宫。自公爲郎，首侍壽康於王邸，多所寵益〔四〕，其後間謁東宫，必款語移時。嘗用家人禮許見，今上及公主親取寶器酌酒飲公。受禪之初，與宫僚一等推恩。紹熙元年加寶文閣直學士〔五〕，旋知明州，示將復用，遽以祠歸。四年，超進龍圖閣直學士。明年請老，進本閣學士致仕，皆非常典也。慶元改元十一月甲申，以疾不起，享年七十三。積官宣奉大夫，爵新安郡開國公，食邑二千一百户，食實封一百户，贈特進。公自宦遊去鄉里，樂吴興溪山之勝而卜居焉。晚得安吉縣梅谿鄉邸間山〔六〕，規營塋域，未成而卒。淑人陳氏，公母之從兄女，生百日，值方臘亂，父母携匿谷中，祝曰：「兒若貴，勿啼。」自是悄然。既長歸公，事舅姑以孝聞，生諸子躬自鞠育。公嗜書，未嘗省家事，賓祭孔時，淑人力也。年七十六遭公喪，謂諸子曰：「吾得從而父足矣。」病不服藥。後公四十七日，安然而逝，遂合葬焉，二年四月辛酉也。四男：準，朝散郎、新通判太平州；本，早世；阜，朝奉郎、知上元縣；覃，宣教郎、新浙西茶鹽司幹辦公事。三女：長適承直郎〔七〕、監行在文思院都門鄭汝正〔八〕；次適奉議郎、新知湖州武康縣丁大聲；季，早亡。孫三人：端復，登仕郎；端節、端履以遺澤補官。孫女三人。公有文集若干卷，别著《禹貢論》五十二篇，辨江、河、淮、漢、濟、弱水、黑水甚詳，凡諸儒捨經泥傳注失禹本指者一皆正之。又爲《山川地里圖》，端明殿學士汪公應辰博洽重許可，讀之大嘆服，謂不可及。公在講筵，遂以進御，天

〔一〕亂：明澹生堂鈔本、四庫本作「過」。
〔二〕翼：原無，據明澹生堂鈔本、四庫本、傅校本補。
〔三〕正：原刻校云：「别本作『立』。」按明澹生堂鈔本、四庫本亦作「立」。
〔四〕寵：原作「宏」，據明澹生堂鈔本、四庫本改。
〔五〕紹熙：原作「紹興」，據明澹生堂鈔本、四庫本、傅校本改。
〔六〕邸間山：明澹生堂鈔本、四庫本、傅校本作「邸閣山」，當是。
〔七〕長：原無，據傅校本補。
〔八〕正：原刻校云：「别本作『止』。」按明澹生堂鈔本、四庫本亦作「止」。

語嘉奬，今行於世。別有《演蕃露》六卷；《考古編》、《易老通言》、《易原》、《雍録》四書各十卷；《北邊備對》六卷；《書譜》二十卷，取五十八篇互相發明(一)，爲篇爲一論(二)，抉隱正謁，尤有功於學者。嗚呼，若公可謂博學篤志者矣！銘曰：

浩浩千古，孰知其津？擾擾萬生，孰致其身？偉歟程公，絶類離倫。氣以直養，業以精勤。士之指南，國之寶臣。其在兩禁，昌言復君。使於四方，仁心庇民。胡不弼諧，迄其經綸，歸而著書，極道之真。既没言立，庶幾不泯。自歙而湖，肇自於今。有式新阡，尚考斯銘。

朝散郎充集英殿修撰林公光朝神道碑

慶元三年

子貢問：「鄉人皆好之，何如？」孔子答以「不如鄉人之善者好之」。孟子告齊宣王以諸大夫曰賢爲未可，必國人皆曰賢，然後察而用之。是二者，古今觀人之要術(三)，於吾艾軒尤信。初，予與著作佐郎劉夙賓之爲同年進士，後識故相陳正獻公，皆莆人也。賓之博洽剛介，正獻道德隆重，其不輕許可則均。每論其鄉之人物，賓之曰艾軒吾師也，正獻曰艾軒吾友也。後予官太學，會諸生，則亦人人推林艾軒。蓋其博學篤志，手不釋卷，出入起居，必中規矩，事親孝，御下仁，行己恭，執事敬，勇於義，審於思，善并美具，宜爲當世所宗。然未嘗著書，惟口授學者，使之心通理解，常曰：「道之全體存乎太虛，六經既發明之，後世注解固已支離，若復增加，道愈遠矣。」文辭古雅，不事雕鎪，如清廟朱弦，可一唱三嘆也。五十方奏名，則有命焉。於時朋遊若門弟子宦達已多，交賀於朝，區區一第，何足爲公重？欲其因仕行道耳。夫未仕而鄉人之善者以爲師友，通國之人皆謂之賢，既仕則又爲之喜，由是天子察而用焉，茲豈聲音笑貌所能致哉？誠之不可揜也如此。艾軒，公自號也。隆興元年調袁州司户參軍，未上召對，改左承奉郎、知永福縣。大臣論薦不已，召試館職。乾道五年七月，遂入秘書省爲正字，兼國史編修、實録檢討官。六年，佐著作，兼司勳、司封郎官。七年，遷著作郎，兼禮部。八年，進國子司業，兼太子侍讀，史職如故。九年請外，以直顯謨閣提點廣西刑獄。淳熙改元，易使東路。二年，茶寇自荆湖剽江西，薄嶺南，其鋒鋭甚。公自將郡邑兵，檄摧鋒統制路海、本路鈐轄黄進各以其軍分控要害(四)。會有詔徙公轉運副使，公謂賊勢方張，留屯不去，督二將遮擊，俘獲相繼，賊驚懼宵遁。上聞之，喜曰：「林某儒生，乃知兵也。」加直寶文閣。明年，召拜國子祭酒兼太子左諭德。四年二月乙亥，駕幸國子監，命講《中庸》，上大稱善，面賜金紫。己丑，除中書舍人，爲誥有古風。坐繳奏新御史除目，改權工部侍郎。請外，以朝散郎充集英殿修撰、知婺州，引疾提舉江州太平興國宮。五年

(一)「取」上原有「與」字，據明澹生堂鈔本、四庫本、傅校本删。
(二)「篇」字原脱，據四庫本及《直齋書録解題》卷二補。
(三)觀：傅校本作「察」。
(四)摧鋒：原作「擢鋒」，其下又衍一「鋭」字；本路：原脱「路」字。均據《閩中金石志》卷一一改、删、補。黄進：傅校本作「董進」。

五月六日卒。此其出處大略也。公諱光朝，字謙之，世爲興化軍莆田人。曾祖南一，祖繁。父勉，贈奉議郎。母恭人曾氏。享年六十有五，是歲十月二十葬本縣麥堆原之北。娶徐氏，封恭人。六子，今存者宜季、能季。宜季，某官。一女，適某人。猶子成季，力學而賢，爲公作家傳，正獻公又作祠堂記〔一〕，凡公行誼閥閱已詳，而其子姪復以先志來求墓隧之碑。予念昔在兩省，公適登第；典貳秘書，公來著庭；佐春官，公爲郎；掌史事，公爲僚；晚忝宮端，同事壽康皇帝。前後五聯官曹，大而道德性命之理無不講，內而閨門寢食之私無不及。讀書未達，賴公析疑；屬文未工，資公指瑕。平居相愛，殆同天倫。公之本末皆親見熟察，非但傳聞而已，是宜爲銘。其銘曰：

尚賢好修，志誰不勤？汲古纂言，業誰不精？孰如林公，好學而醇？所持者正，所勉者誠。身猶布衣，人曰公卿。年未强仕，人曰老成。時雨之教，其化也深。水上之風，渙然有文。瞻彼莆中，冠蓋如雲。祭公之社〔二〕，過者必欽。

資政殿大學士毗陵侯贈太保周簡惠公葵神道碑

慶元四年

高宗皇帝疋馬渡江，中興炎祚，其豐功盛德固不容盡述。竊窺大要，以仰成宰輔、信用臺諫爲本。三十六年間，命相不一。自今觀之，激士氣，復故疆，張丞相浚之心也；固根本，候機會〔三〕，趙丞相鼎之志也；專持國柄、一意和好者，秦丞相檜也。三相所主雖不同，其人才進退，政事弛張，是非得失，公論各不可揜，至於身任安危則一而已。當是時，言路固多名臣，其視力輕重而爲向背亦或有之。惟毗陵周簡惠公以乙卯歲趙、張并相之日，四月入臺，八月進殿中侍御史〔四〕，在職僅兩月，言事至三十章，太抵謂自治其國，乃能成功，今外有强敵，內有群盜，不可事虛文、貽實禍。歷條時政二十餘事，指宰相不任責〔五〕。上變色曰：「趙鼎、張浚肯任事，須假之權，奈何遽以小事形跡之？」公徐奏：「陛下有過，尚望大臣盡心〔六〕。今臣一及大臣，便爲形跡，使彼過而不改，罪戾日深，非所以保全之也。」上改容曰：「此論甚奇。」最後連章極論趙子湜，語侵趙公。又論張公大舉北伐，繫國存亡，坐是不得其言而去。迨秦公獨相，意公必憾趙，再拔公入臺。公語人曰：「元鎮已貶，某固不言，雖門下客亦不及也。」一日，內降差除四人。公言：「願陛下以仁祖爲法，大臣以杜衍爲法。」又歷疏三大弊。秦怒甚，不數月改左史，因是流落於外十六七年。秦薨，始爲禁從，席未暖復去國。孝宗即位，公與張燾、辛次膺、任古首被召，初對有繩愆糾繆之論。會上以張公爲樞密使，督師江淮，鋭意恢復，而公素不以亟戰爲然，命佐夏官。明年六月符離退師，乃超拜政府。其後湯丞相思

〔一〕又：原無，據明澹生堂鈔本、四庫本、傅校本補。
〔二〕之：明澹生堂鈔本、四庫本作「於」。
〔三〕候：明澹生堂鈔本、四庫本、傅校本作「侯」。
〔四〕八月：明澹生堂鈔本、四庫本作「十月」。
〔五〕責：四庫本作「職」。
〔六〕心：明澹生堂鈔本、四庫本、傅校本作「忠」。

退與張公並相，或戰或和多取決於上，而其賓客議論間失之偏。公始終守自治之說，是則曰是，非則曰非，不將不迎，不諂不訐，表裏洞達，無一毫之僞。又明年四月，張公罷。十一月，湯公亦罷。上再起陳丞相康伯，虜已約和，國論始定。時公在政府一年有半矣，因墜馬敗面傷手，力請去。上不得已，久乃從之。其立朝本末如此，所謂非苟知之亦允蹈之者歟！公諱葵，字立義，常州宜興縣人。曾祖密，贈太子太保。祖璟，贈少保。父裕，朝奉郎致仕，賜緋魚袋，贈少師。妣秦國夫人王氏。公少力學，自鄉校移籍京師，兩學傳誦其文。宣和六年廷試，以曆數爲問。公既詳對，又爲說曰：「聖人兼天地之職，一物不遂，必任其責。凡《易》之大衍，《内經》之五運六氣，《書》之閏月定四時，老氏一生二，二生三，三生萬物，皆當裁成輔相以實之，然後可以和同天人之際。」考官嗟賞，擢寘甲科，調廣德軍司刑曹事。靖康覃恩，循修職郎，用舉主陞文林郎，注徽州軍事推官。車駕移蹕臨安，諸軍交馳境上，守死倅易，公與州判官攝行郡事，隨機應變，千里帖然。初，大觀間諸郡增賦物帛，其後赦書已蠲減，而漕臣便文復取於民。公白新守力止之，訖公去，乃增如故。薦章交上，改通直郎、臨安府府學教授。未赴，吏部侍郎陳與義密薦公，遂召試館職，將試復引對。上曰：「從官多說卿端人正士。」面除監察御史，紹興五年也。尋充省試參詳官，開院適輪對，論内外兵勢，上密以措畫與公議，信嚮方深。既爲副端，論事不合，徙司農少卿，四求去皆不允。兩召至都堂諭旨，二相云以言求去非朝廷美事〔一〕。公曰：「某離言路半年，自以親老家貧請外耳。」乃除直秘閣、知信州，屢展成期。趙公罷，張公當國，陳公與義執政，改湖南提點刑獄公事，以遠求易浙西，又避本貫易江東，四歲四易地〔二〕，迄未嘗至。八年冬〔三〕，和議已定，公復被召，論「爲國若有道，戰則勝，守則固，和則久。不然，三者在人不在我矣」。九年二月，除太常少卿。五月再爲殿中，既不合，會傳某人賜出身除兩府者，公又將論之，携疏至殿幕，改起居郎。有詔侍從兩省薦西北人才，公同給事中劉一止薦呂廣問。廣問，參政李光客也，擬試館職〔四〕，秦不可，謁告不入。言者論罷李，并謂公受其風旨，十二月黜主管洪州玉隆觀。十年郊恩，復直秘閣。十二年春，起知湖州。十三年正月，移平江府，復以郊恩賜服緋魚。北方初修聘，敕使絡驛，公不爲禮，又積與轉運議論不協，共劾公設宴菲薄。十四年二月，落職主管臺州崇道觀。屏居鄉里〔五〕，二親益老，家益貧，憂患連年不能堪，公獨安之。二十五年十二月，復舊職知紹興府。二十六年正月過闕，除權尚書禮部侍郎，賜紫章服，兼國子祭酒，又兼權給事中。言路忌之，三月出知信州。太學生列狀留公，不報。居數月，復罷郡。二十八年，起知撫州，道引疾改提舉江州太平興國宮。十月直龍圖閣、知太平州。水壞圩岸，公大加修治，凡百二十里。傍郡諸圩皆没，惟當塗歲熟。市河久湮，雨暘交病，公下令城中家出一夫，官給之食，并力浚導，公私便之。三十年八

〔一〕云：原作「示」，據明澹生堂鈔本、四庫本、傅校本改。
〔二〕四歲：原脱「四」，據明澹生堂鈔本、四庫本、傅校本補。
〔三〕年：原作「月」，據明澹生堂鈔本、四庫本、傅校本改。
〔四〕館：原作「官」，據明澹生堂鈔本、四庫本、傅校本改。
〔五〕里：明澹生堂鈔本、四庫本作「閭」。

月，進集英殿修撰，尋移婺州，加敷文閣待制。當江上用師，調度繁興，不擾而辦。三十二年七月，除兵部侍郎。時孝宗初政，增置講官，九月首命公兼侍講，積官左朝散大夫。隆興元年同知貢舉，户部闕官，兼權侍郎。上數批問錢穀出入，公奏：「陛下勞心庶物，日有咨詢，若出人意表，足以聳動觀聽。今皆微文細故，此必有小人乘間獻忠，欲售其私，不可不察。」蓋指龍大淵、曾覿也。上色爲動。自完顔亮斃，褒立〔一〕，雖兩軍相持，而移文議和不絶。張公自督府來朝，密爲上言：「虜失泗州，其僞官蒲察久安、大周仁寄治虹縣，懼罪皆欲來歸，願遣軍渡淮赴之，此恢復之機也。」二相皆不與聞。公請對，謂不可輕舉，累數千言。上唯唯。五月，李顯忠將騎兵，邵宏淵領步兵共十萬，取虹縣，下靈壁，既克宿州，二帥始不協。虜兵擊顯忠軍，宏淵不肯援，幸勝負相當。至暮，我師入城，明日虜亦解去。金帛山積，顯忠不以犒軍，衆怒而潰敗。書聞，上思公言，以左中大夫參知政事。正謝畢〔二〕，朝德壽宮，門無宿衛，廷無閤門，公乞輪差，從之。故事初拜相賜銀絹二千匹兩〔三〕，執政半之，辭則減半，例自行首司申御藥院取旨。公命勿申，遂已。每便朝，二府先共呈機速房事。既畢，宰相兼樞密使自與其貳次呈西府文書，參政稍退。一日，西府擬元居實浙西總管，上連問如何，樞相皆無語。上顧公問可否，公前奏曰：「是人頃爲御前買北貨，乾没萬計，公論必不可。」上乃却其除目。後數日，公留身，上曰：「昨居實差遣不同議耶？」公曰：「此西府事，臣不與也。」是時，虜雖主和，而其右丞相兼都元帥僕散忠義、左副元帥紇石烈志寧握兵淮北，專任邊防，嘗以書達三省密院，大略謂方議遣使，遽乘不備攻我符離，毋乃爲將臣所誤，妄要功利乎？今治兵决在農隙，舊疆歲幣如約則止。衆謂彼不以興師歸過朝廷及督府，反爲設詞罪將臣，其欲和可見矣。上令答書，差右宣教郎假樞密院計議官盧仲賢、右宣議郎假將作監主簿李栻充通書官。栻以妹爲虜主妃辭行，命都轄官王抃代之。十月末，仲賢等與虜帥議定爲叔姪國。上曰：「虜能以太上爲兄，朕所深喜。」詔遣從臣爲通問使，而以左宣議郎胡昉假樞密院編修官〔四〕、修武郎楊由義假樞密院管幹公事，充國信所審議官。臺諫交章言議和太速，公與陳、湯二相乞令侍從臺諫集議，衆益洶洶，諸公待罪乞罷，不許。公獨留身固請，上曰：「卿何請之力也？」對曰：「臣誤蒙知遇，欲爲陛下正綱紀，今不可得而正也。」上曰：「何爲不可？」公曰：「政出於一則綱紀可正。今朝廷督府左右前後之臣皆欲自行其言，此臣欲去者一也。臣初爲言官，晚忝侍從，事有不可，大即奏論，小則堂白。言雖不從，臣塞責矣，固無愧於心也。出而爲州，事苟難行，反復論之，不從則委曲行之，使百姓不至受弊，亦可無愧於心也〔五〕。惟預政以來，每與宰相議事〔六〕，有以爲然而從者，有不得已而强從者，有絶不肯從者，十常四五。暨至榻前，陛下又或不然，大率十事之中勉書者七八，安得不愧於

〔一〕褒立：原作「雍當」，據傅校本改。
〔二〕正：原無，據明澹生堂鈔本、四庫本補。
〔三〕賜：原無，據明澹生堂鈔本、四庫本補。
〔四〕左：明澹生堂鈔本、四庫本作「右」。
〔五〕可無：原作「無可」，據明澹生堂鈔本、四庫本乙。
〔六〕議：明澹生堂鈔本、四庫本、傅校本作「論」。

心？此臣欲去者二也。」上察公誠，不以爲罪，第不許其去。議者多請幸金陵，公曰：「車駕一動，能保德壽不爲浙東閩中之行乎？」他日，上又欲先下詔。公曰：「陛下能行數事警動天下乃可。」上問其目。公曰：「臣自初對便乞迎還太上於大內，盡發内帑付有司，勿令近習干政，汰溢額内侍，罷擊鞠，節飲燕，內治舉然後可攘夷狄。」上稱善。嘗因災異詔群臣直言。公請擇其可行者行之。上曰：「類捃摭細故耳。」公又及前數事，至議用兵不可輕，有「一擲賭乾坤」之語。上曰：「今戰雖不足，守則有餘。」公曰：「措置未善，政事未備〔一〕，雖守亦難。」同列皆甚其言，退謂公曰：「上不能堪。」明日，公留身謝，上更獎其直，且曰：「聞卿在中書事事力争，朕甚嘉之〔二〕。」二年正月，胡昉、楊由義見虜帥於亳州，逼昉等拜，乃求還四郡。昉等不可，械繫月餘。上怒，詔張公行視師屯，復遣户部侍郎錢端禮、吏部侍郎王之望充兩淮宣諭使。張公尋罷，以湯左相都督軍馬，太傅、和義郡王楊存中爲同都督，改宣諭爲參贊軍事。會盱眙又報北界來有所議，上方遣魏杞、康湑充通問使副〔三〕，而忠義、志寧二人遽引兵分犯濠、滁，志在邀盟〔四〕。於是臺諫詆宰執主和誤國，太學生亦上書乞斬大臣。公與相、參并乞罷黜，上密以書示公曰：「初不及卿。」乃止。詔留思退領都督於朝，以參知政事王之望充督視。公曰：「臨陣易將，古人所忌，奈何移都督於陛辭之日？況存中已爲同都督，之望乃見執政，反出其下，願正稱謂，使之速往號召諸將弁，併力扞虜。」上大以爲然，亦升之望同都督。明日，之望又乞專委存中，無二其權，上復從之。存中遂督軍馬而湯罷。先是副樞洪遵罷，上命公兼知密院事。公以祖諱辭，詔免繫私銜。已而召用賀允中，不兩月允中再致仕。公兼領如故，軍國事繁，悉心裁決，持論正平，甚得士心。湯相就貶道亡，公乞許歸葬。上惻然曰：「何至是耶？」胡侍郎銓郊前與郡，公奏：「銓以直言久謫嶺海，今將任子，壞之可乎？」上皆嘉納。嘗乞召用侍從臺諫。上曰：「安得如卿直諒者？」公薦李浩、龔茂良，上皆以爲佳士，次第用之。太常言郊牛斃，公奏：「春秋鼷鼠食牛角免郊，況邊虞未靖，請展郊以符天意。」事下有司，或引《春秋傳》晦日爲天忌，乾德元年藝祖初郊，以冬至近晦日，改用十六日甲子，至道元年當郊而李繼遷叛，亦改次年。今冬至適近晦日，兩淮復用兵，當候來年恭見上帝。詔從之。時再遣武翼大夫、閤門宣贊舍人、國信所幹辦公事王抃使虜軍，而擢錢端禮、虞允文執政。閏十一月，新相陳公亦視事。公即奏：「臣向因顛墜求退，聖諭廟堂無人，令力疾少留。今康伯已相，執政又有人，可以去矣。」宣押數四，陳相亦乞留公，公請益堅，乃除資政殿學士、提舉臨安府洞霄宫。陛辭〔五〕，上曰：「卿筋力未衰，他日宣召勿辭〔六〕。」公奏：「臣今年六十七，三二年不死亦合掛冠。」上爲悵然。未幾，王抃使歸，虜自滁州退師，和議成矣。乾道三年三月，起至泉州，明年復請祠，六年告老，章五

〔一〕備：明澹生堂鈔本、四庫本作「修」。
〔二〕甚：原作「深」，據明澹生堂鈔本、四庫本、傅校本改。
〔三〕康湑：原作「康湯湑」，據明澹生堂鈔本、四庫本改。
〔四〕在：原作「存」，據明澹生堂鈔本、四庫本改。
〔五〕辭：原作「對」，據傅校本改。
〔六〕召：原作「詔」，據明澹生堂鈔本、四庫本、傅校本改。

上，加大學士致仕。閑適累年，不以世故縈心，惟究極死生之說。淳熙改元正月十二日薨於里第，享年七十有七。上聞震悼，贈正奉大夫，後以子升朝，累贈太傅，爵由宜興縣開國子加至毗陵郡開國侯〔一〕，食邑通一千一百户，食實封二百户。娶李氏，同安郡夫人，累贈魏國夫人，前卒，葬縣東清泉鄉梅林之原。明年正月己酉，公合葬焉。四年，太常考功議以正直無邪曰簡，寬裕不苛曰惠易公之名，人以爲允。四男：長樅，從事郎、點檢贍軍激賞酒庫所主管文字；季楷，宣教郎、知臨安府臨安縣丞，皆早世；棟，今爲朝奉大夫、新知辰州；林，朝散郎、淮南路轉運司幹辦公事，賜緋魚袋。女桂，適朝散大夫、知雷州鮑同。孫男十二人：大年，儒林郎、監總領四川財賦軍馬錢糧所户部魚關大軍倉〔二〕；次大辯，承議郎、新知和州含山縣；次大壯，通事郎；次大本，將仕郎；次大中；次大昌，寄理從事郎、新差監總領淮西江東軍馬錢糧所市易抵當庫；次大猷、大直、大任、大翼、大雅、大經。孫女十二人。公孝於事親，尤睦宗族，當任子先孤姪，謝事徧奏諸弟之子。其薨也，幼子與孫尚未命名。平生學問不泥傳注，嘗論《大學》物格而後知至，以謂「在人之至爲知，在物之至爲道。以吾之知極物之道，如兩物相抵，故謂之格〔三〕。夫萬物不同，道一而已。方其格物，物我爲二；及其物格，則自視無我，何有於物？是謂知至」。作《聖傳詩》二十篇行於世，文集三十卷，奏議五卷。晚號惟心居士。昔壬辰歲，公年七十有五，予自小宗伯奉祠居過陽羨，別公里第。臨行〔四〕，公執手眷眷若有所屬〔五〕，後二年而公薨。棟等推原先志，以著作佐郎李遠所述行狀屢來請銘，其猶子檜用公奏入官，今掾廬陵，日道二子之意，趣如約，不可辭也〔六〕。銘曰：

惟幾惟康，古倚良弼。耳目股肱，衛上則一。降及後世，其職乃析。越在臺諫，箴規排擊。進居廊廟，將順輔翼。前之責人，今以自責。躬或不逮，言孰底績。惟簡惠公，端諒篤實。和戰無常，隨事應敵。其在我者，自治吾國。時雖不同，論則無易。或從或違，有始有卒。皇心褒嘉，士論厭塞。我作銘詩，追紀賢德。一言蔽之，主聖臣直。

〔一〕由：四庫本、傅校本作「自」，明澹生堂鈔本作「白」，當爲「自」之誤。
〔二〕所：原作「新」，據明澹生堂鈔本、四庫本改。
〔三〕故：原脱，據明澹生堂鈔本、四庫本、傅校本補。
〔四〕行：明澹生堂鈔本、四庫本、傅校本作「分」。
〔五〕公執手眷眷若有所屬：四庫本作「執手，公意眷眷若有所屬」。
〔六〕原刻校云：「院本作『義不可辭』，無『也』字。」

廬陵周益國文忠公集卷六四

平園續稿卷二四

神道碑

中大夫秘閣修撰賜紫金魚袋趙君善俊神道碑 慶元五年

君諱善俊，字俊臣，太宗皇帝七世孫。曾祖仲營，崇信軍節度使、開府儀同三司，追封成王。妣，楚國夫人王氏。祖士訔，登進士第，終左承議郎，贈中奉大夫。妣，令人石氏。父不衰，任閩路兵馬鈐轄，家於邵武，贈大中大夫。母，碩人滿氏。君幼力學强記，爲文日數百言。年十六，薦名南宮。紹興二十一年，以取應補承節郎、監南嶽廟。又六年中文科，以忠翊郎換左承務郎、南城縣丞。三十二年轉承事、宣教郎，簽書昭信軍節度判官廳公事。明敏練達，遇事風生，太守以名聞，孝宗方留意人物，虞丞相允文亦薦君有邊帥才。乾道三年，堂選幹辦諸司審計司。五年，兩易提轄権貨物都茶場。六年夏，求補外便親，知郴州，陛辭，敷奏詳華。上喜曰：「宗室乃有斯人！」留爲太府寺丞[一]，發左帑奸弊，人服其能。兼權度支郎官，歷奉議、承議、朝奉郎。十二月，擢淮南轉運判官，分治西路，兼刑獄、茶鹽。帥郭振卒，詔君攝事。明年就除直秘閣、知廬州。歲旱，江浙饑民麇至，君既竭力周恤，仍括境内荒熟官田三萬六千餘畝，分三十六圩，請凡土著流移視力均給，而貸以牛種。生者予屋，死者給棺[二]。條具未上，詔大理寺主簿薛季宣同君措畫，竟亦不能易也。時土曠人稀，招耕户一率費緡錢數十。君因流民仰食，爲裁其值，主客俱利，户口日增，嚴戒團甲隊長毋以徭役擾之，仍乞給復五年，大稱上意。八年進直徽猷閣，上手札問：「今歲二麥幾何？經旱乾者何以振之？」君奏麥已登場，并疏耕種次第。上就委君廉問官吏貪殘、刑獄冤濫，其倚信如此。州城舊爲虜人所夷，郭振修築未竟，君自請續其功，詔金陵都統司共圖之。君言：「異時恃焦湖以通饋餫，今堙涸當浚，鄉兵舊保孤、姥二山且儲粟焉，今屋壞當葺，願輟州財充其費。脱虜敗盟，則吾守城之兵餉道無乏，守險之民至者如歸矣。」又陳軍政三弊及招萬弩手補神勁軍之闕，稍旌民兵武勇者以勵其餘，禁奸人盗馬淮北，事多施行。於是大修學校，新馬忠肅、包孝肅公祠，廣姚興廟，春秋奉嘗，文武之士歸心焉。詔以職事入覲，上嘉獎再三，遂令再任。九年春，召爲考功員外郎[三]，年勞邊賞，轉朝散郎、朝奉大夫。七月，罷主管台州崇道觀。纔半歲，上思君籌邊，復召赴闕，道除知襄陽府。其臨遣也，諭以「虜泛使在此，故擇重鎮付

[一] 府：原作「守」，據明澹生堂鈔本、四庫本改。
[二] 棺：明澹生堂鈔本、四庫本、傅校本作「槽」。
[三] 召：原作「詔」，據明澹生堂鈔本、四庫本改。

卿」，加直龍圖閣，淳熙元年也。至則治民整軍如合淝時〔一〕。亦有盜馬北界者，對境執以來，君受而戮之，邊人畏服。轉朝散大夫。十二月移漕淮東，士民挽留，間道乃得去。以親老請閒，徙知婺州，未上，求守甌寧，去家僅二百里。三年，奉雙親開府，閩人以爲榮。君因俗而治，痛懲不舉子者。凡産育給金穀如格，仍捐俸助之。會淮西再謀帥，四年復知廬州。君言：「和好不可恃，戍兵不可不增〔二〕，城濠不可不濬。軍士屯田費大利微，罷之便。」上以爲然。孫叔敖芍陂、西漢七門堰，溉田不貲，君推尋故跡，募民修復。屬邑坊場河渡已輸正錢，又取羨入公帑，君皆蠲之，淮人迄今有遺愛。六年，懇求歸養，詔與便郡，遷朝請、朝議大夫。俄丁外艱。服除，主管武夷山沖佑觀。十三年，起知鄂州。上曰：「武昌凋敝，藉卿撫摩，行召卿矣。」未至，南市大火焚萬室，客舟皆燼，溺死千計。君馳往視事，闢官舍、出倉粟，以待無所歸之人〔三〕。弛竹木税，開古溝，創火巷以絶後患。僚吏爭言用度將不足，君曰：「吾且瘠己肥人。」凡燕遊饋遺、冊例所供，下至車騎鼓吹一切省去。未幾，公私交裕，亟代民輸税役麥子一年。郊恩封祥符縣開國男，食邑三百户，轉中奉大夫。十四年再守甌寧，奸滑乘穀貴導饑民群趨富家發其廪，監司議調兵掩捕。君曰：「是趣亂也。」揭榜許自新，而諭有力者平其價，人以安堵。邑尉獲盜希賞，笞掠抵重坐，君平反十三人。俗喜鬭殺，君按甲令禁私造軍器，置義塚以葬旅柩，皆畫旨行之。十六年，豫章闕帥，上親用君，會樞臣出鎮，改閩漕，引鄉嫌移江西轉運副使。壽康皇帝覃恩，轉中大夫。初議減月樁，君言：「及州不及縣，則縣仍迫取於民，猶不減也。如本道隆興歲起十四萬緡〔四〕，撫州半之。州不能足，率均外邑，而邑之多寡自不均。宜通一路裁額若干下之漕臣，酌郡縣偏重者均減之，實惠乃可及民。」又奏：「和買已百科，從而折變，益以縻費，其數反重於正絹。江州德化縣倚閣逃户税〔五〕，而總領所猶督折帛，請并議蠲減。諸州黠卒遇赦還爲民害，宜聽其留，不則改刺鋪兵。」凡所獻明，見謂合宜。閲半年，除帥湖南，首乞擇郴、桂守臣而賞其有治理效者，嚴揀中禁軍教閲而劾事藝不應格者。其後皆如君言〔六〕。凡代納潭州屬縣經總制錢及放折米、折粳、脚頭等萬計，又代輸善化縣兩鄉營田米二分，湘陰荒田正米五百斛，停醴陵淥水渡錢，補以州用。攸縣舊科黄河鐵纜歲萬六千緡〔七〕，其二留州，君既不取，其一送使，復爲丐免。其加惠斯民多類此。會臣僚請諸道節州費寬屬縣，君曰：「是吾心也。」又減七萬緡。巫唐法新假神言易卜者詛其婦翁劉子光〔八〕，子光忿甚，募人支解易沈之江。獄成，以屍不經驗奏裁。君曰：「是可貸乎？」卒請

〔一〕「如」下，傅校本有「在」字。
〔二〕不增：四庫本作「罷」。
〔三〕「所」下，明澹生堂鈔本、四庫本有「於」字。
〔四〕起：原作「取」，據明澹生堂鈔本、四庫本、傅校本改。
〔五〕倚閣：原作「以各」，原刻校云：「別本作『倚閣』。」今據此及四庫本、傅校本改。
〔六〕其：明澹生堂鈔本、四庫本無。
〔七〕攸：原闕，原刻校云：「別本作『攸』。」今據此及明澹生堂鈔本、四庫本補。
〔八〕卜：原刻校云：「別本作『十』。」按四庫本亦作「十」。

殺之。因毀淫祠，勒他巫改業。治行轉聞，紹熙二年〔二〕，遷秘閣修撰，招軍賞賜服金紫。尋召還，在道差知鎮江府，易泉州。將赴，丁母憂，追慕切至，築蓼菴以居。甫免喪而卒，慶元元年六月二十四日也，享年六十有四。妻令人黄氏，佐君侍親以孝稱。子男三人：汝將，迪功郎、撫州司户參軍；汝石，受命而夭；汝正，從事郎、監泉州在城鹽税。女二人：長適從政郎、新興化軍興化縣令謝好古〔三〕，次早死。孫女一人。明年十月庚申，葬邵武軍邵武縣大坂之原。君風儀秀整，襟度坦夷，與人交緩急盡力。年壯氣盛時以功名自期，尤喜論事，如謂相位不可久虚，日中黑子，郡國地震，當飭邊備。孝宗每嘉之，屢欲用君。因奏：「進士、任子自分兩塗，仕州縣者不相下，蓋繇階帶左右，流弊至此，頃楊時嘗論之。今華貫清塗非進士自不可至，豈在二途〔三〕？宜如元豐官制。」有旨從之。自後每爲議者所指，無裹言矣。所著詩文二十卷，藏於家。余識君三紀，中嘗同朝，晚代君守長沙，嘉其整暇，又能集名士哀《圖志》五十二卷，貫穿古今，自爲之序，益知其才之高〔四〕。汝將等以司馬衍蘧狀求銘〔五〕，乃爲銘曰：

昔在裕陵，作成宗英。養而教之，以義濟仁。粤踰百年，應若麟趾。儒猷吏方，與寒畯齒。君才有餘，皇眷實紓。三馳牡轡，四提帥符。聲名孔昭，光我帝系。猗歟盛哉，本支百世〔六〕。

華文閣直學士贈金紫光禄大夫陳公居仁神道碑　慶元五年

士大夫行誼著於鄉，文章顯於朝，豈弟布於郡國，有一焉已爲名臣〔七〕，况兼是三者乎？求之近世，吾同年陳公其人也。公諱居仁，字安行。曾祖砥，妣林氏。祖嘉謨，贈右朝奉郎；妣安人黄氏。父稿，左朝奉大夫、太府少卿，累贈特進；妣安康郡夫人蔡氏、新平郡夫人汪氏。七世祖自光州避地徙泉之莆田縣，縣升軍，故爲興化軍人。太府再娶汪夫人而家明州。靖康初爲汾州教授，佐守臣張克戩禦虜，時已有名，後知惠州，單車造賊壘降之。鄞縣僧法恩謀叛，事覺，誅戮將及無辜，太府方爲御史，論救多得免，人知其有後矣。公幼不群，年十四而孤，侍母依外氏，已能屬文。門蔭起家右迪功郎、信州鉛山尉。中紹興二十一

〔一〕熙：原作「興」，據明澹生堂鈔本、四庫本改。
〔二〕新：原無，據明澹生堂鈔本、四庫本補。
〔三〕途：原作「字」，據傅校本改。
〔四〕益：明澹生堂鈔本、四庫本作「蓋」。
〔五〕衍蘧：原刻校云：「别本作『蓮』。」按四庫本作「蘧」，無「衍」字。
〔六〕原文後校云：「案：死者給棺，别本棺作櫝。《前漢書·高紀》令從軍死者爲櫝，注：櫝櫝爲小棺。此棺字疑作櫝爲是。　時焦湖以通饋餫。餫，别本改作運。案《左傳》，晉荀首如齊逆女，宣伯餫諸谷。注：餫，運糧餽之餫，即轉運字。《宋史》本傳亦作餫。」
〔七〕已：四庫本、傅校本作「足」。

年進士第，用舉主陞左從政郎〔一〕，移永豐令，入監行在點檢贍軍激賞酒庫所糴場。孝宗登極，循左文林郎。隆興改元，修《高宗聖政》，時參政范公成大監和劑局，與公並兼檢討官，蓋異選也。淮甸交兵，魏丞相杞以宗正少卿使北，辟公書狀官。虜人被甲彎弓夾道脅使者，公馬上舉酒屬魏卿：「天寒酹此觴。」觀者壯之。減歲幣成禮而還，贊助爲多。先以格改左宣教郎，用出疆賞轉承議郎，擢諸王宮大小學教授，遲次久之，乾道六年四月始供職。明年秋，徙軍器監主簿，充國子監發解點檢試卷官。宗正修玉牒賞厚，適丞闕，朝士競求之，宰相知公恬静，八年春堂帖兼權。會輪對，論立國當定規模，號令不可輕改。四月遷將作監丞，十月轉國子丞，九年進丞秘書。歷朝奉、朝散郎，《中興會要》成，轉朝請郎。再對，論文武并用本以救偏，若智謀勇略未進，而便佞輕躁者得之，將復有偏勝之患。孝宗嘉納。長貳闕，公行省事，議試太史局生與臺評異〔二〕，不自安，請外，不聽。郊恩賜服緋魚，權禮部郎官。淳熙元年再請去〔三〕，八月選知徽州。陛辭，上曰：「政成召卿矣。」明日又對，大臣稱其明練。歙在五季爲偏方，夏税特重，祖宗故輕之，他郡輪絹率以十二兩，惟歙十兩。比歲户部謂不中度却之，人以爲擾，上欲仍舊貫，而慮輪有輕重，吏得病民，每十二匹特蠲其二。四年，公適視事，植一表庭下，閲中否親分之，吏不能措手。秋苗斛捐五升，預造津渡巨舟以待春漲，省費十四五，後遂爲例。決事公明，鄰有訟多詣臺省乞付公，御史間取文案復視，嘆曰：「真良二千石也！」奉詔招軍，公令願行者立纛下。有雍彦恭貌頗異，公詢奚自，泣云：「父有遺澤，厄窮至此。」公立取文書保任官之，士族感嘆。積閲例累轉朝請大夫，秩滿，邦人挽留，間道乃得去。入對，上諭以「從臣言路多薦卿」。公請編類即位以來寬恤詔令示民不忘，又乞申戒輪絹之弊。上曰：「改法賴卿方成實惠。」又曰：「卿在郡便民五事，内欲優十三項戰功，朕極不忘。此輩既爲國宣勞，豈應老不加恤耶？」留爲尚書户部員外郎。命未下，朝士再推《會要》賞，上曰：「陳某治行第一，可因是併賞之。」特轉朝議大夫，陞郎中，兼行度支，又兼禮部。明年春類試、公試、秋國子監解試，皆爲考官，遷樞密院檢詳諸房文字〔四〕。八年三月爲右司郎中，九年十一月進左司，十年轉中奉大夫、檢正中書門下省諸房公事，歷兼提領雜賣場寄樁庫、左藏封樁庫、左藏南庫寄樁錢物，及左藏庫借撥封樁錢物〔五〕。左右史數闕，上輒詔公攝侍立官。閏十一月，假吏部尚書充金國賀生辰使。十一年使回，轉中大夫，遂除起居郎。公徧歷宰掾，精明詳審，議事間有未合，必反復辨析，期協於理。文書下六曹，報應稽緩，公擿其尤者治之，不以六卿尊貴而廢也。獄案多所平反，或有叙雪，必歸功乎上，上知之〔六〕。嘗奏：「湖、湘運米遠下昇、潤，江西及泝荆、鄂，迂滯勞費，互易爲便。」上謂：「非卿體國，誰能及此？」至是直前謝新命，上曰：「卿端靖有文，欲寘清要久矣。

〔一〕左：傅校本作「右」。
〔二〕生：原作「坐」，據四庫本改。
〔三〕請：四庫本、傅校本作「求」。
〔四〕詳：原作「討」，據四庫本、傅校本改。
〔五〕借：原作「措」，據四庫本改。
〔六〕「或有」句：四庫本作「或有聽斷，必歸於平，上每知之」。

今綴近班，有聞當入告。」尋兼同詳定一司敕令。明年兼權中書舍人。御史奏：「僧坊寓柩〔一〕，子孫十年不至，即聽焚瘞。」公言：「期迫則緇徒得逞其私，不肖子孫十年不至，亦或興訟，請倍年數，仍從州縣驗問。」上曰：「臺諫、給舍議事或相表裏，如卿可謂和而不同矣。」郊祀前四日，真拜中書舍人以示簡記，賜服金紫，陞兼詳定敕令。公言：「常赦宥過弛欠，惠不及小民，願因慶壽恩蠲四等户身丁之半，五等盡免。」從之。安定郡王子彤乞封妾爲夫人，公執不可。上大喜，謂有補風教。又論人主當執要，毋親細務。上曰：「亦覺叢脞，他人未嘗及。」明旦，令輔臣清中書之務。已而奏外郡財賦，上曰：「方以陳某言諭卿等，此當責之監司。」丞相而下皆愧謝。公又乞絶浮費，汰冗兵，計當省之數，議蠲除之，目〔二〕：此富民要術也。上深然之。學士洪邁知貢舉，命公權直院，上曰：「内外制向委數人，今陳某獨能辦。官欲擇人，信非虛語。」轉大中大夫。高宗升遐，醫官王涇削官編置刑房，非公所領。公率給舍列銜繳駁，涇坐决配。思陵之役，議者多請節費，公謂：「稍損可也，酒果三日一易可乎〔三〕？」上泣曰：「微卿言，朕何自知〔四〕？」公屢以母病乞去，上不可，内出珍劑以賜，仍獎諭云：「卿盡忠知體，欲用爲諫大夫，頗疑左遷，他日處卿中司。」亦諭政府陳某久次。方議峻遷，會母夫人卒，上嗟惜再三，厚賻金帛。紹熙元年八月從吉，壽康皇帝前期除公集英殿修撰、知鄂州。三司鼎峙，軍民訴訟交至，公平心以應，舉得其歡心〔五〕。郡計仰征税，公寬而有制，商賈輻湊。境多曠土，公禁冒佃，招流逋，田疇日闢。募人築大堤，以防水患，名之曰「萬金」。安樂寮居養貧病，名存實亡，公括閑田益之，至者如歸。奸甿盗鑄沔鄂間，千百爲羣，亂有萌芽，或請調兵迹捕〔六〕。公召民兵總首密圖之，立獲渠魁，餘悉縱遣歸農。歲當大比，闔士争冒試，轉運使右之，公一切禁止。治爲諸郡最。三年春，拜焕章閣待制，十月徙知建寧府。四年轉通議大夫。歲儉糴貴，公出儲粟，弛逋欠以巨萬計，市值頓平。遇水旱，祈禱立應。俗素剽悍，動輒殺人，又喜把持誣訴，公親爲文數百言，疏其情狀，厲以法禁。治鬭毆嚴甚，傍觀弗救併坐之。五年夏，重華服藥，遠方傳聞汹汹，浦城惡少煽亂，至戕一家數人，公擒捕送獄。今上登極，大赦至，公命戮之，而自劾於朝。先是觀察推官柳某死，貧不能歸〔七〕，乳嫗挾二子行丐於道〔八〕。公聞之，給以粟帛，命士人教養之。德刑並施，人方安其政，會鎮江大旱，調守良難，乃以屬公。覃恩轉通奉大夫〔九〕。十月至府，力請發封樁粟，擇委僚吏，分場賑給，時屏騎從潛往視之。間遣市米江湖間，大商人人知陳使君，争出米求售。公區處有方，誠意孚洽，全活不可計，他處流移，亦賴霑丐，人謂自昔救荒未有

〔一〕坊：四庫本作「寺」。
〔二〕目：原作「曰」，據四庫本、傅校本、《宋史》卷四〇六《陳居仁傳》改。
〔三〕一：四庫本作「不」。
〔四〕自：四庫本作「由」。
〔五〕其：原無，據四庫本、傅校本補。
〔六〕捕：原作「道」，據四庫本改。
〔七〕貧：原無，據四庫本補。
〔八〕挾：原作「扶」，據四庫本、傅校本改。道：四庫本作「市」。
〔九〕奉：傅校本作「議」。

如公者。天塹萬艘銜尾，一遇風濤沉溺相望。公訪古海鮮界港，因民饑瀋治之。距城十五里舊造閘通江，潮灌運河，地勢素高，力勞易朽。公命疊石爲斗門，以機引水，遇澇洩之。猾僧盧江陰界囊橐不逞，一日來訴邏卒侵擾，公致詰而色動，縛寘獄中，檄尉曹掩捕，盡獲羣盜，人以爲神。慶元元年冬，荒政策功特轉正議大夫。即代輸下户税，增廣貢院，新范文正公舊橋，示餘力也。明年七閏謀帥，五月加寶文閣待制、知福州。閩，公鄉部，且嘗治富沙，熟其風俗。初入界，饑民有嘯聚者，公部分牙兵遮擊之，首惡自經〔一〕，餘黨望風屏迹。下車除監直之逋，增貢銀之價，嚴蠱毒之禁。宗室犯法，治不少恕〔二〕。内侍幹辦啓運宫者，以例折簡具食，公劾其慢免之〔三〕。莆中親舊憧憧來賀，館待一出私錢，慶弔則捐俸有差，爲士者隨才成就之。三年二月詔赴闕，次近郊，以脾疾丐閒，不允。五月再請，乃除華文閣直學士、提舉江州太平興國宫，就賜對衣金帶。歸而納禄，轉正奉大夫。疾革，語諸子曰：「吾欲刻碑先塋〔四〕，買田兩頃爲義莊〔五〕，二事未就，以是付汝。」言訖而卒，六月甲寅也。遺表聞，贈金紫光禄大夫，享年六十九。爵自莆田縣男至奉化郡開國侯〔六〕，食邑通一千二百户。妻碩人王氏，贈朝議大夫居隱女，先公十三年卒，葬鄞縣豐樂鄉横溪西奥之原。是歲十二月甲申，諸子奉公柩合葬焉。子男六人：鞏，故宣議郎，嘗魁國子；革、華、畢〔七〕，未命而亡；曰芾，兩試南宫，今爲通直郎、新知湖州武康縣；曰卓，踐世科，今爲宣教郎、新知紹興府餘姚縣；阜，承奉郎。義方之教，有自來矣。一女早夭。孫男四人：允協，承務郎；允迪、允修、允諧。孫女五人：長適鄉貢進士石椝，次許王埜，餘尚幼。初太府自莆徙鄞，故鄉田廬推與羣從。鄞産雖薄，公念季父貧，請於母而中分之。既仕，復輟俸爲畢婚嫁。女弟出適，又鬻田以資之。上登極，遺甥王激表賀〔八〕，補將仕郎。其孝友類此。公風猷粹穆，資性忠厚，處己應物，一以誠信，事賢友仁，心無媢忌，樂施周急，不計多寡，交際之間，和氣可掬，人負己亦弗校。及臨事則毅然有守，不可干以私。立朝每以忠言至計裨當路。故相陳正獻公嘗薦公有父風，汪端明應辰、韓尚書元吉、程尚書大昌、楊待制萬里當世儒宗文師，推公爲名勝。在禁近盡言無隱。夔帥林栗擅格制書，上怒不測，楊待制以秘書少監論事外補〔九〕，公皆上奏抹止〔一〇〕。歷典數郡，率乘旱歉匱乏，公悉心措畫，責成其下，人樂宣力，政事日修，財用自足，寬嚴適中，號稱循吏。所至皆立生祠，道出舊治，迎餞塞塗。平生不以私喜怒加人，退食淡然〔一一〕，讀書晏坐，置家事不問，居室以「淡」爲名。客至承顔接詞，自謂鄙吝可消，争心可弭也。所著制稿、

〔一〕自：四庫本、傅校本作「雉」。
〔二〕治不少恕：原作「必不恕治」，據傅校本改。
〔三〕劾：原作「敕」，據四庫本改。
〔四〕刻：傅校本作「樹」。
〔五〕買：四庫本作「斥」。
〔六〕爵：原脱，據四庫本、傅校本補。
〔七〕華畢：原作「革畢」，原刻校云：「别本作『華畢』。」今據此及四庫本改。
〔八〕激：傅校本作「激」。
〔九〕論：原作「諗」，據四庫本改。
〔一〇〕奏：四庫本、傅校本作「疏」。
〔一一〕淡：四庫本、傅校本作「澹」，下同。

奏議二十卷，詩文、《班左擷芳》各十卷[一]。芾等知予與公厚善，以公外弟翰林樓尚書鑰之狀遠來請銘。予嘗愛唐中書舍人王仲舒爲人有古風，守峽、婺、蘇三州，晚帥江西有治理效。韓文公既誌其墓，又有神道碑，其詩曰：「志儒之本，達士之經。有直有諷，以忠遠名。翔於郎省，騫於禁密。發帝之令，簡古而蔚。」又曰：「久淹於外，歷守大郡。所至極思，必悉利病。化成有代，思以息勞。虛位而俟，忽隨滔滔。」嗚呼，孰知數百載之後，斯言殆爲公設與。鄙詞尚何所措，姑拾此意而爲之銘曰：

文與行偕，治民久懷[二]。左右具宜，古難其才。有美陳公，柔惠且直。沉酣載籍，如嗜飲食。入而事君，謀猷孔嘉。累載代言，燁然其華。出而承流，威愛兼濟。五州去思，亶其豈弟。帝曰汝來，將圖爾庸。胡不憖遺，奄兮告終。公如仲舒，我愧韓子。誰其採詩，尚告太史。

[一] 文：原作「書」，據四庫本改。
[二] 久：四庫本作「允」。

廬陵周益國文忠公集卷六五

平園續稿卷二五

神道碑 五

敷文閣待制贈少師張公邵神道碑 慶元五年夏

靖康陽九之厄，北虜以封豕長蛇薦食上國，繼之劉豫梟鳴河南。高宗皇帝受命中興，日與文武大臣經營四方，期雪讐恥，而父母之念尤切於衷，謂兵交使猶在其間，每擇忠義明辨之士問安沙漠，項背相望。十五年間，能全節而歸者惟鄱陽洪忠宣公、歷陽張公、新安朱弁少章三人而已。少章雖文士，時以右選介別使，不得專對。惟洪、惟張，俱以儒學奮身，官視八座，日夜以忠言説虜。虜必欲臣之，二公握節不屈，則放之苦寒不毛之地，衣食往往不給。久之，其酋長或知慕鄉，稍遣子弟從之游，賴以餬口。如是一紀，訓誘濡涵，轉相告語，知用兵弗戢自焚之禍，迄成和好，還徽宗梓宮，歸我太母。人固知聖主之德〔一〕，文武大臣之功，而潛導馴致，易暴爲善，此兩公陰有助焉。歸拜白髮之親，其子某亦植立光顯，然後人知天報昭昭，不可掩也已。間嘗以是語人，無不謂然。張公之子遇有舊，數以故右朝請郎聞人阜民所述行實來請銘，乃參攷史氏，序而銘之。公諱邵〔二〕，字才彦，和州烏江人，唐國子司業籍之後，世儒家。曾祖延慶。祖補，嘗預鄉薦。父幾，鄉譽尤高，贈金紫光禄大夫。妣，永寧郡夫人馮氏〔三〕。公少傳父學，宣和三年登上舍第，旋丁外艱。建炎元年二月，以迪功郎爲衢州司刑曹事，兼管檢法議刑。二年二月，詔中外士民直陳時事。公言：「有中原之形勢，有東南之形勢。今縱未能遽争中原，宜進都金陵，因淮江、蜀漢、閩廣之資以圖進取，不應退自削弱。」郡守胡唐老奇之。三年，給事中周望爲江浙制置使，逐捕苗傅、劉正彦過衢，問唐老僚吏孰可用，唐老薦公，以充準備差使。賊平，望入西府。九月，公改承奉郎，召對，會遣泛使，公毅然請行，假禮部尚書，特轉五官，除直龍圖閣。武臣楊憲副之。二弟祁、郙皆補官，仍添差祁明州觀察推官，奉母以居。公即日引道，見虜監軍郎君撻懶於濰州。逼公拜，公不可，執寘昌邑，尋徙密州柞山寨，以兵守之。四年夏，公聞撻懶過，密以書抵之曰：「兵不在强弱，在理曲直。宣和以來，我非無兵也。帥臣初開邊隙，謀臣復起兵端，是以大國能勝之。其後僞楚僭立，羣盜蜂起，曾幾何時，電掃無餘，是人心天意未厭宋德也。今大國復裂地以封劉豫，窮兵不已，曲有在矣。」撻懶得書執付豫，使用之。公升階揖豫，以舊官呼之，爲陳君臣大義，辭氣激烈。豫怒，繫之獄，楊憲遂降。閲半年，豫知不可屈，復以公送虜，拘之燕山圜福寺，紹興元年也。公又爲

〔一〕人：原無，據四庫本、傅校本補。
〔二〕邵：原作「某」，據傅校本改。
〔三〕原刻校云：「馮，別本作『馬』。」按四庫本亦作「馬」。

書言：「豫挾大國之勢日夜南侵，不勝則鼠首兩端，勝如養鷹，飽而飛耳，終非大國之勢利。」欲以間豫。守者密以告，虜取其書去，益徙公東北千餘里之中京。後又北徙會寧府，去燕三千里。先是完顏昱死，傳其弟晟。晟死，昱之孫亶立。三世頗厭兵，慕文教，後生從公者皆習弦誦，執經授大義，爭饋錢穀布帛，公自分終焉。虜嘗肆赦，許我使者因便歸其鄉，人人占籍淮北，幸得稍南，惟公與洪公、朱少章實言家江南。十三年二月甲子，虜忽召三人者改館致饋，許之南歸。公以四月辛未至燕山，洪公先在，五月朱自雲中至，六月庚戌同發永平館，七月壬戌次汴京都亭驛，道中有《輶軒倡和集》〔一〕，公爲之序。八月庚子對行在，除秘閣修撰、主管佑神觀。公奉使時轉五官，吏部誤謂無出身〔二〕，擬奉議郎，久方改朝奉郎。公爲上言：「前後使者如陳過庭、司馬朴、滕茂實、崔縱、魏行可等皆徇國忘軀，宜優恤其家。崔縱之柩，臣等挈以來，乞敕葬以奬忠義。」上雖下其章，當路格不行。尋諷御史論洪公，斥守饒州。自公以太夫人年七十謁告歸鄱，方出門，而諫官亦誣公在虜不禮其副，遂改台州崇道觀，居從其便，非上意也。十四年七月丁太夫人憂〔三〕，蔬食廬墓，執喪盡禮。初，公出疆遇秦丞相於昌邑，以忠義相勉，故公在喪相與通問。公因歷叙虜有歸淵聖及諸王宗室意，勸其遣使迎請，秦浸不樂。十六年，公服闋再奉祠。十七年夏，洪公以散官安置英州。公懼竄謫，上書言：「臣使北時道遇秦檜，教臣堅持使節，臣得奉以周旋。又醫官榮州團練使李子厚語臣，云檜在中京，嘗代徽宗皇帝移書黏罕，述海上盟約及用兵講和利害，結好基此。」會曹勛繳進其書，詔付史館。十九年四月，遂除公敷文閣待制、提舉江州太平興國宮，磨勘轉朝散、朝請郎，屏居蕭寺，食閑禄者十年。二十五年冬，秦薨。上首起公知池州，明年春至郡，忽忽不樂，踰時復請祠歸。道由廣德軍，假官舍居之。六月丁酉〔四〕，公生朝也，先一夕沐浴就寢。詰旦，家人起爲壽，安卧逝矣。轉朝奉大夫致仕，遺表聞，贈中奉大夫，享年六十一。後以子升朝，累贈少師。娶同郡李氏，封令人，前卒，累贈魯國夫人。二十七年某月日，葬四明西山母永寧郡夫人墓側。三子：孝賢，朝議大夫、通判平江府事；孝曾，朝議大夫、直秘閣、權福建路計度轉運副使；孝忠，朝請郎、權知荆門軍。三女：長許嫁左從政郎、臨安府司法參軍沈洵而卒；次適朝請郎、前知邵州唐準；次適蘄州貢士袁如梅〔五〕，亦卒。孫男五人：從之，從政郎、池州司理參軍；徽之，將仕郎；改之，登仕郎；元之，將仕郎；永之，將仕郎。孫女六人：長適進士韓師魏〔六〕，次適進士衛葆，餘未嫁。公平生孝友，歸遇郊恩，偏奏諸弟，後多顯者。其在北方，太夫人命猶子孝祥後公。公歸，有子，而鍾愛孝祥異甚，已而魁多士，掌書命，爲時名臣。諸子亦以才聞，張氏之興庶其在此。公天資勁偉，遇事慷慨，酒

〔一〕道中：原無，據四庫本、《宋名臣言行録》續集卷五補。
〔二〕謂：四庫本作「寫」。
〔三〕十四年：原作「十七年」，據四庫本改。
〔四〕丁酉：原作「丁亥」，按是月甲午朔，無丁亥，今據四庫本改。
〔五〕梅：原刻校云：「别本作『晦』。」按四庫本也作「晦」。
〔六〕魏：傅校本作「禹」。

酣耳熱，悲歌憤激，常以功名自許。車駕留江上〔一〕，强虜逆臣連兵入寇，公冒險出使，人皆危之。及被囚拘，略無悔懼，賦詩作文，考評史傳，著述動盈編帙。歸獻所聞，納忠於朝，將有施爲，以償素志。既不遂，嘆曰：「身在異域，視死如歸，爲國事也。今士大夫有連言告坐之風，一或抵罪，家破名滅，竟亦何裨？」悉取舊稿焚之。惟晝夜潛心經典，學道日以有得，無田無廬，未嘗過而問焉。高宗更化，方且進用，而公無意斯世矣，惜哉！遺文十卷，蓋公身後所哀者。銘曰：

中興之功，有隱有顯。戎狄外膺，憂虞內殄。赫赫將相，公槐鼎鉉。單車熟乘，密指臨遣。艱難險阻，維縶輾轉。如淪蛟淵，如探虎圈。公曰不然，蹈義者鮮。忠信篤敬，蠻貊可免。誠心洞開，古誼丕闡。以漸以漬，以聚以辨。野性或馴，善意相勉。迄潰於成，績效奚淺？萬里歸來，宜舒而卷。誰其冒嫉，天則福善。慈親迎門，溫清重展。若弟與子，流慶方衍。超然死生，彰厥履踐。昭以詩銘，詔於悠緬。

淮西帥高君夔神道碑　慶元六年

廬州高府君屢帥邊，天子閔其勞，有詔赴闕，會君移病請祠，主管亳州明道宮者再，升提舉者一。素愛廬阜之勝，因葬母司徒氏於山南，遂卜居九江〔二〕。至是築室山堂〔三〕，日與賓客對諸峰飲酒賦詩，間輿疾從山僧遊，或累旬忘返，意深樂焉。慶元四年八月十四日卒於家，明年三月十日葬母塋之右。訖事，其孤叔獻衰絰不遠數百里，踵門泣且拜曰：「先君病甚，命叔獻云：『我昔遣汝乞爾祖母之銘於周益公，其載吾家仗義來歸及當時北虜叛盟始末詳實。我死，汝必往求文刻之墓隧，以成吾志。』叔獻爲是暫捨几筵以來，惟公哀許。」某昔侍帷幄，竊見孝宗皇帝內修政事，欲掃穹廬而空之，黄金招樂毅，白璧賜虞卿，未嘗一日忘北向。以君數畫安邊闢國之策，由是倚爲長城。鼎湖龍去，君亦休矣，於此深有感焉，乃掇朝請大夫、新成都府路提點刑獄王源狀而次序之。君諱夔，字仲一，其先登州人。曾祖鵬，宣德郎、知江陵府松滋縣，因任海州，遂家朐山縣，妣周氏。祖昇，隱居不仕，妣許氏。父溥，贈中奉大夫，妣令人趙氏、司徒氏。金虜據中原，紹興十一年，中奉舉族歸朝。既講和，例遣還，憂憤以没。君自幼讀書過人〔四〕，文筆翩翩，嘗舉於鄉，恥事虜廷。三十一年〔五〕，完顏亮入寇，君奉母航海來歸，特免文解。魏勝起義克海州，張忠獻公都督江淮，奏君本州文學，權朐山縣主簿，母子得還里。虜屢遣重兵攻城，君爲勝分守東壁，躬冒矢石。圍解第功，版授迪功郎。隆興二年割棄海州〔六〕，易太平州蕪湖縣主簿，員外置。郡守吴芾連委攝邑，奏其治狀，乾道五年改賜將仕郎出身，調荊門軍長林尉。六年，上遣聘使議陵寢，君以封事列

〔一〕留：原作「晉」，據四庫本、傅校本改。
〔二〕「居」下，四庫本有「於」字。
〔三〕室：原作「識」，據四庫本改。
〔四〕幼：明澹生堂鈔本、傅校本作「少」。
〔五〕三十：原作「二十」，據四庫本改。
〔六〕隆興：原作「紹興」，據四庫本改。

進取三十條，陳虜中山川險易、將帥甲兵、州縣芻糧及阿骨打以來用人得失。賜對，口陳方略。上大喜，明日改承務郎，添差安豐軍簽判，仍釐務。八年，諸司交薦，召奏事，至則分水寨爲五軍，各置守領，月給廩食，責以教閲。沿淮多盜北馬，上親札禁止。君請勿市駒對境以絶其弊，風馬牛皆縱使歸，大闢學舍，邊人始知俎豆。淳熙元年二月，除直秘閣再任。上密諭君：「邊臣多言虜欲敗盟，適諜者武功大夫陳琛告知亳州大盤第千户者爲虜所治，欲委質本朝。」君力言生事誤國不可聽，願擇將練兵以需機會。上嘉納之。會幕官章駟訴本路漕張士元奪其愛妾，下君究實。當路右士元，君直之，坐易施州，地鄰黔播，君欣然奉母以行〔一〕。值歲歉，餓死相望，聚爲義塚，雙花發其上。大姓譚汝翼一方巨蠹，誣姪殺人，將論如法，君平反之。其人後生二子，泣謝曰：「活我父子者，公也。」汝翼尋以惡抵罪。秩滿，移知文州，君先已單舸下峽。五年，入對，除尚書度支員外郎，歲中徧攝五司。辛士闕，上欲用君，宰相難之。六年五月，上親擢司農少卿。倉庾地卑，君始梁空敷板，米以不腐。七年，湖北謀帥缺，上曰：「高某有帥才。」除直龍圖閣、知江陵府。歲旱，宴集餽遺皆罷，力修荒政，劾守令奉行不虔者。聞鄰路忠、萬二州易子而食，即移粟萬計泝江助之。九年，特轉一官再任。西南蕃羅鬼國在真宗朝嘗來鬻馬，後爲羅殿國所限，有導其假道沅州蠻界互市如舊者，君謂不可，罷之。猺人梁牟入省地劫民財，君遣將擒捕而釋其脅從。江湖多劇賊，君造飛江輕舫付神勁軍，盜發立得。大姓吴氏囊槖亡命，君破其家，易置巡檢寨。距府十里有沙市鎮，大商輻湊，民居比櫛，每患延燒，君下令按大巷通水道。凡可便人，皆勇爲之。丁母憂。十一年服除，知揚州，兼淮東安撫。上念襄陽邊防尤重，十二年正月加秘閣修撰，移帥京西。襄恃三山爲險，而中峴居峴萬二山之間〔三〕，下視府城，君置柵種木，積糧貯甲，預爲外禦内守之計，又疏水渠古跡灌溉民田，日以强弩教神勁軍。適有旨射鐵簾，士已素習，詔許附駐劄軍試其藝，多被賞者。積本道迎勞及他郡互送錢八千緡，增市戰馬，置大安監，游牝其中，孳生蕃息，用補騎軍之闕。一新學宫，創閣奉御書，治聲轉聞。十四年二月，進右文殿修撰再任，幕府益整暇。與其屬劉宗仕涝纂《襄陽志》四十卷〔三〕，該貫古今，自爲之序。十五年八月，改帥淮西。君上書言：「虜常自廬入寇，如蹈無人之地，非獨地勢坦夷，正坐城郭不修。乾道中雖築十五里，今浸隳圮，謹圖上新城制度，惟陛下亟圖之。」上遣漕臣王厚之、總領張柳、都統制閻仲偕來相視，請如君言，詔三司共成之。居無何，病足求去。紹熙元年春〔四〕，徙知贛州。歲儉，州縣捕治丐穀者數百人，誣以聚衆。君皆釋之，薄征緩刑，就廩飢民以新城壁。暇日率教授入學講經義，增置弟子員。監司欲廢併龍南縣以避瘴癘，君執奏而止。二年再帥廬州，道令奏事。俄改明州，兼沿海制置司事，首置兵籍，次舉將吏，軍政肅然。庫務以酒貫民，追督高價，君或蠲或代償，積弊以除。大姓

〔一〕欣然：原作「幸能」，據四庫本、傅校本改。
〔二〕峴萬：原刻校云：「别本『二山』上有『峴萬』二字」，今據此及四庫本補。
〔三〕仕：四庫本、傅校本作「任」。
〔四〕熙：原作「興」，據傅校本改。

迫人至死，君疏族適有居境内者，請求不遂，則以語動君。君下之獄，取旨裁決，人服其公，猶坐削一官與邊郡。四年春，復帥廬，君每念城役未竟，於是裁節經費，晝夜督視，閱數月告成。五年秋被召，而君不能造朝，三歷亳祠，遂致其仕。積階至中奉大夫，享年六十有一，葬地在南康軍星子縣丹桂鄉黄龍山。先娶同里杜氏，宣教郎磬之女〔一〕，繼室以其妹，并封令人。五男：叔暘、叔豹、叔夜，皆早世；叔獻，從事郎、房州司理參軍；叔夏，將仕郎。二女：長適文林郎、德安府觀察使王頤，次未行。孫將仕郎廷瑞〔二〕。君事親孝謹，睦族有恩，既分俸周從叔，又官其子桐。天資明敏，遇事迎解，長於論兵，援古證今，動數百言，屢更方面，所至内欲固圉，外圖恢復。孝宗嘗曰：「卿功名中人也。」薦舉屬吏將佐近二百人，後多知名。有文集十卷、奏議三十卷。銘曰：

於皇孝宗，德侔周殷。欲信威於北夷，遂攄憤於西京。若時高侯，謀紹營平。嘗將屯於上谷，亦馳至於金城。何鎡基之既立，而機會之難乘。未受呼韓之朝，莫寫麒麟之形。悼夫君而太息，宣遺恨於斯銘。惟宅兆之允臧，偕康廬其永寧。

吏部尚書鄭公丙神道碑 慶元六年

孝宗皇帝孜孜人才，精擇於初，常曰：「一寘周行，遂階顯用，不審可乎？」既用矣，察其直諒不欺，則始終與之，故二十六年間侍從多名卿，吏部尚書鄭公其一也。公諱丙，字少融。上世當五季時，自安陸從家福州長樂縣。曾祖芳，祖旭，父遇，世有隱德。公貴，贈父宣奉大夫。母王氏，淑人。公生穎異，九歲能屬文，日誦書萬言。紹興十五年擢進士第〔三〕，補左從事郎、平海軍節度推官。秩滿，充建州州學教授。兩安定郡王令衿〔四〕、令詪，參知政事楊椿、辛次膺，知樞密院事賀允中皆號名臣〔五〕，公適在所隸，交章以薦，改左宣教郎。辛嘗語公：「官職易耳，使人尊仰實難。」公服膺焉。入爲太學學録，以父憂免。三十二年内禪，轉奉議郎，爲國子監主簿。詔求直言，公上從諫、遠佞、勤政、用人、裕民、練兵六事，會辛公爲御史中丞，辟公檢法官。隆興元年十二月，遷監察御史。虜亟求成，朝論不一，公謂不可遽。明年六月，出提點荆湖北路刑獄。權攝之禁方嚴，荆襄制置使沈介用待次官行江夏令，邊事方殷，信陽軍守臣委印赴制司，公皆持檄鐫級。介怒，奏乞引避。上不得已，下遷湖南提舉常平茶鹽。乾道元年，宜章賊李金陷郴州，焚桂陽軍，尹寬起寧遠縣以應之。衡邇賊窠，提刑託行部避其鋒，常平亦置司在衡。公兼程疾趨督州將治城訓兵，復諭常寧縣世忠洞首李昂霄發壯丁禦賊，民恃以安。公劾郴、桂守棄城，乞鄂軍濟師，糧餉不足，發義倉佐之，賊平，協助爲多。二年春〔六〕，鄉人林安宅爲諫議大

〔一〕磬：原刻校云：「别本作『磐』。」
〔二〕廷：四庫本、傅校本作「庭」。
〔三〕「第」下，原有「五」字，據四庫本删。
〔四〕令衿：四庫本作「令裕」。
〔五〕允：原脱，據四庫本、傅校本補。
〔六〕「春」上，原有「之」字，據四庫本、傅校本删。

夫，素不相合，求主管台州崇道觀。三年，起爲成都府路轉運判官，敕監四川類試，革挾書繼燭之弊。虞丞相允文以樞臣爲宣撫使，集四路漕議事，盛稱公賢，還朝薦召。六年正月入對，上喜曰：「卿，初元御史也〔一〕。」除尚書禮部員外郎。時陳正獻公俊卿與虞公爲左右相，高選王邸講讀官，公直講王府，與芮曄〔二〕、李彥穎、劉焞四人並命。陳公去，公亦出爲江西轉運判官，道除直秘閣，改湖南提刑。有旨招振華軍二千，帥司欲速，至涅士人，公立命改正。瀏陽縣歲歉，豪右移粟售他境，鄉民分競，尉以嘯聚張大其事，漕請調兵追捕，歸罪團長陳淮，下之獄。公亟約常平司出米數千石，彈壓賑濟，杖淮釋之。漕有內援，奏公姑息，貶秩一等而罷。衆論不平，復提點廣東刑獄。適漕兄弟爲經略使，公引嫌移使西路。遠方官吏不奉法，公深行瘴鄉，一裁以正。邕守重賦斂，得公約束，請祠去。歸正官沙世堅素武勇，坐贓決配静江。部有劇賊未獲，公諭世堅立功贖過，世堅馘渠魁以獻。公爲奏，稍復其官，後平李接，以總管守宜州，一路賴之。閩部鹽筴壞，上雅信公，徙本路轉運副使。公知福之嶺口、涵頭、海口三倉本錢不繼，命積錢對償〔三〕。又汀、建等號上四州〔四〕，高估抑售，公委邑令置場支賣，科擾頓絶，至今守其法。淳熙四年召爲吏部郎中，踰月兼中書門下省檢正諸房公事。議者謂舊法命官訴雪罪犯一歲別勘，三歲別定，以防枉撓。乃者有司憚煩，須元勘官伏其誤始許改正，實抑之也。章下三省，公謂復舊便，執政曰：「上意似不然。」公厲聲曰：「事當問理。若逆探上意而逢之，豈大臣事乎？」執政怒，徙公大理少卿，五年二月也。尋充御試編排官，即殿幕擢秘書少監，累轉朝散大夫。車駕幸省，轉朝請大夫，面賜金紫。明日進秘書監，不數日兼權中書舍人。會諫議大夫蕭燧論夔師李景孠貪虐，而大臣庇之，於是參知政事趙雄謂燧誤信蜀人謗書，既捕治其人，因改燧刑部侍郎，尋出知嚴州。公言：「臺諫劾奸邪，反屈抑而去，豈國家之福耶？」六年輪對，奏乞四川、襄漢、江淮置三大帥，擇曾任二府有文武威望者各當一面。復列上五弊：一曰取士代筆，傳義公行，富人以賄得科第；二曰養兵冒名寄籍〔五〕，闕額不補，懦弱不汰，一有草竊，輒動御前之軍；三曰理財以横斂預借、重折苛征爲能；四曰刑獄放縱大辟，淹留奏案；五曰薦舉非權要請託，則謬舉親舊，羣至殿陛，徒有引驗之名。上甚嘉納，牓選德殿御屏之上，真拜中書舍人。公疏：「官冗賞濫，卿監丞簿事簡官備，館職史官至二十員，學官書局各以十數，監司郡守疊授三政參議，歸正、添差、養老將校充滿外路。東宮徹章，館閣進書，雜流厮役例霑賞典，曰隨龍〔六〕，曰應奉。開河修堰，併賜蠲賦，無時推恩。他司錢物，漕乞移用。尉不捕賊，詭奏有功，張大虚聲，横被醲賞。」累數百言。上批：「賞功遷職不以濫予，丙言是也。給舍遇書牘當隨事以聞〔七〕。」又論臺諫獨員無助，察

〔一〕元：原脱，據傅校本補。
〔二〕曄：原作「華」，據四庫本改。傅校本作「燁」。
〔三〕償：原作「價」，據傅校本改。
〔四〕建：四庫本作「劍」。按上四州謂建、劍、汀、邵。
〔五〕名：原作「兵」，據四庫本改。
〔六〕隨：原作「寵」，據傅校本改。
〔七〕當：四庫本、傅校本作「宜」。

官不應專取歷知縣人。未幾召用顏師魯、張大經、劉國瑞，皆二千石、部刺史有聲者。《聖政》、《日曆》、《中興會要》成，連轉朝議、中奉大夫。七年五月，除禮部侍郎，仍兼外制。公言：「司封法不許以官回授封贈，比多援例，下至秘書省吏以無用之減年亦得之，請一切勿行。」詔可。八年，吏部尚書王希呂知貢舉，公及侍御史黃洽副之。有沮公者謂丙、洽皆福州人。上曰：「恐有偏耶？然皆無私。」暨揭榜，三人同對。上曰：「考校甚公，遠方多得人，雖不分路可也。」轉中大夫兼給事中。時遴待補太學法，公視臨安府學籍，許試者三百餘人，游士羣訴臺諫宅，至夜喧集公第。公入奏待罪。先是春坊陳龜年女嫁大姓裴良珣，良珣醉死，其兄良顯訴龜年女利其富，死有冤狀。事下臨安，語涉龜年，府尹不敢治，上令送大理寺。朝士有爲地者，詔轉運司先審，責良顯不實反坐，乃施行。公駁奏，語侵臨安，且云：「願少存國法，爲子孫萬世之業。」竟送大理。至是尹訹冒試人使逞憾。上批無罪可待，令究爲首者。尹謂公芘閩人，不當深治。上怒，語宰執呼尹諭旨，卒杖丁如植，編管鄰州。前户部尚書韓彥古負氣多援，公因其起廢極口詆之，至云仰累聖德。他日入謝，因言：「論事欲激切，語或過當，望陛下恕罪。」上曰：「朕自喜給舍得人。」樞密使王公藺時爲宗正丞，亦爲上言：「今日不欺陛下惟鄭丙。」惜其愛莫能助之耳。九月兼權左侍郎〔一〕，乞文武添差官並不釐務。有郭世苹尋醫歲滿參部，法當察脉，醫有恃力受其賄，公執送棘寺，銓選清平，無敢干以私。九月進權吏部尚書，同修國史。九年正月上辛〔二〕，執政當祈穀，有故以侍從攝，上特差公。尋兼侍讀，取陸贄奏議切時者反復開陳，進司馬光《五規》、范祖禹《帝學》以資乙覽〔三〕。嘗乞勿聽妄獻利害，紛更庶事，又論治贓吏太寬。上並以爲然。次日舉二事諭宰執，有安静之褒。八月，正除吏部尚書，轉大中大夫。公常曰：「范鎮六十三致仕〔四〕，吾已遲一年。」上章請去。十年二月，除龍圖閣學士、知建寧府，政尚嚴明，千里肅然。浙東謀帥，移知紹興府，以臧否郡守後時降中大夫。上鋭更法，手札訪公，欲通差官民户。公謂通差害多，著令里正專掌盗賊煙火。比來邑官責以應辦，至於破産。若以免役錢募耆長供他役則善矣。攢陵敕使絡驛，輔藩多權豪，公不少假借，羣起造訕。公聞，請祠。上初不許，適諫官亦部人，助以風聞，竟提舉江州太平興國宫。皇城邏卒因誣公載官米萬斛而去，漕遣其屬趙善石覈實無之〔五〕。上語執政：「使鄭丙有是，則今日無人可信矣。」秩滿，再提舉隆興府玉隆萬壽宫，轉通議大夫〔六〕，起知泉州。光宗登極，語宰執曰：「侍御史胡晉臣言：『初政當召用人才，如鄭丙、張大經、楊萬里是也。』」尋詔公年德俱高，踐揚滋久，進端明殿學士。公應召上封事數千言〔七〕，以謹始爲戒。遇覃恩轉通奉大夫，治泉如治越。或勸從寬，公曰：「惟有德者能以寬服

〔一〕權：原無，據傳校本補。
〔二〕辛：原作「幸」，據四庫本、傳校本改。
〔三〕學：原作「範」，據傳校本改。
〔四〕「三」下，四庫本有「歲」字。
〔五〕石：原作「后」，據傳校本改。
〔六〕通：傳校本作「朝」。
〔七〕召：據文意，當作「詔」。

民。吾固非用猛者，然嫉惡有素，豈以晚節喪所守哉？」閱半年，改知潭州，言者沮止，易太平州，固辭，復提舉興國宫，轉正議大夫。紹興四年〔一〕，引年致仕，轉正奉大夫。時史丞相浩、汪尚書大猷、沈詹事樞、右司郎中周頡與公皆同年進士，退休於二浙，詩筒唱酬，人競傳之〔二〕。俄屬疾，屏醫藥，以後事付家人而逝，五年八月十四日也。享年七十有四，贈金紫光禄大夫。子升朝，特進爵安陸郡開國侯，食邑一千八百户，實封百户。妻淑人柯氏，同郡右文殿修撰棐之孫，前卒，以慶元二年十一月十二日合葬於懷安縣沙溪之原〔三〕。三子：頤孫，故奉議郎、通判辰州；齡孫，故承務郎、監潭州南嶽廟；慶孫，承務郎。三女：長適朝奉郎、知吉州泰和縣卓洵；次適通直郎、知汀州上杭縣蕭輅；次適迪功郎、道州司法參軍柯謙宗。孫男五人：安祖、似祖，並承事郎；揚祖，通仕郎；餘幼。孫女三人，長適迪功郎、新泉州德化縣主簿葉英〔四〕。公學術純正，文辭贍縟，有家集、外制、奏議、講義三十卷。居鄉接物極其和易，當官立朝則氣節凜然，上深重之。是時繳駁之任不由進擬，公常以貳卿兼領，感激盡言，數犯貴要之鋒。在銓部抑僥倖，懲姦欺，蓋餘事也。嘗薦蕭公燧、胡公晉臣、羅公點，後俱至二府，世謂知人。其他如李燾之博洽，劉國瑞之清正，林栗、林枅、鄭湜之剛方〔五〕，唐仲友之學問，援引不少置，善類歸心焉。某在紹興間繼公爲太學録，晚同朝久，意氣相投。會都司用私意治王定國冒歸正賞，予按都督府文書辨其誤。公奏都司方舉職，政府乃欲沮之，其不黨同類此。公之卒，頤孫以沉刻見屬而不果，今卓君示公友壻林御史采所狀行實，乃參以聞見，碑公墓道。其銘曰：

維南有閩，山環水聚。是生良材，接武王所。挺挺鄭公，如松之喬。碩大堅剛，歲寒後凋。持節典州，彰善癉惡。既鋤吏奸，亦蘇民瘼。帝思其賢，禁密以騫。守正觸邪，知無不言。舉朝僉諧〔六〕，當宁眷顧。何待弼直，乃爲聖遇。昔者漢武，明於知人。獨稱汲黯，近社稷臣。相宏將青，任非不寵。孰如九卿，敬禮加重。以今準古，庶其似之。匪直公褒，阜陵是思。

〔一〕興：據文意，當作「熙」。
〔二〕人：原無，據四庫本及傅校本補。
〔三〕於：原無，據四庫本補。
〔四〕英：原作「莫」，據傅校本改。
〔五〕枅：原作「枡」，據四庫本、傅校本改。
〔六〕諧：原作「偕」，據傅校本改。

廬陵周益國文忠公集卷六六

平園續稿卷二六

神道碑　六

敷文閣直學士陳公良翰神道碑　嘉泰元年

自紹興壬午迄乾道壬辰十年之間，士大夫舉端人正士，陳公邦彦必在焉。蓋其議論專以格君非，定國是，扶持公道，斥遠姦佞爲本。當高宗內禪前二日，寘之六察以遺孝宗。比其即位〔一〕，偏歷給諫，每行其言。立儲之初，召長宮寮，期大用於他日。二聖相遺如此，而歲不我與，公則逝矣，天下至今惜之。其子耆壽等以書謂某曰：「先人即世三十年，侍講朱公熹嘗狀其行，而墓碑未立。烏臺、虎觀之僚道同志合惟公獨在，敢固以請。」予雖老悖，尚能追記大略，乃序而銘之。公諱良翰，邦彦字也，世居台州臨海縣。曾祖咸寧，妣吳氏。祖懷漸，妣朱氏。父守中，贈奉直大夫，妣碩人洪氏。公幼孤，天資莊重，讀書輒會要旨〔二〕，爲文氣槩不凡。中紹興五年進士第，以左迪功郎主紹興府會稽縣簿。秩滿，升從仕郎、知明州慈溪縣事，導德門三鄉渠溉田利民。改宣教郎、知温州瑞安縣，轉奉議郎，俗號彊梗，吏治尚嚴，公獨撫之以寬，租賦揭示名物，人競樂輸，聽訟率得其情。或問何術，公曰：「清水明鏡不可形逃，心澄亦猶是矣。」丁內艱。服除，充衢州教授，轉承議郎。三十一年冬，用殿中侍御史吳芾薦，入御史臺爲檢法官〔三〕。明年六月，擢監察御史。孝宗覃恩，轉朝奉郎，賜緋魚袋。虜主完顔雍新立求和〔四〕，中原舊人多來歸，詔問何以處之。公言：「議和復受降皆非是，自治可也。」復詢時務，公請明階級以修軍政，核軍實以豐財用，禁折變以蘇民力，省堂選以抑奔競。官當久任，賞罰當合衆心。隆興元年七月，除左正言〔五〕，首陳納諫、修德、畏天、恤民，語極剴切。虜移書取海、泗、唐、鄧，且邀歲幣。公持不可。詔遣小使盧仲賢、李扻，公言：「仲賢輕儇，扻北來難信。」又言：「廟堂督府異議，恐失事機。楊存中久擅兵柄〔六〕，太上皇罷就第，奈何復假使名付以邊事？」上皆嘉納。公因言：「權宜與虜和，名分不可不正，陵寢不可不歸，四州不可復與，降附不可遣，邊防不可弛。」上曰：「朕志已定。」於是書用敵國禮，而降附不復遣。俄以户部侍郎王之望、知閤門事龍大淵往議四郡、陵寢及歲幣事。公與侍御史周操復言：「四郡固不當議，若歸陵寢乃予歲幣，聘使未應出境。」有詔侍從臺諫集議，多附公説。上爲罷使，第命小臣胡昉、楊由義充審議官。十二月遷左司諫。成恭皇后受册，

〔一〕比：原作「作」，據傅校本改。
〔二〕會：四庫本作「通」。
〔三〕法：原作「察」，據四庫本、傅校本改。
〔四〕雍：原作「褒」，據四庫本改。
〔五〕左：傅校本作「右」。
〔六〕柄：原作「權」，據四庫本、傅校本改。

錄內外親屬二十五人，公論其泛，詔減七人。昉、由義既辱命，宰相猶議和不止，至欲罷督府(一)，右正言尹穡助之。公言絀不用，以直敷文閣知建寧府，二年四月也。兩淮已徹備，虜遂大入，上深悔之。太學生數百人伏闕，乞召用公等，不報。用治最就升本路轉運副使，作《觀風九咏》，諭厚本善俗之意。行部不許治道，供帳例餽皆却之。改提點江東刑獄，又徙浙西，歷朝散、朝請郎。乾道四年十一月，以宗正少卿召還。五年兼權太常，又權侍立官，又兼權給事中。四月擢權兵部侍郎(二)，賜服金紫。浙東風水敗秋稼，州縣隱蔽，公白遣漕臣按視振恤，官吏多抵罪。兼同修國史，轉朝奉大夫。十二月，除左諫議大夫(三)。臨安帥多創攝局，私親故，秀守遣吏市燈中都，聞公除目，皆懼而輟。公入對，以敬天、愛民、修政、官人四事爲獻。六年正月戊辰大雨震電，庚午大雨雪。公請畏天戒，正庶事。儲位未正，手疏言之。先是上雖勉從和好，志存恢復(四)。有王天覺者，用聚斂擊刺之術迎合爲圖冊，因近習以進，得樞密院編修官。言者交攻未聽，因公極論始去之。史正志憚守成都，創發運使得留。公奏：「祖宗立國於汴，重兵屯西北，故運東南之粟。今軍國就食東南，此職安用？」疏累上，面再三(五)，繼以求去。上還其奏，公論列不已，正志竟罷。公嘗言：「蜀漢之師下關陝，由荆襄趨韓魏，江淮擣青、徐，今日大計也。四川既命大臣宣撫，荆淮自當一體。」又言：「中興初，劉光世之部落、韓世忠之背嵬、張浚之親隨皆擇驍鋭，優其廪犒以勵諸軍，故能所至成功，願取以爲法。」上然之，下其疏於諸將。宗正寺玉牒書成，轉朝散大夫。七月進給事中，纔兩月，節度使成閔冒請真俸，有司坐獲譴；閤門王抃矯詔遣妄人謝顯出境，顯抵罪，而置閔及抃不問。公並封敕還之。明日，改除禮部侍郎，固辭不拜，以敷文閣待制提舉江州太平興國宮。七年，起知婺州。未上，召爲太子詹事，連詔趣行，仍命州郡禮遣。既對，上勞勉甚至。未幾，命公與某同對選德殿，手録唐太宗與魏鄭公論德仁功利之説，批聖語於後，使極陳今日之未至者。公退而上疏曰：「仁德治之本，功利治之效，務其本則效自至。今水旱數千里，流殍萬計，是承天意者未至也。金陵創營寨，役夫凍餒不聊生，是結民心者未至也。欲任賢能，而張栻一言遽從外補；欲退小人，而正志方逐，張松繼之，松罷韓玉又進矣；欲擇將帥，而朘剥交結如初；欲收軍情而老幼困於移戍；至如詳刑參用，武臣久任，乃復數易。誠能革此八弊，則仁德無累，功利自致。」疏奏，上悦，以示輔臣。旋命公及某並兼侍講。俄以足疾乞去，詔聽五日一朝，力辭不允。十二月遂告老，上知公果病，除敷文閣直學士，再提舉興國宮，就賜告身衣帶。八年四月，轉朝請大夫致仕，癸丑卒於正寢，享年六十五。爵臨海縣開國男，食邑三百户。特贈太中大夫。是歲十月壬申，葬縣之義城鄉疊石山之原。諸子升朝，累贈金紫光禄大夫。妻碩人朱氏，累贈魯國夫人(六)，後公二十五年

(一) 至：四庫本作「且」。
(二) 權：原無，據傳校本補。
(三) 左：四庫本作「右」。
(四) 存：四庫本作「在」。
(五) 「面」下，四庫本注云「闕」，當有脱字。
(六) 贈：四庫本作「封」。夫人：四庫本作「太夫人」。

薨。四男：元壽，通直郎、福建安撫司幹辦公事，後十九年卒；耆壽，朝請郎、新權發遣常州；彭壽，朝請郎〔一〕、通判沅州；廣壽，朝奉大夫，行太常丞，兼權倉部郎官，修身好學，皆有家法。女二〔二〕：朝散郎前通判撫州黄朴、宣教郎前兼兩浙轉運司務解官吴洎〔三〕，其婿也。孫男十八人：文之，奉議郎、知隆興府新建縣，前卒；振之，國子進士；揚之、厚之、方之，國子進士；擇之、孚之；奇之，迪功郎、新饒州司户參軍；謙之，文林郎、新袁州軍事判官；孚之、誠之，太學生；説之、拱之、淳之、詠之、挺之、存之、仔之。孫女八人：長適迪功郎、南劍州尤溪縣尉范大雅；次適進士黄如皐、石繼時、迪功郎新撫州金谿縣主簿趙師恙、文林郎新潭州湘潭縣丞趙汝适；次在室；次適將仕郎趙希賢；次尚幼。曾孫男女二十一人。公質直好義，氣和而守正，早爲族父禮部侍郎公輔所知，期以遠器，自寒素至通顯〔四〕，奉養如一。内艱後不復入私室〔五〕，用度悉出禄賜，未嘗問産業，誨督子孫。接誘後進，孜孜不倦，人有片善，力加稱奬，不善即規正之。既葬十八年，光宗踐祚，追思舊僚，官未應謚，特以「獻」易其名。禮部尚書尤袤之守台也，邦人乞祠公於學。尤公以爲宜，繪公與提刑羅適及族父小宗伯合而祠之，榜曰「三老」。所著有奏議、文集二十卷〔六〕。

銘曰：

三聖相授，精一惟心。大政所咨，左右惟人。侃侃陳公，端諒清醇。鴻漸於朝，適宏厥聲。堯老欲傳，寘諸臺評。重華繼承，地禁職親。獻可替否，盡忠竭誠。身有進退，道無詘信。禹在震方〔七〕，温文日新。宮尹孰宜，公惟當仁。胡不萬年，遂都四鄰。天以遺直，成其令名。我爲銘詩，式穀來今。不顯臣良，於昭君明。

敷文閣學士李文簡公燾神道碑 嘉泰元年

韓愈以天刑人禍歸咎史筆，柳宗元隨辟其説，後人終致疑焉，今以李文簡公驗之何疑？且《左氏》紀諸國之事，《史記》上下數千載，是是非非，利害不專及當世。若公續司馬光《資治通鑑》爲本朝長編，上關國體。下涉諸臣之家乘，非異代比，使天刑人禍可信，孰能結知明主，見推多士，生歷清要，没定美謚，諸子繼踐世科，歷二千石，光顯未艾如李氏者乎？况公出入中外，見謂忠直，盡言交游，藐視强禦，雖微作史，自當齟齬難合，然讒間不行於朝，士大夫鮮含怒者何也？守道正，莅職公〔八〕，事上不欺，應物無心，天人交助，其在兹乎！既没十八年，蜀多文士，其子不近求銘詩而遠屬耄老，非以同朝久相知深也歟？是以序而銘之。公諱燾，字仁甫，一字子真。系出唐曹恭王季子右武衛大將軍偲，武后斥爲民，徙眉州之丹稜縣，遂家

〔一〕請：原刻校云：「别本作『散』。」按四庫本亦作「散」。
〔二〕女二：四庫本作「二女」。
〔三〕務解：四庫本作「物斛」。
〔四〕至：原無，據四庫本、傅校本補。
〔五〕艱：原作「難」，據傅校本改。
〔六〕所著：原無，據傅校本補。
〔七〕禹：原作「繼」，據四庫本、傅校本改。
〔八〕職：原作「位」，據四庫本、傅校本改。

焉。六世孫瑜始復屬籍〔一〕，仕至長江令。公，長江十一世孫。曾祖夔。祖夙〔二〕，贈奉直大夫。考中，朝奉大夫、知仙井監，累贈宣奉大夫。妣，碩人史氏。公生政和乙未，天資穎異，博覽經傳，獨不樂王安石學。甫冠，已著《兩漢鑑》；明年，追念靖康變故，著《反正議》十四篇，人皆奇之。紹興八年第進士，調成都府華陽縣主簿。未上，讀書本縣龍鶴山，命曰巽巖，自記云〔三〕：「子真子三卜居乃得此山。坐東南，面西北，其位爲巽爲乾。蓋處己非乾健無以立，應物非巽順無以行。《易》六十四卦，仲尼掇其九而三陳之，起乎《履》止乎《巽》，此講學之序也。《語》曰：『可與共學，未可與適道。可與適道，未可與立。可與立，未可與權。』夫人各有所履，善惡分焉。惟能謙可與共學，惟能復可與適道。知所適而無以自立則莫能久，故取諸恒，當使久於其道，或損之，或益之，至於困而不改，若井未始隨邑而遷，則所以自立者成矣。雖然，吉凶禍福橫發逆起有不可知，將合於道，其惟權乎。然非巽，則權亦不可行。學而至於巽，乃可與權，此聖賢事業也。」年方二十四，其志趨學問如此。久之赴華陽，時宰秦檜知公名，公不與通。會詔郡國舉賢良，公携五十策謁成都帥張燾，不果薦。秩滿，外銓復置教授闕，公亦不就〔四〕，注嘉州軍事推官。丁父憂。二十年服除，再注雅州軍事推官。作《當直司箴》，諷郡守用私情背公法者。總領財賦符行中屬公增簡州鹽筴，公移書力拒之，舊相張浚謂有臺諫風。二十四年，改宣教郎、知成都府雙流縣。日坐聽事，訟至立決。前執政李文會自瀘徙益，府下行縣供張加倍，公用常儀〔五〕，李由它道去。仕族張氏子競家資〔六〕，公曰：「汝方在喪，忍墜先訓，盍歸思？」三日復來悔過自新。大姓李雱市丘成之産業，公以成之不白所生母，追正之。雱譖詞訴府，公列經義律文寘雱法，豪右斂迹，邑庭如水。日繙史册，彙次國朝事實，謂司馬光修史先爲《百官公卿表》十五卷，後頗散逸，乃徧求正史、實録，傍采家集、野史，增廣門類，起建隆迄靖康，合新舊官制，成一百四十二卷，其重編光者僅七之一〔七〕，《長編》之書蓋始於此。二十九年，四川制置使王剛中辟公幹辦公事。三十二年如榮州。州因山爲城，川爲隍，夏秋常患水溢，公築防禦之。隆興二年，除潼川府路轉運判官，入境刻守令四人。州縣多横斂，公選官置局，括一道財賦，列其名色，使有無相輔，酌三年中數而爲帳，徧示官吏，許摘不當更定，名爲「科約」，至今不廢。母憂去官。乾道三年召赴行在，八月入對，上《太祖故事》，乞以爲法〔八〕，請許六察言事。又言：「軍興三十年，蜀賦一錢，折變百文，願自此勿增取。況蜀兵已多，宜罷招刺，嚴簡汰，禁大將毋張虛籍，掊部曲。」孝宗嘉納。除尚書兵部郎中，以父諱下行員外郎〔九〕，兼國史院編修官，又兼禮部。會慶節上壽在郊禮散齋，内議權作

〔一〕孫：四庫本作「祖」。
〔二〕夙：原作「風」，據四庫本、傅校本改。
〔三〕自：原作「目」，據四庫本改。
〔四〕公：原無，據四庫本、傅校本補。
〔五〕儀：四庫本作「供」。
〔六〕仕族：原作「有」，據傅校本改補。
〔七〕光：原無，據四庫本、傅校本補。
〔八〕以：原無，據傅校本補。
〔九〕下：原作「不」，據四庫本改。

樂，公言：「漢唐祀天地，散齋四日，致齋三日，我藝祖初郊亦然。自崇寧、大觀法《周禮》分祭天地，故前十日受誓戒。今既合祭，宜復漢唐及本朝舊制，庶幾兩得。」詔垂拱上壽止樂，正殿爲北使權用。十二月〔一〕，正除禮部員外郎。公言：「中興祭典未備，岳、鎮、海、瀆、先農、先蠶、風、雨、雷師九祠以酒脯代牲牢。近者雨暘失節，郡國水災，殆或以此。」詔復舊。占城國入貢，依崇寧五年敕書用白背金花綾紙，貯以金鍍銀匣，公請如近例。學士院謂禮部不當預，公曰：「典禮先有司部兼掌客，豈侵官耶？」《長編》卷帙漸成，蜀帥汪應辰乞下臨安府給筆札繕寫藏秘閣〔二〕，公遂進國初至治平二百八卷〔三〕，特遷兩官。公患時文衰弱，乞命考官取學術醇正、切於世用之文，苟涉虛浮，必行黜落。明春省試，敕榜戒諭。上方勵精爲治，事或中出。公輪對言：「唐虞三代專倚輔弼，漢唐或謀卿士。今捨二塗，近習必進〔四〕。此治亂之機，惟聖明深慮過防〔五〕。」蓋有所指也。又奏：「省闈取士本不立額，乞參皇祐四百之限稍加裁定。舊特奏名雖賜出身，罕授職任。近兩榜至八百五十餘人放選注官，而賢良方正一科則寂無應詔，當責舉者。」讀畢，遂言：「天下有變，經營北方未見可付之人。」上曰：「朕當自將。」公曰：「聖論及此〔六〕，與真宗濟澶淵合矣。」上曰：「此朕家法。太祖平澤潞、取維揚，太宗平太原，皆是也。」公請先自治以待時。上聳聽不見倦，近侍皆跛倚。明日，諭三省議省額、特恩二事，有沮之者，乃已。五年四月，遷秘書少監。太史言：「八月日當食。」公上疏曰〔七〕：「天降災異所以儆戒人主。今經筵不訪問，臺路罕論奏〔八〕，大臣無趙普補綴奏目、杜衍封還內降之風〔九〕，臣恐憂不在疆埸。惟陛下進衆正，消羣陰，以應天變。」是冬兼權起居舍人〔一〇〕。六年雷震上元後一日，公録仁宗景祐三年正月甲辰《求言》、《寬賦斂》二詔以進。直前乞刊定《徽宗實録》之疏舛者，因言：「臣方修進治平後《長編》，若就加討論，他時可助正史。」詔復開實録院，四月首命公爲檢討官。汪應辰進公子屋賢良詞業，上曰：「卿有子矣。」范成大除右史，升攝起居郎。議者誤引元豐八年十月詔，欲廢二浙保正，止存耆長，又宰相以蜀人帥蜀，工部並除二侍郎，武臣提點刑獄，皆違舊制，公援證再三。上曰：「卿論事根據，極當朕心。」左相陳俊卿出知福州，右相虞允文既任恢復，未免更張。公言：「二《典》若稽古，夏有典則，商云成憲，周云舊章，漢云故事，子孫莫之敢廢。王安石變更法度，厲階可鑑。」上欲除公兵部侍郎，公自攝記注，數論事，宰相頗不樂，公遂請去。六月，除直顯謨閣、湖北轉運副使。陛辭以欲速變古爲戒，又表：「《禹貢》九州，荊田地第八，

〔一〕十二月：原作「十三日」，據四庫本改。
〔二〕秘：原無，據四庫本、傅校本補。
〔三〕二：原作「一」，據四庫本改。
〔四〕必：原作「新」，據四庫本、傅校本改。
〔五〕明深：原無，據四庫本、傅校本補。
〔六〕論：四庫本、傅校本作「喻」。
〔七〕曰：四庫本作「具言」。
〔八〕臺：四庫本作「言」。
〔九〕衍：原作「衛」，原刻校云：「別本作『衍』。」今據四庫本、傅校本改。
〔一〇〕權：原無，據四庫本、傅校本補。

賦乃在三，人功既修，遂超五等。今田多荒蕪，賦虧十八。」上委公條畫，至則言：「創耕僤科斂，且畏爭奪。宜寬冒占，廣激勸，如太祖乾德四年許見佃者止輸舊稅，更不通檢。」詔如所請，其妄執契爭奪毋受理，守令能勸課者賞之〔一〕。總賦呂游問奏計，公攝其職。歲飢，發户部大軍倉賑民，僚佐爭執。公曰：「吾自任責，不以累諸君。」尋如數償之〔二〕。游問歸，劾公專輒，上令具析而已。七年戹中制科，八年以舊官趨召。會虞允文由左相宣撫西川，自詭北伐〔三〕，疑公異議，預白上改直寶文閣，帥潼川，兼知瀘州。首葺石門堡，置戍以扼夷人。叙州舊市羈縻，馬價頗平，比歲增其尺寸，償直不以時。公言：「國計邊防胥失之。乞戒茶馬司互市毋溢額，仍勿於夷漢禁山内伐木造舟。」尋皆報可。守邊逾歲，淳熙元年被召，適城中火，公上章自劾。既放罪矣，提刑何熙志奏公不親至火所，并指《長編》記魏王食肥彘，語涉誣謗。上曰：「此載皇宋事實，何害？」止命成都提刑李蘩體量火事。公行及國門，乞祠待辨，除江西轉運副使，且許歸遣。公進治平四年至元符三年《長編》四百十七卷。或勸公方被譏〔四〕，勿及時事，公曰：「聖主睿度如此，竭忠所以報也。」遂奏：「近者日食地震，夷狄小人不可不慮。」又上《快箴》，引太祖退朝悔乘快決事以諫。上曰：「朕當揭之坐隅。」進秘閣修撰，旋坐火後不盡書焚室貶秩一等，而熙志以輒議史事削兩官。公至江西，置一路財賦都簿，如潼川科約〔五〕。未幾召還，乞令本路毋以臣去廢此書。上曰：「卿不爲高論，務在便民，甚善。」擢秘書監、權同修國史、權實録院同修撰，蓋專付公以史事，故用侍從之禮。三年正月也。公前數言南郊、明堂均大禮，自宜迭行，適轉對申前説。上令集議，壁近謂於德壽宮有嫌，沮不行。及予爲禮部尚書，與諸儒議，周成王宗祀文王〔六〕，漢武帝陟配高祖，所謂嚴父指周公也。晉、唐及本朝名臣皆有是説，非出於燾，燾發之耳。其議遂定。三月，除權禮部尚書，賜服金紫。七月，雷震太廟，柱壞鴟尾，有司隨加繕治。公奏：「此非所以祇天變，當應以實。」上諭大臣：「燾愛朕，屢有讜言。」公嘗請正太祖東鄉，條上熙寧、元符、紹興議論，其後卒行之。進《四繫録》，記女真、契丹起滅，自紹聖迄宣和、靖康〔七〕，凡二十卷。上曰：「朕可一日忘此虜哉？」九月兼侍講，以經筵少開，録趙師民《勸講箴》以諷，并及仇士良不欲人主讀書近儒生之説。會改潛邸爲佑聖觀，創璿璣殿於太一宮，公密疏二千餘言，上褒答之。四年春駕幸太學，命公執經，特轉一官，堅辭，不聽。公自郎署時〔八〕，已極論科舉及特奏名；去冬乞依紹興二十七年二月詔書，用經義、詩賦、論、策四場如元祐時，仍采蘇軾議量收恩科；至是力請變文體、取實學以致人才。上袖公奏付三省下學官

〔一〕守：原作「寺」，據四庫本改。
〔二〕尋：四庫本作「請」。
〔三〕詭：傳校本作「將」。
〔四〕方：原無，據四庫本、傳校本補。
〔五〕如：原作「以」，據傳校本改。
〔六〕周：原作「用」，據四庫本、傳校本改。
〔七〕迄：原作「迨」，據四庫本、傳校本、《玉海》卷五八《淳熙四繫録》改。
〔八〕署時：原作「春官」，據四庫本改。

議〔一〕。國子監司業鄭伯熊等請如公言，而老生晚學譁言不便，議遂格。八月，真拜侍郎，仍兼工部。《徽録》置院久，公薦呂祖謙爲秘書郎兼檢討官，審訂增削數百條，書遂成，特遷一官。或請升降兩學從祀，衆議不同，第去王雱像，用公説也。元符接靖康《長編》成，上稱公無愧司馬光，後有表云「預席恩言，比迹先正」，指此。夜有宣引〔二〕，奏：「近者蒙氣蔽日〔三〕，厥占不肖者竊禄〔四〕，股肱耳目，宜謹厥與。」賜坐，欲起，上再留，賜茶賜飲〔五〕，恩意甚寵。尋詔監視太史，測驗天文。公爲郎時已言《乾道新曆》不可用，因舉差失數十條詰太史局官〔六〕，皆無以對，然卒無知曆者。公又欲參酌《開寶通禮》、《政和五禮新儀》爲一書，雖下禮官，亦不能成〔七〕。九月丁酉日當夜食，公爲社壇祭告官，伐鼓禮廢，公舉行之。先是亶入秘書爲正字，旋兼國史編修、實録檢討，遷校書、著作。父子同典史事，縉紳榮之。公感上知，論事益切，每集議，衆未發言，公條陳可否，無所避。會近臣復舉公次子塾應科目，黜於閣試。亶適考校上舍生〔八〕，發策云云，爲御史所劾，語併及公，亶降一官罷，公以本官知常德府。初，政和七年，鼎、澧、辰、沅、靖州置營田刀弩手司，給田募人開邊，范世雄、張察等附會擾民〔九〕，建炎三年亟罷之。乾道末，守臣劉邦翰請復行於辰、沅、靖三州〔一〇〕。公爲轉運，謂不當復。已而提刑尹機迫郡縣行之，田不能給，公至請度田立額〔一一〕。事下諸司，公獨約帥臣張栻具奏，上即從之。境多茶園，異時禁切商賈，率至交兵。公曰：「官捕茶賊，豈禁茶商？」聽其自如，迄無犬吠警。六年丐閑，提舉江州太平興國宮。是秋行明堂大禮，上以公首建議，特除敷文閣待制。頃之，亶、塾繼亡，上欲以吏事銷憂，起知遂寧府。用蔡挺涇原衙教法〔一二〕，闢勤武堂，親閱士卒，其雜居市廛者葺營聚之。七年，史院進《四朝正史》，經修官在外者例減磨勘二年。宰執奏《正史》頗采李燾《長編》，《地理》一志又出其手，詔減年外別轉一官。公自奉議郎年勞賞典積官朝議大夫，避父名遇遷秩寄理者三，於是轉通議大夫。公以酒課加重，奏：「榷酤起王莽，而成於德宗。本朝郡釀有數，監司尚不許，今乃設法勸飲以耗民財。縱未能盡弛，猶當用買撲舊法，罷去官監。」上意鄉之，而計司迫贍軍，月減三十緡而已。公節用度，停燕會，官府肅然。前得旨，《長編》或有增損，依熙寧修《三經義》法具奏，至是上四千四百五十餘條。又以一百六十八年事散九百八十卷，乙覽難周，別爲《舉要》六十八卷，《總目》五卷，《修撰事目》十卷。時召命已下，公控辭久之，上數詢來期。十年六月，對延和殿邇英閣〔一三〕，方

〔一〕袖：傳校本作「是」。
〔二〕有：原無，據四庫本補。傳校本作「直」。
〔三〕近：四庫本作「意」。
〔四〕竊：原無，據傳校本補。
〔五〕賜茶賜飲：四庫本、傳校本作「賜飲賜茶」。
〔六〕局官：原倒，據四庫本乙。
〔七〕亦：傳校本作「迄」。
〔八〕適：原無，據四庫本、傳校本補。
〔九〕張察：原刻校云：「別本作『崇』。」四庫本即作「張崇」。
〔一〇〕辰：原無，「三」原作「二」，據四庫本、傳校本補改。
〔一一〕立：原無，據傳校本補。
〔一二〕衙：傳校本作「衛」。
〔一三〕閣：原脱，據四庫本補。

讀陸贄奏議，公摭贄言切今者數十事勸上力行，且曰：「贄雖相德宗，其實不遇，今可謂千載一時。」上曰：「惟不遇於當日，是以言垂後世。」公又奏：「陛下即位二十餘年，志在富强，而兵弱財匱，與教民七年可以即戎異矣。」上有無功業之嘆。公曰：「功業見乎變，人事既修，天應乃至。」上曰：「卿宿德耆儒，宜在左右任史職。」進敷文閣直學士、提舉佑神觀、兼侍講、同修國史。七月久旱，公進避殿損膳求言故事。上亟施行，命侍從、臺諫、兩省、卿監、館職實封言事。趙彦中草詔云：「意者委任或非其人。」公奏：「陛下委任不過三四大臣。神宗語富弼云：『唐太宗與魏徵議政全似爭競（一）。』宜敕二府以魏爲法，毋若元豐王珪號三旨相。」三旨者，謂上有可否，珪曰「領聖旨」；諭軍國事，曰「誠如聖旨」；啓擬，曰「取聖旨」也。又謂户部不足，南庫有餘，請如唐建中罷瓊林大盈庫歸左藏。上以奏付外，讀者失色。丁丑遂雨。一日宣對，公言：「外議陛下多服藥，罕御殿，宮嬪無時進見，浮費頗多。」上曰：「感卿忠愛，然朕春秋已高，安得此聲？近唯葬李婕妤用三萬緡，他無費也。」上憂熒惑嘗入斗。公言：「天道遠，惟正厥事可以弭災。」類次漢元鼎至宣和四十五事以進。十一月朔日當食，心入分，公曰：「心爲宋分，爲天王位，潛陽將復，陰氣乘之，小人害政、夷狄窺中國之象。」復條上古今日食是月者三十四。明日對延和，又及晉何曾譏武帝無經國遠圖。上甚嘉獎。是歲，公賦詩云：「明年七十吾歸矣，預買北關門外舟。」至冬疾作，三省請給告十日。上曰：「老者不以筋力爲禮，可半月。」十一年春，表乞致仕，優詔不允。上數問宰執公疾增損何如，萬里召來（二），豈容輕去？丞相王淮曰：「燾知進退，宜從所請。」上曰：「脱不幸有故於道路，奈何？可諭其鄉人給事中宇文价留之。」价傳上旨。公曰：「臣子戀闕，非老疾忍乞骸骨？」因詢价時事，勉以忠藎（三）。聞四川制置使留正、總領馮憲論減酒額，猶手劄贊廟堂行之。二月病棘，甲子除敷文閣直學士，轉一官致仕。命下，喜曰：「事了矣！」口占遺表云：「臣年七十，死不爲夭，所恨報國缺然，願陛下經遠以藝祖爲師，用人以昭陵爲法。」辭氣安定，俄卒。上聞嗟惻，賻銀絹三百匹兩，贈光禄大夫，令臨安治後事，沿江漕司津置歸舟。他日語宇文价曰：「朕嘗許燾大書『續資治通鑑長編』七字，且用神宗賜司馬光故事爲序冠篇，不謂止此也。」公孝友誠實，性無嗜好，惟潛心經史，有《易學》五卷、《春秋學》十卷。故其出處本於絜静精微，著述則評論今古，别白善惡，得褒貶之旨。所至求奥篇隱帙，傳録讎校，雖陰陽卜醫亦無遺者（四）。家藏積數萬卷，爲文語遒而理備（五）。考蜀類試，參詳南省，多得名士，薦人輒削稿。前兩入朝，適虞允文暨趙雄當路，士大夫爭談兵。二公皆蜀人，雅敬公，公一無所狥。晚在經筵，人頗懷安，公爲上言（六）：「前日紛紛，今日默默，俱非自治。」其持論不隨時類如此。公著《五經傳授》、《尚書百篇圖》、

（一）全似：四庫本作「事至」。
（二）召：原作「招」，據四庫本、傳校本改。
（三）藎：四庫本作「義」。
（四）卜醫：四庫本作「卜説」，傳校本作「小説」。
（五）語：原脱，據四庫本、傳校本補。
（六）爲：原作「謂」，據傳校本改。言：原無，據上引補。

《大傳雜説》、《七十二子名籍》各一卷，文集五十卷，奏議二十卷，《四朝史稿》五十卷，《通論》十卷，《南北攻守録》三十卷，《七十二候圖》、《陶潛新傳》并《詩譜》各三卷，《歷代宰相年表》二十三卷，《唐宰相譜》一卷，《江左方鎮年表六卷》、《晉司馬氏本支》、《齊梁本支》、《王謝世表》、《五代三衙將帥年表》各一卷，《本朝事始》兩卷，《建隆遺事辨》、《趙普别傳》、《科場沿革》、《集賢學士》并《賜帶典故》各一卷，范、韓、文、富、王、歐陽、司馬、三蘇及六君子年譜各一卷〔一〕。明年七月己酉，即葬巽巖之陽。妻碩人楊氏，同邑贈朝散大夫素之孫，黄庭堅爲記大雅堂者，後公八年卒，祔焉。七子：謙，早死；垕，終奉議郎、主管成都府玉局觀；坖，今爲朝請郎、權發遣忠州；塾，終承務郎；垡，亦亡；壁、臯皆登科，壁今爲朝散郎、權發遣漢州；臯，承議郎、主管華州雲臺觀。六女：均，適朝散郎、知果州曹執中；坃，適朝奉大夫、知崇慶府師祖慶〔二〕；壇，適文林郎、漢州州學教授任埠〔三〕；㙠〔四〕，適薛紘穎；增，適承議郎、充雲安軍使兼知縣事張仲〔五〕；堪，適朝散大夫、利州路提點刑獄公事范子庚。孫十一人：鏜，宣議郎；鍚，修職郎、彭州九隴縣主簿；鏗、録、錟、周、鋂、鏕、銓、積、簡。其三今亡，録、周、鏕也。孫女三人：長馴，早夭；次真，適修職郎孫剛，亦不在；從，適迪功郎、新雅州盧山縣簿尉劉成季。曾孫十一人。公爵丹棱縣開國伯，食邑七百户。諸子升朝，贈少師，而贈楊氏福國夫人。銘曰：

《尚書》記言，《春秋》書事。經别以六，史居其二。漢太史公，儀尊相臣。我朝大典，亦歸宰庭。時政有記，起居有注。東觀石渠，諸儒所聚。設官分職，上下相維。合力纂修，猶懼闕遺〔六〕。公生遐方，初筮州縣。間於期會，屈首鉛槧。祖功宗德，業鉅事叢。政有因革，論有異同〔七〕。禮樂制作，夷狄叛服〔八〕。原始要終，咸舉綱目。三入承明，迄用奏篇。帝擬以光，士推如遷。問何云然，多聞諒直。舞禮文姦，視若仇敵。以此事君，忠讜不欺。出而臨民，敬簡無私。赫赫榮名，番番壽耇。慶流子孫，殃則何有？螭首龜趺，刻以銘章。申勸剛者，公爲不亡。

〔一〕王：原無，據四庫本補。及：原脱，據四庫本、傳校本補。
〔二〕崇：傳校本作「重」。師祖慶：傳校本作「師祖度」。
〔三〕埠：四庫本、傳校本作「阜」。
〔四〕㙠：四庫本作「典」。
〔五〕安：原作「南」，據四庫本、傳校本改。仲：傳校本作「伸」。
〔六〕遺：原作「疑」，據四庫本、傳校本改。
〔七〕有：四庫本、傳校本作「多」。
〔八〕叛：傳校本作「畔」。

廬陵周益國文忠公集卷六七

平園續稿卷二七

神道碑　七

敷文閣直學士宣奉大夫贈特進汪公大猷神道碑　嘉泰元年

子夏曰：「死生有命，富貴在天。」是謂格言。雖然，仁者多壽，賢者多貴，則有人事參焉。今敷文閣直學士汪公年開九帙，官職階三品〔一〕，爵二品，殆仁賢之驗也。公諱大猷，字仲嘉，慶元府鄞縣人。曾祖元吉，以廉平吏受知范文正、王文公；妣何氏。祖洙，號儒先，本州助教，贈正奉大夫；妣碩人陳氏。父思温，歷兩浙轉運副使、太府少卿，終左朝議大夫、直顯謨閣，累贈少師；妣越國夫人王氏。四子，公其仲也。四歲對客誦《孝經》，止十七章，或問末章，以具慶對，客異之。八九歲述先生口義示同舍，十餘歲賦詩可觀。紹興七年，少師遇宗祀奏補將仕郎，起家右迪功郎、衢州江山尉。十五年登進士乙科。夏大水，括鹽舟濟避溺者，又發廩爲糜食之。州符捕來暮鄉魔賊，公曰：「賊有無，尉豈不知？」第呼菜食一二人杖遣之。監司交薦，陞左從事郎，移婺州金華丞，與民期限必信，人亦信之。豪族陸氏争産久不決，公曉以恩義，悦服而退。户部侍郎李椿年行經界法，量田不實，罪至徒流，檄公覆視龍遊縣。公曰：「法峻民未喻，固有田少而供多者，願許首復改正。」又謂：「每保各圖頃畝林塘，十保各一大圖，用紙二百番，安所展視。」李聽其言，輕刑省費爲多。二十年丁内艱。二十三年再丞嚴州建德，用舉主改左宣教郎、知平江府崑山縣。未上，丁外艱。二十九年，辟顯仁皇后攢宫屬官，訖事爲淮西江東軍馬錢糧所幹辦公事。三十二年，孝宗受禪，自左奉議郎轉承議郎，賜服緋銀，入幹辦行在諸司糧料院。隆興二年，虜寇邊，錢簡肅公端禮宣諭淮東，辟幹辦公事。遷大宗正丞，升參議官，歷左朝奉、朝散郎。錢公執政，乾道元年兼侍左郎官〔三〕，又兼户部右曹。六月輪對，乞覈名實，責任臣下，量能授官，毋違所長。擢禮部員外郎，仍兼侍右。九月遷尚左郎官。莊文太子受册，兼左諭德，仍侍講。二年省試，充參詳官。六月遷秘書少監，首率館職續編《國朝會要》、《高宗聖政》。成書，轉左朝請郎。三年假吏部尚書〔三〕，接送伴金國賀正旦使。四年兼權刑部侍郎，又兼崇政殿説書。夜直數宣對〔四〕，會遣御史决獄畿縣，公言其擾，請委倅貳。台民楊大任縛所藏盗赴朝希賞，政府疑之。公曰：「舍匿罪未發，而能慕賞執賊，若坐以赴訴，無復告捕者矣。」上皆然之。宰掾言：「太祖

〔一〕階：原作「皆」，據傅校本改。三：日本藏宋刻本作「二」。
〔二〕左：四庫本作「右」。
〔三〕「三年」下，日本藏宋刻本、四庫本有「冬」字。
〔四〕數：原無，據日本藏宋刻本、四庫本、傅校本補。

朝强盗不分首從，不問殺傷，併贓滿三貫者死。景祐敕增至五貫，固已從寬。今設六項法，非手刃人例奏裁黥配，何所懲艾？請從舊法。」詔侍從、臺諫集議。公言：「賊知必死，將甘心於被盗之家，故稍開其生路。」後遂不改〔一〕。暫權給事中。公以《中興條法》已四十年，積續降二萬餘條，乞從删定。詔委刑部大理長貳及僚屬掌其事，而以公兼重修敕令詳定官。五年再參詳省試，轉左朝奉、朝散大夫。四月，正除權刑部侍郎，兼侍講。上諭公曰：「既爲侍從，天下事皆可論。朕每厭宦官、宫女之言〔二〕，故數延見經筵官。自今朝政闕失、民情利病勿惜盡言。」公奏：「前後臣僚論事衆矣，未嘗簿録，何以考其行否？宗室非嶽祠則員外置雜官及歸正官，多不釐務，何以顯其才能？兩淮多曠土，宜置力田科，募江浙富民自以耕夫牛種開荒，苟有成效，特補官。凡配隸人亦聽授田雜耕。」又言：「贓吏及囊橐盗賊者，財産没官可也。若倉庫綱運欠折而無弊，責償苟足，合歸其業，不應斥賣或賜勳戚。州縣私立税場，擾及行旅，鄉坊捕酒如治大辟，宜加禁止〔三〕。」上嘉獎曰：「卿所陳皆可行，有用之才也。」選充金國賀正旦國信使。六年使回，轉左朝請大夫。上方經略中原，將命者多從臾之説，上以諗公。公曰：「虜法簡嚴。」上曰：「未可圖耶？」公頓首曰：「誠如聖訓，姑修人事，以俟天應。」閏五月，兼權吏部侍郎，進《續會要》，轉左朝議大夫。六月，改權吏部侍郎，尋兼權尚書〔四〕，轉左中奉大夫。十一月，敕令格式進書，增損元文五百七十四，帶修創立三百六十一，删八十三，留以照用者百二十有八，公用力爲多。轉左中奉大夫。上嘗問：「黜陟卿職者有過差否？」公言：「温、台水災，守臣王之望、陳巖肖以前執政從官放罪〔五〕，而二漕削官。知信州趙師巖補前守移兑常平米，反以擅用鐫秩，毋得親民。提舉官李庚已付鄰郡推治，乃坐不檢察罷，勿與監司。」上並許改正。公蚤侍少師郎銓曹，耳熟精通，暨歷三選，力破有司從窄之論。迨兼長貳，益得行志，士大夫鬱滯頓伸。法或不可，明以告之。辨宗室及陣亡人女夫奏薦不當入七色恩科，選人乞休致許用嶽廟歲月例權入官之考〔六〕，命官公過非經勘正勿關刑寺注籍〔七〕，凡案後收坐者就部原赦結絶。存心之仁類此，上下翕然賢之。郊禋差五使，宰執不備，特命公充鹵簿使。有忌之者，禮成不自安，請去。七年正月，除敷文閣待制、提舉江州太平興國宫，侍從館閣分韻賦詩以餞。四月，起知泉州。海中大洲號平湖，邦人就植粟麥麻豆〔八〕，有毗舍耶蠻揚飄奄至，肌體漆黑，語言不通，種植皆爲所穫。調兵逐捕，則入水持其舟。已而俘民爲鄉導，劫掠近城赤嶼洲。於是春夏遣戍，秋暮始歸，勞費不貲。公即其地造屋二百區，留屯水軍，蠻不復來。久之，戍將貪功，妄捕真臘大商兩舟至庭，公辨而遣之。左翼軍列寨郊外，軍人夜踰城盗庫金〔九〕，爲

〔一〕遂：日本藏宋刻本作「迄」。
〔二〕女：原作「妄」，據日本藏宋刻本、四庫本、傅校本改。
〔三〕宜：日本藏宋刻本、四庫本、傅校本作「願」。
〔四〕權：原無，據日本藏宋刻本、傅校本補。
〔五〕放：原作「犯」，據日本藏宋刻本、四庫本、傅校本改。
〔六〕例：日本藏宋刻本、四庫本作「理」。
〔七〕籍：原作「簿」，據日本藏宋刻本、傅校本改。
〔八〕豆：原無，據日本藏宋刻本、傅校本補。
〔九〕庫金：四庫本作「金庫」。

邏卒所執，反誣卒爲盜。公得其實，主將懼罪争辨，公畀軍中自治之。舊例蕃商與華人鬭，非折傷聽贖。公曰：「既在吾境，當用吾法。」争鬭用稀。詔許三佛齊寄銅造瓦。公奏：「在法銅不下海，且中國方禁銷鑄，奈何爲小夷所役？」卒不與。閩地狹田少，歲藉廣米，每患客舟不時至。公籍上户航海者，出錢數萬緡貸之，使糴於五羊。比歸，損價以糶，官收其本，子與其人。南外宗子初纔數房，久益蕃衍，舊廩給不足，而僧田多户絶〔一〕，豪右增租争佃。公諭見佃人，若受所增最高之數歲以輸官，聽如其舊。佃户樂從，宗子月給遂足。九年，進敷文閣直學士再任，就賜衣帶。淳熙元年，轉太中大夫。請祠，六月再提舉興國宮。江西謀帥，道除知隆興府赴闕〔二〕，臨遣甚寵。吉州龍泉縣豪民王氏父子鬻爵，怒武尉驗田不如欲，集惡少狙擊折足。州不能治，移鞫傍郡，猶不承。公與諸司具奏，決配嶺南，人皆快之。二年，湖北茶寇賴文政轉剽湖南，入江西，據永新禾山洞。公遣宿將賈和仲帥師討之，和仲輕敵敗衄。六月，詔公節制軍馬。賊短兵輕甲，一晝夜馳山谷二百里，官軍困追逐，公曰：「技有長短，不可强也。」分兵遮列，賊蹙欲降，公與提刑辛棄疾議遣興國尉黄倬持檄招諭。而公先自劾和仲喪師，七月降龍圖閣待制，又降集英殿修撰，罷帥事，十月落職，南康軍居住。而賊迄就降，誅之。始公使北，曾覿爲介，頗疑簡驢，至是亦下石逞憾云。再期方許自便。後八年，乃提舉興國宮。十三年德壽慶典，還龍圖閣待制，轉通議大夫，明年再任。十六年正月，改鳳翔府上清太平宮。光宗覃恩，轉通奉大夫。紹熙元年〔三〕，復敷文閣直學士，十二月磨勘正議大夫。二年，以正奉大夫致仕。今上即位，還宣奉大夫〔四〕。詔書求言，仍賜銀合茶藥。慶元五年冬，優禮老臣，特加學士〔五〕，賜衣帶鞍馬。六年七月庚辰以疾薨，年八十一。遺奏聞，贈特進。妻碩人同郡樓氏，先二十七年卒。三子：端中，奉議郎、兩浙西路提舉常平司幹辦公事，賜緋魚袋；立中，宣教郎、知婺州武義縣丞；儀中，受遺澤。四女：三蚤夭，一適奉議郎、知福州永福縣樓鏘，再適修武郎、東南第六副將趙善琮。孫男四人：之翰，承奉郎、監嘉興府華亭縣市舶務；之榦、之輔、之範。孫女七人：長適迪功郎、新臨安府臨安縣尉裘得宜；次適沈楷、通仕郎趙鑮、王元恭；餘未行。曾孫女二人。先是碩人葬慈溪縣石臺鄉龍潭之原，十二月丙申公合葬焉。爵自奉化縣開國男積封本郡公，食邑通二千五百户，實封百户。公立朝盡心職業，深爲孝宗所知。雖與史丞相浩同里同年，魏丞相杞少相從，蔣丞相芾並爲儲僚，而公恬於進取，一無附麗。中間謫南康，有唁公者，公笑曰：「某年踰五十，若以恩科入官得尉星子，不賀我乎？」客聞歎服。杖履往來廬山，和陶令《歸去來詞》，觴客則歌之。還鄉十五年，踰七十即納禄。又十年，兩值登極，應詔陳治道各數千言。年八十被優異之恩〔六〕，女兄樓夫人長公十歲，亦封郡夫人，兩家賀賓盈門，燕集者累月，士大夫

〔一〕「僧」上原有「主」字，據日本藏宋刻本、四庫本、傅校本删。
〔二〕除知：原無，據日本藏宋刻本補。
〔三〕熙：原作「興」，據日本藏宋刻本、四庫本改。
〔四〕宣：四庫本作「正」。
〔五〕加：四庫本、傅校本作「陞」。
〔六〕年：原無，據傅校本補。

榮之。少師天資仁厚，常曰：「事事方便，物物利益，是吾志也。」公推廣力行，始終不怠。葬少師後，析常産遺兄弟，公以四之一獨任百費，竭力營冢舍，有餘亟作，無則暫輟，閲再期乃成〔一〕。女弟三人，俱得所歸。遇大禮三蔭其姪，今諸孫尚白丁。性樂施，宗姻緩急皆歸之。著《興仁録》示子孫。四明風素厚，公割田二十畝創立義莊，欣慕者衆，積至三頃。郡守林大中助以絶産二頃，擇鄉官主之。遇士族清貧者家有吉凶，各爲限制，隨事白郡，郡下莊第給，遂爲無窮之利。府學當葺，公自任儀門，又爲文勸有力者，不日而新。冬至元日，集鄉士行禮大成殿下，退序拜明倫堂。歲講鄉飲，推長者祭酒，自齒韋布之列。凡里中義事，悉爲主盟。不喜飲而喜延客，座上常滿，各得其歡心。平居慕白樂天爲人，年六十即退閑〔二〕，以「適」名齋，「宜静」名室。時作歌詩，平澹造理。從容二十有五年，庶幾樂天之出處，壽則過之。立朝好延譽後進，識樞密葉公翥於掌故之中，交游如錢尚書象祖、劉侍郎孝韙、史待制彌大、都司潘時〔三〕、屯田鄭鍔、簽判沈銖，推揚汲引，惟恐不及。晚尤篤學，抄書如少年。有《適齋存稿》二十卷、《備忘》十七編、《唐宋名公詩韻》四十編，并《漫録》、《訓鑑》等書，藏於家。予昔與公同朝相好也，去夏書未酬，聞公訃，諸孤遠求隧道之碑，而翰林尚書樓公鑰復示公行實，且曰：「吾母年將期頤，哭弟不勝哀，况於其甥？願賜之銘，以慰存没。」乃爲銘曰：

惟古賢者，匪懈爲仁。衆欲汎愛，均焉無貧。猗歟汪公，後己先人。佽佐三邑，已勤利民。翔於禁塗，謀告力陳。司寇枉直，典銓滯伸。苟可澤物，心無疏親。歸哉二紀，壽祉交臻。肆推緒餘，施及鄉鄰。既昌其詩，亦榮其身。仰止香山，逝將擬倫。刻銘豐碑，永世弗湮。

資政殿學士宣奉大夫參知政事蕭正肅公燧神道碑

嘉泰元年

《烝民》美宣王任賢使能，周室中興。孟子曰：「賢者在位，能者在職。」此服休服采之辨也，孝宗皇帝實兼用之。當是時，經武理財，期攄高宗之宿憤，差擇能臣，比肩於朝。惟故參知政事蕭公靖共正直，簡在上心，未嘗談兵言利，而偏歷要劇，兼贊鈞樞，異乎效能於一職者。嗚呼！孝宗可謂善任賢矣，公可謂進以德矣。今公之子以里人工部謝尚書諤所狀行實請碑墓道，予與公居鄰邦，仕同朝，晚復共政，其何可辭？公諱燧，字照鄰。先世唐望族，散居潭之瀏陽，南唐時徙袁州新喻縣，今隸臨江軍。高祖集賢殿修撰固，天聖進士，皇祐初爲廣西轉運使，知儂智高兇狡，數條上羈縻之策，樞臣沮之〔四〕。智高果作亂，反坐失察，降知吉州。嘉祐中帥桂林，消患折衝爲多，王文公安石志

〔一〕期：日本藏宋刻本、四庫本、傅校本作「歲」。
〔二〕年：日本藏宋刻本作「未」。
〔三〕潘時：原作「潘時」，原刻校云：「别本作『時』。」今據此及日本藏宋刻本、四庫本改。潘時，金華人，淳熙中曾爲左司郎官，見《會稽續志》卷五。「都司」即左右司郎官之别稱。
〔四〕之：日本藏宋刻本作「止」。

其墓。曾祖某官，贈太子太保，諱洵；妣河内郡夫人張氏〔一〕。祖朝散郎、通判江州，贈太子太傅，諱錞；妣東萊郡夫人趙氏、東海郡夫人陳氏。父贈少傅，諱增；母鄭國夫人陶氏，繼母許國夫人李氏。紹興初復制舉，少傅用近臣薦至闕，請闢言路，宰相不悦。罷歸，教諸子以學，公獨穎異，幼能屬文。十八年，進士第五人，授左從事郎、平江府觀察推官。郡守李朝正號剛嚴，僚吏畏縮。公遇事別白是非，朝正敬焉。秦丞相檜親黨密語公曰：「秋試必主文漕臺。」公詰其故，則曰：「丞相有子就舉，將以屬公。」公怒曰：「某初仕，敢欺心耶？」漕檄下，乃秀州也。至則員溢，就試院易張教授者去〔二〕。秦熺果前列。初公未第，夢神人示文書，中一聯云：「如火烈烈，玉石俱焚；在冬青青，松柏不改。」至是秩滿，當官上庠，公徑赴部，調静江府察推，地闕俱遠。蓋知秦怒，且信前夢也。高宗更化，垂召，丁許國憂。三十二年，服除，堂擬太學博士，闕殆十年，公復注靖州教授。考滿，改左宣教郎。孝宗初年〔三〕，錢公端禮、虞公允文同執政，求中立不倚之士，差公諸王宫大小學教授。乾道五年供職輪對，論官當擇人，不當爲人擇官。上喜，因御製《用人論》賜大臣。六年，除太常府寺主簿，進太常丞。群臣爭畫策恢復，公因對言：「漢高祖取項籍，奇謀秘計史不得書。今自治未效，而大言釣美官者紛紛，謀國亦疏矣。」上然之。公自登朝，出公門入私門，率數月隨衆一至政府，未嘗有所求。上察其賢，七年擢將作少監，八年兼權司封、司勳郎官。九年進擬軍器監，玉音以爲允諧，公益知上眷。俄兼太子左諭德。淳熙二年，遷國子司業。時議德壽慶典，生員爭挾貴要求爲大小職事，覬霑霈恩。公與祭酒蕭之敏請立格選差，至今守之。九月兼權起居舍人，越三日復權中書舍人。直前奏謝，上曰：「卿質直無附麗，故加親擢。」三年三月，進起居郎。先是察官闕，朝論多屬公，上以公不歷縣爲礙格。十二月超拜左司諫，首言辨邪正然後可爲治。上及外臺耳目多不稱職，公疏二人乃大璫甘昪、都承旨王抃所主，上即罷之。一日復宣諭兩郡守不職，公則辨其無他。其不阿類此。每對必言民力困窮，冗費不節，宜立經制，量入爲出，又州縣官冗，增員未已，赦放逋負有名無實，守令勸農反爲農害，京西不當益武憲，輔郡不應用武守，獎拔宜先循良後能吏。上皆行之。時中外無虞，歲事屢豐，議者復及進取。上以問公。公曰：「賢否雜糅，風俗澆浮，兵未强，財未裕，正宜卧薪嘗膽，以圖内治。若恃小康萌驕心，非臣所知。」上曰：「忠言也。」公因勸上正紀綱，容直言，親君子，遠小人。近習有勢，可賞以禄，不可假以權。上甚嘉納。四年冬，擢右諫議大夫。入謝，上曰：「卿論議鯁切，不求名譽；糾正姦邪，不恤仇怨。」故制詞謂「善不近名，仁必有勇」，道上意也。五年同知禮部貢舉。有卿監暫權工部侍郎，被酒自託出曾覿之門，公奏黜之。夔帥李景孠恃援貪虐，臺臣不敢劾，公極力論之。趙參政雄奏公誤信景孠讎人令狐某之言，捕治其人。公併及趙。上不得已，閏六月徙公刑部侍郎。懇辭，不聽。固請補外，九月出知嚴州。吏部尚書鄭丙、

〔一〕内：四庫本作「南」。
〔二〕去：原作「云」，據傳校本改。
〔三〕年：日本藏宋刻本作「元」。

侍郎李椿皆謂公不當去，上亦悔之。嚴地狹財匱，始至庫緡不滿三千。公儉以節用，不二年積至十五萬緡。淳安縣務課溢額(二)，公付縣充版帳，且爲豁積欠數千緡，屬邑俱寬。先是宣和庚子方臘盜起，甲子一周，衆方疑懼，適遂安令朘土兵廩給，群言洶洶。公亟易令，且呼卒長告諭，皆感恩畏服。城中惡少數十輩間擾市廛，公密籍姓名，涅補軍額，人以安堵，庭無留訟。監司言狀，上方靳職名，非功不予，詔公治郡有勞，特除敷文閣待制，移知婺州，父老遮道，幾不得行，其送出境者以千數。婺與嚴鄰，熟公政，不勞而治。會歲旱，浙西常平司請移婺粟於嚴，公曰：「同路則可，今東西分部，不當與，然舊治安忍坐視？」爲請於朝，上發大倉粟賑之。八年冬召還，公言：「江浙再歲水旱，願下詔求言，仍命監司通融郡縣財賦，毋但督責而已。」除吏部右侍郎，旋兼國子祭酒。近例知閤官兼樞密都承旨，或怙寵招權，上思復用儒臣，九年正月，命公以龍圖閣待制爲之。公言：「債帥餘風未殄，群臣進言非迎合獻諛則强辯邀譽，當察誠僞虛實。」上稱善。八月，除權刑部尚書。北使賀正旦，充館伴使。十年兼權吏部尚書，明年兼侍講，十一月真拜秋官，典銓如故，俄升侍讀。公言：「命令不可數易，憲章不可數改。初官不許恩例免試，今或徑令注授。既却羨餘之獻，今反以出剩爲名。諸路録問大辟，長吏當親詰，以防吏謾。死囚數多，乞如漢制殿最以聞。」事多施行。慶典丁錢減半，亦自公發之。經筵讀《陸贄奏議》至度支折税市草事，公奏：「聚斂之臣欲爲欺誕，必更制度，如桑弘羊幹鹽鐵，宇文融括剩田，皆陰耗元氣。」上曰：「制度何可紛更？天下本無事，庸人擾之耳。」又讀《論裴延齡書》畢，奏曰：「人君未嘗不欲去小人，然君子常爲小人所勝。蕭望之困於恭顯，在漢元帝不足責。如唐明皇、憲宗號明主，而張九齡不勝李林甫，裴度不勝皇甫鎛，蓋小人善以智術惑主聽。」上曰：「小人須挾才，鎛亦延齡之徒也。」公曰：「贄貶在貞元十一年，明年而延齡死，殆非人力，不然延齡相矣。贄之言可爲萬世戒。」上極稱善。十三年七月，正除吏部尚書。十四年因旱求言，公列十事以進。高宗山陵充按行使，明年正月遂貳大政。尋思陵禮儀使畢事，進官二等，按行賜銀絹五百，禮儀又五之二，並固辭不受。五月，權監修國史、日曆。十六年正月，兼權知樞密院事。倚注方隆，而公自陳年至，除資政殿學士，與郡，復請閑，改提舉臨安府洞霄宫。陛辭日，上有「勉從卿去」之語。光宗即位，詔書求言。公手疏六事，語甚剴切，表乞休致，優詔不允。以紹熙四年二月二十五日薨，明年十月己酉葬本縣鍾山鄉上靈之原，享年七十七。積官宣奉大夫，封豫章郡開國公，食邑至二千一百户，實封三百户，特贈金紫光禄大夫。娶同邑張氏某之女，封大寧郡夫人，通古今，有賢行。三男：逵，某官，進士唱名第四，孝宗咨賞。他日入謝，上曰：「逵才氣甚佳，父子高科，殊爲卿喜。」遵，某官。兄弟皆賢而文。其一夭。五女：長不及嫁；次適某官趙師烜，前卒；次適某官趙師焆(三)；次適某官劉若；次繼室師烜。孫男三人：彖、蒙，承奉郎；一尚幼。公資性端醇，問學精博，持身玉雪，論事金石，

(二) 課溢：原作「加」，據日本藏宋刻本、傅校本改。
(三) 焆：日本藏宋刻本、四庫本作「焆」。

聲色財利無所狥，飲弈服玩無所好。接物雖和，然不可干以私，常曰：「士大夫操履正，乃能守道守官。若内有毫髪之愧，臨事必掣肘。古人謂受恩多難立朝，諒哉！」惟其所得如此，故安恬不競，人不得而親疏。孝宗深知之，每稱其全護善類，誠實不欺，御書《二十八將傳論》以賜。公之言事或有未契，必反覆開陳，退未嘗漏言。薦進人才不市私恩。在從班奉敕舉察官，以今三衢丞相余公應詔，上即用之，其精鑑如此。高宗初喪，上未見群臣，首引公及翰林學士洪邁，語頗傳外。公尋得政，上對二府及之，面奬公曰：「參政周密，必不泄也。」始終倚信，豈偶然而已？立朝三十年，苞苴不至其門，退歸鄉閭，蕭然如寒素。自號定齋居士，闢小圃，粗立亭觀，藝花竹，制度極簡朴，鄉人名曰南園〔一〕。晚康彊無疾。其終也，適清明薦享家廟，退與子孫論文如常時，有頃微倦，就枕奄然而逝。《文集》五十卷、《奏議》二十卷、《外制》五卷、《經筵講義》二卷、《東宮講義》五卷。以子升朝，遇恩累贈某官。銘曰：

古先哲王，真賢是任。任之伊何，必親必信。惟是良臣〔二〕，以德復君。其德伊何，必忠必誠。明明孝宗，如日有赫。温温蕭公，韞玉之質。帝曰汝文，其代予言。又曰直哉，以繩我愆。迪簡疇咨，爰授之政。東府西樞，兼斡二柄。以輔以翊，謀焉孔嘉。有始有卒，音則不瑕。帝倦於勤，公亦歸止。燕頤故鄉，綏厥壽祉。譽望之成，似續之興。以貽來世，不在斯銘。

丞相洪文惠公适神道碑

嘉泰元年

公姓洪，系出共工氏，後避仇以洪易共。三國有廬江太守矩，唐有集賢學士孝昌，五季自歙徙饒州樂平，又十世始居鄱陽〔三〕，隱德田廬。至公高祖士良力教子孫以學，愛滃港山川而置倉焉〔四〕，命其子曰：「他日葬我倉下，青紫當不絶。」後十六年元豐乙丑，孫彦昇果以進士起家，事徽宗，歷三院御史，至給事中、徽猷閣待制，遂爲大家。公之曾祖諱炳，贈少保；妣紀國夫人何氏。祖贈太師、鄭國公〔五〕，諱彦先，給事弟也；妣魯國夫人董氏〔六〕，後徙樂平之洪源〔七〕。父皓，政和乙未進士，仕至徽猷閣直學士，贈太師、魏國公，諡忠宣；母魏國夫人沈氏。公初名造，字温伯，一字景温，後改名适，字景伯。幼穎異，日誦書三千言。忠宣公自嘉禾司録應選使朔方，公年十三，已能任家事，率五弟三妹奉祖母及母避亂歸饒。母亡，復過嘉禾，食忠宣之禄，日夜率長弟文安公遵、次弟翰林學士邁種學績文，至忘寢食。用父出使恩補修職郎、監南嶽廟，調嚴州録事參軍、浙西提

〔一〕南：傅校本作「楠」。
〔二〕是：日本藏宋刻本作「時」。
〔三〕十：四庫本、傅校本、《盤洲文集》附録作「七」。居：原作「歸」，據傅校本、《盤洲文集》附録改。
〔四〕川：原脱，據傅校本、《盤洲文集》附録補。
〔五〕鄭國：《盤洲文集》附録作「秦國」。
〔六〕魯國：《盤洲文集》附録亦作「秦國」。
〔七〕洪源：《盤洲文集》附録作「洪巖」。

舉常平司幹辦公事。紹興十二年，與文安公同應博學宏詞科〔一〕。宰臣進呈所試制詞，高宗曰：「父在遠，子能自立，可嘉，宜與陞擢。」遂除敕令所删定官。後三年，翰林公亦中選，由是洪氏文名滿天下。改左宣教郎，入秘書省爲正字。才數月，忠宣公歸自朔方，以忠言忤秦丞相檜，斥補鄉郡，公亦出通判台州。將滿，而忠宣公散官謫英州〔二〕，台守觀望，擬彈公文納當路，轉示言者，以爲風聞，坐免官〔三〕，往來嶺南供子職。閲九年秦薨，忠宣北歸亦道卒。服闋，起知荆門軍，公才智有餘，臨民惠愛。二十八年，應詔上寛恤四事，凡公私以例取民錢歲數千緡悉除之。郡久爲盗區，大比士附江陵試，解額僅存五之一。公作成日衆，乞自闢試闈，稍還舊額，繼有登科者。改知徽州，會鬻官田，監司慕賞迫州縣，公獨寛之。初至，訟析産不平者紛然，公曰：「此吏求賂不印關書之過也。」命人户毋問早晚齎書庭下，立爲印給，其訟遂絶。爲政得要類此。范文穆公成大來爲户掾，公一見知其遠器〔四〕，勉以吏事，暇則商榷著述。自是范公宦業文章高一世，每德公云。擢提舉浙西常平茶鹽，會文安公守平江，易江東路。嘗兼提點刑獄，蓋鄉部也，持正不私，風采振厲。三十二年，車駕視師金陵，公因朝覲言：「本路昨旱荒，民逐食淮甸，復困虜兵。今雖懷歸〔五〕，而田産官已斥賣，不則給佃，乞斷自二十八年後〔六〕，許業主若子孫用估價贖還。」天語褒飾再三。時翰林被命迎使客，上曰：「洪皓三子皆可用也。」公於是歷陳邊防、民兵、積粟、賑民等事，朝廷益知其才，除尚書户部郎中，總領淮東軍馬錢糧。孝宗即位，海州解圍，符離用兵，供億繁夥〔七〕，公心計周密，暇裕如平時。會有旨犒海州之師，鎮江及武鋒軍有實在圍中而不與名，公比附倍給。以便宜招納海道逃卒，歸之督府，歸正者接踵而來，或無以贍其家，因公奏乃計口添支。公謂官以總領淮東爲名，而財賦實隸浙西江東〔八〕，乞以兩路入銜。後公登二府，竟行其説，迄今便之。隆興元年，就遷司農少卿。明年召貳太常，兼權直學士院，又兼權禮部尚書。上初講郊祀，公乞進胙德壽宫〔九〕，及改定樂章，汰樂工冗員，人謂禮與時兩得之。七月，文安公罷西府，公即求去。上遣使賜茶，諭令安職。尋因夜直同右正言尹穡召對，上稱公温粹，文詞有用，論事可觀，穡先頗睥睨公，知上眷乃已。九月，除中書舍人，内直如故。湯丞相思退免侍御史，晁公武論公草麻無譴責語，公亟請外。上曰：「公武言卿黨思退，朕謂平詞，出朕意。」固却其章，仍徙户部侍郎矣。方羽檄交馳，書詔填委，或夜召，或細札咨訪。公獨當内外制，時時奉詔言事，如乞防虜海道，降詔親征，多契聖心，大用之意已定。虜既講好，首命公爲賀生辰使，虜遣同簽書宣徽院事高嗣先接伴，自言其父司空有德忠宣，相與甚

〔一〕應：《盤洲文集》附録作「中」。
〔二〕公：原無，據四庫本、《盤洲文集》附録補。
〔三〕坐：原作「公」，據《盤洲文集》附録改。
〔四〕「公」字原無，據《盤洲文集》附録補。
〔五〕懷歸：《盤洲文集》附録作「懷鄉」，傅校本作「還歸」。
〔六〕二十八：原作「二十二」，原刻校云：「别本作『二十八年』。」今據此及四庫本、《盤洲文集》附録改。
〔七〕夥：原作「侈」，據《盤洲文集》附録改。
〔八〕浙西江東：原作「浙江西東」，據傅校本、《盤洲文集》附録改。
〔九〕乞：原作「必」，據傅校本、《盤洲文集》附録改。

歡，得其要領以歸。乾道元年五月，除翰林學士，仍兼中書舍人。大臣奏翰苑不應下兼掖垣，上曰：「洪某在後省振職，欲其整頓綱紀耳。」秦塤予祠，公執不可，上徑批依奏，封以付公。明日賜對，宣諭曰：「卿論秦塤甚當，雖朕意所向，不可行者，第言之。」巫伋被召，余堯弼復職，莫汲爲密院編修官〔一〕，公皆繳奏而止。又奏免外制，上曰：「執政有闕，朕當用卿。」公因繳馬監崔良輔轉官，乞令大臣討論賞典。上極稱善，且曰：「卿且執政〔二〕，自可討論。」六月，遂除端明殿學士、簽書樞密院事。上諭參政錢端禮、虞允文曰：「三省事與洪某商量。」東西府始同班奏事。公赴德壽宮謝，高宗曰：「上議用卿，吾謂從官中無踰卿者。況卿父精忠，古今所無，頃欲登用，阻於秦檜。今卿兄弟相繼入輔，此天報也。」八月，以左中大夫參知政事。十二月，拜通奉大夫、尚書右僕射、同中書門下平章事，兼樞密使。公自簽樞旬月入相，感激異知，任怨革弊，以誠實不欺爲主。人才可用，疏遠不棄；不然，雖親舊弗予。上每稱其心存公道，進擬無不當。公奏：「中書舍人蔣芾語臣無事可繳，臣答云凡降旨云特者皆非法，今一切無之。」上曰：「芾亦及此，且謂特旨宜審。」公奏：「陛下動遵成憲，願思芾言，益崇聖德。」上曰：「朕與卿等共守之。」駕幸白石教場，閱三衛軍馬，公前奏將帥有潛蓄鷹犬備狩獵者，上即呼諸將戒諭。初議召見郡守，觀其能否，公言：「舊惟見闕賜對，今乞勿拘闕遠近，並令半年前奏事之任。」遂爲定制，二千石多得人矣。公自執政即奏減機密房吏，三省密院毋留額外人。有承旨司謝褒者力乞存留四人，其子在焉。公怒，取旨編置政府久不治吏，上欣然以爲允。户部事有稽慢，公追主令治之。侍郎林安宅上章請罪，既又欲給度牒千道付廣東，期一季盡鬻。公請減半，仍戒科擾，安宅滋不悦。馬軍乞牛皮五十餘萬爲馬甲〔三〕，御前拋買五萬〔四〕，工部別得旨市十三萬。公奏數多限迫，上曰：「軍器所妄計，是使人殺耕牛也。」第買一萬而已。中批朱彦宗知婺州，公言：「此資善堂翊善朱震之子，雖可與郡，然彦宗娶潘氏，乃婺州長公主家。」遂改泰州〔五〕。二年，殿中侍御史張之綱論陳宗霖當與差遣，而潛附所厚華初成於其中，公發其姦。上視初成履歷曰：「屢放罷，又嘗停官，且年已及，豈應與郡？卿敢及臺諫，可見無私，朕終夕爲之喜。」劉貢初除監察御史，公贊上得人〔六〕。會術士薛言中同貢子爲人求官於樞密使汪澈，汪送有司，上未知也。早朝，上稱貢能治錢塘寄囚，已批出還殿中，公與執政及薛言中事，且云除書未啓，當封還。上曰：「卿等如此無隱，向來宰執所無。」之綱尋以憂去，貢遂罷。方士皇甫坦謁公，公薄其禮，坦怒云云。公責之曰：「君誠有道，胡爲出入宮禁，妄談禍福耶？」明日，公奏：「通國以神仙待坦，陛下謂坦何如？」上已知公責坦，笑曰：「頗能布氣治病，昨日宮中賜酒，醉語已無倫矣。」公既疊忤言路，適林安宅爲諫大夫，或勸公引避。公曰：「吾與安宅異

〔一〕莫汲：原作「巫伋」，據四庫本、《盤洲文集》附録改。
〔二〕卿且：原脱，據傅校本、《盤洲文集》附録補。
〔三〕馬甲：原脱「馬」字，據傅校本、《盤洲文集》附録補。
〔四〕拋：傅校本作「批」。
〔五〕泰州：原作「秦州」，據四庫本、傅校本、《盤洲文集》附録改。
〔六〕公；原脱，據四庫本、《盤洲文集》附録補。

同，國事也。上知吾忠，豈可患失，逆爲去就乎？」適春霖，公引咎乞退。上曰：「春自多雨，卿第安心。」安宅遂與臺官合辭論公，上不聽，安宅至家居待罪，公亦力請。上不得已，三月辛未，除公觀文殿學士、提舉江州太平興國宮，而謂參政葉顒曰〔一〕：「宰臣奉法守公，誠實不欺，無如洪某，重違言者耳。」不數月，起知紹興府、浙東安撫使，治得大體，復勤小物，軍民安之。閲歲有半，提舉臨安府洞霄宮。時翰林在西掖，上語之曰：「賢兄三請祠，姑聽暫閑。」公素不營產業，自越歸，得負郭地百畝，因列岫雙溪之勝，復置臺榭，引水流觴，種花藝竹，命曰盤洲。一椽一卉，題詠殆徧。安居十有六年，身名俱榮，子孫滿前，近世備福鮮及公者。淳熙十一年二月辛酉薨於正寢〔二〕，前自撰遺表上之。享年六十有八，爵鄱陽郡開國公，食邑五千二百户，食實封二千四百户。初贈特進，諸子遇恩累贈太師、魏國公。娶沈氏，太學博士松年女，追封魏國夫人，母夫人之姪也，先公五年薨，葬郡東南四十里徐村之原。公爲墓銘，效漢人立雙闕，因自作小傳，俾後人刻其上。明年三月甲申，諸子奉公柩合葬焉。男九人：長槻，朝請大夫、新知贛州、江南西路兵馬鈐轄；次柲，朝請大夫、新知南劍州；榗，早亡；槆，朝散郎、新權發遣長寧軍；櫍，朝請郎、前軍器監主簿；桴，故承事郎；楹，朝奉郎、新知慶元府定海縣；椋，早亡；梠，通直郎、前權簽書荆門軍判官廳公事。女三人：長早卒；次適通奉大夫、同知樞密院事許及之，前卒；次適朝散大夫、兩浙西路提點刑獄公事薛紹。孫二十三人〔三〕：倬，承議郎、江南西路提點刑獄司幹辦公事；偀，故承事郎、知常德府龍陽縣丞；伋，奉議郎、荆湖南路提舉茶鹽司幹辦公事；偲，承事郎、新知江州瑞昌縣；俵，承事郎；侑，承務郎〔四〕、新提領建康府户部贍軍酒庫所幹辦公事；僑、俁；侃，承務郎、新監建康府户部大軍庫門；傒，承事郎、新權簽書漢陽軍判官廳公事；傳，將仕郎；佃、倜、仔、俅、儉；儔，承事郎、新監無爲軍崑山鎮；伉、俊、仁；俶，承務郎〔五〕；佑、儆、倓〔六〕。女孫十二人：適文林郎、前廣南西路轉運司主管帳司楊汝明，修職郎、新無爲軍巢縣主簿權當國，通直郎、兩浙東路提舉常平司幹辦公事張履信，鄉貢進士陳洋〔七〕，承務郎張鐩〔八〕，將仕郎邢謂，將仕郎王待問，進士高俶〔九〕，迪功郎、新信州弋陽縣尉王元春；餘在室。曾孫男五人：芾、蘊、藺，將仕郎〔一〇〕，蘧、苟。女一人。公器業早成，與人交誠實無浮禮，文華天賦，濟以力學，步驟經史，新奇富贍。兄弟鼎立，自成一家。罷政後，論著益多，四方傳

〔一〕而：原無，據四庫本、傅校本、《盤洲文集》附録補。
〔二〕二月：原脱，據《盤洲文集》附録補。
〔三〕二十三：《盤洲文集》附録作「二十四」。
〔四〕侑承務郎：原脱，據傅校本補。《盤洲文集》附録作「承事郎」。
〔五〕承務郎：《盤洲文集》附録作「承事郎」。
〔六〕佑：原脱，據《盤洲文集》附録補。
〔七〕陳：《盤洲文集》附録作「程」。
〔八〕鐩：原作「某」，據《盤洲文集》附録改。
〔九〕俶：原作「某」，據《盤洲文集》附録改。
〔一〇〕藺：原作「蘭」，據《盤洲文集》附録改。

誦。有《盤洲集》一百卷〔一〕。耽嗜隸古，爲《纂釋》二十七卷、《隸續》二十一卷，屢加删潤，合爲一書，將踵歐陽文忠公《集古録》，趙明誠而下弗論也。某早與文安及翰林同朝，公由常平入對，始識公，又嘗與贛州爲僚金陵，故其子孫以副樞許堋狀請碑墓道。先是太常以文惠易公名，文固然矣。壬辰夏，予奉祠過饒，適連年水旱，流移系道，公宗支繁庶，或不自給，人人言相君賙我，且及恤貧已責事甚詳。夫家居均惠若此，在公固可知矣，遇蔭補，捨長孫，密奏表弟沈自强，酬渭陽之恩，命下乃知，是皆宜書。銘曰：

思文孝宗，雲漢章天。有臣洪公，優於代言。孝宗神武，志平醜虜。公踐帷幄，言整軍旅。帝方克勤，如日運行。公總衆職，甚稱上心。帝惟至公，天無私覆。相業伊何，才能是授。謀皆予同，德惟乃知。周旋二府，僅越三時。保釐東郊，注想未替。歸心浩然，何待奏計。榮名燕居，十有六年。爲而不恃，五福天全。燁燁斯文，振振厥後。詩以聲之，公平不朽〔二〕。

〔一〕一百卷：《盤洲文集》附録作「八十卷」。按許及之所撰行狀稱「有文集一百卷藏於家」，而《直齋書録解題》所著録及今傳世本均爲八十卷。《四庫提要》謂百卷乃藏於家者，八十卷乃刊行者。

〔二〕原刻文後有案語數條：「『案「馬軍司乞牛皮五十餘萬爲甲」』，別本作「乞牛皮五千餘爲馬甲」。考文内云「御前拋責五萬，工部別得旨市十三萬，」又云「第買一萬」，疑當以作「乞牛皮五十餘萬」者爲是。蓋必無請少而給多之理也。

又案：「閲九年，秦甍，忠宣北歸，亦道卒。」考《宋史》忠宣本傳云：「徙袁州，至南雄州卒，年六十八。死後一日，檜亦死。」而景伯傳則云：「檜死，皓還，道卒。」三説皆微有不同，當以《容齋隨筆》所載爲定。其記《張子韶祭文》一段，云「先公自嶺外徙宜春，没於保昌，道出南安時，猶未聞檜相之死」云云，與秦甍、忠宣北歸亦道卒，檜死、皓還道卒之説合。其云「後一日，檜亦死」者，父子兩傳互異，則亦非實筆也。

又按：翰院本、知聖道齋本並以此篇列第二十七卷林保碑之後，爲二十八卷首篇。考林碑作於嘉泰二年，此碑作於嘉泰元年，不當反列其後。今以林碑列二十八卷之首，而移此篇於是卷之末，庶年月可考云。

廬陵周益國文忠公集卷六八

平園續稿卷二八

神道碑 八

左中奉大夫敷文閣待制贈特進林公保神道碑 嘉泰二年二月

高宗皇帝既通好北虜，思與兆姓休息，擇端良學識之士布列庶位，故敷文閣待制四明林公行安節和，特被簡知，久貳制官，引疾奉祠，考終於家。其葬也，鄉老何寺丞涇嘗狀其事實，而出處行誼則載實録，惟是墓道之碑闕而未備。後五十餘年，其孫都大提點坑冶鑄錢祖治以使事過廬陵，謂某嘗官太史，夙知公賢，且契好不薄，固以爲請，久之乃克如約。惟林氏出殷比干，比干既没，子堅逃難長林，遂命氏焉。晉永嘉亂，渡江家泉南，至本朝爲今慶元府鄞縣人。曾祖復、祖彦臣、父延之，俱不仕。父以公貴，贈正奉大夫。公諱保，字茝民。政和二年登上舍第，調迪功郎、舒州宿松尉，兩從廣西帥辟主管機宜文字。是時方郡縣蠻境，將士稍俘平民冒賞，公核正之，全活爲多。武吏注闕泛濫，公爲立三等校試法。改奉議郎。南丹州策動，擢本路提舉常平。或疑資淺，改倅桂州。丁母碩人石氏憂，詔復以帥幕起，公固辭。服除，通判汀州，移疾主管亳州明道宮及江州太平觀，起知興國軍，改提舉兩浙及廣南市舶，皆不拜，累轉朝請大夫[一]。家居十餘年，安貧著書。嘗評論夏少康迄唐肅宗得失，號《中興龜鑑》上之。敕書褒答，賜服金紫。紹興七年，高宗命左司諫陳公輔密薦學術議論用心忠直可備台諫者，公輔首奏公問學淵源，持論不阿，操守可觀。是夏召赴都堂審察，秦丞相檜止除提舉江東路常平茶鹽。徽之休寧縣因變法季增鹽五十八萬，公請以比歲中數爲額，邑人德之。九年，入爲國子監丞。公言郡邑上丁釋奠，十哲侑坐，今大成殿惟設顔、孟，又上戊享武成王，不應廢牲牢，止用棗脯二籩而無配享，其後禮官並請從公言，仍增管仲至郭子儀十位配坐。在職二年，朝論推其靖共，擢尚書比部員外郎。十一年八月輪對，九月升郎中。初，公居閑修定《鄉飲酒儀》，至是增損其制以聞，尋詔鏤板頒行，轉左朝議大夫。十二年正月，充省試參詳官。七月，遷吏部郎中。十四年三月，進左司郎中，俄兼中書門下省檢正諸房公事。是時修定郊祀，講大朝會，禮文交舉，命公兼太常少卿，人咨其博。前此，銓曹都司例謝客，不敢可否事，公獨振舉滯淹，雖休沐猶引驗文書，吏不得以微文沮升改者。惟秦蜀頃用便宜遷轉僞冒，公設科條，盡革其弊。嘗獲詐官，法當賞，公曰職也，卒不言。上重交鄰，歲擇卿監可任侍從者付以使指，八月特賜對，除權吏部侍郎，假本曹尚書，充金國賀正使。初，顯仁皇太后南歸，沿塗應奉權增頓次，自後南北修聘往來輒循其例；又有請起兩淮稅者。公使回，具

[一]「朝」上，傅校本有「左」。

言淮民凋敝狀，頓既復舊，税議亦格。上眷方厚，十五年冬引疾請去，除敷文閣待制、提舉江州太平興國宫者再。公謙恭清約，存心忠厚，惟嗜讀書，雖老不倦，鄉黨儀之。積官左中奉大夫。十九年四月甲寅卒於正寢，享年七十有一。十二月庚申，葬本縣龍山之原。妻令人李氏，前卒，累贈普寧郡夫人，遂以合葬。遺表聞，贈左正議大夫，子升朝，累贈特進，爵西河縣開國子，食邑五百户。公文辭雅實，似其爲人，有集三十卷。二子：勉，終承直郎、監行在文思院上界門；劭，終朝散大夫、新知南劍州。七女：長適朝奉大夫、江西參議官董昌裔；次未嫁而夭；次適宣教郎史純臣，早世，再適迪功郎、主湖州武康簿吳曦；次適朝請郎、知興國軍陸流；次適承議郎、司農寺丞柳綸；次適奉直大夫、前江西提刑陸洸；次適進士劉汝霖。孫四人：長祖洽也，今以户部郎官總領湖廣江西京西財賦；次祖壽，蚤世；次祖昌，登仕郎；次祖坦，修職郎、紹興府會稽縣主簿，亦早世。孫女四人：長適朝奉大夫、主管成都府玉局觀陸杞；次適通議大夫、充敷文閣待制史彌大；次適進士吳傳；次適從政郎、紹興府上虞縣丞樓淳。曾孫六人：岳，宣教郎、知台州仙居縣；密，迪功郎、監泰州丁溪鹽場〔二〕；岡，從事郎、新監臨安府新安縣税；峦，習舉業；庚，將仕郎；康，尚幼。曾孫女三人：長適儒林郎、嚴州支使錢萃；次適奉議郎、知江州德化縣陳卓；次未嫁。銘曰：

紹興中葉，兵休衆熙。穆穆聖皇，垂拱無爲。旁招吉士，賢任能使。入從出疆，匪庶常比。孰端其身，而濟以文？猗歟林公，允也其人。迪簡在庭，靖共所涖。歸安故鄉，終始無愧。德蓄於躬，裕乃後昆。克對無羞，英英孝孫。既念爾祖，亦鴻厥慶。揭辭墓門，永矣傳信。

朝議大夫工部尚書贈通議大夫謝諤神道碑

嘉泰二年

孝宗皇帝知人善任使，每擇恬静正大之臣爲諫官御史而宿其業，常曰：「學術正則議論正，議論正則是非公，必不修睚眦之怨，訐曖昧之過。厥有大姦大佞爲時指名，則仁者之勇其肯舍諸？彼徒以擊搏爲能，指摘細故，豪强未必鋤，善類或被害矣。」某久侍左右，熟聞聖訓。今觀故焕章閣直學士謝公舉世稱爲君子長者，其問學淹貫，内宜爲儒林之官；忠信慈惠，外當付以民社。然自監察進殿中，歷侍御史，遂拜右諫議大夫，以遺光宗，爲御史中丞。六七年間，陳善閉邪，遏惡揚善，如漢孝文時；議論寬厚，恥言人過失，化行天下。此孝宗用公大意也。公諱諤，字昌國，臨江軍新喻縣人。其先叔方唐初爲洪州都督，因家高安。元和中有名華者徙居新淦，十世孫懋及其季子岐、舉廉、世充，元豐八年同榜登科〔三〕，號臨江四謝。舉廉字民師，蘇文忠公嘗與書論文，即公四世伯祖也。曾祖臻，祖誠，俱有隱德，世居新淦。父革，修身樂道，號清風老人，大觀中始徙新喻，以公貴贈中大夫。母胡氏，贈淑人。公幼敏慧愿慤，日誦書千言，爲

〔二〕泰州：原作「秦州」，據四庫本、傅校本改。
〔三〕登科：傅校本作「進士」。

文立成。紹興二十七年第進士，以左迪功郎調峽州夷陵縣主簿。未至，撫之樂安多盜，監司檄公攝尉。公條二十策，大要使其徒相糾，而以信賞隨之，群盜果解散。三十一年至夷陵，適金虜渝平，諸軍往來境上，選行縣事，有治辦聲。三十二年覃恩，循左修職郎，用舉者升左從政郎，移吉州録事參軍。囚死給槽自公始。陳氏訴其僮竊財匿民家，辭頗過實，帥龔公茂良欲坐以罪。公列其不然，帥由是知公。乾道四年，廬陵艱食，饑民萬餘守譙門求振廪，官吏失措。公亟植五色旗，分部給糴，頃刻而定。其後江西再旱，帥命攝屬偏走郡邑，凡用粟百萬斛，而户口獲濟者百萬。蓋公素以仁民愛物爲心，故任事如此〔一〕。七年，改左宣教郎、知袁州分宜縣。縣負郡欠十萬緡，公請蠲除於上司。會丁母憂，後令許樞密及之申前説，時公以在言路爲之助，併秀之華亭縣月椿重額皆得減免。淳熙五年，求主管台州崇道觀以便親。明年丁父憂。八年，朝士推薦者多，入幹辦行在諸司糧料院。九年夏，除國子監主簿。十年春，遷太學博士，俄擢監察御史。公素患差役不均，居鄉勸民買田充義役，至是婺、處二州偶行之，詔下其法，諸路或以爲疑，公力陳其便。湖州安吉縣税絹許用粗絲，名曰屑絹，有司請却之。公言邑既輸絲，又織綾，夏税已重，故相乘除，宜如故。上並從之。十三年九月爲副端，言士大夫習狗慾而背理，習狗私而背公〔二〕，習貪恣而廢廉謹，習刻薄而鮮寬厚，習汰侈而恥節儉，習輕率而昧詳審，習詐僞而罕真實，習隱蔽而忘忠純，願如成湯制官刑以儆之。十四年升臺雜〔三〕，適淮浙夏旱，公條政事十二失，晝賑濟七策。天子嘉納。十月入諫垣，明年冬兼侍講。公奏：「帝王之學，稽古爲先。六經皆古也，而《書》爲先，可證後世得失。」上曰：「人君不知學則自怠。如唐太宗功非不高，恨不知學，使能以《書》證得失，豈復用兵高麗乎？」公又言：「事無大小，在乎立本救弊而已。帝王樂聞善言，稽古不倦，正爲二者。陛下每言允執厥中，蓋中則不倚，自然本立而弊除。」上曰：「所貴乎中，無過不及。朕最喜伊尹、傅説，所學得事君之道。」公曰：「伊、傅固然，非成湯、武丁信用之，亦安能致治？」公於啓沃，大率類此。嘗因夕對及邊事，上有乘機會之諭〔四〕。公曰：「機會雖不可失，亦戒輕舉。」上再三稱善。一日與公論性，上曰：「朕每愛孔子性相近及上智下愚不移之説簡而易明，知卿嘗從郭雍，雍於此似有得，豈曾見程頤乎？」公奏：「雍父忠孝嘗事頤，時雍尚幼，蓋得其傳於父耳。」初，雍已封冲晦處士，於是加賜頤正先生。十六年春，光宗登極，公獻十箴：一曰業難成而易敗，宜兢兢保之；二曰道甚簡易，在尊所聞；三曰畏天之威；四曰存心公正；五曰賞罰不可妄；六曰獎廉戒貪〔五〕；七曰訪民疾苦；八曰理財以義；九曰姦諛生亂，甚於夷狄；十曰自治乃可治外。又論治天下必有家法，乃爲長久之道。又乞舉人望以聳動中外。又論二節三近：宴飲、妄費，二節也；執政大臣、舊學名儒、經筵列職，三近也。上悦。四月，遂進中執法。會補闕薛叔似、拾遺許

〔一〕任：傅校本作「臨」。
〔二〕狗慾而背理，習：四庫本作「不謹而皆」。
〔三〕十四年：原脱，據四庫本、傅校本補。雜：傅校本作「諫」。
〔四〕諭：原作「論」，據四庫本、傅校本改。
〔五〕貪：原作「暴」，據傅校本改。

及之並移卿監，公言：「壽皇復置此官，用意甚遠。今名遷而實廢，非新政所宜。」頃之，徙權工部尚書，力請去，以直學士知泉州，又辭，遂提舉江州太平興國宮，凡歷三任。紹熙五年十一月九日以疾卒，享年七十四，官至朝議大夫，爵清江縣伯，食邑九百户。遺奏聞，贈通議大夫。娶胡氏，封淑人，内助爲多。二子：峴，通直郎、江淮等九路都大鑄錢司檢踏官[一]；峙，蚤没。三女，適進士丁南容、胡定、彭熠伯。孫男四人：淮，迪功郎、新筠州高安縣尉；渭、漳、灃，皆登仕郎[二]。孫女三人：長適歐陽珙，次許胡逢吉，一尚幼。公孝友慈祥，助以學力，每志於仁，勇於義，躬自厚而不責於人，事親養志無違。教二弟義兼師友，諧亦中第。豐城孟程筆力豪俊，公誨之曰：「詩詞特遊士之雄耳。」程即易業登科。問道請益者屨滿户外，公隨其材器勉使成立。姻戚交舊處之合宜，疾病死亡隨力周恤。後生求詩文筆札，應酬不倦，人人滿所欲而去。初居縣南之竹坡，榜曰「艮齋」，晚徙邑東，竹木參天，叢桂尤多，命曰「桂山」，二名聞於中外。予在從班嘗被旨薦士，及公姓名，上遽曰：「是所謂艮齋耶？」予問：「陛下何自知之？」上曰：「朕見其《性學淵源》五卷而得之耳。」公平生著述至多，有《艮齋集》四十卷，《論語》、《詩》、《書》解各二十卷，《春秋左氏講義》三卷，柏臺、諫垣奏議各五卷，《經筵總録》三卷。其他如《金石庵類稿》、《鈐岡約草》、《筆隱堂記》、《自嬉集》、《楚塞從稿》、《雲根叢稿》、《樵林機鑑》、《南坡學林》、《天上詩稿》、《江行雜著》、《景符堂文稿》尚數十編。嘗進《孝史》五十卷，詔付秘書省。公量宏履坦，行以忠恕，待臧獲怡顔和氣，皆得其懽心。每語人云：「吾自得頤正先生簡易之説，用之不盡。」蓋亦天性也。葬以慶元元年十一月甲申，在袁州分宜縣神龍鄉鍾山里先塋之側。其子以公高弟宣教郎、新知衡陽縣歐陽朴所述事實求寶文閣待制楊公萬里表公之墓，凡文章行誼登載已詳。鄉人又曰：「螭首龜趺，刻爲歌詩，以詔來世，法也。」復使來請。其銘曰：

舜遠不仁，咎繇是翊。舉直錯枉，枉者自直。念昔淳熙，於古若稽。公歷臺諫[三]，斂藏角圭。言忠謨嘉，可獻否替。彼激以訐，視之何細？司直於朝，消伏兜、共。簡易之學，始終頤、雍。展也醇儒，其儀不忒。詩諗廟工，亦彰聖德。

[一]「江淮」上，四庫本有「新」字。大：原脱，據傳校本補。
[二]仕郎：原作「進士」，據四庫本、傳校本改。
[三]歷：四庫本作「任」。

廬陵周益國文忠公集卷六九

平園續稿卷二九

神道碑　九

同知樞密院事贈太師洪文安公遵神道碑

嘉泰二年(一)

洪忠宣公見危授命，半世異域，白首來歸，力陳忠言至計。高宗方引以自近，權臣惡其害己(二)，不使浹日安於朝廷之上，至以漠北僅存之身，投諸南荒必死之地。身且不閔，遑恤其家！然而長子丞相文惠公、次子樞密文安公被遇兩朝，先後得政，又次子翰林公邁未及大用，而入從出藩，翱翔最久。蓋立朝莫清於登瀛，莫榮於代言，莫重於掌文柄，莫尊於間兩社。公既與昆季迭居(三)，並以文章稱天下，公又先進，或一再至焉。其後孫曾印綬相望，方興而未艾，衣冠盛事，世推洪氏。《易》云：「積善之家，必有餘慶。」《傳》謂：「非此其身，在其子孫。」蓋天定能勝人也。樞密諱遵，字景嚴，世爲饒州鄱陽人。曾祖炳，贈少保；妣紀國夫人何氏。祖彥先，贈太師、榮國公；妣秦國夫人董氏。父忠宣，諱皓，終徽猷閣直學士、左朝散大夫，贈太師、冀國公；妣楚國夫人沈氏。世次見文惠碑。公兒時端默如成人，楚國亡，慟絕者再。苦學忘晝夜，詞章壯麗，自成一家。紹興十二年春，以右承務郎監南京中嶽廟，冠詞科，賜進士出身。高宗念其父，特除秘書省正字，復科徑入館自公始。閣下多前輩，皆以畏友待公。明年春，文惠公繼來，搢紳榮之。秦熺爲秘書郎、爲少監，勢燄赫赫。公守道安恬，留滯不遷。九月忠宣去國，公求通判常州。守湯樞密鵬舉、部使者孫秘丞汝翼待僚吏嚴峻，公雖少而明擿吏姦，臺府爭委以事。移倅婺州，守李琛傲愎，亦知敬公。升佐紹興府，未上。二十五年夏，再入爲正字，攝行外制。十一月，湯樞密執法殿中，薦爲御史。方賜對而忠宣公薨。服闋召還，公奏：「先臣與龔璹均使虜廷。璹臣劉豫，以擅殺人被誅，秦檜反贈節鉞，臣父抗節乃貶死，可謂不分逆順矣。」詔還忠宣舊職，賜謚，擢公起居舍人，遷郎，兼權樞密都承旨，二十八年也。明年正月，除中書舍人，賜服金紫。殿前裨將輔逵轉防禦使(四)、王剛團練使，公言：「近制管軍十年一遷，二人尚未滿歲。」上喜曰：「步帥趙密去年求遷，詞臣謂密爲節度使方九年，逮今乃除太尉。卿論二人，軍中自以爲當也。」時勳臣子孫多歷臺省，議者以爲言，詔序遷至次對即久任內祠。公奏：「侍從非磨勘比，明言序遷可乎(五)？」三十年正月，兼權禮部侍郎，

(一) 二年：日本藏宋刻本、四庫本作「三年」。
(二) 臣：四庫本作「佞」。
(三) 季：日本藏宋刻本、四庫本作「友」。
(四) 輔逵：原作「輔達」，據日本藏宋刻本、傅校本改。
(五) 明言：原作「言明」，據日本藏宋刻本乙。

俄遷吏部。選人詣曹改秩，予奪遲速盡出吏手〔一〕，公隨事疏理，吏不得肆。完顔亮將渝平，中外以爲憂，沈介使回獨謂無他，公請密爲邊備。八月，兼權吏部尚書。舊制文武臣致仕任子許所在州保奏，或請必由本貫，革欺弊。公言：「宦游蜀廣或數千里，自有敕牒可驗。」詔仍舊法。公既以近臣兼承密旨，邊防民隱每爲上言。三衙春夏牧馬夏菰城，仰給蘇、湖、秀三州，適積水淹田〔二〕，有司預請倍輸夏麥以補芻粟；北虜索絳陽郭小的、安化劉孝恭等二百家，公皆執不可。軍器刓弊〔三〕，命公料簡，公區別良窳，衆謂熟於軍旅者未必能也。上以是有大用意，入翰林爲學士，典銓如故。明年，御史論湯丞相思退章不下，內批以大學士奉祠。公當直，例作平詞，諫官云云。公連請去。三省擬除敷文閣直學士，上令進徽猷，提舉江州太平興國宫。閲三月，平江闕守，上親用公。先是虜亮命張忠彦堅壁鳳翔拒吴璘，以劉萼攻擾襄漢，自將精鋭及簽軍分寇兩淮。謂我悉兵扞邊，乃別造舟膠西，刷河北壯丁雜金人號大漢軍，統以蘇尚書者，將由海道乘虚擣二浙。諜知其謀，詔浙西總管李寶率舟師禦之。公竭資糧器械濟寶，寶乘風盡焚虜舟。亮謀既壞，忿躁就斃〔四〕。寶由右武大夫超授靖海軍節度〔五〕，公有助焉。步帥李捧嘗請斷吴江橋防虜入，或又欲塹常熟縣之福山限其騎軍。公曰：「審爾，是棄吴以西耶！」凡堂帖、監司符移〔六〕，皆收不行。上幸金陵，從衛百須，傍郡承迎不暇，入公境獨無過求。公謂官拘商船聚近海縣，募水手留民兵夾運河築烽臺，徒費無益，悉條奏散遣，吴人德之。三十二年夏，上將內禪，趣召公，日詢來期，遂還翰苑。凡傳位及登極赦、上太上尊號、追册安穆皇后、封拜三王制詔皆公視草。六月，進學士承旨，兼侍讀。隆興元年知禮部貢舉，皇城邏卒挾〔七〕內侍王允修，侵辱士人，公引蘇軾奏陳慥故事以聞。閩士揖其友，邏者指爲傳義，欲掖出之，公命卒業。一士賦擅場，又有對策剴切，皆傍犯名諱，公爲取旨，許降等奏名。前二人，林光朝、樓鑰也。陳自修試詞科，擬制一語聱牙被黜。公薦其才學，特與教官。其愛惜士類如此。五月，同知樞密院事。張忠獻公以元樞督師江淮，公與宰相協心帷幄，凡處分機要，平議對境書檄，敷陳曲折，率稱上意。公前在從班，與正言周操議論不同，至是操爲侍御史，將以和戰不決彈公。疏未入，語漏，上徙操權吏部侍郎。公不自安，求去，上却其章，請益力，以端明殿學士再提舉興國宫。還鄉，傾貲葺園圃，築小隱堂，日與昆朋賦詩飲酒，極溪山之樂。乾道六年，起知信州。民遇吉凶及營造困於科酒，諸縣重賦斂，州市物虧其直。公家鄰郡，素知之，至即亟爲罷行。旬日，驛召赴闕奏事。時江東圩田壞，徙公知太平州。前政即周御史，聞公來，不俟合符馳去。公追餞十里，曰：「前日

〔一〕盡：日本藏宋刻本作「一」。
〔二〕淹：日本藏宋刻本、四庫本作「冒」。
〔三〕刓：原作「利」，據日本藏宋刻本、傅校本改。
〔四〕斃：原作「薨」，據日本藏宋刻本、傅校本改。
〔五〕右：原作「左」，據日本藏宋刻本、傅校本、《建炎以來繫年要録》卷一九五改。
〔六〕移：原作「驗」，據日本藏宋刻本、傅校本、《建炎以來繫年要録》卷一九三改。
〔七〕挾：傅校本作「杖」。

國事，何嫌？今不爲子孫計耶？」交驩而行。公躬履圩埂〔一〕，勸相徒役，用工數萬，人忘其勞。轉運張松妄奏圩未嘗決，民無轉徙，止當責成圩户，裁省雇募。公乞朝臣按視，於是將作監馬希言、監察御史陳舉善繼來，直公之言。圩成，合四百五十有五。松方別治溧水永豐圩，過科工費〔二〕，壑鄰逞憾。公曰：「郡當歲儉，方賑恤流移，勸分乞糴，如封股不充喉，尚能飽他人之腹乎？」一力訴於朝，就除知建康府、兼本道安撫使、行宮留守。上諭當制舍人范成大載公治績，且許入覲。時虞丞相允文有意北征，先移駐侍衛馬軍〔三〕，驟增萬竈，敕公同二府議於内殿。公奏：「呂惠卿請與弼臣同對，神宗赫怒。近太上在金陵，張浚司留鑰，亦不許偕執政奏事，願別班引。」上批「所委體大，共議勿辭」，蓋近比所無也〔四〕。進資政殿學士寵其行。至則蠲苗米耗剩，許民自持斛槩。徧走郊野，布置營壘、民居及塚墓，一無相涉，諸將不能易。上賜手札曰：「寨地異同，卿挺身任責，非乃心王室，疇克爾？」踰年役興，禁卒醉酒摇衆，公磔於市，帖帖無敢譟。御前軍常晝入旗亭，挺刃椎壚，公付獄駉聞，統帥懼罪，乞付軍自治。上怒，罷統帥，公亦貶秩二等。頃之，五營訖工〔五〕，詔還元宜〔六〕，加大學士。屬部饑，公疲精救荒，食少事多，庸醫勸服礬石，鼻衄不止。暮夜，江船火近大軍倉，公馳救，疾益侵〔七〕，祠章三上。淳熙元年春，乃許提舉臨安府洞霄宫。十一月甲午薨於里第，享年五十有五。積官大中大夫，贈宣奉大夫，爵本縣開國子，食邑六百户。四年正月丙午，葬湖陽七蟠山之原。妻咸安郡夫人朱氏，尚書右丞諤之孫，朝議大夫正剛之女也〔八〕。翰林狀公遺事上太常，謚曰文安。有文集八十卷，《東陽志》、《雙譜》各十卷，《錢譜》五卷。子男三人：柄，今爲奉直大夫、新知峽州；梠〔九〕，早世；棹，今爲奉議郎、新兩浙轉運司幹辦公事，賜緋魚袋。女六人：四不及嫁，其二適禮部尚書木待問、提轄左藏東西庫陳由義，今俱亡。孫男七人：价，舊名恢，今爲奉議郎、淮東常平司幹辦公事；悦，承奉郎，早亡；佃〔一〇〕，通仕郎；僖，承奉郎；侹、伸、倓，未仕。孫女八人：長適儒林郎、新四川總領所幹辦公事余忠卿；次適通直郎、前知德化縣汪杲，繼室以其妹；次許進士楊景受；二夭，餘未行。曾孫男三人：艾，將仕郎；蔚，登仕郎；著，將仕郎。公以二子升朝，累贈太師。咸安後公十二年十二月薨，與公同穴，贈秦國夫人。昔某試館職，公實發策；孝宗初元分掌内外制，每議事輒聯名，相與至厚，以是峽州遠求墓道

〔一〕躬：原無，據日本藏宋刻本、四庫本補。
〔二〕科：四庫本作「料」。
〔三〕馬軍：原作「軍馬」，據日本藏宋刻本乙。
〔四〕比：原作「此」，據日本藏宋刻本、四庫本、傅校本改。
〔五〕五營訖工：原作「五營乞公」，據日本藏宋刻本、傅校本改。《宋史·洪遵傳》云「五營成」，即此義。
〔六〕詔：原作「函」，據傅校本改。
〔七〕侵：傅校本作「甚」。
〔八〕正剛之女也：原作「正剛二山之女」，據日本藏宋刻本、傅校本删、補。
〔九〕梠：日本藏宋刻本、四庫本作「梠」。又《攻媿集》卷五二《洪文安公小隱集序》云「公之子二」，無洪梠者，當考。
〔一〇〕佃：四庫本作「佃」。

之碑。惟公静重明通〔一〕，平居言不輕發。上前議論纚纚，語簡而理足。雖以文進，政術自高，與物無競，人不忍欺。守郡未常以公錢予人，親舊有求，捐俸不靳，故通貴而家無餘資。某既備書見聞，復繫以銘曰：

劬躬燾後，有開於先。進德修業，惟嗣之賢。嗟嗟忠宣，奮身致主。生死朔南，兩極艱苦。天寔恫之，三子英英。科名宦達，公則先鳴。翔於樞庭，底績三鎮。有猷有爲，謂復得政。何德之臧，而年弗長。惟文與行，没世彌彰。彼崇者丘，屹立斯石。詩以颺之，有永無斁。

寶文閣學士通奉大夫贈少師梁公汝嘉神道碑〔二〕　嘉泰三年

高宗初元自汴幸維揚〔三〕，已而周旋江浙，然後定都臨安。當是時，忠足以尊君親上，才足以撥煩治劇〔四〕，論思則援古證今，治郡則知所先後，如户部尚書梁公，誠所謂國家之寶臣，不可以無傳也。公諱汝嘉，字仲謨，處州麗水縣人。曾祖訥，祖佐，俱有隱德。父文林郎固，贈光禄大夫。妣普安郡夫人何氏。公幼敏悟，讀書不捨晝夜。外王父清源郡王何丞相執中奇之，奏補登仕郎。初以迪功郎主管吏部官告院，三被賞，循儒林郎〔五〕，調中山府司兵曹事，減員改儀曹。每以不可開邊釁爲言，帥怒，劾奏。未報，虜兵薄境，委公持御香祝版祠北嶽，欲陷公死地。公蹈履艱危，禮成而返，用舉者改京秩。嘗辟燕山府路帥屬，議論不詭隨，帥不悦，公求還京師。俄丁母憂，營葬常州，因家焉。靖康初服除，就選知武進縣。己酉二月壬子，六飛蒼黄南渡，甲寅次常，官吏駭散，公獨不去。上異之，顧大將張俊，刻姓名於御劍。郡人張文靖公守方在朝，亦誦公治縣功，升通判州事。九月加直秘閣，增陴濬隍，陰爲賊備。俄戚方來寇，郡守周杞將遁，公固留之。賊退，遷秩一等。既而虜騎大至，杞退保宜興，部民數萬倚公安集，特遷承議郎。未幾，擢提舉本路茶鹽公事。紹興改元夏，漕臣請令停户輸二税物斛佐邦用〔六〕。公言：「民煮海代耕，故皇祐著令估價錢以優之。驟變法，必將逃亡，大失國課，公私受害。」詔從舊法。二年春，除兩浙轉運判官，又升副使兼權臨安府。市皆茇舍，數火，公始陶瓦易之。三年七月，進直龍圖閣，正知府事，首繕庠序以示風化。虜遣使來，適殿柱壞，詔亟葺治。公心計有餘，凡梁柱竹木瓦石丹漆皆度廣狹高下素爲儲跱，一夕告成。上自宫省，下至營屯及百司官廨，區處悉有方，始成都邑。上諭公曰：「前政宋煇俗而懶〔七〕，盧知原謬而執，今得人矣。」四年，特除徽猷閣待制。俄進户部侍郎，仍兼臨安。公以共二辭〔八〕。五年春，進顯謨閣直學士、知府事。初浙西安撫使移隸京口，至是改付公，遂爲定制。六年秋，諜報劉豫挾虜入

〔一〕明通：日本藏宋刻本作「通明」。
〔二〕公：原無，據日本藏宋刻本補。
〔三〕維：原無，據四庫本補。
〔四〕撥：傅校本作「理」。
〔五〕「循」下原有一「以」字，據四庫本删。
〔六〕斛：原作「解」，據四庫本改。傅校本作「料」。
〔七〕煇：原作「輝」，據明澹生堂鈔本改。
〔八〕共二：疑誤。四庫本闕此二字。

寇。上將幸金陵，疑用度不足，公以辨告，遂爲隨駕都轉運使兼浙西沿海制置使。七年春，再爲户部侍郎，領漕如故。九月請外，以寶文閣直學士知平江府。八年正月駕還，公請便郡，初移台州，旋易婺州，復以户部侍郎召。金人議和，樞掾胡忠簡公銓上書得罪，公與侍從六人同對，謂虜情難測，後必背盟，禮不可過，又言責銓太重。奏稿亦多出公手〔二〕，上不以爲忤。當路始不樂，會言者謂祖宗時常平總於户部，今以諸路茶鹽司分領，但置主管官一員爲之屬，金穀陷失以此；又發運使本通融六路財賦致之中都，今乃設經制發運使，歲給糴買錢數百萬，失回易市易贍軍等錢至千萬緡，二者皆狥名失實。九年二月，詔改發運爲經制司，而提舉茶鹽勿兼常平，擇户部長貳一員併領之，諸路主管屬官各爲經制某路幹辦公事。公遂兼江淮荆浙閩廣經制使。三月，進權太常伯，兼詳定一司敕令。上擇象簡面賜公，示大用意。時相諷言路排擊，雖報聞而公不自安，力求去。秋，以舊職提舉江州太平觀。十年冬，起爲川陝都轉運使。公前謂虜必渝平，懇辭，已而果然。東京留守孟庾降，上謂侍臣曰：「庾不可任，惟梁某爲朕言之。」知平江府兼浙西沿海制置使，輟御前金器以賜。至則一新學宮，巨木浮海而至，適中大成殿梁，士民嗟異。十一年，明州妖僧法恩作亂，選公往守，仍兼浙東沿海制置使，過闕升寶文閣學士。上嘗密以千文號付公，有所見，勿拘遠近實封直達。公感激恩遇，知無不言，前後條上便宜，如分命諸將控扼要害，收陝西戍兵以固全蜀，論歸正人不當遣。至謂大臣措畫失宜，爲諸將所輕，願出睿斷，毋失事機；胡世將難專任川陝，宜擇人副之；又乞分大軍爲三，一據地利，一往來策應，一留視營寨，使虜常爲客，我常爲主；又奏，用張俊、韓世忠、岳飛於西府，劉錡守荆南，皆奪其兵，無復進取之計。上每嘉納。踰歲，請祠歸。明年秋知温州。未幾夏潦，公竭力賑恤，併奏江浙閩皆大水，願降德音蠲租税，仍敕有司省不急以補經費。十五年四月，彗出東方，乞下詔求言，中外皆噤莫敢及者。十六年正月移知宣州，悼亡乞祠，從之。自是凡再任太平宫。二十一年起知鼎州，再歲復引疾奉祠。二十四年十月二日薨於里第，享年五十九。越明年十月丁酉，葬松陽縣惠洽鄉之原。階自宣教郎，年勞賞典積至右通奉大夫致仕，贈右宣奉大夫，諸子升朝，累贈少師。爵自麗水縣男至縉雲郡公，食邑自三百户至二千四百户，實封一百户。公識慮絶人，行以忠恕。内更劇曹，他人膠擾，公獨整暇；外歷八郡，人安其政。上用公意殊未已，不幸位未滿能，亦弗克壽，議者至今惜之。夫人葉氏，同郡處士俊之女，與公共歷艱難，同留武進，名聞禁中，心無妬忌，稱於族黨。子十一人：從事郎伯璩、承事郎仲璉、朝奉郎叔玠、朝請大夫季珩、宣教郎季璆、宣義郎季琦、奉議郎季璠、朝請郎季璋，吏方文采，多濟世美；季璵、季璹，不及仕；今惟季珌以朝請大夫、尚書户部郎中總領淮東軍馬錢糧。孫一十七人，其知名者：仲申，終宣教郎、知明州奉化縣；釪，終從政郎、興國通山縣令；叔栝，登進士第，終迪功郎、樂平縣主簿〔三〕；鍇，紹熙甲科，終文林郎、衡州州學教授；銓，迪功郎、新楚州鹽

〔二〕亦：日本藏宋刻本無。
〔三〕「樂平」上，日本藏宋刻本有「温州」二字。

城縣主簿；鉅，太學生；鎰〔一〕，鄉貢進士；鉞，迪功郎、信州上饒尉；鎮，修職郎、旌德尉；鑰，迪功郎、新饒州安仁尉；銖，將仕郎。曾孫二十人。玄孫三人，某將仕郎。公篤於友愛，與其弟未嘗相捨，收恤孤甥，畢其婚嫁，力教子孫，儒風彬彬，其興殆未艾也。既没五十餘年，豐碑未立，季子户部君方爲時用，乃以故參知政事辛公次膺所撰誌銘及家傳屬某緒次。昔我先太師秦國公早與公游，某以孤童宦學未成，已知公譽望在人。公亦間從諸父訪先公之後，竊有感焉。暨忝立朝，識公諸子〔二〕，追懷先契，其何敢辭？乃質之史氏，參憶舊聞，爲之銘曰：

澒洞風塵，牧守跳奔。公一令耳，心存至尊。節錯根盤，鋒鋩必礪。公處其間，雍容允濟。才難固然，知德尤艱。公議大事，誠心每殫。詘理政平，已曰循吏。公歷郡國，儒飾吏事。維西有樞，謂公往諧。命乃在天，弗燮辰階〔三〕。知公於初，紀德於晚。摭實刻辭，其尚行遠〔四〕。

〔一〕鎰：四庫本作「鑑」。
〔二〕「識」上，四庫本有「得」字。
〔三〕弗：原作「夷」，據日本藏宋刻本、四庫本、傅校本改。
〔四〕原刻文後校云：「按：翰院本、知聖道齋本並以梁汝嘉碑列於卷第二十九，次朱松碑，次李文敏碑，而以洪文安碑列卷第三十。今畧依年次改編。」

廬陵周益國文忠公集卷七〇

平園續稿卷三〇

神道碑 一〇

史館吏部贈通議大夫朱公松神道碑 嘉泰三年

祖宗時擇儒學爲館職，自館職擇侍從，由侍從擇輔相。所謂儒學者，明仁義禮樂，通古今治亂，其議論可與謀慮大事，決疑定策，文章特一事耳。治平中，歐陽文忠公在政府奏疏如此。尋命宰執各薦士，其效見於元祐之際。高宗方内修外攘，首置秘書省以儲人才。他有司治事日不暇給，獨館職涵養從容，要路闕必由此選，國朝盛舉乃復見之。新安朱公蓋其一也。公諱松，字喬年，世家婺源。曾祖振，妣汪氏。祖絢，妣江氏。父森，常曰：「吾家五世積德業儒，當有顯者。」後贈承事郎；妣孺人程氏。公生於紹聖四年，兒時出語驚人。未冠力學，繇郡庠貢京師，文體清新，恥於蹈襲。政和八年上舍登第，以迪功郎調建州政和尉。丁父憂。服除，再調南劍州尤溪尉，監泉州石井鎮。詩名聞四方，他文渾涵流轉〔一〕，惟意所適。然謂於道爲遠，益取經子史傳，考其興衰治亂，欲應時合變，見之事業。又因師友浦城蕭顗子莊、劍浦羅從彦仲素而得龜山楊文靖公河洛學問之要，拳拳服膺，每疑性急害道〔二〕，取佩韋之説名齋自警。在尤溪聞靖康北狩，大慟幾絶，自是奔走卑冗，假禄養親，無仕進意。紹興初，監察御史胡世將撫諭入閩，公袖書告之曰：「今不自荆襄赴興元，結夏人控引五路，東嚮争中原，則當幸金陵，固守荆淮，奈何局促一方，徒費日月，竟將何爲？」世將奇其才，歸薦於朝。會前執政謝公克家守泉南，亦露章薦公學問不宜滯筦庫，遂召試館職。策問中興難易，公乞順人心，任賢才，正綱紀，累數千言，辨論精博。高宗嘉賞，除秘書省正字。四年二月，循左從政郎。趙忠簡公以元樞都督諸路軍馬，約公入幕，公以親疾辭。尋丁母憂。七年服闋，上已進都金陵。九月再召對，公勸上抗志高明，垂情延訪，求經遠持久計，遂言：「中興之君惟光武身濟大業，可以爲法。元帝、肅宗志趣卑近，宜以爲戒。」上明日對輔臣稱善〔三〕，且謂光武無可議，肅宗雖優於元帝，然虧人子之行，於其終爲可恨也。特改左宣教郎，除校書郎。是時，吕祉代劉光世統軍淮西，酈瓊擁衆叛去，朝論欲斂兩淮戍兵衛行都。公率同列疏言不可，會虜亦疑劉豫將叛兵不可制，執而廢之。當路不能乘機會，乃亟還臨安。八年三月，遷著作郎〔四〕。御史中丞常同薦公可任大事，四月復賜對，公言：「國論不過兩端，進取者失之踈，玩愒者失之媮，惟自治觀釁爲上策。願陛下並進忠賢，修明

〔一〕涵：四庫本作「浩」。
〔二〕性：日本藏宋刻本、四庫本作「卞」，傅校本作「褊」。
〔三〕「稱」下，傅校本有「其」字。
〔四〕著作郎：日本藏宋刻本、四庫本作「著作佐郎」。

紀律，革姑息，振國勢，虜不足平也。」上悦，擢尚書度支員外郎，兼史館校勘。刊修蔡卞所改《哲宗實録》，公用力爲多。歷司勳及吏部員外郎，史職如故。《實録》成，遷左奉議郎，磨勘轉承議郎。趙忠簡公罷相，秦忠獻公當國，決意講和。公與史官胡珵、凌景夏、常明、范如圭合奏：「陛下以梓宫母兄天屬未歸，不憚屈己和戎，曾不思項羽置太公俎上邀高祖，高祖知其詐，日夜思所以蹙羽者，彼兵疲勢窮，太公自歸。此今日龜鑑也。」秦方惡公異議，參知政事李莊簡公又力援公。屬虜使再至，許歸河南地，公請用漢制，命廷臣雜議。又言二三大將握重兵〔一〕，將有尾大之患，請復武舉儲將帥，選驍勇補周衛，擇守帥壯藩維，興太學、明人倫以倡節義。規模大率類此。秦滋不樂，諷言者論公懷異自賢，出知饒州，十年春也。未上，請主管台州崇道觀。和議俄變，秦蒼黄不知所措，有郎官代作自解之奏曰：「伊尹告成湯：『德無常師，主善爲師。』臣前贊議和，今請伐虜，是皆主善爲師。如其不濟，則陳力就列，不能者止，當遵孔孟之訓〔二〕。」秦大喜，擢郎官爲右史，而不復問所引皆誤也〔三〕。是時秘書省寓法慧寺，或大書於門云：「周任爲孔聖，太甲作成湯。」秦大怒，疑出於館職，相繼汰去，而引用其黨，公遂不可出矣。祠滿再任，命下而卒，十三年三月辛亥也，享年四十有七。公性孝友，於朋友重然諾，不以死生窮達易其志〔四〕。誘進後學，揚人之善，凡邪佞嵬瑣鄙而遠之〔五〕。後一甲子秦薨〔六〕，異時名士抑遏竄逐者悉起爲大官，獨公無年不及〔七〕，識者惜之。其將終也，手書與所善胡憲原仲、劉勉之致中、劉子翬彦冲，屬其子熹使往受業，其後遂以奥學高文推重當世。今上聞其名，以待制侍講禁中，累贈公通議大夫。初，公卒之明年，葬建寧府崇安縣五夫里西嶅山，勢頗卑下，乃卜慶元某年某月某日遷葬武夷鄉上梅里寂歷山中峰僧舍之北。公嘗賦詩，有「鄉關落日蒼茫外，尊酒寒花寂歷中」之句，玆其讖乎！待制以某先太師與公爲同年進士，故來請銘。公娶同郡祝氏，處士確之女，贈碩人。事姑孝謹，待内外姻親和順，得其懽心，後公二十七年卒，別葬建陽縣崇泰里後山鋪東寒泉塢。一男，熹也。女嫁瀏陽丞劉子翔，早世。孫男三：長塾，已亡；次埜〔八〕，將仕郎；次在，承務郎。女三人，修職郎劉學古、迪功郎黄榦、進士范元裕，其壻也。曾孫男五人：鉅、鈞、鑑、鐸、銍。女九人：長適文林郎趙師夏，餘未行。公平生所爲文有《韋齋集》十二卷行於世，外集十卷藏於家。吏部侍郎徐度自言少多與前輩遊，逮識公及張戒定夫，始得爲文之法，欲爲公集序，未及成，而文士傅自得實爲之，謂公詩「高潔幽遠」，其文「温婉典裁」，非溢美也。公母弟槔亦負軼才，不肯俯仰於世，有詩數十篇，高遠近道，號《玉瀾集》云。銘曰：

〔一〕言：傳校本作「云」。
〔二〕孟：四庫本作「聖」。
〔三〕復：原作「暇」，據傳校本改。
〔四〕志：四庫本作「節」。
〔五〕嵬：原作「猥」，據日本藏宋刻本、四庫本、傳校本改。此句，傳校本作「凡邪佞嵬瑣鄙薄之輩，絕不與交」。
〔六〕後一甲子：傳校本無，疑是。
〔七〕不及：原脱，據傳校本補。
〔八〕埜：原作「埜」，據日本藏宋刻本改。

信道惟人，窮理以書。合而一之，乃曰通儒。表表朱公，邁往於初。師友淵源，名實允孚。蘭臺史觀，卿才是儲。有昌其言，有宏厥模。人雖我抑，豈無後圖？高皇更化，群賢畢趨。公則逝矣，齎志弗紓。幸哉有子，播穫菑畬。追爵黃散，肇營新墟。揭以銘章，永鎮龜趺。

資政殿學士中大夫參知政事贈太師李文敏公邴神道碑[一] 嘉泰三年

濟水貫兗與徐，居古九州之二，其在四瀆，得天地質信寬徐之氣，其澤曰大野，是爲十藪之首。鍾英炳靈，今於故參知政事文敏李公見之。始以淵源之學、華重之文藻飾王度，中以剛大之氣扶顛持危，晚以超卓之見居安資深，允所謂間生之賢者也。公諱邴，字漢老，系出唐郇王禕。其十一世孫濤仕五代爲相，入本朝歷兵部尚書，生水部郎中承休，公高祖也。水部生廣文館進士、贈兵部尚書諱仲賓，加贈太子太保者，公曾祖也。宮保次子諱景山，官至駕部郎中，贈太子少傅，兩娶藺氏，贈咸寧郡夫人，公祖父母也。朝請大夫諱琢，贈少師，公父也。娶仲氏，鎮國夫人；孔氏，鄆國夫人。高曾皆葬濟陰，伯祖殿中丞景圭及宮傅葬濟之任城，故公爲濟州鉅野縣人。幼警敏，喜讀書，弱冠能文。伯父樂靜先生昭玘嘗從眉山蘇文忠、文定公、御史中丞孫公覺、門下侍郎李公清臣講論文章，仕至起居舍人。性靜厚忠實[二]，其文演迤貫理，穩密不露斲削，公獨得其傳。崇寧五年登進士第，授將仕郎、德州平原尉，上官待以異禮。秩滿，升從政郎、濮州鄄城丞。外艱服除，執政知其名，用爲編修國朝會要所檢閱文字。宣和初，以儒林郎特除秘書省校書郎，改宣教郎。二年十月，擢尚書禮部員外郎。時中外奏祥瑞無虛日，公草賀表筆不停綴[三]，精確典麗。三年夏，進起居舍人。是冬，以通直郎試中書舍人，賜服金紫。五年七月，遷給事中。閱月，權直學士院。陳橋顯烈宮成，特命公撰文刻石。明年八月，入翰林爲學士，徽宗曰：「內外制得卿稱職矣。」高麗入貢，選充館伴。會召宰輔、親王、貴戚宴睿謨殿，賞橙橘，侍從預者纔四五人，而公在焉。詔賦紀事詩，公乘館客夜草百韻以進。上大喜，遣中使持示麗人。麗人表謝，乞傳本以歸，凡私覿悉加等。適蔡京再領三省，言路觀望，摘公作大宴樂語盛稱鎮圭爲罪，黜提舉南京鴻慶宮。七年冬，除徽猷閣待制、知越州，爲政清簡，抑强扶弱。欽宗覃恩，轉承議郎。詔諸路兵備胡，公擇掾屬通明者付以調發，城中至不聞兵出。議者猶論公因時宰驟進[四]，而不知主眷素厚也，坐落職提舉西京嵩山崇福宮。高宗初元，復右文殿修撰。踰年，召爲兵部侍郎，再直學士院。三年二月壬子，車駕南渡，壬戌至杭州。三月癸未，苗傅、劉正彥反，露刃宮門。上登樓撫諭，公亟趨前叱責傅等，兇焰稍息，又諭殿帥王元擊賊，元唯唯。公扣宰相朱勝非問計策，傅等皆在，公反覆鐫詰，人爲公

[一] 中大夫：原無，據日本藏宋刻本、四庫本、傅校本補。
[二] 忠：傅校本作「真」。
[三] 綴：原作「緩」，據日本藏宋刻本、四庫本、傅校本改。
[四] 「因」上，日本藏宋刻本、四庫本有「前」字。

危，公無懼色。退勸勝非密引外援制賊，又謂傳所聽者正彥，正彥則倚王世修爲謀主，宜陽許世修侍從以間之，蔑不濟矣。太后垂簾旬餘，勝非遂奏變故以來從官能助朝廷者惟李邴、鄭瑴，協心於内，誦言於外。乃除公翰林學士，瑴御史中丞。呂頤浩、張浚、劉光世、張俊等義師起，公與權直院張守分撰請復辟表及批答。丙午，勝非白太后除公與瑴並爲端明殿學士，同簽書樞密院事。四月戊申朔，上御朝，明日遷公尚書左丞，自朝散郎例轉中大夫。公懇辭，上賜親札，略曰：「卿毅然正詞，氣折兇醜，萬衆動色，具臣靦顔。」公謝表亦云：「謀寢淮南，雖慚素望；笏擊朱泚，實厲壯心。詰責兇渠，激揚禁衛。迨成復辟，實與秘謨。蓋出孤忠，豈徼後福？」當時稱爲實録。乙卯大赦，其文云：「斷鼇立極，開闢功成。取日授龍，神明御正。」亦公所草，四方誦之。駕幸江寧。六月，依祖宗舊制合三省官，改參知政事。尋以防秋，分六宮百司奉太后如洪州，命公爲資政殿學士、權知行臺三省樞密院事。公與丞相呂忠穆公議論不協(一)，臺諫有向背意，公聞之，固辭。八月，仍本職提舉洞霄宫。上念公不已，未閲月起知平江府。視事三日，復從請祠。兄鄰帥越失守，連坐落職。明年復端明，紹興元年大禮還舊職。十六年五月甲午，以疾薨於泉州居第之正寢，享年六十有二。遺表聞，贈正奉大夫。八月庚申，葬南安縣石鼓山之原。爵隴西縣開國男，食邑四百户。妻東平郡夫人任氏，朝請郎之立女，前七月卒。五子：縝，警悟絶人，不樂仕進，號萬如居士，有梅詩百篇，終朝請大夫，侍講朱熹碣其墓；維，宣教郎、贈朝奉大夫；紀，疾廢；綸，朝奉大夫；紃，承議郎、贈朝請大夫。五女：長適朝奉大夫、直秘閣傅自得；次適左迪功郎趙如川，再適朝請郎晁子闔；次適通直郎梁護；次適從政郎仲壽朋；次適迪功郎馬諒，再適迪功郎傅伸。孫男十四人：詵，承議郎；讜，承奉郎；諤，從事郎；諫，承務郎；誼，朝散郎；謙，承務郎；訥，從事郎；訦，今爲朝奉大夫、荊湖北路轉運判官；説，通仕郎；訢，從事郎；譓，將仕郎；詠、訒、諝。孫女十一人。公天資高明，積學深至，早歷清要，號稱文士，猝遇國難，大節凛然，爲廟廊之器。嘗奉詔編類《平江勤王及奏請本末》，付禮部鏤板，公既列上，即匱藏元牘。後自泉南繳納省中，子孫始知一時定計具草手疏皆出公及朱丞相之手，他執政著名押字而已。罷政十七年，避時相不復出。讀書作文，雖病不廢。延納後進，教誘無倦，稱人之善，覆護所短。若親舊行已未至，則質問再三，使歸之正。奉養簡薄，賑恤宗族，治家嚴而恕。每愛徐孺子、申屠子、陶淵明之爲人，晚棄世故，深造以道，夫子所謂朝聞夕死者，公蓋得之。所著《草堂前後集》一百卷行於世。其葬也，寶文閣待制趙思誠爲之誌。諸子遇恩，累贈公太師，配封魯國夫人。淳熙初，公薨三十餘年矣，近臣及公叱苗、劉事，孝宗嘉歎，特令定謚。其後有司以「勤學好問曰文，應事有功曰敏」易公名。今公諸孫惟季子之子訦在，典州持節，學世其家，以公神道未碑，遠使來請。某久備史官，得公出處，故詳書而系以銘曰：

齊魯之間，儒學之淵。道閉賢隱，祥麟出焉。由漢迄

(一) 丞相：四庫本作「相臣」。

唐，士多名世。公生盛朝，亦拔乎萃。其來儀儀，資適逢時。以文華國，天子所知。變起弗圖，公奮烈烈。面折羣兇，我勇彼懾。籌幄既咨，義旗既麾。中外協力，乾清坤夷。倬彼宸章，燦若星日。告於萬邦，丕顯公績。上方用公，公曰歸歟。成功者天，寵則難居〔一〕。燕處超然，道則深造。窮理盡性，庶其允蹈。生有自來，死也名垂〔二〕。刻詩道周，言何敢欺！

和州防禦使贈少師趙公伯驌神道碑 嘉泰四年

太祖皇帝七世孫、和州防禦使、提舉佑神觀、贈少師諱伯驌，字希遠，系出燕懿王。王生彰化軍節度使惟忠，彰化生宣城侯從謹，號宣州位。宣城生崇國孝恭公世恬，崇國生嘉國公令晙，嘉國生左朝奉郎、贈太中大夫子笈。公太中第四子。母碩人劉氏，毅肅公昌祚孫。紹興初，以嘉國遺奏補承節郎，監紹興府餘姚縣酒稅。樞密韓公肖冑以一代人物薦於朝，歷監臨安府市舶務、湖州商稅、臨安浙江稅。高宗嗜米芾字，芾常奉詔書崇國誌銘，真蹟進御，喜曰：「令晙及從蘇軾、黄庭堅，故子姪皆業儒，朕在宮邸知之。」召對，待以家人禮，賜帶賜第，屢侍清燕，改侍衛馬司幹辦公事〔三〕、浙西安撫司幹官。隆興二年夏，擢本路兵馬副都監，兼職德壽宮，進兵馬鈐轄。乾道六年，金國遣耶律子敬、張僅來賀會慶節，假泉州觀察使、知閤門事，充接送館伴副使。使者聞公議論激昂，甚加敬憚。初，孝宗鋭欲恢復，用宿將李顯忠、邵宏淵大舉北伐。雖三將失律〔四〕，王師自潰，然威靈所加，中原多嚮應者。虜由是委曲求和，上亦思蓄鋭再舉，始姑從之。當時虜求海、泗，我若求鞏、洛，如鄭璧假許田，於理爲長。况彼以太上爲兄，書儀一用敵國，歲幣復損十萬，已許其大，豈計受書細禮？此自謀臣欲速，無遠慮之失也。是夏，上命起居舍人范成大充泛使議二事。虜許遷奉徽宗及欽宗梓宫，至於受書亦無峻拒意。尋遣中書舍人趙雄賀金主生日，選公爲副，南渡宗室北使自公始。十一月己巳〔五〕，某夜直玉堂，大璫霍汝弼出御札云：「生辰使兼賫國書一封，理會受書，卿可擬進。」立具草付汝弼，明言：「尊卑分定，或校等威；叔姪情親，豈嫌坐起？」上批付宰執商議。二劄併得家藏。後四日召見，褒諭云：「卿能道朕心中事。」因宣示成大所携回書，讀訖，奏：「臣不知彼説陵寢，豈可止及受書？」上謂難爲辭。奏云：「容臣與宰執謀，别作意度。」退至東堂，而商議之批已先下。某添一聯云：「惟列聖久安之陵寢，既難一旦而輒遷；則靖康未返之衣冠，詎敢先期而獨請？」宰執難之。七年正月，雄等行。壬辰，宰執謂予：「對境果移文問二事，悔不用君言。」予云：「幸雄未出境〔六〕，宜易國書，而檄對境所問已附賀生辰使副，仍録本付雄等，毋如呂夷簡不使富弼知書意也。」諸公大以爲然。奏遣密院

〔一〕則：日本藏宋刻本、傅校本作「利」。
〔二〕死：日本藏宋刻本、傅校本作「逝」。
〔三〕侍衛馬司：原作「侍衛司馬」，據日本藏宋刻本改。
〔四〕失律：日本藏宋刻本、四庫本作「不咸」。
〔五〕十一：日本藏宋刻本作「十二」。
〔六〕境：日本藏宋刻本作「界」。

使臣追及雄等於盱眙，虜自此始無説。前公與雄陛辭，上以賀書授雄，別緘授公。虜遣盧璣、烏林荅仲傑接伴，知持禮特用宗室，待遇加厚。父老亦歎曰：「此我家天族也。」老嫗有流涕奉壺漿者。至保州驛，公率官屬望國初先塋御莊悽愴稽首，人爲動色。公與璣輩在道誠意相孚，璣問此行無他求否，公及別緘。璣始聞盱眙之檄，喜公無隱，亦頗通情。嘗語公：「南朝移馬司屯金陵〔一〕，似將遷都，又濠州人夜劫静安鎮馬，殺死軍兵，無乃求釁，有諸乎？」先是盱眙守龔次金禁止騎兵作過人〔二〕，犯者必斬。公携印榜示璣，且謂渝盟不在移屯動觀聽，璣等皆冰釋。暨入見，雄與公各進國書，入辭亦各受答書。公再三奏從違，其宣徽使敬嗣暉傳命云已載書中。勞還，上悦，自武翼郎超轉武翼大夫，俄陞本路副總管。公贊帥優支將士餐錢，精教閲，明階級，捕逃亡，禁私役。一日内教，上謂驍勇不減三衙，褒諭帥守趙磻老，磻老歸功於公，特領榮州刺史。淳熙五年，公子司農寺主簿師羿輪對，上曰：「卿父宗英，旦夕煩一出。」明日遣内侍問公：「浙東、西闕使，惟卿所擇。」遂提點浙西刑獄，轉忠州團練使。時議分屯四明水軍於平江之許浦，委公相視。公言：「沿浦泥沙膠舟，利屯輕舠，若戰艦當泊青龍鎮。」詔可。郭大用代子友爲統帥，欲毁民居，夷丘墓，繕營壘。公請市間田，公私便之。蘇、湖闕守，公皆兼攝，晝夜服勤，庭無留訟，潔己裕民，財用贍足。江陰士人吴姓者，罪當杖而情可恕，公緩之，迄用赦原。吴興學生犯法，公命教授答以學規。愛惜士類如此。或得盜賊囊橐，鋤治不少恕。特轉武功大夫、和州防禦使，以勤瘁得足疾。七年冬，師羿接伴金國賀正者，上命「過平江爲朕屬卿父謹疾自愛」〔三〕，許送伴回程少留。八年，天慶觀火焚正殿，公籍黄冠私帑一新之。上賜筆「金闕寥陽寶殿」，并親札賜萬緡助修飾。行在闕尹，上欲用公，公固辭〔四〕，詔令奏事，留奉内祠。九年正月特落階官，以正任升提舉宫觀，張燈宴客，自歌所製樂府，酒罷欲寢，無疾而逝，十一日也。訃聞，兩宫軫悼，賜仙器以斂，年五十有九。是歲三月三日，葬平江府吴縣至德鄉觀音山。十一年，師羿用大禮恩乞易公文階，换通議大夫，累贈至少師。初娶陽氏，廣西鹽幹革之女，先二十四年卒；再娶劉氏，昭懷皇后弟儀王安成曾孫，後公十七年卒，皆自恭人累贈秦國、齊國夫人，並祔葬焉。二子：師羿，以文采第進士，才猷歷内外要劇，嘗守臨安，歷工、户二部侍郎，今以龍圖閣待制帥維揚；師弁，武經郎、新常州兵馬鈐轄。五女：長適訓武郎董班〔五〕、迪功郎湖州烏程縣主簿李秀實，再寡；次適故通直郎、知江陰縣陳峴；次適武功大夫、主管佑神觀張延裕；次適文林郎、新臨安府觀察推官胡如祖；次適故承節郎、寄班祗候續湜。孫男三人：希蒼，承直郎、建康府駐劄御前諸軍都統制司書寫機宜文字；希虞，故保義郎、監潭州南嶽廟；希祐，文林郎、太平州蕪湖縣

〔一〕馬司：原作「司馬」，據日本藏宋刻本乙。
〔二〕龔次金：原刻校云：「一作『龔鎣』。」按四庫本亦作「龔鎣」。
兵：原作「淮」，據四庫本改。
〔三〕命：日本藏宋刻本作「令」。
〔四〕公：原無，據傳校本補。
〔五〕班：日本藏宋刻本作「珏」，四庫本作「玨」。

丞。孫女二人〔一〕：長適從政郎、監紹興府諸暨縣中浦犒賞酒庫
楊訓；次適宣教郎、知紹興府嵊縣詹乂民，亡矣。公風神警邁，
性識明敏，束髮喪父，毁瘠過哀。既娶，與秦國事母孝敬。兄
没，撫孤姪過己子，割俸助嫂。蓋自太中繼登儒科，仕止佐州，
篤意教子孫。至公博洽醞藉，長於歌詩，心畫取法晉唐，時游戲
於丹青。食客常滿坐，羅列書畫弓刀自娱，而無聲色之奉。疏財
重義，欲種德遺後世，家無餘貲。高宗知其居陋隘，輟地基於比
鄰，仍給工役費以益之。甫落成，而師睪唱名在丙科，又擿御前
聞喜宴詩，大書「榮桂」榜其樓。後數日，孝宗宣引，獎其義方
之訓。兩朝宸章，充滿篋笥，士豔其榮。自號無隱居士，有詩詞
十二卷藏於家〔二〕。予久與公父子同朝，至是揚帥按贈典，子爲侍
從，父及三少，乃以族人故中書舍人彦中所次行實請碑墓隧，爲
之銘曰：

唐興聖帝〔三〕，姑臧攸自。歷世惟七，揆實賢裔。人門第
一，蕃酋知貴。洵美亞師，有華帝系。名聞幽燕，厥亦庸
使。僅登扞防，丕載高位。允顯令子，一品追襚。勒銘昭
之，前修是繼。

武泰軍節度使贈太尉鄭公興裔神道碑

嘉泰四年

顯肅皇后當徽廟太平極盛時正位中宮，恭儉有容，聞於天
下，族屬往往被服儒雅，戚畹儀之。高宗南渡，諸后家多阨於
兵，惟顯肅之姪榮國端靖公諱藻舉宗扈蹕，久領上閤，以使相奉
朝請，考終於家。公蓋其猶子也，自以才敏結主知，歷中外。予
長樞廷，來承密旨，聯事三年，見其議論正，職業修，又與予同
生丙午，以是其子持秘書丞龔頤正所狀行實求碑墓道，誼不得
辭。鄭氏世家開封，公初名興宗，字光錫，孝宗選介北使，
賜名興裔。曾祖諱紳，太師、樂平郡王，追王南陽，謚僖
靖；妣秦國夫人李氏、蜀國夫人任氏。祖諱翼之，陸海軍節
度使，贈太師、魯國公，謚榮恭；妣宗女仁壽郡主。父諱
蕃，武經大夫、和州防禦使，贈少師；妣燕國夫人趙氏。公
早孤，父事榮公。紹興四年，用顯肅遇明堂大禮恩補成忠郎，
監潭州南嶽廟，幹辦祇候庫，昭慈聖獻皇后攢宫内外巡檢。
志在問學，留林下六年，未嘗干進。監鎮江府榷貨務都茶場，
歷秀州、宣州、平江府兵馬鈐轄。隆興元年，陞江東路鈐轄。
乾道初，留司治行宫望幸，公謂勞人費財，且都統及馬軍行
司擇帥未善，孝宗由是簡注。三年徙閩路，入對，詢守令臧
否。公誦所聞，上曰：「卿練達時務，習知吏方，行當用
卿。」會復置武臣提刑，七年就使本路。郡守與寓公因詩文交
訟，獄久不决，公平反之。甌寧有殺人亡命者，干繫日衆，
公乞擿斷。上喜，遥領高州刺史。福帥常用大臣，監司例不
可否獄事，公獨舉其職，制檢驗三格目，一申本司，一上所
屬，一付被害之家，參互考實，遂著爲令。四郡屢更鹽策，

〔一〕孫：原無，據四庫本補。
〔二〕十二：日本藏宋刻本、四庫本、傅校本作「二十」。
〔三〕帝：原作「典」，據日本藏宋刻本、傅校本改。

漕臣請易綱運爲鈔法，公極言其非，又謂薦舉不公，選人宜參用考任；縣尉捕盜改秩多僞，當加審核；海寇倏去忽來，調兵常無及，宜復置澳長，寇至徑率民兵禦之；又揀中禁兵事藝未精，仍多私役；漳州野象害稼，民設機穽而獲，州縣追取其齒，無敢捕者。悉條奏罷行之。八年，領成州團練使，示旌褒也。或傳虜有異志，召爲生辰副使覘之。使還，具言無他，提點浙東刑獄。淳熙元年，易浙西。鎮江軍習水戰，貴近將命在焉，大風舟壞士溺，詔公審視〔一〕，公以實聞。有不樂者徙公江東，請祠歸。九月，除知閤門事，兼幹辦皇城司。十一月，兼樞密副都承旨，接送賀正使者。步軍營婦楊殺旁舍兒，取臂釧而棄其尸，廷尉論如律，刑部以無證佐出之，詔公與御史雜治得實。上曰：「朕固知鄭某能辦此。」以其廉貧，特支真俸，賜第百官宅，仍給營造費。公自初仕積十四遷至武功大夫，領和州防禦使，四年特轉右武大夫。四月丁母憂。六年免喪，職任如故，尋副館伴，又充明堂大禮行宮使。八年落階官，正除均州防禦使。九年再使金國，還潭州觀察使。縈國薨，公請閑致追報之義，提舉佑神觀。十二年起知揚州〔二〕，不拜。明年帥廬，歲儉，力舉荒政，活饑民爲多。十五年復徙維揚，適承匱乏，撙節百方。初在淮西却鄰道互送禮，公至按籍，有支無收，前政俄坐妄費得罪。軍糧不足，例糴他境，公檃括滲漏補其費。編户茅舍困火災，貸民萬餘緡，陶瓦一新之，復請於朝免責其償。楚州議改築舊城，或云此韓世忠遺基不可易。上雅信公，特命臨視，闕地丈餘，板幹堅密。上閱奏，喜曰：「鄭某自不吾欺也。」久之，以餘力葺學校，立先賢祠，定部轄民兵外差法，作成士氣，濬漕河，治橋梁，創義冢，細大畢舉。光宗嘉之，紹熙元年，特遷保静軍承宣使。二年，召領内祠，充明堂大禮都大主管大内公事。今上即位，四明調守，公在選中，兼沿海制置使，蠲常賦，撤私税，闔境便之。慶元五年告老，制授武泰軍節度使。中興後轉節度使致仕，如前執政葉夢得自觀文殿學士而换，劉貴妃父懋由兩使而遷，止降外制，至是特宣麻，蓋異恩也。爵自壽昌縣開國男、食邑三百户，累封郡侯，食邑至一千九百户，實封二百户。方從容賜第，築退庵以佚老，九月三十日以疾薨於正寢，壽七十四，特贈太尉。

公天性孝謹，燕國之喪幾至於毀。縈公將終，分以餘貲，公辭曰：「叔父素恤宗族，願立義莊贍南北眷。」至今賴之。上前論事無隱，孝宗嘗嘆風俗苟且，公曰：「陛下當治其本，凡將相大臣審擇而篤信之，使安其職，則苟且之習革矣。」上以爲然。職事所及，間薦人才，未嘗使知。生平寡嗜慾，每從縈公講論朝儀，退語諸子。喜誦白樂天詩，取言行可法者爲《聞見録》。故其逝也，九重震悼，宰執暨文武朝士皆賦哀挽，舊治士民祭奠絡繹，有司定謚曰惠肅。娶林氏，同知樞密院事吴郡文節公希之孫，贈碩人，前公十八年薨。子男四人：長挺，右武大夫〔三〕、忠州團練使、新知揚州；次搗，

〔一〕詔：原作「召」，據四庫本改。
〔二〕十二：四庫本作「十三」。
〔三〕右武：原缺，據傳校本補。

成忠郎，早亡；次損，從事郎、浙東茶鹽司幹辦公事；次抗，文林郎、浙西茶鹽司幹辦公事。女六人：長適承直郎、前添差兩浙路轉運司催促物料官高大可；次適承直郎、前知池州建德縣劉植；次適武節郎、太平州兵馬鈐轄張莘〔二〕；次適奉議郎、提轄榷貨務都茶場王子鳳；次爲尼，賜號真戒大師〔三〕；次夭。孫男二人：鑄，保義郎，早世；次鐸，成忠郎、閤門看班祇候。孫女一人。諸孤以是年十二月庚午葬公臨安府餘杭縣石門山，從少師之塋。其銘曰：

列聖家法，高出前世。姻戚多賢，相率勉勵。英英掌武，其美能濟。進不以恩，從政果藝。張旜朔漠，覘國無蔽。攬轡閩浙，祥刑有惠。遵旨籌幄，司儀班綴。淮壖撫綏，鄞海節制。顯庸交奏，宸指默契。引年告歸，旌節里第。胡不百年，遽逐川逝。咨爾後人，引之勿替。

〔二〕莘：傅校本作「苹」。
〔三〕真：原作「直」，據傅校本改。

廬陵周益國文忠公集卷七一

平園續稿卷三一

墓誌銘 一

胡斗南箕墓誌銘 紹熙五年

紹興十三年，高宗皇帝復置國學於行在所，四方英俊挾藝求試以萬計。江西素號士鄉，越明年中選者通一路纔三人，而友人胡斗南在焉。自是或留肄業，或歸省親，往來四十年，聲譽日聞。凡閩〔一〕、浙、江、湖先進若後生，一游成均則知斗南姓名，曰是修身安分、通經而贍於文者，爭願結交。人謂釋褐可日月冀，而連枉有司，中間僅一遇覃恩免舉，一以詞賦獲舉。迨升舍就試〔二〕，蜀人李賢良垕玫其文第一，御史揭榜，復疑人數不應式罷去，祭酒、司業、博士、正録無不嗟惜之。後值德壽慶八十恩，乃授迪功郎，監潭州南嶽廟。淳熙内禪，循修職郎，又數年而没。其初終如此。今夫學者不知進德修業，每考得失於占筮，一或連蹇，非怨天則尤人。惟斗南學成名立〔三〕，自鄉達於國皆曰當然，乃獨不然，嗚呼，可以言命矣！君諱箕，字斗南，其先自秣陵徙廬陵。曾祖將仕郎諒，祖鄉貢進士方中。考宗古，瀘溪王先生庭珪嘗銘其墓。君幼而志趣不群，既長貫穿經史，尤精於《春秋》。爲文下筆千言，衮衮不休。間得異書，口誦手抄，忘寢與食〔四〕，已老無倦。事親篤孝，免父喪，櫝衰冠於墓次，遇忌日及歲時上塚，必哀而服之〔五〕。母太安人陳氏，無恙時間歲自學謁告，徒步數千里，不憚勞。諸弟藉君教導〔六〕，皆有聞。其弟籍登第改秩〔七〕，不幸早亡〔八〕。君平生介潔廉方，一飯不輕就，一毫弗妄取，服用簡質，居無惰容。與人交謙恭誠信，未嘗戲侮。鄉鄰有不善，惟恐其知。胡氏大族，叔父資政殿學士忠簡公帥以嚴正，羣從畏憚，惟待君加禮，君亦有聞必告。忠簡公每於廣坐褒稱之，風勵其餘。生七十有三年〔九〕，以紹熙五年六月二日卒。娶曾氏，安遠令耑之女。四子：楷、模、格、標，伯仲嘗同試春官，楷乃再舉，文尤高。二女：長適鄉貢進士倪升卿〔一〇〕，一未行。孫男四人：黯、燮、翼、焌。女四人。遺文三十卷〔一一〕、《三傳會例》三十卷、《孫吴子注解》，並藏於家。諸子卜是年十一月丙申葬吉水縣中鵠鄉溪塘焦坑之原，以狀求銘。予與君游

〔一〕閩：原作「兩」，據四庫本、傳校本改。
〔二〕迨升舍就試：原作「造升合試」，據四庫本、傳校本改。
〔三〕「惟」下，四庫本有「吾」字。
〔四〕與食：原作「興」，據傳校本改。
〔五〕哀：傳校本作「哭」，疑是。
〔六〕導：原作「道」，據四庫本、傳校本改。
〔七〕改：原作「不」，據四庫本、傳校本改。
〔八〕亡：四庫本作「世」。
〔九〕有：原無，據四庫本補。
〔一〇〕長：原無，據四庫本補。
〔一一〕文：四庫本、傳校本作「稾」。

久，知君爲深，銘無愧辭。銘曰：

行著一鄉而能不施於邦，文傳於世而利止賓於王〔一〕。惟德之彰，惟子孫之昌。嗟我斗南，庶幾不亡。

宣義郎致仕賜紫金魚袋胡公昌齡墓誌銘

慶元元年

江西多名士，吉爲冠。自吉言之，廬陵胡氏爲大族，羣從百數，多通經工文章，守禮典。靖州治中份〔二〕，宣和己亥上舍釋褐。循州録事參軍欹，中甲辰進士第。高廟龍飛，策士於淮海，忠簡公以直言擢殊科，益宏厥家〔三〕。其後大理寺主簿鎬、知蒲圻縣籍，相繼登第。秋舉殆無虛榜，他姓莫敢爭衡。公於忠簡雖從姪，而年相邇，同事蕭先生楚學《春秋》，俱號高弟。自公之祖已貢於鄉。公當弱冠，侍其父赴大比試，父升而公黜。公喜曰：「吾固不欲父子同薦妨他人。」自是才名章章，人謂一第可唾手取，迨年四十始上春官。又二十五年當乾道己丑，乃以特奏名對策萬餘言，唱名入高第，初補將仕郎。類試中選，授迪功郎、静江府司户參軍。帥守張敬夫儒宗吏師，不輕許可，咨公以府事，潔廉正平，闔府稱美。滿一歲謝去，敬夫曰：「君力尚壯〔四〕，何去之果？」公曰：「某昔鋭意亢宗，今蹉跎至此，姑欲應京秩格爲門户計耳。」敬夫不能奪，賦詩餞之。改承務郎致仕，時淳熙四年四月也。疊值德壽宮慶壽恩，十年賜緋衣銀魚，十三年轉承事郎，賜服金紫。壽皇内禪，轉宣義郎。蓋家居優游者十有六年，紹熙三年十月二十七日以疾卒，享年八十〔五〕。明年九月壬午，葬縣之儒行鄉仙壇嶺母塋之側，治命也。公諱昌齡，字長彥。曾大父諒，將仕郎，娶臧氏。大父方中，娶歐陽氏。父仔。母羅氏，生公九年而没，遺言勉公學。公泣而誌之終身焉。事繼母劉氏、解氏俱盡孝。解先適黄氏，有女，嫁公從弟，生子棟而寡。公收恤教育，使有成立。紹興己卯慈寧慶典，解封孺人，創及老堂，忠簡公爲之記。家故貧，銖積寸累，不憚苦節，獨於賓祭致厚。族姻不能自存者，周急無少靳。自幼至老，學日益富，每著書援證古今，是是非非，下筆不休。喜藏異書，手自讐校，有文集五十卷。娶朱氏，先一年卒。四子：長椿、季根，早世；曰柢，曰栒。四女，存者亦兩人，張沅、劉之潚其壻也。孫男曰芡、爌，女許歸歐陽瑩。余與公游久矣，姪繹實娶公仲女，不幸偕亡，而公念舊弗替，年過八十，猶歲以詩文遺余，大篇小楷，少年者自謂不及。公今已矣，柢來請銘〔六〕，其可辭？銘曰：

而孝於親及宗姻，而儉於身豐祭賓。少而篤學老益勤，
仕焉遽止晚乃榮。初終誰毁譽則聞，謂銘不信諏鄉評。

〔一〕於世：四庫本作「四方」。
〔二〕中份：原倒，據四庫本乙。份：四庫本作「汾」。
〔三〕宏：原作「寵」，據四庫本、傳校本改。
〔四〕力：四庫本作「精力」。
〔五〕八十：四庫本作「八十八」。
〔六〕柢：原無，據四庫本補。

宋故連州彭使君堯輔墓誌銘 慶元二年三月

慶元元年冬，連州使君彭道夫以病卧家，士大夫問訊者轂擊袂屬，惟恐其不亟瘉也。十二月二十八日竟不起疾，於是弔客數倍於前，識與不識皆咨嗟太息，以謂道夫謙飭而和，明敏而恕，宜光顯於世，乃止二千石，宜至於耄耋，乃五十九而止，是何命不副才，仁不畀壽也？葬有日，道夫之弟堯弼泣而請曰：「始叔父南安公未有子，嘗子堯弼，叔父有子乃歸，賴吾兄教育成立，且盡推祖産與我。今無以報矣，願聲之銘詞，以著厥美。」予聞《書》曰：「惟孝友於兄弟，施於有政。」士大夫所以愛重道夫抑有由也，則叙而銘之。彭氏世家吉州之廬陵，道夫諱堯輔。曾祖皇任朝奉郎、贈左正議大夫，諱衍；妣碩人蕭氏。祖皇任左朝請大夫〔一〕、尚書户部郎中、總領湖廣江西京西財賦，贈金紫光禄大夫，諱合；妣文安郡夫人劉氏〔二〕、通義郡夫人李氏、太寧郡夫人曾氏、蘄春郡夫人黄氏。父皇任右迪功郎、南雄州保昌縣主簿，贈奉直大夫，諱楚老；妣恭人劉氏。道夫以户部致仕恩補將仕郎，隆興二年試文魁南銓，擬右迪功郎、柳州馬平尉簿。桂帥中書張舍人孝祥數委以事，每稱其能。去爲静江府司理參軍，用舉者升從政郎〔三〕。淳熙元年，移贛州録事參軍。獄囚危有志罪不當死，鄰郡貢士黎實爲仇家，誣以當死，提點刑獄皆欲殺之，至盛怒臨道夫。道夫堅持不可，卒直其枉。官軍捕茶寇，問俘平民，道夫卒平反之〔四〕。他不以權勢移，不爲囑託私者尚十餘事。薦章交上，四年改宣教郎，七年知贛之石城縣。逾歲，爲部使者以私意劾免。時留丞相作州，誦言非辜，使者尋悔悟謝，他日言官亦以是擿其過。道夫遂起知江陵府枝江縣，縣在水中央〔五〕，歲罹巨浸，乃用工二十四萬，大爲隄防，水不能齧，又以招羅易和糴，四境帖帖，則葺縣庠，教養生員，仍即三鄉各立小學，士民歌舞之。十五年，賜緋衣銀魚。紹熙元年，通判興國軍。舊科黄河埽岸衣絹，其後均之正税，疋錢六千五百。道夫力言於本路轉運林湜，爲裁其數，疋準五千，而以漕計代輸其餘，人兩賢之。綱馬道出屬邑之永興，敷芻糧擾甚，道夫請括逃田充其費〔六〕。縣大冶三山産鐵，爲私鑄窟，奸盗雲集，道夫請調江州軍二百人駐湋源樊口，其徒遂解散。四年造朝，留丞相適當國，進擬道夫知連州。陛辭論天下平治日少，願毋玩目前之安，因及枝江義勇差役、興國私鑄。上皆嘉納。積官至朝散大夫。妻宜人黄氏，先十年卒。三男：岳，迪功郎、新監潭州衡山縣户部贍軍酒庫；岊，當以蔭補官；峀，尚幼。三女：長適從事郎、袁州司理參軍康爽之，次適修職郎、新郴州桂陽縣主簿董九成，季未行。孫澂。女一。其葬用二年三月丁酉，地在本縣高澤鄉義秀山之原。初道夫之生，户部赴召，道夢神人告以得孫，户部異之。五歲能讀書，十五喪父，哀毁如成人。事大父、諸叔，孝敬盡禮。踰冠

〔一〕左：四庫本作「右」。
〔二〕劉：四庫本作「黄」。
〔三〕者：四庫本、傅校本作「員」。
〔四〕卒：四庫本、傅校本作「悉」。
〔五〕縣：原無，據四庫本補。
〔六〕田：原作「用」，據四庫本改。

入仕，已能持心近厚，及臨事則毅然有守，未嘗苟且，故所至多可紀。藏書數千卷，集前言往行以爲軌範。善與人交，尤尚義周急，故居鄉無間言。銘曰：

五常之教，兄友在中。或閲於墻，惟貨之從。怡怡道夫，幼孤匪富。仲也未歸，先疇畢授。才能孔多，念慈則那。鄉評謂然，以勸其他。

京西轉運判官方君崧卿墓誌銘 慶元二年〔一〕

故人林枅子方才高而守正，吏事號强明。其守信州，稱上饒宰方君季申不容口，時淳熙丙申歲也。子方嚴於取人，予常記之。後十五年，奉祠歸廬陵，季申適來守，見其決事如流，往往飾以儒雅，庭無留訟，刑罰日清。凡米運力勝皆罷其算，歲省八邑月解錢數萬緡〔二〕，大蠲積逋以寬民力而用自足。郡庠故存歐陽文忠公祠，他無所問，君即後圃創六一堂，繪像以事。其先壟在屬邑瀧岡下，令尉捐俸葺之〔三〕，又哀公翰墨及《集古録跋》真蹟刻示四方〔四〕，皆前人未嘗及者。君去後閲三守〔五〕，人人爲予言，凡疑獄滯訟經方君剖决者一字不可易，其政如此。予每誦言：「子方知人，子方知人〔六〕。」今豫章牧、右文殿修撰蔡公戡狀君遺事，且道其子之意，屬予以銘，其何可辭？君諱崧卿，季申字也。九世祖自光州固始縣徙家興化軍，族系日繁。曾祖早、祖淵，皆不仕。父憲，文林郎、南恩州陽江縣令，後贈朝議大夫。陽江卒七月而君生。稍長能自力於學，登隆興癸未進士第。試教官中之，以左迪功郎爲紹興府府學教授。未赴，丁所生母張宜人憂。乾道丙戌，起家湖廣總領所幹辦公事。秩滿升從事郎，賞循文林郎，添差淮西安撫司準備差遣。會省員，徙兩浙路轉運司屬官。積營造功循修職郎，用薦者改奉議郎、知上饒縣。初葉丞相顒著《治縣法》一編，世服其能，君其婿也，能遵行之。縣凡七十二都，保正副百四十人，君令旬分四番，番三十五人，迭詣縣受約束，皆給走歷。有故或追呼批歷授之，無則奉歷而退，人既不勞，事亦隨舉。保長則揭示當輸之户及其數〔七〕，五日一集，出納明白，上下簡便。先是督鄉司具民之物力高下，毋敢不實，封文書案問，遇當役者爭承，則啓封參攷，親加詰問，情僞立得，人欣然就役。常平使者潘畤以名聞，召赴都堂審察，通判明州。壬寅秋旱，守委三倅分行六邑荒政，君主奉化、象山，獨無饑民。定海縣鳳浦、沈窖二湖久爲浮屠氏擅其利，民乏灌溉〔八〕。君適被朝命，一切正之。乙巳春，選知無爲軍。未上，改南安軍，肇新貢院，條教簡嚴，郡人祠君於學。積官朝請郎，會壽康皇帝登極，轉朝奉大夫。諸司奏臧最，入對，論監司當隨所見按吏，今乃牽引他司交章以爲驗，不幸出於私，冤何自伸？願禁其弊。上嘉納焉。紹熙元年春除知吉州，州以大治，用招軍賞特遷一

〔一〕二年：原作「元年」，據四庫本改。
〔二〕八：四庫本作「本」。月：原作「自」，據四庫本、傅校本改。
〔三〕捐俸：原作「捧」，據四庫本、傅校本改。
〔四〕真：原作「歐」，據四庫本、傅校本改。
〔五〕「君」上原有「及」字，據四庫本、傅校本删。
〔六〕子方知人子方知人：四庫本作「子方知人」。
〔七〕輸：原作「輪」，據四庫本、傅校本改。
〔八〕乏：四庫本、傅校本作「失」。

官。二年擢廣東路提點刑獄，三年徙廣西轉運判官。君大講鹽筴[一]，會計更法之後諸郡實貨若干，漕司歲得若干，畫十二條上之，且曰：「本路民困矣，乃椎剝以餉武昌，又助靖州，是謂瘠己以肥人，請裁其數。」躬冒炎瘴，徧行象、横[二]、欽、廉、鬱林、貴、柳等州，諏詢其利病，將復告於朝。會得渴病[三]，求奉祠。朝廷閔其勞，以京西風土高爽，易漕優之。四年秋道長沙，予適在焉，留語終日[四]，君以渴爲憂。明年三月二十五日竟不起，享年六十，積官朝請大夫。歸葬本軍瀨溪祖居之東原，蓋慶元三年正月壬午也[五]。妻葉氏，封宜人。二子：直孺、信孺，皆將仕郎。君風神警邁，議論過人，才具恢宏，善治盤錯，他人劫劫，己常休休。至於薄物細故，皆經理有法度，博觀載籍，因流泝源，不極其本弗措也。築聚書堂，聚書四萬卷，手自讐校。尤喜韓昌黎文，爲《舉正》十卷，《附録》五卷，晚別成《箋校》十卷。奥篇隱帙，搜求殆徧，時時發明韓公爲文之本意，非但志其所出而已。在南安續《横浦集》，至京西補《襄陽志》，正譌謬甚多[六]。詩文辨麗，略無陳言，二子類爲家集二十卷。嗟乎！以君之才使仕於朝，掌邦計，倚牒史[七]，無不可者，而周流郡國，粗試所長，迄無以大顯於世，是可惜已[八]。爲之銘曰：

游夏淵源，由求果藝。古難兼之，況乃後世。彬彬季申，少自刻勵。兩邦三路，有政有惠。宜登史闈，宜贊邦計。未盡所長[九]，胡疾而逝！吉民去思，永矢弗替。寫諸銘章，以表幽竈。

宗室淡然居士公衡墓誌銘　慶元二年

唐虞成周同以睦俗治天下[一〇]，而禮樂之教爲急，卿士多世胄，國家賴之。由漢迄唐雖存屬籍，遠則無紀，禄亦弗及，信厚微矣。本朝聚宗族於京師，優給奉稍，冠昏喪祭皆爲之節。人人自重，不見過失，分派聯名，萬葉可考。如是百餘年，至於裕陵，世繫蕃衍，始擇才者出而用之，未仕不問戚疏，計口給廩。內則治以宗官，外則掌以尊屬。今又百餘年，賢才日衆，仕宦徧天下，視《尚書》、《周禮》所載或過之無不及者，尚何有於漢唐？惟魏悼王曾孫、安化軍節度使、高密侯克整，其配曰普寧郡夫人王氏，側室曰馮氏，後封真寧郡太君，是生金紫光禄大夫叔昭[一一]，娶建安郡夫人張氏，生成忠郎、監潭州南岳緒之，有子曰公衡，字平仲，母孺人張氏，所生母金氏。靖康之亂，舉族南

[一] 君：原作「軍」，據傅校本、四庫本改。
[二] 象横：原作「湘衡」，據四庫本、傅校本改。
[三] 病：傅校本作「疾」。
[四] 終：四庫本、傅校本作「累」，疑是。
[五] 三年：原作「元年」，據四庫本、傅校本改。
[六] 正：原作「之」，據四庫本改。
[七] 倚牒史：四庫本作「條使牒」。
[八] 是：原無，據四庫本、傅校本補。
[九] 盡：四庫本作「殫」。
[一〇] 俗：四庫本作「族」。
[一一] 昭：四庫本作「暄」。

渡，日益貧窶。南岳府君抱疾九江〔一〕，君年十五，徒步迎醫數百里外。府君竟不起，既葬，無以自給，乃奉張夫人依諸父於豫章之進賢縣，食孤遺俸，母子相與爲命者數十年。夫人七十九而終，君居喪盡禮，内行彌飭。邑官皆來致敬，君杜門不妄交。惟聞人急難，不以蚤莫赴之。里有疾疫，倡率豪右，躬爲療治。篤厚誠信，見謂可托生死。少喜黄老，不事科舉，泛觀經史百氏，手不釋卷。壽康皇帝登極，補承信郎，今上覃恩，轉承節郎。命下嘆曰：「君恩不敢辭，毋以干禄可也。」自號澹然居士，作《山居詩》見志。慶元二年夏疾作，推其五行曰：「吾死矣！」戒家事甚悉。四月丁卯，誦「有生必有死，早終非命促」之句，端坐而逝，享年五十有九。娶周氏，鄉先生丕遠女，山房李氏之甥，年三十九，前君二十年卒。四男：彦演，從政郎、常德府司法參軍；彦漳，文林郎、福建路轉運司主管帳司；彦法，修職郎、吉州司户參軍；彦沃，未命。一女，適傅儔。孫男四人：櫄夫、棁夫、栝夫、權夫。孫女二人，皆幼。諸子以是歲七月丁酉葬君縣南十五里歸仁鄉〔二〕麻山之原〔三〕，夫人祔焉，使來乞銘。予聞君夫婦奮躬艱勤，一意教子，其所從師慕君賢行，樂爲訓導，不問束脩有無，而彦演、彦漳、彦法亦通敏好學，師逸功倍，遂同登淳熙丁未進士第。予官湖南，彦演、彦漳皆常爲僚，逌歸廬陵，彦法奉君官舍，以是熟知其賢，乃爲推國家教養之法，公族之盛，然後銘君之美焉。銘曰：

其襮彬彬〔三〕，其韞振振。事親愛而欽，接物和以仁。維德之成，維仕之屯。維年之不贏，維子孫之興。

〔一〕疾：四庫本作「病」。
〔二〕鄉：原無，據四庫本、傅校本補。
〔三〕襮：原作「爆」，據四庫本改。

廬陵周益國文忠公集卷七二

平園續稿卷三二

墓誌銘 二

廣南提舉市舶江公文叔墓誌銘 慶元二年

紹熙甲寅五月戊辰，前提舉廣南路市舶江君文叔卒於家，以今年正月壬寅歸窆〔一〕。其子公實等以尚書郎黃君唐所狀行實來請銘。昔君侍父尉贛之寧都，與予兄弟傾蓋如故，自是熟君文行，閱四十年，情誼日親，而君介弟立叔再壻予家，銘君宜也。君初諱澄，字清卿，後改今名。上世洛陽人，十一代祖承清爲福州福清令，因家侯官縣。曾祖聞〔二〕，祖先，俱不仕。父洵直與叔父逵同貢京師，逵登宣和六年進士第，洵直特奏名入官，終脩職郎、南安軍南康縣丞，累贈奉直大夫。母恭人葉氏。紹興甲子兼科取士，君年十七，以《春秋》舉於鄉，其後連薦，丁丑春遂中甲科，補左迪功郎，以父丞南康，調雄州州學教授。丁内外艱，徒步護柩二千里，人稱其孝。服闋爲静江府教授，大新學舍，增市田五百畝，生徒雲集。帥張孝祥雅重君，去鎮日餞客滿座，酒闌索贈言相規。君曰：「舍人文章政事獨步一世，加以持重則大用矣。」僚友愕然，張不懌而起。明日召君，握手曰：「始聞君言，實不能堪，久之方悟平生失處正坐是耳〔三〕。」因共載累日，留詩爲別。用舉主升左從事郎，移鬱林州教授。鄰境兵將忿争，走訴外臺，提兵假道，縱部曲掠奪，州人奔避。君諭以禍福，迄不敢肆。郡有冤獄，理掾不肯言，君白其冤。部刺史二千石京削交上〔四〕，改宣教郎，復充沅州州學教授，秩滿通判建寧府。監淳熙十五年解試〔五〕，剗革宿弊，迄今以爲法。屬邑運鹽取贏佐州用，舊政各本錢不予，郡邑交病，君多予之〔六〕，於是兩濟。太守鄭尚書丙政尚嚴，君贊以寬。纔八閲月，避親易通判泉州，兼南外宗正丞，賜緋衣銀魚。前守移疾，政多底滯，君攝事決遣如流，合郡翕然〔七〕。大商王元懋因押解例輸白金，君峻却之。今資政殿大學士黃公洽於鄉人不輕許可，時爲參知政事，數誦言君之賢。十三年擢使南海，越明年視事。舊例舶舟溺風濤者，抑子孫續其業，人以爲苦。君首列於朝，詔刊其籍，舶貨益通〔八〕，課以最聞。在官三歲〔九〕，未嘗私市一物。被疾，求主管建寧府武夷山冲

〔一〕今：明澹生堂鈔本、傅校本作「次」。
〔二〕聞：明澹生堂鈔本、傅校本作「閏」。
〔三〕耳：原無，據明澹生堂鈔本、四庫本、傅校本補。
〔四〕京：原作「薦」，據明澹生堂鈔本、四庫本改。
〔五〕十五：明澹生堂鈔本、四庫本作「十」。
〔六〕予：明澹生堂鈔本、四庫本作「爲」。
〔七〕合：明澹生堂鈔本、四庫本作「闔」，義同。
〔八〕益：明澹生堂鈔本、四庫本作「亦」。
〔九〕三：原作「二」，據明澹生堂鈔本、四庫本、傅校本改。

佑觀。積官朝奉大夫。享年六十有七，其塋在本縣白沙前坡之原[一]。妻宜人黃氏，同郡保義郎鏞之女。二子：公實，迪功郎、南安軍司户參軍；公宜，將仕郎。皆嘗試禮部，愿恪有父風。三女：長適進士陳公球，次適承直郎、監建寧府合同茶場陳峨，季未行。孫男四人：昌孫、於孫、廣孫、繼孫。女三人。君清明温粹，濟以諒直。少從鄉先生問學，傑然出於衆；既仕，益自刻勵，聲譽昭晰。平居未嘗失色於人，臨事則志不可奪。每誦馬少游鄉里目爲善人之言，終身行之，故其涖官居家略無玷缺。友愛立叔，琢磨至再[二]，亦登第[三]，前君四年卒。銘曰：

瑟彼璠璵，琢爲圭璋。不薦清廟，而使炎方。斂其光輝，黄壤攸伏。更千百年，尚潤山木。

譚宣義孚先墓誌銘 慶元二年

廬陵郡統縣惟八[四]，永新爲大，西界湖湘，壤沃地偏，民生自足。間遇水旱疾疫，凡邑之大家分任賑恤之事，某家發廩，某家給薪芻，某家藥疾者[五]，某家瘞死者[六]，以是流殍稀鮮。縣官推勘分賞[七]，必首及之，君子喜其近古。惟譚氏儒術起家，好善樂施，至宣義君復合前四美事[八]，終身行之，古人以爲難[九]。去年春得疾卒，其家乞行狀於焕章閣待制誠齋楊公，而謁予以銘。昔我先太師秦國公暨我伯父金紫光禄大夫與君伯父朝奉郎、贈中大夫諱觀光同登政和八年進士第，世契之敦[一〇]，義不得辭。然誠齋之文美矣盡矣，不可以有加矣，姑第其家世始卒如左[一一]。

君諱孚先，字信仲，世居永新。曾祖諱華[一二]，不仕；妣太孺人段氏。祖諱傑，累舉入官，終承事郎，賜緋魚袋，贈朝奉郎；妣安人龍氏、尹氏。其長子，中大夫也；次子諱觀復，實君之父；妣尹氏。君孝以事親，仁以恤下，勤於學而勇於義，尤切切教子，曰焕曰潤，繼賓於王。淳熙癸卯該膺長樂慶壽恩封承務郎，自是十年間歷值三朝大慶，四遷爲宣義郎，賜服朱銀，築榮壽堂，日與親賓燕樂，侈上之賜，士大夫争咏歌之。其卒實慶元元年三月壬子也[一三]，享年八十八。娶林氏，成忠郎高之女，封安人，賜冠帔。五子：焕，今爲從仕郎、帥襄陽府司法參軍[一四]；潤、潭、溥、源，並力學。四女：王揚烈、張潞[一五]、顔世忠、張湘，壻也。孫男三人：康叔、同叔、正叔。女四人。

[一] 白沙前坡之原：明澹生堂鈔本、四庫本、傅校本作「白沙之前坡原」。
[二] 至再：明澹生堂鈔本、四庫本作「甚至」。
[三] 第：明澹生堂鈔本、四庫本作「科」。
[四] 惟：明澹生堂鈔本、四庫本無。
[五] 疾：明澹生堂鈔本、四庫本、傅校本作「病」。
[六] 者：原脱，據明澹生堂鈔本、四庫本、傅校本補。
[七] 推勘：原作「惟勸」，據明澹生堂鈔本、四庫本、傅校本改。
[八] 四：原無，據明澹生堂鈔本、四庫本、傅校本補。事：明澹生堂鈔本、四庫本無。
[九] 古：明澹生堂鈔本、四庫本作「故」。
[一〇] 敦：明澹生堂鈔本、四庫本作「故」。
[一一] 卒：四庫本作「末」。
[一二] 諱：原闕，據明澹生堂鈔本、四庫本、傅校本改。
[一三] 元年：明澹生堂鈔本、四庫本作「改元」。
[一四] 「襄陽」上原有一「帥」字，據明澹生堂鈔本、四庫本刪。
[一五] 潞：明澹生堂鈔本、四庫本作「澄」。

同叔名在南宮，不幸早世。焕等卜以二年十二月丙申葬君縣之思賢鄉蘆峰之原〔一〕。銘曰：

起家固難，保之尤難。積善有慶，其居也安。不虧於功，不替於義。以昭令名，永詔來裔。

彭元亨墓誌銘 慶元二年

慶元改元正月辛亥，安福彭君以疾不起，卜明年十二月庚申葬縣南十里某鄉某原。前兩月，其子經衰絰踵門，出左司員外郎李君謙書一通，及太學博士湯君璹所狀行實，以銘爲請。左司之言曰〔三〕：「淳熙乙巳，某尉安福，聞彭君樂易信於鄉里。會歲大祲，郡督勸分，君産中下，首發廩爲倡，乃克有濟。某以是嘉其人，授以著作郎呂君祖謙《辨志》一編，蓋自洒掃應對推以應物，細行之矜達於大德〔三〕，凡前言往行次第畢載。彭君受而服膺焉，傳之副墨，又求名儒達官敷繹之，早夜力行不敢怠。向善如力耕，避惡如遠臭。嗇於自奉，豐於周急。年六十三以没，其身動無過舉，願有以表其竁。」予惟左司介而誠，博士賢而文，皆可取信，宜爲之銘。君諱元亨，字文昌，其先自九江徙居吉州之安福縣。曾祖朝，祖承裕。父知微，勤儉好施，邑人以長者稱之。君世其業，性尤孝謹。父病篤，禱於神，乞損己壽以益親，父尋愈。事嫠姑如事母，家庭熙然。待制楊公萬里榜其書樓曰春風，興以新詩，工部謝尚書諤亦賦焉。平生著述盈篋，今彙次藏於家。娶同郡歐陽氏，前三年没。子男四人：經、顯、綱、繼。女三人：鄉貢進士歐陽成務、劉淙、歐陽好仁，其壻也。孫男七人：龜年、耆年、保年、康年、益年、彌年、壽年〔四〕。女孫七人〔五〕。嗟乎！秉彝好德，誰無是心，惟能欣慕師友之淵源，推廣其所未至，斯足爲一鄉之善士矣。君之可銘不在兹乎？故予銘曰〔六〕：

噫彭君，信所聞。善可爲，志則勤〔七〕。生無玷，没有名。永其傳，在斯文。

朝請郎曾君光祖墓誌銘 慶元四年〔八〕

君姓曾氏，諱光祖，字景山，一字承先。五世祖宷〔九〕，自南豐徙居吉州安福縣。曾祖弼，祖序昌，皆積善。父嘉謨，博洽强記〔一〇〕，仕至從事郎、衡州常寧尉，累贈朝請大夫〔一一〕。君其長子也。穎悟力學，四舉禮部。淳熙乙未歲登第，以迪功郎主潭州善化簿。未上，丁父憂。再主道州江華簿，見謂通敏，攝永明令。

〔一〕卜以：原脱，據明澹生堂鈔本、四庫本補。十二月：明澹生堂鈔本、四庫本作「十一月」。
〔二〕司：原作「君」，據明澹生堂鈔本、四庫本、傅校本改。
〔三〕大：明澹生堂鈔本、四庫本作「全」。
〔四〕壽：原缺，據明澹生堂鈔本、四庫本、傅校本補。
〔五〕女孫：明澹生堂鈔本、四庫本作「孫女」。
〔六〕故予：明澹生堂鈔本、四庫本無。
〔七〕志：明澹生堂鈔本、四庫本作「老」。
〔八〕四年：明澹生堂鈔本、四庫本作「三年」。
〔九〕宷：明澹生堂鈔本、四庫本作「宗」。
〔一〇〕洽：傅校本作「學」。
〔一一〕大夫：明澹生堂鈔本、四庫本作「郎」。

用舉者升從政郎，移徽州録事參軍，決讞精明，寃伸誣伏。郡守薦於朝，監司亦薦之，由承議郎改奉議郎，堂選知臨江軍新喻縣。縣當孔道，前令往往罪去。君政事日脩，新庠序以勸士，築陂塘以勸農〔一〕。民訟至庭，曉以義理。凡無賴屠沽鬭毆，則以法繩之，百里大治。紹熙末，采時事爲十箴，名之曰《徇路》，別爲數百篇〔二〕，言詞甚剴切，獻之執政，期有補於國家。要路多知己，欲拔之朝。君志在便親，調通判袁州，垂赴而卒，慶元三年正月六日也。享年六十有四，積官朝請郎，賜緋魚袋。先娶同邑王公衡之女，贈安人；再娶從事郎、韶州樂昌令胡日新女，封安人。一男，鄉貢進士俁。二女：長適進士王閎，早世；次適迪功郎、新隆興府新建縣尉趙師德。孫男三人：士遜、士遵、士逾。女六人：長適劉鑑，餘未行。曾孫宜壽。卜以十一月辛酉葬縣南永嘉鄉九岡之原。君孝於事親，仁於念舊，揚人之善，掩其過失，爲吏所至有能名。平生喜著述，有《禮記精義》十五卷、《治功必致録》十卷、《江湖詩集》十五卷、《南溪舊稿》二十卷。長孫士遜以君與予厚，踵門求銘。於是君母太恭人李氏年八十五矣，自君升朝，繼逢慶典，冠帔絲綸，寵章交煥。歲時二子率諸婦奉觴上壽，孫曾滿前，坐閱五世。而君之子俁名在仕籍〔三〕，儒風濟濟。今相國京公大書「壽衍」二字揭所居之堂，名士咸爲賦詩，鄉人榮而慕之〔四〕。居無何俁死，君寖戚戚，乘以微恙，猶自力娱嬉親旁〔五〕，比其將没，母子相持泣下，鄉人復聞而悲之。夫憂喜聚散，物理固然。幸君世禄延於士遜，他日昆弟能自植立，不隕先業，振其家聲〔六〕，以慰曾祖母之心，以成父祖之志，是又鄉人之望也歟！銘曰：

嗟乎景山，名宦方興。匪朝之儀，惟親是寧。耄期在堂，五世其盛。胡嗇君壽，以悲易慶。有崇彼岡，宅兆中存。既固且安，利其孫曾。

參議董君昌裔墓誌銘

慶元五年

君姓董氏，諱昌裔，字夢貺，廬陵郡著姓，儒風郁然，登科者相繼。仁宗景祐元年放進士五百人，郡之中選者十有一，而董氏曰洙與其子師德、弟汀、姪師道〔七〕、儀一門五人在焉〔八〕。洙父子仍同丙科。太守江鈞奏所居爲五桂鄉，邦人榮之。儀仕至都官郎中，嘗歷部使者，贈左正議大夫，即君曾祖也〔九〕。祖乾粹又登嘉祐八年進士第，仕至左朝奉大夫，贈中奉大夫。父彭，右朝散郎、知鬱林州，贈通議大夫。君自少力學，試郡庠率占上游。宣和四年，父告老，補將仕郎。靖康間丁外艱。服闋，以迪功郎尉台之臨海。母憂免。再調郴州司户參軍，攝永興令。蠻猺犯省

〔一〕勸：明澹生堂鈔本、四庫本作「劭」，義同。傅校本作「利」。
〔二〕數百篇：明澹生堂鈔本、四庫本作「序篇數百」。
〔三〕仕：明澹生堂鈔本、四庫本作「貢」。
〔四〕而：明澹生堂鈔本、四庫本作「之」。
〔五〕力：原作「娱」，據明澹生堂鈔本、四庫本、傅校本改。
〔六〕其：原作「作」，據明澹生堂鈔本、四庫本、傅校本改。
〔七〕師：原脱，據明澹生堂鈔本、四庫本、傅校本補。
〔八〕在：原無，據明澹生堂鈔本、四庫本補。
〔九〕君：原脱，據明澹生堂鈔本、四庫本、傅校本補。

地，君發丁壯，授方畧〔一〕，扞禦境上，民以奠枕。移連州録事參軍。二千石苛急，恚君守法，屢窘以事，君不爲屈。或誣良民爲盜，君平反之，俄獲真盜。新守王大寶及外臺交薦，改宣教郎，爲臨安府錢塘丞，適闕令，君行其事，赤縣繁劇，不勞而辦。顯謨閣直學士劉公才邵薦君宜在臺閣，添差通判婺州。會省員罷，入攝行都酒官，連被最賞，出爲湖南轉運司主管文字。李全作亂，王師四集，糧餉不乏，幕畫爲多。故參知政事魏公良臣帥長沙，以名聞，隆興元年擢知興國軍。宗室犯法，君繩治不少恕，讕辭詆誣，有詔禁錮，善良安焉。地介江湖，田疇下下，非澇即旱，君祈禱立應。大修學校，增給生徒，時號循吏。以年高乞閒，得浙東安撫司參議官。秩滿求便鄉，改江西以歸。積官朝奉大夫，賜服金紫。妻宜人林氏，吏部侍郎保之女，治家有法，內外肅然，年六十八，淳熙丁酉十二月乙酉卒。後三年歲在庚子正月甲戌，君亦卒於家，享年七十八，合葬州西萬松岡。一子，文林郎、新監行在車輅院冲元。五女：長適迪功郎、宜州宜山縣尉高栖筠，次適朝議大夫、江淮荆湖閩廣等路都大提點坑冶鑄錢林祖洽，次適從政郎、全州司法參軍方桂〔二〕，次適朝奉郎、通判潭州郭贇〔三〕，次適朝散郎、通判衡州解僖。孫男將仕郎塾。女一人。自君之没，其仲女適林氏者曰奉君姑從夫宦游〔四〕，深念父母之葬有闕，又惟泉水之義重於歸寧，數諗其弟，謀改卜，不事薰澤，不御酒肉，飯蔬飲水〔五〕。越二十年，姑亡。終制，適提點君按行所部，遂得偕來，畢精竭力，遷奉雙柩葬撫州樂安縣雲蓋鄉西務之原，實慶元五年九月壬寅也。雲蓋初屬吉水縣，至和元年析隸永豐。紹興二十五年〔六〕，復割五鄉置樂安，而雲蓋在中。至是始祔董氏先塋以成親志，義貫幽顯，聞者嘆息，或至泣下。昔唐傳列女，首以孝爲先，而所記節義率繫其夫，若孝於親者僅得二李氏。其一父殯於堂十年〔七〕，朝夕哀臨，不嫁以養母。母死，身庀葬具〔八〕。其一幼從他州，聞父亡，間道奔喪，至則已葬，力請開墓，舌去棺塵〔九〕。其母病篤，終日不親匕箸，朝加旌表，史以稱美。由今觀之，既曰內夫家外父母家矣，而苦節不匱，兩致其義，則視昔爲尤難，亦賢矣哉！夫惟有女如此，父母之賢抑可知已。况君中坦外莊，訥於言而敏於行，居家有譽無疵，涖官奉公履正。鄉人户知之，予亦深知之。冲元及提點君以銘見屬，乃爲銘曰：

居稱善人，仕則循吏。學纘先業，禄延後嗣。生也能然，庶幾無愧。有女而孝，言歸故鄉。宅兆既安，子孫其昌。没也雖久，庶幾不忘。

〔一〕授：原作「優」，據明澹生堂鈔本、四庫本、傅校本改。
〔二〕桂：明澹生堂鈔本、四庫本、傅校本作「珪」。
〔三〕贇：明澹生堂鈔本、四庫本、傅校本作「贊」。
〔四〕曰：明澹生堂鈔本、四庫本作「自」。
〔五〕蔬：原作「疏」，據明澹生堂鈔本、四庫本、傅校本改。
〔六〕二十五：明澹生堂鈔本、四庫本作「二十一」。
〔七〕殯：原作「葬」，據明澹生堂鈔本、四庫本、傅校本改。十年：明澹生堂鈔本、四庫本作「十一年」。
〔八〕庀：原作「完」，據四庫本、傅校本改。
〔九〕舌：傅校本作「括」。

高州趙使君介墓誌銘 慶元五年

慶元四年六月乙酉，高州趙使君卒於官〔一〕，其子實護柩數千里還吉州之舊居，卜以五年十一月丁酉葬廬陵縣儒行鄉三合平之原〔二〕。泣叙治命，謁銘於予，予不忍辭。君諱介，字節夫，鳳翔府寶鷄縣西平原人。曾祖義，作坊使，贈左千牛衛大將軍。祖華，武略大夫，贈成州團練使。父持，武經大夫、知横州，贈武功大夫。君偉岸磊落，通經史，有智略，初爲武學外舍生。其父坐法免官，君忘寒暑，甘典憲，伏闕叫閽，投牒臺省，移書要路，力訴冤狀，如是累年，卒洗丹書。終二千石，士論多之。紹興三十二年，用父蔭補承信郎，程試絶倫，調鼎州桃源縣巡檢，終更尉贛之寧都。未上，召試閤門舍人，淳熙三年也〔三〕。初，孝宗置此官，視文臣館職，對策舍人院而後除，日朝殿陛，察臣僚不如儀者，大宴則與閤門使已下更互立御前，最爲清切，滿四考即與郡，而君在選中。虜使來賀正旦，假廉車充館伴副使。六年，以例出知道州，改郴州，頃之去郡。孝宗詔以舊物起君，後省格不下，奉祠十五年，歷主管亳州明道宫、台州崇道觀。日與賓客賦詩飲酒弈棋，博通古今〔四〕，議論纚纚，凡釋老諸書下至稗官小説無不成誦，聽者忘倦，郡守每以上客禮之。甲辰夏，守與戎鈐不咸，軍政頗隳。一日，其徒乘醉嘯聚相毆，已而竄逃，驚擾市人。君與予兄子中杖策造營，開諭禍福，皆帖帖聽命。有司以聞〔五〕，議賞，或沮之而止。起知高州，至則次子亡，從者亦病瘁。君哭泣憂傷，視事兩月而没，享年七十有四，積官武經郎。先娶潘氏，朝奉郎、通判道州森之女，再娶朱氏，朝請郎、知新州琚之女，俱封安人。三男：長即實也，今爲忠翊郎，嘗任袁州萍鄉縣税官；次宋，乃前死者；曰容，亦死。二女：適高子訦、子詵，皆將仕郎。孫珙、珣、玦，當以君致仕恩入官。一女，尚幼。君早自植立，既直父冤，即經理家事，不以累親心，擇命士嫁二妹，又恤其後，諸姪昏宦俱賴之。有詩文十卷藏於家。銘曰：

赤也可與客言，由也使治千乘。羌小試其才能，謇交違於力命。朝方還而蹟收，符再剖而身病。尚脩名之永垂，寧宿草之俱盡。

通判彭君商老墓誌銘 慶元五年

故尚書郎彭公以厚德通才歷郡守部使者〔六〕，總領湖廣江西京西財賦，凡其所至，專以愛人利物爲心，號稱名臣。諸子習熟義方，聲聞交著。仲諱商老，字仲伊，生於丁未，卒於乙未。葬有日，其季轉運君漢老以朝散郎、新通判永州張焕卿狀來請銘。憶予既冠獲升總領之堂，仲伊少予一歲，相善也。越五十年，情誼

〔一〕高州：明澹生堂鈔本、四庫本作「高凉」。
〔二〕儒行：明澹生堂鈔本作「儒人」。
〔三〕三年：明澹生堂鈔本、四庫本作「二年」。
〔四〕博通古今：明澹生堂鈔本、四庫本作「博古通今」。
〔五〕有：明澹生堂鈔本、四庫本作「諸」。
〔六〕公：傅校本作「君」。

加厚，宛其死矣，尚忍銘之！按彭氏世爲吉州廬陵人。曾祖諱士忠〔一〕，贈朝請郎；妣安人蕭氏。祖諱衍〔二〕，進士起家，終朝奉郎，開封府司録，贈正議大夫；妣碩人蕭氏。總領諱合，仕雖寖顯而官止朝請大夫，人謂不極於用，累贈特進；妣永寧郡夫人劉氏、同安郡夫人李氏、新定郡夫人曾氏、武陵郡夫人黄氏。君新定出也。莊敬自重，質直好義，力學，喜爲文，熟《毛氏詩》、《漢書》、《文選》。紹興己巳郊麔將仕郎，重去親側，兩以迪功郎監潭州南岳廟。外艱既除，乾道丙戌始爲撫州崇仁縣主簿。異時文書匿吏家，恣爲奸利，君拘之聽事，勾稽惟謹，賦稅始正。去爲南雄州司理參軍，有江漖者掠賣歐陽若弼五歲子及其所生，事發不承；折米庫巡防卒以他事遁，典吏乘勢盜用錢數百緡，逮治無辜；李唐卿失白金〔三〕，惑於左道，歸罪其子。三事積歲獄不決，君立正之。上官交薦，淳熙己亥改宣教郎、知辰州沅陵縣。始至帑庾赤立，常賦或隱或逃，催科無所措，君推見弊源，訓戒丁寧，民信服樂輸，量留縣用，舉以送州，又藏餘力於民。先是城寨有民無兵，蠻獠數犯省地，人被殺傷，例償骨價錢。君招補闕額，時其衣糧，勉以武藝，邊境遂安。調湖廣等路總賦，以幹辦公事分治九江。紹熙甲寅通判南安軍，奉法循理，務舉其職。郡縣吏有罪，監司委君究治〔四〕，一裁以正。强有力者不悦，嗾妄人誣訴云云，君弗恤也〔五〕，請更窮究〔六〕。主管台州崇道觀，內外臺猶入前謾，嘗下其事考實。君素守家法，臨政平允，持己廉清，迄無毫髮可文致者〔七〕。平生恬於進取，官滿輒詣銓部注擬。年勞賜服緋魚，積階朝奉大夫，再奉祠終焉。少時多疾，或授導引法，晝夜行之，朱顏緑鬢，老而不衰，故其逝也以微恙，實慶元五年九月癸巳。窆用十二月庚午，地在縣郭游塘之原〔八〕。娶臨江軍舊族何氏〔九〕，封宜人。子堯仁，將仕郎。孫男、女各一人。銘曰：

處躬德義承其家，服采郡邑振厥華。温温佩玉音不瑕，
皎皎絲繩直無邪。安於六品求弗奢，雖未百年壽亦遐〔一〇〕。
善始令終衆所嘉，展如之人尚何嗟。

邵陽郡丞周府君因墓誌銘

高宗皇帝紹興二十一年放進士八榜矣，里中同升四人，曰孟覺、彥瞻、辰告及予也。彥瞻，許氏，諱世將，老於學。辰告，劉氏，諱令猷，敏於文。予碌碌綴其間。惟孟覺行誼高一鄉，於書無不通，於文無不能，喜推五行，自期頗遠。暨唱第集英殿，果裒然在前列，僉謂他日横翔要路無疑〔一一〕。君亦日夜刻勵，將

〔一〕士：原作「仕」，據明澹生堂鈔本、四庫本、傅校本改。
〔二〕衍：原作「衛」，據明澹生堂鈔本、四庫本、傅校本改。
〔三〕唐：原作「廣」，據明澹生堂鈔本、四庫本、傅校本改。
〔四〕治：明澹生堂鈔本、傅校本作「切」。
〔五〕君：原脱，據明澹生堂鈔本、四庫本、傅校本補。
〔六〕請更窮究：原作「終更請」，據四庫本改。
〔七〕者：原作「事」，據明澹生堂鈔本、四庫本、傅校本改。
〔八〕塘：原作「唐」，據明澹生堂鈔本、四庫本、傅校本改。
〔九〕舊：四庫本、傅校本作「甲」，疑是。
〔一〇〕雖未百年壽亦遐：此句原脱，據明澹生堂鈔本、四庫本、傅校本補。
〔一一〕「僉」上，明澹生堂鈔本、四庫本有「人」字。

有爲於斯世，而僅佐遠州，又不及上壽。士大夫咸惜其天爵孔脩，而嘆人爵之不從也，況予同宗同郡同年之情，尤嗟惜之。其子以工部尚書謝公謂所狀行實來請銘，今既二十年，彥瞻、辰告前卒，君宅兆亦改卜，乃克爲之，重可嗟已。孟覺諱因，姓周氏，吉州安福縣翔鸞鄉應福里人，系出吴將軍瑜。八世祖廣，卜居石門之田西。曾祖文奇，祖仲海。父大本，以儒起家，贈奉議郎；妣安人羅氏。君自幼志趣異群兒，八歲出語驚人，母傾篋笥貿經史資其學。未冠，率四弟肄業，後皆有立。初以右迪功郎主臨安府鹽官縣簿〔一〕。户部侍郎曹泳恃勢强傲，而吏才實過人，兼行府事，僚屬無可意，日被摧辱，檄君領軍資庫。君悉心營職，泳喜，待遇獨厚。二十四年，敕差省試别院點檢試卷官。秩滿，用舉者升從政郎，調南雄州教授，外艱不赴。服闋，授象州來賓縣令。南荒百家之聚，絃誦闃寂，君擇地遷廟學，請於州撥公田養士〔二〕，躬自教導，有梁端者遂與計偕。俗病不療，惟屠牛祭鬼，君力禁止，爲市藥桂林，教以湯劑。境内多盗，嚴保伍，閲鄉丁，盗以不作，囹圄常空矣。孝宗覃恩，循文林郎。會詔監司郡守薦舉屬吏，象守唐俊乂以君政績聞〔三〕，去爲德安府教授。國朝宋元憲、景文公兄弟、鄭毅夫内翰皆邦人，以文章魁多士。自宣和後莽爲盗區，庠序廢壞，君至日加葺治，增弟子員，講授切磋，士氣復振。乙酉秋試，預薦者四，皆學職也。君送以詩云：「一網都收泮水英。」其後李松齡遂擢第，破一甲子之天荒，君之力也。古郡多人物事蹟而闕圖志，君爲《鄖城叢紀》，深得史氏之體。改宣教郎、知婺州永康縣〔四〕，轉奉議郎，未至，丁母憂。免喪，知贛州雩都縣，遷承議郎。地廣訟繁，君躬自省決，咸得其情。郡遣公皁有所需〔五〕，君不應。守怒，諷部使者對易他官，捃摭公私，一無可摘，守悟，趣還任。淳熙二年，茶寇有薄境者，君部弓兵合巡尉却之，守益愧服，更加延譽。通判邵州，轉朝奉郎。七年八月癸卯以疾卒於家，享年六十一。君端實而通明，喜論天下事。著述規古作，恥於蹈襲，下筆衮衮不休，雖尺牘亦燦然成文。鄉之先進權吏部尚書劉公才邵〔六〕、直敷文閣王公庭珪皆推許之。名在甲科，未嘗自媒。每詣曹，視可入闕即注以歸。淹留遠官，怡然自得。奉身清儉，先疇與諸弟〔七〕，衣食僅給，而周急無靳。持論常鯁挺，至接物則謙和，樂道人善而覆其所短〔八〕，平生無纖毫過失，此公論有不可掩者。先廬之南有鑑泉，澄澈可愛，面對鍾嶺，環以清溪，君卜居其中，闢訥齋以燕息。間嘗語予〔九〕：「仕宦儻不遇，當老於此，極山林之樂。」而孰謂君宦既不達，志復不遂也！娶李氏〔一〇〕、劉氏，俱封安人。五男：長稷，今爲文林郎、新廣南西路經略安撫司幹辦公事；次秬，登仕郎；次穟、秸、穡。秸早夭，秬、穟亦亡矣。稷、

〔一〕右：明澹生堂鈔本、四庫本、傅校本作「左」。
〔二〕撥：明澹生堂鈔本、四庫本作「撥」，當是。
〔三〕唐俊乂：原作「唐俊義」，據明澹生堂鈔本、四庫本、傅校本改。
〔四〕州：原作「源」，據明澹生堂鈔本、四庫本、傅校本改。
〔五〕郡遣公皁：四庫本作「時郡守常」。
〔六〕權：原無，據明澹生堂鈔本、四庫本、傅校本補。
〔七〕「疇」下，明澹生堂鈔本、四庫本、傅校本有「推」字。
〔八〕「人」下，明澹生堂鈔本、四庫本有「之」字。
〔九〕間嘗：原作「嘗間」，據明澹生堂鈔本、四庫本乙。
〔一〇〕「娶」下，明澹生堂鈔本、四庫本有「鄉里」二字。

穡俱向學〔一〕，世其家。一女，適進士劉楫。孫男五人：壽祖、壽仁、壽夢、壽椿，一未名。孫女三人：長適進士曾宏敷，次適鄉貢進士劉夢驥，一尚幼。有文集二十卷。初葬邑之永嘉鄉東富嶺，慶元三年八月二十五日，改葬新喻縣仁孝鄉城岡之原。銘曰：

嗟乎孟覺，天之生君，謂無意耶，何賦之以異才而發之以巍科？謂有意耶，何名位之不高而壽祉之不遐？莽蒼蒼兮難問，徒耿耿其長嗟〔二〕。若夫行誼脩而著於鄉〔三〕，學術博而昌其家，雖千百年猶未泯，竟孰爲少孰爲多耶？

葛先生潨墓誌銘

古者賓興之士論定於鄉，是以上不失人，下無遺才。後世升黜一以程文，賢能不皆進，愚不肖未必退，往往出於偶然，曰此公舉也，而鄉評不在焉。若乃德行道藝脩之身、信於人，雖曰未遇，而無智愚大小，生則推尊之，没則追思之，是謂鄉評，殆與公舉相爲權衡。然彼猶可幸得，而此不容力致，輕重斷可識矣。吉爲士之鄧林，鄉評所推今有人焉，葛先生是已。先生諱潨，字德源，系出常州。祥符間，名宫者始登科〔四〕，自是世策高第，或至侍從輔相。惟先生高祖詠徙家廬陵，曾祖日宣、祖敏求、考經，俱有文行。叔祖導岷先生敏修擢元祐三年甲科〔五〕，受知蘇文忠公、黄太史，先生坐上書入黨籍〔六〕，學者宗之。先生四歲而孤，又七年母亡，依仲父唐州録事參軍〔七〕，苦學忘寢食，手抄書鉅萬，無一字行草，貫通經子歷代史書〔八〕，端醇詳雅，士大夫子弟爭願從之。胡忠簡公及其群從號儒先甲族，競以書幣延致〔九〕，亦嘗不鄙過予家塾。晚即所居講授，八邑暨傍郡秀民著録盈門。先生迪以行誼，非但章通句解而已，後多登第游宦，薦春官者不論也。初，録參老而貧，同産滋流落湖湘，娣嫠居，先生併迎歸奉養，罄束脩畢其婚嫁，常産闕如也。導岷既無子，録參爲之繼，先生亦謂録參鞠育不可忘，身主其祭〔一〇〕。孝友類此。郡博士稔賢名，請爲直學，遷學録。慶元六年四月甲午以疾不起，博士率諸生奠哭盡哀。鄉人皆來告予曰〔一一〕：「鄉先生亡矣！」享年七十有五，以十二月甲申葬郡西清塘之原。娶同郡曾氏。生三男：長琳，早世；次玢，季瓌，傳父業，玢再預賓貢。四女：長適貢士曾友節；仲適吴簡卿；叔適王及，及夭，改適尹先達，前先生十二日而亡；季適白逢原〔一二〕。孫四人：一男杞，三女俱幼。所著書有《草茅卑論》三卷、《壽齋筆語》四十卷。

〔一〕「稷」下，明澹生堂鈔本、四庫本有「與」字。
〔二〕徒：原作「懷」，據明澹生堂鈔本、四庫本、傳校本改。
〔三〕著：明澹生堂鈔本、四庫本、傳校本作「表」。
〔四〕宫：原作「官」，據明澹生堂鈔本、四庫本、傳校本改。
〔五〕導：明澹生堂鈔本、四庫本作「遵」。下同。
〔六〕坐：原無，據明澹生堂鈔本、四庫本、傳校本補。
〔七〕録事參軍：明澹生堂鈔本、四庫本作「録參緯」。
〔八〕子：傳校本作「傳」。
〔九〕幣：四庫本、傳校本作「帛」。
〔一〇〕身：原作「生」，據明澹生堂鈔本、四庫本改。
〔一一〕告予：明澹生堂鈔本、四庫本作「弔」。
〔一二〕白：明澹生堂鈔本、四庫本、傳校本作「田」。

先生存心忠而勇於義[一]，嘗集本朝死王事者著《旌忠録》三卷，名士多爲序跋。常州族立象，大司成次仲之子，乾道中來守廬陵，於先生爲從兄，先生旅謁即退。立象代還，執手嘆其安恬。予自上印綬，與先生及歐陽伯威歲講同甲之會，月爲真率之集。先生文華有餘，凡予小圃草木猿鶴悉爲賦詩，語新而事的，卷軸盈篋。今失良朋，能無永嘆？玢等乞銘，其忍弗從？銘曰：

修其天爵，席以儒珍。昔聞其語，今覿其人。士無賢愚，曰鄉先生。盍祭於社，永光榆枌！

[一] 忠：明澹生堂鈔本、四庫本、傅校本作「恕」。

廬陵周益國文忠公集卷七三

平園續稿卷三三

墓誌銘 三

永州張使君奭墓誌銘 慶元六年

張氏世爲亳州譙縣人。使君諱奭，字叔保。曾祖言，敕授本州助教。祖宰，贈右中散大夫。父允蹈，朝請大夫、直秘閣，贈通奉大夫。君天資警敏，少年已如老成人，事無大小，處之悉有條理〔一〕。秘閣屢欲還政官之，君力學好修，必欲進以科第。年四十四，始從門蔭爲迪功郎，乾道六年也。調賀州臨賀縣主簿，旋丁父憂。淳熙改元監隆興府豐城縣户部贍軍酒庫〔二〕，秩滿，移衡州耒陽丞，用舉主改宣教郎、知袁州萍鄉縣，年勞轉通直、奉議郎。十六年覃恩，遷承議郎，賜服緋銀，通判隆興府，轉朝奉、朝散郎〔三〕。紹熙五年上即位〔四〕，遷朝請郎、知永州，轉朝奉大夫。慶元四年至郡，六年秋引疾主管台州崇道觀，命未至而卒，九月五日也，享年七十四。妻宜人王氏，樞密副使、敏節公庶之孫，知開州之道之女〔五〕，前九年卒。實生男五〔六〕：履，迪功郎、新辰州漵浦縣主簿；賁，當受致仕恩；隨、臨、觀，舉進士。孫男七人：長孫、仲孫、晉孫、季孫、惠孫、同孫〔七〕、永孫。女六人。諸子卜以是年十二月丙午葬君吉州廬陵縣高澤鄉新莊之原宜人墓之左，既求行狀於待制楊公，又以銘見屬，曰：「此先君治命也〔八〕。」予不敢辭，亦不敢欺。君初爲酒政，適繼敗闕，歲課驟登〔九〕。府高其能，檄行獄掾，改分寧宰。縣經兵火，版籍不正，冒耕無算，産去虚取，君括而正之。府下其法於傍邑，公私利之〔一〇〕。武寧民妄訴邑長文岡三十事，君究切直之。岡來餉謝，君怒，與之絶。爲丞時選攝衡掾，提刑馬大同嚴而察，典獄少可其意。有舉子術士被誣殺人，而君皆辨其非辜，大同怒甚，君不爲屈。俄并獲正犯者，大同與他司交薦改秩，仍減磨勘四年。萍鄉大邑，豪右持吏短長〔一一〕，知君强明，帖帖服畏。乃以餘力增飾學校，周給落南仕族以喪歸者。户婚滯訟累政不能決，立爲折衷，皆心服而去。隆興會府，帥多名臣〔一二〕，凡文書視君

〔一〕之悉：原無，據明澹生堂鈔本、四庫本、傅校本補。
〔二〕自「主簿」至「豐城縣」十七字，原脱，據明澹生堂鈔本、四庫本補。
〔三〕轉：原無，據明澹生堂鈔本、四庫本補。
〔四〕熙：原作「興」，據明澹生堂鈔本、四庫本改。
〔五〕之道：原脱「之」字，據明澹生堂鈔本、四庫本、傅校本補。
〔六〕男五：明澹生堂鈔本、四庫本作「五男」。
〔七〕明澹生堂鈔本、四庫本「晉孫」在「惠孫」下、「同孫」上。
〔八〕先：原脱，據明澹生堂鈔本、四庫本、傅校本補。
〔九〕驟：原作「遂」，據明澹生堂鈔本、四庫本、傅校本改。
〔一〇〕利之：明澹生堂鈔本、四庫本作「交利」。
〔一一〕右：原作「又」，據明澹生堂鈔本、四庫本、傅校本改。
〔一二〕帥：明澹生堂鈔本、四庫本作「司」。名：原作「明」，據明澹生堂鈔本、四庫本改。

簽擬即行。其得二千石，用列薦也。永本名郡，比歲空乏，因之蝗旱，君劬躬苦節，勸分告糴，賑飢民以萬計。常平使者疑不實，單車按臨，反加歎服，率漕臣論奏。明年歲稔，官府浸還舊觀，而君病矣。士民日夜禱祈，聞訃往往出涕，去萍鄉已星終〔一〕，柩過迎送不絕，爲守令得人心如此。予既叙次其閥閱，復以目擊耳聞者附之。當紹興庚午與君同試秋闈，見其記問文采俱過人，遂與計偕，以是知君之學。考秘閣素高誼〔二〕，初寓廬陵，食猶未足，已能收恤宗族，絕甘分少。君與兄巽用心協力，助成父志，君尤服其勞。巽字伯制，生以壬寅，早爲名士，朱希賢所稱「二惠方競爽」〔三〕。庚寅秋，兄終於廣西常平司幹官，君獨任家事。秘閣喜賓客〔四〕，樂燕游，乃葺園林，治食飲，客至必請款留，凡可娛親，不憚勞費。秘閣既没，君於親姻益爲區處〔五〕，使有常産。與人交，事賢友仁，恭敬周全〔六〕，得其歡心。以是知君之行。秘閣守興化也，歲嘗大歉，荒政畢修，境無流徙。城中比屋儒士巨室，如葉丞相顒、陳正獻公俊卿、龔參政茂良先已貴重，艾軒林光朝、鄉先生著作劉夙、弟朔皆殊科有盛名，爲一國之所慕。秘閣政事必咨，利害必講〔七〕，諸公樂告以善。治譽轉聞，璽書召還。雖辭疾，猶貼職知常德府，咸謂過庭密讚爲多。予於是又知君之才。惜乎從事已晚〔八〕，年除歲遷，抱能未施，識與不識莫不嘆息於斯焉。銘曰：

養志事親，服勞從兄。孰能居家，孝弟兼申？寬則民慢，猛則民畏。孰能涖官，豈弟交濟？敬宗非艱，睦族其難。誰不虛拘，實遺以安。泛愛或易，親仁爲貴。誰不憚煩，兩極其至。美具善并，身没名存。有子有孫，方大其門。我銘非工，言則非讆。高谷深陵，斯文不壞。

新淦劉德萬人傑墓誌銘

嘉泰元年追述

乾道九年，余被命起家守富沙。將趨朝，道過臨江之新淦，有劉君德萬來訪予。講賓主始相見禮已，出書袖間〔九〕，累數百言，陳古聖賢出處之誼，孔孟之於其君〔一〇〕、大夫辭命或應或不應者，假設爲問以質予。予固甚壯其意而愛其文辭也。自是不復見德萬，然心獨識之不忘。今吏部侍郎程公往年使江西，求門下士，遂以德萬對〔一一〕。程公於許予人不假借，問以書稱德萬甚善〔一二〕，與論經史今昔即往復不已，及於鄉部公事宜奈何即不答，余於是始得其行事焉。今其兄德從以狀來乞銘曰：「噫，昌方之弟死矣。弟力學，事親孝，於伯仲輯睦無違言，與人交用情，閭鄉鄰親戚卒葬嫁娶其有缺，不以貧爲解。」且曰：「吾弟生不能

〔一〕星：原作「喪」，據明澹生堂鈔本、四庫本改。
〔二〕考：原脱，據四庫本補。
〔三〕朱希賢：明澹生堂鈔本、四庫本、傅校本作「朱希真」。
〔四〕客：原脱，據明澹生堂鈔本、四庫本補。
〔五〕爲：原作「加」，據明澹生堂鈔本、四庫本、傅校本改。
〔六〕全：明澹生堂鈔本、四庫本、傅校本作「旋」。
〔七〕講：明澹生堂鈔本、四庫本、傅校本作「謀」。
〔八〕事：明澹生堂鈔本、四庫本、傅校本作「仕」，義長。
〔九〕書：原作「其」，據明澹生堂鈔本、四庫本改。
〔一〇〕孔孟：明澹生堂鈔本、四庫本、傅校本作「孔子孟子」。
〔一一〕遂以：原作「道」，據明澹生堂鈔本、四庫本改。
〔一二〕書：原作「正」，據明澹生堂鈔本、四庫本、傅校本改。

自振白，幸及識公，猶可以不腐，敢請勿辭。」余既竊悲之，且益知德萬之行與其言果不繆〔一〕。余於德萬未之先施也，辱惠見，又辱切磋告之〔二〕，而德萬廼年止四十，嘗一上春官不第，其父兄不勝哀焉，而欲托余言以見世。以余所睹及程公稱道校德從所爲狀，其務自立亦誠有應書者，然則皆宜銘，遂次其世系年月而銘之。德萬世爲永静東光人，其先自寺丞君誥始仕。曾祖安上，贈武經大夫。祖履，武節大夫、泗州兵馬鈐轄。父迪，從議郎、前辰州辰溪縣尉。建炎間虜南侵，守佐下皆遁去，鈐轄獨取州印佩之以守。虜連使人説降，鈐轄斬以狥。攻急，城陷，遂遇害。縣尉走匿亂兵間，乞獲遺骸，負之渡江，葬建康。稍南，徙其家淦邑。生四子，三曰人傑者德萬也。娶鄒氏，卒，再娶玉牒趙氏。一子侯〔三〕，七歲。以淳熙二年四月丙辰卒，其年十有二月某日附葬於邑城南之先塋〔四〕。銘曰：

祖也死，以狥其君。父也亡，以狥其親。宜嗣有人，而緼不伸。嗚呼！尚永閟其身。

通直郎彭君叔度墓誌銘

紹興庚午秋，吉之士五十七人賓於王。今五十有二年，存者纔六人，某與寶文閣待制楊公萬里、通直郎彭君叔度、承事郎戴君叙、蒲圻丞歐陽君巖起〔五〕、興國丞曾君昌齡也，年皆踰七望八。自戴而上四人納禄居里。予方謀爲履道之集，今年五月庚申乃聞彭君以疾卒，悼念未已，而諸孤携里人曲江郡丞曾天若狀來請銘〔六〕，其何可辭？君字季量，吉水縣人。曾祖鼎〔七〕，祖并。父儒林郎〔八〕、洪州觀察推官浩然，贈奉議郎；妣孺人劉氏。生二子，俱負儁聲。長叔亮〔九〕，字季明，以丁卯魁鄉舉，癸酉再薦。季量幼穎悟，八歲能屬文，連四舉預貢，聲隱萬人上。淳熙乙未〔一〇〕，特恩授迪功郎、静江府靈川尉，兼主簿。府帥王卿月有文武才，深知君，委以縣事，復攝獄掾，延譽於漕憲交薦之。秩滿，調融州司法參軍。高宗慶壽恩循修職郎，用前舉主循從政郎。郡守趙不遷亦薦之〔一一〕，轉南康軍建昌縣丞。守曾集咨其清〔一二〕，命行都昌令。今上覃恩，循文林郎。代還，不待年告老，改通直郎致仕，俄賜緋銀。其卒年七十四〔一三〕。君醇寔簡重，待族黨和而敬，雖接童稚無倨色，臨事則剛方有守，每以「己所不欲勿施於人」誨子孫，至於温良恭儉遜當躬行之，望而知其爲君

〔一〕且：明澹生堂鈔本、四庫本作「又」。
〔二〕切磋：原脱，據明澹生堂鈔本、四庫本、傅校本補。
〔三〕侯：明澹生堂鈔本、四庫本作「僕」。
〔四〕十有二月：原作「十月」，據明澹生堂鈔本、四庫本、傅校本補。
〔五〕巖起：明澹生堂鈔本、四庫本作「從起」。
〔六〕若：原作「若」，據四庫本、傅校本改。
〔七〕鼎：明澹生堂鈔本、四庫本作「昇」。
〔八〕「儒林郎」上原有「右」字，據明澹生堂鈔本、四庫本删。
〔九〕叔：原作「屬」，據明澹生堂鈔本、四庫本、傅校本改。
〔一〇〕乙未：原作「己未」，按淳熙無己未年，今據明澹生堂鈔本、四庫本改。
〔一一〕趙不遷：明澹生堂鈔本、四庫本作「趙不迂」，疑是。
〔一二〕清：明澹生堂鈔本、四庫本作「請」。
〔一三〕七十四：四庫本作「七十有四」。

子人也〔一〕。晚嗜書不倦，臨終神色湛然，其所養可知矣。娶曾氏、曠氏，俱贈孺人，今孺人劉氏〔二〕。五男：良能、良嗣、良顯、良矩、良友，皆世其業，良嗣前一年死。四女：適李公商〔三〕、劉興賢、項九德、胡壽卿。孫男十四人：嵩、嵣、峻、崇、巖，餘未名。女九人。曾孫二人。有文集三十卷、《詩書意原》二十卷。以十二月甲申葬於邑之永昌鄉塘原口，距察推墓五十步，今年實嘉泰元年辛酉。銘曰：

如玉斯溫，如冰斯清。燁燁其文，舒舒其成。仕再轉而丞，年七十而贏。惟不極於亨，以貽後之人。

朝議大夫直秘閣廣西轉運判官彭府君漢老墓誌銘

嘉泰元年八月

故户部郎中、總領湖廣江西京西財賦彭郎公厚德深仁〔四〕、令聞廣譽，達於公卿，信於鄉黨，施及子孫，多顯宦克家，遂爲廬陵盛族。轉運府君實户部之季子，才猷望寔，是似先人，守藩察州，方嚮於用，奄其亡矣，士大夫爲國惜才者總總也。諸孤卜以嘉泰元年十月丁酉葬本縣高澤鄉大岡之原，持寶文閣待制誠齋楊公所狀行實來請銘。予早升户部之堂，退從君兄弟游久矣，其可辭？府君諱漢老，字季皓〔五〕，五世祖自金陵徙家吉州廬陵縣。曾祖士忠，贈朝請郎。祖衎，左朝奉郎，累贈正議大夫。户部諱合，終朝議大夫，累贈特進。妣永寧郡夫人劉氏、同安郡夫人李氏、新定郡夫人曾氏、武陵郡夫人黄氏。府君幼長於詩，紹興末門蔭將仕郎，起家迪功郎、主簿宜州司立寨〔六〕。秩滿，丁外艱。隆興二年服除，循修職郎、監潭州南岳廟，調沅州司理參軍。獄重囚指病如股，君請紓其禁，守不可，君力爭，竟免瘐死。諸司以寬厚廉敏薦者十三人。乾道七年，由從政郎改宣教郎、知常德府武陵縣。每歲茶商四集，適惡少無賴相鬭毆，民皆驚避。守欲調兵捕治，君請單車以禍福曉之，皆帖帖聽命。淳熙元年轉通直郎，大將邵宏淵謫居，據官地數十頃，馬氏子冒占民産，君皆正之。田鄰交訟，諭以相友助之意，悔悟無所爭。右選祝氏妾官族女，爲分俸嫁之。臺府以名聞，籍記中書。去爲江西提刑司幹辦公事。贛水暴漲，浮梁斷壞，西昌民闌得某舟〔七〕，提刑適行州事，將以盜論，武吏翟某代久不得去，君並與爲地，來謝則拒之。留丞相以侍從守贛，率其長薦於朝，郊恩賜七品服，注湖廣等路總領所幹辦公事。六路綱運繁夥，愆期折閱，拘縶日多。君曰：「郡守吝財削縻費，勢家挾援相轉易，案胥督賕謝，舟人利侵欺，四弊弗問，獨治所差官吏可乎？」一時權户部侍郎蔡公戡〔八〕、資政殿大學士趙公彦逾繼主餉道，深然其言，悉疏理之，交章薦舉。予在政路，方議進擬，而君力求奉祠，十二年主管成

〔一〕君子：原無，據明澹生堂鈔本、四庫本、傅校本補。
〔二〕今孺人：原無，據明澹生堂鈔本、四庫本補。
〔三〕商：明澹生堂鈔本、四庫本作「裔」。
〔四〕公：原作「郎」，據明澹生堂鈔本、四庫本、傅校本改。
〔五〕季皓：原作「季浩」，據明澹生堂鈔本、傅校本、《誠齋集》卷一一九《彭公行狀》改。
〔六〕宜：原作「誼」，據傅校本改。
〔七〕某：明澹生堂鈔本、傅校本作「其」。
〔八〕公：原無，據明澹生堂鈔本、四庫本補。

都府玉局觀，由奉議郎歷轉朝請郎。光宗登極，遷朝奉大夫，擢知均州〔二〕，兼管内安撫。陛對論三事：補諸軍闕額〔三〕，核寄樁金穀，嚴官券增損。尋皆報可。州數易守〔三〕，倉庫一空，君修政事而用足，乃以餘力興崇庠序〔四〕。民俗死則焚尸，或蕆而不墓，君出私財助其棺斂，擇塲圃爲之兆域，浸革舊習。境接金州，與虜境犬牙相入。有寇鄰者教授山中，用意叵測，號寇先生，名動南北，朝廷常諭沿邊伺察之。君動息必知，卒無能爲。嘗請增戍兵，修器械，豐儲積，補常平，事多施行。郡縣官月俸茶券半之，守獨支緡錢，君以身率，上下悦服。境内麥價低平，從宦者例商販牟利，一切禁絶。治郡慈惠，固圉安静，見於帥漕之奏。年勞轉朝散、朝請大夫，今上覃恩，進奉直大夫。慶元元年入對稱旨，知常德府，兼提舉本府澧辰沅靖州兵馬盜賊公事。大禮封廬陵縣開國男，食邑三百户，轉朝議大夫。豪民劉庚被劫，指其悍僕嗾等輩爲之，獄官考掠誣伏，法當誅。君聚問疑焉，諭令審鞫，旋得正盜。臺府互致月饋，悉貯別帑。學宫弊陋，營造一新。畢文簡公遠裔流落嫠居，二女未嫁，並爲嫁遣，凡土木資送之費一出所貯。地控五溪，兵籍三千，僅存十一，君增至五百人〔五〕。詔減磨勘二年。歲儉民飢，常平使者不至〔六〕，君徑發廩賑濟，或以比汲黯。俄轉中散大夫。監司復奏治最，除廣東轉運判官。入境風采凛然，就易西路。至德慶府，意若微疾，亟命納禄，假寐而逝，實六年二月九日也，享年六十有七，特除直秘閣致仕。贊書有曰：「制行無虧，居官可紀。」又曰：「以疾而休，朕固深惜。」嗚呼！使天假之齡，其進用詎止是耶？君娶同郡曾氏〔七〕，前閩漕仔之從孫，先十年卒，贈令人。四男：堯俞，早世；去疾，嘗舉於鄉，今爲文林郎、前監廣州市舶庫；去泰，迪功郎、前静江府司户參軍；去非，通仕郎。三女：長適通直郎、新知隆興府武寧縣歐陽俣，次適故奉議郎、知撫州臨川縣劉德禮，季夭。孫男六人：舜牧、舜元、舜愷、舜申、舜欽、舜庸。女八人：長適故儒林郎〔八〕、鄂州教授趙師共，餘未行。君碩大温恭，孝友慈愛。二女弟寡，君擇從仕知名者歸之〔九〕。親族婚姻，鄰里喪葬或不時者，悉力周給〔一〇〕。行實如此，是可銘也。銘曰：

安静者山，居以持身。疏通者川，出而治民。故其恂恂，一鄉推重。而或肅肅，百吏震悚。武當武陵，節鎮之雄。春雨秋霜，疊奏顯庸。番禺桂林，統地萬里。嶺祲海氛，庶其一洗。卿階既躋，英簜交馳。四牡西徂，衛幕東歸。有幽斯宫，筮協龜卜。利其嗣人，宜爾戩穀。

〔一〕知：原無，據明澹生堂鈔本、四庫本、傅校本補。
〔二〕額：原脱，據明澹生堂鈔本、四庫本、傅校本補。
〔三〕州：原無，據明澹生堂鈔本、四庫本、傅校本補。
〔四〕力：原無，據明澹生堂鈔本、四庫本、傅校本補。
〔五〕百：原作「千」，據明澹生堂鈔本、四庫本改。
〔六〕至：明澹生堂鈔本、四庫本作「在」。
〔七〕曾：原作「曹」，據明澹生堂鈔本、四庫本、《誠齋集》卷一一九《彭公行狀》改。
〔八〕故：原無，據明澹生堂鈔本、四庫本、《誠齋集》卷一一九《彭公行狀》補。
〔九〕仕：原作「事」，據明澹生堂鈔本、四庫本改。
〔一〇〕給：原作「急」，據明澹生堂鈔本、四庫本、傅校本改。

率齋王居士伯芻墓誌銘　嘉泰元年

嘉泰辛酉八月庚辰，多聞之友王駒父久病不起，卜地吉州廬陵縣西十里儒行鄉城上之原，用十月丁酉掩壙。其孤曁門人鄉貢進士許陵來請銘。予識君三十年，晚幸切鄰，把酒論文無虚日，自君卧疾，每憂之，今銘其墓，能勿悲乎？君諱伯芻，駒父字也。世居瑯琊臨沂，文正公遠族。曾祖谹，治平四年登第，兩爲發運司屬官，遂家真州，仕至太常協律郎，常與黄太史庭堅唱酬，贈朝奉郎。祖箱，早世，娶臨江新喻蕭氏。父侃，力學有氣節，與鄉人吴丞相敏厚〔一〕，從吴謫涪居柳，欲奏以門客恩，辭不受。建炎己酉侍母避地新喻，徙寓廬陵終焉〔二〕。駒父生以紹興壬子。母顔氏，繼母陳氏。幼記問過人，既長博洽工文辭，一再游場屋不利，即棄去。喜藏書，六經諸史日夜校讐箋訓〔三〕，古今文集徧覽成誦。《太玄》〔四〕、《潛虚》，傍及釋典，亦皆淹貫。凡前賢世系出處，必推見本末。家故貧，藉售文教學養生送死，他未嘗一介取諸人。性恥詭隨，不妄交游。郡縣聞其名，待以上客，自縣教諭升州學録〔五〕，能舉其職。鄉先生楊待制萬里目爲淮海文士。教官楊愿詩人也，贈絶句云：「忽得君詩愜人意，陶家風到北窗時。」謝尚書諤遣友人胡密求琢磨指南〔六〕，湯舍人邦彦推其文采議論爲當世之傑，劉袁州清之亦謂文字高雅〔七〕，使後世知所嚮，可望一變至於道〔八〕，其爲諸公推重如此。自號率齋，雅好著述，時事可紀，每加撰次。其叙淳熙初茶寇起湖北，擾江西，有史法。雜著十卷、詩詞十卷、《五代詠史詩》二百篇、《雜紀》一篇。享年七十。娶彭氏，生二子：長嚮，前卒；季源，世其業。一女適葛環。二孫：象先、元齡。銘曰：

君之學問，經史百家。君之詞章，夏雲春華。負志氣之軼群〔九〕，胡聘幣之弗加？天耶，人耶？吾不得而知也，徒懷舊而咨嗟。

迪功郎辰州溆浦張主簿履墓誌銘　嘉泰二年

隆興癸未夏，予解掖垣奉祠歸廬陵之永和鎮。間入城，諸寓公往往忘年相禮，而常德使君張公又加禮焉。家有念芳堂〔一〇〕、見遠樓、勝事亭，率爲款留。見其仲子永州使君養志無違，接客謙敬，退竊咨美。常德既卒，參政龔公茂良爲之銘，請予書丹。予於永州年相次，故尤相善，見其長子主簿君之事父，如永州之事常德也，盡斥婦財，竭歲入治園林亭榭，號曰聘莊〔一一〕，日置

〔一〕敏：原脱，據四庫本補。
〔二〕焉：原無，據明澹生堂鈔本、四庫本、傅校本補。
〔三〕訓：原作「劄」，據明澹生堂鈔本、四庫本、傅校本改。
〔四〕玄：原作「元」，據明澹生堂鈔本、四庫本、傅校本改。
〔五〕「縣」下，明澹生堂鈔本、四庫本有「學」字。
〔六〕諤：原作「鄂」，據四庫本改。又「胡密」，四庫本作「胡宻」。
〔七〕字：原作「士」，據明澹生堂鈔本、四庫本、傅校本改。
〔八〕於：原脱，據明澹生堂鈔本、四庫本補。
〔九〕志：原作「忠」，據明澹生堂鈔本、四庫本、傅校本改。
〔一〇〕念：明澹生堂鈔本、四庫本、傅校本作「會」。
〔一一〕聘：明澹生堂鈔本、四庫本作「腴」。

酒延客娛其親。永州即世，君復請予誌歲月。再經祥祭〔一〕，君又不起，諸弟若子以友人朱岑狀來謁銘。昔韓退之謂未四十年哭北平王祖子孫三世，今適相類。予既慨歎，重有三恨。君嗜書博記，下筆過人，及試有司輒不利，一也。通敏之才遇事風生，凡吉運米下江淮〔二〕，綱官競求客舟避官舟，郡守或強以委君，君心計彊明〔三〕，不失龠合，而四階未賞，禄亦弗及，二也。常德年八十，永州亦七十四，君纔五十三耳，三也。凡邦人均有此恨，豈獨予乎？按張氏世家亳社，常德因宦游居吉州，遂爲盛族。君名履，字坦夫。贈中散大夫諱宰，左朝請大夫、直秘閣、知常德府、贈通奉大夫諱允蹈，朝奉大夫、知永州諱奭，其世閥也。慶元丁巳蔭補將仕郎，以迪功郎主辰州漵浦簿〔四〕，此積閱也。嘉泰辛酉十二月己亥，死之日也。明年三月壬申，窆之期也。美化坊土塘原，自卜之地也。娶茶園王氏，登仕郎乘國之女，前没。曰長孫、仲孫、季孫，其三子也。銘曰：

吁嗟乎，吾坦夫！才無不兼取何廉，禄未及需身寖苦。如火欲炎燄先熸，如車將幨旗乃瞻。穴臨山崦歎良殲，銘伸滯淹慰幽潛。吁嗟乎，吾坦夫！

承直郎尚甥振藻墓誌銘 嘉泰二年

甥姓尚氏，名振藻，字景華，相州人也。曾祖朝奉郎諱棐，贈太中大夫。祖朝請大夫、國子監祭酒諱佐均，通經博聞，被遇徽廟，爲時醇儒，贈中大夫。考承議郎諱大伸，嘗簽書威武軍節度判官廳公事〔五〕，兼西外宗正簿〔六〕，改佐武昌軍，氣概不群，博洽有父風。母孺人周氏，予之女兄也。甥幼警悟磊落，父母鍾愛，稍長知嚮學，才具恢閎，輕財重義，赴人之急甚於己私。予在政府奏以官，監筠州新昌縣酒税。秩滿，爲蘄州都大監轄蘄口鎮倉庫，兼兵馬烟火公事，薄征戢吏，商賈四集，聽訟決事，舉得其平，時捐俸周貧民。凡舟車往來及出入廛市者〔七〕，交口譽之。州上於諸司，諸司列薦未報。嘉泰改元五月辛酉，方飯客，暴得疾卒，家無餘貲，群僚貸錢買棺以斂〔八〕。年四十八，階自迪功郎以賞循至承直郎。娶劉氏。二男：希呂，苦學早世；希尹，方踰志學。一女尚幼。其兄宣教郎、新知桂陽軍臨武縣事振英爲卜地吉州廬陵縣膏澤鄉石窟之原〔九〕，葬用二年六月甲申，前期以友人鄉貢進士胡渙狀來請銘。銘曰：

材良器工，成此輪輿。馭之以氣，可馳可驅。未行九折，僨於中塗。天實爲之，已矣嗚呼！

〔一〕再：明澹生堂鈔本、四庫本作「甫」。
〔二〕米：原作「未」，據明澹生堂鈔本、四庫本改。
〔三〕計：原作「記」，據明澹生堂鈔本、四庫本改。
〔四〕「漵浦」下原衍「主」字，據明澹生堂鈔本、四庫本删。
〔五〕節：原脱，據明澹生堂鈔本、四庫本補。
〔六〕正：原無，據明澹生堂鈔本、四庫本補。
〔七〕入：原無，據明澹生堂鈔本、四庫本補。
〔八〕群：明澹生堂鈔本、四庫本作「郡」。
〔九〕軍：原作「郡」，據明澹生堂鈔本、四庫本改。

廬陵周益國文忠公集卷七四

平園續稿卷三四

墓誌銘 四

曾迪功彥圭墓誌銘 嘉泰二年

曾氏世家爲吉州吉水縣人〔一〕，至和中析報恩鎮置永豐縣，今蓋永豐人也。君諱彥圭，字君玉，幼端雅力學。靖康後所在擾攘，家藏書悉燬於盜，常産亦廢。父龍南尉鬱鬱不樂，母王氏又苦羸疾〔二〕，君奉養幹蠱，兩極其至。母遺言以幼子弁屬君，君爲延名儒教之，而君次子渙尤早成，薦名禮部。淳熙甲辰遇慶壽恩，封君迪功郎致仕。紹熙庚戌渙遂擢第，嘗再遇慶典，君皆抑使勿請。治家有法，御下以禮，待族屬孤幼曲盡恩意。年逾七十，强健如五十人。性喜延客，至必盡歡。邑官里人咸知尊敬，鄉鄰爭鬬或滯訟，得君言曉然而悟。人有逋負，間爲代償。蓋其心主於慈惠，故留意秦越人、倉公及張仲景之書，有以疾諗，竭誠應之，貧則加贍給焉，踵門日數十輩未嘗憚煩。每歎曰：「陰德猶耳鳴，自聞而已。」一日微恙，應酬如常，詰朝忽命具湯沐，乙夜湛然而逝，嘉泰元年正月己卯也，享年七十八。娶王氏，封孺人。四男：長澧；次渙，從政郎、隆興府豐城縣令，文而能官；次清；次瀚。女適進士熊汝能。孫男十二人：公埴〔三〕、公敏、公政〔四〕、公遜、公俊〔五〕、公衡、公壽、公應、公遇、公孚、公從、公衍。女八人：適進士張元良、熊唯、張萬選，餘在室。曾孫二男一女。是歲十月丙申葬龍雲鄉隆州之原。渙持大府王卿邁狀來請銘〔六〕。予每歎近世士大夫家譜罕傳，上焉不能舉其族，下或降在皁隸不知懼〔七〕，獨曾氏此書燦然可覩〔八〕。蓋自唐末遠祖慶生偉，偉生絳，三世爲廉平吏，階勳名德俱高。四世崇範事南唐嗣主於東宮。其没也，蔭子延修爲步騎使，隨後主入朝，改左班殿直，於君爲八世祖。諸子先以儒學奮身，顗登第李氏時，本朝淳化、咸平中曰顒、曰顔、曰碩相繼登科。一傳爲純，爲有鄰〔九〕，皆舉進士。再傳朝陽，慶曆四年登科〔一〇〕，後四年弟匪繼之，百荷復以五經薦名，即君高祖也。又一世：正矩，太學内舍生；鉞，以上高縣主簿舉八行；其季諱旼，君曾祖也。曰慶〔一一〕，政和二年中第〔一二〕，終通直郎、庠入辟雍；曰元

〔一〕爲：原作「家」，據明澹生堂鈔本、四庫本、傅校本改。
〔二〕王氏：明澹生堂鈔本、四庫本、傅校本作「黄氏」。
〔三〕埴：四庫本作「植」。
〔四〕政：明澹生堂鈔本、四庫本作「振」。
〔五〕俊：明澹生堂鈔本、四庫本作「浚」。
〔六〕持：明澹生堂鈔本、四庫本作「以」。
〔七〕懼：原作「愼」，據明澹生堂鈔本、四庫本改。
〔八〕覩：四庫本作「考」。
〔九〕「鄰」下，明澹生堂鈔本、四庫本有「者」字。
〔一〇〕四年：明澹生堂鈔本、四庫本作「二年」。
〔一一〕慶：明澹生堂鈔本、四庫本作「度」。下同。
〔一二〕政：原作「正」，據傅校本改。

忠，大觀三年中第，終奉議郎；曰民瞻，宣和三年中第，終南昌尉；而諱安民者，君祖也。至宣和六年，慶之子彥明復登第，終從政郎、廣東轉運司幹辦公事；而諱彭年，尉龍南者是生四子，君其季也。予既掇大略書之，且爲銘曰：

譜牒之湮，士忘勸懲。瞻言曾氏，世美相承。君有隱德，又將勃興。銘昭於昧，式穀雲仍。

朝奉郎袁州孫使君逢辰墓誌銘 嘉泰二年

吉統八邑，龍泉號山水縣，故多名人，孫氏又其名家也。初諱文者仁厚有家法，諸子皆力學。曰元量，擢大觀三年進士第，終賀州教授。曰叔通，從贛上李朴先之學〔一〕，徽宗朝貢京師，投匭論星變，請開黨禁，忤蔡京，斥歸郡庠，自訟齋〔二〕，政和二年登第，終清海軍節度推官。曰叔遇，倜儻喜周急，博通群書，不樂王氏學，日與王元明〔三〕、徐德饒歌詩唱酬，後贈承務郎。生宜，再舉禮部〔四〕，早世，累贈奉直大夫。娶羅氏，封太令人。三子鼎立，見謂三傑：長吏部侍郎逢吉，號賢侍從；次逢年，筆力高古，仕止南安軍上猶令。使君其季也，諱逢辰，字會之，豐裕秀發，人推遠器。年十八鄉舉首薦，登乾道二年進士第，以左迪功郎尉潭之衡山。邑宰趙汝誼、連帥沈介皆通明嚴重，遇盤錯輒屬君。辛卯歲儉，湘陰爲最，帥陳彌作檄君行縣事，戢姦賑荒，流逋四歸，特循兩資。君乞貤恩封母太孺人。別用舉主升從事郎〔五〕，移贛州贛縣丞〔六〕。歷事三守，監司六七人，皆咨其清，稱其文，倚其能，劇邑幕屬闕，爭委攝承，議事制刑，率歸忠恕。淳熙二年，茶寇轉剽江西，君請精擇上軍，參以贛卒、郴桂弓手，別募敢死軍，分委偏將，或扼賊要衝，或馳逐山谷間，而命荆鄂之師養威持重，乘賊憊尾於後。帥不能用。已而上命辛棄疾繡衣持斧乘傳來，竟如君策。師旅方興，屬君調軍食。君持金幣，即所至易米於民，省饋運十七八。漕長李燾、錢佃以名聞，詔任滿赴堂審察。守施元之面授京狀，君遜同僚之垂成者。元之大喜，上章論薦〔七〕。又詔中書籍記，終更改宣教郎，審察特添差簽書秀州軍事判官廳公事。乞便親，改鎮南軍。死囚詳覆，君察可閔，請奏讞，一月中全活者三。街吏告行有死人，馳視之，餘息尚存，療治稍蘇，始知夜行，吏奪其幣而害之，捕治伏辜。其明察類此〔八〕。兵鈐役禁軍興力役以媚守帥〔九〕，許授親兵及水軍例增食錢〔一〇〕，吏摘牒尾如熟事請君書押，君執不可。守怒曰：「此例也。」君曰：「親兵乃岳飛舊人，有糧無衣，故乘除如此。水軍則以隆祐太后避地於兹，驟聞虜至，賴其力得上贛，特許優給。自是闕者勿補，今僅存二十輩耳。若無故創支，禁卒歲十萬

〔一〕李：原作「季」，據明澹生堂鈔本、四庫本、傅校本改。
〔二〕「自」下疑脫「號」字。
〔三〕王元明：明澹生堂鈔本、四庫本作「黄元明」。
〔四〕再：傅校本作「甫」。
〔五〕別：原無，據明澹生堂鈔本、四庫本補。
〔六〕贛縣：原脫「贛」字，據明澹生堂鈔本、四庫本補。
〔七〕論：原無，據明澹生堂鈔本、四庫本補。
〔八〕「此」下，原刻校云：「疑有缺文。」
〔九〕兵鈐：原脫，據明澹生堂鈔本、傅校本補。四庫本作「兵銓」。
〔一〇〕援：原作「授」，據明澹生堂鈔本、四庫本改。

緡，力固不足，且非州家所可擅也。」守不能奪，兵官嗾諸卒訴庭下。君徐以理曉之，拜謝而去。吉、贛舊各置船場，須油麻杤木，民病科折，君言於漕，裁減萬計。鄉邦解試，士逾萬人，考官止七員，君請用福州例增二人。苟利公家，率勇爲之。七年，江西旱，九江尤甚，君將代，諸司請留賑濟。君籍下户及商販技術與無以自營者爲三等，計户口給歷，十户一甲，甲給一牌，五日輪一户，齎錢牌場市粟，周而復始。置安養院處老弱孤獨，給以錢米，負郭選邑佐、鄉村擇士官分董之。事有未安，不憚立改。文書紛至，手披口占，略無凝滯。凡用米八百餘石，他郡取撥亦稱是，又勸上户平價以補不足。起正月盡六月，訖無流殍。監司乞優賞，君固辭。是時，予遷吏部尚書，兼翰林學士承旨，即奏君自代，磨勘轉奉議郎。九年五月，入提轄行在榷貨務都茶場，將試用也。賞轉承議郎，以太令人年高，求知澧州。命下，丁内艱。參知政事蕭正肅公燧嘗薦君守邊，中書舍人崔興詩復以職事官薦。服除，選知袁州。未上，轉朝奉郎。十五年正月二十三日以疾卒於家，享年四十七。明年十二月乙酉，葬本縣南鄉瓜陂之原。妻安人李氏，同邑椿之女，前卒。子男三人：鑑〔一〕，早亡；鑰，今爲從事郎、靖州軍事判官，與其季鉉俱能世其家〔二〕。女適進士康晉之。孫男四人。君資性高朗〔三〕，博觀載籍，善爲文辭。待交游誠信，輕財重義，遇歲歉出粟爲之倡。嘗慕范文正公置義莊贍宗族，買田北鄉，以歲入給貧者伏臘吉凶費。市藥療病，買棺送死，衣寒食飢，傍及鄉黨。君既没，二子繼其志，且存規約。君幼師李栖梧司法，李没，子瞽，女未有歸，極力濟之。縣東三里蜆子陂久廢，君捐金穀，募民復脩，導水數百丈，溉田不貲〔四〕，今號孫公陂。平居處事有條理，喜論大利害，援古證今，如指諸掌。律身廉謹，在官兼職雖衆，却其添給。士大夫多以功業期君，君頗自許也。使天假之年，推愛人利物之心，豈止復一陂仁一鄉而已？平生著述有《養晦類稿》三十卷。予久與君兄弟游，鑰以文林郎、全州清湘令李迨狀來請銘〔五〕，爲之銘曰：

孫氏三龍，季惟邦君。才氣之高，謂凌青雲。府幕王官，以明濟勤。仁蘇野莩，惠周鄉枌。群賢交薦，符竹僅分。未孑干旟，遽瞻丘墳。宜壽而否，胡戾前聞？流慶來裔，尚考斯文。

承直郎知東安縣趙君彦倍墓誌銘　嘉泰二年

魏悼王七世孫曰彦俊，後名曰彦倍，字才卿。曾祖叔嶢，左侍禁。祖梃之，訓武郎。父公籲，秉義郎，仕於吉，家焉。君清介有守，刻意經史，未嘗詭隨苟合，惟擇賢者與之游，詩文日進。紹興二十九年預漕薦，三十二年覃恩，以右迪功郎主永州祁陽簿，同僚服其廉勤。外艱去官，奉母撫諸弟，日益讀書。服闋，調南豐尉。乾道七年，鎖廳奏名，特補左儒林郎。廬陵宗子

〔一〕鑑：明澹生堂鈔本、傅校本作「鎰」。
〔二〕鉉：傅校本作「鉢」。
〔三〕朗：原脱，據四庫本補。明澹生堂鈔本作「明」。
〔四〕不貲：原脱，據明澹生堂鈔本、四庫本、傅校本補。
〔五〕清湘：原作「湘清」，據明澹生堂鈔本、四庫本乙。

慕之，自是多中第者。注臨江軍判官。屬邑新淦號難治〔一〕，常賦大虧，滯訟滿庭，守檄君攝事，以辦治聞。循承直郎、安慶軍節度掌書記，守貳替移，嘗行州事，政號明敏。繼攝倅，監大比試，勉勵考官，精覈文卷，明年過省者二人，舒人美之。前執政李公彥穎薦以京削，秩滿得提點鑄錢司檢踏官，分局曲江，以母憂去。免喪，知東安縣。零陵郡連旱，公私赤立，君禁戢吏姦，勸課農桑，民譽翕然。雨暘或愆，祈禱立應，邑境大熟。先是二稅盡歸州家，用度匱乏，君請從民便，諸司從之，縣始有餘裕。而君積勤致疾，嘉泰元年八月己丑沐浴而逝，享年六十五。家素清貧，至貸錢買棺而歸。二年九月庚申，葬廬陵縣儒林鄉龍坡之原。先娶朝請大夫、知道州歐陽庠女；既没，予堂兄朝請郎、知袁州必達喜君嗜學潔己，以女歸之；復早世，又娶朝請大夫、知連州蕭祖祐之孫。一子，憲夫，業進士。四女：適鄭份、胡允迪、孫時、簡時雍。銘曰：

自重者好修，安分者寡求。彼寒畯猶克艱，此公族乃兼優。猗才猷之表表，悵時命之悠悠。尚垂裕於後人，永固安於斯丘。

武德郎主管台州崇道觀趙君伯琭墓誌銘

嘉泰二年十月〔二〕

嘉泰壬戌八月己丑，藝祖皇帝七世孫武德郎伯琭卒〔三〕，卜以十一月庚申葬吉水縣中鵠鄉洞巖之原。其室孺人王氏前三十年歲在辛卯亦以八月辛亥卒，權窆凌家塘，至是就葬武德墓南二十步。孝子容州北流縣令師櫄、南雄州司法參軍師榎、南安軍大庾縣尉司檢號泣請銘〔四〕。鄉人皆言武德善人長者，予與其二弟及其外舅知肇慶府王衣子裳有契，義不可辭。君初名伯松，改今名，字堅老，贈少師、馮翊侯世覃之曾孫，贈永興軍節度使、東牟侯令賽之孫，贈武翼大夫、真州兵馬鈐轄子惇之子〔五〕。君四歲喪母毛氏，六歲喪父。紹興十二年門蔭承節郎，歷監衢州江山縣及富沙稅，兩監潭州南岳廟。乾道元年添監吉州苗米倉不釐務，遂家焉。既滿，注衡祠者六，升朝改主管台州崇道觀者五，磨勘及泛恩十二轉而終。君早罹憂患，力學自植立。族叔高州遂溪令子淇卒官，君深入瘴鄉，奉五喪携孤幼以歸。既仕，竭俸入擇師友教子弟。長弟承直郎、監兩浙轉運司造船場伯瞻登戊戌進士科，次迪功郎、衡州司法參軍伯楷累上南宮。三子並拔漕解，覃恩入官。君天性儉約，而樂周急，凡宦族流落、飢民流徙及里閭疫厲，人莫敢視，君每頃身濟之〔六〕。棲志雲水〔七〕，日延道民，始終無倦。其疾也，師櫄自廣西星馳歸省。病棘，勉以孝友忠勤，神色不亂，沐浴而逝，享年六十有七。五子：上二人早世。四

〔一〕號：原無，據明澹生堂鈔本、四庫本補。
〔二〕十月：原無，據明澹生堂鈔本、四庫本補。
〔三〕七：原作「六」，據明澹生堂鈔本、四庫本改。
〔四〕司檢：傅校本作「司掄」。
〔五〕惇：原作「某」，并校云：「光宗廟諱。」今徑改。
〔六〕頃：原作「輕」，據明澹生堂鈔本、四庫本、傅校本改。
〔七〕雲水：原作「水雲」，據明澹生堂鈔本、四庫本乙。

女：適州學諭戴作肅、鄉貢進士劉賦〔一〕，次許劉徹〔二〕，一尚幼。孫男未名。二女：長適進士胡天麟，次幼。銘曰：

志趣囂然，家庭蕭然。其處超然，其逝飄然。三子堯然，餘慶昭然。墓檟翹然，過者怊然。

歐陽伯威墓誌銘 嘉泰二年

嘉泰壬戌六月甲午，廬陵歐陽伯威以疾不起，其妻金氏先葬城西能仁寺之西原山，卜十二月乙酉即墓左穿穴附焉〔三〕。其友曹生文顯致伯威遺言〔四〕，以狀請銘。予曰：生文美矣，抑伯威吾能言之，是負氣節、有文章、安分義人也。少與予同應舉。伯威學廣才贍，鋭欲拔鳌弧而先登，已乃連戰不利，士悼其屈。家故宦族，愛母弟鐸，恣其費弗問，遂窘伏臘，聚徒爲仰事俯育計。名卿大家争延訓子弟，時官聞名皆來禮請。其間賢否不同，狥物必招謗，絶物或賈怨，君皎皎其躬，温温其容，束脩外毫髮無預，物莫能涴，人自親愛。善論古今，間以談諧。尤工詩騷，涵泳鍛鍊，啓前人之關鍵，大篇短章隨意所之。待制楊公萬里序其《脞詞》曰：「鳥啼花落，欣然會心處，酌太白嚥伯威詩〔五〕，欲馭風騎氣也。」至於抄警句誦之。瀘溪王敷文庭珪、西溪劉孝廉承弼、教官楊愿皆詩豪〔六〕，或以孟襄陽、賈長江比君。他文率過人，嘗著《遇讒詞》〔七〕、《蜂螯蜘蛛賦》，胡忠簡公極力稱獎〔八〕。一時名公推重如此。胸次洞達，遇人無町畦。逢酒輒飲，當酣適時，咳唾成珠璣，歌呼薄霄漢，不知世之隘身之窮也。予在政府數欲官之，君謝曰〔九〕：「欲吾數口無飢足矣，焉事虚名？」逮予來歸，而君視瞻茫洋，不復教學，簞瓢怡然，時時相過道舊。以目眚疏麪生，親玉友，步趨亦蹣跚，獨豪氣如初。予每憐之，聞其卧疾，數遣醫往視。已殆猶策杖訪曹生，索酒賦詩云：「舊游應好在，誰念此生浮？」蓋絶筆也。平生篇什，《脞詞》外分五編，號《漫成》、《遣興》、《暮景》、《自娱》、《松筠》，别有雜著五卷、《見聞録》六卷〔一〇〕。伯威諱鈇，自號寓菴，世爲郡人。高祖登，以其子澶州通判粲遇恩贈奉議郎。曾祖來〔一一〕，用舉守本州助教〔一二〕。祖元發雖不仕，而弟將作監丞珣靖康間以忠義著。父宣教郎充，字彦美，擢紹興壬戌進士第，戊辰歲卒官廣西。伯威侍母何氏，携諸幼，護柩千里，返葬永和鎮，畢二弟三妹嫁娶，人以爲難。三子：玗、矸、矼，業儒。二女早世。孫四人：簡、簵、籥、箟。予與伯威及葛德源潨皆生於丙午〔一三〕，比歲宴集唱酬歡甚，有繪爲三老圖者。前哭德源，銘其藏，今復銘

〔一〕劉賦：明澹生堂鈔本、四庫本作「劉年職」，傅校本作「劉職」。
〔二〕次：原作「一」，據明澹生堂鈔本、四庫本、傅校本改。
〔三〕左：原作「右」，據明澹生堂鈔本、四庫本、傅校本改。
〔四〕文：原作「交」，據傅校本改。
〔五〕酌：原無，據明澹生堂鈔本、《文獻通考》卷二四五《經籍考》補。
〔六〕教官：原在「皆」下，據傅校本乙。
〔七〕讒：原作「諫」，據明澹生堂鈔本、傅校本改。
〔八〕力：明澹生堂鈔本、四庫本、傅校本作「口」。
〔九〕君：原脱，據明澹生堂鈔本、傅校本補。
〔一〇〕六卷：原脱，據明澹生堂鈔本、傅校本補。
〔一一〕來：明澹生堂鈔本、傅校本作「采」。
〔一二〕「用」下，明澹生堂鈔本、傅校本有「累」字。
〔一三〕及：原無，據明澹生堂鈔本、四庫本、傅校本補。

君，何悲如之！銘曰：

嗟乎伯威！少慕太白，才不羈而行不虧；中游飯顆，午不炊而樂不飢；晚鄰文昌，醫不治平聲而筆不衰。賢哉若人衆所推，今其已矣誰弗思？後有式墓毋徒悲，尚酬以酒弔以詩。

郴州張使君鋼墓誌銘 嘉泰三年

新郴州張使君卒，兵部章侍郎穎既大書伐閱，其子復請銘閟之幽。予常愛柳宗元記先友六十人，叙所長有史法，而以袁高爲首〔一〕，謂能使吾所居官大〔二〕，其該涉廣矣。今君初以迪功郎主荆門軍長林簿，垂赴，丁母憂。服除，歷靜江府司户、廣州右司理參軍、常德府教授，堂差知靖州永平縣〔三〕。郊恩賜緋魚，通判福州，兼西外宗正丞。晚擢二千石，期以循良自見，乃弗及上，識者有用未盡材之歎，是宜特書。始君仕桂林，帥范文穆公文章政事高一世，待以上客。靈川有殺人獄，歲久尸壞不承，君指顱髻下重傷一問伏辜，闔府神之。五羊王氏、葉氏皆富盛，王氏婢死，帥疑主人害之；葉氏僕暮夜隨人入城，閽者求金不獲，自毀關鑰誣之。君力辨其非〔四〕，帥初怒終察。提刑王昄按獄，多所詰問，吏戰栗不能對，君出幕後，悉爲條陳。由是諸司舉其材，陞從政郎。常德校官久不振，君教導課試有方，生員日集。廩粟不繼，助以圭租，又請閒田於府，儲歲入，葺棟宇，新釋奠儀，正侑坐之位。城北有泰渠，唐刺史胡處立所開，溉田千餘頃〔五〕，廢於崇寧間，士子皆曰：「此邦秀水在是，不可堙也。」君白常平倉使者薛伯宣，由梁山下導水二百里，附城爲陂堰，隨旱澇節其啓閉，而命武陵尉段嵩董正役〔六〕。既成，自爲之記。士民胥悦〔七〕，臺府交薦，改宣教郎，淳熙十五年也。永平雜蠻猺，日夜相仇殺，漢法不能治。君不鄙夷其民，威愛兼用。郎江湍險，創浮梁以濟。俗病屠牛祭鬼，君教以醫藥。將代，邑人及蠻酋楊正道相率借留，帥章森、監司張孝曾、郡守姚椝、陸耘老俱以循吏薦。時宰葛文定公將寘之朝，君求福倅而去〔八〕。帥多侍從，或前宰執，君悉心協贊〔九〕，疑事必争，遂取信於樞密鄭公僑〔一〇〕。學有腴田，甲既佃矣，乙挾曹勢攘取，君執不可。富人高氏所養子十年不歸，别命繼矣，前子聞高病始來，未三月高死，反訴立繼不當，漕符州右其説，州追對復避匿〔一一〕。君謂久去驟來，又捨喪次，子道已絶，復執不可。宗司素窘用，君裁冗蠹，裕公帑，惠及宗子，人人自重。知宗趙伯遏餽當得俸二百萬，君力辭。凡仕閩者供張百須，例敷僧寺，君一無所取。提刑趙不迂、常平林

〔一〕首：原作「守」，據四庫本改。
〔二〕吾所：傅校本無此二字。按柳宗元《先君石表陰先友記》原文無「吾」字。
〔三〕靖：原作「静」，據傅校本改。
〔四〕力：原無，據明澹生堂鈔本、四庫本補。
〔五〕田：原作「四」，據明澹生堂鈔本、四庫本改。
〔六〕段：原無，據傅校本補。正：傅校本作「工」。
〔七〕悦：原作「役」，據明澹生堂鈔本、四庫本、傅校本改。
〔八〕福：原作「郡」，據明澹生堂鈔本、四庫本、傅校本改。
〔九〕君：原無，據明澹生堂鈔本、四庫本補。
〔一〇〕取：原脱，據傅校本補。
〔一一〕對：原脱，據傅校本補。

思齊復以名聞。所至能大其官如此。即其所已試〔一〕，推其所未試〔二〕，蓋可知已。慶元四年，三省類薦牘，進擬守郴〔三〕。入對言：「陛下臨御五年，因循之弊未革，薦舉不及廉静，臧最多出經營〔四〕。文體未純，士風未篤。詔書寬大而州縣侵漁，名曰和糴而人困科斂。諸軍老弱，戰艦蠹敝。添差及宫祠泛濫，以一福州言之，數倍高宗朝，宜爲限制，以寬民力。」上甚嘉納。積官朝奉大夫，遲次於鄉，日與親賓享山水園林之樂。藏書逾萬卷，平居事賢友仁，尤爲范文穆公所知。嘉泰元年三月卧疾，夢入官府，有金紫坐堂上，視之范公也。傍一吏持文書請君書，君難之。寤而歎曰：「范公六十八而薨，我年今與之同，非吉兆也。」稍愈即求納禄，七月丙寅竟卒。君諱鋼，字德堅，一字紹祖。娶龍氏，左儒林郎、知虔州會昌縣溥之姪，先二十九年卒，贈宜人。三子：曰潞，迪功郎、融州司户兼録參；曰淵，用致仕恩補將仕郎；曰次淵〔五〕，早世。二女適顔元質〔六〕、王機，餘夭。孫男二人，未名。女二人。惟張氏遠有世緒，君九世祖家青州，仕吉州永新縣鎮將，遂爲縣人。曾祖伯英，娶左氏，性曠達，踰嶺游海上諸山，冀有所遇，死於古藤。祖志，孤童步挈父喪歸葬，鄉人嗟異，累贈訓武郎；妣龍氏，贈安人。父成，將仕郎，樂施周急，梁溠甓險，往來德之，贈朝請郎；妣周氏，贈宜人。君事父母誠敬，待内外族姻情文交至，無間言者。少勤問學，四魁漕舉，登辛丑進士科。愛其弟沅江巡檢鎡、承直郎鐸。鎡亡，教育其孤，使有成立。與鐸以文藝相切磋，故其二子習熟訓言，潞拔漕臺上庠解，淵亦補太學生，號稱儒家。君嘗編類《皇朝列聖孝治》，自帝后逮臣民，傍及藩侯蠻夷，總一百卷，表上之。平生著述號《横江叢集》七十卷，藏於家。二年十二月甲申，葬本縣思賢鄉遺直里中村之原〔七〕。銘曰：

志韞在中，才襮於外。方其卷藏，能否可蓋。因官立事，所居乃大。猗歟郴州，士之藹藹。兩掾方鎮，疑決蓍蔡。儒宫縣道，興利除害。升佐閩藩，帥守攸賴。緒餘則然，其施未艾。孰云專城，旂弗及茷。歸安斯丘，懷哉永嘅！

〔一〕此句與下句「其」字，明澹生堂鈔本、四庫本、傅校本無。
〔二〕推：原脱，據明澹生堂鈔本、四庫本、傅校本補。
〔三〕擬：原作「宜」，據傅校本改。
〔四〕臧：四庫本作「殿」。
〔五〕次淵：原無，據明澹生堂鈔本、四庫本補。
〔六〕二：四庫本作「三」。
〔七〕賢：原作「明」，據明澹生堂鈔本、四庫本、傅校本改。

廬陵周益國文忠公集卷七五

平園續稿卷三五

墓誌銘 墓表附

迪功郎致仕晁子與墓誌銘 嘉泰三年

晁氏自漢御史大夫錯以身狥國，閲千餘年，宋興而翰林文元公諱迥[一]、參政文莊公諱宗慤父子以文章德業被遇真宗、仁宗，繼掌内外制，賜第京師昭德坊，子孫蕃衍，分東西眷，散處汴、鄭、澶、濟間[二]，皆以昭德爲稱。蓋宗生仲，仲生端，端生之，之生公，公生子，子生百，百生世[三]，奕葉聯名，文獻相承，舉天下無他晁。嗚呼，盛哉！君生於鄭，諱子與，字點仲。曾祖端彦，終朝議大夫、秘書監，贈特進。祖詠之，第進士，中詞科，坐黨籍，終朝請郎，贈太中大夫，有《崇福集》行於世。父公邁，右朝散郎、提舉廣東常平茶鹽，與其弟公昂、公逸俱世其家。常平嘗貳郡盱江，遂居撫州，是生四子，君其仲也。夷雅静重，通練世故，事親先意承志，曲盡子職。伯、季死，君力教叔弟子誰之子百談，以經術取高第，君之子百谷亦早上南省。紹熙中慶壽慈福宫，年踰八十，賜爵迪功郎，拜恩已，即卷衣冠藏之。自號清容居士，友賢積善，委遠聲利，得導引之術，與親賓樂飲，晝夜不倦。每道故家遺俗，四坐傾聽。耳目聰明，筆札精楷。先六年書遺訓甚悉[四]，至是微恙，猶會客，書偈頌一首而逝，實嘉泰元年十二月乙未，壽八十有八。故妻贛川陳氏，徽猷閣直學士邦光女，生男百谷也。女適朱紹侃，今亡矣。孫男世南，女適何居厚。曾孫女一人。二年閏十二月丙午，百谷奉君柩葬臨川縣長安鄉長岡金魚塘之原。百談方自畿宰選爲六院[五]，以予識君踰一甲子，而堂兄袁州使君必遠先娶君婿，遠來請銘。惟文元公樂易純固，服道履正，年八十四被疾，絶人事，屏醫藥，盛服而終。今君人爵雖卑，而性行綽有祖風，壽稍過之，是可書也。銘曰：

箕疇錫福，貴不與焉。人有差等，固難胥然。若乃恭儉惟德無載僞，存心養性以事天，翩翩不富而足用，身康寧兮永年，考終如君亦鮮矣，庶幾五者得其全乎！

歐陽元鼎墓誌銘 嘉泰三年

嘉泰三年三月癸酉，故人歐陽彝字元鼎以疾終於家，其孤揆袖鄉貢進士蕭常狀來請銘。惟吉州廬陵縣永和鎮歐陽氏世名儒家。君曾祖粲，朝散郎、通判澶州。祖璟，父襄，皆有文行。父

[一] 而：原無，據明澹生堂鈔本、四庫本補。
[二] 濟：原作「蔡」，據明澹生堂鈔本、四庫本、傅校本改。
[三] 上二句「百」字，明澹生堂鈔本、四庫本、傅校本作「伯」。
[四] 先六年：原作「生六十年」，據明澹生堂鈔本、四庫本、傅校本改。
[五] 選：原無，據明澹生堂鈔本、四庫本補。

嘗貢京師，生四子：弇、奕、弁與君，學問文采，人推四傑。君尤博敏〔一〕，年十三試郡庠，下筆袞袞不能休，咸謂科第可立取，已乃數奇，鋭欲投筆。會隆興甲申從舅胡忠簡公以兵部侍郎措置海道，君走江陰畫禦戎要策，忠簡奇之，遣深入覘虜，得其要領而還。規畫日有緒，幕府當奏功，而忠簡罷。君歸，築室滄江上〔二〕，地不踰畝，書房潔雅，左右圖史，前植花木，有清幽之致。又闢粟庵，日與後進講學。文筆素豪，至是機杼愈新。尤喜爲詩，悲歡登覽，感今懷古，一見於賦咏。客至，觴酌從容，生計有無弗問也。自以世著節義，仕宦不絶，彙次家譜，哀名公所作碑誌聚爲大編，既以勉己，亦詔後人，其志豈淺哉！然念三世暨諸兄率不能下壽，乃絶意外慕，安於閒適，故得年六十有九。平生著述總六十卷，別有《憤世疾邪書》三卷。娶同邑蕭氏，德慶府司法紹祖之女，前九年没，葬西山烏墨塘之原。揆以今年九月乙酉奉君柩合葬焉。君力學工文，屢上南宮。三女：長適貢士黎發，前死；次適進士袁佐、侯鎡。孫男三人：士鳳、士麟、士豹。女三人。予早與君兄弟定交，晚歲歸里，喜君獨在，而相望二十里，游從不數，今銘其藏，慨歎何已？銘曰：

學而優，科弗收。邊可籌，機不投。命悠悠，心休休。
實既浮，年乃脩。子拔尤，紹箕裘。銘闡幽，安斯丘。

朝請郎致仕劉君大成墓誌銘 嘉泰三年

嘉泰二年四月二十五日，朝請郎致仕劉君卒。二子朝議大夫主管華州雲臺觀崇之、將仕郎立之，以奉議郎、新通判歸州事某狀來請銘〔三〕。君諱大成，字仲吉。其先京兆萬年人。九世祖翔，唐末爲建陽尉，值中原亂，占籍縣之麻沙鎮〔四〕，子孫登儒科者相望。曾祖植，妣葛氏。祖祐，妣江氏、吴氏。父南夫，妣虞氏，力學積善，儲祉後人。父預賓貢而没。君天資爽邁，入小學賦詩有警句，已乃不利場屋〔五〕，閉門教子。淳熙乙未，崇之登第，君年方强仕，喜曰：「有子成吾志，尚何求？」就養長樂，久留吴京，晚歷瀟湘〔六〕，日賞湖山之勝。間歸鄉閭，稍築園圃，與客觴酌吟咏，休休如也。父母既亡，一兄復早世，教育孤姪，不析爨者三十年。周恤親舊，凡叩門求濟，不以緩急赴之。接物謙敬，尤獎借後進，有過亦規切之。性嗜書，手不釋卷，前輩文集晝夜編摹〔七〕。或質疑義，應答如響。襟度曠達，輕財重義，里中推爲長者。九被恩封，自承事階極於員外郎，享年七十有二。初娶劍浦宰呂希説之女，贈安人；再娶同郡彭氏，封宜人，先六年卒。二子。一女，劍浦之孫昭祖，其壻也。孫男二人：綸、純。女孫三人。君平生喜著述，詩文夷雅，似其爲人，積至數十卷。明年十一月二十日，葬陳家岡，與彭宜人同域，治命也。時壬寅歲，梁文靖公再相，首薦崇之。召對，人物倜儻，議論慷慨。孝

〔一〕博：明澹生堂鈔本、四庫本、傅校本作「儁」。
〔二〕滄：原作「海」，據明澹生堂鈔本、四庫本、傅校本改。
〔三〕某：傅校本作「泰」。
〔四〕縣：原誤作「梁」，據明澹生堂鈔本、四庫本改。
〔五〕乃不利：四庫本作「而躓」。
〔六〕瀟：明澹生堂鈔本作「京」，傅校本作「荆」。
〔七〕摹：明澹生堂鈔本、四庫本作「纂」。

宗器之，自敕令所刪定官連三遷，遂佐著廷。會德壽宮上仙，北虜來致奠，使副外別選名士爲讀祭文官。未幾，完顏雍殂，朝廷一視其禮，特詔崇之假右史往讀祭文，縉紳宜之。揚子曰：「無是父，無是子。」何待識君，可以知其美矣。銘曰：

維德之恭，維吉之逢。八帙既開，九命褒封。有子方昌，追爵其重。尚碑螭龜，增賁楸松。

宗室崇道武經公育墓誌銘 嘉泰三年

嘉泰三年癸亥七月丙子，宗室武經郎、主管台州崇道觀公育字浩養善寢疾卒，將葬，其孤以予識君數十年，請爲之銘。按魏悼王第五子諱德筠(一)，善書翰，好爲篇什，贈和州觀察使、安鄉侯。生第六子曰承裔，幼聰敏，真宗召入禁中，親授以書，能應詔賦詩，終棣州防禦使，贈昭化軍節度使、祁國公。生第三子諱克友，仁宗嘉祐中御書「克友忠孝」四大字，又飛白「龍鳳」二字於團扇，手解御服雙鳳帶賜之，終贈華州觀察使、華陰侯，即君曾祖也。華陰之子叔褧，元豐中以右千牛衛將軍試文入高等，神宗嘉獎(二)，加大將軍，遷至和州防禦使，著策數萬言，陳治安大略，卒贈徐州觀察使、彭城侯，累贈感德軍節度使，君祖也。予嘗爲史官，參考累朝正史，知文獻相承，諸王宮蓋鮮其比。靖康中，君之父守之爲吉、筠、袁州、臨江軍巡轄馬遞鋪，時先大父太師秦國公倅吉，行州事，遣師勤王，選充先鋒，將及淮，聞虜去而還。大父以恪謹薦於朝。其後隆祐太后避狄如贛(三)，吉守楊淵募兵從衛，檄守之暫攝州事。今二牒皆在。終武節郎，贈武義大夫。君開爽而謹飭，幼夢游佛國，故酷信釋氏，至捐貲創精舍寶安山。紹興十四年，以父任補承信郎(四)。三遇覃恩，及勞累年轉今官。歷任十有五，至監吉之在城稅、永和鎮酒稅、江西湖廣安撫司準備將領(五)，並員外置(六)，五監潭州南嶽廟，四奉臺祠，中監吉之造船場、贛州都作院鼇務(七)。其恬於進取蓋出天性，事親極孝敬(八)，遺命從葬親側。以十月丙午歸窆，其地在廬陵縣美化坊趙家塘之原，享年六十有八。先娶歐陽氏，伯虎字炳文長子國材之女。附郭舊無園圃，炳文獨好事，頗識前輩，即城西植松檜花木，飲客賦詩，君以是及與名勝游。再娶張氏，宣教郎、簽書桂陽軍判官廳公事安孫之女。俱贈安人。七男：彥伾，承信郎、監南嶽廟；彥偈，成忠郎、監德慶府在城稅務(九)；彥儆，承節郎，亦監嶽廟，前卒；彥傴(一〇)，再與漕薦，當受遺澤(一一)；餘夭。三女：長女適潮州通判嚴康元之子植，次適彭

(一) 筠：明澹生堂鈔本、傅校本作「鈞」。
(二) 神宗：原作「仁宗」，徑改。
(三) 其：原無，據明澹生堂鈔本、四庫本、傅校本補。
(四) 任：原作「仕」，據明澹生堂鈔本、傅校本改。
(五) 安：原脱，據傅校本補。
(六) 並：原脱，據傅校本補。此句疑有脱誤。
(七) 鼇：原作「整」，據傅校本改。
(八) 極：明澹生堂鈔本作「尤」。
(九) 城：原缺，據明澹生堂鈔本、傅校本補。務：原無，據四庫本補。
(一〇) 彥傴：原作「侁」，據傅校本改。
(一一) 當：原無，據明澹生堂鈔本、傅校本補。

希孟[一]，一未行。孫男九人：洌夫、得夫、湞夫、澥夫、潯夫、云夫，餘未名。女五人：長適劉鈇，次許嫁劉溶，餘在室。曾孫女一人。銘曰：

世襲文儒，天族之盛。時方宗强，君獨難進。無怨無斁，不貪不競。貽爾子孫，尚篤其慶。

澮軒李君呂墓誌銘 嘉泰三年

嘉泰癸亥秋，邵武軍光澤縣進士李閎祖袖書過予，繼示其父隱君《澮軒集》十五卷，朱待制熹元晦手書一大軸，及鄉先生太常伯黄簡肅公之子衡守瀚所述墓文來求銘[二]。予讀隱君之文[三]，大抵有補名教，且知爲元晦益友[四]，又衡州父子盛稱其賢，是可銘矣。按李氏自唐末居光澤，君諱呂，字賓老，一字東老。高祖大理評事鐸，能詩教子，始爲著姓。曾祖太常博士、贈朝散大夫誥[五]，陳忠肅公稱有古人風。祖濬，不仕，太常卿李夔實銘之[六]。父純德，有學行，特奏名，不及試，元晦志其墓，云「利不自予，惟義之取」，其源遠矣。君幼端莊有重，記誦過人，十四喪父，能自立[七]，學於從叔西山先生郁，蓋元祐黨籍諱深之子，紹興初特起者也。年四十即棄科舉[八]。讀《易》六十四卦，皆爲義説。觀史傳百家之書，尤留意《資治通鑑》[九]，手抄至數四，凡興衰得失論著數百篇。事母上官氏極其孝敬[一〇]，教育弟妹[一一]，使有成立。聚族千指，朝夕擊鼓集衆[一二]，致禮饗堂，然後序揖[一三]，自少至老，不以寒暑廢。或勸少休，君曰：「身率猶怠，矧自怠乎？」爲會宗法，歲時設遠祖位，合族薦獻，聚拜飲福，秩然其可觀也。平時容止詳雅，居無惰容，學務躬行，深惡口耳之習。既切切訓其子孫，又以是善誘後生。尤不喜言貨財，苟可利人愛物則勇爲之[一四]。邑宰張訢以春夏貴糴，立社倉平其價；下户俗不舉子，議給粟助養育；行旅有病，創屋療治。條畫精明，隱括纖密，多自君出。元晦作記，歎其「負經事綜物之才，老而不遇」也。予觀《易》首《乾》卦，而以元、亨、利、貞爲四德。《文言》曰：「利物足以和義。」蓋和於義乃得其宜，可以利物也。《禮記・大學》亦謂：「國不以利爲利，以義爲利。小人反是。」然則合義、利而用之，斯不易之理。獨孟子告梁惠王曰[一五]：「亦有仁義而已矣，何必曰利？」截然判

[一] 希：傅校本作「喜」。
[二] 「銘」下，明澮生堂鈔本、四庫本、傅校本有「章」字。
[三] 之：原無，據明澮生堂鈔本、四庫本、傅校本補。
[四] 爲：原作「與」，據明澮生堂鈔本、四庫本改。
[五] 「誥」字，四庫本在上句「博士」下，義亦通。
[六] 實：原無，據明澮生堂鈔本、四庫本、傅校本、《澮軒集》附録補。
[七] 立：明澮生堂鈔本、四庫本作「力」。
[八] 棄：原作「葉」，據明澮生堂鈔本、四庫本、《澮軒集》附録改。
[九] 通：原作「適」，據明澮生堂鈔本、四庫本、《澮軒集》附録改。
[一〇] 上：原作「土」，據明澮生堂鈔本、四庫本改。
[一一] 教：原脱，據明澮生堂鈔本、四庫本、《澮軒集》附録補。
[一二] 朝夕：明澮生堂鈔本、四庫本、《澮軒集》附録作「昕夕」。
[一三] 序：原作「聚」，據明澮生堂鈔本、四庫本、《澮軒集》附録改。
[一四] 利人愛物：明澮生堂鈔本、四庫本作「用物利人」，《澮軒集》附録作「愛物利人」。
[一五] 惠王：原作「重三」，據明澮生堂鈔本、四庫本、傅校本、《澮軒集》附録改。

而爲二。蓋戰國之君知以利爲利，不以義爲利，所謂《易經》、《大學》〔一〕，彼惡能知？辭而闢之，時不同耳。若君者，其善學《易》〔二〕、《大學》、《孟子》者歟！慶元四年六月壬辰以疾終〔三〕，享年七十七。六年六月乙酉，葬所居之烏程縣〔四〕。先娶高氏，郡人挺之女，再娶黄氏，御史臺主簿章之女，簡肅公猶子〔五〕。六男：紹祖、依祖、閎祖、相祖、襲祖、壯祖。五女：適儒林郎馮森、進士鄧潭、饒淵、上官嘉會、從事郎吴炎。孫男七人：宣子、方子、文子、容、敏學、敏行、夢錫。女七人。曾孫男女八人。文子登紹熙五年進士第〔六〕，今爲建昌軍新城尉。銘曰：

以義爲利，君子攸行。以利爲利，彼哉小人。我嘉李君，隆師親友。允蹈經訓，知之非苟。家範昭然，守之弗諼。奕世其昌，視此銘言。《平園續稿》卷三五。

循吏石大夫晝問墓誌銘〔七〕　嘉泰三年

古者諸侯世守其國，故孔門高弟學道愛人見於宰邑。自罷侯置守，兩漢循吏二千石爲多，邑長閒有聞焉。國家養民以仁，尤注意郡縣，而爲令者每急催科〔八〕，緩撫字，或用智術籠民，以冀辦治，守亦用是殿最。屬邑一遇水旱，賑恤具文而已。豈無循良？恨予見聞不廣，若乃耳熟而心服者，石君也。初爲鄞縣，首白郡請寬賦斂，退與民爲期會，寬而信，簡而明。每患州給税簿不以時至，至則主簿拱手，信吏追科重疊〔九〕。君即縣廳創副簿，鈔至，昕夕躬爲注銷〔一〇〕。臺府謂迂不及事，且將累我，議易他曹。父老歎曰：「吾得賢令而上司不察，必擇健决者來，民其無如何矣〔一一〕。」相率輸租税於省限之前〔一二〕，送使留州，視舊反贏。舊例三歲推排物力，則鄉郭户畢集，官爲度地立屋以處之，又大比取士，環貢院爲廬舍待赴試之士〔一三〕，用一徵十，不勝其擾。君示以間架，任民自爲，事畢徹去〔一四〕，吏第行文書，不得措手。東錢湖當開，付之食利户。郡庠講堂壞，分委子弟在學之家。誠意既孚，争勸成之。此治縣之政也。上饒歲大祲，舊負上司錢及諸縣未輸常賦通十三萬緡，君置不問，明許六邑訴旱，毋敢不

〔一〕易經大學：原作「大學易經」，據明澹生堂鈔本、四庫本、傅校本、《澹軒集》附録乙。

〔二〕「易」上原有「大」字，據明澹生堂鈔本、四庫本、《澹軒集》附録删。

〔三〕壬辰：原作「壬子」，按是月丁卯朔，無壬子，據明澹生堂鈔本、四庫本、《澹軒集》附録改。

〔四〕縣：傅校本、《澹軒集》附録作「原」。按此文有誤，李呂家在邵武軍光澤縣，不得云「葬所居之烏程縣」。考朱熹爲李呂父所作《特奏名李公墓誌銘》，李氏世居之地名烏洲，則「烏程」應是「烏洲」之誤，蓋原文當是「葬所居之烏洲××原」。

〔五〕肅：原作「蕭」，據四庫本、傅校本、《澹軒集》附録改。

〔六〕紹熙：原作「紹興」，據明澹生堂鈔本、《澹軒集》附録改。

〔七〕晝：原作「畫」，據明澹生堂鈔本、四庫本改。後同。

〔八〕急：明澹生堂鈔本、傅校本作「往往」。

〔九〕追：原作「之」，據傅校本改。

〔一〇〕注銷：明澹生堂鈔本、四庫本作「銷注」。

〔一一〕如何：四庫本作「聊」。

〔一二〕輸：原脱，據傅校本補。

〔一三〕之：原脱，據明澹生堂鈔本、四庫本補。

〔一四〕事畢：傅校本作「事已聽」，明澹生堂鈔本同，脱「已」字。

實〔一〕。倚郭十三鄉，惟靈山、石人二鄉灌溉有秋，自無一詞。君力請於朝，蠲秋苗十七八，留二三備州用，盡發常平倉。其勸分不以貲產，先察蓄米多寡諭數〔二〕，故倚郭得米二十餘萬斛〔三〕，他邑各以萬計。境内置回環場四十七所，各給本錢，且糴且糶，循環無窮，擇土官信實者主之。凡下户行旅所至，持錢得米，無贅聚遠求之患。別令鹽商得米四萬〔四〕，置三場城中。郡當孔道，將迎餽送一切謝絶，時以家蔬待所委官。議者謂救荒之善，前所未有，此治郡之政也。使達是理於朝廷之上〔五〕、四方之遠，何事不濟，豈止一郡邑受惠乎？君季子宗萬以江陰守王柟狀來請銘，故詳叙所聞而第其官閥於後〔六〕。君諱晝問，字叔訪，紹興府新昌縣人。其先本姬姓，衛康叔之後，有靖伯食采於石，因以爲氏。自大夫碏著名春秋，至萬石君遂顯於漢。本朝秘書丞、通判保州諱待舉，萬石四十世孫，於君爲高祖，雲翼軍亂，扞禦死之，安定胡先生爲之銘。曾祖左朝散郎〔七〕，贈金紫光禄大夫諱愆之〔八〕。祖左朝奉大夫、尚書祠部郎中，贈朝請大夫諱景術。考諱公揆，紹興七年歷察官殿中，遷侍御史。八年，樞密使秦檜再相，君連上疏論其失，以左宣教郎除直龍圖閣、知撫州。數月落職罷送鄰郡取勘，道被疾〔九〕，臥家幾年而卒。君方十四歲，奉母令人李氏屏居山寺，苦學工文詞，不敢出應科舉。秦薨，上書訟冤，詔復職，與恩澤補將仕郎。銓試爲首，循修職郎，監秀州華亭縣造船場，尋充湖廣江西京西總領所幹辦公事。丁令人憂。服除，監淮西江東總領所大將庫。金陵權要所聚，日事宴飲，未嘗營職。君獨整比簿書，出納必按公牒乃行〔一〇〕，同列或竊笑。會新總領閱實局務〔一一〕，官吏多獲譴，惟君掌大庫錢券銀鈔無毫釐錯〔一二〕。前後箭鏃山積，君欲稽其數，吏謝不能。君先爲廢屋一楹，收數儲之〔一三〕，遂以爲率而得其實。秩滿，用舉主改宣教郎治鄞，爲浙東諸邑最。守臣岳甫以聞，有詔曰堂審，入幹辦諸司糧料院〔一四〕，淳熙十五年春也。鈎校百司廪給，參驗京師豐約，聚爲一書。所居官不苟類此。明年冬遷軍器監主簿〔一五〕，紹興熙元年冬轉爲丞〔一六〕。二年輪對，論兩淮今日根本之地，榷場互市洩違禁之物，營田官莊爲豪民所占，遺財遺利，官兩失之，乞如國初擇人久任。又請因赦搜訪不求聞達之人。上皆嘉納。三年春進丞大府。鹽鈔鉅萬，異時吏或代書，君弗懈益勤，繼燭簽押，迄今不廢。户部繩寺吏非其罪，公辨數弗從，請郡而去。以四年春視事，荒

〔一〕敢：原脱，據明濬生堂鈔本、四庫本補。
〔二〕數：原作「教」，據傅校本改。
〔三〕故：原脱，據明濬生堂鈔本、傅校本補。
〔四〕令：傅校本作「諭」，明濬生堂鈔本作「之」。
〔五〕是：原作「而」，據傅校本改。
〔六〕而：原作「用」，據傅校本改。
〔七〕左：原無，據明濬生堂鈔本、四庫本補。
〔八〕愆：傅校本作「衍」。
〔九〕道：原作「通」，據四庫本改。
〔一〇〕公：原無，據明濬生堂鈔本、四庫本、傅校本補。
〔一一〕會：原作「令」，據明濬生堂鈔本、四庫本、傅校本改。
〔一二〕大庫：明濬生堂鈔本、四庫本作「大軍」；錯：明濬生堂鈔本、四庫本作「差」。
〔一三〕收：傅校本作「枚」。
〔一四〕糧：原脱，據傅校本補。
〔一五〕冬：原無，據明濬生堂鈔本、四庫本補。
〔一六〕紹熙元年冬：原作「紹興二年」，據明濬生堂鈔本改補。

政既修，特命增秩，仍以司封郎官召〔一〕，併下回環場法於諸路。君懇求均逸，主管武夷山冲佑觀，而增其秩。慶元二年知撫州，再請冲佑，許之。會長子宗昭自密院檢詳除漕淮東，侍君以行，四年二月二日卒於儀真〔二〕。先是君每歲以穀百斛給宗族之貧者〔三〕，疾革申言之。夜召家人訣別，索衣欲辭家廟。遲明啓手足，享年七十有四，官至朝請大夫。五年十月十二日，葬會稽昭福山之原〔四〕。妻同郡諸葛氏〔五〕，封宜人。二子：宗昭，朝請大夫，今直華文閣，端亮文雅，用不究其才；次宗萬〔六〕，君卒而爲從政郎、廣東經略司主管機宜文字，今爲大庾宰，赴審官。孫男九人：孝則，婺州浦江〔七〕；孝順〔八〕，徽州歙縣〔九〕；孝時，婺州永康縣主簿；孝溥，以建昌軍司户參軍登慶元己未進士第〔一〇〕，今俱迪功郎；孝隆、孝修並將仕郎；孝裕、孝詠、孝廣，尚幼。女三人，未行。惟石氏遠有名，世敘儒科不絶〔一一〕。君伯父公弼在徽宗時光顯於朝，著譜牒歷歷可考。君雖從門蔭，再上禮部。所著詩文數十篇，藏於家。其温恭篤實，待親舊有恩意，臨事則毅然自守，人服其正。將死不亂，其所養可知矣。銘曰：

學優而仕，澤施於人。惟令若守，於民莫親。君承萬石，温温其仁。於勤於信，政以惠成。辰乎來遲，而不宏均。惟傳循吏，尚考斯銘。

登仕郎董君億墓誌銘 嘉泰四年

君諱億，字永年，吉州永豐人，世儒家。曾祖諱獎，贈少師。祖諱德元，早以學問器量重於鄉，晚以廷試魁多士，被遇高宗，歷三院御史、貳天官，以中大夫參知政事，以端明殿學士提舉江州太平興國宫，徙居城中，遂爲大族，考終於家，贈通奉大夫。父諱克忠，承議郎、通判永州，轉朝奉郎致仕。君生而聰敏，稍長静重疏通。年十四喪父永州，送終盡禮，事母夫人王氏極孝謹，姊妹四人使皆有歸。即先廬竹林闢觀過齋，聚書萬卷，日延賢師友講貫道藝，未嘗泛交。别墅在城東，創潛樂書院，時與親賓尊酒論文，略無子弟過失。嘉泰二年十一月十八日以疾逝，年纔三十有二，聞者嗟惜。妻周氏，予堂兄袁州使君諱必達之孫，其父繹也。予遇郊恩，以親屬奏補登仕郎，君方力學起家，孰謂其止此？病棘時手書後事，纖悉無遺。初與從弟偲同

〔一〕召：原作「君」，據明澹生堂鈔本、四庫本、傅校本改。

〔二〕二日：原無，據明澹生堂鈔本、四庫本補。儀真：原作「儀徵」，據明澹生堂鈔本、四庫本、傅校本改。

〔三〕每：明澹生堂鈔本、四庫本無。宗：原無，據明澹生堂鈔本、四庫本補。

〔四〕「稽」下，明澹生堂鈔本、四庫本有「縣小江」三字。

〔五〕郡：原作「都」，據明澹生堂鈔本、四庫本、傅校本改。

〔六〕「萬」字下，明澹生堂鈔本、四庫本、傅校本有「也」字。

〔七〕浦江：原作「蒲江」，據明澹生堂鈔本、四庫本及《宋史·地理志》四改。

〔八〕順：傅校本作「純」。

〔九〕徽州：原作「安徽」，據明澹生堂鈔本、四庫本、傅校本改。

〔一〇〕建昌軍：原作「建昌運」，據明澹生堂鈔本改。己未：原作「乙未」，按慶元無「乙未」，據明澹生堂鈔本改。

〔一一〕敘：原作「欽」，據傅校本改。

學，爲娶婦成其家。至是謂偲：「我不幸早孤，常恨先塋攸邈〔一〕，他日當卜葬近郊二塋〔二〕。子介同一女俱幼，宜教育之。」以四年六月壬寅窆於廬陵縣儒行鄉昭義山之原，附郭如君志。爲之銘曰：

世祿之家，惟禮克由。性靜者仁，壽胡弗修？百爾所期，一之未酬。天耶人耶，何怨何尤？

譚君紹先墓誌銘 嘉泰四年

吉有壯縣曰永新，邑人舉大族必曰譚氏。或問何如其大也？親屬盛歟？常產厚歟〔三〕？仕宦衆歟？非也，以孝友保其家，知取予，守其業，傳詩書，亢厥宗，斯可謂之大矣。君諱紹先，字顯仲，世家永新。六世祖瓊七上南省，一經相傳，至曾祖華。華生傑，特奏入官，終融州軍事推官，以承事郎賜緋魚袋致仕，賜朝請郎〔四〕。二子：長觀光，登政和八年進士第，終朝奉郎，贈通議大夫；次覿成，即君之父也。君敏秀嗜學，繼母携前夫子來，君事之盡孝，又分貲友之，人服其義。治生勤儉，而周急恤貧，療病葬死，始終不倦，接物和易，處事平允，見謂長者。淳熙乙未茶寇入縣，君具舟濟人，遇棄赤子者悉爲收養，事定歸之。脫人於阨，却其餉謝，率以爲常。慶元丙辰十月十九日終於家〔五〕，享年五十有九〔六〕。後二年四月九日，葬才德鄉塗山之原。娶漢陽太守劉彥登之猶子，先十年而沒。二子：涇、湘，君在時延名儒以教〔七〕，有聲場屋。三女：適進士王維翰、儒林郎廣南西路經略安撫司幹辦公事周稷、進士顏元賓。孫男吉孫、宜老。女尚幼。昔我先公與朝奉同年登科，而其壻稷又予同年之子，涇等以實謨閣直學士誠齋楊公狀來請銘。銘曰〔八〕：

家以仁而昌，產以義爲常〔九〕，仕以儒有光。具三者，族大矣，尚奕世，其毋忘。

從政郎宋君偲墓誌銘 嘉泰四年夏

君諱偲，字仲子，姓宋氏，上世自睦州徙婺州之金華。曾祖正。祖裕，贈奉直大夫。父有，朝奉郎、郴州禮部郎官，呂祖謙伯恭誌其操以清直。君孝謹守家法，讀書學文。年五十三，從世父蔭以迪功郎尉徽州婺源，境有劇盜，捕獲而辭其賞。循修職郎、吉州錄事參軍。郡守治獄任情，君日抱案牘爭辨，數被摧辱，不懼不悔。有斷兄足而取其財，獄成，守導囚聲冤，劾君失入，刑部直君。守滋怒，窮治過失無所得。終更，士大夫爭賦詩餞行。貧就南銓，以從政郎主賀州錄參，獄奏淫祠毀之，人始駭

〔一〕塋：原缺，據明澹生堂鈔本補。四庫本作「人」。
〔二〕二塋：原脱，據明澹生堂鈔本、四庫本補。
〔三〕產：明澹生堂鈔本、四庫本作「業」。
〔四〕賜朝請郎：明澹生堂鈔本、四庫本作「贈朝奉郎」，疑是。
〔五〕十九：原作「某」，據明澹生堂鈔本、四庫本改補。
〔六〕九：明澹生堂鈔本、四庫本作「八」。
〔七〕以教：明澹生堂鈔本、四庫本作「教以學」。
〔八〕銘曰：四庫本作「其詞曰」，明澹生堂鈔本作「其人詞曰」，疑四庫本是。
〔九〕常：原作「當」，據明澹生堂鈔本、四庫本改。

終服。富川縣兩年十易權官〔一〕，適秩滿，郡守錢聞詩辟君爲令。劫盜繫獄，察其誣舍之，俄獲其盜，人以爲神。後守督民積欠，君不可，諸右君。守疑妨己，奏君不催科，坐免。民泣涕挽留，至折車軸，得他馬馳去。朝士誦其冤，君曰：「吾不可再詘於人。」請監潭州南嶽廟而歸。家居蕭然，不累於物。病亟，手書戒其子强學力行，勿惑陰陽之説，喪葬稱有無而已。麾左右，正卧而逝，享年七十有四，嘉泰三年十一月庚寅也。娶杜氏、劉氏，皆前死。生四男：長九齡、季珏，早世；仲玕、叔□，皆進士。四女：長適蔣端益，次適李損之，二夭矣〔二〕。孫女尚幼。君所至以清白稱，爲尉却僱夫銀金〔三〕，掾曹輸納餮錢外，凡印鈔例給者一毫不取。每罷官囊無餘貲，惟喜賦詩，積至千餘篇，其清修如此。玕等卜以四年九月甲申葬安女鄉祖塋側，遠携故人子呂喬年狀來請銘。始紹熙甲寅春，予自湘中易帥豫章，歸廬陵，郡官旅謁望，君翛然鶴立，固疑其小異，已而果賢，是宜爲銘。其詞曰〔四〕：

事親謹而畏，涖官剛且毅。從所好以求富，思於己爲良貴。囂囂其心，暨暨其氣。發幽潛以銘，尚平生之慰。

朝奉大夫致仕李君迎墓表 慶元三年

河陽濟源多名族顯宦，張氏、李氏實相甲乙，通婚姻。南渡後，祖母秦國張夫人每與李氏子弟篤叙親好，予於其間敬愛兩人：曰隨，字可大，廉介謹飭，治縣有聲；而其族弟諱迎，字彦將，行安節和，恬於進取，予尤重之。可大没已五十年，彦將下世亦二紀，念之不忘也。彦將之子數求予表先墓，乃追紀聞見而考信行狀之説如左。李氏胄出唐宗室汜水王，本朝有諱感者以儒學起家。至君曾祖章繼擢進士第，以太常少卿致仕，贈少師。祖百朋，中奉大夫致仕，贈少傅。父弼儒，右中奉大夫、直秘閣致仕，贈少師。妣姚氏、曹氏、趙氏，秦、魏、楚國夫人，君姚出也。欽宗登極，秘閣爲兩浙轉運副使，君以捧表恩補將仕郎，調婺州都税院，發運使檄應辦王德軍錢糧，循從事郎〔五〕。故相趙忠簡公鎮豫章，辟知靖安縣，又從金陵行宫留守爲準備差遣，歷温州軍事推官。程邁、梁汝嘉、閭丘昕號吏師，皆以侍從出守，事多委君。程當歲莫移閩帥，留至正月，以薦章授君乃解印。有録事參軍老而貧，已授代，爲孽吏所持。君械繫掠治，吏叩頭服罪，同僚咨美。舉員應格，改右宣教郎、知臨安府錢塘縣。歲旱，留運河水溉民田。會金國使至，漕臣諭君撤壩通舟，君固請留其半。漕怒，捃摭無所得，至用前政陳炳科皇城磚事劾君失政，坐是罷。起知湖州歸安縣，外艱不赴〔六〕。知婺州金華縣、提轄行在雜買務雜賣場，郊恩賜銀緋。求外補，充福建安撫司主管機宜文字，再爲提點鑄錢司主管文字。乾道初代還，時相洪文惠公與君有舊，君資歷當爲二千石，纔得通判臨安府。朝市浩穰，

〔一〕縣：原脱，據明澹生堂鈔本、四庫本補。
〔二〕夭：明澹生堂鈔本、四庫本作「亡」。
〔三〕銀：明澹生堂鈔本、四庫本作「之」。
〔四〕詞：明澹生堂鈔本、四庫本作「銘」。
〔五〕事：原作「仕」，據明澹生堂鈔本、四庫本改。
〔六〕赴：明澹生堂鈔本、四庫本作「起」。

非所好也，乞易明州。浙東總管曾覿以代邸恩數薦進人才，其門如市，知君京洛故家，屈意願交，尋召還，人謂必有褒言。君適秩滿，即袖牒從太守丐保明奉祠，竟主管台州崇道觀。歸寓湖州新市鎮蕭寺中，手抄聖賢治心養性之要，時時賦詩自樂，類成百篇。舊藏畫像惟肖，淳熙改元之六月自題贊百餘言，其略曰：「三仕三已，應緣而止。一丘一壑，倦遊而歸。耳目口鼻，畫史或得其彷彿；至於超然物外，彼亦安知其端倪也耶！」俄遇微疾，沐浴端坐而逝，是歲九月丁未也。予始悟自贊之意云〔一〕。享年七十有二，明年正月己酉，葬於湖州烏程縣三碑鄉金山原秘閣墓之左〔二〕。以子升朝，累贈中奉大夫。妻令人周氏，永嘉名士周行己恭叔之女。恭叔官京師，與秘閣善，君未弱冠，風度凝遠，能文辭，善談論，故以女歸之。後君十一年，年八十三而卒，祔君以葬〔三〕。四子：結，故朝奉大夫、尚書度支員外郎、總領四川財賦軍馬錢糧；綜，早世；紱，故從政郎、平江府司法參軍；綺，今爲從政郎、新泰州如臯縣令。女二人：宣教郎王光達、朝散大夫新知真州事張顏，其壻也。孫男七人：大成，新池州青陽縣尉；大雅，新寧國府太平縣主簿；大鈞〔四〕，新高郵軍興化縣尉，皆迪功郎；次大有、大鼐、大亮、大倫。孫女七人。初秘閣之没，君二子當受遺澤，其一遜弟之子，人服其義。君潔静通敏，有可用之才，知己方在朝輒違而去之。長子持節近甸，人以爲榮，君視之泊如也〔五〕。惟榮辱得喪未嘗屑屑胸次，故其終神識湛然，可以窺所藴矣。今諸子惟如臯在，即求表君之墓者，行狀蓋真州之文也。慶元三年閏六月日，具位周某述。

彭孝子千里墓表　慶元三年

慶元元年癸丑，吉州永新縣彭孝子卒，卜以三年十月癸酉葬禾山鄉石峰之原。邑令張大正爲之傳〔六〕，其子一之衰絰踵門〔七〕，復求予一言。予謂人之行莫大於孝，令既傳而贊之，尚何求？一之曰：「節以壹惠〔八〕，傳猶謚也，不表氏族於墓〔九〕，後嗣奚觀？」予聞仁宗朝有太常博士周君，居父喪，倚廬三年，不飲酒，不食肉，言必戚，哭必哀。喪母癯然，蓋久而後復。當是時歐陽文忠公爲作墓表〔一〇〕，極論古今喪禮之廢〔一一〕，推爲篤行君子。惜乎歲久，石本莫傳，而京浙閩蜀所刻公集概書曰某州某縣人，三代諱某，此猶可也，併其人亦曰名某字某，如此則其子孫切切顯親之志荒矣，亦豈公表於金石垂勸來世之意耶？予每歎息

〔一〕予：明澹生堂鈔本、四庫本、傅校本作「弔者」。
〔二〕葬於湖州：明澹生堂鈔本、四庫本作「葬湖之」。
〔三〕祔：原作「附」，據明澹生堂鈔本、傅校本改。
〔四〕鈞：原作「均」，據明澹生堂鈔本、四庫本、傅校本改。
〔五〕視之：原無，據明澹生堂鈔本、四庫本補。泊：四庫本作「澹」。
〔六〕「傳」上，明澹生堂鈔本有「作」字。
〔七〕之：明澹生堂鈔本作「一之、誠」，四庫本作「之誠」，按本文墓主彭千里有子四：光祖、一之、誠、澤，此疑脱「誠」字。
〔八〕壹惠：原倒，據明澹生堂鈔本、四庫本乙。
〔九〕氏：原作「世」，據明澹生堂鈔本、四庫本、傅校本改。
〔一〇〕是：原無，據四庫本補。
〔一一〕古：原無，據四庫本補。

於斯，及考誌文〔一〕，知其爲天聖二年進士。然是歲周姓登科者不一，莫知孰是。又考其宦遊多歷湖廣，而墓在道州之永明，竊意爲道之賢者也，亟求舂陵郡志視之，本郡果有周堯卿，字子俞，行義與公所書合。於是刻之定本，使其名字昭昭於無窮，予心庶幾焉。昔公嘗自云喜傳人事，尤愛司馬遷善傳奇偉，使人喜讀，欲學其作。厥後著《五代史》，辭氣遂與遷相上下。若予者愛公之文如公愛遷書也〔二〕，特不能學公之文，如公之能學遷耳。然公猶遠取他邦之孝子如堯卿者爲發明之，今彭君近在同郡，苟無一言，非希顏者也〔三〕，乃爲記次不辭。君名千里，字時舉。曾祖儒，祖鎮〔四〕，父柟，世業儒。君四歲而孤，每聞母孺人周氏語及其父輒號絶久之。自是事母盡孝，母年八十餘，始終如一日。蓋於生也致養竭其力，死也送終極其哀。若所謂視膳嘗藥，扶持左右，負土廬墓，事亡如存者，大抵以爲常，故宗族儀之，强暴化之。凡傳所載殆出於鄉評，予亦不得而略也。君醇實寡言笑，平居與人無睚眦之怨，惟喜讀書教子。四男：光祖、一之、城、澤。澤出繼兄後。女適劉嘉〔五〕。十孫：欽、鑰、銓、鑄、鉉、鎬、鎡、鎔、鍔、鎰。一女，在室。君無恙時〔六〕，一之、城、鑰相繼舉於鄉。紹興甲寅，值慈福宮慶壽恩，封迪功郎，妻顔氏亦封孺人。君年八十六而終，皆積善之報云。九月十八日，具位周某述并書〔七〕。

〔一〕及：四庫本作「文乃」，如此則「文」當屬上句。誌：四庫本作「之」。

〔二〕如：四庫本作「猶」。

〔三〕「非」下，四庫本有「能」字。

〔四〕鎮：四庫本作「居鎮」。

〔五〕嘉：四庫本作「喜」，傅校本作「嚞」。

〔六〕「君」上，四庫本有「當」字。

〔七〕原刻校云：「按：知聖道齋本缺『三年十月』以下十六字；又缺『喪母癯然』以下二十字。今從翰院本校補。『君四子』，知聖道齋本作『光祖、一之、城、澤』，翰院本則缺『四』字，下作『之、誠、潭』，未知孰是。俟考。又按：知聖道齋本以上墓表二篇，列第三十六卷之首，今從翰院本改編於此。」

廬陵周益國文忠公集卷七六

平園續稿卷三六

墓誌銘　壙誌

高太夫人司徒氏墓誌銘〔一〕淳熙九年

余再直禁林，時居第在臨安之俞家園〔二〕，每見北來朝士盛言高司農有賢母。會司農來卜鄰，益知其詳。先是紹興十一年金虜再和，司農之父贈朝議大夫諱溥世居海州〔三〕，間道歸朝，上書陳恢復大計，秦丞相不納。後四年，迫遣隨衆北去〔四〕，憂憤而卒。司農年甫十三，太恭人日夜教育之，使毋忘父志。十九年冬，完顏亮戕其主亶，明年營都燕山，二十九年又治汴京，謀南侵。三十年春，東海民徐元、張旺、史整共起義師〔五〕，以帛書求援於我。我守盟約不敢報，元等嬰城半年，虜師水陸夾攻破之，誅戮極慘酷。亮由是益疑我得中原心，決策入寇，起蕃漢兵二十七萬，俾人不與焉，倣唐制分二十七軍。明年，自將巡洛至汝，遣高景山、王全來求釁〔六〕。太恭人聞之，密語諸子：「汝父常謂虜必敗盟，今事急矣，我守節教汝曹正爲今日。」乃相與自拔歸，懼陸行不免，密與忠義家五十餘人航海而南。朝廷嘉之，司農兄弟皆得補官。俄南北交兵，魏勝克復海州，都督府檄司農爲州從事，奉親還故鄉。虜連三年攻圍不置，司農冒矢石分守東壁，屢瀕於殆，賴張子蓋大破虜師，圍乃解。隆興二年割棄海、泗，司農來家江南。自被遇壽皇〔七〕，更中外使任，嘗褒諭云：「不意卿將母遠來，今可以養矣。」擢守安豐軍，部使者强取郡僚之妾〔八〕，其人訴諸朝，當路意有所狥。事下守臣，司農將直之，入白太恭人曰：「竄逐非所畏，慮貽母憂，奈何？」太恭人曰：「吾母子仗義來歸，自分必死。蒙國厚恩爲二千石，苟能公以報上，吾獨不能爲范滂母耶？」司農竟坐徙施州，自淮泝江，歷盡三峽之險，太恭人處之怡然。秩滿入對，上勞之曰：「卿母勿復憂遠適。」留爲度支郎官，遂貳司農。淳熙七年夏，出帥江陵。太恭人安享榮養，年八十有五，九年七月二十六日以微疾坐而逝。按司徒氏本河北人，五代廣順元年，禮部侍郎、充集賢院學士、知貢舉諱詡者〔九〕，太恭人遠祖也，後徙海之朐山。曾祖恂，祖儼，父庠，母顏氏。自幼聰慧過人，通儒釋書。歸高氏，不逮事舅

〔一〕高太夫人：日本藏宋刻本、明澹生堂鈔本、四庫本作「太恭人」。

〔二〕時：原無，據日本藏宋刻本補。

〔三〕薄：日本藏宋刻本、傅校本作「溥」。

〔四〕迫：原作「追」，據日本藏宋刻本、傅校本改。

〔五〕義師：原作「三帥」，據日本藏宋刻本、傅校本改。

〔六〕高景山王全：原作「高景三王全」，據日本藏宋刻本、傅校本及《宋史》卷三二、《宋史全文》卷二三上改。

〔七〕「自」下，明澹生堂鈔本、四庫本有「此」字。

〔八〕軍部：原無，據日本藏宋刻本、明澹生堂鈔本、四庫本、傅校本補。

〔九〕「學士」下，日本藏宋刻本、明澹生堂鈔本、四庫本有「判院事」三字。

姑，傾資送以贍夫族，鄉人義之。初該德壽慶典恩封太孺人，郊禮封太恭人。高君先娶趙氏，生二子：大亨，故迪功郎；秉，故將仕郎。二女：適進士陳公輔、將仕郎趙堅。太恭人惟生司農，人見其均一，莫知爲各母也。孫男六人：叔蟾〔一〕、叔豹、叔陽〔二〕、叔夜，皆前死；今叔獻爲修職郎，特改差淮南西一路安撫使主管書寫機宜文字；叔夏，將仕郎。孫女八人：二早夭，次適進士朱蓮、修職郎臨安府仁和縣尉王頤〔三〕、文林郎平江府吳江縣丞趙炳，餘在室。是歲十二月二十四日，葬南康軍星子縣丹桂鄉黃龍山之原。司農數來請銘，有校書郎項君安世嘗家江陵，言太恭人臨終作誦，超然生死之際，荆人至今稱之。余維婦人隱德閨門，非遇事莫顯。既顯矣，抑而弗揚，何以成人之美？故爲第其初終，繫之以銘。司農名夔，今爲朝請大夫、右文殿修撰，歷典名藩，制置鄞縣、海州〔四〕，所至有能聲，皆母教也。有《定庵集》五卷。銘曰：

少而鞠子教之忠，老則知命全其終。此烈士之所難，何夫人之能充？表而出之，可以繼烈女而傳無窮矣。

曾太宜人李氏墓誌銘 慶元六年

慶元丁巳正月庚辰〔五〕，故人朝請郎、新通判袁州曾光祖卒。母太宜人李氏，年八十有五，人皆憂其悲傷莫能久也。戊午冬果臥病，子孫迎醫進藥，宜人却之曰：「命繫於天，吾年已高，何以藥爲？」十月己巳〔六〕，振衣而逝。諸孫列家世行實來請銘。按宜人世爲吉州安福縣人。曾祖兑，祖榮，父宗孟，俱不仕。生數歲，從兄弟入小學，通《孝經》大義。未笄，嫁同邑曾君嘉謨，後贈朝請郎。方嫁時，朝請之祖弼，妣劉氏，父序昌，母許氏，四親俱無恙。宜人恪勤婦道，咸得其懽心。相繼壽終，協贊喪祭，禮無違者。朝請初用賞補迪功郎，賀客滿門，宜人獨以不能決科爲言。既尉衡之常寧，廉勤有聞，內助爲多。生二子：光祖，字景山，光朝，字景章，擇師友日夜教以學，已而皆舉於鄉。淳熙乙未，光祖遂登第。宜人喜謂朝請曰：「足以伸吾夫婦素志矣！」朝請晚得末疾〔七〕，宜人悉意家事，日治具延賓客以娛樂之，如是者累年。朝請卒，從景山宦遊四方。甲辰、丙午、甲寅歲，朝廷連講慶壽禮〔八〕，一賜冠帔，三封至太宜人。築堂於居第西偏，故相京文忠公書「壽衍堂」以寵之。生朝大集內外姻親，元孫百晬嬉戲膝下，邑宰率僚佐升堂以賀〔九〕，易其坊曰椿桂。太宜人悦甚，告子孫曰：「汝家獲見五世，復遇聖天子以孝治天下，有此榮樂，盍思所以報乎〔一〇〕？」自是良辰美景必載酒

〔一〕叔：原無，據傳校本補。
〔二〕叔陽：原作「賜」，據日本藏宋刻本、傳校本改補。
〔三〕頤：傳校本作「順」。
〔四〕「縣」「州」，日本藏宋刻本無。
〔五〕庚辰：原作「甲辰」，按是月乙亥朔，無甲辰，今據明澹生堂鈔本、四庫本改。
〔六〕十月：明澹生堂鈔本作「十二月」。
〔七〕末：原作「胃」，據日本藏宋刻本、明澹生堂鈔本、四庫本、傳校本改。
〔八〕禮：原無，據日本藏宋刻本、明澹生堂鈔本、四庫本補。
〔九〕以：日本藏宋刻本、明澹生堂鈔本、四庫本作「謁」。
〔一〇〕以報：明澹生堂鈔本、四庫本作「振」。

游後圃，子婦孫曾交起爲壽。人方羡慕，不幸景山不得終養。光朝素孝悌力學，嘗五上春官，對策集英，補光州助教，版受象州學官，至是順適其母者百方〔一〕，迄不起疾，後數月亦以哀毀卒〔二〕，蓋己未五月辛亥也。宜人二女：長適修職郎、賀州臨賀縣主簿歐陽巖肖，次適進士劉偉。孫男七人：鄉貢進士偰，早世；次仲；次鄉貢進士億〔三〕；次儉、价、伸、與。女三人：適進士羅清、王長民、迪功郎隆興府新建尉趙師吉。曾孫男十人：士遜，將仕郎；士邁、士逢〔四〕、士遵、士通、士選、士逾、士道〔五〕、士達、士遇。女十六人：劉鑑、劉鋼、王多吉，其婿也，皆進士；餘尚幼。玄孫洙。宜人性雖寬和，治家則嚴而有法，每事責己，不求備於人。周恤困窮略無吝色〔六〕，鄉黨賢之。葬用庚申十二月甲申，地在縣東新樂鄉桃溪之原，而光朝以十一月壬申先事歸窆，塋域蓋相望也。始予銘景山，歷序太宜人生享備福，今復爲銘詩以哀之，庶幾存没俱少慰乎！銘曰：

猗夫人之存兮，五世儼乎其前。嗟夫人之老兮，冢子棄之而先。喟傍觀且叵堪兮〔七〕，奈何慈愛與鍾憐。縱强壯猶傷生兮，矧耄耋之衰年。噫有樂則有哀兮，相舉世其皆然〔八〕。惟有始必有終兮，孝不辱而歸全。嘉夫人之達理兮，謂賦命之在天。幸曾孫之克家兮，謹送往以無愆。紛萬目其式瞻兮，曰此壽母之新阡。揭銘章以示後兮，夫人其何憾焉！

益國夫人墓誌銘

嘉泰四年三月

亡妻王氏，世爲平江府崑山縣人。曾祖申，以學行推於鄉，王荆公倅舒州，奉詔視滂〔九〕，至即求見，迄今手刺存焉〔一〇〕。祖億，積善好施，贈中散大夫。父葆，通經能文，登進士第，歷監察御史、司封員外郎，兼國子司業，除大理寺少卿，知廣德軍、漢州，帥瀘南，易池州，終浙東提點刑獄。母宜人莊氏。夫人聰敏高潔，女工儒業下至書算無不洞曉，然非所好，惟以孝友静順爲心。十六七時〔一一〕，祖母史令人耄期卧疾，喜怒不常，左右莫

〔一〕百：原作「無」，據日本藏宋刻本、明澹生堂鈔本、四庫本、傅校本改。
〔二〕哀：原無，據明澹生堂鈔本補。
〔三〕億：明澹生堂鈔本、四庫本作「德」。
〔四〕逢：日本藏宋刻本作「迪」。
〔五〕道：日本藏宋刻本作「逢」。
〔六〕色：原作「啬」，據日本藏宋刻本、明澹生堂鈔本、四庫本、傅校本改。
〔七〕叵堪：「叵」原缺，據日本藏宋刻本、明澹生堂鈔本、傅校本補。又原刻校云：「别本作『叵測』。」
〔八〕其：原作「之」，據日本藏宋刻本、明澹生堂鈔本、四庫本、傅校本改。
〔九〕視滂：原作「親勞」，據明澹生堂鈔本、傅校本改。
〔一〇〕刺：原作「敕」，據明澹生堂鈔本、四庫本、傅校本改。
〔一一〕時：明澹生堂鈔本、四庫本作「而」，則連下句。

敢近。夫人晝夜奉藥餌，獨得歡心，父母奇之[一]。年十九歸於我，抱關行都，月俸微甚。夫人撙節有方，不見匱乏。分教金陵，寖以成家，簿書米鹽，躬自料理。迨爲學官館職，相與商論古今，手抄經史。夜則教兒讀書，稍倦，對席博弈，或至丙夜。紹興末郊恩封孺人，覃恩進安人。隆興改元[二]，予解掖垣歸吉州，閑廢七年，祠禄滋微。夫人虔共賓祭，承上撫下，應酬日多。凡予群從諸甥婚姻，樂爲主盟，弗計其費。惟朝夕誦歸寧父母之詩，聞外舅疾，星馳省視。乾道間予貳麟省，封恭人。淳熙中由八座入二府，夫人迎外姑與兩兄偕來，方有愜意。封碩人、淑人，安康、文安、咸寧三郡夫人，稍按歌舞娛其親。久之，母兄繼亡，始忽忽不樂矣。既封永、齊、越、鄭、周、吳六國，復從予胙蜀土[三]，則曰：「均大邦也，遇恩勿復請。」平居常言：「富貴非吾事，若得茅屋三間[四]，隱居林泉，世務不入於耳，是吾心也。」甫年二十二，得子，喜曰：「吾責塞矣！」自是相待如賓，居家勉予以睦族無競，當官則勸盡瘁國事，勿恤其私。予三入承明，率坐論事薈黄去國。夫人整比行李，收拾文書，纖毫無失，蓋規模素定也。知予性慵，規以克勤，御下太寬，欲其有制。閨風肅然，歲時享家廟，酒肴茗果悉經己手。中外親賓戚屬[五]，輕重待之中禮。時予饑飽暄凉爲衣食節，以是仕不內顧，退樂安閒，蓋有賢婦力也。禀氣差弱，少壯時勞其心力，中年後遇天寒輒病[六]。去冬臥疾累日，亦以爲常，俄廢寢食，遂薨，實嘉泰三年十月十七日，享年六十有九[七]。一子，朝請大夫、行大理司直綸也。夫人已病，念綸俸薄，手取白金馳介助之，孰謂奄忽至此？嗚呼痛哉！孫男宣義郎顥。女五人：長許嫁承事郎、監嘉興府糴納倉蕭象，餘幼。卜地在廬陵縣西數里儒林鄉斗岡之原，葬用四年三月甲申。行實如此，無一語欺。銘曰：

嗟我於君，長幾十年。君髮尚鬒，我久皤然。孰云一朝，棄我而先？失此友益[八]，矧伊婦賢。有問誰對，孰舉我偏？芳翰盈篋，遺掛滿前。哀辭寫心，苦淚迸泉。豈無名公，運筆如椽？陰幽坤從，他人莫宣[九]。謂予不信，皦日在天[一〇]。

段夫人墓誌銘 嘉泰四年

嘉泰三年正月癸巳，鄉人李圖南之夫人段氏以疾終，享年六十九歲[一一]。四年二月己未，葬吉州廬陵縣移風坊豐塘之原。圖南悲不自勝，屬予誌其藏。予惟內子與夫人同生乙卯[一二]，亦以

[一] 母：傅校本作「每」，義長。
[二] 四庫本「改元」下作「封□□」，此疑有脱字。
[三] 復從：原作「後」字，據明澹生堂鈔本、四庫本改補。
[四] 茅屋：明澹生堂鈔本、四庫本作「第」。
[五] 屬：原作「疏」，據明澹生堂鈔本改。
[六] 中年：四庫本作「嗣」。
[七] 有：原無，據日本藏宋刻本、明澹生堂鈔本、四庫本補。
[八] 友：明澹生堂鈔本、四庫本作「有」。
[九] 宣：明澹生堂鈔本、四庫本作「先」。
[一〇] 原刻文末校云：「案：知聖道齋本缺『遺掛滿前』以下十六字，今從翰院本校補。」
[一一] 歲：日本藏宋刻本、明澹生堂鈔本、四庫本無。
[一二] 乙卯：原作「己卯」，據日本藏宋刻本、明澹生堂鈔本改。

去冬謝世，予自悲不暇，而暇紓圖南之悲乎〔一〕？力辭不可，則爲之銘。夫人諱浄方〔二〕，於吉爲儒家，有兄弟登科歷顯仕者。曾祖居簡，祖公輔，父子沔。夫人幼失怙恃，克自植立，端静明敏，女工如夙習。踰笄歸李氏，族大而貧，夫人竭力成其家。姑太安人王氏壽百年，夫人盥饋不懈，歲時班白奉甘旨稱壽。太安人每爲盡醉，因爲孝婦。至於勤身率下，動循法度，賓祭孔時，雖貧不減富室。待妯娌致敬，撫婢妾有恩，無妬忌。諸子能言即教之誦詩，訓以孫弟，稍長勉令爲善强學。平生質直好義，不妄語笑，常瘠己周人之急。親族姻戚視其儀則，皆以女師推之。四男：如圭，中童子科，特補迪功郎，又中進士第，今爲從事郎、夔路安撫司主管機宜文字；如璋，前夭；如岡、如金，皆早成。三女：如蘭適鄉貢進士劉詠，如英、如華，尚幼。孫男三人：旂、明、晬。孫女一人〔三〕。銘曰：

久事君姑孝而恭，克相良人正且容。詩書教子華厥宗，石窌日徯開新封。奄兮植此柏與松，嗟我老詩管豈彤〔四〕。德宫適躡靈之蹤，悼亡有涕非無從。

汀州田使君妻宜人尚氏壙誌 慶元三年

宜人尚氏，世家相州安陽縣，其先多文武顯人。朝奉郎、贈大中大夫諱棐〔五〕，曾祖也。國子祭酒諱佐均，祖也。承議郎、賜緋魚袋諱大伸，父也。母孺人周氏，實予女兄，聰明孝友，有烈丈夫之風，年十六歸於承議，三年而宜人生。既長，和順勤儉，知書達理，女兄鍾愛，遴擇佳壻。隆興癸未，歸今汀州使君朝請大夫田橡〔六〕。事姑太夫人與事母同，而加敬焉，承撫內外，無間言者。初，以予奏賜冠帔，從夫封孺人、安人、宜人。生子多不育，今惟一男，將仕郎爚〔七〕。田氏家南康縣，與贛爲鄰，歲常往來。尚氏居於廬陵，兩邦雞犬相聞，宜人友愛弟妹，猶以爲遠。慶元改元，仲弟振英丞贛之瑞金〔八〕，攝屬外臺，宜人携其子過故居視之〔九〕。會得疾，盡屏外事，泰然而卒，八月辛酉也〔一〇〕，享年五十八〔一一〕。汀州失內助，追悼切至，而太夫人每爲親族言失吾賢婦，未嘗不涕下也。先是汀州皇考御史葬縣東十五里芙蓉鄉良山之原〔一二〕，卜三年六月庚申發宜人之柩祔先塋五十步

〔一〕之：原脱，據日本藏宋刻本、明澹生堂鈔本、四庫本、傅校本補。
〔二〕浄方：原作「浄才」，據日本藏宋刻本、明澹生堂鈔本、四庫本、傅校本改。
〔三〕孫：原無，據四庫本補。
〔四〕管豈彤：原作「宣管彤」，據日本藏宋刻本、明澹生堂鈔本、四庫本、傅校本改。
〔五〕棐：明澹生堂鈔本、四庫本作「禁」。
〔六〕請：明澹生堂鈔本、四庫本作「奉」。
〔七〕爚：明澹生堂鈔本、四庫本作「墻」。
〔八〕丞：原作「承」，據日本藏宋刻本、明澹生堂鈔本、傅校本改。
〔九〕其：原無，據明澹生堂鈔本、四庫本補。
〔一〇〕八月辛酉也：原作「於八月辛酉」，據日本藏宋刻本、明澹生堂鈔本、四庫本、傅校本改乙。
〔一一〕五十八：四庫本作「五十有八」。
〔一二〕御史：原無，據日本藏宋刻本、明澹生堂鈔本、四庫本、傅校本補。

間〔一〕，謁予以文。予自哭女兄今三十有二年，間與甥遇，必惻於心，奄其已矣，悲不能文，姑爲記歲月，以寫老懷，以釋汀州之思云。

村女壙誌

平園老叟周某孫女村娘，以淳熙壬寅十月二十四日生於樞府。父綸，今爲朝請大夫、行大理司直，母宜人劉氏。村女端静通敏，喜讀書。甫八歲，予罷相，已能佐祖母益國王夫人治行李，人皆異之。年十三，以紹熙甲寅五月二日病没於吉州舊居東山堂，權殯功德寺。祖父母、父母悼念不忘。嘉泰癸亥冬，益國夫人薨，卜以甲子三月甲申葬廬陵縣儒林鄉斗岡之原。前十二日，舉村女之柩瘗塚傍，泣而誌之。

〔一〕發：日本藏宋刻本、傅校本作「舉」。祔：原作「附」，據日本藏宋刻本、傅校本改。

廬陵周益國文忠公集卷七七

平園續稿卷三七

墓碣 一

朝散大夫知新州李君守柔墓碣 慶元三年

君諱守柔，字必强，姓李氏。其先青州壽光人。皇祐初徙家桂林，今爲静江府臨桂人也。曾大父穎，卜居長安市，好善樂施，藥病斂死，里中德之。大父士詮。父允彦，安分知止，不飲酒食肉者二十年，預知死日，端坐而逝，後贈奉直大夫。是生四子，君其季也。與兄守卓自幼力學，守卓登建炎二年進士第〔一〕，次舉君又繼之，紹興二年也。補左迪功郎、象州武仙尉〔二〕，用舉者陞左從政郎、宜州忻城令。歲餘丁母秦氏憂。服除，調雷州海康令，稽考簿書，得隱户甚衆，丁以萬計。州並海而富，舊無外城，每虞寇至。太守王趯號能吏，君與協力，大興版築，踰年城成〔三〕，邦人繪像以祠。諸司交薦，改左宣教郎、知道州營道縣，丁奉直憂不赴。免喪，知賀州臨賀縣。初，趙忠簡公自潮再貶過雷，守令用故相禮迎送〔四〕，仍具海舟濟之。至是有告於秦丞相者，守擢去已久，攝繫大理獄，下廣西追治官吏，根株牽連，君緣坐十年不得調。秦薨，始磨勘轉左奉議郎、通判容州。屬令醉酒，即席攘臂侵君。明日太守劾之，君謝曰：「飲人狂藥，奈何責以正禮？」闔郡歎服。徙通判邕州。守武臣，御下嚴而衣糧不時給，將大閱，衆洶洶，守窘甚。君許其移病，爲攝州事，下令翊日先發廪給諸軍〔五〕，衆謀益壞。後數日乃赴教場，引謀亂者四人立纛下，斬其渠魁而鞭三人，訖事肅然。尋知梧州〔六〕。郴賊李金聲摇四鄰，君逆爲之備，賊亦不至。廣西衆水匯梧下村以達於海〔七〕，舊設禁港，杜米舟。會歲儉貴糴，漕司申其禁。君曰：「是壑鄰也。」格不行，東路及閩浙皆賴焉。詔臧否郡守，本路以公最聞〔八〕，選知宜州。南丹酋莫延葚與永樂蠻相讐殺，驚擾邊關。君遣攝天河縣主簿徐彌高偕吏士好諭之，兩族聽命。秩滿，求主管台州崇道觀，歸築艮軒，蓋將止矣。中書舍人范公成大出帥，力薦君於朝，且趣君行，起知新州。對論邊事稱旨，執政議推南丹賞。君曰：「此徐彌高之功也。」詔特補彌高徽州文學，

〔一〕二年：原作「三年」，據日本藏宋刻本、明澹生堂鈔本、四庫本改。
〔二〕武仙：原作「武山」，據日本藏宋刻本、傅校本及《宋史》卷九〇《地理志》改。
〔三〕踰年城成：原作「踰時成」，據明澹生堂鈔本、四庫本、傅校本改。
〔四〕送：原作「之海」，據日本藏宋刻本、明澹生堂鈔本、四庫本改。
〔五〕翊：原作「都轉肆」，據日本藏宋刻本改。
〔六〕「梧」上，原有「郴」字，據日本藏宋刻本、明澹生堂鈔本、四庫本、傅校本删。
〔七〕村：日本藏宋刻本、明澹生堂鈔本、四庫本、傅校本作「封」。
〔八〕公：原作「治」，據日本藏宋刻本、明澹生堂鈔本、四庫本、傅校本改。

餘推恩有差。行次蒼梧，以疾卒，遺民多泣涕者。享年六十七〔一〕，積官朝散大夫。君天資篤厚，喜賙貧乏如其先世。念長兄之不仕，爲官其子。妻宜人石氏〔二〕，前十四年卒。一子杞，宣教郎、新知袁州分宜縣。二女：長適通直郎、通判容州蔣稷〔三〕；次適朝散大夫、廣南東路提點刑獄公事唐弼。孫勳〔四〕，將仕郎。君之卒在淳熙三年正月十五日〔五〕，以五年正月丙申葬長安東高磊山先塋之側〔六〕。予不識君，而與君之子及提點刑獄善，屢以奉議郎、武學博士蔣君來叟所狀事實求予一言。予嘗嘆二廣去朝廷遠，士多陸沉，每聞一善，樂爲稱述，又嘉君嘗禮遷客而阨於進，特表而出之。銘曰：

附炎速化，援溺疾顛。孰避孰從？彼人我天。吁嗟新州〔七〕，不調十年。天定勝人，將謂騰騫〔八〕。艮止之思，素心則然。壹惠可節，表於東阡。

二戴君墓碣

慶元丙辰七月戊戌，朝奉郎、江南東路提點刑獄司幹辦公事戴君翊羽卒〔九〕，卜葬吉州廬陵縣儒林鄉長徑之原。既葬矣，其父通直屬鄉先生葛潨叙行實來請銘，予固心許之。無幾何，通直君悲傷感疾，丁巳八月乙酉遂卒。其孫師聖以十二月甲申奉父祖之柩葬焉，兆域相去纔數十步。予既熟君父子，又憐師聖重有憂，乃相誌而繫以銘〔一〇〕，是亦掛劍之義也。通直諱經，字元禮，世家廬陵。曾祖昶，祖汝明，父將行〔一一〕，以貲聞。君生七年而孤，常產爲豪右漁奪，祖調猶存〔一二〕，傴側艱難，僅能立身。去之傍縣，授徒營生，而擇師友教其子。淳熙二年一上登第，自是就養官舍享其報。紹熙壬子郊恩封承事郎〔一三〕，甲寅慶典遷宣議郎〔一四〕，今上龍飛及宗祀明堂轉宣教、通直郎。性喜周急，與物無忤，撫育弟之三女，使皆有歸，鄉人推爲長者。妻同郡劉氏，恩封宜人。二男：長朝奉君也；季延熙，尚幼。一女，適進士陳九疇。享年七十有二。翊羽字漢宗，一字漢卿。童丱知力學，日記千言，長通載籍，益自刻苦，遂以起家。初補迪功郎、潭州衡山尉，盜不敢作。帥辛棄疾才之，檄行縣事。臺府交薦，陞從政郎、補贛州雩都丞〔一五〕，守藉其能，留置幕職。贛故無夏稅、酒課，官府百須取辦科罰。會孝宗手詔漕臣通融州縣財賦，守委君求濟於漕臺，至則數被詰責。君力爭，固請歲減三萬六千緡，

〔一〕七：四庫本作「有六」。
〔二〕石：日本藏宋刻本、明澹生堂鈔本、四庫本作「呂」。
〔三〕長：原無，據日本藏宋刻本、明澹生堂鈔本、四庫本補。
〔四〕勳：原作「斂」，據日本藏宋刻本、明澹生堂鈔本、四庫本改。
〔五〕十五：日本藏宋刻本、明澹生堂鈔本、四庫本作「十四」。
〔六〕五：原缺，據明澹生堂鈔本、四庫本、傳校本補。
〔七〕吁嗟：明澹生堂鈔本、四庫本作「嗟吁」。
〔八〕將謂：明澹生堂鈔本、四庫本作「謂將」。
〔九〕羽：日本藏宋刻本、明澹生堂鈔本、傳校本作「世」。下同。
〔一〇〕相：日本藏宋刻本、明澹生堂鈔本、傳校本作「合」。
〔一一〕將：原作「蔣」，據日本藏宋刻本、傳校本改。
〔一二〕祖調：原缺，據日本藏宋刻本、傳校本補。
〔一三〕「郎」字後，日本藏宋刻本有「致仕」二字，傳校本作「致事」，明澹生堂鈔本作「政事」。
〔一四〕宣：原缺，據日本藏宋刻本、傳校本補。
〔一五〕補：日本藏宋刻本、傳校本作「移」。

郡計以寬。大盜姜姓者往來汀、梅間，犬牙贛境，君攝倅督捕，知鄉丁徒擾，於戰無益，散遣數千人，省費萬計，賊亦不入境。秩滿，調道州江華令，久闕正員，帑廩赤立。君單車就職，視民如子，不施鞭朴，賦入以時，上下交裕。迭遇泛恩，循承直郎〔一〕。成資詣曹，改奉議郎，知江州彭澤縣。瀕江數百家，人困科斂，君約己足用，大率如江華時。間遇水旱，力舉荒政〔二〕，無流移者。轉承議郎，覃恩遂遷員外郎，賜七品服。代還，以親老外補憲屬，卒於鄱陽，年四十有八。妻安人胡氏。二子，將仕郎師聖也。三女：長適衡陽尹天澤，前卒；餘未行。君博聞强記，著述自出機杼，性儉約，所至或兼他官，辭其添給。兩爲邑，餐錢及迎送用例者一無所受〔三〕。吏事精勤不苟，使當要劇，必有可觀，誰謂其止此？銘曰：

教子成名，祿養俱榮。云胡不淑〔四〕，繼隕厥生。華屋山丘，存亡相親。鑽石同辭〔五〕，以貽後人〔六〕。

龍洲居士嚴君致堯墓碣

慶元三年

嚴君致堯，字正之，吉州太和縣人。曾祖宣〔七〕，生執衡。執衡生章，贈右宣教郎。是生四子，其仲康元，仕至朝奉郎、通判潮州，次即君也〔八〕。君幼學敏茂，長精辭藝，一試舉場不中，慨然有四方之志，輕財重義，偉如也。紹興三年，群盜充斥虔、吉間，多至三百餘火。江西安撫大使李回以聞。時岳武穆公飛爲神武副軍都統制，授鉞專征，道出廬陵，士卒托宿廛市，黎明爲主人汎掃門宇，洗滌釜盎而去。太守供張郊餞，師行將絶，謁未及通，問殿後者：「大將軍何在？」笑曰：「已雜偏裨去矣。」其嚴肅如此。所過獨搜訪奇士，諏計策。至太和，君叩轅門，一見語合，許以從行。初，龍泉賊帥彭友、李動天等十人尤强暴，號十大王，盤踞四年，攻破八縣。君至〔九〕，次第就縛，兩郡以寧，奏凱而還。其後定鼎、澧，安襄、漢，取唐、鄧，復郢、隨，全合肥，君皆在焉，屢委以事。積代版授七階，方向宛、洛，擣趙、魏，而虜人求成〔一〇〕，武穆公罷兵柄獲罪矣。君恨無以白杜郵之冤，歸而放浪山水間，聚書教子，自號龍洲居士。有文集三十卷。年五十六，以三十二年六月晦卒矣。前娶章氏，朝散大夫唐民之女。生三女，適曾彌後、李補、曾瑜。再娶郭氏，蓋忠簡胡公叔母前夫之女，忠簡擇君歸之。生一男，可久，力學有聞，不幸早世，煥章閣待制誠齋楊公爲誌其墓。五女：曾異、倪巖老、胡秘，其婿也；餘不及行。孫男龜齡。女適劉禹選〔一一〕。君以隆興元年十二月辛未葬縣南橫弦山，慶元三年十二月庚寅改卜

〔一〕承直：原缺，據日本藏宋刻本、傅校本補。
〔二〕力：原缺，據日本藏宋刻本、明澹生堂鈔本、四庫本、傅校本補。
〔三〕受：原作「有」，據日本藏宋刻本改。
〔四〕胡：原作「何」，據日本藏宋刻本改。
〔五〕同：原作「爲」，據日本藏宋刻本、明澹生堂鈔本、傅校本改。
〔六〕貽：原作「昭」，據日本藏宋刻本、明澹生堂鈔本、傅校本改。
〔七〕宣：原作「某」，據日本藏宋刻本改。明澹生堂鈔本作「先」。
〔八〕也：原無，據日本藏宋刻本、四庫本補。傅校本作「二也」，「二」字疑衍文。
〔九〕君至：日本藏宋刻本、明澹生堂鈔本、四庫本作「至是」。
〔一〇〕而：明澹生堂鈔本作「會」。
〔一一〕禹：日本藏宋刻本作「萬」。

高行鄉山塘之原，而葬郭氏於羅墓，距君塋二里許〔一〕。先是誠齋狀君遺事甚備，秘也實忠簡從孫，以文采貢於鄉，與予契厚而交深，復來請銘，固辭不可。銘曰：

大丈夫不能擢犀角、拔象齒、游乎翰墨之林，則當橫三尺、出六奇以收邊塞之勳。孰如君者，兩有志而一無成。此予所以聞風太息而追繫以銘也。

朝議大夫賜紫金魚袋王君鎮墓碣〔二〕　慶元四年

君諱鎮，字靖之，姓王氏，其先陳留人。曾祖潤，贈中奉大夫。祖履，元豐八年登第，徙居開封吹臺下。元符中爲學官，上書論中宮廢立，謫廉州石康令，仕至朝議大夫、知筠州。父蕃，事徽宗歷户部侍郎，欽宗方召用而京城陷，終延康殿學士、朝議大夫，累贈少師。前母衛國夫人李氏、慶國夫人林氏，嫡母福國夫人趙氏，所生母宜人山氏。君幼以門蔭補將仕郎，再奏承務郎。建炎四年，少師避地永州〔三〕，卒於祁陽〔四〕。君方志學，奉母挈弟妹葬少師桂林。弱冠躬耕南嶽下，晝夜誦經史，胡文定公安國忘年接之。紹興十五年，調鄂州蒲圻丞，攝行縣事，爲政有方，民不忍其去。十八年知安豐軍六安縣〔五〕。窮邊凋瘵，君御之如家人，出惟匹馬一騶，郡有科擾〔六〕，皆拒絶之。江南猾民冒佃荒田輒數千畝，君躬按户籍，丁給百畝，於是流逋四歸，願耕者衆。二十三年知吉州吉水縣，地廣事繁，君平心決遺爭訟〔七〕，不問强弱貧富，惟直是從，善良既伸，奸惡亦化。二十五年丁母憂。服闋，連簽書貴州、鬱林州判官廳公事。凌鉄起雷化間〔八〕，甫定而王宣、陳元復作亂。君適行郡事，料集土丁〔九〕，激以忠義，賊望風畏避。容州以金帛餉賊，藤守宵遁，官軍屢北，主將皆戰死，摧鋒軍統班李宏亦被擒，惟鬱林晏然。終更代〔一〇〕，士民遮道泣送〔一一〕。其後十年李接竟破城去，人思至今〔一二〕。乾道三年，復簽書常德軍節度判官廳公事。七年知贛州安遠縣。水土惡弱，仕者非死即病，紀綱蕩然。稅苗萬五千斛，兵火後僅及其半，上司督取如故，例均諸鄉。君力乞倚閣〔一三〕，竟從之。夏稅折變〔一四〕，所在上三等户科麥而價重，四五等科油麻枋木而價輕，安遠獨反是，君始正之，下户皆受賜。豪民佃山林三百谷，君毁其帖，聽民樵采。郭南舊引溪水溉田百頃〔一五〕，有蕭文炳者廢陂

〔一〕君：原無，據日本藏宋刻本補。
〔二〕朝議大夫：日本藏宋刻本、傅校本作「朝散大夫」。
〔三〕州：原無，據日本藏宋刻本、明澹生堂鈔本、四庫本、傅校本補。
〔四〕陽：原無，據日本藏宋刻本、明澹生堂鈔本、四庫本、傅校本補。
〔五〕軍：原作「郡」，據明澹生堂鈔本、四庫本改。
〔六〕郡有科擾：原作「即有拜擾」，據日本藏宋刻本、傅校本改。明澹生堂鈔本作「郡有拜擾」，「拜」字當誤。
〔七〕決：原無，據日本藏宋刻本、明澹生堂鈔本、傅校本補。
〔八〕化：原作「風」，據日本藏宋刻本改。
〔九〕料：原無，據日本藏宋刻本、明澹生堂鈔本、四庫本、傅校本補。
〔一〇〕代：原無，據明澹生堂鈔本補。
〔一一〕泣送：原無，據日本藏宋刻本、傅校本補。
〔一二〕李接竟破城人去思至今：原作「李接境破城入去思一□至□」，據日本藏宋刻本改。「去人」原作「人去」，據文意改。
〔一三〕倚閣：原作「侍閣」，據日本藏宋刻本、傅校本改。
〔一四〕變：原脱，據日本藏宋刻本、明澹生堂鈔本、傅校本補。
〔一五〕「舊」「田」，原作「省」「四」，據日本藏宋刻本改。

而擅其利。君部夫築之，三日而成，歲以豐稔。贛州多盜〔一〕，諸邑團民兵，置隊首、隊長，徒擾無益。君命五家爲小保而置一柝，五小保爲大保而置一鼓，各有長焉。十大保則隸都保正〔二〕，許置兵器，遇盜則擊柝鳴鼓出兵器，每發輒得。淳熙二年，調通判邵州。始居於衡，改葬少師南嶽下。五年至邵，太守忌其正，譖君侵權。帥信讒，移潭州簽判〔三〕，衆論不平。帥悔無及〔四〕，乃與諸司檄君權知桂陽軍〔五〕。八年還朝。初，羅鬼國在真宗時常由廣西入貢〔六〕，其後大理、羅殿、自杞諸國市馬邕州〔七〕，隔絶不通，閩商吴汝翼誘其人假道蠻洞〔八〕，以馬叩沅州求互市。守臣呂愛〔九〕、呂勝己縱臾希功，皆坐生事免。新將張端有亦非其人〔一〇〕。方調守，而潭帥呂椿薦君安靜重可用〔一一〕，堂選知州事。諸司以羅鬼馬既不售，必且寇邊〔一二〕，檄君積木爲柵〔一三〕，以杜其來。君謂通塗固難盡塞，縱塞何人可守？朝廷亦以蠻猺種落百數，不相統攝〔一四〕，安能越境而至，格不行。舊募土丁二百充効用〔一五〕，率多游手。君精擇土著伉健者教以武藝，人人可用。罷吏散鹽諸蠻〔一六〕，怒其賞賚不時〔一七〕，誣以劫奪，帥司追治甚急，蠻皆走險，君至則直之。前都吏包遂者交結監司，補鄉丁統轄，人畏之如虎。有某氏女將嫁，賂媒嫗紿取之。君窮治，黥配嶺南〔一八〕，併其徒論如法。州之西曰便溪，又西曰崖門，又西曰若溪，前守開邊邀賞，誘其長殺之，負固蓄憾，遣兵討伐輒敗。君斂兵開示大信，於是蠻主楊再彤兄弟相率來謝〔一九〕。沿邊守臣專帶溪洞都巡檢使，提刑違法〔二〇〕，命通判預其事，即其廳自置一司，欲因事誅蠻酋吴自由三子。君固爭不從，自由聚兵謀入寇。君言於朝，明其無他，三子皆得釋，通判尋獲罪。微君，一方被其

〔一〕州：日本藏宋刻本、傅校本作「素」。
〔二〕大：原作「六」，據日本藏宋刻本、明澹生堂鈔本改。
〔三〕簽判：原無，據日本藏宋刻本補。
〔四〕無及：日本藏宋刻本、傅校本作「悟」，義亦通。
〔五〕乃：原無，據日本藏宋刻本、明澹生堂鈔本補。桂陽軍：原作「桂陽林林軍」，據日本藏宋刻本删。
〔六〕貢：原缺，據日本藏宋刻本、明澹生堂鈔本、傅校本補。
〔七〕諸國市馬邕州：原作「諸而馬邕州」，據日本藏宋刻本、傅校本改補。
〔八〕「道」上原有「市」字，據日本藏宋刻本删。
〔九〕守臣呂愛：「臣」字原無，據日本藏宋刻本、明澹生堂鈔本、傅校本補。「呂愛」，日本藏宋刻本、明澹生堂鈔本、傅校本作「呂援」。
〔一〇〕張端有：日本藏宋刻本、傅校本作「張端友」。
〔一一〕潭：原作「譚」，據日本藏宋刻本、明澹生堂鈔本改。呂椿：日本藏宋刻本、傅校本作「李椿」。安：日本藏宋刻本、明澹生堂鈔本、四庫本作「静」。
〔一二〕必且寇邊：原缺，據日本藏宋刻本、傅校本補。
〔一三〕君：原缺，據日本藏宋刻本、傅校本補。
〔一四〕相：原作「見」，據日本藏宋刻本、明澹生堂鈔本、四庫本、傅校本改。
〔一五〕効：原作「郊」，據日本藏宋刻本、傅校本改。
〔一六〕鹽：原作「監」，據日本藏宋刻本、傅校本改。
〔一七〕賚：日本藏宋刻本作「直」。
〔一八〕黥：原作「黔」，據日本藏宋刻本改。
〔一九〕彤：日本藏宋刻本作「肜」。「兄弟」下，四庫本有「親族」二字。
〔二〇〕違：原作「遣」，據日本藏宋刻本、傅校本改。

害〔一〕。君將代〔二〕，請祠，主管建寧府武夷山冲佑觀。既歸衡陽，郡守劉清之以君才行聞。上手記君名〔三〕，且曰：「清之所薦必不苟。」除提舉荆湖北路常平茶鹽公事。諫官素惡清之，指薦士爲妄作，命遂寢。其後主管華州雲臺、台州崇道觀。紹熙四年六月十九日卒，享年七十有八，十二月十五日葬少師墓傍，其地在岣嶁峰之東。君仕宦踰四紀，再爲邑，三佐郡幕，端良清介，恬於進取〔四〕，人悼其屈。晚試郡，稍見所長，則已老矣。平生無嗜好，不治産業，惟喜讀書，於《詩》、《易》皆有論著。嘗謂《管子》八十一篇真僞相雜〔五〕，定爲《内書》，藏於家。有《集西漢文録》二十卷，著述七百餘篇，號《覆瓿編》。積官朝散大夫，賜服金紫。娶陳氏，封宜人。四男：長曰淮，今知永州零陵縣〔六〕；次湆，道州永寧縣主簿；次準，舉進士；季泭，前死。四女：長曰濟，適向文簡公七世孫公瑩〔七〕；次漳，不肯嫁；次汶，適邢鍠，鍠死〔八〕，再歸胡文定公孫荆湖北路安撫司準備差遣大常；次漳〔九〕，適永州録參謝壽孫，壽孫死〔一〇〕，再歸衡州耒陽縣令曾之謹。孫男三人：楷、檜、榗。女三人：楨、栓、榕。淮以迪功郎監潭州南嶽廟劉德老所作行狀走數百里泣拜請銘。予知君舊矣，德老又賢可信〔一一〕，乃爲銘曰：

爲官擇人，世獨不然。求則得之，弗求捨旃？有美王君，素安銓調。韜傳方乘，煩言已噪。有功未知，抱能未施。心何怨尤，人自嗟咨。我宣幽光，辭則無愧。慰其子孫，亦勸吉士。

贛州洪使君槻墓碣 慶元五年

高宗皇帝即位之三年，歲在己酉，國步多艱，獫狁孔熾，擇使修好，無敢應選。惟洪忠宣公以小官毅然請行〔一二〕，拘繫朔庭十有五年，艱險甚於蘇武。誠竭力殫，和好迄成，白首來歸，壽母在堂，三子繼登博學宏辭科名，予曰〔一三〕：「此盛德之報也。」當出疆時，冢子文惠公年方十三，率二弟晝夜讀經史，作文章〔一四〕，名震中外〔一五〕，乾道中相孝宗，號名臣。而使君又其冢

〔一〕一方被其害：日本藏宋刻本作「一方被害其有既耶」，明澹生堂鈔本作「一方被有其害」，四庫本作「一方咸被其害」，傅校本作「一方被其有既耶」。

〔二〕君：日本藏宋刻本無。

〔三〕手：四庫本作「因」，日本藏宋刻本、傅校本作「自」。

〔四〕於：原無，據日本藏宋刻本、明澹生堂鈔本、四庫本、傅校本補。

〔五〕嘗：原無，據明澹生堂鈔本、四庫本補。

〔六〕永州零陵：原作「明零」，據日本藏宋刻本、傅校本改。

〔七〕公瑩：日本藏宋刻本、傅校本作「公罃」。

〔八〕鍠死：「鍠」字原無，據傅校本補。

〔九〕漳：原作「章」，據日本藏宋刻本、四庫本、傅校本改。

〔一〇〕壽孫：原無，據日本藏宋刻本、傅校本補。

〔一一〕德老：原無，據日本藏宋刻本、明澹生堂鈔本、四庫本補。

〔一二〕請：原無，據日本藏宋刻本補。

〔一三〕名予：日本藏宋刻本、傅校本作「君子」。

〔一四〕「文惠公」至「作」，原脱，據日本藏宋刻本、傅校本補。

〔一五〕震：原作「聞」，據日本藏宋刻本、傅校本改。明澹生堂鈔本作「正」。

子，見聞之廣〔一〕，不扶自直。忠宣薨，以長孫特充本路漕屬助襄事。會余分教金陵，日與之游，年雖弱冠，而練達明敏不啻老成人。家方鼎盛，而謹飭謙和，略無子弟之過，予敬而愛之。越四十年，予退老於家，君以二千石高第擢守章貢，兼江西路兵馬鈐轄，日期千騎問塗〔二〕，一笑道故舊，旋聞其道卒，遺恨至今。諸子遠以表墓爲請〔三〕，予其何可辭〔四〕？使君初名格，字成之，後改名槻，字規之，世家饒州鄱陽縣。曾大父右通直郎、贈太師、秦國公諱彥先。祖忠宣公諱皓，仕至徽猷閣直學士、左朝散大夫、贈太師、魏國公。父文惠公諱适，終觀文殿學士、正議大夫，贈太師、魏國公。妣魏國夫人沈氏。君初以忠宣使虜補將仕郎，紹興二十六年起家迪功郎、江南東路轉運司準備差遣。隆興初充湖廣等路總領財賦所幹辦公事，分司九江。完顏亮敗盟〔五〕，皇甫倜一軍嗷嗷待哺。樞密使王公炎時總餉事，以軍儲未集爲憂。君請求濟於朝，用足而民不知。文惠入相，丐監南嶽廟。軍帥例贐金〔六〕，君固却之〔七〕。乾道元年循右從政郎，三年用舉主改宣教郎，七年知江州德安縣〔八〕。歲儉，君曰：「附郭近而易見，鄉村遠而難周。」親行阡陌，勸上户平價出粟，又擇中户以上衆所服者分任其事，民無流殍。居三載，邑大治。淳熙四年賜服緋銀，六年通判德安府，俄丁内艱。九年通判興州。吳挺以都統制兼州事，委政於君。金州被邊，洵陽、上津大飢〔九〕，置制總漕三司各出三千緡〔一〇〕，命君賑濟。提刑勾躍采一見君〔一一〕，盡以付之。君衣製履屨〔一二〕，涉山險〔一三〕，偏抵兩邑，又請益米萬斛於制置使，軍民帖然。將疇庸而文惠公薨。君六歲間經父母喪〔一四〕、春秋窀穸之事，哀戚勞苦，人不能堪，鄉黨稱其孝。服除，調通判洋州，嘗行郡事，辭俸給用例者〔一五〕。西鄉舊有堰介山間，每春水暴至，湍險決潰。簽判樊煒刷三邑義士數千人修築，已興工，君言徒費無益，申諸司罷之。擢守西和州，陛對，論綱馬多道斃，宜飼養興元一月然後發；升差軍官當先戰功後資歷〔一六〕，以徠奇士。孝宗然之。會姻家楊侍郎王休除利路轉運判官〔一七〕，引嫌改知和州〔一八〕，紹熙三年也。邊壘斗大，儉以足用，寬以愛

〔一〕見聞：日本藏宋刻本、明澹生堂鈔本、四庫本作「聞見」。
〔二〕問：四庫本作「開」。
〔三〕爲：原作「來」，據日本藏宋刻本、傳校本改。
〔四〕予：原無，據明澹生堂鈔本、四庫本補。
〔五〕盟：原脱，據日本藏宋刻本、明澹生堂鈔本、四庫本、傳校本補。
〔六〕軍帥例贐金：原作「君□列黄金」，據日本藏宋刻本、傳校本改。
〔七〕君：原脱，據日本藏宋刻本、傳校本補。
〔八〕江：原缺，據日本藏宋刻本、傳校本補。
〔九〕津大：原作「律天」，據日本藏宋刻本、明澹生堂鈔本、傳校本改。
〔一〇〕總：原無，據日本藏宋刻本、傳校本補。
〔一一〕采一：日本藏宋刻本作「亦來一」，明澹生堂鈔本、四庫本作「易亦來」。
〔一二〕衣製履屨：原作「製衣履屨」，據日本藏宋刻本、傳校本改。明澹生堂鈔本作「衣製履屨」。
〔一三〕「涉」上，日本藏宋刻本有「步」字。
〔一四〕間：四庫本、傳校本作「兩」。
〔一五〕者：原脱，據日本藏宋刻本、明澹生堂鈔本、傳校本補。
〔一六〕當：原脱，據日本藏宋刻本、四庫本、傳校本補。
〔一七〕會：原缺，據日本藏宋刻本、明澹生堂鈔本、傳校本補。
〔一八〕和州：日本藏宋刻本、傳校本作「茂州」。

民，華夷安焉。王休徙西川提刑〔一〕，又當易地，求主管華州雲臺觀以歸。慶元二年起知滁州。州本留闕待朝士，京丞相鏜在蜀知君治行，奏特官之〔二〕。君請邊郡守倅勿注年七十人〔三〕，詔可。至則因歲豐補前以政兑〔四〕，借椿積米萬計。葺倉廩，置貢院，皆兵興以來未暇及者。待僚屬雖寬厚〔五〕，有小使臣遭喪，規免持服，部爲符州，君曰：「沿邊職任謂主兵者，監當輩何預？徒害風教。」奏令解官，後遂立法〔六〕。閲兩考，用新制再留一年〔七〕，諸司交薦，朝廷擇大藩處君。不幸暑行痁泄，以五年七月十三日終於池州東流縣〔八〕，享年六十三。積官自通直郎轉至朝奉大夫〔九〕。娶黄氏、劉氏、周氏，俱封宜人。四男：儼〔一〇〕，終承事郎〔一一〕，今知常德府龍陽縣丞；次俌，承事郎、提領建康府户部贍軍酒庫所幹辦公事；傳，將仕郎；伉〔一二〕，未仕。女二人：長適修職郎、前無爲軍巢縣主簿權當國，次許嫁進士黄俊〔一三〕，皆劉出也。孫二人：曰芾，曰藴。女一。諸孤以是年十一月壬午奉柩合葬劉宜人之兆，地在本縣義仁鄉大觀山。君由少至老奉養簡素〔一四〕，殆過寒士。自文惠公樂施周急，雖大用，無餘貲。君綽有父風，田園不能卒歲，惟市書籍教子，以清白傳家，可謂賢也已。銘曰：

醇而正，明而静，如玉如瑩，吉人之性兮。簡而敬，定而應，爲守爲令，循吏之政兮。忠宣之忠，文惠之文，嫡長相承，先世之盛兮。山川孔良，時日允臧，有永其藏，後人之慶兮。

〔一〕華夷安焉王休：原作「華矣安爲王體」，原刻校云：「此處疑有缺誤。」據日本藏宋刻本改。四庫本作「革弊端嚴政體」。川：原作「州」，據日本藏宋刻本、明澹生堂鈔本、四庫本改。

〔二〕官：日本藏宋刻本、明澹生堂鈔本、傅校本作「畀」。

〔三〕注：原作「許」，據日本藏宋刻本改。

〔四〕政兑：原作「改免」，據日本藏宋刻本、明澹生堂鈔本、傅校本改。

〔五〕厚：原作「後」，據日本藏宋刻本、明澹生堂鈔本、傅校本改。

〔六〕法：原無，據日本藏宋刻本、明澹生堂鈔本、傅校本補。

〔七〕制：原缺，據日本藏宋刻本、傅校本補。明澹生堂鈔本作「也制」，「也」字誤，此或有缺字。

〔八〕以：原無，據日本藏宋刻本、明澹生堂鈔本、四庫本補。池：原作「神」，據日本藏宋刻本、明澹生堂鈔本、四庫本改。

〔九〕朝奉：日本藏宋刻本、傅校本作「朝請」。

〔一〇〕「儼」下原有「然」字，據日本藏宋刻本、明澹生堂鈔本、四庫本删。

〔一一〕終：原無，據日本藏宋刻本補。

〔一二〕伉：傅校本作「伉」。

〔一三〕俊：日本藏宋刻本、明澹生堂鈔本、四庫本作「浚」。

〔一四〕簡：原作「間」，據日本藏宋刻本、明澹生堂鈔本、傅校本改。

廬陵周益國文忠公集卷七八

平園續稿卷三八

墓碣 二

冲虚居士錢君朝彦墓碣 嘉泰元年

三代盛時，四民有常職，農服田，工商宿業，惟士最貴，世禄爲胄子，賓興爲賢能，不以外物而遷，故能各底於成，勃興驟廢者鮮。自井田壞，田業俱失，農與工商既散而逐末，貴族降在皂隸，秀民不復鄉舉，人才無所於歸。或横議如孟子所云，或潛山隱市如杜牧所論，於是處士之名著焉。在戰國時，高者取卿相，下不失尊禮。至於漢唐〔一〕，有公車特召〔二〕，有藩鎮辟召，得人與否，班班可考。本朝數路取人，惟恐遺賢，其間懷才抱藝之士〔三〕，門蔭科舉所不逮者尚或有之。上方一道德以同風俗，特命起家，絶無僅有；下亦各安分義，不求聞達。然降才於天〔四〕，積善在躬，源深流遠，終裕乃後，肆其子孫，修身勵業自足進爲於世，而天復有以相之。凡今顯者多出於此，永嘉錢氏其一也。初，忠懿王奉兩浙地圖歸聖朝〔五〕，後裔散居四方。諸孫有諱輯者嘗爲韶州刺史。輯生尚，端州司理參軍，游温州樂清，愛白石風土，家焉。尚生恬〔六〕，恬生潔。潔生二子，忠卿字某，堯卿字熙載，世以文行稱。紹興十四年詔舉孝廉，州縣以熙載應選，未報而没。忠卿生一子，諱朝彦，字用明，謙退和易，少從孝廉學《周官》，業成身隱。每出未嘗乘車，或勉之，過市即下，曰：「吾不仕，不宜坐人上。」家貧不能周急，力可及亦弗靳，遇樵夫野叟無高下迭爲賓主，鄉人莫不敬愛。晚喜道家説，自號冲虚居士。白石有巖，巖有集真觀，高出群山之表，歲從黄冠避暑。酒酣，相與浩歌起舞，吹洞簫，人望之疑以爲仙。素善章少房，少房死，過其墓必酌酒酹之，與人交類此。雖督諸子以學，每曰：「教之在我，其成有命。」作詩不求工，而語有塵外趣。名卿太子詹事王十朋稱其不羨不矜，心休休然，鄉評以爲知言。卒年七十七，有《冲虚集》二十卷。夫人同郡孫氏，贈承事郎士初之孫，奉議郎、知紹興府嵊縣潮之女〔七〕。四歲知書，父授以《孝經》、《論語》。歸居士時，祖姑鮑、姑賈皆在堂，群從聚居，婦道孔艱。夫人早暮躬盥饋〔八〕，接姻戚，約己裕人，内外稱賢。姑末疾累載，奉事無少懈。其没也，哀慕三年如一日。以乾道庚寅十月

〔一〕漢：原作「後」，據日本藏宋刻本、明澹生堂鈔本、四庫本改。
〔二〕特召：明澹生堂鈔本、四庫本作「待召」。日本藏宋刻本、傅校本作「特招」。
〔三〕藝：原作「義」，據日本藏宋刻本、明澹生堂鈔本、四庫本改。
〔四〕「然」下，日本藏宋刻本、明澹生堂鈔本、四庫本有「而」字。
〔五〕忠懿：原作「忠獻」，據日本藏宋刻本、明澹生堂鈔本改。
〔六〕恬：日本藏宋刻本、明澹生堂鈔本、四庫本、傅校本作「浩」。下句同。
〔七〕潮：原作「朝」，據日本藏宋刻本、明澹生堂鈔本、四庫本改。
〔八〕饋：明澹生堂鈔本、四庫本作「饋」，義長。

丁亥終於家〔一〕，年六十三。明年十一月丙申，葬縣之茗嶼鄉白石南山之原。後十年，當淳熙庚子七月丁丑而居士没，是歲十月己酉，乃合葬焉〔二〕。四子：宿、賓、寬、宏。女適陳濤。孫：正之、松之、釋之。宏字文子，後以字爲名，通經術，工詞章，國學上舍釋褐魁，初仕吉州軍事判官，今以宣義郎知潭州醴陵縣，格當官成均。屢求予碣其先墓，於是宿、賓、寬俱死矣。案孝廉有子曰朝佐，朝佐生易直，試南省第一，今爲太學録，文子從弟也，錢氏其昌乎！故爲推原古誼，振宣幽光，而繫以銘曰：

志氣内充樂無窮，德善久積吉有終。根本固者枝葉穠，菑畬勤哉黍稷豐。報施在天理可通，富貴豈必於其躬。松櫝鬱然馬鬣封，里人過之常敬恭〔三〕。

朝奉郎李君琥墓碣 嘉泰元年

予自少喜從前賢子孫游，非獨典型可想，亦以其議論傳世，足以發蔽蒙而資寡陋也。往時李君西美來監吉之税務，氣宇軒昂，論事風生。所居官號卑冗，日與賈客販夫較量錙銖，州家督迫於上，胥役漁獵於下〔四〕，他人窮日之力救過不暇，君獨知所取舍，商旅争出於塗，歲課日增，觴詠從容，如治閑曹。家多古帖名畫，客至時出示之。聞人有善〔五〕，稱揚不已，遇有過失輒面折使歸之正，以是人皆敬愛。予益信故家風流果不同也。自是各宦游，或合或離〔六〕，殆三十年，而君即世。將葬〔七〕，其子師祖、晞祖以故人修職郎〔八〕、監南嶽廟王游狀來請銘。予方直禁林，諾之而未暇，今又將三十年，其子及游死亦久矣，君之孫呇持予舊書督踐言。予愧嘆不已，乃爲之書。初，南唐先主李昪生中主璟〔九〕，璟弟珉封齊王〔一〇〕。開寶末，後主煜入朝，國除。珉從家淮西，有子曰鐸，字用章。用章四子，季仲宣，隨其兄宰舒城，就買田地〔一一〕，遂爲廬江人。仲宣生執中，執中生虚一，即君曾祖也，嘗應制科，終大理寺丞，贈左朝議大夫。祖諱公麟，字伯時，元祐名士，終左朝奉郎，贈朝散大夫。父諱□碩〔一二〕，朝奉郎、湖南提舉常平，贈右中奉大夫。母令人趙氏。君諱琥，西美其字，幼傳家學。宣和七年，父致仕，補將仕郎。建炎三年，授右迪功郎、虔州虔化尉。未上，辟舒州桐城縣主簿。外艱去。紹

〔一〕丁亥：原作「丁卯」，據日本藏宋刻本、明澹生堂鈔本、四庫本改。
〔二〕日本藏宋刻本有小字注云：元文孫夫人葬地如上，既曰合葬，而居士却云白石之新塘阡，未詳。
〔三〕原刻文末校云：「按：知聖道齋本缺『宿賓寬宏』以下七十字，今從翰院本校補。」
〔四〕胥役：日本藏宋刻本、明澹生堂鈔本、四庫本作「胥徒」。
〔五〕有：日本藏宋刻本、傅校本作「片」。
〔六〕或合或離：原作「或離合」，據日本藏宋刻本、明澹生堂鈔本本、傅校本改。
〔七〕將葬：原無，據日本藏宋刻本、明澹生堂鈔本、傅校本補。四庫本作「既葬」。
〔八〕晞祖：日本藏宋刻本、明澹生堂鈔本、四庫本無。
〔九〕南：原無，據日本藏宋刻本補。昪：原作「昇」，據日本藏宋刻本改。
〔一〇〕傅校本改。生：原作「先」，據日本藏宋刻本、傅校本補。
〔一一〕璟：原脱，據日本藏宋刻本、傅校本補。
〔一二〕地：日本藏宋刻本作「宅」。
〔一三〕日本藏宋刻本無缺字。

興初，江西帥李回辟臨江軍新喻尉[一]，群盜蜂起[二]，君以捕治賞循右修職郎，尋監中嶽廟。十一年，實爲税官，用羨課循右從事郎[三]。永新繁劇難治，監司選君攝令，遊刃恢然。方上辟書，會税官秩滿，遂居吉州[四]。十八年調興國軍判官，薦員溢格，二十二年改右宣教郎、知江州瑞昌縣。邑大事叢集[五]，君決遣如流，庭無留訟。歲籍茶課濟州用[六]，而私商擅其利，峻法不能禁，君區處之有方，犯者自絶。訪元結廢祠，新之。二十六年代還，民造巨艦以送。踰境即謝遣民，歸之縣爲官舟，識君廉節。轉右通直郎，賜服緋銀。二十九年，簽書清海軍節度判官廳公事，假守惠州，閲半年而治效聞。諸臺聚番禺，君悉心營職。貪吏忌其正[七]，將滿，會易帥，漕乘間譖君以事[八]。君避衆怨引疾去，士庶餞送填道。至南海神廟下，萬目睽睽，君瀝酒禱曰：「我若營私，舉家當淪深淵。不然，誣我者神其捨諸？」登舟便飄然[九]。久之，誣君者皆有故[一〇]。三十年，轉右奉議郎。孝宗登極，遷右承議郎，再爲昭信軍簽判。乾道二年，轉右朝議郎。贛經齊述亂，人心易揺。一日訛言紛紛，民爭徙避，官吏亦具舟於岸。君走諸營呼其長，諭以毋然，皆曰不敢，已而遂定。後其守臣吴南老陛辭，上曰：「聞贛嘗洶洶，微幕中有人，不挺亂乎？」南老下車首及之，且曰：「當時恨未知君姓名。」終更，通判邵州，未幾以風痺求主管台州崇道觀。歸治書室，營小圃，日引孫曾燕適其中，遂致官政，自號知足老人。淳熙元年十一月壬子終於正寢，享年七十有七[一一]。明年十一月辛酉，葬廬陵縣膏澤鄉龍須山北岡之原。兩娶趙氏及張氏、鄒氏，皆安人。二男：長師祖，迪功郎、連州司法參軍[一二]；次晞祖，今俱亡。三女：歸登仕郎張可大、進士饒大扶[一三]、承信郎胡元齡[一四]。孫男四人：長咎也，見謂克家；卓，早世；次申、準。女四人：長適鄉貢進士文元鼎，次適劉仁季、王棟、葛延譽。曾孫男三人：仲舒、温舒、蒼舒，皆業儒[一五]。女三人：長適羅方輝[一六]，二未行。玄孫四男一女，俱幼。君性孝友，兵火中負母骸南渡卜葬於此[一七]，愛二弟珪、琮，未嘗相捨，教育其男女，爲畢婚嫁，無餘財而樂周急。平昔不以秋毫干州縣，介然而居，

[一] 帥：原闕，據日本藏宋刻本、傅校本補。
[二] 群：原脱，據日本藏宋刻本、傅校本補。
[三] 美：原作「美」，據日本藏宋刻本、傅校本改。
[四] 居：原作「詹」，據日本藏宋刻本、明澹生堂鈔本、傅校本改。
[五] 邑：原脱，據日本藏宋刻本、明澹生堂鈔本、四庫本、傅校本補。
集：日本藏宋刻本無。
[六] 茶：原作「祭」，據日本藏宋刻本、傅校本改。
[七] 貪：原脱，據日本藏宋刻本、明澹生堂鈔本、傅校本補。
[八] 譖：日本藏宋刻本、傅校本作「誣」，明澹生堂鈔本作「中」。
[九] 便飄然：日本藏宋刻本作「風便颿駛」，傅校本作「風颿駛」，明澹生堂鈔本作「風使颿駛」。
[一〇] 誣：日本藏宋刻本作「譖」。
[一一] 有：日本藏宋刻本、明澹生堂鈔本、四庫本無。
[一二] 「連」上原有「丞正」二字，據日本藏宋刻本、傅校本删。
[一三] 扶：日本藏宋刻本、傅校本作「受」。
[一四] 承信郎：明澹生堂鈔本作「承奉郎」。
[一五] 温舒蒼舒皆：原作「温蒼」，據日本藏宋刻本、傅校本改補。
[一六] 羅：原無，據日本藏宋刻本補。
[一七] 卜：原作「北」，據日本藏宋刻本改。葬：原作「棲」，據日本藏宋刻本、明澹生堂鈔本改。

殆天性也。銘曰：

世閥之光〔一〕，風力之强，議論之剛，人或得一君兼長。誰之不如外潛郎，才大用小名弗彰。念昔不及銘其藏，刻文宰上傳無疆。

通判舒州沈君焕墓碣 嘉泰三年

紹熙三年四月戊寅〔二〕，沈君叔晦卒，十二月丁酉葬慶元府鄞縣翔鳳鄉象坎山龍尾之原〔三〕，凡四方知名士皆來弔祭〔四〕，而全州守楊簡〔五〕、太學正袁燮又諏鄉評〔六〕，誌壙狀行實，授其子來請銘。追思立朝不能推賢揚善，予愧叔晦；益者三友，叔晦不予愧也，銘可已乎？按沈氏世家定海縣，已而徙鄞。曾祖開。祖子霖，經明行修，主惠州博羅縣簿。父銖，力以道義教子〔七〕，終承務郎、簽書鎮東軍節度判官廳公事。君諱焕，叔晦字也。少而奇偉，年二十四舉於鄉，監補魁多士。乾道五年省試第二，以右迪功郎尉紹興府上虞縣〔八〕。鄉村不識胥徒，境無犬吠警邑〔九〕。吏匿經界籍，爭訟紛然，令檄追證。君拘籍鐍之，操驗稽决，積弊以革。淳熙四年，調揚州州學教授，未上。八年春，詔爲太學録。始君爲生員，即語人曰：「天子學校當隆師親友，循規蹈矩，以倡郡國。」知臨川陸九齡子壽之賢，從而學焉，見聞日廣〔一〇〕，朋從趨向悉歸於正。既列學官，則以昔所躬行淑諸人，早暮延見學者，聲譽日章，長貳同僚已懷娼嫉。會充殿試考官，唱名日序立廷下，孝宗偉其儀觀，遣內侍問姓名，衆滋忌之〔一一〕，而君益侃侃自將。或勸其姑營職耳，道未可行也。君曰：「道與職二乎？」適私試發策〔一二〕，引《孟子》「立乎人之本朝而道不行，耻也」，意似有所諷。言路方以安静爲大體，疑其訕也〔一三〕，摘君與長官争議，丐少折之〔一四〕。在職纔八旬，得高郵軍教授而去〔一五〕，用兹可觀過矣。明年丁父憂。服闋，選充浙東安撫司幹辦公事，用舉主升從政郎。高宗山陵，越帥鄭侍郎汝諧奏充修奉官。君移書御史，請明示喪紀本意，使貴近哀戚之心生，則芟舍菲食自安，不煩彈劾，須索絶矣。後帥張尚書杓來〔一六〕，復委之檢察。君治

〔一〕閥：原作「閱」，據明澹生堂鈔本、四庫本、傅校本改。
〔二〕四月：原作「正月」，據日本藏宋刻本、明澹生堂鈔本、四庫本、《絜齋集》卷一四《沈公行狀》改。
〔三〕象：原作「家」，據日本藏宋刻本、傅校本、《絜齋集》卷一四《沈公行狀》改。
〔四〕弔：日本藏宋刻本作「哭」。
〔五〕楊：原缺，據日本藏宋刻本、傅校本補。
〔六〕又：原作「有」，據日本藏宋刻本、傅校本改。
〔七〕「子」上，日本藏宋刻本、明澹生堂鈔本、四庫本有「諸」字。
〔八〕右：日本藏宋刻本、明澹生堂鈔本、四庫本、傅校本作「左」。
〔九〕邑：原無，據日本藏宋刻本、明澹生堂鈔本、四庫本、傅校本補。
〔一〇〕見聞：明澹生堂鈔本、四庫本作「聞見」。
〔一一〕衆滋：原缺，據日本藏宋刻本、傅校本、《寶慶四明志》卷九補。
〔一二〕私、發：原脱，據日本藏宋刻本、傅校本、《寶慶四明志》卷九補。
〔一三〕也：明澹生堂鈔本、四庫本、《寶慶四明志》卷九作「已」。
〔一四〕丐：原缺，據日本藏宋刻本、明澹生堂鈔本、傅校本補。折：日本藏宋刻本、傅校本作「抑」。
〔一五〕軍：原作「州」，據日本藏宋刻本改。
〔一六〕帥：原作「司」，據日本藏宋刻本改。「張」，原脱，「杓」原作「枸」，并據日本藏宋刻本、明澹生堂鈔本補、改。

並緣爲奸者，追償率斂者〔一〕，支費頓減〔二〕。歲旱，常平使者分擇官屬拯恤，君得上虞、餘姚二縣，無復流殍。諸司交薦，十五年用常格改宣教郎、知徽州婺源縣。三省類薦書以聞，上猶簡記，特許申擢通判舒州〔三〕，將用之也。光宗覃恩，轉奉議郎，賜緋衣銀魚，歸俟官期〔四〕，益篤爲己之學。天性孝敬，父在時，每對客必拱侍燕集，竟席乃退，晚奉母尤至誠。頗疑性過剛，大書《戴記》「深愛和氣，愉色婉容」於寢室以自警。友愛其弟，撫養孤姪。家雖貧，一毫不敢假於人〔五〕，甘旨之奉獨豐，人疑不貧也。聞會稽創義田，凡吉凶有力不給者佽助有差，即白鄉貴效之，得田數百畝，月增歲益，遂爲無窮之利。既病猶不廢書，孜孜以人才國事爲言。昔曾子論宏毅之士仁爲己任，死而後已，孟子謂明善以誠身，誠身以悅親，悅親以信友，信於友乃獲於上。若吾叔晦，所謂任重而道遠，誠其身以獲乎上者，非耶？自阨間言，其志既益堅〔六〕，不幸五十三而沒。使天假之年，成就豈易量哉？雖然，芝蘭當户，鋤之者人也；雷風振林，直木斯拔，茲豈人乎？天道難言〔七〕，予復何咎？既序且銘，哀而不怨，亦叔晦之志也歟。君先娶楊氏，有賢行，前一紀卒。豐清敏公孫吏部郎中誼復以長女配之〔八〕。四男：傳曾、魯曾、省曾、敏曾，皆傳父業。魯曾今名杰〔九〕，用本宗蔭爲迪功郎〔一〇〕。四女：長適舒鈃，次適呂喬年、胡籲，次許嫁李知至，俱名門也。孫男一，嗣隆。孫女一，尚幼。家藏五卷〔一一〕，大率仁義之言。銘曰：

嗟我叔晦，行高才全。學富於海，道直如弦。秀出周行，頎而儼然。惟皇側席，伊誰忌前？可抑者進，胡奪斯年？命實使之，彼何誅焉？未嘗尤人，矧豈怨天？其事好還，後當遡綿。

均州黃使君牧之墓碣

嘉泰三年

黃氏豫章著姓，其派豐城縣進以儒而顯以才者，均州使君也。君諱牧之，字穉卿，世縣人。曾祖表，妣葉氏、呂氏。祖得禮，進士起家，嘗尉武陵郡之桃源，獲盜當改京秩，謝不就，終柳州推官，贈左朝議大夫；妣范氏。六子，三擢第，而君之父次山宣和釋褐第一，名聲籍籍，紹興間擢吏部郎，終左朝散大夫，贈通奉大夫，兵部尚書程瑀誌其墓。配李氏、章氏。君八歲喪父，十歲喪母，哀動弔者。父澤補將仕郎，自幼不群。女兄歸浮梁李氏。族長户部侍郎椿年主席〔一二〕，君年十三，機警詳雅，

〔一〕償：原作「賞」，據日本藏宋刻本、傅校本改。斂：原缺，據日本藏宋刻本、明澹生堂鈔本、傅校本補。
〔二〕費：原脱，據日本藏宋刻本、明澹生堂鈔本、傅校本補。
〔三〕特：原無，據日本藏宋刻本補。
〔四〕期：原缺，據日本藏宋刻本、傅校本補。明澹生堂鈔本作「其」，蓋即「期」之形誤。
〔五〕假：日本藏宋刻本、傅校本作「取」。
〔六〕既：明澹生堂鈔本、四庫本無。
〔七〕天道難言：日本藏宋刻本、傅校本作「天實難諶」。
〔八〕復：原作「從」，據日本藏宋刻本、傅校本改。
〔九〕名：四庫本作「更名」。
〔一〇〕本：原無，據日本藏宋刻本補。
〔一一〕藏：日本藏宋刻本作「集」。
〔一二〕主：原作「生」，據日本藏宋刻本、明澹生堂鈔本、傅校本改。

李舉以訓其子弟。逮志學，鄉人工部侍郎徐琛以女妻之。從臨川徐世英傳《春秋》學，經史百家無不貫穿〔一〕。踰冠，求監潭州南嶽廟，宿其業。秩滿，調江陵府司户參軍。太史燾將漕湖北〔二〕，兼行帥事，高明少許可，選君領秋苗〔三〕，寅入酉出〔四〕，悉蠲加耗。松滋、潛江兩邑之間有虎渡堤，蓄水溉田數萬畝，久不葺。松滋令欲葺，潛江曰否，郡貳主潛江，燾屬君定。君曰：「從松滋則暫勞永逸，潛江所謂惜近費忘遠憂也。」燾喜，薦於朝。太府少卿李安國總六路財賦，軍儲在江陵者六萬計〔五〕，命君掌出納，無分毫差。乾道辛卯旱，癸巳疫，拯饑療疾，咸賴以濟。掌行獄掾〔六〕，盜不應死，帥欲殺之，公執不可，帥徐閲案牘，喜曰：「他日無忘此心。」諸司交薦，淳熙元年改宣教郎、知建昌軍廣昌縣，正身率下，黠吏奸民皆退聽。罷預借科罰，訟至平心處之，獄犴皆清〔七〕，里正户長當役惟恐後。暇日按吏卒習射，中的者賞，盜發輒得。趙丞相汝愚漕江西，以治績聞〔八〕。請去，令爲京西安撫司幹辦公事〔九〕。八年，賜緋衣銀魚。漢江齧城，調夫築堤岸，部役非其人，衆情不安。君攝倅董之，不日訖工，堅壯加舊，明年水大至，尺寸弗墊。宜城水渠出中廬之西山，擁鄢水入於沔，後漢王寵復鑿蠻水益之，溉田六千頃。歲久廢壞，治平中縣令朱紘始修復，鄭獬爲作記，歐陽文忠公賦詩美之。兵火後渠又廢，君躬行相視，計日役二千工，一月可成。諸司列上，詔可。荒野爲腴田，自君啓之。轉江西提點刑獄司幹辦公事，多所平反。寧都寨土兵群集於外臺〔一〇〕，訴衣糧不時，傳聞洶洶。君白其長代支，徐治爲首者，衆乃帖然。屬邑負經總制錢五萬緡，虚額兩倍，文書追擾。使者用君言命輸實欠〔一一〕，餘悉除之。所至上官薦其才能〔一二〕，十三年擢知均州，兼管内安撫。陛對，乞刺舉獄官，以清刑罰；免民兵科斂，試其藝；糴襄陽粟實塞下〔一三〕，省湖南漕運費。上皆嘉納。至則請修城池，備器械。章下本路，或已疑其生事。君復疏漢水灘水淺可涉〔一四〕，害之大者，又欲録用歸正胥朝、杜海、馬清子孫。予在廟堂嘉其不苟，多爲奏行。會武當歸正人辛居簡九家逸去，不察者從而攻之，貶秩一等，尋復報罷，紹熙元年春也。厥初軍糧吏俸皆不足，滿歲倉庫充盈，士民遮道惜其去。是歲七月辛酉卒於鄉，得年五十。官自迪功郎，九轉至朝請郎。明年十一月己未，葬撫州臨川縣延壽鄉金峰山之原，近吏部塋，蓋素志也。配封安人。三男：巒，文

〔一〕史：明澹生堂鈔本、四庫本、傅校本作「子」。
〔二〕「燾」上，日本藏宋刻本、傅校本有「李」字。
〔三〕秋苗：原缺，據日本藏宋刻本、傅校本補。
〔四〕「寅」上原有「□自」，據傅校本删。
〔五〕六：原作「大出」，據四庫本、傅校本改。日本藏宋刻本、明澹生堂鈔本作「大」，當爲「六」之形誤。
〔六〕掌：日本藏宋刻本、傅校本作「嘗」。
〔七〕皆：日本藏宋刻本作「遂」。
〔八〕治績：原作「政治」，據傅校本改。日本藏宋刻本作「其治績」。
〔九〕請去令爲：明澹生堂鈔本、傅校本作「去爲」。
〔一〇〕於：日本藏宋刻本無。
〔一一〕命：原無，據日本藏宋刻本補。
〔一二〕才：日本藏宋刻本、明澹生堂鈔本、傅校本無。
〔一三〕塞：原作「賽」，據日本藏宋刻本、傅校本改。
〔一四〕君：原無，據明澹生堂鈔本、四庫本補。「灘水」，明澹生堂鈔本、四庫本作「灘」。

林郎、靖州州學教授；紹宗〔一〕，從事郎、江陵府司理參軍；嶸，將仕郎。四女：適羅臯臣，前死；次適葉侍孫、羅仲孺、曾冕。孫男：文綜、文度。女七人。君早失怙恃，於祭享極其孝敬。吏部藏書萬卷〔二〕，章碩人取《資治通鑑》授君曰：「讀此足矣。」故能明於古今治亂及天時人事。當官每汲汲功業，爲文操筆立就，嘗著《芻蕘十議》。吏部侍郎晁公武、侍左郎官公遡兄弟望高一時，皆以顯用期君。公遡贈詩有「過我問道我不如」之句。而天不假年，抱能未試，議者惜之。二兄崇道、義寧早世，教育二姪疇若〔三〕、逢吉，皆貢春官。逢吉死無子而有常産，其母求繼於君，君以姪孫思永紹其後，郡守趙熚義之。性廉清，薄奉養，兼官例却添給〔四〕。聞人善，稱揚推挽。篤意教子，繇暨紹宗連登科，文有家法。其猶子疇若筆力益高，狀君遺事，具言賴叔父之教遂踐世科。至是繇以墓碣爲請，乃書而繫之以銘曰〔五〕：

世有底法之基，身抱絶人之資。粤趨事其赴功〔六〕，在得位與逢時。疇克備此三者，君有之宜似之。嗟陸沉於郡邑，僅得半於期頤。相存亡之交咈，莽天命之難知。尚慶源之不竭，眷後人而永貽。

李紀墓碣

西清楊公爲登仕郎李紀行狀，盛稱其才，誌文之體備矣，銘則遜予，謙之至也。乃倣歐陽公、尹公故事爲銘曰〔七〕：

誠齋斯文，日光玉潔。輝映幽宮，永世昭晰。

〔一〕紹宗：傅校本作「崇」，下同，疑是。
〔二〕藏：原作「聚」，據日本藏宋刻本改。
〔三〕疇若：日本藏宋刻本、明澹生堂鈔本、傅校本作「嶠」。
〔四〕兼：原缺，據日本藏宋刻本、明澹生堂鈔本、傅校本補。
〔五〕之：明澹生堂鈔本無。
〔六〕趨事：原作「□趨」，據日本藏宋刻本、明澹生堂鈔本、傅校本改。
〔七〕「爲」字上，日本藏宋刻本、明澹生堂鈔本、四庫本有「就」字。

廬陵周益國文忠公集卷七九

平園續稿卷三九

青詞　祝文　祭文

爲村娘設醮青詞 紹熙五年四月

運隨時轉，豈無困阨之年？民欲天從，厥有祈禳之典。眷言息女，比染沉痾，諒由父祖之災，坐致兒孫之疾。敬兹謝過，冀乃全生。念攸居密近於宫墻，願安處永依於道蔭。

舊居設醮青詞 紹熙五年六月七日

塵世營營，孰知罪戾？高穹浩浩，每示矜憐。自卜一區，適逢多故。豈定數難逃於星運，抑攸居偶犯於神明。是假熏修，少伸禳謝。伏願天心昭格，誠悃潛孚。四時無疾恙之侵，百順有康寧之備。永錫子孫之吉，合酬覆載之恩(一)。

夫人設醮青詞 紹熙五年九月七日

窮乃呼天，下愚之真性；善於救物，上帝之仁心。言念良人，嬰此拙恙(二)。嘗密祈於保祐，幸寖底於平安。永惟起死之功，敢昧謝生之報？肅裒羽士，祇演瓊章。效豺獺之微誠，備蘋蘩之菲薦。仰求造化(三)，垂賜監觀。一門資覆幬之恩(四)，四序協康寧之吉。

遷新第醮謝青詞 紹熙五年十二月

平生竊禄，幸餘三徑之資；晚歲營巢，載卜一區之宅。庀工云訖，涓吉以遷。念芻蕘冒處於高明，且土木或干於禁忌。欲謝生成之賜，當崇清凈之緣。伏願相協厥居，密庸其道。善必積而慶有，敢忘人事之修？福莫長於禍消(五)，尚賴天心之鑑(六)。

火孛照臨設醮青詞

歲月日時之易，或遇災屯；吉凶悔吝之生，率由動作。矧游宦叨踰之已甚，且平時罪戾之有加。限適在於孛强，命更逢於火照。粵從遷徙，未底康寧。歷陳既往之愆，仰瀆蓋高之聽。伏

(一) 合酬：日本藏宋刻本、明澹生堂鈔本、四庫本作「全繫」。
(二) 嬰此：日本藏宋刻本作「比嬰」。
(三) 求：日本藏宋刻本、明澹生堂鈔本、四庫本、傅校本作「繫」。
(四) 幬：原作「燾」，據四庫本、傅校本改。
(五) 消：日本藏宋刻本、明澹生堂鈔本、四庫本、傅校本作「無」。
(六) 尚：日本藏宋刻本、明澹生堂鈔本、四庫本、傅校本作「全」。

願廓恢恢之網，赦蠢蠢之愚。百疾不侵，保子孫之吉〔一〕；四時有慶，致宅舍之安〔二〕。

本命設醮青詞 慶元五年七月十日

薄德而享者厚，自謂非宜；無功則過也深，常虞獲戾。仰依覆幬〔三〕，俯遂安恬。敬因元命之辰，仍近初生之度。肅陳菲薦，祇述謝誠。伏願洪造垂矜，大恩普護，老幼有康寧之慶〔四〕，公私無横逆之災〔五〕。

設醮青詞〔六〕 慶元五年

庶事叨踰，久知福過；五行遷易，今值運交。臨以元辰，壓之太歲，宜多疾恙，敢怠祈禳？伏願善貸積愆，博施洪造。誕保康寧之慶〔七〕，永依清净之緣。

又 慶元六年四月丙午

日往月來，曾微一善之積；星移運轉，每懼四時之艱〔八〕。况年齡俱迫於晚塗，且限度將逢於威曜〔九〕。懇切禱祈之志，精虔禳謝之誠。伏願洪造下臨，忱衷上達。賜以平平而無禍，俾之碌碌以全生。闔門資覆幬之恩，永世竭熏修之報。

又 慶元六年十一月三日〔一〇〕

日來月往，身每積於愆尤；福過災生，家常攖於疾恙。賴乾坤之大德，全犬馬之微生。祇竭誠心，敬陳菲薦。伏願博恢洪造〔一一〕，垂鑑丹衷。照以陽光，常回於暖律；消其陰讁，如泮於春冰。

本命設醮青詞 嘉泰二年三月一日

疾以爲憂，瀝匹夫匹婦之懇〔一二〕；藥斯有喜，荷蓋高蓋厚之恩。載推元命之辰，適在季春之吉。集黄冠於琳宇，賞素願於華

〔一〕「保」上，日本藏宋刻本、明澹生堂鈔本、四庫本有「獲」字。
〔二〕「致」上，日本藏宋刻本、明澹生堂鈔本、四庫本有「永」字。
〔三〕幬：原作「燾」，據四庫本、傅校本改。
〔四〕慶：四庫本作「福」。
〔五〕横逆：日本藏宋刻本、明澹生堂鈔本、四庫本、傅校本作「非横」。
〔六〕「設」字上，日本藏宋刻本、明澹生堂鈔本、四庫本有「夫人」二字。
〔七〕康：明澹生堂鈔本、四庫本作「安」。
〔八〕艱：日本藏宋刻本、明澹生堂鈔本、四庫本、傅校本作「災」。
〔九〕限：四庫本作「歲」。
〔一〇〕十一月：明澹生堂鈔本、四庫本作「十月」。
〔一一〕伏願：原脱，據日本藏宋刻本、明澹生堂鈔本、四庫本、傅校本補。
〔一二〕匹夫匹婦：原作「匹婦匹夫」，據明澹生堂鈔本、四庫本乙。

門。科式攸遵〔一〕，蘋蘩是瀆。伏望真游降格，誠悃默通〔二〕。赦積歲之愆尤，錫四時之康泰。籲天之請，蹐地以須。

本命設醮青詞 嘉泰三年十月十一日

以時衡歲，合致災屯。無德有年，仍多罪戾。屬背胛抱瘡瘍之疾，憶室家形祈禱之言。茲臨元命之辰，乃籲初心之請。高高在上，已蒙從欲之恩；懇懇由中，敢昧謝生之志？誕錫康寧之福，各安衰晚之年〔三〕。

追薦亡妻九幽醮詞 嘉泰四年正月

悼亡浸久，莫返於逝波；卒哭將臨，仰干於洪造。招延羽士，稽用仙科。蘋蘩之薦雖微，伉儷之誠斯竭。伏願天庭垂閔，泉路蒙休。下赦宥於丹霄，削愆尤於黑簿。薰修懇惻，冥漠超升〔四〕。

奉安御書祝文

維紹熙五年歲次甲寅十一月戊子朔二十一日戊申，具位臣周某謹就御書樓〔五〕，拜奠酒茗，奏告於真武靈應真君：臣屬營新第，就創層樓。資地勢之後高〔六〕，保家庭之終吉。敬棲聖像，祗奉宸奎。匪藉威神，孰諧安妥？預祈佑助，永錫康寧。謹告〔七〕。

奉安土地祝文

維年月同前，具位周某謹以茶酒之奠昭告於本府土地之神：相攸居室〔八〕，規佚暮年。實藉神靈，爲之呵護。一新像設，祗薦芬馨。家用平康，敢忘貺施？謹告〔九〕。

奉安竈神祝文

維年月同前〔一〇〕。敢昭告於竈神：古者士庶罔不祀竈，蓋家之所賴爲多。茲營新居，敬涓慶吉〔一一〕。先期徼福，尚綏顧之。

〔一〕攸：原作「虔」，據日本藏宋刻本、明澹生堂鈔本、四庫本、傅校本改。

〔二〕默：四庫本作「潛」。

〔三〕原刻文末校云：「案知聖道齋本青詞後四首錯出於後，依翰院本釐定。」

〔四〕漠：原作「賜」，據日本藏宋刻本、四庫本、傅校本改。

〔五〕就：原作「造」，據日本藏宋刻本、明澹生堂鈔本、傅校本改。

〔六〕後：傅校本作「厚」。

〔七〕謹告：原無，據日本藏宋刻本、明澹生堂鈔本補。

〔八〕攸：原作「依」，據日本藏宋刻本改。

〔九〕謹告：原無，據日本藏宋刻本、明澹生堂鈔本補。

〔一〇〕同前：原無，據日本藏宋刻本補。

〔一一〕敬涓慶吉：日本藏宋刻本作「涓吉爰處」，明澹生堂鈔本作「涓吉爰文」，義長。

謹告〔一〕。

謝土祝文 紹熙五年十二月

築室修居，雖考陰陽之利；興工動土，寧無干犯之尤？既遂落成，未遑安處。水花薄供，少伸報謝之誠；歲月良時，益賴帡幪之賜。

功德院奉安祖先文 紹熙五年二月

某比即舊居，改崇佛舍。奉先設位，祇妥神游。守土長沙，未遑酌獻。茲叨易鎮，便道來歸。涓日之辰，敬陳薄饌。其寧惟永，以幬後人。尚享！

省祖父以下塋文 同前〔二〕

某分鎮湖湘，首尾三年。偶逃瘝曠，敢忘所自？茲蒙恩移守洪都，已再陳懇免之章，歸俟命於廬陵。涓辰上冢，敬陳菲薦。

哭仲兄判院文 同前〔三〕

頃守長沙，別兄而西。三年來歸，乃哭素幃。堂宇良是，音容則非。酬此一觴，孰知我悲？嗚呼哀哉，尚享！

遷居奉安家廟祝文

維紹熙五年歲次甲寅十一月戊子朔，以辛亥遷居新第，前一日敬奉位叙於家廟〔四〕，尚其安妥，永燕後人。謹告。

遷居三日祭家廟祝文 十一月二十六日〔五〕

某相攸廬陵〔六〕，已遂定止。越三日，敬享於家廟，以妥神棲。仰祈顧歆，永燾厥後。尚享！

覃沛三代加贈告廟祝文 慶元元年正月十五日〔七〕

乃者逢國大慶，由曾祖而下同日啓三秦之封。嘗即歲元，敬陳黃告於時享之夕〔八〕。今錦囊鈿軸，來自日邊，仰惟神靈垂鑑茲

〔一〕謹告：原無，據日本藏宋刻本、明澹生堂鈔本補。
〔二〕同前：原無，據日本藏宋刻本補。
〔三〕同前：原無，據日本藏宋刻本補。
〔四〕叙：日本藏宋刻本、明澹生堂鈔本作「版」。
〔五〕十一月二十六日：原無，據日本藏宋刻本、明澹生堂鈔本補。
〔六〕某：原無，據日本藏宋刻本補。
〔七〕正月：原作「五月」；日：原無，據日本藏宋刻本、明澹生堂鈔本改補。
〔八〕夕：原無，據日本藏宋刻本、明澹生堂鈔本補。

寵。謹告〔一〕。

覃沛焚黃祝文 慶元元年二月〔二〕

惟年月日，孫具位周某謹以清酌庶羞之奠并黃告三通〔三〕，敢昭告於先祖太師秦國公、祖妣秦國夫人張氏之塋：惟皇御極之恩，偏萬方而無間；追爵漏泉之澤，及三世者幾希。茲由南楚之舊封，改胙西秦之新壤。適屬清明之月，是當拜掃之時。敬以密章，陳於墓道。神靈如在，慕想何窮？伏惟尚享〔四〕。

同前〔五〕

維年月日，同前。敢昭告於曾祖太師秦國公、曾祖妣秦國夫人郭氏同前：拜掃之時，遥望鄭鄉，敬陳周誥。同前。伏惟尚享。

致仕謝家廟祝文

維慶元元年歲次乙卯八月癸丑朔十六日戊辰，曾孫少傅、觀文殿大學士致仕、益國公、食邑一萬二千六百户、食實封四千六百户某〔六〕，謹以酒饌之奠，敬告於曾祖太師秦國公、祖妣秦國夫人郭氏、祖太師秦國公、祖妣秦國夫人潘氏、李氏、張氏、父太師秦國公、妣秦國夫人王氏至十弟子柔解元：必大忝紹世科〔七〕，四十五年於茲矣，自一命至於天子之宰之〔八〕，凡曰清華，罔不踐歷。夙夜兢畏，幸免大戾。年至而納禄，期協於禮。復蒙上恩，進秩加地，使華其老。在某不學不才，無勞無功，微先德垂裕而敷祐之，其何以臻此？拜廟之初〔九〕，敬謝貺施，且徼家用平康之福。伏惟尚享！

先妣加贈告墓祝文

維慶元二年歲次丙辰二月辛亥朔二十一日辛未，男具位某謹以清酌庶羞之奠并黃告一通〔一〇〕，敢昭告於先妣秦國夫人王氏之塋曰：甲寅季秋〔一一〕，新天子肇禋合宮，沛澤及於幽顯。某以班在一品，恩及三世。雖封爵已極，而命則維新。禁烟之月，尤嚴上冢。恭持詔綍，以告於幽。伏惟尚享！

〔一〕 茲寵謹告：原無，據日本藏宋刻本、明澹生堂鈔本補。
〔二〕 慶元元年二月：原無，據日本藏宋刻本補。
〔三〕 「孫」、「周」二字原無，據日本藏宋刻本、明澹生堂鈔本補。三通：日本藏宋刻本、明澹生堂鈔本作「二通」，疑是。
〔四〕 此文原無，據日本藏宋刻本、明澹生堂鈔本篇末注云：「先考太師秦國公同此詞。」
〔五〕 此文原無，據日本藏宋刻本、明澹生堂鈔本補。
〔六〕 某：日本藏宋刻本、明澹生堂鈔本作「周某」。
〔七〕 必大：日本藏宋刻本、明澹生堂鈔本、傅校本作「某」。
〔八〕 天子之宰：原作「三公天實宰之」，據日本藏宋刻本、明澹生堂鈔本、傅校本改。
〔九〕 廟：日本藏宋刻本、明澹生堂鈔本、傅校本作「命」。
〔一〇〕 通：原作「道」，據明澹生堂鈔本改。
〔一一〕 甲：原脱，據明澹生堂鈔本補。

郊禋焚黃祝文〔一〕

維慶元二年，歲次丙辰，二月辛亥朔二十一日辛未，曾孫具位謹以清酌庶羞之奠，并黃告六通，敢昭告於曾祖太師秦國公、曾祖妣秦國夫人郭氏、祖太師秦國公、祖妣秦國夫人潘氏、祖妣秦國夫人李氏、祖妣秦國夫人張氏之塋：甲寅季秋，新天子肇禋合宮，霈澤及於幽顯。某以班在一品，恩及三世。雖封爵已極，而命則維新。禁烟之月〔二〕，禮嚴上冢。恭持詔綍，以告於幽。伏惟尚享。

郊禋焚黃祝文

維慶元二年，同前。嗣子具位謹以清酌庶羞之奠并黃告一通〔三〕，敢昭告於先考太師秦國公之塋：甲寅季秋，新天子同前。

長岡修塋告成祝文

維慶元三年歲次丁巳正月乙亥朔，男具位某謹以清酌庶羞之奠，恭告於先妣秦國夫人王氏之塋：比卜交年，飭修兆域。通時暘若，工不愆期。敬以告成，庶其安妥。伏惟尚享！

祭范至能參政文〔四〕　紹熙五年正月

維年月日，具位謹以清酌庶羞之奠，遣承信郎本府使臣俞允迪致祭於故參政文學范公之靈〔五〕。惟公英邁秀傑，禀之於天，文學政事，獨擅其全。三館兩制，飛騰雋躔。儀曹省闥，秉執文權。入贊大鈞，智略凑前。周旋四方，譽問日宣。南帥交廣，北使幽燕；西鎮梁益，東表海壖。牧民御衆，揚善惟賢。交奏顯庸，度越拘攣。綽然餘裕，灑翰飛牋。一紙晨出，萬夫夕傳。奉祠歸里，膂力未愆。主盟斯文，謂當百年。范村花竹，石湖雲煙。猶曰世濁，遂蜕而仙。嗟我識公，實居衆先。齒則同甲，仕則差肩。早約投紱，今乃華顛。斯言未踐，公館遽捐。顧瞻吴門，道遠綿綿。遥陳奠觴，迸淚如泉。嗚呼哀哉，尚享！

祭尤延之尚書文　紹熙五年正月〔六〕

嗚呼延之！道廣以周，學精而夥。譬之群玉，璀璨磊砢。發

〔一〕此篇及下篇原無，據明澹生堂鈔本補。
〔二〕禁：原脱，據道光本《先妣加贈告墓祝文》補。
〔三〕告：原作「道」，據前篇改。
〔四〕此文原刻本無，據明澹生堂鈔本補。
〔五〕「遣」上，日本藏宋刻本有「專」字。
〔六〕年月原無，據明澹生堂鈔本補。

爲詞章〔一〕，辨博帖妥。施諸政術，人稱明果〔二〕。受知兩朝，時已云可。致身二品，官不爲左。國有重任，謂必負荷。如舟斯濟〔三〕，而失其柁。如弓斯張，而折其笴。舉朝咨嗟，善類驚哆。相知以心，何況於我？寓詞千里，衰涙頻墮。

祭史直翁丞相文〔四〕　紹熙五年十月十五日

惟公德寬而栗，器國以閎。詞源渺瀰，智燭融明。名雖早立，仕則晚亨。隆興初載，首踐宰庭。如漢丙吉，有聲中興；如唐魏徵，願爲良臣。其量汪汪，孰撓孰澄；其心休休，何愛何憎〔五〕。以直報怨〔六〕，聖亦有云。公既不報，間酬以恩。善譽惡毁，古今常情。公聞謗傷，愠色靡形。人或强恕，公出於誠。出入將相，踰三十春。宸章珍玩，賚予滿籯。玉帶金魚，位極廷紳〔七〕。眷禮日加，曰老先生。公曰已矣，欲報莫能。惟有薦賢，助皇守成。疏必十士，多至百人。不進不止，無間疏親。雖賜甲第，而常越吟。挂冠東歸，富壽康寧。弟兄怡怡，子孫振振。談道著書，六經縱横。非如伏生，口授諄諄。接物過午〔八〕，晏賓達晨。衛武威儀，寧煩儆箴。精力之强，謂超百齡。九十而歿，夫豈無因〔九〕。昔者重華，暘谷東升。公實導之，粲焉長庚。風馭賓天〔一〇〕，虞泉西傾。公先六旬，復騎箕星。君臣際會，始終以乘。想公神游，從帝玉京。却視世間，茫茫埃塵。我獨何爲，寄哀斯文〔一一〕。

祭謝昌國尚書文　紹熙五年〔一二〕

惟公學無不通，尤邃於經。文無不能，尤苦於吟。不求名而名自著〔一三〕，不巧宦而宦亦榮〔一四〕。雖遍歷於言路，初無害人之心；晚退處於鄉閭，每存濟物之誠。位已躋於八座，人猶望以三旌；壽已躋於七十〔一五〕，人猶期以百齡。一聞公之云亡，誰不爲之失聲？矧傾蓋之惟舊，悵臨穴之無因。寄予衷於一奠，曾莫寫於哀情。

〔一〕此句明澹生堂鈔本作「爲辭章法」。
〔二〕此句日本藏宋刻本、明澹生堂鈔本、傅校本作「文明以果」。
〔三〕斯：日本藏宋刻本、明澹生堂鈔本、傅校本作「將」。
〔四〕此文原刻無，據日本藏宋刻本、明澹生堂鈔本補。
〔五〕憎：原作「增」，據日本藏宋刻本改。
〔六〕直：原作「其」，據日本藏宋刻本改。
〔七〕廷：原作「健」，據日本藏宋刻本改。
〔八〕午：原作「年」，據日本藏宋刻本改。
〔九〕豈：原作「起」，據日本藏宋刻本改。
〔一〇〕風：原作「夙」，據日本藏宋刻本改。
〔一一〕寄：原作「奇」，據日本藏宋刻本改。
〔一二〕五年：原作「四年」，據日本藏宋刻本、明澹生堂鈔本改。按《宋史·謝諤傳》，諤卒於紹熙五年，可證。
〔一三〕名自著：原脱「名」，據日本藏宋刻本、明澹生堂鈔本、傅校本補。
〔一四〕巧宦：原作「考官」，據日本藏宋刻本、傅校本改。宦亦榮：「宦」原脱，據日本藏宋刻本、傅校本補。
〔一五〕躋：日本藏宋刻本、明澹生堂鈔本、傅校本作「踰」。

祭同年程泰之尚書文 慶元二年

惟公臨研幾之學〔一〕，貫道之文〔二〕，絶類之才，濟世之心，出使典州，功利及人〔三〕。六部兩禁，謀猷畢陳。時非不遇，志非不伸。未相而歸，猶鬱經綸。乃發所藴，考評古今。著書立言，手筆不停。以覺後生，以追先民。謂且百年，爲儒主盟。奄其已矣，聞者失聲。矧鄙不肖，自初同升。成均秘府〔四〕，史閣邇英〔五〕。步武日接，交游日親。一別十年，悵焉此情。晝思語言，夜夢儀刑。孰云訃來，遂隔幽明。寓詞千里，有淚霑巾。

祭廬陵翁知縣文 慶元三年正月四日

惟君廉平之政，豈弟之謠，黽勉二年，如一夕朝。方聽絃歌，忍聞薤簫？維梓必恭，陳此簞瓢。

祭曾無玷侍郎文 慶元三年十一月二十日

惟公德行之懿著評於鄉，政事之優舉最於常，文學之富執經華光，言語之敏專對朔方。孔門四科，何適非臧？甫嚮進用，而遽淪亡。九重嘆嗟，靈士盡傷。矧伊不肖，念舊涕滂。老病家居，阻臨畫荒。東望永訣，寓誠一觴。

祭吉水吴伯豐縣丞文 慶元三年十二月七日

惟君孝其母而養不終，友於弟而捨其恭。種學績文志未充，趨事赴功命弗通。胡然一疾隕厥躬，天乎奈何噫伯豐。

祭李秀叔參政文〔六〕 慶元四年

嗚呼！惟公學富百家，才高一世。躬蘊賢德，仕逢盛際。禁路政途，獻納都俞。垂相而去，掛冠自娱。諸郎鼎貴，宸眷狎至。十年家居，五福具備。憶在辛卯，公郎銓曹。間嘗告予，夜夢忉忉。有客至門，云參大政。名光氏李，驟與我競〔七〕。徑主我席，反謂我賓。交争而寤，非想非因。予笑謂公〔八〕：「公豈泰發？」曾幾何時，果與夢合。不寧仕宦，有子而賢。俱登甲科，問譽相先。年逾八十，壽復一揆。公逸彼勞，時不同耳。惟舊執

〔一〕研幾：原作「□己」，據傳校本改。
〔二〕道：原作「通」，據日本藏宋刻本、明澹生堂鈔本、傅校本改。
〔三〕及：日本藏宋刻本、傅校本作「在」。
〔四〕秘：原作「相」，據日本藏宋刻本、傅校本改。「秘府」指程大昌爲秘書省正字。
〔五〕閣：日本藏宋刻本、傅校本作「闈」。
〔六〕此文原刻無，據日本藏宋刻本、明澹生堂鈔本補。
〔七〕與：原作「爲」，據日本藏宋刻本、《永樂大典》卷一〇四二二改。
〔八〕笑謂：原作「哭與」，據日本藏宋刻本、《永樂大典》卷一〇四二二改。

政，再來率邇。公還中書，予忝差肩。西樞闕長，嘗密公遜。上非無意，公則有命。今公永歸，老病不文。遥寄奠觴，略叙平生。

祭彭仲伊通判商老文　慶元五年九月

欽惟先正，厚德如山。位止郎潛〔一〕，福善何慳？報在厥後，理如循環。仲子静重，謂儀朝班。歸自横浦，力求燕閒。導引而壽，老猶童顔。云胡小疾，而遽大還。念昔游從，五十年間。今也永訣，心酸涕潸。

祭彭季皓運使漢老文　慶元六年三月

惟靈器度恢洪，有召父之風；政術疏通，成兩郡之功。瞻英簜之光華，馳嶺海之西東。謂飛芻之奏課，即前席以疇庸。位登常伯之少，壽及古人之中。胡宸眷之方厚，而天命之不融。識者爲之歎息，鄉人至於哀恫〔二〕。矧兩家之契好，歷四紀之游從。慘别袂其轉燭，翩丹旐兮飛空。列豆觴以寄懷，滂涕泗而霑胸。

祭劉子深知縣德禮文　慶元六年九月三十日

惟君有博古通今之學，僅飛觶於儒宫；有牧人馭衆之才，纔執璧於鄰封。謂功業之方興，胡壽禄之弗充？議郎一轉而遽止，知命五年而告終。託契鄉評之内，附名先友之中。悵無從於臨穴，徒有淚而揮風。

祭永州張叔保使君奭文　慶元六年十月十日

嗚呼！叔保慈惠忠信，誠而非矯。謙恭和敬，裏如其表。事父從兄，勤勞心剿。治邑典州，獄市無擾〔三〕。百年其頤，清禁窈窕。人望登兹，天理叵曉。壽七十四，於仁猶夭。禄二千石，紹功則少。昔祖雙旌，今迎丹旐。里閭嘆嗟，交舊憂悄。爰陳生芻，以酹清醥。揮此涕洟，告諸冥杳〔四〕。

祭京仲遠丞相文〔五〕　慶元六年十二月

惟公河海襟量，錦繡心胸。坦坦之履，堂堂之容。南浦潤浹，西山秀鍾。初爲王官，受知孝宗〔六〕。服在御史，責難必恭。公府翔翥，誠心彌縫。將命執禮，壯哉辭鋒！帝喜其歸，予工汝

〔一〕止：原作「正」，據日本藏宋刻本、明澹生堂鈔本、傅校本改。潛：原作「署」，據日本藏宋刻本改。
〔二〕恫：原作「忡」，據日本藏宋刻本改。
〔三〕自「獄市」以下至文末原脱，原刻注云：「此下文佚」，據明澹生堂鈔本補。
〔四〕冥杳：原作「宜查」，據日本藏宋刻本改。又原刻本文後校云：「案：此卷翰院本自《追薦亡妻九幽醮詞》後全佚，其文僅存三頁，不成卷帙。知聖道齋本則自《奉安御書》以下各篇又錯出不齊，今彙成編，依翰院本原次爲第三十九卷。」
〔五〕此文以下五篇祭文，原刻無，據明澹生堂鈔本補。
〔六〕知：原作「之」，據日本藏宋刻本、《周益公集逸文》改。

共。出撫全蜀，日宣顯庸。天降大任，聖賢相逢。熙載百揆，協謀九重。道遵正直，術鄙横縱。多稼登場，三邊熄烽。有美相業，無愧時雍。謂當永世，接武夔龍。榮還故鄉，拍肩喬松。何天難諶，殄瘁告凶？遺奏駭聞，皇心憂忡。公師之位，畢萬之封，盛矣卹典，誰其比蹤？我昔傾蓋，五老之峰。期公異日，虎嘯風從。曁同班列，頻閲秋冬。及公當路，而我歸農。遂曠音驛，匪專疏慵。今也永訣，臨文自攻。爾酒雖薄[一]，此情則醲。所愧老諄[二]，莫寫哀悰。

祭孫從之侍郎文　慶元六年十二月

惟公學該古今，行飾鄉黨。詞采駿發，弟昆競爽。粤登俊科，丕振逸響[三]。芹藻侯頖，弦歌邑長。周行入置，浩氣充養。名實衆允，謀猷天奬。嘉邸直諒，諫垣忠讜。旋移成均，士有則象。出按祥刑，吏無撓枉。逢監錫還，銓曹進掌。滯淹力振，獻納頻上。貝錦以成，朱轓其兩。懇求燕閑，志意開廣。聖賢堅高，日夜鑽仰。人期晚遇，皇適注想。云胡微恙，而遽長往。顧予鄙陋，託契疇曩。契闊死生[四]，歔欷撫悦。老復負兹，遐阻臨壙。遥馳清觴，一酹黄壤。

祭朱元晦待制文　慶元六年十二月

惟公器業夙成[五]，師友交直。欲治濂伊，遂泝洙泗。覃思六藝，泛觀百家。窮理訂訛，含英咀華。未冠登科，不仕而隱。匏瓜豈繫，匵玉斯韞。阜陵急賢，麾節頻頒。民飢力振，吏惡以芟。聖主龍飛，侍言持橐。引年挂冠，遂及冥漠。昔我先德，傾蓋尊君。政和戊戌，雁塔聯名。公晚慕親，卜徙防墓。方屬我銘，已聞公訃。挂劍之義，其何敢渝。絮酒矢辭[六]，聊復公書。

祭余處恭丞相文[七]　嘉泰元年九月

嗚呼少師！瓌詞奥學，令德高標。才雄萬夫，氣摩九霄。凛凛節操，在松爲喬；貿貿霜雪，其葉不凋。纍綬一結，朝纓久彯。羽儀多士，感會三朝。歷典藩維，入總官僚。晉之羊、杜，唐之宋、姚。四方風動，群陰晛消。連章告歸，自安燕趙。再臨長沙，適冒炎歊。召棠未憩，賈鵩告妖。揆路虚左，印無易堯。銀信將頒，丹旐已飄。皇心有惻，人意無聊。矧我知公，蓋非一朝。公二廷尉，直如皋陶。我忝豫政，昧於隨蕭。東曹修怨，誤有科條。我偶直之，廟論反囂。寔彼叢棘，謂公可要。喻意羅織，許從鷄翹。彼冤弗伸，我勢必摇。孰知公賢，不狗麾招。念此一節，敢諼夙宵。聞公云亡，淚灑秋飈。惟公相業，著在彛

〔一〕爾：《周益公集逸文》作「我」。
〔二〕愧：日本藏宋刻本作「慚」。
〔三〕響：原作「嚮」，據日本藏宋刻本改。
〔四〕闊：原作「活」，據日本藏宋刻本、《周益公集逸文》改。
〔五〕器：原作「起」，據日本藏宋刻本改。
〔六〕矢：原作「失」，據日本藏宋刻本改。
〔七〕處恭：原作「處躬」，據《宋史》卷三九八《余端禮傳》改。

調。惟公民庸，播於甿謡。何待鄙言，名實乃昭。寓誠薄奠，心邇途遥。

祭王謙仲樞使文 嘉泰四年

惟公儲慶華宗，炳靈淮壖。德行文學，游夏淵騫。自儀周行，氣節凛然。被遇孝宗，它人莫肩。出宰入臺，持法甚堅。及欲用公，獨越拘攣。上所倚信，或尸要權。公一糾之，幡然捨旃。宰臣進擬，上或遲延。公一薦之，隨以超遷。言聽計從，易若轉圜。進斡鈞樞，將持化甄。龍去鼎湖，公居帥連。晚歸故鄉，導引節宣。謂當期頤，胡不永年？聖皇震悼，異數旌賢。我昔同朝，心親貌虔。江淮相望，音驛間傳。孰云訃來，遂訣終天？遥寄奠觴，泣涕漣漣。

廬陵周益國文忠公集卷八〇

平園續稿卷四〇

道釋 偈銘贊題跋記

楊待制朱待制因甘叔懷道士戲以是同是別兩池兩月相爲問答某亦説偈 慶元五年十月六日

閩嶺江鄉三散人，更添閣皁一彌明。何須和會方爲一，月入平池體不分。

恩褒覺報禪寺鐘銘 慶元四年正月十八日

金本無聲，範鐘乃鳴。聲雖在鐘，幽空則宏。粵若斯器，出虛以成。朝擊暮撞，警昏發真[一]。上通諸天，下徹九京。從聞思修，覺我先靈。

仰山長老紹南真贊

精神如虎在山，談辯似瓶翻水。誰家靈利衲僧，妙善孫佛照子。

老衲祖證姓潘瀏陽人因妻殺鴨不死投月庵爲僧壽八十一道人蕭妙慶求贊 慶元四年二月二十五日

捨俗歸真五十年，自誇曾悟月庵禪。誰知因殺能言鴨，拾得王孫金彈丸。

龍安主僧仁遠出德光頂相求贊 嘉泰四年二月

靈隱山前，口説喃喃。龍安寺裏，目視耽耽。彼一此一，前三後三。語息則默，學人更參。

題西峰豁禪師雜録

右西峰豁禪師《雜録》一冊，元本淆亂差訛[二]，稍加訂正而歸之寺[三]。定陵宸章止存石刻，元豐郡守魏綸跋語疑泰和宰黄庭堅代作云。紹熙甲寅重五日，周某題。

[一] 真：四庫本作「冥」。
[二] 訛：日本藏宋刻本、傅校本作「誤」。
[三] 稍：傅校本作「少」。

跋顔持約所畫定光古佛像慶元二年十二月七日〔一〕

顔持約諱博文，德州人，政和戊戌甲科第十人。靖康中南遷過廬陵，知定光古佛得法於西峰，邦人信嚮，乃即寺壁手作畫像，今七十年矣。中間梁跋道而下題名者數人〔二〕，多知名士。歲遠日就剥落，住持僧惟嵩摹而刻之，非特可以傳久，亦欲家有其本，爲持鉢乞食之助云。

書僧中傑辨老氏論慶元己未四月

豫章僧中傑著論二萬餘言，扶持釋教，證近世《老君實録》之訛〔三〕，旁引儒書，極爲該貫，求予一言。予雖嘗涉獵載籍，今已昏忘，釋老二教又非素習，安敢妄有折衷？昔野人争蕉鹿而疑夢覺，鄭士師二分之，謂非黄帝、孔子不能辨也，予於此亦云。

跋德光與梁世昌頌嘉泰壬戌八月

大慧禪師住世時，杜撰長老人人謂得其道。今四十年電滅無餘〔四〕，唯佛照禪師真朴實頭之的嗣，既壽且康，續佛慧命。微斯人，吾誰與歸？梁光遠得此頌，藏之二十年，若識本來面目，是名參禪。不然，予復贅名故紙之後〔五〕，是結兩重公案也。

題陳瑩中寫旃檀觀音贊華嚴經李伯紀跋〔六〕

慶元六年四月十七日

陳忠肅公南劍人，李忠定公邵武人，兩邦相望，而産二賢。客有示其翰墨者，敬題於後。

題鄭亨老新刻楞伽經嘉泰四年五月

廬陵郡丞鄭亨老新刻《楞伽經》〔七〕，謹書東坡蘇公爲樂全張公發揮之語附於後。蔣穎叔所記〔八〕，大槩相類，故不重録。經止四卷，因智嚴注多，增爲七卷，詳見序中。昔張公年七十有九〔九〕，以此授坡〔一〇〕。坡年適與張公同〔一一〕，但不能幻滅都盡，惠

〔一〕此下各篇題下年月，日本藏宋刻本、明澹生堂鈔本、四庫本皆作文末正文。
〔二〕跋道：原作「道跋」，據日本藏宋刻本改。
〔三〕實録：疑當作「實録」。
〔四〕電：傅校本作「殄」。
〔五〕故：原作「古」，據日本藏宋刻本改。
〔六〕四庫本「經」下有「語」字。
〔七〕郡臣：日本藏宋刻本、明澹生堂鈔本、四庫本、傅校本作「别乘」。
〔八〕「蔣穎叔」上，日本藏宋刻本、傅校本有「又有」二字。
〔九〕有：日本藏宋刻本無。
〔一〇〕坡：原作「僕」，據日本藏宋刻本改。下同
〔一一〕公：日本藏宋刻本無。

光渾圓〔一〕，爲有愧耳。

題鄭亨老新刊注維摩經 嘉泰四年五月

紹興丙子丁丑歲，寓崑山之姻館〔二〕。是時廬陵郡丞鄭亨老侍親潭府〔三〕，年方弱冠，儒釋兼通，日夕相過。今將五十年〔四〕，乃得與老農芘身畎畝。兹者王覿有日，示《新刊注維摩經》十卷，輒題姓名，庶幾他土異方共宏斯道如僧肇所云。

贈仰山長老紹南 乙卯九月二十六日

大慧杲公説法如快馬斫陣〔五〕，何敵不摧？接物如洪爐鼓鞴，何鐵不化？一傳佛照光，再傳仰山之南，所謂有是父有是子者。始予隆興初識杲於徑山，淳熙中會光於靈隱，紹熙間款南於開福，三十三年見其三世矣。燈燈相續，知復何人？南勉求之，有則告我。

戲答劉江 慶元六年

往歲，安福士人刻木爲觀音像以施予。予問云〔六〕：「不云聽而云觀，何也？」士未能對。近劉伯深解元復以蜀繡像請益。予告之曰：「子讀《普門品》乎？無盡意問佛子何因緣名爲觀世音，佛以善應諸方所答之。又云『真觀清净觀，廣大智慧觀，悲觀及慈觀』；又云『妙音觀世音，梵音海潮音，勝彼世間音』。今常人眼力所及則見，不及不見也。菩薩能以千手千眼善應諸方，何所不及？况所謂音者，非止世間之音乎！發大清淨願，運大慈悲心，六道四生何所不觀？乃欲以世間耳目視聽論之〔七〕，陋矣。」劉君曰：「唯。」

臨江軍閣皂山崇真宫記〔八〕 慶元二年十二月十五日

古者名山大川在中國者皆雄尊浩蕩〔九〕，頒於祠官，天子巡狩望秩，爲民祈福而已。荆之衡嶽猶以爲遠，自有熊氏已祀灊、霍，况其他乎？當是時，上既不求遠略，下亦安其常居，雖有黄老之言，何自而入？深山窮谷稀奇絶特之觀，誰實顧之？及周穆王車轍馬迹馳騖乎八荒，中天之臺〔一〇〕，瑶池之宴，浸傳於世。

〔一〕渾：原缺，據日本藏宋刻本補。傅校本作「常」。

〔二〕崑：原缺，據日本藏宋刻本補。

〔三〕潭：原缺，據日本藏宋刻本補。傅校本作「于」。

〔四〕「五」字原缺，傅校本作「二」，非是。日本藏宋刻本作「五」。紹興二十六年丙子至嘉泰四年計四十九年，此缺字必是「五」，據補。

〔五〕杲：原作「果」，據日本藏宋刻本、傅校本改，下同。馬：日本藏宋刻本、傅校本作「劍」。

〔六〕云：日本藏宋刻本、傅校本作「音」。

〔七〕耳：日本藏宋刻本無。

〔八〕記：傅校本作「碑」。

〔九〕皆：原作「多」，據日本藏宋刻本、明澹生堂鈔本、四庫本、傅校本改。

〔一〇〕中天：原倒，據日本藏宋刻本、明澹生堂鈔本、四庫本、傅校本乙。按中天之臺見《列子·周穆王》。

秦皇、漢武忻然慕之，由是有爲黄老之學者轉而爲方士之術，負策抵掌，順風而至，羡門、安期之説興，徐福、少君之詐作。當是時，上雖信之，其徒未盛於下也。及乎土宇日廣，生齒日衆，遐方僻地列置郡縣，王喬、蓟子訓、左慈輩又争以神怪風動四方。於此時也，豈特人主嚮之，所謂四民往往從之矣，從之者衆〔一〕。衆必有所聚，既不能安處於市廛，則搜奇擇勝，梯崖架險，設壇場，立室廬，茹芝鍊丹於人迹不至之地。一嵓洞之幽，一川谷之秀，殆將無所遁其形。宫觀遂徧天下，而尤盛於東南。此積習之勢然，非今昔之理異也。彼所謂清都帝居十洲三島，既茫昧不可考，而洞天福地載之傳記，有可□言者〔二〕。距臨江軍四十里，山曰閤皂，蓋福地之第三十三也。自漢末張道陵、葛元、丁令威皆有壇井，故《寰宇記》以爲神仙之館。舊隸吉州新淦縣，逮臨江析軍，乃屬清江。山形如閣，山色如皂，以是得名。初置靈山，煨燼於隋〔三〕，至唐道士程信然掘地得玉石像尺餘，覆以鐵鐘，創草堂居之。先天元年，孫道冲始爲臺殿，因山名觀。咸通大火，玉像僅存，楊薦父子次第葺之。江南李氏改名玄都〔四〕，本朝避聖祖諱又改景德。天禧庚申、熙寧丙辰，再焚再葺，政和八年始賜號崇真宫。前對靈雲峰〔五〕，後倚東西兩山，皆有壇〔六〕。其東葛也，其西張也。水出宫後，名葛憩源〔七〕，凡半里餘，聲響潛行石間〔八〕。大抵葛仙遺迹爲多，故崇寧間封冲應真人，告命在焉。北有令威觀〔九〕，其合而爲一久矣〔一〇〕。入門即御書閣十一楹，藏熙陵賜書百一十八幅〔一一〕，章聖封泰山芝草二本，《皇祐新樂圖》一卷，紹興宸翰十軸。閣後設傳籙壇，蓋法許授籙者惟金陵之茅山，信州之龍虎，與此爲三。徽宗朝給「元始萬神」銅印，至今用之。次曰金闕寥陽殿，曰昊天殿，曰正一堂，曰靖應堂。其東曰祖師殿，曰藏殿。最後玉像閣五間〔一二〕，其崇五丈〔一三〕，雄傑冠於一宫。凡殿宇皆翼以修廊，道士數百人環居其外，争占形勝，治廳館。總爲屋千五百間，江湖宫觀未有盛於斯者，士大夫川浮陸走，無不迂途而至。乾道癸巳，予亦至焉，讀廣明許元真、咸平張賀、熙寧雙漸、陽申、元祐張商英諸碑，雖隨事登載，辭頗異同。如以鐵鐘爲開皇舊物，視其款識則咸通

〔一〕矣從之：原無，據日本藏宋刻本、傅校本、《江西通志》卷一二五補。
〔二〕「可」下闕空，日本藏宋刻本、明澹生堂鈔本、四庫本無。
〔三〕燼：原錯置於「隋」字下，據日本藏宋刻本、傅校本、《江西通志》卷一二五引乙。
〔四〕玄：原作「元」，據日本藏宋刻本、四庫本、傅校本、《江西通志》卷一二五改。
〔五〕靈：日本藏宋刻本、傅校本、《江西通志》卷一二五引作「凌」。
〔六〕「皆」上，日本藏宋刻本、四庫本有「山」字。
〔七〕源：原作「凉」，據日本藏宋刻本、傅校本改。
〔八〕響潛：原缺，據傅校本補。日本藏宋刻本、《江西通志》卷一二五引作「潺潺」。
〔九〕觀：原作「而」，據日本藏宋刻本、傅校本、《江西通志》卷一二五引改。
〔一〇〕其合而爲一久矣：「而」原缺，據日本藏宋刻本、傅校本、《江西通志》卷一二五引補。此句《江西通志》卷一二五引作「其壞久矣」。
〔一一〕熙：原作「頤」，據日本藏宋刻本、傅校本、《江西通志》卷一二五引改。
〔一二〕閣：原缺，據日本藏宋刻本、傅校本、《江西通志》卷一二五引補。
〔一三〕五丈：日本藏宋刻本、四庫本、《江西通志》卷一二五引作「五丈四尺」。

十三年所鑄也。玉像有三，其一憑几而坐，二人跣足立侍，亦與所書不合。於是主首李漢清、王允成〔二〕、王次鼎俱以宮記爲請〔三〕，予諾之而未暇。今管轄王自正、知宮鄒時億、副劉惟允、度師陳處和懇請益堅。予謂易觀爲宮殆且百年，此而不記，闕孰甚焉，乃爲會萃衆説〔三〕，詳考初終，使好事者知自昔道家者流凡三變而其教成，此宮因地之利歷千年而其制備，庶幾有考焉。若夫敘勝概清虛〔四〕，則有前代孫偓、李洞、宋齊丘、沈彬、孟賓于、徐鉉、陶弼之留題，近世道士張景先、陳孟陽、陳彥舉〔五〕、黄常吉之詩集傳於山中，此不復云。

麻姑山仙都觀新殿記〔六〕

物生天地間，有象斯有數，成毀相尋，抑有理焉。孔子作《春秋》，既書成周宣榭火，又書晉梁山崩。夫無室曰榭，猶未免於火，山有朽壤，亦未免於崩，況夫名山勝境，道宮極土木之工，歲月浸久〔七〕，非朽即燬，豈特數哉，理固然也。或葺或新，乃傳無窮。建昌軍本撫州南城縣，出南門六七里有麻姑山，予嘗游焉。自尋真亭而上，徑蹊紆峻，次以界青、雙練、枕流三亭，縣瀑對瀉，雪濺雷吼，天下奇觀也。進至龍潭，唐明皇時黄龍嘗見，奉祀至今〔八〕。自此驟得平地，是爲仙都觀，世傳蔡經舊宅，方士號丹霞小有天。麻姑事實具載顔魯公碑。仁宗嘗賜飛白「來」字〔九〕，元豐間封清真夫人，元祐改封妙寂真人。徽宗加號真寂冲應元君，榜曰「元通之殿」，皆宣和御筆也。觀後齊雲亭，望軍城僅如聚落。其西十里別有丹霞福地〔一〇〕，初循稻畦，尋復陟巘。兩山之間，畎畝層出，原泉灌注，旱則蓄之故不乾，澇則洩之故不溢，黄冠藉以自給。慶元六年庚申三月戊寅，融風告災，棟宇夜燼。明年改元嘉泰，知觀事李惟賓創正殿七間，博十丈，深六丈有奇，依《營造法式》。容閣帳三間，分列三清及天帝、地祇九位於上，其下則元君居中。東偏奉宣和二碑〔一一〕、三朝内禪詔；西爲皇帝本命殿。宏壯華麗，殆過於舊。羣祠外環，三門前聳，位置先定，以漸圖之。方營求之初，故妻益國夫人王氏首施錢三十萬，於是惟賓以記爲請。案顔碑及郡人李泰伯文，觀興於天寶，至梁凡百六十年而葺焉。由梁迄本朝康定辛巳垂百四十年，敝又改爲，今復一百六十年。數雖適然，理則存乎其人。戒謹所不睹，恐懼所不聞，何畏乎鬱攸？風雨攸除，鳥鼠攸

〔一〕允：日本藏宋刻本作「永」。
〔二〕首：原作「者」，據日本藏宋刻本、四庫本、傅校本、《江西通志》卷一二五引改。李漢清：日本藏宋刻本、四庫本、《江西通志》卷一二五引作「李漢卿」。
〔三〕爲：原無，據日本藏宋刻本補。
〔四〕清虛：原作「曰請虛」，據四庫本改。日本藏宋刻本、《江西通志》卷一二五引作「述清虛」。
〔五〕舉：原無，據日本藏宋刻本、四庫本、《江西通志》卷一二五補。
〔六〕記：傅校本作「碑」。
〔七〕浸：原作「侵」，據日本藏宋刻本改。
〔八〕奉祀：原脱，據日本藏宋刻本、傅校本補。明澹生堂鈔本「祀」誤作「祝」。
〔九〕來：四庫本作「采」。
〔一〇〕十：原缺，據日本藏宋刻本、傅校本補。
〔一一〕碑：原作「牌」，據日本藏宋刻本、四庫本、傅校本改。

去，何憂乎朽蠹？東海揚塵，猶或可待，況二百載之近乎？三年十二月旦，周某謹記。

廬山圓通寺佛殿記〔一〕 六年四月十五日

宮室取諸大壯，貴賤可以通稱，特崇卑廣狹有別耳。秦孝公於強盛時大築冀闕，由是「天子殿中」初見《商子・定分篇》；至始皇併天下，殿屋相屬，又作甘泉前殿，前後殿之名始立〔二〕。「臣侍殿上，兵陳殿下」，復載《史記・荊軻傳》，大抵秦制也。西漢黃霸丞相府計吏上殿，東漢司徒府有大會殿，蓋車駕或臨幸會議於此而有殿名，非專指屋之高嚴也。若王根、董賢，則史氏明言其僭矣。《華嚴經》云：世尊於普光明殿，坐獅子座。其他摩尼、莊嚴等名甚多〔三〕，蓋胡僧入中國，知以宮殿爲貴，故譯經者亦易其名〔四〕，殆非竺書本語。雖曰上擬皇居，然法不禁也。江州廬山之陽，石耳峰之下，當國朝乾德、開寶間，江南李後主及昭惠周后創觀音圓通道場以奉瑞像，命道濟禪師緣德主之。今號崇勝禪寺，東坡蘇公嘗留詩額〔五〕，最爲名刹。乾道丁亥，予嘗至焉。中經兵厄，惟青石架梁導溪水徧給僧舍，凡二百五十丈，儼然如故，餘非舊物矣。正殿初奉觀音，後改塑釋迦、文殊，而環以二十五圓通。紹熙壬子秋，長老師序自開先移住此山，明年十二月癸丑，回禄爲災，焚蕩無孑遺。序辛苦經營，閲二年浸還舊觀〔六〕，殿猶未備。郡人劉必達以母田氏命施錢百萬，造殿五間，起慶元丙辰，迄丁巳冬落成，宏麗堅壯，實與寺稱，而像設未備。戊午歲，廬帥高司農夔唱之〔七〕，楚城潘汝綱、筠州延福院僧宗禧及好事者爭和之。於是寘釋迦、文殊、普賢像於前，十八羅漢分列左右，塑觀音像於後，而圓通諸菩薩環之。庚申春畢工，遠來求記。予既推原名殿之由，知佛之尊，又諗序曰：壞於劫火，存乎定數，成以願力，則繫人焉。師之始至，適遭厄會，不憚艱勤，竟成勝事，非願力耶？昔天竺僧耆域至洛陽，望見晉宮闕，曰：「大略似忉利天，但彼道力所成，此衆生淨業之力。」師其勉率爾衆，期於見性。雖復山河變滅，而不壞者固存，此之謂道力，土木云乎哉？

汀州定光庵記 嘉泰三年十月

佛以慧日照三千大千世界，顧豈滯於一方？然日出暘谷，浴於咸池，拂於扶桑，躔度必有所舍，其明難與他等，此定光庵所由興也。按臨汀州治子城内東北隅有卧龍山，實本朝定光圓應普通慈濟大師真身所棲之地，淨戒慈蔭靈感威濟大師附焉，殆猶日之躔度與？按定光泉州人，姓鄭，名自嚴。年十七爲僧，以乾德二年駐錫武平縣之南安巖，禳凶産祥，鄉人信服，共創精舍，賜

〔一〕記：傅校本作「碑」。
〔二〕前：原作「然」，據四庫本改。
〔三〕等：原作「寺」，據四庫本、傅校本改。
〔四〕亦：原作「方」，據四庫本、傅校本改。
〔五〕額：四庫本作「頌」。
〔六〕閲：原作「開寶」，據四庫本改。
〔七〕唱之：四庫本作「倡」。

額「均慶」。淳化二年，距巖十里別立草庵居之。景德初，又遷南康郡之盤古山。祥符四年，汀守趙遂良機緣相契，即州宅創後庵，延師往來，至八年終於舊巖。先有寧化僧慧寛，姓葉氏，能馴暴虎，號伏虎大師，居州東五十里，庵號普護。建隆二年將入寂，定光往視之，云：「後二百年當與兄同處一庵。」至元祐中，守曾孝總始增葺後庵，正名定光。淳熙二年，守呂翼之遂迎定光真身於南安巖而爲之主，又迎伏虎真身於廣福院而爲之賓，二百年之讖果驗。自是州無水旱疾疫，號爲樂土。南安舊巖屢乞師還，守不能遏，百夫肩輿，屹然弗動，老稚悲泣而退。慶元二年，郡守陳君曄增創拜亭及應夢堂。嘉泰二年，其季映復守茲土，每集僚吏致敬，患其陿隘，乃裒施利錢二千餘緡，以明年三月十七日鳩工，爲正殿三間，博四丈二尺，深亦如之；寢殿三間，博三丈，深居其半；應夢堂三間，廊廡等總十有八間，官無一毫之費。逮六月訖工，謂予姻且舊，來求記文。予惟二君皆以才能爲二千石，政成俱擢廣東提點刑獄而去，孜孜舊治，凡可徼福加惠於汀民者無所不用其至。予故樂爲之書，以代邦人大小馮君之歌。若夫推崇之典，靈異之迹，圖牒載之，前輩書之，茲不復云。

圜鑑塔銘

法不孤起，道不虛行。續佛慧命，必有其人。其人謂誰，佛照禪師是〔二〕已。師諱德光，姓彭氏，臨江軍新喻縣人。曾祖崇善，祖堯訓，父術，皆樂施，喜釋氏，嘗籍鄉里貧户，計口給錢。宣和辛丑歲，母袁氏夢異僧入室，有孕生師，骨相奇異，伏犀貫腦。袁州木平山有妙應大師伯華者，善相，謂此子他時空門梁棟也〔三〕。初入小學，讀書十行俱下。父母繼亡，依伯父循以居。一日，延僧追修，師視佛書若素習然。紹興辛酉〔三〕，大慧禪師宗杲南遷過邑〔四〕，師年二十一，望見曰：「此古佛也，吾安得事之？」自是有意出家。後二年，入光化禪院，受業於足庵普吉，研究宗旨，日以精進。吉還閩，命從月庵善果於東禪，服勤三年。是時，妙湛、佛心、圓覺、乾元、越山諸禪刹名僧相望，師一一咨叩。聞江西百丈道震嚴冷，寶峰擇明峭拔，俱入其室。一日，見饒州天台寧應庵曇華《送化主頌》，歎曰：「此真臨濟種草。」亟往依之。雖箭鋒相直，然礙膺未决。復從果老於潙山。果入寂，還江西，謁典牛天游於雲巖，見萬庵道顔於圓通。會曇華移廬山之東林，婺之雙林，師皆從之。丙子歲，聞大慧住四明阿育王山，喜曰：「緣法在茲矣！」已而果大徹，慧示以贊，略曰：「有德必有光，其光無間隔。名實要相稱，非青黄赤白。」慧歸徑山明月堂，師奉事益虔。遇其說法，坐下争執筆抄録，師一歷耳根〔五〕，終身不忘，有問輒舉，其慧解蓋天資也。慧入塔，分坐仰山。乾道丁亥，台守李侍郎浩延住鴻福。閲五年，徙光

〔二〕「禪師」下，明澹生堂鈔本、四庫本有「其人」二字。
〔三〕時：四庫本作「日」。
〔三〕紹興：原作「紹熙」，據四庫本改。
〔四〕果：原作「果」，據傅校本改。
〔五〕根：原缺，據四庫本、傅校本補。

孝〔一〕，郡城大火，寺亦焚蕩。師念災餘財施必艱，航海過泉州，人競喜捨，厚載而歸，殿宇一新。師自號拙庵，曰：「吾平生多得拙力。」孝宗皇帝雅聞其名，淳熙三年春，詔開堂靈隱寺，遣中使賜香。是冬召入觀堂〔二〕，留五晝夜，數問佛法大旨〔三〕。師敷奏直截，上大悦，賜福照禪師之號，贈以御頌。明年再對，進《宗門直指》。以都下勞應接，丐閑山林。七年夏，上用仁宗待大覺禪師懷璉故事，亦以育王處之。逮移御重華，趣令入覲，漏下十刻乃退。紹熙四年，改住徑山〔四〕，師力辭。孝宗曰：「欲時相見耳。」慶元元年，許還育王，歸老東庵，盡鬻錫賚物，直數萬緡，置田，歲增穀五千斛，助常住費。詳見陸待制《游記》中。師嘗曰：「佛經有《大報恩》七篇，謂釋子當由孝以極其業〔五〕。」乃即水陸堂東偏設位，歲時祀其祖禰云。嘉泰三年仲春，忽語云：「吾將行矣。」三月十七日，手寫遺表及貽書常所厚者。二十日晨興，集衆叙别，歛衣收足，説偈而逝。三日入龕，容貌如生。造塔全身於東庵之後，請謚於朝，敕特賜普慧宗覺大禪師，塔名圓鑑。僧臘六十夏。嗣法者徧滿四方，得度者一百二十餘人〔六〕，名公貴卿多從師游，海東國人往往望風歸敬。初璉六十歲，自汴京來育王，壽八十三，師始終適同，兹其異也。八月，侍者正玵持遺書來，謂「先師與公幸接鄉鄰，同受阜陵異知」，以塔銘見屬。其行實則同里兵部章侍郎穎爲之。予聞時節因緣，鐵芥啐啄，從上諸聖不能强爲，喻筏刻劍，徒增我慢。又况對御法語世已流布，得道源流、接物機要叢林門弟各存語録，姑叙住世大略如此。銘曰：

我聞萬生〔七〕，各具天性〔八〕。人有未見，見或未盡。偉哉光公，宿習戒定。頓入悟門，遂傳心印。福慧兩足，行解兼進。巍巍孝宗，見聖由聖。與師晤言，謂發深省〔九〕。晚歸東庵，不倦接引。八十三年，報緣已竟。勿云鏡明，昔現今隱。一物本無，何用照映。勿云谷虚，有叩誰應？十方皆空，何論銷殞？摘葉拈花，繫風捕影。持問塔中，解顔微哂〔一〇〕。

〔一〕光孝，原倒，據傅校本乙正。
〔二〕召：原無，據四庫本補。
〔三〕旨：傅校本作「意」。
〔四〕住：四庫本、傅校本作「涖」。
〔五〕當：原作「嘗」，據四庫本改。
〔六〕二：傅校本作「五」。
〔七〕萬：四庫本作「物」。
〔八〕天：傅校本作「佛」，四庫本作「物」。
〔九〕發：明澹生堂鈔本、四庫本作「法」。
〔一〇〕原刻卷末校云：「案：此卷知聖道齋本全佚，今從翰院本增補，並依其次爲第四十卷。」

廬陵周益國文忠公集卷八一

省齋別稿卷一

詩　跋

送陸先生府赴春闈　代十弟　紹興辛酉

九重詔下選賢能，又見先生啟遠行。離恨暗隨流水去，朔風穩送片帆輕。休嗟此日睽違事，預發來春晉錫榮。一去鵬程應九萬，始知佳夢合金精。

同前　代李及之

何幸天涯欵緒餘，軒昂氣槩識雄圖。滔滔腹稿盈千軸，凜凜詞鋒敵萬夫。方對芝眉蒙教載[一]，乍驚絳帳失規模。從茲穩步青雲上，始信沙堤夢不誣。

余石月輓詞　乙亥[二]

學重今顏子，年高漢伏生。鯉庭傳道德，鱣序列公卿。忠孝平生事，詩書後世名。於公無一憾，多士自傷情。

自我居洪府，從公父子游。至言今在耳，往事忍回頭。風急唐山隴，雲埋石月樓。生芻無路奠，洒淚寄東流。

泰州守許寺正輓詞二首　代外舅

昔在西京日，名臣數次公。人歌廷尉德，帝念潁川功。出處君何異，修良譽亦同。誰提班固筆，千古紹高風。

身襲黄門慶，腰懸紫綬龜。未登知命歲，遽逼蓋棺期。風咽哀笳恨，雲凝斷壟悲。只應潘岳淚，重憶悼亡時。

孟郡王忠厚輓詞二首　丁丑

炳靈崧嶽古諸姜，令德高標對寵光。位冠西樞籌運幄，班高左棘繡爲裳。丁年聲譽佳公子，二紀功名異姓王。人物風流今已矣，空令吴越詠甘棠。

祥源總使奉真游，藏室提綱接勝流。書蠹只知三館樂，盤鯖不鬪五侯羞。名山早晚尋黄石，逝水須臾失夜舟。白馬素車分散後，何人更忍過西州。

[一] 載：原闕，據明澹生堂鈔本、四庫本、傅校本補。
[二] 乙亥：四庫本、傅校本作「甲戌」。

張朝宗挽詞二首　代外舅　丁丑

耆舊推西洛，於公見典刑。全名高白璧，利刃拂青萍。日者瞻卿月，天乎隕使星。平生精藻鑒，桃李半槐庭。

甲第開鄰里，蝸廬遂不孤。相從期晚歲，太息奠生芻。凉吹飛丹旐，殘陽詠白駒。傷心松柏路，螭首載龜趺。

大行皇太后挽詞二首　代方總領　己卯

瑞應興沙麓，祥源發豨韋。東朝方母育，滄海倏塵飛。蟾蜍冰輪影，鰲翻地軸機。宸心懷慕處，篋有五時衣。

嬀汭芳聲遠，思齊聖德優。湘妃初從舜，文母晚興周。養棄慈寧樂，神同永祐遊。鳳車青羽蓋，忍望浙江舟。

同前

得道西王母，思齊古太任。仙游歸少廣，人世失徽音。閬苑桃空熟，稽山柏自森。天心知舜孝，寒日慘多陰。

憶昨登中壽，梅觴慶九重。春回方晝永，月掩遽雲濃。鐘鼓沉長樂，鸞桑罷濯龍。宣仁遺意古〔一〕，定謚獨追蹤。

跋平江蔣守帖　代程崑山沂

璪守郡，朝夕勉竭，但老朽，無補事功。今歲必謂境内登稔，秋税不勞而辦，乃承垂譬如此。聞名〔二〕，然農夫辛苦，不得厚獲，其轉徙固宜，切望悉意拊集。

諭瀕臨江海，細民許其就便送納粳米，庶免般運勞費，俾之少安，則郡縣之本也。左右勤民如此，安得不如來命。公檄未到間，一切曉示，使之通知〔三〕。諸邑赴府倉者，亦不令多有費用滯留。區區之心，惟欲利民耳。

右手書二通，太守蔣公諭屬令以勤民之旨也。公由天子侍臣來鎮輔藩，惠足以存下，明足以恤隱，故雖尺牘，而周悉勤懇如此。昔韓愈有言：「賦有常而民産無常，水旱癘疫之不期，民之豐約繫於州縣。縣令不以言，連帥不以信，民就窮而斂愈急。」嗚呼！使唐之守帥能以公之心爲心，則愈言何自而發哉！公之筆精墨妙，獨步當世。人得半稿，自當藏弆以爲榮，况利民之心昭然在是〔四〕，沂也何敢獨拜嘉命而私諸篋衍乎？固宜冶金伐石，揭示百里，俾爲吏者目擊而戒追呼之擾，爲民者户知而殫樂輸之

〔一〕意古：原刻校云：「别本作『懿在』。」按四庫本作「懿在」，明澹生堂鈔本作「意在」。
〔二〕聞名：原作「名聞」，據明澹生堂鈔本、四庫本乙。又四庫本「聞」下有闕字，當是。
〔三〕「通知」下，四庫本有「爲佳」二字。
〔四〕「况」下，明澹生堂鈔本、四庫本有「夫」字。

誠。一舉而二美具焉，蓋公之賜也，沂之幸也。紹興二十七年十一月日。

跋曾祖題名 代吴司户哀

政和三年癸巳四月甲午，朝拜茅山景福萬年殿，遂行告還奉安之禮，遵上旨也。己未，還府，家弟樽、男敞、激、檄來迓於此。知府事建安縣子吴拭題。

曾大父昔持從橐鎮金陵，距今四十六年。中經搶攘，山川良是，城郭非矣。去府二十五里有寺曰祈澤，如魯之靈光，巋然獨存，曾大父題名在焉。哀來主辭曹，恭覽涕下，飭匠摹寫，鑱諸樂石。豈惟紓念祖追遠之心，亦使父老過之，對甘棠而思召伯，讀峴碑而泣羊公也。紹興戊寅五月庚申〔二〕。

庚辰跋陳丞相手書 代三十九舅〔三〕

高文大册，屬意而爲，則其詞章黼黻，筆墨精妙，理亦宜之。若乃書疏填委，引紙占答，此豈有意於其間哉？特以温厚之性根於中，故雖造次，皆樂善之言；心畫之妙應於手，故雖遊戲，皆絶人之藝。昔漢嘉威侯贍辭善書，數百封親疎各有意。人得尺牘，皆藏弆以爲榮。丞相蓋其苗裔與，何道大德全而餘力猶至於斯也！某寶此十餘年矣，我公方運造化以鑪錘一世，如某盤姍闖茸，仕愈久而身益困，視鞭景而弗悟，委衮褒於草莽，凡前日拜賜之榮〔三〕，祇所以爲今日之媿歟！年月日。

〔二〕戊寅：明澹生堂鈔本作「甲寅」。庚申：原無，據明澹生堂鈔本、傅校本補。
〔三〕三十九：四庫本作「十九」。
〔三〕拜：原作「好」，據明澹生堂鈔本、四庫本、傅校本改。

廬陵周益國文忠公集卷八十二

省齋別稿卷二

表　牋　狀　劄 申省狀附　並代作

謝賜曆日表 代辰州作〔一〕　紹興十八年

欽崇天道，初覲玉曆之成；謹授人時，均下璽書之賜。仰祇德意，俯佩恩榮。中謝。恭惟皇帝陛下輔相兩儀，總齊七政。大法協於五紀，克叙彝倫；閏月定乎四時，靡乖躔次。推本聖心之自，蓋先民事之宜。故此遐方，亦頒密度。臣敢不深思奉順，務稱滋恭〔二〕。東作西成，行見京坻之積；南洽北暢，豈惟正朔之同！

同前 代外舅廣德軍作　紹興二十七年

欽崇天道，課玉曆於中臺〔三〕；謹授人時，下璽書於方國。凡任承流之責，舉申拜賜之榮〔四〕。中謝。恭惟皇帝陛下功錫禹疇，德齊舜政。炎圖載赫，既聰明睿知以有臨；皇極用成，宜歲月日時之無易。申命居卿之職，載嚴頒朔之文。天始地終，得《大衍》自然之數；珠連璧合，驗《太初》最密之祥。誕告多方，用興嗣歲。臣敢不仰推聖意，徧諭封圻！九叙惟歌，使咸知於帝力；三時不害，期各厚於民生。

同前 紹興二十九年〔五〕

日官推數，當五年再閏之期；王者頒常，下三統四分之曆。凡叨守土，敢怠承流。中謝。恭惟皇帝陛下把握陰陽，彌綸天地。授《太玄》之神筴，協《洪範》之彝倫。水火金木惟修，坐致九功之叙；歲月日時無易，預知百穀之成。爰即上春，徧頒密度。豈特新又新而無斁，蓋將朔復朔以何窮。臣一分銅虎之權，三拜璽書之賜。年運而往，竊自驚齒髮之衰；民愚而神，願謹示農桑之候。

同前 紹興三十年

參萬歲以成純，方衍無窮之數〔六〕；以四時而爲柄，用頒有截之區。望雲祇拜於君恩，愛日益勤於吏事。中謝。恭惟皇帝陛

〔一〕辰：原無，據四庫本、傅校本補。
〔二〕滋：四庫本、傅校本作「嚴」。
〔三〕中：明澹生堂鈔本、四庫本、傅校本、《古今事文類聚》遺集卷五作「清」。
〔四〕申：明澹生堂鈔本、四庫本、傅校本、《古今事文類聚》遺集卷五作「深」。
〔五〕二十九：明澹生堂鈔本作「二十七」。
〔六〕窮：四庫本、傅校本、《古今事文類聚》遺集卷五作「疆」。

下德隆廣運，化本密庸。仰膺申命之休，俯謹授時之政。地法天而天法道，據四大以宅中；正次王而王次春，殖萬民而布治。況歲值金穰之次，而曆符璧合之祥。農力穡以無違，吏窺文而竊忭。臣敢不勤敷聖意，徧諭部封！時和年豐，顧已示夢魚之兆；家給人足，愧莫施流馬之功。

賀重修皇太后回鑾事實表 代外舅廣德軍作　紹興二十六年

冬溫夏清，久承長樂之顏；文贍事詳，今紀蘭臺之筆。母儀既著，聖德愈光。中賀。臣聞周美太任，詩人發詠；漢迎薄后，史氏特書。倘汗青不載於一時，則副墨孰傳於萬世？於皇盛舉，克掩前芳。恭惟皇帝陛下仁冒華夷，孝通天地。締盟北道，永清萬馬之屯；致養東朝，夙返六騩之馭。言念皇家之殊慶，豈容惇史之闕文？既詔諸儒纂事而書之策，復資上宰帥屬而獻於王。昭哉典籍之精詳，導以禮儀之繁縟。風傳六服，喜動羣工〔一〕。臣身也滯南，心焉拱北。班香宋艷，莫窺三館之藏；舜日堯年，願祝兩宮之壽。

賀皇太后慶八十表 紹興二十九年

東朝衍慶，方膺難老之祥；南面稱觴，適及常珍之日。禮行正旦，喜浹綿區。中賀。恭惟皇帝陛下道貫神明，仁漸動植。久躋民於化國，每養志於慈寧。億載萬年，人頌堯宗之孝〔二〕；四章一蔀，歲踰漢曆之元。當熙春肇始之時，舉遂古未行之典。動鐘鼓於長樂，聲氣咸和；滿環珮於後宮，儀容大備。豈特親其親而廣九重之愛，又將老吾老以來萬宇之懽。臣屬守近藩，莫趨邇列。思齊所以聖，佇觀則百之男；天保莫不增，更祝無疆之壽。

同前 紹興二十九年

德盛母儀，方茂松椿之壽〔三〕；誠殫子道，遂稱椒柏之觴。禮容肇講於宮庭，德教遠加於海宇。中賀。恭惟皇帝陛下仁先廣愛，志務寧親。以繡裳畫袞而爲戲綵之榮，以芳膳蘭飧而備常珍之奉。繇上帝眷一人之孝，致慈闈開萬歲之期。乃稽興慶之舊儀，兼舉建隆之故事。受茲介福，於其王母，豈惟共擁於休祥；建其有極，錫厥庶民，蓋亦咸躋於仁壽。臣悮持龍節，莫造鵷班。則百斯男，願嗣文母徽音之《雅》；既多受祉，載賡魯侯燕喜之《詩》。

賀皇太后牋

慈闈就養，春秋宜過於八千；寶曆更端，甲子將周於五百。

〔一〕工：原作「生」，據明澹生堂鈔本、四庫本、傅校本改。
〔二〕堯：明澹生堂鈔本、四庫本、傅校本作「唐」。
〔三〕松椿：原作「桂松」，據明澹生堂鈔本、四庫本改。

舉慶儀於內殿，溢和氣於外庭〔一〕。中賀。恭惟皇太后殿下沙麓儲精，塗山啓瑞。誕育聖神之主，茂揚慈儉之風。鍊石而補皇天，不愧女媧之巧；得道而坐少廣〔二〕，莫知王母之年。祲容爰講於三朝，純孝益隆於萬乘。國家賴慶，簡册增光。臣適綰郡符，阻瞻禁幄。櫜弓戢矢，早知武王十亂之功；含飴弄孫，行應堯帝多男之祝。

同前

七紀垂周，得金母長生之道；九重致喜，講玉巵爲壽之儀。兆和氣於芳辰〔三〕，騰懽聲於華夏。中賀。恭惟皇太后殿下篤生上聖，密贊中興。好黃老之言，何慚漢后；茂姜任之德，克紹周京。筭延南極以無疆，福備東朝而未艾。爰因歲旦，肇舉禮文。奉萬歲之觴，共知天子之孝；極九州之養，永居帝母之尊。臣將命和門〔四〕，傾心盛典。融融洩洩，豈資穎谷之封人；怡怡愉愉，請頌元和之聖德。

皇太后服藥赦書表

孝無大於寧親，方謹寢門之問；仁莫先於赦過，肆空牢户之囚。伏聽詔音，灼知聖意。中賀〔五〕。恭惟皇帝陛下勤修子道，祗奉母慈。散和氣於綿區，無幽不被；洽善祥於長樂，何恙弗除？豈資藥石之功，自得天人之助。臣猥塵遠使，獲奉寬條。動植被虞帝之恩，既隆孝治；燕喜壽魯侯之母，願繼頌聲。

同前

問安視膳，躬定省於九重；解嬈除苛，洽寬仁於四表。堯言誕布，舜德益昭。中賀〔六〕。恭惟皇帝陛下孝通神明，仁浹黎庶。介祉欲臻於文母，施恩爰暨於周民。事親足以解憂，天心所相；勿藥至於有喜，坤德自寧。臣猥使近圻，祗承温詔。祝三面之網，已騰樂國之歡呼；奉萬年之觴，即慶慈寧之康復。

皇太后升遐慰表

慈闈晝掩，哀訃夕傳。凡思持載之功，舉抱摧傷之痛。中慰。恭惟皇帝陛下事親盡禮，侍膳殫誠。久承文母之歡，徽音遽隔；遠邁顯宗之孝，追慕何窮？願寬陟屺之悲，少副普天之望。

同前

馭駁上賓，終天莫返；駒懷永慕，履地所同。中慰。恭惟皇

〔一〕溢：原作「溫」，據明澹生堂鈔本、四庫本、傅校本改。
〔二〕道：四庫本作「桃」。
〔三〕辰：明澹生堂鈔本、四庫本作「春」。
〔四〕和：原作「私」，據明澹生堂鈔本、四庫本改。
〔五〕賀：明澹生堂鈔本、四庫本作「謝」。
〔六〕賀：四庫本作「謝」。

帝陛下德邁舜、文，行逾曾、閔。幾年膝下，親承壽母之顔；一日宫中，頓失慈寧之養。雖聖孝深思於載育，而民心咸懼於過憂。願抑至誠，俯安羣下。

同前

母儀久正，坤載俄隳。凡在含生，舉懷悲慕。中慰。恭惟皇帝陛下仁先立愛，志務寧親。侍膳問安，備殫誠意；省刑薄斂，式慰母心。豈期天命之難諶？終嘆慈闈之遽掩。雖一人之孝，方永念於劬勞；然萬務之煩〔一〕，當深思於節抑。

同前

釁結東朝，悲纏中夏。遥知晬穆，正切哀恫。中慰〔二〕。恭惟皇帝陛下性本自天，行皆高世。漢文至孝，晨昏無解帶之安；虞舜好生，遠邇釋畫冠之禁。既勤施德，謂可寧親。倏聞厚地之傾，莫曉彼蒼之意。願思適變，毋致過哀。上以符慈寧治命之言，下以副黎庶誠心之懇。

慰冬至表 代江漕司　紹興二十九年

化國日舒，徐行北陸；聖人孝至，永念東朝。凡在輿情，同深孺慕。中慰〔三〕。恭惟皇帝陛下德隆天性，報厚母慈。當宫線之初添，悵褘衣之浸遠。率百官而爲壽，忍虚興慶之彝儀？幸舊宅而會冬〔四〕，益愴永平之故事。願抑對時之感，俯安率土之心。

同前

望雲氣於觀臺，甫驗新陽之至；斷鐘聲於長樂，莫陳亞歲之儀。上切哀恫，下均感慕。中慰〔五〕。恭惟皇帝陛下行高文帝，孝邁有虞。誦凱風聖善之詩，悵六驍之永隔〔六〕；當化日舒長之候，感一線以增悲〔七〕。仰祈宸抱之少寬，式對天心之來復。

同前 代方總領

亞歲甫臨，方講漢儀之舊；徽音浸遠，共深文母之思。遥知晬穆之光，正切哀恫之慕。中慰〔八〕。恭惟皇帝陛下道同堯舜，行過參騫。罷長樂之壽觴，深悲節物；望慈寧之繐帳，益動孝思。願寬追遠之懷，茂對履長之序。

〔一〕煩：明澹生堂鈔本、四庫本、傅校本作「繁」。
〔二〕中慰：原無，據四庫本補。
〔三〕慰：明澹生堂鈔本、四庫本作「謝」。
〔四〕會：原作「令」，據四庫本、《古今事文類聚》前集卷四九改。
〔五〕慰：明澹生堂鈔本、四庫本作「謝」。
〔六〕驍：原作「龍」，據明澹生堂鈔本、四庫本、傅校本、《古今事文類聚》前集卷四九改。
〔七〕感：四庫本、《古今事文類聚》前集卷四九作「視」。
〔八〕慰：明澹生堂鈔本、四庫本作「謝」。

慰元正表 代方卿　紹興三十年

行夏時而正曆，洊易歲華；履春露以念親，益昭聖德。凡預載持之數，共懷怵惕之思。中慰〔一〕。恭惟皇帝陛下以大孝而顯揚任，姒之徽音，以至尊而度越參、騫之高行。當萬國貢珍之在列，嘆東朝靈几之方新。珮響唐宫，莫展壽觴之禮；鐘鳴漢殿，暫停元會之儀。願寬追遠之心，茂對履端之序。臣猥將使指，不獲躬詣東上閤門。臣無任。

顯仁皇太后發引慰表 代方總領

陟彼屺兮，爰卜青烏之吉；維其時矣，遽瞻晝翣之行。祖載逶迤，聖情惻楚。中慰〔二〕。恭惟皇帝陛下德鍾天性，道貫人倫。粵符素奈之謡，彌切蓼莪之感。親喪固所自盡也，內不廢於三年；聖德又何加孝乎，外已刑於四海。逮兹遣奠，尤極哀悰。顧淑靈已隔於東朝，惟追慕少寬於南面。

同前

軜猶告吉，翟駕即塗。念慈矩之長違，知聖情之永慕。中慰。恭惟皇帝陛下高行超於今古，純誠貫於神明。自罷文母之哀，益顯有虞之孝。送終盡禮，遣奠及期。瞻披紼之在庭，宜栝圈之增感。願副羣生之望，少寬罔極之思〔三〕。

攢宫禮畢慰表 代方總領

䡾馭上賓，武帳久虚於長樂；軜猶未諗，容衣遂閟於稽山。一人嗟慈範之違，萬國嘆坤儀之遠。中慰。恭惟皇帝陛下純誠冠古，至行積中。慕親之心未嘗息焉，執喪之禮可謂盡矣。神靈爲之顯相，天日至於晏清〔四〕。用葛無麻，蓋異魯君之母；因山配地，實同唐室之規。仙寢既成，真遊莫返。追懷聖善，固益動於孝心；俯爲邦家，當勉裁於哀慕。

同前

日月有期，爰畢因山之制；寢園在望，共勤陟屺之瞻。追懷大姒之徽音，益惻武王之達孝。中慰。恭惟皇帝陛下德隆天性，念極母儀。既哀戚之內深，亦禮文之外盡。爲之宅兆，奉長樂之褘衣；見於蓍龜，祔祐陵之吉壤。逮兹甫窆，孰不纏悲？雖上聖煢煢，痛長違於慈矩；然下民懇懇，願勉抑於至情。

〔一〕慰：明澹生堂鈔本、四庫本作「謝」。
〔二〕慰：明澹生堂鈔本、四庫本作「謝」。下同。
〔三〕思：四庫本、《古今事文類聚》前集卷四九引作「懷」。
〔四〕清：四庫本、傅校本、《古今事文類聚》前集卷四九作「温」。

祔廟禮畢慰表 代方總領〔一〕

設祭以虞，少駐言歸之馭；祔姑而祀，永綏如在之靈。遹觀彝典之成，彌顯聖人之孝。中慰。恭惟皇帝陛下行爲世法，性本生知。宅憂每越於常情，制禮率遵於故事。瞻文王之清廟，久矣寧神；顧太姒之徽音，兹焉登配。既送終之無憾，在追遠以宜寬。臣限以職守所拘〔二〕，不獲躬詣闕庭。臣無任〔三〕。

同前

桑主來歸，式講九虞之祭；椒塗永閟，遂參諸后之游。悲動紫宸，禮嚴清廟。中慰。恭惟皇帝陛下誠通幽顯，道法祖宗。問寢承顔，事母昔同於事地；慎終追遠，寧親今至於寧神。雖云彝制之遵，時乃明王之孝。閟宫有侐，已聞升祔於姜嫄；南面何爲，願節哀恫於虞舜。

賀冬至表 紹興三十年〔四〕

曆記清臺，甫驗周正之應；人安化國，共欣堯日之長。惟時神聖之君，坐獲天人之助。中賀。恭惟皇帝陛下德參覆載，明並照臨。道方慶於陽來，福自隨於剛長。不假會八能之士，和氣已充；無煩觀五色之雲，豐年可卜。臣幸逢至景，阻望威顔。但同江表之民，遥致華封之祝。

賀郊祀表 紹興二十八年

萬乘遄驅，臨行宫而齋祓；一陽來復，舉柴燎於精禋。熙事告成，綿區賴慶。中賀。臣伏以百神咸秩，雖歷代之通規；三歲親祠，實本朝之定制。既嚴恭之曲盡，亦疏數之適宜。自非明德之馨，孰備聖人之饗？恭惟皇帝陛下道膺多助，運際中興。天爲蓋而地爲輿，爰講合祛之禮；祖有功而宗有德，聿遵並侑之文。籩豆静嘉，璧琮華潤。既神靈之底豫，宜華夏之同歡。臣耳屬上儀，身縻近甸。漢壇八陛，莫陪綪珮之趨〔五〕；舜樂九成，徒夢鈞天之奏。

同前

稽國舊章，修時大祀。神靈底豫，華夏騰歡。中賀。臣伏以天施地生，非合祭無以答兩儀之貺；祖功宗德，非陟配無以揚列聖之休。厥際昌辰，乃成熙事。恭惟皇帝陛下禮隆報本，孝極奉先。乘至景於一陽，講親祠於三歲。歷太宫而祼鬯，即吉土以

〔一〕代方總領：原無，據四庫本、傅校本補。
〔二〕限：原作「猥」，據明澹生堂鈔本、四庫本、《古今事文類聚》前集卷四九引改。
〔三〕「任」下，四庫本有「云云」二字。
〔四〕紹興三十年：原無，據明澹生堂鈔本、四庫本、傅校本補。
〔五〕綪：原作「倩」，據明澹生堂鈔本、四庫本、傅校本改。

欽柴。峨峨奉璋，來顯相之多士；洋洋盈耳，備克諧之八音。恍雲車風馬之臨，燦璧月珠星之應。一人有慶，萬福來同。臣身也滯南，心焉拱北。從甘泉之法駕，莫預駿奔；受宣室之神釐，徒勤注想。

謝郊赦表 一

竣事圜丘，施恩方國。絲綸一出，縲絏四空。中謝。恭惟皇帝陛下祇紹燕謀，茂昭鴻化。仁同覆燾〔一〕，每去殺而好生；法若江河，常易避而難犯。尚虞黔首，或麗丹書。饗帝於郊，俾緝熙於純嘏；配天其澤，用敷錫厥庶民〔二〕。仰瞻貫索之星沉，俯驗圜扉之草茂。臣敢不勤宣漢詔，徧諭周邦？二千石之惟良，雖有慚於共理；四十年之不忒，幸永覯於措刑。

同前

輦回泰畤，慶熙事之備成；幄次端闈，錫湛恩之汪濊。星馳紫詔，冰釋畫冠。中謝。恭惟皇帝陛下禮重宗祈，德隆丕冒。除漢家之祕祝，惟欲惠民；監周室之祥刑，每思慎罰。茲值三靈之貺，盡捐五過之疵。轉和氣於春臺，躋嘉師於壽域。臣適持龍節，莫望雞竿。神祇祖考之咸安，久知舜孝；煇翟胞闔之有畀，願廣堯仁。

天申節賀表 紹興二十八年

帝立子以生商時，適中於九夏；民同心而戴舜節，共紀於千秋。中賀。恭惟皇帝陛下剛健乘乾，聰明稽古。平徭薄賦，散和氣於豐年；耀德銷兵，躋嘉師於壽域。眷此長嬴之月，薰然長育之風。喜動東朝，尚記日符之夢；懽均北道，有來星使之車。既深恩丕冒於華戎，宜善頌悉祈於富壽。天心所鑑，人欲必從。臣幸綴從班〔三〕，欣逢聖旦。方千里者九，適備數於藩維；呼萬歲者三，第馳誠於軒陛。

同前

日形漢夢，記誕節於九重；風入舜絃，扇歡聲於萬國。中賀。恭惟皇帝陛下乾坤合德，曆數在躬。儉勤遠法於祖宗，慈愛兼懷於夷夏。人之所助，天且弗違。福禄延洪，永御赫赫炎炎之祚；本支蕃衍，更觀振振蟄蟄之祥。臣名在周行，身遥魏闕。制三十年之國用，方儲細柳之糧；上千萬歲之壽觴，徒想猗蘭之會。

〔一〕燾：明澹生堂鈔本、四庫本、傅校本作「載」。
〔二〕厥：明澹生堂鈔本、四庫本作「於」。
〔三〕幸：明澹生堂鈔本、四庫本作「濫」。

同前 代總領

蒼龍正於南方，適當盛夏；紫電飛於北斗，丕顯昌期。慶屬當陽，歡均率土。中賀。恭惟皇帝陛下穆清居位，濬哲在躬。以安平之世而益務持盈，以富足之秋而常思寶儉。爰應朱明之序，系隆火德之基。八千歲之春秋，方衍無疆之算；數百所之符瑞〔一〕，更儲有羡之休。臣分職近畿，馳心廣陛。作誕聖繼天之詠，竊自愧於唐臣；歌阜財解愠之風，第欣逢於舜日。

同前

天生民而立之君，茂啓中興之運；臣歸美以報其上，共欣載夙之期。中賀。恭惟皇帝陛下配德乾坤，合明日月。御赫赫炎炎之祚，成巍巍蕩蕩之功。當樞電之呈祥，畢華戎而賴慶。嚴恭寅畏而自度，已迪哲於四人；虚静恬淡而無爲，方成純於萬歲。臣猥司外閫，阻造近班。使壽使富而多男，願上堯封之祝；宜民宜人而受禄，載賡周雅之章。

謝御製書損齋記表 紹興二十九年代江東帥司〔二〕

君子懲忿窒慾，寓妙理於齋居；聖人肆筆成書，錫宸章於藩服。望雲天而祗拜，偕民吏以榮觀。中謝。臣伏以自昔守成之君，鮮知持滿之戒。雕墻峻宇，第營桂館以求仙；繪句絺章，或侈柏梁而流詠。既不聞於修德，自有愧於作猷。豈如上聖之資，懋啓中興之運。念宴游之不急，有感於斯；惟筆硯之未忘，式稽於訓。乃闢殿廬之側，益窮聖學之高。究六十四卦之盈虚，獨取名於抑損；述三百餘言之謨訓，思坐鑑於興衰。爛奎壁之光輝，得乾坤之簡易。恭惟皇帝陛下道高衆甫〔三〕，德冠百王。克勤於邦而克儉於家，罔遊於逸而罔淫於樂。爰以躬行之美，形諸心畫之精。命自郵傳，人皆草偃。臣敢不仰遵彝教，俯迪羣黎？焕乎文章，既睹神馬圖書之秘；注其耳目，共化羔羊節儉之風。

同前 代方總領

超然燕處，損又損以標名；倬彼雲章，休勿休而示訓。啓寶函而拜賜，拭凡目以知榮。中謝。臣伏以真宗著清景之題，必言省費；仁祖述危竿之諭，蓋慎居高。是皆重熙累洽之時，不廢履薄臨深之戒。於皇上聖，克紹先猷。知盈滿之當持，念宴游之不急。乃闢殿廬之邃，載摛睿藻之華〔四〕。探伏羲、西伯之用心，既窮大象；鑑武帝、明皇之失策，用作元龜。乃如八法之通神，尤見一人之能事。恭惟皇帝陛下簡易合乎天地，儉勤御於家邦。蕩蕩巍巍，已底日新之盛；兢兢業業，不忘夕惕之思。

〔一〕所：原缺，據明澹生堂鈔本、四庫本、傳校本補。

〔二〕紹興二十九年代江東帥司：原作「代江東帥司紹興二十九年」，據明澹生堂鈔本、四庫本、傳校本乙。

〔三〕高：四庫本、傳校本作「包」。

〔四〕藻：原作「筆」，據明澹生堂鈔本、四庫本、傳校本改。

雖精微自得於宸心，而播告未周於邦域。用鑱樂石，徧錫官聯。臣敢不三復聖人之言，載殫愚者之慮？朝夕清燕以自警，既存乎辭；損益盈虛與偕行，願事斯語。

同前　代吳漕

殿廬闢室，揭先難後易之名；睿藻摛詞，述據舊鑑新之語〔一〕。刻堅珉於天上，錫副墨於人間。中謝。臣聞山不自高，乃成九仞；澤惟善下，斯會衆流。因二象之益謙〔二〕，畫六爻而爲損。仲尼讀《易》，深虞持滿而自賢〔三〕；陸贄抗言，力論裕人而約己。未有據域中之大寶，立天下之廣居。即蜵蜎蠖濩之宮，制爲璇榜；著潔淨精微之語，親御寶跗。究日月之盈虧，體乾坤之簡易。內頒百執，外及多方。聖謨雲漢之昭回，妙墨龍鸞之蟠翥。恭惟皇帝陛下持盈有道，守位惟仁。以清心寡欲爲先，以黷武窮兵爲戒。捨宮寢而即大庭之館，得黃帝之齋心；衣弋綈而罷百金之臺，邁漢文之躬儉。尚慮莅官之衆，未知懲忿之方。爰出宸文，俾孚帝德。臣敢不服膺大訓，竭節外臺？韋三絕以深思，誦之無斁；龜十朋而自效，奉以有爲。

廣德軍謝上表　代外舅　紹興二十六年

睿主有爲，慎求良守；微臣何德〔四〕，誤列附庸。懷印紱以知慚，望雲天而叙感。中謝。伏念臣奮身孤遠，逢世休明。趨事赴功，嘗抱區區之志；循名責實，迄無赫赫之功〔五〕。方謀三逕之歸，遽忝一麾之守。眷言桐水，密拱楓宸。尚德去刑〔六〕，吏識朝廷之意；平徭簡賦，人安田畝之生。初莫布於教條，但坐縻於廩稍。茲蓋伏遇皇帝陛下乾剛用九，皇極登三。如日正中，畢照百工之能否；與天同大，常憂一物之棄遺。遂使至愚，亦叨共理。臣敢不勉圖實效，深念空餐？政拙催科，儻繼陽城之下考；民無愁恨，庶裨宣帝之中興。

謝除直秘閣知揚州表　紹興二十九年九月〔七〕

劇部觀風，已冒外臺之寵；通都移牧，更聯中秘之華。朝違舊治之山川，夕見新封之民吏。仰宣德意，俯佩恩榮。中謝。伏念臣性拙以迂，器凡而近。先朝賜第，早被於作成；上聖掄材，嘗塵於任使。自終更於安陸，旋退屏於閭閻。筋力久衰，幾坐消於髀肉；星霜十易，每竊嘆於鬢絲〔八〕。暨逢公道之宏開〔九〕，獲與時髦而並薦。分符檇李，深慚芻狗之重陳；換節江圻，初試鉛刀之一割。方虞簿責，遽奉詔除。矧是廣陵，夙稱督府。北

〔一〕語：四庫本作「旨」。
〔二〕益：四庫本、傅校本作「能」。
〔三〕自：原作「目」，據明澹生堂鈔本、四庫本改。
〔四〕德：明澹生堂鈔本、四庫本作「取」。
〔五〕功：明澹生堂鈔本、四庫本、傅校本作「稱」。
〔六〕尚：明澹生堂鈔本、四庫本、傅校本作「任」。
〔七〕九月：原無，據明澹生堂鈔本、四庫本、傅校本補。
〔八〕「筋力」至「鬢絲」：原缺，據明澹生堂鈔本、四庫本、傅校本補。
〔九〕暨：原缺，據明澹生堂鈔本、四庫本、傅校本補。

鄰修睦，邊城無晝閉之驚；南畝服勤，田畯有秋成之喜。欲數靜治，宜擇能臣。不圖猥擢於庸才，仍復就加於美職。江通一水，誰云淮海之遙；名列三山，頓覺瀛州之近。叨踰甚矣，報稱謂何！此蓋伏遇皇帝陛下堯哲知人，湯寬御衆。察臣習於吏事，故付之綏撫之權；憐臣奮自書生，故寓以清華之直。龍光所被，駑鈍奚堪？臣敢不上體眷知，勉殫夙夜？身雖制閫，莫陪東觀之諸儒；志則勤民，庶效西京之循吏。

信陽軍謝上表 紹興二十九年

畿西假守，僅輸乘障之勞；湖外分麾，復預專城之數[二]。洗印章而視事，望旒冕以知恩。中謝。伏念臣瓠落凡材，槍榆微分。三紀官塗之荏苒，十年幕府之棲遲。浙水江圻，早安平進；岷山粵嶺，中事遐征。備半刺於峴南，列附庸於塞上。試可乃已，終更亟還。偶逃虞典之黜幽，薦冒漢廷之宣化。惟義陽之偏壘，乃申伯之舊封。土厚人淳，昔蓋稱於衍沃；兵銷賦簡，今漸復於流移。豈伊庸瑣之資，堪此撫摩之任？茲蓋伏遇皇帝陛下深仁懷遠，大智燭微。每求師帥之官，尤慎邊疆之吏。俯嘉勤拙，俾效疲駑。臣敢不悉力安民，盡心固圉？周邦咸喜，雖慚吉甫之詩；共理惟良，願廣孝宣之治。

謝除太府少卿表

將命江淮，久塵星省；疏榮觀闕，驟亞月卿。念委寄之不移，知恩私之愈厚。中謝。伏念臣寒鄉晚出，薄宦卑飛。叨逢籲俊之秋，濫綴登畿之數。粵負丞於外府，旋列屬於中臺。所懼汰歸，乃膺臨遣。給餉坐兼於兩路，空餐行及於再期。自量心計之非長，常恐使華之不稱[三]。竊思載籍，具有前模。流馬木牛，葛亮創蜀中之運；輦車驪駕，寇恂資河內之軍。彼皆值於行師，尚不聞於乏事。矧說劍櫜弓之後，無飛芻輓粟之勤。第鈎考於簿書，粗斡旋於金穀。論功何有，竊位則多。已慚假寵於諸郎，更許參華於七寺。中負梁鵜之刺，徒驚晉馬之蕃。此蓋伏遇皇帝陛下大智博臨，深仁徧覆。灼知能否，故雖遠而不遺；力勸事功，凡有長而必録。爰茂出綸之渥，悉褒總賦之臣。遂致下愚，亦升少列。臣敢不仰承睿眷，俯竭駑才？無廢前勞，少助足食足兵之政；更圖後效，永肩惟忠惟孝之心。

張端明謝乞致仕降第二詔不允仍赴行在奏事表 紹興二十九年五月

需章屢貢，祈必返於田廬；溫詔洊頒，俾趣朝於觀闕。仰洪私之曲被，嗟素願之靡伸。詞窮幾至於忘言，感極惟知於霣涕。中謝。伏念臣以桑榆之暮景，司管籥之重權。引分丐歸，殆非一日。強顏冒寵，坐閱三年。隕越是虞，衰殘益甚。矧父書之將墮，在私義以何安？竊慕馬遷，請論先人之所次；庶幾延壽，

[二] 數：四庫本作「選」。
[三] 常：原缺，據明澹生堂鈔本、四庫本、傅校本補。

追終舊事之未成。用控忱辭，疊塵淵聽。敢謂俞音之閟，更叨召節之嚴！欲傴僂而趨，則昧垂車之志；將逡巡以避，又貽俟駕之誅。進退不遑，凌兢失措。此蓋伏遇皇帝陛下恩深念舊〔二〕，禮厚馭臣。謂其事奉有年，早陪簪槖；憐其餘生無幾，久去軒墀。既未許於歸休，乃特容於入覲。臣敢不勉承訓諭，上體眷知？葵藿之心，儻一傾於天日；黿魚之性，即自樂於江湖。豈惟不食於前言，抑亦粗成於先志。

漢州謝上表 紹興三十年

觀闕九重，榮頒印組；舟車萬里，來見吏民。所慚庸陋之資，莫稱蕃宣之寄。中謝。伏念臣才不足以應務，學不足以通經。自竊儒科，即從吏役。臨事欲殫於尺寸，程能奚補於絲毫！方伏窮閻〔三〕，遽塵偏壘。矧德陽之奧壤，爲益部之樂郊。去國雖遥，望雲不隔。聖主寬仁之有素，惟在布宣；朝家法令之具存，第當遵奉。名叨分土，實愧空餐。此蓋伏遇皇帝陛下大智燭微，深恩被物。奬擢循良之吏，撫綏幽遠之區。謂臣早奮羈單，知人疾苦；察臣粗更中外，體上焦勞。用錫左符，俾臨右蜀。臣敢不勸農桑以敦其本，省刑罰以樂其生？姑云職業之常，尚容自勉；倘論乾坤之造，夫豈能酬！

汪端明遺表

陰陽之數難逃，要歸有盡；覆載之恩未報，寧忍無言！指下地以將終，望高穹而永嘆。中謝。伏念臣奮身寒遠，禀質迂愚。曾微一善之踰人，誤辱兩朝之過聽。六卿分職，佐銓曹版部之劇繁；十國爲連，叨閩嶠坤維之鎮撫。晚由禁路，洊領輔藩。以疾求閒，竊真祠之三命；何功受寵，聯秘殿者六年。宜其福過以災生，致乃神殫而氣索。遂辜洪造，永謝清時。伏願皇帝陛下剛健天行，光明日就。萬年億載，長承太上之顏；四海九州，迄睹丕平之世。臣生而無益，死亦奚爲！駑蹇自慚，向有埋帷之累；精誠未泯，豈忘填海之心？

天申節進銀一千五百兩奏狀二首〔三〕 代江東轉運司 紹興二十八年

漢嶽呼三，夙應社鳴之旦；周庭旅百，載修實贄之儀。前件物剛本乾爲，瑞繇山溢。恭輸內府，庶參九牧之金；願詔尚方，助鑄千秋之鑑。

盛德在火，命自天申；珍物爲金，寶難地愛。言念逢辰之載夙，宜修享上之多儀。前件物瑞溢商山，名參漢幣。雖睿哲以不貪爲寶，豈貨賄之敢供？然臣民堅請祝之誠，假精剛而自見。

〔一〕此：明澹生堂鈔本作「玆」。
〔二〕閤：四庫本作「簷」。
〔三〕二首：原無，據明澹生堂鈔本、四庫本、傅校本補。

王監簿庭珪辭召命狀 乾道七年

伏念庭珪年踰九十，塵忝科第五十四載。昨於隆興初蒙恩召對，獲望清光，叨改京秩，除國子監主簿。尋懇免供職，乞祠歸鄉，今復八年。忽準乾道六年十二月二十六日尚書省劄子，備奉聖旨，召赴行在。庭珪餘生何幸，深願再瞻觀闕。其如齒髪益衰，兩耳重聽，奔走道路，實難勉强。欲望朝廷特賜敷奏，寢罷前件恩命，庭珪下情不勝戰懼懇祈之至，候指揮。

代大兄奏劄 淳熙三年

臣竊見朝廷向來將福建沿海人户舟船籍定數目〔一〕，分作甲乙丙三番，輪流差使，其當番之人前半年告報不得出外。行之既久，公私按堵，未嘗乏事。淳熙元年，樞密院差黄萛英同逐州通判再行根括，立賞糾告，監勒打駕。伺候檢量丈尺，辨驗木植之新舊，雕刻帆檣〔二〕，置備軍器槓具。拘留坐泥，近不下半年，妨廢興販，中下之家往往失業。既得放散，方且營運，曾未半年〔三〕，忽準指揮，三番併發赴平江府許浦擺泊。事出倉卒，州縣奉行急於星火，期限迫促，而海道風波，□無期程〔四〕，追逮家屬，禁繫決責，誠可憐憫。去冬臣在興化日，忽報海寇自明州侵犯福州及本軍界，帥憲司督責會合，官吏束手坐視〔五〕，無以爲計。所幸福州打造到未發大舟，帥司差撥兩隻，令鄭輝管押延祥寨水軍乘駕下海追捕，遂得敗獲。當時若無此船，海寇必致猖獗。此皆已驗之事，不可不慮。兼福建地狹人稠，雖無水旱，歲收僅了數月之食，專仰舟船往來廣浙般運米斛以補不足，倘或盡行起發，民間定闕歲計。臣愚欲望聖慈思患預防，特降睿旨行下本路，將已籍定船依舊分三番差使。其當番人前期報告，在岸祗備；不當資次，從便營運。庶使瀕海有力之家，自此樂於打造，亦免見在船户差使頻併，無以爲生，將來却致逃移，或誤國事。取進止。

吏部趙尚書雄論侍從隨赦加恩劄子 淳熙三年

伏觀二月十七日赦書内一項，應文武官合加恩者並與加恩。本部檢準司封令，諸文武官應理七年已上，若取旨及不磨勘者並隨赦加恩，餘但給告即加。稱加恩者，功臣、階、勳、爵、邑皆是。《考功令》應磨勘奉直至中大夫七年，即是應理七年已上者，係謂庶官奉直至中大夫；又《令》五品以上應磨勘轉官者具狀擬奏，即是合取旨者，係謂大中大夫；若職事官權六曹侍郎以上，又《令》前執政官該磨勘，依待制已上法，即是不磨勘者，係謂見任執政官。其上件依《司封令》，遇赦並合隨赦加恩。又

〔一〕船：原無，據明澹生堂鈔本、四庫本補。
〔二〕檣：原作「檀」，據明澹生堂鈔本、四庫本改。
〔三〕曾：原無，據明澹生堂鈔本、四庫本、傅校本補。
〔四〕明澹生堂鈔本、四庫本無闕空。
〔五〕官：原無，據明澹生堂鈔本、四庫本補。

《令》陞朝官因轉官應加恩者，關到限次日報本選。如此之類，即是餘官須候給告即加，事理昭然，本無可疑。只緣渡江以後，本部不詳法意，除文臣庶官奉直大夫已上，武臣右武大夫刺史以上隨赦加恩外，凡職事官自權六曹侍郎、給諫已上至正尚書，倘或階官未至大中大夫，必候因事給告始加封邑。則是侍從官雖至朝議、中奉、中大夫者，反不若庶僚奉直大夫。蓋侍從官自朝議至中大夫止理三年磨勘故也。循襲錯誤，莫甚於此。兼檢照前輩文集，遇赦加恩告詞甚多。如《劉敞集》中有樞密直學士、吏部郎中（今朝請大夫〔一〕），權知開封府陳升之遇大禮加勳邑制，龍圖閣直學士、右司郎中李兑加爵邑制，并《王珪文集》有工部郎中、知制誥王洙遇大禮加爵邑制，又有內外待制加食邑制，今並録白在前。其他如王安石〔三〕、余靖等外制所載尤多，足見內外侍從官止據職任，不繫階官，自合隨赦加恩，於訓詞中明著行慶施惠之意，實爲得體。況見今史院有名臣蔡延慶之子所著《祖宗官制舊典》〔三〕，其論勳爵云：「熙寧後務減省，故朝臣已上遇轉官併加勳階，若待制、觀察使已上方特給告。」今却以朝臣之制施之侍從，可乎？參考典故、檢照法令愈明白，本部欲照條施行，更取朝廷指揮。伏候指揮。（三省勘會，文臣奉直大夫以上，武臣右武大夫刺史以上，並隨赦加恩；其侍從官事體尤重，自合隨赦加恩施行。正月二十七日，三省同奉聖旨依。）

〔一〕今朝請大夫：原字與正文同，今據明澹生堂鈔本、四庫本改小字注。

〔二〕如：原缺，據明澹生堂鈔本、傅校本補。

〔三〕史：原作「使」，據明澹生堂鈔本、傅校本改。

廬陵周益國文忠公集卷八三

省齋別稿卷三

青詞　功德疏[一]　疏文　並代作[二]

外舅設醮青詞　戊寅立春[三]

人生總總，捨妙道以奚依？天網恢恢，視至誠而來格。稽首望層霄之表，洗心陳一介之愚。伏念臣某等並以冥頑，仰資覆燾[四]。歷歲月日時之久[五]，善無聞焉；凡行藏視履之間，罪固多矣。運適逢於惡弱[六]，家寖失於平康。居懷臨深履薄之憂，敢緩蹐厚跼高之懇？迎春陽之開動，哀羽士以薰修。繙琅函瓊笈之寶書，延金闕玉京之飈馭。伏望寸誠昭徹，列聖監觀。貸其既往之愆，開以自新之路。福莫長乎無禍，倘蒙大造之曲成；吉不僭而在人，誓與闔門而共勉。

建康府爲皇太后設醮青詞　己卯

慶集慈闈，方介萬年之永；時當秋令，稍愆六氣之和。聖神正切於問安，臣子當勤於致禱。肅哀淨侶，祇祓崇壇。諷三洞之瓊章，延九霄之飈馭。式憑道蔭，仰贊坤儀。伏願上帝儲休，萬靈介祉。衍椿齡於南極，輳燕喜於東朝。同金母之長生，後天而老；副魯人之善祝，俾壽而臧。

茅山　己卯

壽祉無疆，方隆坤載；節宣或爽，未格時和。眷惟句曲之山，夙號列真之宅。仰體聖神之意，俯殫方國之誠。祇按仙科，肅邀羽士。琅函瓊笈，啓三洞之靈篇；風馬雲車，延九天之法駕。曲盡薦蘩之禮，期臻勿藥之功[七]。伏願上帝監觀，至誠昭徹[八]。來善祥於霄極，介景福於慈闈。孝莫大於親寧，上副九重之願；天必從於人欲，下符四表之心。

徐憲設醮青詞　己卯四月

死生有命，固修短之難逃；父子主恩，忍幽明之遽隔。念逝水莫回於下地，惟真科可籲於上天。不勝駒犢之情，輒效潢汙之薦。伏念臣某次男某未登弱冠，忽染沉痾。雖竊深惟疾之憂，

〔一〕功德疏：原無，據明澹生堂鈔本、四庫本、傅校本補。
〔二〕並代作：原無，據明澹生堂鈔本、四庫本、傅校本補。
〔三〕戊寅立春：原無，據明澹生堂鈔本、四庫本、傅校本補。
〔四〕燾：四庫本作「幬」。
〔五〕歷：明澹生堂鈔本、四庫本作「閱」。
〔六〕弱：原作「俗」，據四庫本、傅校本改。
〔七〕期：明澹生堂鈔本、四庫本、傅校本作「冀」。
〔八〕至：四庫本、傅校本作「寸」。

尚庶幾勿藥之喜。豈期不淑，卒至云亡。恍惚四旬，疑聲容之猶在；冥茫厚夜〔一〕，痛體魄之安歸？深惟此生夭折之繇，大懼宿世愆尤之積。欲圖拯拔，必假薰修。叩絳闕而祓壇場，按赤文而陳簡籙。肅延凈侶，諷三洞之靈章；廣設華燈，破九幽之惡趣。式哀衆善，少濟冥塗。伏願霄極監觀，飆游降格。憫臣心之懇切，許臣子以超升。罪刊黑簿之中，魂越朱陵之上。更憑妙道，結未了之因緣；誓與闔門，戴無窮之造化。

金陵府治祈雨青詞〔二〕 同前

旱而欲雨，在衆庶以皆然；窮乃呼天，豈守臣之敢緩？惟金陵之巨屏，實江表之通都。師旅雲屯，常資於豐稔；室廬櫛比，尤畏於鬱攸。乃自三春以來，暨於首夏之際。既久愆於膏澤，仍屢困於融風。農末俱憂，公私告病。雖曲盡所求之禮，殊未有霑足之期。自非請命於穹蒼，何以救民於塗炭？用涓穀旦，祈祓靈壇。哀凈侶而演瓊章，按真科而陳菲薦。伏願俯垂淵鑑，曲軫鴻慈。大施三日之霖，亟解一方之厄。金穰可望，既無艱食之虞；火疹自消〔三〕，咸有奠居之樂。敢忘飭勵，仰答生成？

方卿元日設醮青詞 庚辰

四序更端，甫臨於元命；九霄在望，輒控於愚衷。臣猥以駑材，夙資鴻蔭。陰陽默運，倏甲子之一周；歲月俱新，適庚辰之並紀。即官居而汎掃〔四〕，遵道籙以熏修。稽首歸誠，齋心謝過。冀蒼穹之下濟，俾丹懇之上通。慶集親庭，常保康寧之福；身安仕路，永逃瘵曠之愆。誓堅金石之心，仰答乾坤之造。

郭元嘉設黃籙青詞

物皆有死，惟短折則可哀；人孰無情，在弟昆爲尤切。眷言同氣，備歷多艱。雖一第之成名，幾十年之不調。僅沾寸禄，遽迫大期。繇宿生罪垢之弗除〔五〕，且今世愆尤之重積。自貽伊咎，遂隕其生。不勝手足之悲，輒效潢汙之薦。投誠簡籙，請命穹蒼。仰繄覆幬之仁，俯濟沉冥之苦。天倫已矣，悼友愛之莫伸；地户恍兮，惟超升之是望。

又設醮青詞

無微不達，螻蟻之至情；有感必通，乾坤之大造。伏念臣雖依道籙，未脱世塵。昨因伉儷之私，嘗啓熏修之願。偶緣多故，頗致遷延。逮因宿痾，愈懷兢畏。乃集黃冠之侶，恪遵清醮之儀。冀贖前愆，且徼後福。舉室倘臻於康泰，終身永奉於高真。

〔一〕冥：原作「杳」，據明澹生堂鈔本、四庫本、傅校本改。
〔二〕祈：明澹生堂鈔本、四庫本作「求」。
〔三〕消：四庫本作「捐」。
〔四〕汎：明澹生堂鈔本、四庫本作「洒」。
〔五〕宿：明澹生堂鈔本、傅校本作「多」。

尚氏姊本命日設醮青詞 乙酉十二月二十五日

天無不覆，其大難量〔一〕；人有所求，維誠易感。嗟稟生之多阨，嬰痼疾者積年。勢乍已而復加，藥屢更而未效。豈涉世動違於禁忌，獲戾如斯；抑宿生多積於愆尤，貽災以此。惟道蔭有祈禳之理，惟真科開懺謝之塗。適臨元命之辰，密應新春之候。輒殫悃愊，虔致熏修。雖上穹之聽蓋高，然匹婦之情可達。冀永蘇於病質，誓仰戴於鴻私。

十三弟設醮青詞 庚戌夏

罪愆增積，久獲戾於神明；限數災屯，遂纏疴於床枕。既知悔懼，敢怠祈禳？仰祈鴻造之鑒觀，俯念微生之困殆。貸其往咎，許以新圖。早收藥石之功，獲保桑榆之景。

功德疏

乾龍節功德疏八首 戊寅

正陽紀月，來瑞鳥之嘉祥〔二〕；薄海望雲，啓飛龍之令節。不致叢霄之禱，曷殫萬國之誠〔三〕？孝慈淵聖皇帝陛下伏願誕受天休，亟蒙帝祉。脱三十年之否運，回一萬里之安輿。享福康寧，遠邁人皇之上壽〔四〕；頤神間燕，永觀宣后之中興。

麥秋應候，夙開夢日之祥；寰夏傾心，遥致後天之祝。叩金闕玉京之境，繙琅函瓊笈之書。伏願上帝儲休，三靈介祉。五百里之荒服，亟返迷塗；八千歲之大椿，更隆睿算。

長發其祥，當首夏清和之候；誕彌厥月，罄多方頌禱之誠。望金闕於九霄，演瓊章於三洞。伏願兩儀克相，萬福永膺。俯順衆心，輟瑶池之西宴；仰憑道蔭，自赤水以南歸。

夢日儲休，早應羣龍之集；望雲祝聖，共祈八駿之歸。祗叩清都，虔申丹懇。伏願函蒙多祉〔五〕，誕受殊祥。歷三紀而狩窮荒，既備嘗於險阻；錫萬年而歸中國，期永享於逍遥。

南訛初秩，夙聞里社之鳴；北狩雖遥，敢廢封人之祝？肆稽舊典，高咏靈篇。伏願妙道扶持，清躬燕豫。民之所欲，祈速返於鑾輿；天且弗違，更茂延於鴻算。

長發其祥，適在清和之候；誕彌厥月，預伸頌禱之誠。即金界之净坊，演貝多之秘曲。伏願壽同無量，福過大千。俯順衆

〔一〕量：明澹生堂鈔本、四庫本、傅校本作「名」。
〔二〕鳥：明澹生堂鈔本、四庫本、傅校本作「乙」。
〔三〕萬：明澹生堂鈔本、四庫本作「方」。
〔四〕遠：原作「遂」，據明澹生堂鈔本、四庫本、傅校本改。
〔五〕函：原作「亟」，據明澹生堂鈔本、四庫本改。

心，輟瑤池之西宴；仰憑佛力，自赤水以南歸。

正陽紀月，甲觀開祥。聖若宣尼，尚處九夷之陋；誠同漢岳，遥申萬歲之呼。伏願十力證知〔一〕，三靈孚佑。必得其壽，如沙劫之難窮；式遄其歸，等佛身之無礙。

瑞鳥應期〔二〕，昔啓聖神之運；飛龍紀節，今逢震夙之期。式瞻滿月之容，遥致後天之祝。伏願乾坤協佑，屯否潛消。十一月之朔巡，早迴虞帝；萬千歲之眉壽，遠邁魯侯。

天申節功德疏八首 同前

日永蒼龍，正火德熾昌之候；星流華渚，叶真人震夙之期。虔脩最上之乘，仰贊方增之壽。皇帝陛下伏願備膺純嘏，誕保洪基。怙冒群生，等慈雲而徧覆；照臨四海，與佛日以常中〔三〕。

猗蘭紀瑞，聖神膺申命之休；貝葉繙經，夷夏祝降年之永。既預保釐之列，彌勤歸報之誠。伏願德茂日新，福臻時邁。寶圖演御，聰明睿知以有臨；玉曆增延，算數譬喻不能及。

景風應律，序已正於朱明；飛電騰輝，符有開於赤帝。欲罄延長之禱，敢祈調御之師。伏願誕保鴻休，溥將駿命。清蹕而朝萬宇，永居宸極之尊；後天而調三光，常奉慈闈之養。

帝圖有永，仰上聖之膺期；佛力無邊，紓下情而致禱。集龍天之妙勝，裨海岳之深崇。恭願舜日光昭，堯雲布濩。巧曆莫推其算數，多男更茂於本支。與國咸休，常奉慈闈之養；因民所利，俾同壽域之躋。轉運司。戊寅。

里社夙鳴，際千齡而啓聖；潮音普震，罄九有以祈年。矧將命於和門，宜輸誠於梵刹。伏願佛身常住，僧劫難窮。爲大法王，永副山靈之託；作百神主，常膺嵩岳之呼。

天純佑命，固已格於延鴻；民懷有仁，自難忘於頌禱。集祇園之浄侶，慶甲觀之昌辰。伏願乾健時行，豐亨久照。商后嚴恭而自度，永觀帝德之敷；周王安樂以延年，坐擁天休之至。

虹渚流光，啓神聖挺生之旦；鷲峰致禱，罄華夷歸報之心。恭願如日照臨，體天覆幬。壽考越萬年之久，子孫開千億之繁。夏清冬温，常奉東朝之養；丁躔丙度，永占南極之祥。總領所。己卯〔四〕。

猗蘭紀瑞，當誕彌厥月之期；貝葉繙經，致於萬斯年之祝。式哀衆善，仰贊中興。伏願乾健常行，離明久照。四大而王居

〔一〕十力：原作「千佛」，據明澹生堂鈔本、四庫本、傅校本改。
〔二〕鳥：明澹生堂鈔本、四庫本、傅校本作「乙」。
〔三〕「常中」下，明澹生堂鈔本、四庫本、傅校本有「建康府」三字。
〔四〕己卯：原無，據明澹生堂鈔本、四庫本、傅校本補。

一，併包有截之區；五福以壽爲先，增衍無疆之數。轉運司。己卯。

會慶節開啓疏三首〔一〕 三省例委撰 壬午

帝立子以生商，適臨良月；民同心而戴舜，初紀誕辰。虔修最上之乘，仰贊方增之壽。皇帝陛下伏願乾行不息，離照常中。成巍巍蕩蕩之功，衍赫赫炎炎之祚。邇安遠至，垂裳觀萬國之朝；地久天長，晝衮奉二親之養。

滿散疏

帝圖有永，慶上聖之膺期；佛力無邊，紓下誠而致禱。已集龍天之妙勝，庶裨海岳之深崇。皇帝陛下伏願誕保洪基，備膺純嘏。九州四海，皆底貢於端闈；億載萬年，永稱觴於德壽。

功德疏

重華協於帝紀，會慶之嘉辰，衆美效之君馨，群臣之善頌。既家國值非常之喜，宜乾坤儲莫大之休。皇帝陛下伏願坐振皇威，益恢孝治。以盛德而一華夷之統，以至尊而承父母之顔。轉聖王之四輪，咸休天覆；歷賢劫之千佛，永保君臨。

皇太后服藥蔣山疏文 己卯

壽祉無疆，方隆坤載；節宣或爽，未格時和。眷鍾阜之精藍〔二〕，實能仁之勝地。仰體九重之意，俯殫萬國之誠。設浄供於人天，集殊因於梵釋。冀憑慧力，速臻藥石之功；益永徽音，更茂松椿之壽。

皇太后服藥赦書賽諸祀廟疏文〔三〕 己卯

恭惟聖天子以舜文之孝方問安於東朝，爰霈湛恩，徧秩群祀。庶憑〔四〕陰相，共介康寧。願延萬壽之期，永受九重之養。

建康府爲皇太后舉哀疏文六首〔五〕 己卯

變鍾長樂，倏聞坤載之傾；悲動含生，咸切母懷之慕。式披梵典，恭布哀誠。大行太后伏願頓悟真如，圓成妙果。翟車縹

〔一〕 三首：原無，據明澹生堂鈔本、四庫本、傅校本補。
〔二〕 藍：原作「英」，據明澹生堂鈔本、四庫本、傅校本改。
〔三〕 赦書：原無，據目録及明澹生堂鈔本、四庫本補。廟：原作「祀」，據明澹生堂鈔本、四庫本改。
〔四〕 憑：四庫本、傅校本作「資」。
〔五〕 六首：原無，據明澹生堂鈔本、四庫本、傅校本補。

緲，亟遊極樂之邦[二]；鹿苑逍遥，更結摩耶之侶。

騩馭遐升，無復慈闈之啓；鷲峰精禱，敢忘冥福之祈？恭仗佛乘，仰酬坤載。伏願一真不昧，萬行常圓。同佛母之在天，永居兜率；因女身而證道，有若文殊。

坤儀厭代，莫延中壽之期；孺慕興哀，頓失東朝之恃。不資釋典，曷助仙遊？伏願悟五蘊之皆空，湛六塵而不染。由法雲地，登正覺之道場；乘般若舟，到菩提之彼岸。

輧車既閟，永虚長樂之朝；貝葉可繙，仰叩大雄之坐。式資妙果，用展哀悰。伏願頓悟無生，常除有漏。三山已隔，莫瞻騩駕之遊；十地非遥，願值龍華之會。

東朝厭世，共悲大地之傾；西竺繙經，爰致普天之禱。庶憑法力，仰助仙遊。伏願境悟空花，功成妙果。徽音常在，如夜月之印潭；真諦是依，乘慈航而濟岸。

長樂告終，倏歎母儀之隔；綿區奉諱，共懷坤育之恩。恭修最上之乘，仰助遐升之路。伏願觀身如幻，了世無常。密仗真詮，既坐超於十地；翕臻冥福，更垂祐於六宮。

請寶公祈雨疏文 己卯四月三日

自春及夏，久愆膏澤之施；若吏與民，咸有旱乾之懼。雖靈祠之徧走，迄誠意之未孚。仰惟無礙之慈悲，夙副有生之願欲。敢勤象駕，迂顧法筵。俾黔黎共罄於瞻依，庶哀憫曲垂於拯救。伏願至仁易感，洪誓不違。出慈雲鍾阜之間，隨車而至；霈法雨秦淮之上，及物無遺。永言歸嚮之心，全賴生成之賜。

道觀祈雨雪文[三] 未祈禱間得雪，遂不用。後二首同。

己卯

天覆群生，禱祈必應；時臨窮臈，潤澤偶愆。麥菽可虞，癘疵或作。祗叩博臨之鑑，冀垂下濟之仁。呼風雲於朝夕之間，霈雨雪於冬春之際。庶豐年之協應，致沴氣之潛消。誓竭微誠，仰酬洪造。

佛寺祈雪文

歲云暮矣，適困常暘；雨以潤之，正須惠澤。用竭一心之

[二] 邦：明澹生堂鈔本、四庫本作「方」。
[三] 雨：原無，據明澹生堂鈔本、四庫本補。

懇，式瞻雨足之尊。惟六出之花，繽紛來下；則兩歧之穗[一]，秀實可期。仰緊無礙之慈，速副有生之望。

寳公塔祈雪文

豐年所繫，皆卜於冬春；嗣歲將興，尚愆於雨雪。敢歸誠於鍾阜，用徼福於金容。瞻彼慈雲，願散彌天之潤；擴茲慧力，亟書平地之祥。惟二麥之無憂，則一圻之有賴。

[一] 穗：四庫本、傅校本作「麥」。

廬陵周益國文忠公集卷八四

省齋别稿卷四

啓 並代作

謝宰執啓 以下十九篇並代外舅　紹興二十六年

假以近邦，已戴陶鎔之賜；縮其遠次，益銜造化之恩。懷組綬以於征，見吏民而伊始。伏念某天資椎鈍，地望單平。識非五總之龜，學止一斑之豹。艱辛宦牒，兢畏官箴。謂我朱愚，人笑南榮之智；爲官拓落，客騰揚子之嘲。十年陪鴛序之聯，終日負鵜梁之愧。力上投閒之請，遽叨共理之除。繇大鈞方播於無垠，故小子亦容於有造。遵塗浹日，及境宣風。將何施設於教條，惟在奉承於法令。夙宵自省〔一〕，僥冒爲多。茲蓋伏遇某官感會三辰，昭明百度。密勿皋、夔之任，弼諧堯、舜之君。橐籥含生，罄邇遐而畢遂；權衡多士，隨輕重以皆平。遂致妄庸，亦塵任使。惟是桐川之壤，未遥楓陛之朝。訟簡刑清，雖曰庸才之可勉；民貧地狹，奈何經費之不充。方當涖職之初，預積瘝官之懼。願少寬於箠策，庶自竭於疲駑。狄山居一障之間，既蒙優假；嚴助奉三年之計，更賴生成。過此以還，未知所措。

與江東張帥啓〔二〕

三徑就荒，未決歸田之計；一麾出守，誤叨乘障之恩。已諏龜卜之良〔三〕，祇佩魚符之寵。伏念某學雖有志，才不逮人。少也孜孜，妄冀事功之立；老而碌碌，但慚廩稍之糜。昨參風憲之糾繩，謬贊露門之誦説。自知無補，力丐投閑。荷上聖之曲憐，假附庸而共理。幸居巡管，庶逭譴訶。恭惟某官性兼忠孝之資，世受天人之學。蚤繇一德，歷事三朝。紫微屢告於辰猷，青瑣旋升於夕拜。雞翹豹尾，六卿居法從之先；井鉞參旗，萬里折遐衝之侮。久袖經綸之手，益勤啓沃之心。符刻玉麟，暫付陪都之篇；鼎調金鉉，即遊揆路之沙。某猥以孤蹤，仰依巨蔭。惟是桐川之偏壘，號爲江表之陋邦，財賦匱窮，封圻褊小。絶長補短，尚不足於平時；送故迎新，矧數更於長吏。深虞譾薄，坐致顛隮。惟外臺有以庇之，則屬城免於戾矣。素秋凄肅，玉節光華，願調六氣之和，坐使百祥之合〔四〕。正資大府之教條，用作屬城之矜式。居如何武，諒無赫赫之稱；疎若班超，願展平平之策。歸依之至，敷述奚周〔五〕。

〔一〕宵：原作「昔」，據明澹生堂鈔本、四庫本、傅校本改。
〔二〕張帥：原作「張使帥」，據明澹生堂鈔本、四庫本删。
〔三〕良：明澹生堂鈔本、四庫本作「辰」。
〔四〕「惟外臺」至「百祥之合」，明澹生堂鈔本、四庫本無。
〔五〕「正資大府」至「敷述奚周」，原無，據傅校本補。明澹生堂鈔本、四庫本亦有此數句。

徐憲頌德

恭惟某官奧學邁倫，清徽表世。奮勵才猷之茂，踐揚中外之多。卿寺郎曹，最爲舊德；州麾使節〔一〕，迭奏新功。茲圖壽俊之賢，暫付祥刑之寄。圜扉鞠草，既仰助於好生；紫橐持荷〔二〕囊，諒旋膺於促召。亶爲公論，匪曰諛言。某猥以孤蹤，仰依巨蔭。惟是桐川之偏壘，號爲江表之陋邦，財賦匱窮，封圻褊小。絶長補短，尚不足於平時；送故迎新，矧數更於長吏。深虞讁薄，坐致顛隮。惟外臺有以庇之，則屬城免於戾矣。素秋凄肅，玉節光華，願調六氣之和，坐使百祥之合。正資大府之教條，用作屬城之矜式。居如何武，諒無赫赫之稱；疎若班超，願展平平之策。歸依之至，敷述奚周〔三〕。

周漕頌德

恭惟某官國器宏深，天資茂粹。問學造聖人之旨，詞章爲王度之華。早著英聲，踐周行而最久；偏臨劇部，論膚使以推先。茲疇登揆之庸，洊付轉輸之寄。方睿哲益新於施設，宜耆明首被於褒遷〔四〕。佇聞芝檢之頒，入預荷囊之挈。亶爲公論，匪曰諛言。某猥以孤蹤，仰依巨蔭。惟是桐川之偏壘，號爲江表之陋邦，財賦匱窮，封圻褊小。絶長補短，尚不足於平時；送故迎新，矧數更於長吏。深虞讁薄，坐致顛隮。惟外臺有以庇之，則屬城免於戾矣。素秋凄肅，玉節光華，願調六氣之和，坐使百祥之合。正資大府之教條，用作屬城之矜式。居如何武，諒無赫赫之稱；疎若班超，願展平平之策。歸依之至，敷述奚周〔五〕。

葉漕頌德

恭惟某官國器宏深，天資茂粹。奧學究聖人之旨，英詞追作者之風。比協廷僉，亟頒驛召。奉常議禮，方躋清切之塗；便殿矢謨，俄奉皇華之選〔六〕。錫名駒於天厩，寓美職於瀛洲。欽聞攬轡之初，已著埋輪之譽。行歸表著，高步禁嚴。某猥以孤蹤，仰依巨蔭。惟是桐川之偏壘，號爲江表之陋邦，財賦匱窮，封圻褊小。絶長補短，尚不足於平時；送故迎新，矧數更於長吏。深虞讁薄，坐致顛隮。惟外臺有以庇之，則屬城免於戾矣。素秋凄肅，玉節光華，願調六氣之和，坐使百祥之合。正資大府之教條，用作屬城之矜式。居如何武，諒無赫赫之稱；疎若班超，願展平平之策。歸依之至，敷述奚周〔七〕。

〔一〕節：明澹生堂鈔本、四庫本作「驛」。

〔二〕紫橐持荷：原作「紫橐荷囊」，據明澹生堂鈔本、四庫本、傅校本改。

〔三〕「仰依巨蔭」至「敷述奚周」，原無，原刻云：「下同前」，據補。

〔四〕遷：原作「嘉」，據明澹生堂鈔本、四庫本、傅校本改。

〔五〕「仰依巨蔭」至「敷述奚周」，原無，原刻云：「下同前」，據補。

〔六〕選：明澹生堂鈔本、四庫本作「遣」。

〔七〕「仰依巨蔭」至「敷述奚周」，原無，原刻云：「下同前」，據補。

徐總領頌德

恭惟某官國器宏深，天資茂粹。識前言往行以蓄其德，有令聞廣譽而施諸身。早自奮於才猷，常徧儀於中外。璧琮無玷，愈久益新；松柏有心，雖寒不改。復綴九卿之少列，獨司萬旅之餘糧。伫褒寵於顯庸，即超遷於法從。是爲公論，匪曰諛言。某猥以孤蹤，仰依巨蔭。惟是桐川之偏壘，號爲江表之陋邦，財賦匱窮，封圻褊小。絶長補短，尚不足於平時；送故迎新，矧數更於長吏。深虞譾薄，坐致顛隮。惟外臺有以庇之，則屬城免於戾矣。素秋凄肅，玉節光華，願調六氣之和，坐使百祥之合。正資大府之教條，用作屬城之矜式。居如何武，諒無赫赫之稱；疎若班超，願展平平之策。歸依之至，敷述奚周〔一〕。

呂提舉頌德

恭惟某官奧學承家，清徽表世。襲相門之舊德，結黼座之深知。洊歷劇繁，益隆譽處。比協縉紳之望，擢升軺傳之華。足國裕民，功既成於斂散；摘山煮海，效復見於富饒。伫聞芝檢之頒，入預荷囊之挈。是爲公論，匪曰諛言。某猥以孤蹤，仰依巨蔭。惟是桐川之偏壘，號爲江表之陋邦，財賦匱窮，封圻褊小。絶長補短，尚不足於平時；送故迎新，矧數更於長吏。深虞譾薄，坐致顛隮。惟外臺有以庇之，則屬城免於戾矣。素秋凄肅，玉節光華，願調六氣之和，坐使百祥之合。正資大府之教條，用作屬城之矜式。居如何武，諒無赫赫之稱；踈若班超，願展平平之策。歸依之至，敷述奚周〔二〕。

凌正言啓

三徑就荒，未決歸田之計；一麾出守，誤叨乘障之恩。已諏龜卜之良，祇佩魚符之寵〔三〕。伏念某禀生闉阨，殖學淺膚。棲遲名位之卑，荏苒星霜之易。蘭省殆成於白首，柏庭濫綴於清班。黽勉歲周，摧頹人後。方群公之並進，可謂得時；顧朽質以自慚，力祈補外。分合投閑而置散，恩容宣化以承流。載惟僥冒之深，必有夤緣之自。此蓋伏遇某官氣和而粹，道廣而周。居然中坦而外莊，不以澄清而撓濁。烏臺三院，甫揚直諒之聲；騎省七人，旋賴彌縫之益。俯憐樗櫟，夙忝金蘭，每曲賜於揄揚，致獲安於奇拙。居如何武，諒無赫赫之稱；疏若班超，願展平平之策。

宣州樓樞密啓

輕萬户以識韓，早諧望履；施餘波而及晉，今幸依仁。甫

〔一〕「仰依巨蔭」至「敷述奚周」，原無，原刻云：「下同前」，據補。
〔二〕「仰依巨蔭」至「敷述奚周」，原無，原刻云：「下同前」，據補。
〔三〕「三徑」至「魚符之寵」，原無，原刻云：「上同《江東張帥》」，據補。

視印章，虔修竿牘。伏念某學雖有志，才不逮人。少也孜孜，安冀事功之立；老而碌碌，但慚廩稍之糜。昨參風憲之糾繩，謬贊露門之誦說。自知無補，力丐投閑。荷上聖之曲憐〔一〕，假附庸而共理。布寬條而有俶，託大芘以知歸。恭惟某官博厚而疏通，溫恭而剛毅。起千年之絶學，獨步儒林；振一代之修名，偏儀禁路。翰苑早敷於邦號，樞庭再本於兵機。久安香火之祠，高袖經綸之手。方睿聖益新於庶政〔二〕，擇輔藩分命於元臣。歛大惠於一州，錫康侯於三接。圖任舊人而共政，仁慰民瞻；咸有一德以享天，永符帝賚。某密瞻上府，獲在下風。爲滕、薛之大夫，已踰分量；親龔、黃之善政，願奉規模。過此以還，未知所措。

兼權臨安府户部韓尚書啓〔三〕

背觚稜而北去，方返寒鄉；紆組綬以西來，遽臨偏壘。未知條教，有愧吏民。伏念某殖學淺膚，禀生闤阓。少無可取，直同樗散以棗昏〔四〕；老復何能，甘作鼠跧而麞怯。昨收朝躋，旋拜郡符。之官無五百里之遥，竊食預二千石之列。雖民貧而地狹，幸訟簡而刑清。於此庇身，實爲過望。茲蓋伏遇某官英資邁往，精識絶倫。總賦地官，教周卿之禮樂；剸繁天邑，用漢尹之春秋。顧政路之將登，惟人才之務進。有如孤拙，亦賜吹噓。某敢不深體上恩，勉勤吏事。發姦摘伏，縱無一日之長；宣化承流，願奉三年之計。

權樞密都承旨中書王舍人啓

杜門掃軌，瓜未及於齊丘；便道之官，竹已分於漢郡。反求諸己，有愧於心。伏念某襪線無長，鬢絲易老。方群賢之並進，競樂居中；顧弱質之無庸，力祈補外。分合投閒而置散，恩容宣化以承流。惟是桐川，介於江表。雖民貧地狹，在薄材綿力以難勝；然政舉人存，有善教流風之可法。孤蹤自省，徼幸何多。茲蓋伏遇某官德配先民，文傳正法。贊謨右府，宣聖神道德之威；演誥西厢，鼓天地中和之氣。每推公論，力獎遺才。故雖朽鈍之資，亦在吹噓之數。敢不勉思未至，祈稱所蒙。游刃發硎，諒難追於古訓；伐柯取則，期勉跂於前規。

湯中丞啓

假以近邦，已戴提撕之厚；縮其遠次，益知成就之深。紆組綬以於征，見吏民而伊始。伏念某立身至苦，秉德甚凉。每惟骨相之屯，敢有功名之望？郎省已成於白首，憲臺濫綴於清班。黽勉歲周，摧頹人後。始也群公雜進，枘方不可以入圓；及乎

〔一〕「才不逮人」至「荷上聖之曲憐」，原無，原刻云：「下同《江東張帥》」，據補。
〔二〕聖：四庫本、傅校本作「主」。
〔三〕權：原作「擢」，據明澹生堂鈔本、四庫本、傅校本改。
〔四〕直：四庫本、傅校本作「真」。

衆正彙征，器小復難於用大。推之理數，允矣奇窮。尚分東方千騎之麾，實賴中流一壺之賜。矧茲桐水，未遠楓宸。雖地狹民貧，在綿力薄材而難强；然人存政舉，有風流善教之可師。夙夜以思，叨踰爲甚。此蓋伏遇某官氣全剛大，道備中和。歲寒不改於松青，風疾始知於草勁。提綱柏寺，既宿弊之頓除〔二〕；秉政槐庭，竚元功之茂立。每扶國是，坐正臺評。遂容踸踔之蹤，猶在驅馳之數。某敢不勉思未至，祈稱所蒙。游刃發硎，諒難追於古訓；伐柯取則，期勉跂於前規〔三〕。

褚臺簿啓

三徑就荒，未決歸田之計；一麾出守，誤叨乘障之恩。自惟襪線之無長，加以鬢絲之既老。投閑置散，乃所當然；宣化承流，斯爲過矣。載省叨踰之自，寧無獎借之由？茲蓋伏遇某官問學粹精，風猷警邁。久儀仕路，人皆嘆於進難；擢寘臺僚，上獨嗟於見晚。每推公論，仰助清朝。致茲朽鈍之餘，亦在吹噓之數。某敢不勉思未至，祈稱所蒙。游刃發硎，諒難追於古訓；伐柯取則，期勉跂於前規〔三〕。

答陳國政天麟啓

昔年幸會，親觀淡墨之名；晚歲倦游，坐遠金閨之彦。豈謂不遺衰朽，遠貺緘縢。方塵容俗狀之可憎，驚墨妙筆精之創見。執謙良甚，懷感至深。伏惟某官道本師傳，詞皆己出。豹澤靡容於隱霧，鴻毛果見於遇風。帝席夜前，對宣室鬼神之問；學宮晨入，誨諸生行業之勤。諒無歲月之淹，別奉絲綸之渥。蘭臺譔著，固將平步以登焉；玉殿論思，蓋亦歷階而升耳。願慎實調之術，式符頌望之私〔四〕。其在悃悰，曷勝言喻！

賀户部王侍郎俣啓〔五〕

趣朝天陛，峻陟地官。帝命有光，人言無間。恭以某官高文駿發，懿行淳深。奮才猷於百執之間，備侍從於中興之始。惟時心計，尤簡睿知。故四明方樂於香凝，而九賦復煩於鞭策。昔漢嘗尊於計相，至唐彌重於度支。豈徒司金穀之繁，抑以養鈞衡之望。稍著裕民之效，即膺共政之除。某早辱言揚，欣聞召拜。屬佩左符之竹，阻陪右席之賓。瞻頌於中，敷宣罔既。

賀禮部辛侍郎次膺啓

召自侯藩，擢升禁從。諸儒改觀，共欣掌禮之得人；庶俗

〔一〕既：原作「知」，據明澹生堂鈔本、四庫本、傳校本改。
〔二〕「祈稱所蒙」至「期勉跂於前規」，原無，原刻云：「下同前」，據補。
〔三〕「祈稱所蒙」至「期勉跂於前規」，原無，原刻云：「下同前」，據補。
〔四〕望：四庫本作「祝」。
〔五〕俣：當爲「俁」之誤。王俁以紹興二十六年爲户部侍郎，見《建炎以來繫年要録》卷一七五。

何知，亦喜正臣之在位。恭惟某官持心本恕，守道不回。早見知萬乘之君，期無負平生之學。進居諫省，一言必務於興邦；退領祠宮，三已莫窺於愠色。身居鄱水，名重泰山。逮隆當宁之恩，連奉賜環之命。辰猷既告，夜席盡前。咨伯汝作秩宗，姑假塗於簪槖；暨湯咸有一德，即當路於鈞衡。某僻守小邦，遥聞成命。莫遂登門之願，敢稽贊喜之書？頌詠於中，敷陳奚究！

賀提舉修書官万俟右相轉官加食邑啓

成書長樂，宣制正衙。冠五等以疏封，躐二階而進秩。僉言允穆，注意加隆。恭惟某官碩大而光明，直方而寬厚。異禀蚤符於帝賚，英猷久峻於民瞻。丁溥天綏靖之期，宅右揆辨章之任。既中外咸安於少事，宜君臣俱樂於無爲。惟茲駸馭之還，尚闕鴻儒之紀。肆煩茂宰，親總宏綱。方和鉛舐筆以編摩，俄緯典敷華而明備。涓之穀旦，導以盛容。薄昭迎后之儀，揭日星而顯著；虞舜慕親之孝，亘夷夏以流聞。汗青恭寘於慈寧，副墨仍藏於秘府。爰頒異數，用答元功。昔蕭、曹居丞相之官，初無聞於筆削；班、馬擅史家之學，第私紀於見聞。豈如輔佐之賢，榮奉纂修之詔。所載者非常之慶，宜膺乎不次之恩。亶爲家國之光華，豈獨士夫之歆艷？某身游大冶，耳屬上儀。拘綴銀符，雖莫預班廷之數；傾依玉鉉，其敢忘賀厦之誠？

賀進書禮儀使沈左相轉官加封邑啓

成書長樂，宣制正衙。冠五等以疏封，躐二階而進秩。僉言允穆，注意加隆。恭惟某官碩大而光明，直方而寬厚。異禀蚤符於帝賚，英猷久峻於民瞻〔二〕。丁溥天綏靖之期，宅左揆辨章之任。既中外咸安於少事，宜君臣俱樂於無爲。惟茲駸馭之還，尚闕鴻儒之紀。昨頒中詔，俾輯奏篇。書薄昭迎后之儀，以貽後代；顯虞舜慕親之孝，不在斯文？汗青恭寘於慈寧，副墨仍藏於秘府。肆煩上宰，親總盛容。簪紳肅穆以前驅，禮無違者；天日清明而顯相，人皆仰之。緊鉅典之克成，殆聖時之創見。宜舉懋功之賞，用酬領使之勞。非崇資峻陟，無以示天眷之隆；非書社陪敦，無以慰國人之望。甘茂十官之取，何足與稽；張良萬户之封，固宜未艾。某身遊大冶，耳屬上儀。拘綴銀符，雖莫預班廷之數；傾依玉鉉，其敢忘賀厦之誠〔三〕？

賀湯右相啓 紹興二十七年

金甌名啓，玉鉉位崇。制命一傳，歡謡四起。竊惟至治之

〔二〕「成書長樂」至「英猷久峻於民瞻」，原無，原刻云：「上同万俟相」，據補。

〔三〕「耳屬上儀」至「其敢忘賀厦之誠」，原無，原刻云：「下同前」，據補。

世，必有非常之臣。視君如腹心，相王爲左右。用肩一德，永底多盤。歷選時髦，孰爲舊德？斗宮運神樞之柄，既在諸公之先；上相處太微之庭，宜應今日之拜。恭惟某官氣充高厚，忠貫神明。濟世之才，愈汲而愈富；許國之節，彌久而彌堅。早由經緯之文，親結聖人之眷。精誠每竭，燥濕莫移。故凡見諸有爲，率不負其所學。垂紳正笏，判群疑於片言；偃武修文，興長利於旋踵。更化之際，宣力爲多。方時已安，命相尤重。民皆屬望久矣，上亦虛心待焉。果副具瞻，亟聞爰立。談笑爲治，豈惟垂千載之規；精神折衝，固可制四夷之命。修禮樂以召和氣，進賢能以起治功。三代之隆，遂將再見；兩漢而下，夫何足云？某愚有寸誠，老無他技。虞翻骨相，自嘆多屯；陶令田園，分甘歸去。茲值播鈞之始，尚懷爲御之初。望賓客之後塵，雖知邈爾；采士民之公論，不覺欣然。瞻頌之誠，敘陳曷既！

同前　代聞人書庫

光膺典册，進總機衡。屹若明堂，得棟梁而愈固；浩然巨浸，賴舟楫以安行。渙號播聞，輿情闓懌。竊以輔弼之任，古今所難。咨四岳以奮庸，匪內由於獨斷；使百工而求野，或外盡於周詢。豈知聰明睿知之君，久眷碩大光明之佐。積年詳試，一旦登庸。既聲名素稔於縉綎，宜望實交孚於華裔。恭惟某官應期佐聖，維嶽炳靈。游、夏淵源，洞八索九丘之學；卿、雲黼黻，雜四時五色之文。蚤擢殊科，立登要路。春官議禮，明夏商損益之宜；翰苑代言，繼盤誥聱牙之作。亟被九天之渥，延登兩地之尊。柄斡洪樞，運籌而坐帷幄；烽沉紫塞，挽河而洗甲兵。寖隆巖石之瞻，久徯沙堤之築。果贊元而入輔，遂當路以奮庸。方且感一人特達之知，慶千載難逢之會。股肱盛世，蓍蔡群疑。飾庶事以鼎新，奠溥天於盂覆[二]。共欣聖主，獲稷、契、皋陶之良臣；肯使太和，在唐、虞、成周之盛際。《詩》《書》所紀，勳業同歸。某五斗爲貧，一官效智。寢每懷於附鳳，門屢幸於登龍。方此播鈞，敢忘躍冶？祐甫除八百之吏，雖匪舊知；晉卿舉七十之家，尚容筦庫！

問候沈左相啓　以下代方總領　紹興二十八年九月

蒙霧而行，每潤身於膏澤；遡風以望，頻矯首於門墻。當九秋向杪之辰，有萬寶告成之喜。鼎梅久實，和羹方賴於商衡；潭菊可飡，遐壽宜臻於漢相。輒殫懇款[三]，仰詷寢興。恭惟某官正直秉彝，誠明貫道。窮精微於三聖，學有本原；掩述作於兩京，文皆典則。自進隆於國棟，即茂立於邦基。獎拔群材，共翊休明之運；彌綸庶務，密庸造化之功。三台仰驗於色齊，九鼎俯知於器重。縉紳歌詠，中興有丙、魏之聲；旒冕注懷，廣厦論唐、虞之際。克凝丕績，絶擬常倫。伏念某塵慮煩襟，譾材曲學。曩值延登之旦，首膺特達之知。如彼枯魚，驟吸西江之

[二] 莫：明澹生堂鈔本、四庫本、傅校本作「措」。
[三] 懇款：原作「款懇」，據明澹生堂鈔本、四庫本乙。

水〔一〕；譬諸蔀室，頓延東井之光。既篷跡於郎闈〔二〕，仍總儲於軍壘。黽勉粗殫於駑駕，叨踰終愧於鵷梁。仰藉洪鈞，尚逃司敗。鵷鸞接武，雖寸步之不前〔三〕；鴻雁來賓，顧尺書之敢緩？其爲瞻頌，罔罄名言。

問候湯右相啓

含香錦帳，身游坱圠之鈞；發軔轅門，日注熒煌之座。欽想細旃議政，廣業熙天。茂隆旦、奭之勳，遂措成、康之俗。神明所保，福禄來同。恭惟某官智蘊賢謨，道隆先覺〔四〕。以聳壑凌雲之質，柱石王庭；以鏘金戛玉之文，笙簧帝典。自峻參於機幄〔五〕，旋進執於宰衡。雖鎮以無爲，孰測廟堂之密勿；然見諸行事，足觀輔弼之規恢。内焉百度之修明，外則群王之綏靖。大詔掛壁，澄霄濳狼角之光；嘉石平民，絶澗息禽遊之酷。積爲和氣，散作歡謠。方且進英髦以共保洪基，飾禮樂以助調元化。郊天祭地，告厥成功；緯典敷華，傳諸後世。太平責塞，小人道消。某襪線無長，鬢絲浸老。牛溲馬勃，辱采擇於醫師；蟲臂鼠肝，正依棲於造化。金莖露湑，玉鉉爕調。冀益護於寢興，永上符於眷注。瞻祈倍極，傾寫奚殫！

賀王樞密啓

明詔揚廷，元樞正位。有常立武，基聖神宥密之謀；無競維人，成邦國安强之勢。真儒益進，多士同歡。恭惟某官道本誠明，氣全剛大。《詩》《書》執禮，六經皆務於雅言；直諒多聞，萬乘素推於益友。騫翔久矣，譽問藹然。詞掖鑾坡，大册高文之獨步；經帷工尹，昌言宏議之日聞。自陟幾廷，愈攄廟略。留侯佐漢，功高三傑之中；裴度輔唐，名播四夷之外。擁軺出使，仗節來歸。有折衝厭難之勳，無伐善施勞之失。况三軍五兵之運，久此宣猷；宜十行一札之書，兹焉進長。寵數式隆於當宁，恩章尤異於在廷。既用仲尼，固知天下之無敵；非如汲黯，但使淮南之寢謀。某夙荷恩憐，欣聞册拜。宏開沙館，知多賀厦之人；邈處柳營，獨阻登門之願。其爲馳頌，實倍常情。

賀吏部張尚書啓

寵錫綸言，峻登文部。任隆常伯，獨專四選之權；班冠從臣，允謂六官之長。雖還舊物，實茂新恩。恭惟某官學粹而文高，氣和而節勁。早登禁路，惓惓形憂國之言；久歷藩方，亹亹盡愛民之意。既宸心之妙簡，亦輿論之素孚。雖告歸力上於囊封，而趣召屢頒於邦涣。游神琳館，進讀金華。數朝士於貞元，春風屢改；得世臣於故國，喬木猶存。方將倚重於股肱，兹用

〔一〕吸：明澹生堂鈔本、四庫本作「激」。
〔二〕篷：原作「遥」，據明澹生堂鈔本、四庫本、傅校本改。
〔三〕不：明澹生堂鈔本作「難」。
〔四〕道隆先覺：明澹生堂鈔本作「道光明覺」，四庫本作「道先民覺」，傅校本作「道隆民覺」。
〔五〕自：原缺，據明澹生堂鈔本、四庫本、傅校本補。

假塗於喉舌。稽諸周制，天官同冢宰之名；參以唐規，政府總吏銓之事。惟時重任，屬我老成。某久託餘輝，遄聞異數。顧阻申於慶禮，實倍激於懽悰。

賀朱中丞啓

祗奉親除，峻陞獨坐。綠驄清道，一時欣覿於曠儀；白簡生風，多士共觇於勁節〔一〕。恭惟某官性資誠慤，局度方嚴。學窮六藝之源流，文掃百家之鞶帨。自登朝列，即締主知。操挺松筠，歷三冬而不改；質堅金石，經百鍊而愈精。已騰騎省之聲稱，旋振烏臺之綱紀。有猷必告，無弊弗除。果膺非次之恩，遂應久虛之選。執法在端門之右，是亦假塗；輔星明北斗之中，即聞秉政。理之必至，人所共期。某屬奉使華，阻於賓謁。正臣得位，既如鵰鶚之在天；善類歸心，何畏豺狼之當路。其爲欣懌，實倍等夷。

問候葛侍郎啓

櫟社扶疏，昔依仁於華省；蓬心拳曲，今結戀於朱門。欽惟賢哲之所臨，密有神靈之來相。内凝道妙，外納時和。恭惟某官應物以俊明之資，處躬以渾厚之德。詞章峻潔，如東流赴海之莫禦；聞譽輝光，若北斗麗天之可仰。掖垣掌制，文部典銓。世傳常衮之除書，人服山公之啓事。謂合延登於黄閣〔三〕，云胡引去於青都？結河山杖屨之緣，作苕水龜魚之主。沖襟逸興，雖寖忘紫槖之舊游；雅望英聲，當勉爲蒼生而再起。某久應襆被，尚許濫巾。蝶夢空勞，莫遂接辭之便；魚書遠至，少伸問訊之儀。悃愊所懷，楮毫奚盡！

賀何大諫啓

演誥鳳池，升班騎省。后從諫則聖，式嘉啓沃之誠〔三〕；臣事君以忠，愈藉論思之益。恭惟某官執德洪而信道篤，見善明而用心剛。自擢冠於南宫，即締知於北闕。曩由六察，進列七人。爰造膝惓惓，補衮實同於山甫；抗章纚纚，引裾何愧於辛毗！紫從左掖之聯，就正大坡之拜。青蒲屢伏，既旌入告之嘉猷；紫槖峻持，更應久虛之妙選。仁疇言績，參秉政幾。某外奉使華，遥聞褒制。莫展陽城之拜，敢稽商皓之書？欣頌交懷，喻言奚究！

賀都司諫啓

底績右垣，升華左掖。忠言劘上，雖寄任之不移；正色立朝，知班聯之愈峻。恭惟某官文高典則，學洞淵源。挺渾金璞玉之姿，時皆景仰；負烈日嚴霜之操，帝所親知。召居六察之官，

〔一〕觇：明澹生堂鈔本、四庫本、傅校本作「覿」。
〔二〕閣：原作「閤」，據明澹生堂鈔本、四庫本改。
〔三〕誠：原作「諆」，據明澹生堂鈔本、四庫本、傅校本改。

擢預七人之列。風聲𩨂峭，屢開白獸之尊；諫紙縱横，備著皂囊之疏。式酬久次，爰畀右遷。臣事君以忠，補衮既彰於山甫；后從諫則聖，轉圜益顯於高皇。伫從耳目之司，入踐股肱之任。某屬縻使事，阻造賓筵。仰賢哲之得時，與士民而共慶。其爲欣頌，曷罄敷陳！

謝執政啓

代陳通判

戍期垂畢，未瞻魏闕之觚稜；詔旨中頒，遽剖漢庭之符竹。三顧牧民之寵厚，知宰物之恩深。伏念某智術迂愚，宦游連蹇。三銓列屬，被亟襆以汰歸；萬里觀風，突甫黔而報罷。一投閑散，屢改炎涼。豈盛時獨棄於蒯菅，蓋薄命動迎於墻壁。欽惟先德，傳清白之高風；藐視後人，敢磷緇於素守〔一〕！傷哉貧也，誰者憐之。甑生范氏之塵，瓶乏淵明之粟。晚叨起廢，洊畀藩符〔二〕。章郡頻年，坐對朝雲於南浦；臺城再歲，飽聞夜鶴於北山。居無可紀之勞，寧冀就遷之渥？忽叨成命，改付名邦。方愧杲之依芙蓉而汎水，乃容高適出幕府以持麾。之官雖傒於瓜時，揣分實踰於樗散。兹蓋伏遇某官道隆先覺，動格皇天。拳拳致主之清忠〔三〕，汲汲求賢之美意。衡量多士，重輕無杪忽之差；澤潤群生，遐邇失焦枯之患。欲廣聖神之德，尤嚴師帥之官。何取妄庸，亦忝任使？某敢不愈堅末路，靡負初心。戴稷、契之殊知，謹銘藏於兹日；追龔、黄之善政，尚鞭策於他時。過此以還，未知所措。

〔一〕守：原作「手」，據明澹生堂鈔本、四庫本改。
〔二〕洊畀藩符：四庫本作「洊歷游談」。
〔三〕清：四庫本作「精」。

廬陵周益國文忠公集卷八五

省齋別稿卷五

啓 二 並代作

賀李漕植啓 紹興二十九年 以下代帥

疏寵嚴宸，覯風劇部。除書誕布，公議咸歸。伏惟某官雅望映時，宏猷經遠。剖符黟歙，比聞報政之優；易節湖陰，旋舉疇庸之典。未周歲籥，彌著治聲。與其勞飛輓於遐方，孰若展施爲於近地？果膺褒詔，改畀使華。攬轡登車，暫屈澄清之寄；持荷簪筆，即躋侍從之班。某幸以衰蹤，將依仁庇。日徯前驅之至，庶諧宿霧之披。欣忭之私，敷陳罔既。

賀江東陳憲啓

一札疏榮，六條問俗。畫衣冠而民不犯，上既廣於好生；述禮樂而遠有光，下咸爭於快睹。恭惟某官明察秋毫而行之以恕，學周世用而濟之以謙。雖靖共自守於班聯，而望實交孚於中外。肆倚月卿之重，來分星使之權。昔嘗司天下之平，尚多游刃；今乃仗江圻之節，寧有冤民？初聞繡斧之風馳，已見旄倪之柏悅。諒靡温於坐席，即歸侍於細旃。某誤剖藩符，實依臺庇。周爰咨度，遥知四牡之勞；惠然肯來，冀慰一方之望。

賀王樞密啓

誕頒帝則，擢貳幾廷。仰帷幄之得人，知簪紳之交慶。恭惟某官才高而學博，質厚而氣剛。精忠自結於深知，雅望寖儀於近列。代言翰苑，詞章奚愧於常、揚；勸講露門，議論力窮於游、夏。方上聖益新於政化，肆群工並赴於事功。乃眷弼諧，尤嚴宥密。雖星低太白，靡勞三傑借箸之籌；然樞運斗宫，實贊七德安民之武。克副本兵之寄，孰踰名世之賢？某幸託洪鈞，竦聞成涣。屬藩符之拘綴，阻賓閤之進趨。欣頌交懷，叙陳奚既！

回陳都官啓

外臺報政，真館就閑。既從香火之遊，宜介神明之祉。伏惟某官性資端亮，才力恢宏。分符馳豈弟之稱，攬轡著澄清之效。溪山行樂，姑暫適於雅懷；簪槖需賢，即趣頒於召節。某欣聞弭蓋，尚阻披雲。方圖尺牘之修，遽辱長牋之貺。其爲感荷，罔既敷陳。

賀陳同知除知院啓

誕頒宸綍，進長籌帷。兵本不移，民瞻愈峻。恭惟某官才高

而學邃，志大而氣剛。以精忠隆當宁之知，以厚德洽在廷之譽。禁塗累歲，屢殫告后之猷；政路踰年，力贊安民之武。宜膺大任，遂正元樞。方四夷稱都護之觴，而中國偃靈臺之伯。垂紳正笏，曾何聲氣之勞；出策畫奇，自有幾微之略。既中外折衝之所繫，宜聖神注意之加隆。某竦聽郵傳，幸依鈞播。屬藩符之拘綴，阻賓閣之進趨。欣頌交懷，敘陳奚既！

賀宣州魏參政啓

起從家食，就領州麾。印組一臨，吏民交慶。恭惟某官氣全剛大，志蘊經綸。與道卷舒，三仕三已而奚恤；逢辰休顯，一都一俞而有爲。正隆惟石之瞻，遽念急流之退。雖雅志自安於琳館，而高名常在於金甌。欲令赤舄之遄歸，先爲蒼生而再起。惟宛陵之奧壤，實江表之名藩。既風俗之素諳，宜教條之易布。溪山行樂，方巾擇勝之車；老稚聚觀〔一〕，俄擁班春之旆。諒靡溫於坐席，已亟築於堤沙。某久矣懷歸，尚茲假守。漳、潮相接，深慚政事之不同；虞、虢爲鄰，竊幸齒唇之爲輔。其爲欣忭，罔既敷陳。

賀鎮江董知府啓

升華中秘，擢守南徐。綸綍初班，旄倪胥悅。伏惟某官忠存霸府〔二〕，譽冠時髦。雖迴翔久試於外庸，而簡注不忘於上聖。昨奉楓庭之對，亟參蘭省之班。逮出總於軍儲，仍就紆於州紱。三年考績，方稽虞氏之舊章；滿歲爲真，姑用漢京之盛典。矧寓石渠之直，彌增銅虎之光。言念衰蹤，密依鄰庇。跂棠陰之在望，知河潤之旁霑。欣幸居多，敘陳奚既！

回田開府啓〔三〕

奉詔十行，視儀三事。式表旂常之績，有光帶礪之盟。伏惟某官知勇兼資，韜鈐洞貫。自撤邊疆之警，即宣江漢之威。登齋戒之壇，既久頒於六纛；陟尉安之府，亦坐閱於八年。茲疇經武之庸，併舉懋功之賞。碧油紅旆〔四〕，不移細柳之屯；赤舄繡裳，增煥雲臺之像。某遙霑河潤，喜聽廷揚。曾尺牘之未修，辱雙魚之先逮。其爲欣悚，難盡名言。

回柴參議啓

拜命中朝，贊謀外閫。雖抑九霄之步，實增十國之光。伏惟某官靜慎弗渝，疏通無滯。襲爵常聞於公社，試才久歷於宦塗。茲煩席上之珍，來主幕中之辯。庚公之依淥水，衰蹤預有榮焉；樂廣之善清談，婉畫可無憂矣。曾柔緘之未布，已華翰之先臨。

〔一〕聚：明澹生堂鈔本、四庫本、傅校本作「縱」。
〔二〕霸：原作「柏」，據明澹生堂鈔本、四庫本、傅校本改。
〔三〕回：明澹生堂鈔本、四庫本作「賀」。
〔四〕油：原作「幢」，據明澹生堂鈔本、四庫本、傅校本改。

慰感兼深，叙陳奚既！

回吳漕啓 代徐漕

觀風底績，易部示恩。念寄委之加隆，宜士夫之胥悦。伏惟某官器涵渾厚，學造淵深。才猷見於施爲，智略形於議論。比上歷陽之最，就登淮甸之車。逮膺改命於鄰封，益表注懷於中禁。去思來暮，騰兩路之歌謡；威浹惠孚，聳百城之畏愛。佇奉緑綈之詔，入陪紫橐之游。某久愧瘝官，尚叨换節。迫於行邁，雖不容雲霧之披；辱在交承，恐未免粃糠之簸。尚稽展慶，遽辱惠音。惟欣感之交懷，匪叙陳之可究。

賀江東王提舉啓 代吳漕

膺時遴選，爲國外臺。見九郡之吏民，道一人之志慮。伏惟某官剛毅有守，純明不欺。輔之問學之淵源，發以詞章之黼黻。參華宗寺，攷績銓曹。雖清路之洊更，顧外庸之未訖。粤勤剖竹，復賴乘軺。總倉儲斂散之權，幹山海阜通之利。民財既裕，國用自饒。言遠有光，方聽皇華之遣；見知則悦，即歌四牡之來。某聯事雖新，傾風惟舊。鱗鴻可致，敢稽執訊之書；原隰交馳，行快披雲之睹。其爲欣懌，難盡名言。

賀吳漕啓 代張帥

疏寵嚴宸，改轅劇部。除書誕布，公議咸歸。伏惟某官以德潤身，用儒飾吏。承流宣化，著美績於歷陽；激濁揚清，藹休聲於淮右。將趣賜環之召，先頒易地之恩。寄委加隆，眷知愈厚。軺車載路，方詢舊部之民風〔一〕；彩鷁横江，已見新封之候吏。諒靡淹於芳歲，即歸挈於荷囊〔二〕。某幸以衰蹤，行依仁庇。日徯前驅之至，庶諧宿霧之披。

回淮東朱總領啓 代張帥

足食轅門，升班省户。公言無間，使節有光。伏惟某官毓德粹精〔三〕，禀資開敏。維其時矣，親承黼座之知；是以似之，克濟相家之美。比輟丞於九扈，來總賦於三軍。允惟心計之優，坐致邦財之裕。迨兹踰歲，果被陟明。錦帳含香，姑歷階而少進；禁塗簪筆，竚越次以殊遷。某幸借鄰輝，欽聞褒詔。曾尺書之未布，辱疊璽之先臨。欣悚交懷，喻言曷既！

〔一〕詢：原作「新」，據明澹生堂鈔本、四庫本、傅校本改。
〔二〕挈：原作「契」，據明澹生堂鈔本、四庫本、傅校本改。
〔三〕精：四庫本、傅校本作「醇」。

賀賀參政啓 代總領

詔錫緑綈，位登黄閣。開兩社以爲公輔，助調鼎鼐之和；有一德以享天心，上炳杓魁之象。傳聞所逮，闔懌惟均。竊稽藝祖之宏模，參考唐朝之舊制。敷求英傑，肇置疑丞。密次台躔，禮秩僅餘於一等；同升政路，絲綸首拜於二人。共圖大器之安，永底巨川之濟。洪惟累聖，並守成規。任至重則才實難，寵既深而選宜遴。在昔率多於成德，於今尤擇於耆英。國有人焉，民胥悦矣。恭惟某官學闢百聖，望貫三朝〔一〕。直道而行，養其氣以剛大；古訓是式，尊所聞而高明。方思皇多士，如周后之時；越圖任舊人，美商邦之政。首頒召節，擢寘禁塗。南宮久罄於論思，東省最高於封駮。旋率三銓之屬，進儀八座之聯。虎殿侍言，冠諸儒之清選；麟毫授簡，成萬世之信書。既劇繁華要之徧更，宜輔弼贊襄之有賴。方且許身稷契，致主勛華。亹亹周詢，務旁招於俊乂；孜孜入告，庸上合於忠嘉。惟成功與日以俱新，則置相指期而可待。某聯榮卿寺，總賦師干。大用得賢，喜聽傳郵之命；群情交慶，將遊播物之鈞。欣幸居多，名言奚既！

同前 代漕

誕布絲綸，進居廊廟。仰模乾度，粲芒色於輔星；俯視昕朝，參班聯於揆路。正臣登用，善類懽愉。竊觀治理之朝〔二〕，慎擇爽邦之俊。左師右保，既資二相之燮調；前疑後丞，復賴四鄰之啓沃。典謨所載，勳績具存。古我先王，圖任舊人而共政；受天明命，咸有一德以享心。偉此道之復興，幸是身之親見。恭惟某官精微而閎廓，柔惠而直方。以經綸之學暢皇猷，以黼黻之文鳴聖代。究心典禮，家傳慶普之書；篤志清高，早慕季真之操。會黄屋鼎新於政紀，宜紫泥趣召於儒臣。踐歷春官，周旋夕拜。紬圖書於石室，冠講讀於金華。直道不回，豈惟揚近侍之職；忠言無隱，固已有大臣之風。况久典於吏銓，實首儀於法從。大厦方須於杞梓，巨川正倚於艅艎。越從喉舌之司，擢寘股肱之任。已新巖石，共瞻赫赫之師；行築沙堤，式望堂堂之相。某充員漕輓，託迹鈞陶。雖遥扣閽之期，喜際迓衡之旦。泰和在唐、虞、成周之世，方符揚子之言；聖主得稷、契、皋陶之臣，願上王褒之頌。其爲欣忭，實倍等倫。

賀湯丞相遷左相啓 一 代總領 九月〔三〕

金甌載啓，瑶札誕揚。有一德而無二心，既著元臣之效；統百官而均四海，遂登冢宰之官。孚號遠傳，懽謡四達。竊考帝王之盛，悉資輔弼之賢。有若成湯，命仲虺而爲左相；逮於周室，尊公旦而師萬民。漢則蕭何實冠於臣鄰，唐則如晦首釐於政

〔一〕貫：原作「實」，據明澹生堂鈔本、四庫本、傅校本改。
〔二〕治：四庫本、傅校本作「致」。
〔三〕九月：原無，據明澹生堂鈔本、四庫本、傅校本補。

事。蓋德隆者位不可以不極，而功大者任不可以不專。必有宗工〔一〕，乃膺巨用。恭惟某官才繇帝賚，道覺民先。以經綸之學贊皇猷，以黼黻之文鳴盛世。早攄可大之業，入輔非常之君。居多告后之謀猷，綽有濟時之勳業。兵寢刑措，蓋元首明哉而股肱良哉；時和歲豐，故百室盈止而婦子寧止。矧賢能之並用，且禮樂之方興。厥功茂焉，庶事備矣。宜淵衷之眇簡，躋元輔以仰成〔二〕。仰契天心，齊兩兩泰符之色；俯從民望，聳巖巖維石之瞻。某外總兵儲，遯違英衮。聞寵頒於顯册，實倍激於懽悰。敞東閣以延賢，阻陪簪紱；運大鈞而播物，正賴鑪錘。欣躍於中，指陳曷喻！

同前　代吴澧

誕揚孚號，進陟元臺。迪高后以康兆民，久注淵衷之意；統百官而均四海，式登冢宰之尊。廊廟增光，簪纓交慶。竊考迓衡之旦，慎求當軸之賢。惟吉士勱相我國家，豈特聖神之有賴；用真儒無敵於天下，實爲華裔之具瞻。矧專魁柄於中朝，獨炳台符於上象。必契天人之望，乃膺典册之頒。恭惟某官道大而才高，器閎而量遠。文傳正法，與日月以争光；識洞群疑，如蓍龜之先見。早由德進，深結主知。亟參法從於甘泉，旋列詞臣於翰苑。屈燕、許於筆下，蔚爲王度之華；得頗、牧於禁中，久借籌帷之助。逮正鈞衡之拜，力調鼎鼐之和。削浮費以見損德之修〔三〕，堅鄰懽以贊親仁之寶。太平功備，衆正路開。一身獨係於重輕，萬乘方資於啓沃。庸升左揆，祗荅元勛。異恩迭進於文階，真食益荒於書社。九章赤舄，聳上相之新儀；三公黑頭，邁前人之盛事。某幸逢亨會，仰託洪鈞。一節以趨，方驅馳於江滸；千里而近，阻奔走於門闌。徒與旄倪，共深欣懌。

賀陳右相啓　代張帥　十月〔四〕

底績政塗，奮庸揆路。濟巨川汝作舟楫，式資利涉之功；若和羹汝惟鹽梅，更賴均調之助。廷揚顯册，風動綿區。竊以得賢爲邦家之基，論相乃人主之職。旦、奭股肱周室，遹成夾輔之勛；房、杜佐佑太宗，茂展相資之效。偉真儒之並用，知景運之重熙。恭惟某官學博而智周，德全而能鉅。器稟廟彝之粹，材隆國棟之雄。直道而行，養其氣以剛大；古訓是式〔五〕，尊所聞而高明。久被眷於凝旒，早升華於從橐。十年居外，經綸蓋藴於胸中；一節還朝，獻納獨高於朝右。粤由八座，參贊萬幾。克壯之猷共推於元老〔六〕，可久之業益表於賢人。果誕布於策書，肆延登於宰席。儀刑四海，豈惟黔首之具瞻；鎮撫百蠻，將見單于之却立。某本聯桑梓〔七〕，仰託陶鎔。聞綸綍之初頒，與簪紳而

〔一〕宗：原作「崇」，據明澹生堂鈔本、四庫本、傅校本改。
〔二〕仰：四庫本作「裁」。
〔三〕見：明澹生堂鈔本、四庫本作「具」。
〔四〕十月：原無，據明澹生堂鈔本、四庫本、傅校本補。
〔五〕是：傅校本作「必」。
〔六〕之：四庫本作「其」。
〔七〕本：明澹生堂鈔本、四庫本、傅校本作「幸」。

胥慶。望潭潭之相府，莫遂梟趨；瞻兩兩之台符，第深雀躍〔一〕。

同前 代吳漕

讀命宸廷，登庸揆路。旦夕承厥辟，久參輔弼之聯；左右惟其人，就正燮調之任。陶鎔伊始，遐邇同歡。竊以自昔用人，莫難置相。內勤詢訪，固嘗咨四岳以奮庸；外盡招延，亦或使百工而求野。惟其擇之既審，是以授之不疑。自匪真才，孰膺大任？恭惟某官直方而寬博，肅括而疏明〔二〕。智周事物之先，學洞天人之表。嘉猷入告，早承宣室之知；要路立登，久扈甘泉之駕。名聲籍甚，忠烈薨然。比由常伯之班，擢寘前疑之列。垂紳正笏，益隆百辟之瞻；崇論竑言，深得大臣之體。宜正鈞衡之拜，共調鼎鼐之和。聚精會神，相得益彰，密贊唐、虞之主；應變守文，同歸於治，遹觀姚、宋之勛。惟華夷永託於帡幪，則事業有光於簡冊。某猥塵星使，遥睇台符。黄麻之似六經，竦聽傳郵之命〔三〕；洪鈞之轉一氣，願爲躍冶之金。慶幸攸深，名言奚究！

謝執政啓 代人信陽軍到任

畢葵丘之戍，偶逭譴訶；臨中國之疆，復叨寄委。有詔條可以遵奉，有民社可以施爲。雖號守邊，實榮分土。伏念某羈單寡援，坎壈多艱。牽絲三紀之餘，泛幕十年之久。捫參歷井，飽諳蜀道之難；輿轎拕舟，備習越人之艬。晚預題輿之列，旋膺乘障之除。卧鼓櫜弓，際會洗兵之旦；賣刀買犢，招徠復業之人。乏善最之可書，獲代歸而爲幸。敢圖紫詔，洊畀朱轓。矧是封圻，介於淮楚。當周宣之復古，命召虎以俶城。昔稱物阜而地偏，今喜民淳而事簡。微躬曷稱，洪造有歸。此蓋伏遇某官道際天淵，位隆槐鼎。甄陶萬物，頑金成利器之功；橐籥群生，寒谷被陽春之賜。故雖遲暮，未忍棄捐。重念某生本江湖，粗達閭閻之利病；仕經襄漢，嘗安疆埸之疲羸。晋殫已試之勤，自詭惟良之政。上則宣布於寬大，下焉勸課於耕耘。德愧惠柔，敢望邦人之咸喜；效臻治理，庶幾民俗之無愁。過此已還，未知所措。

賀湯右相修徽宗實録成轉官加恩啓 代總領

奏篇乙夜，宣制剛辰。既峻陟於文階，仍陪敦於書社。巖瞻愈赫，輿議均懽。竊以遠考漢儀，序事獨尊於太史；近稽唐制，修書爰董於相臣。雖規摹具著於舊章，而制作實隆於今日。蓋舜孝有羹墻之慕，故文謨如日月之昭。哀二十六載之先猷，寫之琬琰；使億萬斯年之載籍，炳若丹青。自非名世之巨賢，安得主盟於大典？恭惟某官精微而閎廓，柔惠而直方。以道德而致君，以文章而入相。華戎帖泰，禮樂修明。惟祐陵一代之貽謀，久宜

〔一〕雀：明澹生堂鈔本、四庫本、傳校本作「爵」，義同。
〔二〕括：原作「慎」，據明澹生堂鈔本、四庫本、傳校本改。
〔三〕傳：明澹生堂鈔本、四庫本、傳校本作「置」。

會粹；顧石室諸儒之廣記，未訖編摩。欲總宏綱，是資茂宰。一命再命三命，初循考父之墻；大書特書屢書，遂執昌黎之筆。歲時屬耳，篇帙粲然。銓次精詳，無復段公之逸事；捜求浩博，增多遷史之舊聞。冕旒恭覽以褒嘉，簪紱環觀而誦嘆。既疊頒於異數，用寵答於元勛。某身在柳營，心馳槐位。當誕揚於贊册，莫預班庭；兹竊聽於邸音，敢忘賀厦？傾依所積，敷述奚殫！

同前 代帥

太史成書，廣庭敷號〔一〕。進三階之華秩〔二〕，衍千户之腴田。豈惟酬翰墨之勛，抑亦重股肱之體。竊考帝王之制，具嚴簡册之規。堯、舜之蕩蕩巍巍，捨典謨而奚見〔三〕；商、周之灝灝噩噩，即盤誥而可知。古既遠而才寖難，史雖修而文或病。馬遷之迄天漢，尚頗謬於是非；韓愈之紀順宗，猶有差於銓次。欲前芳之獨掩，捨大手以誰歸？恭惟某官精識幾神，懿文貫道。早懋賢人之業，日親天子之光。自秉國鈞，益孚民望。以弼諧之餘暇，提筆削之宏綱。惟祐陵神聖之資，席我宋盈成之運。克開厥後，有二十六載之貽謨；皆聚此書，欲億萬斯年之傳信。既勒成於鉅典，宜寵錫於徽章。某外剖麟符，遥聞鴻渥。莫展望塵之拜，敢稽贊喜之儀？欣忭於中，敷陳奚究！

賀孟宗丞除江東運判啓 代漕

疇庸易部，馳傳遵塗。顧此百城，已稔風聲而胥畏；有如五技，亦資雲蔭以少安。既内激於懽悰，敢外稽於慶牘？伏惟某官懿文貫道，盛德潤身。才名獨秀於諸儒，議論早參於前輩。粤膺上眷，久奉使華。驅車徧歷於兩淮，亦云勞矣；持橐尚虚於四禁，曷不歸哉？諒清朝已議於賜環，故近甸復榮於换節。稍攄心計，即阜民財。某衰鈍無堪，夤緣有自。告子文之政，昔尚記於合符；同士會之僚，今更慚於倚玉。惟心所欲，俟面以陳。

賀王同知啓 以下代方卿

命賜緑綈，樞分紫極。帷幄倚運籌之略，華夷臻奠枕之安。竊以周設六官，司馬聯於冢宰；漢分三府，太尉列於公台。逮我聖朝，尤嚴兵柄。權均文武，豈惟委寄之不殊；府設東西，蓋亦恩章之並厚。克膺大任，允屬巨賢。恭惟某官碩大而光明，方嚴而樂易。懿文華國，拔象齒以稱奇；敏識絶人，知騶牙之爲瑞。早結凝嚴之眷，徧揚清切之班。紫誥黄麻，司内外坦明之制；赤文緑字，述本支蕃衍之書。聲名卓冠於在廷，朝野共期於秉政。果自文昌之邃，躐陞宥府之崇。當波澄瀚海之秋，實伯偃靈臺之際。有常德以立武事，靡勞南仲之師；用真儒而歸侵疆，坐展仲尼之效。某充員郎吏，託庇鈞陶。峙糗糧於細柳之營，尚遥奉計；陪簪履於翹材之館，莫獲望塵。惟欣悚之交懷，

〔一〕庭：原作「廷」，據明澹生堂鈔本、四庫本、傅校本改。
〔二〕華：明澹生堂鈔本、四庫本作「峻」。
〔三〕奚：四庫本作「孰」。

匪叙陳之能究。

賀直院楊給事啓

塗歸東省，儤直北門。論事激昂，百辟憚回天之力；摛文藻麗〔一〕，四方傳擲地之聲。用既值才，人斯贊喜。恭惟某官秀鍾西蜀，名冠南宮。浩然之氣靡屈於胸中，蓋全所養；作者之名獨高於天下，孰不知歸！早遊蓬萊方丈之山，旋歷原隰皇華之選。逮聖主益新於庶政，宜真賢還侍於中朝。進參武部之聯，入勸文華之講〔二〕。將延登於槐路，姑詳試於荷囊。朝遊青瑣之闈，時批紫詔；夕對金鑾之殿，徐草黄麻。極近臣稽古之榮，彰治世隆儒之盛。某逖聞成命，倍激懽悰。省户爲郎，念夙依於宇廕；和門總賦，悵莫造於賓筵。氣序暄和，禁塗清暇。冀慎寢饗之節，即參廊廟之崇。頌詠於中，敷陳奚究〔三〕！

賀禮部孫侍郎道夫啓

敷綸内史，進位春官。輟九寺之卿聯，參六曹之法從。當仁之慶，有識同歸〔四〕。恭惟某官秀稟岷峨，聲馳京洛。高文大册，笑屑玉之盈車；博物洽聞，辨青絲之綸簡。早策集英之第，久隆宣室之知。以二十年儒館之英，才名籍甚；歷一萬里蜀川之守，政譽藹然。既詳試於外庸，宜趣還於中禁。典銓文部，貳職容臺。兹回北道之轅，遂挈南宮之橐。禮樂自天子出，正資獻納之猷；籩豆則有司存，更賴總提之力。某逖聞成命，倍激懽悰。省户爲郎，念夙依於宇廕；和門總賦，悵莫造於賓筵。氣序暄和，禁塗清暇。冀慎寢饗之節，即參廊廟之崇。頌詠於中，敷陳奚究〔五〕。

〔一〕藻：明澹生堂鈔本作「掞」。
〔二〕文華：明澹生堂鈔本、四庫本、傅校本作「華光」。
〔三〕究：明澹生堂鈔本、四庫本作「既」。
〔四〕有識同歸：明澹生堂鈔本、四庫本作「有識所同」。
〔五〕「省户爲郎」以下文字，原無，原刻云：「下同前」，據補。

廬陵周益國文忠公集卷八六

省齋別稿卷六

啓 三 並代作

賀陳知院誠之啓 以下代方總領 紹興二十九年〔一〕

中頒鳳詔〔二〕，進長鴻樞。班已亞於上臺，權實專於右府。機衡有託，廊廟增華。恭惟某官道廣而用周，氣和而節勁。學精黄卷，究八儒三墨之歸；文振金聲，合六律五音之奏。自擢鰲頭之選，即趨龍尾之階。雙宇岧嶤，藹著師儒之望；中臺奥窔，久居禮樂之司。左符方剖於清源，召節已頒於丹扆。鑾坡視草，朝會多典美之詞〔三〕；鄰境抗旜，商侑蔑幾微之色。方時偃戢〔四〕，尤重弼諧。延登兩地之尊，參斡萬兵之柄。折衝厭難，豈惟薄海之無虞；崇論宏言〔五〕，更覺大臣之有體。果被聖神之眷，就陞宥密之先。示天下弗復用兵，不贊周王之德；使國人皆有所式，正繄孟子之賢。光榮聳動於簪紳，倚任愈隆於心腹〔六〕。某充員郎吏，託芘鈞陶。方峙糧細柳之營，阻曳履翹材之館。

賀楊少卿啓〔七〕

班集搢紳，廷揚綸綍。冠孤棘外朝之位，旃鉤陳上將之功〔八〕。注意加隆，折衝彌遠。竊以周尊祈父，俾專督於爪牙；楚命大師，實兼司於環列。蓋事權之所寄，宜爵秩之俱高。矧在熙朝，愈光舊典〔九〕。恭惟某官精忠貫日，勁氣凝霜。敦郤縠之詩書，備寇恂之文武。早逢興運，親結睿知。昔將壇旌動之秋，屢出平於邊隙〔一〇〕；暨瀚海波平之際，遂入扈於殿巖。肅萬旅以無譁，弼一人而有恪。勛庸久著，資望至優。將梁三組以垂腰，雖隆異數；奉世十年之居位，宜有殊遷。爰稽二公宏化之勞，併懋經武整軍之賞。錫亞師之新命，仍徹道之舊權。韍櫜遥臨，增賁普寧之鎮；土田申衍，益開渝水之封。用光帶礪之盟，式表旂常之績。某夙瞻威範，適總軍儲。望緹騎於章溝，莫陪賀客；窺黄麻於奏邸，徒極歡悰。

〔一〕紹興二十九年：原無，據明澹生堂鈔本、四庫本補。
〔二〕中：明澹生堂鈔本、四庫本作「申」。
〔三〕朝會：明澹生堂鈔本、四庫本、傅校本作「胡公」。
〔四〕戢：四庫本作「武」。
〔五〕宏：明澹生堂鈔本、四庫本、傅校本作「竑」。
〔六〕倚：明澹生堂鈔本、四庫本作「寄」。
〔七〕卿：原作「師」，據明澹生堂鈔本、四庫本、傅校本改。
〔八〕旃：原作「握」，據明澹生堂鈔本、四庫本、傅校本改。
〔九〕光：四庫本作「遵」。
〔一〇〕平：原缺，據明澹生堂鈔本、四庫本、傅校本及《永樂大典》補。

德望恩威之素洽。暨湯咸有一德，寧久外哉；惟説命總百官，即延登矣。某夙叨造化，喜聽絲綸。職在兵儲，莫展朱轓之雅拜；心依鈞播，但遲赤舄之遄歸。欣頌交懷，叙陳奚究！

賀兵部湯侍郎允恭改除户部啓

命出宸衷，班升法從。求懿德而肆時夏，方參武部之聯；歌南風而阜吾財，就正地官之任。事權增重，眷奬彌隆。恭惟某官氣和貌粹而濟以剛，學贍詞精而貫乎道。入儀三院，凛然形謇諤之風；出應二星，籍甚得中和之譽。晝接來從於蜀道，辰猷歸告於周行。惟偃戢五兵，靡藉戎昭之經畫；而低昂萬貨，實資心計之斡旋。用頒進陟之恩，式示登庸之漸。某久勤仰斗，未快披雲。省户司珍，仰繫於館轄；轅門總賦，又竊於帡幪。聞成化之誕揚，激懦衷而增喜。三庚云伏，九夏將闌。冀調鼎食之和〔二〕，佇俟堤沙之築。其爲欣頌，罔究敷陳。

賀葉侍郎啓

祇拜明綸，就升横榻。霜凝憲簡，獨高峨豸之班；風動朝紳，咸避乘驄之節。正臣既進，公道愈開。恭惟某官學造天人，文參典誥。以誠慤靖共之操，濟輝光篤實之資〔三〕。方彈貢禹之

〔二〕 冀：四庫本作「用」。
〔三〕 資：明澹生堂鈔本作「賢」，疑是。

賀户部趙侍郎令詪啓

釋符越嶠，持橐漢庭。二千石之惟良，入補六卿之闕；三十年而制用，悉提萬貨之綱。法從得賢，輿情交慶。恭惟某官學高歆、向，德茂間、平。蚤奮勵於宏材，寖踐揚於煩使。轉輸東廣，素推抑强扶弱之稱；澄按南閩，尤得戢吏愛民之指。寓書林之美職，鎮淛水之近藩。資與望優，譽隨日至。賜環趨覲，甫瞻天子之光；鳴玉會朝，已率地官之屬。方資心計，式阜邦財。始末源流，豈析秋毫之小利；優游贍足，固殊畫餅之空談。少施鞭算之勞，即贊棟隆之輔。某久焉仰斗，邈爾披雲。省户司珍，仰繫於館轄；轅門總賦，又托於帡幪。欣幸攸深，名言奚究！

賀魏宣州啓

書頒一札，夢應三刀。起異時廊廟之宗工，付今日股肱之巨鎮。印符甫至，條教已孚。恭惟某官華國文高，經邦道廣。温温自克，如琮璜可薦於郊丘；凛凛後凋，若松柏靡歆於霜雪。早翺翔於兩禁，旋總攝於三銓。屢煩仗節之行，首定和戎之利。帝以勳書竹帛，趣堤京兆之沙；公方志在煙霞，高揖浮丘之袂。逮宣室深思於賈誼，俄延英復召於裴公。圖回大政之元，剗革積年之弊。遽援祖宗之故事，力祈中外之迭居。已勤越嶠之鎮臨，更屈宣城之藩翰。雖云新治，時乃舊游。既民情風俗之周知，宜

冠，椎輪雋軌；俄請朱雲之劍，砥柱頽波。遂以精忠，簡於淵聽。迨久更於外服，始歸列於中朝。議禮奉常，兼官華省。旋暫持於龍節，即入箠於烏臺。勁氣横秋，鶚乘風而直上；姦萌掃迹，雪見晛而自消。果膺雄劇之除，益展剛方之志。舉皋陶而不仁遠，姑坐振於憲綱；用仲尼而侵疆歸，竚進參於機政。某依仁有日，去德幾年。瞻佩印之騶，雖阻陪於賀客；扣典籤之吏，顧敢緩於緘書？欣忭於中，名言曷盡！

賀吏部賀尚書啓

光奉贊書，峻躋常伯。事業任重，實通四選之權；地近班高，獨處六曹之長。耆英登進，遠邇懽傳。恭惟某官學際道真，才周王佐。秉資和裕，如春風醇酎之可親；遇事激昂，真烈日嚴霜之難犯。修名早立，要路久登。雖中年自樂於燕閒，而正宁不忘於簡注。比開公道，亟列禁塗。議禮秩宗，明春卿之舊典；升華瑣闥，振夕拜之頽風。榮紬石室之書，入勸金華之講。賀公兩命，既遠繼於家聲；甘茂十官，宜洊承於帝渥。粤從衆望，擢冠邇聯。惟茲典選之除，自昔奮庸之漸。周書分職，列冢宰於天官；唐制任人，兼吏銓於相府。行參大政，用協前規。某猥預郎潛，實依河潤。屬和門之總賦，阻賓閣之望塵。欣頌於中，敷陳曷既[一]！

賀兵部周侍郎啓

策勳西省，進位中臺。事簡班高，名列文昌之司馬；職親地禁，實兼翰苑之主人。命出自中，懽均於外。恭惟某官學海淵澄而百家並蓄，文鋒峻拔而八面可當。自稱首於殊科，即躋榮於要路。判花西掖，已閲再秋；視草北扉，亦將累月。比對揚於金殿，形襃諭於玉音。謂宣力爲多，久處絲綸之職；而代言有等[二]，具孚簪紱之情。爰錫異恩，并隆徽數。夏官真拜，少休六押之勞；內相增榮，就正五轓之直。寶帶煥黄金之寵，襲衣頒玉笥之珍。頗、牧之在禁中，既坐兼於文武；蕭、曹之安海內，竚登貳於鈞樞。某素辱庇憐，欣聞遷擢。雖踰歲莫趣於階戺，而指期可望於甄陶。欣頌攸深，喻言曷究[三]！

賀左史洪舍人啓

螭坳序進，鳳省榮兼。九重欣嚴近之得賢，多士慶英髦之行志。恭惟某官家承亮節，名冠異科。學通九流四部之繁，文播六狄五戎之遠。昔焉涵養，再陪藏室之神仙；今也騰驤，亟列清都之侍從。珥筆稍更於晦朔，敷綸洊峻於班聯。惟左右史之設

[一] 曷既：明澹生堂鈔本、四庫本、傅校本作「奚究」。
[二] 等：明澹生堂鈔本、四庫本、傅校本作「得」。
[三] 究：明澹生堂鈔本、四庫本作「既」。

官，有東西臺之分職。儻曰識曰才之兼善，則書言書動以迭居。矧禁掖之邃深，發揮帝制；必詞章之灝噩，鼓舞民情。自非鯨呿鼇擲之才，孰簉豹尾雞翹之列？殊知方厚，大拜可期。某遠奉皇華，遡聞徽數。密鄰桑梓，倍深燕厦之情；敻隔仙凡，莫預龍門之客。其爲頌詠，罔罄敷陳。

謝執政啓

外董軍儲，已占諸郎之選；中頒詔綍，更參少列之華。廟堂推特達之恩，肺腑感曲成之造。竊考百官之制，頗高七寺之聯。雖由省户以次遷，必俟朝紳之衆允。豈容戇拙，輒玷寵光？伏念某窺管才疏，挈瓶知小。乏前言往行以蓄其德，無令聞廣譽而施諸身〔一〕。區區寸禄之間〔二〕，默默衆人之後〔三〕。宛其老矣，誰則知之？比逢稷、契之登朝，力引蕭、朱而結綬。滋蘭九畹，亦及曲蓬；種木千章，不遺疏櫟。究擢丞於司府，旋進直於文昌。每愧含香，誓將襆被。會列戍乏峙糧之使，顧在廷須轉餉之才。猥令十駕之駑，來主千金之費。人閑玉帳，初無運粟之勞；歲屬金穰，況值積倉之富。縱道濟蘊沙籌之智，且士安稱鞭算之能。當茲偃戢之秋，何有設施之力？矧伊陋質，尤愧空餐。但知均節於陳紅，仍效鉤稽於朱墨〔四〕。再期於此，片善則亡。姑容逃司敗之誅，已爲忝冒；乃使綴介卿之位，何以堪任？茲蓋伏遇某官默運洪鈞，茂凝丕績。輔成皇極，無偏陂以遵王；參繹師虞，有謀猷而告后。俯眷轅門之吏，嘗陪材館之賓。播物何私，雖偏加於庶類；回春有信，常首及於朽株。遂使微蹤，坐叨優數。某敢不仰銜埏埴，益勵鈍頑！非惟圖稱於詔除，庶亦免貽於簿責。掌九賦九功之貳，固慚周典之官；有萬鍾萬室之藏，願助齊軍之政。過此以往，未知所裁。

謝吏部賀尚書啓 以下代帥

支郡分麾，方飲冰而就道；陪京易地，旋出綍以示恩。伏念某早簉周行，久聯法從。主恩未報，自驚蒲柳之衰；家難遽纏，徒抱栝棬之慕。逮祥琴之甫御，嗟欒棘之僅存。逝將歸老於山林〔五〕，何意辱憐於旒扆。甫憑熊軾，俄畀麟符。豈伊譾薄之姿，堪此頻煩之寵？茲蓋伏遇某官儒林宿望，禁路老成。瑣闈高論駁之稱，銓部著清明之效。紬圖書於石室，冠講讀於金華。視君如腹心，屢罄嘉猷之告；相王爲左右，即聞大政之咨。衆賢咸賴於主盟，朽質亦叨於推轂。某敢不布宣德意，安戢兵民〔六〕？雖愧齊侯，政亟成於五月；上追嚴助，計可奉於三年。感幸居多，喻言奚究〔七〕！

〔一〕諸：原作「於」，據明澹生堂鈔本、四庫本、傅校本改。
〔二〕「區區」上，四庫本有「徒」字。
〔三〕「默默」上，四庫本有「遂」字。
〔四〕效：明澹生堂鈔本、四庫本作「復」。
〔五〕逝：原作「庶」，據明澹生堂鈔本、四庫本、傅校本改。
〔六〕戢：明澹生堂鈔本、四庫本、傅校本作「靖」。
〔七〕究：明澹生堂鈔本、四庫本、傅校本作「既」。

吏部葉侍郎啓

訪京口之舊游，甫祗成命；易秣陵之新組，更冒除書。眷此會藩，號爲劇寄。任九郡兵農之責，全藉撫綏；司一時管籥之權，必歸信謹。而某器資甚陋，才力弗强。自經憂患之餘，尤覺精神之耗。忽叨宅牧，大懼瘝官。誰爲汲引之謀，亶有夤緣之助？茲蓋伏遇某官宏猷經遠，碩學造微。鶚立臺端，議論動關於大體；鳳儀禁路，銓衡不愧於昔人。史闈高譔次之功，經幄致緝熙之益。多士每資於借助，孤蹤遂致於叨榮。增秩賜金，雖乏潁川之治；操刀製錦，尚逃鄭國之譏。感幸居多，喻言奚究〔一〕！

吏部沈侍郎介頌德

茲蓋伏遇某官文華緯國，術業康時。自連捷於賢科〔二〕，即高騫於清路。六卿率屬，既登貳於天官；三格修書，復茂明於皇統。當論思之餘暇，推獎借之公心。遂致陳人，猥膺遴選。民安渤海，願希龔遂之風；福及京師，更效細侯之政。其爲感幸，豈易名言〔三〕！

户部趙侍郎頌德

茲蓋伏遇某官儒猷飾吏，忠概光朝。早踐歷於劇煩，浸發揚於譽問。斡旋版部，方追晏、巽之風；丞弼政塗，行表間、平之績。當論思之餘暇，推獎借之公心。遂致陳人，猥膺遴選。發奸摘伏，雖有愧於古人；宣化承流，尚勉追於循吏。其爲感幸，罔既名言。

兵部楊侍郎椿頌德

茲蓋伏遇某官名先多士，望重一時。徧更内外之華，彌簡聖神之眷。中臺東省，迭躋法從之清班；西學北扉，備極儒臣之榮遇。爰以論思之暇，曲推獎借之言。遂致陳人，猥膺遴選。民安訟理，儻少助於中興；政拙心勞，顧敢辭於下考？其爲依向，實倍等夷。

刑部黄侍郎祖舜頌德

茲蓋伏遇某官材堪國棟，學貫經郛〔四〕。早占郎位之星，晚上禁塗之轍。皋陶之弼五教，允賴明清；蕭何之作九章，更資刊定。爰以論思之暇，曲推獎借之言。遂致陳人，猥膺遴選。竭其知力，固無赫赫之名；假以歲時，或效平平之策。其爲依向，

〔一〕究：明澹生堂鈔本、四庫本、傅校本作「既」。
〔二〕捷：原作「揖」，據明澹生堂鈔本改。
〔三〕名：四庫本作「多」。
〔四〕郛：四庫本作「邦」。

實倍等夷。

工部王侍郎晞亮頌德

茲蓋伏遇某官詞章辨博，器宇恢宏。久訓導於成均，旋雍容於宰士。擢登法從，姑董正於百官〔一〕；參預政機，即圖回於萬務。爰以論思之暇，曲推獎借之言。遂致陳人，猥膺遴選。竭其知力，固無赫赫之名；假以歲時，或效平平之策。其爲依向，實倍等夷〔二〕。

周給事啓

秩二千石於南徐，方被自天之命；付十九符於建業，誤頒易地之恩。觸熱到官，涓辰視事。言念庸虚之質，久叨獎擢之榮。持橐甘泉，鼠易窮於五技；擁麾炎海，馬幾敗於百鈞。逮纏風木之悲，甫畢苴麻之制。驟司宫鑰，深愧梁鵜。茲蓋伏遇某官名冠兩科，身兼數器。屢告辰猷之益，峻躋夕拜之聯。金匱紬書，述作何慚於遷、固；玉堂視草，才華實儷於常、楊。俯眷孤蹤，每推餘論。遂致詔除之寵，洊分閫制之嚴。坐撫軍民，既竊蕭公之任；兼容獄市，願師齊相之風。感佩之深〔三〕，叙陳奚究！

中書洪舍人遵啓

一麾出守，方便道以之官；十國爲連，復冒恩而易鎮。惟金陵之奥壤，實江表之名藩。人物浩繁，蓋南北要衝之地；江山佳麗，號古今形勢之區。孰謂孤蹤，可司留鑰？茲蓋伏遇某官家傳勁節，名冠殊科。演誥西垣，鼓天地中和之氣；宣猷右府，助聖神道德之威〔四〕。爰於獻納之餘，借以揄揚之助。肆容異寵，洊及非才。殿天子之邦，既仰塵於任使；在諸侯之選，願追繼於循良。

起居張舍人頌德

茲蓋伏遇某官望隆國士〔五〕，名冠儒科。君舉必書，久珥螭坳之筆；王言作命，兼裁鸝閣之文。爰於獻納之餘，借以揄揚之助。肆容異寵，洊及非才。殿天子之邦，既仰塵於任使；在諸侯之選，願追繼於循良〔六〕。

〔一〕官：四庫本作「工」。
〔二〕「曲推獎借之言」至句末原無，原刻云：「下同前」，據補。
〔三〕佩：原作「幸」，據四庫本、傅校本改。
〔四〕神：四庫本作「人」。
〔五〕茲：明澹生堂鈔本、四庫本作「此」。
〔六〕「借以揄揚之助」以下原無，原刻云：「下同前」，據補。

朱御史啓〔一〕

北固承流，方飲冰而就道；金陵易鎮，旋出綍以疏榮。任愈重而才微，寵既深而懼集。伏念某久聯冗從，積愧空餐。方分竹使之符〔二〕，遽失蘭陔之養。琴既聞於切切，棘猶嘆於欒欒。敢謂誤恩，曲憐舊物。中詔亟頒於銅武，半塗復畀於玉麟。誰爲推挽之謀，亶有夤緣之助？此蓋伏遇某官學窮聖秘，智蘊賢謨。右省拾遺，首膺於親擢；南臺執法，大振於直聲。剛明蓋禀於天資，風采獨高於朝路。竚陪幾政，用展壯猷。方臺評務別於忠邪，故闒制靡遺於衰朽。某敢不勤求民瘼，力報主知。及馬問羊，雖愧子都之智；帶牛佩犢，願回渤海之風。感佩攸深，敷陳奚究！

任殿院頌德

此蓋伏遇某官禀資勁正，造道深醇。粵從分察之聯，就進副端之職。鶚乘風而直上，衆正咸依；雪見晛而自消，群邪遠屏。竚陪幾政，用展壯猷。方臺評務別於忠邪，故闒制靡遺於衰朽。某敢不勤求民瘼，力報主知。及馬問羊，雖愧子都之智；帶牛佩犢，願回渤海之風。感佩攸深，敷陳奚究〔三〕！

汪察院啓

三年銜恤，僅畢素冠；十國爲連，遽膺丹檢。惟秣陵之奧壤，實岳狩之名都。人物浩繁，據南北要衝之會；江山雄偉，號古今形勢之邦。孰謂孤踪，可當遴選？茲蓋伏遇某官禀資端慤，植操剛方。芸閣校讎，萬卷默藏於胸次；楓廷奉對，一言密契於宸衷。暫司糾察於六曹，行振抨彈於兩院。曲推餘論，猥及陳人。俾從憂患之餘，亟冒蕃宣之寄。某敢不奉揚德澤，綏靖兵民，上以酬聖神再命之榮，下以慰父老一方之望。其爲依向，實倍等夷。

任察院文薦頌德

茲蓋伏遇某官氣和節勁，道廣用周。以淵源之學貳曲臺，以敏濟之才游銓部。擢登烏府，方觀糾察之功；進發獸樽，佇展剛方之操。曲推餘論，猥及陳人。俾從憂患之餘，亟冒蕃宣之寄。某敢不奉揚德澤，綏靖兵民，上以酬聖神再命之榮，下以慰父老一方之望。其爲依向，實倍等夷〔四〕。

〔一〕御史：明澹生堂鈔本、四庫本作「侍御」。
〔二〕方：明澹生堂鈔本、四庫本作「曩」。
〔三〕「方臺評務別於忠邪」以下原無，原刻云：「下同前」，據補。
〔四〕「猥及陳人」以下原無，原刻云：「下同前」，據補。

左司諫何溥頌德〔一〕

茲蓋伏遇某官名魁俊造，望冠簪紳。烏臺躋六察之聯，騎省綴七人之列。后從諫則聖，方資論議之公；臣事君以忠，即預弼諧之峻。每推餘論，加賁孤蹤。遂叨獎擢之榮，薦冒蕃宣之寄。

都正言民望頌德

此蓋伏遇某官河山稟粹，金玉凝資。烏臺分糾察之權，騎省振彌縫之職。謀猷告於后，既結異知；左右惟其人，即膺巨用。某敢不敷揚德意，安靖封圻？

賀鎮江鄭直閣作肅啓

榮陞中秘，來剖左符。遥分東壁之光，增重南徐之寄。恭惟某官器資寬博，問學精深。憲臺高糾察之稱，卿寺著委蛇之節。久從外補，殊鬱遠猷。方公道之宏開，宜舊人之復用。宣室之思賈誼，將承前席之咨；馮翊之試蕭生，尚仰本朝之志。紛旗旄之載路，儼轓蓋以臨民。方丈蓬山，兼寓圖書之直；西樓月觀，更雄江海之觀。某適此充員，於焉託庇。鄰封在望，知富燭之可分；餘潤旁沾，何上流之不及？其爲欣幸，罔罄喻言。

賀辛福州次膺啓

擢從藩郡，盡委連城。尺籍伍符，新元戎之節制；油幢畫戟，增舊履之光華。恭惟某官浩養積中，懿文彪外。早以剛方之操，揚於諫諍之聯。疏屢紀於皁囊，箴尚留於丹扆。仲山補衮，惓惓惟王道之陳；佐治引裾，挺挺有祖風之繼。久抱江湖之興，比陪簪橐之遊。方觀接武於夔、龍，乃復希蹤於召、杜。謂一圻布政，未足究於遠猷〔二〕；故八郡宣威，庸就分於外閫。事權加重，眷奬彌隆。惟望實之素孚，諒撫綏之有裕。民之攸暨〔三〕，既興豈弟之謡；王曰遄歸，即簉弼諧之列。某傾風惟舊，託庇在茲。幕府宏開，悵莫陪於賓謁；緘書遠致，姑自竭於誠心。瞻詠於中，敷陳奚究！

賀閩中提舉周郎中操啓

請外抗章，臨軒授節。朝士嘆急流之退，海邦瞻膚使之華。恭惟某官重厚有常，疏通無滯。素蘊淵源之學，進逢休顯之時。雙宇岧嶤，久授絳紗之業；中臺清切〔四〕，首含錦帳之香。逮兼

〔一〕左：明澹生堂鈔本作「右」。
〔二〕未足：原作「□未」，據四庫本、傅校本改。
〔三〕暨：原作「塈」，據明澹生堂鈔本、四庫本改。
〔四〕清：原作「親」，據明澹生堂鈔本、傅校本改。

辛士之聯，將綴從臣之籍。力祈去國，爰畀乘軺。北苑靈芽，獨幹皐通之利；南州陳粟，坐收斂散之功。惟清朝正急於掄材，顧雅望難稽於持橐。甫濡牡轡，即返鴛班。某稔風聲於多士之間，託雲庇於鄰封之内。高山在望，未降既見之心；尺素可傳，少叙願交之意。其如悃愊，難盡名言。

賀閩漕王敷文時升啓

聯華六閣，按漕七閩。輟卿月於周行，焕使星於劇部。睿知厚甚，輿論翕然。恭惟某官秀稟山河，德全圭璧。飭躬以有用之學，應務以不群之材。曩自民曹，出專軍賦。足兵足食，功高細柳之屯〔一〕；如綍如綸，寵進大農之貳。將峻躋於禁路，庸詳試於外臺。南國觀風，益著㸃鞭之算；西清寓直，更增攬轡之光。諒玉節之方持，已璽書之來下。某傾心德宇，託芘賓鄰。未容布武於門闌，敢廢將誠於竿牘？其如欣頌，難盡名言。

〔一〕屯：原作「營」，據明澹生堂鈔本、四庫本、傅校本改。

廬陵周益國文忠公集卷八七

省齋別稿卷七

啓 並代作

上湯相求嶽祠啓 以下代王仲寧　紹興三十年

潭潭公府，萬方共竊於帲幪；兩兩泰符，一介未瞻於焜燿。屬炎燠正行於夏令，而清徽穆布於薰風。遙知廊廟之雍容，密授神明之佽助。寢饗有裕，戩穀無窮。恭惟某官正直秉彝，誠明貫道。博通當世，仲舒有王佐之才；重任在躬，伊尹先天民之覺。早富碩大光明之業，徧儀清華嚴近之聯。深結異知，驟膺大用。懋展經綸之志，追還晏粲之期。以士民則臻淳古之風，問夷夏則底輯寧之績[一]。豈特稽載籍之內，名莫與雙；蓋常考中興以來，功居第一。矧謙德之滋茂，視治功而弗矜。惟江河之量有以推其心，故草芥之微得以伸其喙。伏念某周鄉賤士，顏巷寒生。擁腫不材，真鄧林之棄物；疲駑無用，乃樂厩之贅疣。雖知屈首以受書，殆類索塗而擿埴。偶延世賞，獲綴仕塗。旋繇銓部之試程，俾主金陵之簿領。舟車非遠，俸稍亦優[二]。昔云幸而得之，今乃有不然者。親庭萬里，方游蜀道之難；子舍一身，敢顧臺城之樂！居則念違於色養，行焉慮過於官期。徘徊累月之間，兢畏踰年之罪[三]。與其鬱方寸之懷而笑羝羊之觸[四]，孰若乞尋常之水而希轍鮒之濡。用瞻赫赫之師，備罄惓惓之悃[五]。願回鈞造，特畀嶽祠。庶往來吳蜀之郊，私心遂矣；而積累歲時之閱，寸進隨之。肺肝永誓於銘藏，父子共圖於報稱。仰干威重，伏候誅夷[六]。

得嶽祠謝宰相啓

陳情甚切，自通公臺管記之前；加惠至深，俾綴嶽鎮祠官之後。寬僭煩之大戮，狥省侍之寸誠。埏埴恩隆，銘藏志極。竊以重莫重於三旌之位，微莫微於九品之官。既霄壤之勢分，宜鑪錘之理絕。三上書而不報，昔焉事有至難；一出言而遽從，今也談何容易。蓋上相擴至仁之政，故匹夫無不獲之私。伏念某資本妄庸，迹仍闠阨。既才力難充於晏御，何姓名敢徹於膺門？昨以賞延，許親簿領。雖官期之浸邇，顧親膝之滋遙。中實徬徨，勢惟怵迫。念終始受恩之厚，誠無越於大人；則恢宏播物之功，必不遺於小子。用瀝肺肝之懇，自投鈇鉞之誅。豈謂竿牘甫聞，甄陶已暨。俾釋鈎稽之煩劇，容參卜祝之優閒。家請官供，坐竊

〔一〕績：四庫本作「勣」，明澹生堂鈔本作「勁」，蓋亦「勣」之形誤。
〔二〕稍：明澹生堂鈔本作「禄」，四庫本作「廩」。
〔三〕兢：明澹生堂鈔本、四庫本、傅校本作「拘」。
〔四〕笑：明澹生堂鈔本、四庫本、傅校本「嘆」。
〔五〕惓惓：明澹生堂鈔本、四庫本作「拳拳」。
〔六〕候：明澹生堂鈔本、四庫本、傅校本作「俟」。

代耕之禄；冬温夏清，行趨學禮之庭。一被洪私，兩諧素願。此蓋伏遇某官道公毋我，德大有容。象極承天，運四方於掌上；垂紳正笏，應萬變於胸中。雖彌縫輔贊之莫窺，而汲引招延之可考。凡名片善，已悉使之逢辰；曾是微生，亦俯令其遂性。門墻在望，頂踵知歸。某敢不静言厚幸之來，推本曲成之自。寬仁傑太行之顧，將歸覲於嚴君；反翰林蜀道之難，願追蹤於前輩。其如報效，何憚糜捐！

賀葉樞密啓 代人 正月

紫誥誕頒，黄樞對掌。萬乘仰成於宥密，四方屬望於安彊。竊以周設六官，司馬聯於家宰；漢分三府，太尉列於公臺。惟聖神參考於前規，肆文武平分於大柄。正資元老，協贊多盤。恭惟某官道大才宏〔一〕，器公量遠〔二〕。鏘鏘鳴鳳，覽德輝而下之；濯濯祥麟，爲聖人而出也。名實素高於中外，眷知特異於臣鄰。方其居副端横榻之時，固已有貳政秉鈞之意。小紆軌轍，大振銓衡。至於攝八座之崇資，修三朝之信史。既踐更之略徧，在登用以何疑？遂自甘泉，進儀右府。武有七德，莫先禁暴，豈惟逆折於遐衝；天生五材，安可去兵，正賴坐恢於遠馭。英髦大任，軍國咸依。某久辱顧存，欣聞册拜。漢得子房而勝千里，竦聽運籌；魯用仲尼而歸侵疆，固知奠枕。其爲忻躍〔三〕，未易敷云。

賀同知葉樞密義問啓 以下代監司

誕頒宸綍，登貳幾庭。光動斗宫，映泰階之兩兩；威行夷裔，知四海之皇皇。恭惟某官氣和貌粹而濟以剛，學贍詞精而貫於道。凛然松柏，靡容霜雪之欺；粹若琮璜，宜備郊丘之薦。結綬即持於正論，影纓久歷於要津。此逢公道之開，連錫召音之寵。朱繩勁直，振兩院之威稜；金鑑清明，澄三銓之流品。紬圖書於石室，贊講讀於金華。時譽益隆，主知彌厚。謂安危注意，莫先樞管之權；惟文武憲邦，可補廟堂之缺。是資一德，進本萬兵。既望實之素孚，宜邇遐之歸重。用孔子而無敵天下，古有成言；得留侯而運籌幄中，今觀顯效。某充員外計，託跡大鈞。瞻蔽芾之棠陰，敢忘封植；想深嚴之槐位，正賴陶鎔。欣幸居多，指陳曷喻！

回宣州朱舍人啓

政成嚴瀨，命易宛陵。前導後隨，紛千騎旗旄之衆；去思來暮，沸兩邦謡頌之聲。恭惟某官詞章爲王度之華，聞望作士林

〔一〕宏：明澹生堂鈔本作「高」，四庫本作「全」。
〔二〕公：明澹生堂鈔本、四庫本作「閎」。
〔三〕忻：明澹生堂鈔本、四庫本、傅校本作「忭」。

之冠。西省早資於獻納，南箕俄哆於播揚[一]。韓愈之訪曲江，屢形絶唱；子牟之存魏闕，愈勵孤忠。逮公道之宏開，宜左符之洊畀。郡守民之師帥，少殫共理之勞；執政君之股肱，即下延登之詔。某傾風自昔，借潤在兹。叠嶂岧嶤，阻奉謝公之樂；朵雲娟妙，喜披韋陟之書。欣幸居多，指陳罔喻。

賀周給事啓

拜恩玉陛，平奏銀臺。名參黄散之班，任極清華之選。初傳除目，允協輿情。恭惟某官德冠淵、騫，業窺稷、契。讀三墳而博古，度兩漢以摛文。翰墨策勛，允矣中朝之第一；忠精事上，居然當世之少雙。方靈臺收偃伯之功，顧武部豈盡才之地？疇咨碩望，封駁瑣闈。元素回天，魏鄭嘆仁人之論；李藩批敕，裴公推宰相之風。既茂著於多庸，諒難淹於大用。某外將使指，阻慶賓筵。謌謌常聞，仰家聲之復振；期期靡奉，視祖德以何慚！欣慕居多，叙陳奚究！

賀岳都統超起復啓 以下代人

紫綍頒恩，墨縗涖事。抑至情於苦塊，增壯觀於貔貅。上眷至隆，師言允穆。恭惟某官忠精拱極，氣槩横秋。山濤靡學於孫、吴，默究孤虚之要；葛亮自方於管、樂，孰窺知略之奇？隱然賢過於長城，儼若形圖於烟閣。方慶堂萱之茂，遽纏風木之悲。雖孝思慕曾、閔之誠，立祈上印；然國典有漢、唐之舊，難狥倚廬。既奪衰麻，即頒節鉞。某密聯王事，敢緩郵籤？惟欣頌之交懷，匪叙陳之能究。

同前

起從苫次，復總戎昭。將士騰懽，旗旌動色。伏惟某官學通《三略》，智運六奇。執戈衛社於薄伐之初，經武整軍於中興之後。綵衣終養，固殊蓼蓼之莪；要絰罹憂，遽嘆欒欒之棘。顧制閫方專於一面，豈呼門可待於三年？是資移孝之忠，用舉奪情之禮。方圖往訊，首辱飛文。惟欣感之交懷，匪叙陳之能究。

賀池州周侍郎執羔啓

灼龜諏日，分虎臨民。晝戟前驅，奉版輿而增焕；甘棠甫憩，鄰梓里以交輝。善政一敷，懽謡四達。恭惟某官識窺聖秘，知覺民先。以英詞登鼎甲之科，以直道結宸旒之眷。徊翔九寺，典領三銓。旋繇宰士之要塗，寵拜秩宗之近列。懷章出鎮，寧辭蜀道之難；引綬來歸，頓覺長安之近。况此邇封之易治，夫何游刃之足勞？即頒一札之書，趣正三槐之位。某辱知素厚，沐德寖深。獻薄技於春闈，敢忘衡鑑；望高旍於秋浦，幸託帡幪。方修贊喜之書，俄枉鳴謙之問。其爲欣悚，交集襟悰。

[一] 播：明澹生堂鈔本、四庫本作「簸」。

同前 以下代帥

敷綸內史，改命名藩。以簪橐之舊臣，鎮枌榆之鄰壤。教條誕布，民吏咸歸。伏惟某官識洞幾微，學該象數。道逢辰而日顯，才遇事以風生。自服周行，寖儀榮路。六卿分職，論思獨著於春官；十國爲連，鎮撫久勤於蜀道。比上便親之懇，果疏易地之恩。近尺五之天，既易彰於政化；旄二千之石，當入補於公卿。言念衰踪，夙叨雅契。遠披尺牘，喜聞四牡之徂齊；密映上流，更賴餘波之及晉。其爲欣幸，莫究敷陳。

賀吏部周侍郎綰啓

寵頒帝制，擢貳天官。班趨龍尾之階，名列雞翹之後。老成登用，輿議懽傳。伏惟某官篤學自其天資，雄文追於古作。三十年之外補，豈忘存魏之心〔一〕；一萬里以遐征〔二〕，嘗歷渡瀘之險。既踐揚之滋久，宜望實之交孚。比自外臺，入儀雙宇。詞章議論，蔚爲西漢之儒宗；耆舊風流，猶是貞元之朝士。萬乘首嗟於見晚，諸生咸快於睹先。曾芳歲之未周，果荷橐之申錫。人惟求舊，姑小試於吏銓；道之將行，即峻參於揆路。某依仁久矣，聞問欣然。屬司宮鑰之嚴，莫展賓閎之慶。其爲頌詠，罔既敷陳。

同前 代人

詔褒壽雋，位列禁塗。國子先生，已著作成之效；天官小宰，正資裁鑑之公。上眷至隆，人言無間。恭惟某官鍾英靈嶽，藹譽儒林。堯醲舜醺，粹矣淵源之學；周情孔思，燁然黼黻之文〔三〕。早被選掄，屢戡盤錯。叱馭靡辭於西土，埋輪幾遍於中州。歲適凝寒，獨見堅剛之操；時方更化，宜先耆舊之圖。暫假道於賢關，遂升華於法從。矧是銓曹之要，實爲政地之儲。蓋爲國求賢，既已坐清於流品；則得時行道，自能參斡於鈞樞。揆理必然，指期可俟。某昔叨聯事，今睹除書。憶別浦之班荊，未周歲月；仰明庭之持橐，恍隔烟霄。惟欣頌之交懷，匪敷陳之能究〔四〕。

賀禮部曾侍郎幾啓 代帥

光膺書贊，進貳儀曹。陪紫橐之近班，寵清時之宿望。伏惟某官氣全剛大，學造深醇。有令聞廣譽而施諸身，識前言往行以蓄其德。先朝涵養，早參麟臺槐市之聯；上聖選掄，屢付龍節

〔一〕豈：傅校本作「不」。
〔二〕以：原作「之」，據明澹生堂鈔本、四庫本、傅校本改。
〔三〕燁：原作「蔚」，據明澹生堂鈔本、四庫本、傅校本改。
〔四〕敷：四庫本作「叙」。

竹符之寄。比圖壽雋，再踐周行。方總群儒，明二星於東壁；俄升宗伯，亞八座於文昌。惟中興議禮之秋，且大報躬郊之歲。假塗禁路，姑蒐輯於上儀；論政法宮，即咨詢於故老。某傾風舊矣，聞問欣然。屬司留鑰之嚴，莫展高閎之慶。其爲頌詠，罔罄敷陳。

同前 代人

輟從中秘，峻貳春卿。雲起蓬萊，坐遠三山之路；風清閶闔，同趨九陛之朝。恭惟某官懿行服人，清徽映世。搴旌書府，誦河東三篋之亡；振藻詩壇，繼華黍六篇之補。粤從壯歲，亟踐要津。擅才名者四十年，騰扶摇者九萬里。比辭熊軾，入冠麟臺。既冕旒簡注之彌隆，宜簪橐論思之有賴。矧測圭於日至，方踐豆於國南。非鴻儒不足以練習禮容，非耆德不足以相成熙事。上心所眷，物望攸歸。與弟子以起儀，暫資制作；圖舊人而共政，即贊燮調。某夙仰英猷〔一〕，竦傳成命。舜庭在望，雖阻聞四岳之咨；周禮既行，尚及見兆民之阜。欣愉備罄，敷寫奚殫！

賀浙西謝提舉伋啓〔二〕 代帥

積歲奉祠，阻遂朋簪之盍；晚塗制閫，幸叨鄰燭之分。念霜臺纔數舍之遥，而記室乏尺書之問。忽傳音馹，倍激感悰。伏惟某官學術深醇，性資夷雅。庭蘭擢秀，世傳康樂之風；池草摛華，人誦惠連之句。懿行早儀於星省，洽聞旋贊於月卿。雖久安勝地之游，然常在明臣之目。起膺郡寄，四民騰豈弟之謡；就陟使華，一旦展澄清之志。既長安之日近，佇宣室之席前。秋令云初，商飈已肅〔三〕。冀慎寶調之節，進迎禁從之除。頌詠攸深，名言奚究！

謝舉自代啓 代漕

某伏聞台慈薦某自代者。國家眷求偉望，擢寘禁塗。每當涖職之初〔四〕，申以舉代之制。豈特觀其引類，抑亦廣於求賢。侍郎以豐、沛之故人，參嚴、徐之侍從。胸中涇渭，清濁奚逃；皮裏春秋，智愚坐別。兹由版部，改貳夏官，謂宜博選於真材〔五〕，庶幾靡負於推轂。某之無似，衆所共知。意甚廣而才疏，力雖多而效寡。早陪諸彦，妄意事功；中值多艱，甘心流落。比宏開於公道〔六〕，蒙起廢於偏城。旋被選掄，猥參漕輓。坐閲再時之久，曾無寸效之聞。不稼取禾，自知明甚；拔茅連茹，豈所當然？敢期過采於虚名，特與榮加於剡奏。星星雙鬢，懼莫稱於吹嘘；炯炯寸心，顧豈忘於荷戴？

〔一〕夙：明澹生堂鈔本、四庫本作「久」。
〔二〕伋：原作「級」，據明澹生堂鈔本、四庫本、傅校本改。
〔三〕肅：明澹生堂鈔本、四庫本、傅校本作「届」。
〔四〕當：明澹生堂鈔本作「於」；當涖：四庫本作「准就」。
〔五〕真：明澹生堂鈔本、四庫本作「實」。
〔六〕宏：明澹生堂鈔本作「宕」。

賀户部邵侍郎啓 以下代人

正位版漕，升華禁橐。司徒掌邦教，式資安擾之功；南風阜民財，更賴斡旋之術。久聞成涣〔一〕，倍激懽悰〔二〕。恭惟某官行應時須，識明政要。以游、夏淵源之學，兼由、求果藝之才。雖洶洶風波，能使帆檣之暫偃；然森森松柏，豈因霜雪而遂歆？逮上聖之灼知，眷名儒而復用。皇華外歷，宰事內聯。既久陪文石之班，宜入扈甘泉之駕。豈特擇財經武，坐令萬貨之饒；固將足國裕人，仰副九重之意。某屬縻近甸，阻簉崇墉。侍從得賢，喜符同於公論；庇庥託跡，尤慰愜於私情。

回新江東王運幹涣啓

暫屈長材，來裨外計。辱書郵之爲好，知祖道之涓休。伏惟某官懿行純全，雋聲清劭。孔庭學禮，久窺禹穴之奇；儉幕泛蓮，將訪秦淮之勝。雖素志務安於平進，而清朝正急於詳延。試語掾於江東，既攄婉畫；空馬群於冀北，行肅召音。某積歲傾瞻，指期晤對。想方勤於行邁，冀益保於冲和。欣頌交深，名言奚盡！

與新總領啓 代方少卿

陞班省闥，董賦轅門。內倚重於名郎，外增華於膚使。除書一布，輿頌四傳。恭惟某官蹈德冲和，摛文敏贍。自搴帷於仕路〔三〕，即掉鞅於榮階。剖竹臨民，屢紀循良之績；握蘭典選，獨高簡要之稱。輟自周行，往臨禹會。方著澄清之效，竚收歛散之功〔四〕。陟明將簉於崇班，錫寵更膺於劇寄。仍文昌之峻職，調武旅之餘糧。士飽而歌，益壯軍聲之十萬；人圖其舊，伫觀海運之三千。某久愧空餐，茲勤揚秕。祇膺嚴召，固難俟駕而行；載徯來音，或許合符而去。其爲忻懌，難盡名言。

賀孟少卿忠厚判平江府啓 代外舅

揚庭讀命，析爵分符〔五〕。左九棘之崇班，既資寅亮；右扶風之近郡，復賴蕃宣。溫詔郵傳，嘉師柏悅。恭惟某官望隆朝禁〔六〕，道際天淵。貴窮百執而秉德甚謙，禄極萬鍾而褆身彌儉。自解黃樞之柄，久從緑野之遊。四牡孔修，方趣韓侯之入覲；周邦咸喜，旋觀申伯之還南。進寵秩於亞卿，聳多儀於三輔。神旗豹尾，掩晝戟之前聞；絺冕篆車，視朱轓而有煥。稍奏裕民之略〔七〕，即歸秉國之鈞。某方伏衡門，欽聞盛事。賜郭氏三公之

〔一〕久：四庫本作「允」，傅校本作「凡」。
〔二〕倍激懽悰：明澹生堂鈔本、四庫本、傅校本作「無復間言」。
〔三〕帷：原作「旌」，據四庫本改。
〔四〕「方著」至「之功」句，明澹生堂鈔本、四庫本、傅校本作「既澄清之效著，亦歛散之政脩」，明澹生堂鈔本脱「既」、「脩」二字。
〔五〕析爵：原作「折節」，據明澹生堂鈔本、四庫本、傅校本改。
〔六〕朝禁：明澹生堂鈔本、四庫本、傅校本作「朝野」。
〔七〕略：明澹生堂鈔本、四庫本、傅校本作「最」。

服，已見班春；爲滕文一廛之氓，敢忘賀厦？青陽駘蕩，玉節逶迤，願精茵鼎之調，俯慰旄倪之望。

回交代除郎官啓 以下代郡守

比叨郡寄，實踵英猷。瞻之在前，方嘆所立之卓爾；瞠乎其後，遂將交臂而失之。欽惟一節之趨，已奉九門之對。神明所相，戩穀來宜。恭惟某官麗藻瓊敷，英規玉立。高文大册，早決殊科；亮節清名〔二〕，久儀要路。方報桐川之政，俄歸蘭省之班。諒甫閱於歲陰，即進參於法從。眷言朽鈍，久闊風標。雖合符許續於銅魚，而騎氣已登於金馬。不圖華翰，先賁孤踪。聽清廟之朱絃，但知三歎；聞二都之正義，請誦終身。

回教授啓

早並鄉枌，接英游而舊矣；晚分符竹，聯王事以欣然。未修一紙之書，先奉五雲之翰。伏惟某官氣由直養，業以勤精。中坦外莊，士皆無怨而無惡；左仁右義，志欲有猷而有爲。方將校三館之芸，聊復采泮宮之藻。欽惟聖世，彌重儒官。大器猶規矩準繩，固非俗吏之爲也；四維乃禮義廉恥，必招諸生而誨之。自慚假守之非才，預恐化民之無術。實賴範模之正，助成師帥之功。晤語非遥，瞻言更切。

賀周内翰麟之啓 代監司

疏恩中禁，正位北門。仙嶺提鰲，應久虚之妙選；王人馳騎，舉迅召之彝章。都邑聚觀，簪纓聳嘆。恭惟某官炳靈河嶽，範質珪璋。文與道俱，故作者之名獨高於天下；氣由義集，故浩然之養不屈於胸中。早連捷於巍科，旋徧更於要路。自遊東觀，已攝西垣。視周、漢之文章，可無愧矣；如常、楊之制詔，其猶劣諸。比升封駁之聯，兼寓凝嚴之直。朝居青瑣，回天嘉議論之公；夕草黄麻，擲地美聲音之振。逮茲真拜，時乃異知。名專翰苑之主人，實冠清都之侍從。王言之有七制，是亦假途；冢宰之正百工，即聞當路。某屬縻外計，阻造崇墉，惟欣懌之在中，匪叙陳之可既。

同前 代人

輟從東省，擢正北扉。滿一歲而爲真，式稽漢制；候五瓶而入直，增焕唐儀。自非傑出之英，孰應久虚之選。恭惟某官道該衆善，學總九流。笑談連捷於賢科，烜赫寖彰於令聞。凡曰清華之地，孰不踐揚；顧如粹雅之辭，人皆傳誦〔三〕。久獨司於鳳掖，旋寓直於鑾坡。博物洽聞，考近世莫能及者；高文大册，

〔二〕清：明澹生堂鈔本、四庫本、傅校本作「貴」。
〔三〕人：四庫本作「時」。

雖古人無以過之。宜被寵於中宸，特升華於内相。竊考簡篇之故實，兹爲廊廟之權輿。蓋雍容日侍於禁嚴，故咨決備聞於議論。班高内宴，既先一品之官；禮絶同僚，行踐三公之任。某遂聞成命，倍激懽悰。黄麻之似六經，方觀制作；鴻鈞之轉一氣，即預埏陶。欣頌攸深，叙陳奚究〔二〕！

賀中書舍人張孝祥啓 代漕

光膺書贊，就正詞垣。紅藥蒼苔，重詠鳳池之鳴佩；青春紫綬，共觀淮海之俊人。除目遠傳，輿情胥悦。恭惟某官才資卓越，器範粹清。學博而精，有若總龜之聚；文雄而俊，不殊逸驥之馳。自擢冠於大廷，即躐登於要路。校讐麟省，記注螭坳。凛然廊廟之姿，籍甚簪纓之譽。五花判事，既久兼寓直之榮；六押分員，宜寵錫真除之命。恩章特異，眷簡彌隆。紬繹典謨，方且上規於姚、姒；推明德意，豈惟近比於常、楊！諒無歲月之淹，亟貳機衡之峻。某猥參漕輓，實賴庇庥。遂聞成涣之頒，阻綴賀賓之列。其爲欣懌，莫究敷陳。

同前 代監司

疏恩禁幄，正位綸闈。參法從於甘泉，豈特妙儒臣之選；敷聖謨於寰海，又將爲王度之華。喜動群工，光生四户。恭惟某官詞鋒峻拔，學術崇深〔三〕。冠時髦於談笑之間，躋榮路於休明之際。君臣契合，視前世以少雙；德業恢宏，號中朝之第一。自秉螭坳之筆，即裁鸚閣之文。紅藥翻堦，昔既勞於久假；紫薇伴直，兹果慶於爲真。晝三接以方來，歲九遷而未艾。灝灝噩噩，姑上追二代之書；業業兢兢，即入贊萬幾之政。某外將使指，遂望賓階。雖莫遂於趨風，顧敢稽於贊喜？其爲欣懌，難盡名言。

〔二〕究：明澹生堂鈔本、四庫本作「既」。
〔三〕術：明澹生堂鈔本、四庫本作「殖」。

廬陵周益國文忠公集卷八八

省齋別稿卷八

啓 並代作

賀左史黃舍人中啓 以下代監司　紹興三十年

親承睿奬，入綴從班。輟領袖於麟臺，振羽儀於螭陛。維時在列，共慶得人。恭惟某官莊重有常，剛方不撓。早以游、夏淵源之學，發爲卿、雲黼黻之文。射策宸廷，高出群公之右，彯纓榮路，久游三館之間。旋從封爵之司，峻陟師儒之席〔一〕。抗旝絶幕，北鄰之好益堅；率屬登瀛，東壁之星愈煥。騫翔滋久，名實具孚。爰參黃閣之班，進珥赤墀之筆。賢人之德、賢人之業，既詳試於朝端；王言如絲、王言如綸，即序升於詞禁。某外將使指，遡望賓階。雖莫遂於趨風，顧敢稽於贊喜？其爲欣懌，難盡名言。

賀任秘監古啓

敷錫恩綸，寵褒賢德。輟副端於柏寺，躋少列於蓬山。光騰東壁之二星，喜浹金閨之諸彥。恭惟某官道源深造，文體兼該。挺渾金璞玉之姿，負烈日嚴霜之操〔二〕。自簉鵷班之列，即陪烏府之遊。正色立朝，俾小人之自遠；忠言劘上，非大體則不陳。即久宣彈劾之勞，宜改付清華之任。果膺宸渥，擢冠英躔。命御史而掌蘭臺，姑遵漢制；以秘書而豫朝政，即用唐規。某祗畏官箴，阻干賓謁。竦聽選掄之重，何勝欣悦之私？

賀汪殿院澈啓

寵頒分贊〔三〕，擢列副端。憲簡風生，共仰正人之進；朝紳草偃，喜逢公道之開。恭惟某官局度方嚴，性資誠慤。文掃百家之聱牣，學窮六籍之源流。操挺松筠，歷三冬而不改；質堅金石，經百煉而愈精。平時靡急於人知，比歲自膺於上眷。校讎中秘，方覩子駿之通經；糾察南臺，俄見馬周之悟主。未温坐席，洊被除書。以剛明練達之才，當彈劾糾繩之任。上則維持於國是，下將遡遠於官邪。鼎鑄而魑魅莫逢，人皆有賴；霜嚴而鷹隼始擊，今適其時。竚酬鯁亮之言，越進弼諧之列。某屬將使指，阻慶賓階。惟欣懌之在中，匪叙陳之可既。

〔一〕席：明澹生堂鈔本、四庫本作「長」。
〔二〕負：原作「貞」，據明澹生堂鈔本、四庫本、傅校本改。
〔三〕分：明澹生堂鈔本、四庫本作「方」。

同前 以下代總領

誕頒鳳詔，增峻豸冠。殫勁節而事聖君，茲惟時矣；振直聲而肅朝列，孰不仰之？除目遠傳，師言允穆。恭惟某官以博古通今之學，負絶群邁往之才。見善明而用心剛，故議論不隨於流俗；執德宏而信道篤，故設施皆合於古人。三年紬館閣之書，一語契冕旒之意。暫勤分察，旋陟副端。風采所加，何止能搖於山嶽；威稜既著，固將盡屏於豺狼。上以酬萬乘之選掄，下以振一臺之綱紀。益隆眷異，即踐中司。某猥以駑才，總茲軍賦。違光塵而浸久，託芘蔭以居多。鵰鶚之在秋天，方觀凌厲；燕雀之賀大厦，倍切忻愉。

賀吏部葉侍郎啓

疏恩禁幄，正位從班。綜叙群才，方賴崔、毛之德；裁成大典，更資遷、固之文。簪槖得賢，縉紳交慶。恭惟某官德能輔世，道可覺民。忠精早簡於聖神，政術屢更於事任。自登烏府，頻發獸樽。虎嘯谷而風生，奸萌盡折；玉在山而木潤，善類咸依。將均彈劾之勞，越進論思之地。典司銓部，譔次信書。少常伯之清塗，既列六曹之長；太史公之重任，又爲二府之儲。某宿賴芘休，遜聞進擢。屬總和門之賦，阻陪大厦之賓。忻忭於中〔一〕，敷陳奚既〔二〕！

賀工部楊侍郎啓

寵膺宸命，登貳冬官。獻納論思，既助倪寬之問作；匠工技巧，又裨宣帝之中興。除目播傳，輿情忻懌〔三〕。恭惟某官才華卓越，器範粹清。眷知獨異於在庭，士論久期於持槖。省闈踐歷，嘗炳焕於郎星；宗寺委蛇，久光華於卿月。眷言起部，允謂名曹。舜若予工，命或先於三禮；周爲民極，職並列於六卿。厥惟俊邁之資，乃副選掄之意。告猷禁路，足殫致主之謀；扈駕甘泉，更侈用儒之效〔四〕。某違離滋久，瞻系寔深。遜聞出綍之言，阻綴登門之客。其爲忻忭，罔究叙陳。

上沈丞相啓 沈方進《易解》代人

柱石王庭，久仰棟隆之吉；調胹公餗，方觀鼎實之亨。欽惟兩儀交泰之時，内盡四體觀頤之道。休有自天之佑，來臻視履之祥。恭惟某官直大以方〔五〕，輝光而實。備賢人之德業，懋君子之經綸。黄裳之文，足以藻飾乎治世；白賁之質，足以砥礪乎貪夫。早植離明，屢膺涣渥。作樂而薦上帝，妙制作於春官；

〔一〕忻忭：明澹生堂鈔本、四庫本、傅校本作「欣忭」。
〔二〕既：明澹生堂鈔本、四庫本、傅校本作「究」。
〔三〕忻：明澹生堂鈔本、四庫本作「悦」。
〔四〕用：明澹生堂鈔本、四庫本作「崇」。
〔五〕直：四庫本作「廣」。

施命以誥四方，罄論思於夜直。接物謙謙而有吉，事君蹇蹇以無尤。知微知彰，知柔知剛，望寖隆於中外；或出或處，或默或語，道每順於盈虛。逮九重革故之秋，乃群小剥廬之日。真才萃聚，何止十朋之龜；大號夬揚，有蕃三接之馬。車積中而任重，川利涉以安行。方且懲忿窒慾而堅二簋之誠，思患預防而盛西鄰之禴。求王明以受其福，除戎器以戒不虞。萬國咸寧，百官以治。永裨天地之常久，無復冰霜之始凝。某職典童蒙，身居豐蔀。念亶如之甚久，每嗟若以自憐〔二〕。況衆賢皆願於詭隨，豈小醜敢懷於盱豫？待時而動，妄思尺蠖之伸；觀國之光，肯作羝羊之觸？願普屯膏之施〔三〕，仍寬資斧之誅。如是則鶴鳴在陰，庶假與縻之爵；鴻漸於陸，亦參可用之儀。進必有歸，言不盡意。

賀金陵韓帥啓 以下代總領

内史敷綸，价藩作牧。資兼文武，既坐鎮於兵民；望重簪紳，復典司於管籥。恭惟某官器凝簡重，學造淵源。以博雅而預論思〔三〕，以剛明而理煩劇。進擢遂登於八座，翱翔殆徧於六曹。粤持嶺海之麾，咸徯鈞樞之拜。會晉京之調守，須碩德以庇民。爰屈老成，來分憂顧。且日畿要壤，尚彈壓以靡勞；矧天塹奥區，宜笑談而可治。麟符暫綰，鳳沼旋登。庶成輔佐之勳，用展經綸之業。某自惟衰鈍，夙幸瞻依。周府負丞，甞預幈幪之末；漢營總賦，將承謦欬之餘。

賀徐信州材啓〔四〕

紫泥封詔，皂蓋隨車。起簪槖之近臣，鎮股肱之名郡。恭惟某官淹該博古，端重鎮浮。早歷華塗，多士共推於舊德；比躋禁路，嘉猷屢沃於淵衷。暫違兩觀之觚稜，旋畀上饒之符竹。民淳事簡，顧卧治以有餘；望重資高，諒遄歸之可待。即觀共政，用罄同寅。某繼高躅於柳營，託餘輝於枌社。憩棠勿剪，居懷召伯之思；維梓必恭，遥詠周人之《雅》。其爲欣頌，罔既敷陳。

同前 以下代漕〔五〕

大君有命，价人維藩。褰賈父之帷，甫臨樂國；詠廉君之袴，已致歡謡。恭惟某官雋軌名流，儒紳舊德。氣浩然而不屈，故每任於行藏；名籍甚而益彰，宜久隆於奬擢。方上聖重牧民之選，俾近臣膺分土之榮。謂其日侍於禁嚴，可以熟知於德意，肆煩耆哲，來表循良。以秋官議獄之明〔六〕，於聽訟乎何有；以版部理財之效，則裕民而可知。望之既試於平原，汲黯即還於禁

〔二〕若：明澹生堂鈔本、四庫本作「君」。
〔三〕普：明澹生堂鈔本、四庫本作「博」。
〔三〕博：明澹生堂鈔本、四庫本、傅校本作「儒」。
〔四〕材：明澹生堂鈔本、四庫本作「林」。
〔五〕以下代漕：原無，據明澹生堂鈔本、四庫本、傅校本補。
〔六〕明：原作「能」，據明澹生堂鈔本、四庫本、傅校本改。

闥。某披風已幸，聯事更榮。輓粟非長，正賴帡幪之庇；憩棠在望，敢辭原隰之勞？欣懌居多，喻陳奚究〔一〕！

賀户部董侍郎華啓〔二〕

輟剖竹符〔三〕，峻持荷橐。周卿掌邦教，正資安擾之方；舜琴阜民財，更藉斡旋之術。聞邸音之傳遠，知親擢之得人。恭惟某官重厚而疏通，端方而樂易〔四〕。早游霸府，參豐、沛之故人；晚踐周行，值唐、虞之盛際。外則使節州麾之偏歷，内焉郎曹卿寺之洊更〔五〕。茲由簡擢以牧民，乃復曳鳴而入對。上心念舊，未容褰鄞水之帷；帝命維新，趣使從甘泉之駕。矧嘗司於九扈，每深戒於二東。本末源流，既達理財之義；優游贍足，竚收富國之功。某漕輓非長，帡幪有賴。聆除書之誕布，豈慶問之敢稽？欣頌於中，喻言曷既！

漢州謝到任啓 代外舅

浪迹江湖，竊慕散人之號；疏榮觀闕，驟分刺史之權。載櫜籥之恩深，愧瓶罍之量溢。伏念某起家寒甚，與世邅如。意甚廣而才疏，心每勤而力困。平時事業，有類虎頭之痴；薄宦兢憂，常虞馬尾之誤。昨以閭閻之小子，久陪臺省之諸公。人笑揚雄，何爲官之拓落；自憐方朔，聊棲位以從容。粤樸被於柏庭，尚剖符於桐水。雖賴洪鈞之播物，豈期彍弩之射人？蓋由所領之邦，適治無辜之獄。倘使曲加文致，稍甘使者羅織之心；其如妄起事端，將失朝廷寛平之意。未容投劾，俄已汰歸。幸公議之甚明，在私情而何憾？一丘一壑，方且浮游；三沐三薰，忽蒙湔祓。爰從家食，復畀州麾。朝引綬而示故人，夕飲冰而問前路。既賴滌瑕之施，詎辭叱馭之勞？舟車幾萬里之遥，寒暑涉三時之久。捫參仰脇，固知蜀道之難；見日舉頭，尚覺長安之近。況此土風之美，居然民俗之淳。江山雖岷、浙之殊，郡縣實漢、唐之舊。誤叨共理，殊愧空餐。茲蓋伏遇某官道可覺民，忠能致主。納誨而輔台德，巨川資舟楫之功；以智而爲帝謨，元首賴股肱之喜。泰符愈焕，巖石增隆。俯憐棖闑之小材，曾是門闌之舊物。故推涓滴，以沃焦枯〔六〕。某敢不深察吏謾〔七〕，勤求民隱〔八〕？布垂政惠，實慚王濬之風；安輯蠻夷，尚效子嚴之治。

賀揚州劉安撫岑啓 以下代監司

一麾出守，甫被詔除；十國爲連，就膺閫寄。上列侯之印組，植元帥之旌旗。喜極旄倪，光生巡管。恭惟某官士林宿望，禁路老成。如漢君房，言語妙於天下；如唐子厚，議論屈其坐

〔一〕奚：明澹生堂鈔本、四庫本、傅校本作「莫」。
〔二〕華：四庫本作「芊」。
〔三〕竹：四庫本作「魚」。
〔四〕端方：明澹生堂鈔本、四庫本作「端良」。
〔五〕焉：四庫本作「則」。
〔六〕沃：明澹生堂鈔本、四庫本作「活」。
〔七〕謾：四庫本作「情」。
〔八〕勤：四庫本作「徧」。

人。早殫啓沃之心，久袖經綸之手。逮聖神之圖舊，須哲乂以奮庸。洊膺宅牧之求，用示秉鈞之漸。民之攸塈，既興襦袴之謡；王曰旹歸，即奉絲綸之命。某猥塵使事，密借鄰輝。挹淮海之波瀾，通津不隔；想平山之風月，半坐遥分。惟欣頌之交懷，匪叙陳之能究。

賀兵部楊尚書椿啓

誕敷明詔，因任耆儒。武部久居，就正夏卿之職；鑾坡舊直，并升内相之華。迭二命以峻遷，實一時之榮遇。恭惟某官業窺稷、契，德並淵、騫。方其奮迹於西南，固已騰芳於中外。追陪興運，徧歷要津。以道事君，蓋恥同於嫵媚；有猷告后，每務竭於忠精。比擢貳於司戎，仍兼官於視草。世推洪禮，蔚爲文武之全材；帝眷韋公，時訪國家之大事。將付股肱之寄，先登喉舌之司。挈八座之荷囊，鵷班加重；賜九重之蓮燭，鼇嶺增崇。某夙幸瞻依，欣逢進擢。已知頗、牧，參議論於禁中；行慶蕭、曹，措治安於海内。其爲忭躍，豈易名言！

賀吏部洪侍郎遵啓

輟從西掖，進貳中臺。策舊勞於翰墨之林，試游刃於銓衡之地。班聯愈峻，寵數加隆。恭惟某官道覺民先，學窺聖秘。詞章峻潔，如東流赴海以莫禦；聞譽輝光〔一〕，若北斗麗天而可仰。久儀麟省，旋侍螭階。自入贊於命書，即兼承於密旨。帝王之制坦然明白，豈惟四海之流傳；道德之威成乎安彊，抑亦九重之倚信。眷言先政，常著殊勛。身雖不踐於台躔，慶寔有開於賢嗣。已回旋於法從，即參預於政機。玆惟天理之當然，矧復人心之咸屬。某係官江上，注目日邊。聞賢哲之得時，與士民而胥慶。其爲欣頌，罔究敷陳。

禮部宋侍郎棐啓〔二〕

祗奉贊書，擢登宗伯。副疇咨於四岳，參法從於六官。既德望之素孚，宜師僉之允穆。恭惟某官身兼數器，名冠群倫。負撥煩治劇之才，濟博物洽聞之學。入儀司府，明周官式法之功；進貳奉常，擅鄭國討論之美。況早歲已躋於蘭省，而比年屢剖於竹符。九重夙簡於深知，多士共推於久次。果自卿聯之峻，躐升禁路之華。惟是春官，寔司邦禮。俎豆聞之矣，必將修盛世之彌文；鐘鼓云乎哉，豈特考有司之故事。某屬將使指，阻簉賓階。但同封部之民，日佇中和之化。其爲欣懌，難盡名言。

户部邵侍郎大受啓

疏恩天陛，正位地官。扈清蹕於甘泉，佩紫荷於禁路。詔除

〔一〕輝光：明澹生堂鈔本、四庫本作「光輝」。
〔二〕「禮部」上，明澹生堂鈔本有「賀」字。

誕布，輿論交懽〔二〕。恭惟某官奧學邁倫，英規表世。早歲入儀於觀闕，中年自樂於江湖。玉點於蠅，何傷潔白；珠藏於蚌，愈見光輝。逮聖政之益新，適宸衷之圖舊。握蘭星省，持節日畿。既並著於休稱，顧難淹於近用。果由宰士，擢貳版曹。總少皞之九農，明有商之七教。三十年而制用，既豐內府之儲；五百歲而應期，即輔中興之運。某猥參漕輓，實託芘庥。拘縻莫遂於登門，賀慶敢稽於削牘？其爲欣頌，未易敷云。

王給事晞亮啓

承恩金殿，進位銀臺。資獻納於宸猷，振塗歸於夕拜。一聞成命，咸激懽悰。恭惟某官學有本原，氣全剛大。雋譽早蜚於庠序，英聲久藹於簪紳。比由宰掾之聯，進陟事官之貳。得時行道，兼寓直於黄扉；滿歲爲真，遂正名於青瑣。惟茲重任，時乃要塗。元素回天，舉世嘆仁人之勇；李藩批敕，在廷推宰相之風。既遠繼於前修，竚入參於大政。某改轅無補，託庇有初。逖聞錫命之優，莫展登門之慶。其爲欣頌，曷罄叙陳！

沈正言濬啓

誕布綸恩，擢司言責。輟烏臺之六察，參騎省之七人。公道既開，輿情胥慶。恭惟某官氣和節勁，志大才高。既問學之家傳，亦剛方之世濟。談經朱邸，涵遠業以靖共；奉對丹墀，罄嘉猷而啓沃。雖親擢亟升於峨豸，而昌言未究於伏蒲。遂自南臺，進參右掖。魏謩補闕，遠追文正之遺風；吉甫效勤，喜見贊皇之賢嗣。諒纔温於坐席，即交秉於政機。某竊吹江干，依仁宇下。聖賢相逢而張治具，已際明時；日月亭午而息邪陰，更觀盛事。其爲欣懌，難盡名言。

謝安仁酒官啓　代子上兄　紹興三十一年

量其才而有請，甘試吏於糟丘；狥所欲以無爲，遽疏恩於甕牖。自憐小醜，亦點大鈞。伏念某人品卑微〔三〕，家聲沉寂。士皆務學，顧慚不學之愚；世適求才，獨抱非才之嘆。攀緣一命，拓落半生。進不能條當世之便宜，上書於北闕；退無以致全家之飽煖，負耒於東阡。三年畢戍於祠官，一馬來游於帝所。羈單寡援，鵠繞樹以安歸；志願易充，鼠飲河而已足。幸逢稷、契，力贊唐、虞。搜羅可用之英才，恢廓未伸之公道。權衡誠設，重輕不可以物欺；冰鑑横陳，奸醜固難於形遁。輒忘不韙，妄冀兼收。念旅進於數百人之中，初無藉手；姑求官於三千里之外，何敢傷廉？雖瓶罍未免於勞心，而升斗得寬於餬口。此蓋伏遇某官以時俊傑，爲國阿衡。籍甚有聲，久著經綸之效；澹然無我，莫窺好惡之私。稍沾造化之功，即是鑪錘之物。某敢不深思幸會，勉服官常？漢家賴榷酤之利源，儻裨課最；晉國舉管庫之能吏，願預恩憐。

〔二〕輿論交懽：明澹生堂鈔本、四庫本作「輿頌交馳」。
〔三〕卑微：明澹生堂鈔本作「微寒」，四庫本作「單微」。

與恩平郡王啓 代外舅　隆興元年

遐徼撫封，蔑聞善狀；近畿徙節，遽奉皇華。惟易地之過優，豈非材之敢望？伏念某生而庸陋，老更鈍頑。引分歸耕，乃爲宜稱；冒恩乘障，常恐顛隮。頻年捫蜀道之參，一旦近長安之日。雖孔門以片言折獄，知難繼於前修；然漢使以六條察州，幸具存於成憲。況依舊芘，或免大訶。恭惟某官秉德高明，宅心寬厚。追攀二獻，既學問之天成；糾合諸姬，亦聲猷之日茂。久賜苴茅之履，寖高列棘之班。棣華之萼方輝，盤石之宗益固。某甫兹弛擔，復此辦嚴。敢銜寵榮〔一〕，引綬徒驚於郡邸；自欣幸會，曳裾將覓於王門。瞻頌交深，叙陳奚究！

謝解啓 代十四弟　乾道四年

上踐祚之七年，正切新田之采；詔求賢於三載，豈徒舊貫之仍？惟江右之多才，而廬陵爲稱首。既有司勞於考閲，故不肖得以叨塵。雖曰幸焉，亦云愧矣。竊惟科舉非以待英傑，而名卿以爲仕進之階；試程豈所爲文章，而前輩或觀公輔之器。自西漢以來，未能易此，雖仲舒之學，恒必由之〔二〕。逮本朝博問以旁詢，歷諸老深思而熟講。雖規模歲月，間有更革；而經術詞章，要無等差。上以是求，下以是應。故糊名圍棘非禮也，而不敢以爲薄；裹飯擔簦非高也，而不敢以爲嫌。惟其舉出於公心，是亦何傷於直道？譬之索馬市駿骨，則千里之足來；如彼披沙得金鑛，則百鍊之精在。倘由此聖賢之相遇，則自然世道之交興。如必厚之非才，豈斯文之敢議？徒以少失先人之緒訓，莫承奕葉之清芬。僅嘗屈首以受書，終愧强心而爲智。雕蟲自笑〔三〕，況在他人；畫虎不成，果爲何物？雖已無心於利禄，顧慚有道之賤貧。方旅進於八千人之中，僅逃曳白；俄同升於七十子之内，大類奪朱。究非出於素期〔四〕，宜甚慚於公論。此蓋伏遇某官心潛聖哲，名震華戎。以孤忠亮節儀禁塗，以崇論宏言侍帝幄。暫游緑野，行轉洪鈞。翰墨篇章，國人皆有所式；施爲注措，天下想聞其風。既幸仰高，敢忘立懦？偶綴賓興之末，率緊指授之餘。某敢不思奮遠圖，更殫薄技？事惟求遂，於以少副明天子采擇之公；歸則有名，庶幾不負鄉先生作成之賜。

〔一〕敢：原缺，據四庫本補。
〔二〕恒：明澹生堂鈔本、四庫本作「亦」。
〔三〕自：四庫本作「可」。
〔四〕究：明澹生堂鈔本、四庫本作「既」。

廬陵周益國文忠公集卷八九

省齋别稿卷九

書簡 樂語[一]

上陳丞相書 代大兄 紹興三十一年

某竊謂尊且榮者惟大丞相，而事之重者亦莫大丞相若也。官一品，禄萬鍾，運動樞極，斡旋造化。喜有賞，温乎其春；怒有罰，凛然若秋[二]。百辟之所儀刑，九重之所禮貌。仕宦至此，信尊且榮矣。雞初鳴，澤笏委佩，翼趨於帝庭，日與天子論經國安民之道。退而坐廟堂，則卿大夫以次白事。郡國日有啓聞，萬務之微無不關總。應酬小差，利害立見。人徒知位之尊，而不知心常下也；人徒見身之榮，而不知念常深也。丞相之事不既重矣乎[三]！中興以來，築堤沙者十有二，而相公應期佐聖，爲國元老。海涵而嶽鎮之，不足以喻其重也[四]；文經而武緯之，不足以喻其才也；逐日以新，隨風而流，又不足以喻其勛業名聲也。今者獨專魁柄，裁成萬化。四方萬里，自一命以上，孰不願見而可使者。事何由而濟，績何由而成，願相公博采於平時，精擇於一旦，參之以衆多之論，照之以冰鑑之明。孰善理財，孰善治民，孰善濟煩劇，類集而籍之[五]，以俟有用，將見藹藹王多吉士，惟君子使媚於天子矣。此擇人所以貴夫有素也[六]。自古進退人才，多不能泯愛憎，置恩怨。牛、李紛紛，迭相排根[七]，其禍有不可勝言者。嗟夫！勢利之徒，朝夕門墻，雖一歲九遷其官，彼且以爲當得，偃然有無涯不已之心，緩急則向背見矣。今賢人君子，豈無嘗經擢用而廢棄者，而閑散者，而典領藩郡者？相公胡不引而置之臺省寺監，以責其效，以盡其才乎？夫專用後來，孰若已試之詳練？峻遷驟用，孰若迭出之均一[八]？釋二美而不爲，殆非所以重爵禄慎名器也，用人豈可不以至公乎？孟公綽之才，不可屈之滕薛；黄潁川之政，不可移之宰輔。何者？大小不同故也。設官分職，其事不一。賦才稟德，其理亦不一。奈何在上者不度能而授之，在下者不量力而受之？使强明幹敏者或徘徊於散地，而懦緩愞散者反應日不暇給之務乎？任人隨才，此尤不可不汲汲也。嘗試以是行之，則百官必稱其職。百官稱職，則萬務自舉矣。相公都俞巖廊之上，從容槐棘之間，天下稱其賢，後世頌其美，蕭、曹之勛何足道哉？某遠方之鄙人也，往者屢拜下風，今以調官來行都。竊喜相公之得時，私慕相公之德化，願

[一] 書簡樂語：四庫本、傅校本作「書、小簡、親書、樂語」。
[二] 若：明澹生堂鈔本、四庫本作「其」。
[三] 既：四庫本作「幾」。
[四] 重：明澹生堂鈔本、四庫本作「量」。
[五] 集：明澹生堂鈔本、四庫本無。
[六] 夫：原作「於」，據四庫本、傅校本改。
[七] 根：原作「擠」，據四庫本、傅校本改。
[八] 出：四庫本作「入」。

再望顏色而不無求知之意焉。雖然，自畝以上其贄見不可無說〔一〕。有雅故者則恃其雅故，有介紹者則取必介紹。或以資格進，或以論薦顯。咸無焉，則又趦趄囁嚅以效其勤，滑稽脂韋以獻其佞，期必售乃已。若某者，孤寒無能而粗知自守者也。既無前四事可以自媒，由後之二者竊又恥之。故殫精致思，陳愚者千慮，以仰裨聰明之萬一，庶幾自別於旅進之士，而妄意一盼之寵。惟相公察其忠而恕其愚，不宣〔二〕。

又上朱參政書　同前

某不佞，竊嘗妄論自古賢人君子所以能任大事立大功，修身則身修，治國則國治者，其說有三焉：曰才，曰學，曰德而已。蓋人非才則無以行才，非學則無以明學，非德則無以成德〔三〕。方人之少也，志氣敏鋭，視盤錯肯綮莫不迎刃而解，可謂有才矣。然而天資雖高，浩養未至，中局所守，外物或得以摇之。譬如乘輕車，策駿馬，固可日馳千里，至於積中任重，則有時乎敗矣。故必少安下位，深涵遠業，以堯、舜、文、武、周、孔之道端其源，以三代、漢、唐之事暢其流，然後物來能明，事至能應。彼雖膠膠擾擾，而吾優游自若也。學明而德成，其效若此〔四〕，始可以爲成材而堪世用矣。昔諸葛孔明，卧龍也，然且躬耕南陽，抱道草廬，及蜀主三顧，乃慨然以當世自任。至唐元稹、宗元之徒，其才雖高，其守未固，驟居要路，輕試而妄用之，難乎免於顛沛矣。由是而言，才以行之，學以明之，德以成之，固自有次第哉！恭惟閣下以經術文章少年取名第馳雋聲，所居之官大，所爲之績成。凡命宣諭於外者，莫不交口稱道。章在公車，可覆視也。人謂曰三接歲九遷矣，顧乃輕視爵禄，專意古學。凡廣大精微如六經，奧美辨博如諸子，上下數千百載如史氏，典章法度如本朝，率皆深窮而力究之。如是者二十年，經綸之學富矣，中外之望隆矣。於是時也，天又相之，乃當主上厲精更化、圖任舊人之際，而閣下寔首進焉。一命而爲争臣，日以堯舜之仁義、祖宗之勤儉沃上心，正國是。再命而爲中執法，非特奸邪畏其鯁峭也，善類蓋有賴焉。三命而登廟堂，則又盡以平昔之所言措諸行事。今鼎席虚位，進拜在旦暮矣。人徒見閣下之德顯著如此，而不知天賦其才於初，究所學於中，如積春夏以成歲功，而非一日所能至也。某一介賤士，身遊大冶，幸因調官，得望顏色，而言詞淺訥，不能歌詠勛業以爲賓贄之藉，姑臆度閣下杜德機而冒陳之。若乃既見壺子，則必有自失而走者矣。不宣。

謝執政小簡　代方總領　紹興二十九年〔五〕

某官鈞座：某區區申詞之儀，謹具右幅。即日恭惟雍容廊廟，綏靖華戎，六氣順迎，鈞候動止萬福。融和在序，仰乞上爲

〔一〕明澹生堂鈔本「贄見」下有「者」字。
〔二〕「不宣」上原有「無任感暨」四字，據明澹生堂鈔本、四庫本、傅校本刪。
〔三〕德：原無，據四庫本補。
〔四〕若：明澹生堂鈔本、四庫本作「如」。
〔五〕紹興二十九年：原無，據明澹生堂鈔本、四庫本、傅校本補。

宗祊盡珍重理。某無任懇禱，不備。

某猥以孤蹤，庇身大冶，日與黎庶涵泳膏澤，百年之幸，無以喻云。惟是違去癸座行再期矣，咫尺之書雖時瀆顯融之聽，而奔走左右，則未有期。戀慕之私，祇攪方寸，尚乞矜念。

某不佞，讀虞、夏之書，則知大臣謨明弼諧之功；讀商、周之誥，則知大臣立經陳紀之效。昔聞其語，今見其人。某官邁德如皋陶，格天如伊尹，交修如傅説，至於制禮作樂，則又視周公爲無愧。此非某之私言也，天下之公言也，敢以爲黄閣之獻。

某人品么麽，斷斷兮無他技。某官封植人材，不棄菅蒯，拔自常調，列之郎曹[一]。資淺望輕，常畏二十八宿之笑，今乃第其功次，曲加陶鎔，使預司府少列之選。夫以名參卿月，職應使星，前人以爲美仕，而庸虚不肖者併得之。自非造化深功，豈易臻此？空言何足叙感，姑以見萬分一耳。

某竊考成周設官，凡主計之臣鮮不及軍旅之賦。若乃均節財用，則太宰專之。蓋所謂主計者不過吝出納，執成法而已[二]。唐以輔臣判度支，用此道也。今錢穀大計，實本廟堂之規畫。顧乃録屬吏之小勤，舉陟明之盛典。「無功冒寵，以懼以慚。中心藏之，何日忘之？」顧賦是詩以爲謝。

某聞之，書非可以盡言，言非可以盡意。然傳千里之忞忞，寫寸心之拳拳，捨是則無以自見。用忘犯分，澡雪精神，裁爲短啓，致之記府，其視言意兩忘者不猶愈乎？若曰壤穴微蟲，簧鼓太虚，則某知罪矣。

回江東王運幹渙小簡

某頃趨佐尚書，於版部稔聞俊譽，恨一面之未遂也。兹承贊畫計臺，乃可朝夕見之，何慰如之？顧上春猶有寒色，而修塗不無動止，衛生有術，願加之意。執事文學政事得家傳者[三]，是宜妙齡秀發，已爲朝廷所知。闊步要津，可拱以俟，婉婉幕中，直假途耳。既喜視印有期，且慶峻擢之隨至也。

妻妹親書[四]

東阡西陌，幸容自附於鄉鄰；北富南貧，敢謂見求於昏對。既早識盈階之玉，遂遠馳擇壻之車。伏惟某人得雋詞場，信人門之俱美；而某第幾女留心女誡，處閨闈以自修。及笄方議於有行，委幣過勤於不棄。施衿鞶而從父母，雖未著於柔儀；執箕箒而奉姑嫜，亦勉承於嘉命。乃如微物，已具別牋。

向宅親書 以下並代大兄

生而有文，仲子所以歸於我；占之曰吉，有嬀所以育於姜。

[一] 郎：原作「節」，據明澹生堂鈔本、四庫本、傅校本改。
[二] 成：明澹生堂鈔本、四庫本作「式」。
[三] 「執事」上，四庫本有「而」字。
[四] 明澹生堂鈔本、四庫本題下注：「代外舅。」

惟二姓開天合之祥，故六爻遇咸亨之象。伏承令姪女幾娘子襲紫傳龜之後，可想功容；而某仲弟具位某裂荷焚芰之初，不輕伉儷。薄宦瀟湘之境，密瞻星斗之光。敢以同生，聘於猶子。雖門閭不稱，頗違鄭忽辭大之言；然鄉黨相鄰，或得王褒欲婚之意。敬陳薄幣，具載別牋。

小一姪納幣胡氏親書 紹興三十二年十二月十三日

飛鳳諧占，已參同於初筮；委禽匪强，宜兼備於未將。倣二纁三黑之儀，成八木九金之數。腆辭誠幣，儻昏禮之無違；筵廟迎門，俟主人之有命。其如名物，別具翰牋。《白虎通》云：納徵玄纁，束帛儷皮。玄三法天，纁二法地也〔一〕。

十二弟韓氏納幣親書 乾道四年五月〔二〕

求繫當徽，盍議朱、陳之姓；相攸可樂，輒昏韓、魏之家。幸南北之俗同，忘强羸之勢隔。問名納吉，既洊辱於矜從；束帛儷皮，顧敢辭於菲薄？其如名物，別具牋封。

江權卿親書

姊妹若人，未忘前好；弟兄猶子，許續嘉姻。豈無他門，是式古訓。伏承某人擷詞場屋，擅無敵之聲；以某姪女某人毓質閨房，及有行之歲。遠貽厚幣，申講大昏。因不失親，彼既篤通家之契；人惟求舊，此詎移擇壻之車。薄禮往酬，別緘具載。

趙尉親書 乾道五年

孌彼諸姬，莫振周公之胄緒；好成二姓〔三〕，敢攀高帝之子孫。豈圖流落之餘，乃講綢繆之契。伏承某人端莊有立，素推宗室之英；而某女純静無華，早慕閨門之秀。荷良媒之遠暨，殆嘉耦之夙成。浩浩銀潢，正賴餘波之及；暉暉玉潤，更增朽質之光。薄禮往酬，別牋具載。

王蘊親書 代王簡 嘉泰二年

北陌東阡，昔以朱、陳爲重；故家遺俗，今何齊、鄭之嫌？幸附一廛之甿，願承二姓之好。伏承令姪女三小娘閨門夙著，在齊眉舉案以非難；而某姪孫登仕郎蘊家閥雖衰，尚坦腹東牀之自若〔四〕。占既諧於鳴鳳，喜或類於乘龍。微物有常，別緘具載。

〔一〕也：原無，據明澹生堂鈔本、四庫本、傅校本補。明澹生堂鈔本、傅校本「也」下尚有「云云」二字。
〔二〕五月：原作「三月」，據明澹生堂鈔本、四庫本、傅校本改。
〔三〕好：原缺，據四庫本補。
〔四〕東：原作「食」，據四庫本改。

廣德軍鹿鳴燕樂語 代外舅 紹興二十六年

興賢能而獻王，妙選已書於鄉老；實幣帛以將意，舊章必燕於嘉賓。伏惟解元諸先輩夢筆才高，然其思敏。能賦擬卿、雲之作，窮經談伏、鄭之非。連東海之六鰲，氣吞餘子；定聊城於一箭，勇過三軍。知郡某官輟自經帷，來分符竹。體聖上崇儒之意，敦郡侯勸駕之風。爰即黄堂，偏延珠履。况右席雍容之别乘，乃異時論譔之名流。賓主俱賢，疑是德星之聚舍；吏民改觀，肯信儒冠之誤身？重茵争看於翻紅，疊鼓屢催於舉白。若古有訓，不醉無歸。但某等謬列伶人，叨持樂色。雖賤工之無取，幸盛禮之親逢。不度荒蕪，敢陳口號。

才子觀光入帝京〔一〕，使君勸駕意殊深。騎蟾定喜攀仙桂，鳴鹿先須詠野芩。好去玉階方寸近，休辭金盞十分斟。明年三月鶯花麗，洗眼宫袍宴上林。

請盧帥樂語 紹興二十九年

碧幢紅旆，將宣渦口之威名；紫燕黄鸝，先賞江南之佳麗。爰開賓宴，用洽鄰歡。伏惟某官氣亶金方，謀高玉帳。早提義旅，全生聚於泗濱；中領偏師，盪妖氛於贛水。謂合入司於嚴陛，乃勤出鎮於帥藩。緩帶輕裘，隱吴公之敵國；折衝固圉，賢李勣之長城。某官念兩邦相望之非遥，聞千騎來臨而甚喜。平分風月，傾倒樽罍。盍盡醉於芳春，庶少留於行色〔三〕。

三月春光未肯休，兩邦賓主總風流。照階旌旆交輝映，環座笙歌競勸酬。尚有長紅强半在，休辭大白十分浮。介圭早晚催歸覲，應記臺城此日游。

〔一〕觀光：四庫本作「雍容」。

〔三〕「行色」下，四庫本、傅校本有「云云」二字。

廬陵周益國文忠公集卷九〇

省齋別稿卷一〇

墓誌銘　祭文　祝文 並代作

左朝請大夫王公葆墓誌銘 代閣直學士張震　乾道三年

紹興辛未，震對策集英殿，天子嘉其狂直，不黜而進之。時尚書郎王公彥光爲覆考官，既賜第，例上謁，知其君子人也。後數歲與考上舍試，公以御史監視，自鏁闈至揭榜，日夜談經論文，僕仆燈盡不休[二]，又知公篤學醇儒，愈益加敬焉。居頃之，天子議置相，人懷向背，公獨介然持正論，予蓋耳聞目擊，竊嘆息以謂儒者操守當如是矣。其後公守漢。漢，予鄉也，雖宦游他邦，實聞其政，異乎泥古而不通者。今上登極，忝執法殿中，乃抗疏道公立朝本末與治郡善狀。事雖報聞，旋以大理少卿召公，而公久勞於蜀，力求便安，復持節於外，未幾而病，遂以不起。將葬，其孤不屬他人銘之，數千里謁於予，非以予知公深耶！其何可辭？公諱葆，彥光字也，吳郡崑山人。曾祖制，祖申，皆隱居不仕。父億，樂道好善，一鄉推長者，以公升朝，累贈右中散大夫。母令人史氏。公自幼志識絶人，讀書幾廢寢食，弱冠以通經能文稱，由學校貢太學，每試常右諸生。登宣和六年進士第，調通州海門尉。未上，改處州麗水主簿。興守檄，治關隘，公規模閎遠，不類少吏，當路才之，用薦舉陞秩而去。紹興改元，天子思廣言路，講求賢良等科，公慨然上疏陳十弊，皆切中時病，其末以儲嗣爲言。執政讀而奇之，欲試以事，會詔侍從舉劇令，得常之宜興。邑大，比屋皆士族，固已難治，而淮浙兵孥盜起，將士往來憧憧，稍乏興輒以軍法從事，僚吏駭竄。公白父母曰：「食君禄無愛元理，有弟可養親[三]，毋以某爲念也。」明日取丞簿印兼佩之，自晨治事，至暮未嘗退食。將有頡頏妄求，輒面折力拒，人爲股栗，公弗恤也。久之，民德公不擾，吏服公不可欺，相與協力應軍需，而武將亦知公勇於義，稍稍自戢。於是簡條教，立綱紀，專意息民，視他邑獨晏然，至今父老猶能言當時之事，稱公之善也。秩滿，部使者交薦，而郡守雅不樂，風宗室子常爲公所繩者使訴公，有榜通衢來告者，至掠治邑胥條公過失，卒無所得而止。改左宣教郎。朝廷將用公於邊，公以親老辭，乃調臨安府仁和丞，改江陰軍教授。丁中散憂，服闋，通判揚州，入監登聞檢院，遷宗正寺主簿，轉本寺丞，賜緋衣銀魚，擢司封員外郎，兼玉牒所檢討官。於時史令人老矣，公養志盡孝，朝士咨美，竟以憂去，三年杜門讀《喪禮》，人不見其面。免喪，以舊官召，兼權考功。當是時，百司無敢可否事，公獨伸滯直枉，當官不避。未閱月，鬚髮爲白。有蜀士黎洋者以改秩賕吏，文書

〔二〕仆：原作「僕」，據明澹生堂鈔本、四庫本、傅校本改。
〔三〕有：原作「者」，據明澹生堂鈔本、四庫本、傅校本改。

成，賄不如約，吏懟詣曹自首而逃，洋下大理獄，而吏不可得。公白侍郎：「法雖有取與同罪之文，而事非骫法，勿坐與者，請釋洋破吏詭計。」侍郎搖手曰：「正蜀士多資〔一〕，禍及吾屬矣。」公拂衣起曰：「避嫌擠人，吾不忍也。」自白執政釋之，其忘己盡公類如此。今魏丞相常語人：「銓曹得王公，寒士之幸也。」俄兼權國子司業，拜監察御史，兼崇政殿説書。公自入朝，安於平進，同僚驟用者踵相躡，怡然無愠色。晚用侍御史薦入臺，復以正議不爲衆悦，上章請外，得知廣德軍。秦氏初失勢，有江東使者諱出其門，追治王晌守宣城亡失常平錢穀事甚急，逮繫平人滿軍獄，久之無驗。公下車，首理出之。使者劾公惠奸，公亦奏使者撓法。事下他司併治，而公詞直，使者既重坐，公纔解守符。旋起知漢州，撫綏善良，鋤治姦猾，境内大治，乃繕修學舍，增葺城壘，百廢具舉。蜀人謡云：「廣漢、南隆闕清强。」天子聞而嘉焉。南隆守就升部刺史，而擢公瀘南安撫使、知瀘州。引用名士，劾退貪吏，然後鎮以無事，闔境大治。踰年以疾求歸，徙池州，遂拜廷尉，而道改浙東提點刑獄〔二〕。時隆興元年春也。會稽近行闕，政尚姑息，公屢行帥事，疾惡彌厲。歲歉，請厚捐民租，仇家因飛謀釣謗〔三〕，適會公疾寢〔四〕，遂主管台州崇道觀。初宜興民懷公不已，公亦樂其溪山，乃卜居焉。乾道三年，公年七十矣，以二月告老〔五〕，是月十九日卒於正寢。積官左朝請大夫。原配許氏，門下侍郎文定公將之孫；再娶里人張氏，皆贈宜人。今宜人莊氏，右朝奉郎安詩之女。生二子：嘉言，右修職郎；嘉賓，右迪功郎，並監潭州南嶽廟。二女：嫁左朝奉郎、新知南劍州周某，左奉議郎、新監行在都進奏院唐子壽。孫二人：將仕郎紹祥、廣孫。二子以是年十月十六日奉公柩歸葬崑山先塋之側，寔積善鄉新漕里也。公起布衣，篤學力行，鄉里所敬，後生奇士爭造門問道。公指授有方，人人成其材。好賢樂善，出於天性，貧者賙之，未遇者爲揄揚致聲譽，後多至執政大僚。今温守李衡倜儻有大志，公一見稠人中，妻以從妹，世以公爲知人。教子弟姪甥甚至，登第薦名無虚榜。吴中論儒，素稱王氏。公平居恂恂寡言，臨事毅然不可奪。天資精明，善總理庶務，然不自以爲能也。雖稍更中外任使，而援進不若忌嫉之衆，閑曹遠官必久次，嚮進用時輒亟徙，素所藴蓄百未究一，汩汩以老。公亦自知不偶，益留意經學，而尤邃於《春秋》。嘗讀《孟子》「彼善於此」之句，悟聖人作經深旨，以謂當時名卿有功而賢者莫如管仲、子産、晏子，而三人姓名略不概見，其他可類推矣；又曰聖經如化工之造物，有自然法象，蓋昔人所未嘗及者。用心三十年，乃成《集傳》十五卷，去取是非，不措一毫私意於其間。書成，嘆：「吾精力盡於此，後當有知我者。」嗚呼！如彦光庶幾無愧於古之儒者矣。銘曰：

我觀萬物，皆備於書。古之用才，有不在儒。懷以功利，假以朱愚。人自妄耳，匪書之辜。有美王公，秀出三吴。學恥空言，志儒之初。事君不欺，臨政不迂。忠純是

〔一〕正：原作「止」，據四庫本改。
〔二〕而：明澹生堂鈔本、四庫本、傅校本作「貳」。
〔三〕釣：四庫本作「造」。
〔四〕寢：四庫本作「得請」。
〔五〕二月：四庫本作「六月」。

遵，仁義是趨。用罔盡才，而譽有餘。平生所得，《春秋》賞誅。書成而歿，公不爲殂。銘以昭之，尚後之乎。

文山人墓誌〔一〕 代大兄 乾道四年

文生安國字德臣，廬陵永和鎮人。父士慶，母劉氏。少知書，長挾青囊術游四方，輕財尚義，閭里稱之。年五十五，以乾道丁亥正月十九日病歿〔二〕。於是長子已死，劉氏癃老，而幼子卯僧生纔九年。昔我祖考之葬金鳳，生寔售其地，且宣力焉，乃爲買棺卜穴，經營歸窆，以慰生母子之心。其地在水東之陽田，歲戊子月壬戌日甲申也。

祭徐淑人文〔三〕 代方卿 紹興二十九年

惟靈稟資婉嫕，植德慈祥。早著婦儀，蘋蘩羞於南澗；晚隆母道，萱芷茂於北堂。絲綸叠拜於命書，繡斧日勤於榮養。已越八齡之壽，更全五福之名。逮此永歸，可無遺恨。某幸陪令子，同奉使華。問疾踰旬，竟爽三年之艾；傷心是日，空陳一束之芻。緬想淑靈，來歆薄奠。

又路祭文 紹興三十年正月三日

嗚呼！淑人之來，藤輿繡簾。膚使侍後，歌鐘導前。今其去矣，丹旐翩翩。孝哉有子，傍觀涕漣。憂喜聚門，理之必然。舉此一觴，歸安九泉。

祭岳都統母夫人文 紹興三十年

嗟嗟夫人，慈良柔懿。媲德娠賢，庶幾無愧。截髮饌賓，成子之志。如晉士衡，上流受寄。夫人之賢，可謂至矣。烈烈元戎，孝惟不匱。紅飾外擁〔四〕，綵衣入戲。文駟雕軒，觀瞻有煒。如唐公武，以顯翟氏。夫人之福，可謂備矣。惟賢惟福，人難我易。鈿軸金葩，生享其貴；壽考令終，没也何懟？陳辭薦酒，孝子之慰。

同前

恭維夫人〔五〕，善并美具。是生賢子，允文且武。出總萬兵，如虎如貔。三牲五鼎，受養慈闈。天子善嘉，錫之象服。相彼石窌，開以湯沐。惟富與貴，人生所艱〔六〕。孰如夫人？獨享其全。易。以慰子榮〔七〕，哀榮無已〔八〕。彼蒼難諶，奄謂當百年，鶴髮兒齒。

〔一〕「誌」下，明澹生堂鈔本有「銘」字。
〔二〕十九日：明澹生堂鈔本作「十七日」。
〔三〕淑人：四庫本作「孺人」。
〔四〕飾：原缺，據明澹生堂鈔本、四庫本、傅校本補。
〔五〕恭維：明澹生堂鈔本、四庫本作「於維」。
〔六〕艱：原作「難」，據明澹生堂鈔本、四庫本、傅校本改。
〔七〕子榮：四庫本作「其子」。
〔八〕哀榮：原缺，據四庫本補。

兮忽焉。朝露流薤，北堂謝萱。凡兹聯事，一哀莫助。遥致奠觴，維子之故。

七兄親迎歸廟見祝文 代大兄　隆興二年

傳曰：昏禮者上以事宗廟，故君子重之。兹者仲弟某親迎於向氏，禮成而歸，謹涓休辰，祗謁於廟，所以遵古宜也。夫惟祖考安之，則肥家繼後世於是乎在。伏惟尚享！

伯考伯母加贈通議恭人祝文 代大兄　淳熙元年十月

必達不肖，昔者不能仰副教育，致其禄養，迄賴遺蔭，獲通朝籍。去歲之冬，幸值國家對越天地，溥推漏泉之澤，肆我考妣，再膺褒贈之典，則又守官閩服，不獲躬致告焚於墓道。大懼稽留上命，益重不孝之罪，謹遣弟必正以告。尚享！

廬陵周益國文忠公集卷九一

詞科舊稿自序

紹興丙子四月，予任行在和劑局門官，適乳媪姚氏病甚，問占黑象，其繇云：「藥不蠲疴，財傷官磨。困於六月，盍祈安和〔一〕？」此人數爲予畫卦影，多驗。五月旦，姚媪果没，深以六月爲憂。迨晦日，同僚舉酒相慶，而是夕焚廬之災作〔二〕。初所居在漾沙坑，與運屬王某共席屋數椽，動息相聞。王夜醉奏圊，其婢插紙燈於壁〔三〕，火燃而走，延燒首及予家。老幼已熟寢，比驚悟，小兒方在襁褓，僅能挈之以逃，生計一空。其實被焚纔數十室，而周樞密茂振麟之爲著作佐郎，亦與焉。其從叔方崇執法殿中，而馮舜韶爲監察御史，宰相欲媚方崇，張大其事，以爲茂振地，自三省、樞密院至三衙皆致銀絹；未閲月遷著作郎，隨擢起居舍人。時臨安帥韓尚書仲通知火自王氏，以其爲馮舜韶妻弟，不敢問，執予小童，抑使伏辜。於是三省勘會，周某係見任官，不能謹防火燭，致延燒民居，理宜懲戒，有旨放罷。朝士多勸予訟冤，力既不敵，又卦影明言「財傷官磨」，豈復尤人？徑參部，欲擬福州永福簿，會外舅王彦光葆守廣德，携孥依之。將買舟還江西待次，外舅力勉予試詞科，予以未嘗經意辭。外舅激曰：「君懷安耳。」迫令撰所業二十四篇投禮部，適姻戚吴氏武陵爲郎官，即給符收試。小兒未周歲，吐痢，頗殆。外舅曰：「我能調理，君可入都。」歲暮怏怏而行。值高宗更化，湯中丞鵬舉知貢舉，人憚其嚴，懷挾傳義頓絶。予與韓无咎元吉頗記舊書，而韓筆力遠出予右。初聞欲取二人，衆議不同。予偶中選，循一資，堂差金陵教授〔四〕，周茂振已爲正字。制詞云：「左迪功郎周某：國家自紹聖已來設詞學一科，搜取異能之士。行之既久，所得爲多。肆朕中興，斯文益振。今試於春官數十輩，而爾以粹文，獨與斯選。拔尤若此，陞秩匪褒。姑游泮宫，以俟甄擢。」其後忝歷清秩〔五〕，實基於此。乃知事皆前定，人力何有？因龍泉彭元之以閩中刊予程文及所業相示，請正訛謬，併書以遺之，爲安分不爭者勸。嘉泰壬戌重陽日，平園老叟周必大書。

〔一〕祈：原作「析」，據《水東日記》改。

〔二〕災：原作「禍」，據傳校本、《水東日記》改。

〔三〕插：原作「押」，據傳校本、《水東日記》改。

〔四〕堂差：原作「當□」，據《水東日記》改。傳校本作「當長」。

〔五〕忝：原作「參」，據《水東日記》改。

廬陵周益國文忠公集卷九一

詞科舊稿卷一

宏詞所業十二首 制 誥 表 露布 檄

清遠軍承宣使某授華容軍節度使提舉佑神觀奉朝請進封開國侯加食邑食實封制[一]

門下：爵惟馭貴，莫隆謹度之名；禄以詔功，尤重奉祠之秩。眷予心膂，久亞節旄。旌代邸之舊勳，錫漢壇之新組。班庭有肅，讀命無譁。清遠軍承宣使某，天賦樸忠，躬持亮節。粤奮庸於壯歲，嘗袛載於潛藩。事上不渝，居有後凋之操；褆身至肅[二]，初無可指之瑕。朕心素察於宣勤，朝論皆稱其樂善。自躋留務，屢閱歲陰。雖瀚海波平，莫效干城之略；而長安日近，密殫拱極之誠。朕方推念舊之仁，汝宜任疇庸之典。顧何吝中權之握，乃猶虛上將之儀。言念巴陵，夙稱巨鎮。俯稽輿地，勢兼控於江湖；仰視星躔，象密連於翼軫。比敷明命，肇易嘉名。是用擢從兩使之班，首付十連之寄。昕朝入覲，增錯衡簟茀之光；師鉞遙臨[三]，侈豹尾神旂之盛。優賦琳宮之稍廩，榮開侯社之封疆。户衍轅田，食豐圭賦。以示便蕃之寵，以褒忠謹之臣。於戲！附翼攀鱗，昔者依光於日月；擁麾立纛，今而賜履於山川。惟王臣蹇蹇以無尤，惟君子謙謙而有吉。勉遵古誼，茂對邦休。可特授華容軍節度使、提舉佑神觀、奉朝請，進封開國侯，加食邑，食實封。主者施行[四]。

端明殿學士知洪州充江南西路安撫使某授保寧軍節度使知福州充福建路安撫使馬步軍都總管加食邑食實封制[五]

門下：三載考績陟明，虞舜所以和庶政；諸侯有功進律，成周所以綏萬邦。朕仰法帝王之猷[六]，外隆帥守之選。維時良牧，適應更書。宜頒易地之恩，仍付擁旄之節。載涓剛日，具誕廣庭。端明殿學士、知洪州、充江南西路安撫使某，行飭而才高，識明而慮遠。委贄早陪於休運，立朝每告於嘉猷。深簡異知，屢膺煩使[七]。裕惟綽綽，政有出以皆長；刃則恢恢，事無難而必濟。久聯華於秘殿，庸制閫於章江。化洽膠東，民多增於户口；令行渤海，兵絶弄於潢池。借留雖切於衆情，寵擢方深於朕意。眷高閩之督府，奠長樂之奥區。任重十連，威臨八郡。

[一] 某：明澹生堂鈔本、四庫本無。
[二] 肅：原缺，據明澹生堂鈔本、四庫本、傅校本補。
[三] 師：明澹生堂鈔本、四庫本作「帥」。
[四] 原刻文末云：「『可特授』以下三十二字從院本補。」
[五] 某：明澹生堂鈔本、四庫本無。
[六] 猷：明澹生堂鈔本、四庫本作「撫」。
[七] 原刻注云：「院本作『深簡異之屢膺，酌劇煩之均使』。」

繫爾幹方之略，副予推轂之求。撫綏兼總於兵農，節制並加於騎步。既事權之彌重，豈褒進之敢稽？是用輟從通籍之清班，改畀專征之黃鉞。高牙大纛，陟東陽上將之壇；鈎膺鏤鍚，賁南國元戎之乘。仍陪增於書社，且真衍於户租。哀是徽章，旌予循吏。於戲！文事之有武備，既迭處於兩途；善教之得民心，尚勉圖於多績。維馭衆牧人之不怠，何賜金增秩之足云。嗣有疇庸，遲卿報稱。可特授保寧軍節度使、知福州，充福建路安撫使、馬步軍都總管，加食邑，食實封。主者施行〔一〕。

徽猷閣直學士提舉醴泉觀某除禮部侍郎誥

敕：分六職於中臺，共釐庶務；正貳卿於宗伯，尤號清曹。非有令聞廣譽而施諸身〔二〕，多識前言往行以畜其德，則何以助我中和之化，儀於侍從之班？久歎才難，盍從試可？徽猷閣直學士、提舉醴泉觀某，學繇真積，業以勤精。詞華爲多士之宗，獻納得近臣之體。踐揚滋久，名實具昭。燕遊内總於祥源，禁直密聯於邃閣。朕方旁招彦士〔三〕，粉飾隆平。稽三王損益之文，憫五季襲沿之陋。禮樂自天子出，將成列聖之典章；籩豆則有司存，兹采諸儒之議論〔四〕。資爾直清之譽，副予制作之官。上以備神天廟社之盛容〔五〕，下以正玉帛鼓鐘之末節。使漢文焕焉可述，則周道粲然復興。其體忱言，勿爲聚訟。可特授尚書禮部侍郎〔六〕。

太常少卿某除右諫議大夫誥〔七〕

敕：帝莫盛於堯舜，王莫賢於三王。然猶設誹謗之木，立敢諫之鼓。顧惟凉菲，其敢怠遑？敷求直臣，置諸七人之列，所以廣聰明、裨不逮也。虚位久矣，乃今得之。太常少卿某，行蹈規繩，言循矩度〔八〕，不爲徼訐而直道自著，未嘗諂附而間言莫聞，可謂剛毅而近仁，中立而不倚者矣。擢在左右，朝夕納誨，庶幾責難於君而置朕無過之地。用輟奉常之少列，來參騎省之西班。夫願治之朝，工誦箴諫，瞽史以詩〔九〕。况爾名載從臣之籍，官以諷議爲稱。言聽計從，朕敢不勉！予違汝弼，盍忱念哉！可特授右諫議大夫〔一〇〕。

〔一〕原刻文末校云：「『可特授』以下三十五字從院本補。」
〔二〕「非」下，明澹生堂鈔本、四庫本有「夫」字。
〔三〕方：原無，據明澹生堂鈔本、四庫本、傅校本補。
〔四〕兹：明澹生堂鈔本、四庫本作「兼」。
〔五〕以備：四庫本、傅校本作「而修」。原刻「備」下校云：「院本作『修』。」
〔六〕原刻文末校云：「『可特授』以下九字從院本補。」
〔七〕某：明澹生堂鈔本、四庫本無。
〔八〕言循矩度：原刻校云：「院本作『言有壇宇』。」按明澹生堂鈔本、四庫本亦同。
〔九〕史：原無，據四庫本補。
〔一〇〕原刻文末校云：「『可特授』以下八字從院本補。」

令監司郡守搜訪遺書詔

門下：漢治方興，陳農奉求書之詔；唐文載郁，苗發分出使之權。《七略》之奏已成，四部之藏復盛。稽諸往牒，具有成規。朕法離照以當陽，體賁文而御宇。久矣靈臺之伯偃，載戢干戈；粲然東壁之星明，勃興道術。乃眷藏書之府，屬予稽古之心。雖鈿軸牙籤，漸至充盈於三館〔一〕；而漆書壁簡，尚多散逸於四方。比屢飭於攸司，何未孚於至意？爰加申諭，益俾旁求。啓時金節之臣，曁爾銅符之守。或觀風問俗，知典籍之所存；或宣化承流，體國家之先務。合修乃職，悉上送官。視隋朝嘉則之名，靡容飾僞；按我祖宗文之目，庶可補亡。苟聞篇帙之鼎來，奚吝龍光之寵錫？毋爲煩擾，以負使令。故茲詔示，想宜知悉。

令侍從舉賢良詔

門下：昔我祖宗，以聖繼聖，皇極既明，泰階既平，年穀屢成，兵革永清，可謂追三代之軌轍，起漢唐之陵夷矣。然猶博求賢雋，咨諏治道。於時異才輩出，樂告以善，故能致理於未亂，弭患於無形，布在方策，可覆視也。肆朕寡昧，奉承大統，永惟萬幾之重，不敢自逸，固嘗當饋而輟食，未明而求衣。爲政雖勤，治則未極。思得博聞之士〔二〕，披心腹，露肝膽。告我以不逮，博我以未聞。庶幾民隱以彰，吏姦以白，善政善教，可舉而行。歷年滋多，乃未有褎然應選者。意朕不敏，所以求之者未至歟？將朝多闕失，子大夫鄙我而不告歟〔三〕？抑在位者奉令不虔，而視爲文具歟？何詔音數下，而奉詔者闕如也？以今準昔，朕甚恧焉。公卿侍從，其體朕勤勤之意，各以所知來上。朕將臨軒而發策，虛己以受言。爲國得賢，豈惟予一人之慶，卿等與有榮焉。故茲詔示，想宜知悉。

代百官賀皇太子生表

臣某等言：天祐聖神，君萬年而錫祚；祥開禁掖，震一索而得男。仰九廟之殊休，浹庶邦而賴慶。臣某等誠歡誠抃，頓首頓首。臣等聞宣王之占吉夢，適在中興之時；太姒之嗣徽音，迄臻十子之應。播芳猷於雅什，彰厚德於皇家。有美於今，無慚在昔。蓋上聖係隆於我宋，已符考室之安；肆中宮祗法於慈寧，共底思齊之盛。恭惟皇帝陛下溥將駿命，光紹寶圖。仁恩丕冒於華戎，惠澤畢漸於動植。外焉勤政，用綱紀於四方；內則齊家，宜本支之百世。況復化同螽羽，禮舉燕禖。后妃無嫉妒之心，弓韣有蕃昌之禱。果毓銀潢之粹，茂凝瓊室之暉〔四〕。懽動畫堂，豈特下莞而上簟；慶鍾長樂，遂將含飴以弄孫。臣等謬列縉紳，

〔一〕至：四庫本、傅校本作「致」。
〔二〕博：明澹生堂鈔本、四庫本、傅校本作「方」。
〔三〕不：四庫本、傅校本作「莫之」。
〔四〕室：原刻校云：「院本作『榦』。」

共趨班綴。拱赤墀而歎舞，望丹扆以嵩呼。使壽使富而多男，方協華封之祝；宜民宜人而受祿，載歌成誦之章〔一〕。臣等無任瞻天望聖激切屏營之至，謹奉表稱賀以聞。臣等誠歡誠抃，頓首頓首，謹言。

代中書舍人謝除翰林學士表

臣某言：鳳掖演綸，久俟黜幽之典；鑾坡裁詔，誤叨僥直之榮。拜命周章，捫心愧汗。臣某誠惶誠恐，頓首頓首。臣伏以禹謨舜典，周誥商盤。德意具孚〔二〕，雖本帝王之惻怛；訓詞播告，亦須臣下之討論。惟坦然明白於一時〔三〕，故粲若流傳於萬世。矧惟聖代，丕振文風〔四〕。承明著作之庭，畢來俊彥；金馬玉堂之士，尤慎選掄〔五〕。宜得名儒，專承內命。如臣者斷無他技，累有至愚。粗知前哲之可師〔六〕，每歎小才之難强。螢牕夜學，燭莫望於金蓮；蓬户久居，班豈知於玉筍。奮身一第，餬口四方。叨逢盛世之旁求，獲與羣賢而並鶩。驟離奥渫，服在高華。潤色非長，悵已窮於薄技；論思莫效，居有負於厚恩。竊幸保全，敢希進擢？豈謂忽從西掖，躐寘北門〔七〕。以荒蕪之學而備顧問於禁林，以骫骳之文而助發揮於睿藻。寵雖至矣，懼亦隨之。此蓋伏遇皇帝陛下聖以日躋，智由天錫。垂拱視民之阜，始終典學之修。孔子多能，集大成而自得；高皇善任，屈羣策以無遺。遂致采葑，俯令視草。臣敢不告謀猷於入內，期神聖爲可師〔八〕？聽漢詔於山東，少補中興之治；布堯言於天下，庶無內相之慙。臣無任感恩荷聖激切屏營之至，謹奉表稱謝以聞。臣某誠惶誠恐，頓首頓首，謹言。

唐交河道行軍大總管破高昌露布

尚書兵部臣君集等言：臣聞昆夷爲患，文王歌三捷之詩；西域弗賓，武帝有貳師之舉。方屬同文而致治，詎容異類之逋誅？我國家天覆羣生，子來九服。雕題交趾，悉上鴻臚之名；辮髮文身，咸頒貞觀之朔。惟高昌之有國，當文泰之嗣王。慕義獻琛，初願陪於臣妾；戴恩執贄，旋請覲於軒墀。錫寶賄以增蠻夷之光，賜宗盟以篤伉儷之好〔九〕。豈謂輒忘大德，敢蓄異圖？猫遊其堂，自爲猥語；日照於雪，靡畏謡言。至於怒螳臂而破焉耆之屬城，肆狼心而掠諸國之貢幣。璽書屢下，獷性莫悛。原令拱極以來朝，乃假負薪而方命。昔防風後至，首聞夏后之奮威；吴濞疾辭，卒致條侯之問罪。矧伊小醜，僻處一隅。苟天朝號令之靡行，則藩部觀瞻而是傚。義夫銜憤，髮或衝冠；智

〔一〕成誦：原刻校云：「院本作『嘉樂』。」
〔二〕具：傳校本作「誕」。
〔三〕時：傳校本作「心」。
〔四〕風：傳校本作「明」。
〔五〕慎：原作「遴」，據傳校本改。
〔六〕哲：傳校本作「事」。
〔七〕寘：傳校本作「致」。
〔八〕原刻校云：「院本作『告謀猷於后內，以聖王爲師』。」明澹生堂鈔本、四庫本亦同此。
〔九〕好：明澹生堂鈔本、四庫本作「寵」。

士合謀，籌思借箸。恭遇皇帝陛下德隆懷遠，功極寢兵。恩澤敷施〔一〕，固將南洽而北暢；風聲震疊，豈惟西被以東漸？謂犬羊或肆於悍驕，草芥寧勞於翦薙。迫神人之共怒，憫種落之纏災。是命顏行，往伸薄伐。臣等上遵成算，敢憚遐征？合突厥之騎兵，按金城之方略。從天而下，甫臨磧口之衝；無地以容，遽易穹廬之簣。厥惟智盛，時謂頑童。方蔘面以長號，亦稱兵而旅拒。攻雖曠日，進必俟時。伐叛正辭，初匪陳湯之矯制；緩師殄寇，庶幾充國之屯田。既圖萬舉而萬全，聊示七擒而七縱。秋高木落，士飽馬騰。合力捐軀，鏖戰拔田地之壤；同心用命，勁騎逼交河之城。惟奉頭竄鼠以無階，竟肉袒牽羊而有請。尚懷狡計，來置游詞。紛矢石以四攻，引梯衝而直上。高墉大震，舉族就降。略定三州，重入職方之籍；蕩平五縣，悉除戎索之疆。此蓋陛下神武惟揚，皇威克暢。故得玉關柝静，邊城無晝閉之驚；葱嶺塵清，謫戍有晏眠之樂。西旅之獒自至，大宛之馬方來。臣叨總元戎〔二〕，偶逃薄責。戮稾街之邸〔三〕，竦觀邦法之行；稱都護之觴，佇效封人之祝。臣等無任慶快激切之至，謹差某官奉露布以聞〔四〕。

唐淮西宣慰處置使平淮西露布

尚書兵部臣度等言「臣聞海涵天覆，聖王務廣於深恩；電擊霜飛，賊子自貽於顯戮。蓋鴟梟鳴則孔鸞逝，稂莠盛而穜稑衰。不伸禁暴之威，曷致止戈之武？我國家命由帝眷，化與天通。梯航外偏於百蠻，莫非王土；玉帛內朝於萬國，共惟帝臣。既登喬嶽之封，遂偃靈臺之伯。然而防維少緩，螻蟻潰隄；鞭策或寬，駑駘泛駕。肆强藩之跋扈，負奕葉之涵濡〔五〕。鈇鉞久稽，神人共鬱。運起中興之旦，時逢上聖之君。數貢考圖，責包茅之不入；夷凶翦亂，憤太阿之倒持。奮剛斷於九重，收威權於諸鎮。斬惠琳而夏服，執劉闢而蜀平。偏師耆定於江東，妙略肅清於河北。敢干國紀，惟此蔡方。將以卒頑，自擅三州之衆；帥非廷授，殆更四紀之餘。少陽纔掩於蓋帷，元濟輒要於旌節。龍章未錫，蠆尾遽搖。虐甚三苗，罔化姚虞之德；罪踰有扈，難逃夏啓之誅。恭遇皇帝陛下乾健天行〔六〕，夬揚號厲。屏百辟拘攣之議〔七〕，懲一時姑息之風。羽檄外馳，兵符中出。臣愧非才選，謬總戎昭。合諸將之智謀，鼓六軍之義勇。禡牙甫畢，横槊頓前。光顔提魏博之師，重胤帥陝益之衆。既令公武，攻其北以摧鋒；申命文通，戰於東而犄角。争先用命，弗迓克奔。死狐首丘，但恃併兵於洄曲；疾雷破柱，豈知引道於文城。王旅夕馳，賊巢宵覆。渠魁就縶，窟難狡兔之藏；逆黨徧擒，網蔑吞舟之漏。旋布聖朝之柔治，俯寬編户之脅從。闔境春回，歡聲風

〔一〕恩：明澹生堂鈔本、四庫本作「惠」。
〔二〕元戎：明澹生堂鈔本、四庫本、傅校本作「戎昭」。
〔三〕稾：原作「稟」，據明澹生堂鈔本、四庫本改。
〔四〕原刻文末校云：「案《唐書高昌國傳》：『君集奄攻田地城，契苾何力以前軍鏖戰，明日拔其城。』文中『鏖戰拔田地』語，蓋用其事。知聖道齋本『田地』訛作『高昌』，今從院本校正。」
〔五〕奕：明澹生堂鈔本、四庫本作「累」。
〔六〕恭遇：明澹生堂鈔本、四庫本無。
〔七〕攣：原作「牽」，據明澹生堂鈔本、四庫本、傅校本改。

動。淮山改色，重歸禹服之圖；汝水朝宗，再見堯天之日。此蓋陛下皇威有赫，睿算無遺。力興節制之師，盡革故常之弊。克殲大憝，丕顯雋功。方將奏凱上都，獻俘九廟。正今日鯨鯢之戮，絶異時蛇豕之妖。臣等賴天之靈，敵王所愾。蠻荆率服，初無方叔之壯猷；江漢既平，行對宣王之令聞。臣度等無任慶快激切之至，謹差某官奉露布以聞。

漢河西大將軍諭隗囂檄

漢河西大將軍、涼州牧竇融檄天水隗將軍曰：蓋聞中原鹿走，英雄未免於紛争；沸鼎魚遊，明哲必思於款附。倘昧先知之智，難逃後至之誅。屬者炎祚中微[一]，緑林四起。大或自王於郡國，小猶稱制於藩方。霧塞飈回，天亦厭於莽惡；風揮日照，人皆思於漢儀。乃眷南陽，有開真主。仰符天命，應白水以飛龍；俯結衆情，推赤心而置腹。故能集寇鄧四七之將，破尋邑百萬之師。銅馬横行，俄聞殄滅；赤眉旅拒，旋見芟夷。爰沉先物之幾，懋啓中興之治。猛虎嘯而谷風必應，太陽升而爝火何施？將軍夙鑑盛衰，允懷忠悋。挈一方之生聚，歸上國之貢輸。固嘗遣子以來朝，尋復興師而助順。載紀旂常之績，方申帶礪之盟。奈何輕肆狂謀，輒懷非望。惑姦憸之游説，僭名號以宣驕。内據涼州，兔株是守；旁連蜀道，蛙井與居。既擁衆以偷生，且寇邊而送死。皇帝推匿瑕之度，抑問罪之兵。蓋念前功，冀圖後效。倘亟知於三省，勿迷執於一偏。虔飛悔過之章，再謹守藩之度，則必轉禍爲福，去危就安。豈徒宗族之盡全，諒亦恩光之狎至。苟恃蜂屯之衆，尚甘燕幕之居。至諸將之長驅，凛孤城之横潰。噬臍罔及，授首何疑？昔吴芮效忠，世裂長沙之壤；田横亡命，身貽海島之羞。顧順逆之灼分[二]，惟智愚之審擇。勿辜忠告，自蹈覆車。

桂廣觀察使諭邕管伐黄賊檄

桂廣觀察使、御史中丞裴行立檄邕管孔大夫、容府楊中丞、安南李中丞曰：在外曰姦，《舜典》有理官之治；負固不服，《周書》行司馬之誅。蓋寇攘或害於民生，則罪惡難稽於天討。黄少鴻惟盛治，無越我朝。封疆踰銅柱之南，郡縣極珠崖之遠。黄少師等世依山險，境接王封，賴國家涵養之恩，保蠻蜑零丁之種。自頃鞭笞之寖弛，遂興妖孽以稱雄。内稔姦謀，外機毒矢。恣爲侵掠，用速覆亡。仰聖主之中興，撫寰區而載定。跋扈飛揚之藩鎮，尚伏歐刀；狂奔啖叫之獠夷，乃干資斧。當管激於仗義[三]，憤彼挺災，思剿絶於渠魁，以綏安於編户。言念皇都之遠屬，當炎瘴之深屝。甲熊旂倘動羽林之士，江氛嶺祲必生疾病之憂[四]。豈如興南海之師，斯可代伏波之將。既習安其風土，且具識於要衝。以此摧鋒，庶幾得雋。扣閽有請，願頒起旅之牙璋；奉詔

[一] 祚：明澹生堂鈔本、四庫本作「正」。
[二] 順逆：明澹生堂鈔本、四庫本作「逆順」。
[三] 管：原無，據明澹生堂鈔本、傅校本補。
[四] 疾病：明澹生堂鈔本、四庫本作「病疾」。

曰俞，俯授專征之黄鉞。裨校聞風而踴躍，卒夫鼓鋭以懽呼。戢櫜橐兜，戎容素整；資糧扉屨，軍費已充。將成犄角之謀，寔賴同舟之濟。顧瞻邕管，最邇賊巢。肆容府之雄藩，暨安南之巨鎮。時維良牧，並藴奇謀。諒聞羽檄之言，亟下轅門之令。旌麾蔽日，鎧甲凝霜。或浮海濟師，或横江誓衆。戒養虎自遺於後患，思牧羊必去於敗群。一清蛇豕之妖，大築鯨鯢之觀。上功幕府，金繒之賞先頒；奏凱天朝，爵禄之榮必至。盍乘機會，同立功名！

廬陵周益國文忠公集卷九二

詞科舊稿卷二

宏詞所業十二首 箴銘記贊頌序

漢廷尉箴

廷有尉，所以司天下之平也，置於秦而漢加重焉。爲官擇人，不與他等。仁恕平允，間亦有聞。雖然，束矢鈞金以求直，不若道之以德而善自遷；鞭扑桎梏以禁姦，不若齊之以禮而罪自遠。昔者舜命理官，周設司寇。然而德洽好生，有司不犯，刑措不用四十餘年〔一〕，是則聖人不恃聽訟之明，而以無訟爲功也審矣。惟漢室方隆寬大之禮，盍以虞周爲法乎？敢循百官箴王闕之誼，代廷尉陳戒焉。其箴曰：

惟天愛民，惟辟奉天。爲政孰大？措刑則先。措刑伊何？道以德禮。德禮不易，格且有恥。好生惟舜，罪止畫冠。士師雖設，人則罔干。周道如砥，仁及行葦。司寇在列，囹圄弗啓。謂民蠢蠢，從化勃焉。爲人上者，云胡舍旃？謂民蚩蚩，樂生則一。爲人上者，胡是不惜？昔者大禹，泣罪示仁。如何厥後，塗炭墜民？昔者成湯，祝網施惠。如何厥後，炮烙爲戲？赫赫我漢，監於百王。獄絶囚繫，俗歸善良。爲官擇人，廷尉尤重。職思其憂，借秦以諷。秦氏肆虐，誹謗族誅。天厭其毒，再世淪胥。我祖龍飛，三章約法。天鑑厥德，克昌大業。成敗之迹，昭然可觀。明明我后，其謹其難。秦以酷亡，漢以寬繼。明明我后，其恕其悊。勿失平允，謂無濫冤。使民以禮〔二〕，禁於未然。勿恃刑戮，可戢奸暴。使民以禮〔三〕，匪彝豈蹈？靡草既茂，秋荼則衰。春臺是登，壽域以躋。猷臣司原，虞箴寔紀。臣備典獄，敢告黼扆。

漢美陽鼎箴

以器爲瑞，於傳有之，而非治世之先務也。由漢以來，人主始甘心符瑞。姦人乘之，往往遷就陳迹，傅會臆説，上以誣神天，下以惑士民。雖賢如文帝，猶安受玉杯之詐，況餘人乎？惟宣帝勵精政治，紹隆漢祚。神爵中，美陽以鼎來上，有司議薦宗廟，如武帝故事，賴京兆尹敞好古博雅，辨其非而止。竊觀《左氏》載禹鑄九鼎之義，初非以爲瑞也。秦楚不務修德，而惟周鼎是競。武帝鋭意黷武，而以汾鼎爲寶。孰知所謂正位凝命者，特在乎明尊卑之分，成教命之嚴而已，豈區區三趾兩耳之間哉？今孝宣爲政不愧於天下，獲鼎與否無足輕重。然時以瑞言，帝能疑之，敞能正之，賢於

〔一〕用：明澹生堂鈔本、四庫本、傅校本作「式」。
〔二〕以：原刻校云：「院本作『知』。」
〔三〕以：原刻校云：「院本作『知』。」

前朝多矣，其視秦、楚又相萬也。雖然，於敞猶有所恨也。昔周宣中興，箴規誨刺皆寓聲詩，故能淳用王道，以不隕文、武、成、康之業。孝宣則不然，雜伯尚刑，有愧於古，神爵翔集，遂以紀歲，符瑞之心，蓋駸駸矣。敞也獨不能因鼎獻箴如《庭燎》之詩乎？敢代爲之，以矯元鼎之失，且以風後世云。其箴曰：

惟昔盛世，瑞繇德臻。瑞也或應，德宜有心。於赫元后，治隆漢京。吏稱厥職，民安爾生。神爵仍集，金芝九莖。有美古鼎，亦來自栒。公卿稽首，慶於大庭。請薦宗廟，告功聖靈。臣敞不肖，竊通古文。拭目以視，昭哉勒銘！旂鸞黼黻，賜爾尸臣。用以爲瑞，匪敞攸聞。祇誦古訓，責難聖君。往在周室，定鼎於成。萬國內朝，百蠻外賓。鼎則何預？惟德之明。及其既衰，威令莫行。荊楚敢問，秦齊力爭。鼎則何預？惟德之昏。昏明在德，鼎奚重輕？周鑑不遠，示於後人。猗我天子，赫然中興。信賞必罰，綜核寔名。文學法理，咸精其能。瞻彼瑞牒，夫何損增？所尚者德，所輕者刑。豈以既治，而忘勵精？豈以既安，而習奢淫？億萬斯年，遠至邇寧。雖微寶鼎，祖宗顧歆[一]。雖微寶鼎，朝廷顯榮。美成在久，後無替今。獒獻西旅，太保戒陳。臣尹三輔，敢以鼎箴。

舜五弦琴銘

五弦琴，有虞氏所作也。昔舜既闢四門，明目達聰，放殛之罪，得元、凱之相舉，垂拱無爲，坐視民阜。乃命后夔大備廟享之樂[二]，戛擊鳴球，搏拊琴瑟，以詠祖考。既來格矣，猶以爲未也，別制琴歌《南風》焉。琴具五弦，弦具五聲。角觸而商章，徵祉而羽宇，合是四者，宮以總之。上以寫事親之心而念長養之恩，下以宣愛民之情而解暑雨之愠。嗚呼，斯亦孝之至仁之盡矣！參諸《簫韶》，無惑乎鳳凰之來儀也，又豈至志在山水，而誇六馬之仰秣哉？惟商盤衛鼎[三]，爲器輕眇，尚勒銘詩，震耀無窮。是琴也，兼述事親愛民之志，乃徒見於《樂記》而雜出於史氏之書，茲非翰林主人子墨客卿過歟！謹追美舜德而爲銘曰：

大哉虞舜，重華帝堯。功去四凶，德格三苗。曰元曰愷，服休於位。曰夷曰夔，樂作禮制。八音既諧，神人既和。六府三事，時皆可歌。帝心益謙，不有其美。思制雅琴，以寓厥旨。乃命嶧陽，輸爾孤桐。乃命海岱，檿絲其供。良材告備，大智以創。薄言鼓之，疏越謬亮。帝在巖廊，拱手垂裳。乃奏斯琴，其音遠揚。叩商叩宮，小廉大濁。心和手敏，愉醳深攫。孰匪制器，孰匪審音？事親愛民，則惟斯琴。事親伊何？歌此《南風》。長養恩厚，如風之功。愛民伊何？薰風是詠。既阜爾財，亦解其愠。琴具五弦，弦具五聲。五聲之間，有孝有仁。在昔庖犧，製琴之始。惟孝與仁，舜極其美。厥後周文，足琴之弦。惟孝與

[一] 歆：原作「欣」，據文意改。《宋史》卷一三二《樂志》七：「百神咸秩，三靈顧歆。」《説文》：「歆，神食氣也。」
[二] 享：明澹生堂鈔本、四庫本作「堂」。
[三] 衛：四庫本作「夏」。

仁，莫如舜先。樂由心作，德以音著。勒銘昭之，萬世無斁。

天聖蓮花漏銘

天聖八年八月，龍圖閣待制臣肅言：「臣聞百刻之分，晝夜不齊；二至之間，長短殊異。在昔黃帝，制器取則。迨至成周[一]，其法益詳。故挈壺置氏，列於夏官，不能掌職，取譏詩人。漢晉以來，代有儀矩。肆我陛下，憲天御極。欽曆授時，銅史金徒，益精製作。臣妄以末學，仰窺天度。琢石爲四分之壺，所以注測漏之水；刻木爲四分之箭，所以紀百刻之數。其法置水於櫃，引以渴烏而導以銅荷。水自荷茄下注於壺，壺中則爲金蓮花覆之。花心有竅，容箭下插。方水之未注也，箭首適與花平。逮水既至，箭則隨起，視箭所底，而時刻可以坐致矣。雖然，晝夜一周固不出於百刻十二辰，而一歲之間氣之易者二十有四，晝夜之長短蓋隨氣而迭變焉。臣則爲箭四十有八以統之，其半所以別晝，其半所以別夜也。敢昧死以聞。」有詔司天監王立等集官考定。厥後雖微加損益，而大要皆如肅言。臣竊惟刻漏之作尚矣，陸機有賦，孫綽有銘，顧在聖朝，其可獨闕？謹稽首再拜而獻銘曰：

天有晝夜，人爲刻辰。在昔黃帝，制器以分。周設六官，挈壺令軍。惟漢暨晉，變律改經。式法雖異，稽考則均。於赫聖皇，執古御今。玉曆法密，金徒制精。臣肅思妙，創爲度程。壺以石琢，箭以木成。櫃也旁列，水焉是停。渴烏上引，荷茄仰承。水注壺口，箭擁蓮心。自子徂亥，茲焉取平。二十四氣，或虧或盈。箭實倍之，隨氣而更。時有長短[二]，刻因損增。惟箭無私，與水皆升。風雨不廢，如雞之鳴。銖兩莫差，如衡之稱。帝用嘉止，有司載評。乃咨共工，制作其新。乃詔太史，揆測於廷。遲速不爽，終始可尋。校功視景，通幽洞靈。豈無土圭，莫考中星。亦有銅渾，無見於明。孰若茲器，昏明畢陳。梁氏武帝，刻漏有聞。注以靈虬，耳不輟音。侯今之制，坐致靡勤。有隋耿洵，巧思若神。作於馬上，太簡莫遵。侯今之制，久而可行。民時既謹，邦儀益振。可使大禹，日惜寸陰。可使宣王，夜知向晨。匪肅之美，惟聖爲能。下臣稽首，訂是休銘。

漢未央宮記

漢高皇帝龍興泗濱，虎嘯豐谷，麗秦誅項[三]，帝業以成。惟五年既即大位，將治雒陽而都焉，用齊人婁敬之言，即日駕都關中。當戰爭之餘，城隅之觚稜莫備，屏蔽之罘罳靡設。昔之玉户金鋪莽爲荊榛瓦礫矣，昔之綺疏青瑣轉爲頹垣敗壁矣。萬邦黎獻，將何觀焉？八年，丞相蕭何始營治未央宮。立東闕、北闕，武庫、大倉，則史氏書其盛；爲基二十有八里，爲殿三十有二

[一] 迨：明澹生堂鈔本、四庫本作「逮」。
[二] 時：明澹生堂鈔本、四庫本、傅校本作「辰」。
[三] 麗：原作「壓」，原刻校云：「院本作『麗』。」按明澹生堂鈔本、四庫本亦作「麗」，據改。

所，則《黄圖》備其制。倘又能執簡摇毫，記事之成，豈不誇壯麗於一時，而示規模於萬世哉？敢因闕文，爲之記曰：太微天之南宫也，端門直其前，掖門列其左右，東垣設上相之衛，西垣嚴上將之居，經緯森然，人所共仰。聖王取法垂象，立極宅中，其可無宫室之制哉？昔者古公亶父至於岐下，陶復陶穴，民固未有室家也。然而聿來胥宇，爰契我龜。召司空以度營繕，命司徒以掌徒役。翼翼之廟以成，登登之築以竭。臯門穹窿，至於有伉；應門嚴正，至於將將。是豈勞民而罔恤，懷安以自奉哉？蓋不如是不足以定民志而固邦本也〔一〕。惟帝奮布衣，成漢業，豈不以大禹卑宫爲懷？惟丞相何依乘風雲，輔成大業，豈不知《夏書》峻宇之戒？然當是時天下匈匈，甫就小康，非皇居偉麗，則無以絶覬覦而重天子之威。長安之都雖立，而雒陽之幸數數也〔二〕，非皇居偉麗，則無以示形勢而堅定鼎之策。又況以此示民，則安土之情固；以此傳後，則萬世之基成。此丞相所以營作，而帝所以始怒終悦也。夫示民以定都，使之安堵而無患於遷徙，一宜記；規模宏遠，令後世無以加焉，二宜記。僝工於八年，而訖事於九年。鼛鼓弗勝，故棟宇之就也速；農隙則役，故落成之日也緩，是又不可以不記。宫成之日，大會諸侯羣臣，即前殿治酒〔三〕，帝親奉玉卮爲太上皇壽。嗚呼！以天下之養養其親，尤不可以不記也，乃爲之記云。謹記。

唐政事堂記

《書》曰：「兢兢業業，一日二日萬幾。」夫事之幾微，雖一二日之近而數已盈萬，然則代天工、爲輔相者，事固多矣。將進而決諸黼座乎，則主道治要不可以屢瀆；將退而謀諸家庭乎，則幾事不密必至於害成。此政事堂所爲設也。按唐舊制，宰相議事於門下省，而政事堂在焉。永淳三年，用裴炎之請而移於中書；開元十年，從張説之奏而改爲中書門下。雖更易者三，其爲宰相議事之所則一也。歲月遠矣，棟宇之修廣，工役之繁省，史無傳焉，乃因李華之末緒而獻文曰〔四〕：國家以風雷之號鼓舞羣動，以臂指之勢運用郡國，其命令將安出哉？西臺以基之，東臺以審之，而中臺寔奉行之。合是三省而謀議於一堂之上，是以舉則無過，行則無僞，信國體之所繫，而具瞻之攸屬也。故夫翬飛大厦人不以爲華，封爵厚禄人不以爲侈〔五〕。其或某利未興，某害未除，盍於此議而興除之乎？某賢也而在下位，某不肖也而爲大僚，盍於此議而升黜之乎？大而制禮作樂，以導中和之化；小而明法定令，以律貪刻之吏。外而鎮撫四夷，以弭赤白之囊；内而甄别四民，以正朱紫之亂。使人主尊榮，中外稱美，膺是任者，厥惟艱哉！惟能孜孜渠渠，以公滅私，或於此善建嘉謀，或於此能斷大事，或同僚集議，叱主書以示法體〔六〕，或束帶終日，

〔一〕志：四庫本作「心」。
〔二〕而：原無，據明澹生堂鈔本、四庫本、傅校本補。
〔三〕治：明澹生堂鈔本、四庫本作「置」。
〔四〕末緒：原刻校云：「院本作『未備』。」按明澹生堂鈔本、四庫本、傅校本亦作「未備」。
〔五〕封爵：明澹生堂鈔本、四庫本作「堂封」。
〔六〕叱主：原缺，據明澹生堂鈔本、四庫本、傅校本補。法：明澹生堂鈔本、四庫本作「之」。

不休偃以盡恭勤，百官顒顒，莫不觀政。相臣如此，棟且隆矣，天子之望也，華夷之帡幪也。朝於斯，夕於斯，匪惟國家之榮，斯堂與有榮焉。乃若斂衽以取容，伴食以竊位，畏憸人而迎之於閣，媚中使而置榻以待，翫歲愒日，自爲得計。相臣如此，棟且撓矣，天子之憂也，華夷之罪人也。朝於斯，夕於斯，匪惟國家之辱，斯堂與有辱焉。敢具列之，以詔來者。先是堂之後有門焉，宰相時至舍人院諮訪政事，用以自廣。及常袞秉政，乃塞而絕之，妄自尊大，議者不以爲是云。謹記。

漢天馬贊

古者伏羲氏之王天下也，龍馬負圖以出於河，八卦之畫實基乎此。惟漢元鼎四年，天馬亦出渥窪水中，其來非凡，其質特異。推之五運，漢火德也，馬火類也。稽揆天意，殆將告火德蕃昌，國家强盛之應也歟？不然，何以房星炳靈，先牧貽瑞，震於珍物而至斯也？厥後泰山見黄金，天子竦然異之，爰命尚方鑄褭蹏以協瑞，又詔樂府歌天馬以侈太一之貺，而贊則未聞也，謹追述盛美，爲之贊曰：

漢實火德，符炳赤帝。駉駉牡馬，有蕃其類。威加萬方，澤茂六世。天祐神聖[二]，時臻貺施。震於珍物，渥窪之涘。珍物伊何？八尺之駟。房星宣精，太一貽瑞。籋雲姿逸，逐日影駛。堅骨蘭筋，臆豐尾細。驤首一鳴，羣驪四避。霑汗流赭，過都歷塊。牧豈魯野，馭非周縶。天山之禾，是齕是飼。銀潢之津，以飲以戲。王良怪駭，伯樂睤眙。烏孫謝駿，大宛褫氣。屈産之乘，晉則何貴？騋牝三千，衛則徒費。時惟泰山，精金顯示。乃鑄褭蹏，以答天意。時惟甘泉，瑄玉毖祀。乃歌斯馬，以侈神賜。祺祥赫奕，禮樂明備。道光載籍，美亘來裔。在昔庖犧，龍馬紀異。河圖著畫，寔發聖祕。施及穆王，八駿來萃。瑤池萬里，振鬣斯至。邈哉無聞，今也克繼。鋪張始終，式贊繪事。

唐石經贊

杏壇榛蕪而六經之道或息，竹簡煨燼而六經之文寖訛。有唐文宗皇帝之在御也，儲精經籍，有意復古，而緗素繆盭，三篋幾亡，博士淺陋，五車莫富。時惟鄭覃體上之意而憫道之衰也，慨然有請於朝，願與鉅學鴻儒協力讎校，準漢舊事鏤石太學，帝欣然可之。於是周墀、崔球、張次宗、孔溫業等咸預其選，羣經淵博，是正無遺。炳乎如丹青既闇而復彰，浩乎如江河既塞而復通。觀者鼎來，副墨四達，視漢熹平蓋無愧焉。敢竭謏聞，爲之贊曰：

魯麟筆絕，秦簡烟揚。漢既纂緒，經惟濫觴。孔堂雖壞，汲冢未發。補苴罅漏，或譌或闕。下逮熹平，漆書竊更。蔡邕憫之，請刊石經。古文篆隸，三體兼備。萬國摹寫，諸儒競視。歲月遠矣，曁於有唐。太和開成，留心表章。顧瞻學宮，博士充位。魚魯莫辨，根銀或盭。時惟鄭覃，號稱儒宗。願正謬誤[三]，

[二] 神聖：明澹生堂鈔本、四庫本作「聖神」。

[三] 誤：四庫本作「訛」。

庶幾繼邕。天子曰然，碩學畢詔。茫茫墜緒，旁搜遠紹。《詩》《書》《禮》《樂》，《易象》《春秋》。爰究爰咨，以校以讐。坡陀終南，有盤彼石。是斷是斲，載礱載飭。乃命鴻生，書之以丹。乃命國工，重之以鐫。材庀器攻，不日竣事。峨峨成均，琬琰中峙。冠帶億萬，橋門畢環。副墨四達，聖經不刊。昔者之晦，維今晰矣。昔者之非，維今是矣。周宣中興，石鼓刻歌。千載寥寥，今猶不磨。矧惟兹經，我唐盛典。傳之無窮，永正訛舛。

唐驃國獻樂頌

德之所及者博，則饗其樂也必備。在昔成周，文德遠洽，蓋嘗備四夷之樂矣。職在春官而鞮鞻氏掌之，所以通音聲、一夷夏也。後世服遠以兵不以德，故樓上之梯衝常舞而兩階之干羽自廢，轅門之金鼓日振而九成之簫韶莫聞，怨結釁深，拜師不暇，尚何夷樂之問哉？惟唐雖以兵强而參用德化，故遠方萬里時有慕義而至者。貞元中，南詔既獻奉聖之樂，驃王雍羌亦以國樂來獻，於是劍南西川節度使韋皐譜次其聲，致之於朝。想夫夷音嘈雜，固不足以混咸池之節奏；野容趑趄，固不足以窺八佾之窈妙。然五譯而至，其勤甚矣。使當是時薦之郊廟，用之燕饗，有如延州來季子者聽而觀之，亦足以知唐德之遠暢也。當有頌聲形容盛美，而史刊其辭，乃追繼開州刺史唐次之作而獻頌曰：

唐受天命，撫綏八維。戎有弗率，禮以招携。惟是南詔，陸梁邊陲。號登貞元，化與天齊。聲教首暨，汶山以西。南詔稽首，乞盟自歸。施及驃王，奔走敢稽。劍水夕航，蜀山晝梯。天子崇儉，南金勿賫。天子有文，滇馬莫馳。何以爲贄？樂其庶幾。爾樂維何？導和非嬉。匏革牙角，貝竹金絲。其曲十二，各致爾詞。贊者前導，舞工後隨。夷容睢盱，夷音嘔咿。鐃鼓嘈雜，旂纛葳蕤。赫赫上國，韶成鳳儀。五譯而至，將焉取斯？既象帝德，亦明畏威。既效巴音，亦補唐遺。在周之興，樂備四夷。東韎南任，北禁西離。巍巍我唐，兹焉似之。在漢永平，仁風載施。百國奉貢，三章獻詩。巍巍我唐，兹焉繼之。天子萬年，夷裔來思。無或不諧，如樂之熙。歸美作頌，惟後之貽。

太宗皇帝飛白秘閣頌

臣恭聞太宗皇帝以神武定四方，以聖文致上治。臨朝餘暇，不邇聲色，惟經術翰墨是親。端拱紀元之五月，始置小秘閣於崇文院之中堂，徙四庫書寔之，命吏部侍郎李至爲秘書監典領其事。粤淳化三年，又詔增創層宇，侈藏書之盛。秋八月工以訖，命中使齎飛白「秘閣」二字以賜，蓋俯狥至請而寵綏之也。臣竊惟麒麟天禄，漢列中書，乾元東廊，唐置四部，不過遴選儒者司校讎、備顧問而已。至於寶跗天運，璿榜昭揭，自我作古，莫如聖時。奎畫一臨，萬目環視。翩翩乎龍翔而鳳翥，霏霏乎雲卷而霞舒。意欲斷而還連，勢疑飛而復止。肖形取類，曲盡萬態；窮神極變，中寓八法。自非多能天縱，疇克臻此？臣幸以鉛槧爲業，倘不能含辭運意，鋪張崇儒游藝之萬一，臣則有罪，謹稽首拜手

而獻頌曰：

歲在端拱，文風益振。中秘肇創〔一〕，禁書内盛。帝曰汝至，文莫汝並。往長監事，帥我髦俊。淳化三祀，書林載新。層閣屹立，三館争衡。至拜稽首，臣愚有陳。睿藻天縱，古無與倫。屬者易簡，入承内命。玉堂清深〔二〕，宸翰輝映。敢援近比，以瀆聰聽。帝曰俞哉，寶跗是運。如鳳之舞，如龍之從。如月蔽雲，如旌卷風。纖而不晦，濃而不豐。奇古迭出，變通不窮。乃示近臣，乃錫嘉貺。倬彼雲漢，昭於扁榜。至拜稽首，率屬欽仰。凡目眩駭，金鋪惚怳。明明天子，太平興賢。□□□□，藝兼於天。弗邇聲色，弗盤游畋。意篤翰墨，光生簡編。觀乎人文，化成四海。豈惟臣至，大賜以拜。咨爾神物，護持罔怠。咨爾縉紳，效法無懈。往在貞觀，帛書自娱。登榻以競，臣儀則疏。往在開元，乾元聚書。學士雖集，宸毫靡濡。我皇神聖，超軼唐帝。蓬山既闢，天光下賁。至以勤請，皇以禮賜。小臣作頌，吉甫是繼。

唐開元禮序

三代以下言治者莫盛於唐，故其議禮有足稽者。始太宗文皇帝以濬哲之姿，躬致上治，顧視隋禮不足盡用，乃詔房玄齡、魏徵與禮官學士等增備五禮，成書百卷，總一百三十篇，所謂《貞觀禮》是也。高宗纂承，復詔長孫無忌、杜正倫、李義府等以三十卷益之。然義府輩務爲傅會，至雜以令式，議者非焉，所謂《顯慶禮》是也。二書不同，蓋嘗並用，春官充位，莫之或正。開元皇帝綏萬邦，撫重熙，於是學士張説奏言儀注矛盾，盍有以折衷之？乃詔徐堅、李鋭、施敬本載加撰述，繼以蕭嵩、王仲丘等，歷數年乃就，號曰《大唐開元禮》，吉、凶、軍、賓、嘉至是備矣。書必有序，序所以爲作者之意〔三〕，禮書一代之典也，其可闕耶！謹爲序曰：夫爲國必以禮，而禮以時爲大。商之去夏未久也，其損益已可知矣，況乎自秦迄漢，典籍殘缺，所可見者二戴之《記》，《周官》之書，其綱則備，其紀則略。二戴之《記》雜出於漢儒，或繁密難遵，或牴牾莫辨，此泯泯棼棼所以毋敢輕議也。雖然，大輅設而椎輪不可以復用，宫室備而茅茨不可以復居。明堂以致嚴父之孝，孝致矣，則汶上之圖不必盡合於黄帝；圜丘以竭事天之誠，誠竭矣，則澤中之祀不必盡本於成周。蓋古今之不同，質文之適變，雖先王未之有者可以義起，奈何區區殘編斷簡，泥古而窒今，使我朝盛典不傳於後世耶？唐受天命，奄有方夏，吉禮以事神々，賓禮以親邦國，嘉禮以親萬民，不得已而施之軍禮、凶禮者甚衆也。朝廷之所用，有司之所守，非一定之論則内外無所適從，非不刊之書則子孫無所取法。今自貞觀而至顯慶，閲歲未久，二禮之不同，固未害損益之義也。然既出義府傅會，則非所謂一定之論；猥雜百司令式，則非所謂不刊之書。惟開元皇帝勵精政治，有意太平，故能遴擇儒臣，釐正鉅典。惟堅等辨博通貫，體上之意，故能不泥不肆，克

〔一〕肇創：原作「創肇」，據明澹生堂鈔本、四庫本乙。

〔二〕清：明澹生堂鈔本、四庫本作「靖」。

〔三〕爲：原作「序」，據明澹生堂鈔本、四庫本、《大唐開元禮》卷首改。

輯成書。自時厥後，朝廷有大疑，不必聚諸儒之訟，稽是書而可定；國家有盛舉，不必蕝野外之儀，即是書而可行。世世守之，毋敢失墜，不其休哉！書凡百五十卷，五禮各以類從，讀者如按圖而知四方，此不具載，姑序作書之旨云。謹序。

祥符御製爲君難爲臣不易論序

臣恭聞大中祥符五年十一月辛酉，真宗皇帝謂近臣曰：「君之難由乎聽受，臣之不易由乎忠直。君臣之心皆歸於正，直道而行，何難之有？」於是學士臣彭年請宣睿思，著之篇翰，帝曰：「俞哉！」乃著《爲君難爲臣不易論》，以示丞相旦等。臣旦奏言：「陛下宸慮高明，思艱而圖易；聖學淵奧，博古而知今。臣等待罪周行，幸逢聽受之明，敢不殫竭忠直，仰奉大訓？願以是論付國子監，刊之琬琰，以詔多士，惟陛下幸許。」制曰：「可。」臣嘗竊窺副墨，謹冒萬死而序其端曰：臣聞燕處凉臺者不知温風溽暑之爲患，深居燠館者不知層冰積雪之交侵。在周室〔一〕，成王纘文、武治安之緒〔二〕，召公以民事爲戒，《公劉》之詩是也，周公陳王業之艱，《七月》之詩是也。成王聽之，用能思其艱而圖其易，爲時賢君。抑微二詩，則穎無唐國之同，雉無越裳之獻，刑未必措而頌聲未必作矣。若夫德盛而弗居〔三〕，世治而愈畏，不待群臣進戒而警懼之言粲然見於雲漢之章者，其惟上聖乎！恭惟景德、祥符之際，天下可謂極治矣。上之日月星辰得其序，故景星明甘露降；下之山川草木遂其理，故醴泉出嘉禾生。內則云亭望幸而東封之禮成，外則澶淵告功而北道之盟締。粟腐太倉，歲豐也；草茂圜扉，刑清也；四民樂生，分定也；百吏稱職，政平也。優游巖廊，何自知君之難、臣之不易哉？臣常伏思而得之。蓋萬幾之暇，篤意典籍，六經之奧旨靡不究，歷代之治亂靡不監，思難圖易，本於此乎！歷觀帝王，夐無前比。惟大禹躬胼胝之勞，平水土之患，故嘗矢謨而告舜曰：「后克艱厥后，臣克艱厥臣。」然不若帝承藝祖已定之基，繼太宗極治之後，未嘗櫛風沐雨而能窮理盡道以至斯也。孔子曰：「如知爲君之難也，不幾乎一言而興邦乎？」夫知一言猶足興邦，而況行之於身，著之於書，敷暢厥旨，揭示臣庶，稽功計效，何但興邦而已，宜乎躋當時於仁壽之域而貽萬世無疆之休也。小臣駑鈍，妄序述作之意如此。若乃帝堯之大哉，文王之淵懿，臣雖口誦心惟，三絶其編，蓋將如聽鈞天之奏於洞庭之野也，心則震悸，而何足以議其將竗□〔四〕。臣謹序。

〔一〕室：明澹生堂鈔本、四庫本無。
〔二〕纘：明澹生堂鈔本、四庫本作「纂」。
〔三〕若：原無，據明澹生堂鈔本、四庫本補。
〔四〕竗：原闕，據傳校本補。

廬陵周益國文忠公集卷九三

詞科舊稿卷三

丁丑程試六首 制序表頌記銘

檢校少保寧國軍節度使提舉佑神觀某授檢校少傅武昌軍節度使知荆南府荆湖北路安撫使馬步軍都總管進封加食邑制

門下：奉聞燕於内祠，夙視三孤之秩；付蕃宣於外閫，載更六纛之宜。惟時文武之兼資，克任兵民之重寄。爰序陛於左棘，庸增賁於中權。咨爾在庭，無譁聽命。檢校少保、寧國軍節度使、提舉佑神觀某，忱恂而有守，宏毅而知方。蚤迪簡於公朝，寖踐揚於榮路。在列若洪鐘之應物，動必有聲；撥煩如游刃之發硎，用皆無滯。曩陟齋壇之峻，入陪邃宇之遊。雖事上盡恭，不廢謀猷之告；然養恬自適，未殫施設之長。眷乃荆州，應於鶉尾。控巴蔡之要路，接襄漢之上流。總節制於十連，適茲謀帥；布恩威於一道，無以踰卿。宜應宅牧之求，丕展幹方之略。肆加異渥，用表殊知。揚鄂渚之新麾〔一〕，易宛陵之舊組。纂車絺冕，多儀參亞傅之華；簜節琱戈，重鎮介屬城之列。載升高爵，併衍上畬。用光良翰之行，以厚元戎之禮。於戲！召公之教明於南國，方隆分陜之權；申伯之德揉此萬邦，何吝餞郿之寵？往懋循良之績，嗣旌綏撫之庸。可特授檢校少傅、武昌軍節度使、知荆南府、荆湖北路安撫使、馬步軍都總管，進封加食邑。主者施行〔二〕。

漢白虎議奏序

《白虎議奏》，漢肅宗章皇帝時所作也。帝撫運熙洽，左右藝文，懼五經之道熄而異同之説熾，粤建初紀號之四年，下太常、將、大夫、博士、議郎、郎官及諸生諸儒會白虎觀，究其淵奥而發明之，條其當否而揚搉之。於是五官中郎將魏應、侍中淳于恭或以所疑問於下，或以所陳復於上。帝親稱制臨決，紛紛藉藉之論得以折衷，蓋一代之盛典，不可無傳也。謹爲序曰：經籍待治世而後興，議論待聖王而後定。何也？至治之世，以兵則寢，以刑則措。人主無爲，優游巖廊，思所以尊廣道藝，化民成俗，則必旁求儒雅，闡迪大猷，使申、韓、楊、墨屏不得肆，此經籍所由興也。雖然，習非勝是，古今未免，黨同伐異〔三〕，儒者通患〔四〕，故五鹿騁其辨而折角，劉歆犯衆怒而移書，殊聞異見，矜

〔一〕揚：明澹生堂鈔本、四庫本作「錫」，義長。
〔二〕原刻校云：「『可特授』以下三十九字從院本補。」
〔三〕習非勝是古今：原作「是古非今」，據明澹生堂鈔本、四庫本、傅校本改補。
〔四〕「儒者」上原有「此」字，據明澹生堂鈔本、四庫本、傅校本删。

愚護短，其來尚矣。學以聚之，問以辨之，必賴聖王而折衷焉，此議論所由定也。維漢承暴秦絶學之餘，褒異師儒〔一〕，置五經博士，學者雖曰承師，亦別名家。中宗宣皇帝當華夷之綏靖，憫衆説之紛紜，爰即石渠，大輯諸儒之奏，五經奥旨，剖判無遺。聖道之復明，繄中宗是賴。自時厥後，異端間作。議減章句，則有中元之詔；共正經義，則有永平之奏。逮章帝紹休繼烈，人富憲平，内則儒館獻歌，外則戎亭虚堠，石渠故事固宜復行於斯時也。黼扆天臨，簪弁星拱，旁搜遠覽，博問而約取之，明昔人所未明，析是非之不一，方之甘露，抑同符而增光焉。及其成説昭著，聯爲大編，既已上諸蘭臺，藏諸東觀，而副墨之子、雒誦之孫又且流布於四方萬里之遠，家藏此書，人究其義〔二〕，庶幾道德明而風俗一，見聞博而心術正，豈曰小補之哉！先是蜀人楊終首發其端，帝命班固撰集其事，又命史臣著爲《通議》，精微奥賾，粲然畢陳。後之人欲究聖經之旨者，當自兹始。按白虎，北宮之觀闕也。往在西都，嘗以名殿，杜欽、谷永皆於此對六經之問。兩都相望，襲其名而不廢，豈非漢家右文之地歟！敢具列之，冠於篇首，用告觀者。謹序。

代交趾進馴象表

臣某言：賜履南交，預藩臣之下列；效牽靈囿，備法駕之前驅。仰文陛之深嚴〔三〕，控丹衷之悃愊〔四〕。臣某誠惶誠懼，頓首頓首〔五〕。臣聞犀來徼外，表章帝之重熙；雉貢越裳，慕成王之極治。矧際明昌之運，尤勤就望之誠。伏念臣僻守龍編，密瞻銅柱。承隴西之舊族，居仰華風；處黎氏之故都，久陶聖化。方庶類遂由儀之理，雖封獸有式訛之心。美既産於梁山，養宜歸於皋澤。形惟詭特，拜則周章。昔虞因齒以焚身〔六〕，今獲逢辰而效伎。名應周郊之五路，克協馭儀；耳聞舜樂之八音，能參率舞。虔致百尋之闕，寧辭萬里之塗。邁有唐林邑之來，陋大漢九真之獻。恭惟皇帝陛下恩深柔遠，仁及包荒。知臣世奉聖朝，罔愆恭順；嘉臣力綏裔土，每厚寵章。超加異姓之王，用闡同文之教。今則天無風烈，呂有雲干。遠若占城，尚欲駿奔於禋禮；微如蒲氏，亦將請覲於宸庭。豈伊並塞之小邦，反緩修方之常度？夙宵自省，震悸靡寧。臣是敢祗遣陪臣，往干屬國，少致貢獒之義，願回却馬之謙。靡憚奔馳，幸捨鳶飛之跕跕；無煩教擾，俾陪獸樂之般般。臣無任瞻天望聖激切屏營之至，其馴象謹隨表上進以聞。臣某誠惶誠懼，頓首頓首，謹言。

漢紫壇頌

漢元鼎五年，世宗武皇帝在位二十八年矣，德洽黎庶，沕潏曼羡，曠典墜章交舉并施，躬祀泰壇獨未皇議。先是亳

〔一〕褒異師儒：明澹生堂鈔本、四庫本作「褒顯儒術」。
〔二〕其：明澹生堂鈔本、四庫本作「此」。
〔三〕文陛：原作「陛下」，據明澹生堂鈔本、傅校本改。
〔四〕衷：原作「中」，據四庫本、傅校本改。
〔五〕頓首頓首：明澹生堂鈔本作「頓首稽首」。
〔六〕虞：原作「嘗」，據明澹生堂鈔本改。

人謬忌獻言：「五帝者，泰一之佐也。今五時在雍，天子蓋親郊焉，而泰一祠反闕然未備，甚非所以尊崇貴神之意。惟陛下圖之。」有詔太祝置其祠長安之東南郊，至是又命祠官寬舒等立泰時於甘泉。崇壇三陔，五帝壇環居其下，仰法紫垣之象，故曰紫壇。是歲十一月辛巳朔旦冬至，昒爽，天子躬親望拜如雍郊禮。其衣尚黃，其玉用瑄，精意竭也；列火滿壇，嘉牲在俎，薦饗備也；美光夜見，黃氣晝屬，靈休萃也。惟帝竭虔妥靈既如此，惟神産祥降嘏又如此，宜有頌聲鋪張揚厲。稽諸班史十九章之詩，不過曰「爰熙紫壇」而已，其辭略而未詳；志不過曰「紫壇八觚宣通象八方」而已，其辭質而無歸美之義。既詳且美，其惟頌乎！遂作頌曰：

在漢六世，聖皇纂成。躋俗仁壽，事天肅欽。雍時儀舉，汾脽禮行。維是泰一，天之貴神。仰視紫垣，粲然色明。祀或未備，予其肇禋。來汝祠官，是經是營。言築之壇，於彼明庭。相方裁基，不日而成。其壇伊何？蠲潔峻嶒。三陔既立，八觚以分。承神繡張，照幄珠熉。觀瞻有煒，緼豫爲芬。五帝環侍，隨方色更。仲冬朔旦，元祀是稱。雨師風伯，泛洒清塵。天仗徐步，竹宮聿臨〔一〕。旂旄綷縩，車騎紛紜。衆樂砰磕，列火晶熒。乃奠瑄玉，致陽之精。乃奉犛牛，達意之誠。百辟顯相，諸侯駿奔。朝日夕月，以次而升。羣神腏食，咸秩無文。風馬雲車，爣兮顧歆。黃氣晝屬，美光夜騰。佑福兆祥，簡簡繩繩。泰元神筴，新而又新。俾我天子，萬年是膺。師兵不試，年穀屢登。神人具依，匪聖疇能。念昔高祖，開基薦馨。爰講上儀，北時以興。施及孝文，不懈益勤。壇場珪幣，諸司畢增。侯今之制，祖宗是遵。斂時五福，錫之庶民。敢述聖德，播揚頌聲。

繡衣鹵簿記

臣仰惟藝祖皇帝以上聖之資受天眷命，用肇造我區夏，不譓者威，賓服者懷。武功既成，文治斯廣，躬郊禋，正會朝，祲威盛容，以次畢行。惟是承五季搶攘之後，鹵簿雖設，踳駮爲甚，易而新之，兹惟其時。於是制詔臣質、臣昭等正其謬盭，參定典式。已而禮儀使臣穀奏言：「金吾諸衛將軍暨押仗、導駕等官服皆以紫，於禮未稱，請按《開元禮》咸用繡袍。至若執仗之士舊服五色畫衣，先後靡倫，無所準式，請以黑爲先，而青赤黃白以次分列，用協五行相生之序。」逮有司以儀注來上，帝御便殿陳而閱之。凡馬步儀仗總萬有一千二百二十有二人，悉以綜絲施繡文代彩畫之服，揚輝絢采，丕釐舊弊，亹亹三代兩漢之盛矣。稽諸《會要》，始造於乾德之四年，而告備於開寶之三年，越明年謁款圜丘實始用之。想夫彝稍前驅，五路增副，里以鼓記，南以車指，鵕翿豹尾，夭矯婀娜。公卿執事前導後陪，細仗大角壯其容，幰蓋繖扇備其飾，耄老幼稚族觀聚嘆。向也目熟乎刀兵，今乃窺文物旂常之美；向也耳厭乎金鼓，今乃聞錫鸞和鈴之音。皇皇哉，治世之鉅典，華夏之偉觀也！愚不肖〔三〕，靡所知識，然

〔一〕竹：原作「行」，據傅校本改。
〔三〕「愚」上，明澹生堂鈔本、四庫本有「臣」字。

竊讀《三朝寶訓》，而知藝祖恭儉之德出於天資，衣用澣濯，器御質素，齋宮無三服之獻，織室罷纂組之工，顧於羽衞乃顯設繁飾如此，得無意乎？蓋躬節儉者，帝王之盛德也；備羽衞者，國家之上儀也。在漢孝文殿設書囊之帷，身以敦樸爲先，及其詔令則曰「鸞旂在前，屬車在後」，儀物明盛猶可想於千載之下。然則聖人所以奉己與夫華國者固自殊轍也耶！臣是以知藝祖之意有在也。列聖繼承，制作益詳，曰大駕，曰法駕，曰鑾駕，曰黃麾仗，或施之躬郊，或用之封祀，或設之朝覲，其多寡有差，其先後有序。揆厥所元，皆自繡衣啓之，貽謀垂裕，永永無極。肆皇帝陛下聰明文武，紹復祖宗之大業，偃戢干戈，蒐講縟儀，典章制度，粲然畢舉。乃紹興十有三年築壇南郊，恭祀天地，鹵簿之制，寔纂乾德；至於歲用癸亥，則視建隆初郊之歲若合符節。復觀簡册，未之攸聞。蓋莫啓於前〔一〕，無以彰異時創業之功；莫繼於後，無以見今日中興之治，是不可以不特書也。臣既稽首拜手紀其事，謹待制旨而勒之石。謹記〔二〕。

漢廟鼎銘

惟天錫瑞於人君，惟君歸功於祖廟，此盛德事也。若昔帝王有行之者，其惟漢顯宗乎。按永平六年二月，寶鼎出王雒山，廬江太守獻於朝。夏四月甲子，詔書略曰：「祥瑞之降以應有德，方今政化多僻，何以致兹？太常其以礿祭之日陳鼎於廟，以備器用。」嗚呼，此殆歸功祖廟之意也！竊惟顯宗明皇帝丕承聖緒，兢兢業業，盛三雍之上儀，修衮龍之法服，揚世廟，正雅樂。神人之和既已允洽〔三〕，川珍岳貢宜爲時出〔四〕，顧乃謙遜弗居，非盛德而何？當是時才如班固知賦寶鼎之詩詫於一時，而不知勒爲銘章紀盛德而詔萬世也。回視盤量之作，得無恧歟！敢因闕文爲之銘曰：

赫赫炎圖，世隆孝道。號登永平，績光文考。德應於下，瑞來自天。有崇彼山，寶鼎出焉。守臣稽首，奉章以獻。金景紛緼，龍文炳煥。宜舉壽觴，侈兹殊祥。宜命大予〔五〕，被之樂章。帝曰不然，政化多僻。天休來萃，匪予之力。咨汝奉常，礿祭惟時。往薦清廟，無窮是貽。奉常率職，以備用器。三趾鬺亨，纘禹之制。鷄彝象尊，我其共陳。玉鎮大寶，我其並珍。昔來自山，皇德實致。縉綖旄倪，注目欽視。今藏在廟，皇心孝思。神祇祖考，咸安樂之。天以祥畀，帝以謙答。兹盛德事，寔爲希闊。往者孝武，鼎來汾陰。雖祀宗禰，卒藏明庭。在後郊東，款識斯辨。王命尸臣，胡寧薦見。猗與兹瑞，有掩前規。勒以銘章，式配周鼎〔六〕。

〔一〕啓：四庫本、傳校本、《玉海》卷八〇引作「爲」。
〔二〕「謹記」上，四庫本有「臣」字。
〔三〕神人：明澹生堂鈔本、四庫本作「人神」。
〔四〕宜：原作「當」，據明澹生堂鈔本、四庫本、傳校本改。
〔五〕大予：原作「太常」，據明澹生堂鈔本、四庫本、傳校本改。
〔六〕鼎：原作「詩」，據明澹生堂鈔本、四庫本、傳校本改。

廬陵周益國文忠公集卷九四

掖垣類稿序

國朝知制誥掌外制，是謂從官，必召試中書而後除，不試號爲異禮。夫仕而至此，非臺省英俊則中外揚歷之人，誰不知其能文？所以試者，觀其敏也。蓋政事堂本在禁中，宰執朝退，房吏得除目，以詞頭授詞臣具草，録黄付吏部，誥院書印如式，乃進御，下閤門給焉。其付授經由皆有時刻，不容少緩。故歐陽文忠公《外制序》云：「除目每下，率不一二時，已迫丞相出，不得專思慮，工文字。」而劉原父立馬一揮，皇子、公主九制數千言，非自誇其敏贍，吏偶稽違，勢使然耳。元豐以前，官號三字，寓直舍人院。官制行，知制誥銜歸翰苑，正曰中書舍人，實涖中書後省。資淺則曰直舍人院，或先攝後除。初輪日草詞，繼分六押，隨房書黄，命令有不當者繳奏。此定制也。南渡草創，三省在皇城門外，六押僅除三員，又多兼攝，召試故事亦廢。除目出，則先給信劄付其人，所謂詞命，急者數日，緩或累月。紹興壬午秋，必大以起居郎被旨兼攝，舊積詞頭頗多，在職纔踰半年，而草二百九十六制。尋忤貴近，得請奉祠。後十年當乾道壬辰，再以禮部侍郎兼權。不一月，又坐論事丐免，隨以他罪去國，僅得二十三首。嘗攷韓退之元和九年冬以考功郎中知制誥，十一年春遷中書舍人，是夏方改右庶子，在職首尾三年。今外集只存《崔群户部侍郎》一制，初云：「地官之職，邦教是先。」末云：「選賢舉能，於今推重；擇才經賦，自古尤難。」凡命版曹，何嘗不主理財？惟退之先及邦教，而以「經賦」二字終之，可謂深合經旨，惜乎不如常、楊、元、白制草之盛傳也。雖然，古今史官例於詞命加以筆削。觀《順宗實録》，制册温純典雅，殆軼秦漢，不類當時之文，其經退之潤色，尚復何疑？是固專車一節也。必大初攝時，止行下三房文書，恨不能述訓戒於除授之間。後方掌吏房左選，草《沈夏户部侍郎制》，首云：「舜命司徒，在親百姓。」末云：「俾予既庶之人，馴致無疆之説。」蓋欲師法退之之萬一，則又日淺而罷。因省吏録本來獻，乃序藏之。是歲四月，朝散郎、提舉江州太平興國宫、賜紫金魚袋周必大序。

廬陵周益國文忠公集卷九四

掖垣類稿卷一

外制 恩除

邵希直特封成州團練使致仕制〔一〕

敕：朕聞朝西内，親奉玉巵，爲父母壽，然後信孟子之三樂而王天下不與存焉。言念群臣，誰不知此。其有保親之養者，固當錫類以寵之。寧海軍承宣使、提舉佑神觀邵謂父任忠州刺史致仕希直，躬積善行而無過舉，力教其子，謹愿有聞。會朕纂圖，溥覃慶澤，佩以團兵之印，增爾垂車之榮。尚其欽承，益介眉壽。可特封成州團練使，致仕如故。

馬文貴補右迪功郎致仕制 壬午十月十七日〔二〕

原標〔三〕：閬州南部縣逕池里税户馬文貴年一百二歲，依紹興三十一年九月明堂赦，補右迪功郎致仕。

敕某人：爾生於嘉祐，及見八朝。攷司民之版，如汝者蓋無幾也。雖微赦令，猶將録之，況宗祀有已行之慶乎！往服冠裳，榮受孫曾之養。可補右迪功郎致仕。

徐億補右迪功郎致仕制

原標：嚴州建德縣百姓徐億年一百歲，補右迪功郎致仕。

敕某人：虞夏商周所貴不同，而尚齒則一。矧朕方極事親之孝，尤以貴老爲先。爾，吾仁祖之遺民也，閲世久矣。因壽域之躋，懷既醉之福，則錫命之寵，豈獨慰爾子孫哉？朕意固有屬也。可〔四〕。

劉寶封保義郎致仕制

原標：承信郎劉握父寶，見年九十八歲，該遇明堂大禮赦，特封保義郎致仕。

敕某人：天子省方先見百年者，貴老之義也。矧均祭澤，何吝官榮？服我命書，永受子孫之養。可。

〔一〕明澹生堂鈔本、四庫本等原題爲：「寧海軍承宣使、提舉佑神觀邵謂父任忠州刺史致仕希直特封成州團練使致仕。」

〔二〕壬午十月十七日：原無，據明澹生堂鈔本、四庫本補。

〔三〕按明澹生堂鈔本、四庫本等本《掖垣類稿》所收制詞直以叙事爲題，因此多數標題均甚長。道光、咸豐刻本（本書所用底本）則另擬短題，而將原有長題加上「原標」字樣，今仍保留原式，「原標」之文低二格排。

〔四〕可：原無，據明澹生堂鈔本、四庫本補。下同，徑補。

衛經補保義郎致仕制

原標：保義郎衛百揆父經，年九十三歲，依紹興三十一年九月二日明堂赦，補保義郎致仕。

敕某人：三代省方之制久廢不講，未暇延見高年也〔一〕。故國家每肆大眚，必出爵以禮之，是亦古之遺意與。有司言爾子在官，爾年應格，故推宗祀之慶，而以一命加焉。往祇寵榮，尚保終吉。可。

宗子不厖換授右承奉郎制 正月三十日〔二〕

原標：建康軍節度使士㔋遺表，男忠訓郎不厖乞依士太男煥文資，特換右承奉郎。

敕具官某：祖宗時以儒科易武弁者多矣。近世一切反之，將門戚里朱紫蓋相望也，豈於吾宗室之老獨有所靳而不徇其遺言乎？置爾東班，尚識朕親親之意。可。

量試宗子補官 二月十七日〔三〕

原標：量試宗子合格二百六人，内趙汝弼補承節郎，餘並補承信郎。合格雜犯附榜人趙師厚等一十人亦補承信郎，展二年出官。

敕某人等：太上皇親以璽綬授朕〔四〕，朕日承慈訓，常懼德之弗嗣。永惟明俊德以親九族，雖唐堯不敢後也，故首下量試之令以官支庶。而爾等各負文藝，應有司之格。其錫一命，使從官政。子夏曰：「仕而優則學。」學固無窮也，毋以既仕而遂自止焉。可。

宗子不括補承信郎 壬午六月二十三日〔五〕

原標：忠州申：取應宗子趙不括昨於紹興二十九年取到夔州路轉運司文解，當年九月赴四川制置司類省試院覆試，中第六名。丁憂赴御試不及，補承信郎。

敕某人：乃者深念宗盟，或游蜀道。均以十人之制，蠲其萬里之來。汝既中程，是宜錫命。往聯右列，尚勉後圖。可。

宗子伯詔補承信郎與差制 壬午九月十九日〔六〕

原標：宗子伯詔在建康日應辦事務，委有勤勞，可特與補承信郎，特添差建康府不釐務兵馬監押，請給人從並依正官例支破。

〔一〕延：四庫本作「接」。
〔二〕正月三十日：原無，據明澹生堂鈔本、四庫本補。
〔三〕二月十七日：原無，據明澹生堂鈔本、四庫本補。
〔四〕綬：四庫本作「紱」。
〔五〕壬午六月二十三日：原無，據明澹生堂鈔本、四庫本補。
〔六〕壬午九月十九日：原無，據明澹生堂鈔本、四庫本補。

敕某人：朕恭承内禪，推恩同姓，幾於文庶畢俟矣。汝才智有餘，頃得於一見之間，宜錫官榮，且寵以員外同正之禄。勉修其行[一]，待器使焉。可。

宗子伯瑀補承信郎制

原標：宗子伯瑀三經覆試不中，年四十以上，補承信郎。

敕某人：汝席慶天支，自力於學。雖三戰不勝，而其志可嘉。禮曰：四十强而仕。汝年至矣，錫之一命，毋怠初心。可。

翟楷韓仲通循右從政郎制　正月二十日[二]

原標：將仕郎翟楷未有名目日，充詳定一司敕令，韓仲通書奏，因紹興十九年六月進書得轉一官資賞，今循右從政郎。

敕具官某：前者刊定章程，爾以隸名應賞，兹登仕版，遂以畀之。夫捨歲月之勞，略薦舉之制，而許進其秩序，不亦榮幸乎！尚思所以稱此者。可。

進武副尉陳玠轉承信郎制　壬午[三]

敕某人：乃者祖妣聖容歸安原廟，汝嘗服役，例獲進階。往祇異恩，尚勉來效。可。

黄昭慶與宫觀任便制　壬午六月八日[四]

原標：入内内侍省寄資武翼郎黄昭慶與轉歸吏部，先次參部，出給請受文歷，特差主管台州崇道觀，任便居住。

敕具官某：爾久以勤敏[五]，給事宫掖。歸之銓部，閔其勞也；賦之祠禄，優以恩也。往其懋承之哉！可。

報登寶位使副下三節人轉官制

敕某人等：兵交使猶在其間，況北方善意初未絶乎！此朕於御極之始所以不廢傳諭之使也。一時屬吏，優進以官。式遄其行，毋憚遠役。可。

德壽宫官吏諸色人各轉兩官制

原標：紹興三十二年八月十三日聖旨：德壽宫官吏諸色人等，並係日常侍衛應奉，可令所屬照應已降赦文，各轉兩官資推恩施行。

[一] 修：原作「差」，據傳校本改。
[二] 正月二十日：原無，據明澹生堂鈔本、四庫本補。
[三] 壬午：原無，據明澹生堂鈔本、四庫本補。
[四] 壬午六月八日：原無，據明澹生堂鈔本、四庫本補。
[五] 勤：四庫本作「謹」。

敕某人等：朕於事親無所不用其至，故凡隸名西内者，推恩率有加焉。疊進官榮，往圖報效。可。

陳子常授防禦使制

原標：登極赦書：德壽宮見今侍衛親從官僚等，於今赦合轉官外，特與各轉兩官，數内武功大夫、成州團練使陳子常，階官、遥郡上各轉行一官。

敕：事吾君父，既有成勞，推國恩榮，豈遵常度？具官某謙恭有守，通敏無疵。屬布慶條，沓來茂渥。升之横列，益以干城。往服褒嘉，務勤夙夜。可特授右武大夫、某州防禦使。

楊亨轉遥刺制

原標：亨係供内儀鸞御前祗應、御前忠佐馬步軍副都軍頭，該德壽宮轉兩資，内一資於見今職名上轉行，合轉御前忠佐馬步軍都軍頭，係礙正法，爲係隨太上皇帝龍興，特依一般隨龍李進例轉行遥刺，請給等並依李進例支破(二)，依舊本宮祗應(三)。

敕具官某：周以下士爲幕人，所以重其事也。況汝早共帷幄，攀附太上。比按赦令，冠忠佐六資之例。恩猶未已，遥畀郡章；廪給加優，復從近比。徒以奉事君親之舊，故於名器不敢愛焉。尚識朕心，益勤乃職。可。

張珣轉兩官制

原標：殿前司正將、武功郎張珣，昨提舉巡警德壽宮，依赦轉兩官。

敕具官某：朕愛惜爵賞，以待有功。惟給事親側，則無所靳。爾嘗率其旅，徼巡周廬(三)。例進兩官，尚知榮遇。可。

安知和等各轉官制 九月八日(四)

原標：成忠郎安知和、楊繼勳，秉義郎曹輔，武功郎江昌朝，武經郎李畯，秉義郎張士堅，並該修製奉上德壽宮册寶賞，各轉一官。

敕具官某等：朕惟父母至恩大德，無物可稱，乃詔攸司鏤玉牒，播鴻名，少致歸美之義，率百官而上之。國有大慶，所及者廣，故如汝等，例獲進階。榮幸則多，廉勤乃稱。可。

王大亨轉官制

原標：修製奉上册寶主管所行遣書寫奏報文字、承信

(一) 等：原無，據明澹生堂鈔本、四庫本補。
(二) 宮：原作「官」，據明澹生堂鈔本、四庫本改。
(三) 「巡」下原有「警」字，據明澹生堂鈔本、四庫本删。
(四) 九月八日：原無，據明澹生堂鈔本、四庫本補。

郎、權貨務檢法使臣王大亨轉一官，減三年磨勘〔一〕。

敕具官某：朕以八月戊寅上鴻名於西内，惟時小吏，與有刀筆之勞。序進官榮，毋忘報稱。可。

魏欽緒循三資制

原標：右修職郎、監文思院下界魏欽緒用修製册寶賞，比類循三資。

敕具官某：朕奉寶册於二親之側，蓋曠典也。維時慶賞，徧逮攸司。議者疑焉，故纔及考工之屬。汝名臣子，庀事有勞〔二〕，疊進其階，尚知榮遇。可。

王楝轉官制 壬午十二月十日〔三〕

原標：右朝奉大夫、提轄文思院上下界王楝該第二等册寶賞，轉一官，減二年磨勘。

敕具官某：朕總公卿之議，奉徽號於兩宮。鏤玉範金，禮備而文縟。雖曰工善其事，亦惟爾董治之勞〔四〕。序陟文階，尚其祇服。可。

史侁轉官制

原標：德壽宮醫官、保安郎致仕史侁依赦轉兩官。

敕具官某：乃者戊寅赦令，凡在服之臣咸進秩一等，而奉事吾君親者獨加厚焉。爾以醫名，與逢幸會，故雖納祿，不廢推恩。深體眷私，勉圖報稱。可。

李師堯轉官制

原標：德壽宮劉貴妃位醫官、成全大夫李師堯依赦轉兩官。

敕具官某：爾以博習方書，通籍西内，斯亦幸矣。有司稽用赦令，優進官秩，幸又甚焉。勉稱其名，無隳而業〔五〕。可。

仇師顏同詞。

能誠轉官制

原標：平和大夫、貴州團練使、判太醫局能誠轉兩官，合轉成安大夫〔六〕。又注：係德壽宮醫官。

敕具官某：昔巫咸以鴻術爲帝堯之醫，後世蓋祖述焉。今

〔一〕三年：明澹生堂鈔本、四庫本作「二年」。
〔二〕庀：原作「凡」，據明澹生堂鈔本、四庫本改。
〔三〕壬午十二月十日：原無，據四庫本補。明澹生堂鈔本作「壬午十二月十一日」。
〔四〕爾：原作「安」，據明澹生堂鈔本、四庫本改。
〔五〕無隳：明澹生堂鈔本、四庫本作「毋墮」。
〔六〕合：原無，據明澹生堂鈔本、四庫本補。

爾淹貫古書，發明新意〔一〕，肆由推擇〔二〕，執藝於光堯之宮，不曰榮遇乎？疊進官榮，制食益厚。古人可勉，毋自怠也〔三〕。可。

梁康民張安上充差遣制

原標：幹辦内東門梁康民、張安上轉歸吏部，充德壽宮差遣。

敕具官某等〔四〕：恭惟太上無心黄屋〔五〕，而樂游大廷之館，命汝入衛，可無異恩？兹用解房闥之權，賦銓曹之禄。往祗乃事，勿替恭勤。可。

李宲差幹辦内藏庫制　壬午九月十一日〔六〕

原標：入内内侍省寄資拱衛大夫、遥郡、承宣使李宲與轉歸吏部，特差幹辦内藏庫填見闕。

敕：祗事宮闈，既殫勤力；易官銓部，厥有故常。具官某兢畏以自修，温純而寡過，階視横班之峻，職參留務之崇。藉爾幹材，司吾禁帑。尚體儉勤之意，毋忘出納之公。可。

潘師尹等落看班銜制

原標：閤門看班祗候潘師尹、潘師旦、張進之並爲供職歲久，祗應詳熟，特與依例落看班二字。

敕具官某：朕大昕御朝，延見群下。汝嫺於儀矩，久閲班聯。稍正其名，益思祗敬。可。

常士廉帶行閤門祗候制

原標：秉義郎、閤門同提點、承受常士廉奏，主行登寶位典禮，應奉了畢，逐次恩賞止乞依孫舜卿例帶行閤門祗候。九月一日聖旨，特依所乞。

敕具官某：朕壓於慈訓，拱手三辭而履帝位。汝惟幸會，周旋廷中，預觀盛儀，亦可謂榮也已。稍遷厥次，毋或不祗。可。

潛邸官吏轉官制

原標：立皇太子，潛邸官吏等特與轉兩官資；登寶位，應隨龍官吏並諸色祗應人軍兵等各特與轉四官資。八月十九日奉旨。

敕某人等：汝以中涓祗事潛邸，自己巳至於丙子，曾未浹日而值朕登儲御極之慶，可謂幸矣。進階六等，與夫累歲月而得者相萬也，盍思所以稱是哉！可。

〔一〕新：原作「深」，據明澹生堂鈔本、四庫本、傅校本改。
〔二〕擇：原作「澤」，據明澹生堂鈔本、四庫本、傅校本改。
〔三〕也：明澹生堂鈔本、四庫本、傅校本作「焉」。
〔四〕等：原無，據明澹生堂鈔本、四庫本補。
〔五〕無：明澹生堂鈔本、四庫本作「非」。
〔六〕壬午九月十一日：原無，據明澹生堂鈔本、四庫本補。

皇子府抱笏人張世昌轉一官制

敕某人：朕大封諸子，藩屏京師。爾以恭勤，隸名邸第。進階一等，其尚知榮。可。

張興世孫瑺並除閤門祇候制 九月十九日

原標：隨龍使臣張興世、孫瑺並與除閤門祇候，先次供職，支破諸般請給。候有闕日，依資次撥填入額。

敕某人：汝服勞潛邸，會朕龍飛，可謂非常之遇矣。列名上閤，豈常格所當得哉！深體異恩，往祇乃事。可。

隨龍從義郎趙衍依孫瑺例除閤門祇候制

敕具官某：祖宗之世，凡隸名上閤者皆書之册，其重如此。近世用人衆矣，朕欲稍遴其選，而汝繇攀附得之[一]，非幸也耶[二]！尚思共恪廉平，以稱恩渥，毋使人謂朕爲私汝。可。

曾覿除遥刺制

原標：武翼郎、帶御器械兼幹辨皇城司曾覿，用隨龍恩轉一官，除遥郡刺史。

敕具官某：朕祇奉睿謨，紹承聖緒。加惠不遺於遠服，疏榮可廢於舊勞？爾夙藴材猷，雅精辭藝。驂乘而臨代邸，備著忠勤；舞干而衛舜階，方資謹飭。其叙遷於諸使，仍遥刺於名邦。尚對恩華，益肩報禮。可。

李綽轉殿使遥郡制

原標：昭宣使、福州觀察使、入内内侍省都知李綽，用隨龍恩轉景福殿使、遥郡承宣使。

敕：景福置使，蓋祥符之異恩；留後名官，爲遥領之極摯[三]。兼榮而授，豈輕也哉！具官某禀端良之資，著忠謹之譽。擢參内宰，方勉令圖。兹推攀附之恩，特示褒遷之寵。尚思補報，以答眷知。可。

趙渭郭毅並轉六官制

敕具官某：大明麗天，萬物咸被其光澤。爾等並繇幸會，服役潛藩。超進六階，尚圖報效。可。

[一] 汝：明濬生堂鈔本、四庫本作「爾」。
[二] 也：明濬生堂鈔本、四庫本無。
[三] 摯：四庫本作「執」。

修武郎充閤門兼祗應蘇永堅轉一官制

敕具官某：爾以詔相之勤，攀附之舊，獻言自列，援比求遷。稍進一階，示朕記録不忘之意。益思祗敬，毋忝恩榮。可。

武經郎郭昇除閤門宣贊舍人[二] 九月二十五日[三]

原標：武經郎郭昇元係敦武郎、閤門祗候，緣轉武翼郎，依例除落閤職，可特與除閤門宣贊舍人。

敕具官某：介於諸使，即解上閣之職者，例也；拔自衆人，進掌贊導之儀者，恩也[三]。例不可越，公道存焉。若夫恩以馭幸，則人主執其柄矣。往思謹畏[四]，用稱所蒙。可。

黄圭除閤門祗候

敕具官某：高門之地，文石之班，隷職其間，與有榮耀。今以命汝，尚其祗欽。可。

能誠轉兩官制 十月十四日

原標：隨龍醫官成安大夫、貴州團練使能誠，階官、遥郡上各轉兩官。

敕具官某：朕比以汝有職西內，兩進其階。詔墨猶未乾也，今復推攀附之恩，遷官而進使領焉，徒以汝精於藝故也。汝往矣，周旋兩宫，無忘祗敬，以服予一人之寵命。可。

成安大夫陳孝廉階官遥郡上各轉兩官[五]

敕具官某：汝久共醫事，效職潛藩，肆朕龍興，當推異數。崇階遥寄，併以授之。朕方躋斯民於仁壽之域，尚稽汝十全之效而制食焉。勉進其技，以服新渥。可[六]。

武功大夫果州團練使兼閤門宣賛舍人李觀階官上轉行一官[七]

敕：大明麗天，萬物咸被其光澤。以爾具官某久司賓贊，逮事初潛，特畀横階，蓋非常格。往圖報稱，勿負恩榮。可。

[一] 武經郎：原無，據明澹生堂鈔本、四庫本、傅校本補。
[二] 九月二十五日：原無，據明澹生堂鈔本、四庫本補。
[三] 「例也」至「恩也」，原無，據明澹生堂鈔本、四庫本補。
[四] 謹：原作「敬」，據明澹生堂鈔本、四庫本、傅校本改。
[五] 明澹生堂鈔本、四庫本題作「成安大夫陳孝廉階官上轉兩官遥郡上轉行兩官」。
[六] 原刻文末云：「原注：武功大夫王公濟階官上轉一官、遥郡上轉行兩官，改云：『以爾具官某久殫勤力，事朕初潛，特畀横階，仍升遥領。往圖報效，勿負恩施。』」
[七] 按李觀制原無，據明澹生堂鈔本、四庫本補。

内侍張璩特與落致仕差充追册皇后攢宫都監制 十月十五日〔一〕

敕某人：朕興故劍之悲，致南園之奉，思得近習之通練謹畏者掌其厲禁。詢於左右，僉曰汝宜。已掛之冠，爲吾復彈可也。可。

侯士通轉官制

原標：賢妃夏氏進封本位，官吏諸色人合行推恩。數内代手分充主管文字，承信郎侯士通特與轉一官。

敕某人等：朕登進列妃，助修内治，汝幸甚，乃得隸名增成而服役於外。官遷寵矣，尚往欽哉！可。

陳端夫轉翰林醫痊

原標：翰林醫愈陳端夫該婉容翟氏進封，轉額外翰林醫痊。

敕某人：内有九嬪，猶外之九卿也。既升位號，宜錫恩章。汝以技聞，例遷厥秩。茲惟異數，可不勉哉！可。

昭化軍節度使嗣濮王士輵女夫司公度除閤門祇候制

敕某人：《傳》曰：「厚於仁者薄於義，厚於義者薄於仁。」念我宗英，老而無子，間因賜對，爲壻求官。本之人情，寵以華職。睦族固爲仁矣，合宜獨非義乎？厚薄之分，朕所不取。可。

知内庫齊安郡夫人奏主管文字承信郎劉澤轉一官制

敕具官某：内命婦至於掌宫中之財，啓湯沐之邑，則其吏事多，宣勞久矣。遺言有請〔二〕，其忍弗從？進階之榮，遂及府史。尚思幸得，勤於在官。可。

瞿志行授承節郎 辛巳十月二十四日〔三〕

原標：武功大夫、保寧軍承宣使續環，乞將昨解罷御藥院恩澤内應轉一官與承信郎瞿志行，見今官上收使。

敕某官：退休而貤恩，外廷之與内侍一也。汝用是以遷秩，

〔一〕十月十五日：原無，據明澹生堂鈔本、四庫本補。
〔二〕言：明澹生堂鈔本、四庫本作「占」，義同。
〔三〕辛巳十月二十四日：原無，據明澹生堂鈔本、四庫本補。

不既幸乎！尚思所以稱此者。可。

魏良臣追贈一官〔一〕

原標：湖南提舉司保明到〔二〕：資政殿學士、左中大夫、知潭州魏良臣任内起發過賣田産價錢二十二萬二千九百餘貫。九月二十三日聖旨，特與轉一官。本官已身故。

敕：進以德者不可廢功，榮其生者胡寧背死？兹實馭臣之柄，亦惟勵世之權。故具官某以重望服大僚，以威名開巨鎮。屬受田之中率，常增秩以酬庸。取甘茂之官，方將刻贊；奏相如之札，遽擘遺書。深惟成命之既行，豈以云亡而遂格？追錫詔除之寵，足爲身後之光。可。

楊夏楊麻補成忠郎〔三〕

原標：故贈開府儀同三司楊政妻崇國夫人南氏獻助錢引十五萬道，二子楊夏、楊麻特補成忠郎。

敕某人等：昔汝父政乘寨底績，今汝母南氏入貲贍國。予惟寵嘉之，優命以官。蓋將慰鼙鼓之思，而稱鳴鳩之壹。非獨尊顯汝曹，以風百姓也。可。

太尉吴蓋獻錢五萬貫與男忠訓郎吴玫轉一官

敕具官某：太上皇克儉於家，於戚里未有好賜也。日吾叔舅反歸貲以贍國，不亦難乎？命爾遷官，尚知所自。可。

葉均循右文林郎制

原標：右奉直大夫葉灼男右迪功郎葉均獻錢一萬二千貫，循右文林郎。

敕具官某：入貲賜爵，前世有所不免。然非迫於養兵而重於加賦，則吾亦安取此？汝能體國，疊命進階。往服寵章，榮其里閈。可。

〔一〕按此制明澹生堂鈔本、四庫本繫於辛巳，即紹興三十一年。然魏良臣卒於紹興三十二年三月，見周必大《親征録》，則此制不得爲三十一年所下明甚，當是三十二年。

〔二〕保明：原作「報」，據明澹生堂鈔本、四庫本改。

〔三〕楊麻：四庫本作「楊痲」。下同。

吉州進士易嘉謀進納米斛準錢八千貫補右迪功郎

敕某人：振廩佐軍，一時之善意。爵以馭之，終身享其榮焉。吾於士民，可謂無負矣。可。

歸正人營燮補承信郎制

敕某人：爾父舍逆歸順，不幸功未究而繼以死。録孤之澤，踰二十年，雖阻隔畿疆，而王命不墜。兹能自拔，申畀前恩。勿忘父冤，尚勉國事。可。

廬陵周益國文忠公集卷九五

掖垣類稿卷二

外制 功敘

石明緒解延運各循一資 辛巳十月九日〔一〕

原標：右從事郎、梁山軍判官石明緒，右迪功郎解延運，並任房州房陵縣尉日賣鹽增遞年一倍以上，各循一資。

敕具官某等：邊城户口寖增，故鬻鹽倍蓰於他日。爾嘗爲尉，用是蒙賞，不既幸乎！可。

竹友直循右修職郎

原標：將仕郎竹友直用紹興二十八年修展外城及修城門賞，循右修職郎。

敕具官某：修闢闉闍，今四年矣。賚伐來上，其如初詔。可。

錢庚轉官制〔二〕 九月二十七日〔三〕

原標：承節郎錢庚修臨安府城第二等功，轉一官。

敕具官某：漢城長安，至發侯王之徒隸，今亡是也。開民無常職，則予其直而庸焉。人既子來，功宜亟就。迨茲第賞，雖刀筆吏不遺也。往思報稱，毋怠勤廉〔四〕。可。

臨安府修城官第二等通判劉蓤轉一官

敕具官某：漢都長安〔五〕，至發侯王之徒隸，今亡是也。閒民無常職，則予其直而庸焉。民既子來，功宜亟就。迨茲第賞，小大不遺，矧汝夙著能聲〔六〕，久貳京邑，職雖外徙，朕豈汝忘？序進一階，尚圖報稱。可。

〔一〕辛巳十月九日：原無，據明澹生堂鈔本、四庫本補。
〔二〕錢庚：四庫本作「錢庫」。
〔三〕九月二十七日：原無，據明澹生堂鈔本、四庫本補。
〔四〕勤廉：明澹生堂鈔本、四庫本作「廉勤」。
〔五〕都：明澹生堂鈔本、四庫本作「城」。
〔六〕聲：明澹生堂鈔本、四庫本作「稱」。

兼知臨安府趙子潚修城了畢轉一官〔一〕

十一月十三日〔二〕

敕：天子守在四夷，故城成周而君子小之。雖然，清風至而城郭不修，入其國者有以觀政矣〔三〕。爾具官某之行内史也，有張敞之儒術而鄙其媚〔四〕，有廣漢之聰明而恥其訐，未嘗諂附以干譽，知悉意於公家而已。故昔者事勞而今逸，昔者財困而今裕，復以餘力相崇墉而新之，肆予一人汝嘉。夫京兆郡國首，爾既能以治辦爲二千石倡矣，朕亦何惜一官，不以風曉諸道乎？尚其丕欽，且有後寵。可。

余武康循右從事郎制

原標：右迪功郎余武康，用紹興十六年隨韓京軍自廣東往福建平賊，至梅州殺併賴權節〔五〕、林細花一十火第一等功，轉一官，循入右從事郎。

敕具官某：盜授首於梅州，今十有六年矣，而汝猶賫伐以爲請。功疑惟重，不汝靳也，毋以幸得而忘報焉。可。

劉迪胡熙各轉一官制

壬午正月二十七日〔六〕

原標：提舉淮東常平茶鹽王珏奏：保義郎、監楚州鹽城縣五祐等鹽場、權縣事劉迪，忠翊郎、監楚州鹽城縣買納鹽場胡熙，知番賊在近，供安職不去〔七〕。各與轉一官。

敕劉迪等：乃者胡騎踰淮，人無固志，汝雖小吏，獨守其官。使者以聞，朕心嘉歎。序遷一列，少愧懦夫。可依前件〔八〕。

曹建轉拱衛大夫

二月三日〔九〕

原標：吴璘奏收復秦州，擁上城人各轉兩官。數内將官左武大夫曹建轉拱衛大夫。

敕具官某：異時秦亭控扼西陲，號爲天府。中罹寇亂，城郭非其故矣〔一〇〕。然蜀師得之〔一一〕，可爲保障之助，此吾大將所以必取也。具官某稟承方略，奮發勇功，蝥弧既登，雉堞隨陷。因其版授，進以横階。祗服異恩，愈思自竭。可。

〔一〕了畢：原作「及障」，據明澹生堂鈔本、四庫本改。傅校本作「叙勞」。

〔二〕十一月十三日：原無，據明澹生堂鈔本、四庫本補。

〔三〕有：原作「可」，據明澹生堂鈔本、四庫本及《玉海》卷一七四引改。

〔四〕媚：明澹生堂鈔本、四庫本作「婧」。

〔五〕併：原作「迸」，據明澹生堂鈔本、四庫本改。

〔六〕壬午正月二十七日：原無，據明澹生堂鈔本、四庫本補。

〔七〕供：明澹生堂鈔本、四庫本無。

〔八〕可依前件：原無，據明澹生堂鈔本、四庫本補。

〔九〕二月三日：原無，據明澹生堂鈔本、四庫本補。

〔一〇〕其：原缺，據明澹生堂鈔本、四庫本補。

〔一一〕師：原作「帥」，據明澹生堂鈔本、四庫本改。

董遇轉遥刺制 二月四日〔一〕

原標：武功大夫、馬軍司左軍統領董遇供職滿十年無過犯，轉一官，與遥郡刺史。

敕具官某：爾爲隊帥，十閱歲華。有統督之勤，無曠瘝之咎。肆稽功令，榮假郡章。朕方捐爵賞以待殊勳，爾勿累年勞而應常格。可。

許章轉官 二月五日〔二〕

原標：右武功大夫、御前中軍第七正將許章部押招撫及捉獲金賊一百一人，並家小五百九十三人到行在，特轉一官。

敕：古者諸侯有四夷之功則獻之於王〔三〕，今吾西師遠效戎捷〔四〕，或降或執，旅百於庭，得《春秋》之誼，朕甚嘉之。具官某受命轅門，歸俘魏闕，舟車萬里，寒暑踰時。寵進衡階，用酬勞勩。歸語爾帥，爲我擒頡利而致之。可。

司馬倬除直秘閣制

原標：三省樞密院奏，武鉅昨收復鄧州，其知房州司馬倬首遣鄉兵三千人應副錢糧〔五〕，共濟國事。閏二月十七日聖旨，特除直秘閣。

敕具官某：南陽版籍，歸我職方。幕府上功，朕既以差而賞之矣。惟汝鎮臨凋郡，協比鄰邦，悉其賦輿，助闢境土。寓直圖書之府，豈獨爲汝勸哉？表而出之，所以使搢紳介冑間知吾文正公之有後也。可。

李啓轉官制 壬午四月十一日〔六〕

原標：武經郎、提點都亭驛班判館兼主管教習譯語李啓，應辦使人十次無遺闕，特轉一官。

敕：爾司藁街之邸，兼象胥之職，將迎至於十數，無乏吾事，亦可以爲勞矣。進官一等，尚知勉哉。可。

逢維翰循一資 四月二十九日〔七〕

原標：右迪功郎、鎮江府司户、權察推逢維翰，栽埋鹿角暗樁，自建康界至江陰軍界一百七十里，循一資。

敕具官某：往者胡騎大入，所以備之者百方，木擁槍纍，

〔一〕二月四日：原無，據明澹生堂鈔本、四庫本補。
〔二〕二月五日：原無，據明澹生堂鈔本、四庫本補。
〔三〕獻之：明澹生堂鈔本、四庫本無「之」字。
〔四〕師：傅校本作「帥」。
〔五〕三千：明澹生堂鈔本、四庫本作「二千」。
〔六〕壬午四月十一日：原無，據明澹生堂鈔本、四庫本補。
〔七〕四月二十九日：原無，據四庫本補。明澹生堂鈔本作「二十九日」。

自江干以屬於海。爾吏京口，與有董治之勞，序進一階〔二〕，尚其祗服。可。

劉繹轉官制 三十二年五月十五日〔三〕

原標：接伴使洪邁等保奏，權知泗州、修武郎、閤門祗候劉繹應副人使無敗闕，特轉武翼郎、閤門宣贊舍人。

敕具官某：日者干戈未解，軺傳已來。爾假守新疆，乃能無違郊勞贈賄之儀，各贍隸人牧圉之事，以無憂客使，朕甚嘉之。峻陟武階，進司賓贊。蓋朕記人之功如此，其尚勉哉〔三〕！可。

楊景雄轉官制

原標：兩浙東西路通泰海州沿海制置使、充京東東路招討使李寶下出戍暴露官兵董舜臣等，依六月一日指揮，各特與轉一官資。數内右朝散郎楊景雄轉右朝請郎。

敕具官某等〔四〕：《詩》曰：「靡室靡家，玁狁之故。」此非文王之時乎〔五〕？念我士卒，久勤戍役，特推異數，徧於六軍。而將臣寶以名聞者萬三千有六十〔六〕，咸進厥秩，爾景雄蓋其一也。賞行維信，尚往欽哉！可。

華旺除防禦使

原標：右武大夫、成州團練使、鄂州後軍副統制華旺去年策應趙樽，立功最多，未經推賞。七月二十七日聖旨，除正任防禦使。

敕：中國蓄威養鋭踰二十年矣，一旦胡虜盜邊，士飽馬騰，誰不自奮？迄資衆力，扞我於艱。有功未酬，何以示勸？具官某天資忠勇，益以權謀。久處兵間，爲下所服。向者率沔鄂之衆，濟陳蔡之師，鯁賊喉牙，固吾疆圉，肆嘉勳效，驟正扞防。今邊陲少安而備禦尤急，爾其遠斥堠〔七〕，練士卒，精器械，非常之績，尚勉圖之。可。

宋藻轉左朝奉郎 壬午七月二十八日〔八〕

原標：成閔下主管機宜文字宋藻，已差知江陰軍，用

〔二〕序進：原作「進叙」，據明澹生堂鈔本、四庫本改。

〔三〕三十二年五月十五日：原無，據明澹生堂鈔本、四庫本補。

〔三〕其尚勉哉：原作「尚知勉哉」，據明澹生堂鈔本、四庫本、傅校本改。

〔四〕等：原無，據明澹生堂鈔本、四庫本補。

〔五〕文王：原作「文武」，據明澹生堂鈔本、四庫本改。

〔六〕千：原缺，據明澹生堂鈔本、四庫本補。

〔七〕遠：原作「建」，據明澹生堂鈔本、四庫本改。

〔八〕壬午七月二十八日：原無，據明澹生堂鈔本、四庫本補。

荆襄功賞轉一官。

敕具官某：自兵興以來，國家恤下至矣。功戰者厚賞，暴露者例遷爵秩，所加動以萬計。而襄漢之役，閔謂汝實在行，吾不疑也。惟今有民有社，殿最可考，勉期增秩，以自見焉。可特授左朝奉郎〔一〕。

采石立功人各轉官 八月四日勑〔二〕

原標：李顯忠保明采石立功人各得轉四官，依指揮將一官與遥郡上轉行。常潤、劉易、王勝、白選、蘇進、馬僊、孫善並轉遥郡防禦使，彭玘、朱真、穆春、符鎮、高立並轉遥郡團練使，曹高夌、鄭賓等二十二人並轉遥郡刺史〔三〕。

敕：屬者賊亮乘國家易置大將之際，親執旗鼓，來窺天塹。吾戈船競進，虜幾殲焉。具官某等勇足冠軍，忠能敵愾，並乘機會，克有雋功，特越常彝，遞陞遥領。昔之名將不逢辰而淹没者多矣〔四〕，汝曹丁時右武，而有朕信賞勸功之君，誠能奮其智謀，掃清河洛，則萬户侯何足道哉？在汝勉之而已。可依前件〔五〕。

楊從儀除防禦使 八月九日〔六〕

原標：吴璘保明正侍大夫、宣州觀察使、右軍統制楊從儀落階官〔七〕，除正任防禦使。

敕：自匈奴絶和親，攻當路塞〔八〕，獨西師所向無前，此吴氏父子之功也〔九〕。雖則云然，尚猶推勞諸將，亦賢矣哉。具官某久在戎行，智而有勇，素馳臧宫之志〔一〇〕，今逢李廣之時。攻散關，克虜營，據原隰，聲震三輔，厥功茂焉。元帥以聞，我商賚汝，差擇名郡，授以禦戎之印。爾尚畢精竭慮，協贊兵機，以共平多壘，無謂萬里而忘汝知〔一一〕。可。

隔奴灘功趙振董巽轉官

原標：湖北京西制置使吴拱奏：虜帥劉蕚窺伺襄陽，於隔奴灘奔衝，俱被官軍殺退。推排立功官兵三千八百二十九人，數内第一等武功大夫、吉州刺史趙振，第三等武功大夫兼閤門宣贊舍人董巽各轉一官。

敕具官某：賊蕚帥師窺吾襄漢，汝能奮擊，遂遏其衝。將

〔一〕可特授左朝奉郎：原無，據明澹生堂鈔本、四庫本、傅校本補。
〔二〕八月四日勑：原無，據明澹生堂鈔本、四庫本、傅校本補。
〔三〕二十二：四庫本作「二十三」。
〔四〕淹：明澹生堂鈔本、四庫本作「泯」。
〔五〕可依前件：原無，據明澹生堂鈔本、四庫本、傅校本補。
〔六〕八月九日：原無，據明澹生堂鈔本、四庫本補。
〔七〕保明：原作「保奏」，據明澹生堂鈔本、四庫本、傅校本改。
〔八〕攻：原作「政」，據明澹生堂鈔本、四庫本、傅校本改。
〔九〕此：原作「皆」，據明澹生堂鈔本、四庫本、傅校本改。
〔一〇〕志：原作「念」，據明澹生堂鈔本、四庫本、傅校本改。
〔一一〕無：明澹生堂鈔本、四庫本作「毋」。

拱以言，遞陞遥領。尚圖忠報，毋使功疑。可〔一〕。

婺州觀察使韓恕除知閤門事兼客省四方館事 壬午八月十五日〔二〕

敕：句臚傳而漢儀尊，侍御正而周德懋。欲識先王之遺意，必求當世之舊人。具官某忠獻諸孫，裕陵自出。見聞至廣，故深閑朝會之儀；廉介有常，故不溺膏粱之習。雖爾求安於暮景，顧予思肅於昕朝。姑借重於廉車，以提綱於賓贊。勉圖自力，無復懷歸〔三〕。可。

孫璋轉官 八月二十三日〔四〕

原標：保義郎孫璋特與轉一官，令吏部添差沿邊兵官一次。

敕具官某：爾久陷虜庭，恥食其禄。非天資忠義，能自守如此？進秩而官使之，庶幾知逆順者有所勸焉。可。

牛永壽牛師正補承信郎制 壬午八月二十八日〔五〕

原標：承信郎牛永壽、牛師正，因父武功大夫牛皓陣亡補官，依赦换給。

敕具官某：爾父皓捐身爲國，朕用閔傷，悉録其孤，仍加真命。視漢羽林之養，不曰厚恩乎！可。王清男王伸，申貴男申明換給承信郎，同詞。

吴昱除閤門宣舍制 壬午九月二十一日〔六〕

原標：成忠郎吴昱特與除閤門宣贊舍人，日下供職。

敕具官某：唐郭子儀功止一身，而八子皆貴顯朝廷。今吴氏父子兄弟並爲名將，有大功於西川，其可不使汝入仕王畿而稱朕寵綏之意乎？往贊朝儀，尚識朕指。可。

張説落階官勘會

原標：九月二十二日聖旨：張説充奉使不受金，又辭免兩人白身恩澤，理宜旌賞，可特與落階官勘會。張説見係右武大夫、榮州刺史。

敕：朕嗣位之初，大明黜陟，凡膺褒典，夫豈徒然？具官某以醞藉而董賓贊之儀，以敏達而介皇華之使。既却兼金之餽，

〔一〕文末，明澹生堂鈔本、四庫本小字注云：「壬午八月十日勑，並與遥郡上轉行。」

〔二〕壬午八月十五日：原無，據明澹生堂鈔本、四庫本補。又「十五日」下，明澹生堂鈔本、四庫本有「詞頭」二字。

〔三〕無：明澹生堂鈔本、四庫本作「毋」。

〔四〕八月二十三日：原無，據明澹生堂鈔本、四庫本補。

〔五〕壬午八月二十八日：原無，據明澹生堂鈔本、四庫本補。又明澹生堂鈔本「二十八日」下有「勑」字。

〔六〕壬午九月二十一日：原無，據明澹生堂鈔本、四庫本補。

仍還應格之恩。擢正州符，以風在列。使知見小利如思恭者罰必及，而不傷廉。如汝説者賞遽加，則予一人勸沮之方其庶幾乎！可。

輔逵李福轉官〔一〕　九月二十三日〔二〕

原標：軍器所兼提點、右武大夫、忠州團練使輔逵，兼同提點、協忠大夫、忠州團練使李福，監督製造庫軍器精緻，特與轉行一官。輔逵轉階官，李福轉遥郡。李福同詞，詞内改「付繕」作「貳繕」，「横班」作「兵防」〔三〕。

敕：朕玩《易》之《萃》而知戎器不可以不除，誦《詩·車攻》而知器械不可以不備。粤初嗣服，首儀圖之。以爾具官某久服戎行，見稱材敏，肆予選擢付繕工之事，莅職屬耳，而敵干、敹甲、鍛矛、礪刃皆以善聞，朕甚嘉之。序陟横班，益勤毋怠。可。

武德大夫關保監督製造軍器精緻轉一官〔四〕

敕具官某：備甲兵，鍛戈矛，諸侯之事也，猶見稱於《詩》《書》，况朕君臨萬方，思靖多壘，則於技巧器械烏可忽哉？嘉汝有督治之勞，兹用進秩一等。益辦乃事，體予見知。可。

周葵兼侍講

原標：紹興三十二年九月，任起居郎、兼權中書舍人、兵部侍郎周葵兼侍講。

敕：朕以眇躬，學於古訓。既詔有司趣講勸之日，又延近輔預從容之觀。敢專事於虚文，庶共譚於治道。增廣仲尼之益友，特招太上之争臣。具官某奥學測於聖幾，直聲聞於天下。粤自纂承之始，首還嚴近之班。雖大廷可告於辰猷，而重席未親於晝訪。其以詰禁制軍之暇，副予繩愆糾繆之求。在熙寧時有若司馬光之正論，及元祐世亦惟范祖禹之醇儒，皆於講讀之間，傅以箴規之誼。朕思成德之允協，汝尚古人之與稽。可。

〔一〕輔逵：原作「輔達」，據明澹生堂鈔本、四庫本改。下同。
〔二〕九月二十三日：原無，據明澹生堂鈔本、四庫本補。
〔三〕「李福同詞」至「兵防」，明澹生堂鈔本、四庫本小字置正文末。
〔四〕按：明澹生堂鈔本漏抄本篇制詞内容，誤將趙汝勳轉右通直郎制抄入本篇，並漏抄趙汝勳制詞標題。

岳飛孫甫申經緯綱紀並特與補承信郎制〔二〕

紹興三十二年十月十八日〔三〕

敕某人等：善善及其子孫，《春秋》之誼也。乃祖既信眉於地下矣，其可使汝曹尚與編氓齒乎？各命以官〔三〕，勉圖報國。可。

王友直除觀察 十月九日〔四〕

原標：復州防禦使王友直海州解圍，當轉三官，特除正任觀察使。

敕：觀風置使，今雖異於古，然恩章之厚，待遇之優，幾與吾侍從之臣等，輕以授人可乎？具官某葵藿之心，惟思就日，熊羆之力，固可絶人。東海奏功，出乎倫類；超進使號，理亦宜之。夫衛上莫若忠，料敵莫若智，率下莫若勇，得士莫若公，能是四者，斯良將矣。勉之哉，毋荒咈朕心〔五〕。可。

向琪轉遥刺制

原標：樞密院奏，武功大夫、東南第二將、廬州駐劄向琪見充沿邊差遣，兼提舉沿淮民社，職事修舉。十月十二日聖旨，與轉一官，特轉遥郡刺史。

敕具官某：朕以爾禀氣山西，稍更邊任，肆因右府之請而使遥刺一州，可謂寵矣。江淮之上，備禦方嚴，勉立殊勳，無負知已。可。

胡昉補官 辛巳〔六〕

原標：知泗州夏俊申：收復泗州，全得盱眙軍免解進士胡昉之力，望優賜推賞，仍陶鑄州官。十月二十二日聖旨，特與補右迪功郎，充泗州司户參軍。

敕某人：汝書生也，乃能奮其智勇於郊壘未平之秋。何惜一官，不以勸有意功名之士？可。

趙述轉防禦與觀免朝

原標：十月二十七日聖旨：趙述係故韓王趙普五世孫，可落致仕，與轉防禦使，在京宫觀，免奉朝請。

敕：昔我藝祖，應天順人，革有周之命。時惟忠獻王允文

〔二〕綱紀：原作「紀綱」。按據《金佗續編》卷一三《先兄甫等復官省劄》，岳綱、岳紀乃岳雷子，時綱年十四，紀年十二，則綱當在前，今乙。

〔三〕年月日原無，據《金佗續編》卷一三補。明澹生堂鈔本、四庫本作「十月十八日」。

〔三〕以：原作「一」，據明澹生堂鈔本、四庫本、《金佗續編》卷一三改。

〔四〕十月九日：原無，據明澹生堂鈔本、四庫本補。

〔五〕心：明澹生堂鈔本、四庫本作「命」。

〔六〕辛巳：原無，據明澹生堂鈔本、四庫本補。

且武，克左右昭事厥辟，以垂統於罔極。於穆清廟，首配享於大烝，群后莫及焉。肆朕纂服，念王業之艱不可忘〔一〕，思佐命之臣不可見也，故訪其後人而寵綏之。以爾具官某，五世之孫而四朝之舊也。端良練達，太上所知，膂力既愆，謝事而去。朕惟擅功名者慶流苗裔，論故國者謂有世臣。其進扞防，復從官政。欲其自近，故優爾内祠之禄；矜其既老，故蠲爾朝會之儀。念祖報功，庶其在此。爾尚體予至意，毋遏佚前人之光。可。

李璘項膺各循一資制

原標：提點鑄錢司魏安行申：通判饒州、權州事張綸申，幕職官李璘、項膺不肯那兑賀登極銀絹，有悖慢不恭之心。送提刑司取勘。提刑葉謙亨却申張綸違法。十月二十八日奉聖旨：張綸非理借兑，魏安行按劾失當，各特展二年磨勘。李璘、項膺奉公守職，各循一資。

敕具官某等：守道次於守官，奪志難於奪帥。汝爲幕職〔二〕，不屈郡丞，寧受悖慢之誣，靡忘出納之吝。劾書既上，朕爲直之。進以一階，明示好惡。凡百有位，觀朕此舉，亦可以奉公守職而無蹈後害矣〔三〕。可。

武節郎侍衛步軍司前軍副將李師顔特差充閤門宣贊舍人

十一月十二日〔四〕

敕具官某：昔吾藝祖有削平四方之心，每臨便坐，躬閲戰士。朕雖不武，思踵前規。爾以偏裨，長於騎射。寵加要職，歸耀私門。尚思殫竭忠勇，訓齊部曲〔五〕，以副朕見知之意焉。可。

武翼郎皇甫倜與轉三官除閤門宣贊舍人制

十一月十三日〔六〕

敕具官某：淮漢以北，燕薊以南，民吾故民，土吾故土。淪陷雖久，其父老子弟豈無戴宋而思自奮者乎？今爾崛起陳、蔡之間，力當一面，以少擊衆，屢收雋功，朕甚嘉之。進階三等，參華上閣，未足以旌爾也〔七〕。修爾車馬，礪爾鋒刃，朕將命將徂征，而與偕行焉。可。

鎮江都統制張子蓋除淮南東路招撫使制

十一月十三日〔八〕

敕：朕初履基圖，兼懷蕃漢，閔故國遺黎之無告，而北方

〔一〕艱：明澹生堂鈔本、四庫本作「難」。
〔二〕職：明澹生堂鈔本、四庫本作「吏」。
〔三〕蹈：明澹生堂鈔本、四庫本作「悼」。
〔四〕十一月十二日：原無，據明澹生堂鈔本、四庫本補。
〔五〕齊：原作「集」，據明澹生堂鈔本、四庫本改。
〔六〕十一月十三日：原無，據明澹生堂鈔本、四庫本補。
〔七〕爾：明澹生堂鈔本、四庫本作「汝」。
〔八〕十一月十三日：原無，據明澹生堂鈔本、四庫本補。

衆狄之交争。既聞襁負以來歸，其忍區分而弗救？瞻言飛將，實控要津。雖以至仁伐不仁，屢贊弔民之盛舉；然殺無道就有道，豈吾爲政之本心？莫如隆委寄之名〔一〕，可以付綏懷之事。具官某竭忠抱義，天性使然，御衆行師，家傳有自。眷而諸父，首濟中興，江淮知萬福之名，帷幄決子房之勝。偉奇材之復見，報舊閥以有光〔二〕。起自家居，付之閫制。席卷南徐之甲，雲披東海之圍。既參華孤，保以酬爾儁功；復假寵使，權以示吾隆旨。蓋招攜以禮而懷之以德，朕所樂爲；而撫我則後而虐之則讎〔三〕，彼將焉往？惟不争而勝者天之道，惟不戰可屈者人之兵。爾其指日以圖勳，朕敢踰時而吝賞？勉思國事，力暢天聲。可。

劉敦義除武學博士填見闕樊仁遠除武學學諭填復置闕〔四〕 十一月十七日〔五〕

敕某人：春學秋射，以考游倅之藝，列於夏官，周制也。古學蓋其遺意與〔六〕？爾敦義得師友之淵源，爾仁遠慕功名而慷慨。進繇科選，寵以同升。古者命將在公卿，後世拔士於行伍。用非所養，議者病之。爾其即藝業以求奇士，使不待投筆而有自見者。可。

新除敷文閣直學士知潭州劉岑改除敷文閣待制依舊宫觀〔七〕 十一月二十二日〔八〕

敕：昔祖宗之待近臣也，一眚豈嘗遂廢，白首猶拜州焉〔九〕。忠厚之風，至於今是賴。肆予寡昧，欣慕前烈。舊人無幾，我尚有之〔一〇〕。具官某稟邁往之資，忘泛愛之累〔一一〕。紹興初載，已踐高華，流落雖久，精明未減，故加峻職，起殿大邦。朕則曰惟爾之能，人則曰非爾不任〔一二〕。聽言念舊，思酌厥中。次對奉祠，併爲爾寵。惟古之忠臣不忘君於畎畝，況通籍西清者乎？何必牧民，乃能報國？可。

武德郎建康府駐劄御前右軍副將淮西安撫司統領軍馬侯守權轉一官制〔一三〕

敕具官某：朕以爾乘邊浸久，馭衆有聞，不待搴旗斬將之

〔一〕委寄：明濬生堂鈔本、四庫本作「寄委」。
〔二〕報：四庫本作「振」，義長。
〔三〕而：明濬生堂鈔本、四庫本作「顧」，義長。
〔四〕士：原脱，據明濬生堂鈔本、四庫本補。武學學諭：原作「武學諭」，據明濬生堂鈔本、四庫本改。
〔五〕十一月十七日：原無，據明濬生堂鈔本、四庫本補。
〔六〕古學：疑當作「武學」，明濬生堂鈔本、四庫本作「右學」。
〔七〕新除：原無，據明濬生堂鈔本、四庫本、傅校本補。
〔八〕十一月二十二日：原無，據明濬生堂鈔本、四庫本補。
〔九〕猶：原作「獨」，據明濬生堂鈔本、四庫本、傅校本改。州：傅校本作「恩」。
〔一〇〕有：原作「友」，據明濬生堂鈔本、四庫本、傅校本改。
〔一一〕泛愛：傅校本作「躐進」。
〔一二〕非：明濬生堂鈔本、四庫本作「惟」。
〔一三〕「武德郎」上，明濬生堂鈔本、四庫本有「又奏」二字。「侯守權」下，明濬生堂鈔本、四庫本有「十月十二日聖旨與」八字。

勞，而錫以敘遷之命，可謂恩矣。江淮之上，備禦方嚴，勉立殊勳，以須後寵。可。

起復武功大夫范旺王順胡成李玘並特轉遙郡刺史翊衛大夫利州觀察使劉鋭特轉親衛大夫右武大夫果州團練使秦祐特轉左武大夫 十二月二十五日〔一〕

敕：向者虜寇襄漢，涉淮泗，吾士卒敵王所愾，競欲先登，而大將閔智不足以料敵，恩不足以撫下，使爾具官某等有奔走之勞〔二〕，而失恢復之機，朕甚惜之。雖然，故疆無虞，邊邑略定，衆服勞而不怨，則偏裨預有力焉。其越邦彝，賜之一轉，或横班彌峻，或郡紱甚華。勉圖儁功，以遂前志。可〔三〕。

王實轉官 十二月二十五日〔四〕

原標：從義郎、江淮宣撫司提轄衙兵王實招募神勁軍效用，特轉一官。

敕具官某：朕觀方叔元老，克壯其猷，然其車三千，亦賴新田之士。今吾樞臣集萬弩於江表，而爲征伐玁狁之計，視《詩·采芑》，異世同符。兹覽奏章丐麾下募兵之賞，進官一等，用答爾勞。可。

試中書舍人兼直學士院劉珙磨勘轉左朝散郎制

敕：審官之法，凡中外之臣率累歲月而遷焉，况吾邇聯，以言語侍從爲職，其助我多矣，豈止一二計功哉？具官某以精明開濟之姿，藝文政事之材，簪筆持橐，事太上皇帝、事朕，積勞而不懈，入直則敷大典册，鼓動天下，退朝則潤色名命，與聞政機，用是進階，可謂榮而無愧矣。尚思詔禄，彌務盡規。可。

司封員外郎王十朋兼崇政殿説書制

敕具官某：朕惟臺諫言國家之闕失，封駁救命令之過差，猶疑進見之疏〔五〕，或致開陳之後。豈若談經於閒日，許其坐論以移時，庶幾博我以多聞，寘我於無過。爾傳誠意正心之學，懷愛君憂國之忠，氣振於射策之時，譽尊於育才之地，剛方之操，中外所稱。既副旁招，其令入侍。惟昔咸平之盛，稍循天策之規。遴擇英髦，進陪講讀，晝則密承於顧問，夕則遞宿於禁嚴。朕將

〔一〕十二月二十五日：原無，據明澹生堂鈔本、四庫本補。明澹生堂鈔本「二十五日」下有「勑」字。
〔二〕勞：明澹生堂鈔本、四庫本作「勤」。
〔三〕可：原無，據明澹生堂鈔本補。
〔四〕十二月二十五日：原無，據明澹生堂鈔本、四庫本補。
〔五〕疏：原作「踈」，據明澹生堂鈔本、四庫本改。

舉此舊章，爾尚知吾殊遇。可。

右從事郎國大同循右儒林郎制

敕具官某：前歲閔以吾兵環荆襄陳蔡之郊，閱時甚久，見功甚寡。然不廢吏士之賞者，所以憫其勞也。例遷爾秩，尚識朕恩。可。

李師顔除官制

原標：吴璘申：已罷姚仲都統、安撫職事，送文州知管，聽候朝廷指揮。所有東路軍馬逐急差夔州安撫李師顔。奉聖旨依所申，差李師顔權行節制，如能任職，保明申三省樞密院。契勘中侍大夫、武當軍承宣使、知夔州李師顔今年三月收復德順軍立功〔一〕。自權上件職事，委能任職，乞正差充興元府駐劄、御前諸軍都統制、利州東路安撫使、馬步軍都總管、兼知興元府事。奉聖旨依。

敕：朕西望梁州，密連秦分，内護列營之衆〔二〕，外信闗國之威，謀帥甚難，得人乃授。具官某素懷忠概，屢立戰功。疇昔乘邊，人皆推其武略；今兹推轂，朕亦藉其威名。分東道之帥符，付漢中之軍政。既聞試可，何以假爲？惟國家倚爾爲長城，惟士卒恃爾爲司命。勿辜任使，勉赴功名。可。

蘄州防禦使浙西副總管秀州駐劄郭振除宜州觀察使差遣如故制

敕：朕當饋而患無頗、牧，故創爲十科，下之有司。凡秩觀風而上者，許以所知三人薦於朝，蓋將廣拔擢之路也。若捨舊將而未用，豈稱皇皇求索之意哉？具官某知略果毅，有聞於時，趣對便朝，察其可用，故不待勳效而先以異恩加焉。朕方愛惜名器，砥礪天下，尺寸之遷，不輕予人。今獨超拜爾之爵秩者，非以其可與共功名耶！尚勉忠圖，勿辜異眷。可。

瓦亭戰功人等轉官〔三〕

原標：四川宣撫制置使司奏瓦亭戰功，右武大夫高師中、高海特轉遥郡刺史，武功大夫朱秀、楊萬特轉右武大夫，拱衛大夫、秀州刺史吴勝轉遥郡團練使，武功大夫、賀州刺史朱勇轉遥郡團練使，右武大夫陶師仲轉左武大夫，武功大夫胡清轉右武大夫，右武郎楊序轉拱衛郎。

敕：完顔氏逆天敗盟，首犯秦隴。吾大將勵使諸校，轉鬭

〔一〕「德」上原衍「武」字，據明澹生堂鈔本、四庫本删。
〔二〕護：原作「獲」，據明澹生堂鈔本、四庫本、傅校本改。
〔三〕傅校本題作「四川宣慰司奏瓦亭戰功諸臣特轉與一官勑」。

千里，兵威之盛聞於天下。惟爾具官某等稟受方略，咸奮智勇[一]，攻水洛，戰瓦亭，追奔逐北，僵尸相屬，執其渠率百三十有七人[三]，獲首三百七十有六級，城邑寖平。權輿於茲，予惟寵嘉之，或遞進横班，或寵陞遥寄。其尚祗服厚賞，益圖來效，稱朕知有功之意焉。可。

吴璘軍統領官武功大夫王玠轉行右武大夫制

敕：西閤置使，武階之高選也，非有偉績，不輕授人。具官某報國惟忠，臨陣則勇。於堡之役，傷甚而氣不衰，卒成厥功，威震醜虜。其遷峻秩，以勸三軍。尚體異恩，益思奮勵。可。

吴挺除官制 壬午[三]

原標：榮州刺史、利州路兵馬鈐轄、御前中軍統制吴挺除主管熙河路經略安撫司公事、馬步軍都總管、兼知熙州，依舊御前中軍統制。

敕：朕惟熙河轉戰，乃得狄道、枹罕，而郡縣之中值多艱，淪於戎索，一披輿地之圖，未嘗不深嗟而屢歎也。具官某忠孝智勇，本於家傳，坐以中堅，力摧彊敵，舊疆寖復，朕甚嘉焉。就畀帥權，付之西略。兵法曰：善戰者致人而不致於人。爾父子爲我善謀之。可。

邵宏淵除正任觀察使制

原標：親衛大夫、常德軍承宣使、主管建康府御前諸軍統制職事邵宏淵，繳納逃亡事故人功賞告劄一千五百一道[四]，與除正任廣州觀察使。

敕：功疑惟重，蓋急於勸勞；令出惟行，固難於逆詐。若乃績弗成而恩溥，名雖在而實亡，微良將言焉，則吾賞僭矣。具官某奇龐福艾，沈鷙驍雄，比提偏師，獨控六合，有嘉宣力，姑試統軍。乃於誕謾成風之時，首爲忠忱體國之計，盡以虚籍，上之司勳。謂六國之印當銷，而王成之侯或僞。助吾責實，賴爾不欺。將寓意於勸懲，特正名於廉察。申加寵命，仍畀帥權。夫兵無多少，精則可用；賞無厚薄，當則爲榮。尚因見知，善御而衆[五]。

頓遇轉遥刺制

原標：中衛大夫、權發遣淮南西路兵馬副都監、御前後軍統制頓遇，陳乞淮西戰功並暴露賞及覃恩，乞依孔福例

[一] 勇：原作「武」，據明澹生堂鈔本、四庫本改。
[二] 率：原作「卒」，據明澹生堂鈔本、四庫本改。
[三] 壬午：原無，據明澹生堂鈔本、四庫本補。
[四] 五百一：原作「五百十」，據明澹生堂鈔本、四庫本改。
[五] 明澹生堂鈔本、四庫本「而衆」下，有「可特授廣州觀察使」句。

陞帶遥郡。特轉遥刺〔一〕。

敕：殿廷之班，横階爲貴，又况益以諸侯之組，豈不爲將臣之膴仕乎？具官某勇可翹關，忠能敵愾。日緣苦戰，身被重創，幕府第功，已加殊奬。兹念宣勞之久，且覃纉服之恩，升刺大州，特爲異數。邊圉未靖〔二〕，爾尚勉哉！可。

陳秉直轉兩官

原標：左朝奉郎、通判南安軍陳秉直躬親部兵，捕獲凶賊鄧五十九等全火六十餘人，特與轉兩官〔三〕。

敕具官某：郡有丞掌兵馬，古制也。汝居其官，而能設方略，獲群盜，是亦職耳，何以賞爲？顧今媮懦之風勝，吏之失職者多，有如汝功，誠不可廢。優進厥秩，其益勉之。可。

忠翊郎南安軍兵馬監押武成同巡尉獲賊轉一官〔四〕

敕具官某：護戎一郡，充位而已矣。今汝獨能搏執賊寇，其功可嘉。命進一官，以爲任職之勸。可〔五〕。

趙忠叙承信郎

原標：犯贓除名人前成忠郎趙忠寄居南安軍，諳知地里，説諭賊寨傍百姓不敢從賊，並獲賊四名，特與叙官。

敕某人：南方多盜，以姦氓爲之地也。汝由廢處，知賊根株。既止合從，不獲何待！有司言狀，稍復故官，尚勵廉勤，朕方使過。可。

東南第十二將武節郎高居弁武翼郎高森忠翊郎鄧富進義校尉廖琮成忠郎王宏各轉兩官

敕具官某人等：嶺海之閒，寇攘嘯聚。有嘉將士，各效勇功。既縛渠魁，遂殲群醜。策勳來上，躐進兩階。往勵忠圖，稱吾醲賞。可。

〔一〕遥刺：明澹生堂鈔本、四庫本作「遥郡刺史」。
〔二〕圉：明澹生堂鈔本、四庫本作「虞」，義長。
〔三〕與：明澹生堂鈔本、四庫本無。
〔四〕賊轉：明澹生堂鈔本、四庫本作「賊徒特與」。
〔五〕可：原無，據四庫本補。

知化州廖顒知容州歐陽庠雷州簽判歐陽堅知化州吴川縣周孝稱武經郎岑瑾武翊郎徐觀忠翊郎胡大同保義郎陳宬羅紋承節郎賀福陳紹宗承信郎林勝王世昌成忠郎崔迪各轉一官

敕具官某人等：嶺海之間，寇攘嘯聚。汝惟分職，各效其勤。既縛渠魁，遂殲群醜。策勳來上，序進一階。往勵忠圖，稱吾醲賞。可。

權軍事判官承信郎王瑑權録參承信郎孫鑑各轉一官〔一〕

敕具官某：屬者單于遣使欵塞，而吾疆吏廷勞無違。雖曰二千石指畫之勤，亦惟爾一二僚吏佽助之效。序遷一列，思稱異恩。可。

李如岡轉一官

原標：雷化州兇賊凌鐵等就擒，並殺戮餘黨。官吏推恩下項：前本路帥臣李如岡見係敷文閣待制、知廣州，今轉一官。

敕：乃者盜發海康陵水之間，一方騷然。既底嚴誅，是頒信賞。具官某選繇近列，出鎮南交。愚民弄兵，未遑曲突徙薪之計；元惡就縶，實有發縱指示之謀。進以一階，用甄多績。惟嶺海去國萬里，民生甚艱，蠻蜒之與居，瘴癘之是虞。爾其仁以撫之，明以察之，毋使寇攘姦宄相煽以變，然後草薙禽獮，以彰吾好生之德。往欽哉，若兹多訓。可。本路提刑余良弼見知静江府，今轉一官，同詞，但改云「以爾選繇良吏，奉使南交」。

趙汝勷轉右通直郎〔二〕

原標：御營宿衛使司準備差遣、右儒林郎趙汝勷結局轉兩官，已改左宣教郎〔三〕，更轉右通直郎。

敕具官某：往者第賞天營，爾既釋南曹之選而隸審官之籍矣。有司稽其功狀，尚以爲言，故令進爵一級，以應勳格。膺兹異數，可不勉哉！可。

御營宿衛使司準備差遣左迪功郎衛博結局轉兩官循左儒林郎制〔四〕

敕具官某：爾以書生樂從軍旅之事，固異乎懷安而不武者。

〔一〕王瑑：原刻校云：「一本作『王璟』。」
〔二〕勷：明澹生堂鈔本目録同，正文佚。四庫本作「勳」，疑是。
〔三〕左：四庫本作「右」。
〔四〕明澹生堂鈔本、四庫本「左迪功郎」在「御營宿衛使」前。

第功幕府，優進兩階。尚勵材猷，以從官政。可。

趙不愚等轉官制

原標：四川宣撫、制置兩司保奏，官屬趙不愚、王序辰、吳授、朱良弼、王昭辰、張洵等，往來計議邊事、應辦錢糧、撥遣軍器有勞，並與轉官。

敕具官某等：朕知蜀將之賢可倚，蜀兵之强可用，蜀塞之險可恃，而念蜀民之獨困也〔一〕，西顧常閔閔焉。通佚諸校能爲吾却敵安邊，既論功行賞矣，士大夫參幕畫，料丁壯，督饋饟，吾豈忘之哉？其各進文階，以應本約。尚思協贊爾長，外禦内撫，使全蜀無虞，三秦可定〔二〕，則予一人以懌。可。

程千載循右從事郎制

原標：右修職郎、丹陽縣尉程千載栽埋鹿角暗樁，自建康至江陰界，減二年磨勘，循右從事郎。

敕具官某：佛狸奴窺江，吾固知其送死。然植柵以安民心，有不可得而廢者。汝爲邑尉，董治有勞，稍進其階，尚思報稱。可。

吳某轉兩官制〔三〕

原標：右朝奉郎、新除秘閣修撰、知閬州吳某用前任四川宣撫司主管書寫機宜文字功賞轉兩官。

敕具官某：爾父功在秦蜀，朕心不忘。命爾來朝，曾未閱月，而卿寺郎省，許之踐更。龜紫文階，錫命稠疊，進封之寵至下及爾室家；猶以爲未也，升之論譔之華，付之蕃宣之寄。茲稽功狀，復畀兩官。自朕嗣位，推恩文武，亦有如是之速且厚者乎？歸拜親闈〔四〕，備言朕眷。若夫忠孝，在爾勉焉。可。

宋藻國大同並轉官制

原標：成閔保明，馬軍司主管機宜文字宋藻，往來道路勞役，又該出戍暴露賞，轉一官，隨軍使換；右迪功郎國大同轉從事郎。

敕具官某等：《采薇》遣戍也，《杕杜》勞還也，皆告以「王事靡盬」，故其詩有憂而不怨之象焉。爾頃從將臣，更涉寒暑，例遷厥秩，用酬跋涉之勤〔五〕，視古歌詩蓋加厚矣。往其祗服，可以忘勞！可。

〔一〕獨：原作「猶」，據明澹生堂鈔本、四庫本改。
〔二〕可：明澹生堂鈔本、四庫本作「卒」。
〔三〕吳某：原刻注云「犯御名」。
〔四〕闈：明澹生堂鈔本、四庫本作「庭」。
〔五〕涉：明澹生堂鈔本、四庫本作「履」。

王萬修循修職郎制

原標：左迪功郎王萬修用昨任敕令所删定官日，經修紹興參附尚書吏部敕令格式等，循修職郎。

敕具官某：事既無窮，法亦隨制，此國家設官議令之意也。汝嘗爲之屬，與去取焉。員雖省而成書之賞不廢，朕恩厚矣，尚往欽哉。可。

李宏轉官制

原標：廣東經略司申，修武郎、閤門祗候、添差東南第十一副將李宏，前去贛州龍南縣〔一〕，擒獲凶賊沈才等及投降到出首曾珏等二十餘人，特與轉一官。

敕具官某：嶺表郡縣北接贛境，谿谷篁竹之閒群盗蓋走集焉。汝能捕獲約降，以舉其職，進官一等，用勸事功。可。

帶御器械宋鈞除權知閤門事制

敕具官某：隰朋閑習進退，赤也願相會同，是知朝廷之間，古人蓋以觀禮。爾温純有恪，詞采甚文，拔由執戟之聯，試以司儀之事。踰階歷位，其糾正之。濟濟翔翔，則予以懌。可。

武翼郎劉績除閤門宣贊舍人

敕具官某：故事，官介諸使則解贊導之職，惟實隸上閤與夫顯立戰功者不奪焉。爾嘗有牧圉之勞，茲用寵之申命，尚圖後效，以答新恩。可。

忠訓郎武學博士張德明除閤門祗候與副都監差遣

敕具官某：服采於朝，以觀人之器識〔二〕；護兵於外，以試人之事功〔三〕。凡用群才，皆存深意。爾修身閱古，多譽無疵。右學累年，諸生所信。列之上閤，許以外遷。尚勉爾爲，朕方有試。可。

忠訓郎王瑛除閤門祗候

敕具官某：爾父久提鋭旅，嘗立戰功。肆爾兄弟，並膺寵數。往參二閤，勉習朝儀。可。

〔一〕「縣」上，明澹生堂鈔本、四庫本有「等」字。

〔二〕觀：原作「視」，據明澹生堂鈔本、四庫本改。

〔三〕試：原作「覩」，據明澹生堂鈔本、四庫本改。

李宗訓轉翰林醫官 八月三日勑〔一〕

原標：成閔奏，額外翰林醫效、殿前司隨軍醫治、賜緋魚袋李宗訓該收復蔡州等賞，轉額外翰林醫官。

敕某人：去歲夏出禁旅，冬戍淮蔡，暑行無癘疫，士寒無皸瘃，其醫事者與有勞焉。遷秩示恩，益進其技。可。

李嵩轉官制

原標：保義郎李嵩押川陝宣諭司御馬五十四、準備馬一匹到闕，轉一官，減半年磨勘。

敕具官某：受馬於蜀而致之天閑，可謂遠矣，宜有以賞之。可。

〔一〕八月三日勑：原無，據明澹生堂鈔本、四庫本補。

廬陵周益國文忠公集卷九六

掖垣類稿卷三

外制 罷復

劉觀致仕制

原標：嘉州奏，新除敷文閣直學士、左大中大夫、提舉成都府玉局觀劉觀乞致仕〔一〕。七月二日聖旨，與轉一官致仕。

敕：蜀士盛於西漢，然司馬相如、王褒、揚雄之徒皆位不過郎大夫，且未有歸老於其鄉者。嘉予近侍，獨掩前聞。具官某忠信醇固，廉清寬博；問學施於安平之世，議論見於艱難之時；退游真祠，歲月久矣。古所謂達尊三者，爾蓋兼之。上章告歸，寵進秩序。往遂安車之適，庶無大耋之嗟。可。

資政殿大學士左大中大夫知建康府王綸乞致仕八月二十二日聖旨與轉一官致仕

辛巳〔二〕

敕：少則歌《鹿鳴》而薦於朝，老則釋麟符而居其里。考昔人而或有，在近世以幾希。具官某行峻而濟以通，道博而歸之正。雖先日宦遊之不遂，而平居譽望之已隆。父母無間言，故州閭鄉黨皆稱其孝；阨窮無怨色，故去就出處惟義之歸。逮承太上之深知，驟極一時之榮遇。入間槐棘之列〔三〕，出分桑梓之麾。雖膂力之既愆，顧歲年之未暮。屬聞嬰疾，遽致爲臣。稍遷寄禄之階，追遂掛冠之志。君臣之分，始終有光〔四〕。可。

資政殿學士左中大夫魏良臣轉一官致仕制

敕：四十强而仕，七十致其政。名遂身退，天之道也。眷予舊弼，以疾告歸。雖欲留之，顧何及矣。具官某果藝閎達，爲國寶臣。本之以忠槩，文之以儒術。故昔嘗大用，而國人皆以爲喜。今茲得謝，則又惜之。夫直諒之節顯於朝廷，愷悌之政著於數路，卿大夫出處如是亦難矣。增秩而去，豈不身名俱榮也哉！可。

〔一〕府：原無，據明澹生堂鈔本、四庫本補。
〔二〕辛巳：原無，據明澹生堂鈔本、四庫本補。
〔三〕槐棘：明澹生堂鈔本、四庫本作「棘槐」。
〔四〕始終：明澹生堂鈔本、四庫本作「終始」。

太尉劉錡守本官致仕制[一]

敕：濟京口之流，正資遠略；卧壺頭之病，遽釋中權。念匈奴未滅之秋，豈飛將告歸之日？既瀕於殆，莫得而留。具官某性根忠義之門，學造詩書之府。蘇、辛父子，名著山西；信、布爪牙，功高淮北。久困排根而幽屏，晚繇拔擢以遄歸。衆競論功，爾則巽武人之正；誰能辭富，爾惟固君子之窮。逮宣閫外之威，旋迪師中之吉。屬聞移疾，勉使奉祠。念已逼於膏肓，顧何施於藥石？眷焉推轂，曾未終倚注之懷；許以垂車，庶少遂退休之志。可。

昭慶軍節度使提舉佑神觀劉懋致仕[二]

壬午[三]

敕：聯戚畹之華，均内祠之秩。見其進者矣，未見急流而勇退者也。非夫恬於勢利而有過人之識，則軒冕丘園孰能知所擇哉？具官某操行安和，性資静重。如漢奉世起於良家，如唐孝德能教諸子。上書求去，朕不得而留也。其以吴興之節，垂車就第。夫身無朝謁之勞，而坐視子孫之貴，可謂安且榮矣。《易》之有終吉，《詩》之無後艱，懋其庶幾焉。可。

内侍鄘詢爲久病可將見任官特與换白雲處士賜名守寧制

壬午五月二十五日

敕某人：國家寧與人以禄而重予人以名，故一字之褒，千鍾之粟弗若也。汝給事宫掖，見謂謹畏。浮雲之志，有動於中。太上嘉焉，更以美名而賜之隱者之號，可謂榮矣。爾其精心香火，以祝聖人之壽，庶幾圖報萬一焉。可。

蔣世忠梁思致仕制

原標：入内内侍省寄資武節郎蔣世忠，入内内侍省寄資武翼郎梁思，並爲久病，特與轉歸吏部，守本官致仕。

敕某人等：汝久已抱痾，不勝灑埽之職。俾歸銓部，遂掛銀璫。如其有瘳，可以自佚。可。

〔一〕明澹生堂鈔本、四庫本題下小字注云：「壬午二月十日陳乞，十五日降旨。」
〔二〕明澹生堂鈔本、四庫本題作「昭慶軍節度使提舉佑神觀劉懋乞致仕六月二日聖旨依所乞」。
〔三〕壬午：原無，據明澹生堂鈔本、四庫本補。

前執政某除端明殿學士依舊宮祠

原標：前執政某人先除資政殿學士宮觀[一]，續有言章。十月九日聖旨，改除端明殿學士，依舊宮祠。

敕：帝堯之禪重華，共工罪去；貞觀之承武德，裴寂免歸。惟否臧舉聽於僉言，故用舍非繇於二道。具官某負慷慨敢爲之氣，被聖神特達之知。擢自禁塗，聯於政路。逮冲人之紹服，方虛己以仰成。會吾耳目之官，責爾股肱之惰。謂臨事乏推賢之誼，而運籌多誤國之謀。非名宰而資貪，殊乖素望；如聞人而言僞，莫稱具瞻。因其引咎以陳辭[二]，許以奉身而去位。迫於重劾，雖稍裁內殿之班；曲示寬恩，猶不廢外祠之祿。尚懲前事，思勉後圖。可。

成閔御軍無律黷貨多私可落太尉在外宮祠婺州居住[三]　二月十八日[四]

敕：恭惟太上皇帝德威聖武，大足以駕馭豪傑，小足以照臨將士，故環列之尹，充位可也。朕以眇躬，初陟元后，正賴熊羆之士戮力一心，內肅機樞，外攘戎狄。若祈父官非其人，則《小雅》之刺興矣。廢以馭罪，惡可緩乎？具官某奮身單微，受國恩寵。向爲列校，猶知趨事赴功，冀幸爵賞，及志滿意得，遽負使令。議者摘其過愆，多至數十。雖更赦勿治，而不可恕者二焉。蓋朕日御便殿，厲師講武，別勇怯，齊部伍，爾則馭軍無律，咈朕之心。朕儉於奉己，優於勞軍，屢詔將臣毋剝下，毋貪利，非公事毋輒役一卒，爾則黷貨多私，干朕之法。此而姑息，後復誰懲？雖從罷免，未塞輿議。尉安之府，非爾宜居，其以外祠，屏居近郡。夫御將之道，賞與罰而已。賞當功則人勸，朕無吝也；罰當罪則人畏，閔自取焉。因著厥辜，用儆有位。可。

前執政某人落職饒州居住

敕：大臣法所以責小臣之廉，表民在此；前車覆所以爲後車之戒，貳過可乎？雖欲廢於官刑，顧難違於公論。具官某頃陪帷幄，命使江淮。軍旅借曰未聞，簠簋豈容不飭？庶威奪貨，曾罔念於吉人；盜器爲姦，忍自同於凶德！惟處心之甚拙，何決勝之能知？旋由臺諫之交攻，聽解樞機而善去。寢彈文而弗下，示寵數之曲全。豈其修省之無聞，復以悔尤而並案[五]。子孫貪墨，不知遺楊震之清；宗族憑依，乃敢恣灌夫之橫。宜絕殿帷之籍，俾還江介之居。噫！禮義廉恥以遇其臣，朕固當存於恩義；節儉正直以化在位[六]，爾寧不體於忱誠？尚懲既往之愆，

〔一〕宮觀：原無，據明澹生堂鈔本、四庫本補。
〔二〕以：原作「而」，據明澹生堂鈔本、四庫本改。
〔三〕御軍無律黷貨多私可：原無，據明澹生堂鈔本、四庫本補。
〔四〕二月十八日：原無，據明澹生堂鈔本、四庫本補。
〔五〕「寢彈文」至「而並案」，四庫本作「而乃尤悔復聞，罪愆并案」。明澹生堂鈔本作「寢彈聞復以悔尤而並案」，脱誤最甚。
〔六〕以：明澹生堂鈔本、四庫本作「而」。

思保有終之吉。

前執政子右承直郎某特降一資勒令隨侍制

三月七日(一)

敕具官某：有司言爾貪暴有狀，既累乃父矣，於爾安乎？少朘禄秩，往奉詩禮之訓。夫惟家有嚴君，爾必不戾吾法；父有爭子，舊弼豈遽貶哉？毋或尤人，各思其過。可。

李貴降罷制

壬午八月二十四日(二)

原標：右武大夫、和州防禦使、添差江南西路兵馬鈐轄、撫州駐劄李貴特降兩官，仍落遥郡放罷，送撫州居住，令臨安府差得力使臣軍兵管押前去。

敕具官某：漢雲中守尚上功差六級，下吏削爵；隋文帝著令盜邊穀一升，坐法斬首。蓋法嚴則人不犯，是乃所以爲寬也。汝既欲冒陷陣得城之功，又取府庫之金而有之。廷尉請論如律，朕以犯在赦前，特從寬宥，下從諸使，仍削遥防，徙之臨川，可以三省其過矣。可(三)。

姚仲罷宮觀降充郢州防禦使達州居住

九月二十二日。尋改峽州。

敕：高皇之善將將，惟在賞誅；楊僕之失尊尊，難逃譴黜。具官某幸當一面，久長萬夫。適狂胡麇至之秋(四)，乘元帥鼓行之勢，乃動違於節制，且多失於事機。水洛之行，故爲逗撓；朝那之戰，獨爾敗奔。劾書既已驛聞，軍志固當簿責。未忍盡從於漢法，贖以庶人；姑令上比於街亭，貶之三等。仍收還於祠廪，俾循省於山城。朕恩甚隆，汝過毋貳。可。

宋實降官送潭州制

原標：知澧州唐時奏，路分都監、武功大夫、降授文州刺史宋實怒不支供給(五)，意欲行兇，降一官，送潭州居住。

敕具官某：貪虣者，士伍之態也。汝稍顯矣，乃不顧《伐檀》《相鼠》之刺，以被劾於守臣。其降一官，遷之會府。古有廉約小心不越法度而爲將者，汝試考之，庶自警焉。可。

趙不屈降一官制

原標：紹興二十四年五月五日敕節文：常州勘到承節

(一) 三月七日：原無，據明澹生堂鈔本、四庫本補。
(二) 壬午八月二十四日：原無，據明澹生堂鈔本、四庫本補。
(三) 原刻文末校云：「案：知聖道齋本此首有目無文，今從翰院本補。」
(四) 麇：明澹生堂鈔本、四庫本作「麋」。
(五) 授：原無，據明澹生堂鈔本、四庫本補。

郎趙不屈爲打死人力時義特降一官〔一〕，元定私罪杖情理稍重。

敕具官某：僕隸犯上，固當深懲，榜而斃之，則太甚矣。鐫官一等，繼此無然〔二〕。可。

檢校少保安德軍節度使龍神衛四廂都指揮使充鎮江府駐劄御前諸軍都統制張子蓋守本職致仕制 正月九日〔三〕

敕：我太上皇帝之中興也，首命將臣俊整我六師，經營四方，勳在王室，象在雲臺，始終無疵，非明於知人，能如是乎？乃及倦於勤，復起世將以授朕。朕方倚之如長城，恃之如爪牙，以病聞，屢上印綬，雖欲不聽其去，不可得已。具官某忠足以衛上，廉足以服衆，勇足以戡敵，故分閫而師旅振〔四〕，薄伐而重圍解。志方馳於伊吾之北，而病則止之。嗟乎！剪鬚可以已爾之疾，吾弗靳也；棄事可以延爾之生，吾弗强也。汝往矣，雖在里居，毋忘我家之厚遇。可。

劉弇降一資 壬午閏二月二十二日〔五〕

原標：左從政郎、前昌州軍事推官劉弇，爲在任令吏人共借佃户貼賠錢送家屬還鄉〔六〕，該恩特降一資。

敕具官某：郡縣吏送迎之費率取給於常平，國家養廉如此其周也。汝猶責備胥徒，使有所附益，豈法意哉？薄施懲誡〔七〕，勿忘循省。可。

榮蒔降一官制 壬午閏二月二十四日〔八〕

原標：保義郎、監鎮江府金壇縣酒税榮蒔，借支合得職田米、俸米及不知有加量米數，特降一官。

敕具官某：貸粟於官且忘其不概焉，皆過之小者，吾猶薄責，所以勉汝廉也。可。

張瑁等各降一官制 壬午閏二月二十五日〔九〕

原標：石泉軍勘，右從事郎、前彭州軍事判官張瑁，爲族姊之夫扈拭不法事，囑右從政郎、彭州録事參軍□俣從

〔一〕義：四庫本作「議」。
〔二〕無：明澹生堂鈔本、四庫本作「毋」。
〔三〕正月九日：原無，據明澹生堂鈔本、四庫本補。
〔四〕旅振：傅校本作「律正」，義亦通。明澹生堂鈔本、四庫本作「律振」，則「振」字誤。
〔五〕壬午閏二月二十二日：原無，據明澹生堂鈔本、四庫本補。
〔六〕還：明澹生堂鈔本、四庫本作「歸」。
〔七〕施懲誡：明澹生堂鈔本、四庫本作「示誡懲」。
〔八〕壬午閏二月二十四日：原無，據明澹生堂鈔本、四庫本補。
〔九〕壬午閏二月二十五日：原無，據明澹生堂鈔本、四庫本補。

輕結案〔一〕，改換情節，各特降一資。

敕具官某：《書》曰：「以公滅私，民其允懷。」今汝琄背公而庇其親〔二〕，汝俣徇私而失厥職。議獄如此，輸乎若何？其加小懲，以儆群吏。可。

劉世寧降一官 壬午閏二月二十六日〔三〕

原標：修武郎、監成都府新都縣商税劉世寧誤保李餘慶，詐冒陳乞李青陣亡恩澤，降一官。

敕具官某：朕閔死政之孤，故許貤恩於族黨。今以僞聞，是欺也，不於爾保任者責之，將誰責耶？可。

忠翊郎前監建州在城鹽税務藍宗禮特降一官 壬午三月十日〔四〕

敕具官某：汝職在關譏，乃殉貨於監臨之吏。褫官一等，尚訟厥愆。可。

許濤祝端表各降一官 壬午三月二十日〔五〕

原標：敦武郎、監明州户部贍軍酒庫許濤，承節郎、監明州户部贍軍酒庫祝端表，並爲不覺察專知官借貸官錢，特降一官，更展二年磨勘。

敕具官某等：嚴則人不敢犯，明則人不能犯。汝職筦庫，二者咸無焉，出納之閒，吏得移用者。以此鐫官一等，少警曠瘝。可。

向沔降一資 壬午四月六日〔六〕

原標：右從政郎、南安軍録參向沔，爲勘上猶知縣留清國公事稽滯，特降一資。

敕具官某：爾爲郡督郵，治屬邑之獄，至累月不決，豈以同官爲寮，思有所縱捨與？抑實遲緩不及事也？部使者以聞，其薄責之。可。

許宋烈降一官 壬午四月十日〔七〕

原標：承節郎許宋烈，因人陳論争競事到江陰軍衙，宋烈意恨知軍楊師中不斷下狀人，高聲咆哮，特降一官。

敕具官某：紛争小過也，抗二千石則無忌憚矣。削官一等，尚省厥愆。可。

〔一〕□俣：原刻無空闕，從明澹生堂鈔本、四庫本。
〔二〕汝：明澹生堂鈔本、四庫本、傅校本作「爾」，下同。
〔三〕壬午閏二月二十六日：原無，據明澹生堂鈔本、四庫本補。
〔四〕壬午三月十日：原無，據明澹生堂鈔本、四庫本補。
〔五〕壬午三月二十日：原無，據明澹生堂鈔本、四庫本補。
〔六〕壬午四月六日：原無，據明澹生堂鈔本、四庫本補。
〔七〕壬午四月十日：原無，據明澹生堂鈔本、四庫本補。

陳文彥等降一官制

原標：左從政郎、新德慶府教授陳文彥，前任惠安縣尉、右宣義郎、新知邵武軍泰寧縣李叔謨，前任晉江縣尉、從義郎張建，前任惠安等四縣沿海小兜巡檢、右文林郎、建康府觀察推官曾宗鎮，前任固安縣尉□□，並爲透漏商販往密州，降一官〔一〕。

敕具官某：古者自王畿達貨賄於諸侯，猶以節傳出之。今商人遵海而南放於瑯琊，可謂遠矣。汝昔爲尉弗察也，雖欲逃責，得乎？可。巡檢云「汝職警捕弗察也」。

李政降一官制 壬午五月五日〔二〕

原標：承節郎、前權峽州蜀江巡檢李政不即追捕强盜。該恩，及去官，特降一官。

敕具官某：寇攘爲患，縱而不擒，是食焉而曠其職也。更赦勿治，其特貶之。可。

周世昌降一官 五月八日〔三〕

原標：江東提舉洪适按發宣州太平知縣、左奉議郎周世昌，出咨目於三等人户苗頭上科獻助錢，特降一官。

敕具官某：日者北邊有釁，民竭力以佐軍，雖曰樂輸，朕猶恧焉，孰使汝頭會箕斂而强所不欲也？爲令如此，承流安在？鐫官一列，少謝疲甿。可。

李有卿降一官制 壬午五月二十九日〔四〕

原標：承節郎、監資州盤石縣石同鎮酒税兼合同場李有卿，爲承例令鋪户等認税錢，並因人帶酒入鎮情告買酒將布折錢等事，特降一官。

敕具官某：爾職在征商，才不足以革弊，公不足以守法，其小懲之。可。

劉師忠降一官制 壬午六月二日〔五〕

原標：承節郎劉師忠收受崔詢錢，許爲圖窠，坐事發，捉師忠未獲，師忠陳狀，特降一官。

敕具官某：規利營私，汝曹常態。既形牒訴，當稍治之。可。

〔一〕按：原刻本「原標」下僅有「左從政郎新德慶府教授陳文彥」十三字，「前任惠安」至「降一官」一段以小字置於文末，其後又有「同詞」二字，殊不合體例，今從本書例，移入「原標」中，并於新題「陳文彥」下加一「等」字。

〔二〕壬午五月五日：原無，據明澹生堂鈔本、四庫本補。

〔三〕五月八日：原無，據明澹生堂鈔本、四庫本補。

〔四〕壬午五月二十九日：原無，據明澹生堂鈔本、四庫本補。

〔五〕壬午六月二日：原無，據明澹生堂鈔本、四庫本補。

婺州申金華知縣右通直郎周世修擅移兑折帛錢特降一官[一] 六月二十五日[二]

敕具官某：叙其財以待邦之移用，雖古職内猶不敢專也。汝今敢移用，可乎？稍褫文階，以戒無訾省者。可。

都遇降一官與宮祠

原標：張浚按知濠州、忠翊郎、閤門祗候都遇不遵宣司指揮，不受歸正人，乞特降一官，與宮祠。貼黃稱：都遇持身稍廉，惟性不通。七月二十九日聖旨依[三]。

敕具官某：朕舉江淮兵民之寄屬之元老，王侯宿將未有不聽指縱者。汝名典郡，實隸麾下，愚而自用，賤而自專，以犯聖人之戒，可無懲乎？亟命投閑，仍從削秩。過而能改，朕不汝忘。可。

孟思恭落階官授文州刺史制 壬午八月七日[四]

原標：右諫議大夫任古言：孟思恭奉使受賂，止罷見任太輕。奉聖旨特降一官。吏部供：本人元係武功大夫、吉州刺史，落階官，授文州刺史。

敕具官某：出疆修聘，遠有光華，凡以客從，豈容貨取？朕懼夫流弊之未革也，故詔二三執政諄諄誨之。而汝言猶在耳，貪已萌心。縱不畏四知，獨不畏朕乎？夫受金之過小而慢令之罪大，此朕所以不汝容，而諫大夫所以重劾也。削階罷免，往自省循[五]。

曹澤降罷制 壬午九月二日[六]

原標：武功大夫、湖南安撫司準備將、權全州駐劄第九將官曹澤，不能彈壓將兵，致生事窘辱知州王蓋臣，降一官放罷。

敕具官某：昔之爲將，馭下有律，士寧死而不敢犯法，況敢怙衆爲亂乎？汝何足以知此，貶其秩而免之。可。

閻德降官制 辛巳十一月二十四日[七]

原標：中亮大夫、宣州觀察使、殿前左軍統制閻德，

[一] 「婺州申」、「特」四字原無，據明澹生堂鈔本、四庫本補。
[二] 六月二十五日：原無，據明澹生堂鈔本、四庫本補。
[三] 七月二十九日聖旨依：原無，據明澹生堂鈔本、四庫本補。
[四] 壬午八月七日：原無，據明澹生堂鈔本、四庫本補。
[五] 明澹生堂鈔本、四庫本「往自省循」後，有「可特降授武功大夫、吉州刺史」十二字。又原刻文末校云：「案：原標稱授文州刺史，而敕内直云削階罷免，恐有誤處。」
[六] 壬午九月二日：原無，據明澹生堂鈔本、四庫本補。
[七] 辛巳十一月二十四日：原無，據明澹生堂鈔本、四庫本補。

於殿帥趙密前高聲無禮。聖旨，階官、遥郡上降一官〔二〕，令本司自效。

敕：漢李廣不謝大將軍，意象愠怒，終以離郵，况功名未及廣者乎？具官某知軍法犯上者殺，而惡言忿色，蔑視主帥，豈汝或有辭耶？深治則矜愚，不治則廢法，祟階、遥寄，皆少損之。可。

吴謙放罷制 壬午十二月十八日〔三〕

原標：忠翼郎、江西安撫司準備將領王世英有産業在洪州〔三〕。本州通判吴謙舉覺，先次住支請受，本人妄狀經樞密院，稱世英兼訓練日，依奉朝廷指揮，裁減諸廳人從，追赴教閲，吴謙因此挾恨事〔四〕。吏部稱即無前件指揮，檢詳本人不遵守分〔五〕，特降一官放罷。

敕具官某：仕於殖産之邦，雖戾吾法，可恕也。若乃矯誣而犯上，議者疾夫。削爾一階，少戒妄發。可。

徐希顔降官制〔六〕

原標：承節郎、前監朝天嘉川兩程受納支遣煙火賊盗公事徐希顔，在任失覺察攢司於赤曆内大椿糧米及專斗等乞覓〔七〕，特降一官。

敕具官某：舞文受賕，刀筆吏之常態也。汝不繩之，是爲失職。貶秩之罰，尚將何辭？可。

于誠降官制

原標：承節郎于誠爲建康府差監造牀榻，受板木牙人人情錢，特降一官〔八〕。

敕具官某：汝爲小吏，不守廉隅，若無薄懲，何以示誡？可。

甄援降兩官制

原標：武德郎、兼閤門宣贊舍人、前權知施州甄援，爲説諭合干人告首通判龐信儒，及獨銜奏案又有虚妄，特降兩官。

敕具官某：汝比繇功次擢守邊州，幸倅貳之爲姦，諷胥徒而敢告。單辭具獄，法既不容；上奏肆欺，情尤叵恕。往從貶削，無怠省循。可。

〔一〕「降」字上原有「各」字，據明澹生堂鈔本、四庫本删。
〔二〕壬午十二月十八日：原無，據明澹生堂鈔本、四庫本補。
〔三〕王世英：明澹生堂鈔本、四庫本作「王士英」。下同。
〔四〕挾：明澹生堂鈔本、四庫本作「嫌」。
〔五〕守分：明澹生堂鈔本、四庫本作「分守」，義長。
〔六〕徐希顔：四庫本作「徐希賢」。
〔七〕覓：原無，據明澹生堂鈔本、四庫本補。
〔八〕特：明澹生堂鈔本、四庫本無。

李藻楊師中各降一資制

原標：蜀州勘到右從事郎、前崇慶軍節度判官李藻，左文林郎、前崇慶軍節度推官楊師中，各坐循例大支請受，及買官估賣米，及妄指遠程支借送還人請受，各降一官〔一〕。

勅具官某等：漢法，小吏私有附益，猶坐左遷，况爾多取於公家乎？稍褫文階，以申邦法。《禮》曰「臨財毋苟得」，尚戒之哉！可。

蒲待聘降兩資制

原標：潼川府知通按劾右文林郎、知潼川府鹽亭縣蒲待聘失覺察人吏取覓等事，刑部斷徒一年半，該赦特降兩資。

勅具官某：汝前治邑亡狀，以被劾於守丞，雖曰赦原，豈容幸免！可。

趙善仁降一官制

原標：成都府勘到保義郎趙善仁娶有服婦人，不報父母，並擅離廣都縣商税任所，特降一官。

勅具官某：《詩》有「娶妻必告」之言，《書》以「畔官離次」爲戒。汝犯二不韙，無乃傷吾信厚之風乎？其降一官〔二〕，往思補過。可。

武顯大夫樞密院吏房副承旨董球爲曹涉應得差遣不肯呈行特降一官制

勅具官某：緣絶簿書，此百官府之常態也，汝庀職樞省亦爾耶？貶秩示懲〔三〕，後當自愛。可。

時貴降官制

原標：建康府都統制下使臣時貴押馬五十匹，倒斃二十五匹，降一官，更展二年磨勘。

勅某人：地用莫如馬，今日先務也。爾效牽雖遠，何至損其半乎？曠職如斯，惡得無罪？可〔四〕。

保義郎郝謐管押温州錢綱違程兩月降一官制 壬午〔五〕

勅具官某等：水陸之運可以日計，儻愆期會，宜小懲

〔一〕官：明澹生堂鈔本、四庫本作「資」。
〔二〕降：四庫本作「鐫」。
〔三〕秩：原作「職」，據明澹生堂鈔本、四庫本改。
〔四〕原刻文末校云：「《王宗政降官同詞》同詞。」
〔五〕壬午：原無，據明澹生堂鈔本、四庫本補。

之。可。

温州通判張大年起發經總制錢最違慢降一官制

敕具官某：自調兵戍邊，用度日滋，吾不敢一毫横斂於民，若常賦又不得時至〔一〕，將何賴焉？温，大州也，爾爲之丞〔二〕，宜先而後。鐫官示沮，且警他邦。可。

符鎮降一官制

原標：張子蓋按發護聖軍正將、權李寶軍統制官、武功大夫、吉州刺史符鎮擅離任所〔三〕。契勘得即非擅離，止是不曾備坐出戍軍馬歸休指揮申鎮江都統，特降一官。

敕具官某：以卑抗尊，詞直且不可，況未必直乎？爾雖奉詔班師，而不以告於統帥〔四〕，是亦罪也，特薄耳，故吾亦薄罰之。可特降授武顯大夫〔五〕。

右奉議郎湖州德清縣丞張蕃降一官制

敕具官某：傍郡獄疑，命爾鞫之。坐踰再旬，乃復規免。爾固懷安矣，獨不念桁楊之繫爲可憫乎？削議郎之秩，以戒慢公而避事者〔六〕。可。

孫德劉廣各降一官

原標：忠翊郎、閤門祗候孫德，敦武郎劉廣，並爲押馬綱倒斃三十四，各降一官，展磨勘一年。

敕具官某等：百金市駿骨，設喻以求賢也；若真貿焉而道斃之〔七〕，豈不傷財之甚乎〔八〕？其詔貶秩如律。可。

密球叙復 壬午六月十日〔九〕

原標：密球元係拱衛大夫、文州刺史，因虚詞進狀論山地事降兩官，遇赦已叙一官，今滿再期，再叙未復官。

敕：再期而叙其官，法也，抑有恩存焉。具官某頃以懷諼抵罪〔一〇〕，今盡除之。朕恩厚矣，毋謂法所當得而不思報。可。

〔一〕得：明澹生堂鈔本、四庫本無。
〔二〕爾：明澹生堂鈔本、四庫本作「汝」。
〔三〕任：明澹生堂鈔本、四庫本作「屯」。
〔四〕於：明澹生堂鈔本、四庫本作「示」。
〔五〕可特降授武顯大夫：原無，據明澹生堂鈔本、四庫本補。
〔六〕公：原作「心」，據明澹生堂鈔本、四庫本改。
〔七〕貿焉：明澹生堂鈔本、四庫本作「質焉」。
〔八〕之甚：四庫本作「之事」，明澹生堂鈔本作「乏事」。
〔九〕壬午六月十日：原無，據明澹生堂鈔本、四庫本補。
〔一〇〕頃：原無，據明澹生堂鈔本、四庫本補。

吳宏叙復制

原標：左武功大夫、鄂州駐劄、御前中軍第十將正將吳宏〔一〕，因掊剋隊下食錢等事，三十二年四月十七日聖旨降一官，令本軍自效，該六月十三日大赦，叙復。

敕：坐法而貶，會赦而叙，厥惟邦典，朕則何心？具官某服在轅門，幸參將列，乃繇刻下，稍抑横階，累月復之，可謂幸矣！夫赦固不數，而法常可畏，往思報效，勿蹈前非。可。

陳誠之董德元余堯弼復端明殿學士制

原標：三十二年九月六日敕：陳誠之、董德元、余堯弼並與、復端明殿學士，宋樸、鄭仲熊、巫伋、章夏〔二〕、魏師遜、汪勃、史才並與復龍圖閣學士，見任宮祠人依舊，汪勃與宮觀。

敕：朕以六月丙子承慈訓〔三〕，履帝位，蓋南鄉三辭而後受群臣之謁。眷懷邇列，雖不在廷，而慶澤所加，當繇貴始。具官某以雅正之文冠多士，以忱恂之行慕古人，參執事樞，宣昭譽聞〔四〕，久游故里，實簡朕心。夫禮大臣則國體尊，褒耆舊則民風厚，况於初政，其敢忽忘？秘殿通班，時惟異數。《書》不云乎：「爾身在外，乃心罔不在王室。」毋以久滯周南，遂廢謀猷之告也。可。

余堯弼宋樸等復龍圖閣學士

原標：余堯弼用進班秘殿。二制既出，而臣僚有言，奉旨别聽指揮。

敕：日月麗天，大人有繼明之象；雷雨作解，君子推宥過之恩。蓋不遺一介之臣，矧敢忘成德之彦？邦彝是式，寵命其敷〔五〕。具官某雅望足以服人，宏才足以濟務。壽聖常加於禮貌，眇躬尚識其儀型〔六〕。久安閭里之游，兹值國家之慶，進班内閣，仍處珍臺。盛德日新，方仰承於慈訓；遠猷辰告，尚有望於舊人。

知明州韓仲通復敷文閣直學士知平江府沈介復敷文閣待制制

敕：視天下猶棄敝屣之易，仰惟舜德之難名；爲人上若馭朽索之危，伏念禹勤之當懋。不有循良之在列，孰推德意以及民？兹頒曠蕩之恩，並獎蕃宣之效。韓仲通等皆太上軒墀之舊，

〔一〕正將：原無，據明澹生堂鈔本、四庫本補。
〔二〕章夏：明澹生堂鈔本、四庫本作「章复」。
〔三〕慈：原作「前」，據傅校本改。
〔四〕宣：明澹生堂鈔本、四庫本作「宜」。聞：明澹生堂鈔本、傅校本作「問」。
〔五〕其：原作「具」，據明澹生堂鈔本、四庫本、傅校本改。
〔六〕躬：明澹生堂鈔本、四庫本作「冲」。

奉甘泉筆橐之華。或潤色詞垣，擅張説、蘇瓌之譽；或斡旋版部，慕計然、范蠡之風。久去周行，閒臨侯服。屬紹承於大統，思褒表於群工。故因滌瑕蕩垢之文〔一〕，顯示考績陟明之意。咨爾兩郡，並乎衆言。戢矯虔之吏而里閭安，塞并兼之塗而倉廩實。其特還於寵數，以申勸於治功。庶幾中外之聞風，罔不公勤而效職。可。先是刑部依赦檢舉前任侍從官並復職，而言者論其太泛，以仲通等治郡有聲，故先復。

閻德叙復制

原標：中衛大夫、復州防禦使、主管台州崇道觀閻德叙復元官中亮大夫、宣州觀察使。

敕：天方春而萬物生，理之常也。朕率是道，以宥多辟。具官某頃陵主將，嘗示誡懲。兹會霈恩，盡從甄叙〔二〕。在《易》之《巽》首曰：「利武人之貞，志治也。」爾尚知此哉！可。

知撫州張孝祥復集英殿修撰制 十月三日〔三〕

敕具官某：周有大賚，惟富善人；漢賜璽書，以勉循吏。朕初嗣服，實兼用之。以爾俊明博辨〔四〕，愷悌忠信，文學政事，左右具宜，出臨大邦，治狀稱最，是用循詞垣之故步，貼書殿之新班。既厚恩榮，亦隆眷倚。夫德之裕者乃可以大受，才之充者乃可以泛應。故入則功名不減治郡，而出則智略無異在前。朕方待爾以全才，爾尚益惇於賢德。可。

杜勝叙復制 七月二十三日〔五〕

原標：左武大夫、忠州團練使杜勝，因任東南第九將違法決軍兵致死，降一官放罷，見降作刺史，遇登極赦叙元官。

敕：曠蕩之恩，何辜不釋？矧如一眚，固在蠲除。具官某頃以任威，稍裁遥寄；兹逢霈澤，一洗丹書。復爾練戎，謹於御下。可。

降授成忠郎閤門祗候都遇與復元官制 十一月四日〔六〕

敕具官某：前吾元帥雖以違命劾汝，亦以廉直稱汝，可謂愛而知其惡矣。朕既因其言以貶汝，亦因其言以復汝，可謂觀過斯知仁矣。汝尚去所短而信所長，朕將拔擢而加任使焉。可。

田開元再任制

原標：四川宣撫並制置司奏，武功大夫、建州觀察使

〔一〕瑕：原作「邪」，據明澹生堂鈔本、四庫本改。
〔二〕盡：原作「蓋」，據明澹生堂鈔本、四庫本、傅校本改。
〔三〕十月三日：原無，據明澹生堂鈔本、四庫本補。
〔四〕博辨：明澹生堂鈔本、四庫本作「辯博」。
〔五〕七月二十三日：原無，據明澹生堂鈔本、四庫本補。
〔六〕十一月四日：原無，據明澹生堂鈔本、四庫本補。

致仕田開元係御前右軍統領軍馬，昨因金瘡發動致仕，乞令再任。十二月十三日奉聖旨依〔一〕。

勑具官某：卿以邊陲罷警，聽汝告歸。今征西之師轉戰而前，此拔士爲將之時也，况如汝者忠勇有聞，其可屏居南山以射獵爲樂乎？勉起據鞍，共赴功名之會。可。

武翼郎池州駐劄中軍統領趙思忠父端身故特與起復制

勑具官某：邊鄙未寧，朕方遣戍。若時裨校，豈容服喪？爾其被堅執鋭，與士卒同甘苦，庶幾得移孝爲忠之誼，而無衣錦食稻之嫌，不亦善乎！可。

起復忠訓郎閤門祗候護聖軍副將王瑀再丁母楚國夫人憂起復制〔二〕

勑具官某：爾職在轅門，名參上閤，閱時未久而重有憂。其卒起之，勿辭王事。可。

閤門祗候王瑀持祖母餘服起復充殿前司副將制

勑某人：朕以汝材勇有聞〔三〕，故不待遂服而付以偏裨之事。往齊部伍，用稱使令。可。

東南第四副將范雄丁母憂起復制

勑某人：爾久控要津，屬罹家難。方時右武，可廢奪情？勉立戰功，以成陵母之志。可。武功大夫、護聖軍統領官左祐起復同詞，但改云「爾久服轅門」。

貸命自效人前拱衛大夫文州刺史韓霖叙復修武郎制〔四〕 二月六日〔五〕

勑某人：將而避敵，在法當誅。裁免汝官，國恩甚厚。蒙城之役，焚虜芻糧，既非雋功，豈能贖過？姑繇大賚，稍復崇班。念我再生之恩，無忘九殞之報〔六〕。可。

〔一〕聖：明澹生堂鈔本、四庫本無。
〔二〕起復忠訓郎：「起復」二字原無，據明澹生堂鈔本、四庫本補。
〔三〕汝：明澹生堂鈔本、四庫本作「爾」。
〔四〕韓霖：原作「韓林」，據明澹生堂鈔本、四庫本、《建炎以來繫年要録》卷一九四改。
〔五〕二月六日：原無，據明澹生堂鈔本、四庫本補。
〔六〕無：明澹生堂鈔本、四庫本作「毋」。

廬陵周益國文忠公集卷九七

掖垣類稿卷四

外制 贈封

故敷文閣待制蔣璨用二十五年二十八年郊祀恩贈父右宣奉大夫制

敕：國家饗帝之恩，過時而不廢；臣子顯親之澤，雖歿而猶施。嗚呼，斯亦仁之至義之盡矣！故具官某鍾英望族，沈跡下僚。是生賢嗣，嘗位禁從。不幸追榮之典未及，而璨之墓木拱矣。追加命秩，告於其第。死者有知，庶幾父子之心亦可少慰於地下乎！可。

節度使同知大宗正事士街贈少師追封咸義郡王制

敕：自諸姬既衰，言宗室則予兩漢，然秉德如間、平者纔十三，而荒淫顛覆相屬也。本朝以隆名厚禄優待近屬，而不敢以事委焉。惟擇年高德卲者，付以糾合宗盟之任。故生也尊榮無玷，歿也保其令名。軼漢從周，世守弗墜。故具官某肇功流慶，實自濮園。維祖維父，咸啓王社，貴而能降，富而不溢。授以司宗之印，有年於茲，奄終壽考，朕用痛悼。既詔大僕輟視朝之儀，復以絺冕王紱告於而第。哀榮備矣，尚克享之。

建寧軍節度使提舉江州太平興國宮天水郡開國公士䨮贈少師追封咸安郡王制

敕：朕觀安懿諸孫，蕃衍奕世。高旌巨節相望於本朝，王紱公圭交屏於帝室。實惟前人積行累功之效，豈獨列聖庸動暱近之恩？施及眇沖，敢忘敦叙？天不遺於族老，禮宜厚於閔章。故具官某襲慶仙都[一]，承休近屬。向以宗英司訓齊於外，晚由祠館奉朝請於中。被疾久之，於今已矣。惟亞師於官爲甚重，惟諸王於爵爲甚尊。並用追褒，少紓悼念。夫明德所以親族，尊祖在乎敬宗。哀榮之間，恩義斯稱。尚英靈之未泯，聞襚贈以來歆。可。

[一] 都：原刻校云：「院本作『源』。」按明澹生堂鈔本、四庫本亦作「源」。

故右監門衛大將軍郢州防禦使士六贈昭化軍承宣使追封安康郡公故右監門衛大將軍眉州防禦使士窘贈鎮東軍承宣使追封會稽郡公故右監門衛大將軍復州防禦使士階贈保寧軍承宣使追封東陽郡公制

敕：朕初承天序，方將大封同姓以藩屏帝室，而天不慭遺，俾我二三伯父叔父皆早世以没，易褒崇之恩爲贈襚之典，可不爲之大哀耶！皇叔祖故具官某等，胄出祖宗而支屬未疏，身享富貴而恭儉無僞。奄茲淪謝，命也何居！其由諸衛之聯，寵以兩使之重，且即其郡而加賜諸公之印綬焉。《詩》不云乎：「爾之教矣，民胥傚矣。」咨爾四方，尚識朕親九族之意，豈特慰乎死者而已哉[一]！可。故和州防禦使士伾贈安慶軍節度使、舒國公同詞，但改兩句云：「其繇扞防超畀節鉞，且即其地而加賜[二]。」

故静江軍承宣使天水郡開國侯士嵘贈開府儀同三司追封和國公制[三]

敕：國家寵待近屬，獨殊庶官。雖爵秩之並崇，曾事爲之弗責。用能九族之既睦，而無二叔之不咸。逮没元身，更加異數。恩惟義稱，人豈吾私？故具官某生則戒侈驕之習[四]，長而遊翰墨之藝。謙勤待士，性實使然。共恪會朝，老猶不怠。暨朕纂承之日，有懷信厚之風。命已不融，心焉是悼。衮衣赤舄，襚台路之多儀；胙土苴茅，徹歷陽之奥壤。尚其未泯，知享斯榮。可。

士街妻令人張氏清河郡夫人制

原標：安德軍節度使、同知大宗正事士街故妻令人張氏[五]，遇紹興三十一年九月二日明堂赦，特贈清河郡夫人。安慶軍節度使、同知大宗正事士籛故妻令人曹氏，特贈永嘉郡夫人；譚氏，信安郡夫人[六]。

敕：乃者太上皇帝以季秋上辛大享明堂，煇胞翟闇，罔不受福。矧予服屬之尊，閨閫之懿，其可以既没而廢漏泉之澤乎？具封某氏稟秀彊宗，來嬪公族。雖柔順有聞於世，而年齡獨嗇於天。會逢慶霈之行，誕錫追榮之典。勉夫以正，不及觀麟趾之成；裂地而封，尚歆此魚軒之寵。可。

[一] 乎：明澹生堂鈔本、四庫本作「夫」。
[二] 原刻文末校云：士六，《宋史·宗室表》作士仌，士窘《表》作士窖，士階《表》作士愔。士六，古别字，仌，古冰字。窘、士窖，階、愔，俱形近，不知當以何者爲定。
[三] 故：原無，據明澹生堂鈔本、四庫本補。
[四] 習：原作「期」，據四庫本改。
[五] 故妻：原無「故」字，據明澹生堂鈔本、四庫本補。下同。
[六] 原刻校云：「此當爲二敕同詞耳，然不應同一題也。今備原標，而題則止稱士街妻焉。」

楚國夫人吳氏特贈秦魏國夫人制 壬午十月五日〔一〕

勑：因親廣愛，情方篤於外家；隱卒崇終，恩盍隆於從母？肆頒徽數，用寄深悲。具封某氏婉嫕而靜專，肅恭而謙毖。鍾令儀於德閥，託同氣於坤寧。賜爵臨光，無用事顓權之過；追蹤馬氏，敦小心有禮之風。胡不百年，奄茲長夜？是用稽漢室封君之制，參本朝疊組之規，襚沐邑於兩邦，易脂田於全楚。淑靈如在，茂渥其承。可。

吳蓋妻趙氏封通義郡夫人制

原標：太尉、寧國軍節度使、提舉佑神觀吳蓋除太尉，封贈三代外，妻永嘉郡夫人趙氏特封通義郡夫人。

勑：朕日奉親歡，恩隆母鄗。矧如叔舅，嘗冠武階，當稽舊章，加寵內子。命既行矣，我其舉之。具封某氏姆訓夙聞，閨風甚肅。自上安下，比及於夫榮〔二〕；秀外惠中，倂嘉於婦順。相攸封邑，改胙眉陽。尚知吾命名之嘉，以篤爾偕老之慶。可。

張子蓋贈太尉制〔三〕

勑：朕遭時多虞，銳意用武〔四〕，凡待爪牙之士，皆如心膂之親，而況紹興推轂之人，徇國克家之將〔五〕？驛傳赴告〔六〕，坐念涕流。故具官某稟忠義於天資，以功名爲己任。蠢茲北狄，犯我朐山。銜王命以暑行，薄賊營而奮擊〔七〕。以天之道，掃清螘蟻之屯；返旆而旋，昭揭鯨鯢之觀。既成偉績〔八〕，彌厲壯圖。有整軍經武之志而未及施，有犁穴焚庭之心而未及究〔九〕。何稟生之不淑，遂寢疾而莫興？是用峻升掌武之官，加畀中金之賻。貤恩而褒厥後，定謚以表其身〔一〇〕。萃此哀榮，寄予震悼。尚英魂之未泯，聞休命以來祇。可。

劉觀上遺表特贈四官制〔一一〕 辛巳七月二十一日〔一二〕

勑：孔子曰：「君子疾沒世而名不稱焉。」若夫仕更三朝，

〔一〕壬午十月五日：原無，據明澹生堂鈔本、四庫本補。
〔二〕及：原刻校云：「院本作『值』。」按明澹生堂鈔本、四庫本亦作「值」。
〔三〕「張子蓋」上，明澹生堂鈔本、四庫本有「故」字。
〔四〕銳：明澹生堂鈔本、四庫本作「注」。
〔五〕徇：原作「循」，據傅校本改。
〔六〕赴：四庫本、傅校本作「訃」。
〔七〕奮：原作「鏖」，據傅校本改。
〔八〕既：原作「足」，據明澹生堂鈔本、四庫本、傅校本改。
〔九〕犁穴焚庭：原作「犁庭焚穴」，據明澹生堂鈔本、四庫本、傅校本乙。
〔一〇〕身：原刻校云：「院本作『勳』。」按明澹生堂鈔本、四庫本、傅校本亦作「勳」。
〔一一〕上遺表特：原無，據明澹生堂鈔本、四庫本補。
〔一二〕辛巳七月二十一日：原無，據明澹生堂鈔本、四庫本補。

而公卿推其德；身享耄期，而四方儀其行。逝者如斯，亦可以無憾矣。具官某學造乎道，文根於理。陟降左右，早得陳力之誼；燕安閭里，晚蹈知止之規。考終厥命，五福備矣。進階三品，寵以書贊，庶幾令聞廣譽，後世猶有考焉。可。

王綸上遺表特贈五官制〔一〕 辛巳九月十六日指揮〔二〕

敕：朕以眇身，初承聖緒。究觀前日左右輔弼之臣而想其遺風餘烈，贈襚之典，夫何愛焉？具官某有博辯貫通之學，有清明敏達之材。其踐禁途〔三〕，則高文大册鼓動於天下；其登右府，則崇論竑議簡在於帝心。出臨父母之邦，奄忽至於大故，朕甚傷焉。夫古所謂鄉先生者歿則祭於社，而後世良二千石民亦奉嘗之。爾於二者，蓋兼之矣。進階五等，爰舉舊章。所以慰邦人之思〔四〕，非獨爲王氏之寵。可。

右中奉大夫徽猷閣待制賜紫金魚袋致仕宋晚上遺表特贈四官制〔五〕 壬午正月二十九日旨揮〔六〕

敕：昔在慶曆、皇祐間，人才爲盛，時惟丞相庠總領衆職，以協贊上治。朕緬懷名德而恨不及見也，閱從臣之籍得其曾孫焉。流風善政，庶或有考。今其亡矣，寧不慨然！具官某學知守其家，材實裕於用。被遇徽祖，竭誠靖康。謨訓具存，忠勤可驗〔七〕。會予初政，擥爾遺章，茲用興喬木之思，而賁以增秩貤恩之寵。營魂未泯，尚知享哉！可。

劉錡上遺表贈開府儀同三司〔八〕 二月二十五日〔九〕

敕：岑彭亡而公孫平，諸葛死而仲達走。雖成功有命，不及見於生前；而餘烈在人，可徐觀於身後。肆頒愍典，用振幽光。故具官某結髮而控西陲，剽纓而號良將。智謀輕戰士之勇，謙退蹈儒生之風。潁尾出奇，基二十年之盟好；皁林力戰，挫數十萬之賊鋒。會美疢之有加，曾殊勛之未究。奄終厥命，實惻我心。進聯三事之儀，庸作九原之賁。噫！自古皆有死，悵爾志之莫伸；與賊不俱生，尚孤忠之可諒。緬惟英爽，歆此哀榮。可。

〔一〕上遺表特：原無，據明澹生堂鈔本、四庫本補。
〔二〕辛巳九月十六日指揮：原無，據明澹生堂鈔本、四庫本補。
〔三〕禁：原作「政」，據明澹生堂鈔本、四庫本改。
〔四〕思：原作「私」，據明澹生堂鈔本、四庫本改。
〔五〕上遺表特：原無，據明澹生堂鈔本、四庫本、傅校本補。
〔六〕壬午正月二十九日旨揮：原無，據明澹生堂鈔本、四庫本補。
〔七〕驗：原作「念」，據明澹生堂鈔本、四庫本改。
〔八〕上遺表：原無，據明澹生堂鈔本、四庫本補。
〔九〕二月二十五日：原無，據明澹生堂鈔本、四庫本補。

徽猷閣直學士左朝散大夫致仕鄭望之上遺表特贈四官〔一〕 七月二十八日〔二〕

敕：朕惟得人之難，從古所病。粤自新進，蓋嘗試以事爲〔三〕；至於老成，乃可觀其德望。奄茲淪謝，寧不盡傷？故具官某志氣可以折衝，材猷可以治劇。閱世久而心尚壯，更事多而智愈明。上大夫歸老於家，已辭厚禄；鄉先生歿祭於社，何必舊邦？載嘉削牘之遺忠，特茂書棺之異寵。庶幾幽壤，知我追褒。可。

魏良臣上遺表贈五官〔四〕

敕：昔者盛時〔五〕，朝多故老，疑則咨以政，祀則詔之陪。厥今幾人，又失一鑑。具官某慷慨自許，純明不欺。勇於義，故臨難而弗辭；裕於才，故居官而可紀。雖經濟之功未究，而蕃宣之績屢書。予惟汝嘉，歲不我與。知其疾固已憂矣，聞其訃爲之惻然。不有追褒，孰紓悼念？往進階於五等，尚服寵於九京。可。

岳陽軍節度使韓公裔遇辛巳明堂赦封贈三代制

曾祖

敕：賜位特進，吾故相也。慶澤所加，纔及父祖而已。若夫擁旄授鉞，實班常伯之下，然恩乃及其三世。國家寵綏右列，可謂厚矣。具官某曾祖某躬履懿行，溢爲休聲。肆其曾孫，享此貴仕。曩訖總章之祀，尚稽霈澤之行。正公保於儲宮，發幽光於泉穸。靈爽未泯，歆我異恩。可。保信軍節度使鄭藻贈曾祖甫同詞〔六〕，但改云：「徙王爵於會稽，廣神釐於泉穸。」

曾祖母

敕：古者公卿大夫皆王侯之後，故夫人起家而居有其爵位。後世仕進有通塞，世閥有盛衰，不假追崇，則魚軒之寵未易致也。茲推祭澤，爰舉彝章。故具封某氏垂範有初，流徽無斁。福禄嗇於當世，富貴鍾其後人。襚以小君，既頒殊寵？易之大郡，

〔一〕上遺表特：原無，據明澹生堂鈔本、四庫本補。
〔二〕七月二十八日：原無，據明澹生堂鈔本、四庫本補。
〔三〕嘗：明澹生堂鈔本、四庫本作「詳」，義長。
〔四〕上遺表：原無，據明澹生堂鈔本、四庫本補。
〔五〕者：原刻校云：「院本作『吾』。」按四庫本亦作「吾」。
〔六〕甫：原無，據明澹生堂鈔本、四庫本補。

更廣餘榮。若存若亡，俱可以無憾矣。可。鄭藻曾祖母、韓魯國夫人劉氏贈鎮楚國夫人同詞，但改云：「福禄成於當世，富貴鍾其後人。禨以小君，既頒疊組；易之大國，更廣餘榮。」

祖

敕：行慶止於明，則其施也狹矣〔一〕；恤下遺其先，則爲善者怠矣。故國家每躬三歲之祀，於赦令首致意焉。此德澤所以配天地，光榮所以被存没也。具官某蓄其善不享其報，畸於人取必於天。再世而興〔二〕，疊膺邦渙。東宮之秩，遂亞師垣。尚祗服於寵章，以貽休於後嗣。可。鄭藻祖任太師、鎮南軍節度使、充中太一宮使、樂平郡王、謚僖靖、追封長樂郡王紳，特追封南陽郡王，同詞，但改云：「具官某位高公袞，名重戚藩。再世而興，屢頒成渙。追王之寵，遂奠新疆〔三〕。」

祖母

敕：宗祀行乎路寢，而澤及斧封；順孫貴乎朝廷，而寵加祖妣。此本朝之惠術，而前代之闕典也。某氏夙推婦順，力致家肥。昔雖無湯沐之封，今屢下絲綸之命。會逢大享，乃眷遺芳。其更名郡之封，益正小君之號。存者不匱，追崇之典未央；死如有知，垂裕之心斯在。可。鄭藻祖母、陳國夫人李氏特贈漢國夫人，同詞，但改云：「具封某氏助成后德，力致家肥。昔已開湯沐之封，今屢下絲綸之命。會逢大享，乃眷遺芳。載更廣漢之區，益正小君之號〔四〕。」

父

敕：祭以大夫，不如負米之爲樂；禨之華衮，不如假板於其生。誰無是心，天則難必。推我露蕭之澤，慰而風木之悲。具官某善積厥躬，慶鍾於子。實太上攀龍之舊，膺大藩植纛之儀。屢寵賁其先人，寖儗倫於三少。茲緣邦賚，遂正宮師。豈特爲身後之榮，抑將慰生者之志。可。鄭藻父任檢校少保〔五〕、陸海軍節度使、滎陽郡開國公、謚榮恭、贈太師、追封吳國公翼之追封越國公同詞，但改云：「具官某修身無玷，積善有餘。生備極於光榮，殁屢加於褒飾。徙封禹會，益廣漢釐。冀夫未泯之靈，服我至優之寵。」

母〔六〕

敕：配天其澤，小大不遺；率土之濱，幽明奚間？矧一時之勞舊，逢大祀之慶成。錫以漏泉之恩，成其念母之孝。具封某氏女工素茂，婦順無違。家積善而慶有餘，子欲養而親不逮〔七〕。屬寵恩之誕布，推茂渥以徙封。尚承邦休，永燕家廟。可。

妻

敕：恭惟太上，比享合宮。既以韓侯爵禄之崇〔八〕，衍其采

〔一〕狹：原作「艾」，據明澹生堂鈔本、四庫本、傅校本改。
〔二〕再：傅校本作「没」。
〔三〕「新疆」後，四庫本有「云云」二字。
〔四〕「之號」後，明澹生堂鈔本、四庫本有「云云」二字。
〔五〕「父」上，明澹生堂鈔本、四庫本有「故」字。
〔六〕母：明澹生堂鈔本、四庫本作「故母」。
〔七〕逮：原刻校云：「院本作『待』。」按明澹生堂鈔本、四庫本亦作「待」。
〔八〕禄：明澹生堂鈔本、四庫本作「位」。

邑；復眷王氏閨門之懿，易以脂田。顧嘉惠之已敷，逮眇躬而申錫。具封某氏事夫以正，待下則寬。早共艱難，閔勤勞而勸之義；晚同休顯，循法度以承其先。久膺象服之華，茲益龍舒之壤〔一〕。尚祇邦渙，以對神釐〔二〕。可。

龍神衛四廂都指揮使鎮南軍承宣使荊南駐劄御前諸軍都統制李道該遇三十一年九月二日赦封贈父母妻〔三〕

故父〔四〕

敕：恭惟太上皇帝不愛牲玉，以大享於九筵〔五〕。齋明之誠上通於穹昊，滲漉之澤下浹於泉塗。有命既敷，我其申錫。具官某修身無玷，積善有餘。生不逮於官榮，歿乃由於子貴。其加州紱，以廣神釐。冀夫未泯之靈，服我至優之寵。可。

故母〔六〕

敕：夫爲大夫，妻爲命婦，古之制也，況乎有子通顯而逢國家宗祀之慶者哉〔七〕！具封某氏端靜飭躬，惠和睦族。雖母訓著聞於世，而邦榮不在其身。會逢胙祉之施，重錫溫恭之號。服余休命，永燕烝嘗。可。

妻

敕：邇者太上皇帝祭則受福，方介萬年之祉，肆推惠澤，以寵綏二三豪俊之臣，可無褒章以光賁其閨閫？具官妻某氏柔順以飭己，端肅以齊家。富貴鼎來，子孫未艾。會逢霈澤，誕舉慶條。仍加碩大之封，益顯莊姜之美。朕恩甚寵，其懋承之。可。

左中奉大夫充敷文閣待制提舉江州太平興國宮周綰遇明堂赦封贈父母制〔八〕

故父贈特進遏特贈開府儀同三司〔九〕

敕：祭以大夫，不如負米之爲樂；襚之華衮，不如假板於其生。誰無是心，天則難必。推我露蕭之澤，慰而風木之悲〔一〇〕。具官某休聲溢於浙東〔一一〕，雅志齎於泉下。鍾英子舍，爲世儒宗。

〔一〕益：明澹生堂鈔本、四庫本作「易」。
〔二〕對：原作「迓」，據明澹生堂鈔本、四庫本、傅校本改。
〔三〕父母妻：原無，據明澹生堂鈔本、四庫本補。
〔四〕故：原無，據明澹生堂鈔本、四庫本補。
〔五〕大：原作「太」，據明澹生堂鈔本、四庫本改。
〔六〕故：原無，據明澹生堂鈔本、四庫本補。
〔七〕者：明澹生堂鈔本、四庫本無。
〔八〕父母：原無，據明澹生堂鈔本、四庫本補。
〔九〕故父：原無「故」字，據明澹生堂鈔本、四庫本補。下篇「故母」同。
〔一〇〕「祭以大夫」至「風木之悲」，原無，並云：「以下八句同韓公裔贈父敕詞」，今據此及明澹生堂鈔本、四庫本補。
〔一一〕溢：四庫本作「藹」。

正位從班，既逢於宗祀；追榮禰廟〔一〕，遂越於庶僚。往膺三事之儀，永作九京之寵。可。

故母安定郡夫人葉氏特贈榮國夫人

敕：古者公卿大夫皆王侯之後，故夫人起家而居有其爵位。後世仕進有通塞，世閥有盛衰，不假追崇，則魚軒之寵未易致也。茲推祭澤，爰舉彝章〔二〕。具封某氏家積善而慶有餘，子欲養而親不待。劬躬燾後，既屢錫於夫榮；媲德娠賢，其可稽於母貴？啓封成國，廣我蕃釐。往持告第之書，丕顯擇鄰之教。可。

承信郎陳雋母某氏年九十五歲封太孺人

該紹興三十一年明堂赦〔三〕

敕某氏：爾年且期頤，而有子從仕，庶幾詩人所謂壽母者。肆因祭澤，列之命婦。告爾族黨，侈我榮懷。可。

太尉寧國軍節度使主管侍衛馬軍司公事李顯忠封贈三代制

登極恩赦

曾祖任皇城使贈太傅德明特贈太師〔四〕

敕：朕嗣祚之三日，霈惠澤於天下。文武之臣自通籍而上，皆得褒崇其父母，至於遠及三代〔五〕，則不過二三執政與夫大將帥數人而已。惟與之者甚吝，故受之者至榮。恩禮並施，亦惟其稱。具官某躬稟義槩，素多陰功。肆其曾孫，名位光顯。屢推慈典，賁於幽阡。茲頒慶條，遂冠槐位。國家非常之寵，爾尚歆享之哉！可。

故曾祖母楚國夫人野氏特贈秦國夫人〔六〕

敕：朕以涼菲之資，荷太上付託之重，方賴中外將臣，竭力以濟吾事〔七〕。眷其先世，延以襚章。是惟施惠於前，蓋將責報於後也。具封某氏飭己正潔，成家儉勤。啓相後人，位升掌武。會逢大慶，特畀異恩。徙封三秦，實邇故里。靈如未泯，其必知榮。可。

故祖任供備庫使贈太師中言特追封和國公〔八〕

敕：傳稱「祭從先祖」，此言施於三代可也。本朝待群臣則

〔一〕榮：明澹生堂鈔本作「崇」。
〔二〕「古者公卿」至「爰舉彝章」，原無，並校云：「以下十句同韓公裔贈曾祖母敕詞」，今據此及明澹生堂鈔本、四庫本補。
〔三〕該紹興三十一年明堂赦：明澹生堂鈔本、四庫本置於「封太孺人」上。
〔四〕德明：原作「明德」，據明澹生堂鈔本、四庫本、《名臣碑傳琬琰三集》下卷二四《李公行狀》乙。
〔五〕代：明澹生堂鈔本、四庫本作「世」。
〔六〕故：原無，據明澹生堂鈔本、四庫本補。
〔七〕濟：原作「共」，據明澹生堂鈔本、四庫本、傅校本改。
〔八〕故祖任供：原作「祖拱」，據明澹生堂鈔本、四庫本改補。

不然，一用其子孫，必爵其祖父〔一〕，蓋有加而無已也。故夫廟室之制，籩豆之數，前以士而後以公卿者多矣，而又何從焉？禮遇優隆，自我作古。具官某材氣豪邁〔二〕，稟於金方〔三〕；積善有貽，再世而大。屢頒渙渥，發爾幽光。茲以維師之官而賜諸公之履，非特寵綏李氏，亦使凡爲人孫者皆以念祖爲心而自勉於功名，不其休哉！可。

故祖母魯國夫人折氏特贈魏國夫人〔四〕

敕：婦人之譽，生猶不出於梱，況百年之後，墓木已拱，則夫遺芳懿行何自而發聞於世哉？然視其子孫之昌，或可知閨門之教。追褒甚渥，不在斯乎！具封某氏蘊德靜專，齊家肅敬，流光著姓，鍾慶後人。位正小君，其已久矣。魯，大國也，今朕猶以爲褊而徙之魏。魏，吾故疆也〔五〕。爾尚陰相顯忠，使助成恢復，則山川土田雖不及爾湯沐之奉，獨不可血食以助其烝嘗乎！可。

故父任同州觀察使贈太師追封魏國公永寄追封楚國公〔六〕

敕：朕祇紹慶基，日奉榮養，思與四海共此慶澤。故生者遷，歿者顯〔七〕，雖疏遠小臣無遺矣。況夫司萬騎於內，行三軍於外，班在尉府，權重節鉞，貴寵如此，豈復靳殊恩於其禰廟乎？具官某負沈鷙之材而不忘肅恭，積攻戰之勞而不妄殺戮。所蓄既厚，利其嗣人。屢以追褒，躋登一品。茲由康叔之地，改胙南荊之區〔八〕。非特廣朕漏泉之仁，抑亦表爾教忠之效。尚有知也，其克享之！可。

故母越國夫人拓跋氏繼母周國夫人蒙氏並特贈楚國夫人〔九〕

敕：邦君之妻曰夫人，古今一也。朕既推御極之恩，徹全楚之壤，以追寵將臣之父矣，顧何愛小君之號而不以加賁其母乎？具封某氏黽勉婦儀，修明閫政。幸哉有子，爲國虎臣。高官厚祿，所以酬扞城之功；密印襚章，所以成顯親之孝。疏寵久荒於大國，從夫載啓於南邦。綸命告幽，顧增光之未已；廟鉶致享，尚垂裕於方來。可。

〔一〕祖父：明澹生堂鈔本、四庫本作「父祖」。
〔二〕豪：傅校本作「英」。
〔三〕稟：原作「重」，據明澹生堂鈔本、四庫本、傅校本改。金：明澹生堂鈔本作「今」，四庫本作「令」。
〔四〕故：原無，據明澹生堂鈔本、四庫本補。
〔五〕疆：原作「都」，據明澹生堂鈔本、四庫本、傅校本改。
〔六〕「故」、「任」原無，據明澹生堂鈔本、四庫本、傅校本補。
〔七〕顯：明澹生堂鈔本、四庫本作「贈」。
〔八〕胙：原作「作」，據明澹生堂鈔本、四庫本、傅校本改。
〔九〕「故」、「特贈」原無，據明澹生堂鈔本、四庫本、傅校本補。

妻平陽郡夫人周氏特封安康郡夫人〔一〕

敕：朕觀鵲巢之居，《詩》紀榮盛；牛衣之泣，史閔阨窮。乃知婦人之貴賤貧富雖繫其夫，然亦有命存焉。具封某氏天賦柔嘉，歸逢昌熾。副笄以處，翟茀以朝，外命婦至於如此，亦可以爲榮矣。惟郡國之小大固有次第，茲予踐祚，廣爾脂田。顧顯忠方提兵於外，未遑内理家事也。爾其均鳲鳩之德，共蘋蘩之祭，使爾夫一意以成偉績，則朕所以寵其室家者豈有既乎？可。

節度使曹勛贈三代制 登極赦恩

曾祖東頭供奉官贈太子少保方叔特贈太子太保〔二〕

敕：朕初承大統，既增近臣之秩以共此慶澤，猶以爲未也，又推其追遠念祖之心而錫以三世之寵焉。嗚呼，斯亦仁政之大端也！故具官某中潛懿行，外著休聲。嗟下位之陸沉，逮曾孫而鼎貴。奉萬年之筭於太上艱難之始〔三〕，迎六飀之駕於慈寧契闊之時。積有勳庸，遂膺旄鉞。侈恩榮於家廟，屢下密章；正公保於儲宫，益隆慇典。百年雖遠，其尚有知。可。

祖任辰州溆浦縣尉贈太子少傅之器贈太子太傅〔四〕

敕：昔之人修身隱德，知無求於世而已，夫豈知賴後世之澤而冀贈襚也哉？然國家貴其子孫而遺其父祖，殆非所以勸善而教孝也。故具官某受才甚美，學古惟勤。命乃不融，止於一尉。至孫而大，褒典屢加。邦命惟新，善人是賚。進班儲傅，益正其名。告第有書，告幽有詔。服吾異寵，祚爾後昆。可。

故父任武經郎閤門宣贊舍人贈太師組追封譙國公〔五〕

敕：朕觀自昔嫺於詞藝之士，身既不顯，家亦隨替者多矣。孰能生則被遇於承平之世，殁則加襚以上公之章如曹氏乎？必繇積善使然，非徒以能自見也〔六〕。故具官某才高而敏，行飭以和。逮事祐陵，贊儀上閤，閟其多祉，以遺後人。擁節在廷，奉祠賦禄。會覃御極之慶，貤爾漏泉之恩。正位公師，已云顯矣；啓封成國，尚克享之。可。

所生母懷澤郡夫人王氏特贈瑯琊郡夫人〔七〕

敕：母以子貴，雖曰古誼，然不值我非常之慶，則何以伸爾無窮之悲？具封某氏有端静之風，有勤儉之行，是生良子，爲世舊臣。觀其謙敬，可以知母之賢；視其詞采，可以知母之教。

〔一〕特：原無，據明澹生堂鈔本、四庫本補。
〔二〕特贈：原無，據明澹生堂鈔本、四庫本補。
〔三〕筭：四庫本作「策」。
〔四〕任：原無，據明澹生堂鈔本、四庫本補。
〔五〕「故」、「任」原無，據明澹生堂鈔本、四庫本補。
〔六〕徒：明澹生堂鈔本、四庫本作「獨」。
〔七〕特贈：原無，據明澹生堂鈔本、四庫本補。

旌幢烜赫，悵莫奉於安輿；印綬光華，兹洊加於幽壤〔二〕。配天之澤，奕世毋忘。可。

故妻咸寧郡夫人王氏特贈瑯琊郡夫人〔三〕

敕：朕於纂臨之初，下安穆之册。言念臣工之貴，孰無伉儷之思？推廣龐恩，追加寵渥。故具封某氏稟資柔潔，御下寬和。閔君子有汝墳之風，循法度得采蘋之義。嗟久同於甘苦，乃不逮其光榮。兹錫命書，徙封名郡。雖無從於偕老，尚少慰其悼亡。可。

靖海軍節度使李寶曾祖朝散大夫大理寺丞舜卿贈太子少保制〔三〕 登極赦恩

敕：鄉者賊亮造舟膠西，爲浮海之策，天誘良將之衷，水擊火攻，勦殄滅之，俾無遺育。雖曰賴國威靈，伐賊秘計，亦惟爾李氏三世將昌，以集此休命，肆予寵嘉之。具官某積善在身，陰功及物。寧嗇其報，以遺後人？暨寶遂興，成此偉績，粤由横列一命而植六纛，近世蓋未有也。兹予踐祚，加寵曾門。廷尉之丞，驟亞宮保，可謂非常之澤矣。庶幾幽壤，歆我追褒。可。

舒州觀察使安康郡開國侯戴皐封贈父母妻

該六月十三日赦恩〔四〕

故父贈武節大夫謹特贈武顯大夫〔五〕

敕：日月之明，何幽不照〔六〕？雨露之澤，既歿猶霑。朕方求端於天，兹用大賚於下。具官某生而無玷，以善其身；死而有憑，以開厥後。載嘉爾子，視秩觀風。會吾霈澤〔七〕，追賁禰廟，益令遷秩，用答教忠。可。

故母恭人彭氏特贈碩人制〔八〕

敕：國家揖遜授受於一堂之上，實無愧乎舜禹。若夫生者有敘遷之寵〔九〕，没者有追崇之恩，則亦典謨所未聞也。具封某氏爲婦而順，爲母則慈。兹值邦榮，有嘉子貴。其即温恭之號，追

〔一〕兹：四庫本作「俾」。
〔二〕「故」、「特贈」原無，據明澹生堂鈔本、四庫本補。
〔三〕靖：原作「静」，據明澹生堂鈔本、四庫本、傳校本改。
〔四〕該：原無，據明澹生堂鈔本、四庫本、傳校本補。
〔五〕「故」、「特贈」原無，據明澹生堂鈔本、四庫本、傳校本補。
〔六〕照：明澹生堂鈔本、四庫本作「獨」。
〔七〕澤：明澹生堂鈔本、四庫本作「恩」。
〔八〕「故」、「特贈」原無，據明澹生堂鈔本、四庫本、傳校本補。
〔九〕叙：原作「秩」，並校云：「院本作『叙』。」今據此及明澹生堂鈔本、四庫本改。

遷碩大之封。閎章甚華，幽隧知享。可。

妻恭人晉氏特封碩人〔一〕

敕：婦人之爵雖曰從夫，然非朝廷有殊常之慶，則其褒崇也鮮矣。具封某氏祗事蘋蘩〔二〕，服勞組紃，宗族敬焉，家室宜焉。是用推吾御極之恩，錫爾晉封之命。《周南》之勉以正，《召南》之勸以義，皆婦人事也，尚念之哉！可。

陳懌母羅氏封太孺人制 九月二十八日〔三〕

原標：保義郎陳懌乞回覃恩轉官與母羅氏，保義郎龔鑾乞回覃恩轉官與所生母劉氏，並特封太孺人〔四〕。

敕具官某：朕以天下之大爲父母之養，惟恐孝治之未廣也。今爾有子，奮身右列，請還遷秩之寵，爲爾湯沐之封〔五〕，固朕喜聞而樂從者。《詩》不云乎：「孝子不匱，永錫爾類。」朕心庶幾焉〔六〕。可。

婉容翟氏進封特與依格合得恩澤親屬故武節郎蔣世忠特與贈武義大夫制 壬午〔七〕

敕具官某：朕屬精圖治，始於齊家。登建傛華〔八〕，助修陰教，固未嘗因其私謁而爲之貤恩也。若夫推之人情而協，稽之法意而順，則亦無所靳焉。爾以外姻，嘗登右列。茲用正於七品，以追賁於九原。尚其有知，服我休命。可。

婉容翟氏進奉親屬張氏與封淑人劉氏與封孺人〔九〕

敕具封某氏：朕初嗣服，不邇聲色，後宮蓋闕如也。永惟婦職，有不容廢，故擇良家之合法相者登備嬪御之列，其選可謂重矣。夫選重則禮厚，禮厚則恩隆，於其私親，能勿褒乎？往服嘉名，以光柔度。可。

岳飛叙復元官制 壬午〔一〇〕

原標：七月十三日聖旨：故岳飛起自行伍，不踰數年，位至將相，而能事上以忠，御衆有法，屢立功效，不自

〔一〕特封：原無，據明澹生堂鈔本、四庫本、傅校本補。
〔二〕蘩：明澹生堂鈔本、四庫本作「藻」。
〔三〕九月二十八日：原無，據明澹生堂鈔本、四庫本補。
〔四〕原刻校云：「原案：『此蓋二敕同詞耳，不得爲一題也。』」
〔五〕封：明澹生堂鈔本、四庫本作「奉」。
〔六〕原刻文末校云：「原案：『具官某疑當作具封某氏。然各本俱同，存以俟考。』」
〔七〕壬午：原無，據明澹生堂鈔本、四庫本補。
〔八〕傛：原作「熔」，據明澹生堂鈔本、四庫本改。
〔九〕奉：原作「封」，據明澹生堂鈔本改。與封：原無，據明澹生堂鈔本、四庫本補。
〔一〇〕壬午：原無，據明澹生堂鈔本補。

矜誇，餘烈遺風，至今不泯。去冬出戍，鄂渚之衆師行不擾，動有紀律，道路之人歸功於飛。飛雖坐事以歿，而太上皇帝念之不忘。今可仰承聖意，與追復原官，以禮改葬。訪求其後，特與録用。

敕：仁皇在位，親明利用之勳；神祖御邦，首祭狄青之像。蓋念舊者不忘於拔扶，而勸功者當急於襃崇。朕祗稟睿謨，眷懷宿將。兹仰承於素志，肆盡洗於丹書。故前少保、武勝定國軍節度使、武昌郡開國公、食邑六千一百户、食實封二千六百户岳飛，拔自偏裨，驟當方面。知略不專於古法，沈雄殆得於天資。事上以忠，至無嫌於辰告；行師有律，幾不犯於秋毫。外摧孔熾之狂胡，内翦方張之劇盜。名之難揜，衆所共聞。會中原方議於橐弓，而當路力成於投杼〔二〕，坐急絳侯之繫，莫然内史之灰。逮更化之云初，示襃忠之有漸。思其姓氏，既仍節制於岳陽；念爾子孫，又復孤惸於嶺表。欲盡還其寵數，乃下屬於眇躬。是用峻升孤棘之班，疊畀齋壇之組。近畿禮葬，少酬魏闕之心；故邑追封，更慰轅門之望。不徒發幽光於既往〔三〕，庶幾鼓義氣於方來。嗟夫！聞李牧之爲人，殆將撫髀；闞西平而未録，敢緩旌賢？如其有知，可以無憾〔三〕。

故岳飛妻李氏特與復楚國夫人〔四〕

敕：榮悴有時而不同，忠邪既久而自判。昔飛以篆車絺冕備大將之多儀，而李以文駟雕軒正小君之顯號。繄彊宗之鼎盛，何奇禍之驟興？逮兹天定之時，宜爾邦誣之辨〔五〕。具封某氏柔潔以爲質，勤儉而自修。處安榮不聞驕妬之愆，居患難不改幽閑之操。闔門遠徙，閲歲屢遷。眷厚前朝，既下生還之命；志伸今日，載加甄叙之榮。錫以土田，爲其湯沐。子孫並仕，顧惟晚歲以何憂；門户再興，尚識大恩之所自〔六〕。

岳飛男雲追復左武大夫忠州防禦使〔七〕

敕：漢李將軍恥對刀筆之吏，寧就死焉，未幾子敢亦罹非命。良將數奇，自古固然，朕未嘗不撫膺而興嗟也〔八〕。故具官某慷慨忠勇，頗有父風。困於讒誣，不究勳績。兹懷遺烈，盡復故官。朕既白杜郵之寃，爾或知輔氏之報〔九〕。

〔一〕力：原作「立」，據明澹生堂鈔本、四庫本、《金佗續編》卷一三改。
〔二〕徒：明澹生堂鈔本、四庫本、《金佗續編》卷一三作「獨」。
〔三〕《金佗續編》卷一三此下尚有：「可特追復少保、武勝定國軍節度使、武昌郡開國公、食邑六千一百户、食實封二千六百户。」
〔四〕故：原無，據明澹生堂鈔本、四庫本補。
〔五〕邦：原作「邪」，據明澹生堂鈔本、四庫本、《金佗續編》卷一三改。
〔六〕《金佗續編》卷一三此下尚有：「可特封楚國夫人。紹興三十二年十月十八日。」
〔七〕此篇及以下三篇標題原刻均無「岳飛」二字，今徑補。
〔八〕膺：明澹生堂鈔本、四庫本、《金佗續編》卷一三作「巻」。
〔九〕《金佗續編》卷一三此下有「可特追復左武大夫、忠州防禦使」。

岳飛男雷追復忠訓郎閤門祇候制

敕具官某：前世流人多矣，亦有父子兄弟死則追褒、生則遷秩如今日者乎？國家雨露之恩與天通矣，靈如未泯，知享斯榮。可。

岳飛男霽復右承事郎與合入差遣震靄並與補保義郎制〔一〕

敕具官某〔二〕：爾父有戰勝攻取之勳，而無奇龐福艾之相。故忠足以結聖主之眷，而智不能辨權臣之誣。抑鬱九泉〔三〕，浸尋七閏。茲興懷於鼙鼓〔四〕，肆加寵於子孫。復以文階，震、靄用「命以官榮」。續其世祿。朕於爾家可謂注意矣，爾之一門何以報我哉？

岳雲妻鞏氏復恭人制

敕某氏：昔者大臣逞憾，誣衊舊勳，微太上皇帝全度矜容，則岳氏一門無噍類矣。爾流離嶺海，險阻備嘗，上奉君姑，下撫幼穉，以至於今，非天有以相之耶！其詔攸司，還畀温恭之號。生爾者太上，恤爾者朕躬。爾其念兩朝之厚恩，勉二子以忠報，庶幾他日，尚有餘榮。可。

知海州魏勝中箭病篤其妻于氏割股與食遂得安愈特封安人制

壬午三月七日〔五〕

敕某氏：昔辟司徒之妻，以有禮封於石窌。今勝守吾邊壘，正辟司徒之職也。爾能不愛尺寸之膚，愈勝痍傷之疾，非特有禮而已。表而出之，進聯命婦，視古列女，其庶幾乎！可。

封贈歸正人蕭中一及妻妾男婦制 附狀

吏部狀：「承紹興三十二年正月十三日三省、樞密院機速房劄子：『京西北路招討使吳拱奏：據鄧州在城僧道士庶段皐等狀：伏爲本州蕭中一身係契丹〔六〕，心順宋朝，密授旂榜。不意內有白扞户經劉蕁等告變〔七〕，中一知事不捷，遂挈家歸正。迷路，行至州北百餘里，被賊劫散。拱差軍馬

〔一〕霽：明澹生堂鈔本作「霖」；「復」、「並」二字原無，據明澹生堂鈔本、四庫本補。
〔二〕具官某：《金佗續編》卷一三作「前右承事郎岳霖」。
〔三〕抑：原作「一」，據四庫本改。
〔四〕興：原作「申」，據明澹生堂鈔本、四庫本、《金佗續編》卷一三改。
〔五〕壬午三月七日：原無，據明澹生堂鈔本、四庫本補。
〔六〕「爲」下，明澹生堂鈔本、四庫本有「知」字。
〔七〕扞：原刻校云：「院本作『阡』。」按明澹生堂鈔本、四庫本亦作「阡」。

尋接到中一男並夫人家小，護送已到鄧州城外〔一〕。中一因劫，被村民殺死。乞優加褒贈，及將本官男穎推恩。已行下鄧州，優加存恤，及將蕭穎權補武翼大夫。

〔小帖子〕蕭中一妻耶律氏見帶僞番蘭陵郡夫人，次妻耶律氏並妾路氏、蕭穎妻耶律氏各未有封號。正月九日，三省、樞密院同奉聖旨依奏。蕭中一令所屬優加褒贈，蕭中一妻與加封，餘人依條封號。』本部參照比擬，欲將蕭中一換贈正任觀察使，優加褒贈，與贈正任承宣使；及本人妻耶律氏與封碩人，次妻耶律氏〔二〕、妾路氏並封孺人；蕭穎妻耶律氏隨夫見今官，與封安人。」四月十九日奉聖旨，蕭中一特贈節度使，與封郡夫人〔三〕，餘依吏部指定到事理施行。權中書舍人周某札子內有稱呼合行申明，今具下項：

一、吏部擬蕭中一前銜作「故奉國上將軍」等，今欲乞稱「故歸正人某官」。

一、吏部擬蕭中一妻耶律氏前銜並係僞官〔四〕，今欲乞稱「故贈某軍節度使蕭中一妻蘭陵郡夫人某氏」。

一、吏部擬蕭中一次妻耶律氏前銜亦係僞官，今欲乞稱「故贈某軍節度使」，所有「次妻」二字，別無經據，若直稱妾，又恐與路氏無別，今欲乞用「小妻」二字。出《漢書》。仍乞朝廷比路氏量與加封，庶得允當。

一、吏部擬蕭中一妾路氏前銜亦係僞官，今欲乞稱「故贈某軍節度使蕭中一妾路氏」。候指揮。十一月六日，奉聖旨依，內蕭中一小妻耶律氏，特改封安人。

故歸正人奉國上將軍武勝軍節度使兼鄧州管內觀察使威略軍都總管護軍蕭中一贈節度使

敕：春秋爵潞子，漢興封弓高，蓋嘉其能慕諸夏則進之，念其出於世胄則侯之，古之道也。況夫舉族來歸，不遂厥志，追褒之寵，其可限以常法哉〔五〕？具官某北方之貴種，南陽之良守〔六〕。戰爭之際，逆順未分。而能遏兵鋒，保城邑，仁也；尊中國，背夷狄，忠也。有是二美，而天命不佑，中道殞越，朕甚傷之。惟擁旄受鉞以待勳績之殊絕者，今以襚爾，兹爲異恩。魂而有知，服予一人之嘉命。可。

蕭中一妻耶律氏封郡夫人

敕：契丹事我朝百有餘年，歡盟之篤古未有也。中罹蕩析，其遺民男女寧無厭虜虐、思前好者乎？具封某氏君長之胄，歸於名王，懷我大德，勉夫款塞。今其嫠矣，何以錫之？重錦魚軒，易其氈毳。昔太祖謂孟昶之母曰：「俟平太原，當送母歸故鄉。」今朕方以殄虜爲期，他日亦將歸爾於燕薊。姑服新命，無戚戚

〔一〕已到：明澹生堂鈔本無；城：明澹生堂鈔本、四庫本無。
〔二〕「次妻」上，明澹生堂鈔本、四庫本有「蕭中一」三字。
〔三〕「與封」上當脱「妻耶律氏」四字。
〔四〕官：原作「定」，據明澹生堂鈔本、四庫本改。
〔五〕以：原作「乎」，據明澹生堂鈔本、四庫本、傅校本改。
〔六〕良守：原作「守將」，據明澹生堂鈔本、四庫本、傅校本改。

焉。可。

小妻耶律氏封安人

敕某氏：遠人慕義，越境來歸。朕嘉其懷忠而閔其非命，故推恩渥，遍逮家人。祇服美名，安於其室。可。妾路氏同詞。

男武翼大夫穎妻耶律氏封安人

敕某氏：惟爾先舅，功在南陽，心向王化，不幸踣於道路，聞之惻然。朕方優恤厥家，以勸來者。仰事俯育，緊爾夫是賴。兹用列爾命婦，賁其閨門。尚服寵光，知朕招携懷遠之意。可。

廬陵周益國文忠公集卷九八

掖垣類稿卷五

外制 國衈 神號

雷化州運判鄧酢贈一官直秘閣〔一〕

敕具官某：爾自爲白衣〔二〕，已知慷慨論事，及宰百里，又嘗踴躍用兵，亦可謂有志於事功者矣。付以交廣之節，蓋將試而用焉。果能奮其智謀，殄滅群盗。方疇伐閲，遽歎淪亡。追錫文階，升華册府，非徒慰夫死者〔三〕，亦尚賁爾子孫。可。

鄭思廉贈拱衛大夫遥郡團練使制 二月二十五日〔四〕

原標：武顯大夫、御前軍同統制軍馬鄭思廉，紹興三十二年五月六日解圍原州陣亡，特贈六官，與六資恩澤，合贈拱衛大夫、遥郡團練使。

敕：春秋貴偏戰，初不以成敗計也，况能捐軀殉國，而可無褒乎？具官某久在兵間，見稱膽略。原州之役，視死如歸。朕惟厩焚猶恐傷人，忠厚思及行葦。今聞爾訃，痛悼可知。盡録孤兒，峻加勇爵。魂兮如在，尚識我心。可。

趙晟劉瑜各贈官 二月二日〔五〕

原標：保義郎、蔣州期思縣尉趙晟，部領進義校尉劉瑜，與群賊黄軍二等鬭敵身亡。晟贈兩官，與一資恩澤。瑜贈承信郎，與一子進義副尉。

敕具官某等〔六〕：盗發期思，汝能死職。進官録後，少慰忠魂。可。

竇彬李權吴知新各贈官

原標：陣亡人竇彬特贈兩官，與一資恩澤。李權特贈一官，與一資恩澤。吴知新特贈一官，與一子父職名。

敕某人等：盗起海濱，興師討擊。汝曹死難〔七〕，鼠輩生擒。功既當酬，忠尤可閔。追遷厥秩，仍録其孤。庶幾有知，服我休

〔一〕明澹生堂鈔本、四庫本、傅校本題作「本路運判鄧酢已身故特贈一官直秘閣」。
〔二〕白衣：明澹生堂鈔本、四庫本、傅校本作「布衣」。
〔三〕徒：明澹生堂鈔本、四庫本作「獨」。
〔四〕二月二十五日：原無，據明澹生堂鈔本、四庫本補。明澹生堂鈔本「二十五日」誤作「三十五日」。
〔五〕二月二日：原無，據明澹生堂鈔本、四庫本補。
〔六〕某：原無，據四庫本補。
〔七〕曹：四庫本作「等」。

命。可。

清河口皂角林立功官兵轉官制

原標：成閔保奏，劉錡下紹興三十一年十月十三日楚州淮陰縣清河口及十八里河口與金賊見陣立功官兵，又於十月二十六日揚州皂角林立功官兵，右武大夫、蘄州防禦使宋寧等轉官。宋寧、賈和仲、薛恩並三官，吴超、劉全、劉端、李進、張俊、田進、王佐、王宣、邢福、孟遇並兩官，韓貴四官，韓章、宋弁、李平、劉平、李浚並一官，於階官、遥郡上分轉。

敕：賊亮十年謀我，一旦掃國入寇，惟爾帥錡抑其鋒於清河，敗其衆於皂林。勳雖未究，而用力至矣。具官某等咸負絶人之勇，嘗攄敵愾之忠，豈以錡亡而遺汝賞？遞加爵秩，寵錫贊書。聞鼙鼓之聲，猶思錡績；申河山之誓，用答汝功。尚勉之哉，毋忘予報。可。

瓜州及皂角林陣亡官兵贈官制

原標：成閔保奏，瓜州及皂角林陣亡官兵，武功至武翼大夫郭進、張千、張進、王玘、張仙、李榮、王昱、張宥、楊和、朱洪等一十人，各贈六官，與六資恩澤，係於横行、遥郡上分贈。

敕：先日單于自將，送死廣陵，王師一戰於皂林，再戰於瓜州，雖稍挫其鋒，而吾士馬亦少耗矣。具官某等皆鬭將也，奮其智勇，力捍大敵，身膏野草，朕用閔傷。横班遥寄，追錫休命，且詔有司，悉録其孤。嗚呼！死者不可復生，姑致吾悼念而已。可。

和州陣亡官兵韋永壽贈官　六月九日〔一〕

原標：和州陣亡官兵，左武大夫韋永壽贈八官，與八資恩澤，於横行、遥郡上分贈，合贈中衛大夫、遥郡觀察使。

敕：賊亮既踣，窮寇翱翔，歷陽且歸矣。而王師遏之，雖匹馬觭輪欲其無返，然兵法之所難也。具官某奮熊羆之力，忘蜂蠆之毒。反令送死之虜，歸爾如生之元。厚進厥官，貤恩稱是。少紓痛悼，尚克享之。可。

霍千呂直陣亡贈官制

原標：鎮江都統制張子蓋下探事人進義校尉霍千〔三〕、進武副尉呂直，並在淄州淄縣陣亡，各特贈承節郎，與一子父職名，更與一名進武副尉〔三〕。

敕某人等：諜而遇敵，能格鬭以死，斯亦忠矣。追榮録後，尚克享之。可。

〔一〕六月九日：原無，據明澹生堂鈔本、四庫本補。

〔三〕「鎮江」下原有「軍」字，據明澹生堂鈔本、四庫本删。

〔三〕進武副尉：明澹生堂鈔本、四庫本作「進勇副尉」。

汝州陣亡趙吉等贈官制 壬午七月八日敕〔一〕

原標：歸明人忠武校尉、雲騎尉趙吉同女婿車全、劉福去年十二月汝州陣亡，趙吉與換從義郎上贈三官，與恩澤三資，車全、劉福並白身，合贈承節郎〔二〕，各與一子進勇副尉〔三〕。

敕某人等：汝甥舅慕義，自拔來歸，而銳於立功，至同時以死，達於予聽，爲之惻然。追命録孤，尚其知享。可。

故武翼大夫泰州兵馬都監趙輻特贈兩官與致仕恩澤制

敕具官某：虜犯海陵，爾捐軀命。名編死事，家被賞延。庶幾有知，歆我卹典。可。

楊林渡陣亡王勻等贈官 八月六日〔四〕

原標：李顯忠保明淮西楊林渡陣亡王勻等一千三百七十五人。內武顯大夫董寶、武翼大夫王勻各贈六官，於横行、遥郡上分贈，各與六資恩澤。

敕：楊林之役，殺傷相當。朕一聽鼙聲〔五〕，未嘗不思當時死事之將也。具官某勇於敵愾，忠不顧身，馬革裹尸，卒成素志。泰山如礪，莫副我心。遥寄横階，舉爲愍典。録孤與幼，多至六人。生者既已有歸，歿者庶無憾矣。可。

蔡州功申立元廣贈官制

原標：鄂州吴拱申，武略郎申立、成忠郎元廣，今年正月內四次蔡州立奇功，卒患身死，係合轉八官之人〔六〕。九月二十四日聖旨，與贈八官，申立合贈右武大夫、遥郡刺史，元廣贈武經郎。

敕：生而資其力，死而廢其功，非人情也。具官某素推拳勇，屢戰蔡城。方趣定封，遽悲薄命。峻升横列，仍刺大州，庶幾有知，服我休命！可。元廣同詞，但改云〔七〕：「進階八等，時乃異恩。九原有知，尚或能享。」

港口陣亡翁喜第贈官制

原標：沿海制置使下進勇副尉、多槳船部將翁喜第，

〔一〕壬午七月八日敕：原無，據明澹生堂鈔本、四庫本補。四庫本脱「八」字。

〔二〕合：明澹生堂鈔本、四庫本作「各」。

〔三〕子：明澹生堂鈔本、四庫本作「名」。

〔四〕八月六日：原無，據明澹生堂鈔本、四庫本補。

〔五〕鼙：明澹生堂鈔本、四庫本作「磬」。

〔六〕「係」上，明澹生堂鈔本、四庫本有「元」字。

〔七〕元廣同詞但改云：明澹生堂鈔本、四庫本作「元廣用申詞，仍改四句云」。明澹生堂鈔本「申」誤作「平」。

紹興三十一年十月二十七日港口陣亡，特贈承節郎，與一子父職名，更與一子進勇副尉(二)。

敕某人：向者海道之役，人皆凱還，而爾獨亡；人皆策勳，而爾無及。録孤進爵，尚慰忠魂。可。

蔡州陣亡李貴等贈官制　十月二十八日(三)

原標：蔡州陣亡有家屬承節郎李貴贈三官，與兩資恩澤，進義校尉宋琪贈承節郎，與一子進勇副尉。

敕某人等：昔者下襄漢之甲，底定蔡方。雖師直爲壯，人百其勇，而不能救爾於鋒鏑之下，吾是以知兵之爲凶器，戰之爲危事也，悲夫！宜詔司勳進官而録其後。忠魂未泯，歆我閔章。可。

蔡州陣亡官兵無家屬李雲等一十有九人各贈承節郎(三)

敕某人等：爾等既爲國而捐其軀，又無家以續其祀，可謂重不幸也已。進官何及，尚慰九泉。哀哉！可。

海州劫寨身死長行翁顏贈承信郎與一子守闕進勇副尉　十月二十八日(四)

敕某人：爾頃以乘邊，勇於摩壘。被傷而死，深所哀矜。進秩録孤，尚歆恤典。可。

壽春陣亡兵士唐達等贈官制　十一月二十八日(五)

敕某人等：國家平日養兵於諸郡，所以待一旦之用也。汝繇出戍，效死州采(六)。賜爵録孤，非特慰爾存殁，亦庶幾卒伍之衆知我無負於人。可。

陳州陣亡戴規贈官制

原標：趙樽申，忠義軍副統領戴規，於紹興三十一年十一月内(七)，先結約陳亨祖等收復陳州。次年三月，蕃賊攻城，初十日城破，規部兵巷戰奪門陣亡。特贈三官，與兩資恩澤，更與一名守闕進義副尉(八)。壬午十二月二十三日指揮(九)。

敕某人等：宛丘之民，世被王澤，故得之也易；地當四

(一) 子：原作「名」，據明澹生堂鈔本、四庫本改。
(二) 十月二十八日：原無，據明澹生堂鈔本、四庫本補。
(三) 一十有九：明澹生堂鈔本、四庫本作「十九」。
(四) 十月二十八日：原無，據明澹生堂鈔本、四庫本補。
(五) 十一月二十八日：原無，據明澹生堂鈔本、四庫本補。
(六) 采：明澹生堂鈔本、四庫本作「来」。
(七) 十一月：明澹生堂鈔本、四庫本作「十月」。
(八) 與：原無，據明澹生堂鈔本、四庫本補。
(九) 壬午十二月二十三日指揮：原無，據明澹生堂鈔本、四庫本補。

戰，虜所必争，故守之也難。爾智足以得其城，而勇不忘於死守，可謂忠矣。追褒之典，當越常彝。魂如有知，服予一人之寵命。可。

忠義前軍陣亡李義等贈官制 十二月二十八日〔一〕

原標：樞密行府忠義前軍於滁、和、壽州以來陣亡使臣，守闕進義副尉李義特贈承節郎，與一子父職名，更與一名進勇副尉，白身李全特贈承節郎，與一子進勇副尉，無家屬李進等一十四人各特贈承節郎〔二〕。

敕某人等：黠虜不道，擾吾江淮。爰命樞臣，督兵以戰。嗟而死事，是命追褒。魂如有知，尚或知享。可。

曹家莊陣亡韓敏等贈三官 癸未〔三〕

原標：秉義郎韓敏特贈三官，與三資恩澤。進武校尉耿興、下班祇應許進、進義副尉鄭旺、守闕進義副尉張福、守闕進勇副尉崔謹、劉進，並贈承節郎，與一子父職名，更與一子進勇副尉〔四〕。並於今年正月二日在臨淮縣北曹家莊陣亡〔五〕。

敕某人等：邊郡之士敵至而戰，固其職也。抑朕不德，無以格醜虜，使汝曹肝腦塗地，如憯怛何？進秩録孤，其無憾於泉穸。可。

馬回山下陣亡鄭祥等贈官 癸未二月三日指揮〔六〕

原標：武節郎、成都府等路第一副將、嘉州駐劄鄭祥，承節郎、嘉州犍爲縣尉胡欽若，降授保義郎、嘉眉州巡檢王忠，各贈兩官，與一資恩澤。下班祇應成都府等路第一隊將、嘉州駐劄王彦贈承信郎，與一子父職名。並爲紹興三十一年十一月在犍爲縣馬回山下與作過蠻人鬬敵陣亡推恩。

敕具官某等：夜郎、僰中之蠻侵擾縣道，爾等觸白刃，冒流矢，以盡人臣之節，朕聞而傷之。優進厥官，賞延於世。忠魂未泯，尚知饗哉！可。

和州烏江縣西楚霸王先準敕賜英惠廟特封靈祐王 壬午三月二十九日〔七〕

原標：淮西安撫轉運司申，金賊去年侵犯本路，虜主

〔一〕十二月二十八日：原無，據四庫本補。明澹生堂鈔本作「十一月二十八日」。
〔二〕各：原無，據明澹生堂鈔本補。四庫本誤作「名」。
〔三〕癸未：原無，據明澹生堂鈔本、四庫本補。
〔四〕子：明澹生堂鈔本、四庫本作「名」。
〔五〕二日：明澹生堂鈔本、四庫本作「十日」。
〔六〕癸未二月三日指揮：原無，據明澹生堂鈔本、四庫本補。
〔七〕壬午三月二十九日：原無，據明澹生堂鈔本、四庫本補。

親携千餘騎上廟燒香，乞環珓過江，數珓不允。虜主令人毀拆殿屋，欲要舉火焚燒之時〔一〕，只見殿内東梁上有一大蛇出現，又聽得殿後大林内如數千人發喊叫殺，虜主大驚，左右皆走。

敕某神：朕惟祖龍將亡，江神返璧；苻堅既敗，草木皆兵。昔猶疑之，今驗斯語。某神拔山之威，震乎諸侯之上，蓋世之氣，凛然千載之下。蠢兹賊亮，違天背盟，乃敢涉吾地而聽於神。神聰明正直者也，寧不吐之耶？是故穆卜則龜違，慢侮則颲見，如聞叱吒之聲，而羯胡辟易於數里之外矣。神之威靈大矣哉！宜錫真封，就加顯號。王其益恢貺施，以佑淮民，民亦將世世奉王無怠。可。

澧州彭山英澤廟廣澤顯烈公加封廣澤顯烈順濟公 十月十九日〔二〕

敕某神：朕聞至治之世陰陽和，風雨時，民無害菑，則亦無瀆於神。肆惟寡昧，初承聖緒，德未足以承天意，澤未足以浸黎元。況澧陽去國數千里，懔乎惟懼歲事之艱而人生之勤也。爾公以帝子之貴，留遺愛於民。民尸而祝之，社而稷之，六百年於兹矣。旱暵之憂解，風雹之變銷。威靈赫然，大芘千里。不加顯號，孰著厥功？《詩》不云乎：「誕后稷之穡，有相之道。」而今而後，滋有望於公也。可。

德順軍東北三十里隴干北山亂石湫神嘉潤公加封顯應嘉潤公制〔三〕

原標：吴璘保奏：元豐元年旱滂獲應，封嘉潤侯，宣和三年加封嘉潤公。昨來官軍與金賊大戰，陰雨晦冥，三日不止，委是風雲助順。又本軍新復未踰月，旱乾苗稿，祈禱沛然。壬午八月八日勅〔四〕。

敕某神：助順而予直，幽明之理一也。爾公早承天寵，久隔王靈，涵蓄風雲，待時以發。故雷電晦冥於戰攻之際，而雨暘時若於還定之初，可謂有勞於國有功於民者矣。益增美號，用侈殊休。疆事既平，則封崇之典未艾也。可。

洋州威顯廟惠應豐澤侯加封惠應豐澤靈貺侯 壬午三月十四日〔五〕

敕某神：昔漢宣帝聞益州金馬碧雞之神，遣諫大夫褒持節

〔一〕舉：明澹生堂鈔本、四庫本作「放」。
〔二〕十月十九日：原無，據明澹生堂鈔本、四庫本、傅校本補。
〔三〕隴干：原作「隴於」。按《元豐九域志》卷三：「德順軍，慶曆三年以渭州隴竿城置軍。」《輿地廣記》卷一六亦作「隴干」。可證「於」乃「干」之誤，據改。
〔四〕壬午八月八日勅：原無，據明澹生堂鈔本、四庫本補。傅校本作「壬午八月日勅」。
〔五〕壬午三月十四日：原無，據明澹生堂鈔本、傅校本補。

求之。朕則不然，以年穀順成爲上瑞，以斯民仁壽爲福應。今爾侯實能順皇之德，體朕之意，使幅隕千里雪霜風雨之以時，水旱癘疫之不作，厥功懋焉。其衍嘉名，以昭貺施。朕庶幾無愧於馨薦，侯尚眷顧坤維而永庇之。可。威州高垌山康祐廟寧應侯加封孚惠寧應侯同詞，但改「坤維」作「華戎」。

静江府義寧縣惠寧廟義寧侯加封義寧靈澤侯制 壬午閏二月十一日〔一〕

敕某神：《詩》曰：「明昭上帝，迄用康年。」朕既德薄，初承天序，未能有所格也。顧瞻桂嶺，邈在萬里，逆時雨，寧風旱，繄爾有神是賴，予惟寵嘉之。其詔禮官，申加美號，庸示朕報功之義焉。尚服寵光，益隆貺施。可。潯州廣祐廟顯應普惠侯加封顯應普惠靈澤侯同詞，但改「桂嶺」二字爲「潯江」。壬午六月一日〔二〕。

光州城西威惠廟神加封制 壬午八月七日〔三〕

原標：光州城西威惠廟中尊威惠顯應侯加封英格威惠顯應侯，東位昭惠順應侯加封武格昭惠順應侯，西位孚惠靈應侯加封忠格孚惠靈應侯。

敕某神等：疇昔虜帥，擾吾淮服，乃眷期思之壤，有嚴威惠之祠，靈若降於雲中，厲遂驅於山左，鼎加美號，顯答陰功。尚秩祀以依人，永孚休而受職。可。

贛州寧都縣孚惠廟神特封靈應侯制

敕某神：贛之北鄙，有壯哉縣。其民勤，故力穡而賦厚；其地确〔四〕，故閔雨則農傷。惟爾有神，禱焉輒應。削章來上，朕用歎嘉。進爵徹侯，增光廟祀。尚其受職，永庇一方。可。

光化軍酇侯德懷廟特封助順文終侯制

原標：督視軍馬汪澈保奏〔五〕：紹興三十一年九月二十七日，虜犯光化，夜有鹿衝寨並船筏渡江〔六〕，風吹著淺，諸軍因而獲捷，並傳虜見甲騎與廟像一同事。

敕某神：始完顏氏之修好也，質之天地，告於鬼神曰：「渝此盟，罔克祚國。」及亮窮凶極惡，舉成言而棄之。天既降威以勦絶其命，凡虜師所次，神則致殛。惟酇城在襄漢間，相國何之舊邦也。聲施後世，威靈赫然。却敵安邊，法應祀典。茲用不改漢謚而麗以助順之名，將使五戎六狄知得道者多助，違天者不

〔一〕壬午閏二月十一日：原無，據明澹生堂鈔本、四庫本補。
〔二〕壬午六月一日：原無，據明澹生堂鈔本、四庫本補。
〔三〕壬午八月七日：原無，據明澹生堂鈔本、四庫本補。
〔四〕确：明澹生堂鈔本、四庫本、傅校本作「硗」。
〔五〕督視：原作「都統」，據明澹生堂鈔本、四庫本改。
〔六〕寨：原無，據明澹生堂鈔本補。

祥，而常以亮爲戒云〔一〕。可。

泉州德化縣威惠廟靈助侯加封嘉顯靈助侯制

敕某神：舜受堯禪，望秩於山川，徧於群神。我祖宗肆大眚於初元，亦咸秩無文，以徼福於上下。朕既不德，上帝神明未歆享也。永惟聖王先民後己，思欲遠施而不求其報。今部刺史上言，爾侯利功之溥著於閩海，寧風旱，弭災兵，驅虎豹。朕閱章悚然，何以獲神之貺哉！其詔詞官，亟加顯號〔二〕，以示無德不報之誼焉。可。

鳳州梁泉縣嘉陵谷神加封

原標：鳳州梁泉縣嘉陵谷善濟侯加封英顯善濟侯〔三〕。近因金賊侵犯，常起雲霧風雨，使賊不安，並江水常盈，不誤糧餉事。

敕某神：狄人頓兵西陲，狙伺秦隴。賴神之靈，凡天時地利，吾悉得之〔四〕。惟履信思順，朕猶有愧，而獲助如此，其何敢忘？申錫嘉名，以示無德不報之義。尚恢貺施，迄静邊虞。可。

郴州蘇仙觀冲素真人加封　壬午九月十日〔五〕

原標：禱雨靈應，加號冲素普應真人。

敕：朕聞之，仙以忠孝仁義爲本。然則馭風騎氣，雖已游乎八極之外，而所以眷顧舊邦者宜未忘也。具封陰功宿植，妙道早成。白馬飄然，千有餘歲。屢豐之應，於今賴之。是用按天寶之祠，衍元符之號。至人莫測，於强名顧何有哉？亦俯從衆志而已。可。

廬州焦湖德濟廟靈應助順妃加封孚顯靈應助順妃制

原標：元狀云：自漢廟食今千有餘年，環湖四百里舟船久賴安濟。去年十月，金賊敗盟，首犯淮西，截絶焦湖南通之路〔六〕，累要入湖剽掠，每至湖口，風濤顛猛，不敢侵犯。

敕某神：我國家敬共事神二百年於兹矣，夫豈惟水旱癘疫之是爲，亦惟疆埸或駭，則資神休以庇吾民也。某妃受命富媪，爲吾川后。平居則安流而濟舟楫，遇難則揚波而杜寇戎。州以事聞，朕用嘉歎。其增稱謂，以答威靈。尚憑寵光，簫勺群慝。可。

〔一〕戒：明澹生堂鈔本、四庫本、傅校本作「監」。
〔二〕亟：傅校本作「更」。
〔三〕「谷」下原有「神」字，據明澹生堂鈔本、四庫本删。
〔四〕悉：明澹生堂鈔本、四庫本作「率」。
〔五〕壬午九月十日：原無，據明澹生堂鈔本、四庫本、傅校本補。
〔六〕絶：明澹生堂鈔本作「斷」。

昌化軍寧濟廟神加封制

原標：昌化軍寧濟廟僞漢封永清福夫人，今改封顯應夫人。轉運司狀：三十二年亢旱，祠禱雨降，歲則大熟。又黎人作過，巡尉祈禱，雷雨大作，黎人驚散。

敕某神：儋耳在南海中，黎人雜居，厥田下下。弭寇攘之患，格豐登之祥，惟神之功，寬朕憂顧。未加翟茀，闕孰甚焉？其正位小君，以易二百年之稱謂。尚憑寵命，彌廣靈釐。可。

靜江府臨桂縣靈懿廟開天御道孃孃封昭惠夫人 壬午閏二月十一日(一)

敕某神：漢長陵女子號爲神君，武帝舍之上林，秘祝而已，未聞爲民祈福也。瞻言南服(二)，屹彼靈祠，轉水旱爲豐年，散札瘥爲和氣。其有功於民甚厚，顧何愛懿號而不以慰一方之望乎(三)？尚念粵人，無違雞卜。可。靜江府清惠廟廣慈顯佑恭懿夫人加封孚應廣慈顯佑恭懿夫人同詞，但改「顧何愛懿號」爲「顧何愛申命之寵」。

泉州廣利廟神加封制

原標：泉州同安縣廣利廟靜應威顯侯加封靜應威顯昭護侯，贊佑夫人加封贊佑敷惠夫人。屢因盜賊侵犯，邑人迎神入市，靈應甚多，遂保無虞。

敕某神：自古盜賊凶荒，有非人力所能獨弭者。故凡郡縣之間，天必鎮以靈祠，使視其不祥而祓除焉。此利澤所以周施，災害所以不作也。瞻言巖邑，有赫北山。廟食肇於唐餘，封爵加於昭代。暨乎近歲，肸蠁彌彰。朕既嘉汝侯有庇民之功(四)，復眷厥配有贊成之助。參稽故實，增衍嘉名。尚其內外交飭，益著顯效，以圖稱上帝分命百神之意。可。

舒州小孤山神加封制

原標：舒州宿松縣小孤山惠濟廟聖母已封安濟夫人，連年調發軍馬，津運錢糧，及舟楫經涉江湖(五)，軍民逐時祈禱，皆有靈應，加封助順安濟夫人。

敕某神：《書》曰：「至誠感神，矧茲有苗。」乃者犬戎盜邊，江淮雲擾，而兵民利涉，漕運無虞。迄憑天誅，醜類自北，此神母之陰相而太上之聖德也。予一人方承厥志，經理中原。相彼叢祠，屹臨衝要，茲用加崇位號，贊以書命，庶幾因報功之典而徼福焉。可。

(一) 壬午閏二月十一日：原無，據明澹生堂鈔本、四庫本補。
(二) 瞻：傅校本作「睠」。
(三) 「其有功」至「號而不以」，明澹生堂鈔本、四庫本無。
(四) 汝：明澹生堂鈔本、四庫本作「爾」。
(五) 經：原無，據明澹生堂鈔本、四庫本補。

廬陵周益國文忠公集卷九九

掖垣類稿卷六

狀　劄子

駁前餘杭知縣蔣安定改正罪名狀 時暫權給事中

具位臣周某準中書門下省送到録黄一道，爲九月八日奉聖旨，蔣安定元斷徒三年，贓罪及絞刑，贓罪並特貸命，追毁出身以來告敕文字，除名勒停，送潯州編管，並特與改正。所有籍没家財，緣年歲深遠難以給還事，令臣書讀行下，須至奏聞者。右，臣竊惟國家比設薦舉縣令之法，蓋以職在近民，所當重也。然廉平之政終無聞於世者，非以懲惡未至耶？按蔣安定身爲畿令，而敢姦贓狼藉，略無忌憚。置女僕，求乳媼，私事也，既盜公家之錢以償其直，又抑勒手分、保正以助之，至於侵牟鋪户，虧損銀價，殆及一百七十餘千。凡買書籍，饋過客，取諸官帑，如探私篋，總計其數至六百緡。事發之後，乃牒縣以職田撥還。罪狀如此，已經伏辨，而謂之贓證未明，可乎？况法寺定斷之後，未嘗再鞫，若徑許改正，則自此以往〔一〕，凡居官嗜利者何憚而不爲清晝攫金哉？且祝富無罪〔二〕，乃疑其爲盜而掠死之；禁繫孫福，至使自刎。人命至重，曾不加卹，其殘酷甚矣。違法置收支之曆，欲折折之，欲毁毁之，一切任意，其不遵法令甚矣。貸命流竄，理亦宜然，累赦之後，忽求叙雪，此何意也？况刑部申省改正乃在三十年八月，經隔二年有餘方與取旨，則是朝廷已知前日定斷之爲允，故疑之也。若謂近經大霈，則叙復自有常法，付之有司足矣，何必因其自陳而廢格已行之命，以啓僥倖之門乎〔三〕？臣愚欲望睿慈將上件改正指揮特賜寢罷，庶幾貪吏稍知戒焉。所有録黄，臣未敢書讀，謹隨狀繳進以聞，伏候敕旨〔四〕。

論婉容翟氏位官吏礙止法人轉行狀〔五〕 同金安節上

給事中金某、權中書舍人周某狀奏：準中書門下省送到録黄一道，爲婉容翟氏進封，本位官吏並合推恩，内礙止法人特與轉行〔六〕，令臣等書讀，須至奏聞者。右，臣等聞勳績著則品秩崇，品秩崇則恩數厚。故凡文武官之平進者皆爲法以止之，不可

〔一〕則自此：四庫本作「自今」，明澹生堂鈔本「今」誤作「令」。
〔二〕富：明澹生堂鈔本、四庫本作「當」。
〔三〕以：明澹生堂鈔本、四庫本無。
〔四〕原刻文末注云：「九月十三日，三省同奉聖旨依奏，前降指揮更不施行。」
〔五〕止法：原作「正法」，據明澹生堂鈔本、四庫本改。下同。
〔六〕止法：原作「正法」，原刻校云：「院本並作『止法』。」今據此及明澹生堂鈔本、四庫本改。

踰也。近者太上皇帝推扈從之賞，陛下肆登極之恩〔一〕，可謂事大體重矣，然其間有法當回授者未嘗轉行，豈容掖庭奉事之人獨越此例？其數雖微，其源不可啓也。臣等欲望聖慈將上件礙止法人特與轉行指揮速賜寢罷。所有録黄，臣等未敢書讀，謹隨狀繳進以聞，伏候敕旨〔二〕。

紹興三十二年九月己未，某兼西掖之二日，有旨，婉容翟氏進封〔三〕，本位官吏並合推恩，内礙止法人特與轉行。是時給舍例同銜繳駁。某密語安節：「妃嬪位非中宮，即醫流，皆礙止法。前德壽推江上扈從賞、今上覃恩並不轉行，止令回授，似當論奏。」安節歎曰：「君言是也。近夏賢妃位推恩，安節實未曉，已書讀行下，今恐相戾，君自繳奏可也。」某曰：「若爾尚可商量。」庚申講筵，安節與某各以職事先後留身，初不知安節奏何事。某待班廷下〔四〕，望見安節再拜殿上。安節退而某陞，甫至榻前，上迎勞云：「朕初止謂卿能文，適金安節説卿欲論婉容位轉行礙止法事〔五〕，不謂卿剛方如此，可便進文字來。」方悟安節自引前事以爲失也。章既上，御筆十三字云〔六〕：「依奏。夏妃位官吏亦合依條回授〔七〕。」此舉上可彰聖主從諫如流之德，下亦著安節事君不欺之義，他日史氏或有考焉。

繳李觀鄭孝禮轉官詞頭狀 十月七日上〔八〕

具位臣周某準中書門下省送到詞頭一道，爲李觀、鄭孝禮等依隨龍人例轉三官事，令臣書行，須至奏聞者。右，臣聞法者萬世之當守，例者一時之所行。近日之弊，正在於用例破法，故每開一例則轉折攀援〔九〕，無有窮已。槩之成法，背戾多矣。今李觀、鄭孝禮等自陳遭遇除皇子、立皇太子、皇帝登寶位係在潛邸，遂許依隨龍人例減半推恩，臣竊疑焉。使觀等果隨龍耶，則當盡與恩數不應減半；使其非隨龍耶，則凡小事尚不可用常例，孰謂隨龍而可以爲例乎？臣愚欲望聖慈明詔有司，取見觀等元係潛邸是何職任，係與不係隨龍，正其名而與之。庶幾上無僭賞，下無虚受，用例之弊，自今得以少革，亦助治之一端也。所有詞頭，臣未敢書行，謹録奏聞，伏候敕旨。十月十四日，三省同奉聖旨，李觀等正係隨龍人，爲兼祗應，已減半推恩，可依已降指揮施行。

繳士褭用減年轉官狀 十月九日上〔一〇〕

具位臣周某準中書門下省送到詞頭一道，爲皇叔蘄州防禦使

〔一〕肆：原刻校云：「院本作『施』。」
〔二〕原刻文末注云：「九月二十九日，三省同奉聖旨依奏，賢妃婉容位官吏轉官礙止法人並依條回授。」
〔三〕封：原無，據明澹生堂鈔本、四庫本補。
〔四〕待：四庫本作「侍」。
〔五〕適：原無，據明澹生堂鈔本、四庫本補。
〔六〕筆：四庫本作「批」。
〔七〕合：明澹生堂鈔本、四庫本作「令」。
〔八〕十月七日上：原無，據明澹生堂鈔本、四庫本補。
〔九〕折：明澹生堂鈔本、四庫本作「相」。
〔一〇〕十月九日上：原無，據明澹生堂鈔本、四庫本補。

士㕘奏用恩平郡王璩減年磨勘轉官事〔一〕，令臣書行，須至奏聞者。右，臣竊見南班正任十年一轉，須用實歷，初無回授之法。又宗官歲得減年，依條許與子孫遥郡刺史以下收使。陛下初承大統，動遵成憲，如士㕘磨勘，有不可者二焉。以尊卑論之，於恩平郡王璩實視叔祖，今乃用姪孫減年，於法爲不合，於體爲不順，一也。法許用之於遥郡刺史以下，今乃施之於正任防禦使以上，相去遼絶，何翅冠履，二也。止緣近日士岲、士歆、士程等皆因兄弟陳乞，一例與之，故習熟見聞，以爲當得。朝廷既不以爲過，受者亦不以爲恩。臣恐祖宗舊法日益隳壞，甚可惜也。臣愚欲望特降睿旨，追寢前命。仍詔大宗正司〔三〕，自今於法有礙者毋得循例申請，雖得指揮，亦許吏部執奏不行。其間宗室或有行藝顯著、操履不羣者，自可摭其實狀保明聞奏，陛下特與遷轉，以示敦睦激勸之指，則於人情法意兩得之矣〔三〕。蓋爵禄自上出則善者厲，名器不輕假則僥倖息。臣之所論，非爲一士㕘也，惟陛下圖之。所有詞頭，臣未敢書行，謹録奏聞，伏候敕旨。十一月十七日〔四〕，三省同奉聖旨，依奏。

繳王夫人位手分狀　十一月十一日上〔五〕

具位臣周某準中書門下省送到録黄一道，十月二十九日奉聖旨，崇國柔明淑美和懿王夫人位手分强興祖罷本位，差錢塘縣貼書黄賢世填手分强興祖名闕祗應〔六〕，請給並依强興祖則例支破，令臣書行，須至奏聞者。右，臣竊惟人主命令朝出於九重，夕布於百司，一有失宜〔七〕，爲累至大。今崇國夫人位遷補胥吏，瑣尾甚矣。若因本位陳乞，令有司與之，無不可者，何至煩御寶於內，而降録黄於外？使四方聞之，謂敕差錢塘縣貼書，無乃有傷國體乎？蓋緣禁中文書至多，陛下無由詳察，若因臣言即賜追寢，則自今以往無敢以猥末上瀆聖聽者矣。所有録黄，臣未敢書行，謹録奏聞，伏候敕旨。十一月四日，三省同奉聖旨依奏，前降指揮更不施行。

繳駁蔡仍叙官狀　同金給事上　十一月二十一日〔八〕

具位臣金某、具位臣周某，準中書門下省送到録黄一道，爲前左朝散大夫、賜紫金魚袋蔡仍依赦復元官事，令臣等書讀，須至奏聞者。右〔九〕，臣等聞孔子之言曰「赦小過」，又曰「周有大

〔一〕「減」下原有「半」字，原刻校云：「别本無『半』字。」按明澹生堂鈔本、四庫本亦無「半」字，據删。
〔二〕詔：原作「照」，據明澹生堂鈔本、四庫本改。
〔三〕矣：明澹生堂鈔本、四庫本無。
〔四〕十一月：明澹生堂鈔本、四庫本作「十月」。按《建炎以來繫年要録》卷二〇〇繫此事於十二月辛巳，當考。
〔五〕十一月十一日上：原無，據明澹生堂鈔本、四庫本補。
〔六〕黄賢世：原刻校云：「院本作『世賢』。」按明澹生堂鈔本、四庫本亦作「世賢」。
〔七〕失：明澹生堂鈔本、四庫本作「非」。
〔八〕同金給事上十一月二十一日：原無「十一月二十一日」，據明澹生堂鈔本、四庫本補。明澹生堂鈔本、四庫本作「十一月二十一日同金給事」。
〔九〕右：原無，據明澹生堂鈔本、四庫本、傅校本補。

賚，善人是富」。若乃生則迷國不道，没則流禍無窮，則其子孫豈可亦同于小過〔一〕，而例霑大賚之恩乎〔二〕？按蔡卞陰賊憸巧，遠出京右。紹聖以來，挾紹述之説，濟姦欺之實，履霜失戒，馴至堅冰，此邦之讐、民之賊也〔三〕。今若使其子得以赦原復正郎位，則宿姦巨蠹之後皆可復齒仕籍，失政刑矣。惟陛下明詔有司，毋泥文而啓姦，庶幾爲惡者稍知懼焉。所有録黄，臣等未敢書讀，謹隨狀繳進以聞，伏候敕旨。十一月二十二日，三省同奉聖旨依奏，蔡仍叙官指揮更不施行。

繳曹岠等轉官狀 十二月三十日〔四〕

具位臣周某準中書門下省送到詞頭一道，爲京東路招討使李寶申〔五〕，昨膠西及海州與金人見陣，數内左從政郎、主管羽檄軍書文字曹岠乞優異推恩，奉聖旨特與改合入官，仍更轉兩官。吏部稱已改宣教郎，今來合轉左承議郎。又楊存中申，御營宿衛使司一行官屬等防託江面，並依葉義問等例推賞，數内左迪功郎衛博、右迪功郎陳玿各轉兩官，考功稱未有考第，合循四資。吏部勘會，與比類軍功捕盜格，衛博將一官改轉左承奉郎，陳玿將一官改轉右承務郎。今臣書行，須至奏聞者。右，臣竊謂軍興以來，功賞冒濫固多矣。然以戰鬬爲辭，真僞猶難辨也。至如一介書生，偶從辟召，則其智略之深淺、才力之勇怯，最爲易見。今乃或以貲結大將，或以力脅有司，夤緣僥倖，驟進官簿。儻置而不論，則廉恥衰矣。按曹岠以財雄於江陰，方李寶膠西之捷，蓋潛師涉險所致，曾何羽檄軍書之有？岠既用此爲名，特改左宣教郎，已過所望，若更轉兩官，不太甚乎？此臣所謂以貲結大將者也。衛博、陳玿並爲宿衛使司準備差遣，閲日甚淺，勞效可見。結局之日，皆轉兩官，當時特用樞密行府例依條施行，賞非不厚。而考功檢照二人全無考第，當循四資，吏部輒引葉義問續取到特與改轉指揮，曲爲申明，遂致朝廷亦與比類軍功捕盜格，此臣所謂以力脅有司者也。夫考績必計歲月，改秩專用資歷。若因賂而授，以計而得，將何以勸有功之士、塞無厭之求乎？臣愚欲望睿慈特寢曹岠更轉兩官指揮，其衛博、陳玿止令依格循資，庶幾少抑僥倖，上裨總核之政。所有詞頭，臣未敢書行，謹録奏聞，伏候敕旨。十二月五日，三省同奉聖旨依奏。

繳別廟用樂狀 十二月十一日上〔六〕

具位臣周某準中書門下省送到録黄一道，爲將來追册皇后、祔享太廟，合依見今薦享別廟懿節皇后禮例用樂行事，内導引儀仗鼓吹，今欲乞備而不作事，令臣書行，須至奏聞者。右，臣竊惟薦享宗廟爲祖宗也，故以大包小，雖別廟無嫌於用樂。今祔廟之禮專爲安穆皇后也，豈可以薦享同日語哉？竊見禮官申請尚有

〔一〕亦：原作「下」，據傅校本改。于：原無，據四庫本、傅校本補。
〔二〕而：原無，據明澹生堂鈔本、四庫本、傅校本補。
〔三〕「民」上，傅校本有「而」字。
〔四〕十二月三十日：原無，據明澹生堂鈔本、四庫本補。
〔五〕京東路：明澹生堂鈔本、四庫本作「京東東路」。
〔六〕十二月十一日上：原無，據明澹生堂鈔本、四庫本補。

未盡，臣愚欲乞將來安穆皇后神主至太廟祔謁諸室用樂舞行事外，所有別廟奉安之際則乞備樂而不作。蓋用於前殿，是不以欽宗之服而廢祖宗之禮也；停於別廟，是懿節皇后、安穆皇后爲欽宗服制未畢而少屈也。如此則於禮爲順，於義爲允。所有録黄，臣未敢書行，謹録奏聞，伏候敕旨。

小帖子

臣竊見昨來德壽宮奉上册寶，不惟仰事君親，兼亦係是嘉禮，然猶不欲作樂，則於今日尤當別嫌，伏乞睿照。十二月三十日，三省同奉聖旨依奏。

繳高堯咨轉官不當狀　十二月十四日上〔一〕

具位臣周某準中書門下省送到詞頭一道，爲無爲軍巢縣知縣高堯咨措置召募萬弩效用轉一官，本軍通判王護與減二年磨勘，縣尉張覺民減二年磨勘，令臣書行，須至奏聞者。右，臣契勘江淮宣撫司元申請萬弩營推賞指揮節文，兩淮知縣勸諭士人或寄居使臣等自能召募及百人，白身補下班祗應，有官人轉兩官，其知縣能率先勸誘就緒，亦與保奏推賞。昨於今年九月内使臣楊信自借兑錢物招到八十六人，遂得轉兩官〔二〕，減二年磨勘，此則應自能召募之賞也。是月盱眙、昭信兩縣催促勸誘招及百人，各減二年磨勘，此則應率先勸誘之賞也。今無爲軍巢縣比之盱眙係近裏州軍，高堯咨雖名爲躬親措置募到一百三人，其實以縣道事力，委之公吏，分頭辦集，甚不爲難，比之自能召募者萬萬不侔，只合依盱眙、昭信體例作勸誘就緒，共減磨勘二年。今乃用士人自行召募之賞，遂以兩官分界三人，則與元初指揮實爲背戾，欲望睿慈付有司檢照上件事理，速與改正，庶得允當。所有詞頭，臣未敢書行，謹録奏聞，伏候敕旨。十二月十七日，三省同奉聖旨依奏。

申省論朱霖狀

準中書門下省户房送到詞頭一道〔三〕，爲朱霖進納補官事。尋拖照紹興三十一年元降獻助指揮〔四〕，係令知通認數交納，依等第保明，申轉運司審實，擬定合補官資，先給公據。後來雖有三十二年十月二十六日都省劄子〔五〕，據憑陳乞文狀先次放行，亦謂已納錢之人而吏户部非理取會行遣留滯者。今來契勘本人願獻錢八千貫，方且告示送納，即是未曾齊足；兼大理寺既看詳本人因與外甥情涉從杖一百科斷，雖不録問，即非枉被刑責，難以補授文資；并吏部擬本人前銜稱鄉貢進士，據元狀只稱係州文學生，緣此未敢命詞，須至申聞者。右，謹具申中書門下省，乞下所屬更切契勘施行，仍乞於今年十月二十六日都省指揮劄子内添入已得納錢公據，方許陳乞推恩一節，庶幾不至冒濫。

〔一〕十二月十四日上：原無，據明澹生堂鈔本、四庫本補。
〔二〕兩官：明澹生堂鈔本、四庫本作「一官」。
〔三〕省：原無，據明澹生堂鈔本、四庫本補。
〔四〕拖照：原脱「照」，據明澹生堂鈔本、四庫本補。四庫本脱「拖」字。
〔五〕十月：明澹生堂鈔本、四庫本作「十二月」。

繳張宏特支請給奏狀 正月十二日上〔一〕

右，臣準中書門下省送到録黄一道，正月九日三省同奉聖旨，殿前指揮使、左班都虞候、榮州刺史、押行門奏萬福祗應張宏可特與支破帶遥郡請給者。右，臣伏聞仁宗皇帝時屢下詔書，推劾干請内降之罪。嘉祐二年，鎮海軍節度觀察留後李瑋用此轉官，爲諫官陳升之劾奏，罰銅三十斤，著在國史，永以爲憲。近者陛下命羣臣條陳時弊〔二〕，其間多以此事爲言，竊謂聖明必賜裁擇。今檢照張宏特支遥郡請給事因，既非御筆，又非寶批，止用白劄子而已，臣不知此命何自而出。幸付三省，尚可進呈，設若指授百司，亦用方寸之紙，奉行則難辨真僞，不行則輕損命令，甚爲陛下惜之。況宏一班直之長耳，去秋已嘗特支全分請給，緣户部執奏而止。今纔數月，乃復夤緣請託，紊煩天聽，比之李瑋，貴賤殊絶，尤不可以無懲也。臣愚欲望聖慈收還前詔，仍用仁祖故事，將宏量加責罰，以示四方，以爲後戒。所有録黄，臣未敢書行，謹録奏聞，伏候敕旨。

請早開講奏狀 二月七日上〔三〕

右，臣今月六日伏見中書門下省録黄，奉聖旨開講用三月十一日者。恭惟陛下聖質天成，道學日就，固不待分章摘句，乃能多聞而有獲也。然學之爲王者事，其已久矣。國朝開講之制，春以二月上旬，今乃遠用三月十一日，非獨距住講之期至近，其間復有休假及詣德壽宫日分，則是半歲之間講讀不過十餘日而已。以陛下勤於治道，咨詢無倦，而又收召豪傑，並置經幄，彼皆日夜望賜清閒之燕，致緝熙之助。若緩其所當急，而使講藝論道之風稍缺，於初政甚不可也。臣更不敢繳奏已行之命，欲乞睿慈依去年秋講例直降聖旨，特就近於二月中旬擇日，庶幾中外曉然知陛下汲汲皇皇，如古之聖人，且於祖宗開講之制不悖。臣不勝惓惓，惟聖明裁擇〔四〕，謹録奏聞。謹奏。

繳道童度牒狀

具位臣周某準中書門下省送到録黄一道，尚書省送到禮部狀，準紹興三十二年十月二十七日敕〔五〕，奉聖旨紹興三十二年會慶節，太一宫道童陳定一、秦混一、陳直一並與依例賜度牒披戴〔六〕。本部勘會，新法，綾紙度牒，依指揮臣寮恩例及試經撥放并給降支使等，並依已降指揮住給，雖奉特旨，令禮部執奏不行。今承指揮，太一宫道童並依年例，特賜度牒披戴，緣有礙已降住給、執奏指揮，十一月二十三日奉聖旨，特依已降指揮，仍

〔一〕正月十二日上：原無，據明澹生堂鈔本、四庫本補。
〔二〕羣：原作「郡」，據明澹生堂鈔本、四庫本改。
〔三〕二月七日上：原無，據明澹生堂鈔本、四庫本補。
〔四〕擇：明澹生堂鈔本、四庫本及《古今事文類聚遺集》卷三、《歷代名臣奏議》卷八作「幸」。
〔五〕十月二十七日：明澹生堂鈔本作「十二月十七日」。
〔六〕陳直一：明澹生堂鈔本、四庫本作「陳言一」。

免執奏者。右，臣聞之，一人無私則百官舉職，惟治世乃可議此。陛下以道流幸遇誕節，賜之度牒，玆惟常理，初無私也。然禮部乃謂有礙執奏指揮，是舉職也。若不俯從，則臣恐下懷苟且之心，他日無以責其守法，臣所惜者蓋在此而不在彼也。所有録黄，臣未敢書行。謹録奏聞，伏候敕旨。

繳駁龍大淵曾覿差遣狀

三月十三日　同給事金安節上〔一〕

準中書門下省送到録黄一道，龍大淵除知閤門事，曾覿權知閤門事，令臣等書讀者。右，臣等聞舜之稱堯有曰：「稽於衆，舍己從人。」夫堯以如神之知，其臣莫及，彼衆人區區之見，豈能裨贊萬一哉？然帝終不咈百姓以從己欲，是乃所以爲聖也。聖人於己欲尚且能舍，而況進退小臣，豈係輕重，何必咈諫爭之忠言，違天下之公議乎？臣等於大淵、覿功過能否初不詳知，但見搢紳士民指目者多，又聞臺諫相繼有言，臣等亦不知其所劾何事也。今大淵罷副都承旨，覿罷帶御器械，並以閤門處之，論職事則或舍劇而就閑，論班次則皆遷矣。向使二人不因紛紛擢寘此地，尚有可諉曰恩也。顧外議方喧而除命遽加，論者必謂陛下自即位以來，凡臺諫有所彈奏，雖兩府如葉義問，大將如成閔，以至侍從要官，欲罷則罷，欲貶則貶〔二〕，一付公論，略無適莫，獨於二人乃爲之遷就諱避，殆非帝堯「稽於衆、舍己從人」之義也〔三〕。臣等若奉明詔，則臣等負中外之謗；大臣若不開陳，則大臣來中外之責；陛下若不俯從，則恐中外紛紛未止也。況二人者攀附惟舊，過此以往，事君之日甚長，儻其謹畏有加，何患身不富貴？今若輕犯衆怒〔四〕，不少退聽，是陛下將欲愛之適所以害之，非計也。所有録黄，臣未敢書讀，謹隨狀繳進以聞，伏候敕旨。三月十六日，三省同奉聖旨：給舍未知功過，臺諫止是防微，罷劇就閑，用允公論〔五〕，尚玆回繳，可特依奏。龍大淵已辭職在假，候參假日別與差遣，曾覿依舊帶御器械。

同金給事待罪狀

三月十四日〔六〕

右，臣等昨具奏龍大淵、曾覿不當因臣寮論列遷知閤事，蓋以職事所在，思效其愚。若夫從違，惟上所命。今日蒙宰相呼召至都堂，宣示御札，大略謂臣等爲人扇動，議論羣起，且諭以在太上時小事不敢如此。則是臣等智識庸暗，昧於事體，不以事太上皇帝者事陛下，專徇流俗，輕瀆聖明。爲臣如此，罪當萬死。臣等見歸家待罪，伏望聖慈重賜誅斥，以爲百官之戒。臣等無任惶懼俟命之至。三月十五日〔七〕，三省同奉聖旨不允，無罪可待。

〔一〕三月十三日：原無，據明澹生堂鈔本、四庫本補。又「同給事金安節上」，明澹生堂鈔本、四庫本作「同給事中金安節」。
〔二〕欲罷則罷欲貶則貶：明澹生堂鈔本作「欲罷欲貶」。
〔三〕殆：原無，據明澹生堂鈔本、四庫本補。
〔四〕怒：明澹生堂鈔本、四庫本作「怨」。
〔五〕用：原作「已」，據明澹生堂鈔本、四庫本改。
〔六〕三月十四日：原無，據明澹生堂鈔本、四庫本補。
〔七〕三：原作「二」，據明澹生堂鈔本、四庫本改。

再同給事乞罷黜狀 十八日上〔一〕

右，臣等近緣繳駁失當，家居待罪，伏蒙聖慈特降睿旨，謂其無罪可待，尚寬嚴譴。恭惟聖主海涵天覆之恩，非小臣糜捐所能仰報。然臣等竊惟明主嚬笑爲天下慘舒，威令所加，孰不震怖？今臣等輒以愚瞽輕黷宸嚴，上勤聖明親御翰墨，曲垂宣示。臣等仰觀內悸，無所措躬，深悟愆尤，甘從誅殛。今雖蒙矜宥，特屈刑章，而臣等自惟所犯非輕，乃玆幸免，不惟孤恩負罪，有愧班行，亦恐公議有所不赦，所以恐懼慚汗，不避冒昧之誅，而爲是再三之瀆。伏望聖度兼容，皇明委照，或未忍遽加誅戮，即乞重賜竄責，以明邦憲，以儆官聯。席藁自甘，屏息俟命。謹録奏聞，伏候敕旨。三月十八日，三省同奉聖旨不允〔二〕。

與史丞相劄子 三月十五日〔三〕

某伏蒙鈞慈親煩掾屬，示以曲折，非相公憂國之心切，行下之道周〔四〕，豈易及此？某雖不學，然其心之所存，相公固知之矣。使宗社尊安，身名俱泰，豈非榮願？顧不幸至於不可得已之地，而又委靡苟且，則上負國家，次累知己，爲世大僇，相公亦安取此？爲今之計，使二人者出奉外祠，則士氣自伸，公論自息。然後某自以私計，或以疾病爲請，求一宮觀差遣，仰以釋聖上朋黨之疑，下以解二人報復之怨，此上策也。某非不知思權時之宜，爲調停之策，但若不決去，則此輩必謂士大夫可以爵禄誘，可以威命脅。一墮其計，人主信之愈堅，任之愈篤，禍發蕭墻，毒流華戎，是時相公任天下之責殆有甚焉。故某以爲莫若使臺諫給舍因此二人稍稍引去，庶幾聖慮稍回，知士大夫之不可輕，近習之不可親，易軌轍而新之，猶爲報國也。古人尚以尸諫，況因去就而有所益，則亦何憚而不爲哉？古今未有自宰相至百執事，人主一切輕視而能治天下者。惟相公念大臣以道事君不可則止之言而審處焉。某感激眷憐，固已素定，若相公垂紳廊廟，無階瞻望，則願因書時有所獻。異時功成名遂，奉板輿以從赤松，亦當不憚重趼，追陪下客，惟相公念之。

與宰相論李申甫改官劄子〔五〕 癸未〔六〕

某近見朝士云，李申甫特改宣教郎、賜緋，朝廷不令經由後省，亦不關報執政諸處〔七〕，徑付吏部出告矣〔八〕。某初聞之不信也，蓋以朝廷若欲密用申甫，故優進官秩，則給舍亦豈肯沮格成

〔一〕十八日上：原無，據明澹生堂鈔本、四庫本補。
〔二〕原刻文末校云：「案：知聖道齋本與翰院本此後尚有《乞宮觀奏》一首，係重出《歷官表奏》隆興元年之文，今刪此存彼。」按明澹生堂鈔本、四庫本即有此奏。
〔三〕三月十五日：原無，據明澹生堂鈔本、四庫本補。
〔四〕行：明澹生堂鈔本、四庫本作「待」，當是。
〔五〕此篇，明澹生堂鈔本、四庫本在《繳道童度牒狀》後。
〔六〕癸未：原無，據明澹生堂鈔本、四庫本補。
〔七〕執政：明澹生堂鈔本、四庫本無。
〔八〕「徑」下，明澹生堂鈔本、四庫本有「行」字。

命以壞幾事？若止謂不欲宣布，則批旨出劄子之時堂吏知之，劄付吏部則長貳郎官、當行胥吏皆知之，既到告院則主判之官、書寫之吏又知之，何獨關防給舍如此？此某初聞之所以不信也。明日以問給事中及當直舍人〔一〕，則皆曰未見録黄，某於是疑焉。久之乃知吏部止憑三省、樞密院機速房劄子而已，毋惑乎朝士之云云也。恭惟相公以精識碩望任天下之重，正宜循守法度，大振紀綱，使人主有所敬畏，國人有所矜式。今此舉頗異前聞〔二〕，諸公既未深思而遽爲之，有司又不知體而奉行之。若每事如此，大亂之道也。願相公勿以遂事爲是，明諭機速房，自行檢舉關報所屬，收還元降劄子，書黄行下，猶足以彰改過之善而弭不知者之謗，未審鈞意以爲然否？又伏睹二月三日聖旨，盡以堂闕歸部，此朝廷厭紛紛之求，示至公之道，甚盛舉也。然累日以來，小使臣如浙西安撫司指揮〔三〕、榷貨務號簿官、諸州贍軍酒庫之類，除授紛然，外議藉藉，皆謂頗類郡守監司將代籍之際，乘時周旋人情。萬一言者有所論列，則前日之美意不幾於自壞乎？亦願相公白諸公亟止之。某備員官屬，又辱知照，偶有聞見，不敢默默。若揚己而歸非，則某所恥也，惟相公察之。

〔一〕直：明澹生堂鈔本、四庫本作「房」。
〔二〕「此」下，明澹生堂鈔本、四庫本有「一」字。
〔三〕司：原作「使」，據明澹生堂鈔本、四庫本改。

廬陵周益國文忠公集卷一〇〇

掖垣類稿卷七

勑　策問 附奏狀一首

汪澈轉一官致仕 十月三日[一]

原標：觀文殿學士、左通議大夫、提舉臨安府洞霄宮汪澈特與轉一官致仕。

敕：祖宗以來，一命之士凡致爲臣，必增秩寵綏之，所以旌止足、全始終也。矧予舊弼，引疾告歸，禮之所加，滋不可緩。具官某高明寬厚，莊重簡廉。本之以沉識，輔之以篤學。踐更二府，休顯有聲。久安燕閒，何遽請老？雖頒詔諭，莫得而留。夫由布衣以經術起家，得時行道，致位樞輔，安車就第，身名俱榮，如古之卿大夫者，斯亦鮮矣。其進階一等，示朕念舊優賢之意焉。可[三]。

王秬除知饒州 乾道七年十月十三日指揮[三]

原標：乾道八年正月，任禮部侍郎、兼權中書舍人、右朝奉郎、權尚書刑部侍郎、兼詳定一司敕令王秬除集英殿修撰、知饒州，見任人別與差遣。

敕：自楚東告饑，朕數下省賦移粟之令，念非臨遣見大夫無以布宣德意。會予司寇力上均勞之請，因能而任，朕得之矣。具官某雋明通達，忠信慈惠，久居是邦，又嘗以使者節臨之，上下相安，爲治易耳。兹用加爾以書殿之華職，佩爾以二千石之印綬，既從所欲，亦乂我民。夫周之荒政，漢之循吏，布在方策，有本有末。尊爾所聞，行爾所知，使千里之間吏畏而人愛，流徙者歸，困窮者給，期無負於素學。尚勉之哉！可。

祝櫰將一官回封父

原標：左從事郎、充詳定一司敕令所刪定官祝櫰劄子：來年正月十一日合該磨勘[四]，乞依惠利民、冷世修例改次等宣義郎，將宣教郎一官回封父即溫。十月二十三日聖旨，特依所乞。

敕某人：爾之良子有譽於朝，願貤一官爲義方之報。雖微前事猶不難於出令，況援比可從者乎！祇服命書，益綏後福。可。

〔一〕十月三日：原無，據明澹生堂鈔本、四庫本補。

〔二〕可：原無，據明澹生堂鈔本、四庫本補。本卷他篇皆仿此，不復出校。

〔三〕乾道七年十月十三日指揮：原無，據明澹生堂鈔本、四庫本補。

〔四〕十一日：明澹生堂鈔本、四庫本作「十五日」。

呂游問除知襄陽　十一月二十一日〔一〕

原標：户部郎官、湖廣總領呂游問除直顯謨閣、知襄陽府，填見闕，所委點檢閲軍器不得滅裂。候事畢，李安國到日，方將前去之任〔二〕，任滿前來奏事。

敕具官某：襄爲古郡，今號邊藩，有兵有民，實藉綏撫久矣。擇選牧帥，庶其在兹。爾食德相門，宣勞膴仕，材猷之美，中外具宜。寓直貽謨，往膺閫寄。昔之良守多矣，而羊祜之名獨傳。蓋綏懷得江漢之心，墾田致十年之積〔三〕。與我共理，不當如是乎？勉悉乃心，毋曰前人之不可及。可。

李安國除湖廣總領　十一月二十一日〔四〕

原標：户部郎中李安國除太府少卿、湖廣總領，不候授告，疾速朝辭訖起發前去。

敕具官某：國家養兵百萬，雲布於江淮荆蜀之間，置治粟使者四，擇列寺介卿若尚書郎畀之。其在武昌者總六道八十郡之賦，任隆事夥，甲於三方。以爾有肅給疏通之才，濟愛人利物之心，是以明而不苛，辨而不擾。列屬版部，有華厥聲，擢佐司府，往督餉道。外計之重，殆無復加。夫衛民者兵也，贍兵者民也。用不可以不足，力不可以不裕。二者兼濟，則予汝嘉。可。

直秘閣知盱眙軍龔鋈職事修舉可除直徽猷閣　十一月二十一日〔五〕

敕具官某：國家間暇，守邊城者雖微扞禦之勞，然久於其官，使斯民按堵，撫字無曠，是亦能矣。升華内閣，寵以璽書。毋替厥勤，益觀來效。可。

汪澈特贈左金紫光禄大夫　十月三日〔六〕

敕：得謝垂車，猶思禮貌之敬；告終易簀，何意股肱之虧？襚以愍章，紓予震悼。故具官某業履端厚〔七〕，謀謨靖深。名高肅政之時，勳著護軍之日。受知太上，變元化於辰階；被遇冲人，運前籌於宥府。雖衮衣之浸遠，亦符竹之屢分。二疏知足之風，甫從爾志；一老不遺之歎，遽惻我心。誕頒書命之華，超陟文階之峻。噫！鄭玄寢疾，居有巳辰之嗟；知悼在堂，固

〔一〕十一月二十一日：原無，據明澹生堂鈔本、四庫本補。
〔二〕將：明澹生堂鈔本、四庫本作「得」。
〔三〕墾田致十年之積：原作「墾田積十年之勞」，據明澹生堂鈔本、四庫本改。
〔四〕十一月二十一日：原無，據明澹生堂鈔本、四庫本補。
〔五〕十一月二十一日：原無，據明澹生堂鈔本、四庫本補。
〔六〕十月三日：原無，據明澹生堂鈔本、四庫本補。
〔七〕業履：明澹生堂鈔本、四庫本作「履業」。

無子卯之樂。尚歆徽數，永耀泉扃。可。

直秘閣知安豐軍張士元職事修舉特轉一官令再任 十二月三日〔一〕

敕具官某：六蓼舊墟，控臨淮水，蓋今之北鄙，而汝之故鄉也。爲貳爲守，於茲八年。固圉撫民，勤則多矣；進階加職，榮亦甚焉。因任爾能，載增厥秩。益圖治效，以慰邊甿之心。可。

王世雄轉一官 十二月十五日〔二〕

原標：武德大夫、充四川宣撫司提振諸綱進馬王世雄，部轄本司儹積到勘好西馬五百匹，赴御前交納了當，轉一官，支犒設錢三百貫。

敕具官某：馬來蜀漢，道阻且躋。汝總效牽，其群孔阜。厚加賜予，優進官聯。既旌厥勞，亦勸來者。可。

陶定除湖南提刑 十二月二十五日〔三〕

原標：右朝散郎、直秘閣、前江西提刑陶定除荆湖南路提點刑獄公事。

敕具官某：前有司謂爾調兵侵官，收其使節。朕惟一眚難於掩德，觀過足以知仁，古今之通誼也。茲庸起爾按刑於湖湘，寧不謂爾廉介公勤，臨事弗苟，故見思歟？爾其往哉！正身乃能正人，聽訟不若無訟。敷我德意，用康遠民。可。

軍器少監兼權度支郎官單夔差知湖州填見闕 正月三日〔四〕

敕具官某：地方千里〔五〕，付之守臣，條教善否，人情之休戚繫焉。况吴興古號名邦，今爲近輔，丈二之組，朕不輕畀。爾以才諝，自昭於時，選由周行，往治茲土。爲政有要，吾其語爾〔六〕：率屬欲正，撫民欲寬，涖事欲勤，御吏欲嚴。能是四者，斯良牧矣。可。

權吏部右侍郎張津落權字 正月四日〔七〕

敕：古之銓選任人，後之銓選任法。雖然，爲之貳者能悉其聰明，行以公正，使窒者通，枉者伸，視古人其庶幾乎。朕方

〔一〕十二月三日：原無，據明澹生堂鈔本、四庫本補。
〔二〕十二月十五日：原無，據明澹生堂鈔本、四庫本補。
〔三〕十二月二十五日：原無，據四庫本補。明澹生堂鈔本作「十一月二十五日」。
〔四〕正月三日：原無，據明澹生堂鈔本、四庫本補。
〔五〕地方：明澹生堂鈔本、四庫本作「方地」。
〔六〕爾：明澹生堂鈔本、四庫本作「汝」。
〔七〕正月四日：原無，據明澹生堂鈔本、四庫本補。

責成，厥有申命。具官某，祥符樞臣之華胄，宣和學校之儲才〔一〕。閲今昔之理衆矣，更郡國之事多矣。典司右選〔二〕，固宜優爲。茲疇爾庸，就正厥序。凡按格而與〔三〕，校年而遷，成規具存，朕復何訓？若夫人才之傑異，績效之彰聞，時爲朕言之。罔俾智愚同滯，能否無別，以歸咎於吾，法古之道也。汝尚勉旃！可。

權户部侍郎姚憲除權工部侍郎兼臨安少尹

正月十一日〔四〕

敕：列事官於禁路，均曰邇聯；助尹正於儲闈，難乎上介。即貳卿之已試，考三輔之前庸。豈必他求，是加因任。具官某性資勤毖，術略通明。轂環畿甸而治最有聞，職總貨財而利源無壅。肆頒疊組，改畀兼官。今土木不興，戈矛已礪，若時起部，允謂清曹。惟予駐蹕之邦，昔汝撥煩之地。自元良之涖止，舉庶俗以晏如。桁楊之繫既空，廩庾之儲寖積。爾其奉承教令，革異時一切之規；宣布中和，示他日四方之則。任吾之責，繄乃之功。可。

權工部侍郎兼臨安少尹沈夏除權户部侍郎

正月十日〔五〕

敕：舜命司徒，在親百姓；禹稱善政，惟叙九功。眷時敷教之官，實任養民之寄。孰明古誼，我有通儒。具官某蚤以文鳴，中由材奮。善處煩劇之際〔六〕，靡形聲色之間。比貳冬卿，參釐天府。嘉乃政聲之卲，知其心計之優。移佐劇曹，益高邇列。朕方力修政事，躬率儉勤。念版圖之入有常，而軍國之須無藝，必欲兼濟，莫如得人。爾其權錢幣之重輕，究貨財之本末。毋乏吾事，毋傾利源。裨予既庶之人，馴致無疆之説。可。

右朝奉郎陳唐弼主管官告院虞似良並除大理寺丞主管右治獄

正月十六日〔七〕

敕具官陳唐弼等：唐虞之時，畫衣冠而民不犯，然猶有欽恤之戒，況於後世，何敬非刑？爾唐弼彊明不私，爾似良修潔自好，或賜對便坐，或拔尤周行，並丞士師，時乃簡擢。惟良折獄，尚忱念哉！可依前件〔八〕。

〔一〕儲才：原刻校云：「院本作『諸生』。」按明澹生堂鈔本、四庫本亦然。
〔二〕司：原刻校云：「院本作『領』。」按明澹生堂鈔本、四庫本亦然。
〔三〕與：原作「興」，據明澹生堂鈔本、四庫本改。
〔四〕正月十一日：原無，據明澹生堂鈔本補。四庫本作「正月一日」。
〔五〕正月十日：原無，據明澹生堂鈔本、四庫本補。
〔六〕煩劇：明澹生堂鈔本、四庫本作「劇煩」。
〔七〕正月十六日：原無，據明澹生堂鈔本、四庫本補。
〔八〕可依前件：原無，據明澹生堂鈔本、四庫本補。

趙師夔轉一官 正月二十二日〔一〕

原標：右承事郎、直秘閣、權發遣徽州趙師夔起乾道七年上供絹八萬一千七百六十餘匹，每匹重一十兩以上〔二〕，户部保明推賞，特轉一官。

敕具官某：古者帛精粗不中數，幅廣狹不中度，不粥於市，況可共公上乎？爾才裕爲州，首蠲宿弊，貢篚應有司之式，蠶桑無徒費之工。計臣以聞，朕甚嘉之。進官一列，使奉公享上者勸焉。可。紹興十八年五月十四日朝旨，徽州乞將上供絹依祖宗舊制作十兩爲匹輸納，户部勘當，依本州所申。

呂企中除提刑 正月二十五日〔三〕

原標：直敷文閣、福建運判呂企中除福建路提點刑獄公事，填趙子英召赴行在闕，候任滿前來奏事。

敕具官某：七閩地狹人衆，爲生甚艱，故其民亦重犯法。然東際海，南接炎嶠，西入贛境，風潮出没之姦，山谷走集之盗，控御失所，或害吾治，按刑之任，非人可乎？爾才具恢閎，不隕世美。兹由漕輓，就寄平反。即舊部則吏士相安，假繡斧則使華增重。往因其俗，體我好生。可。

右朝散郎陳峴除福建路轉運判官填見闕 正月二十五日〔四〕

敕具官某：《書》曰「敷奏以言，明試以功」，虞舜之治，顧不出此乎！今閩郡鹽筴浸壞〔五〕，公私病之。汝來自鄉邦，列上八弊，有味乎其言也。何愛一節，不試汝功？雖然，言弊易，救弊難。朕方懲誕慢之風，求利民之實，言底可績，何吝陟明？日奏罔功，寧容佚罰？汝大臣子，號稱通才，毋瘝厥官，以若台訓。可。

右迪功郎太學録梁汝永再任〔六〕 正月二十七日〔七〕

敕具官某：爾以經術起家，見謂醇茂。成均列屬，三載於兹。士既汝安，予則因任。夫賢士之所關，風化之所由，非特攷其藝能，稽其過失而已，學者必以規矩，尚有助哉！可。

〔一〕正月二十二日：原無，據明澹生堂鈔本、四庫本補。
〔二〕一十兩：明澹生堂鈔本作「十二兩」，四庫本作「十一兩」。
〔三〕正月二十五日：原無，據明澹生堂鈔本、四庫本補。
〔四〕正月二十五日：原無，據明澹生堂鈔本、四庫本補。
〔五〕郡：明澹生堂鈔本、四庫本作「部」。
〔六〕右：四庫本作「左」。
〔七〕正月二十七日：原無，據明澹生堂鈔本、四庫本補。

張璹等差知州 正月二十七日[一]

原標：右朝請大夫[二]、前知復州張璹差知常德府，知萬州趙公廣差知利州，幹辦行在諸軍糧料院王瑊差知德慶府。

敕具官張璹等：武陵地控五溪，益川爲蜀北境，晉康介居嶺表，皆吾名鎮，何擇非人？爾璹沉厚疏通，奏三年之課；爾公廣靖共豈弟，得千里之心；爾瑊詳練敏明，洽中朝之譽。或遷或擢，並付左符。咨爾三臣，其聽朕命。惟公可以率下，惟惠可以使人。罔曰民愚，爾有善則誠服；罔曰郡遠，朕無隱而不知。各懋乃庸，以須明陟。可依前件[三]。

敷文閣直學士右大中大夫提舉江州太平興國宮方滋差知紹興府 三月十七日[四]

敕：會稽北枕淛河，右界滄海，生齒富庶，貢輸浩繁，東南莫京，有自來矣。巡守吳會，又爲輔藩，如周洛師，如漢馮翊，謀帥加重，異乎他邦。具官某敦厚閎達，惠和通敏，名字典郡[五]，越三十年，閩廣江湖，五爲方伯，踐歷休顯，疇出其右。是用命汝，尹茲東郊，假爾斧鉞，釐爾組綬[六]。於虖念哉！提封七州，人則胥傚。爾撫民，孰敢不仁？爾訓兵，孰敢不精？勉圖治功，毋使嚴助之問久不聞也。可。

左朝散郎湖南提刑陳從古除湖南運判 十二月二十五日指揮[七]

敕具官某：去歲湘部有豐有歉，朕夙宵注念[八]，惟懼一夫之不獲，布宣惠澤，不在良使者乎？爾家世文儒，才猷峻茂。選由郡最，擢按祥刑；肇褰車帷，亟易漕節。事權加重，能勿誨乎？夫養民莫如德，理財莫如義。裒多益寡，天之道也；平徭簡賦，朕之心也。毋匿斯指，益圖爾庸。可。

龍圖閣直學士左朝奉大夫提舉江州太平興國宮周操除太子詹事 三月十一日[九]

敕：東宮設官雖衆，而師傅賓客常虛位不置，屬惟端尹爲之長[一〇]，職閒無事，異時率以近臣兼之。今吾子好賢重士，允

[一] 正月二十七日：原無，據明澹生堂鈔本、四庫本補。
[二] 右：明澹生堂鈔本、四庫本作「左」。
[三] 可依前件：原無，據明澹生堂鈔本、四庫本補。
[四] 三月十七日：原無，據明澹生堂鈔本補。
[五] 名字：疑當作「字民」。
[六] 此二「爾」字，明澹生堂鈔本、四庫本無。
[七] 十二月二十五日指揮：原無，據明澹生堂鈔本、四庫本補。
[八] 朕夙宵注念：明澹生堂鈔本、四庫本作「朕以夙宵軫念」。
[九] 三月十一日：原無，據明澹生堂鈔本、四庫本補。
[一〇] 屬：明澹生堂鈔本、四庫本無。

迪三善，何惜備官助其進德哉？具官某履道醇固，持論英亮。拾遺執憲，風采凜然；典銓治民，聲實交著。俾踐厥次，莫如汝宜。夫不勞爾以有司之事，將專責爾以輔翼之實。温文恭敬，固曰夙成；正事正言，亦由日告。茲惟遴選，可不懋哉！可。

中書後省召試閤門舍人策問一首 正月二十六日[一] 燕炳

問：在昔漢氏，開創於高祖[二]，而中興於孝宣，其事業蓋可考矣。懷王諸老將曰：「沛公素寬大長者。」高起、王陵曰：「陛下使人攻城略地，所降下者因以與之，與天下同利也。」及考《本紀》則不然。項伯可罪而爵之，丁公可貸而戮之，封所愛而誅仇怨，微張良之言亦殆矣。其攻陳豨在十年九月，而從入蜀漢伐楚之賞未偏行也。所謂寬大長者，能與天下同利，固如是乎？孝宣之治在於信賞必罰，綜核名實。然膠東流民自占者八萬餘口，此豈難見，王成乃冒其賞。顧代京兆者數萬人，其政可知，廣漢乃竟戮焉。越職踰法以取名譽，則有元康之詔；務爲欺謾以避其課，又在二十五年之後。當是之時，賞罰名實亦少戾矣。豈抑揚遲速固自有意歟？將施設次第或不可盡紀歟？不然，何史氏之牴牾也？恭惟聖主方以堯舜三代爲法，固無取於漢事，然日奉軒陛，當思備清問之及，試爲言之。

繳曹耜詞頭奏狀

具位臣周某準中書省吏房送到詞頭一道，二月一日三省同奉聖旨，曹耜除臨安府推官，不候授告，日下供職，令臣命詞，須至奏聞者。右，臣仰惟陛下稽用祖宗舊制，命皇太子領尹臨安，置府推三人，峻其資任，外視郡守，内亞郎省，蓋將重行都、廣衛翼也。自馬希言爲郎之後，虚次頗久，謂且高選才行兼劭之人使充是選。忽除曹耜，人不謂宜。蓋耜貴游子弟，未閑民事，素無望實，驟預浩穰之政，瘝曠必矣。願詔三省别擇俊僚，庶幾協贊元良，布宣上德。所有詞命，臣未敢書行，謹録奏聞，伏候敕旨[三]。尋有旨，耜知嚴州[四]。

[一] 正月二十六日：原無，據明澹生堂鈔本、四庫本補。
[二] 創：四庫本作「基」。明澹生堂鈔本作「塞」，蓋亦「基」之誤。
[三] 原注：「尋有旨耜知嚴州。」
[四] 原刻文末校云：「案：此首宜列在第六卷奏狀之後，因是卷諸篇爲公乾道間復入中書之作，故知聖道齋本與翰院本均以此首列卷内敕、策問之末。今仍其舊，而於敕、策問三字標目之下注明『附奏狀』一首。又案知聖道齋本與翰院本此後有《辭載中書舍人劄子》一首，係重出《歷官表》奏乾道八年之文，今刪此存彼。」

廬陵周益國文忠公集卷一〇一

玉堂類稿序

才不才存乎人，遇不遇繫乎命。古今文人多矣，時命大謬，或老場屋，或困州縣，往往以詩文鳴其不平。雖有代言華國之手，何自而施？若乃遭時遇主，登金門，上玉堂，命與才值，而鳴國家之盛，固不乏人；如必大，則所謂無其才而有其命者也。始事光堯皇帝，對館職策偶合聖意，明諭輔臣，他日當令掌制。及事今皇帝，面諭以「頃在潛邸讀卿詞科文字，知卿有掌誥才」。初政即擢修注，攝書命，其後遂入翰苑，數承天獎。蓋内制之官有四：曰權直院，曰直院，曰翰林學士，曰承旨。或正或兼，前後十年而徧爲之。遭遇如此，非大幸歟！當是時，講慶壽，加尊號，行大禮，宣赦宥，立后建儲，尹正行都，凡稀世之大典，朝家之盛事，皆得視草禁中。而又今年上册寶，明年簪花獻胙，今日恭請過南内，明日兩宮出郊，皆得從屬車間，和氣熙然。退以聞見隨事載之書詔及春端帖子之中，所謂水旱災異，夷狄盜賊之辭咸無焉。兹爲幸也，抑又大矣。晚叨政地，院吏類其稿爲二十卷〔二〕。雖學淺詞拙，不稱榮遇，然臨文未嘗不謹。若上尊號請以表牋代臣下之集議，書玉册稱皇帝不敢加嗣字，此則援據古宜而正國體也。祖宗多事母后，相承謂之慈闈；今太上帝、后同時，不敢隨衆用之。天子九廟，禰廟爲先；今止云祖廟，以避嫌疑。此則因時之宜而正文體也。表而出之，使後世知父堯子舜，盛德大業粗可窺其一二，則於下臣歸美報上之意或庶幾焉。淳熙七年會慶節，通議大夫、參知政事周必大謹序。

〔二〕爲：原無，據明澹生堂鈔本、傅校本補。

廬陵周益國文忠公集卷一〇一

玉堂類稿卷一

牋 表 誥 册文 功德疏 赦文

皇帝請加上太上皇后尊號第一牋 乾道六年十一月二十三日表文，直院鄭聞撰

臣御名言：伏爲郊祀大禮慶成，謹帥群臣詣德壽宮，恭請加上壽聖太上皇后尊號者。伏以國之大事，已肅展於親祠；家有嚴君，當並伸於美報。爰鋪張於懿範，冀增衍於徽稱。臣御名中謝。恭惟壽聖太上皇后殿下摯仲興周，塗山翼夏。夙播嬪京之詠，助成與子之謀。肆是菲凉，三修禋祀。假於祖廟，寧神本自於寧親；陟彼郊丘，事地蓋資於事母。荷天心之響答，賜帝祉以駢臻。亦既受釐，敢忘歸福？是用闡繹寶慈之誼，形容遡日之明。載揚閫彝〔一〕，益隆孝治。恭請加上尊號曰壽聖明慈太上皇后，伏望俯昭誠格，勉抑謙冲。對景貺於二儀，洽歡心於四表。尊曰太上，明儷極以無窮；至哉坤元，壽配乾而有永。謹奉牋陳請以聞。臣御名誠惶誠懼，頓首頓首，謹言。

德壽宮答皇帝請加尊號不允詔〔二〕

皇帝請加上太上皇帝尊號第二表

臣御名言：視敝屣於寰中，共仰有虞之聖；遺玄珠於水際〔三〕，孰明黄帝之心？猥以冲人，紹於大寶。每親承於訓誡，思祗竭於嚴恭。比奉國常，洊修郊類。景靈於假廟之夕，星明於升壇之初。匪凉德之致然〔四〕，繫聖謨而底此。用披丹悃，請益鴻名。蓋上合於天心，亦下符於民願〔五〕。竊窺《周誥》，尚守堯辭。惟君親之美未昭，豈臣子之心可已？伏望下允俞之令，安延企之情。如此則帝命式於九圍，靡違昭假；德教加於百姓，獲盡愛欽。得請是期，輸誠深切。謹再奉表陳請以聞。

德壽宮答允誥

再覽來章，具乎至意。惟雲陽奉玉，本躬致於精禋；則宣室受釐，尚何嫌於專饗。乃侈乾坤之貺，用爲父母之光。顧方自

〔一〕揚：四庫本作「頌」，傅校本作「揭」。
〔二〕原刻校云：「按此條目存文佚。」
〔三〕玄：原作「元」，據傅校本改。
〔四〕匪：傅校本作「豈」。
〔五〕亦：四庫本無。

樂於冲虛，兹用力辭於稱謂。而勞煩警蹕〔一〕，勤動搢紳。必欲加巍巍蕩蕩之名，蓋將致尊尊親親之誼。實我家之盛典，度載籍之前聞。使綿區形孝治之風，而信史紀聖人之行。勉抑執謙之志，良深溢美之慚。

皇帝帥羣臣詣德壽宮恭請加上壽聖明慈太上皇后尊號第一牋〔二〕

淳熙二年閏九月十七日〔三〕，表文內翰王淮撰

臣御名言〔四〕：伏爲光堯壽聖憲天體道太上皇帝聖壽無疆，來年七十，謹帥群臣詣德壽宮，恭請加上壽聖明慈太上皇后尊號者。君尊如天，既壽名之兩得；坤稱乎母，宜位號之俱崇。雖云臣子之至情，時乃華夷之通願〔五〕。臣御名誠惶誠懼，頓首頓首。臣若稽治古，欣慕隆周。惟太姒徽音，御家邦而有法；則文王美化〔六〕，行江漢以無邪。此思齊所以形《大雅》之篇，而漢廣所以播《二南》之詠。何幸我家之親見，增光往籍之攸聞。恭惟壽聖明慈太上皇后殿下道備河洲，祥開渭涘。贊仁壽躋民之化，同聖神運德之休。遡日爲明，孰非臨照？寶慈與儉，庸格和平。兹爲冠古以超今，何但由中而及外？萬有千歲，遹觀閫範之彌新；三十六宮，咸謂號榮之未稱。方上帝眷無疆之歷〔七〕，肆嚴君延有永之年。將丕闡於高明，盍並隆於持載？且漢之未央長樂，豈嘗同奉於玉卮；如唐之永正元和，曾不對陳於寶册。孰若具非常之慶，是宜增甚盛之稱。齊聖廣淵，彰成湯之内助；熾昌耆艾，應壽母之嘉名。臣不勝大願，恭請加上尊號曰壽聖齊明廣慈太上皇后。伏望特屈謙光，勉從衆志。居域中而大者四庶，兼形高厚之功；王天下而樂者三冀，長奉庭闈之養。謹奉牋陳請以聞。臣誠惶誠懼，頓首頓首，謹言。

皇帝帥羣臣詣德壽宮恭請加上光堯壽聖憲天體道太上皇帝尊號第二表〔八〕

閏九月十七日〔九〕

臣御名言：近帥群臣上表，恭請加上尊號曰光堯壽聖憲天體道性仁誠德經武緯文太上皇帝，伏奉答詔未賜俞允者。修千二百歲而爲皇，時甫周於七秩；觀三五六經而建號，慶允屬於雙親。事冠古今，喜均家國。謂俞音之亟下，何謙柄之猶持？率籲羣心，洊干睿聽。臣御名誠惶誠懼，頓首頓首。臣聞仁由乎性，斯

〔一〕煩：四庫本作「頓」。
〔二〕帥羣臣詣德壽宮恭請加上壽聖明慈：原作「請加上」，據明澹生堂鈔本、傅校本改補。四庫本「詣」誤作「請」，餘同。
〔三〕十七日：明澹生堂鈔本、四庫本作「七日」。
〔四〕言：原無，據明澹生堂鈔本、傅校本補。
〔五〕願：原作「顯」，據明澹生堂鈔本、四庫本、傅校本改。
〔六〕以上「太姒」、「文王」下，傅校本補「之」字。
〔七〕方：傅校本作「矧」。
〔八〕帥羣臣詣德壽宮恭請加上光堯壽聖憲天體道：原作「請加上」，據明澹生堂鈔本、四庫本、傅校本改補。
〔九〕閏九月十七日：原無，據四庫本、傅校本補。明澹生堂鈔本作「閏九月十三日」。

能博施以無違；德本乎誠，乃可健行而不息。經武故一怒而安天下，緯文故七旬而格有苗。偉哉四事之兼，展矣百王之冠。蜚英聲而騰茂實，當陳漢家掌故之儀；因壽歷而播鴻名，更邁唐帝應乾之册。恭惟光堯壽聖憲天體道太上皇帝陛下心潛溥博(一)，身濟艱難。方垂衣而視天民，乃褰裳而陋神器。享國獲寅恭之報，延年昭安樂之功。春秋何止於八千，甲子正踰於四百。視陶唐巽位之載，固可萬斯；小周室卜年之期(二)，徒能十此。允謂生民之未有，豈特古來之所稀。匪衍徽稱，孰彰榮遇？非不知功成弗處，道廣難名。縱益千言，於尊崇乎何有？矧加八字，在揚厲以猶疏。然而神天之祐不可虛，華夏之心不可遏。伏望沛然出令，許以涓休。設黃麾於大庭，鏤白玉之新牒。上德不德以有德，祈勉副於輿情；屢書特書不一書，將繼修於慶禮。謹再奉表，陳請以聞。臣御名誠惶誠恐(三)，頓首頓首，謹言。

德壽宮答允誥(四)

封章猥至，欽愛交隆。粤紹興内禪之初，已肇稱於盛禮；暨乾道躬郊之後，復申講於慶儀。幸天畀於壽康，獲日安於榮養。俾耆而艾，受祉既多；若聖與仁，則吾豈敢？乃輯廷紳之議，洊勤法駕之臨。喜父母之年可知，觀天人之際允答。謂方衍無窮之算，顧難辭甚盛之名。雖溢美多兩喜之言，義當固避；然榮懷尚一人之慶，理實相因。其順衆心，以光孝治。

皇帝加上壽聖太上皇后尊號玉册文

維乾道七年歲次辛卯正月丙子朔，皇帝臣御名謹稽首再拜言曰：臣聞君子三樂，以父母爲先，而王天下不與焉。伊上古以降，歷選乎列辟。篤於事親，虞德以盛；勤於問安，周歷斯過。然則重華協帝，享國永年，成比屋之封，基二南之化，又何以加於孝乎？豈不力鮮而功隆，治邇而效遠哉(五)？臣以眇末之質，夙奉溫清，撫育教誨，底於有成，實惟我父慈母愛之恩也(六)。自陟帝位，於今九載。勤於邦無盤遊之暇，儉於家遵澣濯之志。王政興焉，德教刑焉，亦惟父慈母愛之功也。屬者候景初至，載秩元祀。奉裸圭而先祖聽，奠瑄玉而神祇格。繁釐浹於縉綎，大賚徧於華夏。穰穰熙熙，臣何力哉？揆厥所元，亦惟父慈母愛之德也。夫天地裕於萬物(七)，萬物無裕於天地。況我壽聖太上皇后避功於十亂，得道於少廣。冲虛澹泊，從黃帝於大庭之館；明識慈範，豈昧陋所能稱贊乎(八)？然而三神之歡不可挈也(九)，臣妾之

〔一〕光堯壽聖憲天體道：原作「尊號」，據明澹生堂鈔本、四庫本改補。
〔二〕小：傳校本作「比」。
〔三〕恐：明澹生堂鈔本作「懼」。
〔四〕明澹生堂鈔本題作「德壽宮答皇帝請加尊號第二表允誥」。
〔五〕效：傳校本作「化」。
〔六〕也：原無，據傳校本補。
〔七〕裕：傳校本作「格」。
〔八〕昧陋：傳校本作「特淺」。
〔九〕挈：四庫本、《古今事文類聚》前集卷一九作「恝」。

望不可觖也。今鴻名顯號加於堯父，則我聖母曷可後已？是用章明具慶，率籲衆心。懇懇惓惓，不勝大願。謹奉玉册金寶，上尊號曰「壽聖明慈太上皇后」。伏惟殿下含章而亨，得一而寧。誕受帝祉，永膺令名。舒太陰之華，媲放勳之明，躬老氏之慈，對如天之仁〔一〕，億萬斯年，保我子孫。臣御名誠歡誠忭，稽首再拜，謹言。

皇帝進奉太上皇后生辰功德疏〔二〕 乾道七年八月二十一日

右，伏以氣清西顥，上應太陰之精；瑞啓東朝，下符八月之算。孰贊方增之壽〔三〕，亶惟最妙之緣。壽聖明慈太上皇后伏願博厚順乾，輝光邇日。鍊女媧之石，功常補於皇天；熟金母之桃，宴屢觀於閬苑。臣無任懇禱之至，謹進。

賀牋〔四〕

臣御名言：伏以八十年而符貴女之興，久儲祥於魏麓；萬千歲而歌壽母之頌，彌衍慶於魯邦。夢月應期，溥天胥悦。臣御名誠歡誠忭，頓首頓首。恭惟壽聖明慈太上皇后殿下躬行清净，性守謙仁。御家而嗣徽音，方且佐文王之聖；得道而坐少廣，孰能窮西母之年？臣並奉親歡，忻逢誕序。動鼓鐘於長樂，何慚漢家爲壽之儀；響環珮於後宮，更邁唐室奉觴之禮。臣御名誠歡誠忭，頓首頓首，謹言。

皇帝進奉壽聖齊明廣慈太上皇后生辰功德疏〔五〕 淳熙三年

右，伏以道妙難名，斯能久視；坤元至静，乃合無疆。祇誦寶書，益延鴻算。尊號太上皇后殿下伏願冲虚獲報〔六〕，慈愛儲祥。厚德有容，永爲萬物之母；修齡莫計，密贊長生之君。

賀牋〔七〕

伏以鍾正秋之顥氣，固宜履位於長秋；播壽母之徽音，是必齊齡於西母。載逢誕慶，彌愜懽悰〔八〕。中賀。恭惟尊號太上皇后殿下功濟乾元，德隆坤載。首春展禮，方增六字之名；彌月紀祥，更上萬年之斝。喜氣内充於宫掖，和聲外達於華夷。臣幸

〔一〕仁：原缺，原刻校云：「一本作『福』。」按四庫本同。今據傅校本及《古今事文類聚》前集卷一九補。又原刻校云：「案：『太陰之華華』疑作『壽』，闕文處疑當爲『聖』。蓋此四語分説尊號中『壽、聖、明、慈』四項，而稍以平仄裁對耳。」
〔二〕「太上皇后」前：明澹生堂鈔本、四庫本有「壽聖明慈」四字。
〔三〕孰贊：四庫本作「延祝」。
〔四〕牋：明澹生堂鈔本、四庫本、傅校本作「表」。
〔五〕壽聖齊明廣慈：原無，據明澹生堂鈔本、四庫本、傅校本補。
〔六〕殿下：原無，據明澹生堂鈔本、四庫本補。
〔七〕牋：明澹生堂鈔本、四庫本、傅校本作「表」。
〔八〕愜：四庫本作「切」，傅校本作「極」。

會自天，多儀冠古。仰承父母，欣侍膳之安榮；俯暨子孫，奉含飴之歡樂。

皇帝進奉壽聖齊明廣慈太上皇后生辰功德

疏〔一〕 淳熙五年

右，伏以爽氣中分，獨得太陰之正；祥光下集，允符聖母之生。恭即琳房，載繙瓊笈。尊號太上皇后，伏願頤神黄老，邁德姜任。年億萬而無窮，常奉光堯之樂；秋八千而有永，更同王母之時。

賀牋〔二〕

伏以仲夏仲秋，正浹九旬之日；事天事地，載稱萬壽之觴。於古罕偕，乃今創見。中賀。恭惟尊號太上皇后殿下母儀端静，壼政穆宣。坤厚無疆，媲乾元之純粹；月華有曜，齊日馭之光明。誕序斯臨，綿區胥悦。臣虔趨椒壁，敬祝萱齡〔三〕。入户無雲〔四〕，常記慶都之嘉瑞；承盤玉露〔五〕，永資漢殿之長生。

皇帝進奉壽聖齊明廣慈太上皇后生辰功德

疏〔六〕 淳熙六年

右，伏以金莖露湑，鍾顥氣於慈闈；琳館風清〔七〕，繙秘文於藏室。恭憑勝事，仰贊修齡。尊號太上皇后，伏願清净無爲，含洪元吉。身居崑閬，同金母之長生；化洽家邦，偕周王之曼壽。

賀牋〔八〕

伏以日夜平分，適中於秋籥；羲娥迭運，同會於壽星。參集休祥，來符誕慶。中賀。恭惟尊號太上皇后殿下德方而静，寶儉與慈。胥宇如姜，贊亶父始謀之際；嗣徽維姒，對文王安樂之時。應地無疆，降年有永。臣欽逢令旦，密侍慈顔。講宫中之儀，願敬遵於漢事；膺天下之養，祈永佐於堯仁。

太上皇帝慶壽赦文〔九〕 淳熙二年十二月十七日

門下：太極之功不宰，其可贊者兩儀之生；大明之照無

〔一〕壽聖齊明廣慈：原無，據明澹生堂鈔本、四庫本、傅校本補。
〔二〕牋：明澹生堂鈔本、四庫本、傅校本作「表」。
〔三〕萱：明澹生堂鈔本、四庫本作「椿」，義長。
〔四〕無：四庫本作「青」，明澹生堂鈔本、傅校本作「元」。
〔五〕玉：原作「有」，據明澹生堂鈔本、四庫本、傅校本改。
〔六〕壽聖齊明廣慈：原無，據四庫本、傅校本補。明澹生堂鈔本脱「明」字。
〔七〕風：四庫本作「秋」。
〔八〕牋：明澹生堂鈔本、四庫本、傅校本作「表」。
〔九〕明澹生堂鈔本、四庫本「赦文」下有「首詞」二字。

疆，所能推者千歲之至。欽惟聖父，誕保我家。二百餘載而中天，定神器於欹側艱虞之始；三十六年而宅位，授朕師於康彊暇豫之時。上穹綿有永之年，下土洽無爲之化。興言菲質，日侍慈顏〔一〕。竭幅員之富，而未足伸至養之誠；極尊美之稱，而未足表難名之德。兹載新於歲律，肅展慶於耆齡。前殿奉巵，企高皇而踵武；大安進膳，邁貞觀之彌文〔二〕。鏘金奏以充庭，儼臣工而在列。和氣遄周於宇宙，盛容創見於古今。仍內奉於母儀，肅備殫於子道。爲酒以介眉壽，具膺純嘏之常；立春而下寬書，更廣庶民之福。可大赦天下。云云〔三〕。於戲！建無窮之基則享無窮之樂，命方僕於萬年〔四〕；有非常之事則侈非常之休，恩盍推於四海？矧群黎百姓夙依於覆育，而耆老大夫咸自於甄陶。今而仁壽之同躋，必也安榮之共保。諒爾有邦之衆，知予錫類之心。

郊祀大禮赦文〔五〕　淳熙三年十一月八日

門下：朕聞柴望脩而格藝祖，舜朝推肆眚之恩；禋祭備而享先王，周室著保邦之典。皆所以對三靈之眷顧，成四海之時雍。粤惟眇躬，日奉慈訓。兢兢行道，積十五載之勤勞；翼翼小心，副億萬人之愛戴。荷兩儀之助順，加列聖之流光。邦有榮懷，父母之年方永；物無疵癘，華夷之衆舉安。既底小康〔六〕，敢稽大報？乃候初陽之復，載陳合祭之儀。始朝真宮，念慶源之遠矣；隨祼太室，思祖烈而僾然。儼玉路以安行，被衮龍而肆祀。壇場珪幣罔弗飭，上下神示罔弗欽。黍稷非香，儻治馨之或感；牲牷不瘯〔七〕，尚民力之俱存。雅聲諧六變之音，和氣備四

〔一〕顏：四庫本作「闈」。

〔二〕之：四庫本作「以」。

〔三〕云云：即此赦文具體内容，明澹生堂鈔本、四庫本則徑稱「尾詞」。今將所輯部分内容録此以備考：「《宋會要輯稿》職官四五之三〇：應年七十，依法不除監司郡守。如歷任有治績而精力尚强之人，令三省取旨。《宋會要輯稿》職官五八之三〇：官員職田遇有水旱，合行減放。今兩淮、江東、浙西州軍間有旱歉，可並民田分數減放。民户拖欠催理失時，勒令保正副陪納者並與除放。《宋會要輯稿》職官七七之八四：應文武官已乞致仕年七十已上人，並特與轉行一官，選人循一資，無資可轉與改初等京官。應命官引年致仕，其間有才識過人而體力精彊者，令監司郡守於所部搜訪，具名以聞，當議量材任用。《宋會要輯稿》選舉二之二二：應太上皇帝潛藩州軍進士赴淳熙二年特奏名試在第五等，緣陛降闕該載不盡，未霑恩霈，令禮部保明，特與陞等恩例。應淳熙二年特奏名進士試在第五等人，如年七十以上，特與差破格嶽廟一次。應淳熙二年特奏名進士已授諸州文學應出官人，與減陞朝官舉主一員，便與放行。參選淳熙二年赴特奏名進士，如係歸正人，試在第五等，特與陞等恩例。《宋會要輯稿》食貨一八之八：訪聞州縣税務輒差寄居待闕官，以檢察抄撩措置爲名，在務騷擾，可日下並罷。《宋會要輯稿》食貨六六之一五：應人户有祖父母年八十以上，與免户下一名身丁錢物。《宋會要輯稿》刑法二之一四六：臨安府西湖係放生池，專降指揮不得采捕。適來小民冒利采取，所屬未嘗禁止。可令本府嚴立罪賞，出牒禁戢，專責巡警官司毋得容縱。應諸路州軍放生池依此。《宋會要輯稿補編》第九頁：應無官宗室見文武官年七十以上人，特與轉官，礙止法人依條回授。應無官宗室見年七十以上，今經所屬陳乞，申行在大宗正司保明以聞，特與補承信郎，仍添差嶽廟差遣一次，就寄居州縣支破請給。不理爲吏部立定員額。《宋會要輯稿補編》第一四頁：應犯罪鎖閉監管拘管，可特與理放免年限一年，永鎖閉、永監管拘管之人，令大宗正司量元犯輕重被斷後來能自循省别無過犯，比附保明，申尚書省取旨。及宗室犯罪元係情理重與減作稍重，稍重減作稍輕，稍輕減作輕。」

〔四〕僕：傅校本作「俟」。

〔五〕「赦文」下，明澹生堂鈔本、四庫本有「首詞」二字。

〔六〕底：原作「應」，據明澹生堂鈔本、四庫本、傅校本改。

〔七〕瘯：四庫本作「瘯」。

時之薦。精神昭達，景貺駢臻〔一〕。齋居逢天日之曣温，望拜仰月星之明潤。緊帝臨之顯著，非朕德之克堪。首歸胙於君親，旋均鳌於臣庶。言念幅員之既廣〔二〕，深虞岸獄之未清。一夫向隅，豈忘於不樂；百姓有過，每切於在予。溥施蕩滌之仁，誕受厖鴻之祉。可大赦天下。云云〔三〕。於戲！天嚮有道，事之者敢以虚文；民懷有仁，撫之者在乎實惠。更賴班朝文武，分土循良，或勵翼於中，或布宣於外，使祭澤速傳郵之命，而恩言非掛壁之書。庶承右序之休，寖格丕平之運。

附青城奏劄

臣適蒙宣諭，天氣甚佳，因奏自來赦文例是前期具草，無由概見感格。今欲於其中增入四句，具述晴霽，庶幾四方萬里咸知陛下至誠動天之意。恭奉聖訓令添入，謹録進呈。如得允當，乞令本院一面咨報中書門下省施行，所有宣讀大本即更不須改易。伏乞睿照。十一月十一日奉御筆批依〔四〕。

明堂大禮赦文〔五〕 淳熙六年九月十二日

門下：朕紹承基緒，獲典神天。上循列聖之規，日奉慈皇之訓。宵衣旰食，敢暇逸於分陰；菲飲卑宫，期阜蕃於率土。賴隱顯之交助，慶家邦之永寧。親壽彌長，有衍萬年之曆；民生咸遂，無違九叙之歌。田疇屢豐，邊鄙不聳。忱念一純之報，習占三歲之祥。顧累躬泰時之禋，獨未備總章之饗。維周成宗祀洛中，陟配於文王；維漢武合祠汶上，推嚴於高帝。皆用親郊

〔一〕貺：原作「况」，據傅校本改。

〔二〕既：明澹生堂鈔本、四庫本、傅校本作「至」。

〔三〕此赦文具體内容以云云删，明澹生堂鈔本、四庫本徑標「尾詞」。茲將所輯所删部分内容録以備考：「《宋會要輯稿》禮二五之四八：應文武陞朝官以上致仕者，等第賜束帶羊酒。《宋會要輯稿》食貨六六之一五：廣南東西路民間有曾祖父母存而身成丁之人，訪聞州縣便行科納，謂之挂丁錢，遠方實被其害。雖已令監司約束，尚慮不遵成憲，有失朝廷愛民之意。仰逐路帥臣便加覺察，或有違戾，互行按治以聞。《宋會要輯稿》食貨七〇之六八：山間及並溪田有水衝決、堆注沙磧、未堪耕作者，州縣尚依舊催理税賦，委無從出，可令逐路轉運司委官覆實保明申尚書省，毋致隱冒。人户折帛錢已降指揮，合以錢會中半輸納。訪聞浙東州縣循襲舊例，尚令納銀高其兩數，重困民力。可令遵依指揮只納錢會。其合起輕齎處，仰官司自行取買。如有違戾，監司按劾以聞。《宋會要輯稿》刑法四之五四：應刺面配軍編管羈管人等，除謀叛以上緣坐人及事干邊界，或强盗已殺人及貸配重役人外，並特與減三年理爲揀放年限。令諸州當職官量元犯輕重，依條揀選移放訖，節略犯由，申提刑司審覆，類聚刑部。内命官具元犯聞奏。其永不移放人祖父母父母年八十以上，或篤疾者，保明以聞。情理巨蠹及溪洞蠻人等，並録元犯并後來有無過犯，開析奏裁。編管羈管人如無保識人，鎖閉厢房，别無口食，其間饑餓疾病死亡。自今編管羈管人無保識者，本州日支米二升、錢二十文贍養。如有疾病，即時差人醫治，無致死亡。《宋會要輯稿》刑法六之七〇：應諸色人犯罪在禁，雖已未結正，見得合該赦原，止因元係指揮準勘合具情犯申省，有司不敢一面原放，申會待報。可並直依今赦施行。見禁公事有合結正者，限十日結絶；有合申奏者，亦疾速申奏，不得淹延刑禁。在外委提刑司，在内委御史臺常切覺察。《宋會要輯稿》食貨六一之三六：官員職田，在法以官荒及五年以上逃田撥充，往往州縣不問年限拘占，以致人户無業可歸。或間有災傷，須令舊數輸納租課。如有似此去處，並仰日下依條改正除放。如尚敢違戾，許人户越訴。」

〔四〕筆：明澹生堂鈔本、四庫本作「寶」。

〔五〕「赦文」下，明澹生堂鈔本、四庫本有「首詞」二字。

之禮，具殫尊祖之誠。於鑠本朝，若稽前代。俶經路寢，有皇祐之彝儀；偏秩群神，有紹興之近制。不愆於素，可舉而行。穆卜季秋之良，肇稱新禮之盛。祓珠庭而朝薦[一]，假清廟以裸將。三引先驅，建太常而乘玉輅；群工顯相，被衮衣而執鎮圭[二]。燎煙升而精意通，和樂奏而靈斿沛。兩儀奠位，於以合祛；二后在天，兹焉並侑。環九筵而暇食，薄四海以和來。扁榜大書，前馨嚴恭之志；祺祥免奏，復虞滿假之心。蓋飭躬弗憚於予勤，而斂福惟思於民錫。甫竣熙事，爰霈湛恩。嘉與多方，共迎景況。可大赦天下。云云[三]。於戲！天地以好生爲德，朕克懋於靈承；祖宗以博愛爲仁，朕允懷於時憲。咨亮采惠疇之佐，暨秉文經武之臣；協圖康濟之功，哀對休嘉之澤。

[一] 珠：四庫本、傅校本作「殊」。

[二] 衣：四庫本作「冕」。

[三] 此赦文具體內容以云云刪，明澹生堂鈔本、四庫本則徑標「尾詞」。今將所輯所刪部分內容録此備考：「《宋會要輯稿》職官八之四〇：應官員任滿批書，并四川、二廣陞改考第舉主定差使闕恩例名狀有小節不圓，取會留滯，並許就行在召本色官二員委保，先次放行，案後取會。如有違礙，依條改正。《宋會要輯稿》食貨六一之三六：冒佃官田，限一季聽經官自陳其欺隱過税租，並與除放。《宋會要輯稿》刑法三之三五：命官雪訴罪犯，刑寺見得委實寬抑，合行改正。所有元斷月日若再令陳乞，却致往返虚延歲月。可令刑寺一就看定，申尚書省。」

廬陵周益國文忠公集卷一〇二

玉堂類稿卷二

内制

皇子慶王愷郊祀加恩制 乾道六年十二月七日

門下：朕涓選休辰，惇宗將禮。巍然王公士民之上，敢怠於恭先；惕然天地宗廟之承，庶幾於誠感〔一〕。仰賴博臨之況，誕膺滋至之祥。乃眷嗣賢，首敷惠術。咨在廷之有衆，咸聽命以無譁。皇子雄武軍節度使、開府儀同三司、慶王、食邑三千户、食實封一千二百户愷，行飭而才高，氣和而守正。忱恂見於允蹈，聰敏幾於夙成。自開朱邸之榮，即畀騂旄之寵。衮繡密聯於宰路，山河大啓於王封。祗事君親，有惟孝惟忠之譽；敬居禄位〔二〕，無期驕期侈之愆。屬講明禋，實資顯相。駿奔太室，儼鬱尊亞祼之儀；陟格卯階〔三〕，奉桂酒二觴之薦。茲亟蒙於祭澤，肆商賚於賢勞。其仍賜履之舊疆，載廣腴田於新邑。以答帝心之眷，以隆天性之恩。雖曰彝章，厥惟異數。於戲！箕子之疇建其極，福已厚於錫民；后稷之祀迄於今，禄宜豐於及子。往綏鴻施，庸對慈懷。可加食邑一千户，食實封四百户。

皇弟恩平郡王璩郊祀加恩制 十二月十三日

門下：朕稽累聖之舊章，秩三年之元祀。濳天而天，濳地而地，祗饗於齊明；曰雨而雨，曰暘而暘，靡違於先後。乃眷近親之懿，方司屬籍之繁。亦既殫助祭之勞，時則有揚庭之命。皇弟少保、静江軍節度使、判大宗正事、恩平郡王、食邑八千七百户、食實封三千五百户璩，稟資和易，率履靖莊。勿用非彝，蹈格言於康誥；毋好逸欲〔四〕，洽令問於漢藩。峻躋棘位之聯，寵曳將壇之組。王爵久封於半楚，宗盟實董於諸姬。屬泰畤之親祠，越濤江而入覲。振振族姓，應於嗟之麟；肅肅辟公，相於薦之牡。茲迄成於熙事，宜茂舉於慶條。維書社之加多，維賦租之加厚。豈特廣龐鴻之澤，是將隆友愛之恩。於戲！寅亮而弼予一人，既揚孤保之職；禋祀而親其九族，斯對神明之休。往服龍光，益昭燕譽。可加食邑七百户，食實封三百户。

皇兄永陽郡王居廣郊祀加恩制 十二月十三日

門下：朕觀萃聚於羲爻，歌安寧於漢祀。王假有廟，見萬

〔一〕誠：明澹生堂鈔本、四庫本作「誠」。
〔二〕居：原缺，據明澹生堂鈔本、四庫本、傅校本補。
〔三〕格：明澹生堂鈔本、四庫本作「恪」。卯：四庫本作「阼」。
〔四〕毋好逸欲：原作「毋□好□」，據傅校本改、補。

物之情；帝臨中壇，承四方之宇。眷言近屬，實相盛容。逮胙祉之均敷，宜恩綸之誕告。皇兄岳陽軍節度使、開府儀同三司、充萬壽觀使、永陽郡王、食邑五千三百户、食實封一千九百户居廣，行遵賢檢，志樂儒猷。信厚有常，茂矣本根之芘；温純無玷，渾然璧玉之姿。蔚爲宗室之英，克壯藩維之勢。載黼斯衮，視公路之多儀；有鸞其旂，備將牙之異數。啓王封於樂土，總使領於内祠。屬三歲之習祥，迎一陽而報本。相予肆祀，莫如同姓之親；保我後生，共篤曾孫之慶。用埤多邑，仍富實輸。於戲！黍稷非馨，尚式孜孜之訓；王侯秉德，爰遵翼翼之鄰。朕惟無愧於感神，爾亦有辭於被寵。益隆譽處〔一〕，茂對褒康。可加食邑七百户，食實封三百户。

太尉鄭藻郊祀加恩制 十二月望〔二〕，下同

門下：朕在舜璣衡，講類帝禋宗之禮；辨周圭瓚，展祀天肆祼之誠。既聲明馨德之具昭，宜祉福恩榮之徧錫〔三〕。其歸文武之胙，以重甫申之褒。肅爾在廷，聽予作命。太尉、保信軍節度使、充萬壽觀使、武功郡開國公、食邑五千五百户、食實封一千七百户鄭藻，才猷敏達，性行淑均。承傳軀襲紫之榮，謹流水遊龍之戒。卑以自牧，樂尊君子之謙；高而不危，知守諸侯之貴。向閔勞於上閤，許均秩於内祠。身登齋戒之壇〔四〕，將旄甚寵；名在尉安之府，戚里罕倫。值三年大報之親郊，觀四姓小侯而入衛。掌王宮之禁密，資后族之肅恭〔五〕。爰即舊封，載荒新邑〔六〕。以答勳庸之茂，以增閥閲之光。於戲！上帝垂慶成之恩，當及武階之長；外戚有守文之助，宜旉恩澤之侯。朕惟賚予於善人，爾尚對揚於休命。可加食邑五百户，食實封二百户。

劉懋郊祀加恩制

門下：王者父天母地，所以致乎精禋；聖人左戚右賢，所以興乎廉遜。朕躬展陽陔之盛禮，眷懷妃族之老臣。雖不預於駿奔，乃特加夫賚予。告爾多士，揚其高風。昭慶軍節度使致仕、武功郡開國公、食邑三千三百户、食實封一千户劉懋，操行安和，性資謙愨。知膏粱之期侈，慕寒素以好修。是生邦媛之良，早被親庭之眷。嘉恭勤之有自，方虞侍於無窮〔七〕。朕歷覽漢朝，最賢班況。因婕妤之預選，解越騎以告歸。家累千金，慶傳三子。緊爾希蹤於前哲，亦能謝事於明時。節雖上於高牙，門自施於行馬。享功成身退之樂，無漏盡夜行之譏。兹緣祭澤之頒，思示臣功之勸〔八〕。助其家食，懋以封租。於戲！行役而乘安車，靡責執膰之禮；賀慶而親異姓，尚均賜胙之休。庶無後艱，永有終吉。可加食邑五百户，食實封二百户。

〔一〕隆：傳校本作「光」。
〔二〕望：明澹生堂鈔本、四庫本作「十五日」。
〔三〕恩榮：原缺「恩」字，據傳校本補。四庫本作「榮休」。
〔四〕壇：原作「堂」，據明澹生堂鈔本、四庫本、傳校本改。
〔五〕后：原作「右」，據明澹生堂鈔本、四庫本、傳校本改。
〔六〕荒：傳校本作「奉」。
〔七〕方：明澹生堂鈔本作「已」。
〔八〕思：四庫本作「恩」。

成閔郊祀加恩制 十二月十八日，下同。

門下：朕穆卜天正，敬脩郊類。內倚峨峨之髦士，奉周廟之璋；外資矯矯之虎臣，獻淮夷之馘。既協成於熙事，當均錫於繁釐。明陟示恩，夙興聽命。慶遠軍節度使、鎮江府駐劄御前諸軍都統制、武功郡開國公、食邑三千七百户、食實封一千三百户成閔，稟敦龐之質，賦果毅之才。祈父王之爪牙，舊服殿巖之寄；武將國之心膂，今提天塹之師。方邊堠之晏清，嘉戎昭之整暇。雖軍國之容或異，而乾坤之況則同。儻外禦之有勞，視駿奔而奚歉？與之多邑，益華公社之封；長我萬夫，增壯轅門之觀。於戲！祀與戎爲大事，曾何執膰受胙之殊；武於文爲止戈，宜念禁暴安民之助。予非儹賞，爾尚懋功。可加食邑五百户，食實封二百户。

蒲察久安郊祀加恩制〔一〕

門下：朕事天地以合祛，尊祖宗而偏饗。有經入畮數，而惟一純二精之薦；有潔粢豐盛，而惟三時五教之脩。嘉予內嚮之勁臣，觀我面稽之禋禮。逮茲賜胙，寵以詔廷〔二〕。大同軍節度使、提舉萬壽觀、奉朝請、通化郡開國侯、食邑一千五百户、食實封六百户蒲察久安，氣節沈雄，性質純固。觩弓束矢，久振譽於朔方；就日望雲，旋輸忠於北闕。榮畀節旄之峻，優加祠稟之豐。會陽復之休辰，舉燎熏之大典。素諒朝宗之志，命陪上雍之班。煌煌五輅之安行，實參奉引；凜凜萬兵之宿衛，仍董徼巡。酬庸久即於侯封，餕惠肇開於公社。併加多邑之賦〔三〕，以對三神之歡。於戲！武帝知秺侯之忠，既許屬車之扈；仲尼進潞子之爵，斯同諸夏之褒。益厲良圖，共承景況。可進封開國公，加食邑五百户，食實封二百户。

闍婆國王郊祀加恩制

門下：朕邸四圭而祀上帝〔四〕，備百神餟食之儀；輯五瑞以朝諸侯，來萬國駿奔之助。既兆蒙於祉福，斯溥及於華戎。有嘉慕義之邦，誕布同仁之澤。檢校司徒使、持節琳州諸軍事、琳州刺史、充懷遠軍節度琳州管內觀察處置等使、兼御史大夫、闍婆國王、食邑一萬九百户、食實封四千四百户悉里地茶蘭固野，世雄炎海，名著丹厓。粵繇淳化之年，知嚮本朝之德。雖錦衣椎髻，阻趨王會之圖；而象齒南金，嘗厎職方之貢。屬侯履長之旦，洊修報本之禋。迎紫畤之釐，茲惟大賚；發鴻臚之詔，豈汝遐遺？用加多邑之封，以作外臣之寵。於戲！納夷樂於太廟，敢矜南國之是疆；錫土田於附庸，尚懋遠人之來慕〔五〕。告於裔壤，洽此湛恩。

〔一〕蒲：四庫本作「富」，蓋音譯之異。下同。
〔二〕廷：原作「庭」，據明澹生堂鈔本、四庫本、傅校本改。
〔三〕併：原作「并」，據明澹生堂鈔本、四庫本改。
〔四〕邸：傅校本作「御」。
〔五〕懋：明澹生堂鈔本、四庫本、傅校本作「慰」。

右相虞允文加封制 乾道七年三月十九日〔一〕

門下：德教刑乎四海，蓋本事親之欽；榮懷慶乎一人，亦曰用賢之善。朕致誠子道，儲祉我家。牒鏤玉以鋪張，載益庭幃之號；鼎鉉金而利正〔三〕，肆疇鈞宰之勳。涓日班朝，出綸亶衆。左正奉大夫、守尚書右僕射、同中書門下平章事、兼樞密使、兼提舉同脩四朝國史、提舉編修國朝會要、提舉實録院、提舉詳定一司敕令、兼制國用使、仁壽郡開國侯、食邑六千五百户、食實封二千三百户虞允文，才高而行備，質粹而履方。見義必爲，昔聞其勇；欲仁斯至，今盡乃心。自勵翼於台符，久輯熙於政路。咸有一德，曁湯后以享天；惟兹四人，昭武王而迪禄。佐佑二精之祀，贊襄三樂之功。惟光堯以大哉乾元，不言所利；而聖母以至哉坤載，乃順無疆。因産祥降嘏之沓來，思騰實蜚聲而美報。剌六經而作制〔三〕，允賴儒真；率百辟以肄儀，更資弼直。當王春之有俶，奉册實以同躋〔四〕。日監在兹，禮無違者。迄此曠儀之備，敢云菲質之能？惟國舊章，眷時近輔。或以親祠而升秩，或由慶禮而進階。矧鉅典之兼成，視前規而尤重。官遷兩等，彌增相紱之光；户溢萬家，肇賜公圭之履。哀時徽數，旌厥顯庸。於戲！漢因火德而得天，方永隆於孝治；虞以重華而協帝，尚屢省於謨明。茂對閎休，益摅遠業。可特授左光禄大夫，依前封爵進封成國公，加食邑一千户，食實封四百户。

皇太子領臨安尹制 四月二十七日

門下：正萬邦者繫乎世子，任蓋重於元良；本諸夏者由乎京師，治兼資於首善。朕紹休列聖，駐蹕三吴。惠我無疆，方毓少陽之德；施於有政，俾臨象日之封。皇太子某秀禀五行，生知三善。勉勉義方之訓，孜孜仁孝之端。惟通乎古者，必有以驗於今；惟深於道者，必有以形於事。肆考南衙之故實，一新大尹之多儀。視膳問安，進則展事親之敬；牧人馭衆，退而觀率下之能。諒赤縣之均歡，徯斑輪之布政。豈特澄源端本，示郡國之樞機；庶幾自邇及遐，流邦畿之風化。若時成憲，匪朕私恩。宜令皇太子某領臨安尹，主者施行。

附進皇太子制草奏

右，臣伏準御筆，皇太子惇領臨安尹，可依此降制，及付下唐典故二件。臣今恭依處分及依倣典故撰到制詞，具草進呈。緣上件制書係付有司施行，竊恐皇太子别無被受，臣欲依自來詔書體式，略换首尾，書寫一通，降付皇太子。今擬定格式進呈，如賜俞允，乞速批降付學士院施行。伏取進止。四月二十六日兼權

〔一〕明澹生堂鈔本繫於正月十九日。
〔二〕正：傅校本作「止」。
〔三〕經：原作「班」，據明澹生堂鈔本、四庫本、傅校本改。
〔四〕册實：原作「實册」，據四庫本乙。

直院臣周某奏。奉御筆批，並依。

李顯忠復太尉制 六月三日

門下：法羽林而置帥，既殫宿衛之勞；佩金印以名官，宜復武階之長。眷言飛將，夙著多庸。中偶罹於丹書，兹屢更於華歲。揚予新命，歸爾舊班。威武軍節度使、主管侍衛馬軍司公事、開國侯、食邑幾千幾百户、食實封幾千幾百户李顯忠，沉毅驍雄，奇龐福艾。臨敵身先於士卒，輸忠志在於國家。馳棘門灞上之營〔一〕，此真將軍矣；得李牧、廉頗之將，何憂匈奴哉！往在紹興，被知太上。擢領建章之騎，超躋尉府之聯。今閱十年，嘗罹一眚。上宜陽之綬，雖薄褫於終朝〔二〕；復雁門之踦，已浸還於舊貫。比隆三接，再總萬兵。肅號嗷於周廬，訓齊不怠；按營屯於別戍，敷奏可觀。積有勤勞，肆加褒渥。俾差肩於近列，庸示寵於諸軍。著玷缺之艱難，盡除前咎〔三〕；胡爪牙之轉恤，庶勉後圖。於戲！若漢絳侯，如唐李晟，號爲名將，俱歷此官。爾其思高位之至榮，慕古人而自勵。仰酬異眷，益永壯猷。可特復太尉，餘如故。

王炎除樞密使加封邑制 九月二十六日〔四〕

門下：碩膚四國，是皇亦既久臨於井絡；文武萬邦，爲憲莫如就正於斗樞。雖未賦三年之歸，固宜先多祉之受。我有涣號，人其樂聞。左中大夫、參知政事、四川宣撫使、清源郡開國侯、食邑一千二百户、食實封三百户、賜紫金魚袋王炎，迪志高明，賦材英傑。負博古通今之學，濟康時經遠之謀。皐陶之翼舜朝，選雖以衆；張良之從漢祖，授或自天。粤貳政於中臺，即宣威於全蜀。慮無遺策，事不辭難。和衆安民，得歡心於將帥；補軍蒐乘，厲武節於邊疆。邦儲裕於塵甿，國馬蕃於互市。以其圭覲，固深簡於朕懷；無使衮歸，復重違於人望。何惜異數，於昭壯猷。二府分班，左右幹鈞樞之柄；太微占象，東西齊將相之光。按四品以升階，度諸侯而賜爵。載疇多邑，併寵元戎。匪時信臣，孰對隆委？於戲！樞機之重，中外所同。西顧未寬，則藉精神而折千里〔五〕；群方庶定，則還英俊以彊本朝〔六〕。往殫厥心，終濟予治。可特授樞密使、左大中大夫、依前四川宣撫使，進封清源郡開國公，加食邑一千户，食實封四百户。

附論轉官奏

臣契勘本朝故事，以大中大夫爲宰相官，其樞密使事體亦頗相類，自舊未有中大夫充樞密使者。昨來汪澈元係通議大夫，虞允文元係大中大夫，故不轉官。今王炎止係中大夫，竊慮合轉左大中大夫，仍加封邑，庶協近制。伏取進止。奉御筆批依。

〔一〕灞：原作「霸」，據四庫本改。
〔二〕褫：原作「斥」，據明澹生堂鈔本、四庫本、傅校本改。
〔三〕咎：原作「客」，據明澹生堂鈔本、四庫本、傅校本改。
〔四〕九月：明澹生堂鈔本作「七月」。
〔五〕千：傅校本作「萬」。
〔六〕還：傅校本作「選」。

虞允文轉官除左丞相制〔一〕 乾道八年二月十一日

門下：朕紹休聖緒，注意元台。仰惟前代而迪厥官，期咸寧於萬國；爰立作相而置諸左，肆命總於百工。肇新巖石之瞻，丕聳朝紳之聽。左光禄大夫、守尚書右僕射、同中書門下平章事、兼樞密使、兼提舉編脩《國朝會要》、提舉實録院、提舉詳定一司敕令、兼制國用使、濟國公、食邑七千五百户、食實封二千七百户虞允文，德全而才鉅，氣裕而志剛。以襲經華國之文，成應變安民之武。有力則陳而有猷則告，恢恢致主之謀；無利不興而無害不除，凜凜濟時之望。偏儀中外，久斡鈞樞。以脩明政教爲先，以奬拔賢能爲急。鎮物如嵩岱之勢，其孰敢摇；決事若蓍龜之明，夫何能惑！革乃因循之弊，副予綜覈之方。勤勞弗懈於初終，啓沃愈殫於朝夕。朕稽參古誼，考協官稱。運道揆於廟堂，理無不統；繫司存於禁省，體有未專〔二〕。玆用新書，首褒茂宰。益展在前之略，式符虚左之求。仍總鴻樞，特超賜位。啓名邦於西土，衍奉邑於多田。以焕天文三階之光，以增國勢九鼎之重。於戲！自周而上，弼諧之道可稽；由漢以來，宰輔之官屢易。惟正其名可以求其實，惟舉其要可以治其詳。朕欲比德唐虞，汝則監皋夔之事業；朕欲希功文武，汝則覩旦奭之規模。尚無愧於前聞，斯有辭於永世。可特授特進左丞相，兼樞密使，進封華國公，加食邑一千户，食實封四百户。

梁克家轉官除右丞相制〔三〕

門下：稷暨益以同謨，舜帝謹時幾之戒；召與周而并相，成王資左右之功。朕肇正宰司，簡求人望。玆延登於次輔，其具諗於廣廷。左大中大夫、參知政事、兼權知樞密院事、同知國用事、兼同提舉詳定一司敕令、清源郡開國侯、食邑一千七百户、食實封九百户梁克家〔四〕，行粹而才高，道醇而守正。躬含章之素履，懋格物之清規。忠以事君，告嘉猷而無隱；敏於應務，斷大事而有餘。自進位於疑丞，每協恭於廊廟。恢四維而厲俗，熙庶績以圖寧。名實混淆，汝則力裨於綜覈；事爲苟且，汝則密贊於更張。凜有名臣之風，浸隆賢弼之望。朕方精求至理，思懋永圖。選衆而舉皋陶，雖予衷之素定；夢帝而賚傅説，亦天意之使然。會官制之適新，宜國成之對秉。同心輔政，觀二臣調燮之能；經體贊元，革三府辨章之號。既端其本，亦奮爾庸。特超四等之階，誕昭優渥；參斡萬兵之柄，滋厚倚毗。肇開公社之封，併衍國租之入。若時異數，實越彝章。於戲！祖宗宏遠之規，朕方力紹；今古弼諧之義，爾則深知。當正名求治之時，任熙載亮工之寄〔五〕。進一言必曰順天之道，立一事必曰因民之

〔一〕轉官：原無，據明澹生堂鈔本、四庫本、傅校本補。
〔二〕未專：傅校本作「永尊」。
〔三〕轉官：原無，據明澹生堂鈔本、四庫本、傅校本補。
〔四〕九百：明澹生堂鈔本、四庫本作「五百」。
〔五〕工：原作「功」，據傅校本改。

情。惟百官各得其宜，則萬務悉歸於理。勉思交飭，允答具瞻。可特授左正奉大夫、右丞相、兼樞密使，進封清源郡開國公，加食邑一千户，食實封四百户。

葉衡罷右丞相除知建寧府制 淳熙二年九月十六日

門下：守相入爲公卿，昔已遵於漢制；揆岳出分牧伯，今復用於周官。惟中外之迭居，蓋終始之參倚〔一〕。其敷明命，以告治朝。通奉大夫、右丞相兼樞密使、東陽郡開國公、食邑□千□百户、食實封□百户葉衡〔二〕，問學提身〔三〕，忠清迪德。蘊應務疏通之識，負絶群敏鋭之才。民人社稷之權，屢宣勞於郡邑；錢糧甲兵之問〔四〕，嘗底績於邦家。既簡朕知，亦孚人望。間輟别都之鑰，寖毗大政之元。旋獨秉於國鈞，仍兼持於樞柄。有亂臣而致治，所資心德之同；康庶事以圖寧，正賴股肱之喜。何僅更於期月，乃祈解於繁機〔五〕。聽還次相之印章，寵畀初潛之組綬。朕之待人者，可謂至矣；爾之報上者，顧宜如何？於戲！公台關國體之重輕，兹曲全於進退；師帥係民情之休戚，曾未替於恩榮。勉圖屏翰之庸，思稱君臣之遇。可罷右丞相兼樞密使，依前通奉大夫、知建寧府、封邑食實封如故。

史浩加封制〔六〕 淳熙三年正月五日

門下：朕歷覽漢唐之君，備伸父母之敬。奉玉卮於前殿，或展未央之儀；響鸞佩於後宮，或行興慶之禮。雖云盛舉，曾不同時。天敷佑於予家，日交隆於榮養。帝堯以康寧巽位，春秋七十而無窮；文母以聖善思齊，甲子一周而未艾。既並增於榮號，復對舉於壽觴。適成稀世之儀，誕錫敷天之澤。眷言舊相，宜焕寵章。崇信軍節度使、開府儀同三司、提舉臨安府洞霄宫、奉化郡開國公、食邑□千□百户、食實封□千□百户史浩〔七〕，識量恢洪，機神峻遠。輔台時敏，素號於博文〔八〕；翊我天飛，首當於大任。洊分帥閫，久秩祠庭。起儒紳而提斧鉞之雄〔九〕，處鄉社而被衮衣之貴。予惟念舊，人莫與儔。是遵加地之文，共對丕天之律。於戲！慶二親之壽，溥均海宇之湛恩；增千户之封，獨用宰司之故事。蓋禮之盛者澤必廣，而位之隆者榮亦殊。尚忱念於眷懷，以對揚於命數。可加食邑一千户，食實封四百户。

〔一〕終始：明澹生堂鈔本、四庫本作「始終」。
〔二〕□：原作「某」，明澹生堂鈔本、四庫本皆闕空，據改。
〔三〕禔：傅校本作「淑」。
〔四〕糧：明澹生堂鈔本、四庫本作「穀」。
〔五〕祈：傅校本作「遽」。
〔六〕明澹生堂鈔本、四庫本於《史浩加封制》前有標題「太上慶七十加恩七道、后制一道、伯圭制二道」。
〔七〕□：原作「某」，今據明澹生堂鈔本、四庫本此制題引改爲闕空。
〔八〕文：明澹生堂鈔本、傅校本作「聞」。
〔九〕斧：原作「齋」，據傅校本改。

鄭藻加封制

門下：親其親而爲禮，非徽號不足表無疆之休；老吾老以及人，非寵恩不足彰莫大之慶。乃藏事於一陽之復，乃頒書於四序之元。盛儀一行，誠意兩得。於以興臣子之敬，於以廣華夷之仁。敷時褒章，旌我懿戚。保信軍節度使、開府儀同三司、充萬壽觀使、武功郡開國公、食邑□千□百户、食實封□千□百户鄭藻〔一〕，受才通敏，制行安和。逮事祐陵，綽有中朝之矩範；被知太上，蔚爲異姓之表儀。位愈貴而心愈恭，年彌高而力彌裕。比陳玉册，榮冕金蟬。既顯相於禮容，仍攝承於使領。蓋特寵四朝之舊，匪徒爲百辟之光。茲舉慶條，肆開公社。於戲！天地有域中之大，朕方酬覆載之恩；爵齒達天下之尊，爾實預榮懷之寵〔二〕。茲爲家國之至盛，時乃帝王之所稀。茂對洪休，毋忘素履。可進封榮國公，加食邑五百户，食實封三百户。

曾覿加封制

門下：朕若稽列辟之盛〔三〕，疇越放勛之先。德既冠於百王，年仍高於五帝。則天爲大，康衢形爾極之謡；克遜允恭，華封有聖人之祝。孰追懿鑠，緊我慈皇。比參訂於師言，庸肇稱於鉅典。逮均慶賜，可後舊人？武泰軍節度使、開府儀同三司、充萬壽觀使、信安郡開國公、食邑□千□百户、食實封□千□百户曾覿〔四〕，夙禀通才，進逢亨運。以辭章而被遇，多歷歲時；居富貴而守謙，久安閒適。領節旄於蜀道，總使範於祠庭。肅爾多儀，相予盛禮。朔冬奉册，綴三事以峨冠；春日稱觴，粲萬花而會弁。宜疇多邑，用溥醲恩。於戲！蕩蕩民無能名，既丕揚於德業；皇皇事之壯觀，顧何吝於龍光？惟上聖爲能兼古今之徽，惟至尊爲能錫臣鄰之祉。往思祗服，勿替恪恭。可加食邑五百户，食實封三百户。

楊倓加封制

六日〔五〕

門下：朕恪奉親歡，懋隆孝治。問在朝問在野，固莫測於堯仁；得其位得其名〔六〕，當力揚於舜善。乃練日時之吉，具陳儀物之多。既鏤牒以增休美之稱，又奉觴以篤延長之慶。眷言藩服，嘗侍籌帷，雖阻預於班庭，顧可稽於詔爵？昭慶軍節度使、知荆南軍府事、提舉學事、兼管內勸農使、充荆湖北路安撫使、馬步軍都總管、兼本路營田使、專一措置提督修城、和義郡開國侯、食邑□千□百户、食實封□千□百户楊倓〔七〕，恭勤自勵，明敏推優。文昌參喉舌之聯，右府效股肱之力。追惟乃父，夙簡慈

〔一〕□：原作「某」，明澹生堂鈔本闕空，四庫本注「闕」字，據改。
〔二〕懷：四庫本作「親」。
〔三〕若：四庫本作「粤」。
〔四〕□：原作「某」，四庫本注云「闕」，據改。
〔五〕六日：原無，據明澹生堂鈔本、四庫本補。
〔六〕位：明澹生堂鈔本、傅校本作「壽」。
〔七〕□：原作「某」，四庫本注云「闕」，據改。

衷。有如嗣子之才，寖歷周行之選。聞修慶典，諒感隆知。殿邦雖異於滯南，存闕寧忘於拱北！用賜諸公之履，仍加多邑之腴。於戲！稀闊盛儀，是謂萬歲一純之遇；便蕃異數，足爲五侯九伯之光。尚祇若於恩言，益勉圖於忠報。可進封和義郡開國公，加食邑五百户，食實封二百户。

吴拱加封制

門下：朕纂中興之運，仰太上之功。視黄屋以非心，雖多辭無以紀冲虚之美；因廣成而得道，雖巧曆莫能推平格之年。姑率籲於衆言，庸鋪張於大慶。惟時將帥，同國光榮。武康軍節度使〔一〕、捧日天武四廂都指揮使、提舉隆興府玉隆萬壽宫、武功郡開國公、食邑□千□百户、食實封□千□百户吴拱〔二〕，世授一編，身經百戰。當紹興之盛際，共武服者有年。入則宣勞殿陛之間，出則禦侮封疆之外。士多心悦，予益汝知。雖鼙鼓凝思，已趣賜環之命；而簪纓稱壽，莫陪鳴玉之班。其推衍食之恩，以作來朝之寵。亶爲幸遇，實越常彝。於戲！五三六經載籍之傳，孰若今顯號尊名之建；萬有千歲眉壽無害，亦惟爾大夫庶士之宜。式遄六纛之驅，庸對兩宫之眷。可加食邑五百户，食實封二百户。

皇弟居中加封制

門下：朕誕受丕圖，躬行要道。荷天地非常之況，增庭闈有永之年。日至揚徽，得戊申之朔旦；春元上壽，逢甲午之剛辰。孝弟發諸朝廷，德教加於百姓。是敷成涣，載錫近親。皇弟保康軍節度使、權主奉益王祭祀、天水郡開國公、食邑二千八百户、食實封八百户居中，秀禀天支，譽高公姓。棐時忱而自勉，庸祇德以日新。緬維端獻之賢王，實乃厚陵之秀子。於今三世，有若諸孫。日趨劍履之班，坐擁節旄之貴。曲臺藏事，既獲預於榮觀；磐石數封，肆並加於采地。於戲！一人有慶而兆民賴，況同周室之宗盟；九族既睦則萬邦和，蓋本唐虞之德化〔三〕。往綏爾禄，尚遠乃猷。可加食邑五百户，食實封二百户。

劉懋加封制

門下：大德必得其壽，實天人相與之符；貴老爲近於親，亦今昔共由之道。朕履至尊之寶位，慶太上之修齡。發册廣朝，霈恩諸夏。乃眷里居之舊，亶爲妃族之英。宜敷詔音，用錫爾祉。昭慶軍節度使致仕、武功郡開國公、食邑四千三百户、食實封一千四百户劉懋，志尚清逸，性資靖莊。早參戚畹之聯，寖陟戎班之貴。方華轂朱輪之鶩，起赤松黄石之思。雖十五年無印組之縻，寧居寵利；然千萬歲上宫庭之壽，實預榮懷。是因慶澤之施，特衍邑租之入。於戲！四代同歸於上齒，未始遺年；二

〔一〕武康軍：原作「武庫軍」，據明澹生堂鈔本、四庫本改。
〔二〕□：原作「某」，四庫本注云「闕」，據改。
〔三〕唐虞：明澹生堂鈔本、四庫本作「陶唐」。

疏自樂於賜金〔二〕，是能知止。往服旌嘉之命，永爲耄艾之光。可加食邑五百户，食實封二百户。

趙伯圭除安德軍節度使與宮祠任便居住加食邑食實封制〔三〕 二月六日

門下：朕觀國朝之制，重方鎮之權。外則神武折衝，資兔罝心腹之助；内則大宗維翰，茂葛藟本根之功。雖勞逸之或殊，在蕃宣而則一。兹仰承於慈訓，思益固於邦圖。首褎文武兼資之英，蓋得親賢並用之意。式是舊典，揚於大庭。端明殿學士、朝奉大夫、提舉江州太平興國宮、天水郡開國侯、食邑一千二百户、賜紫金魚袋趙伯圭，良心禀於天資，令德由於世濟。簡廉樂道，遠追中壘之風；恭儉好書，夙慕獻王之學。示宗盟之楷則，宣仕籍之勤勞。出守天台，河浹三吴之潤；久臨鄞水，海澄萬里之波。粤就燕間，彌高譽處。方藉維城之略，盍稽换節之規？矧秘殿通班，寖極侍臣之高選；宜齋壇焕寵，特隆元帥之多儀。是用嚴閫制於閫中，領祠官於洪井。櫜兜戢櫜，誕頒新命之華；山川土田，更廣舊封之履。於戲！制節謹度者諸侯之孝，惡盈好謙者君子之光。高而不危，乃可長富貴之守；卑以自牧，斯能利邑國之征。尚允蹈於聖言，庸永彊於王室。可特授安德軍節度使、提舉隆興府玉隆萬壽宮，任便居住，加食邑五百户，食實封二百户，封如故。

立皇后謝氏制 八月十四日

門下：乾健坤承，所以同尊乎太極；陽剛陰相，所以並育乎群生。朕上奉親懽，下敷民則。念佐餕當施於東内，而親蠶未講於北郊。欽承聖父之詔音，趣定長秋之位序。是登碩媛，庸告大廷。貴妃謝氏恭儉而柔和，静專而聰敏。異表允符於法相，令儀夙本於良家。蚤從藩邸之游，蓋禀庭闈之命。大横應卜，正唯竇后之來；故劍可求，孰若平君之舊！自處四妃之首，殆更一紀之餘。禮有脱簪，贊我勵精之政；衣無曳地，副予敦樸之心。亦既宜内助之勤，其可避中宮之選？矧明揚於慈訓，仍申諭於輔臣。謂衆志之素孚，宜徽章之亟舉。因乳保而依方進，雖當從舊譜於汝南〔三〕；推源流而系謝安，盍遂復華宗於江左。兹誕頒於命數，庸表慶於邦家。翬衣加追玉之笄，螭紐賁範金之寶。於戲！朕日奉帝堯之養，后其思居汭之虞嬪；朕時承文母之顔，后必監嗣徽之周姒。奉玉齍於祖廟，則可以教四海之順；新彤管於女師，則可以刑二南之風。尚表正於宮闈，永綏將於福履。

〔二〕 自：傅校本作「均」。
〔三〕 「居住」「食邑食實」原無，按明澹生堂鈔本「居住」誤作「居往」，文中有「任便居住」語，據補。
〔三〕 當：明澹生堂鈔本、四庫本作「常」。

趙伯圭除開府儀同三司加封制　九月二十四日

門下：周重天潢〔一〕，公族多聯於三事；唐親帝胄，台司嘗用於九人。逮我皇家，參稽古誼。視其儀物，所以彊磐石之宗；遂乃安間，所以樂常華之燕。允合大公之道，抑隆同姓之恩。乃眷親賢，載揚綸綍。安德軍節度使、提舉隆興府玉隆萬壽宮任便居住、天水郡開國侯、食邑一千七百户、食實封二百户趙伯圭，受才博敏，蹈德端良。法度是遵，言必依於忠孝；詩書攸好，心不接於奇衺。故居家流惠順之聲，而典郡迪中和之效。繄予慈父，自樂大庭。雖事物之非心，獨宗支之在念。謂姬姓半封於天下，而近親多自於南陽。申眷禮以有加，錫恩榮而無已。駢旄畫戟，甫示寵於將壇；赤舄繡裳，更參華於宰路。正壽宮之使領，開茅社之公封。仍拓土田，併蕃命數。於戲！重名器則士心丕勸，朕寧輕以假人？倚宗師而王室舉安，爾尚思於懷德。惟不侈不驕，如在豐之戒；則而昌而熾，若保魯之功。尚欽率於訓言，庶益隆於譽處。可特授開府儀同三司，依前安德軍節度使，充萬壽觀使，在外任便居住，進封天水郡開國公，加食邑七百户，食實封三百户。

附論合充宮觀使奏

臣伏準御封付下中書門下省熟狀，趙伯圭除使相、提舉洞霄宮，蓋緣宮觀使合係在京差遣，故用史浩例止除提舉宮觀。臣竊見自來宗室戚里如士㒟、錢忱及見今恩平郡王璩之類，官至使相已上即除宮觀使，許其在外居住，亦有纔建節便充宮觀使者，如高世則等是也。又王安石熙寧九年以使相鎮金陵，既而力請納節，遂以大觀文充集禧觀使，而紹興張浚亦以檢校少傅、節度使充萬壽觀使，以此知在京宮觀使似可任便居住。但臣省記不審，兼未知見行格法，不敢臆決。欲望聖慈來早降付三省，更加考訂，如合改正，乞貼麻行下。或近來無使相充在京宮觀使任便居住體例，即合依已降處分施行。臣既有所見，不敢不奏，伏取進止。奉御筆批，可依士㒟等體例除宮觀使。

〔一〕潢：原作「支」，據明澹生堂鈔本改。

廬陵周益國文忠公集卷一〇三

玉堂類稿卷三

内制

皇弟恩平郡王璩加封制

門下：朕上嘉成周，卓冠隆古。分寶玉於伯叔，時庸展親；賜賑膰於弟兄，以佐保國。茲均祭澤，肆協禮經。乃眷宗盟，首頒明命。皇弟少保、静江軍節度使、充醴泉觀使、恩平郡王、食邑一萬八百户、食實封四千四百户璩，疏通和粹，謙毖坦夷。貝冑朱綅，視建牙於東魯；旃旌綪茷，榮賜履於孟侯。自歸糾族之權，坐享奉祠之樂。朝宗有志，奉幣而覲甘泉；導蹕無譁，珥貂而陪泰畤。迄拜熙成之況，允資顯相之勞。既厚錫以金繒〔二〕，仍載荒於井邑。於戲！肅祇齋戒，予一人敢憚於恭先；富貴安榮，爾萬國實均於賚予。益思夾輔，茂對閎休。可加食邑七百户，食實封三百户。

皇子魏王愷加封制

門下：朕舜類徧神〔三〕，瑞必班於群后；漢郊見帝，金亦賜於諸王。矧茲元祀之成，思廣湛恩之錫。若時賢子，實簡慈懷。其敷寵章，以首藩服。皇子雄武軍保寧軍節度使、開府儀同三司、判明州軍州事、提舉學事、兼管内勸農使、兼沿海制置使魏王愷，鍾英瓊幹，流慶璿源。笙磬鼓鏞，有克諧之遠韻；琮璜珪璧，無可指之纖瑕。自分土於海邦，尤宅心於民事。陂開九澤，考吏課以惟優；麥茂兩岐，閱伻圖而載懌。雖覲圭之未展，而王祭之實供。宜拓土田，用均福禄。於戲！是宜是饗，朕方對天地祖宗之休；惟孝惟忠，爾夙明君臣父子之義。尚因胙社，益固盤維。

曾覿加封制

門下：朕克堪用德，咸秩無文。先六月以戒期，各揚乃職；命五臣而總使，以迄於成。逮此均釐，首茲馭貴。武泰軍節度使、開府儀同三司、充萬壽觀使、信安郡開國公、食邑二千六百户、食實封一千户曾覿，才華敏妙，器度寬和。朱芾暎珩，慕壯猷於方叔；緑滕照乘，保眉壽於僖侯。既頒三事之崇，宜

〔二〕以：四庫本、傅校本作「於」。
〔三〕「朕」下疑脱「以」字。四庫本無「朕」字，義亦通。

勵多儀之助。提綱振領，道塗次舍之畢脩；款廟徂郊，輦輅烝徒之咸賴。勤勞至矣，褒賞隨之。是豐多户之輸，仍衍真畬之入。厥惟餕惠，亦以勸功。於戲！禮有五經，祭爲最重；王之八柄〔二〕，爵乃居先。尚圖稱於茂恩，庶永綏於來譽。可加食邑五百户，食實封三百户。

李顯忠加封制

門下：朕恪脩郊報，備輯邦儀。觀大盾之前驅，時則念攘除之帥；對朱干之武舞，時則思蹈厲之臣。豈以居家，而忘賜胙？太尉、威武軍節度使、提舉江州太平興國宮、隴西郡開國公、食邑五千六百户、食實封一千八百户李顯忠，真誠不貳〔三〕，英槩無前。威暢雁門，蚤繼家聲之遠；祥開鵲印，晚聯尉府之華。雖膂力之或愆，曾眷懷之未慭。十二之龍，雅雅屬昇帖妥之壇；三千之旄，央央夙振淵闐之旅。紛鶡冠之拱北，獨虓將之在東。是衍新畬，以光舊伐〔三〕。於戲！思文嚴乎稷配，賚及多方；掌武重於秦官，恩光右列。祇拜穹蒼之況，益肩忠赤之心。可加食邑五百户，食實封二百户〔四〕。

劉懋加封制

門下：周祀禮年，共秩咸於耆氏；漢儀篤舊，致廟胙於太常。眷言妃族之英，久著里居之譽。厥有鴻霈，於昭令猷。具官劉懋温恭秉彝〔五〕，沖約成性。辰彼碩女，輔陰教於慈庭；賢哉大夫，保陽休於暮齒。一享安居之逸〔六〕，四膺惠術之施〔七〕。茲駕行宮〔八〕，載修柴燎〔九〕。克禋克祀，徧方望之群神；如式如幾，秩邦家之多祜。申褒貴戚，增衍本封。於戲！俾爾壽臧，荒土田於徐宅；以侯耄老〔一〇〕，加勞賜於葵丘。欽承優異之恩，永保康寧之福。可加食邑五百户，食實封二百户。

皇弟天水郡開國公居中加封制〔一一〕 十二月四日

門下：朕率親賢之衆，展郊廟之容。受命咸宜，糦已承乎十乘；在宗載考，露方湛於諸侯。令以時行，恩由貴始。皇弟保康軍節度使、權主奉益王祭祀、天水郡開國公、食邑三千三百户、食實封一千户居中，姿凝豐裕，性迪謙和。大雅不群，如高帝之孫子；成人有德，若文王之本支。玆習歲祥，是稱冬祀。亦有高廩，因報豐年之功；豈無他人，孰如同姓之助？緊肅雝

〔二〕柄：四庫本、傅校本作「枋」。
〔三〕真：傅校本作「忠」。
〔三〕伐：原作「代」，據四庫本改。
〔四〕食：原脱，據四庫本補。
〔五〕具官劉懋：原作「某官」，據四庫本、傅校本改補。
〔六〕居：傅校本作「車」，疑是。
〔七〕術：傅校本作「衍」，疑是。
〔八〕行：原作「竹」，據明澹生堂鈔本、四庫本改。
〔九〕修：原作「備」，據明澹生堂鈔本、四庫本、傅校本改。
〔一〇〕耄：明澹生堂鈔本、四庫本作「耋」。
〔一一〕開國：原無，據傅校本補。

之罔怠，在褒表以疇先。肆即舊封，載荒新邑。於戲！禮儀卒度，粲其棠棣之華；福禄來崇，異彼角弓之怨。勉旃信厚，對越光靈。可加食邑五百户，食實封二百户。

闍婆國王加封制

門下：王者參天貳地，一視同仁。故鞮鞻名官，聲樂並施於祭祀；而明堂定位，蠻夷分列於東南。豈伊慶賜之行，曾是華離之異。懷遠軍節度使、琳州管内觀察處置等使、金紫光禄大夫、檢校司徒、使持節琳州諸軍事、琳州刺史、兼御史大夫、上柱國、闍婆國王、食邑一萬一千九百户、食實封四千八百户悉里地茶蘭固野〔一〕，忠純傳世，慈惠撫封。奉我王明，雖隔鯨波之遠；摰伊藩節〔二〕，自通象譯之重。屬陽陛之稱禋，爲嘉師而介福。配天其澤，罔敢失墜，荷帝鑑之溥臨；率土之濱，莫非王臣，宜海隅之遐暨。寵加國邑，榮對神鼇。於戲！久無烈風，汝諒占於予祀；丕冒出日，台深眷於汝邦〔三〕。往祇綸綍之言，永賁要荒之服。可加食邑五百户，食實封二百户。

安南國王李天祚男龍翰襲封制〔四〕

淳熙四年三月十三日

門下：朕寅威寳命，奄甸嘉師。無怠無荒，深謹暨南之教；曰同曰覲，丕嘉拱北之星。迺眷一邦，兹傳七世。飭宣典册，播告臣工。故推誠順化崇義懷忠保信嚮德安遠承和秉禮歸仁協恭勵節繼美遵度履正彰善贊治守謙功臣、特進、檢校太師、静海軍節度觀察處置等使、兼御史大夫、上柱國、安南國王、食邑二萬户、食實封七千八百户、贈侍中李天祚男龍翰，流慶有源，受材孔裕。雖尚居於幼穉，已知繼於踐脩。繄乃先王，夙彰令問。胙土分茅之久，彌四十年；梯山航海之輸，踰數千里。克知厥若，曰篤不忘。兹永慨於遺章，爰首褒於愛嗣。旄節按定陵之制〔五〕，官儀聯漢相之班。即樂國以肇封，既從世襲；極真王而錫命，何待次升？加以土田，被之功號。雖纂服之惟舊，在殿邦而則新。允續前徽，尚綏後福。於戲！建爾尹兹東夏，古尤重於象賢；維汝居國南鄉，今勿忘於來享。俾周無斁，曰商是常。豈惟予一人以寧，亦保爾黎民之利。可特授静海軍節度觀察處置等使、特進、檢校太尉、兼御史大夫、上柱國，特封安南國王，食邑三千户，食實封一千户，仍賜推誠順化功臣。

皇子愷除荆南集慶軍節度使行江陵尹加封制

四月五日

門下：四牡入覲，旂章載錫於諸侯；三公出封，章服皆隆

〔一〕悉里地茶蘭固野：明澹生堂鈔本、四庫本作「悉地里茶蘭固野」。
〔二〕摰伊藩節：原作「以其寳贄」，據傅校本改。
〔三〕汝：明澹生堂鈔本、四庫本作「爾」。
〔四〕李天祚男：原無，據明澹生堂鈔本、四庫本、傅校本補。
〔五〕陵：原作「隆」，據明澹生堂鈔本、四庫本、傅校本改。

於九命。茲謂周家之忠厚，實壯文王之本支〔一〕。眷言愛子之賢，來報名藩之政。是稽古誼，爰詔昕庭。皇子雄武保寧軍節度使、開府儀同三司、判明州軍州事、兼管內勸農使、兼沿海制置使、魏王、食邑九千户、食實封三千六百户愷，志節安和，德猷粹穆。淑身謹行，居有令名；保國乂民，動無過舉。自再分於銅虎，嘗屢下於璽書。念夫表海之勞，遂乃朝宗之願。三雍奉對，固深留邸之思；二陝分疆，莫遏憩棠之請。宜敷帝祉，以答甿謡。惟庶正之隆名，乃承平之異數。昔優褒於子弟，今率用於典常。載披輿地之圖，雙換齋壇之節。民瞻爾赫，荆州還府號之新；慶積家餘，亳社契王封之舊。予之多邑，豐厥實輸。誕頒典册之華，諒愿旄倪之志。於戲！班高尹日，夙嘉春見之朝；賞侯景風，庸對夏時之吉。惟制節謹度，則貴可長守；惟以公滅私，則民其允懷。歸寧爾邦，典聽朕教。可特授荆南集慶軍節度使，依前開府儀同三司，行江陵尹，判明州軍州事，兼管內勸農使，兼沿海制置使，魏王，加食邑一千户，食實封四百户。

史浩除右丞相制 淳熙五年三月十七日

門下：朕儀圖俊傑，勵相邦家。受命溥將，協濟藝祖興王之業；治民祗懼，共恢光堯復古之勳。念弄印者累年，嘗命龜而載卜。人惟求舊，既朕志之素孚；民具爾瞻，亦物情之衆允。涣以大號，揚示外朝〔二〕。少保、觀文殿學士、充醴泉觀使、侍讀、永國公、食邑七千五百户、食實封三千三百户史浩，道廣而智周，才宏而德備。經綸之蘊，早自許於功名；寬裕之懷，時莫窺於器量〔三〕。東學翼天飛之運，中階符帝賚之祥。自弼亮於初元，即宣昭於美業。敬王如孟子，非仁義不陳於前；告后若君陳，有謀猷乃順於外。方參和於鼎飪，旋力解於機衡。比趣召環，進陪經幄。姬公遄返，初無四國之言；裴度來歸，尚使兩河之畏。屬宵旰勵精之日，適辨章虛席之時。宜續前功，再膺大任。易零陵之舊壤，荒淇水之新封。增衍土田，併隆體貌。惟待之不輕，則望之彌重；惟始之不易，則終之實難。予其仰成，人且觀政。於戲！兆姓輯於下，然後可以調陰陽；四維張於朝，然後可以正法度。堅忠實之志，則誕謾罔不革；絶親黨之私，則除授罔不公。使奠枕如淳化、端拱之間〔四〕，而迓衡如至和、皇祐之際，庶益光於舊學，斯無負於殊知〔五〕。可依前少保除授右丞相進封衛國公加食邑一千户，食實封四百户〔六〕。

例合陞次國，加食邑一千户，食實封四百户。今擬次國名如後，伏乞御筆點定一處，以憑遵依施行：衛、隨、蔡、黄。

右謹録進呈，伏取聖裁。三月十七日奉御批，更不改官，封衛國公。

〔一〕王：原作「臣」，據明澹生堂鈔本、四庫本、傅校本改。

〔二〕揚：原刻校云：「《羣輔編年録》作『於』。」

〔三〕窺於器量：原刻校云：「《羣輔編年録》作『窺其器量』。」

〔四〕淳化：原作「純化」，據四庫本、《宋宰輔編年録》卷一八改。

〔五〕原刻校云：「案『然後可以正法度』，自『後』字以下，各本佚，此從《羣輔編年録》校補。行中尚缺三字。」按四庫本文字完整，文中「正法度」傅校本作「肅綱紀」。「誕謾罔」原缺，據四庫本補。

〔六〕「可依前」句：原無，據傅校本補。

皇子魏王愷除永興成德軍節度使雍州牧加封制[一] 閏六月十二日[二]

門下：朕博觀前代之文，樂取成周之制。初則恩加子弟，榮疏五等之封；逮其日奏勳庸，越進九州之長。以阜成於兆姓，以夾輔於丕基。眷我親賢，久於藩翰。參用典常之舊，載颺綸綍之新。皇子荆南集慶軍節度使、開府儀同三司、行江陵尹、判明州軍州事、兼管内勸農使、兼沿海制置使、魏王、食邑一萬户，食實封四千户愷，植德端良，受才英邁。蹈詩書之至樂，懷忠孝之永圖。霄極憑暉，夙胙王封之貴；藩維分鎮，恪修侯度之恭。熙然田里之安，翕爾士夫之譽。奉公履正，獨倡率於列城；簡賦平徭，首遵承於美意。間推功於上介，居浹潤於行都。謙謙自牧之光，翼翼令儀之則。念八載宣勞於外，實簡慈懷；嘉兩邦報政之優，特隆徽數。是用以古元侯之重，賁今雙鎮之華。旌麾遥領於長安，節制兼臨於真定。腴田載衍，幹食隨增。蕃宣雖殿於東南，威重庶加乎西北。於戲！八命作牧，陟明昭考績之功；四方爲綱，進律示有功之勸。尚對揚於休命，永膺保於令名。可特授永興成德軍節度使、雍州牧、依前開府儀同三司、判明州軍州事、兼管内勸農使、兼沿海制置使，加食邑一千户，食實封四百户。

附乞改正魏王鎮牧奏

臣今月十二日準内降熟狀，皇子愷改成德彰信軍節度使，行荆州牧，內有疑似，合奏請下項：

一、臣契勘彰信軍係是京東西路曹州，徽宗皇帝曾爲本鎮節度使，後來所以升作興仁府。今來未審合與不合改易。

一、舊來親王帶牧並就本鎮，謂如山南西道節度使即帶興元牧，蓋山南西道係興元軍額故也。又如鎮海泰寧軍節度使即帶青州牧兼兖州牧，蓋鎮海是青州軍額，泰寧是兖州軍額。今來成德軍係是真定府，即與荆州牧不相應，未審合與不合改易。

右件如前，或恐不及付三省商量，即未審合如何擬進，伏取聖旨。閏六月十二日，奉御批：如本院有大鎮文本，可擬有無妨礙進入別選點，更具就本鎮帶牧故事奏來。

附又奏

臣昨於去年夏草魏王除荆南節度使、江陵尹制之時，初疑亦有重疊，緣政和中曾有除授，又夜中無處檢閱，不敢省記具奏。暨明日，方知端拱元年真宗曾爲江陵尹、荆南節度使，事已無及。今因魏王加恩，就行改正，甚爲允當。但兩鎮合帶兩牧，若用河東淮南節度使、太原牧兼揚州牧，頗似穩當，蓋自來親王兩鎮節度使，即無帶一州牧者。已依聖訓，別狀録進。或恐驟加兩牧事體稍重，則欲用成德軍、劍南西川節度使，却帶真定尹兼成都尹，加食邑實封，乃是移大鎮加兩尹，頗爲適中，且合舊制。

[一] 魏王：原無，據明澹生堂鈔本、四庫本、傅校本補。
[二] 閏六月十二日：原無，據明澹生堂鈔本、四庫本補。

竊恐夜深有妨取旨，又若多擬鎮名即恐有不合帶尹牧去處，別致差互〔一〕，輒敢冒昧奏聞。如或未安，伏聽處分。閏六月十二日，奉御批：只於兩鎮上就本鎮止帶一牧。十二日三更後入此奏，五更初準御批：只於兩鎮上就本鎮止帶一牧，頗為得中。至十五日，御藥吳回傳旨，取原批進入。十六日刮去『頗為得中』四字，吳回復傳旨降下。

玉牒所進三祖下第六世仙源類譜并仁宗十年玉牒提舉官少保右丞相史浩加食邑食實封制〔二〕 十月二十三日

門下：繫《麟趾》於《周南》，賴姬公之協贊；首《猗那》於《商頌》，資考甫之多聞。有華公族之振振，不顯湯孫之穆穆。惟時元老，實企前良。茲涓吉以奏篇，爰演綸而亶衆。少保、右丞相、衛國公、食邑八千五百户、食實封三千七百户史浩，碩才經世，厚德表民。弼予一人，夙推寅亮之美；式是百辟，綽有柔嘉之風。既甄陶士類以圖寧，亦斧藻皇猷而助治。念唐室開成而後，肇新史牒之名；暨我家至道以來，初紀神明之冑。粵從時邁，增廣宏橅。網羅屬籍之遺，潤色累朝之盛。命鴻儒而振領，率諸彦以成書。登名數千，備三祖本支之六世；垂裕億載，次昭陵德業之十年。嘗恭覽於昕庭，旋閟藏於邃宇。肆甄乃績，將進厥官。屬避寵以抗章，即貤恩而從欲〔三〕。寧無異數，昭我至懷。其衍食於土田，庸策勛於翰墨。於戲！慶仙源之遠，則親親之義不可忘；思祖烈之貽，則繼繼之心不敢怠。蓋布在方册者纂脩之力，而達乎朝廷者輔相之功。勉迪邦彝，益光儒效。可依前少保、右丞相、衛國公，特加食邑一千户，食實封四百户。

附進呈仁宗玉牒史浩轉官候旨選日鎖院奏

契勘本院自來宰臣加恩，鎖院降制，係前準指揮之後，即下太史局擇日取旨鎖院。今準尚書省劄子，十月十二日奉聖旨，玉牒所進呈《三祖下第六世仙源類譜》、《仁宗皇帝玉牒》了畢，提舉官史浩、禮儀使趙雄可各與轉兩官，依例加恩。除趙雄係屬朝廷施行外，所有史浩見列少保、右丞相、衛國公，若轉兩官係轉少師，事體頗重，本院未敢依常例，便行。選日進擬。今來直候聖旨處分，付院之後方下太史局選擇，取旨施行，伏乞睿照。

史浩罷相除少傅保寧軍節度使充醴泉觀使兼侍讀加食邑食實封制〔四〕 十一月十四日

門下：一相勤勞處内，既懷均佚之心；三孤德義弼予，斯厚優賢之禮。眷言宿望，懇避繁機。誕推從欲之仁，顯布告廷之命。少保、右丞相、衛國公、食邑九千五百户、食實封四千一百户史浩，恭寬敏惠，明允篤誠。浹萬事之周材，見諸施設；貫

〔一〕致：原作「置」，據明澹生堂鈔本、四庫本、傅校本改。
〔二〕邑食實：原無，據明澹生堂鈔本、四庫本、傅校本補。
〔三〕貤：原作「馳」，據四庫本、傅校本改。
〔四〕食邑食實：原無，據明澹生堂鈔本、四庫本、傅校本補。

六經之要道，發以詞華。會風雲於潛躍之中，翊日月於照臨之始。燮調元化，經綸之譽孔昭；寧輯黎民，屏翰之功亦著。粤從再相，浸閱三時。邦彝循清静之規，王度嚮粹夷之美。方深注意，共底迓衡。乃洊控於衷忱，殊弗居於寵利。囊封莫遏，陟典難稽。絺冕篆車，進新班於亞傅，雕戈錫盾，還舊節於東陽。表儀虎觀之儒先，燕息祥源之使領〔二〕。拓其奉邑，衍以真畬。昔昌朝敷皇祐之經，創班聯於秘殿；而公亮釋熙寧之政，兼將相於內祠。兹參兩朝優異之恩，庸作一代耆英之寵。於戲！仲山甫既明且哲，夙高補衮之勳；房玄齡善始以終，寧復吝權之意！夫已遠一日萬幾之丕務，則將聞三王二帝之昌言。謀焉就之，遐不謂矣。可罷右丞相，特授少傅，保寧軍節度使，充醴泉觀使，兼侍讀，依前衛國公，加食邑一千户，食實封四百户〔三〕。

皇弟璩除少傅加食邑食實封制〔三〕

淳熙六年正月十日

門下：詔爵禄以馭臣，莫重三公之任；友弟兄而爲政，蓋先九族之親。乃眷宗英，實聯貴介。夙著維城之助〔四〕，屢更考績之期。越進新班，式孚衆聽。少保、静江軍節度使、充醴泉觀使、恩平郡王、食邑一萬一千五百户、食實封四千七百户璩，質全樂易，業懋温純。謹夙夜之操修，踐詩書之猷訓。振振其德，《關雎》之應賴焉；韡韡其光，《棠棣》之華著矣。一司屬籍，十閱歲陰。自改涖於內祠，仍燕居於東粤。朕纂承滋久，雍睦爲先。興言近族之良，每示注懷之厚。式相好矣〔五〕，豈忘爰處之時；今錫予之，何待來朝之日。是用誕頒典册，益固盤維。棘路增崇，既序升於亞傅；茅封加重，仍並衍於多腴。以圖夾輔之勳，以教庶民之悌。於戲！周尊聃季，由克保於令名；漢重河間，在能幾於大雅。尚思前矩，庸對茂恩。可特授少傅，依前静江軍節度使，充醴泉觀使，恩平郡王，加食邑七百户，食實封三百户。

曾覿除少保改鎮充醴泉觀使加食邑食實封制〔六〕

正月十五日

門下：八統馭民，敬故在進賢之上；三孤辨等，正儀高特揖之中。眷念舊人，獨存耆老。久榮兼於將相，盍序進於班聯？揆以剛辰，告於列位。武泰軍節度使、開府儀同三司、充萬壽觀使、信安郡開國公、食邑三千一百户、食實封一千三百户曾覿，性涵温厚，識蘊通明。辭章焜燿於一時，議論馳驅於千載。事予潛邸，夙罄於勤勞；際我昌期，居多於忠益。處燕閒而自適，履富貴而能謙。歲月屢遷，眷知彌異。朕歷覽興王之代，率優附

〔一〕祥：傅校本作「麟」。
〔二〕食：原無，據明澹生堂鈔本、四庫本補。
〔三〕食邑食實：原無，據明澹生堂鈔本、四庫本、傅校本補。
〔四〕著：明澹生堂鈔本、四庫本作「致」。
〔五〕式：明澹生堂鈔本、四庫本作「昔」。
〔六〕食邑食實：原無，據明澹生堂鈔本、四庫本補。

翼之臣〔一〕。《誓》紀帶河，沛邑盡封侯之俊；《詩》歌伐木，周邦多歸厚之民。若時鮐背之賢，可後龍光之渥？是用升華孤棘，新亞保之威儀；分鎮葭萌，換元戎之節制。易使名於真觀，衍封食於上畬。衮繡有光，絲綸甚寵。於戲！漢家再造，賞朱祐之舊恩〔二〕；唐室方興，嘆元超之白首。勉思古誼，益介多祥。可特授少保、寧武軍節度使，充醴泉觀使，依前信安郡開國公，加食邑七百户，食實封三百户。

秘書省進今上會要十年經脩官王淮轉官加食邑食實封制〔三〕 八月十日〔四〕

門下：重華受禪，史推壬午之初元；神祖勵精，書備熙寧之十載。緊予凉德，適契丕彝。覽副墨之浩繁，嘉汗青之勤勩。申念提綱之舊，誕頒懋賞之新。通議大夫、樞密使、東陽郡開國公、食邑五千户、食實封一千七百户王淮，篤實而通明，直方而恭懿。蘊經綸之事業，摛黼黻之文章。簡求會遇於初齡〔五〕，圖任周旋於二柄。安世典樞機之職，□密自將〔六〕；張良運帷幄之籌，智名無競。玆□圖書之府〔七〕，來陳政事之原。謂榮奉庭闈，□亘古未聞之至樂〔八〕；而勤綏夷夏，有歷年可見之宏規。紀綱法度之相維，禮樂德刑之交舉。必提其要，屢省乃成。雖編之詩書，或愧夏商之治；然布在方册，勉晞文武之功。惟前事之不忘，庶將來之有補。逮閱奏篇之善，特推恩典之優。凡臣工載筆之多，率增華秩；矧樞輔端朝之久，寧廢昔勞？文階躋三品之崇，公社廣四封之履。於戲！漢家之有制度，非儒先何以發揮？周官之師典常，惟弼直乃能修輔。率屬常資於指授，表民正賴於躬行。用光不一之書，斯著無窮之問。可特授通奉大夫，依前樞密使、東陽郡開國公，加食邑一千户，食實封四百户。

趙雄加封制〔九〕 九月二十三日

門下：朕惟仁廟御圖之日，是謂本朝極治之年。斷自聖心，躬行宗祀。合祛高厚，妥侑祖宗。受禄無疆，既華夷之綏靖；貽謀有永，宜社稷之靈長。太上固常遵於前，冲人其敢怠於後！聿來信順之助，可驗天人之符。祼將太宮，霖潦驟霽。陟恪太寢〔一〇〕，月華正中。維時相臣，實總使職。逮修祭澤，省敷慶條。宣奉大夫、右丞相、魯郡開國公、食邑五千四百户、食實封一千八百户趙雄，德業優於佐王，謀猷裕於經國。鎮定大事，如彥博之恢閎〔一一〕；貫通群經，如宋庠之博洽。兼此二臣之烈，昭哉皇

〔一〕附：傅校本作「輔」。
〔二〕祐：原作「佑」，據明澹生堂鈔本、傅校本改。
〔三〕食邑食實：原無，據明澹生堂鈔本、四庫本、傅校本補。
〔四〕十日：明澹生堂鈔本、四庫本作「十一日」。
〔五〕初：傅校本作「千」，明澹生堂鈔本、四庫本闕。
〔六〕缺字明澹生堂鈔本作「勿」，四庫本作「慎」，傅校本作「謹」，蓋皆以意補，今仍舊。下二條亦同。
〔七〕缺字四庫本作「進」，傅校本作「屬」。
〔八〕缺字四庫本作「實」，傅校本作「有」。
〔九〕本篇前，明澹生堂鈔本、四庫本標「明堂加恩十四道」。
〔一〇〕太：原作「大」，據四庫本改。
〔一一〕彥博：傅校本作「潞公」。

祐之助。多士嚮方，庶民案堵。緊神明之可告，在典禮以當行。蟬冕珥貂，凛宗工之風采；衮衣繪雉，陪初獻之威儀。俾予上接三靈之歡，下推四海之福。情文交舉，先後不違。雖曰居歆之祥，厥惟顯相之力。其並加於封邑，以均賚於神釐。於戲！在成湯時，尹躬有享天之德；及太戊世，臣扈有格帝之功。尚因大饗之成，同企前猷之肖。毋令斯道，專美於商。可加食邑一千户，食實封四百户。

王淮加封制 九月二十三日

門下：朕屬觀紹興初元之詔，專取皇祐太饗之儀，謂克蒙休，最爲合禮。蓋周室考工之制，駁雜而難稽；漢家玉帶之圖，迂疏而無取。惟潔除於路寢，可哀對於大神。既便於今，亦符於古。匪曰一時之綿蕝，兹惟萬世之準繩。方祇奉於兹謀，盍遵行於故實？嘉予樞輔，相我禮容。逮錫天休，首敷邦涣。通奉大夫、樞密使、東陽郡開國公、食邑六千户、食實封二千一百户王淮，動業可以致主，謨明可以憲邦。精神折衝，自高仁者之勇；文學美政，允謂儒林之宗。念仁皇肇講於親祠，惟寵藉實提於兵柄。雖歲年之已遠，適名位之俱同。資乃輯寧軍民之勞，成予制作禮樂之事。曰雨曰暘之協應，潛天潛地而感通。緒佩無譁，侍立齋房之邃；珥貂有耀，道行幔幄之嚴。遄臻瑞應之多，深倚弼諧之助。錫土田於舊履，侈況施於高靈。於戲！惠於宗工[二]，《思齊》所以無恫怨；詒爾多福，《天保》所以有吉蠲。惟君臣相須若股肱，則天人之應如影響。永肩一德，迄濟多盤。可加食邑一千户，食實封四百户。

皇子愷加封制 九月二十四日

門下：朕涓選吉辛，肇修宗祀。出款廟室，入登堂筵。天施地生，丕展精禋之報；祖功宗德，並嚴升侑之儀。和氣充於灌圭之時，美光燭於奠玉之際。敷錫惠術，寵綏賢王。皇子永興成德軍節度使、雍州牧、開府儀同三司、判明州軍州事、兼管内勸農使、兼沿海制置使、魏王、食邑一萬一千户、食實封四千四百户愷，明敏靖莊，肅恭和順。翼翼動循於法度，孜孜常警於宴安。赤舄淑旂，久賜真王之履；朱轓森戟，兼分名壤之麾。屬重屋之親祠，賴庶邦之職助。雖乃身居外，阻大禧之是承；而厥貢在廷，異包茅之不入。用申加於井地，仍載衍於户租。既增帝子之華，亦顯國容之盛。於戲！漢金酎於高廟，有嘉藩國之恭；周脤歸於魯侯，是錫天王之命。以示榮懷之慶，以昭施報之恩。祇服寵光，益堅忠孝。可加食邑一千户，食實封四百户。

皇弟璩加封制 九月二十四日

門下：朕詠《臣工》之詩，知諸侯嚴於助祭；讀《宗伯》之禮，知同姓重乎執膰。蓋下有以服其勤勞，則上與之同其福禄。惟時介弟，來侍親祠。方誕受於神釐，肆寵頒於詔綍。皇弟

[二] 工：原作「公」，據四庫本、傅校本改。

少傅、静江軍節度使、充醴泉觀使、恩平郡王、食邑二萬二千二百户、食實封五千户璩，性資通敏，業履温純。郢客才華，早賜長安之□〔一〕；子牟忠愛〔二〕，每馳魏闕之心。序朝高孤棘之班〔三〕，列爵啓王封之社。屬九筵之肇祀，習卜歲祥；念三載之居東，許陪秋覲。兹荷乾祇之况，是推友睦之恩。衍以户封，實之幹食。於戲！祭而餕惠，固欲其均。柄以馭臣，必循其序。惟貴也則當先於賤，惟親也不可後於疏。茂對光榮，益思謙毖。可加食邑七百户，食實封三百户。

史浩加封制　九月二十六日

門下：若昔昭陵，創新儀而合饗；有懷杜衍，用舊相以陪祠。雖一時辭疾以莫來，然累聖循規而罔墜。嘉予元老，軼乃前聞。兹惟邦國之華，豈獨縉紳之美？恩章所厚，寵數當先。少傅、保寧軍節度使、充醴泉觀使、兼侍讀、衛國公、食邑一萬五百户、食實封四千五百户史浩，寛裕敏明，粹夷莊重。甘盤舊學，早翼戴於潛藩；方叔壯猷，再弼諧於鼎路。正發舒於賢業，旋避遠於事權。密勿經帷，從容賜第。人推高於壽俊〔四〕，予簡在於耆儒〔五〕。屬先甲之肇禋，總前驅而領使。駿奔於廟，無跛倚之容；山立於庭，有肅雝之色。兹告成於熙事，宜均賦於腴田。於戲！祉錫一卣，召虎時承於周命；侯封萬户，張良終在於漢京。蓋厚下者上之仁，而愛君者臣之誼。永綏鴻施，日告嘉謀。可加食邑一千户，食實封四百户。

曾覿加封制　九月二十六日

門下：朕率朝紳而款清廟，備法駕而登總章。梐枑再重，次帷宫而肅若；經涂九軌，行玉輅以安然。旋觀周道之砥平，喜見漢官之儀盛。言念初潛之舊，實宜使領之勞。顯布綸言，誕敷祭福。少保、寧武軍節度使、充醴泉觀使、信安郡開國公、食邑三千八百户、食實封一千六百户曾覿，宇量寛博，材資肅良。保躬存劼毖之心，衛上體忠純之度。閱巾箱而考古，夷雅自將；執皮帛以會朝，寅恭匪懈。屬宗祈之協吉，躬祼獻以告虔。一純二精，既内殫於誠意；千乘萬騎，亦外展於祲威。紛祝嘏之告祥，知乾坤之饗德。是廣配天之澤，載推加地之恩。於戲！祀文王於明堂，方祇念儀刑之典；授武帝之神筴，敢獨當贊饗之辭？有嘉耆艾之臣〔六〕，均畀神明之况。往膺徽數，益勉令猷。可加食邑七百户，食實封三百户。

〔一〕賜：傅校本作「肆」，闕字，明澹生堂鈔本作「夜」，四庫本、傅校本作「業」。
〔二〕牟：原作「平」，據明澹生堂鈔本、四庫本、傅校本改。
〔三〕班：原缺，據明澹生堂鈔本、四庫本、傅校本補。
〔四〕壽：四庫本作「彦」。
〔五〕於：傅校本作「乎」。
〔六〕嘉：原作「加」，據傅校本改。

趙伯圭加封制 九月二十六日

門下：朕荷高厚顧臨之久，念祖宗開創之艱。稽世室之前規，講季秋之大報。酌於玉爵，質固異於陶匏；敷以純筵，禮亦殊於蒲鞂。既情文之具舉，宜幽顯之來歆。眷念宗盟，分頒祭澤。安德軍節度使、開府儀同三司、充萬壽觀使、天水郡開國公、食邑三千一百户、食實封八百户趙伯圭，襟靈粹遠，識量寬洪。璧琮温潤以無瑕，鍾呂鏗鏘而有度。鎮臨近輔，昔高牧御之才；頤燕殊庭〔一〕，今嗜詩書之樂。適拜熙成之況，思形廣愛之風。越增衍於土田，示登昭於物采。於戲！周邦助祭，固無同姓之皆來；漢室侍祠，亦有列侯之不至。必親以脤膰之賜，庸餐夫骨肉之恩〔二〕。永孚於休，毋替朕命。可加食邑七百户，食實封三百户。

鄭藻加封制 九月二十六日

門下：朕博考儒先之議，精禋王者之堂。天地祖宗，潔牲牢而合饗；輝胞闇翟，徹祭俎以均頒。矧予戚畹之英，入護禁庭之重。可無懋賞，以奬賢勞？保信軍節度使、開府儀同三司、充萬壽觀使、榮國公、食邑某千某百户、食實封某千某百户鄭藻〔三〕，蘊質端良，存心樂易。襲后家之冑緒，閑朝著之典章。三事聯班，謙抑思同於韋布；萬鍾賦禄，清脩恥溺於膏粱。天固畀之吉康，人咸推其耆舊。玆卜吉辛之旦〔四〕，肇修大祀之儀。清廟宿齋，外集譽髦之士；皇居留衛，内資信謹之臣。逮拜況於三靈，特申榮於多户。於戲！賜齊侯之胙，著在春秋；錫申伯之田，見於雅什。蓋異姓謂之伯舅，而大封賚於善人。祇服寵光，永綏壽嘏。可加食邑五百户，食實封二百户。

吴挺加封制 九月二十七日

門下：朕因秋成物，法古彝儀。白牡騂犧，祀總章之右个；文茵暢轂，懷油幕之中權。錫以命書，協於慶典。定江軍節度使、侍衛親軍步軍都指揮使、興州駐劄御前諸軍都統制、兼知興州軍州事、兼管内勸農使〔五〕、充和州西路安撫使、馬步軍都總管、武功郡開國公、食邑某千某百户、食實封某千某百户吴挺，材推沉毅，識達變通。爲祈父之爪牙，名高宿衛；上金城之方略，威震羌戎。惟師律之允臧，繇家聲之善繼。屬類帝禋宗之盛，嘉牧人御衆之勞。況厥貢之充庭，知乃心之存闕。策勛念遠，拓地申恩。於戲！天武地文，方並修於戎祀；參旗井鉞，尚益固於封陲。勉荷殊休，務堅壯志。可加食邑五百户，食實封二百户。

〔一〕庭：傅校本作「宗」。
〔二〕餐：傅校本作「粲」。
〔三〕以上「某」字，明澹生堂鈔本、四庫本皆以闕空處理，下同。
〔四〕吉：傅校本作「中」。
〔五〕管：原無，據明澹生堂鈔本、四庫本補。

成閔加封制　九月二十七日

門下：朕命駕神宮，鳴鑾御道。戎容視漢，主橐稍於金吾；儀物從周，交旗常於玉輅。俶拜堪輿之況，載興鼙鼓之思。慶遠軍節度使、提舉江州太平興國宮、武功郡開國公、食邑某千某百户、食實封某千某百户成閔，器質沉雄，材資敏銳。夙講明於軍志，深練達於武經。久護殿巖，嘗專閫制。弨弓掛壁，雖自適於安閒；賜節在門，亦坐膺於榮寵。屬受釐於宣室，方需澤於綿區。曾是將臣，可無餕惠？既益户封之數，仍豐幹食之輸。於戲！靡愛斯牲，神我聽而有慶；使羞其行，福汝錫以無忘。往服恩章，尚思報效。可加食邑五百户，食實封二百户。

皇叔祖天水郡公士歆加封制　九月二十七日

門下：朕齋精浹日，獻饗九筵。誠意上孚，霽秋霖於俄頃；景光下燭，澄皓月於通宵。克迓殊休，聿裒近屬。皇叔祖保康軍節度使、提舉佑神觀、天水郡開國公、食邑某千某百户、食實封某千某百户士歆，性資夷曠，業履溫純。位不期驕，籍甚宗盟之譽；富而好禮，穆然朝會之容。比稽用於陟文，嘗進加於寵數。遥臨外鎮，有華栒邑之戈(二)；恪奉内祠，載挹浮丘之袂。逮陪宗祀，思廣惠心。斥采邑之爰田，衍真畬之幹食。以昭邦錫，以侈宗强。於戲！對越兩儀，德方侔於覆載；念茲烈祖，恩敢後於本支？體予睦族之仁，謹爾修身之度。可加食邑五百户，食實封二百户。

劉懋加封制　九月二十七日

門下：祀神所以報本，貴老所以廣恩。漢唐以還，饗帝必嚴於烈祖；商周而上，省方先見於高年。茲竣事於堂筵，肆均釐於耆舊。昭慶軍節度使致仕、武功郡開國公、食邑某千某百户、食實封某千某百户劉懋，受才膚敏，毓性寬和。聯戚里之光榮，被慈皇之眷簡。清風雅志，久還洪景之衣冠；黃髮秀眉，幾類武公之年數。安車甚適，舊節故存。雖莫預於奉璋，顧豈忘於賜胙？户封彌廣，圭食加多。用侈閎休，且綏遐福。於戲！祭統之倫有十，蓋辨親疏；達尊之道有三，亦先爵齒。欽承餕惠，永保期頤。可加食邑五百户，食實封二百户。

李龍翰加封制　九月二十九日

門下：朕觀象房心，按圖景己。祼行於廟，想烈聖之來歆；煙燎於庭，恍高靈之下墮。逮克綏於遐福，庸均賚於遠邦。推誠順化功臣、静海軍節度使、觀察處置等使、特進、檢校太尉、兼御史大夫、上柱國、安南國王、食邑三千户、食實封一千户李龍翰，世蹈忠純，躬行信義。聳威聲於南裔，嚮德化於中朝。述職貢琛，志弗渝於金石；疏封熏社，誓益保於山河。屬修禋

(二) 栒：四庫本作「杞」。

祀之儀，思廣穹祇之況。加田衍食，益號褒功。因牧御之有初，示眷私之無斁。於戲！崇周筵於五室，既闡彌文；式湯命於九圍，是恢鴻施。往欽徽數，勉迪順猷。可加食邑一千户，食實封四百户，仍兼秉信功臣。

闍婆國王加封制 九月二十九日

門下：朕荷三靈之孚佑，撫九有以圖寧。本原造化之功，恪思宗報；參酌古今之制，肅展親祠。兹拜況於總章，肆均休於藩服。懷遠軍節度使、琳州管内觀察處置等使、金紫光禄大夫、檢校司徒、使持節琳州諸軍事、琳州刺史、兼御史大夫、上柱國、闍婆國王、食邑一萬二千四百户、食實封五千户悉理地茶蘭固野，性資明果，氣略沉雄。世祚海隅，克固封疆之守；心存魏闕，不忘忠義之圖。屬予饗天假廟之時，想爾望日瞻雲之志。用推慶祉，遠達惠心。載加奉邑之田，仍衍真畬之賦。於戲！降百祥於上帝，敢懷專鄉之祈；朝四塞於明堂，彌愧咸賓之德。懋膺洪渥，永戴清時。可加食邑五百户，食實封一百户〔二〕。

〔二〕一百户：明澹生堂鈔本、四庫本作「二百户」。

廬陵周益國文忠公集卷一〇四

玉堂類稿卷四

内制〔一〕

顯謨閣直學士左朝議大夫知潭州沈介乞守本官致仕不允詔〔二〕 乾道六年七月二十四日

卿以剛毅之資，通明之略，鎮臨一道，威望隱然。當今謀帥，未有能越卿者也，胡爲引疾，遂致爲臣？年至耶，力不足耶，卿何辭之切、去之果也？夫卑濕重腿，江南之常，獨長沙乎？其思嗇精神，宣底滯，靖共介福，何恙不已？爾庸既茂，方且圖之。所請宜不允。

端明殿學士左中奉大夫知平江府汪應辰乞宫觀不允詔 八月七日

朕宵旰圖治，所賴以宣布德澤者，繄良二千石是望。既延見訪問以精擇於初，又增秩賜金以久任於後，凡以爲民也。如卿豈弟忠信，侍朕有年，德意志慮宜知之矣。出臨吴會，曾未數月，民隱甫恤，吏姦甫戢，上書求去，其意安在〔三〕？夫守方賢而遽易〔四〕，固非朕指；政垂成而輒棄，卿亦奚取此哉？姑安厥官，以慰黎庶〔五〕。

敷文閣直學士降授左朝請大夫晁公武辭免知揚州恩命乞除在外宫觀不允詔〔六〕 八月七日

卿昔任言責，廣朕聰明；旋陟民曹，參予侍從。渡瀘鎮益，又訖外庸。萬里召歸，固當留以自近。會江浙擇牧，思得郤縠詩書之帥，羊祜威信之守，兹爲重寄，今以付卿。謂宜疾驅以寬憂，顧數上祠請，非予所知。

〔一〕按此本卷一〇四至卷一〇九，明澹生堂鈔本、四庫本分别爲卷一〇五至卷一一〇，而此本卷一一〇所載内容，明澹生堂鈔本、四庫本則編在卷一〇四。又此本卷一〇四至卷一〇九總題爲「内制」，明澹生堂鈔本、四庫本卷一〇五至卷一〇九總題爲「賜臣僚請免詔」一至五，卷一一〇總題爲「賜臣僚請免批答、奬諭臣僚詔、賜臣僚生日詔附」。

〔二〕此篇標題至「致仕」而止。爲使題意明白，兹據明澹生堂鈔本、四庫本加「不允詔」或「允詔」等文字，本卷至卷一〇九均仿此，不復出校。而標題中若有其他文字增删等，則出校説明。

〔三〕意：明澹生堂鈔本、四庫本、傅校本作「義」。

〔四〕遽：原作「遂」，據明澹生堂鈔本、四庫本、傅校本改。

〔五〕以慰：明澹生堂鈔本、四庫本作「慰彼」。

〔六〕恩命：原無，據明澹生堂鈔本、四庫本補。

右朝議大夫曾懷辭免龍圖學士知婺州乞宮觀不允詔 八月二十二日

久勞暫逸者，臣子之至情；入從出藩者，朝廷之異數。既進退之無愧，宜恩榮之有加。卿自寅周行，即司邦計。深達通變之數〔一〕，兼明取予之方。六年於兹，多績用懋。曳履政資於獻納，需頭屢乞於退閑。冠西清嚴近之班，付東道蕃宣之寄。裕民足國，已睎晏巽之功；宣化承流，尚跂龔黃之政。悉心思報，避寵何名？

左中奉大夫行司農少卿韓彥直辭免特換觀察使知襄陽府不允詔 八月二十二日

廉車本唐十道采訪之官，初無文武之别也。祖宗時，錢若水以執政舊臣，王嗣宗以中司峻望，李維以禁林舊德，皆易此官。中興以來嘗有自次對而得者，當時猶謂之優焉。今朕以卿智略疏通，性資静重，徧更外計，綽著多庸，故由列寺介卿特加超拜，概之近比，寵數愈優。峴首被邊，號爲重鎮，往宣威信，勿事謙辭。所請宜不允。

徽猷閣直學士左朝請郎知太平州周操辭免改差知泉州乞宮觀不允詔〔二〕 八月二十五日

卿公忠端亮，久簡朕心；豈弟廉勤，數騰郡最。以明而陟，改鎮大藩。既荅民庸，且彰異眷。引年罷守，本抑常材；若夫政績著聞，風猷克壯，則雖庶僚有不得去者矣，況吾法從之儁老哉？卿其勿疑，亟服新命。

徽猷閣直學士左朝奉大夫周操再辭免知泉州及奏事恩命乞宮觀不允詔〔三〕 九月十六日

卿以侍從之良，而名在諸侯之選。易州趣覲，蓋將聞嘉猷、詢民瘼也，而卿前既引年，今復辭疾，殆異乎體國之誼矣。其重賜璽書，以著予意，匪常禮也。朕於卿簡眷如此，卿得不爲朕一行乎？

〔一〕通變：明澹生堂鈔本作「變通」。
〔二〕差：原無，據明澹生堂鈔本、四庫本補。
〔三〕再：原無，據明澹生堂鈔本、四庫本補。

左正議大夫蔣芾再辭免新除觀文殿大學士知紹興府恩命不允不得再有陳請詔〔一〕

成王之封召伯，憩南國而教明；康侯之命畢公，釐東郊而道治〔二〕。皆藉大臣之望，用形九牧之風。今朕起卿，實惟稽古。開近畿之鉅鎮，加秘殿之大名。素冠欒欒，矧終於禮制；赤舄几几，仁見於儀型。何未喻於眷懷，乃洊披於遜牘？其遵初詔〔三〕，允迪前良。

觀文殿大學士左光祿大夫知福州陳俊卿乞改除一在外宮觀差遣不允詔〔四〕 十月三日

朕待舊弼之禮甚厚，擇帥守之任甚艱。屬者以四千石之重俾卿晝繡而歸，豈特敬故、保庸，合《周官》八統之馭，亦惟七閩父老子弟，知吾以相臣爲鄉部之寵，庶幾歆羡告語，勉於爲善，則一道雖遠，可不勞而治也。謂體此意，往綏厥官，諗疾之章，何爲遽上〔五〕？傳曰「不使大臣怨乎不以」，況我潛藩之故舊乎？卿未可以家食也。

徽猷閣直學士左朝奉大夫新改差知泉州事周操乞改除宮觀差遣不允詔

朕惟泉南大藩，遠在閩徼，遴擇師帥，莫如卿宜，而懇避之章一再不已。昔卿未至，引疾可也，今既見朕矣，精力之强不異曩時，其可遂卿雅志乎？勉爲朕行，毋數勤詔諭也。

觀文殿大學士左宣奉大夫提舉臨安府洞霄宮魏杞辭免差知平江府恩命不允詔〔六〕

朕觀唐虞之世，內有百揆四岳，外有州牧侯伯，故能和庶政而寧萬國。今朕起弼諧之舊，任藩宣之寄，用此道也。惟卿令德孝恭繼君陳之美，威儀維則有魯侯之風。吴門大邦，密邇王室〔七〕，蓋精擇而後用，豈謙辭所能避哉？亟其來思，惠此千里。

〔一〕「新除」「不得再有陳請」原無，據明澹生堂鈔本、四庫本補。
〔二〕治：明澹生堂鈔本、傅校本作「洽」，義長。
〔三〕其：明澹生堂鈔本、四庫本、傅校本作「具」。
〔四〕改除一在外宮觀差遣：原作「宮觀在外」，據明澹生堂鈔本、四庫本改補。
〔五〕何：明澹生堂鈔本作「胡」。
〔六〕恩命：原無，據明澹生堂鈔本、四庫本補。
〔七〕密邇：原作「邇密」，據明澹生堂鈔本、四庫本乙。

左朝散郎試中書舍人兼侍講兼直學士院鄭聞辭免新除禮部侍郎依舊兼直學士院恩命不允詔〔一〕

朕惟秩宗典樂，舜命二人。成周雖合於春官，然大宗伯、大司樂亦分二職。今儀曹兼掌斯事，任加重矣。朕既置其長，復立其貳，倣古誼也。卿以通材奧學，嘗總夷、夔之職，粤司名命，益爲國華，庸正貳卿，俾續前業。顧郊禋密邇，禮樂之用爲急。使朕接三神之歡，成一代之典，正有賴於博洽，而又何遜焉？

敷文閣直學士右承議郎知明州兼沿海制置使趙伯圭乞除一在外宮觀差遣不允詔〔三〕

十月五日

朕聞太守吏民之本，數易則下不安，故雖遐方支郡，猶擇人而久任，況近畿鉅藩控制海道如四明者乎？卿大雅不群，居官可紀，再分符竹，治效益彰。謹身帥先，如文翁之守蜀；足用愛民，如僖公之保魯。父老方借留不釋，而朕輕許其去可乎？毋棄爾成，以究循吏之績。

左朝請郎試尚書户部侍郎江浙京湖淮廣福建等路都大發運使史正志乞守本官職致仕不允詔〔三〕

十月五日

朕乃者發官以示四方，庶幾《大易》理財之義、《虞書》養民之政復見今日。卿由侍從，首在選中，亦既宣勞，方期底績。乃因奏計，遂欲告歸，是豈朕責成之指哉？傳不云乎：「禮義不愆，何恤於人言？」卿其平心審思，使國用足於上，民力裕於下，稱朕意焉。所請宜不允。

復威武軍節度使左金吾衛上將軍李顯忠辭免除主管侍衛馬軍司公事恩命不允詔〔四〕

十月十五日

國以兵益强，兵以將爲命。況夫總爪牙於圻父，憲羽林之壘壁，委寄至重，可輕授人？卿沉毅忠勇，見謂名將。紹興之末，

〔一〕「新除」「依舊兼直學士院恩命」原無，據明濬生堂鈔本、四庫本補。明濬生堂鈔本脱「新」字。
〔二〕除一在：原作「在」，據明濬生堂鈔本、四庫本改。
〔三〕路：原作「處」，據明濬生堂鈔本、四庫本改。
〔四〕除：原無，據明濬生堂鈔本、四庫本補。「司公事」原作「使」，據明濬生堂鈔本、四庫本改。「恩命」原無，據傅校本補，明濬生堂鈔本、四庫本脱「恩」字。

嘗典騎軍。自朕纂承，益加倚信。與其執戈環衛，宣夙夜之勞；孰若申命天營，觀訓齊之效？衆論維允，卿毋固辭。

左正議大夫守尚書右僕射虞允文辭免轉官加食邑實封不允詔〔一〕 十月二十日〔二〕

敕允文：省所劄子奏辭免提舉刪修敕令書成，特轉左正奉大夫、加食邑、食實封恩命事，具悉〔三〕。宰以六典佐王，周室乃成於邦治；相以九章約法，漢家遂協於時宜。惟大臣克念於兼三，則多士自遵於畫一。眷予賢弼，力蹈前修。致君已展於謀謨，定令更陳於綱紀。成書來上，一覽甫周。進階特獎於多庸，加地更隆於異數。既廷揚之衆允，況面諭之素孚〔四〕。毋費謙辭，趨承寵命。所請宜不允。

左承議郎權尚書工部侍郎兼侍講胡銓辭免除工部侍郎恩命不允詔〔五〕 十一月二十一日

汲黯在漢，謀寢淮南；隨會仕晉，盜奔秦境。本朝尊用吉士，分治六職，庶幾逆折姦萌而使幸民退聽，非必專以事諉也。如卿堅强肅括，輔之文學，忠言奇論，老而不衰。再儀周行，侃然從近臣之後，朕每嚮焉。就正貳卿，蓋優宿望。卿其益勵壯志，自同古人，副朕所以眷待之意，尚何辭之有？

尚書右僕射虞允文辭免提舉詳定一司敕令恩命不允詔 十一月二十六日

周太宰以法待官府之治，繫之天官。今朕欲仍舊貫，講明百司之法，而自公府及吏銓始，蓋古之遺意也。卿以經術斷國論，賢業熙帝載，提綱於此，位實值才。傳曰：「三公佐天子平邦國，無所不統。」卿乃以總他職爲辭，無乃異乎？況朕稽用已行之典，高卿相遜之風，特詔克家貳其事矣，協謀合慮，亟成新書，庶幾乎成周，不其休哉！

參知政事梁克家辭免兼同提舉詳定一司敕令恩命不允詔

法令者，治之具也；朝廷者，百官之表也。惟憲度著明於上，則紀綱不紊於下。今朕復故事，定章程，始於臺省，達於有司，蓋將爲一代不刊之典，非吾執政，誰與議此？卿以儒猷久飭王度，以智謨參穆天綍，與提綱領，允謂當仁。而況並命宰輔，

〔一〕官加食邑實封：明澹生堂鈔本、四庫本作「一官加食邑一千户食實封四百户恩命」。
〔二〕明澹生堂鈔本、四庫本繫於十二月三十日。
〔三〕「敕允文」至「具悉」原無，據明澹生堂鈔本、四庫本補。
〔四〕況：明澹生堂鈔本、四庫本作「矧」。
〔五〕「除」「恩命」原無，據明澹生堂鈔本、四庫本、傳校本補。

非特天聖以來爲然，在紹興時，或以疑丞，或以宥密，視諸故府，具存近規。出位爲辭，非所望於卿也。所請宜不允。

皇子雄武軍節度使開府儀同三司魏王愷辭免加食邑食實封恩命不允詔〔一〕　十二月九日

朕乃者躬執珪幣，郊見上帝，誠意昭格，風雨時若，美光休應，集於中壇。方推大賚，以及四海，况我父子之親，真王之貴？重嘉觴之獻，殫駿奔之勞〔二〕，允所謂温恭朝夕，執事有恪者也。其何愛多户之封，不以廣龐鴻之施乎？夫慶賜之行，自親以及疏，由貴以及賤，此先王之典也，可無復辭。所請宜不允。

觀文殿大學士左光禄大夫知福州陳俊卿乞在外宫觀差遣不允詔〔三〕　十二月九日

民惟邦本，本固邦寧。岳牧之官，其敢不重？近者起一二舊相鎮臨藩服，庶幾倡率郡國，與我共理。如卿早傅潛邸，徧儀邇列。比辭宰事，寵賁帥權。因該輔之久，則志易孚；順故鄉之俗，則政易治。朕方嘉卿夙夜匪懈，不以大臣自居，推我惠心，致之閩嶺。而曾未期歲，求去者再，甚無謂也。昔汲黯多病〔四〕，猶能卧治東海。卿其可以微疾爲辭乎？况朕推誠無疑，篤股肱之舊，而卿何不自信，引桑梓之嫌？姑安厥官，毋替朕命。

左中大夫參知政事梁克家辭免進封清源郡開國侯加食邑食實封恩命不允詔〔五〕

朕承天命之序〔六〕，饗帝於郊。不敢恃犧牲黍稷之豐而所竭者誠，不敢矜玉帛鐘鼓之備而所修者德。荷神靈之昭格，慶典禮之備成。丕擁純禧，徧敷黎獻。卿勵志許國，同寅惠疇。匪惟講明三歲之彌文，實亦啓迪一純之精意〔七〕。相予肆祀，具宜登降之勞；賚我思成，宜共休嘉之福。封徹侯於故郡，陪多賦於上腴。鴻霈所加，朕豈有徒施之惠？顯庸斯稱，卿固無虚受之嫌。其體眷懷，勿堅冲尚。

〔一〕「魏王」，明澹生堂鈔本、四庫本作「慶王」；「食實封恩命」，原作「實封」，據明澹生堂鈔本、四庫本補。
〔二〕殫：原作「單」，據四庫本改。
〔三〕宫觀差遣不允詔：明澹生堂鈔本、四庫本作「改除一在外宫觀差遣不允不得更有陳請詔」。
〔四〕昔：原作「若」，據明澹生堂鈔本、四庫本改。
〔五〕食實封恩命：原作「實封」，據明澹生堂鈔本、四庫本補。
〔六〕承：原作「乘」，據明澹生堂鈔本、四庫本改。
〔七〕亦：原作「以」，據明澹生堂鈔本、四庫本改。純：傳校本作「人」。

皇兄檢校少保岳陽軍節度使開府儀同三司充萬壽觀使永陽郡王居廣辭免加食邑食實封不允詔[一] 十二月十四日

朕誕受帝祉，敷錫中外，以王屬近位，高在顯相之列，均釐加地。其説蓋有三焉：親親，仁也；貴貴，禮也；富善人，義也。制書既下，可以謙辭而中格哉？

太尉保信軍節度使充萬壽觀使鄭藻辭免加食邑食實封不允詔[二]

郊賚廣矣，無親疏，無大小，内外咸暨一焉[三]。卿地則懿戚，位則掌武，禄則秘祠，此固慶澤所宜先者。矧朕親駕郊廟之夕，卿實宿衛宫省，使吾不内顧而盡敬於酌獻，厥功茂矣，其可辭賞乎？

左朝議大夫黄中辭免除顯謨閣學士在外宫觀恩命不允詔 十二月二十二日

朕以卿有次公之温良，叔度之深遠。直諒多聞，昔爲益者之三友；爵齒有德，今號天下之達尊。故起之既老，幾以自近。而卿深惟止足之義，重於朝請之勞，數上書求去，朕不得而留也。文謨峻職，真祠厚禄，不如是無以旌朱邸之舊，遂赤松之遊，常格云乎哉？所請宜不允。

皇弟少保静江軍節度使判大宗正事恩平郡王璩辭免加食邑食實封恩命不允詔[四]

朕乃者迎日之至，三修郊類。戰戰兢兢，懼無以承天地之況，合祖宗之心。而假廟之夕，象載昭察；升燎之際，衆星留命。顧朕不明，其何以臻？兹亦惟爾王公卿士秉德助祭之效也。《詩》不云乎：「豈伊異人，兄弟具來。」胙祉所加，孰先同姓？抗章辭邑，非體朕親睦之意也。

昭慶軍節度使致仕劉懋辭免加食邑食實封不允詔[五] 十二月二十六日

朕歌《成命》之頌[六]，而單夙夜宥密之心；咏《思文》之章，而懷立我蒸民之德。精神孚達，瑞應紛委。斂敷慶澤，中外

[一] 食實封：原無「食」字，據明澹生堂鈔本、四庫本補。
[二] 食實封：原無「食」字，據明澹生堂鈔本、四庫本補。
[三] 「内外」上，明澹生堂鈔本有「無」字，義亦通。
[四] 食實封恩命：原作「實封」，據明澹生堂鈔本、四庫本補。
[五] 食實封：原無「食」字，據明澹生堂鈔本、四庫本、傅校本補。
[六] 頌：原作「重」，據明澹生堂鈔本、傅校本改。

胥及。粤吾一二告老之臣〔一〕，名在戚里，家擁旄節，可獨遺乎？夫均惠所以推天地之況，篤舊所以廣祖宗之仁。事異勸勞，朕非以是私卿也。

皇弟璩再辭免加食邑食實封恩命不允不得再有陳請詔〔二〕 正月三日

朕峻丘澤之祠，篤邦家之慶。並崇册寶，尊我庭闈。加錫金繒，惠於文武。惟時介弟，慕昔賢王。率麟趾以駿奔，服貂冠而顯相。拓其奉邑，壯乃宗盟。均福展親，義可承而難避；執謙辭富，章既却而復來。雖諒忱言，莫回大涣。所請宜不允，不得再有陳請。

龍圖閣直學士右朝議大夫知婺州軍州事曾懷除一乞在外宫觀不允詔〔三〕 正月十日

卿心計有餘，而能以損下益上爲戒。當今理財，殆未有出卿右者。拜州累月，朕注想焉。驛召而來，將復付以足國裕民之寄〔四〕，其可言去乎？勉悉爾心，即頒寵命。所請宜不允。

右中大夫充徽猷閣待制新除知荆南府姜詵辭免除敷文閣直學士恩命不允詔〔五〕

正月二十五日

卿宣城之政，號稱勤敏。當積潦之後，有振廩之功。可稽陟明，以勸能吏。矧祖宗甚重邊帥，率進職以寵其行。今吾荆州蔽巴蜀，控襄漢，帶沔鄂〔六〕，任加重矣，可無褒乎？西清進班，所以録前勞、賁新組也。尚體至意，毋爲遜辭。所請宜不允。

龍神衛四廂都指揮使廣州觀察使趙樽再辭免昭化軍承宣使不允詔〔七〕 正月二十六日

卿守邊日久，軍政修明，進階承流，庸以示勸，此六年正月之詔也。今彌歲矣，乃上章固避，至七八而未止，是豈稱朕急於

〔一〕吾：明澹生堂鈔本、四庫本作「我」。
〔二〕食實封恩命不允不得再有陳請詔：原作「食封」，據明澹生堂鈔本、傅校本改補。
〔三〕除一：原無，據明澹生堂鈔本、四庫本補。
〔四〕寄：原作「計」，據明澹生堂鈔本、四庫本改。
〔五〕「除」、「恩命」原無，據明澹生堂鈔本、四庫本補。
〔六〕鄂：傅校本作「蕲」。
〔七〕昭化軍承宣使不允：明澹生堂鈔本、四庫本作「除昭化軍承宣使恩命不允不得更有陳請」。

第功之意哉？面諭已乎，亟恭前命，不得更有陳請。

復慶遠軍節度使差充鎮江府駐劄御前諸軍都統制成閔辭免加食邑食實封恩命不允詔[一] 二月二日

朕籲俊以尊上帝，非惟常伯常任是賴，亦惟虎賁之長，越在外服，簡恤爾士。尚迪果毅，以登乃辟，肆予一人汝嘉。用承天休，賚爾多邑。誕告有衆，咸曰允哉。毋或固辭，恭朕之詔。所請宜不允。

皇子鎮洮軍節度使開府儀同三司恭王某辭免立爲皇太子恩命不允詔[二] 二月九日[三]

朕觀夏商而後，唐漢以還，率當國家閑暇之時，預建社稷久長之策[四]。古以爲重，朕安敢輕？以汝符采昭融，性資英敏。早辨南陽之牘，深窮東序之經。素簡朕心，灼知厥德。用協本朝之茂憲，載行至道之盛儀[五]，詔以揚庭，命之貳極。蓋兼采親賢之望，顧豈專父子之恩？永肩忠孝之圖，勿徇謙冲之節。

成閔上表再辭免加食邑食實封恩命不允不得再有陳請詔[六] 二月十八日

王者公予奪以馭臣，人臣明辭受以事上，古今之通誼也。日朕躬郊拜貺，均惠文武。有懷宿將，總戎於外，雖無侍祠之勞，而有制閫之功，載加多邑，以溥吾恩，非妄予也，卿其可異衆而獨辭乎？所請宜不允，不得再有陳請。

龍神衛四廂都指揮使宜州觀察使主管侍衛步軍司公事王友直辭免陞侍衛親軍步軍都指揮使恩命不允詔[七] 二月二十一日

朕謹操八柄，以馭群臣。凡厥賞刑，眂夫功過。卿治軍有律，事上不欺。顯示朕恩，就升使範。既爲爾寵，亦勸其從。宜即欽承，勿勞遜避。所請宜不允。

〔一〕食實封：原作「實封」，據明澹生堂鈔本、四庫本補。
〔二〕恩命：原無，據明澹生堂鈔本、四庫本補。
〔三〕二月九日：原無，據明澹生堂鈔本、四庫本補。
〔四〕建：原作「進」，據傅校本改。
〔五〕盛：原作「聖」，據明澹生堂鈔本、四庫本改。
〔六〕原題作「成閔再辭免食邑實封」，據明澹生堂鈔本、四庫本補。
〔七〕恩命：原無，據明澹生堂鈔本、四庫本補。

皇子魏王愷再辭免依文彥博例宴餞於玉津園恩命不允詔[一]　二月二十四日

昔宣王能錫命同姓，詩人美之曰：「韓侯出祖，出宿於屠。顯父餞之，清酒百壺。」此中興盛禮也。今吾真王之貴，分近輔之符，百寮郊餞，所以敦天性、示慈惠也。稽之在昔，恩禮愈隆。尚其拜嘉，光乃行邁。

左中大夫參知政事四川宣撫使王炎乞罷機政併解使權除一在外宮觀差遣不允詔[二]

二月二十八日

卿以廊廟之資[三]，置行臺於蜀，二年於兹矣。農田有秋，邊鄙不聳。朕固寬西顧之憂，而亦懷卿賦東征之歸也。特以宣威任重，謀帥才難，煩我近弼，良非獲已。且民心既服，卿豈不欲圖其寧？軍政方修，卿豈不欲底其績[四]？其可如一介之臣，輕議去就乎？益壯爾猷，行受吉甫之多祉。

利州觀察使韓彥直辭免除鄂州駐劄御前諸軍都統制恩命不允詔[五]　二月二十八日

唐之雅曰：惟西平有子，惟我有臣。將門擇將，自昔然矣。惟乃先著勳，列於王室，世選爾勞，庶其在兹。矧卿智略聲猷見於總賦之日，統拜大將[六]，一軍何驚焉？勉圖功名，安用辭避？

參知政事梁克家辭免兼權知樞密院事恩命不允詔[七]　三月十一日

卿醇明通達，夙被簡知。自陟政塗，即迭貳鈞樞之任，朕意亦可見矣。屬者特起舊人[八]，通知兵柄，卿是以有前日之請。然而籌幄之官，尚或虛位，朕是以有翼日之詔。蓋控辭者，卿之志也；申命者，朕之本心也。既以兩得，奚爲自疑？

皇太子辭免立妻李氏爲皇太子妃不允詔

三月三日[九]

朕居念永圖，動遵成憲。知子莫若父，既毓德於春闈；治

[一]「於」、「恩命」原無，據明澹生堂鈔本、四庫本、傅校本補。
[二]「併」、「一」、「差遣」原無，據明澹生堂鈔本、四庫本、傅校本補。
[三] 資：明澹生堂鈔本作「賢」。
[四] 其：明澹生堂鈔本、四庫本作「厥」。
[五] 恩命：原無，據明澹生堂鈔本、四庫本補。
[六] 統：明澹生堂鈔本、四庫本作「就」。
[七] 恩命：原無，據明澹生堂鈔本、四庫本補。
[八] 屬：四庫本作「廼」。
[九] 三日：原作「十三日」，據明澹生堂鈔本、四庫本改。

國先齊家，復正名其嘉耦。蓋禮容之異數，則位序之同升。國有榮懷，往無辭避〔一〕。

定國夫人李氏辭免立爲皇太子妃不允詔

三月三日〔二〕

朕觀《易》象以正家人，玩《禮》經而明内則。眷時令婦，久媲嗣賢。既静順以修身，亦虔共而佐餕。兹宏開於儲禁，爰並錫於徽章。允協舊規，盍蠲冲節？

明州觀察使張説辭免除安慶軍節度使提舉萬壽觀加食邑食實封恩命不允詔〔三〕

卿久在樞庭，日承密旨，邊防軍政，既與聞之，比名超遷，其實因任。顧乃逡巡辭位，莫得而留。畀之將旄，優以祠廩。既曲從於卿志，亦罔咈於師言。朕於邇臣，可謂進退有禮矣。卿猶固避，不已過乎？

觀文殿學士左宣奉大夫知平江府魏杞乞除一在外宫觀不允詔〔四〕

三月二十六日

朕愛民甚，所賴於惠養而訓道之者不在良二千石乎？卿以孝友忠信，宣慈明允，起臨近輔，庶達朕心。既勤勞於初，當優游於後。十旬遽去，人謂斯何？仲弓曰：居敬而行簡，以臨其民。允蹈格言，迄成静治。所請宜不允。

學士劉珙辭免起復除同知樞密院事恩命不允詔〔五〕

三月二十六日

卿文武憲邦，朕所注想。屬聞罹親，憂釋闔寄。朕未忍下奪情之詔者，知卿送終之心切也。今卿哭踊有節，少抑門内之恩；窀穸無違，足伸人子之孝。起任吾事，兹其時乎。況當朕焦勞之秋，欲咨卿軍旅之務。從權合禮，何名教之虧？移孝而忠，何風化之薄？勉興塊次，來贊前籌。所請宜不允。

顯謨閣學士左中奉大夫知潭州沈介辭免召赴行在乞宫觀不允詔

三月二十六日

卿清明敏達，輔之學術，蓋國家之寳臣也。往者藉其才，付以方面；今者閔其勞，命之來朝。朕待臣工亦云至矣。卿久去侍從，獨不思奉三年之計，且告我以嘉謀嘉猷乎？抗章辭行，非

〔一〕無：明澹生堂鈔本作「毋」。
〔二〕三月三日：原無，據明澹生堂鈔本、四庫本補。
〔三〕食實封恩命：原作「實封」，據明澹生堂鈔本、四庫本改。
〔四〕除一：原無，據明澹生堂鈔本、四庫本補。
〔五〕學士：明澹生堂鈔本、四庫本、傅校本作「草土」。恩命：原無，據明澹生堂鈔本、四庫本、傅校本補。

不俟駕之義也。佇前朕席，宜疾爾驅。所請宜不允。

觀文殿大學士左正議大夫知紹興府蔣芾再乞在外宮觀不允詔 三月二十八日

卿德善在躬，寬而有制。比席袞衣之貴，懷會稽之章。布宣恩威，人以畏慕。洊求自佚，殊咈朕心。惟爾曾門，曁乃祖乃父，或以方略爲帥，或以廉清號良守。推爾家法，乂吾軍民。豈惟予一人以寧，時亦昭乃世德。尚體此意，毋勤再三。

敷文閣直學士王十朋辭免除太子詹事乞依舊奉祠不允詔〔一〕 乾道七年四月五日

朕深惟三代長久之道，豫建太子，又擇名卿宿儒爲之衛翼，所以尊宗廟、重社稷也。卿清明諒直，海内寡二。頃由三館，以經術從吾兒遊。兹啓承華，命居端尹。是資正論，益廣前聞。卿疾既平，强爲我起。所請宜不允，仍依已降指揮，疾速前來供職〔二〕。

福州觀察使提舉佑神觀曾覿辭免轉官不允詔 四月七日

惟予賢子，昔在幼學，春誦冬讀，詔之有人。逮兹升儲，隆我國本。推恩篤舊，厥有故常。按籍序遷，卿其一也。理無可避，往即欽承。

左中大夫參知政事四川宣撫使王炎再辭免進封清源郡開國侯加食邑食實封恩命不允詔〔三〕 四月十二日

朕迺者不愛牲玉，躬秩元祀。於穆清廟，時則來多士之助；敬事上帝，時則有三俊之功〔四〕。慶賜所加，遠邇如一。眷言哲輔〔五〕，爲朕倚毗。賦政於外，方資山甫之喉舌；用錫爾祉，宜廣召公之土田。惟君命之不可稽，惟神釐之不可拒。遠勤遜牘，殊咈予心。所請宜不允，不得更有陳請。

左大中大夫給事中王曮辭免翰林學士乞外宮觀不允詔 四月十二日

卿早由推擇，進直摛文，出入禁塗，今二十載。非特詞章之麗，素簡朕知；至於官簿之優，誰居卿右？逮兹顯拜，寧復間

〔一〕「除」、「乞依」原無，據明澹生堂鈔本、四庫本補。
〔二〕疾：原作「即」，據明澹生堂鈔本、四庫本改。
〔三〕食實封恩命：原作「實封」，據明澹生堂鈔本、四庫本補。
〔四〕俊：原作「慶」，據明澹生堂鈔本、四庫本、傅校本改。
〔五〕言：原作「念」，據明澹生堂鈔本、四庫本改。

言？況朕臨御以來，用内相纔數人耳。一時髦士，預選爲榮，三入承明，在卿尤寵。方觀鴻筆，宜略撝章。所請宜不允。

敷文閣直學士左朝議大夫知揚州晁公武辭免知潭州不允詔

四月十三日

敕公武：省所奏劄子，辭免改差知潭州恩命，乞檢會前奏除在外宫觀事，具悉。長沙昔稱都會，連帥今總兵民，生齒夥煩，夷獠被邊，自非仁以撫之，義以制之，其不乏吾事者幾希。卿屢剖州符，三分閫計[一]，政適寬猛，在循吏之目。孔子曰：「如有所譽，其有所試。」卿於擇牧可謂詳試矣。朕命惟允，爾行勿遲。

敷文閣直學士左朝議大夫知揚州充淮南東路安撫使晁公武乞外宫觀不允詔

四月十五日

朕勵精庶政，夙夜不敢康，亦惟州牧侯伯推惠澤而致之民，以協贊予治。卿奮由儒術，見謂吏師。服在近班，數更守帥。酬庸淮海，易鎮湘沅[二]。甫下璽書，日遲圭覲。叢祠之請，徒費爾辭。

定武軍承宣使安定郡王令德辭免知南外宗正事不允詔

四月十五日

堯明峻德，九族以親。今朕擇宗室之老分治同姓，亦帝堯之意也。卿早從官政，晚襲王爵。富義理之閱，無侈驕之期。必能睦族以恩，率下以正。詢謀惟允，辭避何居？

皇子雄武保寧軍節度使開府儀同三司判寧國府魏王愷辭免增供給錢等不允詔

四月十八日

敕愷：省所奏劄子[三]，乞免每月支供給錢五百貫文，並本府一行官屬月支供給各有差事，具悉。地親者恩宜厚，位重者禄必豐。既以辨儀，亦惟馭富。嘉予賢子，殿乃名藩。爵已極於真王[四]，禮當殊於方郡。優加餼廩，固周邦宗子之城；賚及陪臺，異漢室左官之律。其祗朕眷，毋執而謙。

[一] 計：明澹生堂鈔本作「寄」。
[二] 沅：原作「流」，據傅校本改。
[三] 奏劄子：明澹生堂鈔本、四庫本作「劄子奏」。
[四] 極：原作「重」，據明澹生堂鈔本、四庫本、傅校本改。

新除翰林學士左大中大夫王曮辭免兼侍讀不允詔 四月十九日

入儀經幄，均用時髦。然勸講者猶有分章析理之勞，進讀則專以因事獻言爲職。每艱選任，必屬耆英。卿比自夕郎，來陪書訪。衆謂儒林之先進，朕嘉法從之老成。既真鶖禁之除，宜冠金華之席。雖循故事，實茂新恩。其務廣於緝熙，無過形於謙遜〔一〕。

徽猷閣直學士左朝奉大夫提舉江州太平興國宫周操辭免龍圖閣直學士不允詔 五月五日

卿剛毅簡廉，宣慈明敏。立朝著不欺之節，治郡推愛人之心。甫鎮清源，遽移霜露之疾，重以民事，摟吾耆老。進職四牧，俾爲奉祠之光。祇朕異恩，無煩冲避。

觀文殿大學士左光禄大夫知福州陳俊卿辭免實封不允詔 五月九日

朕乃者裸黄流於廟，颺高煙於郊〔三〕。祖宗顧歆，天地並況。嘉與中外，同其福禄。卿秉德蹈義，嘗亮予采。偃藩南服，職貢甚修。既考上儀，肆加奉邑。非特示均釐之意，亦以酬助祭之庸。亟其欽承，毋格明詔。

觀文殿大學士左光禄大夫知福州陳俊卿辭免轉官不允詔 乾道七年五月十三日

敕俊卿：省所奏劄子〔三〕，辭免收捕海賊倪郎等了當特轉一官恩命事，具悉。屬者姦甿航海，出没風潮間，鈔賈舶，擾島民，釋而不誅，殆其滋蔓。卿能督勵將士，以時蕩平，朕甚嘉之。方詔有司，條上功狀，譬之獮焉，發縱指示之庸不可以不先也。卿其亟服新命，使爾衆知朕信賞如此，賈其餘勇，剿殄逋寇，俾無遺育，尚何後患之虞哉？

侍衛親軍步軍都指揮使宜州觀察使王友直辭免殿帥不允詔 五月二十五日

敕友直：省所奏辭免除主管殿前司公事，仍乞檢會前奏，除一在外宫觀差遣事〔四〕，具悉。朕既分命猛士以守四方，又萃天下武鋒而爲周廬之衛。若時擇帥，其重可知。卿沉毅有聞，久司

〔一〕無：明澹生堂鈔本、四庫本作「毋」。
〔二〕煙：傅校本作「禋」。
〔三〕奏劄子：明澹生堂鈔本、四庫本作「劄子奏」。
〔四〕遣：原作「使」，據明澹生堂鈔本、四庫本改。

禁旅。曩除缺長，肆命晉遷。夫志功名者常患無時，懷忠義者當思報主。求問避寵，豈所望於卿哉？

侍衛親軍步軍都指揮使武昌軍承宣使吳挺辭免除步帥不允詔 五月二十五日

敕吳挺：省所奏劄子〔一〕，辭免除主管侍衛步軍司公事恩命事，具悉。朕勵武經修軍政，雖千夫長、百夫長猶審擇而後用，況乎總七萃之重，護九重之嚴，非吾信臣，孰寄心膂？以卿家世忠義，見聞方略，召居環列，益觀爾能，擢典衛兵，蔽自朕志。勉圖稱塞，何以辭爲？

李顯忠辭免特復太尉不允詔 六月四日

敕顯忠：省所奏劄子〔二〕，辭免特復太尉恩命事，具悉。周命六卿，圻父帥爪牙之士，漢分三府，掌武與居一焉。古今沿革雖殊，其爲重任均也。卿方以沉鷙忠實，領萬騎於天營之内；茲復深加異數，還畀自上安下之職。庶幾因名而責實，鑑舊而圖新也。勉其功名，奚必冲避？所辭宜不允。

左中大夫參知政事四川宣撫使王炎再乞在外宮觀不允詔 六月四日

卿屬者上書移疾，祈釋邊寄。朕惟信順者，天人之所助；正直者，神明之所聽。如卿股肱近弼，與國同休〔三〕，其賢可尚。匪息之安，積勤愆和，何慮不已？璽書諭旨，今甫浹旬，囊封繼來，嘉聞治事之語，其可求代乎？且充國疾留西陲，裴度卧護北門，皆無後艱，以有終吉。卿其總大體，略細務，時節炎凉，輔近服食，俾躬有瘳，稱朕意焉。所請宜不允，不得再有陳請。

端明殿學士左中大夫知太平州洪遵辭免知建康府乞外宮觀不允詔 六月十二日

厥今重鎮，莫如秣陵。異時謀帥，多取正塗之舊，非特藉賴威望，鎮臨兵民，亦惟嘗侍帷幄，知德意志慮之詳焉。卿文學政事，著於中外，當塗分守，尤號循良。寬吾顧憂，無易卿者。夫由諸侯而列方伯，釋銅魚而佩玉麟，固足以爲吏士之光矣。況乎枌榆故鄉，近在封部之間哉？勉稱恩榮，毋煩遜避。

〔一〕奏劄子：明澹生堂鈔本、四庫本作「劄子奏」。
〔二〕奏劄子：明澹生堂鈔本、四庫本作「劄子奏」。
〔三〕休：四庫本作「體」。

鄭藻辭免開府儀同三司加食邑實封不允詔

六月十五日

朕閲外姻之籍，懷諸后之家。如卿歷事四朝，號稱耆舊，凡今戚里，誰與比倫？而况尉府十年，無瑕而有譽，進隆命數，理亦宜之。不然，衮衣繡裳，視秩三事，朕豈輕以假人也哉？已告大廷，毋勤遜牘。

廬陵周益國文忠公集卷一〇五

玉堂類稿卷五

内制

學士劉珙三辭免起復乞早賜抽還中使徐俑不允詔〔一〕 乾道七年六月二十三日

朕乃者起卿以西樞，付卿以上流，手札丁寧，馳遣暬御，所以示必用者蓋有三説。軍旅爲今重事，理可奪情，公侯以國爲家，義難自已〔二〕，一也。惟乃祖父，忠概有聞，何以似之？莫如移孝，二也。卿比鎮荆州，按行襄漢，規模甫定，未迄於成，今不强起，孰卒吾事？三也。而卿連章累牘，不過以名教爲疑。夫無故而自請短喪，宰予所以獲罪；有爲而要經服事，閔子所以合禮。漢儒之傳，寧無據哉？且本朝特起故事，非但執政而已，文翰近臣如王禹偁、楊億輩皆不得已勉共上命。當是之時，中外豈不綏静？彼二臣者，學識豈不高明？矧在於今，尤難執一。亟承委重之意，毋蹈辭難之嫌。所請宜不允。

觀文殿大學士左光禄大夫知福州陳俊卿再辭免轉官不允詔 六月二十四日

敕俊卿：省所奏劄子〔三〕，再辭免收捕海賊特轉一官恩命事，具悉。卿夙推德望，常翌乾臺，豈必計功而後增秩？顧朕方大明黜陟，砥礪中外，卿於此時，宣國威靈，俾海道肅清，姦宄懲艾，厥績茂焉。進階一等，倡吾九牧，匪直爲卿寵也。《書》不云乎：「德懋懋官，功懋懋賞」。朕惟兼用，卿復何辭？所辭宜不允，不得再有陳請。

學士劉珙再辭免起復宜允詔〔四〕 七月八日〔五〕

敕劉珙：省卿四上劄子，辭免起復恩命，乞檢會前奏，抽還中使徐俑事，具悉。朕詠《詩》之《雅》，「有常德以立武事」；觀《易》之《象》，除戎器以戒不虞。用是起卿，則於奪情之典初未爲過。而璽書屢下，懇避益確〔六〕，重以疾諗，諒非飾詞。況夫暴秋陽，事道路，使卿或愆調護之節，寧不惻我心乎？

〔一〕學士：明澹生堂鈔本、四庫本作「草土」。
〔二〕自：明澹生堂鈔本、四庫本作「有」。
〔三〕奏劄子：明澹生堂鈔本、四庫本作「劄子奏」。
〔四〕再辭免起復宜允詔：原無，據明澹生堂鈔本、四庫本補。
〔五〕七月八日：原無，據日本藏宋刻本、明澹生堂鈔本、四庫本補。
〔六〕益：原作「已」，據日本藏宋刻本改。

俛聽終喪，朕固靡忘於眷注也。所請宜允。

右朝散郎權尚書吏部侍郎王之奇辭免落權字不允詔 七月十三日

敕之奇：省所奏〔一〕，辭免除吏部侍郎恩命事〔二〕，具悉。維乃先正，甚文且武。中興盛際，蔚爲名臣。閎蘊僅施，元身遽沒。餘慶所積，在其後人。卿洪毅精明，力紹家學。發揚普詡，服於禁塗。典銓未幾，人以爲允。因能而任，就正貳卿。成命已行，當仁何避？所辭宜不允。

侍衛親軍步軍都指揮使宜州觀察使主管殿前司公事王友直乞宮祠不允詔 七月十三日

敕友直：省所奏，乞除一內外宮祠事，具悉。朕於將帥審擇之，信任之，固不輕以一毀一譽移也。卿拱護殿巖，未再閱月。何嫌何疑，而遽求去。夫奉法從事，公爾忘私，行之有常，人則誰怨？姑安爾位，毋咈朕心。所請宜不允。

左朝散郎致仕巫伋辭免復龍圖閣學士不允詔 八月九日

朕乃者躬款泰壇，備成熙事。德洋恩普，徧於遠邇。惟時共政之舊，告老之臣，固不可以一眚遺也。俶加秘職，盡洗丹書。夫身在林泉之間，而名冠西清之籍〔三〕。寵章隆厚，足耀垂車。毋或固辭，亟承帝祉。所請宜不允。

觀文殿學士左通議大夫提舉臨安府洞霄宮汪澈乞致仕不允詔 九月七日

卿厚重有常，直方居簡。進服廊廟，謀猷允臧；出臨藩維，政事罔缺〔四〕。奉祠養疾，昔不得已而聽之。今乃辭祿未及之年，在卿止足之計則善矣，獨不體朕眷眷老成之意乎？勉思自持，毋或他慮。所請宜不允。

降授左中奉大夫劉章辭免顯謨閣學士不允詔 九月二十七日

進而攝常伯，退而直西清，此故事也。至於加峻職，越舊班，則絕無而僅有焉。日者首賁黃中之歸，今復用之榮卿之去〔五〕，非以二老嘗從我於潛藩乎？惟卿文學之優，志氣之裕，正

〔一〕省：日本藏宋刻本無。
〔二〕免：原無，據日本藏宋刻本、明澹生堂鈔本、四庫本補。
〔三〕冠：原作「貫」，據日本藏宋刻本改。
〔四〕缺：四庫本作「斁」。
〔五〕用之：日本藏宋刻本、傳校本作「用是」。

惟齒宿，尚可告猷。而曲折眷留，莫回雅意；光華均佚，尚慰我心。《伐木》之序不云乎：「不遺故舊，則民德歸厚矣。」敬體優禮，毋爲遜辭。所請宜不允。

太尉昭信軍節度使致仕曹勛辭免落致仕提舉皇城司不允詔

九月三十日

知止者臣子之誼，用舊者人君之仁。卿祗事兩朝，視儀二府。初終無玷，忠謹有聞。昔聽其歸，既彰冲尚；今還以位，庸示眷懷。亟彈已掛之冠，勉竭未愆之力。所請宜不允。

左中大夫參知政事四川宣撫使王炎辭免除樞密使應干恩數並依宰臣恩命不允詔

十月二十八日

朕惟卿奥學英才，負名儒之望；精忠閎慮，有大臣之風。使蜀三年，厥功茂焉。幾廷闕長，欲下來歸之詔者屢矣。而西南重寄，弄印莫畀，故推殊渥，未改行臺。蓋位崇則國體尊，任久則士心附。告廷之日，縉紳黎庶咸曰允哉，朕亦自欣用人授任之兩得也。兹觀來諗，乃謂不皇安者有五。夫録德定位，非誤賞也。以身徇國，非市寵也。朕之名器其愈重，卿之名節其愈光。又況江表督師，元樞外拜，隆興近制，今實用之。雖復力辭，必成命之難回也。所請宜不允。

起復左朝奉大夫充敷文閣待制樞密都承旨兼户部侍郎葉衡辭免户部侍郎不允詔

十一月九日

敕葉衡：省所奏劄子〔一〕，辭免除户部侍郎、依舊兼樞密都承旨恩命事，具悉。卿才華智略，簡在予衷。列職樞廷，兼官民部，蓋綽綽乎其有裕也。孔子曰：「足食，足兵，民信之矣。」朕方與卿圖此三者〔二〕，是以事權雖舊，而寵數則新。尚攄獻納之遠猷，焉用辭遜之常禮。所請宜不允。

敷文閣直學士左朝散郎知成都府張震乞外宮觀不允詔

文學政事，惟通才爲能兼之。卿頃在朕前，有猷則告。付之征鎮，何適非宜？邈是少城〔三〕，方安仁愛，其可求代乎？況朕推誠無疑，卿乃以謙自引，非所望也。益勤宣布，慰父老子弟之心。所請宜不允。

〔一〕奏劄子：明澹生堂鈔本、四庫本作「劄子奏」。
〔二〕與：原作「以」，據日本藏宋刻本改。
〔三〕少：原刻校云：「别本作『巖』。」

敷文閣直學士右中大夫知荆州府姜詵辭免昨任寧國府修圩岸轉官恩命不允詔　十一月二十二日

增秩旌郡守，漢制也，而朕用之。卿向治宛陵，於農田蓋宜力焉。隄防允修，禾黍以茂。今雖易鎮，賞猶眡功。茲用不待三載，亟考而績，詔音既下，顧欲反汗邪？所請宜不允。

四川宣撫使王炎再辭免樞密使不允不得再有陳請詔〔一〕　十二月一日

國家右置鴻樞，斡旋兵柄，其倚綏之重，圖任之艱，方吾宰司，注意均也。如卿文足以斷國論，武足以讋天威。萬里護邊，三年於此。疇厥望實，延登使聯。雖未容借箸於前，蓋已賴折衝於外。朕志素定，庶言亦諧〔二〕，固非以卿嘗貢移疾之章而有是發中之詔也。申言五說，無乃過疑。朕既丁寧諭旨，明其不然矣。遜函未已，豈亮眷懷？勉趣欽承，無稽我惟行之令〔三〕。所請宜不允。

翰林學士左大中大夫知制誥兼侍讀王曮乞守本官致仕不允詔〔四〕　十二月九日

卿靜重恭寬，爲時耆舊。潤色帝制，久而愈華；進趍昕朝，老方益壯。告歸之語，胡爲而至哉？且禁林優游，義理相應，固非有簿書期會之勞也。尚詢黃髮，毋跂二疏。所請宜不允。

龍圖閣直學士左朝奉大夫提舉江州太平興國宮周操辭免召赴行在不允詔　十二月十九日

卿作德日休，未嘗載僞。故立朝則朕信之，典郡則民安之。蓋簪橐之耆英，縉紳之令望也。往聞嬰疾，聽解郡章。今病愈，可造於朝，是以有賜環之命。惟古之良臣，乃心罔不在王室。雖千里不以爲遠，而況崇朝之近，一葦可杭，乃欲辭行乎？所請宜不允。

〔一〕不允不得再有陳請詔：原無，據日本藏宋刻本、明澹生堂鈔本、四庫本、傅校本補。

〔二〕亦：明澹生堂鈔本作「以」。

〔三〕「無」，日本藏宋刻本、明澹生堂鈔本、四庫本作「毋」，「令」，明澹生堂鈔本、四庫本作「命」。

〔四〕守本官：原無，據日本藏宋刻本、明澹生堂鈔本、四庫本補。

左中大夫參知政事四川宣撫使王炎乞檢會前後陳乞宮祠辭免新除樞密使不允不得再有陳請詔〔二〕 十二月二十五日。

卿於役萬里，厥今三載〔三〕。夷夏稔其風聲，吏民懷其恩信。尚稽之公望，宜式遄衮繡之歸；揆以人情，難久詠裳衣之制。惟體國之有素，雖復獨賢而弗辭。乃涉春以來，何移疾之數？旋觀手牘，益慨予心。既懇還樞柄之崇，復深羨祠官之逸。豈道之云遠，未承前詔之諄諄？將禮有弗周，是使歸心之切切？苟或異此，奚爲若斯？朕方知臣下之勤勞，卿盍念功名之終始？勉符推轂，別佇賜環。所請宜不允。

觀文殿大學士左正議大夫知紹興軍府事蔣芾乞檢會前奏除一宮祠不允詔 正月七日

卿自去歲以來，數移病告。珍臺閒館，朕非有靳於卿也。顧會稽輔藩，徒得君重。凡可以損公上之須、應州家之用者，奏請朝聞，免符夕下。卿既知之矣，獨不能爲朕少留，惠此一方乎？昔汲黯多病，卧閣歲餘而東海大治。卿之啓處，視黯何如？乃必欲還郡紱耶？所請宜不允。

光州觀察使高郵軍駐劄御前武鋒軍都統制兼知楚州陳敏乞外宮觀不允詔 正月八日

將帥貴久任，牧守戒數易。朕於二者，方謹守之。卿入總天營，出臨邊閫。厥有勤績，著乎兵民。往城於方，久念僕夫之瘁；共武之服，尚圖王國之安。遏爾歸心，體予眷意。

侍衛親軍步軍都指揮使宜州觀察使主管殿前司公事王友直乞外宮觀不允詔 乾道八年五日

朕以卿勁勇絶人，擢司巖陛，謂當許國，皇恤其他。而未涉三時，繼有避嫌之請，朕何賴焉？且進而事君，退而奉親，忠孝之道，可以兩得。求閒雖切，於義難俞。所請宜不允。

敷文閣直學士右大中大夫提舉江州太平興國宮方滋辭免知紹興府不允詔 正月二十

在昔宣王，采新田之芑；惟時方叔，壯元老之猷。我圖牧

〔二〕 不允不得再有陳請詔：原無，據日本藏宋刻本、明澹生堂鈔本、四庫本補。

〔三〕 載：日本藏宋刻本、明澹生堂鈔本、四庫本作「年」。

御之能，亦取踐歟之舊。卿器資寬裕，識略精深。久推政事之才，薦履禁嚴之地。安於祠館，鬱乃眷懷。遂荒大東，往率從於海表；戎有良翰，諒咸喜於邦人。亦既剖符，毋庸抗牘。所請宜不允。

虞允文辭免特進左丞相兼樞密使進封華國公加食邑實封恩命不允詔〔一〕　二月十三日

朕以非凉，尊臨士民之上〔二〕，常懼日月逾邁，志勤道遠，故妙簡忠良，光輔不逮。以卿碩德冠於當世，淵謀合乎古人。參稽師虞，付以國政。內之安百姓，外之撫四夷，上之調陰陽，下之振法度。朕既惟卿之聽，卿亦惟力之竭。此固朝野所共悉，朕心所嘉賴也。官名肇正，就陟上臺。庶言允諧，豈必辭避？且大勳未集，德化未成，誠當今之急務。卿嘗力啓朕矣，得不自任以天下之重、紹乃辟於三代之隆乎？安分知止，蓋衆人之事，丞相奚爲及此也？所請宜不允〔三〕。

梁克家辭免左正奉大夫右丞相兼樞密使進封清源郡開國公加食邑食實封恩命不允詔〔四〕

朕之命相，可謂不敢輕矣。徐觀其事業，詳試其謀謨，逮夫德望已崇，績效已著，則信之不疑，任之不貳，夫豈偶然而已？卿以英名冠多士〔五〕，精忠簡朕知。不出都城，遂間兩社。其於彌縫庶政，辨察百職，功不少矣。夫相有左右，上應太微之象，下存歷代之規。朕意素以屬卿，故由更制而發號焉，非可以謙辭格也。若乃張紀綱，變風俗，暢國威，蘇民力，朕固日夜念此。卿既言之，則當成之。庶幾盡責難之功，而使朕獲任賢之福，不亦臣主俱榮哉？所辭宜不允。

附繳張説王之奇辭免西府奏

乾道八年二月十六日，準御封付院張説、王之奇辭免各除簽書樞密院事奏劄子〔六〕，並奉御批降詔不允〔七〕。臣流落之餘，蒙陛下收拾抆拭，寘在華近踰一年半矣，碌碌備位，補報闕然，夙夜慚懼，無以自處。倘有所見，若又不言，陛下雖欲赦之，如衆論何？臣竊見昨除張説簽樞〔八〕，舉朝皆曰不可，陛下欣然聽納，旋即改命。曾未周歲，復有此除，羣言紛紛，今猶昔也。蓋以貴戚預政，公私兩失，不若坐享高爵厚禄之爲安。陛下神聖，固已洞

〔一〕恩命：原無，據日本藏宋刻本、明澹生堂鈔本、四庫本、傅校本補。
〔二〕「士民」上，日本藏宋刻本、明澹生堂鈔本、傅校本有「王公」二字。
〔三〕請：明澹生堂鈔本、四庫本作「辭」。
〔四〕食實封恩命：原作「實封」，據日本藏宋刻本、明澹生堂鈔本、四庫本補。
〔五〕名：原作「明」，據日本藏宋刻本改。
〔六〕子：日本藏宋刻本無。
〔七〕「御」下，明澹生堂鈔本、四庫本有「寶」字。
〔八〕竊：原無，據日本藏宋刻本、明澹生堂鈔本、四庫本補。

照，諒說亦自深曉此理，何待臣言也。若謂西府當問以武臣〔一〕，則願於大將中擇有威望可以運籌折衝者畀之，誰敢異議？臣非欲專任文吏也。或云緣大臣薦用王之奇，因而有此並命。雖未可信，然去年羣臣爭論之際，傳聞聖諭云「茲事誠誤〔二〕」。以此觀之，用說非陛下意，不爲無據。且當是時，王之奇亦云曾入文字，今却與說同升，不知之奇以爲是耶非耶，恐亦未當遽受也〔三〕。臣在隆興初與說同侍殿陛，又與之奇同在六部〔四〕，情分頗熟，素無嫌隙。今非樂爲仇怨，自取擯斥，蓋義所當言，不得不效論思之萬一耳。昔唐元和間，白居易在翰林，奉宣草嚴綬江陵節度使〔五〕、孟元陽右羽林統軍制，皆奏請裁量，未敢便撰。本朝元祐中，帥臣避免拜之禮，執政辭遷秩之命，蘇軾當撰答詔，亦嘗言其不可，卒如所請。今除用執政，非節度、統軍、免拜遷秩比也。臣雖視居易、軾無能爲役，顧職守其可廢哉？所有二人辭免不允詔書，臣未敢具草。取進止。

〔貼黃〕臣竊觀國朝有宣徽南北院使，班均二府，地親秩重，文武大臣皆可爲之。陛下方復古制，若命討論，用以處說，尤爲優異，未審聖意以爲然否？仰戴恩憐，忘其冒昧，伏俟誅戮。是日，聖旨與在外宮觀，又有旨令日下出國門。

通奉大夫葉衡辭免知建寧府乞外宮觀不允詔

九月十七日

卿才資儁明，術業閎茂。凡所甄擢，率由簡知。十年之間，遂置臺衮。中道而去，予心歉然。錫之左符，與我共理。冀宣惠澤，庸副眷懷。夫當軸於中，輔政於外，小大雖異，其可以報主知、行所學則一也。引疾爲解，朕何望焉？所辭宜不允。

簽書樞密院事李彥穎辭免參知政事不允詔

閏九月十九日

朕勵志萬微，倚成四輔。儀圖俊傑，對司文武之權；迭運鈞樞〔六〕，稽合祖宗之制。政路無曠，朝廷自尊。卿學富詞雄，體莊志裕。恂恂守道，恥求世俗之虛名；亹亹告猷，思護國家之元氣。朕選於衆而知其可用，斷於心而任之不疑。自亮采於幾廷，亶宣勞於旬歲。運籌合意，具孚帷幄之謀；當軸處中，宜贊廟堂之治。在旋觀而已審，奚固避之能回？所辭宜不允。

翰林學士王淮辭免端明殿學士簽書樞密院事不允詔

同前

朕寤寐英髦，贊襄宥密。非純誠雅望，何以鎮天下之浮？非

〔一〕西：原作「兩」，據明澹生堂鈔本、四庫本改。
〔二〕誠誤：四庫本作「詳議」。
〔三〕恐：原無，據日本藏宋刻本、明澹生堂鈔本、四庫本補。
〔四〕「又」上，明澹生堂鈔本、四庫本有「近」字，疑是。
〔五〕陵：原作「寧」，據明澹生堂鈔本、四庫本改。
〔六〕鈞：原作「均」，據日本藏宋刻本、明澹生堂鈔本、四庫本改。

沉識訏謨，何以定帷中之畫〔一〕？廟勝所繫，疇咨敢輕，卿德厚秉彝，文純貫道。更歷紹興之言路，允謂舊人；考觀近世之詞臣，厥惟大手。退食抱委蛇之節，浚明宣夙夜之勞。念久罄於皇猷，宜預裁於兵柄。且積中者名彰於外，而自後者人與其先。予實爾知〔二〕，政將焉避？毋確循於沖守，其亟翼於鴻機。

資政殿大學士中大夫沈夏辭免知鎮江府乞外宮觀不允詔 閏九月十一日

卿精明殫洽〔三〕，介潔簡廉。萬里錫還，言授之政。而上書祈免，至於三四。重違懇惻，俾殿朱方。借曰病衰，猶當卧理。矧無他恙，安用固辭？勉佩印章，體予眷顧。所請宜不允。

禮部尚書趙雄辭免兼侍讀不允詔 同前

昔元祐中，名臣蘇軾以大宗伯進讀於金華。拜恩之日，首陳六事，著在方册，朕甚嘉之。卿以蜀莊之珍〔四〕，傳揚雄之學，儷相如之文。迪簡在廷，華問彰徹。侍言典禮，榮繼前修〔五〕。《詩》不云乎：「高山仰止，景行行止。」而又奚遜焉？所辭宜不允。

中大夫參知政事龔茂良辭免修製加上尊號寶册了畢轉兩官恩不允詔〔六〕 係禮儀使 十一月六日

天以無疆之休〔七〕，敷佑我家，丕延親壽，予曷敢不鋪張揚厲，以對越景貺？乃仲冬日至，親帥百辟，並崇父母之榮號。金石在列，冠劍在庭，霽景曣温，群情悦豫。歷觀書傳所記，蓋未有殊尤絶迹可比於今者也。卿以鴻儒碩望，總領衆職。淵原復貫，既閑習乎禮文；陟降多儀，又厭服乎觀聽。進階加邑，於理則宜。且大典慶成，孰云僭賞？自我作古，寧問故事？若恝然辭之，殆非股肱喜哉之誼也。

〔一〕帷：日本藏宋刻本、四庫本作「幄」。
〔二〕爾：日本藏宋刻本、明澹生堂鈔本、四庫本作「汝」。
〔三〕殫：傅校本作「博」，疑是。
〔四〕莊：傅校本作「產」，疑是。
〔五〕繼：原缺，據日本藏宋刻本、傅校本補。
〔六〕「加上」、「了畢」，原無，據日本藏宋刻本、明澹生堂鈔本、四庫本、傅校本補。
〔七〕休：原作「福」，據日本藏宋刻本改。

參知政事龔茂良再辭免禮儀使轉兩官恩命宜允詔〔一〕 十一月八日

鏤玉揚徽，慶太上歷年之永；連珠告瑞，適仲冬朔旦之臨。天人協應以在兹，家國均休而未艾。眷言近弼，實贊昌期。予欲新曠古之禮則汝明，予欲展事親之儀則汝翼，予欲播乾安坤安之樂於金石則汝聽，予欲形天大地大之功於典册則汝爲。底績居多，遷官匪過。而乃力避便蕃之寵，面陳確至之言。謂將豫扈於泛恩，豈必曲從於前比？先勞後禄，素嘉儒行之優；下濟上行，滋嘆謙光之美。方共由於此道，姑勉狥於乃誠。所請宜允。

附契勘

臣契勘故事，在京臣僚上表辭免恩命，若不允則降批答。今來參知政事龔茂良辭免禮儀使轉兩官恩命〔二〕，奉御寶批降批答所請宜不允，若依故事，當只降詔〔三〕。臣今撰述書寫進入，合依例請寶行下本院給賜，伏乞睿照。

參知政事李彦穎辭免書撰册文轉一官不允詔 同前

内則父子，外則君臣，人之大倫也。今者太上以仁聖綏壽祜〔四〕，朕以孝敬極尊崇〔五〕，天人和同，福禄並應，父子之道備矣。元首股肱，相須成體，則於君臣之際可不共其光榮乎？卿以名世之儒，久儀廊廟，討論鉅典，祓飾厥文。所謂嚴樂之筆精，淵雲之墨妙，蓋兼之矣。用是進秩，不爲無名。况朕置卿四輔之列〔六〕，咨卿萬幾之事，寵章徽數，未嘗有靳，而獨愛此一官乎？所請宜不允。

端明殿學士簽書樞密院事王淮辭免篆寶轉一官不允詔

朕登進輔臣，周旋帷幄。既不以一善爲最，又不以考績而陟。若乃國有大慶，共其寵光，則異數攸加〔七〕，群臣莫望，斯名位之辨、等威之制也。屬者備物典册，增尊稱於德壽，閎休偉績，振古未有。濟濟多士，咸以列侍爲榮。時卿名儒，服在樞近，允資鴻筆，載瑑斯章。慶澤之行，當由貴始。蓋有非常之功者，必因夫非常之事；有燦然之文者，必濟以歡然之恩。典禮所關，卿固不得而獨避也。所辭宜不允。

〔一〕恩命：原無，據日本藏宋刻本、明澹生堂鈔本、四庫本、傅校本補。
〔二〕「恩命若不」至「龔茂良辭免」原無，據日本藏宋刻本、明澹生堂鈔本、四庫本補。
〔三〕當只：日本藏宋刻本作「只當」。
〔四〕祜：日本藏宋刻本、明澹生堂鈔本、四庫本作「嘏」。
〔五〕朕：原無，據日本藏宋刻本、明澹生堂鈔本、四庫本、傅校本補。
〔六〕朕：原無，據日本藏宋刻本、明澹生堂鈔本、四庫本補。
〔七〕攸：原無，據日本藏宋刻本、傅校本補。明澹生堂鈔本、四庫本作「依」。「加」下原有「厚」字，據日本藏宋刻本删。

參知政事李彦穎再辭免撰册文轉一官恩命宜允詔 十一月十一日

昔大中祥符間，執政王欽若、陳堯叟皆以制述封祀壇頌之功超進顯秩〔二〕，載在國史，有榮耀焉。今朕修稀世之闊典，加太上之顯號，而卿以高文大册發揮盛猷，是用倣章聖舊規〔三〕，循乾道近比，進階四品，庸荅儒效。而免章沓至，陳義益高，謂朕方策勵事功，愛惜名器，而身參機政，宜率縉紳。夫遜，禮之主也；謙，德之柄也。大臣如此〔三〕，足勸多方。豈以一官，易此二美〔四〕？敬從雅志，良極嘆嘉。所請宜允。

端明殿學士簽書樞密院事王淮再辭免篆寶轉一官宜允詔 同前

朕觀《謙》之《象》曰〔五〕：「勞謙君子，萬民服也。」《詩》之《雅》曰：「行歸於周，萬民所望。」夫辭受明於上，則廉遜興於下，豈不所操者約而所利者溥哉？日朕茂輯曠儀，衍榮親之號；而卿實聯政路，宣秉筆之勞。越進文階，將侈邦家之慶，不獨示卿之寵而已。顧乃洊形冲避，且以名器爲言。蓋大臣者〔六〕，民之表也，故范宣子遜而其下皆遜，是可化民成俗矣。朕雖欲不聽，得乎？所請宜允。

資政殿大學士中大夫知建康軍府事劉珙辭免起發本府教閲軍兵特轉一官許回授不允詔 十一月十二日〔七〕

卿名高九牧，任重十連。馭軍馳整暇之聲，體國得忠勤之誼。歌周詩而遣戍，既有成勞；馳漢爵以賞功，可無異數？故進階所以勸諸道，而申命所以優大臣。人皆曰然，卿尚何遜〔八〕？

奉國軍節度使殿前副都指揮王友直乞外宫觀不允詔 十一月十六日

《四牡》之詩曰：「王事靡盬，不遑將母。」此群臣宣勞於外懷歸之辭也。今卿以將帥之才爲朕倚信，擢居環尹，閲歲滋深。夙興單衛上之勞，退食享奉親之樂。惟忠與孝，寧廢兼資？

〔一〕超：原作「起」，據日本藏宋刻本、明澹生堂鈔本、四庫本、傅校本改。
〔二〕倣：傅校本作「遵」。
〔三〕此：原作「是」，據日本藏宋刻本改。
〔四〕此：日本藏宋刻本、明澹生堂鈔本、四庫本、傅校本作「玆」。
〔五〕謙：日本藏宋刻本、明澹生堂鈔本、四庫本作「易」。
〔六〕者：原無，據明澹生堂鈔本、四庫本補。
〔七〕十二日：四庫本作「十一日」。
〔八〕遜：日本藏宋刻本、明澹生堂鈔本、四庫本作「避」。

苟勉勵之有加，立功名其未晚。所請宜不允。

龔茂良辭免差權提舉編修玉牒不允詔　十一月十八日

周用中士奠繫世，漢晉命九卿典屬籍，唐開成以玉名牒，至與史册並驅，是豈古今異轍哉？法寖久而益章，官隨時而愈重故也。況我國家，發祥云遠，祖功宗德，視昔有光，文昭武穆，與天無極，則夫創寶藏之殿，設纂修之官，總於柄臣，理固當爾。卿以經世之學，華國之文，參調化元，秉德蹈義，兼領斯事，蓋優爲之，豈以約史定令而廢宏綱之舉乎？亟其欽承，毋格成命。

李彦穎辭免差權提舉國史院實録編修國朝會要不允詔　同前

信史垂後世之法，類書裒當時之事，皆大典也。今自熙寧迄靖康，有六十年未備之史，則筆削不可以不嚴。由建隆暨紹興，有八百編已成之書，則會粹不可以不續。雖討論屬之諸彦，而董正資吾輔臣。卿學該古今，文有師法，翊我機務，言忠謨嘉。舉滋以旃，何職弗濟？顧豈不能攄三長以總太史之任乎？其趣汗青，毋以遜避爲也。

降授朝散大夫權吏部尚書兼詳定一司敕令蔡洸辭免經修進吏部七司法轉官不允詔〔一〕　十二月十六日

太宰以法待官府之治，其來久矣。卿以名德之裔，簡於朕懷。擢長天官，實兼議令。用詩書而輔法律，蓋有家學存焉。逮此奏篇，灼知勤勩，進階一等，時乃故常。夫手定章程，職居銓綜。制而用之謂之法，既以與聞；推而行之謂之通，固將有望。抗章避寵，其可曲從〔二〕？所辭宜不允。

觀文殿大學士銀青光禄大夫知福州軍州事陳俊卿辭免起發禁軍士兵轉一官仍許回授不允詔〔三〕　十二月二十一日

朕惟法等其功，周勳以懋；賞延於世，舜德斯隆。兹酌用於前規，庸申裒於舊相。卿久儀槐棘，告帷幄之謀；重鎮枌榆，底藩維之績。觀調兵之如約，知制閫之宣勞。增秩有差，雖眂訾屯之數；移恩無間，則隆體貌之私。毋守一謙，亟恭再命。所辭宜不允。

〔一〕進：原無，據明澹生堂鈔本、四庫本補。
〔二〕其：原作「豈」，據日本藏宋刻本改。
〔三〕仍：原無，據日本藏宋刻本、明澹生堂鈔本、四庫本補。

安慶軍承宣使提舉德壽宮張去爲辭免該遇德壽宮慶典轉三官依條回授恩命不允詔

十二月二十四日

天錫太上純嘏眉壽無有害，乃立春氣應，蕆盛禮於宮掖，肆大眚於中外。若時左右謹信之臣，實宣夙夜奉侍之力，予維寵嘉之。蓋慶澤之行，職親者在所先，歲久者從其厚，古今之通誼也，又何疑焉？所辭宜不允。

少保岳陽軍節度使充萬壽觀使永陽郡王居廣辭免加食邑食實封不允詔〔二〕

十二月二十五日

唐乾元間，既加崇太上聖皇之號，因肆眚中外〔三〕，三品而上賜爵有差。今朕舉稀闊之典，慶君親之壽。甲午制書，推惠甚遠，位隆屬近，顧反不及耶？增衍封租，良不爲過。尚何遜避之有？所辭宜不允。

〔二〕食實封：「食」字原無，據明澹生堂鈔本、四庫本補。
〔三〕肆：原作「施」，據明澹生堂鈔本、四庫本改。

廬陵周益國文忠公集卷一〇六

玉堂類稿卷六

内制

新除少師士輵辭免令所司擇日備禮册命宜允詔〔一〕　淳熙三年正月十四日

延拜公孤，具存故事，蓋將涓選穀旦，端委御朝，摐金石，旅簪韍，而後命之，所以辨等列、隆威儀也。惟兹禮不講，爲日已久，庶因太上非常之慶，褒錫宗室之老，使在廷之士有榮觀焉。胡爲抗章，力蘄寢免？《易》不云乎：「勞謙君子有終吉。」勉從冲守，尚永迪壽祉之榮。所請宜允。

武康軍節度使捧日天武四厢都指揮使提舉隆興府玉隆萬壽宫吴拱辭免召赴行在不允詔

卿深練武經，克承世美。久總師干之任，比膺齋鉞之榮。固宜修王覲之恭，奚可遂家居之樂？況朕每聞於鼙鼓，必念將臣；如卿雖遠於江湖，寧忘魏闕？益思此義，載疾其驅。所辭宜不允。

皇子雄武保寧軍節度使開府儀同三司判明州軍州事兼沿海制置使魏王愷辭免加食邑食實封不允詔〔二〕

朕惟太上皇帝盛德大業，冠映往初，眉壽隆名，綿延億載。乃甲午詔書，推慶澤於中外者博矣。而況位重真王，任隆分陝，是固恩徽所宜先也。《書》不云乎：「身其康强，子孫其逢吉。」尚奚遜焉？所辭宜不允。

皇子魏王愷再上表辭免加食邑食實封恩命不允不得再有陳請詔〔三〕

奉萬歲之觴，蔵盛儀於東内；封三錢之府，均大賚於多方。念我賢王，適臨重鎮。乃首敷於邦涣，俾增入於户租。非獨示親

〔一〕少師：日本藏宋刻本、明澹生堂鈔本、四庫本作「少傅」，按《宋史》卷三四載士輵爲少保。令所司擇日：原無，據日本藏宋刻本、明澹生堂鈔本、四庫本補。

〔二〕兼沿海制置使：原無，據日本藏宋刻本、明澹生堂鈔本、四庫本補。食實封：原脱「食」字，據明澹生堂鈔本、四庫本補。

〔三〕上表辭免加食邑食實封恩命不允不得再有陳請詔：原作「辭免食邑實封」，據日本藏宋刻本、明澹生堂鈔本、四庫本補。明澹生堂鈔本「食實封」脱「食」字。

親之恩，亦將明貴貴之誼。是固兩得，奚爲屢辭？所辭宜不允，不得更有陳請。

龍圖閣學士承議郎提舉江州太平興國宫胡銓辭免檢舉磨勘指揮恩命乞檢會前後累奏許休致不允詔〔一〕　二月九日

卿蚤持正論，負九牧之名；晚釋群經〔二〕，得先儒之旨。養恬真館，冠職西清。恩章所加，度越諸老。惟是階秩，以稽勞能。而卿周旋議郎，殆四十載。使踵常塗而序進〔三〕，猶當取甘茂之十官；况由禁路以陟明，蓋屢計成周之三歲。寧容廉退，獨不舉行？削牘以辭，既非所望，遂欲致君事而去，是豈乃心王室之誼哉？所請宜不允。

趙伯圭再辭免安德軍節度使提舉隆興府玉隆萬壽宫任便居住加食邑實封不允詔

二月十八日

朕以授鉞專征之任寵綏同姓，可謂不敢輕矣？既稟太上之命，又稽祖宗之制，又協卿士大夫之議，然後出節少府，讀命大庭，如涣汗焉，何可回也？矧卿忱恂肅哲，足以承寧方鎮；端莊信厚，足以翼衛王家。政倚宗彊，毋勞謙挹。所辭宜不允，不得再有陳請。

端明殿學士朝奉大夫簽書樞密院事王淮辭免國史日曆所經修進太上皇帝日曆經修不經進特轉行一官依例加恩恩命不允詔〔四〕

朕述中興三十六載之政事，備太上億萬斯年之觀覽。進讀之日，慈顔悦豫，臣庶呼舞。惟時慶賞，當與大臣共之。矧卿早被簡知，雍容樞掾，編摩時政，與有力焉，其當賞一也。拾遺諫省，言聽計從，皁囊所陳，備載於册，其當賞二也。粤朕初載，實爲少令，總領諸彦，纂修成書，其當賞三也。有是三者，予惟汝嘉。進階加邑，初不爲過，又何以遜避爲哉〔五〕？所辭宜不允。

〔一〕「免」、「恩命」、「前後累」原無，據日本藏宋刻本、明澹生堂鈔本、四庫本、傅校本補。

〔二〕群：原作「窮」，據日本藏宋刻本、明澹生堂鈔本、四庫本、傅校本改。

〔三〕常塗：原作「長途」，據日本藏宋刻本改。

〔四〕修進太上皇帝日曆經修不經進特轉行一官依例加恩恩命不允詔：原作「經修不經進特轉一官恩命」，據日本藏宋刻本、明澹生堂鈔本、四庫本改補。

〔五〕又何以遜避：原作「何必遜避」，據四庫本改補。明澹生堂鈔本作「又何遜以」。

朝奉郎試禮部尚書趙雄辭免經修太上皇帝日曆特轉行一官恩命不允詔〔一〕

惟我聖父聰明文思，光宅天下，而遜於位，閎休偉績，布在簡牘，視《堯典》若合符節。迺吉日辛亥〔二〕，陳儀展采，尊奉於大庭。此固三代兩漢以來不可得而見者，孰若吾身親見之哉？卿昔以敏識英詞，秉筆於東觀；今以洽聞殫見，總議於南宮。俾是書克成而禮容無爽者，卿與諸儒助朕之力也。進官一列，實侈榮懷。其懋承之，毋勞固避。

資政殿大學士中大夫知鎮江軍府事沈夏乞外宮觀不允詔〔三〕

朕夙宵念治，常患二千石不皆得人，使吾德澤不下流，民隱不上達。方詔在位雜舉循良之吏，而卿以帷幄近臣，典股肱名郡，茲固朝廷所嘉賴，四方所則傚者也。曾未半歲，日需政成，豈因舒瘍，遂欲求去？《假樂》之詩曰：「百辟卿士，媚於天子。不解於位，民之攸塈。」此言畿内諸侯愛君勤職，斯民所由休息也。勉遵古誼，倡率庶邦，稱朕意焉。所請宜不允。

附繳奏沈夏辭免慶壽加恩不合降詔 四月

今月十一日，準御寶封付下資政殿大學士、中大夫、知鎮江軍府事沈夏辭免該遇太上皇帝慶壽赦書加食邑奏劄一道，奉御寶批降詔不允〔四〕。當院伏見近降指揮，合該因慶壽加恩官止降制給告免辭免〔五〕，後來自使相執政已下並已遵行。今來沈夏竊恐合依前項指揮更不降詔，緣此未敢便行，具草進入〔六〕。如合聖意，乞許本院一面咨報尚書省劄下沈夏照會，伏取進止。奉御筆批，依。

敷文閣直學士中奉大夫提舉江州太平興國宮張津辭免知建寧府不允詔

卿精明强濟，練達恪勤。更歷六卿，夙高朝望；周旋數郡，屢考民功。載錫之符，往臨閩服。蓋用人莫如求舊，擇守莫如已試。古之道也，又何遜焉？所請宜不允。

〔一〕太上皇帝日曆特轉行一官恩命不允詔：原作「日曆特轉一官」，據日本藏宋刻本、明澹生堂鈔本、四庫本補。

〔二〕迺：四庫本作「玆」。

〔三〕沈夏：日本藏宋刻本、明澹生堂鈔本、四庫本作「沈复」，下篇同。

〔四〕「奉御寶」上，原有「又」字，據日本藏宋刻本、明澹生堂鈔本、四庫本删。

〔五〕慶：原作「萬」，據明澹生堂鈔本、四庫本改。「合該因慶壽」，日本藏宋刻本、明澹生堂鈔本、四庫本作「因慶壽合該」，於義爲長。

〔六〕草：原作「章」，據明澹生堂鈔本、四庫本改。

昭慶軍節度使知荊南軍府事充荊湖北路安撫使楊倓乞祠不允詔

昔我祖宗，擢任邊帥，近者十年，久或倍之，固未嘗踰歲而聽其去也。卿選自籌幄，鎮臨荊渚，殫竭智慮，予心載寧。今軍容壯矣，不可以棄爾成〔一〕；民俗安矣，盍有以善其後〔二〕？奚爲引疾，願上印章〔三〕？《詩》不云乎：「夙夜匪懈，虔共爾位。」朕固不忘幹方之績也。所請宜不允。

敷文閣直學士中奉大夫陳彌作辭免提舉江州太平興國宮乞守本官職致仕不允詔〔四〕

朕惟卿廉介强明，久更任使，乃身雖外，念之不忘，又惟卿爵齒浸高，閔勞以事，故推祠禄，即拜於家，優禮近臣，庶幾兩得。胡爲避寵，遂欲掛冠？語知止則可矣，在體國則未也。尚欽予命，時告遠猷。所請宜不允。

奉議郎試尚書吏部侍郎趙粹中乞郡不允詔

朕旁招衆賢〔五〕，穆布正位〔六〕，豈容法從，輕去周行？卿負卓絶之才而濟以文，躬端莊之操而歸於厚。久膺殊獎，升冠貳卿。方藉論思，寧拘更迭？昔畢公乃心王室，而望之雅意本朝。何卿之言，獨異於是？勿思爲郡之樂，益懋敬王之心。所請宜不允。

安慶軍承宣使提舉德壽宮張去爲辭免轉官回授不允詔

事親之樂，與天無窮；惠下之恩，曷日而已？故屬者方慶慈極萬年之壽，而今兹復稽宮庭五載之勞。眷言審謹之舊人，首被褒優之異數。理無可避，往肅而承。所辭宜不允。

觀文殿大學士銀青光禄大夫知福州陳俊卿乞檢會前奏除一在外宮觀不允詔差遣〔七〕

六月十八日

比覽忱言，願從祠秩。璽書往報，桑蔭未移。奚守一謙，乃

〔一〕「成」下，原刻校云：「張本有『功』字。」
〔二〕「後」下，原刻校云：「張本有『事』字。」
〔三〕願：原作「顧」，據日本藏宋刻本、明澹生堂鈔本、四庫本、傅校本改。
〔四〕「免」、「守本官職」原無，據日本藏宋刻本、明澹生堂鈔本、四庫本補。
〔五〕招：四庫本作「求」。
〔六〕正：原刻校云：「張本作『在』。」按日本藏宋刻本、明澹生堂鈔本、四庫本亦作「在」。
〔七〕「一在」、「差遣」原無，據日本藏宋刻本、明澹生堂鈔本、四庫本補。

勤再請。惟帥藩之求代，須封奏之有辭。非公家之務困於劇煩，則私室之誠從而怵迫〔一〕。今卿重臨樂土，實總故鄉。事簡政清，不必牛羊之參問；疆連壤接，是惟雞犬之相聞。加齒髮之未衰，且士民之方信。毋念浮丘之袂，姑榮翁子之衣。所請宜不允。

中大夫提舉江州太平興國宮姚憲辭免知太平州乞依舊宮觀不允詔 七月七日

牛渚而上有名郡焉，俗熾而人淳，奉優而事簡。中興以來，參間起執政舊臣爲之守，所以重蕃宣、彰眷禮也。卿頃繇才望，秉事樞。去位二年，靡忘簡注。適兹調守，亟以命之。趣駕朱幡〔二〕，毋違朕命。所辭宜不允。

隨龍延福宮使保信軍承宣使提舉佑神觀李綽辭免落階官除正任承宣使不允詔

九月七日

朕念潛藩舊人，存者無幾，故雖中涓之屬，暬御之臣，每示恩榮，以昭予意。而况久司宮省，勤恪有聞，退處祠庭，安恬無咎如汝綽者乎？是固朕心所不能忘也。正其使範，假寵甚優。往體眷懷，毋爲飾避。所辭宜不允。

趙伯圭再辭免開府儀同三司充萬壽觀使進封天水郡開國公加食邑實封不允詔

十月十六日

漢以外戚車騎將軍鄧騭儀同三司，官名之立實基於此。元豐而後尊禮天屬，多由節鉞進領此任〔三〕。親親賢賢，藩衛王室，古今一也。卿高明弗抗，和易不流；踐歷庶僚，貴名日起；躋登顯服，華聞益昭；班視衮章，象參台曜。人以爲允，朕何敢私？遜避之言，固非矯激。遂欲反汗，不其難乎？所辭宜不允，不得再有陳請。

武康軍節度使捧日天武四厢都指揮使右金吾衛上將軍吳拱辭免侍衛馬軍都指揮使恩命不允詔〔四〕 十月二十七日

國家萃驍騎於羽林，總以一帥。雖副貳虞度之名不輕畀付，而况極其使領，倚重可知。卿鷙勇沉雄，世號山西之良將；忠

〔一〕 怵：原作「休」，並校云：「張本作『怵』。」按日本藏宋刻本亦作「怵」。據改。
〔二〕 幡：原作「旛」，據明澹生堂鈔本、四庫本、傅校本改。
〔三〕 此：日本藏宋刻本、明澹生堂鈔本、四庫本、傅校本作「斯」。
〔四〕 天武：原作「天府」，據明澹生堂鈔本、四庫本改。

實詳練，嘗典紹興之禁旅。召從蜀道，置在環列，固欲用之也。會茲謀帥〔一〕，首及舊人。卿而不能，尚誰可者？所辭宜不允。

朝散大夫權吏部尚書韓元吉辭免吏部尚書不允詔　十一月

孟軻有言：「所謂故國者，非喬木之謂也，有世臣之謂也。」昔在仁祖，得臣曰億。純明忠良，厥有賢嚳，肆其三子，交秉事樞。繄乃顯考，德業尤著，不隕世美，庶幾在卿。朕固嘗試之掌制而嘉其文學之優，進之典銓而知其識慮之敏。比還禁路，彌簡予心。總領從官，亟加顯用。世臣有後，多士所榮。報國承家，既知勉矣；抗章避寵，豈所望哉？所辭宜不允。

中奉大夫蔡洸辭免徽猷閣學士與郡不允詔　十二月二十三日

敕蔡洸：省所奏辭免除徽猷閣學士恩命事，具悉。六閣邃在西清，學士班於內朝，蓋朝夕論思之臣，而非賦政於外之官也。雖然入爲左右常伯，出則下同庶常。廉陛之間，等級奚辨？故假侍從清華之職，用爲近臣出處之光。馭下以恩，予心至矣。卿才猷行義，力世其家；謙毖恪勤，不懈於位。再司邦賦，經費無虧。請去之章，奚爲沓至？重違懇惻，特畀隆名。深體眷懷〔二〕，毋堅遜避。所辭宜不允。

龍圖閣學士朝散大夫提舉江州太平興國宮胡銓乞致仕不允詔　淳熙四年正月十六日

朕惟人臣有奮忠鯁而辭不撓，涉患難而氣不衰，豈獨國家所當尊禮哉，天必相之矣！是故位雖高無盈滿之意〔三〕，年雖至有康强之福。士大夫方倚以爲重，而朕聽其納祿可乎？又況燕佚殊庭，弗勞以事，從容故里，惟適之安。豈必退休，以孤眷矚？所請宜不允。

觀文殿大學士金紫光祿大夫知福州充福建路安撫使陳俊卿乞外宮觀不允詔　二月

卿晝繡故鄉，連四千石之重。誰謂閩遠，政聲則聞。蓋民安如曹參之治齊，教明如召伯之分陝。方寬予顧，無棄爾成〔四〕。且知止足而樂燕閒，衆人之情也；宣上德而倡九牧，大臣之事也。勉勤綏御，毋咈注懷。所請宜不允。

〔一〕茲：原作「此」，據日本藏宋刻本、明澹生堂鈔本、四庫本、傅校本改。
〔二〕眷：傅校本作「隆」。
〔三〕意：日本藏宋刻本、明澹生堂鈔本、四庫本、傅校本作「慮」。
〔四〕無：原刻校云：「張本作『胡』。」按日本藏宋刻本、明澹生堂鈔本、四庫本、傅校本亦作「胡」。

中奉大夫提舉江州太平興國宮胡元質辭免知荊南及復敷文閣直學士不允詔 二月

敕元質：省所奏劄子，辭免除帥及復敷文閣直學士恩命事，具悉。朕愛惜近臣，猶如寶玉，塵垢或止，旋洗濯之。卿政事文章，爲朕所器。邦有大賚，首還舊班。謀帥荊州，詔除甫下；擁旄全蜀，閫寄滋隆。式遄其行，毋替朕命。所辭宜不允。

新復敷文閣直學士中奉大夫胡元質辭免四川安撫制置使兼知成都府不允詔

天文參、井之度，地志梁、雍之域，祖宗盛時〔二〕，方鎮莫重焉。今復合四路之權，總於一帥，凡兵民之利害，官吏之否臧，大者驛聞，餘得裁制。選掄加重，抑又可知。非有文翁之文，武侯之武，忠勤篤實爲朕倚信者不輕畀也。差撥近列〔三〕，謂卿爲宜。已趣造朝，是將臨遣。勉思叱馭，毋或循牆。所辭宜不允。

通奉大夫參知政事龔茂良辭免進呈玉牒特轉兩官例恩命不允詔〔三〕

朕惟昔昭陵盛德大業，豐功偉績，不可勝紀。其所以覆幬萬物垂裕後世者，尤在乎仁也。玆撮機要，著之寶牒，而有司復以乾道近事同時奏篇。如朕涼薄，安敢望高皇帝，亦曰儀式型文王之典，日靖四方而已。卿才經物表，學貫道原。久裁政機，衆職交舉。復以餘力，纂成二書。特畀醲恩，用示褒勸。朕於爵賞，豈嘗妄加？卿宜知之，毋避可也。所辭宜不允。

通議大夫參知政事李彥穎辭免進呈徽宗實録特轉兩官依例加恩恩命不允詔〔四〕

朕惟昔者泰陵之政，有因有革，同歸於治。而紀次之初，是非失實，紹興刊定，乃爲信書。比命使臣，載纂徽録，亦是意也。不然，二十六年仁民愛物之實，制禮作樂之具，皆將疏略失傳，而一時用事之臣，虛美隱惡，亦將無以考信於來裔矣。卿才推國器，學擅儒宗。二柄迭司，具宜嘉績。玆率其屬，趣成鉅篇。恭閱於庭，嘆嘉無斁。雖大臣豈以階秩爲輕重，而國之信賞不可廢也。亟祇定命，毋執冲懷。所辭宜不允。

〔二〕時：原作「事」，據日本藏宋刻本、明澹生堂鈔本、四庫本、傅校本改。

〔三〕撥：原刻校云：「張本作『擇』。」按日本藏宋刻本亦作「擇」。

〔三〕「特」原無，「恩命」原作「例」，據傅校本改。日本藏宋刻本、明澹生堂鈔本、四庫本題作「賜通奉大夫參知政事龔茂良辭免進呈安奉玉牒特轉兩官依例加恩恩命不允詔」。

〔四〕依例加恩恩命：原作「例恩」，據日本藏宋刻本、明澹生堂鈔本、四庫本改補。

崇信軍節度使開府儀同三司提舉臨安府洞霄宮史浩辭免少保觀文殿大學士充醴泉觀使侍講進封永國公加食邑食實封恩命不允詔〔一〕　四月〔二〕

朕觀皇祐之盛時，眷昌朝之舊弼。祥源領使，暫還袞鉞之雄；秘殿敷經，特創班聯之峻。極隆儒之異選，垂異世之通規〔三〕。非我老成，孰參榮遇！卿英姿邁往，敏識鄰幾。以高明之學傅初潛，以康濟之謀毗大政。若金汝礪，諒納誨之不忘〔四〕；毋玉爾音，豈遐心之或有？肆稽舊典，增賁新章。越升亞保之班，入奉列真之館。肇封樂國，增衍爰田。讀倚相之書，朕方勤於稽古；卒桓榮之業，卿宜切於告猷。引避之言，非予所望。所辭宜不允。

大中大夫提舉臨安府洞霄宮王炎再辭免復資政殿大學士恩命不允詔〔五〕

朕待遇臣鄰，極其恩意，而況久勞蜀道，嘗冠樞庭，玆固夙夜不能忘，體貌所宜先者也〔六〕。屬當謀帥，允藉壯猷。既以疾辭，義實難强。是因郊賚，特畀隆名。眷矚有加，於玆見矣。遜章迭上，豈所望哉？所辭宜不允，不得再有陳請。

皇子雄武保寧軍節度使開府儀同三司判明州軍州事兼管内勸農使兼沿海制置使魏王愷辭免除荆南集慶軍節度使行江陵尹加食邑實封不允詔

朕觀成周盛時，分封子弟，布於侯甸。其來朝也，錫之路車乘馬，予之元袞及黼。其有功也，寵以加地進律，賜以鈇鉞圭瓚。皆所以粲骨肉之恩，强磐石之宗。享國久長，用此道也。惟予賢子，躬受偉材。本之以忠孝，文之以詩書〔七〕。出治鄞水，吏民安焉。玆奉介圭，少留漢邸。親親貴貴，當有異恩。商賚美名，一新疊組。仍加尹節，增賁東藩。僉論既諧，玆衷以懌。蓋古者七命賜國，八命作牧，九命作伯，是惟不易之序，又何以遜避爲哉？所辭宜不允〔八〕。

〔一〕恩命：原無，據日本藏宋刻本、明澹生堂鈔本、四庫本補。
〔二〕四月：原無，據日本藏宋刻本補。
〔三〕異：日本藏宋刻本、傅校本作「奕」。
〔四〕誨：四庫本作「牖」；不：日本藏宋刻本、明澹生堂鈔本、四庫本、傅校本作「未」。
〔五〕恩命：原無，據日本藏宋刻本、明澹生堂鈔本、四庫本、傅校本補。
〔六〕體：原作「禮」，據日本藏宋刻本改。
〔七〕書：日本藏宋刻本作「禮」。
〔八〕辭：傅校本作「請」。

資政殿大學士太中大夫知建康軍府充江南東路安撫使兼行宮留守劉珙辭免觀文殿學士不允詔

敕劉珙：省所奏劄子，辭免除觀文殿學士恩命事，具悉。屏翰行都，昇爲重鎮；股肱宿望，卿實閎才。二年於此〔一〕，道洽政治。《禮》曰「牧以地得民」，卿之謂矣；又曰「爵以馭其貴」，予可後乎？學士之以殿名，不過三等，昔卿嘗歷其二，中外固已榮之。今復進紫宸之班，隆舊弼之禮。庶幾五長，各迪有功。勸勉所關，毋留朕命。所辭宜不允。

通奉大夫參知政事龔茂良乞外宮觀不允詔

六月七日

朕兢業萬幾，簡求四近。知之深故任之久，任之久故倚之隆。若時具瞻，豈可輕去？卿精於問學，裕於才猷。一贊政機，屢更歲律。辨察衆職，勤勞百爲。方藉同寅，共圖熙載。胡然引疾，遽爾祈閒？既非朕仰成之心〔二〕，亦非卿許國之誼〔三〕。勉安厥位，毋咈予懷。所請宜不允。

通奉大夫龔茂良辭免資政殿學士知鎮江府不允詔〔四〕

六月十日

本朝優待輔臣，甚非漢唐之比。雖久煩以政，間許均勞，然恩典所加，每從其厚。既華之以峻職，又付之以近藩。出處之間，厥有榮耀。朕率是道，以厲臣節。卿淵謀敏識，奧學瓌才。夙被簡知，晉參機務。累年於此，厥績茂焉。求退既堅，重違雅志。豈無異數，以寵其行？蓋臣之事君，能合去就之義；則上之遇下，當全進退之禮。往欽時命，尚考民庸。所辭宜不允。

通奉大夫龔茂良再辭免資政殿學士知鎮江府不允詔

六月十一日

卿久翊政機，具宣忠力。抗章辭疾，有慨予心。加職典藩，務隆國體。何溶形於封奏，似未亮於眷懷。且卿昔帥嶺南，兵民戢其威惠；旋臨江右，旱潦資其撫綏。曾是樂郊，豈勞卧治？九里蒙潤，固未遠於行都；四方於宣，尚勉圖於嘉績。所請宜不允。

〔一〕此：明澹生堂鈔本、四庫本作「滋」。

〔二〕「之」下，原刻校云：「張本有『深』字。」

〔三〕「之」下，原刻校云：「張本有『大』字。」

〔四〕資政殿學士：原作「資政殿大學士」，按明澹生堂鈔本、四庫本無「大」字，下篇亦作「資政殿學士」，據改。

不允。

中大夫新除參知政事王淮辭免權提舉國史院編修國朝會要所恩命不允詔〔一〕 六月二十二日

仲尼善志，約《魯史》之舊章；魏相有聲，條漢家之故事。惟今太史，倣古宏謨。眷予亮采之賢，付以提綱之任。卿經邦道廣，緯國文高。久踐機廷，備著良、平之畫；參陪臺路，方追房、杜之謀。宜總諸儒，遂榮兩命。矧翱翔翰苑，固嘗筆削四朝之書；而領袖蓬山，亦既纂修一代之典。茲延登於貳政，乃因任於三長。其趣奏篇，毋勤遜牘。所辭宜不允。

觀文殿大學士金紫光禄大夫陳俊卿辭免特進恩命乞依舊官奉祠不允詔 七月十九日

賜位之尊，蓋循兩漢；班朝之貴，實次三公。非嘗踐於臺衡，靡輕加於秩序。卿純明無僞，方重有常。求福得不回之風，事君明以道之義。久儀揆路，務清静以寧民；再莅鄉邦，每中和而布政。屢披封奏，祈即燕閒。既深諒於乃誠，宜特隆於異數。茲惟念舊，亦以疇庸。毋尚執於謙懷，亟共承於朕命。所辭宜不允。

朝議大夫權尚書禮部侍郎兼同修國史兼侍講兼權工部侍郎李燾辭免禮部侍郎不允詔〔二〕 八月四日

貳卿再歲爲真，雖曰故事，然量才録德，乃人主之柄，豈專以日月爲限哉？卿性資簡廉，學問淵博。策名委質，今四十年。潛心史家，景行先正。凡列聖之功德，一代之制度，忠邪之議論，夷狄之叛服，表年提要，總爲巨編。自建隆迄靖康，成書殆且千卷。使朕覽觀乎家法，興起乎治功。有臣若斯，其益多矣。春官惟亞，何以假爲？尚尊所聞，毋或遜避。所辭宜不允。

龍圖閣學士朝散大夫胡銓辭免提舉隆興府玉隆萬壽宫乞休致不允詔

卿壯猷宏議，簡在朕心，未嘗忘也。重以吏事，煩吾耆老。故稽歲月，申命祠庭。賦禄養賢，厥惟古誼。使子弟孝悌而忠信，則國家安富而尊榮。不素餐兮，孰大於是。趣其承命，毋致爲臣。所請宜不允。

〔一〕 恩命：原無，據日本藏宋刻本、明澹生堂鈔本、四庫本、傅校本補。
〔二〕 權尚書禮部侍郎：原作「權尚書吏部侍郎」，據明澹生堂鈔本、四庫本改。

廬陵周益國文忠公集卷一〇七

玉堂類稿卷七

内制

觀文殿大學士金紫光禄大夫陳俊卿再辭免特進乞依舊宮觀不允詔 九月六日

朕惠宗公以禮，篤舊學以恩。雖聽均休，必昭異寵。卿清名諒節，終始無渝。入相出藩，進退有裕。因奉祠之請，極真禄之階〔一〕。恩禮所加，他人莫望〔二〕。遇臣敬故〔三〕，朕心蓋庶幾焉。且長樂二年，其勞多矣；潛藩三益，其功舊矣。以茲受爵，卿豈無名？所辭宜不允。

徽猷閣直學士通奉大夫提舉江州太平興國宮徐嘉辭免特轉一官致仕不允詔 九月十四日

國朝定制，自九品而上，凡致君事者〔四〕，必增秩寵之，所以獎廉退、厚風俗也。況卿登第於宣和，侍從於紹興，材猷明敏，朕所嘉獎。年其耄矣，納禄告歸，不進文階，何以馭貴？辭之爲贅，往即欽承。所辭宜不允。

定江軍節度使侍衛親軍步軍都指揮使興州駐劄御前諸軍都統制吴挺乞宮觀不允詔 九月二十九日

昔卿伯父，暨乃先臣，繼提蜀師，多歷年所，厥有成績，著於西陲。雖曰折衝之良，亦惟久任之效。卿選繇世將，肇敏前修。方整暇之有聞，豈燕閒之可議？況年纔强仕，正當一意於功名；而日奉慈親，何害兩全於忠孝？勉酬朕睠，毋費爾辭。所請宜不允。

〔一〕真：日本藏宋刻本、傅校本作「寄」，明澹生堂鈔本、四庫本作「其」。

〔二〕莫：原作「無」，據日本藏宋刻本、明澹生堂鈔本、四庫本、傅校本改。

〔三〕遇：原作「馭」，據日本藏宋刻本、明澹生堂鈔本、四庫本、傅校本改。

〔四〕君：原作「軍」，據日本藏宋刻本改。

朝請大夫權尚書刑部侍郎兼侍講兼權給事中程大昌辭免刑部侍郎不允詔 十月六日

朕勿誤於庶獄〔一〕，惟有司之牧夫。其在秋官，厥艱付畀〔二〕。卿學術議論篤於古而切於今，服采在廷，秉議堅確。攝貳憲部，惟明克允。參稽陟典，升正其班。昔舜疇咨九官，皋陶以申命而無避。汝之作士，其亦久矣。往踐乃次，尚奚遜哉？所辭宜不允。

朝議大夫權尚書吏部侍郎司馬伋辭免吏部侍郎不允詔〔三〕 十月七日

自唐以來稱典選之能者，必曰前有馬、裴，後有盧、李。及考其涖職，則遠逾十年，近或六載。美成在久，朕甚嘉之。卿抱負才猷，踐揚中外。擢司銓綜，歲律再周。敏明而將以勤，練達而濟之審。不加真拜，何以勸功？詔紓身章，並從異數。勉圖來譽，將益汝知。曾是進遷，豈勞謙避？所辭宜不允。

敷文閣直學士朝請大夫提舉隆興府玉隆萬壽宮秦塤辭免知饒州不允詔 十月二十七日

卿傳業相門，躋榮禁路。既久安於家食，乃自詭於民庸〔四〕。恩畀郡章，禮優從橐。聞會稽之問，誠有望焉；辭伯石之卿，顧何取彼？所辭宜不允。

敷文閣直學士朝請郎范成大辭免權禮部尚書不允詔 十一月二日〔五〕

厥今往鎮〔六〕，莫重坤維。嘉我寶臣，介圭來覲。疇庸録德，當寘諸朝。卿人物之英，搢紳所重。代言分閫，左右具宜。使蜀再期，政尤可紀。兹從嚴召，入告嘉猷。峻陟禮卿，丕昭眷獎。有周吉甫，文武憲邦，其自鎬歸，實多受祉。爾幾於是，何以遜爲？

龍圖閣學士中大夫提舉江州太平興國宮林安宅乞休致不允詔 十一月四日

古者任其事乃食其禄，故士大夫年至則告歸，所以佚老也。本朝優禮耆耋，賦禄殊庭，而不敢以事諉焉，忠厚之風過於前代遠矣。卿處躬廉約，藴識通明。爵齒俱高，朕所體貌。奉祠居

〔一〕誤：四庫本作「諳」。
〔二〕艱：原作「難」，據日本藏宋刻本、明澹生堂鈔本、四庫本、傅校本改。
〔三〕朝議：明澹生堂鈔本作「朝請」。
〔四〕詭：明澹生堂鈔本作「疏」。
〔五〕二日：明澹生堂鈔本作「一日」。
〔六〕往：原刻校云：「張本作『征』。」按日本藏宋刻本亦作「征」。

里，足以自娛。正使垂車，又何加此？勉承恩遇，姑抑素懷。所請宜不允。

端明殿學士朝散郎簽書樞密院事趙雄辭免同知樞密院事不允詔 十一月四日

朕觀漢高帝知人善任使，故凡當世豪傑皆樂從之游。至於運籌帷幄之中，決勝千里之外，則惟子房而已。此豈獨人力哉？天授之也。卿蘊有用之學，濟非常之才，應劇易於折枝，決疑明於大蔡。本吾兵柄，踰歲於兹。多士韙其設施，遠人咨其聲譽。君臣契合，視古庶幾。惟延登峻則望益隆，惟屬任專則功易見，厥惟高選，豈曰序遷？成命已行，毋勞控避。所辭宜不允。

觀文殿學士大中大夫知建康軍府事充江南東路安撫使兼行宮留守劉珙乞外宮觀不允詔 十一月十二日

昔君陳、畢公，咸懋厥德，尹釐東郊。惟成暨康，既已膺保多福，而彼二臣亦俱享永世無窮之聞。著在簡册，朕心嚮焉。今之秣陵，周之洛邑也。以卿閎才碩德[一]，嘗踐股肱之任，故命居守，庶幾前人。簡修進良，別慝癉惡，三載如一，朕憂以寬[二]。論年齒則未高，語節宣則無爽，寧容均佚，咈我注懷？益圖爾休，冀京師并蒙福也。所請宜不允。

通議大夫參知政事李彥穎乞罷機政不允詔 十一月十六日[三]

卿進繇德望，參秉事樞。惓惓於納忠，而未嘗近名；孜孜於奉職，而見謂知體。中外寧謐，陰陽燮調。民亶爾瞻，予資汝翼。定契如金石，久方益堅；相須如股肱，理不可易。豈以晦明之或爽，乃於去就而輕言？矧已造朝，初無他恙。深念倚毗之意，迄攄康濟之謀。所請宜不允。

通議大夫參知政事李彥穎再乞罷機政不允詔[四] 十一月十七日

朕每念爲君之難，自朝至於日中昃不遑暇食。既躬攬丕務，又博詢衆言。幸今方內小康，民俗嘉靖，豈敢自以爲功哉？亦惟二三執政畢精竭慮，協恭亮采之助也。卿以忠醇篤實，總領衆職，期予于治[五]，朕有望焉。奈何股肱之力方陳，而羸悴之語遽聞？腹心之倚方切，而退休之請狎至？率作興事，獨不念皋陶之

[一] 閎：傅校本作「雄」。
[二] 朕：日本藏宋刻本、明澹生堂鈔本、四庫本、傅校本作「顧」。
[三] 十一月十六日：明澹生堂鈔本作「十月六日」。
[四] 通議大夫：原無，據日本藏宋刻本、明澹生堂鈔本、四庫本補。
[五] 予于：原作「于予」，據日本藏宋刻本乙。

颺言乎？章雖頻煩，朕勿聽也〔二〕。所請宜不允，不得再有陳請。

中大夫知泉州姚憲辭端明殿學士知江陵府乞在外宮觀不允詔

十二月二日　元係中大夫知泉州〔三〕

朕以卿泉南之政明而不苛，治辦而不擾，是用復麟趾名官之舊，付鶉尾一道之寄，所以待卿者寵矣。便道之鎮，方茲趣行，丘園之言，何自而至？亟開幕府，稱朕意焉。所請宜不允。

又詔

敕姚憲：省所奏劄子，辭免除端明殿學士知江陵府恩命，乞檢會前奏除一在外宮觀差遣事，具悉。建牙閫外，以嚴節制之權；著籍殿中，以重朝廷之體。若時舊弼，斯稱茂恩。卿恢廓精明，恪勤敏濟。州符使節，嘗宣力於神皋；樞院政機〔三〕，旋惠疇於兩社。積其望實，溥我龍光。自起殿於藩方，每遝聞於課最。申頒異數，用奬多庸。十國爲連，兼付兵民之重；群州承楷，共觀條教之新。式駿爾行，難還予令。所辭宜不允。

徽猷閣學士中奉大夫知寧國軍府事蔡洸乞宮觀不允詔

十二月十二日

維乃重祖，事予仁皇。總邦財則以贍足聞，涖民事則以威惠著。朕固嘗嘉歎其賢，而易名於百年之後矣。先烈之不墜，繄卿是圖。主計典州，眷焉克紹。日需報政，惠此潛藩。豈以微痾，遽容自佚？式遄藥喜，稱朕寵遇世臣之心。所請宜不允。

觀文殿學士大中大夫知建康軍府事充江南東路安撫使兼行宮留守劉珙乞檢會前奏差在外宮觀不允詔

十二月十四日

卿以爽邦俊德，倡率九牧。智慮所及，何事不濟？恩威所加，其誰不服？乃者旌崇治效，循用漢制，蓋嘗璽書勉勵，增秩而賜金矣。重開幕府未踰歲也，而囊封疊上累數百言，畏避寵榮殆三致意。是豈慷慨事功，匪躬一節之誼哉〔四〕？勉爲朕留，迄成美化，毋使因任之詔徒爲虚文也。所請宜不允。

〔一〕勿：日本藏宋刻本、明澹生堂鈔本、四庫本、傅校本作「弗」。
〔二〕十二月二日元係中大夫知泉州：原無，據日本藏宋刻本、明澹生堂鈔本、四庫本補。
〔三〕院：日本藏宋刻本、傅校本作「筦」。
〔四〕誼：原作「義」，據日本藏宋刻本、明澹生堂鈔本、四庫本、傅校本改。

敷文閣直學士朝請大夫秦塤辭免知舒州不允詔 十二月二十七日

卿名參侍從，踰二十年。起分左符，詔許來覲，因其自列，易地以居，朕於故家，可謂恩矣。且鄱雖支郡，其名重〔一〕，其事繁，於爲政也難；舒雖節藩，其民淳，其事簡，於爲政也易。相攸之意〔二〕，夫豈徒然？節用愛人，敬事而信，以此道千乘之國，私心安而公論愜矣，何以遜避爲哉？所辭宜不允。

朝議大夫試尚書吏部侍郎司馬伋乞外宮觀不允詔 淳熙五年正月十日

卿性資夷雅，識慮精明。方倚通才，有華近侍。間嘗移疾，日徯造朝。奚爲自列於公車，遂欲即安於祠館？雖東野之失二子〔三〕，難忘幹蠱之私；然商瞿之有五男，足奉含飴之樂。勉安厥次，難徇爾誠。所請宜不允。

姚憲再辭免端明殿學士恩命不允詔 正月十一日

朕懷政路之舊勞，則茂隆於寵數；賁帥藩之新組，則增煥於榮名。篤一誼以申恩，俾群臣之知勸。卿既肅詔函而趣駕，豈容持謙柄以飛章？矧名諱之不偏，實古今之共守。恪遵前詔，勉輯來庸。所辭宜不允。

奉國軍節度使殿前副都指揮使王友直乞宮觀不允詔 正月十九日

卿忠而善謀，勇而好禮。上爲國家所倚信，下爲士卒所畏服。有將如此，人其舍諸？且環列之尹，至榮也；萬鍾之祿，至厚也。以是將母，固可得其歡心，而何善之不已耶？所請宜不允。

武泰軍節度使開府儀同三司充萬壽觀使曾覿乞致仕不允詔 正月二十一日〔四〕

古者大夫有服采之勞，故七十則致仕〔五〕。由卿而上已不著引年之禮，況夫視儀臺路，未嘗任職，遂欲得謝，不其難乎？卿寬綽厥心，端莊其質。從容翰墨，既久益新；進趨會朝，雖老彌壯。宜安富貴，自樂清時。而甫及傳家，遽還印綬。在止足之計

〔一〕名重：明澹生堂鈔本、四庫本作「民重」，日本藏宋刻本作「民衆」。
〔二〕意：原作「易」，據日本藏宋刻本改。
〔三〕野：原刻校云：「張本作『郊』。」
〔四〕二十一日：明澹生堂鈔本、四庫本作「二十二日」。
〔五〕致仕：日本藏宋刻本、明澹生堂鈔本、傳校本作「致君事」。

則善矣，抑何以副予念舊之意哉？睎蹤漢疏，未可輕議。所請宜不允〔一〕。

武泰軍節度使開府儀同三司充萬壽觀使曾覿再乞致仕不允詔 正月二十五日

朕惟士大夫年至而必去者大概有二：筋力憊於馳驅，精神憚於酬酢，一也。故鄉可歸，思晝錦之樂；家庭在遠，想蘭菊之生〔二〕，二也。今卿茂耆明之識，兼將相之官，燕息内祠，身固逸矣。賜第北闕，去將何之？而需章繼來，辭掞情確。罕由斯道，固無今日之譏；偕賦帝京，何待引年之後？勉回冲守，庸體眷懷。所請宜不允，不得再有陳請。元表引唐「罕由斯道」、「偕賦帝京」事。

奉國軍節度使殿前副都指揮使王友直辭免殿前都指揮使不允詔 二月四日

位冠巖除，列於二品。自朕臨御，未嘗予人。以卿氣概沉雄，智謀閎遠。詩書之府，仰止古人；忠義之閑，根於天性。八年宿衛，一意董齊。升正中權，亶符衆望。久虚之典，其懋承之。所辭宜不允〔三〕。

少保觀文殿大學士充醴泉觀使侍讀永國公史浩乞休不允詔 二月六日

惟我祖宗，禮遇故老，内祠經席，便於諮詢。而一時宗工宿儒，亦罔不心在王室，至有請覲而願留者，上下之間，交致誠敬〔四〕，朕甚慕焉。乃者起卿於故鄉，待卿以優禮，蓋率是道，庶還舊章。卿既以昔賢之心爲心，爲朕肯來矣。尚詢黄髪，則罔所愆，閲歲方新，豈容遽去？善養老者，朕方追西伯之風；以爲己歸，卿當法太公之義。所請宜不允。

朝散大夫試尚書户部侍郎韓彦古辭免權户部尚書不允詔 二月六日

昔周命君牙爲大司徒而告之曰：「洪敷五典，式和民則。」心膂之任不其至乎？汝父服勞忠義，厥有成績，紀於太常。卿又能博習古今，長於政事，肆予命爾以地官之職，逮兹踰年，邦用

〔一〕原刻文末注云：「案：知聖道齋本自『卿寛綽厥心』以下錯簡在韓彦古制詞内，今從張本校正。」

〔二〕蘭：傅校本作「松」。

〔三〕原刻文末注云：「案：知聖道齋本自『以卿氣概沉雄』以下錯簡在曾覿制詞内，今從張本校正。」

〔四〕敬：原作「意」，據日本藏宋刻本、明澹生堂鈔本、四庫本、傅校本改。

寖饒。進守左民，協於陟典，非以爵秩遲速論也。且卿既自期大者遠者矣，固當思艱圖易，俾民則寧，昭乃辟之有乂，豈應以遜避爲諒哉？所辭宜不允〔二〕。

史浩再乞致仕不允詔

二月八日〔三〕

卿往歲連貢封章，懇還印組。勇退既孚於衆論，眷留獨切於予懷。學於甘盤，方且念高宗之舊；居乎魏闕，正宜推公子之心。何洊控於忱誠，似頓忘於雅素。富與貴得以道，況非不處之時；明且哲保其身，更思匪懈之誼。毋貪廉士之小諒，而廢老成之大方〔三〕。所請宜不允，不得再有陳請。

朝議大夫試吏部尚書韓元吉乞州郡不允詔

二月十九日

卿辭章麗則，議論通明，其在故家〔四〕，號爲翹楚。朕所奬擢，異乎諸臣。方藉廉平，澄清銓選，抑資獻納，倡率從官，何嫌何疑，遽欲治郡？姑安爾職，毋復有云。所請宜不允。

敷文閣直學士中大夫知紹興軍府事充兩浙東路安撫使張津乞在外宫觀不允詔

三月一日

久於任人，則有成功；熟於治郡，則無過舉。此古今不易之理也。卿材猷敏給〔五〕，政術精明。典選守藩，備宣乃力。彌年於越，績效寖彰。上書求閒，殊咈予意。且年豐用足，弊革訟稀。於兹居簡而臨民，足以清心而省事。奉祠之樂，又何加焉？所請宜不允。

通議大夫參知政事李彦穎乞罷機政除宫觀不允詔

三月十三日

執政之臣，朕所注意而民所具瞻也，進退之際，豈容或輕？卿篤實安和，通明敏茂。周旋二府，累年於兹。庶事寖康，百工允治。方隆眷倚，其可去朝？且卿昔以疾言，尚有可諉。今心志益壯，筋力益强，復圖便安，斯亦何義？勉安厥位，毋咈予懷。

〔一〕 原刻文末注云：「案：知聖道齋本自『汝父服勞忠義』以下錯簡在王友直制詞内，今從張本校正。」
〔二〕 二月八日：原無，據日本藏宋刻本補。
〔三〕 成：日本藏宋刻本作「臣」。
〔四〕 家：傅校本作「學」。
〔五〕 敏：日本藏宋刻本、明澹生堂鈔本、四庫本作「肅」。

所請宜不允。

通議大夫李彥穎辭免資政殿學士知紹興府不允詔

三月十四日

卿質直好義，恭儉惟德。本之以學識，華之以文藝。立朝十載，貴名起焉；與政四期，庶績凝焉。乃自冬徂春，求去彌確。朕既不能奪卿之志矣，鉅藩峻職又何愛焉？夫朝釋柄於廟堂，夕擁旄於帥閫，出處榮矣；班不離乎內殿，地未遠乎王室，待遇至矣。尚體茲意，毋形遜章。所辭宜不允。

李彥穎再辭免資政殿學士知紹興府不允詔

三月十七日

殿以政名，非舊弼鮮能至者；帥由廷授，惟通才乃克當之。茲均參輔之勞，誕錫兼榮之命。卿體業端亮，風規粹清。逢辰有爲，秉誼弗懈。進裁丕務，方倚於壯猷；退保令名，遽辭於高位。聯宸宇之秘職，剖藩侯之左符。體貌大臣，在予良厚；股肱近郡，於爾不遐。已疊下於詔函，毋固持於謙柄。所辭宜不允，不得再有陳請。

史浩辭免右丞相進封魏國公加食邑實封不允詔(一)

三月十九日

昔在仁祖，有名相曰士遜。始也師友潛藩，致直諒之益；中也輔贊初政，立太平之基。寶元、康定之間，年彌高矣。爰以舊德，仍踐相位。功名福祿，悠久光明。著在信書，朕用嘉尚(二)。今卿有復貫蹈中之學(三)，有致君澤民之心。定契於談經之初，奮庸於受禪之始。久安於外，比趣其歸。鼎席方虛，肆加圖任。卿其推往歲未攄之蘊，厲老臣益壯之猷。使朕收論相之功，而卿極經邦之效。庶追前烈，輯寧我家。遜避之言，蓋可略也。所辭宜不允。

少保右丞相史浩辭免提舉編修玉牒提舉國史院提舉編修國朝會要所提舉敕令所恩命不允詔

四月十七日

漢興，相國何首定律令。厥後置太史公，凡天下計書先上焉，其副乃上相府，當時謂序事如《春秋》。然則約史定令，並付臺宰，非特本朝故事，亦漢制也。況卿學成而識愈高，年耆而

(一)「右」上原有「左」字，據四庫本、傅校本刪。
(二)尚：日本藏宋刻本、明澹生堂鈔本、傅校本作「止」。
(三)復貫：傅校本作「履實」，疑是。

智益明。往在初元，已司大典；今加四組，其又奚辭？且孝宣中興，魏相有聲者，正以總領衆職甚稱上意也，今吾丞相何慊焉？所辭宜不允。

中大夫參知政事趙雄辭免同提舉敕令所恩命不允詔

自天聖中呂夷簡以貳政之臣同定編敕，厥後二府遂爲故事〔一〕。蓋進而參道揆於一堂之上，退而明法守於三尺之中，皆大臣事也。卿學足以洞古今，識足以周利害。制而用之謂之法，神而明之存乎人。損益之間，足行所學。傳不云乎：三王之爲法令也，合於人情。顧豈與《詩》《書》異指哉？所辭宜不允。

中大夫參知政事范成大辭免權監修國史日曆所恩命不允詔

恭惟真宗，眷禮王旦。粤以參豫，假之史權。舊章具存，朕用時憲。卿負造微經遠之識，兼廣記備言之長。頃游著廷，夙播華問；今踐政路，往提大綱。惟中興諸臣逸事之未補，而時政鉅典屢書者無窮。勉飭纂修，毋庸控避。所辭宜不允。

史浩再辭免提舉恩命不允詔 四月十八日

史局名雖不同，其是非筆削一也。昔者左右置相，固當分領。茲予圖任舊德，獨專宰柄，其兼舊職〔二〕，抑有故常。況卿在太上時，蓋已纂修寶牒，暨初相朕，又嘗提綱正史。然則今日之命，非卿舊物乎？逡巡固遜何也〔三〕？所辭宜不允，不得再有陳請。

昭慶軍節度使知太平州楊倓乞宫觀不允詔 五月四日

當塗古號名邦，在今日猶股肱郡也〔四〕。鎮臨於此，非獨資共理而已，蓋亦示優異之恩焉〔五〕。卿夙負才猷，嘗參機宥〔六〕。剸裁劇務，莫或告勞；典治便藩，固多餘裕。胡爲抗疏，願奉外祠？既大咈士民借留之心，且將蹈守將數易之弊。勉綏乃服，寧有後艱？所請宜不允。

〔一〕事：日本藏宋刻本、明澹生堂鈔本、四庫本、傅校本作「實」。
〔二〕舊：日本藏宋刻本作「四」。
〔三〕遜：明澹生堂鈔本作「避」。
〔四〕猶：原無，據日本藏宋刻本、明澹生堂鈔本、四庫本、傅校本補。
〔五〕上句「已」及「蓋」字原無，據日本藏宋刻本、明澹生堂鈔本、四庫本、傅校本補。
〔六〕宥：傅校本作「密」。

特進觀文殿大學士提擧臨安府洞霄宮陳俊卿辭免判隆興府不允詔 五月八日

眷耆哲則國體尊，篤故舊則民風厚，重帥守則威望著，用循良則主德宣。合是四者，內斷於朕心，外協於公論，然後付卿以江右一道之寄，其選可謂艱矣，寧容引疾遂已乎？且出令如汗，不可反也；謀帥匪石，不可轉也。亟承印綬，毋使彼民興來暮之謠。

奉國軍節度使殿前都指揮使王友直乞宮觀不允詔 五月八日

卿夙以公勤，入衛王室。雖周廬千列，實賴訓齊，然未有出征遣戍之勞也。大昕造朝，山立俄頃。過此以往，無非奉甘旨侍藥石之時，何待奉祠？始云將母，第堅忠孝，必獲助於幽明。詔旨屢頒，豈不予聽？所請宜不允。

王友直再乞檢會前後奏除宮觀不允詔[二] 五月十一日

古者王事靡盬，至於不遑將母。今卿拱護殿巖，初未嘗廢温清之樂也。惟忠與孝，足可兼全。求退之章，奚爲洊至？雖陳詞懇切，固孝於其親矣，然國爾忘家，方倚卿以辦治軍事，安可不念忠君之義乎？所請宜不允，不得再有陳請。

龍圖閣學士提擧江州太平興國宮林安宅再乞致仕不允詔 五月十八日

朕聞明王貴貴而老老。貴貴故優以爵禄，老老故弗煩以事。是謂古今之通誼，國家之盛禮，所以待執政侍從之舊，而非百司庶常所敢望也。卿嘗參四近，當識朕心。奈何六載之間，四來告老？且《禮經》雖著引年之制，豈不繼以「若不得謝」之文乎？恩意所加，卿亦可以安矣。所請宜不允。

朝請大夫試尚書刑部侍郎兼侍講程大昌乞小郡或在外宮觀不允詔[三] 五月二十五日

《王制》有言：「刑者，侀也。侀者，成也。一成而不可變，故君子盡心焉。」卿貳憲部，再踰歲矣。郵罰麗事，惟既厥心，而況經術足以決疑，文采足以華國，方深眷簡，求去何爲？所請宜不允。

[二] 後：原無，據明澹生堂鈔本、四庫本補。

[三] 在：原無，據明澹生堂鈔本、四庫本、傅校本補。下篇題同。

武康軍節度使侍衛馬軍都指揮使吳拱乞在外宮觀不允詔 五月三十日

卿勇號冠軍，任隆典午。粵從遣戍，頻歲於茲。士飽馬騰，備聞整暇。寬吾北顧，藉爾長城。均佚之言，奚爲而至？善加頤養，毋咈注懷。所請宜不允。

程大昌辭免吏部侍郎不允詔 六月二日

小宰之職，法令備具。惟明則吏莫能惑，惟公則中有所守。必兼二者，乃允斯任。卿清通精審，善於燭理；洪毅堅正，難於奪志。操此驗彼，當官而行。右銓雖繁，吾得人矣。進遷惟寵，尚無避哉。所辭宜不允。

中大夫參知政事范成大乞罷機政不允詔 六月九日

入贊萬微，實聯四近，進退之際，豈容或輕？卿辭章雋明，術業閎茂。朔南梁益，弗已於行，賜環來歸，登用屬耳。胡爲引疾，遽欲退休。姑體眷懷，勉綏厥位。所請宜不允。

定江軍節度使侍衛親軍步軍都指揮使興州駐劄御前諸軍都統制吳挺辭免知興州乞檢會累奏除宮觀不允詔 六月十四日

帥守一事也，兵民一道也。故賞罰足以服三軍之衆，則威惠必能得千里之心。況爾先人，嘗兼斯任，棠陰未遠，世閥方隆，往以元戎，復提郡印。惟西平有子，惟我有臣，勉荷寵光，毋思閒適。所辭宜不允。

朝奉大夫試給事中兼侍講錢良臣辭免端明殿學士簽書樞密院事不允詔 六月二十三日

功名之會，必與當世英傑共圖之。卿以文武全材，兼孝恭令德。朕初識擢，即有大用之意。然猶試之總賦，以觀其知略；倚之專對，以察其忠信。演綸批敕，又灼知其詞章議論之美。一旦置諸宥密之地，協贊規模之遠，師言罔不穆，士心罔不附。知人則哲，朕方自以爲喜，而卿過爲遜避何哉？所辭宜不允。

廬陵周益國文忠公集卷一〇八

玉堂類稿卷八

内制

中大夫參知政事趙雄辭免權監修國史日曆不允詔 六月二十四日

編摩鉅典，雖屬諸儒；總領宏綱，實資良弼〔一〕。蓋進則奉延英之對，退而裁東觀之書。事既親聞，理斯傳信。卿詞鋒峻拔，學殖高明。元元本本之辭〔二〕，昔常參於大雅；赫赫巖巖之節，今方峻於具瞻。往司載筆之權，益顯用儒之效。毋煩固避，其即欽承。所辭宜不允。

定江軍節度使侍衛親軍步軍都指揮使興州駐劄御前諸軍都統制吴挺辭免利州西路安撫使兼知興州不允詔 閏六月十日

昔在紹興，即蜀北境，分置二帥。東治漢中，西治葭萌，皆擇良將，並付兵民之任，折衝固圉，蓋良法也。今朕復還舊制，丕輯事功，適卿來朝，故有因任之寵，且皆卿父故官也。威聲在軍，遺愛在人。以卿之才，諒思濟美。親嫌細故，勿復以云。所辭宜不允。

朝請大夫試尚書吏部侍郎兼侍講程大昌辭免兼同修國史不允詔 閏六月十一日

筆削之任難矣，而況鋪張四朝大典於簡編闕軼之後，歲月侵尋之久，其爲難也抑又甚焉。非時名儒，孰訖功緒？卿才足以擅述作，學足以貫今古，識足以辨是非，具此三長，實曰良史。往率同職，孜孜不怠，趣以成書來上，毋爲退之之遜避可也。

朝散郎試右諫議大夫蕭燧辭免刑部侍郎不允詔 閏六月十四日

司寇職掌邦刑，貳卿班高法從。朕重此選，每難其人。卿以問學甲俊科〔三〕，以靖共儀清貫。久居諫省，備殫諷議之勞；擢佐秋官〔四〕，方藉論思之益。遽披封奏，蘄避寵榮。顧成命之已孚，豈謙懷之可狥？所辭宜不允。

〔一〕良：原刻校云：「張本作『近』。」

〔二〕辭：明澹生堂鈔本、四庫本作「羣」。

〔三〕俊：明澹生堂鈔本、四庫本作「進」。

〔四〕佐：傅校本作「任」。

觀文殿學士大中大夫知建康府充江南東路安撫使兼行宫留守劉珙乞檢會前奏除外宫觀不允詔 閏六月十九日

朕深懲守帥之數更，遴擇循良而久任。眷陪都之重地，煩宥府之舊人。逮此累年，厎於多績。召公南國，當自適於憩棠；裴度北門，顧奚妨於卧鎮？寧容引疾，遂欲合符？勉思自養之方，庸體仰成之意。所請宜不允。

隨龍泉州防禦使添差權發遣兩浙西路馬步軍副總管臨安府駐劄李厚辭免特轉一官再任不允詔 閏六月十九日

附翼攀鱗，古今攸重；刈蓍取屨，賢哲所嘉。眷乃舊臣，從予資善。每念閱時之久，寧忘奉事之勞。而况謹飭無違，踐揚有譽。爰峻加於使範，併因任於戎昭。祇服恩章，毋馳遜牘。所辭宜不允。

皇子魏王愷辭免除永興成德軍節度使雍州牧加食邑實封不允詔 閏六月二十五日

唐虞分任，州牧與揆岳等，故咨二十二人，欽亮天功，而牧在焉。茲朕稽古，俾予賢子，建牧於秦，而又易以雙節，衍以多户，庶幾上下相維，内外咸治，無愧乎帝者之時而已。制書既誕告矣，理難固避。往肅而承，所辭宜不允。

皇子魏王愷再辭免永興成德軍節度使雍州牧加食邑實封不允詔 閏六月二十七日

漢世循良，賜爵八年之後；舜朝岳牧，陟明九歲之間。惟我賢王，蔚爲良翰。以其政則何慚於愈治，以其時則適契於咸熙。用考彝儀，優加異數。雖示親親之意，實昭貴貴之公。典册方頒，封章毋再。所辭宜不允，不得再有陳請。

皇子魏王愷三辭免永興成德軍節度使雍州牧加食邑實封不允詔 閏六月二十九日

周官以九兩繫邦國之民，牧爲之首〔一〕，其任可謂重矣。今將舉久虚之典，旌異等之效，非吾賢王，孰克當此？汝以大雅不群之資，濟克勤小物之美。孜孜民政，夙夜不怠，休聲善狀，日徹聽聞，朕甚嘉之。夫論功行賞，雖疏遠之臣不敢遺也，况親而近者乎？遜章疊來〔二〕，於禮爲過〔三〕。所辭宜不允，不得更有陳請。

〔一〕首：四庫本作「守」。
〔二〕疊：明澹生堂鈔本、傅校本作「沓」。
〔三〕爲：傅校本作「有」。

龍圖閣學士朝散大夫提舉隆興府玉隆萬壽宮胡銓辭免端明殿學士依舊宮觀乞檢會前奏許休致不允詔 七月二日

因殿名官，起於麟趾，初以待文學之士而已。爰曁本朝，恩禮隆重，非執政大臣若侍從耆德，未有徑躋而躐至者。以卿早居朝列，言衆人之所不敢言；久徙炎荒，處衆人之所不能處。無窮之報，乃在於今。故天畀卿以壽考康寧，而朕賜卿以高爵厚禄。尚堅壯志，迄獲我心。告老常儀，毋容數至〔一〕。所辭宜不允。

皇子魏王愷辭免擇日備禮宜允詔 七月二日

古者之待牧伯也，名位不同，禮數亦異〔二〕。是以册拜有九儀之命，來朝有三夏之享。今朕欲舉行盛典，而爾乃執謙固辭。雖咈慈懷，姑成美志。所請宜允。

少保右丞相史浩乞歸田廬不允詔〔三〕 七月三日

人主職在論相，王臣義存匪躬。朕既圖任舊人而有爲，卿宜永弼乃后而無怠。中外望治，旰宵仰成。顧閲時之尚新，胡引疾而求去？自計固得，民瞻謂何？其益勵於壯猷，以丕凝於美化。所請宜不允。

昭慶軍節度使知太平州軍州事楊倓乞外宮觀不允詔〔四〕 七月五日

卿前上書，丐還郡紱，朕固嘗諭卿久任之旨矣。今纔數月，囊封隨至，何其遽耶？且年豐事簡，民氣和樂，古人所謂卧治而坐嘯者。正可跂其高風，毋切切以奉祠爲言也。所請宜不允。

少保右丞相史浩再乞罷機政不允詔 七月五日

朕觀西漢二百餘年間，丞相再至者惟周勃、孔光二人而已。今朕臨政願治十有七載，而登庸舊相，實自卿始。則夫疇咨之審，倚注之厚，期望之切，不待言而信矣。無故上印，朕何賴焉？且三年虚位而求之，數月閉閣而去之，同心同德，當如是乎？其悉予懷，勉安厥位。所請宜不允，不得再有陳請。

〔一〕容：明澹生堂鈔本作「庸」。
〔二〕禮數亦異：明澹生堂鈔本、傅校本作「禮亦異數」。
〔三〕田廬：原無，據明澹生堂鈔本、四庫本補。
〔四〕太平：原作「大平」，據明澹生堂鈔本、四庫本改。

寧武軍承宣使知閤門事兼客省四方館事張掄乞外宮觀不允詔 七月十二日

卿冑緒高華，辭章精敏。恪奉清閒之燕，肅提臚句之傳。閲歲滋深，結知方厚。詎因似續之故，驟上退閒之章？擁膝而歌，當念陶朱之達；頓頭以喻，更思韓愈之言。况聞有子之克家，毋廢乃心之存闕。所請宜不允。

宣奉大夫提舉臨安府洞霄宮魏杞辭免復端明殿學士不允詔 七月三十日

朕待遇臣工，懋昭恩意；有懷舊相，何吝寵章？卿制行安和，受材博敏。自釋台衡之寄〔二〕，久從祠館之游。既嘗簡於異知，宜寖還於秘職。雖身居外服，許適燕閒；而名繫内朝，實隆體貌。毋煩懇避，往即欽承。所辭宜不允。

奉國軍節度使殿前都指揮使王友直乞宮觀不允詔 八月八日

卿之智略公忠〔三〕，爲朕倚信，久典禁衛，士心服焉。惟勤勞弗懈之故，節宣或爽，遺醫予告，昭示眷懷。軍政既修，何憂廢事。卿其省思慮，親藥石，以速有瘳之喜，稱朕意焉。所請宜不允。

特進觀文殿大學士新判隆興軍府事兼管内勸農營田使充江南西路安撫使馬步軍都總管陳俊卿辭免差知建康府不允詔 八月十日

大江東西，並置連帥，其屬任等耳。若乃外控淮甸，内屏浙右，建牙作牧，兼寄留都之管籥，則於選擇抑又重焉。卿早傅初潛，簡知惟厚；久儀宰路，望實具孚。前以從臣，攝行帥事，凡兵民之利病，江山之形勝，固嘗深思而熟講矣。嗣成前績，人胥謂宜。矧卿不憚暑行，既開洪府。今秋高氣爽，舟輿安適，造朝之鎮，乃復告勞乎？式遄其驅，毋遏朕命。所辭宜不允。

中奉大夫試吏部尚書韓元吉乞郡不允詔 八月十一日

治官在六卿中號爲劇曹，欲觀厥成，必久其任。卿心潛問學，世濟材猷。自陟從班，即周旋銓綜之地，庶幾精通法意，檢柅吏姦。吾士大夫按格而至者，功罪得其平，能否當其分，則其

〔二〕台：原作「召」，據明澹生堂鈔本、四庫本、傅校本改。
〔三〕之：明澹生堂鈔本、四庫本、傅校本作「以」。

爲報效也，豈不賢於宣力一州乎？所請宜不允。

中奉大夫韓元吉辭免除龍圖閣學士不允詔

八月十四日

恭惟太宗以武定并汾，以文致泰平。聖謨寶訓，實與《河圖》、《洛書》相爲表裏。秘藏廣内，冠於西清。自非名臣，豈容假寵？卿詞章近古，學術造微。領袖從官，閲時寖久。懇祈治郡，莫得而留。隸職其間，人以爲允。尚欽異數，佇考民功。所辭宜不允。

宣奉大夫提舉臨安府洞霄宫魏杞再辭免端明殿學士不允詔

淳熙五年八月十五日

通班秘殿，允藉告猷；賦禄公朝，固將稱事。若乃待遇無分於中外，褒優不廢於燕閒，此本朝之至恩，實前代之闕典。卿温恭夷雅，久踐周行；敏達純明，常居揆席。雖歸從於家食，仍簡在於予衷。錫以寵光，續其廪稍。既示均休之意，抑昭馭貴之公。往即欽承，毋煩多避。所辭宜不允，不得再有陳請。

敷文閣直學士中大夫陳彌作乞致仕不允詔

八月十七日

朕以卿風力强敏，老而未衰。方即家居，寵卿以二千石之印綬，是豈掛冠神武時乎？泉南大邦，爲朕亟往[一]。且鄉閭在望，素知其習俗；便道之鎮，靡勞於行役。使卿擇地，何以加之？勉勤布宣，圖所以稱此者。所請宜不允。

昭慶軍節度使知太平州軍州事楊倓辭免知隆興府乞檢會前奏除外宫觀不允詔

八月二十四日

朕顧瞻吴楚之間，襟帶江湖之會。古爲督府，今號潛藩。每咨擇於重臣，往增隆於制閫。卿器資沉裕，材韞疏通。蚤更踐於劇繁，嘗參聯於宥密。適兹謀帥，無以易卿。與其從容千里之中，未殫遠略；孰若鎮撫十連之重，益著多庸。亟思承命之恭，難狥均休之志。所辭宜不允。

[一] 亟：原作「即」，據明澹生堂鈔本、四庫本、傅校本改。

中大夫試刑部尚書張津乞外宮觀或近地小郡不允詔 八月二十七日

卿夙蘊材猷，早更事任。浙水股肱之郡，久賴蕃宣；文昌喉舌之司，肆加選擢。自帥五刑之屬，僅踰半歲之間。曳履方榮，乞麾何遽？其效論思之益，以承眷獎之恩。所請宜不允。

昭慶軍節度使知太平州軍州事楊倓再辭免知隆興府不允詔 九月一日

朕於謀帥，可謂難矣。既欲其資望之高，使列城奉令而承教；又欲其政事之敏，爲斯民興利而除害。兼是二者，在卿爲宜。故自偏州，改臨鉅鎮。節旄增重，棨戟有光。往布藩條，寬吾西顧。逡巡固避，豈所望哉？所辭宜不允，不得再有陳請。

敷文閣直學士中大夫陳彌作辭免知泉州不允詔 九月二日

泉南地大民衆，爲七閩一都會，加以蠻夷慕義，航海日至，富商大賈寶貨聚焉，獄市之繁非他邦比也。朕思得政事彊明廉平不擾者，付之符竹。閱從臣之籍，無以易卿。已趣開藩，勿勞謙避。所辭宜不允。

資政殿大學士中大夫知福州軍州事充福建路安撫使沈夏乞外宮觀不允詔 九月二十一日

卿儒猷吏方，克自懋勉；服休服采，中外具宜。向繇南徐，往鎮閩部。裕乃民如康叔，勤小物如畢公[二]。日需政成，丕勸列郡。遽使避寵，殊異所聞。《詩》不云乎：「樂只君子，殿天子之邦。樂只君子，萬福攸同。」顧豈以滿盈爲慮哉？所辭宜不允。

中大夫新任在外宮觀張津辭免敷文閣學士不允詔 九月三十日

乃文徽祖，有倬宸章。飛閣緣雲，襲藏惟謹。於兹列職，允謂高華。以卿久踐班聯，屢更藩服。比從璽召，入長憲曹。今聽均休，豈無異數？肆因舊直，益進其班。往服恩光，毋爲遜避。所辭宜不允。

[二] 「勤」上，明澹生堂鈔本、四庫本有「克」字。

少保右丞相史浩參知政事趙雄辭免幸秘書省推恩特轉一官恩命特依所請詔〔一〕

十月十二日

先民有言，天子所至曰幸，謂非臣下可得而冀也。日朕親臨東觀，歷覽圖史，遠繩祖武之休〔二〕，近踵紹興之盛，凡在三館，咸進秩一等，用侈榮遇。矧卿以鴻儒碩輔，兼太史公之任，顧可獨已乎？成命方頒，遜章遽上。永惟將順有素，固不當以疑似爲嫌。雖然周官八柄，予以馭幸云者，蓋太宰詔王馭群臣，而非以馭大臣也。其趣銷印，庸示尊禮，且著夫謙德之美焉。宜特依所請。

中大夫參知政事趙雄再辭免玉牒所進書充禮儀使特轉一官例恩不允詔

十月十六日

卿以造微之學，任重之器，服在廊廟，謀猷日嘉。朕所以期卿者遠矣，豈以一官爲輕重哉？然國有盛典，卿實相之。恩禮所加，不容廢也。且熙寧而上，凡登政路，階必四品。今茲進選〔三〕，朕方以爲晚，卿猶固避何哉？所辭宜不允，不得再有陳請。

少保右丞相史浩辭免玉牒所進書轉兩官特許回授例恩不允詔

十月十六日

派皇室之璿源，書首成於章聖；上仁朝之玉牒，禮嘗講於熙寧。兼二典以奏篇，審一時之能事。卿儒猷碩大，德量淵宏。儼袞繡以端朝，總搢紳之載筆〔四〕。進官懋賞，厥有前彝。錫命貤恩，已從雅志。尚茲固避，毋乃過謙。所辭宜不允。

少保右丞相史浩再乞解機政不允詔

十一月十三日

朕比煩舊德，再斡洪鈞。以公歸兮，方喜繡裳之見；於良足矣，遽念赤松之遊。今庶職交修，四方無警。廟堂之上，固可雍容；事物之來，不難酬酢。當效大雅老成之助，毋專道家止足之思。所請宜不允。

〔一〕恩命特依所請詔：原無，據明澹生堂鈔本、四庫本、傅校本補。
〔二〕之休：原無，據四庫本補。
〔三〕選：原刻校云：「張本作『遷』。」
〔四〕總：原作「與」，據明澹生堂鈔本、四庫本、傅校本改。

端明殿學士朝奉大夫簽書樞密院事錢良臣辭免參知政事不允詔　十一月十七日

朕以西樞本兵權，以東府議國政。其在二柄，固有所分。至於聚精會神，修明治道，而圖□國家長久之術〔一〕，則二三執政，倚注一也。卿學問器識，議論風采，絶出漢廷之右。君臣契合，所謂不膠漆而固者。玆從宥密，進於疑丞，非以卿文武憲邦，左右具宜故耶？成命已行，何避之有？所辭宜不允。

新除少傅史浩辭免備禮册命宜允詔　十一月二十一日

洪化二公，位崇禮重。大廷延拜，古有彝章。卿以舊學之良，懇還相印。進班左棘，昭示隆恩。方詔攸司，涓辰作册。遽披封奏，祈寢縟儀。謙德有光，歎嘉無斁。所請宜允〔二〕。

右丞相趙雄辭免提舉國史院國朝會要所恩命不允詔　十一月二十二日

本朝以宰相分領三館，定其位序。今朕揚祖烈類故實而命相臣兼掌斯事，亦是意也。卿學足以經世，文足以華國。自初識擢，固嘗秉東觀之筆，修四朝之史矣。今以丞相之重，總領大綱〔三〕，使諸彦有所奉承，二書不至闕軼，是亦儒效之一端也。何以遜爲？所請宜不允。

朝奉大夫參知政事錢良臣辭免監修國史日曆恩命不允詔　十一月二十五日〔四〕

起居有注，時政有記，萃於東觀加纂修焉，國家之大典也。卿學識高明，文辭贍麗。疇厥望實，服在左右。凡朕出入言動，固已目擊耳聞，而政事弛張，人材進退，又皆參豫而奉行之矣。總率諸儒，以事繫日，使是非不失其正而可傳信於萬世〔五〕，固其職也，又奚遜焉？所辭宜不允。

附奏

臣今月二十二日準御封付下參知政事錢良臣辭免監修國史〔六〕、日曆所劄子一道，除已草不允詔進入外，其間偶有所疑，理合奏稟。臣竊謂國史、日曆者，書名也，曰所者，官司也。若

〔一〕「圖」下缺字，原刻注云：「張本作『回』。」按明澹生堂鈔本亦作「回」，四庫本則空缺，義皆可通。
〔二〕宜允：傅校本作「宜不允」。
〔三〕領：明澹生堂鈔本、四庫本作「提」。
〔四〕二十五日：明澹生堂鈔本、四庫本作「二十二日」。
〔五〕「可」下，明澹生堂鈔本、四庫本有「以」字。
〔六〕付：原無，據明澹生堂鈔本補。

提舉則可言某所，而監修則止當作監修國史〔一〕、日曆。今内尚書省批旨却作「監修國史、日曆所」，似多一「所」字〔二〕。若就出敕改正，頗爲允當。又乾道元年春，命參知政事錢端禮、虞允文分領書局時，並按景德間參知政事王旦權領史館故事，各帶「權」字，自後十餘年間，執政皆用此制。今所降旨却無「權」字〔三〕。是以錢良臣奏劄云：「疑丞兼領，止加承攝之名。忽冒真除，蔑聞近比。」若是特出聖意，固無不可，或一時偶然差誤，臣以職守所及亦合奏知，併乞睿斷。

昭慶軍承宣使提舉佑神觀士歆辭免保康軍節度使依前提舉佑神觀不允詔

十一月三十日

周漢世祚久長，蓋得同姓藩維之助。朕用時憲，不專爲恩。卿屬近行尊，謹飭而信厚，司留務於兩使，逮今十年。載疇厥勞，俾領名鎮。秉旄授鉞〔四〕，克壯宗盟。亟其欽承，副我親親之意。所辭宜不允。

新授中大夫參知政事錢良臣辭免同提舉敕令所不允詔

十二月四日

夏有政典，商制官刑，周命六卿，垂法象魏，因時損益，雖或不同，合於人情，其揆一也。卿博習今古，有猷有爲。以助萬機，方資碩望，參裁三尺，更藉通儒。往貳相臣，講明畫一。俾予憲度，不愧盛王。兹惟汝諧，毋咈朕命〔五〕。所辭宜不允。

右丞相趙雄辭免提舉編修玉牒提舉敕令所不允詔

十二月四日

堯親九族，蓋重本支；漢約三章，務宗簡易。成書未備，後世何觀？屬命朝紳，交修鉅典。兹煩相紱，並總宏綱。卿識際天淵，學窮今古。洪鈞獨運，固已優爲；衆職咸釐，特其餘事。矧從近比，庸示至懷。遜牘雖來，涣恩難格。所辭宜不允。

昭化軍承宣使錢愷辭免知閤事幹辦皇城司不允詔

君門九重，尤嚴於上閤；宫隅七雉，實護於中宸。肆擇舊人，兼釐要職。卿明懿之季子，仁皇之外孫。家傳忠孝之風，世席高華之寵。揭違班著，久即燕閒。兹趣對於便朝，蓋深嘉於宿望。榮頒疊組，日侍垂旒。尚欽眷奬之恩，毋守謙冲之節。所辭

〔一〕「而」下，明澹生堂鈔本、四庫本有「謂」字。
〔二〕一：明澹生堂鈔本、四庫本作「寫」字。
〔三〕今所降旨：明澹生堂鈔本、四庫本作「所降指揮」。
〔四〕秉：明澹生堂鈔本、四庫本作「擁」。
〔五〕命：四庫本作「懷」。

朝議大夫試尚書吏部兼侍講兼同修國史兼權吏部尚書程大昌乞宫觀小郡不允詔

二月三十日

卿强學力行，遇事不苟。躋登從列，自結眷知。天官劇繁，正倚銓綜。遽求外補，殊異所期。朕方汲汲人才，惟恐用之弗盡。既擢用矣，輕聽其去可乎？祇率厥常，益攄素藴。所請宜不允。

降除朝請大夫參知政事錢良臣辭免纂修日曆特轉行兩官例恩不允詔

三月二十七日

朕聞漢興五世，隆在建元。外攘夷狄，内修法度，改正朔，易服色。當是時，乃有司馬遷斷自太初，著爲《今上本紀》，豈非親見者其事詳，傳聞者其辭略，以時纂録，固太史氏之職歟？朕祇承内禪，歷年於此。雖宵衣旰食，發政施仁，不敢不勉，顧閎休偉績，未有以光汗青副墨之傳也。今卿以輔弼真才，筆削大手，總率諸彦，奏成鉅篇。翰墨策勳，實爲之冠。進階二等，仍衍户封。懋賞維公，孚令惟信。遜章來上，非朕意也。所辭宜不允。

皇弟璩再辭免少傅加食邑實封不允詔

正月二十三日

朕上奉親歡，以隆孝治；下敦友睦，以壯宗盟。雖覲會之有常，顧豆籩之無遠。卿醇和毓性，愿慤褆身。禄富萬鍾，靡期汰侈；位高九棘，彌戒驕矜。當國家閒暇之時，享祠館燕安之樂。稽其積閲，寵以殊遷。既昭馭貴之公，亦廣因心之愛。廷揚惟允，謙執謂何？所辭宜不允，不得再有陳請。

降授中大夫新知泉州軍州事韓彦直辭免敷文閣學士不允詔

淳熙六年正月七日

朕甚重爵賞，不妄予人。有能趨事赴功，則無所吝。故雖疏遠之士，尺寸之勞，未嘗遺也，而况於侍從之臣？卿夙藴才猷，所臨底績。永嘉之政，威信並行，海道宿奸，俘獲殆盡，爲守將者不當如是乎？峻班西清，蔽自朕志。庶幾九牧，咸勸有功。成命已敷，豈容遜避？所辭宜不允。

宜不允。

右丞相趙雄辭免曾監修纂隆興以後日曆奏成轉官例恩不允詔 三月二十七日

昔房喬相唐，太宗欲自觀史，喬初不可，已而爲《今上録》以獻。朕謂太宗欲觀固失矣，喬不能守其官〔一〕，亦豈爲得哉？今朕不然。時政付之史筆，故事也；書成不自觀焉，故事也；褒賞舊勞自丞相始，亦故事也。況卿早游東觀，文規六經。嘗總宏綱，動在太史。疊是二者，而進一官。賞非無功，得豈云幸？方將涓辰下制告於百辟，以侈真儒之效，丞相安得而遜避哉？所辭宜不允。

大中大夫樞密使王淮辭免曾預修纂隆興以後日曆奏成轉官例恩不允詔 三月二十七日

後漢公卿有所撰述，始集公府，乃上蘭臺。唐制專命大臣纂録時政，季送史館。蓋獻替之語，非四近莫得而聞；傳信之辭，非史官莫得而預。事大體重，實相關焉。卿鼂以鄭公之學，典領秘書。比事屬辭，齊驅班馬。迨乎近歲，徧執事樞。日紀見聞，授之東觀。今茲勒成大典，固宜甄録舊勞。已詔有司刻增秩之贊，益書社之數，毋煩控免，稽我成命之行。所辭宜不允。

龍圖閣學士中大夫新除致仕林安宅辭免端明殿學士乞守舊職致仕不允詔 三月二十八日

朕於邇臣，恩意厚矣。年至而告老則固留之，留之不可則優之〔二〕，所以隆體貌、厚風俗也。卿精明敏達，廉潔公勤。一去樞庭，久更歲律。雖登耋艾，體力未衰。納禄之言，數聞朕聽。升華殿幄，歸賁鄉閭。祗服寵光，毋煩謙避。所辭宜不允。

朝議大夫新除權吏部尚書兼侍講兼同修國史程大昌辭免國史日曆所經修不經進官特轉一官恩命不允詔 四月三日

朕出入起居惟恐不欽，發號施令惟恐不臧。史氏所書，庶或無愧。雖然，此特兢兢日行其道耳，豈敢自以爲多。若乃歲奉玉巵以介親壽，業業之孝彌億萬年，無有窮已，其於簡册，實有光焉。茲朕所以因篇帙之成，推賞而致其善也。《書》不云乎：「一人有慶，兆民賴之。」況卿古學英辭〔三〕，嘗與聞筆削之事。進階示寵，於理則宜，又何遜焉？所辭宜不允。

〔一〕官：原缺，按原刻注云：「張本作『官』」，據補。
〔二〕「優」下，傳校本有「異」字。
〔三〕古：原作「右」，據明澹生堂鈔本、四庫本、傳校本改。

正奉大夫右丞相趙雄辭免敕令所修進一州一路酬賞格法了畢特轉一官例恩不允詔 七月十六日

八柄詔王，宰司之職；三章約法，相國之功。卿名世鉅儒，格天良弼。比總提於定令，賴筆削以成書。賞典具昭，吏姦咸革。操以爲驗，稽以爲決。寧復奇它，行此之信。執此之堅，方資端亮。推恩惟允，避寵何謙？所辭宜不允。

中奉大夫參知政事錢良臣辭免敕令所轉官例恩不允詔 七月十六日

福威惟辟，固出一時；輕重眂功，當存三尺。卿爽邦哲輔，博古鴻儒。比貳政機，參裁賞格。制而行之謂之法㈡，既遂宗成㈢；推而行之存乎通，更資恪守。以應無窮之緒，斯爲可久之規。遷秩則宜，執謙毋過。所辭宜不允。

㈡ 行：明澹生堂鈔本、四庫本作「用」。
㈢ 宗：原刻校云：「張本作『崇』。」按明澹生堂鈔本、四庫本亦作「崇」。

朝奉郎權尚書工部侍郎兼知臨安府吳淵辭免工部侍郎不允詔 四月五日

六卿置貳，班著甚崇；再歲爲真，典常具在。若乃才術素高於當世，政聲藹著於行都，何待序遷，當從明陟。卿性資開爽，識慮精深。比擢預於論思，旋兼釐於浩穰。鉦篁弗設，吏自畏其公明；枹鼓稀鳴，民咸安其豈弟。就陞惟亞，庸奬厥勤。宜進服於恩章，毋退循於沖節。所辭宜不允。

龍圖閣學士中大夫林安宅再辭免端明殿學士不允詔 五月十九日

引年納祿，深嘉止足之高；馭貴疏榮，遐念樞機之舊。既兼隆於異眷，宜申錫於徽章。卿廉介有常，疏通無滯。雖年齡之寖晚，在體力以猶強。懇辭真館之游，聽遂安車之適。升華秘殿，示寵故鄉。其趣拜於恩綸，毋數勤於遜牘。所辭宜不允，不得再有陳請。

朝議大夫試兵部侍郎兼詳定一司敕令賜紫金魚袋劉孝韙辭免敕令所轉官恩命不允詔 七月二十日

郡國之吏賫代自言於有司者衆矣，可以與或抑之，可以無與或得焉。宜爲成書，以布大信。卿博通今古，明習憲度。選繇侍從，參預討論。逮兹奏篇，寵進華秩。理無可避〔二〕，其敬承之。所辭宜不允。

龍圖閣直學士中大夫成都潼川府夔州利州路安撫制置使兼知成都府事胡元質乞外宫觀不允詔 七月二十四日

卿文能綏衆，武可威敵。頃被簡擢，往臨坤維。細大之務畢親，兵民之政交舉。朕所以釋然寬西顧之憂者，資卿力也。今上下相安，邊鄙不聳，正宜輕裘緩帶，樂其成功，奚爲上書求代耶？昔韋臯、李德裕鎮蜀，咸有嘉績，雖曰才智絶人，亦惟朝廷久任之效。尚勤宣布，予不汝忘。所請宜不允。

中大夫參知政事錢良臣辭免叙復三官於見今官上轉行恩命不允詔 九月二十四日

維我仁皇，公於刑賞。於時貳政，曰度曰庠。嘗削文階，伸其自効〔三〕。務隆體貌，旋俾如初。著之史編，朕用時憲。卿知周物表，學探道原。參預政機，夙夜匪懈。比坐謬舉，懇求自懲。眷知日深，固欲甄復。矧遇恩霈，豈拘叙期。褫以終朝，昔成卿志；接於晝日，今著朕心。君臣之間，恩義兩得。祗服顯命，毋煩遜章。所辭宜不允。

朝請郎試右諫議大夫謝廓然辭免刑部尚書不允詔 九月二十六日

分職文昌，夙高八座；持平憲部，專掌五刑。匪躬哲乂之資，孰副選掄之意？卿器閎學博，識遠慮周。負疏通應務之才，持慷慨濟時之論。揚歷具知於民隱，簡求自結於郎潛。執法烏臺，屢奮鷹鸇之擊；通班騎省，每嘉藥石之言。欲增重於禁塗，俾進聯於端右。祗承定命，毋事㧑謙。所辭宜不允。

〔二〕 無：四庫本作「不」。
〔三〕 効：原刻校云：「張本作『劾』。」

敷文閣學士大中大夫知泉州韓彥直乞外宮觀不允詔 九月二十九日

卿才猷膚敏(一)，政術精明。獻納論思，嘗率六官之屬；中和宣布，交騰兩郡之聲。雖白雲之望良勤，顧皂蓋之臨未久。方徽數易，姑復少安。所請宜不允。

特進觀文殿大學士判建康府軍事充江南東路安撫使兼行宮留守陳俊卿再乞致仕不允詔

「鮮我方將」，詠於《詩雅》；「若不得謝」，著於《禮經》。矧當未至之年，難狥必從之欲。卿弼諧宿望，屏翰重臣。雍容天塹之都，坐嚴管籥；浹洽靈河之潤，遠及邦畿。方共理之是圖，在告歸而何遽？精神尚壯，盍思楚丘老之成言？用舍或殊，毋執歐陽修之故事。所辭宜不允(二)，不得再有陳請。

少傅昭化軍節度使充醴泉觀使嗣濮王士輵辭免少師加食邑實封不允詔 十月十六日

朕念昔祖烈，視今宗盟。安懿曾孫，王爲最長；五朝近屬，王乃獨存。在眷禮以當殊，豈他人之敢擬？是以慈皇慶壽，躐升亞傅之班；宗祀均釐，特貳維師之秩。茲爲異數，安事常謙？所辭宜不允。

皇兄少保岳陽軍節度使充萬壽觀使永陽郡王居廣辭免少傅加食邑實封不允詔 十月十六日

於赫仁宗，有嘉元弼。王於列郡，親則諸兄。當肇講於宗祈，實參陪於酌獻。尋加相紱，用侈神釐。昔常著於簡編，今適同於符契。特升孤棘，庸厚親賢。何必抗章，亟思承命。所辭宜不允。

新授少師嗣濮王士輵辭免令所司擇日備禮册命宜允詔 十二月十一日(三)

屬者祼將太室，命王分獻於別廟。均釐第賞，已陟亞師，乃貢封章，懇辭册拜，將何以稱吾優異之恩乎？雖然，年高而禮彌恭，爵隆而志愈下，此《謙》爻所以皆吉也。其詔有司，如王之志，載循冲守，良切歎嘉。所請宜允(四)。

(一) 膚：四庫本作「聰」。
(二) 辭：明澹生堂鈔本作「請」。
(三) 十二月：四庫本作「十一月」。
(四) 宜允：明澹生堂鈔本作「宜不允」。

新授少傅永陽郡王居廣辭免令所司擇日備禮册命宜允詔 十二月十一日

漢制，大臣多延拜於廷，晉氏以來亦間行此禮。兹予敷錫祭澤，寵褒近親。孤棘之班，進居其次。臨軒授册，於古有稽。載閱來章，固辭盛典，其從雅志，以著夫謙德之美也〔一〕。所請宜允。

武翼郎監潭州南嶽廟趙子棟辭免宜州觀察使安定郡王不允詔 淳熙七年二月三十日

朕懷藝祖創業之功，考熙寧襲封之制，久虚厥次，今得其人。卿率履有常，宣勞惟舊。既推屬籍之近，復睠年齡之尊。峻陟廉車，就開王社。冀趣朝於魏闕，庸增壯於宗盟。避寵之言，非予所望。所辭宜不允。

朝請郎權尚書禮部侍郎兼侍講齊慶胄辭免禮部侍郎不允詔 三月二十四日

舜雖以三載考績〔三〕，三考陟明，然伯夷典禮，后夔典樂，實未嘗易。所謂陟者，但進其位序〔三〕，加其爵服而已。卿以瓌姿偉望，通才奧學，爲朕簡擢，累年於茲。莅臺屬亞奉，常佐宗伯。凡郊廟之祭祀，禮樂之情文，或糾正其儀，或討論其事，俾予一代制作，不愧於古。時維汝嘉，真拜貳卿，庸宿其業。服章著定，寵渥俱隆。師言允諧，古誼亦協。無煩多避，往即欽承。所辭宜不允。

〔一〕也：明澹生堂鈔本、四庫本作「焉」。
〔二〕以：原無，據明澹生堂鈔本、傅校本補。
〔三〕但：明澹生堂鈔本、傅校本作「殆」。

廬陵周益國文忠公集卷一〇九

玉堂類稿卷九

内制

左正奉大夫守尚書右僕射虞允文辭免脩進敕令轉官加食邑實封批答〔一〕 乾道六年十月三十日 以下批答

省表具之。朕欲道揆明於上，法守明於下。君子無犯義，小人無犯刑。念非憲度昭著，布在方策，則雖有美意，孰從見之？卿以宗工鉅儒，總領衆職。屬者會粹法令至二萬二千有奇，煩複者刊，踳駁者正，一代典則，粲然可觀。異時析言破律之姦，寄情他比之衆，庶幾盡革，厥功茂矣。崇階多邑，賞未爲過。卿猶力辭，何也？況朕方以爵禄砥礪天下，右丞相有勞弗酬〔二〕，謂群臣何？陳義雖高，尚勉承之。所請宜不允。

皇子慶王愷再辭免食邑實封批答 十二月十一日〔三〕

祭者澤之大，著於《禮經》。今朕推禋祀之慶，徧暨群辟，雖煇胞翟閽，猶將加惠。矧於賢王，有肅雝之德，有陟降之勞，丕視功載，陪敦厥邑，所以均帝祉協彝制也〔四〕。囊封洊至，兢兢然以傷廉爲懼，執謙過矣。《書》不云乎：「無有作好，遵王之道。」朕豈以是私汝哉？所請宜不允。

皇子慶王愷辭免食邑實封批答 十二月十三日

省表具之。朕躬展明禋，翕臻純嘏。配天其澤，已浹於萬方；裂地而封，可遺於諸子？肆加邑采，用廣神釐。既再命之甚勤，何三辭之復至。惟西漢畀連城之賦，而東京開半楚之疆。由今而言，視古已薄。在照臨固非私矣，於辭受尚何愧哉？所請宜不允，仍斷來章。

皇兄居廣再辭免食邑實封批答 十二月十六日

省表具之。朕迎陽徧饗，單竭誠敬。既受帝祉，不敢專也。上焉歸美於庭闈，下焉餕惠於臣庶。而卿獨辭多邑之封，豈朕與宗族同福禄之意哉？《傳》不云乎：「庸勳親親，暱近尊賢，德

〔一〕批答：原無，據明澹生堂鈔本、四庫本補。按本卷標題之「批答」二字，原刻均無，僅於本篇繫年下注「以下批答」。玆據此及明澹生堂鈔本、四庫本補，不復出校。

〔二〕右：明澹生堂鈔本、四庫本作「若」，義亦通。

〔三〕十二月：四庫本作「十一月」。

〔四〕帝：原作「常」，據四庫本改。

之大者也。」體是四者，毋稽我成命之行。

鄭藻再辭免食邑實封批答 十二月二十日

省表具之。邦有大賚，自貴戚始，古今之通誼也。卿在后族爲耆舊，於右列爲首冠。雖不與祭，而有典衛宸居之勞。加地廣恩，毋庸再避。且人臣以辭寵爲高，固未若居寵無愧之爲賢也。其尚懋敬之哉！

奉國軍節度使同知大宗正事士銖再辭免食邑實封批答 十二月二十九日(二)

省表具之。朕甚重爵賞，不輕假人。以卿糾合宗盟，相予肆祀。既均帝澤，乃益爰田。古有執膰，以親同姓。義無可避，豈必再辭？

昭慶軍節度使致仕劉懋再辭免食邑實封批答 十二月二十九日

省表具之。古先哲王罔不明德恤祀，亦罔不配天其澤。粤朕紹服，其曷敢不勉？乃十一月壬午，毖祀於上下。斂時多福，敷錫有衆。越在內百僚庶尹，暨在外侯甸男衛邦伯，咸大介賚爾，矧敢遺里居之舊？豐爾邑，厚爾祉，以熙天休命。往欽哉，毋庸固辭。

威武軍節度使主管侍衛馬軍司公事李顯忠再辭免食邑實封批答 十二月二十九日(三)

朕以誠敬事天，天以祉福遺朕，思與文武之士同此慶成之恩。而卿典司羽林，拱護鑾路，衆無譁敖，人服簡稽。賦邑雖多，眂功爲當。再辭過矣，其懋承之。

尚書右僕射虞允文再辭免轉左光禄大夫特封成國公加食邑實封批答 乾道七年正月二十二日

省表具之。朕若稽帝舜，期盡事親之道。亦惟有若皋陶之臣，左右厥辟，率作興事，濟登孝治。乃者制禮作樂，交舉典册，慶成之日，天人並應。溫溫其和，熙熙其春。時乃之功，惟朕以懌。胙封命秩，疇不謂宜？卿辭雖堅，命弗惟反。且君猶元首，臣猶股肱，一體相須，何適非均？其尚喜哉，共此榮樂！

(二) 二十九日：明澹生堂鈔本、四庫本作「二十一日」。

(三) 二十九日：明澹生堂鈔本作「二十二日」。

參知政事梁克家再辭免轉官批答 正月二十四日

省表具之。朕允迪丕天之大律，並增太上之顯號。開闢以來，詩書所載，未有若斯之盛禮也。卿以名儒，服在近弼。竭贊襄之力，宣潤色之勞。進官一列，賞未爲過。乃曰歷考前聞，邈無近比，顧固辭焉。夫以國家非常之慶，既匪前聞可擬，則輔佐非常之寵，亦安得以近比爲言哉？既却奏封，尚承朕志。所請宜不允，仍斷來章。

皇子慶王愷再辭免雄武保寧軍節度使判寧國府進封魏王加食邑實封不允批答 二月十一日

省表具之。朕昭示大公，靡私諸子。厥惟稽古，乃俾殿邦。汝植性温純，賦才通亮。居有謙和之德，動無驕侈之愆。列邸十年，備見恪恭之度；出藩千里，方觀牧禦之能。載荒北國之封疆，疊畀東陽之旄節。初非作好，足以服人。昔漢重藩維，時則有間、平之善；唐分督刺，時則有徐、霍之賢。尚勉繼於前修，毋力辭於定命。

皇子恭王再辭免立爲皇太子恩命不允仍斷來章批答[二]

省表具之。朕深維國本，屬在皇儲。日問寢門，將以教天下爲子之孝；時脩齒胄，將以訓天下爲臣之恭。念典禮之攸崇，實古今之所重。汝聰明天賦，譽望日彰。博通詩書禮樂之文，兼備仁智中和之美。久養成於德器，肆祇協於邦彝。筮從艮索之三，象應離明之兩。臨軒授册[三]，方肇舉於盛儀；削牘抗言，必難回於成命。亟遵前詔，庸對慈懷。

皇子慶王愷再辭免雄武保寧軍節度使判寧國府進封魏王加食邑實封批答 二月十二日

省表具之。三代令王，封建子弟，非特示親親之恩，明貴貴之義，亦以藩屏王室，有彊幹弱枝之助焉。稽諸典命，凡自王畿出封者，車服禮儀皆加一等。則夫雙節之重，大邦之啓，既協古制，亦華爾行。汝其敬乃僚，乂我民，毋邇宵人，毋好逸豫。使朕心朕德敷於南國，則爾身雖外，朕固不忘爾褒也。寵章徽數，其又奚辭？所請宜不允，仍斷來章。

[二] 恩命不允仍斷來章批答：原無，據明澹生堂鈔本、四庫本、傅校本補。

[三] 授：原作「受」，據明澹生堂鈔本、四庫本、傅校本改。

皇太子再辭免臨安尹不允批答 四月二十九日

省表具之。朕膺圖太上，省方吴中。市獄浩繁，舟車湊集。異時置守，以一切治辦爲能，未足以隆行都、觀萬國也。兹庸稽古，復尹正之重。以汝金昭玉粹，海潤山暉，敏足以對長安之日，智足以辨陳留之牘，必能明治理，達人情，庶幾翼翼會極之風焉[一]。《詩》不云乎：「邦畿千里，惟民所止，肇域彼四海。」言爲政自内而及外也。其以問安講學之餘，推廣德意，致來假之助。俾朕百禄是荷，豈不賢於辭遜乎？所請宜不允。

虞允文再辭免特進左丞相兼樞密使進封華國公加食邑實封批答 乾道八年二月十四日

省表具之。朕觀黄帝時，風后、力牧、常先、大鴻，俱謂之相，所以贊襄治道，無所不通[二]，非若百官有司分職而守，聯事而治也。徇沿寖久[三]，乃或失輔弼之指。自我復古，夫豈徒然？卿碩大光明，裕和忠肅。三年宅揆，四海具瞻。予欲綏靖華戎，卿則竭誠而匪懈；予欲修舉法度，卿則愛日而有爲。不正其名，何以賓實？謂當亟拜，安可固辭？昔舜命大臣，雖嘗濟濟相遜，及告以「往哉汝諧」之後，未聞繼請也。典謨可考，其懋承之。

梁克家再辭免左正奉大夫右丞相兼樞密使進封清源郡開國公加食邑實封批答 二月十四日

省表具之。維我烈祖之有天下也，創貳政之官，亞公臺之重。進遷有漸，名實用孚。率而行之，二百餘載矣。得人之盛，視古有光。肆予纂承，其敢怠忽？卿宏深博達，恭肅通明。參秉事樞，三年於此。朕心察其精白，識者韙其謀謨。膏澤加乎斯民，貴名溥乎四表。逮兹宅揆，誰復間言？昔商周拔相田野之間，漢唐取人卿士之列。借曰辭避，猶弗聽也。豈有協贊朕躬之久，灼知相業之優，以序而升，遵吾家法，乃可聽其執謙而寢揚庭之號乎？

簽書樞密事李彦穎再辭免參知政事批答 淳熙二年閏九月十二日

朕惟願治之君，以知臣爲急；有志之士，以逢時爲榮。相得益彰，古人謂之千載蓋難之也。今朕拔卿十年之間，置諸二府

〔一〕 會：明澹生堂鈔本、傅校本作「爲」。

〔二〕 通：原刻校云：「張本作『統』。」按明澹生堂鈔本、四庫本亦作「統」。

〔三〕 徇：原刻校云：「張本作『循』。」

之列。有爲則汝聽，有言則汝從。明良相須，庶或無愧。茲繇樞筦〔一〕，晉翊台衡，匪卜匪占，實惟朕志。蓋軍政明，然後可以圖國政；武事飭，然後可以修文事。茲不易之序也。卿其思古今遇合之難，展疇昔經綸之蘊，共恢遠御，亟格多盤。舊次姑安，非予所望。所辭宜不允，仍斷來章。

翰林學士王淮辭免簽書樞密院事批答

閏九月十二日

朕惟武王興周，必資十亂；高祖造漢，實賴三傑。今兵布於中外者至衆，事繫於幾微者至多。雖朕未明求衣，當饋輟食，思欲銷未形之患，成中興之謀，自非二三大臣相與聚精會神，力致交脩之助，則亦未見其可也。卿回翔著定〔二〕，邁嚴、徐之文；從容禁廷，藴頗、牧之略。朕有意用之久矣。逮茲出命，人無間言。夫謀議決於帷幄之中，而利害形於華夷之内，朕固不容輕授，卿亦安得固辭？勉希昔賢，趣就勳業。所辭宜不允，仍斷來章。

附乞改正批答紙樣奏　閏九月十二日〔三〕

契勘本院每遇批答臣僚章表，例用尋常詔紙連接書寫，長短大段不等。問之掌故，並無依據。近搜訪到仁宗皇祐間批答孫沔辭免副樞表所接之紙，高低相若，謂合改正。今因李彦穎、王淮斷章批答，當院謹照皇祐體式書寫進呈，如得允當，欲自今後準此施行，伏取進止〔四〕。閏九月十二日奉御筆批，依。

皇叔祖嗣濮王士輵再辭免少傅批答

淳熙三年正月十日

朕嘉成周之隆，多同姓之助。無我老耄，衛武有百年之箴；俾爾壽臧，魯僖存千歲之頌〔五〕。乃眷宗盟之長，厥惟安懿之孫。既屬近而行尊，亦年高而德邵。克備多福，庶幾尊聞〔六〕。乃因慶禮之崇成，益進孤班之特揖。蓋爵齒俱先於在列，故恩榮獨異於諸臣。是謂建一官而三物成，豈徒親九族而萬邦協？何未孚於至意，顧猶徇於常謙？其寢需章，往承賚册。所辭宜不允。

參知政事龔茂良再辭免進太上日曆轉兩官例恩批答

三月九日

省表具之。朕觀《堯典》所記皆堯德也，孔子乃繫之《虞書》，非以鋪張揚厲至舜而後備歟？當是時，又有伯益諸臣於七十載巽位之後，舉乃聖乃神乃武乃文之德而申述之。至今堯言布於天下者，舜君臣歸美之力也。如朕涼菲，固不敢自比於重華，

〔一〕筦：四庫本作「貳」。
〔二〕定：原作「近」，據明澹生堂鈔本、四庫本改。
〔三〕閏九月十二日：原無，據明澹生堂鈔本、四庫本補。
〔四〕原注：「閏九月十二日奉御筆批，依。」
〔五〕歲：四庫本作「載」。
〔六〕尊：原刻校云：「張本作『前』。」按明澹生堂鈔本亦作「前」。

而太上功烈壽嘏，視放勛蓋有光也。然則成書千卷，實爲大訓，不在此時乎？卿以貳政之臣，效伯益之贊，疊升階秩，顯荅儒猷。公論謂然，何引避之堅也？所辭宜不允，仍斷來章。

參知政事李彥穎再辭免進書禮儀使特轉兩官例恩批答

省表具之。朕被堯之衣，誦堯之言，行堯之行，十五年於茲矣。既哀炎、興善政凡九百五條以舉其宏綱，又會中興故實至三百篇以撮其機要。猶以爲未也，趣千卷之書，記三紀之事〔一〕。涓辰備物，親帥群臣進讀於德壽之庭。肇自顓穹生民以迄乎漢唐，有此典禮乎？無也。惟予近弼，實相盛容。正使推恩不著於舊規，猶當以業鉅事叢而創行之，況二府領使有相承之例乎？卿其勿疑，亟服嘉命。所辭宜不允，仍斷來章。

武康軍節度使捧日天武四廂都指揮使提舉隆興府玉隆萬壽宮吳拱再辭免右金吾衛上將軍批答　四月十二日

省表具之。國朝之制，自刺史至節鉞爲正任之極，自諸衛至執金爲環列之極。惟其職親任重，故並授者鮮矣。粵朕臨御，嘗以是寵勁勇之臣。今萬里召卿，復有此拜，倚信之意，灼然可知〔二〕。惟中興以來，父子兄弟出征入衛相繼不絕，蓋未有如卿家之盛者。勉思忠報，丕昭乃父之績。區區遜避，非朕所期。

王淮再辭免同知樞密院事批答　八月六日

省表具之。武有七德，制天下之安危；臣惟一心，同幄中之志慮。是擇爽邦之雋，俾陪基命之嚴。既底績於彌年，盍正名於近弼？卿文高學粹，道廣器閎。精神可以折遐衝，辭氣可以消鄙倍。言同乃繹，謀猷推我后之嘉；心逸而休，功業奉爾卿之戒。肆陟斗樞之亞，用酬廟算之多。豈曰次遷，實爲德進。佇展經綸之蘊，宜蠲遜避之文。所辭宜不允，仍斷來章。

趙雄再辭免端明殿學士簽書樞密院事批答　八月六日

省表具之。用三傑而運帷籌，高皇所以受命；與數公而參國議，光武所以中興。眷予樞府之庭〔三〕，本我兵師之柄。並登英望，庸協前規。卿氣養大剛，才全文武。風采聞於天下，議論屈其坐人。任職孜孜，有忘己相公家之意〔四〕；告猶衮衮〔五〕，皆竭誠强王室之言。故眷知隆於一見之初，而登用决於再來之際。允

〔一〕紀：明澹生堂鈔本作「綱」。
〔二〕知：四庫本作「見」。
〔三〕府：明澹生堂鈔本、四庫本作「宥」。
〔四〕相：明澹生堂鈔本、四庫本作「利」。
〔五〕猶：明澹生堂鈔本、四庫本作「猷」。

是大任，合於僉謀。念成渙之已遲，何撝謙之太過？所辭宜不允，仍斷來章。

魏王愷三辭免荆南集慶軍節度使行江陵尹加食邑實封批答

省表具之。父子主恩，固由天性，至於爵賞，則有義焉。乃吉日甲戌，揚尹節之命於廣庭。公卿大夫翕然稱允者，以汝四明之政卓爲東諸侯之冠也。免章初上，嘗諭至懷。於再於三，斯亦過矣〔一〕。且爾不聞有唐親王之制乎〔二〕？或爲都督刺史，或領節度使〔三〕，惟以屏翰王室爲忠，不以懇避寵章爲諒也。亟其祇若，毋過褒緡。所辭宜不允，仍斷來章。

端明殿學士朝散郎簽書樞密院事趙雄再辭免同知樞密院事批答 十一月七日

省表具之。朕法天行健，稽古凝猷。和衆安民，圖太寧於常武；制軍詰禁，倚大柄於鴻樞。有嘉協贊之勞，誕錫進遷之寵。卿載采彊義，秉心塞淵。詞章搴六籍之華，事業聳萬夫之望。受長纓而往，肯同在昔之誇辭；借前箸以籌，獨運當今之遠略。宜仍宥密，俾峻班聯。當邦彝之云敷，舉國人而曰稱。卿雖力避，朕固難從。所辭宜不允，仍斷來章。

奉國軍節度使殿前副都指揮使王友直再辭免殿前都指揮使批答

省表具之。卿早臨方面，久衛周廬。應變無窮，合孫吳之方略；馭軍有要，兼程李之寬嚴。乃者閱武東郊，持麾北面。嘉甲兵之整鋭，知將帥之勤勞。言念壯猷，特加優數。既下趨承之詔，復形控免之言。慷慨功名，其益堅於素志；逡巡遜避，勿徒守於常規。所辭宜不允，仍斷來章。

朝奉大夫試給事中兼侍講錢良臣再辭免端明殿學士簽書樞密院事批答 六月二十四日

省表具之。朕紹纂高皇〔四〕，肇興漢室。外資信、布，作士氣於軍中；内倚良、平，定兵謀於掌上〔五〕。兹簡求於人傑，以參斡於神樞。卿志節激昂，風猷警邁。契合殆同於天授，践揚久聳

〔一〕亦：明澹生堂鈔本、四庫本作「行」。
〔二〕爾：明澹生堂鈔本、四庫本作「汝」。
〔三〕「度」下，原刻校云：「張本有『大』字。」
〔四〕紹纂：原刻校云：「張本作『緬慕』。」按明澹生堂鈔本、傅校本亦作「緬慕」。
〔五〕定：原刻校云：「張本作『本』。」按明澹生堂鈔本、四庫本、傅校本亦作「本」；掌：原刻校云：「張本作『堂』。」按明澹生堂鈔本、四庫本、傅校本亦作「堂」。

於民瞻。宜從平奏之司，亟服延登之寵。臣作股肱耳目，允謂相須；視如手足腹心，所期交敕。毋留朕命，思奮爾庸。所辭宜不允，仍斷來章。

史浩再辭免少傅保寧軍節度使充醴泉觀使兼侍讀加食邑實封批答 十一月十七日

省表具之。昔高宗命傅説，首言「予舊學於甘盤」，而説亦復於王曰「念終始典於學，監於先王成憲」。君臣之間，相告如此，可謂得要道矣。卿早由經術，從朕儲邸；再攄德業，釐我政事。其於甘盤、傅説之任固已兼之。今兹懇辭機務，願即祠官，是用升亞傅，擁旄節，俾進讀祖宗謨訓於清閒之燕，始終典學，朕心蓋庶幾焉。遜章沓來，非所望於舊德。所辭宜不允。

錢良臣再辭免參知政事批答 十一月十八日

省表具之。朕御圖滋久，爲政益勤。晝當饋以思賢，夜攬衣而揆事。粤若泰和，在唐虞成周之世；亦惟聖主，得稷契皋陶之臣。肆倚任於辰髦〔二〕，期隮攀於治古。卿猷爲肅給，識慮疏通。夙推文武之才，嘗著將明之效。預聞兵本，亶協民瞻。三傑運籌，既備觀於遠略；四人昭德，宜擢贊於繁機。延登之指具孚，控免之章奚再？雖嘉謙牧，難抑詔除。所辭宜不允，仍斷來章。

王淮再辭免樞密院使大中大夫加食邑實封批答 十一月二十二日

省表具之。朕仰觀太微，象緯炳著。東垣爲上相，西垣爲上將，各顓一面，正天之朝事。乃知祖宗以來設東西二府，對司文武之柄，名位同而恩禮均者，豈無所自耶？卿氣裕以剛，慮深而敏。簡廉恭敬，備脩身之德；忠誠端亮，盡事上之道。徧周政路，累年於兹，其謀猷設施有益於我國家多矣。升正使號，亶符公言。精神折衝，方伫顯績。遜章數至，非朕所期。所辭宜不允，仍斷來章。

趙雄再辭免右丞相正議大夫加食邑實封批答 十一月二十二日

省表具之。朕觀自古命相之重，莫如《説命》三篇：「若金，用汝作礪。若濟，用汝作舟楫。若旱，用汝作霖雨。」猶以爲未也，「酒醴，爾惟麴糵。和羹，爾惟鹽梅」。蓋無一事不賴乎交修，是以教喻如此其至也。載在典册，朕甚慕之。卿道德覺民，忠誠致主。棟梁之質，可以任重；權衡之信，可以倚平。協贊鈞樞〔三〕，累年於此。其議論之閎偉，紀律之設張，皆足以成

〔二〕倚：原作「依」，據傳校本改。
〔三〕鈞：原作「均」，據明澹生堂鈔本、四庫本改。

國勢之安，立懦夫之志。有臣如此，宅揆固宜。昔先正保衡，俾后堯舜，規模可考，仁遠乎哉？遜避至三，其止毋再。所辭宜不允，仍斷來章。

武泰軍節度使開府儀同三司充萬壽觀使曾覿再辭免少保寧武軍節度使加食邑實封批答 淳熙六年正月十三日

省表具之。卿秉心有常，事上盡禮。不以勢權爲樂，而以閒適爲安。遐福修齡，天方俾爾；高官厚禄，朕何愛焉？用升亞保之班，仍易名邦之節。已敷中詔，具諗外庭。乃洊控於需章，殊未符於眷意。雖勞謙終吉，有自抑之心；而令出惟行，無可回之理。亟其祗若，勿復重陳。所辭宜不允。

曾覿再辭免少保寧武軍節度使加食邑實封批答 正月十三日〔二〕

省表具之。通擅夏篆，有華孤棘之官；鉅節高旌，尤重將壇之寄。孰兼徽數？允屬舊人。卿肅艾迪躬，忠勤勵志。際飛龍之運，首濡雨露之恩；施行馬於門，允躡雲霄之步〔三〕。庸加顯拜，益表至懷。謂亟服於恩綸，乃洊披於遜牘。尚恭三命，毋守一謙。所辭宜不允，仍斷來章。

正奉大夫右丞相趙雄再辭免勑令所進修一州一路酬賞格法了畢特轉一官批答〔三〕 七月十九日

省表具之。國朝懲重内輕外之弊，凡仕於郡邑者，必眂其閥閱而賞之，所以使人趨事赴功，説以忘勞也。然地有遠近，任有劇易，則或輕或重，有時而不同。況歲月既久，典籍間軼，沿革隨異，苟不爲法以待之，則予奪不公，將如吏何？此吾屢飭有司刊定章程之本意也〔四〕。卿以忠精許國，道德致君。粤從相予，百度惟正。復以餘力，日與朕都俞一堂之上而成是書。昔人所謂講若畫一者，卿得之矣。今將自僚屬至於掌故咸進厥秩，丞相提其要者也，獨可已乎？涣號且頒，固非執謙所能格也。所辭宜不允，仍斷來章。

通議大夫樞密院使王淮再辭免進會要經修不經進提舉官特轉一官恩命批答 八月七日

省表具之。朕日覽萬機，粤當六閏。維唐、虞稽古，異時存

〔二〕 十三日：明濬生堂鈔本、四庫本作「十四日」。
〔三〕 允：明濬生堂鈔本、傅校本作「久」。
〔三〕 進修：明濬生堂鈔本、四庫本作「修進」，疑是。
〔四〕 有：原刻校云：「張本作『攸』。」按明濬生堂鈔本亦作「攸」。

傳授之規模；維文、景養民〔二〕，比歲下寬仁之詔令。新有銘盤之德，戲無剪葉之書。雖廣記備言，悉付至公於太史；然大綱小紀，當存要覽於攸司。逮閱奏篇，特推信賞。卿學該繫表，知覺民先。嘗贊貳於政塗，實總提於儒館。肆班新渥，式奬舊勞。紀建元之脩攘，既備昭於前事〔三〕；行貞觀之仁義，方屬任於鴻儒。所期臣主之俱榮，何愧階封之並授？所辭宜不允。

奬諭鎮江府駐劄御前諸軍都統制成閔將本軍不曾銷落繳納批鑿隱匿付身共九千八百六十件繳申三省樞密院乞行毁抹詔

乾道六年八月十七日

孝宣之核名實，漢治乃興；子木之數甲兵，楚師遂振。孰推朕意？繄我將臣。卿自總戎昭，力修軍政。馭下絶氂毫之隱，事君懷忠赤之誠。上虚籍於司勳，何止一通之告？第戰多於幕府，奚憂六級之差？省閱以還，歎嘉無斁。其繳到付身，並令承旨司焚毁。故茲詔示，想宜知悉。

奬諭御前諸軍都統制利州路安撫使知興元府吴拱詔

乾道七年五月十三日

敕吴拱：省四川宣撫司奏，卿發卒助脩興元府渠堰宣力最多事。歲有豐凶，在天時而難必；地無肥瘠，顧人力之何如。惟水利之能修，則金穰之可望。乃眷西南之境，昔稱下上之田。繄爾先臣，曁而叔父，皆以經武整軍之暇，不忘務農重穀之心。卿既踐世官，仍遵家法。率萬兵而省徭役，繕六堰而固隄防。穿鄭白之渠，在今奚愧？通褒斜之漕，易彼徒勞。閱奏載嘉，注懷彌厚。

奬諭右通議大夫充敷文閣待制提舉江州太平興國宮張運就饒州以私家米穀助賑濟詔

九月二十一日

往在漢朝，西河歲惡。齊相雅行躬耕，率齊人入粟。武帝既尊顯之以風百姓，史官復贊其質直，有榮耀焉。今楚東年不順成，振廪勸分，平繇簡賦，苟利吾民，朕無毫髮靳也。卿以甘泉舊老，篤鄉鄰之誼，傾私室之藏，體國愛人，輕利重施，視先民蓋無愧矣。使者以聞，朕甚嘉之。故茲奬諭，想宜知悉。

〔二〕文景：原作「景文」，據明澹生堂鈔本乙。

〔三〕攘既：原闕，並校云：「張本作『攘既』」，傅校本同，據補。四庫本作「爲已」。

獎諭昭慶軍節度使知太平州楊倓詔[一]

淳熙五年五月四日

敕楊倓：省三省進呈卿劄子，勸諭三縣食利人户增築管下私圩畢工，乞將圩内淳熙五年夏税上供正絹一半本州自行抱認起發事。古者町原防規堰潴[二]，然後可以稼下地。今大江以東，其穀宜稻，劭農闢野，不在良二千石乎？卿以樞機近臣，出鎮姑熟，躬行阡陌，勞民不怠。既督治私田以興其利，又代輸公賦以報其力。使千里之間有豐稔之望，無水旱之虞，厥庸茂焉。何愛璽書，不以爲循吏之勸？故兹奬諭，想宜知悉。

賜皇兄檢校少保岳陽軍節度使開府儀同三司充萬壽觀使永陽郡王居廣生日詔[三]

乾道六年八月二十日　以下並賜生日詔

敕居廣：律清南吕，氣肅西方。乃眷賢王，載臨初度。維饎牽之厚，維醪醴之嘉。和樂且湛，朕方推周室之燕；熾昌而壽，爾尚協魯侯之詩。

賜尚書右僕射虞允文生日詔　十一月十日[四]

敕允文：嶽降神而生申，歲復攝提之正；帝賚弼而夢説，星占台斗之明。亶爲王國之華，盍侈家庭之慶？肆攽臺餽，用協邦彝。其茂介於脩齡，以永毗於元化。

賜參知政事梁克家生日詔　乾道七年二月三日

敕克家：律琯分春，望舒朏夕。是生雋輔，來翊丕基。亨飪有常，姑致養賢之意；熾昌無斁[五]，尚符壽母之言。祇服眷私，勉殫忠藎。

賜皇子雄武保寧軍節度使開府儀同三司判寧國府魏王愷生日詔　四月十四日[六]

應恢台於孟夏，載誕賢王；加慶錫於諸侯，適符令旦。雖暫遥於親膝，宜特舉於邦儀。式茂恩華，益綏壽祉。

[一] 「詔」字前，傅校本有「勸農」二字。
[二] 「古」上，傅校本有「夫」字。
[三] 按此篇至卷末各標題之「生日詔」三字，原刻均無，但於「乾道六年八月二十日」下注云：「以下並賜生日詔」，兹據明澹生堂鈔本、四庫本、傅校本補，不復出校。
[四] 十日：明澹生堂鈔本、四庫本作「二日」。
[五] 斁：原作「害」，據明澹生堂鈔本、四庫本改。
[六] 十四日：明澹生堂鈔本、四庫本作「二十四日」。

賜太尉保信軍節度使充萬壽觀使鄭藻生日詔 四月十五日

月盈首夏，祥集高閎〔二〕。是生外戚之良，光被累朝之眷。屬門弧之紀旦，申臺餽以示恩。往續壽祺，永承禮遇。

賜皇叔祖檢校少保昭化軍節度使開府儀同三司嗣濮王士輵生日詔 七月

敕士輵：日在畢中，弧垂户左。生吾宗室之老，時乃邦家之光。視吉履之有祥，知秀眉之無害。宜豐賚予，用助燕私。

賜太尉昭信軍節度使提舉皇城司曹勛生日詔 乾道八年正月二日

敕曹勛：有俶華年，惟時翼日。會春郊之和氣，鍾尉府之舊臣。人推謙嶚以禔身，天錫壽祺而難老。豐予賜式，燕爾家庭。

賜梁克家生日詔

敕克家：歲臨協洽，律中夾鍾。符君臣慶會之期，得天地中和之氣。繼廩人之粟，既示寵於誕祥；嘗君賜之羹，復增光於榮養。益綏壽嘏，永輔明昌。

賜參知政事李彦穎生日詔 淳熙二年十二月十四日

敕彦穎：商正建丑，周嶽生申。蔚然邦國之英，籍甚廟堂之譽。四人迪禄，誕將丕冒之威；三壽作朋，胥畀熾昌之祉。茂膺蕃錫，永弼宏基。

賜皇子魏王愷生日詔 淳熙三年

敕愷：秀蓂紀月，屬誕慶於賢王；瑞麥登農，兆豐年於樂土。雖阻君親之奉，諒均民庶之懽。馳遣近璫，往將厚賜。尚永千齡之錫，茂膺多福之綏。今遣入内内侍省内侍高品趙友聞賫賜卿生日羊酒米麵等，具如别録，至可領也。故兹詔示，想宜知悉。夏熱，卿比平安好？遣書，指不多及〔三〕。

賜使相鄭藻生日詔

敕鄭藻：斗杓建巳，當既望之良辰；神嶽生申，際復平之盛旦。儼衮衣而在列，冠戚畹以增華。逮兹初度之臨，寵以上台之賜。永綏壽嘏，庸對眷懷。

〔二〕閎：傅校本作「閭」。

〔三〕指：原作「兹」，據明澹生堂鈔本、四庫本、傅校本改。

賜簽書樞密院事王淮生日詔 六月七日

敕王淮：天生哲輔，臨季夏之良辰；家有慈親，慶仁人之多壽。豈特廟堂之盛？抑爲邦國之華。攽賜式於禁中，侑宴觴於膝下〔一〕。永膺難老，共贊昌圖。

賜開府儀同三司充萬壽觀使曾覿生日詔 八月十三日

敕曾覿：清秋幾半，素魄將圓。鍾爽氣於高閎，誕貴臣於今旦。申加飫賜，抑有舊章。其茂介於壽齡，以永承於恩遇。

賜參知政事龔茂良生日詔 八月二十二日

敕茂良：月正中秋，適會壽星之次；天生名輔，載垂昴宿之芒。紀初度於蓬弧，繼多儀於庖廩。永臻難老，協濟多盤。

賜少保永陽郡王居廣生日詔

秋序中分，日旬再浹。弧矢記設門之慶，豆籩資飫飲之歡。以增孤棘之華，以侈燕堂之盛。益綏壽祉，庸壯宗盟。

賜李彥穎生日詔

敕彥穎：季冬令月，幾望良辰。紀蓬弧始負之祥，凜松柏後凋之操。特豐賜式，加寵輔臣。尚綏壽考之祺，永贊明昌之運。

賜鄭藻生日詔 淳熙四年

敕鄭藻：景風時至，皓月宵圓。會此清和，鍾於耆艾。聯榮戚畹，蚤逢極盛之朝；視秩台司，今際中興之運。載臨誕日，寵錫多儀。尚永保於千齡，庸增光於四姓。

賜王淮生日詔

敕王淮：温風俶至，化日彌長。鍾英傑於金華，贊明昌於火德。君庖繼肉，舉臺餽之彝章；親膝稱觴，昭樞庭之榮事。尚綏壽嘏，永對眷懷。

賜趙雄生日詔 七月七日

敕趙雄：商飈初授，辰火微流。儲英氣於一賢，應嘉祥於七夕。馳頒牢醴，往佐豆觴。永綏壽考之祺，式佇功名之會。

〔一〕侑：原作「宥」，據明澹生堂鈔本、四庫本改。

賜皇叔祖少傅昭化軍節度使判大宗正事嗣濮王士輵生日詔

敕士輵：惟吾族老，爵齒甚尊。眷乃誕期，餼牽宜厚。屬秋光之漸爽，諒夕燕之多歡。往釂壽觴，益綏純嘏。

賜皇兄少保岳陽軍節度使充萬壽觀使永陽郡王居廣生日詔

敕居廣：若稽本朝，加禮近屬。記其誕日，錫以多儀。矧是宗英，貴隆王爵。餼牽有踐，酒醴維豐。昭予異恩，介爾多壽。

賜皇太子生日詔 九月四日(一)

敕某：月臨無射，節邇重陽。惟時主器之良，載值吹銅之旦。近稽唐制，賜仁孝之六章；遠繼魯詩，錫熾昌之千歲。欽承寵賚(二)，茂對慈懷。

賜少保觀文殿大學士充醴泉觀使侍讀永國公史浩生日詔 九月六日

敕史浩：肅霜紀月，駿岳秉靈(三)。是生名儒，嘗翊初政。召陪經幄，日告辰猷。會初度之載臨，舉多儀而申錫。願言豐沛之舊，誕保喬松之年。

賜李彥穎生日詔

敕彥穎：卿三年輔政，一節匪躬。當此歲寒，紀其誕慶。壽祺之祝，家國所同。往致恩攽，用資燕飲。

賜太尉威武軍節度使提舉萬壽觀李顯忠生日詔 淳熙五年五月十四日

敕顯忠：夏序正中，月華幾望。是生名將，嘗著戰功。因弧矢之初辰，加餼牽之厚禮。欽承眷寵，益介壽祺。

賜參知政事范成大生日詔 六月四日

敕成大：考律林鍾，炳靈隽輔。當延登之有俶，念載誕之斯臨。錫以餼牽，貳之醪醴。將予厚意，介爾修齡。

(一) 九月四日：原無，據明澹生堂鈔本、四庫本補。

(二) 寵賚：四庫本、傅校本作「飫賜」，明澹生堂鈔本誤作「鈇賜」。

(三) 秉：原刻校云：「張本作『炳』。」按明澹生堂鈔本、四庫本、傅校本亦作「炳」。

賜王淮生日詔

敕王淮：日臨鶉火，柄斡鴻樞。協氣充閭，紀鄭伯驚姜之旦[二]；多儀列廡，增魯侯壽母之榮。尚緝休祥，益光圖任。

賜趙雄生日詔

敕趙雄：律啓三秋，蓂敷七葉。聚星辰之秀氣，生柱石之良臣。爰舉賜常，用增家慶。尚保期頤之壽，迄成弼亮之勳。

賜士輵生日詔

天佑帝室，時生宗英。嗣有濮之舊封，董諸姬之同姓。兹臨誕日，是錫多儀。已登衛武之年，更俾魯僖之壽。

賜曾覿生日詔

日月合於壽星，聲律諧於南呂。惟時隽老，載紀誕期。錫以醪醴之豐，貳以餼牽之厚。益綏多祉，茂對隆恩。

賜皇太子生日詔

氣清秋律，秀毓春宫。兹逢載誕之辰，爰舉匪頒之式。餼牽維厚，醪醴維豐。尚祇服於寵光，以永綏於壽祉。

賜史浩生日詔

肅霜應候，近重九之佳辰；大昴垂精，符半千之昌運。推君庖之飫賜，侑相府之初筵。益永壽齡，茂毗皇化。

賜鄭藻生日詔 淳熙六年

律旋仲呂，月滿良宵。嘉予耆艾之臣，生此清和之候。欲增光於外戚，爰加賜於上臺[三]。益介壽祺，永綏寵禄。

賜王淮生日詔

鐘律聚和，星輝孕粹。載紀左弧之旦，允嘉右府之勞。馳賚縟儀，增光綵侍。尚俾壽祺之介，永爲家國之榮。

賜趙雄生日詔

秋律肇清，坤維鍾秀。是生賢相，來翊昌期。君臣之遇方隆，弧矢之辰載紀。祇膺寵賚，益永壽齡。

[二] 姜：原作「妻」，據明澹生堂鈔本、四庫本、傅校本改。
[三] 加：原作「嘉」，據明澹生堂鈔本、四庫本、傅校本改。

賜士㒟生日詔

卿屬近行尊，年高德邵。兹紀孟秋之月，是臨載育之期。頒餼牽酒醴之豐，侑鍾鼓管絃之樂。欽承眷與，益保壽臧。

賜参知政事錢良臣生日詔 十一月三日

朕簡求邦俊，贊貳國均。眷言六射之初，適在三冬之仲。厚加攽賚，助洽燕私。往膺壽豈之祥，永對明昌之運。

廬陵周益國文忠公集卷一一〇

玉堂類稿卷一〇

詔　記　劄子　序

加上太上皇帝太上皇后尊號詔　乾道六年十二月一日

門下：饗帝者聖人爲能，既深慚於凉德；事親者天子之孝，當益播於鴻名。參古今甚盛之規，侈家國非常之慶。光堯壽聖太上皇帝與天同大，體道之宗。壽聖太上皇后如月之明，以慈爲寶。久非心於黄屋〔一〕，方自得於大庭〔二〕。言念眇冲，親膺傳授。黽勉屢周於歲籥，寅恭三款於陽陔。祖宗遺我以閎休，高厚畀予以景況。匪仰遵於慈訓，疇克對於昌期？宜極推崇，豈容滿假！矧未央爲壽，適符漢祖之九年；而興慶歸宗〔三〕，且著唐宗之再請〔四〕。用涓穀旦，交舉曠儀。俯同中外之歡心，並衍尊親之榮號。懇章繼上，俞旨甫頒。雖蕩蕩民無能名，豈易測知於聖德；然業業日致其孝，庶幾單竭於忱誠。以承有羡之休，以對無疆之壽。光堯壽聖太上皇帝宜加上尊號曰光堯壽聖憲天體道太上皇帝，壽聖太上皇后宜加上尊號曰壽聖明慈太上皇后。其令有司，詳具儀注，朕當親率百官詣德壽宫奉上册寶，告於普率，共此榮懷。故兹詔示，想宜知悉。

舉賢良方正詔　乾道七年十月十一日

敕門下：蓋聞制科取人，盛於兩漢。然或以陰陽靡調，或以方内靡安，乃敕郡國舉而行之。本朝則不然，無事而勤求，有爲而獲用，上下交應，爲後世法。肆朕紹服，於今十年。詔書數下，勤勤懇懇。間復略傳註，寬舉薦，幾以招徠脩潔博習之士，輔朕不逮。屬者有司嘗以一二應書，既命待詔公車矣。歲當大比，其博求之。夫寤寐忠言，寧厭乎多士？抱負器業，或患乎無時。朕之誠意，子大夫其著聞矣。「來游來歌，以矢其音」，不在此乎？今歲科場，其令尚書、侍郎、兩省諫議大夫以上、御史中丞、學士、待制各舉賢良方正能直言極諫一人，守臣監司亦許解送，仍具詞業繳進以聞。故兹詔示，想宜知悉。

改左右丞相詔　乾道八年二月五日

敕門下：朕惟帝王之世，輔弼之名雖殊而相之實一也。在成湯時則有若伊、虺，在成王時則有如周、召，或左或右，皆見

〔一〕非：傳校本作「無」。
〔二〕自得：原作「宣德」，據四庫本改。明澹生堂鈔本作「自德」，傳校本作「自撤」。
〔三〕宗：明澹生堂鈔本、四庫本作「尊」。
〔四〕且：明澹生堂鈔本、傳校本作「具」。

於經。厥後位號定於漢，而稱謂汩於唐，以僕臣而長百僚，朕所不取。且丞相者，道揆之任也；三省者，法守所自出也〔二〕。今舍其大而舉其細，豈責實之誼乎？肆朕稽古，釐而正之。蓋名正則言順，言順則事成，爲政之先務也。其改尚書左右僕射同中書門下平章事爲左右丞相，庶幾採前代之舊，成本朝之制焉。

加上太上皇帝太上皇后尊號詔 淳熙二年十月五日

敕門下：錫九疇之福而曰壽曰康，亶敷言於帝訓；有四海之富而得名得位，丕佑命於天申。胥同率土之心，仰篤嚴君之慶。光堯壽聖憲天體道太上皇帝剛健純粹，徽柔懿恭。以德行仁，本性誠之固有；修文偃武，合經緯之自然。巽位當七十載之期，敬休獲萬億年之報。壽聖明慈太上皇后聖善明哲，慈和靜專。月齊日以得天，而能久照；坤順乾而配地，是以廣生。念非昭揭於鴻名，何以對揚於鉅典？且堯壽獨高於五帝，時則有放勳之稱；而魯邦僅列於諸侯，尚能歌燕喜之頌。矧予天下之養，逢此古來之稀。是宜稽紹興、乾道之已行，於以補兩漢、有唐之未備。博采群公之議，虔伸再駕之恭。將祗迓於春祺，庸對敷於寶冊。一言以蔽，固難形盛德之日新；萬壽無疆，蓋欲輯曠儀而歲講。式揚明命，前詔多方。庶令好善之民，體我事親之孝。光堯壽聖憲天體道太上皇帝宜加上尊號曰光堯壽聖憲天體道性仁誠德經武緯文太上皇帝，壽聖明慈太上皇后宜加上尊號曰壽聖齊明廣慈太上皇后。其令有司，詳具儀注，朕當親帥群臣詣德壽宮奉上冊寶。故茲詔示，想宜知悉。

科舉詔 淳熙四年二月一日

敕門下：朕惟四術以造士，三年而興賢。崇化勵俗，未有或先於此者。粵予涼菲，寤寐髦雋，郡國詔書凡五下矣。期無愧於前聞，有補於當世，豈爲虛文也哉〔三〕？興言大比，今復其時，乃飭攸司〔三〕，申諭朕意〔四〕。其各以賢能之書來上，朕將親策於廷。使在我選中者〔五〕，皆足以章明治教，振宣事功。豈惟予一人以寧？時爾多士，亦有無窮之聞〔六〕。故茲詔示，想宜知悉。

幸學詔 二月五日

敕：昔我藝祖，肇造帝室，禮樂征伐，猶未遑暇。乃開基之月，首幸國學，越二月又幸。既宏先聖先師之宇，復審象而爲之贊。本源治道，厥有深旨。然則掃五季之陋，削諸侯之僭，垂萬世之統，不在斯文乎！列聖相承，遂爲家法。太上中興，開設

〔一〕法守：原作「守法」，據明澹生堂鈔本、四庫本、傅校本、《宰輔編年録》卷一七乙。
〔二〕「豈」上，明澹生堂鈔本、傅校本有「此」字。
〔三〕攸：傅校本作「所」。
〔四〕意：明澹生堂鈔本、四庫本、傅校本作「志」。
〔五〕我：明澹生堂鈔本、傅校本作「吾」。
〔六〕「有」上，明澹生堂鈔本有「與」字。

學校，乘輿臨幸，儒術益光。肆朕纂圖，儲精稽古，憲章祖述，夙夜不敢忘。爰以仲春，謁款先聖，躬釋菜之禮，闡《中庸》之義。臣工列侍，多士濟濟，洙泗遺風，儼然在目，朕甚嘉之。明揚訓辭，尚迪朕志。夫孝於事親，忠於事君，學之本也；業精於勤，行成於思，學之序也。聖賢復起，不易斯言。子大夫其念哉！當爲君子之儒，毋慕人爵之得。使予尊德樂道之心著，化民成俗之效行，光於祖宗，對於慈訓，斯無負於樂育，在汝等勉之而已。故茲詔示，想宜知悉。

繳奏

臣昨日於龔茂良、李彥穎處恭聆聖訓，令臣撰《幸學詔書》，內用「當爲君子之儒，毋專人爵之得」兩句。臣尋具草進入。緣一時耳受不審，以「專」爲「慕」。今準御筆，始知其訛，欲候批降草本至院即改正修寫，伏乞睿照。御筆：「慕」字尤工，更不須改。

舉賢良方正詔 三月十日

敕門下：朕惟乾德興邦，咸平熙載。天聖御圖之始，紹興復古之初，皆設制科，博詢讜論。粤予涼德，欣慕前規。茲當貢舉之秋，仍下方聞之詔〔一〕。翹翹其楚，冀賢雋之無遺；謇謇而昌，抑邦家之有賴。咨爾閨臺之彥，暨夫岳牧之官，或薦進於中朝，或搜揚於外服。俾攄所蘊，陳古今致治之原；將策於廷，振臣庶敢言之氣。毋借才於異代，庶復德於我家。布告多方，明知朕意。今歲科場，其令尚書侍郎、兩省諫議大夫以上、御史中丞、學士、待制各舉賢良方正能直言極諫一人，守臣監司亦許解送，仍具詞業繳進以聞。故茲詔示，想宜知悉。

戒飭諸路轉運司手詔 淳熙六年三月二十四日

朕躬節儉以先天下，無暴征，無苛取，期我元元躋於富庶之域〔二〕，郡國之間宜若公私交裕矣。今顧不然，豐年樂歲，中外少事，或未免於匱乏，州迫其縣，縣迫吾民，其故安在？無乃賦入寡而用度衆歟？吏二千石有能不能歟？將輕費妄用莫知撙節歟？朕深居九重，無以偏察，故分道置臺，寄耳目於爾漕臣。職當計度，欲其計一道盈虛而經度之也；職在按察，欲其蚤正素治，毋使至於病民也。厥或異此，朕何賴焉？且爾不聞《黍苗》之詩乎〔三〕，「我任我輦，我車我牛。」謂美召伯能成轉餉之功也。後世以是名官，寧無意耶？曰「陰雨膏之」，言能養民如膏雨也。其卒章曰「王心則寧」，言家給人足，乃能安王之心也。汝等得不深思古誼，視所部爲一家，周知其經費而通融其有無，廉察其能否而裁抑其耗蠹？數者備矣，郡計何患乎不足？郡計足則屬邑寬，屬邑寬則民力裕，民力裕則吾宵旰之慮釋。國有信賞，於汝

〔一〕方聞：傅校本作「求賢」。
〔二〕我：明澹生堂鈔本、傅校本作「吾」。
〔三〕爾：明澹生堂鈔本、四庫本、傅校本作「汝」。

何吝？若乃有餘者取之，不足者聽之，逮其乏事，然後從而劾之，斯亦晚矣。是則黜罰之行，奚獨郡守而已？諸道轉運，其明知朕意。

繳進詔草劄子

臣昨因宣引，嘗妄奏朝廷責財計於諸路，諸路責財計於州縣，上下通融，當如一家，此不易之理也。今顧不然。朝廷督諸路轉運使不過常賦爾，未嘗有所横取也[一]，而爲漕臣者間有不能仰體德意，竭州郡之力而弗恤，此何理也？夫謂之計度轉運，是欲其斡旋一路財計，使之有無相通也，居是官者，奈之何略不究此！臣不暇遠舉，只論去年數月之間紛紜者三。單夔以侍從典輔藩，緣不支歸正人添給，通衢之中扯裂車帷。永州守臣徐樞初授代日，歸正及添差揀汰人相率攔轎醜詆。知南劍州林栗在任丁憂，亦爲添差人等妻女詬厲[二]。夫二千石尊重難犯，緩急乃可彈壓。若使其下常懷忿嫉，伺間而侵侮之，國家閒暇，不過少失事體而止，萬一疆埸或駭，征伐於外，其弊則將若何？比來朝廷雖量貶守臣，懲治無賴，然臣謂齊其末不若治其本。何也？俸料不支，無以養生，此小人所以不遜也；財用匱乏，支遣不繼，此守臣所以束手也。臣常深思州用匱乏之由，蓋有三説。一則地陿民貧，入寡出多，不可措置，二則郡守闇懦，滲漏者衆，不能措置；三則輕費妄用，不暇措置。爲漕臣者，貧當濟之，闇懦者當策勵之，妄費者當戒約之，甚則劾而免之。夫然，故有曲突之功而無噬臍之患。今平居一切聽郡守之所爲，聞其小有盈餘，又爲豪奪巧取之計；一遇生事，亟劾守臣以自解。所謂計其有無、度其盈虛者，當如是乎？臣願陛下戒飭諸路轉運使，俾之各思其職，宣朝廷之惠澤，視州縣爲一家，上下通融，早正素治，勿爲苟且，趣了目前。蓋上下通融則州郡稍寬，州郡稍寬則諸縣不敢横斂，諸縣不敢横斂則民力稍裕[三]。當今急務，孰有大於此者？伏蒙陛下聖明洞照，深以爲然。今擬撰詔書，令某具稿進呈，未知辭意穩當否，伏取進止。

選德殿記[四]

皇帝踐祚以來，宮室苑囿一無所增修，獨闢便殿於禁垣之東，名之曰選德。規模樸壯，爲陛一級，中設漆屏，書郡國守相名氏。羣臣有圖方略來上，可采者輒棲之壁以備觀覽。數延文武講論治道，詢求民隱，至於中外奏報若軍國之幾務皆於此省決。暇則紬繹經傳，或親御弧矢，雖大寒暑不廢。臣某俟罪禁林，間嘗奉詔獲至焉。一日命臣：「汝爲之記。」臣愚學不足以推廣聖意，詞不足以鋪陳盛美，謹采《詩》《禮》古文以射觀德事，及後世得失所由，次第其説。《禮》：「君世子生三日，射人以弧矢

〔一〕横：傅校本作「過」。
〔二〕厲：明澹生堂鈔本作「罵」。
〔三〕「諸」、「敢」二字原無，據傅校本補。
〔四〕按陳傅良《止齋集》卷三九有《選德殿記代周子充内翰撰進》一篇，文字與此大體相同，惟後半差異稍多，蓋本陳傅良起草，而經周必大改定。今仍兩存之。

六射天地四方。」其早正素定若此。至擇士以祭，必於射也進退天下之才，與祭者由是得爲諸侯卿大夫。若屬有賓客之事、燕勞之寵，莫不用射。詩人又於其獻酬歌咢之餘，中度不中度，罰爵與否，有所休戚美刺，以爲是王公大人風化黎庶者之本也。由是觀之，古者君臣周旋禮樂以服習勤苦，可不謂先事知懼、安而能危者哉？是故三代而上，卿士皆可獨將，而兵民爲一，戎不生心，世用底定。比其季也，徒以爲威儀觀美而實不副，馳騁弋獵而政不舉，則國人爲之隱憂而變風作。其後王道浸缺，而文武兵農遂分而不合。自秦漢而下，其興衰治亂鮮不以兵。一夫關弓注矢，則塗之人往往麕驚兔逸之不暇；烽燧纔舉，而見大夫至無可使，未免拔將於行伍之中。何者？其具素亡也。天錫陛下勵精百世之後，追迹太古之初[二]。謂射本男子之事，非專於用武也，射所以觀德，非專於覿威也，故爲是殿，以延羣臣，以裁幾務，以閱圖史，而命名則主乎射焉。起居日用之間，既以默示躬行之旨，宜乎小大之臣與夫四方萬里之遠循其理，思其義，觀感而化，從上攸好。勝負之爭而揖遜之寓，勇力之尚而仁義之貴。閑邪安於真積，習慣同乎自然。可以興賢能，可以詢衆庶。合兵民於已判，同文武之異轍，將於是乎在。昔者宣王中興，其詩曰：「射夫既同，助我舉柴。」序之者曰：「是《小雅》廢而復古之詩也。」蓋治有先後，功在不舍。沉潛剛克，時乃天道。陛下神聖，必於此有得焉，而臣何足以知之？臣謹記。

此記淳熙戊戌閏六月十四日進呈於倚桂殿。至九月五日，上遣中使李裕文携至所居，宣旨令寫進，欲刻之石。蓋留禁中八十日，往往黏置屏間，其迹尚存。尋命修内司石工張隽刻石，十一月十日立於殿上。臣某謹記。

進選德殿記奏 九月六日

昨日承中使李裕文傳，奉聖旨令臣書所撰《選德殿記》進入[三]。臣文詞鄙野，字畫不工，勉遵明詔，實深震懼，謹具劄子繳進，伏望聖慈恕其冒昧。臣不勝屏息俟命之至。

謝御書劄子 十一月二十五日

臣適蒙聖恩，召至選德殿面賜訓諭，欲以御書光寵下臣。尋準中使李裕文傳示聖旨，頒賜唐白居易《七德舞》、《七德歌》一軸，龍蟠鳳翔，眩駭凡目。仰惟皇帝陛下睿文英武，同符太宗，選用將相，内修政事，將欲定兩京，致太平，故有感於居易之言，形諸翰墨，少見聖意。抑臣何幸，乃祇拜此賜。昔本朝太宗皇帝以宋玉《大言賦》賜蘇易簡，哲宗皇帝以白居易《紫薇花詩》賜蘇軾，皆以寵待詞臣，垂光簡册。今臣榮遇殆且過之，謹當什襲珍藏，傳示子孫，侈遭逢之盛。其於報塞，惟誓糜捐。謹具手劄奏謝，伏乞睿照。

[二] 迹：明澹生堂鈔本、四庫本作「踪」。
[三] 聖：原無，據明澹生堂鈔本、四庫本補。

進謝御書古詩

臣伏蒙聖恩，賜臣御書白居易《七德舞》樂府一軸。天光賁飾，蓽室輝華。臣榮感之餘，謹用蘇軾《謝御書居易紫薇花絶句》故事，齋沐課成古詩一篇，少見戴恩之意。輕黷宸嚴，伏地俟罪。具官臣周某上進。

允文元祐詞臣軾，勁節名章世無敵。御前曾賜《紫薇詩》，袖裏驪珠光的皪。小臣謬直白玉堂，也紆皇眷摛雲章。雲章元是《七德舞》，字字筆法超鍾、王。兩朝相望九十祀，《長慶集》中偏屬意。咸池日照草木光，天門龍躍魚蝦悸。我皇英鋭真太宗，文武神聖功德隆。黄鉞指期擒頡利，捷書先獻大安宫。元和學士白居易，臣非其才私有志。願隨班賀四海清，續唐之歌誇萬世。

跋御書

淳熙五年十一月甲申，臣遞直禁林中。漏上三刻，蒙宣召至選德殿，有中使諭旨云：「内翰所作《殿記》，上燕見多呼官。詞義甚美。今刻石立殿上，特命觀覽。」讀已，趨至後幄。上面南坐，起居畢，詣榻前再拜謝。天音奬諭如初〔二〕。因泛論三代以來人君知道與否，遂評六經諸子，下至道釋精粗，累數百言。臣偶及聖人之言異乎賢人，即訓臣曰：「聖賢氣象廣狹極相遠，如孔子謂『飽食終日，無所用心。不有博弈者乎，爲之猶賢乎已』。至孟子則云人『飽食煖衣，逸居無教，近於禽獸』。夫人爲萬物之靈，安可輕比禽獸？」又論《易・繫辭》，復數百言，皆老生宿儒没世窮年晝思夕蹟所不能至者。臣第知俯首傾耳服膺而已。上將退，命坐，賜卮酒，侑以時果。飲釂欲興，復宣坐賜茶。薄暮曰：「待以惡札賜卿。」聖語不敢易，以著謙德。臣頓首稱謝。歸院而奎畫隨至，蓋書白居易《七德舞》一軸。鸞翔鳳騰，體備八法，鍾繇羲獻，方之蔑矣。其後仍注「賜必大」三字，加御寶焉，朱墨猶未乾也。臣伏思元祐中，哲宗皇帝嘗書居易《紫薇花》絶句以寵學士蘇軾〔三〕。今臣亦拜樂府之賜，雖庸愚不肖，視前人無能爲役，然兩朝相望殆且百年，聖心所屬，其揆則一。意者以居易爲元和學士時，非特文字過人，而忠純諒直自能光明厥職，後世惟軾爲無愧，故欲下臣師慕兩賢之萬一以爲報荅歟？臣既摹刻之石，俾有目者咸仰聖天子游藝入神，動存至戒。又略記謨訓於後，使萬世而下知聖學淵懿，仁民愛物，高出帝王之表蓋如此。若夫陛下功德兼隆，同符太宗，天下將誦而歌舞之，固非臣謇訥所能宣也。翰林學士、中奉大夫、知制誥、兼侍讀、兼太子詹事、兼脩國史、管城縣開國子、食邑五百户、賜紫金魚袋臣周某謹記。

〔二〕天：傅校本作「玉」。
〔三〕哲：原作「太」，據明澹生堂鈔本、傅校本改。

論文海命名劄子 淳熙六年

臣準省劄，備奉聖旨〔一〕，以呂祖謙編類到《聖宋文海》〔二〕，令臣撰序。臣仰惟陛下當宵旰勵精，規恢大業，日不暇給之際，猶以餘力垂意本朝名士之著述，特命館職精加採取，類爲一書，將與《文選》、《文粹》並傳永久，其加惠於斯文甚厚。臣雖駟骸不才，無以序前人所爲作者之意，然叨塵詞禁，恭值陛下觀乎人文以化成天下，紀事之端，固其職也。但臣伏思《文選》、《文粹》者，皆以精擇爲義，而江鈿所編頗失之泛，故其命名有取於海。今若襲而用之，似未足以仰副隆指。謂宜出自淵衷，別賜一字以詔來世。或恐不必上勤肆筆，即願令宰執商量擬進，仍以「皇朝」二字冠其上，用示悠遠無疆之意。臣當推廣聖意，擬述序引，恭俟制旨鑑定。伏取進止。

繳進文鑑序劄子 淳熙六年

臣近者恭奉聖旨，撰《皇朝文鑑序》。臣竊惟聖朝文章之盛遠過前代，陛下既命採擇其菁華，仰以備乙覽，俯以幸學者，宜有高文爲之序引，以敷達聖意。而臣適在翰苑，猥當執簡，聞見淺陋，語言荒蕪，勉塞明詔，無所逃罪。其序文今已撰成，謹録封進，臣無任慚惶兢懼之至。取進止。

皇朝文鑑序

臣聞文之盛衰主乎氣，辭之工拙存乎理。昔者帝王之世，人有所養而教無異習。故其氣之盛也，如水載物，小大無不浮；其理之明也，如燭照物，幽隱無不通。國家一有殊功異德卓絶之跡，則公卿大夫下至於士民，皆能正列其義〔三〕，紱飾而彰大之，載於《書》，詠於《詩》，略可考已。後世家異政，人殊俗。剛大之不充，而委靡之習勝；道德之不明，而非僻之說入。作之弗振也，索之易窮也。譬之盪舟於陸，終日馳驅無以致遠；搏土爲像，丹青其外而中奚取焉？此豈獨學者之罪哉？上之教容有未至焉爾〔四〕。時不否則不泰，道不晦則不顯。天啓藝祖，生知文武，取五代破碎之天下而混一之，崇雅黜浮，汲汲乎以垂世立教爲事。列聖相承，治出於一。援毫者知尊周、孔，游談者羞稱楊、墨。是以二百年間英豪踵武，其大者固已羽翼六經，藻飾治具，而小者猶足以吟咏情性，自名一家。蓋建隆、雍熙之間其文偉，咸平、景德之際其文博，天聖、明道之辭古，熙寧、元祐之辭達。雖體制互異〔五〕，源流間出，而氣全理正，其歸則同。嗟

〔一〕 明澹生堂鈔本此下多「撰皇朝文鑑序臣竊惟」九字。
〔二〕 到：原作「列」，據明澹生堂鈔本改。
〔三〕 正：原作「立」，據明澹生堂鈔本、傳校本及《皇朝文鑑》卷首改。
〔四〕 「教」下，明澹生堂鈔本、四庫本有「化」字。
〔五〕 異：四庫本、傳校本、《鶴林玉露》卷四引作「興」，明澹生堂鈔本作「與」，蓋亦「興」之形誤。

乎！此非唐之文也，非漢之文也，實我宋之文也，不其盛哉！皇帝陛下天縱將聖如夫子，焕乎文章如帝堯。萬幾餘暇，猶玩意於衆作，謂篇帙繁夥，難於徧覽，思擇有補治道者表而出之。乃詔著作郎吕祖謙發三館四庫之所藏，裒縉紳故家之所録，斷自中興以前，彙次來上。古賦詩騷則欲主文而譎諫，典策詔誥則欲温厚而有體。奏疏表章取其諒直而忠愛者，箴銘贊頌取其精慤而詳明者。以至碑記論序書啓雜著，大率事辭稱者爲先，事勝辭則次之；文質備者爲先，質勝文則次之。復謂律賦經義，國家取士之源，亦加采掇，略存一代之制。定爲一百五十卷。規模先後，多本聖心。承詔於淳熙四年之仲冬，奏御於六年之正月，賜名《皇朝文鑑》，而命臣爲之序。臣待罪翰墨，才識駑下，固無以推原作者，闡繹隆指，抑嘗竊讀《大雅》之詩，而知祖宗所以化成天下者矣。《棫樸》，官人也；《旱麓》，受祖也。辭雖不同，而俱以「遐不作人」爲言。蓋魚躍於淵，氣使之也；追琢其章，理貫之也。况夫雲漢昭於上，豈弟施於下，濟濟多士，其有不觀感而化者乎？是則祖宗啓之，陛下繼焉。樂文王之壽考，申太王、王季之福禄，人才將至於不可勝用，豈止乎能文而已？臣雖不肖，尚當執筆以頌作成之效云。臣謹序[一]。

[一] 原刻文末校云：「案：是卷知聖道齋本原列第四，因卷二、卷三係列《内制》，自卷五至卷十又列《内制》，中間獨此一卷錯出，未免參差。今改編爲第十卷，庶《内制》八卷相連，較便檢閲。」按本卷明澹生堂鈔本、四庫本編入《全集》卷一百一十卷，《玉堂類稿》卷一〇。

廬陵周益國文忠公集卷一一一

玉堂類稿卷一一

敕

賜南平王李天祚郊祀加恩制誥敕書 乾道六年

敕南平王李天祚〔一〕：朕順迎至景，祗款圓丘。乃眷南邦，夙虔內貢。撫封雖遠，推惠不遐。寵以綸言，申之賜式。往膺廷渙，庸對神釐。今賜卿馬二匹、金鍍銀作子鞍轡一副、纓紋全衣一襲、紫羅夾公裳一領、熟白小綾寬汗衫一領、熟白小綾勒綿一條、熟白大綾寬夾袴一腰、紅羅夾繡三襜一條、抱肚一條、二十五兩金御仙花腰帶一條、五十兩白成銀腰帶匣一具、金花銀一百兩、鈔鑼二面、衣着細衣着共雜色絹二百疋、綠絹四十三疋、赤黃絹二十三疋、緋絹三十疋、淺色絹三十二疋、碧絹二十二疋、槐黃絹二十六疋、粉紅絹二十四疋，至可領也。故茲示諭，想宜知悉。春寒，卿比平安好？遺書指不多及〔二〕。

賜南平王李天祚曆日敕書 乾道七年八月

敕南平王李天祚〔三〕：堯重南交，歷星辰而申命；禹臨四海，暨聲教以成功。菲涼雖愧於前猷，正朔當頒於遠服。其成密度，用洽同文。今賜卿乾道八年曆日一卷，至可領也。故茲示諭，想宜知悉。秋涼，卿比好否？遺書指不多及〔四〕。

賜安南國王嗣子李龍翰淳熙四年曆日敕書 淳熙三年

敕安南國王嗣子李龍翰〔五〕：齊玉衡之政，每欽授於人時；撫銅柱之封，嘉恪遵於侯度。茲預頒於正朔，俾祗迪於王春。堅而拱北之心，廣我暨南之教。今賜卿淳熙四年曆日一卷，至可領也。故茲示諭，想宜知悉。秋涼，卿比好否？遺書指不多及〔六〕。

〔一〕敕南平王李天祚：原無，據日本藏宋刻本、明澹生堂鈔本、四庫本、傅校本補。

〔二〕「今賜卿馬二匹」至「遺書指不多及」：原無，據日本藏宋刻本、四庫本補。其中「紅」字原作「緼」，據日本藏宋刻本、明澹生堂鈔本改。

〔三〕敕南平王李天祚：原無，據日本藏宋刻本、明澹生堂鈔本、四庫本、傅校本補。

〔四〕「今賜卿」至「遺書指不多及」原無，據日本藏宋刻本、明澹生堂鈔本、四庫本、傅校本補。其「至」字，日本藏宋刻本、明澹生堂鈔本、四庫本無。

〔五〕敕安南國王嗣子李龍翰：原無，據日本藏宋刻本、明澹生堂鈔本、四庫本、傅校本補。

〔六〕「今賜卿」至「指不多及」原無，據日本藏宋刻本、明澹生堂鈔本、四庫本補。其中日本藏宋刻本、四庫本脱「日」字。

故安南國王李天祚上遺表及遺進方物賜其子龍翰撫諭敕書[一] 淳熙四年

敕安南國王李龍翰[二]：省廣南西路經略安撫司繳奉卿父所上遺表及遺進方物事。眷惟爾考，久奠南郊，方錫異恩，進邦胙土，奄聞淪謝，良用畫傷。卿肇襲世封，恪遵先志，使軺及境[三]，遺物來庭。克孝而忠，不忘嘉嘆。今令經略安撫司回賜錢帛，可領也。故兹撫諭，想宜知悉。春暄，卿比好否？遺書指不多及[四]。

賜李龍翰封安南國王制誥敕書 四月[五]

敕安南國王李龍翰[六]：朕稽古舊章，誕揚新命。大啓爾宇[七]，嗣長乃師。制綍甚華，恩頒惟典。尚欽寵數，益固隆封[八]。今賜卿馬二疋、金鍍銀作子鞍轡一副、纓紋金紫潤羅夾公服一領、小綾寬汗衫一領、勒帛一條、熟白線綾寬夾袴一腰、紅羅軟繡夾三襜一條、抱肚一條、二十五兩金御仙花腰帶一條、五十兩白成銀腰帶匣一具、金花銀一百兩數、鈔鑼二面、衣着雜色絹二百疋，至可領也。故兹示諭，想宜知悉。春暄，卿比好否？遺書指不多及[九]。

賜安南國王李龍翰曆日敕書

敕安南國王李龍翰[一〇]：朕仰稽天度，俯授民時。遐念藩維，夙同正朔。雖未興於嗣歲[一一]，其預下於新書。尚俾海隅，永陶王化。

〔一〕遺進：傅校本作「遣進」，當是。
〔二〕敕安南國王李龍翰：原無，據日本藏宋刻本、明澹生堂鈔本、四庫本、傅校本補。
〔三〕軺：原作「紹」，據日本藏宋刻本改。
〔四〕「今令經略」至「指不多及」原無，據明澹生堂鈔本、四庫本、傅校本補。
〔五〕四月：原無，據日本藏宋刻本、明澹生堂鈔本、四庫本、傅校本補。
〔六〕敕安南國王李龍翰：原無，據日本藏宋刻本、明澹生堂鈔本、四庫本、傅校本補。
〔七〕大：原作「故」，據日本藏宋刻本改。
〔八〕隆封：四庫本作「封隆」。
〔九〕「今賜卿」至「指不多及」原無，據日本藏宋刻本、明澹生堂鈔本、四庫本、傅校本補。
〔一〇〕敕安南國王李龍翰：原無，據日本藏宋刻本、明澹生堂鈔本、四庫本、傅校本補。
〔一一〕嗣：原作「副」，據日本藏宋刻本改。

賜安南國王李龍翰曆日敕書 淳熙五年八月二十一日〔一〕

朕參稽堯曆，祇叙禹功。正朔所頒，邇遐靡間。眷言藩服，世篤忠誠。宜錫新書，用興嗣歲。尚體授時之意，益堅拱極之心〔二〕。

賜安南國王李龍翰曆日敕書 淳熙六年八月二十五日〔三〕

朕欽崇天道，恪授人時。嘉與多方，共興嗣歲。眷言南服，夙奉中朝。是遵頒朔之文，用懋守藩之績。祇予德意，厚乃民生。

賜占城嗣國王鄒亞娜進奉敕書 淳熙三年三月〔四〕

敕占城嗣國王鄒亞娜：昨據提舉福建路市舶張堅繳奏，卿所遣進奉使副揚卜薩達麻翁畢頓等，賚到表章一通，并貢象牙、乳香、沉香等事。維乃海邦，舊尊中國〔五〕。逮而纂服〔六〕，繼述不忘〔七〕。仍歲以來，使航洊至。旅陳方貢，祇慶郊禋。載念勤誠，良深眷矚。已降指揮，將所貢物以十分爲率，許留一分，其餘依條例抽買給還價錢外，今回賜卿錦三十疋、川生綾二十疋〔八〕、川生押羅二十疋、生樗蒲綾二十疋、川生克絲二十疋、雜色綾一百五十疋、雜色羅一百五十疋、熟白樗蒲綾五十疋、江南絹五百疋、銀一千兩，至可領也。故茲示諭，想宜知悉。春暖，卿比好否？遣書指不多及。

賜皇子判明州魏王愷金合臘藥敕書 金合重一百兩 淳熙二年

敕愷〔九〕：歲當窮臘，時正沍寒。言念賢王，方臨海服。錫之珍劑，副以寶匳。體我眷懷，資而冲攝。

〔一〕八月二十一日：原無，據日本藏宋刻本、明澹生堂鈔本、四庫本、傅校本補。

〔二〕堅：原刻校云：「一本作『肩』。」按日本藏宋刻本亦作「肩」。

〔三〕八月二十五日：原無，據日本藏宋刻本、明澹生堂鈔本、四庫本、傅校本補。

〔四〕淳熙三年三月：原無，據明澹生堂鈔本、傅校本補。

〔五〕中國：原作「國制」，據日本藏宋刻本改。

〔六〕逮而纂：明澹生堂鈔本作「遠而慕」，義長。

〔七〕述：日本藏宋刻本作「美」。

〔八〕川生：原無，據日本藏宋刻本補。明澹生堂鈔本、四庫本、傅校本無「川」字。

〔九〕敕愷：原無，據日本藏宋刻本、明澹生堂鈔本、四庫本、傅校本補。

賜前宰相福建路安撫使陳俊卿銀合臘藥敕書 銀合重一百兩　淳熙二年

敕俊卿[一]：時屬隆冬，氣凝寒律。有懷舊相，復鎮故鄉，民譽既昭，朕心所眷。馳頒良劑，勉嗇冲襟。

賜前執政江南東路安撫使劉珙銀合臘藥敕書 銀合重一百兩　淳熙二年

敕劉珙[二]：卿坐司留鑰，行易歲陰。眷焉帷幄之臣，履此冰霜之候。時頒飲劑，往輔冲和。

賜前執政荊湖北路安撫使楊倓銀合臘藥敕書 銀合重一百兩　淳熙二年

敕楊倓[三]：卿位重節旄，任隆藩閫。屬嚴凝之履序，想綏撫以注懷。寵以頒宣，助其服食。

賜四川安撫制置使范成大銀合臘藥敕書 銀合重五十兩　淳熙二年

敕成大[四]：卿負嚴、徐之望，鎮梁、益之郊。適臨栗烈之辰，遐念冲和之政。宜推珍錫，用助寶調。

賜侍衛馬軍都虞候王明并御前都軍都統制吳挺郭剛皇甫倜魯安仁郭鈞李川郭棣御前諸軍副都統馮湛韓寶張榮張宣于友明椿銀合臘藥敕書 內吳挺用御合重五十兩，餘用汝合重三十兩

敕王明：汝等內懷忠槩[五]，外總戎昭。屬寒律之方凝，軫眷懷而良厚。宜頒靈劑，用助珍調。

[一] 敕俊卿：原無，據日本藏宋刻本、明澹生堂鈔本、四庫本、傳校本補。

[二] 敕劉珙：原無，據日本藏宋刻本、明澹生堂鈔本、四庫本、傳校本補。

[三] 敕楊倓：原無，據日本藏宋刻本、明澹生堂鈔本、四庫本、傳校本補。

[四] 敕成大：原無，據日本藏宋刻本、明澹生堂鈔本、四庫本、傳校本補。

[五] 敕王明汝等：原作「卿等」，據傳校本改補。日本藏宋刻本、明澹生堂鈔本、四庫本作「敕王明汝」。

賜皇子判明州魏王愷金合夏藥敕書 金合重一百兩 淳熙三年

敕愷〔一〕：表海名邦，近畿重地。嘉予賢子，久領藩符。時屬炎蒸，諒勤綏撫。往頒良劑，尚體慈懷。今差入内内侍省内侍高品、幹辦萬壽觀、監通進司朱司政〔二〕，賫賜卿金合夏藥，至可領也。故兹示諭，想宜知悉。

賜福建路安撫使陳俊卿敕書 以下並賜銀合夏藥 淳熙三年

敕俊卿〔三〕：朕以炎曦在候，扇暍存心。言念相臣，遠臨鄉部。特頒靈劑，昭示至懷。穆如清風，慰彼黎庶。今賜卿銀合夏藥，至可領也。故兹示諭，想宜知悉〔四〕。

賜江東路安撫使劉珙敕書 淳熙三年

敕劉珙〔五〕：卿以樞近之臣，茂居留之績。屬兹癉暑，念乃勤勞。特分尚藥之珍，往致衛生之助〔六〕。

賜權四川制置使范成大 淳熙三年

敕成大〔七〕：卿名在西清，寄深全蜀。雖喜雪山之重，豈忘熏殿之凉。寔珍劑於上匳，侈異恩於中宸。尚均此施，加惠彼民。

賜侍衛馬軍都虞候王明并御前諸軍都統制郭棣郭剛魯安仁皇甫倜李川郭鈞副統制韓寶劉沂明椿于友馮湛張宣

敕王明、郭棣等〔八〕：汝膺時遴選，總我戎師〔九〕。候屬炎熇，恩頒名劑。尚推君賜〔一〇〕，普慰士心。

〔一〕敕愷：原無，據日本藏宋刻本、明澹生堂鈔本、四庫本、傅校本補。

〔二〕司：日本藏宋刻本作「思」。

〔三〕敕俊卿：原無，據日本藏宋刻本、明澹生堂鈔本、四庫本、傅校本補。

〔四〕「今賜」至「知悉」原無，據日本藏宋刻本、明澹生堂鈔本、四庫本、傅校本補。

〔五〕敕劉珙：原無，據明澹生堂鈔本、四庫本、傅校本補。

〔六〕此篇末云：「湖北安撫使楊倓、知鎮江府沈夏同詞，改『居留』作『藩宣』。」日本藏宋刻本、明澹生堂鈔本、四庫本於此篇後但題「賜湖北安撫使楊倓知鎮江府沈复（夏），並注：「詞並同前，祇改『居留』二字作『藩宣』。」

〔七〕敕成大：原無，據日本藏宋刻本、明澹生堂鈔本、四庫本補。

〔八〕敕王明郭棣等：原無，據日本藏宋刻本、明澹生堂鈔本、四庫本、傅校本補。

〔九〕戎：原作「成」，據四庫本、傅校本改。

〔一〇〕尚：原作「高」，據日本藏宋刻本改。

賜吳挺

敕吳挺〔一〕：卿選由世將，往扞邊陲。履九夏之炎蒸，撫三軍而勤勩。馳盼芝檢，遠致藥囊。推予乃眷之心，勞爾所臨之士。今賜卿銀合夏藥，至可領也。其夏藥可依年軍中例〔二〕，令近上統制官分賜，仍傳宣撫問。故兹示諭，想宜知悉。

賜皇子判明州魏王愷

敕愷〔三〕：元冥紀律，冰雪方交。言念賢王，鎮臨海國。分頒良藥，以禦凝寒。深體眷懷，益加冲攝。今差入内内侍省内侍黄門梁晫賫賜卿金合臘藥，至可領也。故兹示諭，想宜知悉。冬寒，卿比好否？遣書指不多及〔四〕。

賜前宰相福建路安撫使陳俊卿 以下並賜銀合臘藥

敕俊卿〔五〕：臘寒栗烈，水澤腹堅。吐故納新，雖保冲和之守；順時致養，亦資湯液之功。寔珍劑於寶奩，寵輔臣於帥閫〔六〕。

賜敷文閣待制四川安撫制置使范成大

敕成大〔七〕：嚴凝之氣，始於西南。遐念名臣，方分閫寄。馳頒藥石，用輔保頤。尚體朕恩，併蠲民瘼。

賜前執政知鎮江府沈夏 淳熙三年

敕沈夏〔八〕：季冬之月，天氣沍寒。按録桐君，裁成錦劑。眷言名鎮，方倚舊人。特厚恩頒，用資冲攝〔九〕。

〔一〕敕吳挺：原無，據日本藏宋刻本、明澹生堂鈔本、四庫本、傅校本補。

〔二〕「軍中」二字，日本藏宋刻本、明澹生堂鈔本以正文字體置「夏藥」前。

〔三〕敕愷：原無，據日本藏宋刻本、明澹生堂鈔本、四庫本、傅校本補。

〔四〕「今差」至「指不多及」原無，據日本藏宋刻本、明澹生堂鈔本、四庫本、傅校本補。明澹生堂鈔本脱「内内侍省」四字。

〔五〕敕俊卿：原無，據日本藏宋刻本、明澹生堂鈔本、四庫本、傅校本補。

〔六〕原書本篇末注云：「賜前執政官知建康府江東安撫使劉珙知荆南府湖北安撫使王炎並同詞，但改『帥閫』作『名郡』。」日本藏宋刻本、明澹生堂鈔本、四庫本有題無文，題下云：「並同前詞。」

〔七〕敕成大：原無，據日本藏宋刻本、明澹生堂鈔本、四庫本、傅校本補。

〔八〕敕沈夏：原無，據日本藏宋刻本、明澹生堂鈔本、傅校本補。日本藏宋刻本、四庫本「沈夏」作「沈復」。

〔九〕原書文末注云：「知泉州姚憲、知太平州楊倓並同詞，楊倓但改名郡。」明澹生堂鈔本、四庫本注文在題下。

賜吳拱

敕吳拱〔一〕：言從行闕，往戍別都。風飈凜然，征馭勞止。隨頒藥石，用輔節宣。其廣朕恩，以綏爾衆。

賜御前諸軍都統制吳挺郭剛李川皇甫倜郭棣郭鈞魯安仁御前諸軍副都統韓寶明椿張宣于友王式雄馮湛

敕吳挺等〔二〕：朕深居九重，未嘗一念不在將士，而況固陰沍寒，屯戍勞止，分頒藥石，以致予恩。尚悉乃心，撫循所部。

賜皇子判明州魏王愷金合臘藥敕書 淳熙四年

敕愷〔三〕：冬陰合沓，海氣茫洋。乃眷親賢，久勤牧御。製爲珍劑，寔以寶奩。昭示慈懷，往資冲攝。今差入内内侍省東頭供奉官、幹辦景靈宮賈惟清賞賜云云〔四〕。

賜江南東路安撫使劉珙銀合臘藥敕書〔五〕

敕劉珙〔六〕：卿夙儀近弼，久鎮陪都。邦倚滋隆，民謠載洽。錫之珍劑，禦此凝寒。善加保順，庸副傾矚。

賜荆湖北路安撫使姚憲

敕姚憲：卿藥石往言〔七〕，從閫會易鎮荆都。冰霜凜冽之交，川陸馳驅之久。特頒良劑，用輔冲和〔八〕。民瘼有瘳，朕心乃懌。

賜成都潼川府夔州利州路安撫制置使胡元質

敕元質〔九〕：卿親被選掄，往勤牧御。巴峽凌寒之際，錦城席煖之時。衆藥寔匳，九芝塗檢。助爾保調之術，昭吾眷倚之懷〔一〇〕。

〔一〕敕吳拱：原無，據日本藏宋刻本、明澹生堂鈔本、四庫本、傅校本補。
〔二〕敕吳挺等：原無，據日本藏宋刻本、明澹生堂鈔本、傅校本補。
〔三〕敕愷：原無，據日本藏宋刻本、明澹生堂鈔本、傅校本補。
〔四〕「今差」至「云云」，原無，據日本藏宋刻本、明澹生堂鈔本、四庫本、傅校本補。四庫本無「云云」二字。
〔五〕原題下云：「下同」，即以下標題略去「銀合臘藥敕書」六字。
〔六〕敕劉珙：原無，據日本藏宋刻本、明澹生堂鈔本、傅校本補。
〔七〕敕姚憲卿藥石往：原無，據日本藏宋刻本、明澹生堂鈔本補。日本藏宋刻本無「藥石往」三字。
〔八〕良劑用：日本藏宋刻本、四庫本、傅校本作「藥石往」。
〔九〕敕元質：原無，據日本藏宋刻本、明澹生堂鈔本、傅校本補。
〔一〇〕吾：日本藏宋刻本、明澹生堂鈔本、四庫本作「我」。

賜侍衛馬軍行司武康軍節度使侍衛馬軍都指揮使吴拱御前諸軍都統制吴挺郭剛郭棣郭鈞皇甫倜李川于友魯安仁御前諸軍副都統岳建壽李思齊王世雄韓寶

敕吴拱等〔一〕：朕高居燠館，深念轅門。冒此嚴凝，勤於閲習。宜頒珍劑，用示眷懷。推我惠心，徧而部曲〔二〕。

賜知太平州楊倓〔三〕

敕楊倓、沈夏〔四〕：卿夙聯樞近，外寄藩維。屬此沍寒，勤於宣化。分頒良劑，昭示至懷。民瘼有瘳，朕心則懌。

賜武經大夫榮州刺史差充池州駐劄御前諸軍都統制明椿

敕明椿〔五〕：汝甫膺隆委〔六〕，移戍池陽。屬此凛冬，軫予眷想。寶奩珍劑，特致恩頒。尚克欽承，勉圖報稱。

賜皇子判明州魏王愷金合夏藥〔七〕　淳熙五年

敕愷：有赫炎威，厥惟盛夏，眷言賢子，久鎮海邦。製寶劑以實匳，飭使人而將命。善加沖攝，庸對慈懷。今差入内内侍省内侍黄門楊純賚賜云云。

賜江西路安撫使陳俊卿銀合夏藥敕書

敕俊卿：有赫炎威，厥惟盛夏，眷懷舊相，起鎮潛藩。珍劑實匳，往資沖攝。體兹至意，毋憚暑行。

〔一〕敕吴拱等：原無，據日本藏宋刻本、明澹生堂鈔本、傅校本補。

〔二〕而：四庫本、傅校本作「爾」。

〔三〕按明澹生堂鈔本、四庫本題作「賜知太平州楊倓福建路安撫使沈复（「复」爲「夏」之誤）」此刻本則於正文末注云：「福建路安撫使沈夏同詞。」

〔四〕賜楊倓：原無，據日本藏宋刻本、明澹生堂鈔本、傅校本補。明澹生堂鈔本、傅校本作「敕楊倓沈复」。

〔五〕敕明椿：原無，據日本藏宋刻本、明澹生堂鈔本、傅校本補。

〔六〕膺：原作「舊」，據四庫本、傅校本改。

〔七〕此篇原刻有題無文，明澹生堂鈔本此篇後有正文如下：「有敕：眷我真儒，爲時名相。兹屬官儀之□，進專魁柄之特。豈以牢辭，而回定命？」此是辭免批答，當爲錯簡之文。今據日本藏宋刻本補。又原刻題下并注云：「以下缺四首。」據目録，另三首爲《賜陳俊卿》、《賜劉珙》、《賜李彦穎姚憲》。按：日本藏宋刻本載有此本所佚《賜江西路安撫使陳俊卿銀合夏藥敕書》、《賜江東路安撫使劉珙福建路安撫使沈复銀合夏藥敕書》、《賜浙東路安撫使李彦穎湖北路安撫使姚憲銀合夏藥敕書》、《賜大理少卿葉模等獎諭敕書》、《賜大理卿吴交如等獎諭敕書》五首，此并據補。

賜江東路安撫使劉珙福建路安撫使沈复銀合夏藥敕書

敕劉珙：有赫炎威，厥惟盛夏，眷懷舊弼，久鎮陪都。沈复改云「方鎮閩藩」，餘並同詞。珍劑實匳，往資冲攝。尚欽厚意，善撫吾民。

賜浙東路安撫使李彦穎湖北路安撫使姚憲銀合夏藥敕書

敕彦穎等：有赫炎威，厥惟盛夏，眷懷舊弼，初鎮輔藩。姚憲改云「方鎮荆州」，餘並同詞。珍劑實匳，往資冲攝。尚欽厚意，善撫吾民。

獎諭大理寺獄空敕書〔二〕

賜大理少卿葉模等獎諭敕書　淳熙二年十二月十六日

敕葉模等：省三省進呈汝等劄子「見禁公事，勘斷盡絕。見今獄空，本寺官欲上表稱賀」事。蓋聞刑當期於無刑，訟必使之無訟。好生洽德，茲不犯於有司；克俊宅心，罔攸兼於庶獄。古能臻此，朕實慕之！每開三面祝網之仁，常軫一失向隅之念。嘉汝士師之職舉，俾予廷尉之圄空。諒深體於哀矜，亦咸幾於中正。閱章於再，稱美不忘。所請上表宜免。故茲獎諭，想宜知悉。

賜大理卿吴交如等獎諭敕書　淳熙五年閏六月五日

朕念時方癉暑，愚民無知，或麗於辟。前詔四方司政典獄分部而平反之，茲閏月甲午，復御便殿，親理囚繫，庶幾好生之德，洽於中外。汝等列職廷尉，見謂吉人，惟明克允，夙致其力。刑清之效，遂著於今。朕既汝嘉，勿勞賀也。所請上表宜免。故茲獎諭，想宜知悉。

示諭除節鎮敕書〔三〕　布政榜附

賜梁克家辭免除右丞相不允批答　同前

有敕：朕仰稽乾象，府酌欒言，肇新輔弼之名，對寵英賢之拜。毋勤諭，往趣欽承。

〔二〕　獎諭大理寺獄空敕書：原無，據日本藏宋刻本補。
〔三〕　示諭除節鎮敕書：原無，據日本藏宋刻本補。

賜李彥穎辭免除參知政事不允仍斷來章

淳熙二年九月十二日

有敕：經務神樞，已彈碩畫，贊謀鼎鉉，更藉寵摹。其視訓言，其專廉遜。

賜王淮辭免除簽書樞院事不允仍斷來章批答 同前

有敕：敷文緯國，久湧惠泉。耀武折衝，俶資籌箸。亟承涣渥，毋執謙言。

賜士輵再辭免除少傅不允批答 淳熙三年正月十日

有敕：榮親施惠，雖溥及於群公；貴老敦宗，獨序陞於九棘。欽予時命，視乃批章。

賜成都潼川府夔州路安撫制置使胡元質銀合夏藥敕書

敕元質〔一〕：有赫炎威，厥惟盛夏。眷言全蜀，煩我近臣。珍劑實奩，往資冲攝。欽承至意，善撫遠民。

賜知太平州楊倓

敕楊倓〔二〕：有赫炎蒸，厥惟盛夏。言念樞庭之舊，久分名壤之麾。特厚恩章，往頒藥石。尚欽予命，益勉民庸。

賜侍衛馬軍行司侍衛馬軍都指揮使吴拱并御前諸軍都統制吴挺郭棣郭剛皇甫倜李川田世卿于友御前諸軍副都統制韓寶王世雄明椿岳建壽李思齊〔三〕

敕吴拱等〔四〕：朕身居高明，心念將士。時當炎律，諒劇煩蒸。宜有頒宣，用資保攝。尚令部曲，咸識眷存。今賜卿等銀合夏藥，并統制、統領、將佐官屬等，並依年例分賜，仍傳宣撫問。故兹示諭，想宜知悉。夏熱，卿等各比好否，遣書指不多及。

〔一〕敕元質：原無，據日本藏宋刻本、明澹生堂鈔本、傅校本補。
〔二〕敕楊倓：原無，據日本藏宋刻本、明澹生堂鈔本、傅校本補。
〔三〕原題作「賜侍衛吴拱吴挺等」，據四庫本補。
〔四〕敕吴拱等：原無，據日本藏宋刻本、明澹生堂鈔本、傅校本補。

及。下闕〔一〕。

示諭安德軍官吏軍民僧道耆壽敕書 淳熙三年

二月

敕安德軍官吏軍民僧道耆壽等〔二〕：朕以伯圭擢秀天支，流徽邦族。剖符持橐，既備著於多庸；植纛建牙，宜時開於巨屏。以示展親之意，以凝彊幹之勳。聞孚號之夬揚，諒周邦之咸喜。已除伯圭安德軍節度使云云〔三〕。故茲示諭，想宜知悉。

示諭荆南官吏軍民僧道耆壽敕書 淳熙四年

四月〔四〕

敕荆南官吏軍民僧道耆壽等〔五〕：朕以愷恩隆帝子，貴極王封。久分鄞水之符，入奉甘泉之計。易將壇之舊組，加尹伯之新名。乃眷荆郊，實爲樂土〔六〕。聞親賢之遥鎮，諒民吏之均懽。

附皇子愷布政榜

皇子荆南集慶軍節度使、行江陵尹。應荆南管内官吏僧道百姓等〔七〕：茲者述職明庭，拜恩宸扆，更兩鎮節旄之寄，視累朝師尹之儀。戴寵渥之便蕃，省孱庸而兢惕。雖虎符載剖，尚臨東浙之吏民〔八〕；然鶉尾遥瞻，想見南荆之父老〔九〕。鴻惟上聖，卷是名藩，常遴擇於官僚，俾交修於職業。維是文武之屬〔一〇〕，暨乃緇黄之儔〔一一〕，屯戍連營，耆龐居里。各欽承於休德，毋自蹈於非彝。坐令文王好善之民，馴致堯帝可封之屋。諸有尊屬，並存問之。

〔一〕「今賜卿等」至「不多及」原無，據日本藏宋刻本補。明澹生堂鈔本、四庫本、傅校本無「比好否遣書指不多及」。「賜卿等」明澹生堂鈔本作「賜汝等」。又明澹生堂鈔本此下還有「下議論屋」至「所辭宜不允，仍斷來章」七十三字，當爲錯簡，係本書卷一〇九《趙雄再辭免端明殿學士簽書樞院事不允批答》中之文。今據日本藏宋刻本、四庫本補「下闕」二字。

〔二〕敕安德軍官吏軍民僧道耆壽等：原無，據日本藏宋刻本、明澹生堂鈔本、四庫本、傅校本補。

〔三〕「已除」至「云云」，原無，據日本藏宋刻本、明澹生堂鈔本、四庫本、傅校本補。四庫本「云云」作小字「闕」。

〔四〕四月：原無，據日本藏宋刻本、明澹生堂鈔本、四庫本補。

〔五〕「敕荆南」至「等」十二字原無，據日本藏宋刻本、明澹生堂鈔本、傅校本補。

〔六〕實：日本藏宋刻本、四庫本作「素」，義亦通。明澹生堂鈔本作「表」，恐誤。

〔七〕「皇子」至「百姓等」原無，據日本藏宋刻本、明澹生堂鈔本、四庫本、傅校本補。「尹」下有闕字，「百姓」明澹生堂鈔本誤「有姓」。

〔八〕尚：原闕，據明澹生堂鈔本、四庫本、傅校本補。

〔九〕南荆：原作「南京」，據明澹生堂鈔本、四庫本改。

〔一〇〕屬：明澹生堂鈔本、四庫本作「房」。

〔一一〕儔：傅校本作「流」，當是。明澹生堂鈔本作「侃」，當爲「流」之訛。四庫本作「地」。

示諭保寧軍官吏軍民僧道耆壽等敕書 淳熙五年十月〔一〕

朕以史浩懇辭鼎路，留侍經帷。升班聯於三少之中，領節制於九年之後。諒樂郊之有衆，聞舊德之載臨，罔不欣愉，知吾眷顧。

示諭寧武軍敕書 淳熙六年正月十三日〔二〕

敕寧武軍官吏軍民僧道耆壽等〔三〕：朕以曾覿蚤從代邸，久侍漢祠。特升左棘之班，改附西州之節。瞻言樂土，寔遠行都。聞耆舊之遥臨，想旄倪之胥悦。

賜皇子慶王恭王滿散會慶節道場乳香〔四〕 乾道六年，下同　内侍麥敞

有敕〔五〕：良月載臨，永年獻祝。諒彼人天之衆〔六〕，符而忠孝之心。宜錫寶薰，共成慶會。

賜三省官滿散會慶節道場乳香 内侍徐稱

有敕：眷時宰輔，率乃官僚。祝予壽祉之增，灼見忠誠之志。宜均馥郁，用助薰修。

賜樞密院官 内侍韓世榮

有敕：千秋紀節，萬壽祈年。乃眷樞臣，恪修佛供。助爾普薰之願力，均予膸馥於軍民。

賜殿前司 内侍何弼

有敕：卿祗扈殿巖，肅提禁旅。慶流虹之紀瑞，即靈鷲以輸忠。宜寵賚於三薰，助祝筵於萬壽。

賜馬軍司

有敕：卿職總羽林，節逢飛電。籲衆心於兹日，祝萬壽於

〔一〕「官吏」至「十月」原無，據日本藏宋刻本、明澹生堂鈔本補。
〔二〕六年正月十三日：原無，據日本藏宋刻本、明澹生堂鈔本、四庫本補。
〔三〕「敕寧武」至「耆壽等」原無，據日本藏宋刻本、明澹生堂鈔本、傅校本補。
〔四〕日本藏宋刻本、明澹生堂鈔本、四庫本此篇之前原有總題「天申會慶節賜香餅齋筵酒果口宣」。
〔五〕有敕：原無，據日本藏宋刻本、明澹生堂鈔本、四庫本補。本卷以下各篇皆同，不復出校。
〔六〕諒：原作「詠」，據日本藏宋刻本改。

我躬。是錫奇芬，共成勝事。

賜步軍司 內侍徐稱

有敕：卿密總衛兵，欣臨誕序。共輸臣節，仰祝帝齡。寶馨特出於尚方，妙果庶成於梵刹。

賜皇太子 乾道七年天申節，下同。內侍何弼

有敕：時當日永，節紀天申。喜我儲闈，恭祈聖壽。宜致薰修之助，共成勝妙之緣。

賜馬軍司 內侍楊祐

有敕：天其申命用休，載逢誕節；臣能歸美以報，共祝修齡。宜加錫於寶薰，俾助成於勝事。

賜步軍司 內侍韓世榮

有敕：月臨仲夏，節應千秋。眷時宿衛之臣，祝我聖神之壽。宜均馥鬱，用奬勤誠。

賜皇太子 淳熙二年，下同。內侍陸彥端

有敕：律正孟冬，祥開誕序。嘉乃前星之助，祝我後天之期。往炷寶薰，用光金地。

賜三省官 內侍陸彥端

有敕：昜月屆期，紀殊祥於虹渚；柄臣率屬，演密義於鷲峰。有嘉萬壽之祈，宜厚三薰之錫。

賜樞密院官 內侍張思温

有敕：眷乃樞臣，慶予誕節。申祝南山之壽，備繙西竺之書。往續鑪烟，助成法會。

賜殿前司 內侍張思温[一]

有敕：嘉予環尹，率乃偏裨。因彌月之昌期，伸永年之善頌。其頒名馥，以助普薰。

[一] 「內侍」上，日本藏宋刻本有「並係」二字。

賜馬軍司

有敕：誕月發祥，普天獻祝。嘉虎臣之歸美，即鹿苑以輸誠〔一〕。凝此異薰，助其勝事。

賜步軍司 內侍李琪

有敕：延長之祝，備慶於祇園；戒定之香，特頒於御府。庶吾禁旅，同此福緣。

賜皇太子滿散會慶節道場乳香 淳熙四年，下同。內侍高思聰

有敕：誕節將臨，儲明載懌。款三清之秘宇，祝我修齡；賜百和之奇芬，將予厚意。冀成勝妙，同介祺祥。

賜三省官 內侍李祺〔二〕

有敕：誕節屆期，普天獻祝。受臣鄰之歸美，叩仙佛之蘄年。馳錫名薰，助成勝事。

賜樞密院官口宣 內侍宋唤〔三〕

有敕：眷予樞輔，欣際誕辰。言趨薝蔔之林，申祝松椿之算。豈無錫予，用助薰修。

賜殿前司 內侍宋唤〔四〕

有敕：震夙之晨，華夷同慶。眷言環尹，請祝壽齡。分海國之清芳，取精廬之勝會。

賜馬軍司 內侍何弼〔五〕

有敕：時逢誕節，歡動轅門。共伸萬壽之祈，既歷三旬之久，宜頒馨烈，用助勤誠。

〔一〕輸：原作「輔」，據日本藏宋刻本改。
〔二〕內侍：原無，據明澹生堂鈔本、傅校本補。
〔三〕內侍：原無，據明澹生堂鈔本、傅校本補。
〔四〕內侍：原無，據明澹生堂鈔本、傅校本補。
〔五〕內侍：原無，據明澹生堂鈔本補。

賜步軍司　内侍李琪〔一〕

有敕：惟時良將，志切愛君。及此誕辰，祈予壽祉。宜分寶炷，共結勝緣。

賜皇太子　淳熙五年　天中節，下同。　内侍何弼〔二〕

有敕：天中令旦，家國同歡。乃眷元良，預伸頌禱。建成勝事，宜助普薰。

賜三省官　内侍梁彬〔三〕

有敕：卿等欣逢誕慶，請祝永年。大集寶坊，且嚴勝會。宜推珍錫，用續清芬。

賜樞密院　内侍陸彦端〔四〕

有敕：卿長我幾廷，贊予孝治。茲臨誕節，請祝慈齡。馳錫奇芬，助成浄供。

賜殿前司　内侍高思聰〔五〕

有敕：月紀蕤賓，時逢誕慶。有嘉環尹，祝我親齡。宜錫爐薰，共成法供。

賜馬軍司滿散　内侍宋唤〔六〕

有敕：若時將臣，言率其旅。共趨勝地，仰祝慈齡。錫以寶薰，助其忠悃。

賜步軍司　内侍李琪〔七〕　淳熙五年

有敕：炎曦方永，誕節載臨。乃眷虎臣，祝吾親壽。宜分寶炷，共結勝因。

賜三省官赴齋筵酒果

有敕：堯封祝壽，已罄精誠；周雅肆筵，宜均多福。欲資樂愷，更錫旨甘。

〔一〕内侍：原無，據明澹生堂鈔本、傅校本補。
〔二〕内侍：原無，據明澹生堂鈔本、傅校本補。
〔三〕内侍梁彬：原無，據明澹生堂鈔本補。
〔四〕内侍：原無，據明澹生堂鈔本、傅校本補。
〔五〕内侍：原無，據明澹生堂鈔本、傅校本補。
〔六〕内侍：原無，據明澹生堂鈔本、傅校本補。
〔七〕内侍：原無，據明澹生堂鈔本、傅校本補。

賜樞密院官赴齋筵酒果 内侍陸彦端〔一〕

有敕：卿等罄乃誠心〔二〕，祝我親壽〔三〕。既成法會，方啓燕觴。宜有分頒，用昭眷寵。

〔一〕内侍：原無，據明澹生堂鈔本、傅校本補。
〔二〕卿等：原無，據明澹生堂鈔本、四庫本補。
〔三〕我：明澹生堂鈔本、四庫本、傅校本作「吾」。

廬陵周益國文忠公集卷一一二

玉堂類稿卷一二

口宣

撫問端明殿學士新知信州洪遵〔一〕 乾道六年八月 內侍韓世榮〔二〕

有敕：卿起臨近郡，入奏便朝。念遠涉於川塗，盍分頒於茗劑？式宣恩指，尚體眷私。

撫問新知隆興府蔣芾〔三〕 八月〔四〕 內侍王公昌〔五〕

有敕：卿甫御祥琴，即分帥鉞。趣修過闕之覲，載念遵途之勞。宜錫珍良，用昭眷待。

撫問恩平郡王璩 十月九日〔六〕 內侍王公昌〔七〕

有敕：卿閒講慶儀〔八〕，請修覲禮。適屬風霜之凜，有懷涉履之勞。往致恩頒，用彰友愛〔九〕。

撫問新知平江府魏杞 十二月三日〔一〇〕 內侍符永思

有敕：朕眷懷舊相，擢鎮近藩。遄驅將及於郊畿，廷勞特馳於使驛。仍厚珍良之錫，用資輔養之方。

撫問賀金國生辰使副趙雄等〔一一〕 四月十四日〔一二〕

有敕：卿等肅持使節，遠聘鄰疆。久驅北道之車，善返南轅之旆。馳頒茗劑，昭示眷懷。

〔一〕撫問：原無，按原刻於繫年下注云：「到闕撫問並賜銀合茶藥口宣，以下同。」又日本藏宋刻本、明澹生堂鈔本、四庫本、傅校本均於每篇題上有「撫問」二字，據補。下同，不復出校。

〔二〕「內侍韓世榮」五字原無，據日本藏宋刻本、明澹生堂鈔本、四庫本、傅校本補。

〔三〕隆：四庫本、傅校本作「紹」。

〔四〕八月：原無，據明澹生堂鈔本補。

〔五〕王公昌：明澹生堂鈔本作「韓世榮」。

〔六〕十月九日：原無，據日本藏宋刻本、明澹生堂鈔本、傅校本補。

〔七〕內侍王公昌：原無，據日本藏宋刻本、明澹生堂鈔本、傅校本補。

〔八〕閒講慶儀：原作「□□講儀」，據傅校本補改。

〔九〕原刻文末校云：「別本佚此一首」，按四庫本無此篇。

〔一〇〕十二月三日：原無，據日本藏宋刻本、明澹生堂鈔本、四庫本、傅校本補。

〔一一〕等：原無，據明澹生堂鈔本、四庫本、傅校本補。

〔一二〕四月十四日：原無，據日本藏宋刻本、明澹生堂鈔本、四庫本、傅校本補。

撫問皇子魏王愷口宣　五月〔一〕　内侍謝安道

有敕：鎮宣城千里之地，曾未淹時；奉德壽萬年之觴，爰初請覲。念載驅於暑路，特加錫於寶匳。

撫問端明殿學士新知建康府洪遵　六月〔二〕　内侍陸彦端

有敕：卿就更留鑰，祗覲宸廷。念暑路之載驅，軫眷懷而良厚。宜加頒賚，用輔保調。

撫問賀金國正旦使副莫濛孫顯祖　乾道八年　内侍韓世榮

有敕：卿等咸膺遴選，遠聘殊鄰。兹成禮以言歸，嘉道塗之良勩〔三〕。馳頒茗劑，往勞騑驂。

撫問吴拱　淳熙三年四月〔四〕　内侍李琪

有敕：卿遠趨嚴召，甫及近郊。載惟冒涉之勞，良軫眷懷之厚。欲資沖養，爰有寵頒。

撫問賀金國正旦使副謝廓然等　内侍韓世榮

有敕：春律既中，陽和有俶。言念皇華之使，遠勤四牡之歸。思浣朔塵，是推賜式。

撫問賀金國生辰使副張宗元等　内侍張思温

有敕：卿等自春涉夏，由北而南。有嘉跋履之勤，不負光華之遣。宜加獎勞，用表眷知。

撫問賀金國正旦使副錢良臣等　淳熙五年二月十二日　内侍李琪

有敕：卿等肅將朝命〔五〕，遠聘朔庭〔六〕。兹訖事以言歸，想遵塗之良勩。迎加寵勞，仍有分頒。

〔一〕五月：原無，據日本藏宋刻本、明澹生堂鈔本、四庫本、傅校本補。
〔二〕六月：原無，據日本藏宋刻本、明澹生堂鈔本、四庫本、傅校本補。
〔三〕道：日本藏宋刻本、明澹生堂鈔本、四庫本、傅校本作「遵」。
〔四〕四月：原無，據日本藏宋刻本、明澹生堂鈔本、四庫本補。
〔五〕將：原作「持」，據日本藏宋刻本、四庫本、傅校本改。
〔六〕庭：原作「廷」，據日本藏宋刻本、明澹生堂鈔本、四庫本改。

撫問吴挺 六月二十日　内侍高思聰

有敕：卿遠祇嚴召，入覲行都。當盛夏之炎蒸，念修途之勞勩。迎加勞問，昭示眷存。

撫問恩平郡王璩 淳熙六年八月八日〔一〕　内侍宋暎

有敕：卿侍祠重屋，利涉濤江。喜聞一節之趨，將遂三年之見。迎頒茗劑，助保冲和。

撫問新知明州范成大 淳熙七年三月四日　内侍李琪

有敕：朕緬懷舊德，起表東藩。喜舟御之遄征，即都門而行勞〔二〕。仍加頒賚，用示眷存。

皇子愷郊祀加恩 乾道六年〔三〕

有敕：甘泉毖祀，既底禮成；宣室均釐，當由近始。祇服綸言之寵，益勤子職之脩。

皇弟璩

有敕：並貺之休，徧於中外；益封之寵，及我親賢。其祇服於命書，以永綏於帝祉。

皇兄居廣

有敕：朕拜貺熙壇，均釐近族。厚其土田之錫〔四〕，粲然綸綍之華。式克欽承，力圖報稱。

鄭藻

有敕：朕拜貺觚壇，推恩戚畹。歸示均釐之意〔五〕，亦疇執事之庸〔六〕。祇服寵光，永綏戩穀。

劉懋

有敕：眷言妃族，久即里居。茲因郊賚之行〔七〕，加厚邑租之賜。其膺寵渥，益介壽祺。

〔一〕八月：原作「二月」，據日本藏宋刻本、明澹生堂鈔本、四庫本、傅校本改。
〔二〕都：原作「國」，據日本藏宋刻本、明澹生堂鈔本、四庫本、傅校本改；行：日本藏宋刻本作「廷」，四庫本作「迎」。
〔三〕原注：「以下賜告口宣。」
〔四〕其：日本藏宋刻本作「甚」。
〔五〕歸：日本藏宋刻本、傅校本作「既」。
〔六〕亦：日本藏宋刻本、傅校本作「以」。
〔七〕因郊：四庫本作「由邦」。

成閔郊祀加恩

有敕：朕受釐穹壤，均福邇遐。眷言分閫之臣，阻預侍祠之列。特加邑賦，往服命書。

蒲察久安

有敕：禮神頌祇，甫竣元祀。加地進律，用賁多庸。孚號有光，恩承無斁。

李顯忠主管侍衛馬軍司公事 十一月〔一〕

有敕：卿早〔二〕蘊奇謀，今爲宿將。總天營之萬騎，衛禁陛之重城〔三〕。服我綸言，勉而〔四〕忠槩。

虞允文慶壽加尊號轉官 乾道七年

有敕：榮名盛禮，既並奉於尊親；高爵崇階，宜特加於輔相。其祇綸命，以對邦休。

李顯忠特復太尉 六月〔五〕

有敕：乃眷虎臣，素推忠槩。兹還鵲印，增壯戎容。其祇服於命書，以勉圖於報禮。

王炎除樞密使依舊四川宣撫使 七月〔六〕

有敕：朕眷懷元老，擢冠本兵。雖遥帷幄之咨，實厚股肱之體。欽承恩詔，益勉忠圖。

史浩遇慶壽加恩

有敕：禮成東内，慶浹多方〔七〕。眷惟舊德之良，錫以新恩之厚。往祇詔綍，茂對王休。

鄭藻

有敕：稱壽親庭，推恩戚畹。特啓封於樂國，仍衍食於腴

〔一〕十一月：原無，據日本藏宋刻本、明澹生堂鈔本、四庫本補。
〔二〕早：傅校本作「素」。
〔三〕重城：日本藏宋刻本、四庫本作「九重」。
〔四〕而：日本藏宋刻本、傅校本作「爾」。
〔五〕六月：原無，據日本藏宋刻本、明澹生堂鈔本、四庫本、傅校本補。
〔六〕七月：原無，據日本藏宋刻本、四庫本、《宋史》卷三四《孝宗紀》補。
〔七〕浹：傅校本作「洽」。

田。往錫制函，庸均邦慶〔二〕。

曾覿

有敕：卿感會風雲，參連衮繡〔三〕。值萬年之慶禮，廣多户之腴田。欽帥訓辭，肅承恩渥。

楊倓

有敕：卿入陪樞省，出殿帥垣。邦有榮懷，恩加采邑。往祇承於予命，思奮勵於乃猷。

吴拱

有敕：朕輯古禮文，慶親壽嘏。眷秉旄之宿將，方祗覲於昕朝。迎受詔函，欽承邦涣。

皇弟居中 淳熙二年

有敕：朕奉册寶之華，慶庭闈之壽。宜推邦涣，用侈宗盟。往其肅承，體我敦睦。

劉懋

有敕：朕肇舉慶儀，溥施惠澤。眷言耆舊，久適燕間。申加邑户之多，亟奉絲綸之寵〔三〕。

趙伯圭除節度使〔四〕 二月〔五〕

有敕：恩畀碧幢，夙隆儀數〔六〕。禮均黄閣，益峻徽章。往承錫命之優，思稱展親之厚。

趙伯圭除開府儀同三司 淳熙二年九月

有敕：卿蔚以宗英，孚於衆望。俾遥臨於節鎮，庸夾輔於京師。欽帥訓辭，益圖報禮〔七〕。

〔一〕均：原闕，據日本藏宋刻本、傅校本補。明澹生堂鈔本、四庫本作「切」。
〔二〕連：日本藏宋刻本、明澹生堂鈔本、四庫本作「聯」。
〔三〕奉：日本藏宋刻本作「服」。
〔四〕此篇内容，日本藏宋刻本、明澹生堂鈔本、四庫本與下篇《趙伯圭除開府儀同三司》内容互换，當是。
〔五〕二月：原無，據日本藏宋刻本、明澹生堂鈔本、四庫本補。
〔六〕儀：日本藏宋刻本、明澹生堂鈔本、四庫本作「異」。
〔七〕「卿蔚以」至「益圖報禮」，明澹生堂鈔本、四庫本題作《趙伯圭除節度使口宣》。

吴拱除侍衛馬軍都指揮使〔一〕 淳熙三年十月十四日〔二〕

有敕：卿勇冠三軍，勳高再世。擢提騎旅，增壯戎容。往服訓言，益圖報稱。

曾覿郊禮加恩〔三〕

有敕：朕竭誠毖祀，拜貺高穹。眷代邸之耆英，陪漢壇之陟恪。式頒綸命，往服恩腴。

皇子魏王愷除荆南集慶軍節度使行江陵尹 淳熙四年四月五日〔四〕

有敕：尹正之權，國朝所重。欲增華於節鉞，肆加寵於親賢。往祇綸綍之言，益壯藩維之勢。

王友直除殿前都指揮使 淳熙五年二月十八日〔五〕

有敕：卿久貳殿巖，備宣乃力。兹頒綸命，益正其名。祇服恩徽〔六〕，勉圖報稱〔七〕。

皇子魏王愷除永興成德軍節度使雍州牧 閏六月十三日〔八〕

有敕：疇庸鄗永，建牧咸陽。仍更節鉞之雄，用作藩符之寵。欽承綸命，益聳民瞻。

吴挺除利州西路安撫使兼知興州

有敕：卿載馳十乘，入覲九重。適分置於帥藩，遂就頒於綸命。欽承異寵，往奮顯庸。

〔一〕吴拱：明澹生堂鈔本作「吴挺」。
〔二〕十月十四日：原無，據明澹生堂鈔本補；日本藏宋刻本、四庫本作「十一月十四日」。
〔三〕禮：原作「祀」，據日本藏宋刻本、明澹生堂鈔本、四庫本改。
〔四〕四月五日：原無，據日本藏宋刻本、明澹生堂鈔本、四庫本、傅校本補。
〔五〕二月十八日：原無，據日本藏宋刻本、明澹生堂鈔本、四庫本、傅校本補。
〔六〕徽：日本藏宋刻本、傅校本作「猷」。
〔七〕勉圖報稱：日本藏宋刻本、明澹生堂鈔本、四庫本作「勉圖忠報」。
〔八〕閏六月十三日：原無，據日本藏宋刻本、明澹生堂鈔本、四庫本、傅校本補。

史浩玉牒所進書加恩 淳熙五年十月二十三日〔一〕

有敕：總率諸儒，裁成鉅典。肆衍爰田之賦，用增臺路之華。茲錫明綸，尚欽異數。

史浩除少傅 十一月十四日〔二〕

有敕：避寵鈞衡，高風可尚。兼官得相〔三〕，明制斯頒。其即欽承，以符眷注。

曾覿授少保 正月十日〔四〕

有敕：卿爲時耆俊，荷國寵榮。越升孤保之崇，併易將旄之重。其承綸命，以副朕心。

王淮秘書省進書加恩 八月十一日〔五〕

有敕：書成册府，階進樞廷。酬典領之舊勞，示弼諧之厚禮。其承綸命，以闡儒猷。

右僕射虞允文辭免敕局進書轉官 賜不允批答口宣〔六〕。下同。 乾道六年十一月三十日〔七〕

有敕：明刑弼教，既覽成書；重賞眂功，宜加峻秩。奚爲固避，往即欽承。

賜皇子慶王愷辭免郊恩 十二月十二日〔八〕

有敕：祭受其福，方與衆同；爵惟其賢，豈容獨避？亟祗申命，毋費牢辭〔九〕。

〔一〕十月二十三日：原無，據日本藏宋刻本、明澹生堂鈔本、四庫本補。傅校本作「十月二十日」。
〔二〕十一月十四日：原無，據日本藏宋刻本、明澹生堂鈔本、四庫本、傅校本補。
〔三〕得：四庫本作「傳」，日本藏宋刻本、傅校本作「將」。
〔四〕正月十日：原無，據日本藏宋刻本、明澹生堂鈔本、四庫本補。
〔五〕八月十一日：原無，據日本藏宋刻本、明澹生堂鈔本、四庫本補。
〔六〕賜不允批答口宣：明澹生堂鈔本、四庫本標於本篇題前。
〔七〕十一月三十日：原無，據日本藏宋刻本、明澹生堂鈔本、四庫本補。傅校本作「十月十三日」。
〔八〕十二月十二日：原無，據日本藏宋刻本、明澹生堂鈔本、四庫本補。
〔九〕「祭受其福」至「牢辭」，日本藏宋刻本、明澹生堂鈔本、四庫本爲下篇《皇子再辭免口宣》之文。

皇子再辭免 十二月十三日〔一〕

有敕：比均帝祉，首及嗣賢；亦既告廷，豈容反汗？其趣承於渙命，毋重刻於遜章〔二〕。

皇兄居廣再辭免郊禮加恩〔三〕 十二月十六日〔四〕

有敕：朕誕敷祭澤，加惠宗盟；亦既告廷，豈容反汗？亟祗成命，用對殊休。

鄭藻再辭免郊禮加恩 十二月二十日〔五〕

有敕：祭而受祉，既欲及人。臣也有勞，又當與邑。力辭爲過，祗受乃宜。

士銖再辭免郊禮加恩 十二月二十一日〔六〕

有敕：合周宗族，以展精禋；錫魯土田，是均霈澤。亟祗朕命，毋執而謙。

李顯忠再辭免郊禮加恩 十二月二十二日〔七〕

有敕：親祠甫畢，慶澤下延。載疇扈衛之勞，特厚褒嘉之寵〔八〕。毋留朕命，益懋爾忠。

劉懋再辭免郊禮加恩 十二月二十九日〔九〕

有敕：靈承天地，陟配祖宗。成一代之上儀，涉萬方而大賚。有如懿戚，寧許終辭？

〔一〕十二月十三日：原無，據日本藏宋刻本、明澹生堂鈔本補。
〔二〕此篇内容，日本藏宋刻本、明澹生堂鈔本、四庫本爲上篇《皇子慶王愷辭免郊恩口宣》内容。
〔三〕郊禮：原作「郊祀」，據日本藏宋刻本、明澹生堂鈔本、四庫本改。以下四篇同，不復出校。
〔四〕十二月十六日：原無，據日本藏宋刻本、明澹生堂鈔本、四庫本、傅校本補。
〔五〕十二月二十日：原無，據日本藏宋刻本、明澹生堂鈔本、四庫本、傅校本補。
〔六〕十二月二十一日：原無，據日本藏宋刻本、明澹生堂鈔本、四庫本、傅校本補。
〔七〕十二月二十二日：原無，據日本藏宋刻本、明澹生堂鈔本、四庫本、傅校本補。
〔八〕嘉：原作「加」，據日本藏宋刻本、明澹生堂鈔本、四庫本、傅校本改。
〔九〕十二月二十九日：原無，據日本藏宋刻本、明澹生堂鈔本、四庫本、傅校本補。

虞允文辭免慶壽加尊號轉官進封 正月二十四日〔一〕

有敕：卿爲時真宰，相我盛容。時加不次之恩，用表非常之慶。亟承三接，何事再辭？

梁克家 乾道七年正月二十四日〔二〕

有敕：卿學貫古今，識周事物。助我寧親之志，成兹希世之儀。毋執經常，亟膺寵秩。

皇子慶王愷辭免進封魏王 二月十一日〔三〕

有敕：夙勤子道，久奉王藩。舉進律之褒章，資維城之實効。亟宜祇受，勿事固辭。

皇太子辭免立儲 二月十一日〔四〕

有敕：賢德修乎時敏，英姿見乎夙成。乃協龜繇，俾開鶴禁。已誕揚於涣命，毋溶貢於謙詞。

皇子慶王愷辭免進封魏王 二月十二日〔五〕

有敕：宛陵大藩，江左重地。賁加節錫封之寵，爲剖符分土之光〔六〕。宜念宗强，毋留朕命。

皇太子辭免領臨安尹 四月二十九日〔七〕

有敕：養德東宫，既茂揚於多譽；牧民南府，宜就正於羣方〔八〕。成命已行，謙詞可略。

〔一〕正月二十四日：原無，據日本藏宋刻本、明澹生堂鈔本、四庫本、傅校本補。

〔二〕正月二十四日：原無，據日本藏宋刻本、明澹生堂鈔本、四庫本、傅校補。

〔三〕二月十一日：原無，據日本藏宋刻本、明澹生堂鈔本、四庫本、傅校本補。

〔四〕二月十一日：原無，據明澹生堂鈔本、四庫本、傅校本補。日本藏宋刻本作「同前」。

〔五〕二月十二日：原無，據日本藏宋刻本、明澹生堂鈔本、四庫本補。

〔六〕剖：原作「部」，據日本藏宋刻本、四庫本、傅校本改。

〔七〕四月二十九日：原無，據日本藏宋刻本、明澹生堂鈔本、四庫本補。

〔八〕羣：原作「郡」，據日本藏宋刻本、明澹生堂鈔本、四庫本改。

虞允文再辭免除左丞相〔一〕乾道八年二月十四日〔二〕

有敕：朕仰稽乾象，俯酌輿言。肇新輔弼之名，對寵英賢之拜。毋勤論謝，往趣欽承〔三〕。

梁克家辭免除右丞相 淳熙三年

有敕：眷我真儒，爲時名相。兹屬官儀之□〔四〕，進專魁柄之持。豈以牢辭，而回定命？

李彥穎辭免除參知政事 閏九月十二日〔五〕

有敕：經務神樞，已殫碩畫；贊謀鼎鉉，更藉宏模〔六〕。其視訓言，勿專廉遜。

王淮辭免除簽書樞密院事 同前〔七〕

有敕：敷文緯國，久湧惠泉〔八〕；耀武折衝，俶資籌筴。亟承渙渥，毋執謙言。

士輵再辭免除少傅 正月十日〔九〕

有敕：榮親施惠，雖溥及於群公；貴老敦宗，獨序陞於九棘。欽予時命，視乃批章。

龔茂良再辭免進書轉官 三月十九日〔一〇〕

有敕：紀中興之盛烈，既上奏篇；旌太史之多庸，肆加懋賞。亟其祗受，勿事謙辭。

李彥穎再辭免進書轉官 三月十九日〔一一〕

有敕：史觀成書，講一時之盛典；輔臣相禮，進二等之崇階。成命已行，固辭奚益？

〔一〕左：原作「右」，據日本藏宋刻本、明澹生堂鈔本、四庫本、《宋史》卷三四《孝宗紀》二改。

〔二〕二月十四日：原無，據日本藏宋刻本、明澹生堂鈔本、四庫本補。

〔三〕日本藏宋刻本本篇内容與下篇《梁克家辭免除右丞相》内容互换。

〔四〕屬官儀之：原缺，據日本藏宋刻本、傅校本補。

〔五〕閏九月十二日：原無，據日本藏宋刻本補。

〔六〕宏：原作「寵」，據日本藏宋刻本改。

〔七〕同前：原無，據日本藏宋刻本補。

〔八〕惠：日本藏宋刻本作「思」。

〔九〕正月十日：原無，據日本藏宋刻本、傅校本補。

〔一〇〕三月十九日：原無，據日本藏宋刻本、明澹生堂鈔本、四庫本、傅校本補。

〔一一〕三月十九日：原無，據明澹生堂鈔本、四庫本、傅校本補。日本藏宋刻本作「同前」。

吴拱再辭免除右金吾衛上將軍 四月十二日〔一〕

有敕：外臨方鎮，内扈禁嚴。非吾世臣，不預茲選〔二〕。疊下汝諧之詔〔三〕，亟思朕命之承。

王淮再辭免除同知樞密院事 八月六日〔四〕

有敕：樞庭置貳，兵政所關。乃眷舊勞，是加新渥。已諒執謙之志，亟思承命之恭。

趙雄再辭免除端明殿學士簽書樞密院事

八月六日〔五〕

有敕：圖任輔臣，異乎列職；選求碩望，協乃師言。既成命之已行，豈沖懷之可徇？

皇子魏王愷辭免除荆南集慶軍節度使行江陵尹 淳熙四年四月五日〔六〕

有敕：雙節之頒，亶爲異數；三辭之禮，備見勞謙。益圖共理之良，焉避惟行之令？

趙雄再辭免除同知樞密院事 十一月七日〔七〕

有敕：卿獨贊兵謀，備宣忠概。爰稽參於人望，俾進貳於樞庭。出命莫回〔八〕，執謙毋過。

王友直再辭免殿前都指揮使 二月六日〔九〕

有敕：卿自典衛兵，備宣忠力。茲正使名之重，以褒將略

〔一〕四月十二日：原無，據日本藏宋刻本、明澹生堂鈔本、四庫本、傅校本補。

〔二〕預：日本藏宋刻本作「在」，傅校本作「與」。

〔三〕疊：四庫本作「特」。

〔四〕八月六日：原無，據日本藏宋刻本、明澹生堂鈔本、四庫本、傅校本補。

〔五〕八月六日：原無，據明澹生堂鈔本、四庫本、傅校本補。日本藏宋刻本作「同前」。

〔六〕四月五日：原無，據日本藏宋刻本、明澹生堂鈔本、四庫本、傅校本補。

〔七〕十一月七日：原無，據日本藏宋刻本、明澹生堂鈔本、四庫本、傅校本補。

〔八〕回：原作「違」，據日本藏宋刻本、四庫本、傅校本改。明澹生堂鈔本誤作「同」。

〔九〕二月六日：原無，據日本藏宋刻本、明澹生堂鈔本、傅校本補。四庫本作「三月六日」。

之長。詔諭甚勤，執謙毋過〔一〕。

錢良臣再辭免端明殿學士簽書樞密院事 二月二十六日〔二〕

有敕：樞廷之重，兵政所關。用人蓋協於僉言，錫命已孚於衆聽。豈宜控避，往即欽承。

史浩再辭免除少傅 三月十七日〔三〕

有敕：疇庸念舊，貴老尊賢。兼四者以申榮，集羣工而誕告。豈容固避，往即欽承。

錢良臣再辭免除參知政事 十一月十八日〔四〕

有敕：朕簡求俊傑，協贊機衡。胡爲遜避之堅，未諒眷懷之厚。已批需牘，亟服涣恩。

王淮辭免除樞密使 十一月二十二日〔五〕

有敕：卿三踰歲筦，四轉樞廷。惟恩禮之加隆，表眷知之方厚。亟祇成涣，毋守常謙。

趙雄再辭免除右丞相 同前〔六〕

有敕：國莫難於置相，人方慶於得賢。固守一謙〔七〕，至勤屢遜。其視諄諄之命，亟符赫赫之瞻。

曾覿辭免除少保 淳熙六年正月十三日〔八〕

有敕：朕念舊興懷，維新錫命。進孤班之峻秩，易將閫之高牙。已諭至恩，毋煩多避。

〔一〕執謙毋過：日本藏宋刻本、四庫本、傅校本作「謙懷毋執」，明澹生堂鈔本脱「懷」字。
〔二〕二月二十六日：原無，據日本藏宋刻本、明澹生堂鈔本、傅校本補。四庫本作「三月二十六日」。
〔三〕三月十七日：原無，據明澹生堂鈔本補。日本藏宋刻本、四庫本作「十一月十七日」。
〔四〕十一月十八日：原無，據日本藏宋刻本、明澹生堂鈔本、四庫本補。
〔五〕十一月二十二日：原無，據日本藏宋刻本、四庫本、傅校本補。
〔六〕同前：原無，據日本藏宋刻本補。
〔七〕固：日本藏宋刻本作「乃」。
〔八〕正月十三日：原無，據日本藏宋刻本、明澹生堂鈔本、四庫本、傅校本補。

曾覿再辭免除少保

有敕：秩加三少，榮易十連。雖中優異之恩，不廢燕閒之樂。於義爲允，固辭謂何？

趙雄辭免敕令所進書轉官 七月十六日〔一〕

有敕：卿經邦道廣，制法才高。兹具覽於成書〔二〕，宜首膺於醲賞。曾是一階之進，豈勞三命之恭？

王淮再辭免進會要轉官 八月十七日〔三〕

有敕：政隨時舉，事以類從。嘉儒林載筆之勤，知樞輔提綱之舊。進階示寵，承命是宜。

宣召翰林學士王曮入院供職〔四〕 乾道七年四月〔五〕

有敕：卿學經表業〔六〕，文繹皇猷。洊更貳制之華，獨負一時之望。召從東省，還寘北門。懋膺真拜之榮，思稱久虛之選。今差成忠郎、充翰林院待詔錢滋就第召卿入院充學士，想宜知悉。

尚書省賜宰執以下喜雪御筵〔七〕 乾道六年十二月一日〔八〕

有敕：隆寒在候〔九〕，瑞雪應時。眷嗣歲之將臨，喜豐年之有望。宜同宴樂，以洽歡娛。

同前 淳熙二年 内侍李思温〔一〇〕

有敕〔一一〕：六出飛空，三登兆瑞。陳多儀於鎬飲，掩高會於梁園。式厚燕胥，固宜樂只。

〔一〕七月十六日：原無，據日本藏宋刻本、明澹生堂鈔本、四庫本、傅校本補。

〔二〕具：原作「見」，據明澹生堂鈔本、四庫本、傅校本改。

〔三〕八月十七日：原無，據日本藏宋刻本、明澹生堂鈔本、傅校本補。四庫本作「八月七日」。

〔四〕日本藏宋刻本、明澹生堂鈔本、四庫本於此篇前標「宣召學士口宣」。

〔五〕四月：原無，據日本藏宋刻本、明澹生堂鈔本、四庫本補。

〔六〕經表：傅校本作「純帝」。

〔七〕日本藏宋刻本、明澹生堂鈔本於此篇前標「賜筵宴口宣」。

〔八〕十二月一日：原無，據日本藏宋刻本、明澹生堂鈔本、四庫本、傅校本補。

〔九〕寒：傅校本作「冬」。

〔一〇〕内侍李思温：原無，據日本藏宋刻本、明澹生堂鈔本、四庫本、傅校本補。

〔一一〕有敕：原無，據日本藏宋刻本、明澹生堂鈔本、傅校本補。下三篇同。

同前　淳熙三年十二月十七日　内侍吴回〔一〕

有敕：上天同雲，平地大雪。既彰和氣，亦兆豐年。宜於此事之堂〔二〕，錫以惠慈之宴〔三〕。

同前　淳熙四年四月　内侍續康伯〔四〕

有敕：元冬凛冽，密雪雰霏。古稱五穀之徵，今告三登之瑞。趣頒宴飲，共樂歡康〔五〕。

貢院賜進士聞喜宴口宣　淳熙五年八月五日〔六〕

有敕：唱名春殿，樂得英髦。設醴貢闈，備昭慈惠。惟兹榮遇，其各欽承。今差入内内侍省東頭供奉官韓世榮賜聞喜宴，想宜知悉。

〔一〕十二月十七日内侍吴回：原無，據日本藏宋刻本、明澹生堂鈔本、四庫本、傳校本補。
〔二〕此事：原作「事此」，據明澹生堂鈔本、四庫本乙。日本藏宋刻本、傳校本作「政事」。
〔三〕慈：原作「兹」，據日本藏宋刻本、傳校本改。
〔四〕四月：原無，據傳校本補。内侍續康伯：原無，據日本藏宋刻本、明澹生堂鈔本、四庫本補。
〔五〕樂：日本藏宋刻本、明澹生堂鈔本、四庫本、傳校本作「洽」。
〔六〕八月五日：原無，據日本藏宋刻本、明澹生堂鈔本補。傳校本作「八月八日」，四庫本作「五月八日」。

廬陵周益國文忠公集卷一一三

玉堂類稿卷一三

赴闕盱眙軍傳宣撫問賜御筵 金國賀正旦使副〔一〕

乾道七年〔二〕

有敕：卿等肅持瑞節，來會春朝。念馳傳之良勤，命及疆而加勞。賜之宴俎，體我眷慈。

又 淳熙三年〔三〕

有敕：卿等恪修鄰好，來會春元。宜賜宴於邊城，用增華於使馹。毋辭劇飲，庶體濃恩。

又 內侍李唐卿 淳熙五年〔四〕

有敕：卿等遠冒臘寒，來趨歲節。念初臨於邊郡，宜加勞於征軒。肇錫宴觴，欽承眷禮。

鎮江府賜銀合茶藥 內侍何弼 乾道七年〔五〕

有敕：卿等謹於將命，慶此發春。既衝霰雪之寒，復涉風濤之險。豈無賜予，用助保頤。

又 淳熙三年〔六〕

有敕：卿等肅將使指，來覲春朝。念寒色之嚴凝，布恩言而存撫。仍頒飲劑，用助保調。

又 內侍何弼〔七〕 淳熙五年〔八〕

有敕：四序更端，兩邦結好。乃眷皇華之使，方臨鐵甕之

〔一〕按「金國賀正旦使副」，明澹生堂鈔本、四庫本置本卷卷首。又卷內各篇，諸本題下皆無繫年，然明澹生堂鈔本、四庫本按繫年排列，今據此補繫年於各篇標題下。

〔二〕乾道七年：原無，據明澹生堂鈔本補。

〔三〕淳熙三年：原無，據明澹生堂鈔本補。

〔四〕淳熙五年：原無，據明澹生堂鈔本、四庫本補。

〔五〕「內侍」上，日本藏宋刻本有「並係」二字。乾道七年：原無，據明澹生堂鈔本、四庫本補。

〔六〕淳熙三年：原無，據明澹生堂鈔本補。

〔七〕內侍何弼：原無，據日本藏宋刻本補。

〔八〕淳熙五年：原無，據明澹生堂鈔本補。

城。賜以珍良，助其服食。

鎮江府賜御筵　乾道七年〔一〕

有敕：芳歲更端，寶鄰修聘。眷馳驅於遠道，甫冒涉於長江。宜錫宴觴，用華使節。

又　内侍謝安民　淳熙三年〔二〕

有敕：玉曆開端，寶鄰修聘。念衝寒而利涉，爰錫燕以示慈。往體眷懷，勿辭飲釂。

又　内侍徐秀叔〔三〕　淳熙五年〔四〕

有敕：歲律將新，使華遠暨。既涉風濤之險，又衝霰雪之寒。宜啓燕觴，少休征棹。

平江府賜御筵　内侍王裕　乾道七年〔五〕

有敕：三陽交泰，四牡通歡。乃眷輔藩，有華候館。載錫壺觴之樂，少休韜傳之勞。

又　内侍梁琳　淳熙三年〔六〕

有敕：卿等適當冬凜，來慶春元。念使事之良勤，即輔藩而少駐。特頒宴惠，尚體眷私。

又　内侍梁襄　淳熙四年〔七〕

有敕：卿等遠冒臘寒，來趨歲節。即中吳之會府，陳列俎之多儀。既勞使華，仍昭眷禮。

又　淳熙五年〔八〕

有敕：芳春將届，膚使遠來。久衝朔漠之寒，少憩姑蘇之館。就頒宴飲，昭示慈懷。

〔一〕乾道七年：原無，據明澹生堂鈔本補。
〔二〕「内侍」上，日本藏宋刻本有「並係」二字。淳熙三年：原無，據明澹生堂鈔本補。
〔三〕内侍徐秀叔：原無，據日本藏宋刻本、明澹生堂鈔本補。「徐秀叔」，四庫本作「徐考叔」。
〔四〕淳熙五年：原無，據明澹生堂鈔本補。
〔五〕乾道七年：原無，據明澹生堂鈔本補。
〔六〕淳熙三年：原無，據明澹生堂鈔本補。
〔七〕淳熙四年：原無，據明澹生堂鈔本補。
〔八〕淳熙五年：原無，據明澹生堂鈔本補。

赤岸賜御筵 内侍徐永叔　乾道七年〔一〕

有敕：卿等聯華擁節，奉幣朝春。念久涉於修途，命少休於近館。特頒宴飲，深體眷私〔二〕。

又 内侍張思溫〔三〕　淳熙三年〔四〕

有敕：歲事一新，鄰歡載睦。嘉使旜之近止，秩賓燕以樂胥。適屬隆寒，固宜需醉。

又〔五〕 内侍張思溫　淳熙四年〔六〕

有敕：歲律將新，使旜並騖。雖慶賀之未展，在馳驅而甚勞。爰即郊關，就頒燕飲。

又 内侍李琪〔七〕　淳熙五年〔八〕

有敕：卿等並涉修途，來趨新歲。艤餘艎於近岸，飛盞斝於華筵。庸示湛恩，用光聘使。

赤岸賜酒果 内侍蔣侁　乾道七年〔九〕

有敕：卿等遠修鄰好，來慶王春。事道路以良勤，望闕廷而甚邇。錫之芳旨〔一〇〕，以勞皇華。

又 内侍王敦禮　淳熙三年〔一一〕

有敕：卿等遠慶新春，甫臨近馹。錫上尊之醇旨，豐庶品之珍甘。茂對恩華，增光使節。

又 内侍謝安民　淳熙四年〔一二〕

有敕：歲功默運，俶慶新春。鄰使遠來，益修舊好〔一三〕。迎頒醪核，寵勞駢臻。

〔一〕乾道七年：原無，據明澹生堂鈔本、四庫本補。
〔二〕私：日本藏宋刻本作「懷」。
〔三〕内侍張思溫淳熙三年：原無，據日本藏宋刻本、明澹生堂鈔本、四庫本補。
〔四〕淳熙三年：原無，據明澹生堂鈔本、四庫本補。
〔五〕又：日本藏宋刻本、明澹生堂鈔本、四庫本作「十二月二十四日赤岸賜御筵」。
〔六〕淳熙四年：原無，據明澹生堂鈔本、四庫本補。
〔七〕内侍李琪：原無，據日本藏宋刻本、明澹生堂鈔本、四庫本補。
〔八〕淳熙五年：原無，據明澹生堂鈔本、四庫本補。
〔九〕乾道七年：原無，據明澹生堂鈔本、四庫本補。
〔一〇〕錫之：日本藏宋刻本作「其攽」。
〔一一〕淳熙三年：原無，據明澹生堂鈔本、四庫本補。
〔一二〕淳熙四年：原無，據明澹生堂鈔本、四庫本補。
〔一三〕修：日本藏宋刻本作「堅」。

又 內侍藍師古〔一〕 淳熙五年〔二〕

有敕：卿等抗旜賀歲，飛棹及郊。載稽勞問之儀，特厚旨嘉之錫〔三〕。式昭予眷，尚慰爾心〔四〕。

賜使副春幡勝 乾道七年〔五〕

有敕：歲律將新，春陽先至。言念光華之使，馳分鏤刻之工。體我眷懷，應兹嘉節。

又 淳熙三年〔六〕

有敕：使來北道，春兆東郊。允懷將命之勤，爰有應時之錫。載兹嘉惠，浣乃征塵。

又〔七〕 內侍李琪 淳熙四年〔八〕

有敕：土牛鞭春，四牡在館。綵勝金幡之巧，珍羞名醖之豐。示我渥恩，對兹嘉節。每人渾金大春幡一副，五事件，背羅大春幡勝一副，鎌頭紙帖落。春盤每人肉七斤，生鷄、鴨子各十五個，軟餅五十個〔九〕，菜四斤，法酒四瓶，餶餅三十個。

又 內侍董友聞 淳熙五年〔一〇〕

有敕：卿等既竣使事〔一一〕，已鶩歸舟。眷言郊餞之時，適契鞭春之日。寵頒節物，昭示恩華。

賜三節人從春幡勝 乾道七年〔一二〕

有敕：汝等並從信使，來慶春朝。望北闕以有期，值東風之應律。分頒在首，悦懌承恩。

〔一〕內侍藍師古：原無，據日本藏宋刻本、明澹生堂鈔本、四庫本補。
〔二〕淳熙五年：原無，據明澹生堂鈔本、四庫本補。
〔三〕旨：原作「甘」，據明澹生堂鈔本、四庫本改。
〔四〕尚：日本藏宋刻本、明澹生堂鈔本、四庫本作「諒」。
〔五〕乾道七年：原無，據明澹生堂鈔本、四庫本補。
〔六〕淳熙三年：原無，據明澹生堂鈔本、四庫本補。
〔七〕又：日本藏宋刻本、明澹生堂鈔本、四庫本題作「十二月二十八日賜使副春幡勝」。
〔八〕淳熙四年：原無，據明澹生堂鈔本、四庫本補。
〔九〕軟餅五十個：此句原脱，據日本藏宋刻本、明澹生堂鈔本、四庫本補。
〔一〇〕淳熙五年：原無，據明澹生堂鈔本、四庫本補。
〔一一〕竣使事：原作「□竣事」，據日本藏宋刻本改。闕字：四庫本作「經」。
〔一二〕乾道七年：原無，據明澹生堂鈔本、四庫本補。

又 淳熙四年〔一〕

有敕：汝等夙對天墀，適逢春日。欲示眷懷之渥，宜頒鏤刻之工。尚體恩私，益彰勤恪。

又

有敕：臘寒强半，春氣纔回。先頒鏤刻之工，往慰馳驅之役。允宜祗服，深體眷私。

又 内侍董友聞

有敕：汝等來慶元正，歸逢令序。是頒節物，以對春光。

賜接伴使副春幡勝 乾道七年〔二〕

有敕：卿等祗承明命〔三〕，遠迓使華。因巧曆之回春，自尚方而馳賜。往膺賁飾〔四〕，共樂芳時。

又〔五〕 淳熙三年〔六〕

有敕：卿等受命中朝，迓賓北道。當迎春之令旦，頒插首之多儀。敬體朕懷〔七〕，增光使事。

又〔八〕 内侍董友聞

有敕：卿等膺被朝綸，應酬使客。惟芳春之令序，有節物之常儀。兹謂寵頒，勿忘祗戴。

到闕賜生餼 内侍符思永 乾道七年〔九〕

有敕：卿等來慶王春，甫安賓館。匪厚餼牽之錫，曷酬軺傳之勞？其體眷懷，以承恩渥。

〔一〕淳熙四年：原無，據明澹生堂鈔本、四庫本補。
〔二〕乾道七年：原無，據明澹生堂鈔本、四庫本補。
〔三〕明：日本藏宋刻本作「朝」。
〔四〕膺：原作「應」，據日本藏宋刻本改。
〔五〕又：即《賜接伴使副春幡勝》，明澹生堂鈔本、作「賜三節人從春幡勝」。
〔六〕淳熙三年：原無，據明澹生堂鈔本、四庫本補。
〔七〕懷：日本藏宋刻本作「恩」。
〔八〕又：即《賜接伴使副春幡勝》，日本藏宋刻本、明澹生堂鈔本、四庫本作「初九日赤岸御筵賜館伴使副春幡勝」。
〔九〕乾道七年：原無，據明澹生堂鈔本補。

又〔一〕　內侍韓世榮〔二〕　淳熙三年〔三〕

有敕：卿等祇講歲儀，夙行賓禮。停驂在館，浸休涉履之勞；維餼及牽，往示眷懷之厚。

又〔四〕　內侍何弼〔五〕　淳熙五年〔六〕

有敕：卿等修好實鄰，展儀春殿。方旅陳於書幣，宜加錫於餼牽。式示寵私，尚其祇服。

又　內侍何弼　淳熙四年〔七〕

有敕：卿等已達聘儀，少安謁舍。爰舉餼牽之禮，用酬跋涉之勞。式是眷懷，尚欽飫賜。

到闕賜被褥沙鑼等　內侍李回　乾道七年〔八〕

有敕：卿等遠慶新元，甫安賓館〔九〕。維衾裯之加厚，且器用之甚華。併示匪頒，欽承殊渥。

又〔一〇〕　內侍吴春年〔一一〕　淳熙四年〔一二〕

有敕：卿等冒茲冬凜，會我春朝。既從舍館之安，宜具燕私之用。睦鄰厚矣，稽首承之。

又　內侍鄧椿年〔一三〕　淳熙五年〔一四〕

有敕：卿等遠趨歲旦，初憩馹亭。首加錫賚之豐，兼適寢興之用。將予厚意，俾爾如歸。

〔一〕又：日本藏宋刻本、明澹生堂鈔本、四庫本作「十二月二十八日到闕賜生餼」。日本藏宋刻本無「到闕」二字。
〔二〕內侍韓世榮：原無，據日本藏宋刻本、明澹生堂鈔本補。
〔三〕淳熙三年：原無，據明澹生堂鈔本補。
〔四〕又：明澹生堂鈔本、四庫本作「十二月二十八日到闕賜生餼」。日本藏宋刻本無「到闕」二字。
〔五〕內侍何弼：原無，據日本藏宋刻本、明澹生堂鈔本補。
〔六〕淳熙五年：原無，據明澹生堂鈔本補。
〔七〕淳熙四年：原無，據明澹生堂鈔本、四庫本補。
〔八〕乾道七年：原無，據明澹生堂鈔本、四庫本補。
〔九〕賓：日本藏宋刻本、四庫本作「上」。
〔一〇〕又：日本藏宋刻本、明澹生堂鈔本、四庫本作「十二月二十五日到闕就驛賜被褥沙鑼等」。
〔一一〕春：日本藏宋刻本作「椿」。
〔一二〕淳熙四年：原無，據明澹生堂鈔本、四庫本補。
〔一三〕內侍鄧椿年：原無，據日本藏宋刻本、明澹生堂鈔本、四庫本補。
〔一四〕淳熙五年：原無，據明澹生堂鈔本、四庫本補。

歲除賜內中酒果　内侍李回　乾道七年〔一〕

有敕：卿等言持使節，甫達聘儀。出醪核於嚴宸，侑壺觴於除夕〔二〕。茲惟寵錫，尚體醲恩。

又　内侍賈惟清　淳熙三年〔三〕

有敕：卿等來慶春朝，適臨除夕。賜以芳樽之旨，侑以苑實之多。併寵使華，尚欽恩遇。

又　内侍賈惟清〔四〕　淳熙四年〔五〕

有敕：眷言嘉客，遠慶元正。酒分金殿之醇，果富琱盤之品。用資守歲，以俟發春。

又　内侍宋渙〔六〕　淳熙五年〔七〕

有敕：卿等持節造朝，停驂在館。將展發春之慶，有懷守歲之歡。錫以旨嘉，資其燕飲。

正月一日入賀畢歸馹賜御筵　内侍李月卿〔八〕　乾道七年〔九〕

有敕：芳春肇序，華使來賓。既奉幣以退朝，宜肆筵而在館〔一〇〕。體茲宸渥，醻乃宴觴。

又　内侍李唐卿　淳熙三年〔一一〕

有敕：卿等將命北鄰，展儀上日。爰即馹亭之近，就頒燕豆之華。庸示寵光，尚均愷樂。

〔一〕乾道七年：原無，據明澹生堂鈔本、四庫本補。
〔二〕侑：原作「循」，據日本藏宋刻本改。
〔三〕淳熙三年：原無，據明澹生堂鈔本補。
〔四〕内侍賈惟清：原無，據日本藏宋刻本、明澹生堂鈔本、四庫本補。
〔五〕淳熙四年：原無，據明澹生堂鈔本、四庫本補。
〔六〕内侍宋渙：原無，據日本藏宋刻本、明澹生堂鈔本補，四庫本作「宋映」。
〔七〕淳熙五年：原無，據明澹生堂鈔本補。
〔八〕月：日本藏宋刻本作「唐」。
〔九〕乾道七年：原無，據明澹生堂鈔本補。
〔一〇〕肆：原作「歸」，據日本藏宋刻本改。
〔一一〕淳熙三年：原無，據明澹生堂鈔本補。

又　內侍楊彬[一]　淳熙四年[二]

有敕：獻竽宸廷，已講發春之禮；飛觴驛舍，是資卜晝之歡。式宴嘉賓，往欽厚意。

又　內侍陸彥端[三]　淳熙五年[四]

有敕：卿等歲華伊始[五]，賓禮具成。即其舍館之安，錫以壺觴之樂。勿辭饜飫，用迪眷存。

入賀畢歸驛賜酒果　內侍董璉　乾道七年[六]

有敕：展儀改歲，復從舍館之安[七]；加禮待賓，載厚果醪之賜。式昭眷遇，祗服寵頒。

又　內侍朱思正　淳熙三年[八]

有敕：元會告成，賓容甚肅。爰賜燕觴之助，用資鷄旦之歡。維是旨嘉，式彰優異。

又[九]　內侍王楫　淳熙四年[一〇]

有敕：元會告成，嘉賓就憩。欲加隆於恩意，爰就錫於甘芳。勿謂常頒，尚思祗服。

又　內侍王楫[一一]　淳熙五年[一二]

有敕：卿等遠持瑞節，來會春朝。既展慶於大廷，方留裝於上館。趣頒醪核，往佐豆觴。

正月三日賜內中酒果口宣[一三]　內侍麥敞　乾道七年[一四]

有敕：使華之美，已慶發春；臺饋之豐，殆無虛日[一五]。

[一] 楊彬：日本藏宋刻本作「梁彬」，明澹生堂鈔本作「梁琳」。
[二] 淳熙四年：原無，據明澹生堂鈔本補。
[三] 內侍陸彥端：原無，據日本藏宋刻本、明澹生堂鈔本補。
[四] 淳熙五年：原無，據明澹生堂鈔本補。
[五] 卿等：日本藏宋刻本無。
[六] 乾道七年：原無，據明澹生堂鈔本補。
[七] 從：四庫本作「即」。
[八] 淳熙三年：原無，據明澹生堂鈔本補。
[九] 即：《入賀畢歸驛賜酒果》，日本藏宋刻本、明澹生堂鈔本、四庫本作「正月一日入賀畢歸驛賜酒果」。
[一〇] 淳熙四年：原無，據明澹生堂鈔本、四庫本補。
[一一] 內侍王楫：原無，據日本藏宋刻本、明澹生堂鈔本補。
[一二] 淳熙五年：原無，據明澹生堂鈔本補。
[一三] 三日：四庫本作「四日」。
[一四] 乾道七年：原無，據明澹生堂鈔本、四庫本補。
[一五] 殆無虛日：原作「□無虛日」，據日本藏宋刻本改。四庫本作「無虛良日」。

出珍嘉於御府，助燕樂於芳時。

又　內侍梁琳　乾道八年〔一〕

有敕：乃眷使華，務隆恩意。輟甘芳於六尚，助燕樂於初春。維是寵頒，往其欽受。

又　內侍王敦禮　淳熙三年〔二〕

有敕：卿等已慶春朝，少安館次。特展宮廷之賜，併爲觴俎之華。茂對恩私，益光使指。

又　內侍徐秀叔〔三〕　淳熙四年〔四〕

有敕：芳春氣俶〔五〕，素月魄生。嘉使介之成儀，駐驛亭而俟宴。載頒醪核，昭示眷私。

又　內侍朱思正〔六〕　淳熙五年〔七〕

有敕：卿等遠慶元正，深嘉使範。推禁中之甘旨，爲館下之光華。惟是寵頒，昭吾殊勝。

正月四日玉津園射弓賜弓箭例物　內侍陸彥端〔八〕　乾道七年〔九〕

有敕：淑氣回春，皇華成禮。命宏開於禁籞，俾申講於射儀。宜有匪頒，用將厚意。

又　內侍朱思正〔一〇〕　乾道八年〔一一〕

有敕：春色初和，射儀載肅。式旌使範，是舉賜賞〔一二〕。顧錫命之有隆，尚拜嘉而無斁。

〔一〕乾道八年：原無，據明澹生堂鈔本、四庫本補。
〔二〕淳熙三年：原無，據明澹生堂鈔本、四庫本補。
〔三〕內侍徐秀叔：原無，據日本藏宋刻本、明澹生堂鈔本補。「徐秀叔」，四庫本作「徐考叔」。
〔四〕淳熙四年：原無，據明澹生堂鈔本補。
〔五〕氣：原作「意」，據日本藏宋刻本改。
〔六〕內侍朱思正：原無，據日本藏宋刻本、明澹生堂鈔本、四庫本補。
〔七〕淳熙五年：原無，據明澹生堂鈔本、四庫本補。
〔八〕端：日本藏宋刻本作「卿」。
〔九〕乾道七年：原無，據明澹生堂鈔本、四庫本補。
〔一〇〕內侍朱思正：原無，據日本藏宋刻本、明澹生堂鈔本、四庫本補。
〔一一〕乾道八年：原無，據明澹生堂鈔本、四庫本補。
〔一二〕舉：原闕，據日本藏宋刻本補。明澹生堂鈔本、四庫本作「來」。

又 內侍謝安民〔一〕 淳熙五年〔二〕

有敕：春和凝籥，郊射穿楊。觀賓禮之甚修，知鄰歡之滋輯。宜加錫賚，用示眷私。

又 內侍吳因 淳熙三年〔三〕

有敕：熙春日永，禁籞風和〔四〕。載講射儀，備觀使範。爰厚頒宣之寵，用昭眷獎之恩。

玉津園射弓賜御筵 內侍韓世榮 乾道七年〔五〕

有敕：卿等恪修鄰好，祇慶春元。爰陳命射之儀，就啓娛賓之宴。往膺寵數〔六〕，用洽多歡。

又 內侍王公昌 乾道八年〔七〕

有敕：方篤鄰歡，載優賓禮。綵勝宜春之日，彤弓展射之時。宜厚宴胥，併資樂只。

又 內侍陸彥端 淳熙三年〔八〕

有敕：交歡鄰壤，已肅賓儀，觀德春郊，更優射藝。宜特頒於燕飲，尚深體於眷私。

又〔九〕 內侍高思聰〔一〇〕 淳熙四年〔一一〕

有敕：卿等祇慶春元，益修鄰好。嘉乃朝儀之肅，復茲射藝之精。宜命肆筵〔一二〕，用酬中的。

又 內侍高思聰〔一三〕 淳熙五年〔一四〕

有敕：肇易歲華，遠勤鄰聘。已講壽觴之禮，載觀射藝之

〔一〕內侍謝安民：原無，據日本藏宋刻本、明澹生堂鈔本、四庫本補。
〔二〕淳熙五年：原無，據明澹生堂鈔本、四庫本補。
〔三〕淳熙三年：原無，據明澹生堂鈔本、四庫本補。
〔四〕和：原作「清」，據日本藏宋刻本改。
〔五〕乾道七年：原無，據明澹生堂鈔本、四庫本補。
〔六〕寵：日本藏宋刻本、明澹生堂鈔本、四庫本作「異」。
〔七〕乾道八年：原無，據明澹生堂鈔本、四庫本補。
〔八〕淳熙三年：原無，據明澹生堂鈔本、四庫本補。
〔九〕又：即《玉津園射弓賜御筵》，日本藏宋刻本、明澹生堂鈔本、四庫本「玉津」上有「正月四日」四字。
〔一〇〕內侍高思聰：原無，據日本藏宋刻本、明澹生堂鈔本、四庫本補。
〔一一〕淳熙四年：原無，據明澹生堂鈔本、四庫本補。
〔一二〕肆：四庫本作「賜」。
〔一三〕內侍高思聰：原無，據日本藏宋刻本、明澹生堂鈔本、四庫本補。
〔一四〕淳熙五年：原無，據明澹生堂鈔本、四庫本補。

儀。將示寵私〔一〕，特中宴惠。

玉津園射弓賜酒果　内侍賈惟清〔二〕　淳熙五年〔三〕

有敕：玉律開端，寶鄰繼好。眷娛賓之厚禮，有觀德之多儀。爰錫甘芳，用酬審固。

又　内侍鄧珪　乾道七年〔四〕

有敕：歲華有俶，春色始和。少紓行李之勞，載展穿楊之藝。時加珍錫，往侑宴觴。

又　内侍麥敞　乾道八年〔五〕

有敕：氣俶春郊，禮成射圃。灔香醪於玉斝，粲芳實於琱盤。匪我嘉賓，孰昭殊遇！

又　内侍張詠　淳熙三年〔六〕

有敕：卿等遠慶春元，載陳燕射。尊實既多之醞，盤盈孔庶之珍。眷待有加，欽承無斁。

又　内侍朱思正〔七〕　淳熙四年〔八〕

有敕：弧矢之威，古今所重。是將觀德，非獨娛賓。方展藝於春郊，宜助歡於禮飲。

正月六日朝辭訖歸驛賜酒果　内侍李顒　乾道七年〔九〕

有敕：卿等告行闕下，治任駟中。惟鄰好之克修，申眷懷而未已。錫之芳旨，服我龍光。

又　内侍鄧珪　乾道八年〔一〇〕

有敕：卿等既陪元會，甫告行期。百壺良潔之英，多品甘

〔一〕將示寵私：原作「將寵眷私」，據日本藏宋刻本改。
〔二〕内侍賈惟清：原無，據日本藏宋刻本、明澹生堂鈔本、四庫本補。
〔三〕淳熙五年：原無，據明澹生堂鈔本、四庫本補。
〔四〕乾道七年：原無，據日本藏宋刻本、明澹生堂鈔本、四庫本補。
〔五〕乾道八年：原無，據明澹生堂鈔本、四庫本補。
〔六〕淳熙三年：原無，據日本藏宋刻本、明澹生堂鈔本、四庫本補。
〔七〕内侍朱思正：原無，據日本藏宋刻本、明澹生堂鈔本、四庫本補。
〔八〕淳熙四年：原無，據明澹生堂鈔本、四庫本補。
〔九〕乾道七年：原無，據明澹生堂鈔本、四庫本補。
〔一〇〕乾道八年：原無，據明澹生堂鈔本、四庫本補。

馨之實。併申優遇，當體至懷。

又

有敕：卿等夙慶春華，適逢黼坐。厚乃旨嘉之錫，燕其稱娖之勞[一]。當體至懷，幸承嘉惠[二]。

又　內侍賈惟清[三]　淳熙六年[四]

有敕：卿等春元成禮，謁舍騰裝。錫以香醪，貳之嘉實。既示寵綏之意，仍兹宴飲之歡。

正月六日朝辭訖歸驛賜御筵　內侍符思永　乾道八年[五]

有敕：卿等展儀獻歲，授館浹旬。甫陳告別之言，載厚將歸之禮。兹惟示惠，可以忘勞。

又　內侍李琪[六]　淳熙五年[七]

有敕：卿等獻歲成儀，授書復命。言念歸裝之束，是宜燕席之開。咸體異恩，毋辭霑醉。

又　內侍李琪　淳熙六年[八]

有敕：卿等謁辭春殿，歸憩馹亭。庸加賚於賓儀[九]，爰就開於宴席。尚欽慈惠，益洽歡娛。

又　乾道七年[一〇]

有敕：卿等謹於將命，慶此履端。念返旆之有期，想騰裝之良勩。宜頒宴集，式示寵私。

〔一〕稱娖：原缺，據日本藏宋刻本、四庫本補。明澹生堂鈔本脱「娖」字。
〔二〕幸：日本藏宋刻本作「聿」。
〔三〕內侍賈惟清：原無，據日本藏宋刻本、明澹生堂鈔本、四庫本補。
〔四〕淳熙六年：原無，據明澹生堂鈔本、四庫本補。
〔五〕乾道八年：原無，據明澹生堂鈔本補。
〔六〕內侍李琪：原無，據日本藏宋刻本、明澹生堂鈔本補。
〔七〕淳熙五年：原無，據明澹生堂鈔本補。
〔八〕淳熙六年：原無，據明澹生堂鈔本補。
〔九〕賚：日本藏宋刻本作「厚」。
〔一〇〕乾道七年：原無，據明澹生堂鈔本補。

密賜使副大銀器 內侍王公昌　乾道七年〔一〕

有敕：卿等來會春朝，少休謁舍。宜厚中金之錫，以增行橐之光。尚克欽承，式符眷賚。

又 內侍譚何〔二〕　乾道八年〔三〕

有敕：卿等已慶端辰，甫辭廉陛。欲佐歸裝之用，是頒珍幣之華。眷待有加，欽承無斁。

又 內侍何弼　淳熙五年〔四〕

有敕：卿等聯鴐聘軺，恪趨元會。器厚溢山之錫〔五〕，禮優將命之勤。尚體恩華〔六〕，益光賓範。

回程賜龍鳳茶并金鍍銀合 內侍霍汝弼　乾道七年〔七〕

有敕：春入東郊，既講會朝之禮；貢分北苑，用爲返旆之光。雖舉賜常，實昭眷寵。

又 內侍黎興祖　乾道八年正月八日〔八〕

有敕：卿等飛蓋東風，兹焉引道；分珍北苑，於以示恩。無忘拜賜之恩〔九〕，庸體睦鄰之意。

又 內侍黃敞　淳熙五年〔一〇〕

有敕：卿等具成慶禮，已告行期。分北苑之清風，醒春郊之歸夢。有華邦錫，用奬賓儀。

回程赤岸賜御筵口宣 內侍朱思正　乾道七年〔一一〕

有敕：卿等已祝春祺，式旋使旆。望征帆之未遠，開宴席

〔一〕乾道七年：原無，據明澹生堂鈔本補。
〔二〕內侍譚何：原無，據日本藏宋刻本、明澹生堂鈔本補。
〔三〕乾道八年：原無，據明澹生堂鈔本補。
〔四〕淳熙五年：原無，據明澹生堂鈔本、四庫本補。
〔五〕溢：明澹生堂鈔本、四庫本作「滋」。
〔六〕華：四庫本作「懷」。
〔七〕乾道七年：原無，據明澹生堂鈔本、四庫本補。
〔八〕乾道八年正月八日：原無，據明澹生堂鈔本、四庫本補。
〔九〕恩：日本藏宋刻本、明澹生堂鈔本、四庫本作「恭」。
〔一〇〕淳熙五年：原無，據明澹生堂鈔本、四庫本補。
〔一一〕乾道七年：原無，據明澹生堂鈔本、四庫本補。

以少留。毋惜滿觴，載光行色。

又　內侍黃述　乾道八年[一]

有敕：卿等既成聘好，方即歸途。宜少駐於郊關，俾載伸於燕餞。式將厚遇，聊慰遐征。

又　內侍何弼[二]　淳熙五年[三]

有敕：卿等言趨歲節，嘉修好之有常；於邁春郊，念遵途之未遠。宜開寵餞，用賞歸裝[四]。

又　內侍何弼[五]　淳熙六年[六]

有敕：卿等已慶元春[七]，式遄歸旆。欲示使華之寵，載伸郊餞之儀。方屬餘寒，勿辭霑醉。

回程赤岸賜酒果口宣　內侍李弼[八]　乾道七年[九]

有敕：卿等禮成獻歲，道次郵亭。念涉履之方勤，軫眷懷而良厚。既陳宴飲，仍賜旨嘉。

又　內侍何弼　乾道八年[一〇]

有敕：卿等旋車云邁，置餞有常。出珍賜於宸廷，侑宴歡於郊館。推予恩渥，寵乃使華。

又　內侍董友聞[一一]　淳熙五年[一二]

有敕：卿等已慶方春，式遄歸旆。少眷留於近岸，盍加厚於常頒。惟是渥恩，尚其祗服。

[一] 乾道八年：原無，據明澹生堂鈔本、四庫本補。
[二] 內侍何弼：原無，據日本藏宋刻本、明澹生堂鈔本、四庫本補。
[三] 淳熙五年：原無，據明澹生堂鈔本、四庫本補。
[四] 賞：四庫本作「貢」。
[五] 內侍何弼：原無，據日本藏宋刻本、明澹生堂鈔本補。
[六] 淳熙六年：原無，據明澹生堂鈔本補。
[七] 元春：日本藏宋刻本、四庫本作「春元」。
[八] 李弼：日本藏宋刻本、明澹生堂鈔本、四庫本作「李唐弼」。
[九] 乾道七年：原無，據明澹生堂鈔本、四庫本補。
[一〇] 乾道八年：原無，據明澹生堂鈔本補。
[一一] 內侍董友聞：原無，據日本藏宋刻本、明澹生堂鈔本補。
[一二] 淳熙五年：原無，據明澹生堂鈔本補。

回程平江府賜御筵 內侍蘇駿　乾道七年〔一〕

有敕：卿等奉幣朝春，回車涉遠。念餘寒之尚力，次近輔以少留。載示惠慈，厚頒膏飫。

又 內侍徐永叔　乾道八年〔二〕

有敕：卿等夙駕歸艎，少休會府。特舉肆筵之禮，冀忘握節之勞。益洽恩私，用紓行役。

又 內侍李鼎〔三〕　淳熙五年〔四〕

有敕：奉幣上春，已締兩朝之好；飛觴近堞，式華四牡之歸。祇服眷私，勿辭飲釂。

回程鎮江府賜御筵 內侍徐偁　乾道七年〔五〕

有敕：卿等比緣歲旦，來講鄰歡。兹返旆於析津，暫停驂於京口。宴觴甚寵，恩渥其承。

又 內侍徐偁　乾道八年〔六〕

有敕：卿等還轅易水，弭蓋京江。雖並騖於歸心，尚曲留於別宴。勿辭酣飲，庸對芳辰。

又 內侍謝憲〔七〕　淳熙五年〔八〕

有敕：卿等祇慶歲端，遄歸朔塞。歷江城而少駐，屬春律之餘寒。大啟燕觴，丕昭眷寵。

又 內侍梁彬〔九〕　淳熙六年〔一〇〕

有敕：春風應律，揚歸旆以載途；北固留賓，秩華筵而示惠。尚欽眷渥，益洽歡娛。

〔一〕乾道七年：原無，據明澹生堂鈔本補。
〔二〕乾道八年：原無，據明澹生堂鈔本補。
〔三〕內侍李鼎：原無，據日本藏宋刻本、明澹生堂鈔本補。
〔四〕淳熙五年：原無，據明澹生堂鈔本、四庫本補。
〔五〕乾道七年：原無，據明澹生堂鈔本、四庫本補。
〔六〕乾道八年：原無，據日本藏宋刻本、明澹生堂鈔本補。
〔七〕內侍謝憲：原無，據明澹生堂鈔本補。
〔八〕淳熙五年：原無，據明澹生堂鈔本補。
〔九〕內侍梁彬：原無，據日本藏宋刻本、明澹生堂鈔本補。
〔一〇〕淳熙六年：原無，據明澹生堂鈔本補。

回程盱眙軍賜御筵 内侍譚何　乾道七年〔一〕

有敕：卿等已慶王春，式旋使節。念載馳於遠道，命少駐於邊城。無惜屬饜，以承渥賜。

又 内侍董璉　乾道八年〔二〕

有敕：卿等並修使事，還次邊亭。尚當春候之融和〔三〕，不忘征途之勤勩〔四〕。少留祖席，以體眷懷〔五〕。

又 内侍梁裏〔六〕　淳熙五年〔七〕

有敕：卿等稱觴歲旦，旋旆朔廷。將利涉於長淮，爰示慈於華宴。玆惟寵餞，以賁征鞍。

赴闕盱眙軍傳宣撫問賜御筵 金國賀生辰使副 内侍梁裏〔八〕　淳熙五年〔九〕

有敕：卿等來趨誕節，甫次邊城。用伸加勞之儀，乃厚初筵之錫。玆惟異寵，其克欽承〔一〇〕。

又 内侍王楫〔一一〕　淳熙四年〔一二〕

有敕：卿等遠趨誕節，甫次邊城。念跋涉之良勞，宜撫存之加厚。就頒燕衎，深體眷懷。

又 内侍符思永〔一三〕　乾道七年〔一四〕

有敕：卿等遠馳使軺，來慶流虹。有懷將命之勤，當厚及疆之勞。其陳宴俎，以洽賓歡。

〔一〕乾道七年：原無，據明澹生堂鈔本補。
〔二〕乾道八年：原無，據明澹生堂鈔本、四庫本補。
〔三〕尚：日本藏宋刻本無。
〔四〕不：日本藏宋刻本無。
〔五〕以：日本藏宋刻本、明澹生堂鈔本、四庫本作「尚」。
〔六〕内侍梁裏：原無，據日本藏宋刻本、明澹生堂鈔本、四庫本補。
〔七〕淳熙五年：原無，據明澹生堂鈔本、四庫本補。
〔八〕内侍梁裏：原無，據日本藏宋刻本、明澹生堂鈔本、四庫本補。
〔九〕淳熙五年：原無，據明澹生堂鈔本、四庫本補。
〔一〇〕其克欽承：日本藏宋刻本、明澹生堂鈔本、四庫本作「其克丕欽」。
〔一一〕内侍王楫：原無，據日本藏宋刻本、明澹生堂鈔本、四庫本補。
〔一二〕淳熙四年：原無，據明澹生堂鈔本、四庫本補。
〔一三〕内侍符思永：日本藏宋刻本無。
〔一四〕乾道七年：原無，據明澹生堂鈔本、四庫本補。

赴闕鎮江府賜茶藥 內侍王楫〔一〕 淳熙六年〔二〕

有敕：卿等遠將信幣，祗會誕期。念涉履之良勞，軫眷存而特厚。馳頒茗劑，庸輔保調。

又 內侍符思永〔三〕 乾道七年〔四〕

有敕：卿等並飾使車，來趨誕節。偃薄風霜之肅，驅馳川陸之修。宜厚匪頒，用資珍攝〔五〕。

又 淳熙四年〔六〕

有敕：卿等並持使節，來會誕辰。嘉遠涉於川塗，特馳頒於茗劑。諒體眷懷之厚，頓忘行役之勞〔七〕。

又 淳熙五年〔八〕

有敕：卿等遠馳瑞節，來奉壽觴。永惟冒涉之勞，良軫眷懷之厚。馳頒茗劑，往助攝調。

鎮江府賜御筵 內侍王楫〔九〕 淳熙六年〔一〇〕

有敕：祝南山之壽，遠驚使旜；經北固之城，寵開燕俎。肆厚睦鄰之禮〔一一〕，益增將命之華〔一二〕。

又 並同內侍陸彥端〔一三〕 淳熙五年〔一四〕

有敕：卿等並將使指，來會誕期。念初涉於長江，盍少安於會府〔一五〕。特頒燕衎，昭示寵私。

〔一〕內侍王楫：原無，據日本藏宋刻本、明澹生堂鈔本、四庫本補。
〔二〕淳熙六年：原無，據明澹生堂鈔本、四庫本補。
〔三〕符思永：日本藏宋刻本作「張思温」。
〔四〕內侍符思永乾道七年：原無，據明澹生堂鈔本、四庫本補。
〔五〕珍：原作「真」，據日本藏宋刻本改。
〔六〕淳熙四年：原無，據明澹生堂鈔本、四庫本補。
〔七〕役：日本藏宋刻本作「邁」。
〔八〕淳熙五年：原無，據明澹生堂鈔本、四庫本補。
〔九〕內侍王楫：原無，據日本藏宋刻本、明澹生堂鈔本、四庫本補。
〔一〇〕淳熙六年：原無，據明澹生堂鈔本、四庫本補。
〔一一〕肆：日本藏宋刻本作「既」。
〔一二〕益：日本藏宋刻本作「抑」。
〔一三〕並同內侍陸彥端：原無，據日本藏宋刻本、四庫本補。
〔一四〕淳熙五年：原無，據四庫本補。
〔一五〕盍：明澹生堂鈔本、四庫本作「蓋」。

又　並係內侍陸彦輝[一]　淳熙四年[二]

有敕：華渚流虹，遠勤軺傳；朱方錫燕，爰啟尊罍。其體湛恩，勿辭霑醉。

又　內侍符思永[三]　乾道七年[四]

有敕：卿等肅將使指，祗講壽儀。歷候館以寖深，錫宴觴而加厚。勿辭燕樂，庸釋勤勞。

平江府賜御筵　內侍謝憲[五]　淳熙五年[六]

有敕：卿等並駕使航，遠趨壽節。即蘇臺之勝地，開賓席之華筵。方履初寒，所宜盡醉。

又　內侍李鼎[七]　淳熙六年[八]

有敕：卿等恪修鄰好，來慶誕辰。揚舟旆以遄征，即輔藩而少駐[九]。特開華宴，庸示眷懷。

又　內侍鄭大亨[一〇]　乾道七年[一一]

有敕：誕序將臨，鄰歡載講。眷馳軺於遠道，命弭節於近藩。儐爾豆籩[一二]，示予惠慈。

又　內侍賈惟清[一三]　淳熙四年[一四]

有敕：卿等展儀誕序，彌節輔藩。馳遣侍璫，就開燕席。飲此湑矣，於胥樂兮。

赤岸賜酒果　內侍李唐卿[一五]　乾道七年[一六]

有敕：卿等遠馳四牡，來祝萬年。錫以醇醪，貳之甘實。

[一] 並係內侍陸彦輝：原無，據日本藏宋刻本、明澹生堂鈔本、四庫本補。
[二] 淳熙四年：原無，據明澹生堂鈔本、四庫本補。
[三] 內侍符思永：原無，據日本藏宋刻本、明澹生堂鈔本補。
[四] 乾道七年：原無，據明澹生堂鈔本補。
[五] 內侍謝憲：原無，據日本藏宋刻本、明澹生堂鈔本、四庫本補。
[六] 淳熙五年：原無，據明澹生堂鈔本、四庫本補。
[七] 內侍李鼎：原無，據日本藏宋刻本、明澹生堂鈔本、四庫本補。
[八] 淳熙六年：原無，據明澹生堂鈔本、四庫本補。
[九] 輔：日本藏宋刻本作「侯」。
[一〇] 內侍鄭大亨：原無，據日本藏宋刻本、明澹生堂鈔本、四庫本補。
[一一] 乾道七年：原無，據明澹生堂鈔本、四庫本補。
[一二] 豆籩：原作「籩豆」，據日本藏宋刻本乙。
[一三] 內侍賈惟清：原無，據日本藏宋刻本、明澹生堂鈔本、四庫本補。
[一四] 淳熙四年：原無，據明澹生堂鈔本、四庫本補。
[一五] 內侍李唐卿：原無，據日本藏宋刻本、明澹生堂鈔本、四庫本補。
[一六] 乾道七年：原無，據明澹生堂鈔本、四庫本補。

并示近郊之勞，欽承厚禮之加〔一〕。

又　内侍李鼎〔二〕　淳熙五年〔三〕

有敕：卿等遠持聘幣，來慶誕祥。眷舟御之良勞，望都城而浸邇。宜頒芳旨，式示眷存。

又　内侍李鼎〔四〕　淳熙四年〔五〕

有敕：使華有信，及兹誕慶之期，郊勞加隆，申以甘芳之錫。尚祗眷渥，庸洗征塵。

赤岸賜御筵　内侍何弼〔六〕　淳熙五年〔七〕

有敕：卿等抗旜獻壽，馳傳及都。宜修郊勞之儀，以作使華之寵。勿辭飲醑，庸對眷懷〔八〕。

又　内侍韓世榮〔九〕　乾道七年〔一〇〕

有敕：卿等並持瑞節，來奉壽觴。勞遠役於初寒〔一一〕，豐宴籩於近館。有華兹禮，其肅而承。

又　内侍梁晫〔一二〕　淳熙六年〔一三〕

有敕：卿等祗講鄰歡，恪趨誕辰〔一四〕。眷遵塗之甚遠，欣弭節之有期。爰即近郊，特開華筵。

又〔一五〕　内侍何弼〔一六〕　淳熙四年〔一七〕

有敕：卿等言馳遠道，契飛雹之嘉辰；爰即近郊，霈需雲

〔一〕加：日本藏宋刻本、四庫本作「敚」。
〔二〕内侍李鼎：原無，據日本藏宋刻本、明澹生堂鈔本補。
〔三〕淳熙五年：原無，據明澹生堂鈔本補。
〔四〕内侍李鼎：原無，據日本藏宋刻本、明澹生堂鈔本補。
〔五〕淳熙四年：原無，據明澹生堂鈔本補。
〔六〕内侍何弼：原無，據日本藏宋刻本、明澹生堂鈔本、四庫本補。
〔七〕淳熙五年：原無，據明澹生堂鈔本、四庫本補。
〔八〕庸：日本藏宋刻本、明澹生堂鈔本、四庫本作「用」。
〔九〕内侍韓世榮：原無，據日本藏宋刻本、明澹生堂鈔本、四庫本補。
〔一〇〕乾道七年：原無，據明澹生堂鈔本、四庫本補。
〔一一〕勞：日本藏宋刻本作「勤」。
〔一二〕内侍梁晫：原無，據日本藏宋刻本、明澹生堂鈔本、四庫本補。
〔一三〕淳熙六年：原無，據明澹生堂鈔本、四庫本補。
〔一四〕誕辰：原作「辰誕」，據明澹生堂鈔本乙。四庫本作「誕慶」。
〔一五〕又：即《赤岸賜御筵》，日本藏宋刻本、明澹生堂鈔本、四庫本「赤」字前有「十月十八日」五字。
〔一六〕内侍何弼：原無，據日本藏宋刻本、明澹生堂鈔本、四庫本補。
〔一七〕淳熙四年：原無，據明澹生堂鈔本、四庫本補。

之異渥。諒增華於使節，宜深體於眷懷。

又　內侍李唐卿〔一〕　淳熙五年〔二〕

有敕：誕節及期，使華在館。欲示眷私之意，爰分禁苑之珍。有腆於頒，其欽而受〔三〕。

又　內侍徐永叔〔四〕　乾道七年〔五〕

有敕：卿等甫達慶緘，即安賓館。惟是醇甘之品，皆吾飲御之珍。輟以示恩，體茲嘉禮。

又　內侍梁晫〔六〕　淳熙六年〔七〕

有敕：卿等遠持使節〔八〕，肅展壽儀。茲弭節於馹亭，繼分珍於禁苑。有加之禮，宜肅其承。

十月十九日到闕賜被褥鈔鑼　內侍鄧椿年〔九〕　淳熙四年〔一〇〕

有敕：卿等並膺遴選，來會誕期。肆頒服御之珍，俾適燕私之用。茲惟異數，以寵嘉賓。

又　內侍韓世榮〔一一〕　淳熙六年〔一二〕

有敕：卿等遠涉初寒，恪趨載誕。錫以寢茵之具，貳之器用之良。并示眷懷，祇承禮遇。

又　內侍韓世榮〔一三〕　淳熙二年〔一四〕

有敕：卿等並冒初寒，來趨載誕。緫騑驂而授館，頒器幣以宣恩。聊浣遐征〔一五〕，即宜欽受。

〔一〕內侍李唐卿：原無，據日本藏宋刻本、明澹生堂鈔本、四庫本補。
〔二〕淳熙五年：原無，據明澹生堂鈔本、四庫本補。
〔三〕其：明澹生堂鈔本、四庫本作「宜」。
〔四〕內侍徐永叔：原無，據日本藏宋刻本、明澹生堂鈔本、四庫本補。
〔五〕乾道七年：原無，據明澹生堂鈔本、四庫本補。
〔六〕內侍梁晫：原無，據日本藏宋刻本、明澹生堂鈔本、四庫本補。
〔七〕淳熙六年：原無，據明澹生堂鈔本、四庫本補。
〔八〕持：原作「馳」，據日本藏宋刻本改。
〔九〕內侍鄧椿年：原無，據日本藏宋刻本、明澹生堂鈔本、四庫本補。
〔一〇〕淳熙四年：原無，據明澹生堂鈔本、四庫本補。
〔一一〕內侍韓世榮：原無，據日本藏宋刻本、明澹生堂鈔本、四庫本補。
〔一二〕淳熙六年：原無，據明澹生堂鈔本、四庫本補。
〔一三〕內侍韓世榮：原無，據日本藏宋刻本、明澹生堂鈔本、四庫本補。
〔一四〕淳熙二年：原無，據明澹生堂鈔本、四庫本補。
〔一五〕聊浣遐塵：原作「聊浣征塵」，據日本藏宋刻本改。明澹生堂鈔本、四庫本作「聊浣遐塵」。

又　内侍王公昰〔一〕　乾道七年〔二〕

有敕：卿等來陳壽祝，益締鄰歡。甫從舍館之安，宜具燕私之用。兹惟寵錫，其即欽承。

十月二十二日上壽畢歸馹賜酒果〔三〕　内侍謝安民〔四〕　淳熙五年〔五〕

有敕：卿等遠修鄰好，初奉壽觴。即其舍館之安，申以果醪之賜。尚惟祇服，庸體眷懷。

又　内侍李琪〔六〕　淳熙二年〔七〕

有敕：卿等夙駕征驂，恪修誕慶。均清醇於玉斝，貳甘脆於琱盤。聊慰積勤，并將厚意。

又　内侍李琪〔八〕　淳熙四年〔九〕

有敕：卿等來慶誕祥，甫修覲禮。輟禁扃之醪核，華賓馹之壽觴。有腆於頒，宜欽而受。

又　内侍藍師古〔一〇〕　淳熙四年〔一一〕

有敕：卿等遠將鄰聘，夙講壽儀。念舍館之少安，宜旨嘉之載錫。是資燕飲，其克欽承。

二十二日上壽畢歸馹賜御筵　内侍王裕〔一二〕　淳熙二年〔一三〕

有敕：卿等俶稱壽斝，歸憩馹亭。眷祇命之良勤，宜肆筵而加勞。庸將殊遇，并禦凝寒。

〔一〕內侍王公昰：原無，據日本藏宋刻本、明澹生堂鈔本、四庫本補。
〔二〕乾道七年：原無，據明澹生堂鈔本、四庫本補。
〔三〕二十二日：日本藏宋刻本、明澹生堂鈔本、四庫本作「二十一日」。
〔四〕內侍謝安民：原無，據日本藏宋刻本、明澹生堂鈔本、四庫本補。
〔五〕淳熙五年：原無，據明澹生堂鈔本、四庫本補。
〔六〕內侍李琪：原無，據日本藏宋刻本、明澹生堂鈔本、四庫本補。
〔七〕淳熙二年：原無，據明澹生堂鈔本、四庫本補。
〔八〕內侍李琪：原無，據日本藏宋刻本、明澹生堂鈔本、四庫本補。
〔九〕淳熙四年：原無，據明澹生堂鈔本、四庫本補。
〔一〇〕內侍藍師古：原無，據日本藏宋刻本、明澹生堂鈔本、四庫本補。
〔一一〕淳熙四年：原無，據明澹生堂鈔本、四庫本補。
〔一二〕內侍王裕：原無，據日本藏宋刻本、明澹生堂鈔本、四庫本補。
〔一三〕淳熙二年：原無，據明澹生堂鈔本、四庫本補。

又 內侍李唐卿〔一〕 淳熙四年〔二〕

有敕：稱壽於庭，鄰歡備講；示慈於館，宴席闓開。既酬行禮之勞，且厚待賓之意。

又 乾道七年〔三〕

有敕：奉萬年之觴，歸安於上館〔四〕；啟百籩之宴，就秩於初筵〔五〕。毋惜屬饜，以承渥惠。

又 內侍張思溫〔六〕 淳熙二年〔七〕

有敕：卿等申祝堯年，告違漢陛。舉加籩之厚禮，隆設宴之醲恩〔八〕。言念將歸〔九〕，何辭盡醉。

又 淳熙五年〔一〇〕

有敕：卿等通兩國之歡，祝萬年之壽。甫成慶禮，還憩馹亭。宜就啟於燕觴，尚欽承於飫賜。

十月二十二日上壽畢歸馹賜酒果〔一一〕 內侍何弼〔一二〕 淳熙六年〔一三〕

有敕：誕期甫及，聘使遠來。居然有肅之容，厚其無疆之祝〔一四〕。隨頒芳旨，少酬恭勤。

又 乾道七年〔一五〕

有敕：卿等適稱壽斝，爰憩馹亭。錫之九醞之醇，侑以百

〔一〕內侍李唐卿：原無，據明澹生堂鈔本、四庫本補。
〔二〕淳熙四年：原無，據明澹生堂鈔本、四庫本補。
〔三〕乾道七年：原無，據日本藏宋刻本、明澹生堂鈔本、四庫本補。
〔四〕「歸」上，日本藏宋刻本、明澹生堂鈔本、四庫本有「方」字。
〔五〕「就」上，日本藏宋刻本、明澹生堂鈔本、四庫本有「宜」字。
〔六〕內侍張思溫：原無，據日本藏宋刻本補。明澹生堂鈔本、四庫本作「徐佺」。
〔七〕淳熙二年：原無，據明澹生堂鈔本、四庫本補。
〔八〕隆：日本藏宋刻本作「致」。
〔九〕歸：原作「臨」，據日本藏宋刻本改。
〔一〇〕淳熙五年：原無，據明澹生堂鈔本、四庫本補。
〔一一〕十月：原無，據日本藏宋刻本、明澹生堂鈔本、四庫本補。
〔一二〕內侍何弼：原無，據日本藏宋刻本、明澹生堂鈔本、四庫本補。
〔一三〕淳熙六年：原無，據明澹生堂鈔本、四庫本補。
〔一四〕其：日本藏宋刻本作「甚」。
〔一五〕乾道七年：原無，據明澹生堂鈔本、四庫本補。

嘉之實。既推賜式，亦奬賓儀。

又[一] 内侍徐佺[二] 淳熙三年[三]

有敕：寶鄰修好[四]，式展於壽儀[五]；珍果侑觴，隨頒於賓館。式示眷懷之厚[六]，且酬拜舞之勞。

又 内侍徐考叔[七] 淳熙四年[八]

有敕：千秋紀節，百辟稱觴。嘉華使之來庭，成令儀而歸馹。宜頒芳旨，用洽眷私。

二十二日賜内中酒果[九] 内侍黄述 淳熙三年[一〇]

有敕：卿等已奉壽觴，方需燕禮。出芳尊於尚醞，分嘉果於大官[一一]。並寵使華，欽承恩渥。

玉津園射弓賜弓箭例物 内侍王裕[一二] 乾道六年[一三]

有敕：卿等遠奉使華，來修慶誕。動采蘋之樂節，講上苑之射儀。特賜珍良，少酬審固。

又 内侍王裕[一四] 乾道七年[一五]

有敕：卿等遠飾聘車，來趨誕節。惟娛賓之盛禮，有觀德之舊儀。嘉乃和容，申之蕃錫。

又 内侍梁彬 淳熙三年[一六]

有敕：卿等誠通北道，慶祝南山。惟掌客之舊儀，有射侯之故事。宜推蕃錫，用奬嘉賓。

[一] 明澹生堂鈔本題作「回程赤岸賜酒果」。
[二] 内侍徐佺：明澹生堂鈔本作「内侍黄鑄」。
[三] 淳熙三年：原無，據明澹生堂鈔本補。四庫本作「淳熙二年」。
[四] 好：日本藏宋刻本作「聘」。
[五] 式：日本藏宋刻本作「適」。
[六] 示：原作「是」，據日本藏宋刻本改。
[七] 内侍徐考叔：原無，據日本藏宋刻本、明澹生堂鈔本、四庫本補。
[八] 淳熙四年：原無，據明澹生堂鈔本、四庫本補。
[九] 二十二日：日本藏宋刻本、明澹生堂鈔本、四庫本作「二十三日」。
[一〇] 淳熙三年：原無，據明澹生堂鈔本補。四庫本作「淳熙二年」。
[一一] 果：日本藏宋刻本、明澹生堂鈔本、四庫本作「實」。
[一二] 内侍王裕：原無，據日本藏宋刻本、明澹生堂鈔本、四庫本補。
[一三] 乾道六年：原無，據明澹生堂鈔本、四庫本補。
[一四] 内侍王裕：原無，據日本藏宋刻本、明澹生堂鈔本補。
[一五] 乾道七年：原無，據明澹生堂鈔本補。
[一六] 淳熙三年：原無，據明澹生堂鈔本補。四庫本作「淳熙二年」。

又　內侍王敦禮〔一〕　淳熙三年〔二〕

有敕：卿等並抗使旌，來趨誕節。禮容有肅，射藝可觀。宜厚匪頒，用昭眷寵。

又　內侍謝憲〔三〕　淳熙四年〔四〕

有敕：嘉乃使華，閑於射藝。既效椿齡之祝，肆觀楊葉之穿。特厚匪頒，用昭眷禮。

又　內侍黃鑄〔五〕　淳熙五年〔六〕

有敕：誕期載及〔七〕，華使遠來。惟兹郊射之行，時乃邦儀之重。宜推珍錫，以寵嘉賓。

玉津園射弓賜御筵　內侍韓世榮〔八〕　乾道六年〔九〕

有敕：卿等稱慶宸廷，展儀射圃。稽周雅序賓之義，合魯人揚觶之言。宜命加籩，式旌中的〔一〇〕。

又　乾道七年〔一一〕

有敕：卿等甫申慶祝，庸講射儀。諒弧矢之宣勤，設鼓鐘而肆饗。兹惟厚禮，併寵嘉賓。

又　內侍謝安民〔一二〕　淳熙三年〔一三〕

有敕：祝萬年於北闕，使範可嘉；共三乏於上林，射儀更肅。可無燕席，以洽賓歡？

〔一〕內侍王敦禮：原無，據日本藏宋刻本、明澹生堂鈔本補。四庫本「王敦禮」作「王公昌」。

〔二〕淳熙三年：原無，據明澹生堂鈔本補。

〔三〕內侍謝憲：原無，據日本藏宋刻本、明澹生堂鈔本、四庫本補。

〔四〕淳熙四年：原無，據明澹生堂鈔本、四庫本補。

〔五〕內侍黃鑄：原無，據日本藏宋刻本、明澹生堂鈔本、四庫本補。

〔六〕淳熙五年：原無，據明澹生堂鈔本、四庫本補。

〔七〕誕期載及：四庫本作「卿等誕期甫及」。

〔八〕內侍韓世榮：原無，據日本藏宋刻本、明澹生堂鈔本、四庫本補。

〔九〕乾道六年：原無，據明澹生堂鈔本、四庫本補。

〔一〇〕中的：原缺，據四庫本補。日本藏宋刻本作「中鵠」。

〔一一〕乾道七年：原無，據明澹生堂鈔本、四庫本補。

〔一二〕內侍謝安民：原無，據日本藏宋刻本、明澹生堂鈔本補。

〔一三〕淳熙三年：原無，據明澹生堂鈔本補。四庫本繫「淳熙二年」。

又　內侍李唐卿〔一〕　淳熙三年〔二〕

有敕：卿等瞻言苑囿〔三〕，近在郊坰。弓矢斯張，適宜於冬凛；豆籩有楚，并洽於賓歡。

又　內侍梁裏〔四〕　淳熙四年〔五〕

有敕：稱壽廣庭，威儀甚肅；射侯別圃，技藝尤精。宜儐豆觴，用娛賓客。

又　內侍陸彥端〔六〕　淳熙六年〔七〕

有敕：賓軺遠暨，禁籞宏開。觀克敬之威儀，知素嫻於弧矢。就頒燕勞，昭示寵綏。

十月二十三日玉津園射弓賜酒果　內侍徐偁〔八〕

乾道六年〔九〕

有敕：卿等甫展慶儀，言游靈囿。彤弓盧矢，庸觀德於射侯，嘉核芳醪，併示慈於宴席〔一〇〕。

又　乾道七年〔一一〕

有敕：卿等奉幣誕辰，禮無違者。展儀別圃，射則臧兮。欲資燕飲之歡，特厚醇甘之錫。

又　內侍王允修　淳熙三年〔一二〕

有敕：卿等入壽宸廷，堅睦鄰之永好；出觀禁籞，展發的之和容。加錫珍芳，式資飲御。

〔一〕內侍李唐卿：原無，據日本藏宋刻本、明澹生堂鈔本補。四庫本作「李唐弼」。
〔二〕淳熙三年：原無，據明澹生堂鈔本補。
〔三〕卿等：日本藏宋刻本無。
〔四〕內侍梁裏：原無，據日本藏宋刻本、明澹生堂鈔本、四庫本補。
〔五〕淳熙四年：原無，據明澹生堂鈔本、四庫本補。
〔六〕內侍陸彥端：原無，據日本藏宋刻本、明澹生堂鈔本、四庫本補。
〔七〕淳熙六年：原無，據明澹生堂鈔本、四庫本補。
〔八〕內侍徐偁：原無，據日本藏宋刻本、明澹生堂鈔本、四庫本補。
〔九〕乾道六年：原無，據明澹生堂鈔本、四庫本補。
〔一〇〕宴：四庫本作「御」。
〔一一〕乾道七年：原無，據明澹生堂鈔本、四庫本補。
〔一二〕淳熙三年：原無，據明澹生堂鈔本補。四庫本作「淳熙二年」。

又 內侍鄭安祖〔一〕 淳熙三年〔二〕

有敕：慶流虹之節，已覲宸廷；展中鵠之儀，言游禁籞。特頒芳旨，庸示寵光。

又 內侍宋敏〔三〕 淳熙四年〔四〕

有敕：醇醪列盎，嘉實盈盤。眷言慶壽之賓，載講和容之禮。并茲寵錫，往即欽承。

十月二十三日賜內中酒果〔五〕 內侍宋思正〔六〕 淳熙五年〔七〕

有敕：卿等既祝壽齡，方需宸燕。欲厚比鄰之好〔八〕，爰分中禁之甘。其克丕欽，以承異渥。

又 內侍李琪〔九〕 乾道七年〔一〇〕

有敕：華車照路，方觀射圃之歸；嘉賓薦觴，載出禁楹之賜。茲惟厚遇，匪曰常頒。

十月二十六日賜生餼〔一一〕 內侍何弼〔一二〕 淳熙四年〔一三〕

有敕：卿等通歡鄰壤，展慶誕辰。已備輯於多儀，方少安於上館。茲庸續食，用勸加餐。

又 內侍韓世榮〔一四〕 淳熙二年〔一五〕

有敕：誕節應期，使軺將命。念初安於舍館〔一六〕，宜厚賜於餼牽。用示撫存〔一七〕，以昭眷遇。

〔一〕內侍鄭安祖：原無，據日本藏宋刻本、明澹生堂鈔本補。
〔二〕淳熙三年：原無，據明澹生堂鈔本補。
〔三〕內侍宋敏：原無，據日本藏宋刻本、明澹生堂鈔本補。
〔四〕淳熙四年：原無，據明澹生堂鈔本補。
〔五〕十月：原無，據日本藏宋刻本、明澹生堂鈔本、四庫本補。
〔六〕內侍宋思正：原無，據日本藏宋刻本、明澹生堂鈔本、四庫本補。
〔七〕淳熙五年：原無，據明澹生堂鈔本、四庫本補。
〔八〕比：日本藏宋刻本作「北」。
〔九〕內侍李琪：原無，據日本藏宋刻本、明澹生堂鈔本、四庫本補。
〔一〇〕乾道七年：原無，據明澹生堂鈔本、四庫本補。
〔一一〕「賜」上，明澹生堂鈔本、四庫本有「到闕」二字。
〔一二〕內侍何弼：原無，據日本藏宋刻本、明澹生堂鈔本、四庫本補。
〔一三〕淳熙四年：原無，據明澹生堂鈔本、四庫本補。
〔一四〕內侍韓世榮：原無，據日本藏宋刻本、明澹生堂鈔本、四庫本補。
〔一五〕淳熙二年：原無，據明澹生堂鈔本、四庫本補。
〔一六〕舍館：原作「館舍」，據日本藏宋刻本乙。
〔一七〕用：日本藏宋刻本作「既」。

十月二十七日賜內中酒果 內侍王敦禮 淳熙三年〔一〕

有敕：飛電流虹，歲勤鄰聘。醇醪嘉果，日致恩頒。惟茲賓禮之優，示乃使華之寵。

又 內侍黃鑄〔二〕 淳熙四年〔三〕

有敕：宸廷獻斝，已祈千萬之年，嘉賓侑觴，茲有再三之錫。出於御府，光乃賓筵。

十月二十八日朝辭訖歸馹賜酒果 內侍高思聰〔四〕 淳熙四年〔五〕

有敕：卿等自初稱壽，暨此告行。嘉儀範之可觀，知虔恭之匪懈。載頒醪核，往助盃盤。

又 內侍楊慶祖〔六〕 淳熙三年〔七〕

有敕：卿等恪修鄰好，來慶誕符。茲成禮以告行，乃授書而少憩。載頒醪核，昭示眷懷。

又 內侍謝憲 淳熙三年〔八〕

有敕：卿等既成慶禮，俶告行期。洊頒品物之珍，庸助杯盤之樂。增光謁舍，胥洽宸衷〔九〕。

又 內侍王公昌〔一〇〕 乾道六年〔一一〕

有敕：卿等備成慶禮，甫上謁辭。出醪核於禁廷，侑盃盤於館燕。往承嘉惠，共體湛恩。

〔一〕淳熙三年：原無，據明澹生堂鈔本補。四庫本繫「淳熙二年」。
〔二〕內侍黃鑄：原無，據日本藏宋刻本、明澹生堂鈔本、四庫本補。
〔三〕淳熙四年：原無，據明澹生堂鈔本、四庫本補。
〔四〕內侍高思聰：原無，據日本藏宋刻本、明澹生堂鈔本、四庫本補。
〔五〕淳熙四年：原無，據明澹生堂鈔本、四庫本補。
〔六〕內侍楊慶祖：原無，據日本藏宋刻本、明澹生堂鈔本、四庫本補。
〔七〕淳熙三年：原無，據明澹生堂鈔本、四庫本補。
〔八〕淳熙三年：原無，據明澹生堂鈔本補。四庫本繫「淳熙二年」。
〔九〕衷：明澹生堂鈔本、四庫本作「恩」。
〔一〇〕內侍王公昌：原無，據日本藏宋刻本、明澹生堂鈔本、四庫本補。
〔一一〕乾道六年：原無，據明澹生堂鈔本、四庫本補。

朝辭訖歸馹賜御筵　内侍麥敞〔一〕　乾道六年〔二〕

有敕：卿等已慶電樞，方違象魏。眷皇華之在館，命高會以飛觴。兹謂釀恩，勿辭霑醉。

又　内侍李琪〔三〕　淳熙六年〔四〕

有敕：卿等遠馳慶幣〔五〕，來會誕期。既成禮以展辭，將復書以戒路。就頒燕勞，昭示眷留。

又　内侍賈惟清〔六〕　淳熙四年〔七〕

有敕：卿等來奉壽觴，具成賓禮。分驪駒之將駕，儼籩豆之前陳。屬此初寒，均兹既醉。

又　内侍張思温〔八〕　淳熙三年〔九〕

有敕：卿等遠修邦好，肅講壽儀。已告行期，少休謁舍。爰就開於燕席，宜深體於宸恩。

密賜使副大銀器　内侍黄述。正使一千兩，副使五百兩〔一〇〕。乾道六年〔一一〕

有敕：卿等遠奉使華，恪修慶禮。誠效嵩呼之祝，器頒山溢之珍。宜即欽承，用符眷遇。

又　内侍李琪，同日〔一二〕。淳熙四年〔一三〕

有敕：卿等慶壽遠來，受書遄返。身未離於丹闕，器加錫於白金。各體異恩，欽承嘉惠。

〔一〕内侍麥敞：原無，據日本藏宋刻本、明澹生堂鈔本、四庫本補。
〔二〕乾道六年：原無，據明澹生堂鈔本、四庫本補。
〔三〕内侍李琪：原無，據日本藏宋刻本、明澹生堂鈔本補。
〔四〕淳熙六年：原無，據明澹生堂鈔本補。
〔五〕馳：日本藏宋刻本作「持」。
〔六〕内侍賈惟清：原無，據日本藏宋刻本、明澹生堂鈔本、四庫本補。
〔七〕淳熙四年：原無，據明澹生堂鈔本、四庫本補。
〔八〕内侍張思温：原無，據日本藏宋刻本、明澹生堂鈔本、四庫本補。
〔九〕淳熙三年：原無，據明澹生堂鈔本、四庫本補。
〔一〇〕「内侍黄述」至「五百兩」，原無，據日本藏宋刻本、明澹生堂鈔本、四庫本補。
〔一一〕乾道六年：原無，據明澹生堂鈔本、四庫本補。
〔一二〕内侍李琪同日：原無，據日本藏宋刻本、明澹生堂鈔本、四庫本補。
〔一三〕淳熙四年：原無，據明澹生堂鈔本、四庫本補。

又 內侍李琪〔一〕 淳熙五年〔二〕

有敕：壽儀既講，使範有光。欲昭示於鄰歡，特寵加於密賚。尚其祇受，體此眷私。

又 內侍張思温 淳熙三年〔三〕

有敕：千秋紀節，九牧貢金。特推制器之餘〔四〕，庸示待賓之禮。推予賜式〔五〕，寵乃使華。

又 內侍梁晫〔六〕 淳熙六年〔七〕

有敕：卿等祇講慶儀，備成使事。錫朱提之瑞器，實北道之歸裝。眷待有加，欽承無斁。

回程賜龍鳳茶并金鍍銀合 內侍李宗回〔八〕 淳熙六年〔九〕

有敕：卿等奉觴成禮，旋旆有期〔一〇〕。指貢焙以分珍，實寶匳而加錫。推予眷意，寵乃使華。

又 內侍李宗回〔一一〕 淳熙五年〔一二〕

有敕：獻壽南山，已成賓禮；分珍北苑，用寵使華。并錫寶匳，尚欽宸渥。

又〔一三〕 內侍李宗回〔一四〕 淳熙四年〔一五〕

有敕：卿等奉觴誕日，憩館來旬。念將據於歸鞍，庸分頒於貢茗〔一六〕。茲惟渥惠，以寵行人。

〔一〕內侍李琪：原無，據日本藏宋刻本、明澹生堂鈔本、四庫本補。
〔二〕淳熙五年：原無，據明澹生堂鈔本、四庫本補。
〔三〕淳熙三年：原無，據明澹生堂鈔本補。四庫本繫「淳熙二年」。
〔四〕推：原缺，據日本藏宋刻本、明澹生堂鈔本、四庫本補。
〔五〕推：日本藏宋刻本作「膺」。
〔六〕內侍梁晫：原無，據日本藏宋刻本、明澹生堂鈔本、四庫本補。
〔七〕淳熙六年：原無，據明澹生堂鈔本、四庫本補。
〔八〕內侍李宗回：原無，據日本藏宋刻本、明澹生堂鈔本、四庫本補。
〔九〕淳熙六年：原無，據明澹生堂鈔本、四庫本補。
〔一〇〕有：日本藏宋刻本、明澹生堂鈔本、四庫本作「届」。
〔一一〕內侍李宗回：原無，據日本藏宋刻本、明澹生堂鈔本補。
〔一二〕淳熙五年：原無，據明澹生堂鈔本補。
〔一三〕又：即《回程賜龍鳳茶并金鍍銀合》，日本藏宋刻本、明澹生堂鈔本、四庫本「回」上有「十月二十九日」六字。
〔一四〕內侍李宗回：原無，據日本藏宋刻本、明澹生堂鈔本、四庫本補。
〔一五〕淳熙四年：原無，據明澹生堂鈔本、四庫本補。
〔一六〕庸：日本藏宋刻本作「宜」。

又 內侍李宗回〔一〕 淳熙三年〔二〕

有敕：禮成誕節，榮驚歸鞍。有華貢茗之頒，庸厚使車之寵〔三〕。雖云於邁，可以忘勞。

又 內侍霍汝弼鄭朝美〔四〕 乾道六年〔五〕

有敕：卿等已奉壽觴，式遄歸旆。爰分頒於貢茗，庸少浣於征塵。其體至懷，以承嘉錫。

回程赤岸賜御筵 內侍李琪〔六〕 淳熙四年〔七〕

有敕：卿等祝萬年之壽，爲十日之留。爰即近郊，更開別燕。庸益光於行色〔八〕，尚深體於眷懷。

又 內侍黃鑄〔九〕 淳熙六年〔一〇〕

有敕：卿等肅駕歸艎，暫留近岸。欲示勤渠之意，載頒慈惠之恩。方屬嚴凝，勿辭霑醉。

又 內侍蔣帨〔一一〕 乾道六年〔一二〕

有敕：卿等來慶誕辰，備成使事。方旋車於遠道，姑弭節於近郊。載厚眷懷，特申燕餞。

又 內侍張思温〔一三〕 淳熙三年〔一四〕

有敕：卿等屬奉壽觴，玆旋使節。掛征帆而未遠，經別岸以少留。欲示眷私，更伸燕餞。

又 內侍張思温〔一五〕 淳熙二年〔一六〕

有敕：展縟儀於壽旦，已締鄰歡；弭歸棹於候亭，載陳飲

〔一〕內侍李宗回：原無，據日本藏宋刻本、明澹生堂鈔本補。
〔二〕淳熙三年：原無，據明澹生堂鈔本補。
〔三〕使：原作「賜」，據四庫本改。
〔四〕內侍霍汝弼鄭朝美：原無，據日本藏宋刻本、明澹生堂鈔本補。四庫本無「鄭朝美」三字。
〔五〕乾道六年：原無，據明澹生堂鈔本補。
〔六〕內侍李琪：原無，據明澹生堂鈔本、四庫本補。
〔七〕淳熙四年：原無，據明澹生堂鈔本、四庫本補。
〔八〕庸：四庫本作「庶」。
〔九〕內侍黃鑄：原無，據日本藏宋刻本、明澹生堂鈔本、四庫本補。
〔一〇〕淳熙六年：原無，據明澹生堂鈔本、四庫本補。
〔一一〕內侍蔣帨：原無，據日本藏宋刻本、明澹生堂鈔本、四庫本補。
〔一二〕乾道六年：原無，據明澹生堂鈔本、四庫本補。
〔一三〕內侍張思温：原無，據日本藏宋刻本、明澹生堂鈔本、四庫本補。
〔一四〕淳熙三年：原無，據明澹生堂鈔本、四庫本補。
〔一五〕內侍張思温：原無，據日本藏宋刻本、明澹生堂鈔本、四庫本補。
〔一六〕淳熙二年：原無，據明澹生堂鈔本、四庫本補。

餞。茲惟示惠，亦以紓勞。

十一月一日回程赤岸賜酒果 内侍楊純〔一〕 淳熙四年〔二〕

有敕：卿等既成壽禮，載騖歸舟。即別岸以少留，馳近藩而加勞〔三〕。錫之甘旨，體我眷私。

又〔四〕 内侍張思温〔五〕 淳熙三年〔六〕

有敕：卿等遠飾使裝，來趨誕節。歸舟載旆，甫歷於候亭；嘉賓薦觴，更將於恩意。

又 内侍李顒〔七〕 乾道六年〔八〕

有敕：卿等稱觴壽旦，返旆霜冬。念甫事於遐征，俾少休於近馹。載頒芳旨，加厚眷私。

又 内侍張泳〔九〕 淳熙二年〔一〇〕

有敕：飛綏遐暨，嘉請祝於修齡；犯軷遄歸，尚眷留於近岸。馳頒醪核，益溥龍光。

回程賜使副冬至節絹 内侍朱思、正使、副使各五十疋〔一二〕。乾道六年〔一三〕

有敕：卿等比緣誕序，遠穆賓華。前驅已戒於北歸，中道適逢於南至。爰分厚幣，用侈多儀。

〔一〕内侍楊純：原無，據日本藏宋刻本、明澹生堂鈔本、四庫本補。
〔二〕淳熙四年：原無，據明澹生堂鈔本、四庫本補。
〔三〕藩：日本藏宋刻本、四庫本作「珰」。
〔四〕明澹生堂鈔本題作「朝辭訖歸馹賜内御筵口宣」。
〔五〕内侍張思温：原無，據明澹生堂鈔本補。日本藏宋刻本作「内侍黄鑄」，四庫本作「内侍黄」。
〔六〕淳熙三年：原無，據明澹生堂鈔本補。
〔七〕内侍李顒：原無，據日本藏宋刻本、明澹生堂鈔本、四庫本補。
〔八〕乾道六年：原無，據明澹生堂鈔本、四庫本補。
〔九〕内侍張泳：原無，據日本藏宋刻本、明澹生堂鈔本、四庫本補。
〔一〇〕淳熙二年：原無，據明澹生堂鈔本、四庫本補。
〔一一〕「内侍」至「五十疋」原無，據日本藏宋刻本、明澹生堂鈔本、四庫本補。
〔一三〕乾道六年：原無，據明澹生堂鈔本、四庫本補。

又　內侍徐佺〔一〕　淳熙二年〔二〕

有敕：卿等來會誕辰，歸逢令節。禮厚庫縑之錫，恩隨宮線之添。滌乃征塵，被予渥惠。

又　內侍李宗回〔三〕　淳熙三年〔四〕

有敕：卿等曩馳使馹，虔奉壽觴。逮四牡之遄歸，值一陽之來復。豈無恩賜，庸示眷私？

回程賜三節人從冬至節絹　內敕官二人各十二疋，上節各八疋，中節五疋，下節三疋〔五〕。

有敕：汝等言從慶使，並鶩歸途。值來復之新陽，舉匪頒之故事。各膺厚賜，尚體隆恩。

又　淳熙三年〔六〕

有敕：汝等已陪壽禮〔七〕，並鶩歸塗。屬至日之舒長，念嚴程之勤勩。錫之幣帛，示我眷懷〔八〕。

又　內侍徐佺〔九〕　淳熙二年〔一〇〕

有敕：汝等並從使節，來祝壽祺。言念歸塗，適逢至日。其令賜帛，以助禦寒〔一一〕。

〔一〕內侍徐佺：原無，據明澹生堂鈔本、四庫本補。日本藏宋刻本作「同前」。
〔二〕淳熙二年：原無，據明澹生堂鈔本、四庫本補。
〔三〕內侍李宗回：原無，據明澹生堂鈔本、四庫本補。日本藏宋刻本作「同前」。
〔四〕淳熙三年：原無，據明澹生堂鈔本、四庫本補。
〔五〕內敕官二人各十二疋，上節各八疋，中節五疋，下節三疋：四庫本「敕官」作「都管」。日本藏宋刻本、明澹生堂鈔本注作：「上節絹各八疋，內敕官二人各十二疋，中節各五疋，下節各三疋。」日本藏宋刻本「敕官」也作「都管」。
〔六〕淳熙三年：原無，據明澹生堂鈔本、四庫本補。
〔七〕已：原作「有」，據日本藏宋刻本改。
〔八〕示：四庫本作「體」，義長。明澹生堂鈔本作「禮」，形誤。
〔九〕內侍徐佺：原無，據明澹生堂鈔本、四庫本補。日本藏宋刻本作「同前」。
〔一〇〕淳熙二年：原無，據明澹生堂鈔本、四庫本補。
〔一一〕寒：明澹生堂鈔本、四庫本作「冬」。

回程平江府賜御筵　內侍李唐弼〔一〕　乾道六年〔二〕

有敕：卿等修慶誕期，趣裝歸路。預飾輔藩之館，少休使節之驂。其錫燕觴，以優賓禮。

又　內侍徐考叔〔三〕　淳熙五年〔四〕

有敕：卿等奉觴壽旦，返旆朔陲。夙駕蘇臺〔五〕，寵頒筵宴。尚體眷存之意〔六〕，用紓於邁之勞。

又　內侍謝安民〔七〕　淳熙四年〔八〕

有敕：卿等効祝南山，言歸北道。念勞神於遠役，爰設醴於近郊〔九〕。寒色方嚴，飲觴宜釂。

又　內侍賈惟清〔一〇〕　淳熙二年〔一一〕

有敕：漢殿稱觴，已効萬年之祝；吴門錫宴，用華四牡之歸。矧屬凝寒，固宜盡醉。

又　內侍梁彬〔一二〕　淳熙三年〔一三〕

有敕：卿等既奉壽觴，式遄歸棹。即蘇臺之奧壤，申燕俎之多儀。尚體茲恩，何辭盡醉。

又　內侍朱思正〔一四〕　淳熙六年〔一五〕

有敕：奉觴良月，彌堅兩國之歡；旋棹仲冬，少憩三吴之勝。就開華宴，加寵行人。

回程鎮江府賜御筵　內侍李唐卿〔一六〕　淳熙五年〔一七〕

有敕：卿等遠持慶禮，備講壽儀。當寒色之凝嚴，眷歸塗

〔一〕內侍李唐弼：原無，據日本藏宋刻本、明澹生堂鈔本、四庫本補。
〔二〕乾道六年：原無，據明澹生堂鈔本、四庫本補。
〔三〕內侍徐考叔：原無，據日本藏宋刻本、明澹生堂鈔本、四庫本補。
〔四〕淳熙五年：原無，據明澹生堂鈔本、四庫本補。
〔五〕駕：日本藏宋刻本、明澹生堂鈔本、四庫本作「戒」。
〔六〕眷存：日本藏宋刻本作「有加」。
〔七〕內侍謝安民：原無，據日本藏宋刻本、明澹生堂鈔本、四庫本補。
〔八〕淳熙四年：原無，據明澹生堂鈔本、四庫本補。
〔九〕郊：日本藏宋刻本作「邦」。
〔一〇〕內侍賈惟清：原無，據日本藏宋刻本、明澹生堂鈔本、四庫本補。
〔一一〕淳熙二年：原無，據明澹生堂鈔本、四庫本補。
〔一二〕內侍梁彬：原無，據日本藏宋刻本、明澹生堂鈔本、四庫本補。
〔一三〕淳熙三年：原無，據明澹生堂鈔本、四庫本補。
〔一四〕內侍朱思正：原無，據日本藏宋刻本、明澹生堂鈔本、四庫本補。
〔一五〕淳熙六年：原無，據明澹生堂鈔本、四庫本補。
〔一六〕內侍李唐卿：原無，據日本藏宋刻本、明澹生堂鈔本、四庫本補。
〔一七〕淳熙五年：原無，據明澹生堂鈔本、四庫本補。

之勤勩。即茲江國，賜以燕觴。

又 內侍　淳熙二年〔一〕

有敕：卿等遠慶誕辰，式遄歸旆。將問津於江滸，聊弭節於藩方。載洽眷私，是頒燕勞。

又 內侍朱思正〔二〕　乾道六年〔三〕

有敕：卿等榮抗使旜，遠敦鄰寶〔四〕。已展流虹之慶〔五〕，載勤馳馹之歸。錫宴南徐，增華北道。

又 內侍朱思正〔六〕　淳熙四年〔七〕

有敕：使範從容，既蕆儀於誕節；歸舟安穩〔八〕，載弭檝於江城。就錫燕觴，丕昭眷渥。

又 內侍朱思正〔九〕　淳熙三年〔一〇〕

有敕：卿等已會誕期，式遄歸旆。惟是丹陽之館，臨於天塹之津。載啟罍尊，少休徒御。

回程盱眙軍賜御筵 內侍梁彬〔一一〕　淳熙四年〔一二〕

有敕：卿等奉觴良月，還軫仲冬。指淮岸以於歸，即邊城而少駐。馳開宴俎，寵餞使旜。

又 內侍賈惟清〔一三〕　淳熙五年〔一四〕

有敕：卿等展儀誕節〔一五〕，復命鄰封。將利涉於長淮，宜少留於邊郡。特開宴席，用勞歸鞍。

〔一〕內侍淳熙二年：原無，據明澹生堂鈔本補。
〔二〕內侍朱思正：原無，據日本藏宋刻本、明澹生堂鈔本、四庫本補。
〔三〕乾道六年：原無，據明澹生堂鈔本、四庫本補。
〔四〕寶：四庫本作「好」，義亦通。
〔五〕已：日本藏宋刻本作「既」，明澹生堂鈔本作「歸」，四庫本作「肆」。
〔六〕內侍朱思正：原無，據日本藏宋刻本、明澹生堂鈔本、四庫本補。
〔七〕淳熙四年：原無，據明澹生堂鈔本、四庫本補。
〔八〕舟：原作「塗」，據日本藏宋刻本改。
〔九〕內侍朱思正：原無，據日本藏宋刻本、明澹生堂鈔本、四庫本補。
〔一〇〕淳熙三年：原無，據明澹生堂鈔本、四庫本補。
〔一一〕內侍梁彬：原無，據日本藏宋刻本、明澹生堂鈔本、四庫本補。
〔一二〕淳熙四年：原無，據明澹生堂鈔本、四庫本補。
〔一三〕內侍賈惟清：原無，據日本藏宋刻本、明澹生堂鈔本、四庫本補。
〔一四〕淳熙五年：原無，據明澹生堂鈔本、四庫本補。
〔一五〕節：原作「辰」，據日本藏宋刻本、明澹生堂鈔本、四庫本改。

又　內侍王棏〔一〕　淳熙二年〔二〕

有敕：卿等遠持壽禮，申締鄰歡。鶩歸轡以良勤，即邊亭而少駐。載陳宴豆，庸餞使華。

又　內侍鄧珪〔三〕　乾道六年〔四〕

有敕：卿等壽儀既講，使範有光。歷候館以及疆，指長淮而利涉。宜陳燕俎，以寵歸鞍。

又　內侍徐考叔〔五〕　淳熙三年〔六〕

有敕：卿等奉觴無爽，出境有期。爰即邊城，載開華宴。將予厚意，慰爾遐心。

〔一〕內侍王棏：原無，據日本藏宋刻本、明澹生堂鈔本、四庫本補。
〔二〕淳熙二年：原無，據明澹生堂鈔本、四庫本補。
〔三〕內侍鄧珪：原無，據日本藏宋刻本、明澹生堂鈔本、四庫本補。
〔四〕乾道六年：原無，據明澹生堂鈔本、四庫本補。
〔五〕內侍徐考叔：原無，據日本藏宋刻本、明澹生堂鈔本補。
〔六〕淳熙三年：原無，據明澹生堂鈔本補。

廬陵周益國文忠公集卷一一四

玉堂類稿卷一四

青詞朱表[一]

太乙宮開啓太上皇后生辰設醮青詞　乾道六年七月

伏以青秋過半，慈闈臨彌月之期[二]；丹悃由中，靖館罄後天之祝。既恪陳於馨薦，復高詠於靈篇。伏願誠徹九霄，祥開萬壽。皇矣上帝，倘垂有赫之光；至哉坤元，永篤無疆之慶。

滿散朱表

伏以厚德難名，固集壽齡之永；誕辰甫暨，必修子道之恭。爰即殊庭，仰祈冲鑑。願契媧皇之得道，更同金母之長生。

茅山崇禧觀開啓會慶節道場青詞[三]

孟冬紀月，甲觀開祥。瞻句曲之名山，實茅君之福壤。敬裒羽士[四]，祗款琳宮。冀悃愊之上通，紛祺祥之下集。

滿散朱表

伏以載臨誕日，肅舉真科。迓續永年，豈獨眇冲之專享；導迎和氣，所祈黎庶之均休。仰冀聰聞，具孚誠意。

萬壽觀會慶節設醮青詞

伏以序正孟冬，時臨誕月。雖寅畏享福，常懷翼翼之心；而聰明自民，實賴昭昭之鑑。肅壇場而蕆事，望霄極以馳誠。伏願受祉既多，降年有永。下逮含生之類，溥同壽域之躋[五]。

滿散朱表

伏以誕節載臨，冲科備舉。仰賴乾坤之造，允儲家國之祥。繼明照四方，益系隆於炎祚；修己安百姓，期敷錫於洪恩。

[一] 青詞朱表：明澹生堂鈔本、四庫本作「天中會慶設醮青詞朱表。丁亥本命詞表附」。
[二] 臨：傅校本作「度」。
[三] 茅山：原無，據明澹生堂鈔本、四庫本、傅校本補。
[四] 裒：傅校本作「延」。
[五] 同：傅校本作「均」。

太乙宫會慶節設醮青詞〔一〕

伏以猥繇凉德〔二〕，寅紹炎圖〔三〕。時寖格於小康，年屢書於大有。静言顯相，實自高穹。是因生育之期，少答龐鴻之施。清壇預祓，冲式載嚴。曼壽敢專，冀永隆於親養；多祥誕錫，更丕冒於海隅。

滿散朱表

伏以初度載臨，荷天心之降嘏；清場夙啓，依道範以宣科。逮兹勝事之成，翕爾純釐之備。既衍庭闈之算，亦安夷夏之民。誓竭齋精，仰疇覆幬。

茅山崇禧觀開啓天申節道場青詞〔四〕 淳熙元年五月〔五〕

伏以赤光照室，蚤開濟於中興；黄屋非心，今優游於太極。宜協天人之應，並爲壽祉之符。遥即神山，恪陳醮席。百祥降善，亶惟上帝之常；萬歲聞呼，尚答崇嵩之禮。

滿散朱表

伏以誕節斯臨，國家共慶。壽齡之祝，夷夏同心。瞻句曲之奇峰，駐列真之欻駕。言馳悃愊，備罄熏修。庶憑上善之因，申衍大椿之算。

太乙宫天申節設醮青詞

伏以飛電應期，普天獻祝。矧在行都之近，有嚴真館之華。敢怠熏修，用伸頌詠！伏願上穹鑑德，衆聖垂慈。錫親壽於萬年，均天休於四海。

滿散朱表

伏以深仁厚德，已全介壽之符；秘籙真科，更效延年之禱。慶多儀之告備，知冲鑑之聿昭。尚俾君親，永綏福禄。

萬壽觀天申節設醮青詞〔六〕

伏以良月載臨，實紀挺生之旦；嚴君在上，盍伸歸報之

〔一〕此篇明澹生堂鈔本、四庫本編於淳熙五年，題爲《萬壽觀開啓會慶節道場青詞》。
〔二〕德：原作「道」，據明澹生堂鈔本、四庫本改。
〔三〕寅：原作「實」，據明澹生堂鈔本、四庫本改。
〔四〕「茅山」、「開啓」原無，據明澹生堂鈔本、四庫本補。
〔五〕元年：明澹生堂鈔本、四庫本此文編於「六年」，當考。
〔六〕明澹生堂鈔本、四庫本題作「太乙宫會慶節設醮青詞」。

誠？仰遡清都，敬披丹悃。伏願天心降格，親壽延長。永承膝下之歡，常受域中之養。

滿散朱表

伏以欽承基緒，載紀誕祥。祇事尊親，每思美報。繹靈文於寶笈，徼福應於璚霄。一曰壽以爲先，冀延丕祚；萬斯年而無斁，永嚮真風。

太乙宮開啓會慶節道場青詞〔一〕 十月〔二〕

伏以高高在上，固曰難諶；懇懇由中，亦云易感。當凉德始生之序，念嚴君載育之恩。祇竭精忠〔三〕，具遵道式。冀格九清之祐，同增萬壽之期。

滿散朱表

伏以誕月載臨，敢獨膺於戩穀；嘉祥參集，蘄上及於庭闈。恪修清浄之緣，仰助康寧之福。誠心既達，沖鑑必昭。願益嚮於真風，庶永綏於榮養。

茅山崇禧觀開啓會慶節設醮青詞〔四〕

伏以誕序斯臨，荷天休而祇畏；神山雖遠，按仙式以精祈。欽佇飇遊，昭垂道蔭。上則衍二親之壽，下焉陶萬國之和。曾是眇躬，敢專鴻施？

滿散朱表

伏以陰隲下民，疇不依於造化；誕彌厥月，顧敢怠於熏修！已宣三洞之科，斯迪九宸之鑑〔五〕。願敷帝祉，長祐邦圖；更俾含生，同躋壽域。

萬壽觀開啓會慶節設醮青詞〔六〕

伏以顧德弗類，荷天降休。家用平康，民以寧一。是因誕序，預祓殊庭。庸達至忱，仰干洪造。冀延壽祉，永奉親歡。下暨群生，咸資餘蔭。

滿散朱表

伏以孟冬之月，載臨震育之辰；長發其祥，夙賴監觀之施。

〔一〕開啓：原無，據明澹生堂鈔本、四庫本、傅校本補。
〔二〕明澹生堂鈔本、四庫本繫此文在「淳熙二年」。
〔三〕忠：傅校本作「衷」。
〔四〕「茅山」、「開啓」原無，據明澹生堂鈔本、四庫本、傅校本補。
〔五〕迪：傅校本作「適」。
〔六〕開啓：原無，據明澹生堂鈔本、四庫本、傅校本補。

企列真之欵駕，宣秘洞之真科。已罄肅恭，必孚陰祐。均壽昌於有衆，綿基緒於無窮。

萬壽觀開啓天申節道場青詞〔一〕 淳熙三年五月〔二〕

伏以推仁恩於三紀，丕冒華戎；介壽祉於萬年，上齊箕翼〔三〕。雖神理不愆於報施，抑人心難緩於禱祈。是因彌月之臨，敬致籲天之懇。仰繄洪造，垂鑑丹衷。佑至養於無窮，增修齡於有永。

滿散朱表

伏以時當九夏，節紀千秋。預即祠庭，恪遵道範。茲崇成於勝會，庸歸報於慈親。壽祉常增，願比乾坤之永；福基彌固，屹如山嶽之安。

萬壽觀開啓會慶節道場青詞〔四〕 十月

伏以位臨大寶，每依覆幬之仁；月紀初生，當致禱祠之禮。潛誠心於七曜，修勝事於三旬。玉佩金璫，並披粹籙；珠巾琳几，敬仁真遊。仰祈道妙之無方，丕錫壽齡於有永。更推洪施，普暨含生。

滿散朱表

伏以集眷佑於眇躬，已綏多祜；嚴檜禳於誕日〔五〕，更舉舊章。備殫懇懇之誠，諒格蒼蒼之鑑。上儲親祉，常迪於康寧；下錫民禧，永銷於疵癘〔六〕。

太乙宮會慶節設醮青詞

伏以震夙之祥，敢矜於一己；延長之禱〔七〕，當及於二親。恭即琳房，敬敷瑶席。伏願精忠上徹，真馭下遊。永綏壽考之祺，共保熾昌之祚。

滿散朱表

伏以良月届期，記眇躬之初誕；清霄蕆事〔八〕，按秘洞之沖科。所祈戩穀之臻，丕衍庭闈之慶。瞻言洪造，監乃至忱。

〔一〕開啓：原無，據明澹生堂鈔本、四庫本、傅校本補。
〔二〕三年：原作「二年」，據明澹生堂鈔本、四庫本、傅校本改。
〔三〕齊：傅校本作「垂」。
〔四〕開啓：原無，據明澹生堂鈔本、四庫本、傅校本補。
〔五〕檜：原作「祈」，據明澹生堂鈔本、四庫本、傅校本改。
〔六〕永：原作「庶」，據四庫本、傅校本改。
〔七〕禱：原作「壽」，據明澹生堂鈔本、四庫本改。
〔八〕霄：原作「宵」，據明澹生堂鈔本、傅校本改。

建康府茅山崇禧觀開啓天申節道場青詞[一]

淳熙四年五月

伏以山如句曲，顯聖佑於茅君；人似華封，祝睿齡於堯帝。茲屬誕祥之會，載嚴道範之科。遥命羽流，敬邀鶴駕。格無窮之祉，庶篤祐於親庭；儲有羡之休，抑均禧於寰宇。

滿散朱表

伏以流虹飛電，適逢載誕之辰[二]；率土溥天，咸致永年之禱。眷仙都之在望，跨福地以標靈。具殫禋恪之誠，仰動希微之鑑。冀垂鴻造，密相慈親。福如東海之深，測之益遠；壽比南山之固，仰之彌高。

太乙宮開啓太上皇后生辰道場青詞[三]

八月

伏以秋氣爰清，應律管於南呂；坤儀至肅，紀誕節於東朝。預即琳宮，虔修道範。伏願穹旻降鑑，祉福增延。永祐光堯，受萬方之至養；上同金母，亘億載以長生。

滿散朱表

伏以坤德無疆，將臨誕序；祠庭有肅，預講沖科。熏修三日之間，祈禱萬年之久。載陳醮席，仰格宸遊[四]。庶因勝會之成[五]，益致嘉祥之集。惟天爲大，固持俾壽之權；如月之常，願永容光之照。

萬壽觀開啓會慶節道場青詞[六]

十月

伏以猥以眇躬，紹於大寶。干戈載戢，年穀屢豐。在凉德以何堪，繄高穹之克相。茲臨良月，恭演沖科。冀因誕育之期，少答生成之賜。伏願鴻私下濟，丹悃上通。覆幬之恩，徧周於海宇；延洪之壽，參集於庭闈。

滿散朱表

伏以月紀初冬，時逢載育。預即邃嚴之館，具修清净之緣。逮此崇成，罄茲精懇。三辰順軌，蘄丕揚於休祥；四海逕衡，庶永銷於災害。敢忘惕厲，祗荷監觀。

〔一〕「建康府茅山」、「開啓」原無，據明澹生堂鈔本、四庫本、傅校本補。
〔二〕辰：原作「期」，據明澹生堂鈔本、四庫本改。
〔三〕開啓：原無，據明澹生堂鈔本、四庫本、傅校本補。
〔四〕格：原作「答」，據明澹生堂鈔本、四庫本、傅校本改。
〔五〕會：原作「果」，據明澹生堂鈔本、四庫本、傅校本改。
〔六〕開啓：原無，據明澹生堂鈔本、四庫本、傅校本補。

太乙宮會慶節設醮青詞

伏以氣正上冬，時惟良月。內循菲質，載紀誕期。欲歸美於庭闈，必輸誠於穹昊。祓除廣宇，演暢真風。庶丕集於天休，永同扶於邦祚。

滿散朱表

伏以祗紹慶基，載臨誕序。臣之報上，率崇彌月之勝因；子之愛親，敢怠萬年之善頌。乃宣科於清夜，用輸悃於層霄。所祈沖鑑之下觀，式俾嘉祥之來萃。

建康府茅山崇禧觀會慶節設醮青詞〔二〕

伏以祗紹帝圖，夙依道蔭。維茲良月，時乃誕辰。按十極之沖科，崇三茅之勝會。川塗雖邈，悃愊自通。徼福仙真，豈眇躬之專享；降康黎庶，期壽域之同躋。

滿散朱表

伏以月紀上冬，時當載育。遡瞻江表，夙宅仙真；祗祓壇場，具敷科式。庶精誠之昭格，致靈監之顧綏。上俾二親，益隆於壽祉；下令萬姓，咸底於樂康。

萬壽觀開啓天中節道場青詞〔三〕

淳熙五年五月

伏以火德蕃昌，應誕辰於中夏；珍臺邃密，崇勝事於三旬。庶假熏修，式孚頌禱。雲車風馬，倘來顧於壇場；舜日堯年，必永綏於壽祉。

滿散朱表

伏以慈親在上，方伸至養之恭；炎律載中，適紀誕彌之慶。積鴻因於一月，通丹悃於層霄。地久天長，冀延壽籍；海涵嶽負，仍固福基。嘉與民生，永依道蔭。

太乙宮天申節設羅天醮青詞

伏以天祐慈皇，備錫康寧之福；日臨誕節，更伸頌禱之言。壇場普供於神天，燈燭交輝於晝夜。寥寥真境，蘄垂鑑於忱衷；永永修齡，願益安於榮養。

〔二〕建康府茅山：原無，據明澹生堂鈔本、四庫本、傅校本補。
〔三〕開啓：原無，據明澹生堂鈔本、四庫本、傅校本補。

滿散朱表

伏以律中蕤賓，赫赫炎圖之盛；慶鍾慈極，綿綿鴻算之長。茲廣設於醮筵，既備成於熙事[一]。衍無疆之曆，期祇荷於天休；扶不拔之基，尚永隆於邦祚。

崇禧觀天申節設醮青詞[二]

伏以風自南而解慍，當夏序之中分；電繞北以呈祥，記親庭之載誕。瞻神山之地邇，企飈御之天臨。祇誦寶書，具嚴勝會。伏願玉宸佑德，金籙延年。同皇祚以無疆，嚮真風而罔怠。

滿散朱表

伏以祇承慈父，欣際誕辰；乃眷名山，有華靖館。按冲科於十極，徼厚福於群仙。悃愊遥伸，諒霄宸之不隔；祺祥紛委，知親壽之無涯。

太乙宮開啓太上皇后生辰設醮青詞[三] 八月

伏以月紀仲秋，旬踰再浹。鍾太陰之爽氣，紀載誕之昌辰。預即殊庭，虔遵冲式。繙琅函於永晝，敷瓊席於良宵。仰止高穹，尚孚丹悃。願言壽母，丕集洪休。

滿散朱表

伏以善則致祥，天無私覆；静而獲壽，人有常言。念祇事於慈闈，欣載逢於誕序。歸誠道館，祈福穹旻。庶延億載之期，永對萬方之養。

萬壽觀純福殿開啓太上皇帝本命月道場青詞[四]

維乾道六年歲次庚寅十月丁未朔，三十日丙子，嗣天子臣眘伏爲光堯壽聖太上皇帝丁亥正本命長生之月[五]，謹遣入内内侍省東頭供奉官、睿思殿祗候、幹辦龍圖天章寶文顯謨徽猷敷文閣、幹辦講筵閣兼承受幹辦萬壽觀鄭邦美等，於萬壽觀命道士二十四人就純福殿開啓靈寶道場一月日，滿散設醮三百六十分位，點丁亥長生命燈一壇，謹上啓聖位：伏以冲虚高蹈，方延安樂之年；曆紀環周，復次本元之月。延九清之飈馭，按三洞之真科。仰冀天聰，俯從人欲。益介無窮之壽，常儲有羨之休。

[一] 熙：原作「順」，據傅校本改。
[二] 崇禧觀：明澹生堂鈔本、四庫本作「茅山」。
[三] 開啓：原無，據明澹生堂鈔本、四庫本、傅校本補。
[四] 「本命月」上，明澹生堂鈔本、四庫本有「丁亥正」三字。
[五] 眘：原小字注云：「御名」，今徑改。下同，不復出校。

滿散朱表

臣眘言：伏爲滿散光堯壽聖太上皇帝丁亥正本命長生之月道場者〔一〕。伏以祇紹慶基，尊承慈父。屬上冬之良月，紀元命之嘉期。豫闢清場，虔輸丹悃。冀默通於造化，庸丕錫於壽昌。

萬壽觀純福殿開啓太上皇帝本命日道場

青詞

維乾道六年歲次庚寅十一月丁丑朔十一日，嗣天子臣眘，伏爲光堯壽聖太上皇帝丁亥本命之辰，謹遣入内内侍省東頭供奉官睿思殿祇候幹辦、龍圖天章寶文顯謨徽猷敷文閣幹辦講筵閣兼承受幹辦萬壽觀鄭邦美等〔二〕，命道士七人就萬壽觀純福殿開啓靈寶道場一晝夜，滿散設醮一百二十分位，點丁亥長生命燈一壇，謹上啓聖位：伏以釋帝位以無爲，方永康寧之福；按日躔而有次，載臨元本之辰。恭即琳房，具宣寶籙。伏願聖真來格，誠慤上孚。陰陽均四序之和，甲子衍萬年之數。

滿散朱表

臣眘言：伏爲滿散光堯壽聖太上皇帝丁亥本命道場者〔三〕。伏以甲乙相推，紀親庭之元命；夙宵致禱，宣道館之冲科。已罄精衷，必蒙嘉應。冀百祥之穰簡，保萬年之悠長〔四〕。

萬壽觀太上皇帝本命道場青詞〔五〕

乾道七年正月十二日

維乾道七年歲次辛卯正月丙子朔十二日，嗣天子臣眘伏爲光堯壽聖憲天體道太上皇帝丁亥本命之辰，謹遣具官甘澤命道士七人就萬壽觀純福殿開啓靈寶道場一晝夜，滿散設醮一百二十分位，點丁亥長生命燈一壇，謹上啓聖位〔六〕：伏以惕臨寶位，日奉慈顔。載推元命之辰，適在履端之月。禱祈惟舊，頌祝更勤。伏願誠悃上昭，真游下格。春乃四時之首，淑氣常臻；壽爲五福之先，修齡益茂。

滿散朱表

臣眘言：伏爲滿散光堯壽聖憲天體道太上皇帝丁亥本命道場者〔七〕。伏以歲律更端，既衍親庭之顯號；命元協日，載嚴道

〔一〕「臣眘言」至「道場者」，原無，據明澹生堂鈔本、四庫本、傅校本補。
〔二〕「睿思殿」至「萬壽觀」原無，據明澹生堂鈔本、四庫本、傅校本補。
〔三〕「臣眘言」至「道場者」，原無，據明澹生堂鈔本、四庫本補。
〔四〕年：明澹生堂鈔本、四庫本作「壽」。
〔五〕明澹生堂鈔本題下注：「太一宮同。」
〔六〕「維乾道」至「聖位」，原無，據明澹生堂鈔本、四庫本、傅校本補。
〔七〕「臣眘言」至「道場者」原無，據明澹生堂鈔本、四庫本、傅校本補。

館之冲科。仰跂帝臨，益孚神佑。錫壽符而滋永，對天運以常新。

太乙宮介福殿開啓太上皇帝丁亥本命道場青詞〔一〕

三月十三日

維乾道七年歲次辛卯三月乙亥朔十三日，天子臣昚恭遇光堯壽聖憲天體道太上皇帝丁亥本命之辰，謹遣某官命道士二十一人於太乙宮介福殿開啓靈寶道場一晝夜，滿散設醮一百二十分位，點長生命燈一壇，謹上啓聖位〔二〕：伏以普天致養，祇承慈父之顏；元命紀辰，適在季春之月。祓琳宮之勝地，演寶籙之真科。伏願誠格飈游，壽延斗籍。益介熾昌之福，永緊眷佑之仁。

滿散朱表

臣昚言：伏爲滿散光堯壽聖憲天體道太上皇帝丁亥本命道場者〔三〕。伏以天休狎至，方垂佑於慈親；月律再周，乃洊臨於元命。跂九清之法御，崇衆妙之高風。冀俯監於誠忱，益丕延於壽祉。

萬壽觀純福殿開啓太上皇帝本命道場青詞〔四〕

七月十四日

伏以慶衍親庭，歷載推於初度；祥開霄極，節正邇於中元。祈年披寶籙之文，校籍應丹臺之會。壇場載肅，香火具嚴。冀飈馭之俯臨，紛靈鼇而下集。

滿散朱表

伏以惟孝可以事親，當祈曼壽；惟誠可以格帝，務竭寸心。適元命之紀辰，望層霄而薦信。冀回冲鑑，永錫殊休。

太乙宮開啓太上皇帝丁亥本命道場青詞〔五〕

乾道八年正月十八日

伏以乾坤輔德，宜壽祉之無疆；臣子愛親，在祈禳而有舊。時臨春首，日協命元。恪遵三洞之科，冀衍萬年之算。仰緊洪造，垂監丹衷。

滿散朱表

伏以歲紀載新，每祝嚴君之壽；日旬六浹，復臨元命之辰。祇祓清場，備成勝事。仰賴神天之鑑，俯昭人子之誠。永錫洪

〔一〕「開啓」「丁亥」原無，據明澹生堂鈔本、四庫本補。
〔二〕「維乾道」至「聖位」，原無，據明澹生堂鈔本、四庫本補。
〔三〕「臣昚言」至「道場者」原無，據明澹生堂鈔本、四庫本補。
〔四〕開啓：原無，據明澹生堂鈔本、四庫本、傅校本補。
〔五〕「開啓」、「丁亥」原無，據明澹生堂鈔本、四庫本補。

休，益隆榮養。

太乙宮介福殿開啓太上皇帝丁亥本命道場青詞〔一〕

淳熙二年

維淳熙二年歲次乙未九月己卯朔九日，嗣天子臣昚，恭遇光堯壽聖憲天體道太上皇帝丁亥本命之辰，謹遣入内内侍省東頭供奉官、幹辦内東門司、幹辦太乙宮霍汝弼，命道士二十一人於太乙宮介福殿開啓靈寶道場一晝夜，滿散設醮一百二十分位，點長生命燈一壇，謹上啓聖位：伏以乾稱乎父，紀元命之休辰；兑正乎秋，適重陽之令節。按沖科於瓊笈，陳芳薦於瑶壇。延望真游，具殫誠悃。冀敷隆於道蔭，永迓續於帝齡。

滿散朱表

臣昚言：伏爲滿散光堯壽聖憲天體道太上皇帝丁亥本命道場者〔二〕。伏以日六十而甲子乃周，協初躔於密度；歲八千而春秋不老，祝曼壽於嚴君。闢琳宇以欽崇，荷瓊霄之降格。祈禳有恪，既成勝妙之緣；清浄無爲，必介延長之祉。

萬壽觀純福殿太上皇帝丁亥正本命長生月道場青詞〔三〕

維淳熙二年歲次乙未十月戊寅朔某日，嗣天子臣昚〔四〕，爲光堯壽聖憲天體道太上皇帝丁亥正本命長生之月〔五〕，謹遣入内内侍省東頭供奉官、睿思殿祗候、幹辦内藏庫、幹辦萬壽觀甘昺等，於萬壽觀命道士一十四人，就純福殿開啓靈寶道場一月日，滿散設醮三百六十分位，點丁亥長生命燈一壇，謹上啓聖位：伏以倦萬機而脱躧，宜擁天休；推元命之循環，適臨月建。修三旬之道果，祈萬壽之帝齡。伏願衆妙扶持，上清眷佑。永錫無爲之祉，敢忘不宰之功？

滿散朱表

伏以月在圉陽，協命元於慈父；誠通霄極，嚴道範於殊庭。肇朔旦以宣科，逮晦辰而迄事。冀集天真之佑，丕延眉壽之期。

太乙宮開啓太上皇帝丁亥本命道場青詞

十一月

伏以時臨良月，日浹初旬。按曆而推，俱應親庭之元命；籲天而禱，冀延斗籍之嘉祥。高詠寶書，敬陳瑶席。伏願精神上

〔一〕「開啓」、「丁亥」原無，據明澹生堂鈔本、四庫本補。
〔二〕「臣昚言」至「道場者」原無，據明澹生堂鈔本、四庫本補。
〔三〕丁亥：原無，據明澹生堂鈔本、四庫本補。
〔四〕昚：原作「某」，明澹生堂鈔本、四庫本作小字「御名」，今徑改。
〔五〕光堯壽聖憲天體道：原作「尊號」，據明澹生堂鈔本、四庫本改補。

達〔一〕，飈馭下臨。丕錫四時之休，永綏億載之養。是年閏九月，十一月十日猶是十月節，故云「俱應元命」。

滿散朱表

伏以欲親之壽，常懷頌禱之心；紀命之元，尤謹祈禳之會。遜瞻秘館，備演冲科。逮熙事之崇成，知圓穹之眷顧。尚恢鴻施，永續蕃祺。

太乙宮介福殿開啓太上皇帝丁亥本命道場青詞〔二〕

淳熙三年

維淳熙三年歲次丙申二月丁丑朔十一日，嗣天子臣眘，恭遇光堯壽聖憲天體道性仁誠德經武緯文太上皇帝丁亥本命之辰〔三〕，謹遣入内内侍省東頭供奉官、幹辦御藥院、提點資善堂攢宫檢察承受、幹辦太乙宮兼幹辦璇璣觀霍汝弼，命道士二十一人，於太乙宮介福殿開啓靈寶道場一晝夜，滿散設醮一百二十分位，點丁亥長生命燈一壇，謹上啓聖位：伏以親壽延洪，甫慶從心之歲；春陽駘蕩，又臨元命之辰。載祓殊庭，敬延真馭。庶假熏修之力，益增安樂之年。仰冀高明，俯昭悃愊。

滿散朱表

伏以日承慈極，思曲盡於誠心；時屬仲春，適洊臨於元命。有嚴道館，載演冲科。既克就於多儀，諒丕延於萬壽。顒依洪造，永錫靈釐。

萬壽觀開啓太上皇帝丁亥本命道場青詞〔四〕

六月十四日

伏以火見金伏，應炎圖有赫之期；箕張翼舒，占聖父無疆之壽。載因元命，祇演真科。庶資清净之緣，彌介康寧之福。九霄在望，一意以祈。

滿散朱表

伏以月紀林鍾，日瀕既望。方極幅員之養，適臨元命之辰。熙事既成，忱衷斯罄。冀衍難窮之算，長扶不拔之基。

〔一〕神：明澹生堂鈔本、四庫本作「誠」。
〔二〕「開啓」、「丁亥」原無，據明澹生堂鈔本、四庫本補。
〔三〕光堯壽聖憲天體道：原注云：「尊號」，據明澹生堂鈔本、四庫本補。
〔四〕「開啓」、「丁亥」原無，據明澹生堂鈔本、四庫本補。

萬壽觀開啓太上皇帝丁亥本命道場青詞〔一〕

八月十五日

伏以天祐慈親，日安榮養。惟是中秋之節，適兹元命之辰。祗闢清壇，肅延真馭。伏願具孚誠悃，丕錫吉康。光動壽星，常見丙丁之度；數超巧曆，莫窮甲子之期。

滿散朱表

伏以日協命元〔二〕，每六旬而乃遇；天從人欲，惟萬壽之是祈。當月輪正滿之秋，乃醮席慶成之夕。願恢洪施，錫純嘏於親庭；誓竭丹心，依至仁於道蔭。

萬壽觀開啓太上皇帝丁亥本命道場青詞〔三〕

十月十六日

伏以月紀孟冬，方過下元之節；慶鍾慈父，載臨初度之辰。爰即壽宮，具陳章醮。八遐九外，略無塵翳之干；億載萬年，宜有壽齡之報。仰祈元造，俯鑑忱衷。

滿散朱表

伏以六旬紀日，臨慈極之本元；八會宣音，按瑶臺之科式〔四〕。陰隲不言而可喻，誠心有感而必通。矧東晨書積善之功，諒非一日；則南斗注延生之籍，宜介萬年。

萬壽觀純福殿開啓太上皇帝丁亥本命道場青詞〔五〕

淳熙四年四月十八日

伏以誕辰祝聖〔六〕，將臨一月之期；元命紀辰，載值六旬之浹。因人心之善頌，闢道館之清場。羽士精虔，華燈炳焕。冀帝臨之有赫，延親壽於無窮。併集祺祥，俯均家國。

滿散朱表

伏以月當孟夏，日近中休。推親庭元命之辰，撫仙洞長生之籙。良宵載肅，勝會告成。天聽甚卑，必鑑拳拳之懇；帝齡益永，更儲簡簡之祥。

〔一〕「開啓」、「丁亥」原無，據明澹生堂鈔本、四庫本補。
〔二〕伏以：明澹生堂鈔本、四庫本無。
〔三〕「開啓」、「丁亥」原無，據明澹生堂鈔本、四庫本補。
〔四〕臺：明澹生堂鈔本、四庫本作「壇」。
〔五〕「開啓」、「丁亥」原無，據明澹生堂鈔本、四庫本補。
〔六〕辰：原缺，據明澹生堂鈔本、四庫本補。

萬壽觀純福殿開啓太上皇帝丁亥本命道場青詞〔一〕 八月二十日

伏以月臨南呂，日浹再旬。曆書秋序之平分，史候壽星之初見。惟時聖父，實紀命元。修香火之緣，冀潛通於精意；益松椿之壽，庶長奉於慈顔。

滿散朱表

伏以上協帝心，知與齡之方永；下孚民志，諒祝聖以彌勤。載臨元本之辰，備舉熏修之典。伏願天人交助，丕延萬壽之期；福禄兩崇，永對四方之養。

萬壽觀純福殿開啓太上皇帝丁亥本命道場青詞〔二〕 十二月二十一日

伏以日奉慈顔，思形孝治。屬載臨於元命，庸備舉於醮儀。懇懇之誠，倘潛通於帝所；綿綿之壽，斯增集於親庭。

滿散朱表

伏以月紀上冬，日踰中澣。按司天之舊曆，紀慈父之元辰。申飭羽流，具嚴道果。玆訖熏修之禮，諒儲高厚之休。尚俾君親，永綏壽嘏。

太上皇帝丁亥本命道場青詞〔三〕 十二月二十三日〔四〕

伏以支干配日，載閲月而乃周；臣子事親，萬斯年而是祝。玆因元命，敬祓清壇。宣永晝之科儀，盛良宵之香火。蓋高在上，庶幾精意之通；降鑑不違，所冀休祥之集。

滿散朱表

伏以甫經臈月，密近壺春。嚮乾坤道泰之時，伸君父命元之祝。祺祥有俶，願偕歲運以俱新；清淨無爲，常若化工之不宰。忱言斯至，陰隲必從。

〔一〕「開啓」、「丁亥」原無，據明澹生堂鈔本、四庫本補。
〔二〕「開啓」、「丁亥」原無，據明澹生堂鈔本、四庫本補。
〔三〕丁亥：原無，據明澹生堂鈔本、四庫本補。又明澹生堂鈔本、四庫本無「道場」二字。
〔四〕二十三日：明澹生堂鈔本、四庫本作「二十二日」。

太上皇帝丁亥本命道場青詞〔一〕　淳熙五年七月二十六日

伏以元命之紀無窮，六旬斯浹；親壽之延有永，一意以祈。兹仰格於真游，庸備輸於誠悃。伏願祥開霄極，福集慈庭。偕日月以常明，與乾坤而等久。

滿散朱表

伏以日往月來〔二〕，載值本元之旦；天長地久，必資清凈之緣。爰屬孟秋，備成勝事。注生南斗，祈益永於慈齡；錫福庶民，願愈隆於孝治。

萬壽觀開啓太上皇帝丁亥本命道場青詞〔三〕　九月二十七日

伏以天扶慈極，方永壽齡；霜肅杪秋，又臨元命。恭即邃清之館，具陳勝妙之科。伏願精意潛通，鴻休允答。無爲之樂，坐閲於萬年；有羡之祥，俯均於四海。

滿散朱表

伏以惕臨寶位，恪奉慈親。載推元命之辰，備講熏修之禮。颸游斯集，純嘏是宜。久照常新，願比方壺之日月；凝寒愈茂，冀同上古之松椿。

萬壽觀純福殿開啓太上皇帝丁亥本命道場青詞〔四〕　淳熙六年二月二十三日

伏以春琯將分，紀親庭之元命；霄軿在望，啓秘館之冲科。寶供陸離，瓔香馥郁。緊精誠之上達，致飇馭之下臨。顯相慈皇，益介延長之壽；瞻言道蔭，永依保佑之仁。

滿散朱表

伏以脱屣寰區，方延萬壽；循環元命，載浹六旬。既申頌於靈篇，亦備陳於馨薦。深惟誠慤，諒格監觀。錫有羡之殊休，助無爲之至樂。

〔一〕丁亥：原無，據明澹生堂鈔本、四庫本補。
〔二〕日往月來：明澹生堂鈔本、四庫本作「月往日來」。
〔三〕「開啓」、「丁亥」原無，據明澹生堂鈔本、四庫本、傅校本補。
〔四〕「純福殿開啓」、「丁亥」原無，據明澹生堂鈔本、四庫本補。

萬壽觀純福殿開啓太上皇帝丁亥本命道場

青詞〔一〕 四月二十三日

伏以祇奉親歡，日伸榮養。屬履正陽之月，載臨元命之辰。按秘洞之金科，延列真之欵駕。庶徼天祉，益永帝齡。緬企靈觀，俯垂丕佑。

滿散朱表

伏以月琯載周，首紀恢台之序；親庭曼壽，環臨元本之辰。按丹籙以宣科，望紫霄而籲懇。尚孚冲鑑，密導殊休。算已永而彌增，福方崇而更積。齋顒斯至，眷佑是期。

萬壽觀純福殿開啓太上皇帝丁亥本命道場

青詞〔二〕 六月二十四日

伏以燕閒怡神，安受萬方之養；本元紀命，適臨季夏之辰。惟普天輪祝聖之誠，惟妙道著延祥之式。是繙秘典，夙啓清壇。祈默下於靈觀，益增隆於壽算。

滿散朱表

伏以欽惟聖父，燕處皇居。既清浄以無爲，宜康寧之未艾。兹推辰於元命，載蕆事於良宵。誠愈罄而愈虔，期上通於穹昊；壽彌高而彌永，迄垂佑於邦家〔三〕。

〔一〕「純福殿開啓」、「丁亥」原無，據明澹生堂鈔本、四庫本補。
〔二〕「純福殿開啓」、「丁亥」原無，據明澹生堂鈔本、四庫本補。
〔三〕原刻文末校云：「案：知聖道齋本此首錯簡在前，今改定。」

廬陵周益國文忠公集卷一一五

玉堂類稿卷一五

青詞朱表　表文〔一〕

郊祀大禮預告天慶觀開啓道場青詞〔二〕 乾道六年九月二十七日〔三〕

欽承上帝，固專人事之修；交舉盛儀，必假天時之相。茲竭誠於穀旦，以徼福於先期。仰賴監觀，迄臻貺施。

滿散朱表

伏以奉珪奠幣，將款泰壇。降祉儲祥，預祈道蔭。交精祲於九天之上，邕清明於三日之間。倘迄嚴禋，虔昭盛事。

郊祀大禮太一宮預告祈晴青詞〔四〕 十月十一日

伏以事之大者禮必嚴，誠之勤者文亦稱〔五〕。故三歲一郊之親祀，有千官萬旅之駿奔。是資景氣之晏温，庶竭齊明而寅奉。預祈冲監〔六〕，垂聽忱辭。假霽色於隆冬，考盛儀於至日。

滿散朱表

伏以大祀一純，在丹衷之當勉；美光三燭，舍洪造以疇依。肆祇祓於壇場，仍備遵於科式。冀憑道妙，丕錫神休。迄臻天日之清明，獲拜乾坤之貺施。

又

伏以陰陽大柄，造化所專。燎瘞上儀，國家攸重。欲休祥之來格，在祈禱以備殫。三光宣精，倘開於霽景；七日來復，斯迄於嚴禋。

郊祀禮畢告謝天慶觀青詞〔七〕

伏以祗率臣工，躬修郊類。荷高靈之純嘏，致熙事之慶成。竊内省於菲涼，益重懷於兢畏。乃涓穀旦，祗祓殊庭。庶憑清净

〔一〕青詞朱表表文：明澹生堂鈔本、四庫本題作「雜奏告祈謝青詞朱表」。

〔二〕大禮：原無，據明澹生堂鈔本、四庫本、傅校本補。

〔三〕二十七日：明澹生堂鈔本、四庫本作「十七日」。

〔四〕大禮太一宮：原無，據明澹生堂鈔本、四庫本、傅校本補。

〔五〕勤：原作「動」，據明澹生堂鈔本、四庫本、傅校本改。

〔六〕冲：原作「中」，據明澹生堂鈔本、四庫本、傅校本改。

〔七〕郊祀：明澹生堂鈔本、四庫本作「大」。

之緣，少答龐鴻之貺。更祈道蔭，永阜民生。

滿散朱表

伏以承天之序，祗荷於監觀；饗帝於郊，恪伸於昭報。慶上儀之獲展，戴洪造以彌深。不假熏修，曷殫悃愊？茲載陳於嘉薦，庸仰格於真游。庶迪神休，永綏邦祚。

加上太上尊號奏告天慶觀景靈宮報恩光孝觀青詞〔一〕

伏以講上儀於三歲，俯愧德馨；加榮號於二親，仰圖美報。實賡昊穹之賜，敢矜涼菲之能？將舉彌文，預伸昭告。冀承顏之有永，俾曼壽之無疆。

立儲奏告天慶觀景靈宮報恩光孝觀青詞〔二〕

乾道七年二月十日〔三〕

伏以枚卜親賢，命居儲副。以助承於宗廟，以係望於華夷。祗達誠心，聿陳芳薦。冀神游之昭格，錫邦祚之延長。

加上太上尊號奏告天慶觀景靈宮報恩光孝觀青詞〔四〕

淳熙二年

伏以耆艾熾昌，帝與齡而可卜；鋪張揚厲，臣歸美以當然。不崇父母之鴻名，孰顯天人之並貺？茲敬涓於陽復，將備講於禮容。祗告先期，並徼後福。

立皇后奏告天慶觀景靈宮報恩光孝觀青詞〔五〕

淳熙三年

伏以表正宮庭，久勤婦職。登崇位號，俶正后儀。已涓册授之期，正賴帝臨之貺。茲惟盛典，預薦精誠〔六〕。

〔一〕加上太：原無，據明澹生堂鈔本、四庫本、傅校本補。
〔二〕儲：明澹生堂鈔本、四庫本、傅校本作「皇太子」。
〔三〕乾道七年：原作「乾道八年」，據明澹生堂鈔本、四庫本、《宋史·孝宗紀》改。
〔四〕加上太：原無，據明澹生堂鈔本、四庫本、傅校本補。太上：明澹生堂鈔本誤作「太子」。
〔五〕皇：原無，據明澹生堂鈔本、四庫本、傅校本補。
〔六〕預：傅校本作「用」。

郊祀大禮奏告景靈宮青詞〔二〕

伏以觚壇至日以躬郊，將舉合祛之禮；原廟先期而朝獻，具存分詣之儀。祗命臣工，敬瞻像設。冀博恢於慈造，庸克相於嚴禋。

仲春醮祭吴山忠壯英烈威顯王青詞 淳熙四年

伏以江海遥連，久朝宗於都會；風濤相激，常軫慮於民居。當玉琯之分春，即靈祠而蕆事。伏願天心有相，神力無邊。約潮汐以安行，屹堤防而增固。

又 淳熙五年

伏以濤聲動地，喧豗萬竅之風雷；浪勢黏天，指顧千堆之霜雪。匪資帝力，孰奠民生？卜春琯之平分，啓醮筵而祇祓。仰賴神明之相，潛施約束之功。自海而江，水常行於無事；惟舟及岸，人胥免於他虞。

又 淳熙六年

伏以萬古波濤，中分二浙；一時形勢，密拱九重。緊潮汐之安行，賴聰明之顯相。茲臨春仲，爰舉邦彝。即祠宇以祓除，啓醮筵而祈報。冀帝臨之有赫，助神力之無窮。朝宗彌廣於前功，軌道更綏於後福。

仲秋醮祭吴山忠壯英烈威顯王青詞 淳熙四年

伏以海率再潮，獨抵錢塘而聲振；歲分四序，每乘秋氣而勢雄。矧屬時巡，實蕃生聚。即神祠而熏祓，資道蔭以禱祈。庶憑上善之緣，永作下民之佑。帆檣隱隱，有利於往來；隄岸迢迢，無憂於齧缺。

又 淳熙五年

時巡歲久，生齒日繁。當古今潮汐之衝，聚億萬室廬之衆。諒非陰相，孰底奠居？卜秋序之平分，即祠庭而祇祓。庶仰承於道蔭，益恢廓於神功。波浪排空，巨岸弗摧於激射；舳艫銜尾，行人永保於寧安〔三〕。

又 淳熙六年

伏以錢塘之潮，盧肇所賦。謂奔騰獨起，視衆水以特殊；故滂霈自興，當仲秋而尤盛。粤從巡狩，滋劇雄觀。爰即靈祠，

〔二〕大禮：原無，據明澹生堂鈔本、四庫本、傅校本補。
〔三〕寧：傅校本作「平」。

夙遵道範。伏願天心降格，神力扶持。波濤無搏激之虞，岸谷共安平之利。

太常寺進呈安奉仁宗皇帝玉牒徽宗皇帝實録奏告景靈宮青詞[一] 淳熙四年三月九日[二]

伏以仁廟萬年之寶牒，甫就編摩；祐陵一代之政經，載嚴纂録。皆國家之攸重，繄祖烈之有傳。安奉非遥，啓聞敢緩？竝告汗青之日，尚孚精白之心。

玉牒所玉牒殿安奉仁宗皇帝哲宗皇帝玉牒前一日景靈宮奏告青詞 淳熙七年四月四日

伏以續仁祖之信書，又成十載；刊泰陵之舊牒，將詔萬年。既尊閣之有期，在啓聞而敢怠？仰祈靈鑑，垂佑不圖。

郊祀大禮禮畢奏謝景靈宮萬壽觀聖祖天尊大帝元天大聖后昊天玉皇上帝表文[三]

乾道六年

伏以時當三載，氣應一陽。帝命不違，成國家之熙事；天休滋至，浹雨露之湛恩。允賴博臨，敢云能饗？爰按沖科之式，少伸昭報之誠。

郊祀大禮禮畢奏謝景靈宮萬壽觀會聖宮應天啓運宮章武殿永祐陵攢宮昭慈聖獻皇后攢宮諸帝后表文[四]

伏以天地神祇，既講合祛之禮；祖宗功德，又修徧饗之儀。惟降嘏之孔皆，賴發祥之云遠。若稽舊典，祗薦忱詞。以昭有相之功，以答無疆之惠。

郊祀大禮禮畢奏謝昭慈聖獻皇后攢宮永祐陵攢宮表文[五]

伏以卜歲習祥，迎陽徧饗。既受百神之貺，亦均四海之釐。仰賴遺休，迄成鉅典。稽舊章而致告，望拱木以馳情。

[一] 安奉：原無，據明澹生堂鈔本、四庫本補。
[二] 四年：原作「六年」，據明澹生堂鈔本、四庫本及《宋史·孝宗紀》改。
[三] 大禮：原無，據明澹生堂鈔本、四庫本、傅校本補。表文：明澹生堂鈔本、四庫本、傅校本作「詞本」。
[四] 大禮：原無，據明澹生堂鈔本、四庫本、傅校本補。表文：明澹生堂鈔本、四庫本、傅校本作「詞本」。
[五] 大禮：原無，據明澹生堂鈔本、四庫本、傅校本補。

郊祀大禮禮畢奏謝諸陵表文〔一〕 共二十九通　十二月十日

臣昚言〔二〕：伏爲郊祀大禮禮畢奏謝者。伏以南極景長，載陳掃地之祭；西陵禋隔，遥想在天之靈。既迄曠儀，益懷遺烈。稽舊章而致告，冀靈眷之永孚。

加上尊號奏告諸陵表文〔三〕 共二十九通

臣昚言：伏爲大禮慶成，加上光堯壽聖憲天體道太上皇帝、壽聖明慈太上皇后尊號册寶，前二日奏告者。伏以蕆儀郊廟，既丕擁於繁禧；歸美庭闈，肆並加於顯號。若時慶典，實越前聞。遥瞻如在之靈，敢致先期之禱。冀孚誠意，益佑昌圖。《奏告永祐陵攢宫》四通、《昭慈聖獻皇后攢宫表文》一通，詞並同前，但改「遥瞻」作「式瞻」。

奏告昭慈聖獻皇后攢宫及永祐陵表文〔四〕

乾道七年正月二十四日　補種窠木，修飾上下宫。

伏以藏衣冠於禹穴，久寓神游；行兆域於漢陵，具存邦典。繕修惟舊，封植以時。將並飭於衆工，尚永綏於靈顧。

奏告顯恭皇后表文

伏以瞻園陵於洛邑，雖阻畿疆；祔宫寢於稽山〔五〕，具存兆域。繕修惟舊，封植以時。將並飭於衆工，尚永綏於靈顧。

仲春薦獻紹興府兩攢宫表文　二月十三日

臣昚言〔六〕：伏以歲華逾邁，春律載中。寢廟獻羔，已遵於吕令；陵官掌祭，更講於漢儀。遥伸追遠之誠，庶盡奉先之孝。

仲春薦獻諸陵表文

臣昚言：伏以曆正仲春，感載濡於雨露；心馳西洛，悵遐

〔一〕大禮：原無，據明澹生堂鈔本、四庫本、傅校本補。
〔二〕昚：原小字注云：「御名」，今徑改，下同。
〔三〕加：原無，據明澹生堂鈔本、四庫本、傅校本補。
〔四〕明澹生堂鈔本、四庫本題作《昭慈聖獻皇后及永祐陵攢宫補種窠木修飾上下宫奏告表文》。
〔五〕祔：原作「祇」，據明澹生堂鈔本、四庫本、傅校本改。
〔六〕臣昚言：原無，明澹生堂鈔本、四庫本、傅校本作「臣御名言」，兹「御名」徑改作「昚」，並補。下同。

阻於山河。恭惟尊謚皇帝靈鑑在天，聖謨垂後〔一〕。秩上陵之典禮，徒切望思；蕆寓祭之權宜，愈增愴慕。皇后改作「徽音垂後」。

加上太上尊號奏告諸陵表文 淳熙二年　共二十九通

伏以俾壽而昌，慶庭闈之難老；唯名與器，偕年德以俱新。卜一陽云復之辰，講三代未行之禮。茲爲國家之盛，必契神靈之心。願監忱誠，益流丕祉。謹差某官，奉表奏告以聞。

立皇后奏告諸陵表文 二十四通，同一詞。

伏以禮經貽訓，國治本於家齊；易象垂文，外正由於内熾。是求邦媛，就正坤儀。念典册之將行，諒神靈之咸喜。遥瞻陵寢，預薦菲誠。

修飾昭慈聖獻皇后下宫畢工奏告遷神御還殿正奉安表文〔三〕 重换殿中間後步望板并神帳上雲板損折，及帳前微有漬黑〔三〕。

伏以再造皇家，内資隆祐之助；肇營仙寢，近寓稽山之原。比稍飾於下宫，嘗暫遷於遺像。迨茲還御，敢不薦誠？

奏告顯肅皇后表文

伏以南渡權宜，卜會稽之陵寢；上宫備設，棲顯肅之神游。而攢殿之間，皇堂之上，微聞陷裂，亟謹修營。仰惟如在之靈，鑑乃奉先之禮。謹差某官奉表以聞。臣脊誠惶誠懼，頓首頓首，謹言。

六月初十日，絣量到上宫攢殿御倚子并茶床下當中磚面低陷五寸，西南起裂六寸，東南角起裂二寸，東西共闊一丈有餘，南北長五尺有餘。當日酉時，皇堂地面聲響，其御倚子開裂一處，陷御踏子不見，并御倚倒側及東西角起裂，磚面各約高一尺。

仲春繕修補種昭慈聖獻皇后攢宫永祐陵攢宫奏告表文〔四〕 共六道，同一詞。

臣脊言〔五〕：伏以宸遊寖邈，仙寢具存。當春律之告中，飭

〔一〕聖謨：原作「徽音」，據明澹生堂鈔本、四庫本、傅校本改。按明澹生堂鈔本、四庫本、傅校本「後」字下注云：「皇后改作『徽音』」。

〔二〕飾：明澹生堂鈔本、傅校本作「奉」。

〔三〕題下原注：「重换殿中間後步望板并神帳上雲板損折，及帳前微有漬黑。」

〔四〕按以下表文，明澹生堂鈔本、四庫本均繫於「淳熙五年」。

〔五〕臣脊言：原無，據明澹生堂鈔本、傅校本補。下四篇同。

陵官而按舊。宮庭器服，咸謹於繕修；兆域松欒，並從於補治。仰綏靈顧，遥致忱衷。

景靈宮諸神御並永祐陵攢宮昭慈聖獻皇后攢宮會聖宮等諸帝旦表 閏六月旦望

臣賁言：伏以林鍾之律六寸，於今一氣之未移；梧桐之葉十三，在昔九州之不異。恭惟尊號皇帝仁周品彙，德邁古初。仙馭賓空，閟衣冠而愈久；靈威肅後，偕正閏以常新。

諸后旦表

臣賁言：伏以暑徂六月，斗指丙辰。居門雖詔於周官，告朔當朝於魯廟。恭惟尊號皇后德隆坤順，體合乾剛。邈矣徽音，方貽百歲之範〔二〕；悵焉舊典，空備五時之衣。

諸帝望表

臣賁言：伏以鶉火昏中，仍退棲於西位；蟾輝夕滿，繇積數於陽餘。恭惟尊號皇帝德澤在民，規模裕後。周年過卜，敢忘文武之功；堯曆授時，尚想羲和之政。

諸后望表

臣賁言：伏以温風洊至，適臨小備之期；皓月載圓，追感太陰之照。恭惟尊號皇后協功列聖，流慶後人。彤管光輝，已著無窮之聞；玉衣寂寞，惟深如在之思。

明堂大禮畢奏謝景靈宮萬壽觀會聖宮應天殿應天啓運宮章武殿永祐陵攢宮昭慈聖獻皇后攢宮諸帝后表文

伏以蒐講曠儀，潔蠲路寢。乘季秋之肅氣，攄宗祀之精誠。祇荷監觀，備臻貺施。恪伸昭謝，庸告熙成。仰冀在天之靈，益綏裕後之福。

明堂大禮畢奏謝聖祖天尊大帝元天大聖后昊天玉皇上帝表文〔三〕

伏以萬寶成秋，九筵稽古。旁資四海之助，上接三神之歡。翕臻休祥，胥賴洪造。載陳誠悃，昭答鑑觀。

〔二〕歲：傅校本作「世」。
〔三〕大禮：原作「禮」，據明澹生堂鈔本、四庫本、傅校本補。

明堂大禮畢奏謝昭慈聖獻皇后攢宫永祐陵攢宫表文〔一〕

伏以大饗明堂，格王之盛則；度筵路寢，列聖之宏規〔二〕。逮臻典禮之成〔三〕，必契聖神之意。載瞻仙寢，近在稽山。祇達封章，恪伸謝悃。尚監奉先之敬，永垂裕後之恩。奏謝諸陵表文同詞，但改云「逖瞻仙寢，遠在洛師，遥貢封章」。

〔一〕大禮：原作「禮」，據明澹生堂鈔本、四庫本、傅校本補。
〔二〕列聖：原作「皇祐」，據明澹生堂鈔本、四庫本、傅校本改。
〔三〕逮：原作「聿」，據明澹生堂鈔本、四庫本、傅校本改。

廬陵周益國文忠公集卷一一六

玉堂類稿卷一六

御札　冊文　國書　賀詞宣答〔一〕

郊祀大禮御札

淳熙三年六月五日

敕内外文武臣僚等：天地有覆載生成之德，非精禋無以伸報本之誠；祖宗有光明盛大之功，非陟配無以展奉先之孝。粤若累朝之定制，具嚴三歲之親祠。既疏數之適中，亦情文之備舉。自予纂紹，彌極寅恭。肆行郊廟之儀〔二〕，久荷神天之貺。親庭萬壽，方開七十載之祥；農畝屢豐，幾有再三登之象。外則邊陲之綏靖，内焉民俗之阜康。顧誠感之甚昭，曷宗祈之敢怠？乃卜陽來之旦，載殫躬見之勤。庶永祚於家邦，且祝釐於夷夏。誕孚羣聽，明戒先期。朕以今年十一月十二日，謁款於南郊。咨爾攸司，各揚乃職，相予肆祀，罔或不恭。故茲札示，想宜知悉。

郊祀大禮前一日朝獻景靈宮聖祖天尊大帝冊文〔三〕

乾道六年十一月四日

伏以赫赫有宋，受天明命。發祥流祉，肇自聖德。猥以寡昧，紹承慶基。報本奉先，疇敢不愨？日至之吉，將見上帝。前期朝獻，有飶其馨。對越在天，昭假不違。於萬斯年，裕後無極。

前一日朝享太廟祖宗帝后冊文

十一月五日　下同

伏以物本乎天人，本乎祖。自古在昔，假廟乃郊。粤惟凉德，獲纂丕緒。爰卜景至，大報反始。祗見厥祖，祼以圭瓚。列聖如在，僾然肅然。烝享苾芬，神保是格。有秩斯祜，於時篤之。

前一日朝享太廟別廟懿節皇后冊文

十一月五日

伏以懿範在天，徽音有嗣。寧神別廟，歷年於茲。綏予孝子，親纂堯緒。既齋既戒，大旅於郊。先事薦祼，厥有彝典。豆籩惟楚，幣玉惟潔。和樂九變，誠心是孚。其德不回，降福來格。

〔一〕明澹生堂鈔本、四庫本題作「大禮御札。大禮冊文、國書，致賀宣答詞附」。

〔二〕肆行：原作「四時」，據傅校本改。明澹生堂鈔本、四庫本作「四行」。

〔三〕大禮：原無，據明澹生堂鈔本、四庫本、傅校本補。

郊祀祭享昊天上帝册文　十一月六日　下同

伏以大哉乾元，實祖羣物。包涵徧覆，陰隲下民。欽惟歷數，屬在冲眇。寅畏竇命，不敢怠遑。歲當躬郊，精意以享。高高在上，聽卑棐忱。事親保民，申以眷佑。期懋厥德，永承天休。

郊祀大禮祭享皇地祇册文〔一〕　十一月六日

伏以直方而大，沉潛而剛。倉生賦形，罔不持載。猥以寡昧，司牧黎元。夙夜祇畏，期贊化育。仲冬景至，合祭惟時。有黝斯牲，有黄斯琮。在誠雖孚，物則奚稱？來顧來祐，永綏萬邦。

郊祀大禮太祖配享册文　十一月六日

伏以布昭聖武，造我區夏。燕及皇天，啓佑後人。肆惟凉菲，獲承大器。勉勉夙夜，懼忝前烈。躬執圭幣，三熙紫壇。思文我祖，克配以綏。鐘石純繹，籩豆静嘉。庶其顧歆，茂介繁祉。

郊祀大禮太宗配享册文　十一月六日

伏以天祚炎德，二后受之。丕承文謨，無競武烈。積善垂裕，逮於冲眇。仲冬日至，習歲維祥。言登郊丘，於薦牲玉。齊明内竭，禮樂外舉。神祇來格，陟配在上。既右伊嘏，永言保之。

郊祀大禮前一日朝獻景靈宫聖祖天尊大帝册文　淳熙三年十一月十日

惟淳熙三年歲次丙申十一月壬寅朔十日辛亥，嗣皇帝臣昚謹再拜稽首〔二〕，上啓聖祖上靈高道九天司命保生天尊大帝：伏以郊之爲祭，大報反始。惟我國家，本支百世。如海浩浩，發源也長；如木彬彬，植根斯久。施及凉昧，獲典神天。將秩元祀，禮有來獻。開先之德，既弗敢諼；燾後之功，尚永厥福。謹告〔三〕。

前一日朝享太廟祖宗帝后册文　十一月十一日

惟淳熙三年歲次丙申十一月壬寅朔十一日壬子，孝曾孫嗣皇帝臣昚敢昭告於帝后：伏以天地之祭，宗廟之事，著在禮器，是之謂倫。維德弗類，纂承祖烈。卜以日至，爰熙紫壇。於穆清廟，夙致孝享。牲用角握，舞用九磬。群工駿奔，四海來助。威靈如在，綏我思成。謹以嘉玉量幣、一元大武、柔毛、剛鬣、明

〔一〕大禮：原無，據明澹生堂鈔本、四庫本、傅校本補。下同。皇：原無，據明澹生堂鈔本、四庫本補。
〔二〕昚：原作「御名」，徑改，下同。
〔三〕告：明澹生堂鈔本、四庫本作「言」。

粢、薌合、薌萁、嘉疏嘉薦，備成熙事。尚饗！

郊祀大禮祭享昊天上帝册文 十一月十二日

下同

維淳熙三年歲次丙申十一月壬寅朔十二日癸丑，嗣天子臣昚敢昭告於昊天上帝〔一〕：伏以古先哲王，奉若天道。或以馨治感於神明，或以翼心昭事上帝。內循寡昧，敢曰能知？惟是親郊，欽迪彝典。貴誠尚質，匪脩其文。犧牲既成，煙燎既達。庶無罪悔，用保乂民。謹以玉帛犧齊，粢盛庶品，肅展禋祀，式昭誠欽。太祖啓運立極英武睿文神德聖功至明大孝皇帝、太宗至仁應道神功聖德文武睿烈大明廣孝皇帝，配神作主。尚饗！

郊祀大禮祭享皇地祇册文 十一月十二日

維淳熙三年歲次丙申十一月壬寅朔十二日癸丑，嗣天子臣昚敢昭告於昊天上帝：伏以坤德無疆，何生不育？竭誠冬報，其敢憚勞？合祭國南，視古泰折。敕躬齋戒，嘉服上黃。方鼎平琮，靈茅瑞稷。庶幾宴享，賚以蕃釐。時和歲豐，邇安遠至。舉歸持載，敬用禱祈。謹以玉帛犧齊，粢盛庶品，涓選休辰，肅若舊典。太祖啓運立極英武睿文神德聖功至明大孝皇帝、太宗至仁應道神功聖德文武睿烈大明廣孝皇帝，配神作主。尚饗！

郊祀大禮太祖配享册文 十一月十二日

維淳熙三年歲次丙申十一月壬寅朔十二日癸丑，孝曾孫嗣皇帝臣昚敢昭告於太祖啓運立極英武睿文神德聖功至明大孝皇帝〔二〕：伏以蒼籙肇基，功推后稷。三分有二，德在文武。既配彼天，亦配上帝。惟我藝祖，功德兼隆。創業垂統，有光在昔。□歲郊祀〔三〕，對越神祇。子孫保光，敢不駿惠？卜年過歷，期邁有周。謹以制幣犧齊，粢盛庶品，備成熙事，侑神作主。尚饗！

郊祀大禮太宗配享册文 十一月十二日

維淳熙三年歲次丙申十一月壬寅朔十二日癸丑，孝曾孫嗣皇帝臣昚敢昭告於太宗至仁應道神功聖德文武睿烈大明廣孝皇帝〔四〕：伏以資生資始，覆載難名；丕顯丕承，謨烈可紀。於乎二后，肇造我家。中壇合祀，久矣並侑。茲迎日至，載蕆上儀。金石昭融，犧牲博碩。神哉虞億，是饗是宜。垂休無窮，以介景

〔一〕「維淳熙」至「昊天上帝」，原無，據明澹生堂鈔本、四庫本、傅校本補。「昚」，原作「御名」，徑改，下同。

〔二〕「維淳熙」至「大孝皇帝」，原無，據明澹生堂鈔本、四庫本、傅校本補。

〔三〕□歲：傅校本作「歲當」。

〔四〕「維淳熙」至「廣孝皇帝」，原無，據明澹生堂鈔本、四庫本、傅校本補。

福。謹以制幣犧齊，粢盛庶品，備成熙事，侑神作主。尚饗！

明堂大禮朝獻景靈宮聖祖天尊大帝册文

淳熙六年九月十四日

維淳熙六年歲次己亥九月丙辰朔十四日己巳，嗣皇帝臣昚謹再拜稽首上啟聖祖上靈高道九天司命保生天尊大帝〔二〕：伏以肇啟真緒，源深流長。顯陳休符，錫祚無極。施及涼昧，纂承丕圖。明堂孔陽，將舉禋禮。言趨秘宇，祗薦令芳。既開其先，必裕乃後。敢忘勵翼，永紹淵宗。尚饗〔三〕！

前一日朝享太廟祖宗帝后册文

淳熙六年九月十五日〔三〕

維淳熙六年歲次己亥九月丙辰朔十五日庚午，孝曾孫嗣皇帝臣昚敢昭告於祖宗帝后〔四〕：伏以三歲親祠，我家盛禮。內循菲德，祗遹彝章。穆卜季秋，肇禋陽館。先期假廟，備飭齋誠。羣工駿奔，以職來助。鬱尊灌鬯，樂舞振庭。對越在天，淳熙用介。謹以嘉玉量幣、一元大武、柔毛、剛鬣、明粢、薌合、薌萁、嘉疏嘉薦，式陳明薦。尚饗〔五〕！

前一日朝享太廟別廟懿節皇后册文

十五日

維淳熙六年歲次己亥九月丙辰朔十五日庚午，孝子嗣皇帝臣昚御名敢昭告於皇妣懿節皇后邢氏〔六〕：伏以十亂之功，獨尊文母。賓空雖久，遺範故存。卜歲習祥，禮行世室。臨祼別廟，僾然懷思。笙鏞繹純，籩豆豐潔。歆時孝享，垂佑家邦〔七〕。

明堂祭享昊天上帝册文

十六日

維淳熙六年歲次己亥九月丙辰朔十六日辛未，嗣天子臣昚敢昭告於昊天上帝〔八〕：伏以惟皇無私，臨下有赫。親德饗道，聰明自民。惕惟菲躬，祗荷眷祐。五修郊報，浹宇乂安。載稽舊章，俶講宗祀。物難仰稱，誠或居歆。迄用康年，敢忘寅畏？謹以玉帛犧齊，粢盛庶品，肅展禋祀，式昭誠欽。太祖啓運立極英武睿文神德聖功至明大孝皇帝、太宗至仁應道神功聖德文武睿烈大明廣孝皇帝配神作主。尚饗〔九〕！

〔二〕「維淳熙」至「天尊大帝」，原無，據明澹生堂鈔本、四庫本、傳校本補。

〔三〕尚饗：明澹生堂鈔本作「謹言」。

〔三〕淳熙六年九月：原作「年月同前」，據改。

〔四〕「維淳熙」至「祖宗帝后」，原無，據明澹生堂鈔本、四庫本、傳校本補。

〔五〕文末「薦尚饗」三字，原缺，據明澹生堂鈔本、四庫本補。

〔六〕「維淳熙」至「皇后邢氏」，原無，據明澹生堂鈔本、四庫本、傳校本補。

〔七〕「邦」下，明澹生堂鈔本、四庫本、傳校本有「謹以（下同前）」。

〔八〕「維淳熙」至「昊天上帝」，原無，據明澹生堂鈔本、四庫本、傳校本補。

〔九〕尚饗：原無，據明澹生堂鈔本、四庫本補。

答金國賀會慶節國書 使邢子錫、副張謹言。乾道六年十月

遠馳使傳，申講邦儀。記載育之初辰，特達嘉貺；堅無窮之永好，敷惠羣生〔一〕。式循厚意之臨，奚諭感悰之切？氣鍾寒律，福介時和。

遣使賀來年正旦國書 使呂正己、副辛堅之。乾道六年十一月

贊陽布德，天回萬宇之春；講信親仁，□結兩朝之好。旅陳禮幣，臨遣使車。既因物以見誠，亦順時而善頌。冀綏純嘏，永底太和。

答賀正旦國書 使蒲察愿、副韓鋼。乾道七年正月

斗柄東回，誕布始和之令；星軺北至，載通修睦之懽。書語温然，幣儀腆甚。方益隆於世好，知丕擁於春祺。欣感交懷，喻言靡究。

遣使賀生辰國書 使趙雄、副趙伯驌。乾道七年正月

景淑三春〔二〕，式届誕彌之節〔三〕；壽先五福，敢申善頌之誠。預遣使軺，遠持慶幣。用祝後天之算，冀延卜世之期。共庇黎元，永堅盟好。

答賀會慶節國書 使烏林答天賜、副李文蔚。乾道七年十月

三冬紀孟，適臨載誕之期；兩國交懽，方重益親之義。遠勤信使，寵畀慶儀。味詞意之加隆，激感悰而彌厚。寒威協序，吉履增休。

遣使賀生辰國書 使翟紱、副祖士粲。乾道八年正月

履初吉於季春，素傳令節；開殊祥於甲觀，兹紀誕辰。方交阜於羣生，宜丕延於多祉。肅馳使傳，虔致壽儀。惟頌詠之彌勤，匪喻言之可究。

答賀會慶節國書 使完顏襘、副盧璣。淳熙二年十月

陽月應期，記菲凉之載育；親仁脩睦，勤使介以俱來。肆形盟好之言，備致壽祺之祝。情詞兩至，儀物兼豐。在感臆以增

〔一〕敷惠：四庫本作「用敷」。
〔二〕淑：原作「俶」，據明澹生堂鈔本、四庫本改。
〔三〕式：原作「適」，據明澹生堂鈔本、四庫本、傅校本改。

深，豈緘書之能究！

遣使賀來年正旦國書

使謝廓然、副黃夷行。淳熙二年十一月

乾坤交泰，熙和氣於春臺；南北通歡，躋庶民於壽域。遠馳信使，虔致慶儀。冀臻視履之祥，庸對發生之序。頌言斯至，敷述奚殫？

答賀正旦國書

使完顏治、副高運國。淳熙三年正月

歲序載新，允協夏時之正；民生交阜，共欣春物之榮。已遠致於慶儀，乃專勤於華使。披緘書之甚厚，閱禮幣之維豐。感篆彌深，願言曷究！

遣使賀來年正旦國書

使閻昌舒、副使李可久。淳熙三年十一月

行夏之時，方肇新於歲律；受天之祜，宜丕集於春祺。飭遣使人，肅將禮幣。庸展泰亨之慶，益堅鄰好之修。頌詠居多，諭言曷究？

答賀正旦國書

淳熙四年正月[一]

正月日，大宋皇帝謹奉書於大金應天興祚欽文廣武仁德聖孝皇帝闕下：新元肇紀，慶萬物之發生；舊好益堅，嘉羣黎之康阜。遠勞信使，寵貺華緘。既備及於春祺，復旅陳於禮幣。欽紉勤渠之意，良深感懌之情。今正旦使副回，謹專奉書陳謝。不宣。

答賀會慶節國書

使完顏忠、副曹士元。淳熙四年十月

時屬上冬，日臨載育。勤使華於萬里，締盟好於億年。既以緘書，申之篚幣。惟慶儀之甚腆，知眷意之加隆。其在感悰，曷勝敷叙？

遣使賀來年正旦國書

淳熙四年十一月

十一月日，大宋皇帝謹奉書於大金應天興祚欽文廣武仁德聖孝皇帝闕下：樂歲載新，慶三陽之交泰；歡盟彌固，與萬物以皆春。飭遣軺車，肅持菲幣。冀緝熙於繁祉，共康乂於黎元。頌詠良深，敷陳罔既。今差翰林學士、朝請大夫、知制誥、兼侍讀、普寧郡開國侯、食邑一千户、食實封一百户、賜紫金魚袋錢

[一] 淳熙四年正月：原無，據明澹生堂鈔本、四庫本、傅校本補。

良臣，嚴州觀察使、知閤門事、永豐縣開國伯、食邑七百户延璽充賀正旦國信使、副，有少禮物具諸別幅，謹專奉書。不宣。

答賀正旦國書 淳熙五年正月

二儀交泰，曆頒歲序之元；萬彙向榮，人遂春臺之樂。遠紓使傳，申締歡盟。昭厚意於緘書，粲多儀於信幣。其爲感懌，未易敷陳。

遣使賀生辰國書 同前

某月日，大宋皇帝謹奉書於大金尊號皇帝闕下：月紀季春，屬光風之轉蕙；日臨初吉，應飛電之繞樞。祇遣使旜，具陳慶幣。永冀萬年之算，常通兩國之歡。頌詠惟勤，指陳莫喻。今差朝散大夫、試禮部尚書、信安郡開國侯、食邑一千户、食實封一百户、賜紫金魚袋趙思，某州觀察使、知閤門事、兼客省四方館事、某縣開國伯、食邑七百户鄭槐，充賀生辰國信使、副，有少禮物具諸別幅，謹專奉書。不宣。

遣使賀生辰國書 淳熙六年正月

春華正茂，暢和氣於芳辰；誕序載臨，對休符於令旦，肅馳使傳，備展慶儀。冀萬壽之丕延，底羣生於交阜。茲爲頌詠，豈易敷陳！今差龍圖閣學士、朝散大夫、提舉佑神觀兼侍講、清化郡開國侯、食邑一千户、食實封一百户、賜紫金魚袋錢冲之，潭州觀察使、知閤門事、兼客省四方館事、泰寧縣開國伯、食邑七百户劉咨，充賀生辰國信使、副，有少禮物具諸別幅，謹專奉書。不宣。

郊祀大禮畢端誠殿受賀內侍宣答管軍詞 乾道六年

有制：氣應黃鐘，禮行紫時。賴爾總提於七萃，俾予祇肅於一純。既迄嚴禋，乃旋齋幄。禮成之慶，與卿等同之[一]。

閤門宣答樞密詞

有制：於廟於郊，有嚴躬祀；如幾如式，無媿祝詞。賴樞機顯相之功，拜穹昊博臨之貺。禮成之慶，與卿等同之。

樞密宣答宰臣詞

有制：朕親駕竹宮，欽修紫燎。繄上公之協贊，率多士以駿奔。天地居歆，神人咸喜[二]。禮成之慶，與卿等同之。

[一] 等：明澹生堂鈔本、四庫本無。下篇同。

[二] 神人：明澹生堂鈔本、四庫本作「人神」。

麗正門肆赦閤門宣答宰臣詞

有制：陽陔踐豆，已成饗帝之能；端闕旋衡，遂廣配天之澤。敷錫之慶，與卿等同之。

加上太上尊號禮畢皇帝致賀太上皇帝〔一〕

乾道七年正月

皇帝臣稽首言：伏惟光堯壽聖憲天體道太上皇帝陛下茂對春元，載膺榮號。二儀並貺，萬壽無疆。

侍中承旨宣答〔二〕

光堯壽聖憲天體道太上皇帝聖旨〔三〕：皇帝翕受漢鼇，懋昭舜孝。自欣之子〔四〕，勉對强名〔五〕。

皇帝致賀太上皇后

皇帝臣稽首言：伏惟壽聖明慈太上皇后博厚承天，輝光迦日。隆名並受，薄海同歡。

内侍承旨宣答

壽聖明慈太上皇后聖旨〔六〕：皇帝儲休郊廟，歸美庭闈。力避無從，静言有愧。

太傅率文武百僚稱賀太上皇帝詞

具官臣某等稽首言：伏惟光堯壽聖憲天體道太上皇帝陛下律應丕天〔七〕，名增太極。彰元后事親之孝，符封人祝聖之心。

侍中承旨宣答

光堯壽聖憲天體道太上皇帝聖旨〔八〕：迫於勤請，益此徽稱。禮冠古初，慶均家國。

〔一〕 明澹生堂鈔本、四庫本題作「加上太上皇帝尊號册寶行禮畢皇帝致詞賀太上皇帝」。

〔二〕 承：原作「傳」，據明澹生堂鈔本、四庫本、傅校本改。

〔三〕 光堯壽聖憲天體道：原作「尊號」，據明澹生堂鈔本、四庫本、傅校本改補。

〔四〕 之：原缺，據明澹生堂鈔本、四庫本補。

〔五〕 强：四庫本作「隆」。

〔六〕 壽聖明慈：原作「尊號」，據明澹生堂鈔本、四庫本、傅校本改補。

〔七〕 光堯壽聖憲天體道：原標云「尊號」，據明澹生堂鈔本、四庫本改。

〔八〕 光堯壽聖憲天體道：原標云「尊號」，據明澹生堂鈔本、四庫本改。

皇太子受册畢班首文武百僚稱賀皇帝詞 三月二十三日

臣某等言：伏惟皇帝陛下乾健無窮，離明有助。涓辰受册，浹宇均歡。臣等幸列班聯，尤深慶抃。

侍中承旨宣答

朕惟懷永圖，豫建太子。億寧方夏，鞏固宗祧。典禮備成，與卿等同慶。

加上太上尊號禮畢皇帝致賀太上皇帝 淳熙二年十二月

皇帝臣昚稽首言：伏惟尊號太上皇帝陛下壽同天永，名與日新。典册揚輝，華夷賴慶。

左丞相承旨宣答

尊號太上皇帝聖旨：皇帝迎陽展采，鏤牒榮親。何幸吾身，屢親盛事。

皇帝致賀太上皇后

皇帝臣昚稽首言：伏惟尊號太上皇后殿下輔佐父慈，恢隆母道。載鋪懿鑠，允協嘉祥。

内侍承旨宣答

尊號太上皇后聖旨：皇帝誠心備著，榮號頻加。盛典之成，慈懷以懌。

皇太子率文武百僚致賀太上皇帝

皇太子臣某等稽首言：伏惟尊號太上皇帝陛下承天之祐，益延安樂之年；迎日之長，載受鋪張之册。邦家大慶，臣庶同歡。

左丞相承旨宣答

儀物充廷，簪紳在列。名雖予得，慶則汝同。

皇帝詣德壽宮慶壽致賀詞 十二月十七日

皇帝臣昚稽首言：天祐君親，錫茲難老。維春之吉，年德加新。臣與群臣等不勝大慶，謹上千萬歲壽。

侍中承旨宣答

酌此春醪，介予眉壽。家邦盛事，允愜慈懷。與皇帝並百僚內外同慶。

皇后受册畢内命婦稱賀詞 淳熙三年十月

伏睹授册楓宸，流徽椒極。懽均六寢，美繼二南。恭惟皇后殿下慈惠儉勤，柔明莊裕。誕膺金璽，增焕玉衣。妾等幸比貫魚，獲陪賀燕。願益尊於嬪則，庶永賴於母儀。

外命婦稱賀詞

伏睹壼儀内正，王化外基。地道有光，人心胥悦。恭惟皇后殿下俔天表異，夢月開祥。久佐聖明，俶膺典册。妾等並依持載，欣預榮觀。昔聞恭儉於母家，今見化成於婦道。

郊祀大禮畢端誠殿稱賀樞密宣答皇太子以下詞

有制：朕輯古盛儀，躬郊吉事。惟儲副謹貳觴之獻，惟臣鄰陪肆祀之恭。上帝博臨，百神受職。禮成之慶，與卿等同之。

閤門宣答樞密以下詞

有制：登泰畤以展儀，甫成鉅典；即甘泉而受賀，爰舉舊章。有嘉樞近之臣，實致齊明之助。禮成之慶，與卿等同之。

内侍宣答管軍詞

有制：一純二精，載秩欽柴之祀；千乘萬騎，備觀扈蹕之勞。旅賀於庭，益嘉乃志[一]。禮成之慶，與卿等同之。

郊祀大禮畢登門肆赦稱賀宣答皇太子以下詞

有制：壇飭紫宫，備成禋祀；樓登丹鳳，丕錫湛恩。坐令夷夏之民，均被乾坤之貺。若時大慶，與卿等同之。

進呈仁宗皇帝玉牒徽宗皇帝實録今上皇帝玉牒畢宣答提舉官以下詞 淳熙四年

有制：一朝大典，纂述有年；逮茲奏篇，足以傳遠。禮成

[一] 志：原作「至」，據明澹生堂鈔本、四庫本、傳校本改。

之慶，與卿等同之〔一〕。

明堂大禮畢皇帝詣德壽宮上壽飲福致賀詞

淳熙六年

皇帝臣眘謹率文武百僚稽首言：饗帝合宮，受天純嘏。臣與百僚等不勝大慶，謹上千萬歲壽。

侍中承旨宣答

太上皇帝聖旨：得皇帝壽酒，與皇帝並百僚內外同慶。

〔一〕等：明澹生堂鈔本、四庫本無。

廬陵周益國文忠公集卷一一七

玉堂類稿卷一七

祝香文　祝文　祭文

大禮畢車駕詣景靈宮恭謝祝香文　乾道六年十一月二十七日

今皇帝蕆事泰壇，已拜慶成之況；告虔原廟，載昭垂裕之功。供養聖祖，天尊大帝。伏願皇帝盛德日新，純休天錫。益介萬年之壽，永觀四海之安。稽首歸依，無極大道。

孟春車駕詣景靈宮朝獻祝香文　乾道七年

孟春屆候，法駕親臨，恭焚寶香，供養聖祖天尊大帝。伏願皇帝堯天徧覆，舜日光昭。庶民咸樂於熙臺，萬物均陶於暖律。皇圖有永，睿算無窮〔二〕。

又　乾道八年

首同前。伏願皇帝仁恩無外〔三〕，聖澤如春。運一氣於化樞，納萬物於壽域。永膺純祜，翕受繁禧。

又　淳熙四年

首同前。伏願皇帝德參覆載，恩冒華夷。一氣熙春，無匹夫之不被；萬年御曆，與太極以常尊。

孟夏　淳熙二年

首同前。伏願皇帝法天覆幬，如日照臨。敦慈寶以示民，運道樞而應物。炎圖愈赫，鴻算彌長。

又　淳熙四年

首同前。伏願皇帝并包中夏，茂對正陽。清微之風，常長養於庶物；舒長之日，永照臨於四方。

孟秋　淳熙二年

首同前。伏願德威遠暢，聖業光隆。億萬斯年，燦壽星於南極；十千維耦，歌樂歲於西成。

〔二〕「無窮」下，明澹生堂鈔本、四庫本有「稽首歸依，無極大道」八字。
〔三〕皇帝：原無，據明澹生堂鈔本、四庫本補。

又 淳熙四年

首同前。伏願威加四海，慶協三靈。頻書大有之年，永錫無疆之壽。溥均和氣，胥暨羣倫。

孟冬 淳熙二年

首同前。伏願仁施寒谷，威震朔方。散和氣於康年，協休祥於良月(二)。坐使敷天之衆，常傾愛日之心。

又 淳熙四年

首同前。伏願恩加動植，教暨朔南。十月爲陽，誕節慶堯年之永；三登曰泰，頌聲歌周稼之豐。

秘書省分撰欽宗皇帝孟夏朔祭祝文 紹興三十二年任正字日

惟年月日，孝弟嗣皇帝構謹遣某官(三)，敢昭告於皇兄欽宗恭文順德仁孝皇帝：孔懷之感，四序所同。矧屆清和，昔惟誕月；吉蠲以綸，追慕尤深。謹以某官祇告神靈，用遵典祀。尚饗(三)！

郊祀大禮奏告五嶽祝文 乾道六年

三歲親祠，國之大事。瞻言嶽鎮，素赫威靈。陰相之功，齋心以冀。

奏告四瀆祝文

國祭大川，禮經所載。矧當禋祀，敢緩虔祈？冀效彌符，協成熙事。

郊祀大禮添修雅飾太廟殿宇等畢工告遷祖宗帝后神主并別廟神主還殿室時前奏告祝文 十三首，同一詞。

伏以郊類載修，宗祊來格。沈沈之廈，奕奕以新。將奉真游，言旋祏室。威靈在上，敢不告虔？

(一) 休：四庫本作「嘉」。
(二) 構：原作「御名」，今徑改。
(三) 原刻文末校云：「案：知聖道齋本此首錯出在後，今依年代釐定。」

別廟時前奏告懿節皇后祝文

躬郊之歲，親饗閟宮。預謹繕修，聿觀輪奐。逮茲訖事，將妥神棲。敬舉舊章，先時以告。

安穆皇后安恭皇后祝文

將祀郊丘，乃臨廟室。攸司庀役，祓飾有儀。工迄厥成，神歸於舊。先時致告，其必安之。

雅飾太廟畢工告遷奉安祝文 懿節皇后祝文同詞

躬郊至重，飾廟爲先。方庀事之初，嘗仰勤於移御；逮落成之後，敢少緩於寧神？冀安有侐之宮，永錫無疆之祐。

安穆皇后安恭皇后祝文〔一〕 二首，同詞。

伏以爰熙郊壇，先祼廟寢。載瞻舊室，加賁新工。涓日之良，宅神於是。淑靈如在，多祉永孚。

郊祀大禮畢告謝五嶽四瀆祝文 天慶觀同詞

維乾道六年歲次庚寅十一月丁丑朔某日，皇帝昚伏爲郊祀大禮畢〔二〕，謹遣入內內侍省西頭供奉官李唐弼，敢昭薦於五嶽四瀆。伏以祇紹鴻基，載登圓陛。盛儀丕就，浹宇均懽。雖和氣橫流，本上帝溥臨之應；而美光參燭，亦百神陰相之休。昭謝有常，致誠無斁。

郊祀大禮畢祭謝南鎮會稽山永濟王祝文

迎日之長，燔柴泰時。荷天眷祐，熙事慶成。仰止名山，近臨郊甸。恪申昭謝，以達誠心。尚饗！

郊祀大禮畢祭謝五嶽四海四瀆祝文

維乾道六年歲次庚寅某月朔日，皇帝昚伏爲郊祀大禮畢〔三〕，謹遣某官敢昭告於潭州南嶽司天昭聖帝〔四〕、明州東海助順孚聖廣德威濟王、廣州南海洪聖廣利昭順威顯王、益州南瀆大江昭靈孚應威烈廣源王：伏以順迎至景，肅展嚴禋。咸秩百神，裒時之對。欽惟四望，幽贊上儀。報謝有常，敢忘其舊？尚饗！

〔一〕此篇前，明澹生堂鈔本、四庫本有「《別廟正奉安懿節皇后祝文一首，同前》」。
〔二〕「禮畢」下，明澹生堂鈔本、四庫本有「告謝」二字。
〔三〕篇首至下句「謹」字：原無，據明澹生堂鈔本、四庫本補。
〔四〕告於：明澹生堂鈔本、四庫本作「薦於」。

郊祀大禮畢祭謝五嶽四海四瀆祝文 道未通處(一)

惟乾道六年歲次庚寅某月朔日，皇帝昚伏爲郊祀大禮禮畢，謹遣某官敢昭薦於東嶽齊天仁聖帝、西嶽金天順聖帝、北嶽安天元聖帝、中嶽中天崇聖帝、西海通聖廣潤王、北海冲聖廣澤王、東瀆大淮顯佑昭應長源王、西瀆大河顯聖靈源王、北瀆大濟清源王：伏以惇宗將禮，咸秩無文。矧惟方望之祠，曾是封疆之阻。敢告成於熙事，冀垂鑑於遐悰。尚饗！

祭謝安穆皇后安恭皇后祝文 同詞

惟乾道六年歲次庚寅十二月丙午朔十日乙卯，皇帝昚伏爲郊祀大禮禮畢，恭遣某官昭薦於安穆、安恭皇后：乃者順迎至景，祇款泰壇。被祭服而思蠶繅之功，對潔粢而懷穜稑之獻。既竣盛禮，益愴遺芳。致謝有常，敢忘其舊？

加上尊號册寶前三日奏告天地祝文二首 社稷祝文二首，不稱臣，用御名。 太一宮祝文 一首。

並同詞

維乾道六年歲次庚寅某月朔日，嗣天子昚伏爲大禮慶成，加上光堯壽聖憲天體道太上皇帝、壽聖明慈太上皇后尊號册寶，前三日，謹遣某官，敢昭告於昊天上帝：伏以受禪之始，愛敬事親。嘗籲衆心，並崇徽號。逮今九載，三展禋祀。德洋恩普，中外闓懌。匪加稱謂，曷彰歸美？已諏穀旦，將舉禮文。邦家大慶，不敢不告。尚饗！

奏告太廟別廟景靈宮祝文 太廟、別廟共十四首(二)，景靈宮三首，並同前詞。

維乾道六年歲次庚寅某月朔日，孝曾孫嗣皇帝昚伏爲同前詞(三)。

祭告安穆皇后安恭皇后攢宮祝文各一首，同詞。

太上皇帝、太上皇后尊號册寶前二日，恭遣某官昭薦於某某皇后(四)：往膺內禪，首上鴻名。兹成郊廟之慶儀，益佩尊親之慈訓。載崇盛典，重衍徽稱。命告先期，冀孚至意。

(一) 道未通處：明澹生堂鈔本、四庫本作「係道未通去處」。
(二) 十四：明澹生堂鈔本、四庫本作「二十四」。
(三) 「維乾道」至「伏爲同前詞」，原無，據明澹生堂鈔本、四庫本補。
(四) 某某：明澹生堂鈔本、四庫本作「安穆」。

補種棄木修飾攢宮奏告安穆皇后安恭皇后祝文

伏以密瞻吉壤，實寓殯宮。封植加新，繕修惟舊。先期以告，冀靈之安。

仲春薦獻安穆皇后安恭皇后祝文 各一首，並同詞。乾道七年

維乾道七年歲次辛卯二月丙午朔某日，皇帝昚恭遣某官昭薦於某某皇后[二]：春律載中，仙軿茲邈。悵燕禖之在候，想翬翟以興懷。時祭有常，淑靈來顧。尚饗！

立皇太子奏告天地宗廟社稷宮觀等祝文 天地二首，社稷二首，太一宮一首，景靈宮祖宗諸帝神御一首，諸后神御一首，並同詞。

維乾道七年歲次辛卯二月丙午朔十日乙卯，嗣天子臣昚伏爲立第三子某爲皇太子，謹遣某官，敢昭告於天地：伏以立嗣必子，所從來遠矣。顧惟涼菲，奉承聖緒，而儲副虛位，夙夜不敢康。選自恭邸，進司匕鬯，所以永邦圖，隆國本也。仰祈靈鑑，陳錫無疆。

宗廟祝文 十一首。懿節皇后一首，安穆皇后、安恭皇后各一首。

伏以祗紹聖圖，思隆國本。選由恭邸，俾踐儲闈。主鬯有嚴，承祧是屬。若時盛舉，必契靈心。

安穆安恭皇后攢宮祝文 二首同詞

有子而賢，升儲惟允。眷言在昔，嘗著母儀。既闢東宮，益懷中闈。式陳嘉薦，惟以告虔。

安穆皇后安恭皇后攢宮禁地内置立封堠并修蓋館舍動土祭告祝文 二首同詞 淳熙二年閏九月十二日

維淳熙二年歲次乙未某月朔日，皇帝恭遣某官昭薦於安穆皇后郭氏，安恭皇后夏氏[三]：自閉長秋，久安窀穸。園城之内，繕修以時。庶役將興，淑靈其妥。尚饗！

[二] 某某：明澹生堂鈔本、四庫本作「安穆」。

[三] 安穆皇后郭氏，安恭皇后夏氏：原作「某某皇后某」，據明澹生堂鈔本、四庫本改補。

加上光堯壽聖憲天體道性仁誠德經武緯文太上皇帝壽聖齊明廣慈太上皇后尊號册寶奏告天地二首社稷二首，不稱臣太乙宮祝文

一首。並同詞。

維淳熙二年歲次乙未某月朔日，嗣天子臣眘伏爲太上皇帝聖壽無疆新歲七十，將以十一月一日奉册寶，加上尊號曰光堯壽聖憲天體道性仁誠德經武緯文太上皇帝，并加上太上皇后尊號曰壽聖齊明廣慈太上皇后，謹遣某官，敢昭告於昊天上帝：伏以天祐我家，丕延親壽。念非訂羣議，揚鴻徽，則何以上符帝心，下副民願？式涓日至，並衍尊稱。先期告虔，庶格靈鑑。尚饗！

又奏告太廟別廟景靈宮祝文

太廟、別廟共一十四首，景靈宮三首，並同前詞。

告安穆皇后安恭皇后祝文

二首同詞

兹者天祐君親，丕延壽祉。載崇茂典，並上鴻名。國有大慶，先期以告。尚饗！

仲春補種安穆安恭皇后攢宮祝文

淳熙三年

木拱塋園，器陳殿宇。歲當春仲，補治有常。體魄如存，其安於是。

太陽交蝕祭告祝文

惟淳熙三年歲次丙申三月丙午朔，嗣天子謹遣某官，敢昭告於大社：伏以維暮之春，太陽交蝕。日官以告，震畏靡寧。雖次舍當然，而祈禳敢怠？竭誠蕆事，爰舉舊章。冀抑群陰，遂消沴氣。

太陽交蝕祭謝祝文

伏以季春告朔，日有蝕之。方勵寅恭，庶銷咎證。荷天眷顧，蔽以雲陰。期懋厥修，仰酬嘉貺。

南郊大禮祭告五嶽祝文

四首，係路通去處。

維淳熙三年歲次丙申某月朔日，皇帝伏爲今年十一月十二日謁款於南郊，謹遣某官，敢昭薦於南嶽司天昭聖帝：伏以國之大事，莫重親祠。已卜仲冬，載行盛禮。逖瞻喬嶽，作鎮南方。先事告虔，冀乎誠意。

東海南海江瀆 同詞

三歲一郊，實惟報本。先期誕告，今復其時。東望洪濤，百川所納〔一〕。馳辭致禱，冀效珍符〔二〕。

太常寺申乞撰修奉安恭皇后下宫神帳板壁告遷神御權奉安祝文

維淳熙三年歲次丙申七月甲辰朔某日，皇帝恭遣某官，敢昭薦於安恭皇后夏氏：殯宫設次，以妥神棲。閲時浸深，隊剥當治。暫遷神御，其顧其安。

立皇后奏告天地社稷祝文

伏以惕承鴻緒，久闕椒房。選繇列妃，俾聽内治。既遵慈訓，亦協衆心。授册有期，預申祗告。

宗廟祝文

伏以祭服之爲，穜稑之獻，皆資内助，以奉宗祊。禀命親庭，自妃而后。涓辰發册，敢不告虔？

景靈宫祖宗諸帝神御祝文

伏以維邦之媛，早事初潛。登進椒塗，蓋遵親訓〔三〕。禮行有日，敢不告虔？先祖是皇，冀綏後禄。

景靈宫祖宗諸后神御祝文

伏以維邦之媛，久冠列妃。兹正長秋，聿遵親訓。前期致告，式協舊規。有侐閟宫，冀綏後禄。

太乙宫祝文

伏以王假有家，天作之合。涓辰既吉，典册將行。仰止壽宫，天神之貴。兆祥祐福，敢不告虔？

安穆安恭皇后祝文

自虚椒掖，十載於兹。爰正坤儀，用修陰教。前期以告，其

〔一〕所納：原刻注云：「《江瀆》改作『所導』。」

〔二〕冀效珍符：原刻校云：「《南海》改作『南望洪濤』，《江瀆》改作『西望岷江』。」

〔三〕遵：原作「尊」，據明澹生堂鈔本、四庫本改。

克知歆。

郊祀大禮修整雅飾太廟殿宇等畢工告遷祖宗帝后神主并别廟神主還殿室時前奏告祝文 一十三首，懿節皇后同詞。

維淳熙三年歲次丙申九月癸卯朔某日，孝曾孫嗣皇帝臣昚謹遣某官敢昭告於祖宗帝后：伏以躬郊之歲，款廟爲先。前戒工徒，飾修殿宇。逮兹訖事，神主將還。爰擇良辰，預伸奏告。

安穆皇后安恭皇后祝文 二首，一詞稱皇帝〔二〕

躬郊之歲，享廟有常。預戒工徒，飾修殿宇。逮今訖事，神主將還。爰命攸司，先時致告。

大禮修整太廟殿宇等畢工告遷祖宗等并别廟神主還殿室正奉安祝文 一十四首，懿節皇后同詞。

伏以國之大事，莫重親郊。祇率舊章，載新祖廟。是涓吉旦，還奉威靈。永冀妥安，益敷多祐。尚饗！

安穆皇后安恭皇后祝文 二首，同詞。

歲當躬郊，載飾别廟。逮兹訖事，還奉神遊。歆此精衷，安於祏室！

郊祀大禮前一日朝饗太廟差官祀七祀祝文 一首

維淳熙三年歲次丙申十一月壬寅朔某日，皇帝昚謹遣某官〔三〕，恭祭於司命、户、竈、中霤、門、厲、行：伏以躬郊之歲，咸秩無文。矧如七祀，著於祭法。前期款廟，併舉舊章。群姓億寧，兹爲受職。尚饗！

郊祀大禮前二日朝獻景靈宫分詣奏告中殿祝文

維淳熙三年歲次丙申十一月壬寅朔某日，孝曾孫嗣皇帝臣昚謹遣某官，敢昭告於祖宗諸帝：伏以祀事之重，親郊爲先。當預獻閟宫之時，有分詣帝殿之禮。仰祈列聖，垂鑑忱誠。

〔二〕稱皇帝：原無，據明澹生堂鈔本、四庫本補。
〔三〕昚：原脱，據明澹生堂鈔本、傅校本補。

後殿祝文 二首，同詞。

祀事之重[二]，親郊爲先。當預獻閟宮之時，有分詣後殿之禮。仰祈懿範，垂鑑忱誠。

郊祀大禮前二日奏告太祖皇帝太宗皇帝配侑祝文

維淳熙三年歲次丙申十一月壬寅朔某日，孝曾孫嗣皇帝臣昚謹遣某官，敢昭告於太祖皇帝、太宗皇帝：伏以天施地生，被萬方而不宰；祖德宗功[三]，垂百世以無窮。緊勳烈之同符，宜郊祀之並侑。預伸懇悃，仰祝鑑觀。尚饗！

太乙宮修蓋璇璣觀畢工奉安北斗神像時前奏告祝文

維淳熙三年歲次丙申某月朔日，嗣天子臣昚謹遣某官，敢昭告於五福太乙、君棋太乙、大遊太乙、小遊太乙、天一太乙、地一太乙、四神太乙、臣棋太乙、民棋太乙、直符太乙：伏以斗有環域，天之三辰。比飾琳宮，載崇像設。欽惟太乙，館御相望。安奉有期，併伸祇告。尚饗！

太乙宮修蓋璇璣觀畢工奉安北斗像時前奏告太上皇帝本命殿祝文

維淳熙三年歲次丙申某月朔日，皇帝謹遣某官，敢昭告於光堯壽聖憲天體道性仁誠德經武緯文太上皇帝丁亥見生星斗君、太上皇帝見生丁亥本命真官、太上皇帝見生丁亥元辰真官：伏以維北有斗，乃神之尊。比飾祠庭，載嚴像設。瞻言介福之館御，欽奉慈皇之命元。因創新規，併伸祇告。尚饗！

太乙宮修蓋璇璣觀畢工奉安北斗像時前奏告今上皇帝本命殿神像祝文

維淳熙三年歲次丙申某月朔日，皇帝昚謹遣某官，敢昭告於皇帝丁未見生星斗君、皇帝丁未本命真官、皇帝丁未元辰真官：伏以維北有斗，乃神之尊。比飾祠庭，載嚴像設。瞻崇禧之別殿，奉元命之列星。因創新規，并伸祇告。尚饗！

[二] 「祀事」前，明澹生堂鈔本、四庫本有「伏以」二字。

[三] 祖德宗功：明澹生堂鈔本、四庫本作「祖功宗德」。

太乙宮修蓋璇璣觀畢工奉安北斗像時前奏告祝文

維淳熙三年歲次丙申某月朔日，嗣皇帝臣昚謹遣某官，謹上啓三清聖像：伏以模七曜之真容，雖載新於琳宇；望三清之勝境，初靡隔於璿霄。念設位之有期，豈告虔之敢緩？仰繄道蔭，並祐民生。

太乙宮修蓋璇璣觀畢工奉安神像時前奏告還北斗神像祝文

維淳熙三年歲次丙申某月朔日，皇帝昚謹遣某官，敢昭告於北斗陽明太尉府天英貪狼星君、北斗陰精上宰府天仕巨門星君〔一〕、北斗真人司空府天柱禄存星君、北斗真冥游擊府天心文曲星君、北斗丹元斗君府天禽廉貞星君、北斗北極太常府天輔武曲星君、北斗天關上帝府天衝破軍星君并闔觀之神：伏以維北有斗，像垂太微。運平四時，斟酌元氣。君人奉若，其敢弗欽？比新琳祠，寅事真像。涓期安奉，預布誠悰。

太乙宮修蓋璇璣觀畢工奉安北斗神像祝文

同前。伏以斗運天中，臨制四嚮。蓋七政之樞機，陰陽之元本也。必專崇奉，乃格福祥。茲營新宮，嚴飾晬表。妥神伊始，敢不告虔？

佑聖觀奉安時前奏告祝文

維淳熙三年歲次丙申十二月壬申朔某日，皇帝昚謹遣某官，敢昭薦於佑聖真武靈應真君：伏以肇營潛邸，改創琳祠。專奉威神，冀綏福祉。涓神移御，預告吉蠲。尚饗！

佑聖觀正奉安祝文

伏以考卜殊庭，欽崇像設。日時既練，安奉有初。家用平康，民無災害。舉繄神貺，庸致誠祈。

進呈安奉仁宗皇帝玉牒徽宗皇帝實録奏告景靈宮祝文 淳熙四年

維淳熙四年歲次丁酉三月辛丑朔九日丁未，孝曾孫嗣皇帝臣昚伏爲今月九日安奉仁宗皇帝玉牒於玉牒殿，并安奉徽宗皇帝實録於敷文閣，謹遣某官，敢昭告於諸帝后：於穆仁祖，其仁如天。茲舉宏綱，著之寶牒。爰暨徽廟，久臨丕基。舊録脱遺，載加纂集。並涓吉旦，將謹襲藏。前期告虔，式表誠敬。

〔一〕陰：原作「英」，據明澹生堂鈔本、四庫本改。

仁宗皇帝仁宗皇后祝文

伏爲編脩玉牒成書，以今月九日奉安於玉牒殿，謹遣某官周某，敢昭告於仁宗皇帝：伏以自天聖迄嘉祐，四十二年之間，積德流慶與夫醲化懿綱，皆足以傳無窮而施罔極。兹舉大要，著之簡編。安奉有期，不敢不告。

徽宗皇帝并后祝文

伏爲實録院重脩實録書成，以今月九日奉安於敷文閣，謹遣某官，敢昭告於徽宗皇帝：伏以自靖國迄宣和，二十六年之間，深仁利澤施於當時被於後世者衆矣。頃雖纂録，尚懼闕遺。比命史臣，載加撰次，成書來上，將襲藏於西清。先事告虔，式昭嚴恪。尚饗！

太陽交蝕祭告祝文

維淳熙四年歲次丁酉九月丁酉朔，嗣天子謹遣某官〔一〕，敢昭告於大社：伏以季秋月朔，辰弗集於房，兹用敬禱百神，昭嚴恭寅畏之意。尚其致祥消沴，永孚佑於下民。

祭謝祝文

伏以月臨無射，合朔應占。營以朱絲，具存古制。雲陰倏合，曾不爲災。致謝有儀，敢忘其舊？

安穆安恭皇后攢宫祝文　淳熙五年

惟淳熙五年歲次戊戌二月丙寅朔某日，皇帝昚恭遣某官，敢昭薦於安穆皇后郭氏、安恭皇后夏氏：瞻言園城，實在近郊。歲卜仲春，補新易舊。有司蕆事，維以告虔。尚饗！

進呈奉安三祖下第六世仙源類譜仁宗皇帝玉牒奏告青詞二首一詞并中後殿祝文

五首一詞

伏以紀皇室之本支，甫周六世；次昭陵之德業，又浹十年。將傳信於無窮，宜寶藏之惟謹。先期致告，靈鑑必孚。

〔一〕原刻注云：「大社不稱臣。」

明堂大禮雅飾太廟時前奏告祖宗帝后祝文

一十三首共一詞　淳熙六年六月十六日

伏以三歲親祠，國之盛禮。卜兹秋杪，大享合宫。預詔攸司，飭修太室。神靈如在，敢不告虔[一]。

別廟安穆安恭皇后祝文 各一首

祭祀明堂，屬當秋杪。瞻言別廟，預致繕脩。兹協舊章，庶孚靈鑑。

權奉安祖宗帝后神主祝文 一十三首，同詞。

伏以左廟有嚴，庀工雅飾。暫勤祏主，移御別楹。冀安靈心，敢肅以告。懿節皇后同詞。

安穆安恭皇后祝文 各一首

歲屬親祠，圖新廟室。肆陳別屋，暫妥神棲。尚其顧歆，以迄工役。

雅飾太廟別廟祭告土地祝文

肇禋總章，先祼祖廟。涓辰維吉，葺舊如新。土木方興，神明其祐。

明堂大禮前二日奏告太祖太宗配侑祝文

維淳熙六年歲次己亥九月丙辰朔十四日己巳，孝曾孫嗣皇帝臣昚謹遣某官，敢昭告於太祖尊謚皇帝、太宗尊謚皇帝：伏以歲屬新祠，禮嚴宗祀。永懷祖烈，實配天明。將侑坐於堂筵，豫告虔於廟室。庶綏靈顧，以迄熙成。尚饗！

明堂大禮前一日朝享太廟差官祀七祀祝文

維淳熙六年歲次己亥九月丙辰朔十五日庚午，皇帝昚謹遣某官，恭祭於司命、户、竈、中霤、門、厲、行：伏以王立七祀，著於《祭法》，載於《月令》，其來尚矣。兹於大享合宫，先薦清廟。乃命執事，旅神於庭。各迪有功，佑我群姓。尚饗！

[一] 原刻注云：「別廟懿節皇后同詞。」

明堂大禮祭告九宮貴神祝文 九首，一詞。淳熙六年

維淳熙六年歲次己亥九月丙辰朔十六日辛未，嗣天子昚謹遣某官，敢昭告於某宮貴神太乙、攝提、權星、招搖、天符、青龍、咸池、太陰、天一：伏以財成元化，陰隲下民。凡國親祠，即壇別祭。茲肇禋於重屋，敢徼福於大神〔二〕。酌天寶之舊儀，循祥符之定制。庶幾鑑格，永底安平。謹以玉帛牲齊，粢盛庶品，恭陳明薦於神。尚饗！

明堂大禮祭大社并配后土勾龍氏大稷并配后稷氏祝文 二首

維淳熙六年歲次己亥九月丙辰朔十六日辛未，嗣天子昚謹遣某官，敢昭告於大社：伏以祀於總章，爲國大事。缺而弗講，垂二十年。茲卜中辛，躬執圭幣。瞻言五土〔三〕，神實司之。大饗之期，適當秋報。即壇蕆事，祇薦二精。庶其降康，以嗣以續。謹以玉帛牲齊，粢盛庶品，恭陳明薦，以后土勾龍氏配神作主。尚饗〔三〕！

明堂大禮祭后土勾龍氏后稷氏祝文 二首，同詞。

維淳熙六年歲次己亥九月丙辰朔十六日辛未，皇帝昚謹遣某官，敢昭告於后土勾龍氏：伏以大享明堂，國家盛典。欽惟土正〔四〕，功在生民。三代以來，世脩祀典。申詔執事，蕆儀於壇。屢予豐年，於以昭報。謹以量幣牲齊，粢盛庶品，恭陳明薦，作主侑神。尚饗！

明堂大禮畢祭謝五嶽四海四瀆祝文 四道，係路未通去處。

伏以合宮親享，景貺駢臻。荷天心之顧懷，抑神力之陰相。馳詞無遠，致謝有常。祈鑑乃誠，益孚厥祐。

〔一〕 徼：原作「邀」，據明澹生堂鈔本、四庫本改。
〔二〕 原刻注云：「《大稷》作『五稷』。」
〔三〕 「尚饗」下：原刻注云：「《大稷》詞同前，『以后稷氏配神作主。尚饗！』」
〔四〕 原刻注云：「后稷改作『田正』。」

明堂大禮畢祭謝南鎮會稽山永濟王祝文

伏以歷吉季商，蕆儀宗祀。賴天貺施，熙事備成。顧瞻名山，近在浙左。敢忘昭謝，以答靈休？

明堂大禮畢祭謝五嶽四海四瀆祝文 係路未通去處。 十月二十八日

伏以比卜季秋，肇脩宗祀。陰陽協應，典禮熙成。居歆雖荷於帝臨，望秩抑資於神佑。恪伸報謝，庸達忱誠。

明堂大禮畢祭謝安穆安恭皇后攢宮祝文

同前

明堂盛禮，久曠弗行。兹以季秋，躬執圭幣。天地貺施，祖宗顧歆。追念后儀，常勤内助。塋園在望，庸告熙成。

玉牒所玉牒殿安奉仁宗皇帝哲宗皇帝玉牒前一日景靈宫奏告仁宗哲宗祝文 淳熙七年四月四日

伏以仁心善政，著在當時。舉要提綱，采諸信史。成篇來上，將遂寶藏。載念丕懿，敢忘久蹈？

欽宗孟夏朔祭祝文[一] 紹興三十二年任正字日

維年月日，孝弟嗣皇帝臣構謹遣某官敢昭告於皇兄欽宗恭文順德仁孝皇帝：孔懷之慼，四序所同。矧届清和，昔惟誕月。吉蠲以襝，追慕尤深。謹以某物祗告神靈，用遵典祀。尚饗。

太師大寧郡王吴益出殯祭文

維乾道七年歲次辛卯三月乙亥朔十日甲申，皇帝遣某官致祭於故太師、大寧郡王吴益之靈：惟靈襲度外家，逢時中興。躬循法度，安享寵榮。爵列五等，位極三旌。眷禮之優，戚畹莫京。先民有言，權盛好傾。嘉我元舅，不汰於盈。柔惠且直，景周之申。明戒好謙，師漢之宏。謂當百年，壽考康寧。中道遽殞，何辜於神。卜筮來咸，墻翣將行。不有遺奠，孰昭至情？爾肴惟嘉，爾酒惟清。詞以侑之，悲哉我心！尚饗！

[一] 此篇原刻無，據明澹生堂鈔本、四庫本補入於此。

皇子魏王愷攢厝興靈祭文 淳熙七年三月二日

惟王之德，忠孝慈仁。何辜於天，遽奪之齡。訃聞雖久，彌惻我心。涉江而東，仁祠邃深〔一〕。姑即殯塗，以棲汝神。遣宵有奠，寓哀斯文。尚饗！

〔一〕仁：原缺，據明澹生堂鈔本、四庫本補。

廬陵周益國文忠公集卷一一八

玉堂類稿卷一八

上梁文　帖子詞

脩蓋射殿門上梁文　淳熙二年十二月二十二日

兒郎偉！我國家南巡吴會，北望汴都。雖當行殿淹留之時，豈廢路朝闔闢之制？度漢宫之萬户，侈心蓋異於建章；新魯國之雉門，舊事姑仍於兩觀。恭惟皇帝陛下躬儉勤之德，懲營繕之勞。舜其大智也與，常切達聰之念；禹吾無間然矣，每安卑室之居。惟臣鄰出入之塗，繫夷夏觀瞻之體。是因農隙，爰督工程。君門九重，以高爲貴；王宫五雉，不日而成。憲閶闔於中天，映罘罳於東闕。步櫊翼展，蓋瓦鱗差。鴟尾對張，一洗鬱攸之氣；虹梁雙舉，載嚴壯麗之威。欲相懽謡，盍形善頌？

兒郎偉！抛梁東，春日稱觴德壽宫。上閤門開初拜表，從今人賀永無窮。

兒郎偉！抛梁西，岧嶤絳闕五雲低。行封函谷一丸土，不望蘇公十里堤。

兒郎偉！抛梁南，明堂舊位可稽參。八蠻那得窺階陛，門外猶將列子男〔一〕。

兒郎偉！抛梁北，兩傍執法星環極。重開金馬牘儲才，未許冠猴輕履闕。

兒郎偉！抛梁上，十九章歌開詄蕩。天近疑成白玉樓，日高常射黄金牓。

兒郎偉！抛梁下，路門有伉符周雅。鴛鷺由此入充庭，燕雀何須來賀厦？

伏願上梁之後，兩宫等乾坤之久，萬宇同仁壽之躋。戩穀駢臻於銀牓，英髦畢玨於金閨。夷贄叩閽，可使環觀臯、庫、應；星芒順軌，固應遥避角、亢、氐。

皇帝萬歲！皇帝萬歲！皇帝萬萬歲！

後殿上梁文　淳熙六年六月二十九日

兒郎偉！三吴勝地，萬乘行都。華蓋紫垣，益焕東南之王氣；神州赤縣，將還西北之舊京。惟是便朝，固宜壯觀。闢門庭而四達，徹棟宇以一新。雖卑宫神聖之本心，抑廣厦國家之彝制。皇帝陛下恭己正南面，爲政如北辰。繼明照於四方，久化成於天下。自朝至於中昃，用咸和於萬民。眷言丹地之居，上憲清都之象。聽朝決事，兼汴都延和、崇政之名；論道談經，殆炎漢虎觀、金華之比。儻未臻於閎麗，疇仰稱於尊嚴？陳臯置圭，掄材飭匠。千櫨萬栱，既是斷而是虔；左城右平，蓋弗奢而弗陋。兹載涓於吉旦，爰對舉於脩梁。博采歡謡，發爲善頌。

〔一〕猶：原作「尤」，據明澹生堂鈔本、四庫本、傅校本改。

兒郎偉！抛梁東，聖主勤民涖法宫。杲日未昇雕瓦碧，祥雲先捧御袍紅。

兒郎偉！抛梁西，仁覆多方壽域躋。可但版圖還渭汭，固應冠帶被羌氐。

兒郎偉！抛梁南，百辟晨趨儼佩簪。所寶惟賢非貝象，有材必用是楩楠。

兒郎偉！抛梁北，政布辰居元以德。堯曆行頒朔易都，漢威坐裂單于國。

兒郎偉！抛梁上，從此太平端有象。星入丁躔曼壽延，天無風烈殊方嚮。

兒郎偉！抛梁下，瑞應紛綸昭聖化。九葉齊房紫玉芝，三登農爲畝黄雲稼。

伏願上梁之後，四海一統，兩宫萬年。集金屋之嘉祥，錫銅樓之多祉。南上北上，明堂來五狄之朝；西方東方，長樂盛九賓之禮。室考應周家之夢，寢成同商邑之安。取諸大壯以無愆，同我太平於有永。

皇帝萬歲！皇帝萬歲！皇帝萬萬歲！

立春帖子[二]

太上皇帝閣 乾道七年

瑞雪收殘臘，和風報早春。祝堯千萬壽，常與歲俱新。

溥博參洪造，希夷法自然。鴻名稱盛禮，玉册趁新年[三]。

俗阜登臺樂，農祥擊壤謡。何人知帝力，爾極聽垂髫。

青陽布治周三紀，黄屋非心正九年。聖子有爲今出震，天公不宰舊乘乾。

東郊何必舞雲翹，太史休勞望斗杓。欲識皇都春色動，兩宫和氣舜承堯。

鬬巧花枝金翦幡，誇多菜縷玉爲盤。君王牋欲娱佳節，總把時新輟大官。

太上皇后閣

化國春偏好，慈闈日自長。仙韶喧法曲，齊勸萬年觴。

白玉重鐫册，黄金再鑄章。宫中饒樂事，大典對春陽。

冰泮西湖裏，人遊玉燭中。非關風習習，端爲樂融融。

徽音有永坤寧殿，内助無窮德壽宫。未問夭桃與穠李，先須歌詠二南功。

東風一夜轉熙臺，日上瑶池綺席開。可但六宫環佩響，重孫滿眼賀春來。

湧金門外風舒柳，師子園中日放花。何事東皇催暖律，似迎

[二] 以下，明澹生堂鈔本、四庫本多在《太上皇帝閣》、《太上皇后閣》、《皇帝閣》、《皇后閣》下標「五言三首」、「七言三首」等目。

[三] 年：原刻校云：「張本作『編』。」

西母探春車。

皇帝閤 乾道八年

日向皇都永，冰從太液融。八荒開壽域，萬國轉春風。

綵勝年年巧，椒盤歲歲新。君王千萬壽，長與物華春。

暖律催花蘤，晴暉活柳枝。發生雖有信，造化本無私。

翠輿黄繖下祥曦，德壽宫中奉玉巵。天上融怡和氣滿，人間那得不熙熙。

延英議政恰朝還，選得觀書肯暫閒。晝漏稍稀高閤報，教添內引兩三班。

淑氣潛飛玉琯灰，無情草木得先知。一如聖主行仁政，晨發巖廊夕海涯。

太上皇帝閤 淳熙三年

溥博仁由性，誠明德乃真。豈能名蕩蕩，聊與萬方春。

莫訝東風蚤，元從太極來。臈寒猶半月，花已滿頭開。

字鏤黄金勝，酥凝白玉盤。不須誇百巧，只寫萬年歡。

玉卮歲歲講新儀，不似人間七十稀。殿上衮衣稱慶處，父堯子舜兩巍巍。

南山祝壽古來傳，合有新聲被管絃。見説今春歌舞好，六宫齊和壽同天。

琬琰新刊十體書，直超羲獻陋歐虞。新春日永都無事，點翰舒牋更自娱〔二〕。

太上皇帝閤 淳熙三年

今歲春光好，歡謠徧八荒。慈皇年有永，對母壽無疆。

榮養多儀備，徽音六字新。得名仍得壽，從此永宜春。

寶篆晨香永，銅壺晝漏長。瑶池行樂處，西母侍東皇。

新春不與舊春同，天子簪花自過宫。前殿稱觴纔禮畢，斑衣入內慶椒風。

宫娥日日剪春衣，作意迎春賀母慈。鴨鴂一聲爭理鬢，官家來奉萬年巵。

聚景園林花萬重，外家車騎極雍容。應譏漢戚多驕恣，馬后徒勞戒濯龍〔三〕。

〔二〕 文末原刻校云：「案：知聖道齋本第四首全缺，第五首缺前十六字，後十二字及第六首係後《太上皇后閤帖》，錯簡於此。今從張本校補。」

〔三〕 文末原刻校云：「案：知聖道齋本此題與詞俱缺，第五首後十二字及第六首錯簡在前《太上皇帝閤》帖內。今從張本校補。」

兩宮勤儉婦承姑，鋪翠銷金舉世無。繭館親蠶家法在，民間應有袴兼襦。

太上皇帝閣　淳熙五年

玉燭重開歲，璿杓復建寅。誰知康壽殿，四序只長春。

殿閣無爲日，朝廷有道時。椒浮重醞酒，花發萬年枝。

手把蟠桃植，何勞羯鼓催。從今三萬歲，十度看花開。

一年好處是初春，十閤争先奉聖人。綵勝寶幡簪帽巧，蘭芽蔬甲簇盤新。

官家閲武向茅灘，供帳都亭看凱還。鳳輦過門親獻壽，春風先已滿人間。

湖上春光次第還，夾街新展集芳園。定知花木開偏蚤，慣識東皇造化恩。

太上皇后閣

綵勝宜春字，流霞曼壽觴。塗歌并里詠，地久對天長。

閬苑紅初露，瑶池碧半涵。春生從太極，化洽本周南。

聚景貯壺春，仙關晝不扃。小桃無數發，好幸綵霞亭。

郁郁紛紛三素雲，元君朝帝慶新春。瓊樓玉女争迎拜，應許雙成侍綵輪。

太上皇帝閣　淳熙四年

去年春日盛，七十慶儀新。今歲從頭數，重過一萬春。

欲識通明殿，須看德壽宮。聖君朝聖父，雲捧兩袍紅。

有道春偏好，無爲日更舒。齋心大庭舘，何處覓華胥。

氣衝魚鑰敞金扉，風射蛟冰泮玉池。從此苑中多樂事，和詩誰是沈佺期。

樓名聚遠倚晴空，無限風光入坐中。豈是帝家侈帝力，由來天子即天公。

大巧都無迹可闚，春來物物自芳菲。不因親御香山賦，誰識當年造化機。太上皇帝近書白居易《大巧若拙賦》賜夏執中。

太上皇后閣

銅史供新曆，壺天報蚤春。桃花開閬苑，柳色動瑶津。

興慶唐儀重，東朝漢會尊。帝家春更好，日月照乾坤。

彤管播徽音，年年似佐文。向來長樂注，溢美謾紛綸。

舊疑莊叟大椿年，一度春回歲八千。今見東皇與西母，誰言此語是虚傳。

清曉鳴鞘下紫宸，玉觴椒酒壽雙親。衮衣更得褘衣助，總道新春勝舊春。

柳色花光動建章，從今步輦日尋芳。亭亭紅繖隨黄屋，萬里馳驅笑穆王。

蚤正中闈婦道成，曾禆内禪母儀新。如今永與勛華主，共享千春及萬春。

皇帝閤 淳熙六年

新歷清臺正，寛書簿海同。斯民如草木，一一被和風。

紫禁風光早，深仁奪化工。試看澄碧殿，池凍已全融。

選德庭前柳，朝來漏泄春。等閑施御箭，穿葉捷於神。

新歲階蓂九葉芳，乾元用九應春陽。九州元載中興主，九牧行稱萬壽觴。

昕陛延賢日徹曛，金蓮閱奏夜常分。餘閒手點唐文粹，春晝長時分外勤。

景龍學士賦新詩，剪綵宮花插鬢歸。何似未央深駐輦，敎吟春日得春衣。

皇后閤

儉德聞中外，徽音繼葛覃。化行人自勸，何待講親蠶。

春入坤寧殿，夭桃暖正饒。直緣心不妬，豈爲壁塗椒。

何事新春勝舊春，陰陽順序國安榮。坤元永賛乾元大，月色常修日色新。

新年佳節喜相重，屈指元宵五日中。雪柳巧裝金勝緑，燈毬科映玉釵紅。

千桂沉沉外第成，翟車拜廟禮容新。進賢自昔無私謁，錫寵從今不計春。

端午帖子

太上皇帝閤 乾道七年

此日天中節，它年赤伏符。只因昭火德，不爲記荆吳。

浩蕩天同泰，清虚日自長。誕辰纔半月，因以頌無疆。

衣進含風葛，觴稱垂露漿。更纒長命縷，仍泛引年菖。

再興炎祚撫華戎，成就南訛長養功。仁似薰風來不斷，壽如午景恰當中。

離明自昔照乾坤，太極如今道更尊。和氣致祥禳百沴，艾人桃印謾垂門。

槐夏風清麥已秋，三千珠翠從宸遊。玉階鬬採忘憂草，水殿臨觀競渡舟。

太上皇后閤

艾葉雙人巧，菖花九節榮。玉皇賡曼壽〔二〕，金母共長生。

池藥風烟浄〔三〕，壺天日月長。寶書繙蘂笈，碧穗裊爐香。

得道本無爲，加餐亦應時。琱盤初薦術，玉食更葅龜。

檻有榴花沼有蓮，瑤池歡宴晚凉天。一年一度爲重午，此去應須過萬年。

暑衣初進滿宫牀，霧縠雲綃五月凉。化洽周南無一事，尚吟絺綌葛覃章。

清曉宫中獻綵絲，盤龍結鳳鬪新奇。欲教嬪御知勤儉，閒説當年繭舘儀。

皇帝閤

令月初登黍，嘉辰舊沐蘭。宸心思解愠，時取舜琴彈。

赫日中天正，清風養物深。葵傾多士志，草偃萬方心。

殿閣南薰細，宫壺晝漏遲。皇恩隆宰輔，賜扇御書詩。

縷繒採藥謾區區，誰似君王用意殊。仁政便爲醫國艾，德威那假辟兵符。

御前曾刻百篇書，可但常披無逸圖。二帝三王俱寶鑑，江心百練定何須。

嘗記唐家逢五日，近臣藩鎮貢衿盤。吾君敦樸母來獻，却疊香羅賜百官。

皇帝閤 淳熙三年

扇暍仁風廣，蠲煩瑞露瀼。萬方沾潤澤，安用沐蘭湯。

唐代重兹辰，王公各貢珍。忠誠惟李泌，只欲獻其身。

講勸停西學，番休寓北門。隆儒心不倦，夜夜賜冰盆。

暑衣先進聖皇宫，時服分頒百執同。惟有清躬衣澣濯，更令蠶織被華戎。

東城謾祀漢蒼梧，南楚空憐屈大夫。何似賢才徧中外，自然朝野足歡娱。

水殿開筵酒泛蒲，冰盤進膳黍纏菰。六宫莫度新翻曲，只詠明州瑞麥圖。

太上皇帝閤 淳熙四年

剪舌雙鴝鵒，朝來學語新。祝堯千萬壽，歲歲樂端辰。

桃結千年實，蓮開十丈花。蘆香并槿茂，應笑阿瞞家。

寶篋裁新樣，團團玉柄寒。御書真翥鳳，仙女莫乘鸞。

〔二〕賡：原作「應」，據明澹生堂鈔本、四庫本、傅校本改。
〔三〕池藥：傅校本作「時樂」。

康壽高居德壽宮，天申元自近天中。千秋行獻開元鏡，五日先供揚子銅。

美景良辰二聖歡，時新絡繹走琱盤。固應慈孝移風俗，安用梟羹賜百官。

抱朴傳方定不虛，日中試覓小蟾蜍。君王萬歲從今數，看汝他年領下書。

太上皇后閤

霧縠含風細，雲綃疊雪香。雖膺天下養，猶服澣衣裳。

椒殿南薰遠，蓬壺清晝長。黄庭書璽紙，筆法似慈皇。

瑞雀巢珍木，雙雙枕石圓。翠娥誰採得，傳旨賜金錢。

聚遠樓頭面面風，冷泉亭下水溶溶。人間炎熱何由到，真是瑤臺第一重。

十椽水殿枕湖流，時從東皇御畫舟。楚俗不須誇競渡，新荷香處且夷猶。

午節人傳百藥良，三千玉女鬬羣芳。銷憂萱草名空美，長樂宮中樂更長。

太上皇帝閤 淳熙五年

令月三長正，昌辰五日端。艾髯張繡户，菰黍簇金盤。

午位符炎德，真人感赤精。誕彌佳節近，四海祝長生。

嘒嘒蜩鳴柳，飛飛燕拂簾。堯階無一事，象戲戰斜尖。

日到蓬户已自長，身閒那更傲羲皇。薰絃舊解無窮愠，翣脯今摇不盡涼。

昌歜隨宜泛緑醽，璽光依舊寫黄庭。壽康莫採三年艾，瑞應從敷五莢蓂。

清暉亭畔吸光亭，入眼湖光分外明。豈是荷花似雲錦，都緣寶墨照簷楹。二亭在西湖，太上御書牌。

太上皇后閤

命縷五絲長，菖醪九節香。堯年方有永，文母共無疆。

赫奕猊賓月，宮庭樂事頻。便從端午節，排當過天申。禁中以置酒爲排當，當字去聲。

對席瑤池宴，憑欄競渡舡。薰風清漏坐，鈎月夕侵筵〔二〕。

水晶宮闕淨無塵，姑射神仙綽有真。寶録自應表萬善，冰臺

〔二〕夕：傳校本作「影」。

安用結雙人。

兩宮眉壽古來稀，節物年年盛禁闈。桃印巧鐫蟲篆古，艾釵斜映虎形威。

炎官火傘謾高張，心静何妨五月涼。百和暖添香篆永，一編徐展道經長。

皇帝閣

今節傳千古，休祥屬聖時。炎圖如日永，赫赫照華夷。

民壽休頒朮，人淳罷賜梟。堯賢不遺野，楚些豈勞招。

薰殿午風清，金盤滿貯冰。願言均此施，四海滌煩蒸。

日長珠箔漏聲踈，案上蘇文恣卷舒。時有佳篇符睿思，便將團扇作行書。

攬衣切切念絲棼，當饋孜孜恤暑耘。今歲麥收蠶又熟，萬方何以答吾君。

三殿晨開錫宴初，大官順節進龜魚。微臣筆力慙燕許，謾賦羣官上玉除。

皇后閣

寶典推重五，歡聲沸六宮。等閒調寶瑟，聊助舜琴風。

何處宜佳節，風光大内家。爭新九子糉，競巧五時花。

筒黍嘗時思獻稑，綵絲繫處憶親蠶。女紅躬儉今猶昔，應有詩人賦二南。

逮下深恩浹後宮，斯螽五月詠豳風。麝香草鬬宜男緣，安石榴簪□子紅[一]。

尚醞潑醅瓊作液，湯官屑粉玉爲團。常娥應侍天公宴，一曲霓裳即廣寒。

太上皇帝閣 淳熙六年

午節由來重，今符火德昌。炎圖常有赫，聖壽共無疆。

甲庫供團扇，宸毫御古詩。龍蟠仍鳳翥，誰數晉羲之。

境勝日偏長，心清夏更涼。超然元覽處，何止傲羲皇。

三紀躋民壽域中，艾人桃印本何功。如今坐享無窮報，幾看龜巢蓮葉紅。

聞道天公近效奇，澗松特長萬年枝。蜿蜒正作祥龍舞，移得清陰覆玉墀。近自平江移古松甚奇怪正如龍形。

節邇天申競祝堯，官家重疊賜輕綃。自然舜孝移風俗，寓意梟羹鄙漢朝。

[一] 闕字，原刻校云：「張本作『結』。」四庫本作「多」。

太上皇后閤

令節仍豐歲，宮闈樂事全。千祥并萬壽，善頌入薰絃。

積雨收梅夏，清風度麥秋。六宮争獻壽，不覺月沉鈎。

丹篆釵符小，朱絲臂縷鮮。都無邪可辟，祇有壽方延。

問安勑使馬如飛，絡繹時新奉母慈。蜀產吳包何足道，蟠桃熟處是瑶池。

揮箑將如解愠何，層冰列鑑謾峩峩。要知心地清無暑，端爲全鍾四氣和。

粉團菰黍簇金盤，仙術昌陽灩玉樽。小小角弓誇射中，兩宮歡燕似開元。

廬陵周益國文忠公集卷一一九

玉堂類稿卷一九

樂章鼓吹導引曲合宫歌附奏劄二首 致語 口號勾合曲

加上太上皇帝太上皇后尊號册寶樂章 乾道六年

一、大慶殿發册寶行禮。

册寶降殿宫，架作《正安之樂》。

元祀介福，執綏執將。歸於尊親，孝哉君王。

載鏤斯牒，載琢斯章。得名得壽，如虞紹唐。

中書令、侍中奉太上皇帝册寶、太上皇后册寶詣殿下當中，南向。宫架作《正安之樂》。

宗祈既成，交舉典册。汝輔汝弼，威儀是力。

陳於廣庭，迨此上日。巍巍煌煌，烏覩在昔。

皇帝奉太上皇帝册寶授太傅〔二〕，捧詣東階下，奉寶并奉太上皇后册寶。宫架作《禮安之樂》。

儀物陳矣，禮樂明矣。天子戾止，詔爾臣矣。

陟降維則，恭且勤矣。芒芒四海，德教形矣。

册寶出門〔三〕，宫架作《正安之樂》。

天門九重，蕩蕩開誅。金文秀華，垂紳珮玦。

或導或陪，率履不越。注民耳目，四表胥悦。

一、德壽宫加上尊號册寶行禮。

册寶入殿門，宫架作《正安之樂》。

禮神頌祇，福禄來下。不有榮名，執緝伊嘏。

千乘萬騎，魚魚雅雅。皇扉洞開，鞠躬如也。

太上皇帝出宫，升御座，并禮畢降座，宫架作《乾安之樂》。

穆穆聖顔，安安天步。有縟者儀，以莫不舉。

天人和同，恩德洋普。億載萬年，爲衆父父。

太傅、中書令、侍中奉太上皇帝册寶升殿，宫架作《聖安之樂》。

大哉堯乎，南嚮垂裳。君哉舜也，拜而奉觴。

纚藉光華，鼓鐘鏗鏘。三事稽首，宋德無疆。

太傅、中書令、侍中奉太上皇后册寶升殿，宫架作《聖安之樂》。

乾元資始，坤元資生。允也聖德，同實異名。

春王三朝，典册並行。咨爾上公，相儀以登。

一、加上太上皇后尊號册寶。

〔二〕 寶：原無，據明澹生堂鈔本補。

〔三〕 册寶：原作「寶册」，據明澹生堂鈔本乙。

皇帝從太上皇后册寶詣宮中，宮架作《正安之樂》。

維册伊何，鏤玉垂鴻。維寶伊何，範金鈕龍。翊以暬御，間以笙鏞。誰敢不恭，天子實從〔一〕。

太上皇后出，升御座，并禮畢，降座。宮架作《坤安之樂》。

帝綽永福，功靡專有。既尊聖父，亦燕壽母。怡怡在宮，大典時受。彤管紀之，天長地久。

內侍官舉太上皇后册寶詣讀册寶位，宮架作《聖安之樂》。

斂福於郊，逢時之泰。揭明日月，侔德覆載。自我作古，域中有大。永言保之，眉壽無害。

奉上册寶導引曲

重華真主，晨夕奉庭闈，禋祀慶成時。乾元坤載同歸美，寶册兩光輝。斑衣何似赭黃衣，此事古今稀。都人歡樂嵩呼震，聖壽總天齊。

皇太子受册太慶殿宮架樂章

皇帝升御座，《乾安之曲》。

建儲以賢，闢宮於東。典册既備，筮占既從。濟濟卿士，將將鼓鐘。天子戾止，盛哉禮容。

皇太子入門受册寶，《明安之曲》。

琱琨瑳瑳，篆金煌煌。對揚於庭，是承是將。山重其暉，日重其光。觀瞻以懌，國有元良。

皇太子出門受册寶畢，《明安之曲》。

淵中象德，玉裕凝姿。進退周旋，有肅其儀。既定國本，益隆慶基。燕及兩宮，福禄如茨。

皇帝降御座，《乾安之曲》。

儲副豫定，器之公兮。册授孔時，禮之隆兮。天步透遲，旋九重兮。壽祉萬年，德無窮兮。

加上太上皇帝太上皇后尊號册寶樂章

淳熙二年

一、大慶殿發册寶行禮。

册寶降殿，宮架作《正安之樂》。

高明者乾，博厚者坤。以清以寧，資始資生。壽胡可度，德胡可評。願言從欲，誕受強名。

中書令、侍中奉太上皇帝册寶太上皇后册寶、詣殿下當中，南向。宮架作《正安之樂》。

受命既長，福禄既康。如日之升，如月之常。追琢其章，金玉其相。君子萬年，保其家邦。

皇帝奉太上皇帝册寶授太傅，捧詣東階下，奉太上皇后册

〔一〕實：原作「是」，據明澹生堂鈔本、四庫本、《宋史》卷一三八《樂志》改。

寶[一]。宮架作《禮安之樂》。

翠華之旂，靈鼉之鼓。陳於廣宇，相我盛舉。來汝公傅，肅乃儀矩。毋愆於素，以篤多祜。

册寶出門，宮架作《正安之樂》。

蚴蟉青龍，婉嫭象輿。其載伊何，煌煌金書。乃由端門，乃行康衢。於以榮親，振古所無。

一、德壽宮加上尊號册寶行禮。

册寶入殿門，宮架作《正安之樂》。

惟天爲大，其德曰誠。惟堯則之，其性曰仁。乃文乃武，得壽得名。于萬斯年，以莫不增。

太上皇帝出宮，升御座，并禮畢降座。宮架作《乾安之樂》。

天行惟健，天步維安。聖子中立，臣工四環。民無能名，威不違顔。宋德宜頌，漢儀可删。

太傅、中書令、侍中奉太上皇帝册寶升殿，宮架作《聖安之樂》。

天畀遐福，允彰父慈。維昔曠典，我能舉之[二]。徐爾陟降，敬爾威儀。申錫無疆，永言保之。

太傅、中書令、侍中奉太上皇后册寶升殿，宮架作《聖安之樂》。

乾健坤從，陽剛陰相。逌茲受祉，允也並況。簴業在下，儀物在上。咨時三公，執事無曠。

一、加上太上皇后册寶。

皇帝從太上皇后册寶詣宮中，宮架作《正安之樂》。

丕顯文王[三]，之德之仁。亦有太姒，式揚徽音。維册維寶，乃玉乃金。伊誰從之，一人事親。

太上皇后出，升御座，并禮畢降座。宮架作《坤安之樂》。

重翟出房，褘衣被躬。委委佗佗，河潤山容。聖皇臨軒，聖母在宮。並受鴻名，與天無窮。

内侍官舉太上皇后册寶詣讀册寶位，宮架作《聖安之樂》。

珉玉玢豳，褒號精良。既刻厥文，亦鑄之章。象德維何，至静而方。輔我光堯，萬壽無疆。

奉上册寶《導引》曲[四]。

新陽初應，樂事起彤庭，和氣滿昊京。帝家來慶東皇壽，西母共長生。金書玉篆燦龍文，前導沸懽聲。脩齡無極名無盡，一歲一回增。

中宮册寶文德殿發册寶穆清殿受册寶樂章

淳熙三年

一、文德殿發册寶。

[一] 册寶：原作「寶册」，據明澹生堂鈔本乙。

[二] 能：原作「龍」，據《宋史》卷一三八《樂志》改。傅校本作「隆」。

[三] 丕：原作「不」，據傅校本、《宋史》卷一三八《樂志》改。

[四] 奉上册寶導引曲：明澹生堂鈔本、四庫本、傅校本作「奉上册寶導引詞曲高宮導引」。

皇帝升御座，《乾安之曲》〔一〕。
赫赫惟皇，如日之光。肅肅惟后，如月之常。
禮行一時，明照無疆。天子涖止，疇敢不莊。
使副入門，《正安之曲》〔二〕。
卜月惟良，練辰斯臧。臣工在廷，劔佩瑲瑲。
來汝疑丞，明命是將。有淑其儀，無或怠遑。
册寶出門，《正安之曲》。
刻簡以珉，鑄寶以金。持節伊誰，時維四鄰。
自我文德，達之穆清。委蛇委蛇，往迄於成。
皇帝降御座，《乾安之曲》。
册行何繇，於門東偏。禮備樂成，合扇鳴鞭。
皇舉玉趾，如天之旋。燕及家邦，億萬斯年。

一、穆清殿受册寶。

皇后出閤，《坤安之曲》〔三〕。
椒塗蘭馭，河潤山容。副笄在首，褘衣被躬。
靜女其姝，實翼實從。自彼西閤，聿來殿中。
册寶入門，《宴安之曲》〔四〕。
德隆位尊，禮厚文縟。乃篆斯金，乃縷斯玉。
羣公盈門，執事有肅。願言保之，永鎮坤軸。
皇后降殿，《承安之曲》〔五〕。
規殿沉沉，協氣旼旼。明章婦順，表正人倫。
躡是左墄，暨於中庭。尚宫顯相，罔有弗欽〔六〕。
皇后受册寶，《成安之曲》。
備物典册，樂之鼓鐘。拜而受之，極其肅雝。
司言司寶，各以職從。行地有慶，與天無窮。
皇后升座，《和安之曲》。
容典既膺，壼彝既正。羽衛外列，揚顔中映。
如帝如天，以莊以靜。六官承式，二南流詠。
班首引内命婦入門，《惠安之曲》。
葛覃節用，樛木逮下。形爲嬪則，夙已心化。
兹臨長秋，遂正諸夏。以慶以祈，百祥來迓。
班首引外命婦入門，《咸安之曲》。
碩人其頎，公侯之妻。翟茀以朝，象服是宜。
如星之芒，遡月之輝。母儀既瞻，羣心則夷。
皇后降座，《徽安之曲》。
窈窕淑女，備六服兮。陟降多儀，聳羣目兮。
内治允修，陰教肅兮。宜君宜王，綏百福兮。
皇后歸閤，《泰安之曲》。
天監有周，是生太任。亦有太姒，嗣其徽音。
孰如兩宫，慈愛相承。思齊之盛，復見於今。

〔一〕曲：四庫本作「樂」。
〔二〕曲：四庫本作「樂」。
〔三〕曲：四庫本作「樂」。
〔四〕曲：四庫本作「樂」。
〔五〕曲：四庫本作「樂」。
〔六〕弗：原作「勿」，據傅校本、《宋史》卷一三九《樂志》改。

明堂大禮樂章 淳熙六年

一、前二日，朝獻景靈宮。

皇帝盥洗，宮架奏黃鍾宮《乾安之曲》。

合宮之享，報本奉先。欽惟道祖，濬發濬源。駕言謁款，其盥惟虔。尚鑒精衷，錫祚綿綿。

皇帝詣聖祖位，登歌作大呂宮《乾安之曲》。

駿命有開，慶基無窮。祇率百辟，仰瞻晬容。鼓鐘斯和，黍稷斯豐。靈其居歆，福禄來崇。

皇帝還位，登歌作大呂宮《乾安之曲》。

嘉玉既設，量幣既陳。髣髴靈斿，來顧來寧。對越伊何，厥惟一純。佑我熙事，以迄於成。

尚書奏饌，宮架奏黃鍾宮《吉安之曲》〔二〕。

發祥仙源，流澤萬世。曷其報之，親饗三歲。相維列卿，潔粢是饙。匪物之尚，誠之爲貴。

皇帝再盥洗，宮架奏黃鍾宮《乾安之曲》。

華燈熒煌，瑞烟氤氳。威神如在，蠲潔必親。再盥於罍，再帨於巾。皇心肅祗，其敢憚勤。

皇帝再詣聖祖位，登歌作大呂宮《乾安之曲》。

歲逢有年，月旅無射。我將我享，如幾如式。肅爾臣工，諧爾金石。本原休功，垂裕罔極。

皇帝還位，登歌作大呂宮《乾安之曲》。

旨酒思柔，神具醉止。工祝既告，孝孫旋位。何以酢之，純嘏來備。燕及雲來，蕃衍無已。

文舞退，武舞進，宮架奏黃鍾宮《正安之曲》。

象德之成，有奕其舞。一弛一張，進旅退旅。嘒以管籥，和以庸鼓。神其樂康，永錫多祜。

一、前一日，朝享太廟別廟樂章〔三〕。

皇帝詣別廟，宮架奏無射宮《乾安之曲》。

涓選休辰，於秋之杪。既齋既戒，爰假祖廟。有侐坤儀，舊章是效。髦士奚爲，天子純孝。

皇帝升別廟殿，登歌作仲呂宮《乾安之曲》。

宗祀九筵，先薦閟宮。陟自東階，煌煌衮龍。於穆聖善，監茲禮容。是饗是宜，介福無窮。

皇帝詣徽宗室酌獻，宮架奏無射宮《承元之曲》。

明明徽祖，撫世昇平。制禮作樂，發政施仁。聖靈在天，德澤在民。億萬斯年，保佑後人。

皇帝詣懿節皇后室酌獻，登歌作仲呂宮《歆安之曲》。

不顯文母，厚德維坤。仙馭雖邈，徽音固存。瑟彼玉瓚，酌此鬱尊。簡簡穰穰，裕我後昆。

皇帝降殿，登歌作夾鍾宮《乾安之曲》。

三歲親祠，於禮莫盛。入太室祼，徧於列聖。陟降有儀，而主乎敬。祀事孔明，邦家賴慶。

皇帝還大次，宮架奏無射宮《乾安之曲》。

〔二〕吉：原作「豊」，據明澹生堂鈔本、四庫本、傅校本改。

〔三〕樂章：原無，據明澹生堂鈔本、四庫本、傅校本補。

禮既行矣，樂既陳矣。維祖維妣，安且寧矣。

皇舉玉趾，佩鏘鳴矣。拜況總章，於厥明矣。

明堂大禮鼓吹　無射宮導引舊黃鐘宮

合宮親饗，青女肅長空，精意與天通。后皇臨顧誰爲侑？文祖暨神功。函蒙福祉歲常豐〔一〕，聲教被華戎。兩宮眉壽同榮樂，戩穀永來崇。

合宮歌

聖明朝，曠典乘秋舉，大饗本仁祖。九室八牖四户，敕躬齋戒格堪輿。盛牲實俎，並侑總稽古。玉露乍肅天宇，冰輪下照金鋪。燎烟噓呵〔二〕，鬱尊香，雲門舞。髣髴翔坐，靈心咸嘉娯。衆星俞，美光屬，照熉珠。清曉御丹鳳，湛恩徧浹率溥，歡聲雷動嶽鎮呼。徐命法駕，萬騎花盈路。獻胙慈極，壽同箕翼〔三〕，事超唐、虞，看平燕雲，從此興文偃武，待重會諸侯，依舊東都〔四〕。

奏劄

先據太常寺申，依已降指揮，修潤製撰將來明堂大禮前二日朝獻景靈宮、前一日朝獻太廟，至日明堂行禮樂章并鼓吹導引。臣某等今逐一看詳，除別無牴牾去處即合從舊外，將合修潤者修潤訖。所有別當製撰者，已重別製撰，並於逐項聲說。如得允當，乞賜批降付本院施行。其明堂酌獻昊天上帝、皇地祇、太祖皇帝、太宗皇帝樂章四首，已曾奏請，乞依典故御製，候頒降日却除去今來所具四章。伏取進止。

淳熙六年七月二十七日，奉御筆批，依。

又奏

仰惟陛下參稽古誼，將以季秋大饗於明堂，合祫並侑，悉用郊祀之制，此盛禮也。惟是紹興樂章多因翰林學士汪藻所撰，略加增損，今年四月内禮官已奏請到聖旨下學士院脩潤製撰。臣等竊見皇祐二年宰臣文彦博等言：明堂大饗天地祖宗位，酌獻樂章，乞從御製。於是仁宗親作四曲用之。至嘉祐七年，又製明堂迎神送神樂章。政和七年，徽宗御製明堂樂曲九章。紹興二十八年，太上亦製南郊并前二日朝獻景靈宮、前一日朝饗太廟，共十三章。惟中興以來屢享明堂，而樂章未經御製，稀世闊典，意若有待。欲望聖慈依累朝故事，特紓宸藻，親製天帝、地祇、太祖、太宗四位酌獻樂章。外有奠幣四曲，或乞御製，或且仍舊，已於逐項貼黃進呈。不惟允協前規，光於簡冊，亦於陛下欽奉天地祖宗之意實爲宜稱。臣等今録仁宗及太上御製繳進，并以汪藻舊作附見左

〔一〕函：原作「亟」，據四庫本、傅校本、《宋史》卷一四一《樂志》改。

〔二〕呵：《宋史》卷一四一《樂志》無。

〔三〕獻胙慈極壽同箕翼：《宋史》卷一四一《樂志》作「萬姓齊祝壽同天地」。

〔四〕依：《宋史》卷一四一《樂志》無。

方，伏取進止。

金國賀會慶節使副到闕紫宸殿宴致語 乾道六年

臣聞雙舳馳輿，紀武帝躬郊之月；五星聚井，兆高皇受命之年。集天瑞於上冬，應誕辰於今日。肆陳華宴，以樂嘉賓。恭惟皇帝陛下子視兆民，日新庶政。事親養志，躬曾、閔之難能；迪哲永年，邁商周之前烈。金鑑慶流虹之旦，竇鄰通使牡之良。共祝堯齡，是鈞鎬飲。五百里綏，五百里甸，舉欣遠至而邇安；八千歲春，八千歲秋，更喜天長而地久。臣等叨居樂部，常酌甿謠。敢以耳聞，形於口號。

口號

瑞霧輕籠合殿香，上尊初破早寒霜。千秋節應千齡運，萬歲聲隨萬壽觴。境似華胥民氣樂，夢如帝所樂聲長。年年太史前期奏，南極星明聖曆昌。

勾合曲

時當繞電，宴賜需雲。君子有酒旨且多，已傳觴於漢殿；治世之音安以樂，盍奏技於虞廷。上奉天顏，教坊合曲。

金國賀正旦使副到闕紫宸殿宴致語 乾道七年正月四日

風解凍以迎春，既會同於漢殿；露晞陽而錫燕，方樂豈於周京。肅瑞節以在廷，集華簪而就列。恭惟皇帝陛下聰明冠古，仁孝通天。上鴻名於德壽之宮，已講頌椒之禮；陳黛耜於思文之殿，將催望杏之耕。人皞皞於熙臺，日遲遲於化國。下九龍之琱輦，雲卷天臨；上萬歲之玉卮，嵩呼鼇抃。臣等猥緣薄技，謬籍伶坊，不度蕪才，敢呈口號。

口號

北斗回杓恰指寅，東皇御極早施仁。光風麗日依稀轉，御柳宮花次第新。魚藻有頒安萬物，鹿苹式燕樂嘉賓。小臣請祝君王壽，乾道宜過一萬春。

勾合曲

綵燕宜春，方陳高會；儀凰下管，更洽多歡。上奉天顏，教坊合曲。

金國賀正旦使副到闕紫宸殿宴致語 乾道八年正月五日

青陽動陸，頒寬大之新書；丹陛傳觴，啓惠慈之廣宴。是稽元會之禮，載樂嘉賓之心。恭惟皇帝陛下妙握乾符，勃興泰治。履端於始，無愆伏之陰陽；與物爲春，有發生之草木。候條風之應律，晞湛露以宣恩。駢羅犠象之尊，曼衍魚龍之戲。雪殘鳷鵲，耀初日於金鋪；香裊狻猊，雜瑞煙於綵仗。天回一笑，朝洽多歡。臣等猥以賤工，獲瞻高會。雖難形於聖德，當仰達於輿情。不度蕪才，敢陳口號。

口號

絳闕嵯峨映五雲，華簪合遝會芳辰。盡收殘臘嚴凝氣，散作新年浩蕩春。璲笋頻宣恩意重，金絲徐韻樂聲純。欲知朝野歡娛處，聽取三呼萬歲人。

勾合曲

泛椒柏於罇尊，已效萬年之祝；備笙簫於舜樂，當諧九奏之音。上悦天顔，教坊合曲。

金國賀會慶聖節使副到闕紫宸殿宴致語 淳熙三年

臣聞渚遊五老，昔開飛電之祥；廷設九賓，今應需雲之象。恭惟皇帝陛下仁充天性，德懋日新。嘉祝聖之華封，啓示慈之周宴。酒餚惟楚，鐘鼓斯和。臣等輒采懽謡，恭陳口號。先是有旨，只用十句。

口號

十月爲陽慶小春，電樞來應帝王真。天長地久千秋節，鼇抃嵩呼四海人。黻座袞龍明日月，繡鞶珠履燦星辰。河圖已告無疆壽，安用區區計古椿(二)？

勾合曲

會啓雲龍，恩均魚藻。慶一人之曼壽，洽百辟之多歡。上悦天顔，教坊合曲。

(二) 用：明澹生堂鈔本、四庫本作「得」。

金國賀會慶節使副到闕紫宸殿宴致語 淳熙四年

臣聞赤光照室，應夢日之昌期；華使賓庭，講需雲之高會。恭惟皇帝陛下道參輿蓋，明並羲舒。南山之壽方增，永臨宸極；北斗之漿可挹，深注罇樽。臣等敬酌人情，恭陳口號。

口　號

九陛天高輦下珊，千官雲集履鳴潮。霜迎愛日融城濕，香帶祥風合殿飄。周宴恩濃魚在藻，舜庭化洽鳳儀簫。清臺夜夜占南極，常有華星炳絳霄。

勾合曲

黼扆端臨，簪纓環拱。親君臣之燕樂〔二〕，知金石之諧和。上悅天顏，教坊合曲。

金國賀正旦使副到闕紫宸殿宴致語 淳熙五年

正月四日〔三〕

臣聞蒼龍携斗，兆春色於皇州；丹鳳儀韶，聆治音於宸宴。恭惟皇帝陛下仁均蠢動，德被萌芽。玉燭初調，已占豐歲之夢；金罍載酌，用樂嘉賓之心。臣等輒罄蕪才，敢陳口號。

口　號

淳熙紀號過千齡，玉曆今開第五春。北極天高乾象正，東郊風暖物華新。漏添化國融和日，律響熙臺鼓舞人。願挹滄溟供壽酒，無窮無盡奉嚴宸。

勾合曲

星弁盈庭，春旂簇仗。和氣潛通於和樂，綵雲低映於綵山。上悅天顏，教坊合曲。

〔二〕親：明澹生堂鈔本、四庫本作「觀」。

〔三〕正月四日：原無，據明澹生堂鈔本、四庫本補。

廬陵周益國文忠公集卷一二〇

玉堂類稿卷二〇

召試館職策題

選人王希呂　乾道六年九月二十七日

問：古今通患有三：人材不足，邦用不贍，甲兵不衆也。及觀春秋戰國之際，齊、晉、秦、楚迭爲長雄，姑置而勿論。至如魯、衛、曹、鄭之屬，地廣者纔數百里，小或百里，無歲不侵伐，無歲不盟會，資糧扉屨、犧牲玉帛亦有限矣，顧未聞以錢穀甲兵爲病，而其有官君子大者固已傑然出乎其類，小者猶足以名一藝而占一善。當是時，學校之政、井地蒐狩之法固已大壞，然所以致此者，必有道矣。兩漢之興，其佐命功臣非刀筆屠販，則盜賊敗降之餘也。其民疲於轉饟，殘於鋒鏑，能服田力穡者有幾？其兵皆履百戰，肉厭於原野，血流於川谷，能被堅執鋭者有幾？然亦不聞以是三者爲病，又何術也？三國鼎峙，五嶽之氣益分，壤地益褊，而人材愈衆，邦用亦充，甲兵亦加多，非如後世孜孜於科舉，屑屑於理財，皇皇於募兵也。子大夫留心史學，馳騁千載，試考彼之所優游應變者何道，後之所以力勞效寡者何尤？尚論古人而有補於今日，是所望於洽聞也。毋迂毋略，庶備聖擇。

太常博士許蒼舒　淳熙三年三月二十三日

問：三代以還，中原未定，而夷狄亦弱；及其定也，彼亦盛焉。借漢而論，略可見矣。冒頓單于不陸梁於劉、項交戰之時，而崛强於垓下混一之後。元、成之間，漢業微矣，顧乃保塞來朝，曾無風塵之警。光武中興，更通舊好，而單于驕倨凶暴，視懷柔而弗顧，至於諸部争亂，南北分庭，然後或破或臣，始伸國威。此漢氏周旋北狄之大要也。豈所謂内寧必有外憂者耶？抑待之以寬，則狼子野心不可馴耶？將乘其弱者易爲力，折其暴者難爲功耶？不然，設施駕馭自有得失也。昔戰國亦多故矣，而區區燕、趙不難於制胡，此與劉、項之際何異？若乃秦并天下，而胡屏迹長城之外，是又與兩漢之初不同矣。意者華自華，夷自夷，其興衰治否初不相關歟？抑天時人事未易以常理推歟？願因漢事，并考周、唐之舊而極陳之，將以復於上。

試赴召胡晉臣　淳熙四年三月十日

問：恭惟皇上留意館閣，將以儲卿大夫之才，歲中召試不過一二，遴之至也。子大夫來自蜀道，當此異選，有司承詔發策，其敢泛爲虚文而求無寔之論乎？願專以蜀事爲質。夫蜀之利害衆矣，而其大者有三：財用也，甲兵也，馬政也。在熙、豐時，總益、利、梓、夔四路税苗茶鹽之入，與夫場務正課之輸，

計以貫石疋兩之屬，通不過八百三十餘萬，而其費則止於七百四十餘萬，是一歲可得百萬之贏矣。中興以來，上供經總制之額乃爲錢六百九萬四千，視異時全入之數已不相遠，則夫常賦雜征當不翅乎三倍，而其支費抑又夥矣。凡供軍之錢留於蜀，下於武昌，蓋二千萬，而芻糧布帛不與焉。其他郡邑經常之費，水旱盜賊之備猶未論也。然則民力其可不裕乎？祖宗時，蜀距遼、夏甚遠，所備者西南小夷耳，而四路保甲及土丁、子弟、義軍、弩手嘗至七十五萬人。平居無事，散處其鄉；疆埸有故，藉以扞禦。今固不然，由金、房而上，被邊之州咸宿重兵，不可一日撤也。五十年間，西北舊人日以少，新軍來者日以衆，氣槩拳勇，相視何如？然則兵籍其可不念乎？異時陝西歲市馬萬有八千，而熙、秦、通遠十居七八，所謂階、岷纔四千耳。蜀惟黎、文、叙等州許以互市，其數亦不過乎階、岷，此其大略也。今熙、秦版圖未入職方，而階、岷西馬增至六千，黎、文諸郡俱溢舊額。費之無藝固不當靳，其如良駑相半，效牽萬里，行者踣於道，至者羸於厩，數雖加多，用則不足。然則馬政其可不圖乎？三者，大計也。方聖主孜孜於西顧，往歲既償百萬預借之緡，近者方補四十七萬折估之數，寬恤之恩如此，其於蜀事特患無所聞，不患不能行也。盍具言之？當亟復於上。

試軍器監丞葉山 淳熙四年十一月十九日

問：古之君子道德積於中，則英華發於外。因事而有言，譬如風行於水，雲行於空，自然成文，豈假雕篆纂組之功也哉？歷觀綴文之士衆矣，顧不必問，姑以聖賢爲質。孔子稱堯曰「煥乎其有文章」，考之載籍，敢問「煥乎」者安在？子貢曰「夫子之文章可得而聞也」，求之經傳，敢問「可聞」者何辭？四科之設，文學預焉，然子游、子夏曾不能贊一辭於《春秋》，則所謂以文學稱者果何見歟？鄭之四賢相須乃濟，然居則應對賓客不容緩也，出而有事四方不偕行也，則所謂討論潤色者果何待歟？婦人猶能賦詩，何後世老師宿儒反不通其義乎？漢朝人莫不能文，何大臣少文不學猶見譏於史乎？由漢以來，學士大夫所共推尊以爲著書而不失古君子之遺意者，揚雄、王通而已。然艱深淺易之譏，摹倣《魯論》之誚有不能免，蓋異乎自然成文者矣。彼知其力不足而强爲之歟？抑爲文者固當用意而準古也？韓愈晚出於唐，獨以六經之文爲諸儒倡，其去取决不苟矣。然推尊揚雄，以爲過於老子，老子豈易過哉？至王通乃無一語評其是非，又何意也？主上發言爲經，肆筆成書，固已追迹帝堯之文思，比隆夫子之將聖，然萬幾之暇，猶有取乎藝文。深惟本朝述作之盛遠過前代，而所謂《文海》者精粗混併，不足傳遠，乃詔館閣之士刊定而繕寫之，使學者有所矜式，德意厚矣。子大夫膺被特召，將接武於書林，古今文章，諒所熟復，盍極辨數者之疑以待上問？

試太學正鄭鍔 淳熙五年五月十日

問：夏商以前幣爲三品，自太公立九府圜法，後世往往以錢爲幣，而其用之輕重則繫乎時。本朝鹽鐵領於三司，其後專置使以總九路，故鑄銅之數視歷代爲多。自元豐二年增使者爲二：

其一領湖廣、江西，其一領閩浙、淮南、江東。迨至元祐，復合於一。又慮諸道莫與之協力也，紹聖二年，始命提點刑獄兼治坑冶。明年，又詔轉運使預聞其事。崇寧間，則雖提舉常平亦預焉。此祖宗時設官之大略也。中興以來，用度既廣，泉府之入浸虧於舊。議者謂數錢之費可得一錢，而官屬吏卒，其費不可計。始也分命兩使於贛於饒，蓋倣元豐之制也。未幾，廢一而存一。又未幾，舉廢之而歸其職於户部，蓋倣三司之制也。當時議者不以爲便，則又委之諸道轉運使，蓋酌紹聖之制也。既而任責不專，課之益朘〔一〕，尋既復其一，繼復增爲二，今蓋定爲一司矣。此近歲設官之大略也。敢問專任之與并置，利害爲孰重？既置使者而參以諸司，得失爲何如？或曰任人有能否，不在乎官之衆寡也，居官有勤惰，不在乎職之參互也。然則由今之法何以使之無弊？用今之吏何以使之有成？貴富之家積鏹不洩〔二〕，何以使之流布？百工道釋冒法銷毀，何以使之畏避？舶商榷易，舟車四出，何以使之禁止？必有確論，其著於篇，將以復於上。

試宏詞人趙彦中 淳熙五年六月二日

問：朋黨之名不著於帝王之時，而見於漢、唐之季，其故何也？二帝三王緝熙光明之學，足以昭知羣下之賢否，故其臣亦皆精白一心，以承休德，有善則相師，有過則相規，尚何黨之有？逮夫漢、唐之君，學術不足以辨邪正，君子小人雜進於朝，自相傾軋，遂使甘陵分部，牛李争權，其害卒至於横流而莫之止，非萬世之龜鑑歟？恭惟皇上聖學高妙，邁迹乎帝王，比因議政，深闢文宗難易之説，以爲朋黨之起由主聽之不明〔三〕，而其原始於時君不知學。又曰：「惟賢是進，惟不肖是退，則黨論自消。」大哉，聖謨真與六經相爲表裏！士大夫獲際盛時，安心營職，可謂幸矣。抑嘗考本朝名儒，惟歐陽修、蘇軾尤長於議論。修著《朋黨論》，軾從而續之，師友淵源，宜無異辭〔四〕。然修之言曰：「小人無朋，同利則暫相黨引，見利則反相賊害。惟君子修身則同道相益，事國則同心共濟。」其後爲《五代史》六臣贊，又反復言之。是蓋以君子爲有朋，而謂小人無朋也。軾之言曰：「君子如嘉木，封殖甚難，去之甚易。小人如惡草，不種而生，去之最難。斥其一則援之者衆，盡其類則致怨也深。」是蓋以君子無黨，而謂小人有黨也。不識二者之論其果異乎？抑殊塗而同歸乎？不然因事立言，各有攸當乎？願具陳之，將以復於上。

試太學正劉光祖 淳熙六年十月九日

問：自鄉舉里選之法廢，取士未有不以言者也。三代而下其可論者，漢、唐耳。漢重經術，故雖有孝弟，有力田，有茂材，有孝廉，有四科，有賢良，而明經得人爲多。唐重詞章，故雖設制舉至八十有六，又有宏辭，有明經諸科，而進士得人爲

〔一〕之：傅校本作「入」。
〔二〕貴富：明澹生堂鈔本、四庫本作「富貴」。
〔三〕爲：傅校本作「謂」。
〔四〕宜：明澹生堂鈔本、四庫本作「疑」。

盛。此其大略也。本朝取人之制實倣焉，治平而上專用詩賦，近於唐矣，雕篆之工疑若不適於用，然元臣大老、通經博古之士布滿中外，累聖賴之以致太平，其故何也？熙寧、元豐以後，經術造士殆過於漢矣，是宜得聖人之傳，備賢人之業，校短量長，乃或未然，此又何也？豈人才盛多，有相之道，初不繫於科舉耶？抑詩賦經義均無益於政事，未易優劣耶？主上慨然將大有爲於天下，而患無真才實能可以仰副任使，不於科舉取之，將孰取之？三代遠矣，其制殊未易復〔一〕。今欲一之以詞章，則慮學者捨本而逐末，固不可也；一之以經術，則人占一藝〔二〕，百餘年間命題已偏，平時既可預備，一旦全用他人之作，未易辨也。無已，則兼是二者或庶幾焉。然而元祐、紹興皆嘗力行，行未久輒罷。蓋志分而習不專，藝業所以難工。能者寡，不能者衆，主司所以難考易搖，亟改不在兹乎？若乃詞科應用之文，視詩賦論策無大相遠，而用力尤省，剽襲尤多，不過稍取其記問耳，此非通行之法也〔三〕。然則由今之制革前之弊〔四〕，而欲得人如漢唐、如祖宗，爲國家立功名著事業於他日，其必有道矣。至於郡國解試之日，真僞雜進，動以萬計，而考官不過數人，又皆漕臣按籍而差者。計一道之官數且不足，能否何擇？毋怪乎遺才之多也。欲救其弊，顧豈無術？盍極陳之？將以獻於上。

試提轄文思院熊克

淳熙七年三月十二日

問：唐虞稽古，建官惟百，今考之二《典》，堯所命者羲和四子而已，舜所咨者二十有二人而已，奉天道，授人時，凡揆岳內外之事舉集焉。則所謂「允釐百工，庶績咸熙」，與夫「百僚師師，百工惟時」者，如之何設官分職而屢省乃成也？且平水土，降播種，明五刑，典禮樂，類皆久任而弗易。彼考幽明而黜陟之，其等差亦有可見者乎？三代官制莫詳於《周禮》，姑以王畿言之。自公卿大夫士至於府史胥徒不啻五萬餘人，大略世守其官，而鄉大夫方且三年大比，興其賢能，抑將何以處此？彼太宰計羣吏而誅賞之，其條目亦有可考者乎？自是而後，言治者惟予漢唐〔五〕，置吏有常員，用人無定法。固有旬月封侯取宰相、起家而爲諫大夫者矣，中常之材，何以進之？薦舉乎？考課乎？抑惟年勞而序遷乎？其與近世由選調而升京秩者異乎同也？皇上勵精圖乂，知人則哲，真賢實能用之惟恐弗及，固不待累歲月、計資級也。惟是有司保任遷改之制行之已久，不能無弊。吏員冗矣，而來者加多〔六〕；甲令備矣，而奉行弗虔；舉者不必才，才者未必舉。是以薦進之章常交於公車，而循良之政罕聞乎郡縣，解絃更張不在此時乎？乃因議臣之言稍爲限制，既盡善矣，然徒法不能以自行也。伊欲中外之臣無謬舉，無虚辭，奔競之風殄，孤遠之路伸，於以副聖主汲汲人材之本意，豈無策乎？若乃唐虞之黜陟，成周之誅賞，漢唐之序進，載於經，備於史，亦豈無可爲今日獻者乎？盍詳著於篇，將以復於上。

〔一〕殊：明澹生堂鈔本、四庫本作「殆」。
〔二〕占：四庫本作「専」。
〔三〕「非」上，明澹生堂鈔本、四庫本有「固」字。
〔四〕則：原無，據明澹生堂鈔本、四庫本補。
〔五〕予：傅校本作「于」。
〔六〕加：四庫本作「滋」。

廬陵周益國文忠公集卷一二一

政府應制稿

淳熙八年

勸農桑手詔 任參政被旨撰

朕身處法宮，心乎衣食之原。乃者得天之時，蠶麥既登，及命近甸取而視之，則或歧秀而穟短，繭成而絲薄，非種植風戾之功有所未至歟？夫《七月》陳王業之詩也，其辭乃專在乎農桑，亦惟人事是訓是勉，然後可以收全功。凡爾監司守令，其謹諭朕意，孜孜於勸課，使五畝之宅植之以桑，百畝之田勿奪其時，則吾黎民不饑不寒，而王政成矣。朕將稽奉行之勤怠，詔賞罰焉。

廷試策問 三月十三日，得旨留身，面諭撰進。

蓋聞舜受堯禪，七政齊於上，十二州肇於下。唐太宗親傳高祖之業，兵寢刑措，開四夷爲郡縣，大功盛烈，咸在初載，何其速也。朕以寡昧祇承内禪，宵衣旰食二十年於兹，懼無以揚祖宗之功，副太上之託，思與賢雋講論治道。子大夫羣至在廷，懷才待問，朕甚嘉之，願聞昌言，以輔不逮。夫民者，邦之本也，朕時使薄斂，冀臻乎富庶。然小遇旱乾，則傾倉廩、發封樁猶或不足，豈承流宣化者失其職歟？抑無常産者多逐末歟？賢者，邦之基也，朕數路取人，宜不勝其用矣。然濟濟多士猶愧以寧之世，豈作成有未至歟？抑招聘有未備歟？文王卑服，則在位化之，今朕節儉先衆，何以俗猶侈靡？宣帝總覈，則吏稱其職，今朕勵精率下，何以俗猶惰偷？小大之臣罔不延見咨詢，考察亦云至矣，或曰貌言有時而失，然則知人之法孰要？卿士牧守更出迭入，旋觀詳試亦云備矣，或曰人才各有所宜，然則器使之道何先？勳十二轉，古之賞也。近歲有功者進官加職而已，賦禄所以滋多，任子所以日衆。勳品具在，今可復乎？司寇圜土，古之刑也。近世殺越人於貨，徒流而已，復出爲盜[二]，將何以懲？圜土之制今可議乎？雖然，此特政事耳。天之所輔者德也，所助者順也；民之所懷者仁也，所助者信也。其修在此，其應在彼，使朕躬行不怠以獲乎天人之祐，虞唐功烈庶幾乎馴致，亦曷敢以遲速計哉？子大夫其茂明之，朕將親覽。

奏殿試策問題空劄子

臣近擬進御試進士策題，緣草本内有合題空之類[三]，失於奏稟，并欲更改一字，今具下項。

「祇承内禪」，「内禪」字合題起。「天之所輔者德也」，

〔二〕復：原作「覆」，據傅校本改。
〔三〕題：傅校本作「提」，下同。

「天」字合題起。「天人之祐」，「天」字合題起。「覆出爲惡」，「惡」字未足以盡之，今欲改作「覆出爲盜」。右，欲望聖慈至期一併降付御藥院照應施行。取進止。

奏改正策問内怠字劄子 三月二十三日

臣適見御藥院繳御試策問赴中書省，内「躬行不怠」，誤雕作「躬行不迨」，恐舉人答策有害文義，欲望聖慈特令改正。取進止。

淳熙十四年

御筆 三月五日

將來殿試策題，更數日卿擬進來。

回奏 任右丞相日

臣恭準御筆，令擬進殿試策題。臣謹當遵稟，十一二間繳進取裁。伏乞睿照。

廷試策問

朕臨政願治有年於兹矣，自强不息，法天之健，久而不已，如日之常，期仰對於慈訓，以復我烈祖之德，而志勤道遠，未獲厥心。是用博延豪英，諏以先務。子大夫賁然來思，必有閎蘊(二)，樂爲朕言，肆垂聽而問焉。夫移風易俗，本乎選士。漢尚經術，唐重詞章，人才雖多，勳業蓋寡。今朕躬教立道，訓迪多士，伊欲知類通達，化民成俗，協於大學之道，厥路奚繇？家給人足，莫如力田。自齊作内政而兵農分，秦開阡陌而井地廢(三)，今淮漢多曠土，江浙多閒民，伊欲三時務農，一時講武，稍復成周之舊，其術安在？六條察州，自古固然。朕下臧否之令至丁寧也，而刺舉之章雖交公車，循良之政罕聞郡國，黜幽陟明果可行乎？舉爾所知，聖有明訓。朕設薦舉之制甚周悉也，而歲員溢於銓曹，寒畯沉於選調，以公滅私，得無説乎？何以使吏稱其職，毋崇空言？何以使民安其業，毋事末作？何以使刑清而姦改？何以使邇安而遠至？其質之古而不悖，酌之今而可行，悉意以陳，朕將親覽。

奏劄 三月十五日

臣恭稟聖訓，擬到殿試策問，別紙録進，深恐未副聖意，伏聽處分。

(二) 閎：傅校本作「愫」。
(三) 地：四庫本作「田」。

太上皇帝服藥擬赦書 十月

朕仰惟太上皇帝惠心有孚，聖壽無極，比稍違於和豫，今已向於痊安，宜推博愛之仁，誕布如春之澤，庶因祐助，永底康寧〔二〕，可大赦天下。赦書到日，罪人除犯劫殺、謀殺、故殺、斗殺並爲已殺人者，并十惡、僞造符印、放火及盗官物入己罪至死，官員犯入己贓、將校軍人公人犯枉法、監主自盗贓不赦，内枉法自盗罪至死情理輕者奏取指揮，斗殺罪至死情理輕者減一等，刺配千里外牢城，斷訖録案聞奏。其餘罪無輕重，已發覺未發覺，已結正未結正，咸赦除之。應天下寺觀，赦書到之次日，啓建祝聖壽道場五日，仍禁屠宰，務要嚴潔。應五嶽四瀆、名山大川及祠廟載於祀典者，所在精虔致禱。於戲！紹業中興，方享萬年之報；因親大賚，是均四海之懽。咨爾臣民，體予德意。奉

御筆批，可並依此施行。

奏劄

臣等適來面奉聖訓，太上皇帝服藥恐合祈禱，除已討論外，臣等退而商議，謂須頒降赦宥。今輒一面擬定，又慮漏洩，不敢令人繕寫，只以稿本繳進。其當用與否及遲速先後，恭俟聖裁。

右中書赦草三紙，御批六字在焉，并以奏稿附於後。

初，太上服王涇涼劑，下利不止。是月四日，上宣諭云：太上飲食全減，恐合祈禱，可理會。既退，密問他醫，知疾勢頗殆。因語二府，故事當肆赦，恐倉卒不能舉行，欲擬以進，衆猶遲疑，乃獨秉筆具草，而與左相以下連名封入。時已過午，至申時，上批：「可，並依此施行」。比覆奏下，禮部雕印頒降，已三鼓矣。詰朝奏事，上曰：「昨日一面理會赦書甚當。」後四日而德壽晏駕云。淳熙十四年十月十八日，臣某謹記。

淳熙十五年

高宗謚册文 任右相日撰

維淳熙十五年歲次戊申三月丁酉朔某日，孝子嗣皇帝臣昚謹再拜稽首言曰〔三〕：臣聞書契之作，雖始伏羲；百篇之文，實首堯帝。蓋其勛足以放上世，其德足以被四表，功成弗處，褰裳去之，蕩蕩巍巍，與天同大，稱謂之際，無得而言。故其生也以堯爲名，其没也以堯爲號。當世然之，後世傳之，亦惟賓其實而已。自時厥後，載祀滋久，光於前聞，獨我聖考。恭惟大行太上皇帝有聰明之質而輔之以稽古，有文思之美而將之以允恭，茂實英聲，挺出朱邸。靖康之際，裔夷亂華，首提義旅，入衛王室。旋承父兄即真之詔，勉副軍民推戴之誠。受命商丘，適符藝祖。側身修行，撥亂反正。强敵外熾，六師翦之；羣盗内訌，四征

〔二〕底：原作「慶」，據明澹生堂鈔本、四庫本、傅校本改。

〔三〕昚：原作「御名」，徑改。

殄之。遂使宗社再安，華戎一視，此則堯之有成功也。紹興而後，內治日修。東鞮請貢，却而弗受，北女講好，爲親許之。祐陵弓劍，歸自萬里；慈寧鞸馭，就養九重。事有至難，以誠而濟。然後立九廟以致孝享，躬三推以勸農耕，睦宗族，戢干戈，省刑罰，薄稅斂，措斯民於仁壽，致萬邦之協和，此則堯之光宅天下也。制作禮樂，開設學校。三歲見帝者十有二，而神祇罔不格；大比取士者十有一，而賢雋無或遺。日聽治朝，則羣公卿士服神明之斷；每臨講殿，則老師宿儒駭折衷之言。萬幾餘暇，尤精八法，六經諸子，細書幾徧，翰墨有志，該括古今，專門名家，自謂弗及，此又堯之煥乎文章也。臨御三紀，未嘗倦勤。黃屋非心，乃遜於位[二]。別宮燕處，耽玩至道。四受徽號之册，八歸大禮之胙。歲時誕節，威儀交舉，二十六年殆如一日。臣民有創見之嘆，單于有歆羨之辭。漢之櫟陽，唐之大安，歲月何淺？制度何陋？蓋自堯迄今三千五百有餘載，始終一揆，未聞若斯之至者也。夫惟中興之烈如彼，內禪之盛如此，是宜儒生文士陳篇奏頌，前後以千萬計，下至匹夫匹婦，若耄若倪，亦知歌詠盛德於康衢之中。書之史册，垂之億世，蓋有不可勝紀者矣。臣以菲質，夙奉慈訓，覆燾以君父之德，付畀以神器之重。方將養志於有截，承顏乎無窮，遽聆殂落之誥，難勝喪考之痛。三年制服，固已恪行；七月告期，敢違舊典？博稽僉論，請命郊丘。人謀天同，仰對景爍。謹遣具官臣某奉玉册玉寶，上尊謚曰聖神武文憲孝皇帝，廟號高宗。伏惟新陟之靈，在帝左右。垂顧廟祏，序於祖宗。於萬斯年，永祚家國。嗚呼哀哉！

初欲作堯宗，臨時議者謂虜有宗堯，遂謚高宗。上曰：「乃聖乃神，乃武乃文。此四者，《書》專指堯德，今謚曰聖神武文，正與堯同謚，文不必動也。」

淳熙十六年

禪位詔　正月二十日擬進

朕以菲質，循堯之道，兢業萬幾，歷歲彌長。荷兩儀九廟之德，邊鄙不聳，年穀順成，底於小康。爰自宅憂以來，勉親聽斷，不得日奉先帝之几筵，躬行聖母之定省，固已慊然於懷，況乎春秋寖高，思釋重負。皇太子某，仁孝聰哲，久司七鬯，軍國之務，歷試參決，宜付大寶，撫綏萬邦。俾予一人獲遂事親之心[三]，永膺天下之養，不其美歟！皇太子可即皇帝位，朕當移御重華宮。故茲詔示，想宜知悉。

皇帝初即位擬進上壽皇尊號詔　二月二日

仰惟君父專意奉親，決策內禪。天地大恩，無以報稱形容。盛德典禮具存，而聖意謙抑，諭使勿請。雖慈訓不敢固違，然臣子歸尊，誼豈容已？謹上皇帝尊號曰至尊壽皇聖帝，皇后尊號曰

[二] 乃：原作「力」，據明澹生堂鈔本、四庫本、傅校本改。
[三] 一：原作「二」，據四庫本、《兩朝綱目》卷一、《咸淳臨安志》卷二改。「一人」，傅校本作「眇躬」。

壽成皇后，擇日奉表陳請。

擬求言指揮

前宰執

臨御云初，方求讜論。惟時舊弼，敢後咨詢？佇聞嘉謀，以輔不逮。可令學士院降詔。

在外侍從

纂承伊始，下詔求言。侍從舊人，理宜咨訪。其殫所蘊，附遞以聞。

廬陵周益國文忠公集卷一一二

歷官表奏卷一

紹興三十二年

辭免察官奏狀

左宣教郎、秘書省正字、兼國史院編修官臣周某狀奏：右，臣今月四日準尚書省劄子：三省同奉聖旨，除臣監察御史，日下供職者。自天有命，蹐地無容。伏念臣奮自寒鄉，最爲冗士。獻芻言於召試之日，蒙睿獎於面對之初。久並英游，莫伸薄效。不圖簡記，更誤選掄。分直栖鳳之南，察事行馬之外。臣猶自駭，人謂斯何。敢陳量己之言，祈寢出綸之渥。俾安舊次，免累聖知。伏候勅旨。五月五日，三省同奉聖旨不允。

辭免起居郎奏狀

左奉議郎、監察御史臣周某狀奏：右，臣今月二十三日準尚書省劄子〔二〕：三省同奉聖旨，除臣起居郎，日下供職者。明命初傳，震恐無地。臣竊以柱下置史，君舉必書，自我祖宗，甚難此選。或以久次文館，或以嘗歷劇曹，或以德望詞華度越流輩，然後稽參輿議，舉而授之，未有資淺望輕，徑躋而躐至者也。如臣無狀，豈不自知？欲勉於問學而智識甚凡，欲勤於事爲而才力不逮。三年朝路，一善未聞。太上皇帝意其退縮似恬静，鄙樸似愚直，拔而寘之六察之列〔三〕，使事陛下。今既數月矣，略無補報，日夜常自刻責，豈謂驟膺簡擢，入侍螭階。稽之舊章，既慚踐歷；概之近比，更愧超踰。幸今誤恩雖加而贊辭未出，擇人改授，猶可及也。惟陛下矜其誠懇而俯從之，臣不勝幸願。謹録奏聞，伏候敕旨。八月二十四日，三省同奉聖旨不允。

中三省乞罷兼職第一劄子

左奉議郎、試起居郎、兼編類聖政所詳定官、兼權中書舍人周某劄子：昨淮尚書省劄子，奉聖旨兼權中書舍人。今來正官員數已多，合行罷權。候指揮。十一月二十五日，三省同奉聖旨，令周某依舊兼權陳俊卿職事。

第二劄子

某先奉聖旨兼權中書舍人，今緣正官員數已多，遂乞罷權。今月二十五日準尚書省劄子，奉聖旨令依舊兼權陳俊卿職事者。

〔二〕二十三日：明澹生堂鈔本、四庫本作「二十二日」。又原「日」下有闕空，據明澹生堂鈔本、四庫本删。

〔三〕拔：原作「援」，據日本藏宋刻本、明澹生堂鈔本、四庫本、傅校本改。

某竊惟官闕則權，員多則罷，此亦常事，何待固辭？況外制已有兩人，而奉使於外者又將還闕，豈可以某暫曾攝事，姑令依舊充員？居之不安，其敢自恕！欲望再與敷奏，俯從所請，庶幾小官不失辭受之義。候指揮。十一月二十六日，三省同奉聖旨，依已降指揮不允。

奏乞罷兼職狀

臣近者兩具劄子，乞罷兼權中書舍人職事，準尚書省劄子，三省同奉聖旨，依已降指揮不允。伏念臣昨被旨兼攝之初，豈不知與聞基命，潤色書贇，非臣不達國體、素無文采之人所能勝任，然以謂劉珙出使不過數月，西掖獨員，或有妨礙，故雖自知非據，亦復承命不辭。今劉珙將歸，唐文若、張震在職，若猶迫於威命，儼然如舊，則是暫權乃欲久假，兩請皆爲具文〔二〕，於臣辭受之義無乃戾乎？又況遇闕則他職兼領，官多則指日罷去，蓋百司庶府之常事。臣不敢遠有援引，昨見侍讀闕官，嘗命侍講黃中時暫兼權，尋除洪遵，中即乞罷。若計侍講員數，則中尚可兼領。此最近事，人皆知之。今臣所以力辭，本非廉退，但事體當爾，不敢中輟。區區之心，實在於此。伏望聖慈特賜矜察，許臣解罷上件兼權職事，非惟私心得以少安，抑亦免爲識者之所譏誚，不勝幸甚。疊冒天威，罪當萬死。取進止。十二月十一日，三省同奉聖旨不允。

隆興元年

乞宮觀奏狀

左奉議郎、試起居郎、兼編類聖政所詳定官、兼權中書舍人臣周某狀奏：臣輒瀝血誠，仰干聖造。伏念臣先塋多在吉州〔三〕，惟臣母葬信州，久欲遷奉，緣臣備數於朝，力所未能。爰自今年正月屢經朝廷陳乞假告，繼又力請外祠，而宰執不爲敷奏，因循至今。人子之心，晨夕不遑。緣此心氣怔忡，居常抱病，安能纂修記注，攝贊書命？必由曠職，重抵司敗之誅。若非觸冒萬死，投誠君父，則進退失據，誰肯爲臣言者？伏望聖慈下臣此章，宣問宰執。如臣前此果因遷葬乞去，非敢矯妄，即授臣宮觀一次，使遂其區區之志。今齒髮尚壯，他時或有繁劇任使，雖赴湯蹈火所不敢辭。輕犯天威，臣無任震灼俟命之至。謹録奏聞，伏候敕旨。三月二十八日，三省同奉聖旨，依所乞差主管台州崇道觀，任便居住。

〔二〕具文：日本藏宋刻本、明澹生堂鈔本、四庫本作「文具」。
〔三〕伏：原作「復」，據日本藏宋刻本、明澹生堂鈔本、四庫本改。

乾道六年

乞未赴南劍申省劄子 三月二十一日〔一〕

左朝奉郎、新權發遣南劍州周某劄子：昨準勑差權發遣南劍州替王冏，待闕已及二年，依近制合赴行在奏事。緣某舊有心氣之疾，近來發歇不常，觸事憒忘，見往他處尋訪醫藥。若不自度，勉强前去，不惟到闕之日定失朝儀，亦慮臨民之際决致瘝曠。欲望朝廷特與敷奏，改授祠廟差遣，或許改替已差下人劉敏求，庶幾他日所患痊平，尚能效犬馬之力。伏候指揮。三月二十五日，三省勘會已降指揮〔二〕，除福建路提刑填見闕。今劄付新除福建路提點刑獄公事周朝奉，遵已降指揮疾速前來奏事訖〔三〕，前去之任。準此。

乞避私諱申省劄子 五月十五日

左朝奉郎周某準尚書省劄子：三月二十五日，三省同奉聖旨，除某福建路提點刑獄公事，填見闕。伏念某去國八年，復叨委使，感戴上恩，豈應辭避？但某父名利建，建與本路名號相犯，既非所嫌之字〔四〕，即與偏諱不同，兼某近以心氣舊疾時復發作，方辭典郡，敢冒察刑？欲望朝廷檢會前劄及今來乞避私諱事理，特與敷奏，畀以祠禄，或改授一待闕差遣，庶幾愚分得以少安。緣再準省劄，令疾速前來奏事訖前去之任，不敢稽違朝命，見迤邐至前路，聽候指揮。吏部供到檢準《紹興令》，諸府號官稱犯父祖嫌名及二名偏犯者皆不避。勘會本官父名利建，即係二名偏犯，依條不合迴避申聞事。右劄付新除福建路提點刑獄公事周朝奉，遵已依劄下事理疾速奏事訖前去之任。準此。

辭免秘書少監兼權直學士院奏狀

左朝奉郎、新權發遣福建路提點刑獄公事臣周某狀奏：右，臣今月十八日準尚書省劄子，三省同奉聖旨，除臣秘書少監，兼權直學士院者。冒膺兼組，增震孤衷。竊以貳職仙蓬，攝官禁苑，俱爲清選，專用名儒。伏念臣早誤聖知，中歸農畝。八歲傾心於天日，一朝稽首於軒墀。辱臨遣之温言，將遄驅於暑路。忽叨改命，大過初心。惟舊學之素迂，加比年之病忘。雖厚恩未報，詎敢忘魏闕之存？然薄技無堪，恐難寓禁林之直。固有令行而或反，仰祈人欲之曲從。所有上件恩命，臣未敢祗受。謹録奏聞，伏候敕旨。七月二十三日〔五〕，三省同奉聖旨不允。

草晁公武詔書不當待罪奏狀

右，臣近蒙聖恩擢貳秘書〔六〕，寓直翰苑。臣自度荒疎愚戇，

〔一〕二十一日：明澹生堂鈔本、四庫本作「二十七日」。
〔二〕三月二十五日三省：日本藏宋刻本作「右」。
〔三〕遵已降指揮：日本藏宋刻本無。
〔四〕嫌：日本藏宋刻本作「連」。
〔五〕二十三日：明澹生堂鈔本作「二十五日」。
〔六〕恩：傅校本作「旨」。

加之素有心氣之疾，難以攝視草之任，嘗具辭免，乞賜寢罷。既而祗受不允之命，微賤小臣，未敢再有陳請，只俟旦夕輪對，冀得披露血誠。今者果緣書詔輕重失倫，至勤御筆改定，不職之罪，合寘嚴誅。萬一陛下海涵天覆，未忍遽加鈇鉞，即乞改授在外宮觀差遣，使得休養心神，循省愆咎。干犯天威，臣無任戰慄俟命之至。謹録奏聞，伏候敕旨。八月九日，三省同奉聖旨不允。

求外劄子

左朝散郎、試秘書少監、兼權直學士院臣周某劄子奏：臣竊見近制，卿監郎官率用實歷監司郡守之人，蓋欲更民事、備任使也。臣雖曾蒙恩差知南劍州，除福建路提刑，然方赴而改，未考治民之功。前日陛下賜清閒之燕，嘗具奏江西賦重民困，間有寇盜，當擇守令布宣德化。臣誠不佞，欲望聖慈稽用，更迭詔書，畀之小郡，使試行其言，自效尺寸，於以少副陛下一視内外、器使人材之意。臣不勝幸願，取進止。九月十五日，三省同奉聖旨不允。

乞免學士院兼職劄子

左朝散郎、試秘書少監、兼國史院編修、實録院檢討官、兼權直學士院周某劄子：近蒙敕差兼史院、實録院職事。緣《四朝國史》及《徽宗實録》事體重大，非悉心竭力，考證同異，尋繹事實，無由可以下筆。欲望朝廷特與敷奏，免攝内制職事，庶幾一意本職，不至闕誤。伏候指揮。十月二十四日，三省同奉聖旨不允。

乾道七年

乞宫觀奏狀

具位臣周某狀奏：右，臣才質駑下，一無可取。方其少時，敝精神於舉業，因得心氣之疾，間遇發作，觸事差謬。比蒙聖恩，寘在册府。屬嘗自弛，未奉俞旨涖職〔二〕；復踰半年，猶冀圖報萬一。而所苦浸劇，寢食不寧。外雖粗若可支，中實難於勉强。若不亟去，殆將隕生。欲望聖慈特賜矜憫，改授在外宮觀差遣，使得一意將理，免至遂爲廢人。干冒天威，臣無任戰汗之至。謹録奏聞，伏候敕旨。三月七日，三省同奉聖旨不允。

乞改作時暫兼權兵部侍郎劄子

具位周某劄子：今月一日準尚書省劄子節文，三省同奉聖旨，周某兼權兵部侍郎。緣上件職事元係太府少卿查籥兼權，目今雖在建康府，其兼職自合依舊。欲望朝廷特與敷奏，止令某時暫兼權，候查籥回日罷，庶幾事體爲允。伏候指揮。五月四日，三省同奉聖旨不允。

〔二〕旨：日本藏宋刻本作「音」。

省同奉聖旨依〔二〕。

辭免權禮部侍郎奏狀

左朝散郎、試秘書少監、兼國史院編修官、實録院檢討官、兼權直學士院、兼權兵部侍郎周某狀奏：右，臣今月十九日準尚書省劄子節文，三省同奉聖旨，周某可除權禮部侍郎，日下供職者。有命自天，措身無地。伏念臣空疎庸儒〔三〕，一無可取。決科干禄，本以代耕。而陛下方居潛邸，已記不腆之文；暨登大寶，首在拔擢之數。恩私未報，自投閒散。比叨起廢，愈被眷知。蓬閣史闈，禁林武部，身兼數職，莫匪清華。雖陛下激勵疲駑，每諭進擢之意；而愚臣自揣才分，屢控退休之辭。今者成命驟頒，聯榮禁路。載惟蹇淺，加以病衰，玉帛鼓鐘猶未辨其名物，而況秩宗典樂以和邦國！乃使臣輩，與聞其事，豈不上累聖鑑，下爲清議所譏？伏望陛下嚴近侍之選，收已行之令，俾臣姑安舊次，亦足勉效其愚。所有恩命，臣未敢祗受。謹録奏聞，伏候敕旨。七月二十三日，三省同奉聖旨不允。

辭免陞同修國史實録院同修撰奏狀

左朝散郎、權尚書禮部侍郎、兼權直學士院臣周某狀奏：右，臣準尚書省劄子，七月二十四日，三省同奉聖旨，差臣同修國史、實録院同修撰，通不出三員之數者。殊渥洊加，危衷增厲。伏念臣本疎文藝，尤乏史才。攝事玉堂，已慚於舊直；計員金鑽，更假於新榮。名稽叙進之規，實溢同陞之數。昔劉子玄居秘書而領史事，自矜又處於載言；賀知章遷儀曹而兼集賢，士論共榮其兩命。臣學非二子，而寵萃一時。雖出誤知，難安愚分。倘不量牛馬之走，乃或冒熊魚之兼。必嘖煩言，上辜洪造。願俯從於固避，庶無負於曲成。所有恩命，臣未敢祗受。謹録奏聞，伏候敕旨。七月二十六日，三省同奉聖旨不允。

申省再辭狀

某近具奏辭免兼同修國史、實録院同修撰恩命。準尚書省劄子，備奉聖旨不允者。竊以編摩之職，既嘗冒居；位序之陞，非敢多遜。實以通計員數，近無此例，倘隳典故，懼速罪辜。欲望朝廷再與敷奏，許免上件兼職。伏候指揮。七月二十八日省劄，檢會已降指揮，不允。

謝禮部侍郎表

臣某言：伏奉告命，除臣權禮部侍郎，仍改賜章服者。掌秘府之圖書，久玷英游之列；奉甘泉之筆橐，驟汙法從之班。恩厚踰涯，感深次骨。臣某中謝。臣聞知人繇乎堯哲，分職著於《周官》。明三德以有家，所以撫五辰而凝庶績；佐六卿而率屬，

〔二〕依：明澹生堂鈔本作「不允」。
〔三〕庸：四庫本作「愚」。

所以倡九牧而阜兆民。何畏巧言，其惟吉士。如臣者以一介甚疎之迹，荷兩朝特達之知。槐市蓬山，早塵華選；烏臺鸞掖，浸陟要塗。嘗中返於江湖，亦旋歸於觀闕。踰年於此，片善莫聞。心踧踖以不安，顔忸怩而罔措。所期顯黜，乃誤殊遷。惟宗伯古之清曹，惟貳卿今之膴仕。禮樂自天子出，雖上禀於聖謨；籩豆則有司存，當俯求於故實。夫何鄙朴，而許攝承。夙夜直哉惟清，莫遂夔龍之遜；文章煥焉可述，更慚東馬之飛。玆蓋伏遇皇帝陛下冠古聰明，御圖勤儉。辨臣鄰之邪正，昭示抑揚；閔風俗之隤偷[二]，力加勸沮。知臣雖無可用之實，察臣粗有不欺之愚。特假寵榮，俾陪亞旅。臣敢不益堅素守，更厲丹心？效守職之小忠，詎塞論思之責；竭事君之大節，或酬覆幬之仁。臣無任。

舉自代奏狀

朝散郎、權尚書禮部侍郎、兼同修國史、兼實録院同修撰臣周某準令，侍從官授訖三日舉官一員自代者。右，臣伏睹左奉議郎、直敷文閣、寧國府司馬鄭伯熊學廣聞多，履方行粹。俾聯華於禁近，必振譽於寅清。臣實不如，舉以自代。

辭免兼侍講奏狀

具位臣周某狀奏：右，臣準尚書省劄子，三省同奉聖旨，差臣兼侍講者。成命初傳，以懼以恐。臣聞藝祖甫定天下，即召處士王昭素講《易》禁中，兼訪民情。真宗復置講讀學士，分直秘閣，專備顧問。列聖相承，遂以崇儒重道爲家法。自陛下握圖御極，首闢黌禁，命經筵官番宿其中，朝宣夕召，殆無虛日，博問勤詢，罔匪治道，蓋不特藉其敷釋大義，誦説舊聞，應邇英故事而已。臣以陋儒，懵於經術，叨陪禁從，常懼不稱。而況日朝垂拱，可以告辰猷；寓直北門，可以備夜對。使有萬分之補，不待更參講勸也。伏望曲回淵鑑，亟寢兼官。或特起逸民，追開寶之盛；或改畀時彦，廣咸平之規。使臣上不至妨賢，下不失量力。是陛下賜臣多矣，孰與貪榮踰分之愧乎！所有恩命，臣未敢祗受。謹録奏聞，伏候敕旨。九月九日，三省同奉聖旨不允。

謝侍講表

臣某言：伏奉告命，差臣兼侍講者。王人多聞，尚急詢謀之益；儒者寡要，况非殫洽之才。望虎觀之深嚴，負鵜梁之愧恧。臣某中謝。臣竊以祖宗盛際，講讀最親。匪爵秩之攸拘，惟英賢之是任。上或處三公之舊，下亦延九品之卑。雖言語侍從之勞，日計不足；然緝熙光明之助，職思其憂。孰謂下臣，可膺高選？此蓋伏遇皇帝陛下有堯之聰明，而靡忘稽古；有禹之勤儉，而力戒矜能。六藝之文，蓋皆見於行事；諸儒之學，豈足望於清光？更資一得之愚，使效萬分之補。載考朝廷之制，凡兼

[二] 偷：原作「渝」，據日本藏宋刻本、明澹生堂鈔本、四庫本、傅校本、《古今事文類聚》新集卷一三改。

文館之官。雖宰司提領之尊，無内史訓詞之寵。惟陪經幄，必錫贊書。蓋道既重，則禮烏可輕；而待之隆，則報宜加厚。臣雖極陋，敢不深思？區區傳註之間，難規近效；懇懇忠嘉之際，或勸遠圖。臣無任。

乾道八年

辭免書吴璘碑奏狀

右，臣伏準尚書省劄子，備奉聖旨，差臣書吴璘神道碑者。臣竊以書雖一藝，亦須素習乃工[一]。臣之不能，衆所共悉。倘或强其所短，勒之豐碑。深恐上無以稱陛下追寵勳舊之心，下無以慰吴挺顯揚其親之意。願回前命，別付能者。謹録奏聞，伏候敕旨。正月七日，奉聖旨不允。

乞免兼中書舍人劄子

臣昨奉聖旨，以趙雄同知貢舉，差臣攝行西掖文書，臣以時暫不敢辭避。近者趙雄丁憂，復令臣依舊兼權。緣臣兼職已多，才不能給，决致瘝曠，上累聖知。今林機送伴來歸，韓元吉已嘗攝事，欲望聖慈免臣兼權。取進止。二月三日，奉聖旨依。

謝宮觀表

臣某言：昨奉聖旨與在外宮觀，又奉聖旨令日下出門，尋準敕差提舉江州太平興國宮，任便居住者。囊封初奏，簿責隨加。猶畀祠宮，示寬黜典。臣某中謝。伏念臣猥緣小技，久辱大恩。當陛下應乾出震之初，攝贊西臺之明命；暨陛下祀帝榮親之際，預裁中禁之詔書。自當優游乎文字之間，乃敢僭率於封章之内。再兹妄發，可謂數奇。蘇蘇威命之行，岌岌孤蹤之殆。晨趨鳳闕，綰五組之光華；夕侶漁舟，被一簑之藍縷。雖云去國，尚爾全生。此蓋伏遇皇帝陛下御衆以寬，退人以禮。縱負丘山之罪，不加斧質之誅。姑使汰歸，俾知循省。臣虛霑廩稍，實靦面顔。身在江湖，悵闕庭之浸遠；心如葵藿，望天日以常傾。臣無任。

乾道九年

辭富沙乞宮祠第一狀

朝散郎、新知建寧軍府事、兼管内勸農使周某狀：右，某近準告命授前件差遣，尋準省劄，備奉聖旨，疾速前去之任。緣某舊有心氣之疾，去歲以來發作無時，觸事憒忘，舉措顛錯。近

[一] 須：原作「惟」，據日本藏宋刻本改。

日復中風淫，左臂緩弱，腰膂沉痛，衆所共見，委實不能支吾，難以冒膺郡寄。況起廢之由，昨已報行，人人皆知聖朝公恕不棄一夫之意。今來自以不勝狗馬之疾，乞投閒散，揆之事理，別無規避。欲望朝廷特賜敷奏，再與宮觀一次，他時有瘳，別聽委使。謹具申尚書省，伏候指揮。四月十日，三省同奉聖旨不允，依已降指揮疾速前去之任，仍具起發月日申尚書省。

第二狀

右，某昨緣疾病陳乞宮祠，準省劄備奉聖旨不允，依已降指揮疾速前去之任，仍具起發月日申尚書省。詔旨丁寧，理難稽緩[一]。自合恭禀，即時起發。而所患浸加，勉强不前，須至再傾肝膽，哀祈造化。蓋聞難得者時，當安者命。如某不肖，親逢聖主，首被拔擢。中雖流落，簡記不忘[二]，頃再還朝，寖躋華要。每因燕見，獎勵有加。得時如此，寧非至幸？然自初政以來，逮今一紀。其間閑廢不翅十載，常恨無階，少殫犬馬之力。茲叨鴻施，起守潛藩，宣化承流，庶幾自竭。豈應再三避免，以干大戾？其如命與時左，事與願違，心氣舊疾，日甚一日，腰臂痛楚，通夕呻吟，禀生窮薄，抑可知已。若復不安義命，輿疾涉遠，大或斃踣道路，小則遂爲廢人。仰揆寬仁，必賜憐憫。況某父名某，適同府號。縱禮律二名無避，在人子終有未安。伏望朝廷特賜敷奏，令且食祠禄，以便醫藥。圖報天地父母之恩，九殞無已。謹具申尚書省，伏候指揮。六月十日省劄，檢坐不允指揮，及吏部供二名偏犯，依條不合迴避，催促赴任。

第三狀

右，某昨緣衰疾，疊乞外祠。屢準省劄，未奉俞音，已扶憊起發赴新任，依已降指揮具申尚書省訖。今來至隆興府豐城縣，心氣大作，顛倒昏忘，見於言動。服藥無效，日益羸困。進則病勢如此，止則逋慢有誅。重念某才力凡下，無分毫可取[三]，誤蒙記録，畀之民社，豈不思仰體宥過之意，自詭治民之效？不幸命薄病侵，靡容勉强。乞爲敷奏，特與宮觀一次，使得專意醫藥。異時圖報，尚冀捐軀。謹具申尚書省，伏候指揮。九月十七日，三省同奉聖旨依所乞。

謝宮觀表

臣某言：伏奉敕命，差臣提舉江州太平興國宮，任便居住者。病辭假守，方虞金木之誅；恩與真祠，曲荷乾坤之造。危心頓釋，感涕載零。臣某中謝。伏念臣蚤值龍飛，首登螭陛。出入雖周於一紀，廢閑乃閱於十年。伊悔吝之自貽，蓋奇窮之素定。比叨鴻渥，寵畀潛藩。非不知委寄之隆，所願效承宣之力。而臣命同才薄，事與心違。積困采薪之憂，未臻勿藥之喜。逡巡

[一] 緩：日本藏宋刻本作「慢」。
[二] 不：日本藏宋刻本作「弗」。
[三] 分毫：日本藏宋刻本作「豪分」。

屢請，荏苒三時。黄香空任於宫臺，難堪東郡；汲黯懼填於溝壑，敢薄淮陽。訖誠悃之上通，倏俞音之下逮。此蓋伏遇皇帝陛下天臨海宇，器使人材。憐臣久負譴訶，稍令起廢；察臣實嬰衰疾，復許投閒。隆寬之施如斯，力報之圖曷已？臣謹當屏息衡茅之下，精心香火之間。殿天子之邦，進莫陪於君子；祝聖人之壽，竊自附於封人。臣無任。

淳熙元年

謝右文殿脩撰表

遯迹山林，久隔闕庭之望；寓名鉛槧，驟參館殿之班。拔罪戾於墜淵，交戰兢於維谷。臣某中謝。臣竊考聖代集仙之職，蓋稽唐朝麗政之規。雖沿革之不同，在寵光而則一。粤從紹聖，復論譔以優去國之臣〔一〕，爰暨政和，易名稱以示崇儒之意。寧許爝螢之質，遥依奎壁之光。伏念臣初無他長，而好自用。辱上聖之知殊厚，顧下愚之性不移。向非託命於乾坤，久已投身於鈇鉞。夫何顯職，猥及孤蹤？戴盆方絶於望天，豐蔀忽容於見日。此蓋伏遇皇帝陛下福威惟辟，廢置馭臣。爾自速辜，夙示涵容之度；予其大賚，更加藩飾之恩。披肝不足以形感激之詞，碎首不足以報生成之德。重念臣周旋三館，首尾六年。逮茲新渥之鼎來，恍若舊游之夢到。望屬車之臨幸，敢期奔走於英躔；頌當宁之好文，尚可矜詩於野老。臣無任。

淳熙二年

辭免召命申省狀

某伏準省劄，備奉聖旨，召赴行在。恩許賜環，禮難俟駕。況遵近制，辭避無從。但以心氣怔營，動成昏忘，筋骸疲憊，良阻步趨。審已再三，理難自默。重念某早塵華近〔二〕，誤簡眷知。去朝雖曰三年，被寵殆無虚歲。剖符鉅鎮，既以病辭；貼職書林，乃茲冒受。寬譴訶而已幸，叨收召以何安？伏望朝廷特與敷奏，且令依舊宫觀差遣，庶安愚分，免速罪辜。今來不敢稽留上命，已一面扶病起發外，謹具申尚書省，伏候指揮。二月十六日，三省同奉聖旨不允，依已降指揮疾速赴行在。

到闕上殿乞郡或奉祠劄子 二月〔三〕

臣聞子牟心存魏闕，望之意在本朝。人臣愛君，古今一也。臣以非才，自陛下即位之初，入侍殿陛，褒揚遷擢，度越流輩。犬馬之心，豈欲遠去左右？其如迂愚窮薄，自無補報之路。重以心氣腰膂之疾日增月益，分於聖世，永爲棄物。忽蒙收召，感極

〔一〕譔：原作「誤」，據日本藏宋刻本、明澹生堂鈔本、四庫本、傅校本改。

〔二〕近：傅校本作「選」。

〔三〕二月：原無，據明澹生堂鈔本、傅校本補。

涕零。勉策衰疲，來趨行闕。既瞻天日之表，申臣子之敬，其於分願，已爲甚足。伏望聖慈矜其無用，憐其數奇。且令依舊奉祠，養痾田里，或於江湖間試以支郡，使之布宣聖德，牧養細民，尚能少報天地父母之施。區區懇誠，實在如此。干犯天威，臣無任戰汗之至。取進止。

除待制辭免奏狀

右，臣準尚書省劄子，三月二十二日，三省同奉聖旨，除臣敷文閣待制、侍講者。寵榮載集，戰懼交懷。臣竊以侯對詒謨(二)，侍言崇政。非簡求於髦士，則優禮於耆儒。豈伊極陋之姿，應此久虛之典。伏念臣受才鄙朴，殖學荒疎。頃浸歷於清華，殊未知於補報。兹趨嚴召，入覲威顔。恭聽温言，曲憐舊物。論選擇之有在，謂精神之未衰。而臣心志益凋，文華弗競。蓋嘗頓首香案之側，復願養痾蓽門之中。敢期酌用於故常，特許追參於近侍。自知非據，人謂斯何？仰冀睿明，俯昭愚悃，姑仍舊職，改奉内祠。如此則戀闕孤忠，既容陳力而就列；掄材盛典，不至爲人而擇官。所有前件恩命，臣未敢祗受。謹録奏聞，伏候敕旨。三月二十四日，三省同奉聖旨不允。

謝待制侍講表

臣某言：伏奉告命，除臣敷文閣待制、侍講者。寶儲邃密，有嚴通籍之班；聖學高明，尤遴談經之選。併兹虛授，良以震驚。臣某中謝。伏念臣積冒恩私，久辜任使。既不能撥繁治劇，服勞郡國之間；又不能宿道嚮方，宣力朝廷之上。惟粗親於翰墨，或少效於涓埃。乃自中年，適嬰衰疾。詞源困涸，言每出則謬悠；心氣冥煩(三)，動不知其差誤。顧在有爲之世，獨成無用之材。私竊自憐，分甘永廢。豈謂伏蒙皇帝陛下如天之度，偏覆無殊；並日之明，容光必照。方旁求於多士，不遂棄於一夫。特許端歸，復令親近。綴班聯於内閣，奉清燕於邇英。而臣竊窺太史之書，嘗考仁皇之世，允釐近列，登進名卿。趙師民素號博聞，始兼是職；吕公著力辭召試，爰有此遷。豈期晚出之孤蹤，亦用前修之故事。乃文廣運，固難措游夏之詞；非道敢陳，所願論唐虞之際。誓殫拙訥，力報生成。臣無任。

舉楊萬里自代狀

右，臣伏睹承議郎、新差權發遣常州軍州、主管學事、兼管内勸農事楊萬里，居家孝謹，從事廉方。富於藝文，可備西清之訪；邃於經術，無慚重席之榮。臣實不如，舉以自代。

(二) 詒：原作「詔」，據日本藏宋刻本、明澹生堂鈔本、四庫本、傅校本改。

(三) 煩：四庫本作「頑」。

丐外劄子

臣以駑才，蒙陛下異恩，躐陞次對，專侍經幄，坐縻廩稍，略無補報。今既住講，愈爲素餐。神惡僥踰，累旬苦脾胃之疾，緣此心氣愈更虛乏，若復不自引退，必致別有災屯。伏望聖慈許臣以本官出守小郡，或奉外祠，圖報生成，尚期糜隕。取進止。

六月十三日，三省同奉聖旨不允。

辭免兼直學士院奏狀

右，臣準尚書省劄子，三省同奉聖旨，差臣兼直學士院者。錫命頻仍，省躬震惕。伏念臣早緣薄技，誤簡淵衷。粵自初元，首叨入侍。日來月往，莫殫千一之愚；天施地生，乃辱再三之召。尚復眷憐而不已，每於任使以有加。顧仙嶺之提鰲，自存大手；矧明庭之儀鳳，方集奇才。寧容圭竇之人，重寓金鑾之直！是敢知難而自列，仰祈還令以旁招。所願專心誦聖謨於經幄，毋令越職妨賢路於禁林。所有恩命，臣未敢祗受。謹録奏聞，伏候敕旨。九月二日，三省同奉聖旨不允。

辭免兵部侍郎奏狀

右，臣準尚書省劄子節文，三省同奉聖旨，除臣兵部侍郎，日下供職者。褒遷過分，震懼靡寧。臣竊以本朝置侍從官特異前代，蓋欲其精白一心，論思獻納，增重王國，非專使治有司之事而已。自元豐改官制，雖稍循周唐舊典，分治六曹，然班列浸高，職業猶簡，委用之意，夫豈徒然？若時夏官，尤號清選。臣以凡庸之質，荷特達之知。五年之間，兩兼攝貳，略無補報，有玷周行。至於寓直禁林，執經崇政，最爲華近，今悉冒居。陛下虛心以求議論，而臣喑無一言；陛下勵精以集事功，而臣懦不舉職。尚寬汰斥，已是保全；復用何名，更叨真拜。而況早來奏對之際，備聞天獎。雖未披於心腹，已灼見其肺肝。伏望聖明矜其自量，非敢飾避，特返惟行之令，誓堅圖報之心。所有恩命，臣未敢祗受。謹録奏聞，伏候敕旨。九月六日，奉御筆批降詔不允。

不允詔　王淮撰

敕某：省所奏辭免除兵部侍郎恩命事具悉。文昌六職，寔聯兩禁之華；夏官貳卿，兼總五兵之政。屬時右武，宜得周才。肆圖厥庸，式叙乃位。卿問學優於游、夏，詞章過於卿雲。自隆興之初元，以柱史而入侍。屢罄論思之益，尤推潤色之工。擢寘經帷，再升詞禁。爰從容而造膝，嘗密勿以沃心。嘉爾靖共，副予虛佇。乃即司戎之任，就頒命綍之榮。奚必固辭，亟祗乃服。所辭宜不允。故茲詔示，想宜知悉。

辭免兼侍講奏狀

右，臣準尚書省劄子節文，三省同奉聖旨，差臣兼侍講者。絲綸參集，淵谷是虞。伏念臣頃自召還，親蒙簡擢。酌本朝待儒先之禮，以次對專講勸之官。今既進貳夏卿，仍聯翰苑，若尚續漢殿六經之業，殆將兼唐人三侍之榮。所憂仰累於殊私，不獨自慚於非據。願廓燭幽之鑑，別求詔嬾之賢。恭冒聰聞，伏需報可。所有恩命，臣未敢祇受。謹録奏聞，伏候敕旨。閏九月十日，奉御筆批，降詔不允。

不允詔

敕某：省所奏辭免侍講恩命事具悉。朕古訓所師，惟道德是企，多聞雖益，以直諒爲先。卿强學力行，愛君憂國。日在西清之邃，熟陳前席之謨。今茲侍經，是謂申命。亟宜祇受，若攄入室之微言〔二〕；何用抗辭，事循墻之曲謹〔三〕。所辭宜不允。故茲詔示，想宜知悉。

謝兵部侍郎兼直學士院表

臣某言：伏奉告命，除臣兵部侍郎，依舊兼直學士院，仍賜對衣金帶者。通班内閣，已塵次對之華；列屬中臺，復冒亞卿之寵。中命鑾坡之直，增光禁路之游。稽首拜嘉，省躬知愧。臣某中謝。臣竊以司戎任重，視草才難。自非文武之兼資，曷副國家之遴簡？歷考貞元而後，惟陸贄、衛次公之並充載稽；南渡以來，有汪藻、綦崈禮之故事。如臣末學，難企前修。徒夙幸於遭逢，獲徧儀於清要。愚蠢倥侗之性，每辱照知；荒唐骫骳之詞，數蒙嘉奬。首尾纔經於五載，攝承兩贊於七兵。未嘗萌久假之心，矧敢覬爲真之命！横黄金之帶，驟拜新榮；上白玉之堂，更仍舊貫。大恩所被，小己奚堪？此蓋伏遇皇帝陛下剛健時行，緝熙日就。運堯帝之德而奄有四海，方懋乃聖乃神之功；立周王之政而灼見俊心，不輕常伯常任之選。孰云儒緩，叨此詔除。況資翰墨之所長，尤非疲駑之可稱。臣敢不竭其忠藎，濟以靖共？體元豐肇正於官名，願效論思之實；念開寶初增於禁直，勉圖潤色之工。萬分可酬，九殞何憚！臣無任。

舉劉清之自代狀

右，臣伏睹宣教郎、新知撫州宜黄縣、主管學事勸農營田公事劉清之，乃本朝名臣劉敞、劉攽之從曾孫，篤學好修，臨事不苟。向者劉珙在樞府，欲與相見，即加論薦，清之嫌於自衒，竟不肯往。乾道九年秋，用舉主考第改官，嘗有旨同張駒召赴都堂審察，清之獨赴部注知縣而去。廉退如此，近世所稀，舉以代臣，實允公議。

〔二〕微：原作「緒」，據日本藏宋刻本、明澹生堂鈔本、四庫本改。

〔三〕此句疑脱一字。

廬陵周益國文忠公集卷一一三

歷官表奏卷二

淳熙二年

謝侍講表

臣某言：伏奉告命，除臣兼侍講者。一趨經席，已稱韋布之榮；參備綸言〔一〕，豈厭搢紳之望？凌競祇命，俯仰懷慚。臣某中謝。臣竊以天縱之能，陋儒絶企；日躋之聖，典學何加？然且躬有虞好問之勤，守大禹不矜之戒。正使昔人之博洽，尚難稱於在前；矧如淺識之支離，顧何堪於拜下？而臣逢時千一，冒寵再三。曩聯南省之班，嘗執經於累月；比俟西清之對，復隸職者半年。逮此叨踰，愈爲榮幸。兹蓋伏遇皇帝陛下聖而益聖，新以又新。舒兩曜於天衢，猶許爝螢之曳；納百川於溟海，不辭潢潦之歸。是使顓蒙，洊陪誦説。臣敢不欽承異禮，勉竭孤忠？無力可陳，雖未覿於實效；有猷則告，庶少塞於空餐。臣無任。

辭免兼詹事奏狀

右，臣準尚書省劄子，十月十八日，三省同奉聖旨，差臣兼太子詹事者。錫命自天，措身無所。臣竊惟儲端華重，今昔所同。漢韋賢質樸篤學，始膺委任，唐李勣至以舊長史屈階資而爲之。近歲以來，非老成端諒、卓然爲世所推，則必於近臣中擢嘗任王府講讀及宫僚者就兼是職〔二〕。苟或異此，寧虚厥官。如臣不肖，行能淺薄。既無素望，又非舊人，驟預選掄，實駭羣聽。此臣所以徬徨震怖，不敢自恕而但已也。伏望陛下重青宫之屬，軫黄屋之思，勿以反汗爲難，而以掄材爲急。朝多英望，亦有舊僚，改而命之，庶協公論。冒輸悃悃，必冀矜從。干犯宸嚴，臣無任屏息待罪之至。謹録奏聞，伏候敕旨。

不允詔 權中書舍人程大昌被旨撰〔三〕

敕某：省所奏辭免兼太子詹事恩命事，具悉。朕簡宫僚，非正人不與。卿踐履端尹，乃衆論所宜。攬觀推遜之言，具認卑牧之意。李勣之屈資受委，曰求舊則有之；綺

〔一〕備：日本藏宋刻本作「被」。
〔二〕擢：日本藏宋刻本、四庫本、傅校本作「擇」。
〔三〕權中書舍人程大昌被旨撰：原無，據日本藏宋刻本、明澹生堂鈔本、四庫本補。明澹生堂鈔本置上篇「伏候敕旨」句後，今移。

里之偉冠從游，亦博致爲貴矣。其務究思於輔翼，是云有益於元良。豈必辭榮，始名美德。所辭宜不允。故兹詔示，想宜知悉。

東宫賀冬牋

某言：伏以漢朔無差，上應太初之神策；堯年有永，載隆德壽之鴻名。允哉貳極之賢，同此兩宫之慶。某誠懽誠抃，叩頭叩頭。恭惟皇太子殿下位尊儲副，德茂元良。雷復地中，契羲爻之洊震〔一〕；日行巽軌，符漢樂之重光。剛以朋來，福繇類至。某甫趨鶴禁，欣贊羽冬。南極景長，願從容於五學；少陽道長，知消伏於羣陰。謹奉牋稱賀以聞。某誠懽誠抃，叩頭叩頭，謹牋。

淳熙三年

東宫賀正牋

氣動青煒，肇布發生之德；地居蒼震，密參化育之功。履兹端月之和，篤我儲儀之慶。某中賀〔三〕。恭惟皇太子殿下象符明兩，朝謹日三。龍角連杓，陪龍樓之元會；雞鳴列戟，擁雞旦之殊祥。令名烜赫於金昭，淑氣充盈於銀榜。某謬依春誦，俶改歲華。卉木維萋，喜詠遲遲之日；根荄咸遂，願歌湛湛之祺。

祭社祝文待罪劄子 三月一日

臣近撰祭告太社祝文，誤引《春秋》用牲伐鼓故事，委是不職。見候守局退，即便歸家待罪。伏望聖慈特賜罷斥，臣無任戰慄俟命之至。三月二日，三省同奉聖旨，令日下依舊供職。

謝宣諭劄子 三月二日〔三〕

臣學識淺陋，文詞鄙拙。上章自劾，祗俟嚴誅。伏蒙陛下天覆日明，兼容委照。特降睿旨，令臣日下依舊供職，仍於執政處恭聆聖訓。仰惟君父之恩如此其厚，豈臣幺麽所能報塞！誓圖糜隕，少效萬分。臣無任感激惶懼之至，謹具劄子奏謝，伏乞睿照。

辭免轉官奏狀

右，臣準吏部牒，備坐三月十五日敕節文，以臣昨任秘書少監，經修《太上皇帝日曆》，見在行在供職，合特轉行一官者。臣竊以如虞二典，述三紀之成功；爲宋一經，對兩宫之曼壽。凡經執簡，特許進階。而臣頃以謏才，謬參少令。譔次雖叨於滿

〔一〕 爻：原作「文」，據日本藏宋刻本改。
〔二〕 某：日本藏宋刻本無。
〔三〕 三月二日：原無，據日本藏宋刻本、明澹生堂鈔本補。

歲，荒疏何補於編年？逮趨上於奏篇，適再塵於禁路。竊一斑而在列，已幸榮觀；傳副墨以策勳，敢當醲賞？是殫誠悃，仰瀆睿聰。如其考績而陟明，固難飾避；若乃無功而受祿，實不皇寧。願亟寢於誤恩，庶少安於愚分。謹録奏聞，伏候敕旨。三月二十五日，奉御筆批〔二〕，降詔不允。

不允詔 淳熙三年三月二十五日

敕某：省所奏辭免經修太上皇帝日曆，特轉行一官恩命，事具悉。作堯帝之典，具載放勳之功；薰班史之香，迄定漢家之制。肆成書之上徹，寧褒渥之敢稽？卿文力得於天成，藻思沛乎泉涌。自頃影纓於少令，固嘗執簡於編年。兼才學識之三長，備存緗素；參月日時之四繫，甫畢汗青。逮茲懋賞之行，歷考當時之彥。顧今在列之有幾，豈吾近臣之可遺？宜亟體於朕懷，往祗服於新命。所辭宜不允。故茲詔示，想宜知悉。

辭免書韓世忠神道碑劄子

右，臣準尚書省劄子，備奉聖旨，差臣書韓世忠神道碑文者。臣仰惟陛下親御翰墨，大書世忠碑額。非特寵綏韓氏，亦將丕勸勳故〔三〕。譬之龍蟠鳳翥，昭回於天；豈容春蚓秋蛇，附見其下？伏望聖慈特賜追寢，別擇能書者而命之，臣不勝幸願。謹録奏聞，伏候敕旨。四月三日，三省同奉聖旨不允。

繳書神道碑劄子

臣先奉聖旨，差臣書韓世忠神道碑文〔三〕。今已寫成一軸，謹以進呈。惟是字畫非工，無以仰副陛下追褒勳舊之意，實深震懼。伏取進止。八月二十三日，奉聖旨降付本家。

辭免潤筆劄子

臣今月二十九日得户部侍郎韓彦古劄子，以臣先奉聖旨書其父韓忠武王世忠神道碑〔四〕，送到金器二百兩充潤筆。雖云躬承睿訓，繼奉御筆許齎賜，然臣義有未安，須至奏免。臣竊考自古人君追褒勳賢，多命儒臣紀載事實，必有濡潤，用酬撰述之勞。至於書丹，本是待詔職事，近年乃出士大夫之手。仁宗時偶因御製元舅隴西郡王碑文，詔蔡襄書之，襄以御製，不敢辭避。其後詞臣別有所撰，又命襄書，襄即懇免。臣書札素非所長，昨被命爲韓氏寫碑，正緣陛下追念勳臣，大書碑額，臣輒沿蔡襄故事不敢固辭。今若違前世所無之規，循近年冒受之例，則不惟捨是從非，取誚公論，亦恐傷廉苟得，上負聖知。伏望睿慈察臣悃愊，

〔二〕筆：日本藏宋刻本作「寶」。
〔三〕故：日本藏宋刻本作「效」。
〔三〕文：原無，據日本藏宋刻本補。
〔四〕「碑」下原有「文」字，據日本藏宋刻本删。

恕臣冒瀆，特降指揮，許臣免受。取進止。奉御筆批：依例收受，不須懇辭。

謝劄

臣昨具奏辭免韓彦古賫賜書碑潤筆金器二百兩，恭準御筆，令臣依例收受，不須懇辭。臣伏讀以還，實深感懼。因思自初差委及今送遺皆出陛下之意，臣豈不知？若復控辭，祇成煩瀆。即已遵稟聖訓祇受訖〔二〕。予惟馭幸，誠戴於上恩；取或傷廉，終慚於物議。尚推隆施，期報洪私。臣無任激切惶恐之至，謹具劄子奏謝，伏乞睿照。

辭免陞兼侍讀奏狀

右，臣準尚書省劄子節文，九月二日，三省同奉聖旨，周某陞兼侍讀者。誤膺褒渥，伏積兢惶。臣竊以入侍邇英，均爲清近，然而進讀之選，重於執經，多處大僚，兼優宿望。如臣者猥繇孤賤，蚤被簡知。首尾六年，三陪講席。無一詞發揮經訓，無一事裨贊聰明。内愧心顔，外貽譏誚，豈可偶因官闕，更冒次陞！人以爲榮，臣以爲懼。伏望皇明日照，聖度天容，察臣非才，恕臣量己，別選在列，廣求多聞，毋令陋儒，益壅賢路。所有恩命，臣未敢祇受。謹録奏聞，伏候敕旨。九月六日，三省同奉聖旨不允，令學士院降詔。

不允詔

敕某：省所奏辭免陞兼侍讀恩命事具悉。朕惟祖功宗德，炳若日星，聖烈神謨，垂之琬琰。每懷仰止，常切慨然，思得崇閎博碩之儒，庶資論説指陳之要。卿識周治本，學探道原。經幄誦言，稔直諒多聞之益；禁林視草，挾温厚爾雅之文。爰陞進於露門，益發揮於寶訓。昔司馬侍邇英之讀，具陳變法之規；蘇軾兼金華之榮，亦著六事之美。其毋多遜，式企前修。所辭宜不允。故兹詔示，想宜知悉。

謝侍讀表

臣某言：伏奉告命陞兼侍讀者。執經充數，未絶業於金華；進讀陞班，首侍言於帝幕。拜恩加厚，省己何安？臣某中謝。臣聞選儒士以質疑，本唐室開元之際；閲史編而顧問，在皇朝興國之年。肇立官稱，助成治道。矧明主夙勤於聖學，舉羣臣難跂於末光。凡陪清燕之遊，尤號高華之選。縱未得故老宿儒之重，入告於辰猷；尚當求洽聞博物之英，少資於晝接。豈臣孤陋，堪此褒遷？兹蓋伏遇皇帝陛下文武生知，聰明日就。二帝三王之行事，久矣優爲；六經諸子之格言，居然深造。更思愚者之慮，罔伏小人之箴。故雖非重席之才，亦許冠細旃之列。庶因

〔二〕稟：原作「凛」，據日本藏宋刻本、明澹生堂鈔本、四庫本改。

駿骨，或致龍媒。臣敢不圖報洪私，益堅素守？典墳能讀，深慚倚相之良；仁義以陳，勉效孟軻之敬。臣無任。

辭免吏部侍郎奏狀

右，臣準尚書省劄子節文，十二月二十四日，三省同奉聖旨，周某可除吏部侍郎，日下供職者。寵命過優，震惶失措。臣竊惟六官置貳，職任俱隆。有唐三百年暨本朝元豐以後，或隨材互轉，或因事遞遷，固有周歷列曹，亦有自户、禮而轉兵、刑者。旋觀歷試，倚重則均。矧是東銓，古稱小宰，選掄既遴，位序益高，豈以妄庸，堪此隆委？伏念臣蒙陛下識拔最早，叨陛下爵禄最厚，而才力議論比之在廷諸臣最爲無取。再塵武部，僅及一年有半，考之故事，未爲久次。加之身兼三組，備極清華，内揆非才，不皇寧處。豈謂驟膺簡擢，進預銓衡。抑揚之間，聖主所當致審；辭受之際，微臣敢不自量？伏望陛下深亮懇誠，無嫌改命。別求精鑑，俾佐治官。免貽非據之譏，仰累知人之哲。所有恩命，臣未敢祗受。謹録奏聞，伏候敕旨。

不允詔

敕某：省所奏辭免除吏部侍郎恩命事具悉。朕惟六卿貳列，其選固皆不輕。然武部典掌五兵，而職或優暇；小宰銓叙羣才，而事多叢委。與其蓄餘蘊而處優暇之地，孰若升劇寄而資鑒裁之公哉？卿資之所禀者既高，學之所養者益富。代言禁苑，進讀露門。翊東儲而列西銓，四職並舉，而沛乎其有餘裕。肆是命卿，參吾典選之政令，庶藉其通明以清流品，推其精敏以扼姦欺，用稱吾綜核之意，其何以辭爲也！所辭宜不允。故茲詔示，想宜知悉。

謝吏部侍郎表

臣某言：伏奉告命，授臣試尚書吏部侍郎，仍賜對衣金帶者。嚴近叨居，夙負瘝官之責；武文迭試，更膺換部之榮。襲衣頒在笥之珍，寶帶錫章身之寵。仰慚主眷，俯愧輿言。臣某中謝。臣聞古之銓綜存乎人，今之銓綜一於法。存乎人固可以得士，然其弊也常由予奪之不公；一於法固可以滅私，然其弊也或致賢愚之同滯。而况簿書紛若，胥吏雜然。苟稽察之弗精，將混淆而莫辨。欲酌古今之中制，當令人法之並行。庶稍戢於吏奸，亦少伸於士氣。豈容虛授[一]，以累明揚？伏念臣性鄙習迂，志卑才下。蚤親翰墨，但爲書生陳腐之談[二]；久侍軒墀，初乏禁從論思之語。引去則殊私之未報，欲留則高位之難安。方進退之靡寧，忽選除之下逮。肺腑抱履冰之懼，面顔形撻市之羞。被此光靈，莫爲稱塞。茲蓋伏遇皇帝陛下乾行不息，日照無私。知人非堯帝之難，巧壬奚患；選衆有皋陶之舉，枉直自分。夫何一介之臣，乃冠貳卿之列。臣敢不遵承法令，振拔滯淹？雖微冰鑑之

[一] 授：原作「受」，據日本藏宋刻本改。
[二] 但：原缺，據日本藏宋刻本、四庫本補。

明，上禆睿哲；姑守權衡之信，仰助公平。苟不辱知，斯爲報國。臣無任。

舉自代奏狀

右，臣伏見朝散郎、守尚書兵部郎中、賜緋魚袋蘇諤修身有家法，臨事無私心。郎省二年，靖共厥位。臣在夏官，久與同僚，備知其人。臣實不如，舉以自代。

請外劄子 四月二十六日請對，既至漏舍疾作，不曾上。

臣自蒙聖恩，召還禁路，遷擢再三，未有絲髮可報生成之造，豈應輕爲去就，辜負聖知？緣臣有迫切之懇，須至披露於君父之前。伏念臣少孤多難，依諸父以自存。臣之叔有二子，自來同居。前年臣到闕之時，季忽夭折，尚餘其長，未至狼狽，不謂三月間又復即世，兩房嫠婦幼子全闕撫養。臣欲挈取以來，則二千里之遠勢不能辦。若置而不問，則於心豈能自安？晝夜忖度，莫知所措，惟有乞奉外祠，可以少致私義。伏望聖慈憐臣受祿過分，事出意表，察臣受恩方厚，情非獲已，特降睿旨，俯從所請。糜捐之報，尚冀他時。敢干犯宸嚴，伏俟誅戮。取進止。

吏部侍左進天申節功德疏右語

三紀施仁，固獲延年之報；萬方懷德，矧多祝聖之人。玆當虹渚之昌期，載演鷲峰之密義。尊號皇帝，伏願雍容太極，覆幬含生。福等河沙，誠非算數之及；壽同無量，永作人天之師。

東宮賀冬牋

周統得天，布時王之正朔；漢郊迎日，對元祀之禎祥。允符陽德之亨，虔致震宮之慶。某中賀。恭惟皇太子殿下道隆三善，瑞應重光。泰畤親祠，既已儲休於上聖；貳觴嘉獻，自宜介祉於元良。與國無窮，如天有永。某會逢亞歲，託備下僚。輔翼無功，虚度舒長之圭影；往來有象，願觀動静於天心。

淳熙四年

東宮賀正牋

星回於天，載測璇璣之度；王省惟歲，重頒寶曆之春。萬宇咸熙，三宮交慶。某中賀[一]。恭惟皇太子殿下内全仁孝，外備温文。日就月將，德與年而俱永；天長地久，福暨祿以偕昌。邁監撫之前聞，契壽臧之善頌。某欣逢令序，延跂英規。丹鳳虔趨，方參聯於百職[三]；銅龍祗謁，尚續罄於多懽。

[一] 某：日本藏宋刻本無。

[三] 職：日本藏宋刻本作「執」。

辭轉官奏狀

右，臣準尚書吏部牒，備奉三月二十四日敕，以臣經修《徽宗皇帝實録》，見在行在供職，特轉行一官者。無功假寵，有靦在顔。伏念臣頃以庸虚，叨塵史職，空更歲月，莫施鉛槧之勞。兹者偶值奏篇，例當進秩。揆之公論，咸謂過優；在於私心，實難冒受。況復樞臣懇避，宸旨賜俞。雖則名位不同，不當援以爲請，然昔人謂范宣子遜，其下皆遜，欒黶雖汰，弗敢違也。今臣縱乏晉卿之義，豈不思自附於黶乎？伏望聖明矜其誠悃，非備禮而辭者，特詔攸司追寢前命。庶幾賞行不僭，抑使愚分獲安。冒犯天威，臣無任惶懼戰汗之至。謹録奏聞，伏候敕旨。奉御筆批，降詔不允。

不允詔

敕某：省所奏辭免經修《徽宗皇帝實録》特轉行一官恩命事具悉。惟昔徽皇，撫時熙運。繼六七作之聖，業鉅事叢；成二百篇之書，文直義核。兹覽編年之善，具嘉秉筆之工。凡預纂修，靡遺褒録。卿才追遷董，藻掞卿雲。紬金匱石室之藏，居多論載；迄汗簡殺青之業，綽有勞能。逮此奏篇，於焉第賞。而乃慕範宣子之義，巽以成風；師正考甫之賢，恭而有禮。雖高謙益，難遏渙乎。所辭宜不允。故兹詔示，想宜知悉。

辭免翰林學士奏狀

右，臣準尚書省劄子：五月二十八日，三省同奉聖旨，除臣翰林學士，日下供職者。超遷過分，震懼靡寧。臣竊以列職禁林，本朝所重。陛下聖學天縱，宸文日新，故於此官，尤不輕畀。竊計十六年間，除授纔五六人[一]，可以知其選矣。如臣見聞單淺，翰墨荒唐，誤簡異知，徧塵華貫。一自攝承視草，首尾僅及六年。適有天幸再逢，加上德壽尊號，兩經郊祀大禮，制誥典册，往往涉筆其間，是皆當世儒先跂望而不可得者，臣獨有此榮遇。日夜惴恐，自知無以稱塞。比因入對，反誤褒嘉，且復再三諭以因文字進擢之意。臣方踧踖退避，翼日已奉除書。雖陛下崇奬詞臣，務隆恩渥，在臣分量盈溢，實非所安。而況寓直於中，足以效薄技；賦禄之厚，固已視真除。何必捐久虚之官，重至愚之累，此臣所以不避煩瀆而爲是諄諄也。伏望聖慈俯昭誠悃，特寢成命。姑即銓衡之舊，仍宣潤色之勞。圖報大恩，有隕無貳。所有恩命，臣未敢祗受。謹録奏聞，伏候敕旨。奉御筆批，降詔不允。

不允詔

權直院程叔達撰

敕某：省所奏辭免除翰林學士恩命事，具悉。朕惟禁

[一] 授：原作「受」，據日本藏宋刻本改。

林夙號真清，學士尤爲妙選。蓋命令之發，將以鼓天下之動；而播告之修，於以見王者之心。非高其才者，曷擅斯長？非裕於學者，曷勝兹任？卿斧藻其德，圭璋乎文。翰墨舊游，嘗屢參於潤色；典册大筆，仍多自於裁成〔一〕。灝噩鎔冶乎誥盤，温文轥轢乎漢魏〔二〕。倚金華而上白玉，久勤寓直之勞；遡太清而凌紫霄，爰即爲真之拜。除音一下，僉論允諧。宜亟體於眷懷，胡尚形於巽避。所辭宜不允。故兹詔示，想宜知悉。

口宣

有敕：卿文詞贍蔚，學術純深，擢位禁林，斷繇朕志。宜因到日，亟服殊休。今差忠翊郎待詔錢滋宣召卿入院充學士，想宜知悉。

附宣召節次

至日絶早，待詔客位坐，伺候内翰近出聽，待詔先至，面南，香案側立。請内翰出笏至香案前，面南立。引接喝躬身、兩拜、起拜，訖且躬身〔三〕，有勑，聽待詔讀口宣。畢，再兩拜，起。拜訖〔四〕，直身搢笏，引接供過。謝宣召，奏與内翰即過與待詔。待詔却過，與表奏官通進司投下。引接虛喝，依例待詔馬下錢壹拾貫〔五〕。近例，不曾喝引接，喝内翰。馬到，請内翰乘馬後，待詔乘馬宣押，入皇城門，至院中，到臺下馬。引接雙引明廊，喝内翰來，至堂内，陞座，引接兩邊立。第一喝，王從乂已下躬身應喏聽喝〔六〕，各祗候再應喏，退。第二喝，劉大聲已下躬身應喏聽喝，各祗候再應喏，退。第三喝，待詔躬身應喏，退。畢，内翰起，親事官接公裳歸閤子。

謝宣召入院表

右，臣今月十三日忠翊郎、學士院待詔錢滋至臣所居奉宣宸旨，召臣入院充學士者。君命及門，趣正鑾坡之直；王人馳騎，驟增蓬户之光。在稽古以何功，緊逢辰而有幸。瞻威咫尺，流汗再三。臣某中謝。伏以地重禁林，職專内制。唐朝全盛，初置院以名官；聖代承平，尤隆儒而假寵。諮報施於政省，敕設具於大官。霜日冬嚴，候五甎而入直；暑風夏永，盡三伏以蚤歸。凡兹異數之加，絶匪羣司之比。揭從南渡，重敞北扉。仍每厚於恩章，示無忘於典則。賜玉堂之篆，已追淳化之風；揭摛文之名，更用政和之制。佩服焕兼金之飾，宫庭還雙導之儀。地既近而職親，俸良優而事簡。惟重其官，則擇人也審；惟尊其禮，

〔一〕自：傅校本作「屬」。
〔二〕文：日本藏宋刻本、明澹生堂鈔本、四庫本作「厚」。
〔三〕且：原作「直」，據明澹生堂鈔本、四庫本改。
〔四〕拜訖：原無，據明澹生堂鈔本、四庫本補。
〔五〕壹拾：原作「一千」，據日本藏宋刻本改。
〔六〕乂：原作「文」，據日本藏宋刻本改。

則責報也深。凡政事之否臧，若兵民之利害，大而除授於將相，次則討論於古今，皆因燕閒，得以獻替，諒非鴻博，難預選掄。如臣者骨相多屯，才華弗競。所宜遯迹，躬耒耜於田間；何意代言，鼓雷風於天上。誤結九重之眷，冒膺三入之榮。居慚起草之非工，寧復爲真之敢望！茲蓋伏遇皇帝陛下聖謨獨運，睿知日躋。焕乎文章，紹則天之堯帝；倬彼雲漢，邁作人之周王。既集大成，尚收小技。臣謹當推原德意，播在訓詞。雖愧百篇，垂坦然之帝制；或令萬姓，識一哉之王心。臣無任感恩荷聖激切屏營之至，謹録奏謝以聞。謹奏。

謝表

臣某言：伏奉告命，授臣翰林學士、知制誥，已於今月十四日朝謝訖者〔二〕。佐銓南省，已辱超遷；裁詔北門，更膺宣召。絲綸寵甚，簪載榮之。臣某中謝。伏念臣名習藝文，實疏學業；竊方流輩，最軫眷憐。兩制清華，並叨於再直；六曹要劇，五攝於貳卿。積有恩私，略無補報。窺陳篇而盜竊，懼干聖主之誅；奏薄技以精思，愧忝從官之内。敢期宸渥，真踐禁扉。此蓋伏遇皇帝陛下欽明文思，剛健中正。學古多聞乃有獲，發號施令罔不臧。何取顓蒙，亦令親近！臣敢不勉殫愚鈍，仰答聖明？視淮南之書，豈但矜誇於下國；聽山東之詔，固當裨助於中興。臣無任。

舉自代奏狀

右，臣伏見承議郎、權江南西路轉運判官趙汝愚奉親孝謹，勵志忠清。方陛下作成宗支，汝愚首以文學超冠多士，分符持節，又皆底績。若寘詞禁，足爲國華。臣實不如，舉以自代。謹録奏聞，伏候敕旨。

謝衣帶鞍馬表

臣某言：伏蒙聖恩以臣朝謝，賜臣衣一對、金帶一條、兼魚袋、金鍍銀鞍轡馬一匹者〔三〕。笥衣有焕，束以九環；坰牡甚良，分之六轡。被躬雖寵，稱德多慚。臣某中謝。伏念臣乏黄絹之辭，起白駒之谷。褐衣褐見，莫陳漢成之便宜；馬去馬歸，敢計塞翁之倚伏？竊尋唐事，獨貴詞臣。候對於受宣之時，拜恩於就宴之日。服頒内庫，駟假飛龍。蓋嘗夢想於儒榮，豈謂親承於聖澤！此蓋伏遇皇帝陛下解衣待士，馭朽臨民。垂虞舜之裳，坐安天下；市燕昭之駿，期致賢人。故假服章，以華駑鈍。舉一箱於家廟，莫追親膝之歡；盛七事於禁林，徒荷君恩之寵。臣無任。

右制誥、表章一卷，録寄頵、顓二從孫，爲他日齊飛入

〔二〕已於：原作「以」，據日本藏宋刻本改。
〔三〕兼：日本藏宋刻本作「并」。

禁林之勸。萬期勉旃，期無愧於前人〔二〕，勿效叔翁不學少文，徒能依本畫葫蘆耳。淳熙四年六月十五日。」

先公除翰林院制詔表章題曰《鑾坡録》〔三〕。今誥詞已載《年譜》，表章又入此卷，故附見跋語於後云。綸謹書。

〔二〕前：日本藏宋刻本作「古」。
〔三〕翰林院制詔：日本藏宋刻本作「翰苑制誥」。

廬陵周益國文忠公集卷一二四

歷官表奏卷三

淳熙四年

辭免兼修國史奏狀

右，臣準尚書省劄子節文，七月二十七日，三省同奉聖旨，差臣兼修國史者〔一〕。揆才非稱，聞命若驚。竊惟建官以六太爲先，實尊載筆；作樂以一夔而足，所貴專門。若時聖代之信書，方藉春卿之精識〔二〕。明是非於五紀，昭功德於四朝。自非荀、袁鴻雁之行，寧備遷、固馬牛之走？如臣者含毫無取，濫吹有年。逮紹興是正書林，嘗忝於編次；乾道躋攀禁路，復貳於纂修。逮茲三入之榮，厚荷九重之眷〔三〕。然而叨塵數職，懼力難任；度越宿儒，隱心尤愧。伏望陛下擴大明而委照，矜小技之知難成；書專屬於名家，虛次姑仍於舊貫。免令尸素，反滯汗青。干犯宸嚴，臣無任震懼俟命之至。謹録奏聞，伏候敕旨。

不允詔 淳熙四年七月

敕某：省所奏辭免兼修國史恩命事具悉。甚矣夫史筆之難也！以馬遷之良才，而是非頗異於聖人；以韓愈之碩學，而竄定迄無於全篇。自非一代儒英兼備之長者，未易稱其選也，豈無若人足以矯斯弊而擅斯美哉！卿博極羣書，尚友千古，其於文學才識，固已淵淳涵蓄於胸中，而施之論思潤色之間，亦已沛然其有餘。肆是命之，兼典史事，庶幾交輝並映，筆削財成，作宋一經，高視漢唐而無愧。推遜之章，過形謙避。雖嘉沖尚，殆難徇夫雅懷也。所辭宜不允。故茲詔示，想宜知悉。

舉李塾賢良不應格待罪劄子

臣昨任敷文閣待制日，曾同王淮薦舉眉州布衣李塾堪應制舉。後來王淮爲執政，其李塾詞業係臣繳進。緣止蒙恩召試，今聞李塾所試六論率不應格，無以副陛下孜孜求士之意，罪無所逃。欲望聖慈特賜絀責，以懲謬舉。取進止。九月三日，奉御筆放罪。

〔一〕臣：日本藏宋刻本無。
〔二〕日本藏宋刻本、明澹生堂鈔本、四庫本下有注：「時李燾以禮侍同修國史。」日本藏宋刻本「燾」作「燾」。明澹生堂鈔本「李」誤作「禮」。
〔三〕厚荷：四庫本作「益厚」。日本藏宋刻本、《古今事文類聚》新集卷二三作「厚甚」。明澹生堂鈔本作「厚其」，「其」爲「甚」之誤。

東宮賀冬牋

氣運還周，雖分二至；古今交慶，獨在一陽。偉儲德之又新，紛休祥之參集。某中賀。恭惟皇太子殿下挺姿岐嶷，率性溫文。學常受於日舒，道每符於剛長。漢殿八能之會，祗率羣公；魏基三世之言，永扶昌祚。天人有相，福禄無疆。某叨侍承華，載逢令旦。其爲欣頌，倍萬常均。

淳熙五年

東宮賀正牋

玉燭時和，方肇臨於首序；銅樓氣淑，宜交集於殊禧。喜浹宮庭，慶均家國。某中賀。恭惟皇太子殿下聰明異禀，仁孝夙成。在宮曰春，助發生於天地；於卦爲震，欣簡易於乾坤。竊嘗推類以求端，益信對時而受福。某久陪漢苑，載值夏正。因頌詠以輸勤，越等倫而竊抃。

乞郡劄子

臣輒控愚誠，仰干天聽。臣一介庸妄，初乏寸長。陛下陶成奬擢，有年於此，夤緣忝冒，遂塵翰苑，清資駢組，極儒生之榮遇。而臣文辭鄙朴，既無以潤色皇猷；議論尫怯，又無以裨補聖治，妨賢竊位，辜負眷知。慚悸重心，怔忡健忘，凡遇撰述，殊覺艱窘〔二〕。今來侍從近臣皆曾經歷州縣，獨臣超躐過分，未嘗服勤於外。每一念此，尤不皇寧。而况再侍軒墀，首尾四載，稽參故實，亦當從更迭之制。疊是三者，懷不能已，躊躇浸久，乃有茲請，非敢輕爲去就，而無犬馬之戀也。伏望陛下博施鴻造，洞照孤衷，特捐小郡，試以民事。使其心粗安，則病或愈；任稍輕，則力可强。銜恩報德，中外何殊？冒犯威尊，伏俟鈇鉞。取進止。正月二十五日，奉御筆批，降詔不允。

不允詔 兼權中書舍人劉孝韙撰〔三〕

敕某：省所奏劄子，乞特捐小郡，試以民事具悉〔三〕。卿以粹美之資，蚤膺文學之選。晉登詞禁，益鬯聲華。以潤色則素長，以議論則甚偉。凡自託於不敏，皆汝爲之有餘。况兼疊組之榮，方極一時之遇，胡爲剡奏，力詭治民？夫意在前朝如蕭望之〔四〕，願爲中郎若汲長孺〔五〕，皆篤愛君之義，不以居郡爲多〔六〕。矧卿眷倚優隆，職任親近，其體昔人之

〔二〕艱窘：日本藏宋刻本作「窘艱」。

〔三〕兼權中書舍人劉孝韙撰：原無，據日本藏宋刻本、明澹生堂鈔本、四庫本補。

〔三〕「省所奏」至「民事」：原作「云云」，據日本藏宋刻本、明澹生堂鈔本、四庫本改補。

〔四〕意：原無，據日本藏宋刻本、明澹生堂鈔本、四庫本補。

〔五〕若：原無，據日本藏宋刻本、明澹生堂鈔本、四庫本補。

〔六〕以：原無，據日本藏宋刻本、四庫本補。

志，毋懷外補之安。所請宜不允。故茲詔示，想宜知悉。

再乞外任劄子

翰林學士、朝議大夫、知制誥、兼侍讀、兼太子詹事兼修國史臣周某劄子奏[一]：臣近披誠懇，控告君父。乞乘一障，少效駑力。伏蒙陛下訓奬再三，諭使安職。玉音濬發，謇訥自窮。繼頒温詔，曲示優禮。臣草芥微生，何以仰稱天造！感悰既極，哀涕自零。豈應固守不移之愚，身投砧鑕？緣臣辭有未盡，不免觸冒萬死，再塵淵聽。竊以職親禁地，忝被諮詢。非常更歷中外，未易當此高選，其居之者亦以高官厚禄，往往不敢爲久安計。前代故事，難以偏舉，姑以本朝觀之。德望如李迪，猶歷永興軍、陝西都轉運使而後用；文采如陳堯佐，猶數典名郡，四爲職司而後入。又如歐陽修在此職乞洪州者七狀，蘇軾數月間乞守越者八章。載在史册，蓋可覆視。今臣於民情吏事全不諳曉，而冒居華序，淹引歲月。既憂顧問之際語塞獲譴，又恐久妨賢路招致人言。是以朝思夕慮，審而後發。陛下明並日月，必賜矜照。且人臣不自安於朝廷之上者，其說有二：若非明主厭薄，慮貽罪斥，則或多結仇怨，讒疾是虞。今陛下待臣方厚，獨專内直；臣又素不預事，與人無怨。於茲有請，竊謂無嫌。此外實懷私心，不敢輒隱。臣本章句腐儒，其初志在一第。金華玉堂，夢想弗及，又豈期遭遇，併此冒居？兼數年以來，遷擢頻數，常懼踰涯，別致災咎。冀因外補，少逭隕越。言而非實，是爲欺君。縱陛下容而恕之，神明亦將致殛矣。意迫詞煩，仰祈賜可。干犯旒扆，臣無任戰慄俟罪之至。取進止。正月二十七日，奉聖旨依已降詔不允，不得再有陳請。

奏謝劄子

臣昨再具奏，乞從外補。準尚書省劄子，備奉聖旨，依已降詔不允，不得再有陳請。臣仰銜眷遇，感深涕隕。已恭稟聖訓，依舊供職，俟他日請對，別叙戴恩引分之意。謹先具劄子奏謝，伏乞睿照。

再乞去劄子

閏六月十四日

臣輒披誠悃，上瀆宸嚴。臣受材至下，賦分至薄，而叨被眷憐至厚，常懼無以報塞，自貽罪戾。近於五月四日懇祈外補，少逭隕越。玉音眷留，備極恩意。臣感戴殊私，深願竭力文字間，圖報萬一。而臣舊苦心氣之疾，近忽大作，悸眩虚乏，終日困卧。遇有書詔，思索移時，不能下筆，將何以潤色皇猷，上副睿奬？夙宵自省，實不皇寧。重念臣間因奏對，每及久任，謂祖宗時爲學士者常至數歲，亦有踰一紀者。以此見臣非不戀清華之直[二]，企前輩之風。但文翰之職，精思爲主。今臣福過災生，罹

[一]「翰林學士」至「周某劄子奏」，原無，據日本藏宋刻本、明澹生堂鈔本、四庫本補。

[二]「臣」下原有「聞」字，據日本藏宋刻本删。

此疾恙〔一〕，既妨思慮，遂曠職業。雖欲冒尸榮禄，勢不可得。欲望聖慈特賜矜憫，畀臣一待闕小郡，或在外宫祠差遣〔二〕，冀憑天造，休養療治。他日倘或有瘳，尚能歌誦聖主之功德，以畢微願。干犯鈇鉞，臣無任跼蹐俟命之至。取進止。

不允詔　權中書舍人陳騤撰〔三〕

勑某：省所奏劄子，乞一待闕小郡或在外宫祠差遣事具悉〔四〕。朕聞制誥每下，人皆謂其温厚純雅，有典謨風，非卿多識前往，極究本原，安得有文如此？玉堂得人，朕心則喜。託疾引去，未諭厥懷。且官當久任，此卿前日之奏也，今乃有請，何自戾若是乎？所請宜不允。故兹詔示，想宜知悉。

第三乞外劄子

臣輒冒萬死，披露腹心，控告君父。臣以一介疎賤，初乏寸長，蒙陛下非常之恩，致身華要。每維用過其分，未嘗頃刻自安。緣此心氣舊疾乘以大作，近者懇祈外補，蓋非獲已。復蒙聖恩特降詔不允〔五〕。臣感激殊遇，加意調理，冀獲痊愈，少副任使，而所服之藥多是凉劑，數日以來吐利俱作〔六〕，晝夜無度。見今用醫生鄒燁、吳敏修二人診視，雖霍亂稍止，而心脾痛楚，全不入食，支離倦乏，其勢決非一朝一夕所能安愈。翰苑獨員，決致妨廢職事，重速罪戾。欲望聖慈念臣賦分凉薄，受禄滿盈，馴致災屯，將遂隕越，特畀外祠，或待闕小郡，使之保全餘生。他日苟未填溝壑，尚當粉骨碎身，仰答鴻造。疊犯天威，罪在不赦，臣無任震慄俟命之至〔七〕。取進止。七月一日午時，特批出〔八〕：

已降詔不允〔九〕，不得再有陳請。

第四乞在外宫觀劄子　九月二日

臣虔輸肝膽，上瀆宸嚴，衷誠所迫〔一〇〕，不暇文飾。伏念臣才無寸長，性復懦弱。既不能趨事赴功，期表見於斯世；又無崇論竑議，可裨聖時之萬一。獨蒙陛下長養成就，屢加拔擢，浸極清華之選。天高地厚之恩，未知所以報塞。乃自今春以來，心氣舊疾日增月益，自度不能任職，輒敢頻數請外。聖恩過厚，訓諭至於四五。雖眷待當世名臣，其禮不過如此。臣是以貪戀榮寵，尚爾遲回。近見一二侍從相繼遂請，乃知臣前者陳辭不力，

〔一〕罹：原作「惟」，據日本藏宋刻本、四庫本改。
〔二〕在：原脱，據日本藏宋刻本、四庫本補。
〔三〕權中書舍人陳騤撰：原無，據日本藏宋刻本、明澹生堂鈔本、四庫本補。
〔四〕「省所奏」至「差遣事」，原作「云云」，據日本藏宋刻本、明澹生堂鈔本、四庫本改補。
〔五〕復：明澹生堂鈔本、四庫本作「伏」。
〔六〕俱：原作「具」，據日本藏宋刻本改。
〔七〕震：四庫本作「戰」。
〔八〕特：日本藏宋刻本作「入當時」，明澹生堂鈔本、四庫本作「當時」。
〔九〕「已」上，日本藏宋刻本、明澹生堂鈔本、四庫本有「依」字。
〔一〇〕所：原作「祈」，據明澹生堂鈔本、四庫本改。

未能仰動天聽，妨賢竊位，爲罪滋大。今朝廷推行内外迭補之制，如臣叨塵最久，引去不早，其於進退之義已無可言，兼以未便民事，見攖疾恙，不敢僥覬州郡。欲望聖慈特賜矜憫，授臣一在外宮觀差遣。非特使之少贖既往之愆，亦昭示聖主保全微臣終始無已之義(一)。他日當摩頂放踵，仰答洪造。臣無任激切屏營之至，取進止。是日，御筆批付中書後省，降詔不允，不得再有陳請。

不允詔 中書舍人王希吕撰(二)

勑某：省所奏劄子，乞授一在外宮觀差遣事具悉(三)。卿秉心無競，制行以和。崇論宏議，裨贊乎朝廷；高文大册，發揮乎王度。自極清華之選，愈嘉趣向之醇。胡爲丐祠，欲以去國？且頻數請外，非卿求退之不力；而遲回尚爾，廼朕眷留之益隆。當知君國相與之誠，復在出入迭補之外。其祇予訓，無費爾辭。所請宜不允，不得再有陳請。故玆詔示，想宜知悉。

奏謝劄子 九月三日(四)

臣迂愚疎賤，蒙陛下拔之衆人之中，寘之侍從之列。恩重丘山，報微毫髮。積此憂懼，浸成心氣之疾。適值舉行更迭舊制，乃敢冒昧籲天，冀食祠禄。不惟少逭滿盈之責，亦免招致人言，仰累識擢。豈謂陛下推天地父母之仁，矜憐無能，保護弱植，面加訓飭，使安厥位，屢頒温詔，諭以勿復有請。寵恩優禮，皆非微臣之所當得。雖使赴湯蹈火，捐軀委命，未足仰報隆施，況於尋常文字之職？苟能自效於萬一，敢不矢心自誓，别圖稱塞！謹此奏謝，伏乞睿照。

辭免轉官劄子

翰林學士、朝議大夫、知制誥、兼侍讀、兼太子詹事、兼修國史臣周某，朝議大夫、試尚書吏部侍郎、兼侍講、兼同修國史、兼權吏部尚書臣程大昌，朝散郎、新授試中書舍人、兼太子左庶子、兼侍講、兼同修國史臣陳騤，朝請大夫、權尚書吏部侍郎、兼同修國史臣芮煇奏(五)：臣等準尚書省劄子，以車駕幸秘書省，奉聖旨各轉一官者。冒膺鴻渥，伏積震惶。臣等竊惟祖宗時，三館祕閣近在端門之内，乘輿既可數至，故或設醴以待羣臣。政和五年初幸秘書外省，紹興載新館閣，始有增秩故事。至於開湛露之宴，摛雲漢之章，光於舊聞，則有所待。臣等猥以駑鈍，分職三館。恭值陛下親屈帝尊，下賁東壁，屬饜聖德，窺觀宸藻，已極榮遇。若復兼用今昔之異禮，更進階序，深恐不稼取

(一) 義：日本藏宋刻本、四庫本作「意」。
(二) 中書舍人王希吕撰：原無，據日本藏宋刻本、明澹生堂鈔本、四庫本補。
(三) 「省所奏」至「差遣事」，原作「云云」，據日本藏宋刻本、明澹生堂鈔本、四庫本補改。
(四) 九月三日：原無，據日本藏宋刻本、明澹生堂鈔本補。
(五) 「奏」下，明澹生堂鈔本、四庫本有「劄子」二字。

禾，或累總覈之政。相與熟慮，義當控免。懼瀆天聽，不敢各上奏牘。伏望陛下愛惜爵秩，專待有功，裁抑僥倖，始於近列，收還前詔。俾臣等免貽誚於公議，不勝大幸。干犯威尊，伏候誅戮。取進止。奉御寶批〔二〕，周某、程大昌並降詔不允，陳騤、芮煇並不允。

不允詔

勑某：省所奏劄子，辭免各轉一官恩命事具悉〔三〕。朕仰法祖宗崇儒，爰幸書林，恭閱謨訓，庶幾尊行，用底承平之盛。卿以高文奥學，久儀法從。參秉史筆，稽之故寔。進階一等，何以辭爲？載披遜牘，深切嘉歎。所請宜不允。故茲詔示，想宜知悉。

乞宮觀劄子 十一月

臣輒披誠悃，上瀆睿聰。臣以孤生，蒙陛下簡擢，致身侍從。嘗欲畢命馳驅，期副任使。而臣爰自早歲即苦心氣不寧，今年以來，其疾益甚。職在文字，每懼曠瘝抵罪，累曾控告君父，冀從外補。伏蒙聖恩屢頒詔諭，未賜俞允。臣自知無以稱塞，日益憂惶。外雖似乎無他，而病實深於内。每遇撰述，往往思慮移時，僅能下筆，蕪累不工，人所共見〔三〕。而況陛下聖學天縱，睿藻日新，臣於此久玷代言之任，可謂不知量矣。近因回答國書，果致語意失當，仰勤宸筆改定，臣之不職，罪豈容誅？緣事干遠人，恐傳聞或至失實，未敢入奏待罪，便合請對陳情，僥倖善罷。適連值假，故未有班次，不克徑輸危迫之情，祈動天聽。伏望聖慈矜臣才思殫竭，自取悔尤，念臣懇求閑散，前後非一，稍寬刑誅，特授一在外宮觀差遣，使之歸伏田廬，尋訪醫藥。他日倘遂痊平，誓當再策駑鈍，圖報天地父母生成之德。臣無任跼蹐俟命之至，取進止〔四〕。

不允詔 權直崔敦詩撰

勑某：省所奏劄子，乞一在外宮觀差遣事具悉〔五〕。卿清規邁乎朝倫，懿文經乎國體。久在禁苑，具聞嘉猷。固已發吾詔令，温淳安重，踵乎訓誥之餘。加以禮遇恩寵，在廷莫二。而乃懇懇言歸，幾於辭竭而意盡。豈朕不敏，未達好賢之誠，將卿既明，自全引退之節，莫喻厥意。三復憮然，詔旨屢頒，勉留毋執。所請宜不允，不得再有陳請。故茲詔

〔一〕 奏：日本藏宋刻本、明澹生堂鈔本、四庫本作「九月二十三日午時進」。

〔三〕 「省所奏」至「恩命事」，原作「云云」，據日本藏宋刻本、明澹生堂鈔本、四庫本補改。

〔三〕 人：日本藏宋刻本作「衆」。

〔四〕 日本藏宋刻本、明澹生堂鈔本、四庫本篇末有原注：「十一月□日，御筆批：降詔不允，不得再有陳請。」「再有」，明澹生堂鈔本誤作「再爲」。

〔五〕 「省所奏」至「差遣事」，原作「云云」，據日本藏宋刻本、明澹生堂鈔本、四庫本補改。

示，想宜知悉。

奏謝劄子

臣近者擬進金國回書，辭意失當，憂懼惶惑，莫知所措，輒敢上章待罪，意謂獲譴死矣。伏蒙皇帝陛下仁並天地，恩踰父師，特下詔函，諭以不得再請。恩禮隆異，近無其比。驚魂遂定，感涕自零。臣伏思本朝真宗眷待學士楊億，一時群臣皆莫能及。億嘗於契丹回書中用「鄰壤」二字，不契聖意，尋引唐制乞行解職，厥後竟棄其官奔歸陽翟。今臣視億之才無能爲役，而鹵莽謬戾，罪實過之。陛下既不加之罰，反遇之以禮，在臣僥倖，比億何多！刳心隕元，莫報鴻造；竭誠盡節，誓畢此生。謹具劄子奏謝以聞，伏乞睿照。

辭免禮書兼翰苑奏狀

右，臣今月四日準尚書省劄子節文，三省同奉聖旨，周某可除禮部尚書，兼翰林學士，日下供職者。自天有命，無地措躬。臣竊惟掌禮代言，班高選遴。國初陶穀雖嘗兼領，然宗伯猶是階官，未率屬也。元祐中，獨蘇軾文章學問稱此兩職，然亦先後迭居，不聞並命。自紹興至於乾道，沈與求、孫近、胡交修、楊椿、汪應辰俱是六卿，祇帶兼權學士。有以見名器之重，不輕付畀如此[一]。今臣至愚極陋，無一可取。積由遭遇，徧歷清華。懷感恩之意而口不能宣，堅報國之誠而力不能逮。前此奏對，每及祖宗時居內制者大率久任，則臣拳拳之志粗亦可推。第緣宿恙侵凌，未免僥求閑散。陛下海涵天覆，已極隆寬。乃復過有褒遷，超視二品，兼直翰苑，度越前規。寵厚而愈加，位高而益進。方聖主大開公路，臨照百官，何乃眷私小臣，獨用其至。此臣所以既懷滿盈之懼，又慮仰玷聖明，瀝懇籲天，殆不容已。伏望睿慈鑑臣悃愊，非敢僞辭，特頒詔旨，亟寢成命。清資異數，留待奇才。庶安危衷迄，荷保全之賜。所有恩命，臣未敢祗受。伏候勅旨。奉御筆批[二]，降詔不允。

不允詔　崔敦詩撰

勅某：省所奏劄子，辭免新除恩命事具悉[三]。朕惟五禮管乎羣情，八座高於邇列。若乃中朝有大制作而無所折衷，諸儒有異議論而未知適從。維時大宗伯之官，豈同常有司之事？卿以道德名望之彥，首言語侍從之聯，百王憲度，靡不該通，一代典章，俱成誦記。庸副朕選，誰逾汝宜？茲趨陟於新班，復乃歸於舊直。進趨內禁，敷雷風鼓舞之辭；退踐中臺，秉夙夜寅清之節。宜祇寵遇，毋執謙懷。所辭宜不允。

[一] 付畀：日本藏宋刻本、明澹生堂鈔本、四庫本作「畀付」。
[二] 筆：日本藏宋刻本作「寶」。
[三] 「省所奏」至「恩命事」，原作「云云」，據日本藏宋刻本、明澹生堂鈔本、四庫本改補。

謝表

臣某言：伏奉告命，除臣試禮部尚書，兼翰林學士，仍賜對衣、金帶、魚袋、鞍轡馬者〔一〕。宗伯綴文昌之座，已高曳履之班；翰林依華蓋之星，尚玷演綸之直。當聖主謹持於公器〔二〕，獨愚臣常愧於私人。臣某中謝。臣竊考自古俊英之才，旋觀當今文學之士，或抑淹草茅之下，或陸沉州縣之中。瞻城南尺五之天，致身無路；想玉階方寸之地，通籍幾人？況乎出入禁嚴，周旋侍從，論思獻納，日邇清光，被衣服乘，歲叨徽數。向非負一時之望，安能符衆論之公？如臣者學不足以知方，才不足以應務。家壁四立，甘爲窮陋之民；君門九重，敢起躋攀之念？而自親逢聖作，首奉詔除。簡知特厚於諸臣〔三〕，獎擢偏更於華貫。官益崇而效寡，禄過富而報微。左降固宜，右遷何有？忽拜便蕃之命，疊加優異之恩。帥屬春官，光二卿之舊次；摛文禁苑，忝四命之新榮。焕實帶以章身，飾繡韉而駕駿。正使寔兼數器，尚虞稱塞之難；矧伊初乏寸長，何意超踰之甚？周章就列，俯仰懷慚。此蓋伏遇皇帝陛下道協舜華，志恢禹跡。明明在下，雖洞照於羣情；浩浩其天，每包涵於萬類。寧稍捐於爵秩，恐或棄於菲葑。遂致凡才，亦塵顯仕。臣敢不悉其思慮，稱是寵褒？號令文章，期助漢家之制；討論潤色，勉希鄭國之賢。苟逭素餐，豈酬洪造〔四〕。臣無任云云。

舉自代奏狀

右，臣伏睹朝奉郎、新通判邵州軍州、兼管内勸農營田事周因問學登甲科〔五〕，才猷著仕路。嘗治兩邑，備宣愛民捍寇之勞。久沉下僚，涵養益富。使居禮樂文章之任，必有可觀。舉以代臣，實允公議。

東宮賀冬箋

氣隨卦應，象初起於中孚；月與日同，曆並書於甲子。萃休符於聖旦，鍾景況於儲明。某中賀。恭惟皇太子殿下盛德被躬，至仁成性。問安侍膳〔六〕，欣圭景之漸長；遠佞親賢，對陽剛之來復。自天有相，與國無疆。某四逢小至於承華，何裨羽翼；三祝大來於純嘏，益顯輝光。懇懇之誠，拳拳於是。

〔一〕轡：原無，據日本藏宋刻本補。

〔二〕公：原作「官」，據日本藏宋刻本、四庫本、傅校本、《翰苑新書》後集上卷二四、《古今事文類聚》新集卷一三改。

〔三〕特：四庫本作「獨」。

〔四〕豈：原作「誓」，據日本藏宋刻本、明澹生堂鈔本、四庫本、《翰苑新書》後集上卷二四、《古今事文類聚》新集卷一三改。

〔五〕甲科：原作「科甲」，據日本藏宋刻本、明澹生堂鈔本、四庫本乙。

〔六〕侍：原作「視」，據日本藏宋刻本改。

淳熙六年

東宮賀正牋

象測璿衡，載齊於七政；書開寶典，重紀於上元。繄時令之更端，宜春官之集祉。某中賀。恭惟皇太子殿下生知仁孝，日就聰明。内殿捧觴，不必馳漢家之道；中心愛物，奚須放趙國之鳩？茂臨獻歲之期，丕擁自天之祐。某欣逢首祚，猥綴下僚。淵冲玉裕之姿，益新厥德；柏葉椒花之頌，彌罄乃誠。

謝御書劄子　十一月二十五日〔一〕

臣適蒙聖恩，召至選德殿面賜訓諭，欲以御書光寵下臣。尋準中使李裕文傳示聖旨，頒賜唐白居易《七德舞》、《七德歌》一軸，龍蟠鳳翔，眩駭凡目。仰惟皇帝陛下睿文英武，同符太宗，選用將相，内修政事，將欲定兩京，致太平，故有感於居易之言，形諸翰墨，少見聖意。抑臣何幸，乃祗拜此賜。昔本朝太宗皇帝以宋玉《大言賦》賜蘇易簡，哲宗皇帝以白居易《紫薇花詩》賜蘇軾，皆以寵待詞臣，垂光簡册。今臣榮遇殆且過之，謹當什襲珍藏，傳示子孫，侈遭逢之盛。其於報塞，惟誓捐糜〔三〕。謹具手劄奏謝，伏乞睿照。

謝賜新茶奏狀　二月〔三〕

右，臣今月二十五日承中使李肅傳，奉聖旨賜臣出格新茶三十銙者〔四〕。進紫筍之茶，及清明之宴，自唐而後，奉上爲先。寧容蟣虱之臣，首拜雲天之渥？想旗鎗於閬苑，生羽翼於丹丘。翰林分成象之春，事光前代；常伯待頭綱之賜，寵遇本朝。恩重丘山，感深肺腑。臣無任榮懼之至，謹録奏謝以聞。謹奏。

辭免日曆轉官奏狀

右，臣準尚書吏部牒，近修日曆至淳熙四年，奏知篇帙，以已降聖旨，臣曾預纂修，係在内官，合轉一官者。臣聞命若驚，措身無所。竊以舜受堯禪，光華二典之中；武承文謨，度越三王之上。久罕聞於並世，今親值於同時。蓋國家甚盛之規，實儒學難逢之會。而臣猥由薄技，久竊殊知。供奉螭坳，預初載史臣之高選；周旋麟省，窺兩朝日曆之宏綱。逮茲洊履於禁嚴，適遇再陳於篇帙。故四周於歲律，而疊進於官榮。夫何總核之朝，有此便蕃之寵。自猶知其過矣，人豈謂之當然？伏望陛下天造無

〔一〕十一月二十五日：原無，據日本藏宋刻本、明澹生堂鈔本、四庫本補。
〔二〕捐糜：日本藏宋刻本、明澹生堂鈔本、四庫本作「糜捐」。
〔三〕二月：原無，據明澹生堂鈔本、四庫本補。
〔四〕三十：日本藏宋刻本作「二十」。

私，日光必照。念臣遭逢千一，雖與衆同；察臣僥倖再三，則惟己獨。或遂寢出綸之命，或量裁考績之年。稍令私義之安，實賴公朝之賜。所有恩命，臣未敢祇受。謹録奏聞，伏候敕旨。

丐外祠劄子

臣輒殫誠懇，冒干淵聽。伏念臣奮身寒苦，始望不過州縣一官，豈圖天幸，蒙被聖主非常之知，出入清華，十有八載。凡學士大夫夢想之所不及者，臣既徧歷而久居之矣。雖復真才實能，竊恐未易當此，况於臣乎？是故人以爲榮，臣以爲懼；人以爲寵，臣以爲慚。戰戰於中，不安寢食。自外視之〔一〕，步趨應接似若無他，而心虚氣索，昏忘困憊，日甚一日，浸覺不能支持〔二〕。乃自去春以來〔三〕，數有外補之請。陛下隆天厚地，蓋載小臣，屢頒詔諭，如待勳舊。宗卿禁苑，繼被優除，求去得遷，宜黜而陟。豈惟自知踰分，公論蓋籍籍矣。然臣所以冒受而不復固辭者〔四〕，欲使中外知陛下待遇臣子極其恩意。臣雖不肖無用，亦且曲留之於前，進擢之於後。庶幾智能之士感激奮勵，争效命於聖世。此則臣區區體國之素志也。今陛下恩意已昭，而臣在職又及半載。再伸前請，今也其時。至於位高禄厚，福過災生，數口之家，無日不事醫藥，近復有殤孫之戚。私計怵迫，不敢一一控陳於黼座之前〔五〕。抑臣聞犬馬戀軒〔六〕，葵藿傾日，臣忝爲侍從，豈忘斯義？若非分量盈溢，衰病侵凌，懼貽顛沛，仰累洪造，則輕去闕廷，甘心閑散，夫豈近於人情？伏望陛下日月並明〔七〕，照臣肝膽；乾坤宏度，恕臣煩瀆。檢會累奏，除臣在外宮觀一次，使之少息憂惶，安養神氣。二三年間〔八〕，憑藉天恩，或未淪於溝壑，尚當再策疲駑，趨事赴功，圖報聖德之萬一。輕犯宸嚴，臣無任屏息俟罪之至。取進止。五月二日，奉御筆批，降詔不允。

不允詔

敕某：省所奏劄子「乞檢會累奏，除在外宮觀差遣」事具悉〔九〕。卿沖規亮節，聲榮中朝。大册高文，追躡前古。越自去歲，薦祈外祠，所爲眷留，亦已備盡。何未淹於時月，又遽上於封章。詔下禁林，羣聽習聞於温厚；禮行世室，諸儒質正於異同。固嘗念之，疇可去此？宜安厥位，毋咈予懷。所請宜不允。故兹詔示，想宜知悉。

〔一〕外視之：原作「此」，據日本藏宋刻本改補。
〔二〕持：明澹生堂鈔本、四庫本無。
〔三〕「乃」上，日本藏宋刻本、明澹生堂鈔本、四庫本有「吾」字。
〔四〕以：原無，據日本藏宋刻本、明澹生堂鈔本、四庫本補。
〔五〕控：原作「起」，據明澹生堂鈔本、四庫本改。
〔六〕犬：原作「伏」，據日本藏宋刻本、明澹生堂鈔本、四庫本改。
〔七〕並：日本藏宋刻本作「至」。
〔八〕二三：日本藏宋刻本作「三二」。
〔九〕「省所奏」至「差遣事」，原作「云云」，據日本藏宋刻本、明澹生堂鈔本、四庫本改補。

再乞外祠劄子

臣昨日披露腹心，乞在外宮觀差遣。伏蒙陛下面賜訓奬，未俞所請，隨頒詔諭，曲示眷留[一]，待遇之恩，至深至厚，便當欽承威命，勉供厥職，仰副聖意。緣臣心有未安，義當再攄危懇。伏念臣才氣卑弱，智識昏愚，徒緣遭逢，超取顯美，身兼數職，寵極詞臣。恩施重於丘山，報效微於毫髮。論邦法則瘝官之罪甚大，推物理則惡盈之害可虞。是以憂懼積於中，寢食廢於外。鬢髮衰白，心志凋零。若不力求退閑，必恐坐貽隕越。慮之既熟，方敢控陳。況侍從之臣更迭出入，聖朝令典無歲無之。今臣名爲引去之言，實貪非分之寵。閱時滋久，觀聽謂何？故欲及罪戾未深之時，疾病可療之際，少圖休息，苟逭誅夷。伏望聖慈亮臣素願之無他，念臣真情之可憫，特頒睿旨，許奉外祠。臣迫切於中，辭不逮意，干犯旒扆，無任惶懼之至。取進止。五月四日，三省同奉聖旨，依已降詔不允，不得再有陳請。

奏謝劄子

臣近者迫於衰疾，冒昧陳情，冀就退閑，少安孤迹。伏蒙陛下推天地生成之德，擴父母愛憐之心，未容歸卧於漳濱，尚使參華於魏闕。顧慚小醜，曷稱大恩！臣已遵禀聖訓，於初六日祇赴朝參訖，續容請對控陳感戴兢惶之意。謹先具劄子奏謝，伏乞睿照。

辭免東宮轉官奏狀

右，臣伏睹四月二十四日敕下禮部，皇太子講《禮記》終篇，官屬特轉一官者。得非所宜，以懼以恐。臣聞古者教世子必以禮樂。禮所以修外，樂所以修内，然後恭敬温文之德備焉。三王有道之長，實本諸此。陛下稽古垂訓，日命儒臣講《戴經》於東序，以助成儲德，可謂同符於三代矣。而臣叨塵近列，參侍承華。慚無寸長，可補三善。逮逢卒業，彌愧横恩。且臣寄禄之階寖崇，增秩之寵沓至[二]。豈特僥倖頻數，慮貽身災，亦惟賞或僭差，殆將累國。伏望陛下推明主愛嚬笑之義，念名器不假人之言，毋刻贊書，留勸功效。蓋以例而加者，上之恩也；因辭而輟者，臣之幸也。授受兩得，庶其在兹。冒瀆宸聽[三]，臣無任戰汗之至。謹録奏聞，伏候敕旨。五月日，奉御寶批，降詔不允。

不允詔

敕某：省所奏辭免皇太子講《禮記》終篇官屬特轉行一官恩命事具悉[四]。朕惟元良根本之重，固嘗博求名德之

[一] 曲：原作「回」，據日本藏宋刻本改。
[二] 秩：原作「迭」，據明澹生堂鈔本、四庫本改。
[三] 聽：四庫本作「聰」。
[四] 「省所奏」至「恩命事」，原作「云云」，據日本藏宋刻本、明澹生堂鈔本、四庫本改補。

彥，以輔翼於東宮。卿稟資直方，蹈道醇正，朕所簡任，俾位端尹。而能敷繹古今，講明法度，開益德性，日以高明，朕甚嘉之。昔元榮以儲君專精博學，謂之國家福祐，今經告訖篇，例進官等，亦惟國體所繫，且以誌朕心之喜〔一〕，尚何辭焉？所辭宜不允。故茲詔示，想宜知悉。

乞宫観第一劄子

臣輒瀝肺肝，投誠君父，內循僭越，如蹈淵谷。伏念臣至愚極陋，本州縣之凡才，不意蒙被聖知〔二〕，揚歷華近，常欲策勵駑蹇，少效萬一，而才分所局，勉强不前。惟有骫骳之文，是臣少習，深欲以此圖報天地生成之德，而用意過當〔三〕，心氣日損，事多廢忘，動成謬誤，曉夕憂懼，寢食爲之不安。今夏嘗披露懇欵，僥冀祠禄。伏蒙陛下曲頒詔諭，感極至於無言。尋以宗祠涓沐，許臣參乘。竊惟久闕之盛典，稀世之榮遇，周南留滯，太史所嗟。臣實何人，乃幸遭際？是以遷延累月，未敢申言。今者熙事告成，神人懽懌。若復貪戀榮寵久而不去，誠恐舊疾沉痼有加無瘳。討論潤色，緩急或至閣筆，公言可畏，邦法難逃。是時陛下雖欲保全，亦將無及。此臣所以不避鈇鉞，冒昧有今日之請。伏望聖慈檢會累奏，授臣一在外宫觀差遣。庶使方寸獲安，宿恙稍愈，則臣殺身圖報，何敢後於衆人？陳請籲天，恭候威命。臣無任戰汗之至，取進止。

不允詔　中書舍人鄭丙撰〔四〕

勅某：省所奏劄子乞檢會累奏授一在外宫觀差遣事具悉〔五〕。朕惟儒術行而天下富，有德進則朝廷尊。卿以淵源之學啓迪朕心，黼黻之文光華國典。久服禁嚴之列，寔深注委之懷。何爲抗章，累求去位？況才具優兼於數職，春秋尚盛於中年，以疾爲辭，誠所未喻。其體至意，勉爲朕留。所請宜不允。故茲詔示，想宜知悉。

乞宫観第二劄子

臣昨日罄竭愚衷，冒塵淵聽，乞一宫觀差遣。伏蒙陛下訓諭再三，未忍使之遽去，且謂臣自試詞科，已簡聖知。臣上迫天威，中銜恩遇，精誠雖至，辭不寫心，退朝跼蹐，恭候報可。豈惟鴻施優假，温詔復頒，捧讀以還，感而涕泣〔六〕。因竊伏思陛下所以於臣委曲盡眷留之意者，以臣進由科目，粗習文藝，欲令常

〔一〕誌：日本藏宋刻本作「致」。
〔二〕知：原作「主」，據日本藏宋刻本、明澹生堂鈔本、四庫本改。
〔三〕過當：原作「□□」，據日本藏宋刻本改。
〔四〕中書舍人鄭丙撰：原無，據日本藏宋刻本、明澹生堂鈔本、四庫本補。
〔五〕「省所奏」至「差遣事」，原作「云云」，據日本藏宋刻本、明澹生堂鈔本、四庫本改補。
〔六〕感而涕泣：日本藏宋刻本、明澹生堂鈔本、四庫本作「感極而泣」。

周旋於翰墨間也。臣知本朝故事，内制學士多是十有餘年未嘗輕爲去就，自可優游侍從，盡展底蘊，極書生之榮。顧何至固守不移，以自納於不測之誅？蓋由臣宿苦心氣，年運而往，日以加甚，舊書廢忘，無復新功，臨文之際，屬思艱苦，辭皆牽强。常恐緩急宣臣，不能成章，玷辱國體，無所逃罪。是以仰恃殊知，思欲自爲之所，又念聖時難遇，餘生可惜，及今少圖休息，免至遂爲廢人，異日尚堪奏薄技於從官之内，或捐軀命於矢石之間。天不可欺，臣何敢忘？伏望聖慈俯加憐察，特賜矜許。意迫言繁，洊瀆君父，臣無任戰慄俟罪之至。取進止。御筆批，依已降詔不允，不得再有陳請。

奏謝劄子

臣昨再具劄子，乞在外宫觀差遣。準尚書省劄子，備奉聖旨，依已降詔不允，不得再有陳請。伏念臣蟲豸才微，缾罍器小。用過其量，每深滿溢之憂；病乘其衰，寖覺精神之耗。輒籲天而伸懇，方伏地以俟誅。敢圖推博愛之仁，未忍狗投閒之請。洊頒恩旨，曲示眷留。傾葵藿之心，彌堅此日；逐桑榆之暖，猶待他時。臣無任感激惶懼之至，謹具劄子奏謝以聞。伏乞睿照。

繳還殿中監職事申狀

近準敕差充將來會慶聖節上壽殿中監職事。緣某先曾借官就都亭驛押宴，竊慮至日人使在廷，衣帶相妨，所有元差敕一道并封皮全繳連在前，伏候指揮。仍連原敕一道并封皮。十月七日，三省同奉聖旨依，改差刑部尚書謝廓然。其繳到敕，令尚書省毁抹[二]。

明堂禮成賀東宫劄子

某等恭觀聖上肇禋明堂，精意昭格，積雨驟霽，迄於熙成。神人歡欣，中外闓懌。亦惟殿下顯相君父，慇伸貳觴之敬，用能助輯休祉，敷爲慶澤，天下幸甚。

未即詣東宫劄子

某等伏慮連日行禮稍勤，未敢趨詣宫庭。謹先此稟叙賀悃，伏乞令照。

會慶節賀劄

臣恭遇會慶聖節，緣被旨二十八日借官押宴都亭驛，不獲拜舞鴛鷺之行。伏願皇帝陛下睿算萬年，奉庭闈之榮養；綿區一統，包唐漢之舊疆。永俾生民，常躋壽域。臣無任瞻天樂聖、懽呼頌詠之至。

[二] 省：原無，據四庫本補。

辭免吏部尚書兼翰林院學士承旨奏狀

右，臣今月二日準尚書省劄子，三省同奉聖旨，除臣吏部尚書兼翰林學士承旨，日下供職者。寵光下集，感懼中深。竊以吏部設官，卿列三銓之首；禁林分職，命專一老之承。諒非實望之交孚，安得恩榮之並授！如臣者性資昏鈍，問學荒蕪。綿力薄材，事業每居於人後；高官厚祿，選除常在於衆先。分毫未答於殊知，積累更多於幸會。儀曹再至，禮文獲預於討論；翰苑重游，典册屢參於潤色。已溢絣罍之量，方隆天地之恩。外朝高南省之班，内直冠北扉之秩。求閑而劇，既難彊於精神；宜退而遷，亦懼招於議論。思逭貪饕之誚，寧干逋慢之誅。伏望皇帝陛下明君知臣，慈父愛子。察臣吏才素短，詎應付之銓衡，憐臣筆力已衰(一)，難復責之翰墨。收還異數，改畀實能。庶幾毛玠之清，可踰於魏；毋使鄭絪之密，獨見於唐。仰瀆四聰，伏須萬坐。所有恩命，臣未敢祇受。謹録奏聞，伏候敕旨。

不允詔

崔敦詩撰(二)

敕某：省所奏辭免除吏部尚書兼翰林學士承旨恩命事具悉(三)。綜銓省之功衡(四)，道内庭之密命。攷皇朝熙寧而上，寔爲臺路之官；閱唐室元和以來，專待禁林之老。班高地近，事重職清。曾崇朝而並除，乃曠代而罕見。卿懿文追古，亮節表時，英英人物之宗，憲憲邦家之望。久在禁近(五)，稔光大之德而尊榮朝廷，藉端醇之度而領袖侍從。優賜顯渥，夐超常倫。當即欽承，毋庸過遜。所辭宜不允。故茲詔示，想宜知悉。

再辭免兼翰林學士承旨奏狀

右，臣近具奏辭免新命，伏蒙聖慈降詔不允，臣仰戴恩遇，已泣事訖。惟是詞禁兼榮，至爲優禮，非臣么麽，所能稱塞。方欲再伸懇悃，乞賜寢免，茲者恭睹内批付學士院，以天官事繁，今後非特旨撰述，其餘並免。臣有以見陛下眷待微臣，曲盡恩意，並陞兩職，示寵搢紳，復蠲減撰述，寬其思慮，刳心隕元，何足仰報洪造？然臣竊謂優異之禮，須待俊傑之人。若以凡材而輒冒受，衆將指議，自亦難安。且祖宗時學士兼職開封(六)，或領三司使免撰述者，蓋是朝廷差委別領職任，有妨赴院，非推異數以便其私也。官制既行，六曹尚書多除翰院，如蘇頌累朝舊德，自刑部尚書改授吏部始除承旨。豈嘗疊組並進，仍免常程文字如臣今日之優異僥倖乎？伏望陛下矜臣惶恐不敢當之意，許臣免兼

(一) 筆：原作「年」，據明澹生堂鈔本、四庫本、《古今事文類聚》新集卷二〇改。
(二) 崔敦詩撰：原無，據日本藏宋刻本、明澹生堂鈔本、四庫本補。
(三) 「省所奏」至「恩命事」，原作「云云」，據日本藏宋刻本、明澹生堂鈔本、四庫本改補。明澹生堂鈔本脱「事」字。
(四) 功：日本藏宋刻本、四庫本作「公」。
(五) 近：四庫本作「林」。
(六) 職：日本藏宋刻本、四庫本作「知」。

承旨學士，使得殫竭知慮，效力銓綜，以圖報答。不惟私義稍安，亦於公論惟允。干冒宸嚴，臣無任戰懼俟命之至。謹録奏聞，伏候敕旨。

不允詔　崔敦詩撰〔一〕

勑某：省所奏辭免兼翰林學士承旨事具悉〔二〕。朕閱唐故事，翰苑置承旨自鄭絪始，凡大誥令大廢置乃俾專受，不責以翰墨之勞也。本朝以學士久次一人爲之，秩高體重，固不常置。卿久在禁林，多歷年所，宜峻厥陟，用休其勞。況綜秉銓衡，叙進羣吏，亦已詔卿免凡撰述，唯特命始預，略如唐制矣。金門玉堂，方倚君重，宜無辭焉。所辭宜不允。

第三辭免兼翰林學士承旨劄子

臣近再具奏，辭免兼翰林學士承旨，伏蒙聖慈特降詔不允，恩施隆重，踰於丘山，便當祇體聖意，何敢過爲遜避？然臣竊念分直禁林，實爲高選；服勤文字，乃其職業。若驟進久虚之位，仍加優逸之禮。恐雖宿儒舊德，不敢偃然當此。臣是何人，輒爾冒居〔三〕？縱陛下寵遇微臣，在公論必不容恕。而況經筵史觀、東宮僚屬，比之同列，兼職已多。伏望聖慈察其情不自安，懼速顛沛，特賜矜憫，許免上件恩命，臣誓竭犬馬之力，圖報天造。取進止。十一月九日，三省同奉聖旨，依已降詔不允。

謝表

臣某言：伏奉誥命，除臣試吏部尚書兼翰林學士承旨，仍賜對衣、金帶、魚袋、鞍馬者。頻年入侍，徧塵清近之班；兩職並陞，復冒殊尤之寵。賁服章於朽質，被韉策於名駒。異渥鼎來，危衷震惕。臣某中謝。臣聞漢以尚書爲喉舌，唐以翰苑爲腹心。明光畫省之嚴，夔、龍接武；浴殿金鑾之邃，頗、牧在中。如臣凡預選掄〔四〕，已爲要劇。矧疊膺於印組〔五〕，足增耀於簪紳。如臣者天分弗高，人才甚下。自維始願不踰州縣之間，誰意晚途寖躐賢豪之上。揆分數祈於罷免，疏榮更誤於褒遷。冠秩序於南宮，進班連於東閣。胡瞻鶚特，久慚受禄之無功；兼取熊魚，彌愧舍生而取義。二儀施大，一介命輕。此蓋伏遇皇帝陛下文武生知，聖神廣運。使人也器，隨良窳以無遺；與物爲春，舉根荄而畢遂。是容賤士，仍玷高門。惟聖朝法令之具存，初不勞於裁鑑；而明主德功之俱懋，亦何待於論思？第當守三尺以不欺，且復盡一心而無隱。庶持孤節，仰報洪施。臣無任云云。

〔一〕　崔敦詩撰：原無，據日本藏宋刻本、明澹生堂鈔本、四庫本補。
〔二〕　「省所奏」至「承旨事」，原作「云云」，據日本藏宋刻本、明澹生堂鈔本、四庫本補改。
〔三〕　爾：四庫本作「敢」。
〔四〕　預：原作「遇」，據日本藏宋刻本改。
〔五〕　疊膺：原作「膺疊」，據日本藏宋刻本、明澹生堂鈔本、四庫本乙。

舉自代奏狀

右，臣伏睹宣教郎、簽書鎮南軍節度判官廳公事孫逢辰，才能之優，可剸繁劇；文學之敏，宜備咨詢。臣實不如，舉以自代。

廬陵周益國文忠公集卷一二五

歷官表奏卷四

淳熙七年

東宮賀年牋

正合乎天，謹歲年於周朔；雷潛乎地，推動静於羲爻。在時爲亨，於禮宜慶。某中賀。恭惟皇太子殿下狗齊以敏，温敬而文。日月就將，方懋聰明之德；國家閒暇，莫窺監撫之功。當南極之景舒，知少陽之道長。榮奉兩宮之樂，協臻曼壽之期〔一〕。某託備下僚，會逢亞歲。龍墀北拱，欣仰睇於淵冲；鶴禁東開，嗣虔修於班謁。

同講筵官辭免進讀三朝寶訓終篇轉官奏狀

大中大夫、試吏部尚書、兼翰林學士承旨、兼侍讀臣周某，朝請郎、試兵部尚書、兼侍讀臣王希呂，朝議大夫、權尚書户部侍郎、兼侍講臣陳峴，朝奉大夫、侍御史、兼侍講臣黄洽，朝奉郎、秘書省著作郎、兼崇政殿説書臣崔敦詩同狀奏：臣等準尚書省劄子，五月六日，三省同奉聖旨，經筵進讀《三朝寶訓》終篇，侍讀、侍講、説書並特轉一官者。非常之恩，承命震恐。臣等伏睹真宗咸平中肇正講讀之職，始命邢昺專講《左氏春秋》，其後篇帙既竟，特宴近臣，仍有賜賚遷官之寵，載在史册，以爲美談。仰惟陛下迪三聖之丕烈，頻御邇英，樂聞謨訓。臣等適有天幸，偶值終篇。聖恩所加，務極隆厚。賜飲則敕使踵至，賚予則駢蕃不一。臣等無稽古之力，竊稽古之榮。其爲光輝，已不勝言。若復驟增顯秩，必將上累信賞，下拂公議，此臣等之所以懼也。且邢昺初終自講一經，宜有異數。今略計十九年間，任講讀者近六十人，曾非獨勞，乃掠衆美，此又臣等之所以懼也。伏望聖慈矜憐危懇，原省罔功，因其旋辭，特格前詔，庶幾僥倖之責猶可逭於萬一。臣等無任虔祈戰汗之至，謹録奏聞，伏候敕旨。五月十二日，三省同奉聖旨，並不允。内周某、王希呂令學士院降詔。

不允詔〔三〕

敕某：省所奏辭免經筵進讀《三朝寶訓》終篇特轉一官恩命事具悉〔三〕。朕聞□惟舊所以廸順民之方〔四〕，擇儒人所以廣多聞之智，誕惟三聖，炳德六經，思紹述於猷勳，廼周

〔一〕期：四庫本作「祺」。
〔二〕「詔」下，明澹生堂鈔本有「王希呂令撰」，日本藏宋刻本、四庫本作「王希呂同」，當作「王希呂撰」。
〔三〕「省所奏」至「恩命事」，原略作「云云」，據日本藏宋刻本、明澹生堂鈔本、四庫本改補。
〔四〕闕字，四庫本作「恭」。

爰於殫洽。卿夙儀禁闥，咸擅才謨。進聯講幄之華，備罄幾音之助。甫終篇第，宜有褒優。夫推朕顯尊祖宗之心，故凡今經綸訓典之彥，趣加觸賞，式示至公。非爽舊章，毋稽成渙。所辭宜不允。

申省狀

右，某等近蒙聖恩以進讀《三朝寶訓》終篇特轉一官，尋具奏辭免，未奉俞旨，不勝震灼。竊惟明主日御經幄，諮詢聖謨，右文之勤[一]，中外歎仰。某等分日誦説，豈誉宣勞？乃緣特恩，躐進階秩。遠攷咸平之制，既已不同；近觀紹興之時，又無此例。逢辰雖幸，冒寵何名？伏望朝廷特與敷奏，許賜寢免。庶安私義，免累公朝。某等實爲厚幸。謹具申尚書省，伏候指揮。五月十五日，三省同奉聖旨：周某、王希呂已降詔[二]，陳峴、黃洽、崔敦詩依已降指揮，並不允，不得再有陳請。

進謝恩詩表

少傅、保寧軍節度使、醴泉觀使、兼侍讀、衛國公、食邑一萬一千五百户、食實封四千九百户臣史浩，大中大夫、試吏部尚書、兼翰林學士承旨、兼侍讀、兼太子詹事、兼修國史、管城縣開國伯、食邑八百户臣周某，朝請郎、試兵部尚書、兼給事中、兼修玉牒官、兼侍讀、符離縣開國男、食邑三百户、賜紫金魚袋臣王希呂，朝議大夫、權尚書户部侍郎、兼詳定一司敕令、兼侍講、閩縣開國男、食邑三百户、賜紫金魚袋臣陳峴，朝請大夫、起居郎、兼太子侍講臣木待問，朝請郎、起居舍人、兼玉牒所檢討官臣宇文价，朝奉大夫、侍御史、兼侍講臣黃洽，朝奉郎、秘書省著作郎、兼學士院權直、崇政殿説書臣崔敦詩上表：臣某等言：伏蒙聖恩以進讀《三朝寶訓》終篇，賜臣等御筵及牙簡、金帶、硯匣、鞍馬、香茶者。侍言虎觀，陳三聖之宏規；錫宴麟臺，講一時之盛禮。匪頒意厚，宣勸恩深。既怙冒於光榮，宜發揚於歌咏。臣浩等中謝。臣等伏以皇祖有訓[三]，嘉言孔彰。開創守持，垂億萬年之基業；都俞吁咈，振六十載之綱條[四]。皆聚此書，克昌厥後。而臣等讀慚左史，時際右文。獲並造於細旃[五]，敢妄希於重席！徒緣幸會，猥被眷私。屬饜殽核之豐，眩駭鼓鐘之奏。裹蹄象齒，第分御府之珍；駿足琱鞍，均拜天閑之賜。載頒貢焙，申錫寶薰。豈伊極陋之姿，堪此殊常之寵？茲蓋伏遇皇帝陛下緝熙帝學，闡繹人文。誦上世之遺書，寧專耳受；監先王之成憲，固欲躬行。逮訖華編，特推飫賜。儒流改觀，識咸平、慶曆之遺風；政路偕來，兼元祐、紹興之故實。若時曠典，增煥昌期。臣等積愧優恩，粗知美報。蓋九五正大君之吉象，已應於雲需；則群黎祈萬壽之增詩，必賡於《天保》。臣等無任感天荷聖激切屏營之至，謹各齋沐，撰成《謝恩詩》，

[一] 右：原缺，據四庫本補。明澹生堂鈔本作「舞」。
[二] 「已降」上，日本藏宋刻本、明澹生堂鈔本、四庫本有「依」字。
[三] 中謝臣等：原無，據日本藏宋刻本、明澹生堂鈔本、四庫本補。
[四] 振：原缺，據日本藏宋刻本補。四庫本作「定」。
[五] 旃：原作「氈」，據日本藏宋刻本改。

隨表上進以聞。

同侍從慰皇子魏王薨表

臣等恭承魏王薨背，仰惟聖情良切悲悼，伏乞以理寬釋，俯慰群心。臣等無任虔懇之至。

乞宮祠劄子　五月〔一〕

臣輒控愚誠，仰干洪造。伏念臣再塵禁路，六閱歲華。課績用以蔑如，冒遷陞而寵甚。邦彝具在，久踰更迭之時；物理可推，漫昧滿盈之戒。昨由宗伯，改領選曹。獻納論思，曾微片善；簿書期會，初乏寸長。仰負眷知，俯慚譏誚。又遷延於半載，乃冒昧而一言。正惟固戀於恩榮，是以弗輕於去就。兹緣疾恙，驟覺衰疲。內無可展之才猷，外則弗强於筋力。因循頑頓〔三〕，合致人言。特賴寬隆，尚容身列。伏望陛下軫念軒墀之舊，擴施天地之仁，許奉外祠，俾逃大戾。性如麋鹿，期少遂於山林；效若犬鷄，終再伸於嗚吠〔三〕。臣無任祈天俟命惶懼激切之至，取進止。

不允詔　學士院權直趙彥中撰〔四〕

勑某：省所奏劄子乞奉外祠事具悉〔五〕。朕惟儒者之在朝，有若大山之藴玉，雖沉潛美不見外，然光潤發越者多。卿履德清純，受才淵茂。敷言華乎邦國，端誠儀於朝廷。嘉惟節業之修，蔚爲侍從之倡。粤升銓綜之冠，具有忠勞之宣。事經畢陳，官序惟穆。屬小愆於衛養，旋既遂於寧瘳。胡輕抗言，謀欲自佚？况比進金華之讀，正以便細旃之咨。廼鴻碩之弗留，豈僉與之歸允？勉安厥服，毋咈至懷。所請宜不允。故兹詔示，想宜知悉。

再乞宮祠劄子

臣昨日於經筵留身，以疾病之餘不勝疲憊，乞奉外祠。蒙陛下天語粹温，曲形慰勞，且謂：《寶訓》終篇，一時盛典，卿豈不體朕眷禮之意？臣惶懼感激，莫知所措。尋具奏：陛下用臣太過，遂致滿溢延災。劇曹要官，非養痾之所；清資駢組，積妨賢之愧。知進不知退，有害盈之悔。若復貪冒榮禄，必將重速顛危。伏緣駕坐已久，臣之悃誠，未容殫竭，退而屏息俟命，不謂俞音尚閟，詔旨隨頒。恭惟隆天厚地之恩，何以稱塞？自合仰承眷遇，豈敢固守不移之愚？其如實迫病衰，勢有不能但已。伏

〔一〕五月：原無，據日本藏宋刻本補。
〔二〕頑：原作「玩」，據日本藏宋刻本改。
〔三〕「俾逃大戾」至「伸於嗚吠」原脱，據日本藏宋刻本、明澹生堂鈔本、四庫本補。
〔四〕學士院權直趙彥中撰：原無，據日本藏宋刻本、明澹生堂鈔本、四庫本補。
〔五〕「省所奏」至「外祠事」，原作「云云」，據日本藏宋刻本、明澹生堂鈔本、四庫本補改。

念臣疏庸懦弱，略無寸長。一自移寘銓曹，寵任彌劇，朝思夕慮，每不皇安，屈指計日，只延挨半歲(一)，即上章丐去。臣之素志，同列具知。已定此月十二日乞對矣，會瘡腫在告浹旬，私念忝陪近侍，安可以疾臥家，徑入文字？故就二十三日勉强祇赴朝參。尋曾奏知，只候有班次便伸懇款。以此見臣犬馬戀軒，反覆籌度，非驟爲是堅請也。天日在上，一言敢欺？伏望聖慈俯賜矜察，特從所請。臣投閑之後，若遂忘報國，則何以自立於覆載之間？刳心隕元，期在他日。疊犯天威，臣無任戰慄祈懇之至，取進止。御筆批，已降詔不允，不得再有陳請。

奏謝劄子

臣比緣瘡腫，頓覺衰羸，兼恐從駕過宮，乘騎未得，是敢籲天有請，願遂投閑。恭值皇帝陛下日御金華，憲章寶訓。念臣昔叨侍立於開講之始，今忝進讀於終篇之時。疊頒詔音(二)，未許其去。恩私加厚，糜隕難酬。臣謹當遵禀聖訓，直俟榮觀盛禮之後，別伸丹悃。謹先具劄子奏謝，伏乞睿照。

辭免參知政事劄子

臣今月十七日準尚書省劄子，奉聖旨除臣參知政事，特降中使宣押赴都堂治事者。成命初傳，衆聽俱駭。微臣自度，兢懼可知。臣仰惟皇帝陛下宵旰圖治，規恢大業，謂凡立政造事，折衝消萌，無非以人才爲本。故雖有列於朝，而况附股肱以承元首，裨樑棟以安大厦(三)，號爲執政(四)，非他官比，選用之際，豈容或輕？伏念臣以章句腐儒，叨塵侍從。受恩踰於山岳，圖報微於絲毫。揣分量能，方祈罷免，敢圖殊擢，躐預政機！是使缾罍之器，汲萬斛之泉；疲駑之馬，負千鈞之重。其滿溢顛覆，可立而待也。伏望聖慈察臣么麽，不可大受，諒臣悃愊(五)，非曰小廉，別求真材，庶允公議。且國朝進用二府，固有定論而亟改，制出而復收，蓋以選衆爲重而反汗爲輕也。冒輸危懇，必冀矜從。臣無任懇祈激切俟命之至，取進止。

不允詔 崔敦詩撰(六)

勑某：省所奏劄子辭免參知政事恩命事具悉(七)。蓋聞至治之世，俊乂在上，下及虎賁趣馬，左右暬御，罔不惟正之擇，濟濟之風，民視以化。而况二三執政之臣，圖翊大務，考審所與，其可以輕？朕懋師古道，以卿智器雅厚，機神穆遠。沉濳經德之粹，鮮明固守之節。揚歷二禁，藹然日章。肆庸應嘉，爰究爰度。宜纘之事，登陪政途。朕之用

(一) 延挨：日本藏宋刻本作「俟俯近」。
(二) 頒：原缺，據日本藏宋刻本補。四庫本作「承」。
(三) 樑棟：四庫本作「棟樑」。
(四) 執：原作「知」，據日本藏宋刻本改。
(五) 悃愊：原作「愊悃」，據明澹生堂鈔本、四庫本乙。
(六) 崔敦詩撰：原無，據日本藏宋刻本、明澹生堂鈔本、四庫本補。
(七) 「省所奏」至「恩命事」，原作「云云」，據日本藏宋刻本、明澹生堂鈔本、四庫本改補。

卿，迹觀已素。卿其思報，奮勵所爲，毋事撝文而留允令。所辭宜不允。

辭免參知政事表

臣某言：伏蒙聖慈以臣辭免初除參知政事恩命，特降詔書不允者。疑丞任重，方陳控避之言；神聖恩隆，遽下往諧之詔。揣分知踰於始望，輸誠敢緩於終辭？臣某中謝〔一〕。伏念臣猥以孤生，際於興運。久趨龍尾，親依日月之光；盡上鼇頭，畏懼雲霄之逼。顧材力何裨於當宁，乃眷知特異於在廷。駭進用之非常，殆周章而失措。蓋禁路論思之責，尚惕若以難安；矧政塗密勿之機，敢偃然而參預？伏望皇帝陛下知人堯哲，徧物舜仁。念愚臣之靜言，或違於用；思治世之先務，莫急於賢。別求四近於具瞻，毋爲一夫而輕假。臣若得姑仍舊貫，弗玷新榮，則當精思竭慮於翰墨之場，履正奉公於銓衡之地。庶酧洪造，抑遂素心。臣無任祈天俟命激切屏營之至，謹奉表辭免以聞。

不允批答 崔敦詩撰

省表具之。朝廷延登，常取羣望，廊廟重任，宜聳具瞻。楊綰用而宿貴改觀，王陽進而善士生喜。朕選建碩輔，翼宣大猶，國皆曰賢，政將焉避？卿初終有守，本末無疵。以其縝密而栗，可以參訏謨；以其中正而通，可以經丕務。俾釋銓管，遂躋柄塗。人之信道，固將有行；國之用儒，時乃惟允〔二〕。猷爲茲始，遠近所觀。方朕吏委重之意深，亦衆志望賢之責備。勉攄素蘊，汔濟熙圖，謙避之章，止毋來上。所辭宜不允，仍斷來章。

批答口宣

朕選求人，望參翊政，幾當成命之方行，已僉言之維允。亟恢賢業，遂略謙章。

謝參知政事表

臣某言：伏奉告命除臣參知政事，尋具辭免，伏蒙聖慈特降中使，賜臣不允批答，仍斷來章者。論思無補，盍退屏於丘園？圖任有加，俄進陪於廊廟。牢辭弗獲，冒處爲慚。臣某中謝。臣竊觀歷代人材之興，全係時君心術之致。未有蛟龍翔而雲霧不應〔三〕，未有元首明而股肱弗良。事漢宗臣，皆秦室無聞之吏；興唐碩輔，率隋朝未遇之人。上既有任賢使能之方，下固多奉令承教之佐。患弗求耳，夫何遠而。矧堯、舜之相傳，宜夔、龍之接武，豈無俊傑，可助弼諧！如臣者器識卑凡，藝能譾薄。幸遭逢於初政，早塵汙於近班。陛下非不作成，而臣無可教之質；

〔一〕臣某中謝：原無，據日本藏宋刻本、明澹生堂鈔本、四庫本補。
〔二〕乃：原缺，據日本藏宋刻本改。四庫本作「時維克允」。
〔三〕龍：原作「鼉」，據日本藏宋刻本改。

陛下非不策勵，而臣有弗移之愚。然獨處之以詞禁之高華，試之以文昌之繁劇。每示眷留之寵，屢形進用之言。蓋覆幬之中，舉無棄物；而照臨之內，悉耀末光。是容一介之臣，亦綴三卿之後。腹心所寄，頂踵奚酧？茲蓋伏遇皇帝陛下聖哲生知，德功日起。五帝其臣莫及，方獨運於宏模；四方宣力汝爲，抑旁資於協濟。既將博採，寧免兼收？顧慚極陋之姿，恐負延登之意。臣敢不勉殫厥力，思稱所蒙？禹臯益稷之三謨，難窺大訓；韓范富歐之四傑，或企前修。臣無任云云。

謝太上皇帝表

臣某言：伏奉告命授臣參知政事者。朝有四鄰，實聞國論；臣無一善，虛冒恩除。揣愚分以非宜，愧師言之弗稱。臣某中謝。伏念臣奮身下士，竊第丁年。自入仕於王畿，即受知於聖鑑，鑾坡召試，金口褒揚。許以能文，欲其掌制。乏援助廟堂之上，甘滯留館閣之中。會臺察之缺員，簡宸衷而親擢。俄逢堯禪，復際舜華。滋蒙特達之知，徧歷禁嚴之地。方虞幽黜，乃誤明揚。越由侍從之聯，躐造疑丞之列。雖有生之類，夙仰戴於陶成；然太極之功，終莫窺於運用。茲蓋伏遇光堯壽聖憲天體道性仁誠德經武緯文太上皇帝陛下，仁參列聖，道媲三皇。稟德謙冲，治定功成而弗有；怡神閑燕，天長地久以無疆。俯眷孤蹤，密恢洪造。臣謹當靖共厥位，精白乃心。恩重丘山，曷效兩宮之報；誠堅金石，第祈萬壽之延。臣無任云云。

謝東宮牋

某言：先準告命除參知政事，已於本月五日朝謝訖者。青宮庀職，久進侍於淵冲；黃閣聯班，忽冒膺於宸渥。用踰分量，愧極心顏。某中謝。伏念某學不足以知方，才不足以應務。平生艱拙，已絕望於功名；中歲遭逢，乃參華於侍從。眷言詹省之任，是爲政塗之階[一]。猥以庸材[二]，濫茲承攝。夏絃春誦，殆拭目於六年；日就月將，常傾心於三善。顧待遇獨加於流輩，知薦揚時達於聰明[三]。是使迂儒，亦聞大政。材如社木，疇可助於棟隆；味若野芹，顧何裨於鼎實？凌兢拜命，俯僂懷慚。茲蓋伏遇皇太子殿下恭敬温文，聰明淵懿。進而侍膳，懋忠孝之宏規；居則談經，洞古今之要禮。每孜孜於善士，尤眷眷於下僚。逮此超踰，若爲稱塞。某敢不悉其志慮，濟以端良？羽翼自成，昔固慚於園、綺；股肱汝作，今尚勉於夔、龍。謹奉牋陳謝以聞。

辭免正謝賜衣帶鞍馬劄子

臣蒙恩除參知政事，今月五日正謝，又蒙聖恩賜臣對衣、金

[一] 是爲：日本藏宋刻本、明澹生堂鈔本、四庫本作「時謂」。
[二] 材：原缺，據四庫本補。明澹生堂鈔本作「並」。
[三] 聰明：日本藏宋刻本作「睿聰」。

帶、魚袋、鞍馬。竊惟賜服所以旌有德，錫馬所以待有功。而臣供職之初，已經宣賜；謝恩之日，復冒匪頒。豈容兩旬，而忝再命？禮雖從厚，心實懷慚。伏望陛下察臣僥倖已多，念臣滿盈是懼。可以無與，使之少安。特降指揮，追還所賜。臣無任惶懼俟命之至，取進止。

辭免兼敕局劄子

臣準尚書省劄子：以參知政事錢良臣辭免兼職，三省同奉聖旨，差臣同提舉敕令所者。臣承詔惕息，罔知所措。竊惟執政之兼書局，初無定例。同升或容，分領未至，奚必曲成？今者良臣陳義甚高，過於謙遜。臣若汗顏代斲，獨不愧昔人其下皆遜之語乎！況臣鄙朴無能，超踰已甚，律設大法，懵然弗知，將何以助陛下三章之約，贊相臣畫一之謀？臣今蚤已嘗面奏，天聽未回，須至再有陳免。伏望聖慈察臣惶恐不自安之意，特降睿旨，俯從所請，許仍其舊。臣無任懇迫俟命之至，取進止。御筆批，降詔不允。

不允詔

勅某云云事具悉。朕觀國朝循唐舊制，凡刪定律令，必以廊廟之臣領之，示不敢輕也。卿以經術潤皇猷，以智略斷國論，宜以餘力，訂吾冊書。況今倚任大臣，總正諸事，宏章鉅典，各奏厥成，卿獨袖手於其旁，可乎？所辭宜不允。

生日詔

敕某：金行澄爽，玉管流商，氣鍾河嶽之英，時作邦家之輔。爰推賜式，俾介壽祺。今賜卿生日羊、酒、米、麪，具如別録，至可領也。故茲詔示，想宜知悉。羊二十口，法酒一十缾，法糯酒一十缾，糯酒一十缾，秔米一十五碩，麪一十五碩[一]。

謝表

臣某言：伏奉詔書，以臣生日特降中使賜羊酒米麪者。位聯丞轄，方預享於堂封；户紀桑蓬[三]，更鼎來於臺饋。恩施厚甚，報效茫然。臣某中謝。恭惟明聖之朝，眷是贊襄之列。記其生育，被以寵光。詔隨勅使以及門，賜出天庖而充宇。惟才堪大任，斯不負於養賢；惟家有嚴君，乃或伸於養志。臣於二者，舉無一焉。尸素積年，每愧河檀之刺；羈孤多難，久纏風木之悲。敢圖賚予之榮，加賁劬勞之日？茲蓋伏遇皇帝陛下惠綏庶品，優遇邇臣。既醉太平，俾興君子之行；爲羹饗士，固異賤官之常。所慚駑鈍之姿，莫稱餼牽之禮。千鍾弗洎，思親養以無

[一] 「羊二十口」至「麪一十五碩」，原無，據日本藏宋刻本、明澹生堂鈔本、四庫本補。

[三] 紀：原作「絶」，據明澹生堂鈔本、四庫本改。

從；一飯必酧，况君恩之至重！毫分可報，靡隕奚辭？臣無任云云。

旱災待罪劄子

臣竊見邇來諸路多以旱告，陛下焦心勞思，苟可格天裕民，無一不用其至〔一〕。而時雨未降，歲事可虞，豫政之臣，自當均任其咎。按慶曆春旱，治平水災，參知政事宋庠、丁度、趙槩、歐陽修，或特從貶降，或上章自劾。民言可畏，故事甚明。臣適於榻前已曾奏知，今更不敢入局治事，見還出僧舍待罪。伏望聖慈顯行黜免，改用賢雋，以召和氣。取進止。

不允詔 崔敦詩撰

敕某：云云具悉。朕惟治有大虧，斯上干陰陽之變；君爲元首，豈咎專股肱之臣。廼者沴氣浸蕃，時澤弗效。場功莫戒，民氣罔孚。永言致盭之繇，方切在予之責。卿屬參政事之選，宜共圖銷復之原。奚爲抗章，援故去位。夫祖宗之制，施置之宜，慶曆雖畧循漢氏之前彝，治平固無取永平之推咎。勉思報國之誼，副朕克躬之誠。所請宜不允。

乞罷黜表

臣某言：伏蒙聖慈以臣引愆待罪，降中使宣押臣隨班起居奏事畢赴都堂治事，仍降詔書不允者。伏以上帝垂恩，每篤農夫之慶；下臣失職，致興旱魃之災。雖眷憐未置於嚴科，在譴罰具存於故實。臣某中謝〔二〕。伏念臣本由薄技，誤結殊知。曾微一善之可稱，夫豈四鄰之敢望？冒膺擢任，常切憂虞。永惟上聖之勵精〔三〕，穆卜群賢而佐理。旋觀近歲，浸底泰和。無愆伏之陰陽，有豐登之稼穡。祇自夏秋之際，頓貽宵旰之憂〔四〕。雲屢密而復開，膏每屯而未溥。職臣驟進，召此旱祥。雖日淺位卑，敢遽干於大戾；然天時人事，似深譴於微臣。願以身當，庶其衆允。伏望皇帝陛下仰稽天意，俯察民情。毋嫌大用於前，而廢小懲於後。致和銷沴，必爲三日之霖；進善黜幽，允協萬邦之望。臣無任祈天俟命激切屏營之至，謹奉表陳情以聞。

再乞罷黜劄子

臣昨以雨不時若，嘗具奏乞行黜責。伏蒙聖恩特降中使宣押隨班奏事，惶懼感激，莫知所措。竊伏念臣才薄德輶〔五〕，驟膺晉擢。既於人望有所弗協，則夫設施議論見於協贊者必多繆戾，以上干陰陽之和。昔東海太守斷獄失平，猶成旱歲，况臣聯班二府，預聞機政，積其瘝曠，致沴可知，不在乎位序之崇卑、任事

〔一〕一：日本藏宋刻本、明澹生堂鈔本、四庫本作「所」。
〔二〕臣某中謝：原無，據日本藏宋刻本、明澹生堂鈔本、四庫本補。
〔三〕聖：原作「帝」，據明澹生堂鈔本、四庫本改。
〔四〕憂：明澹生堂鈔本、四庫本作「勞」。
〔五〕念臣：明澹生堂鈔本、四庫本作「惟念」。

之久近也。伏望聖慈察臣不敢自恕，矜臣無所逃刑，早降處分，特從罷黜。干犯威尊，伏地震慄。取進止。

御筆

省奏具悉〔二〕。君臣同德，以格天心可也，而陰陽不和，專咎輔弼，此漢之制，朕所不取。今偶亢旱，時雨未降，正宜講明闕政，以召和氣。乃遽求去，豈朕所望哉？當安厥職。所請宜不允。

東宮賀冬牋

魯觀占雲，知豐年之習吉；周圭測景，驗化日之彌舒。百順備於皇家，多祥叢於儲極。某中賀。恭惟皇太子殿下凝姿聰哲，毓德温文。敏學時修〔三〕，嗜詩書之至樂；重親日侍，邁忠孝之永圖。茂臨亞歲之辰，均衍萬齡之慶。某久陪鶴禁，密跂龍門。家國安榮，喜冠古今之治；陰陽消長，諒同天地之心。欣頌居多，贊揚徒費。

〔二〕省奏具悉：日本藏宋刻本、明澹生堂鈔本、四庫本作「卿等薦陳章奏，欲乞罷政事具悉」。

〔三〕敏：原作「東」，據四庫本改。